中国刑事审判指导案例

1

刑法总则

增订本

《刑事审判参考》
总第96—124集汇总集成

《中国刑事审判指导案例》编写组　编

法律出版社 LAW PRESS · CHINA
北京

图书在版编目(CIP)数据

中国刑事审判指导案例. 1，刑法总则／《中国刑事审判指导案例》编写组编. -- 增订本. -- 北京：法律出版社，2021(2025.4 重印)
ISBN 978-7-5197-5445-7

Ⅰ. ①中… Ⅱ. ①中… Ⅲ. ①刑事诉讼－审判－案例－汇编－中国②刑法－案例－汇编－中国 Ⅳ. ①D925.218.5②D924.05

中国版本图书馆CIP数据核字(2021)第047393号

中国刑事审判指导案例1
刑法总则(增订本)
ZHONGGUO XINGSHI SHENPAN ZHIDAO ANLI 1
XINGFA ZONGZE(ZENGDING BEN)

《中国刑事审判指导案例》编写组 编

策划编辑 许 睿
责任编辑 许 睿 连晓敏
装帧设计 汪奇峰

出版发行 法律出版社
编辑统筹 司法实务出版分社
责任校对 朱铁佳
责任印制 胡晓雅
经　　销 新华书店

开本 787毫米×1092毫米 1/16
印张 52　**字数** 1392千
版本 2021年9月第1版
印次 2025年4月第3次印刷
印刷 北京虎彩文化传播有限公司

地址：北京市丰台区莲花池西里7号(100073)
网址：www.lawpress.com.cn
投稿邮箱：info@lawpress.com.cn
举报盗版邮箱：jbwq@lawpress.com.cn

销售电话：010-83938349
客服电话：010-83938350
咨询电话：010-63939796

书号：ISBN 978-7-5197-5445-7　　**定价**：198.00元

凡购买本社图书，如有印装错误，我社负责退换。电话：010-83938349

编 辑 说 明

《中国刑事审判指导案例》是最高人民法院刑事审判庭主办的业务指导和研究性系列丛书——《刑事审判参考》的合订分解集成本。《刑事审判参考》自 1999 年 4 月首次出版以来，秉承立足实践、突出实用、重在指导、体现权威的编辑宗旨，在编辑委员会成员、作者和广大读者的共同努力下，密切联系刑事司法实践，为专业人士提供了有针对性和权威性的业务指导和参考，受到刑事司法工作人员和刑事法律教学、研究人员的广泛欢迎。

为了满足广大读者的实际工作需要，我们在已出版各集《刑事审判参考》的基础上，精心汇编出版《中国刑事审判指导案例》。本书自 2009 年 10 月出版以来，受到读者的广泛好评与认可。

《中国刑事审判指导案例》（增订本）收录《刑事审判参考》第 96 集至第 124 集的相关内容，整体沿用《中国刑事审判指导案例》（增订第 3 版）的体例结构，共七册，分别为：

中国刑事审判指导案例 1（刑法总则）

中国刑事审判指导案例 2（危害国家安全罪 · 危害公共安全罪 · 侵犯公民人身权利、民主权利罪）

中国刑事审判指导案例 3（破坏社会主义市场经济秩序罪）

中国刑事审判指导案例 4（侵犯财产罪）

中国刑事审判指导案例 5（妨害社会管理秩序罪）

中国刑事审判指导案例 6（危害国防利益罪 · 贪污贿赂罪 · 渎职罪 · 军人违反职责罪）

中国刑事审判指导案例 7（刑事诉讼法）

根据各卷册实际情况，主要设有以下栏目：

【指导案例】分类汇总了已出版的《刑事审判参考》在法律适用、刑罚裁量、事实认定、证据采信等方面具有研究价值的典型案例，详细阐明裁判理由，为刑事司法工作人员处理类似案件提供具体的指导和参考。

【刑事立法、司法规范】分类汇总了刑事法律、立法解释、司法解释和其他规范性刑事司法文件，并配发起草同志撰写的理解与适用文章，为司法实践中准确适用提供指南。

【刑事政策】分类汇总了审判中需要参考的刑事司法政策，包括最高人民法院领导在审判工作会议上的讲话、刑事审判工作会议讨论的问题等。

【审判释疑】分类汇总了最高人民法院刑事审判庭解答在刑事审判工作中具有普遍指导价值的法律适用问题，包括最高人民法院审判长会议纪要、《刑事审判参考》编辑部对读者在刑事司法工作中遇到疑难问题的解答。

【经验交流】分类汇总了地方司法机关制定的刑事司法规范性文件及其背景说明；地方各级人民法院在刑事审判工作中对于某些问题的处理政策和意见等。

【专题论坛】分类汇总了由司法实务部门的权威专家就刑事法律适用过程中的一些常见疑难问题进行的探讨。

【实务探讨】分类汇总了有关学者和司法人员针对刑事司法工作中必须解决的疑难、复杂问题所撰写的研究文章，为刑事司法工作人员解决相关问题提供工作思路。

【疑案争鸣】分类汇总了实践中发生的疑难案例，对其中争议问题进行分析，摆出各方观点，推动相关问题的深入研究。

另外，个别卷册中因涵盖专辑内容，有【理论前沿】等栏目设置。

为了最大限度地挖掘和梳理《刑事审判参考》指导案例在裁判理由阐述中反映的裁判观点，同时也为了便于读者使用本书，本套书对所有指导案例逐一编加了具有归类意义的关键词。

本套书作为《刑事审判参考》的合订分解集成本，为了保持指导案例和实务文章的“原汁原味”，本次修订再版未针对有关法律、司法解释的修改对原文进行删改，只对原文错漏之处进行了补正。读者在参考适用时，需要根据现行有效的规范进行理解。此外，随着理论研究的发展和司法政策的调整，指导案例中对相同或相似问题所提出的裁判观点也可能发生变化，对此，可以依照“从新”的原则参考适用。

本套书此次出版得到了方方面面的大力支持，在此一并表示感谢。当然，由于内容体量庞大，内容的选编工作难免存在错漏之处，恳请广大读者批评指正。

编　者

2021年7月

目 录

指导案例

三、犯罪的预备、未遂和中止

四、共同犯罪

八、量刑

九、累犯

十、自首和立功

十二、时效

刑事立法、司法规范

一、综合

二、犯罪和刑事责任

三、单位犯罪

四、刑罚

刑事政策

经验交流

理论前沿

实务探讨

疑案争鸣

专题论坛

一、于欢故意伤害案

二、死刑核准制度改革十周年

指导案例

一、刑法的适用范围

[第1150号]耿三有受贿案

——二审期间因刑法修改及司法解释出台导致定罪量刑标准发生变化的，应如何适用法律

【关键词】 溯及力 从旧兼从轻 量刑情节

一、基本案情

被告人耿三有，男，1959年11月15日出生。2011年7月23日因涉嫌犯受贿罪被逮捕。

河南省郑州市人民检察院以被告人耿三有犯贪污罪、受贿罪，向郑州市中级人民法院提起公诉。

被告人耿三有及其辩护人辩称，耿三有没有侵吞土地所83.5万元公款，其行为不构成贪污罪；指控耿三有所犯3起受贿犯罪，事实不清、证据不足，不能成立。

郑州市中级人民法院经公开审理查明：

1. 被告人耿三有在担任河南省登封市城关镇副镇长兼城关镇土地所所长期间，接受毛建国的请托，利用职务便利，帮助登封市嵩山少林精武院申办人王占洋办理土地审批手续，于1996年10月29日、1997年1月1日通过毛建国收受王占洋人民币(以下币种同)50万元。在得知检察机关调查其经济问题后，耿三有于2011年7月11日将该款退还给王占洋。

2. 2004年，被告人耿三有在担任中共登封市国土资源局党委书记期间，利用职务便利，帮助河南嵩山建筑安装有限公司法定代表人孙建文、股东孙建山等人协调征地事宜，并提出以10万元低价向孙建山购买该公司开发的位于登封市少林大道东段北侧的登封市中医院家属院商品房一套。经鉴定，该房产价值为35.781 5万元。耿三有至案发前一直未支付剩余房款。

起诉书指控的贪污犯罪及第3起受贿犯罪的事实不清，证据不足，不予认定。

郑州市中级人民法院认为，被告人耿三有作为国家工作人员，利用职务上的便利，非法收受他人财物，为他人谋取利益，其行为已构成受贿罪。根据其所具有的索贿等情节认定被告人耿三有犯受贿罪，于2015年10月19日判处其有期徒刑十二年，并处没收个人财产人民币二十万元。

被告人耿三有上诉及其辩护人辩称：王占洋请托耿三有的事项不属于耿三有的职权范围，且耿三有当时已将收受的钱款退还，其行为不构成受贿罪；耿三有购买孙建山开发房产未付剩余房款属民事纠纷。辩护人另辩称，耿三有检举揭发他人犯罪，其行为符合一般立功表现，请求对其从轻处罚。

河南省高级人民法院认为，被告人耿三有身为国家工作人员，利用职务上的便利，非法收受他人财物，为他人谋取利益，其行为已构成受贿罪，依法应予惩处。耿三有具有索贿情节，依法应对其从重处罚；其具有立功表现，依法可对其从轻处罚。原判定罪准确，审判程序合法。耿三有

共计受贿人民币75.781 5万元，根据修正后的刑法及司法解释的规定，原判量刑不当，综合耿三有的犯罪数额、手段及一般立功表现等情节，于2016年6月17日改判有期徒刑五年，并处没收个人财产人民币二十万元。

二、主要问题

1. 二审期间因刑法修改及司法解释出台，导致相关定罪量刑标准发生变化的，应如何适用法律和司法解释？

2. 对于被告人兼有从重和从轻处罚情节的，应如何量刑？

三、裁判理由

本案在审理过程中对于被告人耿三有的行为构成受贿罪没有异议，但对于二审期间刑法修正案（九）及《最高人民法院、最高人民检察院关于办理贪污贿赂刑事案件适用法律若干问题的解释》（以下简称《解释》）出台后，有关贪污贿赂犯罪规定的新的定罪量刑标准是否能适用于本案，存在两种不同观点：第一种观点认为，本案一审时贪污贿赂犯罪的定罪量刑标准并没有发生变化，一审法院依照原刑法和相关规定对被告人耿三有以受贿罪判处有期徒刑12年，并处没收个人财产人民币20万元并无不当，二审期间出台的法律和司法解释对本案没有溯及力。第二种观点认为，虽然本案一审判决依据当时法律所判并无不当，但二审期间一审判决并未生效，此时刑法修改，新的司法解释出台，适用新法明显有利于被告人，根据从旧兼从轻的刑法适用原则，修改后的刑法和新的司法解释对本案有溯及力。

（一）刑法修正案亦应适用从旧兼从轻原则

我国刑法（1997年刑法）对于溯及力问题，从实际需要和罪刑法定的要求出发，采用了从旧兼从轻的原则。刑法第十二条规定："中华人民共和国成立以后本法施行以前的行为，如果当时的法律不认为是犯罪的，适用当时的法律；如果当时的法律认为是犯罪的，依照本法总则第四章第八节的规定应当追诉的，按照当时的法律追究刑事责任，但是如果本法不认为是犯罪或者处刑较轻的，适用本法。本法施行以前，依照当时的法律已经作出的生效判决，继续有效。"对此，我们认为，刑法修正案仍然应当贯彻刑法所规定的从旧兼从轻原则，区分以下不同情况进行处理：

1. 1997年刑法不认为是犯罪，刑法修正案认为是犯罪的，只能适用刑法修正案生效以前的刑法，刑法修正案不具有溯及力。因此，不能以刑法修正案已经将该行为规定为犯罪、犯罪的主体范围已经扩大、犯罪构成的行为要件标准已经降低为由而追究行为人的刑事责任。

2. 1997年刑法认为是犯罪，但刑法修正案不认为是犯罪的，只要这种行为未经审判或者判决尚未生效，应当适用刑法修正案的规定，即刑法修正案具有溯及力。

3. 1997年刑法和刑法修正案都认为是犯罪，并且按照刑法第四章第八节的规定应当追诉的，原则上应按1997年刑法追究刑事责任。但是，如果1997年刑法处罚比刑法修正案重的，则适用刑法修正案。

4. 根据1997年刑法已经作出了生效判决的，该判决继续有效。即使按刑法修正案的规定，其行为不构成犯罪或者处刑较1997年刑法要轻，也不例外。因为，对一种行为刑法是否溯及适用，只限于未经审理或者虽经审理但尚未作出生效判决的场合；已经生效的判决，不应根据刑法的规定加以改变，以维护人民法院生效判决的严肃性和稳定性。① 对此，1997年刑法第十二条第二款已作出了明确规定。

就本案来讲，一审判决日期为2015年10月19日，宣判后被告人提出上诉，刑法修正案（九）

---

① 黄太云：《刑法修正案和刑法立法解释溯及力问题探析》，载《人民检察》2006年第19期。

于2015年8月29日公布、同年11月1日起施行，此时本案正在二审审理之中。因此，本案能否适用刑法修正案（九）关键在于比较1997年刑法和刑法修正案（九）对于贪污受贿犯罪的刑罚哪个更轻，如果刑法修正案（九）更轻，则应适用修正案。但是刑法修正案（九）只是将贪污贿赂犯罪的定罪量刑标准由以前规定的单纯的数额标准，修改为数额加情节的标准，并将数额划分为“数额较大”“数额巨大”及“数额特别巨大”三个层次，而没有规定“数额较大”“数额巨大”及“数额特别巨大”的具体标准，据此无法确定被告人耿三有受贿犯罪的具体情节和应适用的刑罚，也就无从比较新旧刑法规定的刑罚孰轻孰重。2016年4月18日，《解释》公布并自该日起施行，进一步将刑法修正案（九）规定的“数额较大”“数额巨大”及“数额特别巨大”的标准明确化、具体化。那么对于本案《解释》是否具有溯及力？

我们认为，从刑法司法解释本身的性质来看，按照最高人民法院2007年3月23日颁布的《关于司法解释工作的规定》第6条的规定，司法解释只能对刑事司法实践活动中具体适用刑事法律问题进行解释，是立法原意内就如何具体应用刑事法律中所产生的问题加以明确化、具体化。所以，司法解释具有依附性特征，即必须严格地依附于所解释的刑法条文之规定，不能创制新的法律，不得对刑法修改、补充。因此，它的效力与其所解释的刑法效力同步，也即它的生效时间应与其所解释的刑法生效时间相同。从这个角度理解，《解释》应与刑法修正案（九）的效力同步，即《解释》虽于2016年4月18日公布，但其效力可以溯及至2015年11月1日刑法修正案（九）施行之日。

此外，2001年12月7日，最高人民法院、最高人民检察院颁布的《关于适用刑事司法解释时间效力问题的规定》（以下简称《规定》）明确规定：“二、对于司法解释实施前发生的行为，行为时没有相关司法解释，司法解释施行后尚未处理或者正在处理的案件，依照司法解释的规定办理。三、对于新的司法解释实施前发生的行为，行为时已有相关司法解释，依照行为时的司法解释办理，但适用新的司法解释对犯罪嫌疑人、被告人有利的，适用新的司法解释。四、对于在司法解释施行前已办结的案件，按照当时的法律和司法解释，认定事实和适用法律没有错误的，不再变动。”具体到司法实践中，对于某一司法解释的适用应先看该解释出台前是否对同一问题有其他解释，如果没有其他解释，该解释是唯一司法解释，则适用该解释。如果在同一问题上先后出台两个解释且内容出现矛盾时，应选择有利于犯罪嫌疑人、被告人的司法解释作为定罪量刑之依据。

本案中，被告人耿三有共计受贿人民币75.781 5万元，根据1997年刑法的规定，应处以“十年以上有期徒刑或者无期徒刑”，故一审法院判处其有期徒刑十二年并无不当；在二审审理期间，根据修正后的刑法及司法解释的规定，受贿数额20万元以上不满300万元的属于“数额巨大”，应处“三年以上十年以下有期徒刑”。耿三有受贿75.781 5万元，属于“数额巨大”，应处“三年以上十年以下有期徒刑”。与旧法相比，修改后的刑法及相关司法解释的处罚明显较轻，这种情况下应遵循从旧兼从轻的刑法适用原则，适用处罚较轻的新标准对被告人定罪量刑，即刑法修正案（九）和《解释》对本案均有溯及力。因此，二审法院按照从旧兼从轻的原则将耿三有的刑期改判为有期徒刑五年是符合法律规定的。

（二）在兼有从重和从轻处罚情节时应在分别评判的基础上综合考虑量刑幅度

从本案查明的情况来看，被告人耿三有同时具有两种量刑情节：一是在收受孙建山等人的贿赂时，具有索贿的情节，依法应当从重处罚；二是在被羁押期间，检举、揭发他人行贿、受贿近100万元的事实，经查证属实，构成一般立功，依法可以从轻或者减轻处罚。

那么，对于同时具有从重和从轻处罚情节的被告人，应该如何量刑呢？一种意见认为，从重情节和从轻情节虽方向相逆，但性质相同，作用相似，都是为了修正刑罚的幅度，二者一加一减，可以相互抵销；另一种意见认为，兼有从重情节和从轻情节量刑时不能采取简单的抵销处理，而应根据不同情节的作用（包括正面和负面）大小和影响程度分别考量，然后再进行综合评价。

我们赞同后一种意见。因为，量刑情节是影响量刑的各种主客观事实情况，这些情况虽被归纳为几大类别，如自首、立功、犯罪预备、中止、未遂等，但具体分析，各种情节的价值或者说影响力并不是等量齐观的，即便是同一种量刑情节，其意义也不尽相同。以自首为例，一般自首和特别自首是不一样的，罪行还未被发现便已自首和被抓捕期间自首亦不相同。如果对各种量刑情节不加区分地相互抵销，就可能会犯以偏概全的错误。就本案来说，确定被告人耿三有的最终刑罚大致可分为几个步骤：首先，根据受贿的数额和基本情节确定基准刑，如耿三有受贿70多万元，结合其认罪态度、悔罪表现及实际退赃等情况，可确定其基准刑为四年半至五年；其次，针对耿三有所具有的索贿情节，依法应予从重处罚，从重处罚的幅度，结合索贿的数额等情况，参照量刑规范化的一般要求，可掌握在基准刑的20%～30%上下；最后，考虑耿三有检举、揭发他人贿赂犯罪的立功表现，依法予以从轻处罚，从轻处罚的幅度，根据《最高人民法院关于常见犯罪的量刑指导意见》（2014年1月1日起实施）的规定，“一般立功的，可以减少基准刑的20%以下”。综合全案的量刑情节，二审法院判处耿三有有期徒刑五年是适当的。

（撰稿：最高人民法院刑四庭　汪　雷
河南省高级人民法院　李连武　李欣磊
审编：最高人民法院刑四庭　陆建红）

［第1371号］朱港春、李俊乐诈骗案

——“单方欺诈型”虚假诉讼行为应当如何定罪处罚和正确适用从旧兼从轻原则

【关键词】　单方欺诈　虚假诉讼　诈骗罪　溯及力　从旧兼从轻

一、基本案情

被告人朱港春，男，汉族，1973年12月25日出生。2006年3月2日因犯非法拘禁罪被判处拘役四个月，缓刑八个月。2015年5月15日因本案被逮捕，2016年3月3日被取保候审。

被告人李俊乐，曾用名李乃平，男，汉族，1965年10月29日出生。2015年5月15日被逮捕，2016年3月3日被取保候审。

浙江省丽水市莲都区人民检察院以被告人朱港春、李俊乐犯诈骗罪，向丽水市莲都区人民法院提起公诉。

被告人朱港春、李俊乐对指控的犯罪事实均无异议。辩护人提出，二被告人的行为不符合诈骗罪的构成要件，应认定为虚假诉讼罪。

丽水市莲都区人民法院经审理查明：被告人朱港春在丽水市投资开办浙江浩胜投资有限公司，从事帮助他人临时资金周转等方面业务，并从借贷活动中收取高额利息作为盈利，被告人李俊乐参与合作并从中获取利益。2013年4月中旬，被害人徐同亮因一笔总额为200万元的贷款到期急需资金，遂通过朋友项建清找到李俊乐、朱港春借款。同月14日，徐同亮在朱港春提供的

格式借条上填写了无出借人、无借款利息、借款总额为200万元的借条，借款时间为同月15日，约定同月30日前归还全部借款，并加盖了自己经营的丽水市同亮贸易有限公司的公章，徐同亮的妻子毕晶作为借款人在借条上签名。徐同亮填好借条后，找到朋友方良斌、项建清、季飞云在借条上签名担保。同月15日，徐同亮将办妥借款担保手续的借条交给朱港春，朱港春预先扣除借款利息后，从自己在浦发银行丽水支行的个人账户中转账145万元至李俊乐在该银行开立的个人账户，朱港春、李俊乐以及吴巧宏、胡光华、徐永进等人凑足200万元后，当日下午由吴巧宏代为办理，从李俊乐的个人账户中同行转账支付给徐同亮。之后，朱港春在徐同亮出具的借条上，分别在方良斌、项建清、季飞云的签名前擅自加注"借款人(1)、(2)、(3)"字样，将上述三位担保人的身份篡改为共同借款人。同月28日，徐同亮将全部200万元欠款转账归还至朱港春的浦发银行丽水支行账户，向朱港春讨要借条时，朱港春以徐同亮之前为他人担保的另一笔借款300万元尚未归还为由拒绝归还。徐同亮经与朱港春多次争吵、协商，朱港春对借条进行彩色复印后，将复印件交给徐同亮。之后，项建清得知朱港春等人欲持借条起诉的消息，要求朱港春将借条上其名字划去。

2013年下半年至2014年2月，被告人朱港春的律师根据其要求，以被告人李俊乐为原告，徐同亮、方良斌、季飞云、毕晶以及丽水市同亮贸易有限公司为被告撰写民事起诉状，要求上述被告归还原告借款本金200万元并支付利息40万元。同月9日，李俊乐在朱港春的要求下，在律师准备好的特别授权委托书和起诉状上签名，并在徐同亮出具的借条原件上原无出借人和无利息处，分别写上"李俊乐"和"2"字样。同年5月14日，律师以李俊乐为原告，向丽水市莲都区人民法院起诉。丽水市莲都区人民法院审查立案后，经公告送达和审理，于同年11月6日作出民事判决，判令被告徐同亮、方良斌、季飞云、毕晶以及丽水市同亮贸易有限公司于判决生效后十五日归还原告李俊乐借款200万元，并支付自2013年4月15日起按月利率2%计算至判决确定的履行期限届满之日止的利息。

一审判决作出后，民事被告方良斌、季飞云不服，向丽水市中级人民法院提起上诉。二审期间，方良斌、季飞云经与李俊乐的特别授权代理人协商，于2015年3月18日达成和解协议，约定由季飞云、方良斌在2015年8月30日前每人向李俊乐支付10万元，剩余的180万元与方良斌、季飞云无关，方良斌、季飞云撤回上诉。之后，方良斌、季飞云向丽水市中级人民法院申请撤回上诉，丽水市中级人民法院于同月19日作出民事裁定书，裁定准许方良斌、季飞云撤回上诉，双方均按原审判决执行。2015年4月9日，丽水市公安局莲都区分局对季飞云、方良斌等人被诈骗案立案侦查。

丽水市莲都区人民法院认为，被告人朱港春、李俊乐结伙采用捏造事实的方法，通过变造证据等手段向人民法院提起民事诉讼，意图欺骗人民法院作出有利于自己的错误裁判，妨害司法秩序，其行为均已构成虚假诉讼罪。公诉机关指控二被告人的犯罪事实成立，证据确实、充分，予以支持。二被告人的主观故意虽以牟取不正当利益为目的，但其客观表现为以捏造的事实向人民法院提起民事诉讼，行为侵犯的是正常司法秩序和利益相关人的合法权益，符合《刑法》规定的虚假诉讼罪的构成要件，公诉机关指控罪名有误，应予纠正，辩护人提出的本案不符合诈骗罪的辩护意见予以采纳。根据被告人前科犯罪情况、犯罪事实、在共同犯罪中的作用、归案后认罪态度等情节，依照《中华人民共和国刑法》第三百零七条之一第一款，第二十五条第一款，第二十六条第一款、第四款，第二十七条，第六十七条第三款，第六十一条，第六十二条，第四十五条，第五十二条，第七十二条第一款、第三款，第七十三条第二款、第三款之规定，判决如下：

1. 被告人朱港春犯虚假诉讼罪，判处有期徒刑三年，缓刑五年，并处罚金人民币十万元；

2. 被告人李俊乐犯虚假诉讼罪,判处有期徒刑二年,缓刑三年,并处罚金人民币五万元。

宣判后,丽水市莲都区人民检察院提出抗诉:原判认定被告人朱港春、李俊乐构成虚假诉讼罪属定性错误,导致量刑不当,建议依法改判。《浙江省高级人民法院、浙江省人民检察院关于办理虚假诉讼刑事案件具体适用法律的指导意见》第六条规定:"以非法占有为目的,进行虚假诉讼,骗取公私财物的,按照刑法第二百六十六条诈骗罪处理";根据《刑法修正案(九)》新增的《刑法》第三百零七条之一第二款的规定,实施虚假诉讼行为,非法占有他人财产或者逃避合法债务,又构成其他犯罪的,依照处罚较重的规定定罪处罚。二被告人提起虚假诉讼是手段,非法占有他人财物是目的,属于牵连犯,应依法认定为诈骗罪。丽水市人民检察院支持抗诉,支持抗诉意见和出庭意见认为,《最高人民法院关于〈中华人民共和国刑法修正案(九)〉时间效力问题的解释》第七条规定,对于《刑法修正案(九)》施行前的诉讼诈骗行为,非法占有他人财产或者逃避合法债务,根据修正前《刑法》应当以诈骗罪等追究刑事责任的,适用修正前《刑法》的有关规定。诉讼诈骗属于诈骗具体类型中的"三角诈骗",符合诈骗罪的构成要件,且即使认定二被告人不构成诈骗罪,原判适用法律亦违反禁止不利溯及既往的要求,请求依法改判。

原审被告人朱港春和李俊乐均辩解称自己不构成诈骗罪,请求维持原判。辩护人提出,抗诉机关认为原审定性错误的理由不能成立,《浙江省高级人民法院、浙江省人民检察院关于办理虚假诉讼刑事案件具体适用法律的指导意见》的效力低于《刑法修正案(九)》,而《刑法修正案(九)》单独设立了虚假诉讼罪,明确规定通过虚假诉讼非法占有他人财物或逃避合法债务的,需审查是否符合其他犯罪的构成要件,二被告人除提起民事诉讼行为以外,不存在诈骗他人的意图和行为,也不存在他人因此被骗而主动交付财物的事实,不符合诈骗罪的构成要件,2002年10月24日《最高人民检察院法律政策研究室关于通过伪造证据骗取法院民事裁判占有他人财物的行为如何适用法律问题的答复》亦明确规定,对于虚假诉讼行为,不宜以诈骗罪追究行为人的刑事责任,请求驳回抗诉,维持原判。

丽水市中级人民法院经审理认为,原审被告人朱港春、李俊乐明知借款人所欠借款已经归还,仍然捏造事实起诉借款人及担保人,要求对方归还借款及利息,具有非法占有他人财产的主观目的,客观上实施了虚构事实、隐瞒真相行为,致使人民法院作出错误裁判处分被害人的财产,符合诈骗罪的构成要件。《最高人民法院关于〈中华人民共和国刑法修正案(九)〉时间效力问题的解释》第七条第二款规定,通过虚假诉讼,非法占有他人财产或者逃避合法债务,根据修正前《刑法》应当以诈骗罪等追究刑事责任的,适用修正前《刑法》的有关规定。《最高人民检察院法律政策研究室关于通过伪造证据骗取法院民事裁判占有他人财物的行为如何适用法律问题的答复》不属于司法解释,且与上述司法解释相冲突,不予适用。原判认定朱港春、李俊乐的行为构成虚假诉讼罪属适用法律错误,抗诉机关的抗诉理由成立。朱港春、李俊乐因意志以外的原因未得逞,系诈骗犯罪未遂。依照《中华人民共和国刑法》第二百六十六条,第二十三条,第二十五条第一款,第二十六条第一款、第四款,第二十七条,第六十七条第三款,第七十二条第一款、第三款,第七十三条第二款、第三款,《最高人民法院关于〈中华人民共和国刑法修正案(九)〉时间效力问题的解释》第七条第二款和2012年修订的《中华人民共和国刑事诉讼法》第二百二十五条第一款第(二)项之规定,判决如下:

1. 撤销丽水市莲都区人民法院(2015)丽莲刑初字第878号刑事判决。

2. 被告人朱港春犯诈骗罪,判处有期徒刑四年六个月,并处罚金人民币十五万元。

3. 被告人李俊乐犯诈骗罪,判处有期徒刑二年,缓刑五年,并处罚金人民币十万元。

二、主要问题

(一)“单方欺诈型”虚假诉讼行为是否构成诈骗罪?

(二)“单方欺诈型”虚假诉讼行为发生在《刑法修正案(九)》施行之前,《刑法修正案(九)》施行之日尚未处理的,应当如何定罪处罚?

三、裁判理由

本案公诉机关以被告人朱港春、李俊乐的行为构成诈骗罪为由提起公诉,辩护人提出应认定为虚假诉讼罪,一审法院采纳了辩护意见,认定二被告人的行为构成虚假诉讼罪。检察机关抗诉提出应认定为诈骗罪,二审法院改判为诈骗罪,反映出诉讼各方对被告人行为性质、适用法律方面的分歧。具体分析如下:

(一)“单方欺诈型”虚假诉讼行为依法构成诈骗罪

本案中,被告人朱港春、李俊乐明知债务人的借款已经全部归还,双方之间的债权债务法律关系已经消灭,仍然故意捏造事实,起诉要求借款人及担保人再次归还借款及利息,属于刑法理论所称的“单方欺诈型”虚假诉讼行为。对于“单方欺诈型”虚假诉讼行为可否认定为诈骗罪,在《刑法修正案(九)》施行之前和之后,一直存在较大争议,存在多种意见:第一种意见认为,“单方欺诈型”虚假诉讼行为不符合诈骗罪的构成要件,不构成诈骗罪,在刑法无明确规定的情况下,应认定为无罪;第二种意见认为,“单方欺诈型”虚假诉讼行为人的主观目的是借助人民法院的强制执行力,迫使被害人非自愿的交付财物,更加符合敲诈勒索罪的构成要件,应以敲诈勒索罪定罪处罚;第三种意见认为,“单方欺诈型”虚假诉讼行为属于典型的“三角诈骗”,应依法认定为诈骗罪。

我们认为,对“单方欺诈型”虚假诉讼行为依法可以认定为诈骗罪,主要理由如下:

第一,认定“单方欺诈型”虚假诉讼行为构成诈骗罪不存在理论上的障碍。诈骗罪,是指以非法占有为目的,采用虚构事实或者隐瞒真相的方式,骗取他人财物的行为。诈骗犯罪行为的通常表现形式为:行为人向被害人实施虚构事实或者隐瞒真相行为——被害人产生认识错误进而自愿交付自己所有或者占有的财物——被害人遭受财产损失。这种情况下,受骗人处分自己所有或者占有的财物,自己遭受财产损失,受骗人(财产处分人)与被害人具有同一性,完全符合诈骗罪的构成要件,以诈骗罪定罪处罚不存在争议。但是,在“单方欺诈型”虚假诉讼的情况下,因行为人捏造事实而被骗的是人民法院,人民法院在受蒙蔽的情况下处分的是民事被告的财产,遭受损失的是民事被告,受骗人(财产处分人)与被害人并非同一主体,发生了分离。对于这种情况,理论上一般称为“三角诈骗”,是否可以以诈骗罪论处,是理论和实践中的主要分歧所在。我们认为,首先,《刑法》关于诈骗罪的规定并未排除“三角诈骗”,无受骗人与被害人必须是同一主体的规定,“三角诈骗”行为完全符合诈骗罪的构成要件。其次,诈骗罪属于侵犯财产犯罪,《刑法》规定诈骗罪的目的是保护公私财产,“三角诈骗”在侵犯公私财产权益方面与普通诈骗不存在任何区别,对“三角诈骗”以诈骗罪论处,符合刑法关于诈骗罪的立法原意。

第二,相关立法资料反映出立法机关亦认为“单方欺诈型”虚假诉讼行为构成诈骗罪。《刑法修正案(九)》(草案一次审议稿)建议增设刑法第三百零七条之一第二款规定:“以捏造的事实提起民事诉讼,非法侵占他人财产或者逃避合法债务,又构成其他犯罪的,依照本法第二百六十六条(诈骗罪)的规定从重处罚”,明确虚假诉讼犯罪行为可以构成诈骗罪。后续审议过程中,有意见提出,实施虚假诉讼行为非法侵占他人财产,还可能构成职务侵占罪、贪污罪等其他侵财型犯罪,故立法机关对《刑法》第三百零七条之一第二款之规定作了进一步修改,明确此类行为又构成其他犯罪的,依照处罚较重的规定定罪从重处罚。此处的“其他犯罪”,既包括诈骗罪,也包括以欺诈手段实施的职务侵占罪、贪污罪等侵财型犯罪。从《刑法修正案(九)》的审议过程可以看出,立法机关明确认为"单方欺诈型"虚假诉讼行为可以构成诈骗罪。类似本案被告人朱港春、李俊乐实施的捏造事实提起民事诉讼,意图骗取人民法院裁判文书、非法占有他人财产的行为,可以依法认定为诈骗罪。

(二)"单方欺诈型"虚假诉讼行为发生在《刑法修正案(九)》施行之前,《刑法修正案(九)》施行之日尚未处理的,应当适用修正前《刑法》规定,以诈骗罪定罪处罚

被告人朱港春、李俊乐在债务人已经全部清偿借款的情况下,采用拒不偿还借条、将担保人篡改为借款人等手段,捏造他人对自己负有债务的事实,向人民法院提起民事诉讼,该行为符合《刑法》第三百零七条之一规定的虚假诉讼罪的构成要件。但是,虚假诉讼罪是2015年11月1日施行的《刑法修正案(九)》增设的罪名,朱港春、李俊乐的行为发生在《刑法修正案(九)》施行之前,而《刑法修正案(九)》施行之日尚未处理完毕,涉及刑法规范的选择适用问题。

对于刑法规范的选择即刑法的溯及力问题,刑法理论和实践中普遍采用从旧兼从轻原则。《刑法》第十二条第一款规定:"中华人民共和国成立以后本法施行以前的行为,如果当时的法律不认为是犯罪的,适用当时的法律;如果当时的法律认为是犯罪的,依照本法总则第四章第八节的规定应当追诉的,按照当时的法律追究刑事责任,但是如果本法不认为是犯罪或者处刑较轻的,适用本法。"在立法层面上确立了刑法规范选择的从旧兼从轻原则。为了解决《刑法修正案(九)》施行之后的刑法规范选择问题,最高人民法院出台了《关于〈中华人民共和国刑法修正案(九)〉时间效力问题的解释》(以下简称《时间效力解释》),对《刑法修正案(九)》施行前后虚假诉讼罪的认定问题作出了专门规定。根据《时间效力解释》第七条第二款的规定,实施虚假诉讼行为,非法占有他人财产或者逃避合法债务,根据修正前《刑法》应当以诈骗罪、职务侵占罪或者贪污罪等追究刑事责任的,适用修正前《刑法》的有关规定。

根据《最高人民法院关于适用刑法第十二条几个问题的解释》的规定,《刑法》第十二条规定的"处刑较轻",是指刑法对某种犯罪规定的刑罚即法定刑比修订前《刑法》轻。法定刑较轻是指法定最高刑较轻;如果法定最高刑相同,则指法定最低刑较轻。据此,在某一行为同时符合虚假诉讼罪构成要件和诈骗罪等侵财型犯罪构成要件的情况下,由于诈骗罪等侵财型犯罪的法定最高刑一般高于虚假诉讼罪,根据《刑法》第三百零七条之一第三款的规定,应以诈骗罪等侵财型犯罪从重处罚。但是,如果适用修正前《刑法》的规定,对该行为应直接以诈骗罪等侵财型犯罪定罪处罚,无从重处罚的要求。《时间效力解释》第七条第二款规定,对发生在《刑法修正案(九)》施行之前,《刑法修正案(九)》施行后尚未处理完毕,同时符合虚假诉讼罪构成要件和诈骗罪等侵财型犯罪构成要件的行为,适用修正前《刑法》的有关规定。因而,本案认定为诈骗罪等侵财型犯罪,是贯彻落实从旧兼从轻原则的必然结果。

综上,本案二审法院适用《时间效力解释》第七条第二款的规定,改判被告人朱港春、李俊乐的行为均构成诈骗罪并根据各自的犯罪事实、情节分别量刑,是适当的。

(撰稿:最高人民法院刑四庭　王凯凯
审编:最高人民法院刑四庭　陆建红)

[第1380号] 张崇光、张崇荣虚假诉讼案

——虚假诉讼犯罪案件中如何正确适用从旧兼从轻原则

【关键词】 虚假诉讼 溯及力 从旧兼从轻

一、基本案情

被告人张崇光,男,1970年1月15日出生,浙江金意来阀门有限公司法定代表人。2016年6月28日被逮捕。

被告人张崇荣,男,1975年4月3日出生,个体工商户。2016年6月28日被逮捕。

浙江省临海市人民检察院以被告人张崇光、张崇荣犯虚假诉讼罪,向临海市人民法院提起公诉。

被告人张崇光对指控的犯罪事实予以供认,辩称有自首情节,请求从轻处罚。

被告人张崇荣对指控的犯罪事实予以供认,辩称在共同犯罪中作用较小,未造成债权人损失,系初犯、偶犯,请求判处缓刑。

临海市人民法院经审理查明:被告人张崇光系浙江金意来阀门有限公司(以下简称金意来公司)法定代表人,由于公司经营不善,无力归还中国农业银行股份有限公司临海市支行(以下简称农行临海支行)的抵押贷款本息,农行临海支行2015年8月17日向临海市人民法院提起民事诉讼,临海市人民法院于同年10月16日作出判决,由金意来公司偿付农行临海支行本金人民币15 289 750元及相应利息,农行临海支行对金意来公司所有的坐落在临海市东部区块管委会北洋十一路5号的厂房折价或者拍卖、变卖该财产所得价款在判决确定的债权范围内享有优先受偿权。

为避免金意来公司的厂房被折价或者拍卖、变卖抵付给农行临海支行,被告人张崇光于2015年五六月预先伪造了该公司3号、5号厂房和X射线探伤室的两份建设工程施工合同,造价分别为420万元和67万元,后指示被告人张崇荣以承包人名义在合同上签名,并委托律师代理,以金意来公司拖欠张崇荣两笔分别为420万元和67万元的工程款为由,向临海市人民法院提起民事诉讼。同年8月20日,临海市人民法院作出(2015)台临杜民初字第1019号、第1020号民事调解书,认定张崇荣为工程承包人,由金意来公司支付张崇荣两笔工程款合计487万元,张崇荣有权就工程款对涉案金意来公司3号、5号厂房和X射线探伤室折价或者拍卖、变卖所得价款享有优先受偿权,并有权要求金意来公司支付逾期利息损失。

2016年3月18日,被告人张崇荣在浙江省温州市龙湾区龙湾中学附近被抓获归案,被告人张崇光于同年4月7日向临海市公安局自动投案并如实供述了犯罪事实。

临海市人民法院认为,被告人张崇光、张崇荣以捏造的事实提起民事诉讼,妨害司法秩序,其行为已构成虚假诉讼罪,公诉机关指控的罪名成立。张崇荣在共同犯罪中的作用相对较小,酌情从轻处罚,张崇光有自首情节,依法从轻处罚,二被告人均当庭自愿认罪,酌情从轻处罚。根据二被告人犯罪事实及在共同犯罪中的作用、犯罪性质、情节和对社会的危害程度等,依照《中华人民共和国刑法》第三百零七条之一第一款、第二十五条第一款、第六十七条第一款之规定,判决如下:

1. 被告人张崇光犯虚假诉讼罪,判处有期徒刑一年四个月,并处罚金人民币十五万元。

2. 被告人张崇荣犯虚假诉讼罪，判处有期徒刑一年，并处罚金人民币十万元。

一审宣判后，被告人张崇光、张崇荣分别提出上诉。

被告人张崇光上诉提出，自己的行为未造成债权人损失，有自首情节，系初犯、偶犯，请求改判缓刑。张崇光的辩护人提出了相同的辩护意见。

被告人张崇荣上诉提出，自己的行为未造成债权人损失，在共同犯罪中起辅助作用，有坦白和立功情节，系初犯、偶犯，请求改判缓刑。张崇荣的辩护人提出了相同的辩护意见。

出庭检察员提出，虚假诉讼罪是《刑法修正案（九）》增设的罪名，本案行为发生在《刑法修正案（九）》施行之前，根据从旧兼从轻原则，一审判决对被告人张崇光、张崇荣以虚假诉讼罪论处，主刑量刑适当，但并处罚金不当，建议改判张崇光犯妨害作证罪、张崇荣犯帮助伪造证据罪，不并处罚金。

浙江省台州市中级人民法院经审理认为，上诉人张崇光、张崇荣实施犯罪行为时《刑法修正案（九）》尚未公布施行，因为虚假诉讼罪的主刑中增加了管制，并可单处罚金，相对妨害作证罪和帮助伪造证据罪而言法定刑较轻，根据从旧兼从轻原则，本案应以虚假诉讼罪定罪处罚。虚假诉讼罪侵犯的客体是国家司法秩序和司法权威，关于未造成债权人经济损失、请求从轻处罚的上诉理由和辩护意见不予采纳。张崇荣以承包人名义参与整个虚假诉讼过程，在共同犯罪中作用相对较小，但并非仅起辅助作用，一审判决已酌情从轻处罚。一审判决认定的事实清楚，证据确实、充分，定罪和适用法律正确，量刑适当。审判程序合法。依照2012年修订的《中华人民共和国刑事诉讼法》第二百二十五条第一款第（一）项之规定，裁定如下：

驳回上诉，维持原判。

二、主要问题

在虚假诉讼犯罪案件处理中，应当如何正确适用从旧兼从轻原则？

三、裁判理由

（一）从旧兼从轻原则的含义

从旧兼从轻原则是解决法律规范选择、确定法律溯及力的基本原则，是刑法中罪刑法定原则的具体体现，已被世界上大多数国家和地区采用。我国《刑法》第十二条第一款规定："中华人民共和国成立以后本法施行以前的行为，如果当时的法律不认为是犯罪的，适用当时的法律；如果当时的法律认为是犯罪的，依照本法总则第四章第八节的规定应当追诉的，按照当时的法律追究刑事责任，但是如果本法不认为是犯罪或者处刑较轻的，适用本法。"从而在立法上确立了从旧兼从轻原则。

根据通行理论，刑法中的从旧兼从轻，是指对于发生在新法施行以前、新法施行以后尚未作出生效判决的行为，一般应当根据旧法的规定内容确定行为人所应承担的刑事责任，但是，如果适用新法对行为人更为有利的，则应当适用新法的相关规定确定其刑事责任。从旧兼从轻原则的具体内容主要包括以下两个方面：第一，"从旧"，即涉及新旧法律的选择问题时，应当优先适用旧法。以新法的颁布时间为界限，在这一时间点之前发生的行为，如果当时的《刑法》明确规定此行为不构成犯罪，而新修订的《刑法》认为该行为构成犯罪的，依据新法不溯及既往的原则，应当依据旧法的规定不追究行为人的刑事责任，这种情况下，新法不具有溯及力。如果当时的《刑法》和新修订的《刑法》均规定此行为构成犯罪的，则应结合"从轻"的原则要求进行规范选择。第二，"从轻"，即优先适用处刑较轻的法律。仍然以新法的颁布时间为界限，对于发生在新《刑法》施行以前的行为，如果旧《刑法》认为该行为构成犯罪，但是新修订的《刑法》认为该行为不构成犯罪或者处刑较轻的，从有利于被追诉人的角度出发，应当采用新《刑法》的规定确定其刑事责任，这种情况下，新法具有溯及力。在上述两个方面内容中，从旧是原则，从轻是例外，最终选择适用的刑法规范，应当是行为实施时有效的刑法规范或者对行为人最为有利的刑法规范。坚持从旧兼从轻原则，有利于维护法律权威，实现立法目的和保护被追诉人合法权益，较好地解决司法实践中存在的问题。

由上述分析可以看出，从旧兼从轻原则的适用对象是行为，从理论上讲，其适用对象可分为狭义和广义两个层面。具体而言，狭义的适用对象是指未经审判或者判决尚未确定的行为，且这一行为发生在新的刑法生效之前；广义的适用对象既包括未经审判或者判决尚未确定的行为，也包括已经判决生效和正处于服刑阶段的行为。鉴于刑事判决的既判力直接影响公民对法律的信赖程度，关系司法权威，我国《刑法》采用的是狭义的适用对象。《刑法》第十二条第二款规定："本法施行以前，依照当时的法律已经作出的生效判决，继续有效。"

虚假诉讼罪是2015年11月1日公布施行的《刑法修正案（九）》增设的罪名。本案被告人张崇光、张崇荣2015年五六月以虚构建设工程施工合同、制造金意来公司拖欠张崇荣工程款的假象等方式捏造事实并提起民事诉讼，临海市人民法院于同年8月20日依据上述捏造的事实作出民事调解书，二被告人实施的以捏造的事实提起民事诉讼的行为发生在《刑法修正案（九）》施行以前。被告人张崇光、张崇荣2016年3月和4月相继被抓获归案，后被交付审判，本案属于典型的行为发生在新《刑法》施行以前、新《刑法》施行之后尚未作出生效判决的情形，需要正确适用从旧兼从轻原则，依法确定二被告人的刑事责任。

（二）如何在虚假诉讼犯罪案件中正确适用从旧兼从轻原则

被告人张崇光、张崇荣实施以捏造的事实提起民事诉讼的行为时，《刑法》中并无虚假诉讼罪这一罪名。在这种情况下，应当分析二被告人的行为是否符合《刑法》规定的其他犯罪的构成要件，不能简单地以《刑法》中未规定虚假诉讼罪为由，认定二被告人的行为不构成犯罪。

首先，被告人张崇光的行为符合妨害作证罪的构成要件。妨害作证罪，是指采用暴力、威胁、贿买等方法阻止证人作证或者指使他人作伪证的行为。妨害作证罪是举动犯，只要实施了妨害作证行为，均可能构成本罪。妨害作证行为既可以发生在民事案件中，也可以发生在刑事案件、经济案件和行政案件中。妨害作证行为既可以发生在诉讼活动过程中，也可以发生在当事人或者公诉机关提起诉讼以前，行为人在提起诉讼以前实施妨害作证行为的，同样会影响即将进行的诉讼活动，妨害司法机关的正常诉讼活动，与在诉讼过程中实施妨害作证行为的社会危害性并不存在本质区别。张崇光为达到虚构建筑工程优先受偿权、逃避人民法院强制执行的目的，指使被告人张崇荣作伪证，伪造建筑工程施工合同，捏造虚假的债权债务关系和民事纠纷，并以伪造的证据为依据向人民法院提起民事诉讼，行为符合妨害作证罪的构成要件。

其次，被告人张崇荣的行为符合帮助伪造证据罪的构成要件。《刑法》第三百零七条第二款规定的帮助毁灭、伪造证据属于选择性罪名，其中，帮助伪造证据罪，是指帮助诉讼活动中的当事人伪造证据，情节严重的行为。本罪中的当事人范围较广，既包括刑事诉讼中的被害人、自诉人、犯罪嫌疑人、被告人和附带民事诉讼原告人，也包括民事诉讼中的原告、被告、共同诉讼人、第三人，以及行政诉讼中的原告、被告，等等。所谓伪造证据，是指凭空捏造实际根本不存在的证据，或者对现有证据进行篡改、歪曲、加工、整理使其脱离事实真相的行为。帮助当事人伪造证据必须达到情节严重的程度才能构成本罪；所谓情节严重，主要是指行为人犯罪动机卑劣、多次帮助当事人伪造证据、帮助重大案件当事人伪造证据、因实施帮助伪造证据行为导致诉讼活动无法正常进行或者中止，以及导致错案错判、造成恶劣影响等情形。张崇荣帮助民事诉讼中的被告张崇光在虚构的建筑工程施工合同上以承包人的身份签字，伪造重要证据并据以提起民事诉讼，导致人民法院基于该证据出具民事调解书，严重影响农行临海支行诉金意来公司借款纠纷一案民事判决的正常执行，已达到情节严重的程度，行为符合帮助伪造证据罪的构成要件。

在认定被告人张崇光、张崇荣的行为依照行为时法构成妨害作证罪和帮助伪造证据罪、根据裁判时法构成虚假诉讼罪的情况下，需要根据从旧兼从轻原则，选择适用刑法规范确定其刑事责任。《最高人民法院关于〈中华人民共和国刑法修正案（九）〉时间效力问题的解释》第七条规定："对于2015年10月31日以前以捏造的事实提起民事诉讼，妨害司法秩序或者严重侵害他人合法权益，根据修正前刑法应当以伪造公司、企业、事业单位、人民团体印章罪或者妨害作证罪等追究刑事责任的，适用修正前刑法的有关规定。但是，根据修正后刑法第三百零七条之一的规定处刑较轻的，适用修正后刑法的有关规定。"上述规定是从旧兼从轻原则在虚假诉讼犯罪案件处理过程中的具体体现。但是，如何正确理解《刑法》第十二条和该解释第七条规定中的"处刑较轻"，理论和实践中仍然存在不同理解：第一种意见认为，"处刑较轻"是指可能判处的实际刑罚较轻；第二种意见认为，"处刑较轻"是指刑法规定的法定刑较轻。本案中，二审出庭检察员建议改判二被告人分别构成妨害作证罪和帮助伪造证据罪，判处有期徒刑，不并处罚金，明显采纳了第一种意见。

我们赞同第二种意见。这里涉及的主要问题在于，"处刑较轻"的判断标准是法定刑还是宣告刑。《最高人民法院关于适用刑法第十二条几个问题的解释》（以下简称《问题解释》）第一条规定："刑法第十二条规定的'处刑较轻'，是指刑法对某种犯罪规定的刑罚即法定刑比修订前刑法轻。法定刑较轻是指法定最高刑较轻；如果法定最高刑相同，则指法定最低刑较轻。"据此，确定两个以上罪名的刑罚轻重，判断标准是《刑法》针对各个罪名规定的法定刑，而非人民法院判决确定的宣告刑。如果《刑法》规定的某一罪名的法定刑比另一罪名的法定刑轻，即使人民法院判决最终确定的宣告刑由于存在附加刑而对被告人更为不利，也不能认定法定刑较轻的罪名属于重罪。具体判断过程中，应当首先比较不同罪名的主刑，主刑相同的，再比较附加刑。

本案涉及的比较对象为妨害作证罪、帮助伪造证据罪和虚假诉讼罪。根据《刑法》的规定，帮助伪造证据罪仅有三年以下有期徒刑或者拘役一个法定刑幅度，而妨害作证罪和虚假诉讼罪各有两个法定刑幅度。《问题解释》第二条规定："如果刑法规定的某一犯罪只有一个法定刑幅度，法定最高刑或者最低刑是指该法定刑幅度的最高刑或者最低刑；如果刑法规定的某一犯罪有两个以上的法定刑幅度，法定最高刑或者最低刑是指具体犯罪行为应当适用的法定刑幅度的最高刑或者最低刑。"根据在案证据，被告人张崇光、张崇荣所犯虚假诉讼罪以及张崇光所犯妨害作证罪均不属于情节严重，妨害作证罪应当适用的法定刑幅度为三年以下有期徒刑或者拘役，虚假诉讼罪应当适用的法定刑幅度为三年以下有期徒刑、拘役或者管制，并处或者单处罚金。根据司法解释确定的比较方法，妨害作证罪、帮助伪造证据罪和虚假诉讼罪的法定最高刑相同，但妨害作证罪和帮助伪造证据罪的法定最低刑均为拘役，而虚假诉讼罪的法定最低刑为管制和罚金，故虚假诉讼罪系处刑较轻的罪名。

综上，一审、二审法院对被告人张崇光、张崇荣均以虚假诉讼罪定罪处罚，符合从旧兼从轻原则，是适当的。

（撰稿：最高人民法院刑四庭　崔　慧
审编：最高人民法院刑四庭　陆建红）

二、犯罪和刑事责任

[第950号]被告人李鹏盗窃案

——如何审查智力障碍者的刑事责任能力

【关键词】 智力障碍 刑事责任能力 辨认和控制能力

一、基本案情

被告人李鹏,男,汉族,1987年10月13日出生,无业。2007年5月24日因犯盗窃罪被判处有期徒刑二年,并处罚金人民币二千元,2009年3月1日刑满释放;2012年7月20日因本案被逮捕。

湖北省宜昌市西陵区人民检察院以被告人李鹏犯盗窃罪,向宜昌市西陵区人民法院提起公诉。

被告人李鹏对指控的事实及罪名无异议。

宜昌市西陵区人民法院经公开审理查明:2012年6月5日19时许,被告人李鹏到宜昌市第一人民医院旁的停车场,用自备钥匙打开被害人周某的赛宝轿车后备厢,盗走后备厢内的稻花香牌小珍品一号白酒2瓶、方盒珍品白酒4瓶(价值人民币336元);同日21时许,李鹏到宜昌市环城南路与沿江大道交界处的中国人保大门旁非机动车道上,用自备钥匙打开被害人范某的黑色桑塔纳2000型轿车后备厢,盗走后备厢内白云边牌十五年陈酿白酒2件,共计12瓶(价值人民币2 016元)。案发后,被盗赃物均被公安机关追缴并返还给被害人。

宜昌市西陵区人民法院认为,被告人李鹏以非法占有为目的,秘密窃取他人财物,数额较大,其行为构成盗窃罪。公诉机关指控的罪名成立。李鹏曾因犯盗窃罪被判处有期徒刑,刑罚执行完毕以后,在五年以内再犯应当判处有期徒刑以上刑罚之罪,是累犯,依法应当从重处罚。李鹏如实供述自己的罪行,依法可以从轻处罚。李鹏被动全部退赃,可以酌情从轻处罚。据此,依照《中华人民共和国刑法》第二百六十四条、第六十五条第一款、第六十七条第三款、第五十二条、第六十四条之规定,宜昌市西陵区人民法院以盗窃罪判处被告人李鹏有期徒刑九个月,并处罚金人民币二千五百元。

一审宣判后,被告人李鹏未提起上诉,公诉机关亦未提出抗诉,该判决已经发生法律效力。

二、主要问题

如何审查智力障碍者的刑事责任能力?

三、裁判理由

被告人李鹏在前次盗窃犯罪中,经司法精神病鉴定为边缘智力(智商值70),此次涉嫌盗窃犯罪后,公安机关再次委托鉴定人员对李鹏的刑事责任能力进行鉴定。经鉴定,李鹏为边缘智力,此次盗窃作案时辨认能力和控制能力存在,评定为完全刑事责任能力。

(一)智力障碍与刑事责任能力的对应关系

根据司法精神病鉴定公认的行业标准,即《中国精神障碍分类与诊断标准》(CCMD-3)的规定,智商值69以下为精神发育迟滞,智商值70-86为边缘智力。二者的主要特征是行为人的智力显著低于正常人(本文统称为智力障碍),均属精神障碍范畴。刑法第十八条规定:"精神病人在不能辨认或者不能控制自己行为的时候造成危害结果,经法定程序鉴定确认的,不负刑事责任……尚未完全丧失辨认或者控制自己行为能力的精神病人犯罪的,应当负刑事责任,但是可以从轻或者减轻处罚……"值得注意的是,刑法没有详细规定精神病的具体范畴,精神医学界对"精神病"一词有狭义和广义的理解。狭义的精神病是指比较严重的精神疾病,如精神分裂症、偏执型精神病等;广义的精神病则既包含严重精神疾病,还包含神经症、人格障碍、应激障碍等通常认为的轻度精神异常,一般将广义的精神病称为"精神障碍"。2012 年颁布实施的《精神卫生法》亦采用精神障碍的概念。目前理论界和司法鉴定实践均认为,刑法所说的精神病是广义的,也就是指精神障碍。刑法对精神障碍者的刑事责任能力划分采取三分法,即实践中常见到的完全刑事责任能力、限制刑事责任能力和无刑事责任能力。智力障碍属于精神障碍的重要类型,如果不能正确认识智力障碍者刑事责任能力的有无和程度,就不能对他们的行为作出准确评价,无法做到罚当其罪。

智力障碍犯罪人在全部犯罪中占据重要地位,据《日本犯罪白皮书·1984 年版》记载,在已判明智商的21 146 名少年犯中,智商在79 以下的占25.3%;我国学者的报告也指出,在中国精神障碍犯罪人中,精神发育迟滞仅次于精神分裂症,二者合计占65%。智力障碍与犯罪的关系通常表现如下:(1)由于行为人辨认能力缺损,不能正确认识自己的行为或者行为的本质,不能预计或者准确预计行为的后果,可能放纵自己的行为,例如,仅仅因为好玩而多次纵火。(2)智力障碍者往往漠视社会规则、道德感缺失,易受本能、欲望的驱使,例如,智力障碍者实施的强奸犯罪。(3)智力障碍者容易接受不良的社会信息,轻信他人的教唆,可能被人利用而从事犯罪活动,例如,智力障碍者与他人结伙实施抢劫行为。

在司法鉴定实践中,极重度和重度精神发育迟滞者(智商值34 以下)一般被评定为无责任能力,中度(智商值35-49)多属限制责任能力,轻度(智商值50-69)及边缘智力(智商值70-86)多属完全责任能力,对部分初犯者可酌情评定为限制责任能力。

(二)智力障碍行为人的辨认、控制能力的审查

对智力障碍行为人的刑事责任能力的判断并非易事,在通过智商测试确定行为人有智力缺陷的基础上(医学标准),刑法还规定了辨认、控制能力标准(法学标准),辨认能力是指对行为的物理性质、社会危害性、必要性的认识,控制能力则体现了主观意志对客观行为的支配程度,其与辨认能力紧密相连,一般没有辨认能力就不会有控制能力,但存在辨认能力尚存,因情感、意志等方面的障碍,导致控制能力缺失的情况。辨认、控制能力是人的主观心理状态,很多时候主观心理和外在行为存在背离现象,探究智力障碍行为人主观心理的难度更大,但仍有迹可循,通常可以从以下方面审查智力障碍行为人的辨认、控制能力,以判断被告人的责任能力:

1. 行为人的犯罪动机是否有现实基础。犯罪动机是判断行为人主观方面是否具有故意或者过失最直接的依据,很多案件正是因为司法人员对行为人的作案动机产生疑惑而启动精神病鉴定程序,有学者指出可以依据动机判断精神障碍者的刑事责任能力,可见犯罪动机的重要性。动机是指行为人满足某种需求的意愿和心理状态。一般而言,只有出于现实动机作案的智力障碍者才有刑事责任能力。智力障碍者的犯罪动机可分为四种情形:(1)动机不明。正常人实施犯罪行为总是存在一定的动机,例如谋财、满足性欲等。对智力障碍者来说,如果智力缺损严重到使行为人意识不到自己在做什么,或者不能意识到自己真正在做什么,即属于无作案动机,或者称为动机模糊、动机不明,多表现为行为人不能说明自己作案的原因,或者所说的原因十分奇特,与现实情况完全背离,行为人归案后可能对作案动机完全遗忘,还可能记不清自己的作案经过。

(2)病理性动机。此种情况在单纯智力障碍者身上比较少见,但有些智力障碍者合并出现其他精神障碍,如智力障碍并发精神分裂症、偏执型精神病等,就可能出现幻觉、妄想等知觉、思维障碍,虽然此类行为人存在明确的动机,但他们的动机是出于虚幻的需要,正常人无法理解,正因为此种动机无法被人理解,比较容易识别。(3)现实动机。此种动机与精神正常者产生的动机区别不大,都是出于生理、社会、心理等需要,即便这种需求不是合理、合法的需求,也属于现实动机,对智力障碍者来说,他们有可能不能采取正确、恰当的方式满足自己的需求,或者难以控制自己的欲望从而实施犯罪行为。对基于现实动机作案的智力障碍行为人需要仔细甄别,与普通人的道德品质和法律意识低下区别开来,防止将严重智力障碍者视为普通人犯罪。有些智力障碍行为人由于思维能力差,推理判断往往不符合逻辑,虽然他们的动机是现实的,但多多少少显得荒谬可笑,对基于现实动机作案的智力障碍行为人的审查,不在于行为的动机方面,而在于行为的控制、行为方式上面,即行为人是否能支配自己的情绪、行为,是否能以正常方式满足自己的欲望。例如,有的智力障碍行为人不能对强奸行为作出合法与非法的判断,他们不能理解性欲的本质,不清楚法律、社会规范对性行为有何限制,因为不能通过正常、合法的方法解决性欲冲动而实施强奸行为,其中比较严重的智力障碍者甚至可能不加选择的侵犯亲人、邻居等,而对于辨认能力正常的人而言,他们一般会对犯罪对象有所选择。(4)混合动机。即病理性动机和现实动机的混杂,其中某种动机可能占据主导地位,审查时要特别注意行为人作案是否具有深层次病理性的原因,而不能仅仅根据直接的、现实的原因认定其作案动机。有的智力障碍行为人归案后所供犯罪动机看起来合乎情理,但深究下去可能发现该动机受到其他精神障碍的影响。

具体到本案,被告人李鹏虽然智力偏低,但其实施盗窃犯罪的动机明确,其供述因为没有工作,也没人给他经济资助,没有钱花,就想偷别人的东西卖钱;其盗窃车内财物后,把赃物拿到礼品回收店换了钱,然后来到一家游戏厅买了数百元的游戏机币玩游戏,直到游戏币玩完了准备继续作案时,被巡逻的安保队员抓获。故其主观上就是为了非法占有他人财物以满足自己的物质需求。综合看来,本案未发现李鹏有任何虚幻的、不明确的动机,可以认定其作案是出于现实动机。

2.作案后的表现。作案后的表现是判明行为人对行为的辨认、控制能力一个重要的参考因素。对智力障碍行为人来说,犯罪前后智力障碍不会有明显的变化,可以通过归案后的表现确认其犯罪时的辨认、控制能力。犯罪行为人犯罪后的表现主要体现在两点:(1)自我保护行为。自我保护是指犯罪人为逃避惩罚和追究责任,有意识地向司法人员回避、虚构事实,或者负隅顽抗、毁灭证据。对自我保护能力欠缺的智力障碍者来说,他们由于智力受损,往往采取的手段比较幼稚,很难取得他人的信任,还可能暴露自己;有些严重的智力障碍者由于根本不知道自己做了什么,完全不存在自我保护能力。自我保护行为反映了行为人对自己行为性质和后果的认识,较好地体现了行为人辨认、控制能力的强弱。但也要看到,具备自我保护意识和行为不能说明被告人一定没有精神障碍,有自我保护意识和行为只是衡量行为人辨认、控制能力的重要依据之一,但还要结合其他依据综合判断。(2)对犯罪的认识。对犯罪的认识也体现出行为人对犯罪后果的认识和对自己行为合法性的认识。精神障碍者对犯罪行为的认识有多种情况,如坦然承认、无动于衷、固执己见、屡教不改等。智力障碍者较为常见的情形是认罪伏法,他们对自己的行为后果可能缺乏深入的认识,对司法人员的讯问通常有问必答,有的轻度智力障碍者甚至会夸大自己的犯罪行为;较为严重的智力障碍者对自己的犯罪细节通常不能完整的回忆,有时对犯罪后果表现出冷漠、无动于衷的情绪。

本案中,被告人李鹏懂得作案时避开行人,盗窃后迅速逃离现场,将窃得的赃物拿到礼品回收店卖钱时，店主询问赃物来源，李鹏编造谎言说是朋友送的。在对李鹏进行司法精神病鉴定时，其称自己计算了一下盗窃金额只有一千多元，最多判刑半年，自己被判过刑，最多再加半年，如果判重了会上诉。从上述表现看，李鹏有自我保护意识，知道自己的行为是犯罪行为，会受到什么样的惩罚，对案件的性质和后果能够正确认识。

3. 社会适应能力。社会适应能力是对被鉴定人的职业工作、婚姻家庭、社会交往、个人生活能力、对外界的兴趣等多个方面的综合性评价。由于精神病鉴定对智力障碍者的智力水平评估通常是一次性测试，难免出现不准确的情况，社会适应能力的评估显得尤为重要，且社会适应能力的评定具有客观性，往往比智力测试更为可靠。特别是评定轻度精神发育迟滞和边缘智力行为人的责任能力时，智力水平不能完全反映出他们对犯罪行为的认识程度，而社会适应能力是更有价值的评定标准。评估行为人的社会适应能力，需要考察行为人的成长历程、学习经历、工作能力、人际交往情况、兴趣爱好等内容，其中大部分与案件没有直接关联，公安机关取证时往往不会全面进行调查，这需要审判人员根据案件材料全面掌握与被告人社会适应能力项目相关的证据，必要时可亲自进行调查取证，以正确评估被告人的社会适应能力。

本案中，被告人李鹏虽然幼时生长发育迟缓，学龄期学习成绩差，初中一年级未读完即辍学，一直未从事稳定工作，但其盗窃汽车后备厢的犯罪手段具备相当的技术含量，知道把赃物拿去礼品回收店卖钱，能编造赃物来源欺骗店主，且其长期混迹于网吧、游戏厅，懂得操作电脑、游戏机。综上，可以判断其社会适应能力基本正常。

4. 犯罪性质。有精神医学学者指出，有智力障碍的人只是在一些高难度的问题上表现出与常人差异，但在基本的社会道德问题上他们应该有行为能力，所以他们应当对自己的行为后果负责。犯罪性质与智力障碍者刑事责任能力存在紧密关联，可以用自然犯和法定犯的区分来予以说明。自然犯和法定犯的概念由意大利法学家加罗法洛最早提出。自然犯是指侵害法益的同时明显违反伦理道德的犯罪，例如杀人、强奸、放火等传统犯罪；法定犯则是与自然犯相对应的概念，主要是违反行政、经济法规的犯罪。虽然二者之间没有绝对的界限，但在智力障碍者身上，该划分仍然具有相当重要的意义。一般而言，智力障碍者大多实施的是侵财犯罪、暴力犯罪、性犯罪等自然犯，一方面是由于他们的劳动能力和生活环境差，加之道德水平低下，通过实施以上类型的犯罪可以满足欲望；另一方面是因为他们参与社会活动有限，实施法定犯的能力和条件有所欠缺。当然，也有一些轻度智力障碍者由于认识能力上的缺陷，可能会以好玩、寻求刺激的心态实施扰乱社会秩序的行为，即便因此造成重大人员伤亡或者财产损失，更多还是因为他们对行政法规、经济法规的不理解所致，此类犯罪更符合法定犯的定义。

对实施了不同性质犯罪的智力障碍者的刑事责任能力需要区分对待。通常认为，只要智力障碍行为人具备了基本的认识能力，就能判断自己的行为是否违背社会道德，从而不会去实施杀人、放火、强奸等自然犯。例如，在司法鉴定中，对轻度智力障碍者实施拨打虚假恐怖信息报警电话，通常可以认定为无责任能力或者限制责任能力，而对他们实施的预谋杀人犯罪，一般认为具有完全责任能力。也就是说，智力障碍行为人的智力水平达到一定程度后，可以认为他们对基本的社会伦理道德有充分的认识，只是对更为复杂的社会规则认识程度可能不足。

本案被告人李鹏所实施的盗窃犯罪是典型的自然犯，其智商达到了边缘智力水平，能充分认识到盗窃他人财物的行为是社会规范和法律不允许的，会受到严厉的惩罚。

5. 行为人的一贯品质和前科行为。有些智力障碍者由于是非观念薄弱，好逸恶劳，容易受到社会不良思想的影响，往往多次犯罪，甚至因犯罪受到惩罚，出狱后仍屡教不改，在判断刑事责任能力时应当将首次犯案者和屡屡作案者加以区别。例如，1962 年美国《模范刑法典》在认定“精神疾病或精神缺陷"时就明确将屡次犯罪或其他反社会行为的异常表现排除在外。我国刑法规定对累犯要从重处罚，该规定不仅针对正常人，对智力障碍者也同样适用。实践中智力障碍者屡次犯案并不罕见，他们通过犯罪既满足欲望，也锻炼了胆识，积累了犯罪经验，加上意志薄弱，道德情感低下，容易走上再犯道路。对此类智力障碍者而言，他们能认识到自己的行为违反社会规则，会造成严重危害后果。如果一犯再犯，说明其道德低下，存在容易放纵自己行为的主观倾向。

本案被告人李鹏以前也曾因盗窃他人车内财物被判处有期徒刑二年，其明知盗窃他人财物的行为是犯罪行为，又再次实施，说明其道德水平极低，主观上完全放弃对自己行为的约束。因此，在判断其刑事责任能力时应当从严考虑。

审查智力障碍者的刑事责任能力是一个综合性的工作，在一些案件中需要考虑的因素可能不止以上几点，例如，有些案件中智力障碍行为人可能有器质性基础（如大脑器质性损伤），还可能有其他精神障碍（如智力障碍合并精神分裂症等）等，审查案件时需要具体分析、全面考虑，确保准确认定行为人的刑事责任能力，做到不枉不纵。

本案对被告人李鹏的精神病鉴定意见指出，李鹏的精神活动正常，其智力虽处于边缘水平，抽象思维能力较常人稍差，思维的广度、深度、灵敏性较差，社会适应能力较常人低。但根据其作案的动机、手段、过程、作案前后的表现等，李鹏作案时辨认、控制能力均存在，对该盗窃案具有完全刑事责任能力。以上鉴定意见综合审查了李鹏的智力水平、犯罪动机、对犯罪的认识、社会适应能力、前科表现等方面，对李鹏的刑事责任能力作出了准确的认定，故人民法院予以采信。

（撰稿：最高人民法院刑一庭　严　捷
湖北省宜昌市西陵区人民法院　彭　军
审编：最高人民法院刑一庭　董保军）

[第974号]章国钧受贿案

——如何认定国家出资企业中的国家工作人员

【关键词】　国家出资企业　国家工作人员　从事公务

一、基本案情

被告人章国钧，男，1977年1月3日出生，大学文化，原系交通银行股份有限公司湖州新天地支行行长助理。2012年9月17日因涉嫌犯受贿罪被逮捕。

浙江省湖州市吴兴区人民检察院以被告人章国钧犯受贿罪，向吴兴区人民法院提起公诉。

被告人章国钧基于以下理由请求对其从轻处罚，并适用缓刑：其是在公安机关仅掌握其收受礼金问题的情况下，主动交代受贿事实，系自首；其案发前已退还赃款。其辩护人辩称：被告人章国钧不属于国家工作人员，不构成受贿罪；章国钧有自首情节。

湖州市吴兴区人民法院经公开审理查明：

交通银行股份有限公司（以下简称交通银行）是国有参股的股份制银行。2003年7月至2012年2月26日，被告人章国钧系交通银行湖州分行的合同制职工。经交通银行湖州分行党委研究决定，2008年8月至2011年3月，章国钧担任交通银行湖州新天地支行公司（以下简称新天地支行）的业务管理经理。2011年3月至2012年2月，章国钧担任新天地支行行长助理，主要负责公司类客户的营销和日常管理工作，及公司客户经理队伍的日常管理。2011年2月至9月，章国钧利用担任新天地支行业务管理经理、行长助理职务上的便利，为李金星谋取利益，先后多次非法收受李金星贿送的现金，共计约人民币（以下未特别注明的均为人民币）49 200元。具体分述如下：

1. 2011年2月至3月，章国钧利用职务之便，收受李金星为求得并感谢章国钧在交通银行办理贷款业务中的关照而贿送的20 000元。

2. 2011年5月，章国钧利用职务之便，收受李金星出于上述同一事由而贿送的10 000元。

3. 2011年9月中秋节前后，章国钧利用职务之便，收受李金星出于上述同一事由而贿送的美金3 000元。后于同年9月17日将美金兑换成人民币。

2011年9月28日，新天地支行出现因客户企业资金链断裂而无法返还贷款的情况，该行随即安排贷款负责人员和信贷员至各放贷企业跟踪了解情况。章国钧在掌握了李金星所在的浙江金贸竹木家具有限公司出现资金周转困难后，害怕无法及时收回该企业贷款被追责，以及害怕自己收受贿赂的事实败露，于2011年11月20日从银行取款后，由其妻子向浙江金贸竹木家具有限公司账户汇款50 000元。案发后，章国钧向湖州市吴兴区人民检察院退出全部赃款。

湖州市吴兴区人民法院认为，被告人章国钧身为国家工作人员，利用职务上的便利，非法收受他人财物，为他人谋取利益，其行为构成受贿罪。公诉机关指控的罪名成立，依法应予惩处。章国钧到案后，能如实供述犯罪事实，且当庭认罪，依法可以从轻处罚。章国钧已退缴全部赃款，酌情可以从轻处罚。据此，依照《中华人民共和国刑法》第三百八十五条第一款、第三百八十六条、第三百八十三条第一款第三项、第九十三条第二款、第六十七条第三款、第六十四条之规定，吴兴区人民法院以被告人章国钧犯受贿罪，判处有期徒刑二年六个月。扣押在案的赃款，予以追缴，上缴国库。

一审宣判后，被告人章国钧未提出上诉，公诉机关亦未抗诉，该判决已发生法律效力。

二、主要问题

如何认定国家出资企业中的国家工作人员？

三、裁判理由

本案在审理过程中，对被告人章国钧的行为定性，存在两种不同意见。

一种意见认为，章国钧的行为构成非国家工作人员受贿罪。根据刑法第九十三条、2001年《最高人民法院关于在国有资本控股、参股的股份有限公司中从事管理工作的人员利用职务便利非法占有本公司财物如何定罪问题的批复》（以下简称《批复》），以及2005年《最高人民法院关于如何认定国有控股、参股股份有限公司中的国有公司、企业人员的解释》（以下简称《解释》）的规定，交通银行系国有资本参股的股份有限公司，不属于国有公司，而且章国钧与交通银行湖州分行签订的是聘用合同，二者之间系劳动合同关系，章国钧既不属于国家机关中从事公务的人员，亦不属于受委派的人员，不能认定为国家工作人员。章国钧利用职务之便收受他人财物，为他人谋取利益的行为，构成非国家工作人员受贿罪。

另一种意见认为，章国钧的行为构成受贿罪。2010年《最高人民法院、最高人民检察院关于办理国家出资企业中职务犯罪案件具体应用法律若干问题的意见》（以下简称《意见》）规定："经国家出资企业中负有管理、监督国有资产职责的组织批准或者研究决定，代表其在国有控股、参股公司及其分支机构中从事组织、领导、监督、经营、管理工作的人员，应当认定为国家工作人员。"章国钧经交通银行湖州分行党委研究决定，先后担任新天地支行的业务管理经理、行长助理的职务，其工作内容主要是通过对贷款客户的调查、贷款的申报，以及贷款发放后的监控与实地查访,对国有财产进行监督、经营、管理。被告人章国钧属于国家工作人员,其利用职务之便,收受他人财物,为他人谋取利益的行为,构成受贿罪。

我们赞同后一种意见,理由如下:

(一)《意见》出台前相关法律、规范文件对“国有公司、企业”“国家工作人员”的界定以及《意见》的出台背景

《意见》出台前,对“国家工作人员”进行认定的主要依据有刑法第九十三条以及《批复》《解释》的相关规定。刑法第九十三条明确规定国家工作人员包括两类:一类是国家机关中从事公务的人员,另一类是国有公司、企业、事业单位、人民团体中从事公务的人员和国家机关、国有公司、企业、事业单位委派到非国有公司、企业、事业单位、社会团体中从事公务的人员。但是,该条规定对于“国有公司、企业”是否仅指“国有独资公司、企业”并未明确。为此,《批复》和《解释》对“国家工作人员”以及“国有公司、企业”的范围作了进一步明确的界定,《批复》规定:“在国有资本控股、参股的股份有限公司中从事管理工作的人员,除受国家机关、国有公司、企业、事业单位委派从事公务的以外,不属于国家工作人员。”《解释》规定:“国有公司、企业委派到国有控股、参股公司从事公务的人员,以国有公司、企业人员论。”

近年来,随着我国国有企业改制的不断推进,国有资本控股、参股的公司逐步成为公有制经济的主要实现形式。为惩治国家出资企业中的职务犯罪活动,维护国有资产的安全,最高人民法院、最高人民检察院于2010年11月26日联合下发了《意见》。该意见就国有企业改制和国家出资企业这一特定领域中的职务犯罪案件的法律适用问题作出了规定,界定了“国家出资企业”和“国家出资企业中国家工作人员”的范围,将部分“间接委派”人员有条件地纳入“国家工作人员”的范畴。

(二)《意见》对“国家出资企业”和“国家出资企业中国家工作人员”的界定

《意见》规定:“本意见所称‘国家出资企业’,包括国家出资的国有独资公司、国有独资企业,以及国有资本控股公司、国有资本参股公司。是否属于国家出资企业不清楚的,应遵循‘谁投资、谁拥有产权’的原则进行界定。企业注册登记中的资金来源与实际出资不符的,应根据实际出资情况确定企业的性质。企业实际出资情况不清楚的,可以综合工商注册、分配形式、经营管理等因素确定企业的性质。”根据上述规定,无论是国家直接投资还是间接投资,只要企业中含有国有资本的成分,不论国有资本所占份额的大小,均应认定为国家出资企业,不能仅将国家直接投资的企业认定为国家出资企业。司法实践中,有观点认为,如果将国家出资企业的范围扩大,将会导致国家工作人员的范围扩大。对于这种观点,我们认为,国家出资企业的认定与国家工作人员的认定是两个层面的问题,国家出资企业概念的扩大并不必然导致对国家工作人员打击范围的扩大。因为,国家出资企业的认定仅为国家工作人员的认定提供一定的基础条件,不能当然认为只要是国家出资企业的工作人员就一定是国家工作人员,认定是否国家工作人员,关键要看该企业人员从事的工作是否具有公务的性质,不能仅以国有资本所占比例大小作为认定国家工作人员的标准。

《意见》将国家出资企业中的国家工作人员分为两种类型:一种是“经国家机关、国有公司、企业、事业单位提名、推荐、任命、批准等,在国有控股、参股公司及其分支机构中从事公务的人员。具体的任命机构和程序,不影响国家工作人员的认定”。此种类型与刑法第九十三条第二款的规定是一致的,司法实践中出现的频率较高,易于认定。另一种是“经国家出资企业中负有管理、监督国有资产职责的组织批准或者研究决定,代表其在国有控股、参股公司及其分支机构中从事组织、领导、监督、经营、管理工作的人员”。此种类型对委派主体作了适度的扩张解释,又称为“间接

委派”，在认定时需要从严把握两个方面的问题：一是对于“负有管理、监督国有资产职责的组织”的界定；二是对于“组织、领导、监督、经营、管理工作”的理解，不能肆意扩大国家工作人员的范围。

首先，“负有管理、监督国有资产职责的组织”如何界定。根据《意见》的精神，这里所谓的“组织”，除国家资产监督管理机构、国有公司、企业、事业单位外，主要是指上级或者本级国家出资企业内部的党委、党政联席会。因为，根据党管干部的组织原则，国家出资企业中一般设有党委，以国家出资企业中负有管理、监督国有资产职责的组织作为委派主体，既反映了当前国家出资企业的经营管理实际，又体现了从事公务活动这一认定国家工作人员的实质要求，可以保证认定范围的正当性、确定性和内敛性。

其次，“代表其从事组织、领导、监督、经营、管理工作”如何理解。在认定国家工作人员身份时，不仅要审查“党委任命”这一形式要件，还要审查行为人是否具有“代表性”，以及所从事工作的性质是否属于“从事公务”这两个实质要件。一方面，行为人必须对任命其的组织具有一定的“代表性”，行为人虽经有关组织研究决定任命，但是如果该任职与委派组织没有必然的联系，行为人对委派组织亦无职责义务关系的，则不应认定为国家工作人员。另一方面，行为人必须要在国家出资企业中“从事公务”。关于“从事公务”如何理解，2003年《全国法院审理经济犯罪案件工作座谈会纪要》（以下简称《纪要》）明确规定：“从事公务，是指代表国家机关、国有公司、企业事业单位、人民团体等履行组织、领导、监督、管理等职责。公务主要表现为与职权相联系的公共事务以及监督、管理国有财产的职务活动。如国家机关工作人员依法履行职责，国有公司的董事、经理、监事、会计、出纳人员等管理、监督国有财产等活动，属于从事公务。那些不具备职权内容的劳务活动、技术服务工作，如售货员、售票员等所从事的工作，一般不认为是公务。”《纪要》的规定将公务与劳务区别开来，更加有针对性地强调公务与职权的关联性，突出公务的管理性特征。一般认为，在国家出资企业中，中层以上的管理人员可以被视为代表管理、监督国有资产职责的组织从事公务，中层以下的管理人员如果主要从事事务性、技术性、业务性等方面的工作，则一般不宜认定为从事公务。

（三）被告人章国钧属于国家工作人员，其利用职务之便，非法收受他人财物，为他人谋取利益的行为构成受贿罪

首先，交通银行属于“国家出资企业”。交通银行章程显示，交通银行的股本结构中，中华人民共和国财政部作为发起人持有26.5%的股份，因财政部所持有的股份来源为国有资产，故交通银行属于国有资本参股公司。根据《意见》的规定，国有资本参股公司属于国家出资企业的一种，故交通银行属于国家出资企业。

其次，章国钧属于“国家出资企业中的国家工作人员”。第一，章国钧受交通银行湖州分行党委任命。根据《交通银行浙江省分行辖属分行党委工作规则》的规定，交通银行湖州分行党委负责“研究决定干部管理权限内及其后备干部的选拔、培养、任免、考核、调配、各类奖惩等事项”，以及“研究决定本单位授权职能部门以上的重大资产、服务和业务合作项目等方面的资金和财务支出安排”等有关人事、财物方面的工作，从该行党委的职能来看，该行党委系该行“负有管理、监督国有资产职责的组织”，而且，根据该行党委组织部出具的情况说明，该行干部的任免均由该行党委研究决定后下文公布。章国钧自2008年8月至2011年3月担任新天地支行业务管理经理（副科级），自2011年3月至2012年2月担任新天地支行行长助理，其职务任免均由交通银行湖州分行党委研究决定，委派主体符合《意见》的规定，章国钧系代表交通银行湖州分行党委从事对国有资产的监督、经营、管理，对于委派主体来说，其具有“代表性”。第二，章国钧代表交通银行湖州分行党委从事公务。实践中，国家出资企业中的受委派人员本质上往往存在两种身份的融合，即

国家工作人员身份和公司管理人员身份，身份的融合也随之导致工作性质的融合，换言之，受委派人员在国家出资企业中不仅要从事最本质的公务性工作，也要从事一般的事务性工作。本案中，章国钧作为新天地支行的业务管理经理和行长助理，其工作职责可以分为两部分：一部分是对客户经理的日常考核和管理，以及协助行长从事一般的管理工作，该部分工作可以理解为是一般的事务性工作。而另一部分则是其工作的重点，即对贷款的审查和监管，通过对贷款客户进行评估和初审等贷前审查，确定贷款客户的经济状况和信誉度，再将贷款申报到授信部和审贷会进行最终的贷款审批。章国钧在供述中也提到，通常情况下，只要贷款客户能够通过其负责的贷前审查，基本上都是可以通过贷款审批取得贷款的，而如果贷款客户经济状况较差，其也会在调查报告中帮助企业作出相应的调整，使企业能够贷到款，行贿人之所以送予其财物主要是为了得到其的关照和帮助，能够顺利取得贷款。章国钧在贷款客户的贷款审批通过之后，再根据贷款通知书具体和企业进行放贷操作，并在贷款发放后，通过对贷款的贷后监控与实地查访，考察贷款客户的经济状况是否正常稳定，以确保国有资产的保值增值。章国钧对贷款审查和监管的工作职责属于对国有资产的管理、监督，属于"从事公务"，系代表委派组织从事监督、经营、管理工作，符合国家工作人员的本质要求。

综上，被告人章国钧身为国家工作人员，利用职务上的便利，非法收受他人财物，为他人谋取利益，其行为构成受贿罪。

（撰稿：浙江省湖州市中级人民法院　赵　芳　陈克娥
审编：最高人民法院刑四庭　陆建红）

[第978号]何某强奸案

——奸淫幼女案件中如何判断行为人"应当知道"被害人系幼女

【关键词】　奸淫幼女　明知　应当知道　强奸罪

一、基本案情

被告人何某，男，1993年9月13日出生，无业。2012年3月21日因涉嫌犯强奸罪被逮捕。

湖北省C市X区人民检察院以被告人何某犯强奸罪，向X区人民法院提起公诉。

X区人民法院经不公开审理查明：2012年2月中旬，被告人何某通过网络登录其堂妹的QQ号，结识被害人徐某（女，1998年4月5日出生）。何某分别于同年3月3日、4日在家中、宾馆与徐某发生性关系。同月5日，何某在明知徐某不满14周岁后，仍与徐某再次发生性关系。

被告人何某及其辩护人提出，何某与被害人徐某发生三次性关系均得到了被害人的同意，在第二次发生性关系后才知道被害人不满14周岁。

X区人民法院认为，被告人何某明知被害人系幼女，仍与其发生性关系，其行为构成强奸罪。公诉机关指控的罪名成立。但公诉机关指控何某第一、二次与被害人发生性关系时已明知被害人系幼女的证据不足，对该部分指控事实不予认定。何某当庭自愿认罪，可以酌情从轻处罚。依照《中华人民共和国刑法》第二百三十六条第一款、第二款之规定，X区人民法院以被告人何某犯强奸罪，判处有期徒刑三年。

一审宣判后，检察机关提出抗诉，认为指控被告人何某强奸幼女三次的证据确实、充分，但原判仅认定强奸一次，属于事实认定错误，提请二审予以改判。

C市中级人民法院经不公开审理认为，二审中控辩双方均未提出新的证据，检察机关抗诉认为原审被告人何某与被害人发生三次性关系时，均系明知被害人不满14周岁的证据不足，故不予采纳。原判根据本案的事实情节，适用法律正确，定罪量刑并无不当。检察机关的抗诉理由不能成立。据此，C市中级人民法院裁定驳回抗诉，维持原判。

二、主要问题

奸淫幼女案件中如何判断行为人“应当知道”被害人系幼女？

三、裁判理由

根据我国刑法第二百三十六条的规定，强奸罪分两种类型，即以暴力、胁迫或者其他手段强奸妇女和奸淫不满14周岁的幼女。后一种情形构成强奸罪，不要求采取强制手段实施。对于使用强制手段的，无论是否“明知”被害人系幼女，都应当以强奸论。对于采取非强制手段与幼女发生性关系构成强奸罪，是否以行为人“明知”被害人系幼女为构成犯罪的必要要件，以及如何认定“明知”，司法实践和理论中一直存在较大争议。本案中，被告人何某与幼女被害人徐某双方出于自愿发生性关系，审理过程中，检察机关与法院对何某与徐某三次发生性关系时是否均明知徐某不满14周岁，存在不同认识。由于该问题严重影响到犯罪事实的认定以及对何某的量刑，故有必要分析讨论。

（一）采取非强制手段与幼女发生性关系构成强奸罪，要求行为人“明知”被害人是不满14周岁的幼女

有观点认为，刑法第二百三十六第二款仅规定，“奸淫不满十四周岁的幼女的，以强奸论”，并未要求行为人应当“明知”对方系幼女。我们认为，对此不能局限于刑法分则条文的字面规定作简单文义理解，而应当结合刑法总则关于犯罪故意的规定进行分析。

首先，刑法总则第十四条规定，犯罪故意是指“明知自己的行为会发生危害社会的结果，并且希望或者放任这种结果发生”的主观心理态度。犯罪故意是认识因素与意志因素的统一。在刑法分则中，针对故意犯罪，有些条款明文规定了“明知”，如窝藏、包庇罪；而大部分条文未明文规定“明知”，如猥亵儿童罪、引诱幼女卖淫罪、拐骗儿童罪等。分则条文明文规定“明知”，主要是为了特别突出和强调，而不是分则没有明文规定“明知”的，构成犯罪就不要求具备“明知”。强奸罪系故意犯罪，因此，刑法总则关于故意犯罪“明知”的规定也必然适用于强奸罪。

其次，关于“明知”的内容，应当结合刑法分则罪名的具体罪状来判断。普通强奸罪中，行为人认识到自己的行为是违背妇女意志的，即符合主观要件，不需要特别认识对方年龄；强行与幼女发生性关系构成强奸罪，自然也不要求明知被害人系幼女。出于对幼女的特殊保护，即使幼女自愿与其发生性关系，也可能构成强奸罪，而此种情况下要构成强奸罪，“不满14周岁的幼女”这一客观要件就成为行为人必须认识的主观内容。如果行为人确系与幼女自愿发生性关系，且行为人确实根本不可能知道对方系幼女，那么行为人主观上就缺乏可谴责性，即不具备犯罪故意所要求的“明知自己的行为会发生危害社会的结果，并且希望或者放任这种结果发生”的主观心理态度，从主客观相统一原则出发，对行为人不应以强奸罪论处。

基于上述分析，对于采取非强制手段与幼女发生性关系的，“明知”被害人系幼女是构成强奸罪的主观构成特征。最高人民法院、最高人民检察院、公安部、司法部2013年联合下发的《关于依法惩治性侵害未成年人犯罪的意见》（以下简称《性侵意见》）第十九条“知道或者应当知道对方是不满十四周岁的幼女，而实施奸淫等性侵害行为的，应当认定行为人‘明知’对方是幼女”的规定，再次肯定了“明知”被害人是幼女系构成该类强奸罪的主观要件。

（二）与不满12周岁的被害人发生性关系的，一律认定行为人“应当知道”对方是幼女

根据相关司法解释和刑法理论通说，“明知”分为“知道”和“应当知道”。“知道”是指行为人确然知道，对于这一主观心态，直接通过在案证据予以证实即可，无须参考一般人的意识能力。而是否“应当知道”，一般要参考一般人的意识能力，通过各种情状一般人均会确然知道，从而认定行为人应当知道。

通常而言，认定行为人是否“应当知道”被害人系不满14周岁的幼女，应当考虑行为人和一般人的认知能力水平，结合行为人作案时存在的各种客观情况，进行综合分析判断。《性侵意见》第十九条第二款规定，对不满12周岁的被害人实施奸淫等性侵害行为的，应当认定行为人“明知”对方是幼女。可以认为该司法解释性文件根据被害人不满12周岁这一基础事实创设了一项“推定明知”。究其原因，主要是：12周岁以下幼女基本都处在接受小学或者幼儿园教育阶段以及家庭看护中，社会关系简单，外在幼女特征相对较为明显；即使极个别幼女身体发育早于同龄人，但一般人从其言谈举止、生活作息规律等其他方面通常也能够判断出其可能是幼女，而且从对幼女进行特殊保护的立场考虑，也不应存在争议。故推定该情形中行为人知道被害人可能属于不满14周岁的幼女，是合乎经验常识的，也不违背刑法总则对犯罪故意的一般界定。也就是说，凡是对实际不满12周岁的被害人实施奸淫等性侵害行为的，无论行为人提出何种辩解理由，均应当认定行为人“应当知道”对方是幼女。

（三）与已满12周岁不满14周岁的被害人发生性关系案件中，对行为人辩解“不明知”被害人是幼女的例外情况应当从严把握

根据《性侵意见》第十九条第三款的规定，对实际年龄已满12周岁不满14周岁的被害人，如果从其身体发育状况、言谈举止、衣着特征、生活作息规律等观察，该被害人可能是幼女，而实施奸淫等性侵害行为的，也应当认定行为人“明知”对方是幼女。我们认为，从司法解释性文件的条款设置及文字表述来看，该款属于对“明知”认定相对确定的规范指引，对已满12周岁不满14周岁的幼女实施奸淫等性侵害行为，若无极其特殊的例外情况，一般都应当认定行为人“明知”被害人是幼女，具体可以从以下三个方面把握：一是必须确有证据或者合理依据证明行为人根本不可能知道被害人是幼女；二是行为人已经足够谨慎行事，仍然对幼女年龄产生了误认，即使其他一般人处在行为人的场合，也难以避免这种错误判断；三是客观上被害人身体发育状况、言谈举止、衣着、生活作息规律等特征明显更像已满14周岁。例如，与发育较早、貌似成人、虚报年龄的已满12周岁不满14周岁的幼女在谈恋爱和正常交往过程中，双方自愿发生了性行为，确有证据证实行为人不可能知道对方是幼女的，才可以采纳其不明知的辩解。相反，如果行为人采取引诱、欺骗等方式，或者根本不考虑被害人是否是幼女，而甘冒风险对被害人进行奸淫等性侵害行为的，一般都应当认定行为人明知被害人是幼女，以实现对幼女的特殊保护，堵塞惩治犯罪的漏洞。

本案中，被告人何某辩称自己在第二次与被害人发生性关系后才知道被害人的生日为1998年4月5日（不满14周岁）。公诉机关则认为，何某是通过网络登录其堂妹的QQ号结识的被害人，知道被害人系其堂妹的同学，而其堂妹比其小5岁；何某还与被害人通过QQ聊天交流，被害人QQ个人资料显示为13周岁，因此何某与被害人发生三次性关系均应明知被害人不满14周岁。在本案审理过程中，有意见认为，刑事案件的证据不仅要符合客观真实，而且要足以充分证明客观事实，排除一切合理怀疑，结论达到唯一性；公诉机关提供的证据不能达到这个标准，只是一个推断，不能合理解释和排除疑点、矛盾，况且QQ个人资料一般并不完全真实，行为人也未必查看，初二学生也有很多已满14周岁，故公诉机关指控何某作案次数为三次的证据不充分，不能

认定何某与被害人发生三次性关系时均明知被害人不满14周岁。

我们认为,刑事诉讼法规定的有罪判决证明标准是案件事实清楚,证据确实、充分,这是对事实认定和证据审查一般,也是最高的要求。但司法实践经验表明,对犯罪构成的不同事实要素,在证明程度上是可以存在差异的。特别是诸如毒品犯罪、奸淫幼女等性侵害犯罪,实务部门对主观构成要素证明标准的把握,相对其他犯罪而言,可能略显宽松,这是由此类犯罪的特殊性决定的,同时也受到从严惩治此类犯罪的刑事政策的导向影响。在此类案件中,案件事实认定并不是一项纯粹的探寻客观事实真相的科学求证活动,而是以追寻客观真相为指引,同时又受价值取向、价值判断影响的事实重构和再现的过程。就奸淫幼女犯罪主观明知要件的立法定位和司法证明标准而言,无论是一些国家采取严格责任标准,还是一些国家对"明知"认定实务操作中一般采取相对比较宽松的证明标准,均体现了在被告人人权保障与保护幼女公共政策之间的权衡,选择的结果通常是向特殊保护幼女的公共政策适度倾斜,尽可能堵塞惩治犯罪的漏洞。《性侵意见》对"明知"问题所作的规定,体现了我国最高司法机关对这一主流政策价值取向的认同与坚守。

就本案而言,公诉机关与法院对"明知"的认定显然存在分歧。从现有证据来看,公诉机关提供的证据只能证实被告人何某第三次与被害人发生性关系时,确然知道被害人实际不满14周岁。而最初认识被害人并在第一次、第二次与被害人发生性关系时,何某掌握的信息包括:其一,被害人系其堂妹的初中二年级同学,而其堂妹比其小5岁(即其堂妹13周岁),根据一般人的常识,初二学生可能已满14周岁,也可能不满14周岁,但大体在14周岁左右。其二,何某与被害人通过QQ聊天交流,被害人的QQ个人资料显示为13周岁,根据一般人的常识,网友之间聊天大多会查看对方QQ个人资料信息,但也不排除不查看的可能;另外QQ个人资料填写的年龄可能是真实的,也可能不真实。因此,现有证据的确不能排除所有怀疑,证实何某前两次与被害人发生性关系时确然知道被害人不满14周岁。但是,诸多证据或者信息表明,作为一个已满18周岁、具有正常认知判断能力的男子,何某并非根本不可能知道被害人是不满14周岁的幼女,而只要稍加谨慎、注意,完全可以认识到对方可能是幼女;此外,何某在确然知道被害人实际年龄不满14周岁时,仍然继续与被害人发生性关系,反映出何某在整个与被害人交往并发生性关系的过程中,对被害人是否系幼女持无所谓的放任态度。暂且不论被害人身体发育状况、言谈举止、衣着、生活作息规律等外在特征是否确实更像已满14周岁,仅依现有证据并没有充足理由将何某归属于"根本不可能判断出被害人是幼女的极其特殊的例外情形"。一、二审法院以本案不能完全排除被告人前两次与被害人发生性关系时可能不知道被害人系幼女,而对相关事实不予认定,似与对奸淫幼女"明知"认定应当坚持的政策导向有所偏离。虽然不能据此认定是一个错判,但有必要在今后的司法实践中加以注意。

(撰稿:最高人民法院刑一庭　赵俊甫
审编:最高人民法院刑一庭　冉　容)

[第992号]乐燕故意杀人案

——具有抚养义务的人,因防止婴幼儿外出将婴幼儿留置在与外界完全隔绝的房间,为了满足其他欲求而放任婴幼儿死亡危险的,如何定罪处罚

【关键词】 不作为 抚养义务 故意杀人罪 量刑

一、基本案情

被告人乐燕,女,1991年12月19日生,无业。2013年6月22日因涉嫌犯故意杀人罪被刑事拘留,同月26日被指定监视居住。

江苏省南京市人民检察院以被告人乐燕犯故意杀人罪,向南京市中级人民法院提起公诉。

被告人乐燕的辩护人提出以下辩护意见:乐燕在其同居男友李某被判刑后履行了对幼儿的抚养责任,并非一直怠于履行抚养义务;乐燕对两个亲生女儿的死亡主观上是过失心态,不构成故意杀人罪;乐燕自幼未受到父母的关爱,未接受良好的教育,归案后认罪态度较好,可以对其从轻处罚。

南京市中级人民法院经审理查明:被告人乐燕系非婚生子女,自幼由其祖父母抚养,16岁左右离家独自生活,有多年吸毒史,曾因吸毒被行政处罚。2011年1月乐燕生育一女李梦某(殁年2岁,生父不详)后,与李文某同居。2012年3月乐燕再生育一女李某(殁年1岁)。在李文某于2013年2月27日因犯罪被羁押后,乐燕依靠社区发放的救助和亲友、邻居的帮扶,抚养两个女儿。乐燕因沉溺于毒品,疏于照料女儿。2013年4月17日,乐燕离家数日,李梦某由于饥饿独自跑出家门,社区干部及邻居发现后将两幼女送往医院救治,后乐燕于当日将两女儿接回。2013年4月底的一天下午,乐燕将两幼女置于其住所的主卧室内,留下少量食物、饮水,用布条反复缠裹窗户锁扣并用尿不湿夹紧主卧室房门以防止小孩跑出,之后即离家不归。乐燕离家后曾多次向当地有关部门索要救助金,领取后即用于在外吸食毒品、玩乐,直至案发仍未曾回家。2013年6月21日,社区民警至乐燕家探望时,通过锁匠打开房门后发现李梦某、李某已死于主卧室内。经法医鉴定,两被害人无机械性损伤和常见毒物中毒致死的依据,不排除其因脱水、饥饿、疾病等因素衰竭死亡。当日14时许,公安机关将乐燕抓获归案。经司法鉴定,乐燕系精神活性物质(毒品)所致精神障碍,作案时有完全刑事责任能力。

南京市中级人民法院认为,被告人乐燕身为被害人李梦某、李某的生母,对被害人负有法定的抚养义务。乐燕明知将两名年幼的孩子留置在封闭房间内,在缺乏食物和饮水且无外援的情况下会饿死,仍离家一个多月,不回家照料女儿,其主观上具有放任两女儿死亡的故意,客观上也实施了不抚养、不照料并断绝二被害人获取外援的可能性,最终致使二人死亡,其行为构成故意杀人罪。乐燕多次放弃抚养义务,多次置被害人于危险境地,并屡教不改,其犯罪情节特别恶劣,犯罪后果特别严重。鉴于乐燕审判时已怀孕,归案后认罪态度较好,依照《中华人民共和国刑法》第二百三十二条、第十四条第一款、第二款,第四十九条第一款,第五十七条第一款之规定,南京市中级人民法院以被告人乐燕犯故意杀人罪,判处无期徒刑,剥夺政治权利终身。

一审宣判后,被告人乐燕未提起上诉,检察机关亦未抗诉,该判决已发生法律效力。

二、主要问题

具有抚养义务的人,因防止婴幼儿外出将婴幼儿留置在与外界完全隔绝的房间,为了满足其

他欲求而放任婴幼儿死亡危险的，如何定罪处罚？

三、裁判理由

（一）具有抚养义务的人，因防止婴幼儿外出将婴幼儿留置在与外界完全隔绝的房间，为了满足其他欲求而放任婴幼儿死亡危险的，应当以故意杀人罪定性

在本案审理过程中，对被告人乐燕的不作为行为构成何罪，存在四种不同意见：第一种意见认为，乐燕具有杀人的主观故意，其通过不作为放任危害结果的发生，构成故意杀人罪；第二种意见认为，乐燕的行为属于遗弃家庭成员，并造成严重后果，应认定为遗弃罪；第三种意见认为，被害人系被告人的亲生女儿，被告人并无杀人故意，其少给被害人食物、饮水，造成严重后果，系虐待行为，应构成虐待罪；第四种意见认为，乐燕作为两被害人的生母，虽有抚养义务，但主观上并无杀害被害人的故意，其行为属于过失犯罪，应认定为过失致人死亡罪。

我们赞同第一种意见，具体理由如下：

1. 应当准确区分不作为故意杀人与虐待、遗弃这几类“形同实异”的犯罪行为

遗弃罪是指对于年老、年幼、患病或者其他没有独立生活能力的人，负有抚养义务而拒绝抚养，情节恶劣的行为；而故意杀人是非法剥夺他人生命的行为。遗弃罪侵犯的是没有独立生活能力的被害人依法受扶助、照顾的权利，故意杀人侵犯的是被害人的生命权；在被告人与被害人具有特定抚养、照顾义务的情况下，应当作为而不作为，情节恶劣的，属于遗弃，但不会使被害人陷入生命危险境地，而应当作为而不作为，可能使被害人生命被剥夺的，属于不作为型的故意杀人罪；实施遗弃行为的行为人主观上并无追求或放任被害人死亡的故意。正是因为两种行为的客观危害不同、侵害的法益不同、行为人主观故意内容不同，刑法为遗弃罪和故意杀人罪配置了轻重差别十分明显的刑罚种类。在“遗弃”没有独立生活能力婴幼儿的情形下，遗弃罪与故意杀人罪的区别主要在于：在特定的时空条件下，被害人之生命安危是否依赖于对其负有特定抚养义务的行为人，如果存在这种支配依赖关系，而行为人不仅自己不履行抚养义务，还切断、排除了其他人对被害人进行救助的可能，主观上对被害人死亡结果持放任态度，那么行为人就构成故意杀人罪；相反，抚养义务的不履行如果不会给被害人生命带来必然的、紧迫的现实危险，客观上仍存在其他人介入履行抚养义务的可能，行为人主观上既不希望也不放任死亡结果的发生，那么行为人就属于遗弃罪。例如，将婴儿扔在有人经常路过的地方，婴儿有可能被人施救，生命面临的危险尚不紧迫，行为人有合理依据相信婴儿无生命危险的，就属于遗弃行为；反之，如果将婴儿扔在偏僻处所，婴儿难以被人施救，生命面临必然、紧迫的现实危险的，那么行为人对可能造成的婴儿死亡后果持无所谓的放任态度，就应当认定属故意杀人。本案被告人乐燕将两名年幼子女放在家里后独自离家，仅留下少量食物和饮水，外出一个多月不归，必然使两名年幼子女面临紧迫的生命危险，并且将门、窗封死，也排除了孩子外出获得他人实施救助的可能，所以，乐燕的行为不属于遗弃罪。

虐待罪是指对共同生活的家庭成员，经常以打骂、冻饿、禁闭、有病不给治疗或者强迫从事过度劳动等各种手段，从肉体上和精神上进行摧残迫害，情节恶劣的行为。虐待罪既可能以积极行为实施，如经常肉体折磨、精神摧残，也可能以不作为方式实施，如有病不给医治。根据刑法第二百六十条的规定，虐待家庭成员情节恶劣的，处二年以下有期徒刑、拘役或者管制，可见，虐待罪是一种相对较轻的罪行，不会侵犯被害人的生命权利，一般表现为经常或者连续折磨、摧残家庭成员身心的行为。在本案中，被告人乐燕曾经离家数日，致两名幼女因饥饿被送往医院治疗，并于最后一次离家外出达一个多月，致使独自在家的两名幼女被活活饿死，其行为已非折磨、摧残幼女身心，而是使幼女生命面临被剥夺的严重危险，已超出虐待罪所能调整的范畴。

2. 被告人乐燕的行为属于不作为故意杀人

任何犯罪的成立,均需符合犯罪构成要件。本案中,被告人乐燕因未尽照料义务,致两年幼被害人死亡,属不作为犯罪。所谓不作为,是指行为人有法定义务实施并且能够实施某种积极的行为而未实施。不作为犯罪应当具备三个条件:(1)行为人负有某种特定的义务。特定义务一般有三个来源:一是法律明文规定的特定义务;二是职务上或者业务上要求履行的义务;三是由行为人先行的行为使法律所保护的某种利益处于危险状态所产生的义务。(2)行为人有履行特定义务的实际可能性而未履行。(3)因行为人不履行该项义务,造成严重后果。乐燕的不作为行为包括以下四方面:

一是乐燕有抚养义务。乐燕作为被害人李梦某和李某的生母,对两幼女有抚养义务,自2013年2月27日起,其男友李文某因容留他人吸毒服刑,乐燕独自承担对李梦某、李某的抚养义务。乐燕在李文某被羁押后独自承担抚养义务期间,怠于履行抚养义务,曾致两幼女处于饥饿和不健康状态。

二是乐燕有抚养能力。乐燕案发前虽无固定工作,但每月有村委会的救济以及亲戚朋友的扶助,有八九百元的收入,具有抚养被害人的经济能力。

三是乐燕最后一次离家后一直未履行抚养义务。乐燕最后一次离家时仅为孩子预留了三四天的饮水和食物,为防止孩子独自跑出家门,用布条将卧室内窗户锁死,并用尿不湿将卧室房门夹紧,使孩子处于封闭的房间内无法外出。乐燕离家后主要在江宁区麒麟街道附近吸毒、上网、玩游戏机,并在足疗店、网吧、旅馆等处留宿,直至6月21日案发,长达一个多月没有回家。乐燕于5月初把家门钥匙丢在朋友孟某家,案发前一直没有取回钥匙,且没有通过找锁匠、报警等其他方式开门回家,离家后也未曾到之前常去的社区小卖部买过食物。需要指出的是,通过法庭调查,虽然认定乐燕未曾回家照料幼女的证据均为间接证据,但乐燕活动轨迹、通话记录、此间交往的证人的证言等证据相印证,能够证明其在离家后未曾回家。同时,现场勘验、检查笔录证实,该房屋的大门没有被撬动的痕迹,主卧室的门窗状况与乐燕离家前的一致,且乐燕离家三天即将钥匙遗落在朋友家,常联系的两位锁匠在此期间也均未帮其开锁,亦可证实乐燕未曾回家。故法院认定现有证据足以证实乐燕未履行对两名幼女的抚养照料义务。

四是由于乐燕故意不履行抚养义务,客观上导致两被害人死亡。乐燕的不作为,是一个多月的持续过程。据乐燕本人供述,其知道在这么长的时间内两幼女缺少食物、饮水,必然导致死亡结果的发生,这种不作为的行为,与作为形式的故意杀人,行为后果具有负面的等价值性。经法医鉴定,两被害人无机械性损伤和常见毒物中毒致死的依据,不排除其因脱水、饥饿、疾病等因素衰竭死亡,即乐燕的行为与危害后果的发生存在直接因果关系。

综上,客观上,被告人乐燕既有抚养义务,也有抚养能力,将两名幼儿置于封闭房间内,仅预留少量饮食,且排除了幼女得到其他救助而生存下去的可能,对两幼女生命安危处于具有支配关系的保证人地位;主观上,乐燕为了外出吸毒、玩耍娱乐而离家长期不归,完全置子女生命安危于不顾,最终导致两名子女因缺少食物和饮水而死亡,即对死亡结果的发生持放任态度,故乐燕的行为并非过失致人死亡,完全符合故意杀人罪的构成要件。需要强调的是,不作为犯罪是应作为而不作为,主要是从违反作为义务的角度对犯罪类型进行的区分,不排除行为人会实施一些积极的举动。本案中,虽然被告人乐燕实施了封堵窗户、锁闭卧室门等积极行为,但主要是为了防止其外出期间亲生女儿跑出,并非要置女儿于死地,其行为之所以构成故意杀人罪,主要是因为其不仅实施了上述积极行为,还外出长期不归,致使家中所留少量食物、饮水不足以支撑年幼子女生存需要,以致子女饥渴而死,其不作为行为对本案性质起决定作用,故认定其系不作为故意杀人。

（二）对不作为方式故意杀人的量刑把握

对不作为犯罪案件中被告人的量刑，应当结合被告人的动机、手段、侵害的对象、危害后果、被告人一贯表现及犯罪后的态度等因素综合考量。被告人乐燕自幼未受到父母的关爱，未接受良好的教育，归案后认罪态度较好，在庭审时已经怀孕。对于乐燕的量刑，有两种意见：一种意见认为，应当从轻处罚，理由是：乐燕系非婚生子女，自幼主要由其祖父母抚养，未接受应有的学校教育，16岁左右即离家独自生活，其本人的成长经历值得同情，同时其又为怀孕的妇女，对其判处有期徒刑较为合适。另一种意见认为，乐燕作为心智正常的成年人，为吸毒和游玩而置一个母亲的责任于不顾，多次将本应用于孩子基本生活的救济金，用于自己吸毒和消费；其外出期间的基本活动领域经查都离家很近，但仍长期不回家照料孩子，同时在民警、社区干部和亲友询问孩子情况时，其也以谎言敷衍以对，乐燕的不作为情节是十分恶劣的，应当从严处罚，鉴于其系怀孕妇女，可判处无期徒刑。

对此，我们赞同后一种意见。抚育未成年子女不但是人类社会得以繁衍发展所必须遵循的最基本的人伦准则，更是每一位父母应尽的法定义务与责任，个人的文化、受教育程度、经济条件乃至境遇的不同，均不能成为逃避义务的理由。刑事法律的价值不仅在于惩治犯罪，修复被破坏的社会关系，补偿被侵害的法益客体，同时，维护人类的基本道德底线，也是刑事法律不言而喻的基本价值功能。在当前各国均不遗余力地全面保护未成年人权益的潮流下，严厉打击违反基本伦理准则、严重摧残未成年人生命的行为，符合人类普遍的价值标准。本案受害对象是不满3岁的儿童，两被害人均系幼年，在独立的封闭空间内，因缺少食物和饮水饥渴致死，其尸体被发现时已呈干尸状态，死状惨烈。虽然本案系不作为犯罪，被告人主观恶性程度相对直接故意剥夺他人生命的犯罪稍轻，但毕竟造成了两名幼童死亡结果的发生，其行为不仅违背了人类社会的基本伦理道德，同时也造成了极其严重的犯罪后果。因此，虽然乐燕认罪态度较好，但无任何法定从轻情节，总体上情节特别恶劣，后果特别严重，社会影响也十分恶劣，论罪应当严惩。鉴于乐燕系审判时怀孕的妇女，依照刑法规定，人民法院依法以故意杀人罪判处被告人乐燕无期徒刑，剥夺政治权利终身是适当的。

（撰稿：南京市中级人民法院　周　侃　徐松松
审编：最高人民法院刑一庭　冉　容）

[第993号]万道龙等故意杀人案

——拒不履行扶养义务，将出生不久的女婴遗弃在获救希望渺茫的深山野林的，如何定性

【关键词】　不作为　遗弃罪　故意杀人罪

一、基本案情

被告人万道龙，男，1982年4月24日出生，农民。2010年8月3日因涉嫌犯故意杀人罪被逮捕。

被告人徐爱霞，女，1987年3月25日出生，农民。2010年7月17日因涉嫌犯故意杀人罪被

取保候审。

黑龙江省宝清县人民检察院以被告人万道龙、徐爱霞犯故意杀人罪，向宝清县人民法院提起公诉。

被告人万道龙、徐爱霞均无辩解。万道龙的辩护人提出，万道龙的行为系犯罪未遂，且系初犯，犯罪后具有明显悔罪表现，请求对其从轻或者减轻处罚。

宝清县人民法院经审理查明：2010年7月16日，被告人万道龙、徐爱霞得知自己刚出生4天的女儿万某某被确诊为梅毒携带者且治愈后将留有残疾时，决定遗弃万某某。当日下午，万道龙将万某某弃于黑龙江省宝清县妇幼保健院北面路边菜园内。因担心过路行人发现抱走万某某，万道龙与徐爱霞商定将万某某捡回扔到宝清县人烟稀少的龙头桥水库。当晚，万道龙驾驶摩托车载着万某某前往龙头桥水库，途经宝清县小城子镇东泉村小西山时，发现山中有片林地，便将万某某弃于林地后驾车回家。次日晨，一村民上山采蘑菇时发现尚存活的万某某，将其救回并报案。

宝清县人民法院认为，被告人万道龙、徐爱霞采用将出生仅4天的女婴遗弃深山野林的手段，非法剥夺他人生命，其行为构成故意杀人罪。公诉机关指控的事实清楚，证据确实、充分，指控罪名成立。二被告人系共同犯罪，在实施故意杀人犯罪过程中，因意志以外的原因而未得逞，系犯罪未遂，可比照既遂犯从轻或减轻处罚。二被告人庭审中认罪态度好，有悔罪表现，酌情可以从轻处罚，对万道龙辩护人提出的意见予以采纳。据此，宝清县人民法院以故意杀人罪分别判处万道龙有期徒刑四年、徐爱霞有期徒刑二年。

一审宣判后，二被告人没有提起上诉，检察机关亦未抗诉，该判决已发生法律效力。

二、主要问题

拒不履行扶养义务，将出生不久的女婴遗弃在获救希望渺茫的深山野林的，如何定性？

三、裁判理由

本案审理过程中，对被告人万道龙、徐爱霞将出生仅4天的女婴遗弃深山野林的行为如何定性，存在不同意见：一种意见认为，二被告人的行为构成遗弃罪。作为女婴的亲生父母，其二人有义务履行却拒不履行抚养义务，情节恶劣，符合遗弃罪的构成要件，应当以遗弃罪论处。另一种意见认为，二被告人的行为构成故意杀人罪（未遂）。二被告人是以遗弃为手段来实施故意杀人行为的，只是因为意志以外的原因未得逞。

我们同意后一种意见。区分遗弃罪和采取遗弃手段实施的故意杀人罪，是处理本案的关键。

遗弃罪，是指对于年老、幼小、患病或者其他没有独立生活能力的人，负有扶养义务而拒绝扶养，情节恶劣的行为。故意杀人罪，是指故意非法剥夺他人生命的行为。两罪性质与危害程度相差较大，一般情况下不易混淆。但是，对于具有扶养义务的行为人拒不履行扶养义务，如不给新生儿喂奶、不给重病人治病、将婴幼儿遗弃在无法获救的地点等，导致或可能导致上述被害人死亡的行为，是以遗弃罪论处，还是以故意杀人罪定罪处罚，实践中容易混淆。两罪的法定刑差异很大，遗弃罪为五年以下有期徒刑、拘役或者管制；而故意杀人罪可判处死刑、无期徒刑或者十年以上有期徒刑，情节较轻的，处三年以上十年以下有期徒刑。因此，有必要对此类案件予以厘清，准确定罪，确保罪责刑相适应。

区分遗弃罪与采取遗弃手段实施的故意杀人罪，主要可从行为人的主观故意和客观行为两方面来分析。通常，故意杀人的行为人主观上对自己的遗弃行为会导致被遗弃人死亡的危害后果有明确认识，并且对死亡结果的发生持希望或者放任态度。而遗弃的行为人可能认识到，也可能没有认识到自己的遗弃行为会给被害人的生命、健康带来危险，其主观上并不希望、不愿意、不放纵被害人死亡或者伤害的结果发生，即如果被害人死亡或者受伤，都是违背其意愿的。

理论上区分两种行为似乎不难，但实践中却容易混淆。行为人在供述其主观意图时往往会避重就轻，因此，要准确判断行为人主观上是遗弃故意还是杀人故意，还应当根据主客观相一致的原则，结合具体案情和行为人实施的客观行为来综合分析。一般可从行为人遗弃的原因、动机、时间、地点、对象、手段、后果、事后表现等情节进行研判。

第一，考察遗弃行为的原因和动机。当下，受我国经济发展水平的制约，因家庭经济困难、无力负担医疗费用而遗弃重病婴幼儿的现象时有发生。对于此类案件，应当查明行为人是出于何种动机实施遗弃行为，是希望孩子得到他人关注并获得有效救助，还是狠心抛弃任其自生自灭，抑或欲置其死地以求解脱。例如，父母将重病婴儿弃于医院或者民政局门口，附上婴儿病历或者介绍病情的字条，这明显是希望婴儿能够得到及时的关注和救治，此类行为，应当认定为遗弃；反之，父母将重病婴儿扔到车辆穿行的高速公路或者荒郊野外，明显表明其主观上不期望婴儿获救并且希望或者放任婴儿死亡，因此，应当认定其主观上具有杀害婴儿的故意，其行为构成故意杀人罪。

第二，考察遗弃的时间、地点、对象、手段、后果等客观要件。遗弃罪与故意杀人罪在客观方面的最重要区别在于"遗弃"行为是否会使被遗弃者面临生命被剥夺的紧迫危险，因此，遗弃的时间、地点、对象、手段就影响到对行为性质的判断。实践中，遗弃既可以采取积极的行为实施，也可以消极不作为实施，如果构成遗弃罪，本质上必须是对作为义务的违反，且不会使被遗弃者的命运处于行为人排他性的支配之下。例如，父母将新生婴儿弃于超市入口、车站站台、集市路边等地，这些地方人流量大，婴儿获得他人救助而存活下来的可能性较大，此种遗弃行为就构成遗弃罪而非故意杀人罪；反之，故意将无自主行为能力的被害人遗弃在不能获救或获救希望渺茫地点的，此种"遗弃"行为就属于故意杀人。

第三，考察行为人的案后表现。案后表现是考察行为人主观意愿的又一重要方面，发现遗弃行为导致被害人生命、健康受威胁后，行为人是置之不理，还是积极施救，抑或二次加害，可以反映其有无致死被遗弃人的主观故意，也是量刑时应当考虑的重要因素。例如，父母将婴幼儿遗弃路边后躲到附近角落观察，直至孩子被人抱走才离去；或者发现无人注意，又将孩子带到市政办事大厅内遗弃，虽属二次遗弃，但其变更遗弃地点，是希望幼儿能够得到他人关注、救助，关心幼儿性命安全，采取措施减少伤害。对于这样的行为，应当定性为遗弃。反之，父母将盲童带到河边后径直离去，导致盲童在摸索中掉入河内淹死，行为人主观上应当预见到盲童有掉入河中淹死的可能性，但其不管不顾，径直离去；或者发现盲童自己爬上岸后，又将盲童带至河边，最终导致盲童掉入河中被淹死的，可以认定其主观上有放任甚至追求盲童死亡的故意，应当以故意杀人罪论处。

综上，区分遗弃罪与以遗弃方式的故意杀人罪的关键点在于：行为人实施遗弃行为时，其是否考虑并给予了被害人获得救助的机会。如果是，则可以遗弃罪定罪；否则，应当以故意杀人罪来定罪。

具体到本案，被告人万道龙、徐爱霞获悉自己刚出生4天的女儿罹患重病，不仅不予救治，反而狠心抛弃，先是遗弃在医院附近的菜园里，因担心过路行人发现并施救，又将女婴载至深山野林中予以遗弃，二被告人不愿意让女婴获救、希望女婴死亡的主观故意十分明显。因此，本案以故意杀人罪定性是准确的。由于女婴被群众及时发现救回，二被告人系故意杀人未遂，可以比照既遂犯从轻或者减轻处罚。归案后，二被告人认罪态度好，具有悔罪表现。据此，人民法院对二被告人依法减轻处罚，以故意杀人罪(未遂)分别判处有期徒刑四年、二年，定罪准确，量刑适当。

(撰稿：最高人民法院刑一庭　冉　容　何东青
审编：最高人民法院刑一庭　周　峰)

[第1015号]骆小林运输毒品案

——对当场查获毒品的案件，被告人拒不认罪的，如何把握有关被告人主观明知的证据要求

【关键词】　明知　不认罪　运输毒品

一、基本案情

被告人骆小林，男，1971年7月6日出生，四川省成都市人，无业。2008年6月21日因涉嫌犯运输毒品罪被逮捕。

云南省普洱市人民检察院以被告人骆小林犯运输毒品罪，向普洱市中级人民法院提起公诉。

被告人骆小林对公诉机关指控的事实和当庭宣读、出示的证据未提出异议，但其提出是一个叫“二哥”的人从四川租他的车到云南，在孟连县城“二哥”用过车子，返回途中从他车上查获的毒品不知从何而来。辩护人提出，毒品的外包装袋上无骆小林的指纹，骆小林主观上不明知是毒品，应当宣告其无罪。

普洱市中级人民法院经公开审理查明：2008年5月16日，被告人骆小林驾驶藏有毒品的车牌号为“川A5V165”的黑色长安轿车从云南省孟连县经景洪市前往四川省成都市。当日23时50分，途经普洱市思茅区刀官寨时，被公开查缉的公安民警抓获，当场从其驾驶的车辆后排两扇门夹层中查获毒品甲基苯丙胺11块，净重5 589克。

普洱市中级人民法院认为，被告人骆小林为牟取非法利益，违反国家毒品管制法规，非法运输毒品，其行为构成运输毒品罪，依法应当惩处。骆小林利用交通工具以隐蔽方式运输大量毒品，在运输途中被公安民警查获，其提出不知车上有毒品的辩解及辩护人提出骆小林无罪的辩护意见，与事实不符，不予采纳。依照《中华人民共和国刑法》第三百四十七条第二款第一项，第五十七条第一款之规定，普洱市中级人民法院以运输毒品罪判处骆小林死刑，剥夺政治权利终身，并处没收个人全部财产。

一审宣判后，骆小林不服，以不明知所驾驶的轿车车门夹层内藏有毒品，认定其犯运输毒品罪的事实不清、证据不足为由提出上诉。云南省人民检察院以书面意见形式向云南省高级人民法院提出，一审判决认定被告人骆小林犯运输毒品罪的事实不清，证据不足，建议将此案发回重审。

云南省高级人民法院经审理认为，上诉人骆小林始终辩解不知道所驾驶的轿车车门夹层内藏有毒品，本案又无证据能够印证骆小林明知毒品而进行运输，一审判决认定被告人骆小林运输毒品甲基苯丙胺5 589克的犯罪事实不清，证据不足，遂裁定撤销一审判决，发回重审。同时，指出在证据上需要补充以下问题：(1)骆小林在公安机关审讯及后来会见辩护人时称：他是受“二哥”的雇用，为“二哥”等三人开车到孟连县并住了三四天。其住在榕孟旅馆306号房间，未用身

份证登记，其间有个叫“阿信”的服务员帮骆小林买过水果。请公安机关调查该地有无该旅馆和叫“阿信”的服务员，并出示混合照片让该旅馆服务员辨认。(2)请公安机关查证骆小林的手机通话清单，以证实其是否与供述的“二哥”的手机有过通话联系。(3)二审辩护人提供了2008年5月11日，骆小林所驾驶机动车在昭待公路因超速被交警处罚的通知书及照片，从照片上大致可看出是四人乘坐该车，以印证骆小林的供述。请与该交警核实此事。(4)骆小林在二审辩护人会见时称，“二哥”住成都市资子金中路的一农行对面的小区，该小区附近有一广场。“二哥”的妻子叫“娟娟”，请当地公安机关协助查找“二哥”。

普洱市中级人民法院重审期间，公诉机关建议延期审理，并以事实不清、证据不足两次退回公安机关补充侦查未果。2010年5月24日，普洱市人民检察院作出不起诉决定(存疑不诉)，并于当天将骆小林释放。

二、主要问题

对当场查获毒品的案件，被告人拒不认罪的，如何把握有关被告人主观明知的证据要求？

三、裁判理由

运输毒品罪要求被告人客观上有运输毒品的行为，主观上有明知是毒品并运输的故意。对当场查获毒品的案件，要重点审查被告人的主观明知，包括对是否是毒品的明知和运输对象的明知两个方面，不能仅凭现场查获毒品就客观归罪，当然地认定被告人具有运输毒品的故意。对此，最高人民法院2008年12月1日印发的《全国部分法院审理毒品犯罪案件工作座谈会纪要》规定：“判断被告人对涉案毒品是否明知，不能仅凭被告人供述，而应当根据被告人实施毒品犯罪行为的过程、方式、毒品被查获时的情形等证据，结合被告人的年龄、阅历、智力等情况，进行综合分析判断。”

对于运输毒品罪而言，即使被告人否认自己对毒品的明知，但如果根据其行为的过程、方式、毒品被查获时的情形能够推定其主观上是明知的，也不影响定罪。其实质就是要确定犯罪人与毒品之间的一种主客观统一的对应关系，也就是人与毒的对应关系，达到真正的“人毒俱获”。对于可能判处死刑的运输毒品犯罪而言，自然也要遵循一般的死刑案件证据标准，主要体现在所有的犯罪事实必须均有证据证实，证据之间不能出现无法排除的矛盾，最终得出唯一确定的结论。反观本案，从在案证据无法认定被告人对毒品的主观明知。具体可以从以下几个方面来分析：

(一)根据在案证据，无法确立人与毒的主客观对应关系

毒品案件往往直接证据较少，尤其是在犯罪人未作有罪供述的情况下，故实践中公安机关经常以人毒俱获作为案件是否破获的标准。但“人毒俱获”并不是简单地在现场抓获犯罪嫌疑人并从其处查获毒品，人与毒不是简单的并存关系，而是内在的主客观相统一的整体。必须要有充分证据证实犯罪人明知是毒品，明知自己实施的是毒品犯罪行为，而且客观上毒品确实是行为人实施的本次犯罪行为所获得的或者与之相关的物品。只有通过证据实现了人与毒的完全对应，才能称之为“人毒俱获”。而本案中，虽然公安机关在被告人骆小林的轿车内发现了毒品，但骆小林始终否认自己明知车上装有毒品。而从骆小林行为的过程、方式以及毒品被查获时的情形分析，毒品是在其车门夹层内查获的，其又是车辆的驾驶者，车内没有其他人，其是一个人从云南省孟连县返回四川省成都市，这些情况是最有可能推定其具有主观明知的证据。但是，这些证据无法直接推定其主观上对车上藏有毒品是明知的，要准确认定骆小林主观上明知，还必须有其他具有排他性的客观性证据。但是，本案缺乏的恰恰就是这种客观性证据。首先，被查获的毒品上没有骆小林的指纹，这就无法证实其直接接触过这些毒品。其次，对于骆小林为什么会运输毒品、毒品来自何处、要运往何处以及其他相关情节等也均无证据证实。由此难以确定骆小林与毒品的

关系。最后,骆小林辩称自己是被人租车,其间车还被人单独使用过,其在途中还接触过哪些人等。而这些辩解如成立,则不能排除其他人在车内藏毒的可能性。这些辩解公安机关都没有核实其真伪,均无相反证据能够否定骆小林的辩解。在这种情况下,显然无法仅通过在骆小林驾驶的车内查获毒品这一客观事实就推定骆小林明知车内有毒品。因此,本案定罪的主观要件缺失。

(二)证据之间存在无法排除的矛盾

2010年6月"两院三部"共同制定的《关于办理死刑案件审查判断证据若干问题的规定》第五条明确规定:"办理死刑案件,对被告人犯罪事实的认定,必须达到证据确实、充分。证据确实、充分是指:(一)定罪量刑的事实都有证据证明;(二)每一个定案的证据均已经法定程序查证属实;(三)证据与证据之间,证据与案件事实之间不存在矛盾或者矛盾得以合理排除;(四)共同犯罪案件中,被告人的地位、作用均已经查清;(五)根据证据推断案件事实的过程符合逻辑和经验规则,由证据得出的结论为唯一结论。办理死刑案件,对于以下事实的证明必须达到证据确实、充分:(一)被指控的犯罪事实的发生;(二)被告人实施了犯罪行为与被告人实施犯罪行为的时间、地点、手段、后果以及其他情节;(三)影响被告人定罪的身份情况;(四)被告人有刑事责任能力;(五)被告人的罪过;(六)是否共同犯罪及被告人在共同犯罪中的地位、作用;(七)对被告人从重处罚的事实。"因此,办理死刑案件,包括毒品死刑案件,必须做到证据与证据之间不存在矛盾或者矛盾得以合理排除。而本案中,指控骆小林运输毒品的主要证据是公安机关在被告人骆小林独自驾驶的车后门夹层内发现了藏匿的毒品。然而,骆小林始终供述是一个叫"二哥"的人在四川省租其车来云南省,并借用自己的车出去接过人,自己并不知道车里有毒品,自己担心家里地震情况于是先回四川省。骆小林的上述辩解符合常理,与上述客观性证据存在无法排除的矛盾。另外,骆小林因超速行驶被交警大队处罚的照片上显示车上有四人,这也与骆小林供述的当时车上有四人的情况一致;而在毒品的外包装上也确实没有提取到骆小林的指纹。该两项证据进一步加剧了证据之间的矛盾。这些矛盾无法得到合理排除,证据之间没有形成完整的定罪锁链。

(三)在案证据无法得出唯一结论

根据"两院三部"的上述规定,根据证据推断案件事实的过程必须符合逻辑和经验规则,由证据得出的结论必须是唯一的,不能出现其他合理的可能性。根据本案被告人骆小林的供述,当时是一个叫"二哥"的人租其车并拉了另外两个人,车内一共四人。该供述有交警大队处罚骆小林超速行驶的照片予以印证;骆小林称自己不知车上有毒品,而租车期间"二哥"又曾独立驾该车离开,故无法排除在"二哥"驾驶期间,其他人往车上藏匿毒品的可能。公安机关根据骆小林提供的线索又未能抓获"二哥"等人,也未调取骆小林与"二哥"的通话记录。另外,骆小林供述了他们所住的旅馆房间,住宿期间有一个叫"阿信"的服务员还帮他买过水果,公安机关亦未查证上述线索。由于公安机关未能将其他犯罪嫌疑人抓获,亦未查明骆小林与其他三人的联系情况,故不能完全排除"二哥"等人在车内藏匿毒品进行运输的可能。即根据本案现有证据,存在骆小林独立作案、与其他人共同参与作案、其他人独立作案三种可能。而第三种可能直接影响到骆小林是否构成犯罪的问题。

综上,本案在案证据无法证实被告人骆小林对运输毒品具有主观上的明知,无法排除其他人作案的合理怀疑,不能得出骆小林运输毒品的唯一结论,因此,不能对骆小林定罪,更不能以运输毒品罪判处其死刑。

(撰稿:最高人民法院刑四庭　秦　鹏
审编:最高人民法院刑四庭　陆建红)

[第 1016 号]李培光贪污、挪用公款案

——如何审查认定国家出资企业中国家工作人员的身份

【关键词】 国家出资企业 国家工作人员 从事公务

一、基本案情

被告人李培光,又名李建华,男,汉族,1973 年 11 月 19 日出生,原系中铁三局集团有限公司第四工程有限公司(以下简称中铁三局四公司)南广铁路 NGZQ－4 项目部一分部财务主任。2010 年 9 月 8 日因涉嫌犯挪用公款罪被逮捕。

广西壮族自治区人民检察院南宁铁路运输分院以被告人李培光犯贪污罪和挪用公款罪,向南宁铁路运输中级法院提起公诉。

被告人李培光对公诉机关指控的事实无异议,但辩解其行为不构成贪污罪、挪用公款罪。其辩护人提出:公诉机关指控李培光犯贪污罪的事实不清,证据不足,且李培光不具备贪污罪的主体要件,不构成贪污罪;指控李培光犯挪用公款罪定性不准。

南宁铁路运输中级法院经公开审理查明:

1. 贪污事实

2009 年 5 月至 9 月间,被告人李培光利用担任中铁三局四公司南广铁路 NGZQ－4 项目部一分部财务主任的职务便利,多次到贵港市港北区国家税务局虚开收款人为林建顺、谢茂全,总金额为人民币(以下币种同)1 247 040 元的发票 4 张,在单位报账后将 1 247 040 元据为己有。具体事实如下:

(1)2009 年 5 月 8 日,李培光虚设西江农场林建顺财务科目,以林建顺名义在贵港市的工商银行开立了账号为 6222022111001738478 银行账户,制作了科目为"应付账款—应付货款—贵港市西江农场林建顺"、总金额为 561 060 元的转账凭证,并于 5 月 11 日到贵港市港北区国家税务局开具收款人为林建顺、金额为 561 060 元的发票在其单位中铁三局四公司南广铁路 NGZQ－4 项目部一分部报账,一分部财务分别于 5 月 12 日、6 月 26 日、7 月 27 日开具转账支票 361 060 元、102 000 元、98 000 元付款至工商银行账号为 6222022111001738478 的林建顺账户,李培光将虚报所得 561 060 元据为己有。

(2)2009 年 7 月至 9 月,李培光在其单位与谢茂全发生业务后,以谢茂全名义在贵港市的工商银行开立了 2111711001202144128 银行账户,随后三次到贵港市港北区国家税务局开具收款人为谢茂全、金额分别为 98 400 元、96 180 元和 491 400 元的发票三张,列入其所在单位中铁三局四公司南广铁路 NGZQ－4 项目部一分部虚设的"港城镇谢茂全"财务科目中报账。2009 年 8 月 18 日、9 月 14 日、9 月 17 日,一分部财务分别先后三次转款 98 400 元、300 000 元、287 580 元至工商银行账号为 2111711001202144128 的谢茂全账户,李培光将虚报所得 685 980 元据为己有。

李培光将虚报所得款项中的 825 000 元用于购买国债和银行定期存款,370 000 元取现后交由一分部食堂职工高进庆藏入一分部食堂的库房里。2010 年 8 月 25 日李培光因挪用公款事实被检察机关立案侦查。8 月 31 日,李培光主动向检察机关交代了检察机关未掌握的自己以林建顺、谢茂全名义到税务局代开发票报销所得款 1 247 040 元并据为己有的事实,还向南宁铁路运输检察院供述了其用虚报所得款购买国债和定期存单的藏匿地点及 370 000 元现金藏匿处。检

察机关根据其供述，在其一分部宿舍及一分部食堂的库房里查获了 825 000 元国债凭证、银行定期存单及现金 370 000 元。至此，李培光共退出贪污所得 1 216 855.96 元。

2. 挪用公款事实

2010 年 3 月间，被告人李培光利用担任中铁三局四公司南广铁路 NGZQ－4 项目部一分部财务主任的职务便利，挪用公款共计 860 000 元归个人使用，进行营利活动。具体事实如下：

2009 年 10 月至 2010 年 5 月，南广铁路 NGZQ－4 项目部一分部在无真实业务发生的情况下，在贵港市港北区国家税务局港城镇分局虚开"贵港市港北区宝（伟）锋建材经营部"片石销售发票 16 张，总金额 6 354 208.30 元，套出现金 5 896 042 元。李培光利用保管上述套现款，一分部在出售商品灰、废旧材料、赔偿、罚款等收入，报销后未归还垫付人刘建球的购车款以及其他账外现金的便利，先后 3 次将其保管的账外资金 860 000 元挪用，存入账号为 606242039200354804、户名为李培光的贵港市邮政储蓄银行个人账户，用于购买银行理财产品。其中，2010 年 1 月 28 日存入 300 000 元，2 月 10 日将该款全部用于购买名称为"财富日日升"的银行理财产品；2 月 24 日存入 350 000 元，2 月 28 日将该款全部用于购买名称为"财富月月升"的银行理财产品；3 月 5 日存入 210 000 元，3 月 8 日将该款全部用于购买名称为"财富日日升"的银行理财产品。2010 年 5 月，国家审计部门对一分部财务部门进行经济审计后，李培光于 5 月 21 日赎回两笔"财富日日升"的银行理财产品，共计 510 000 元归还单位。案发后，尚有 350 000 元"财富月月升"的银行理财产品没有赎回。

2011 年 9 月 20 日，南宁铁路运输中级法院依法冻结了该 350 000 元"财富月月升"的银行理财产品。

另查明李培光在被司法机关调查期间，提供了贵港市港北区国家税务局工作人员廖晓丽涉嫌职务犯罪的重要线索，并经查证属实。

南宁铁路运输中级法院认为，被告人李培光身为国家出资企业中从事公务的人员，利用职务上的便利，以虚开发票在单位报账的方式，侵吞公款 1 247 040 元，其行为侵犯了公共财产的所有权和国家工作人员职务行为的廉洁性，已构成贪污罪。同时，李培光利用职务上的便利，以营利为目的，在任职期间擅自决定挪用本单位公款 860 000 元归个人使用，其行为构成挪用公款罪。公诉机关指控的罪名成立。

李培光所犯贪污罪和挪用公款罪依法应当并罚。李培光挪用公款 860 000 元，数额巨大，情节严重；其在司法机关立案调查其挪用公款犯罪事实期间，主动向司法机关交代了司法机关尚未掌握的其贪污犯罪事实，属于自首，依法可以减轻处罚；其在被办案机关调查期间，提供侦破其他案件的重要线索，并查证属实，具有立功表现，依法可以从轻处罚；其在案发前退出挪用的大部分公款，依法可以从轻处罚；其归案后主动供述了赃款去向，退出了绝大部分贪污的赃款，可以酌情从轻处罚。据此，根据李培光犯罪的事实、性质、情节和对社会的危害程度，依照《中华人民共和国刑法》第三百八十二条、第三百八十三条第一款第一项、第三百八十四条第一款、第六十七条第二款、第六十八条第一款、第六十九条、第六十四条，《最高人民法院关于处理自首和立功具体应用法律若干问题的解释》第二条、第三条、第五条以及《最高人民法院关于审理挪用公款案件具体应用法律若干问题的解释》第二条、第三条之规定，南宁铁路运输中级法院判决如下：

被告人李培光犯贪污罪，判处有期徒刑七年，并处没收财产人民币二十万元；犯挪用公款罪，判处有期徒刑五年；数罪并罚，决定执行有期徒刑十年六个月，并处没收财产人民币二十万元。

一审宣判后，被告人李培光提出上诉。被告人李培光上诉提出：（1）其所在公司是原国有企业改制后的有限公司，已不属于国有企业。其仅是该公司聘请的工作人员，不属于受委派从事公务的人员，其不具备贪污罪、挪用公款罪的主体要件。(2)其主观上无贪污故意，客观上并未利用职务之便实施贪污的行为，侦查机关收集证据的过程不合法，其供述不能作为证据使用，其行为不构成贪污罪。(3)原判认定其挪用的86万元中有28.9万元是刘建球帮其公司垫付的购车款，其余57.1万元是小金库资金，把小金库资金存在个人名下是单位认可的，其行为亦不构成挪用公款罪，请求宣告无罪。其辩护人还提出：(1)李培光不具有非法占有目的，不存在利用职务上的便利侵吞公款、挪用公款的事实，李培光的行为系职务行为，其上级主管部门领导知道李培光保管小金库资金的情况；原判认定贪污数额错误，虚开的4张发票总金额1 247 040元与李培光购买国债、存银行定期及查获的现金合计1 195 000元，相差52 040元，贪污数额不准确；套现的1 247 040元已先用于单位开支；李培光保管小金库资金经过领导同意，挪用资金购买理财产品，没有进行营利活动，李培光的行为不构成犯罪。(2)李培光揭发他人职务犯罪，有立功表现。(3)即使认定李培光构成犯罪，其行为只宜定职务侵占罪一罪，并综合考虑其自首、立功、退赃等情节，请求法院对其适用缓刑。

广西壮族自治区高级人民法院经审理认为，上诉人李培光所在中铁三局四公司系国有资本控股公司中铁三局的全资子公司，属于国家出资企业，李培光系该公司合同制员工，只有技术职称，没有行政级别，其担任南广铁路NGZQ－4项目部一分部财务主任是经过公司人力资源部提名，主管总会计师同意报公司总经理聘任的，未经公司党委或者党政联席会讨论、批准或者任命，故其不具有国家工作人员身份。上诉人李培光身为国家出资企业中的工作人员，利用职务上的便利，以虚开发票在单位报账的方式，将本单位资金1 247 040元非法占为己有，数额巨大，其行为构成职务侵占罪；同时其利用职务上的便利，挪用本单位资金86万元归个人使用，进行营利活动，数额巨大，其行为构成挪用资金罪，依法应当惩处。一审判决定性不准，应予纠正。依照《中华人民共和国刑法》第二百七十一条第一款、第二百七十二条第一款、第六十七条第二款、第六十八条第一款、第六十九条、第六十四条，《最高人民法院关于处理自首和立功具体应用法律若干问题的解释》第二条、第三条、第五条以及《中华人民共和国刑事诉讼法》第二百二十五条第一款第二项之规定，广西壮族自治区高级人民法院改判如下：

上诉人李培光犯职务侵占罪，判处有期徒刑四年；犯挪用资金罪，判处有期徒刑三年；数罪并罚，决定执行有期徒刑六年。

二、主要问题

如何审查认定国家出资企业中国家工作人员的身份？

三、裁判理由

本案审理过程中，对被告人李培光在实施有关犯罪行为时是否属于国家工作人员，存在不同意见：

一种意见认为，李培光属于在国有控股公司中受委托从事公务的人员，具有国家工作人员的身份，符合贪污罪、挪用公款罪的主体特征。理由是：(1)李培光所在的中铁三局四公司原为国有企业性质，李培光参加工作时其身份是国有企业工作人员。2007年公司改制后，中铁三局四公司属于国有资本控股公司。李培光长期在公司担任会计职务，公司改制后仍然担任该职务，公司改制后无身份置换有关材料，故李培光在公司里仍然属于国有股份的代表。(2)虽然从形式要件看李培光未经公司的党委、党政联席会批准或者研究决定其任职，但李培光是公司总经理聘任，总经理证言里也提到他在任命前向公司党委书记汇报，得到同意后才下的任命。且在国家出资企业中，对代表其在企业中负有管理、监督国有资产职责的人员的任命形式不应仅限于"党委、党政联席会"的形式，总经理任命也应该是其中一种形式，而最重要的是看是否代表国有单位意志从事公务的实质要件。

另一种意见认为,中铁三局四公司原为国有企业性质,李培光参加工作时其身份是国有企业工作人员。2007年公司改制后,中铁三局四公司属于国家出资企业。李培光2005年和公司签订的劳动合同是长期技术服务合同,案发前为国有资本控股公司中铁三局四公司聘任的南广项目部财务会计部部长。根据现有证据,李培光是由公司人力资源部根据岗位缺员情况提名,经主管领导总会计师同意,报公司总经理决定并签发聘任书,没有经国家出资企业中负有管理、监督国有资产职责的组织批准或者研究决定。即没有国有资产监督、管理机构,国有公司、企业、事业单位和上级或者本级国有出资企业内部的党委、党政联席会批准或者研究决定其任职。目前亦无证据证实李培光属于"受国家机关、国有公司、企业、事业单位委派到非国有公司、企业、事业单位、社会团体从事公务"的情况。综上,不应认定李培光具有国家工作人员的身份。

我们同意后一种意见,被告人李培光不属于国家工作人员。具体理由如下:

(一)从形式要件分析,认定国家出资企业中的国家工作人员一般要求行为人的职务系经党政联席会等形式批准、任命

中国中铁股份有限公司上市前名称为中国铁路工程总公司(国有企业)。2007年9月,中国铁路工程总公司改制注册为中国中铁股份有限公司,主管机构为国务院国有资产监督管理委员会。2007年12月,中国中铁股份有限公司上市后,公司股本结构为中国铁路工程总公司持股占58.30%,境内社会公众持股占21.95%,境外社会公众及社保基金理事会持股19.75%。据此,可以认定中国中铁股份有限公司上市后成为国有控股公司,亦即国家出资企业。

中铁三局集团有限公司(以下简称中铁三局)前身为铁道部第三工程局,创建于1952年。2000年11月28日改制成立中铁三局集团,股东为中国铁路工程总公司和中铁三局职工持股会。2007年3月,该公司将全部职工个人股权转让给第一股东中国铁路工程总公司,随中国铁路工程总公司整体上市成立中国中铁股份有限公司,中铁三局成为中国中铁股份有限公司的全资子公司,中铁三局四公司系中铁三局的全资子公司。

由上可见,被告人李培光所在中铁三局四公司系上市公司中国中铁股份有限公司的三级全资子公司,因中国中铁股份有限公司已经上市并非国有公司,该公司性质上属于国家出资企业,并非国有公司。李培光在实施相关犯罪行为时,担任中铁三局四公司南广铁路NGZQ-4项目部一分部财务主任,直接负责经手、管理所在单位财务,从其岗位职责来讲,属于关键岗位,具有"从事监督、经营、管理工作"的特点。但其是否属于国家工作人员,根据"两高"发布的《关于办理国家出资企业中职务犯罪案件具体应用法律若干问题的意见》的相关规定,首先要考察其是否具有"经国家出资企业中负有管理、监督国有资产职责的组织批准或者研究决定,代表其在国有控股、参股公司及其分支机构中从事组织、领导、监督、经营、管理工作"的情况。

从现有证据看,中铁三局四公司改制后,全体员工全部重新签订劳动合同,2005年李培光重新签订劳动合同,成为一名劳动合同制员工。李培光在该公司系一名普通工作人员,无任何行政级别,只有技术职称,其工作调动不需要经过公司的任何会议研究决定,其工作调动程序是公司人力资源部根据项目设置和项目需要进行人员调配的。李培光担任中铁三局四公司南广铁路NGZQ-4项目部一分部财务主任一职,是经过公司人力资源部提名、主管领导总会计师同意,报公司总经理任命的,因为财务人员不是领导班子成员,故一般无须公司领导层或党政联席会讨论、批准、任命,事实上也没有经过有关会议讨论、批准、任命。因此,李培光担任该职务并非属于"经国家出资企业中负有管理、监督国有资产职责的组织批准或者研究决定"。关于李培光的任命,时任中铁三局四公司总经理蔡红生在其证言里提到,其在任命前向公司党委书记汇报过,得

到同意后才下发了任命通知。经查，蔡红生的证言中只是抽象提到其对财务人员的岗位人事安排一般会向党委书记说明，听取意见，但这只是形式而已。类似这样的岗位人事安排，党委书记一般也不会反对，然后由其审批签字，由人力资源部发文即告完成。可见，蔡红生的证言并未明确提及李培光的任命已经向公司党委书记汇报过；且即使汇报过，依据四公司有关制度规定和操作惯例，党委书记同意只是"走形式"，并无实质意义，不能将之简单视为"国家出资企业中负有管理、监督国有资产职责的组织批准或者研究决定"的表现形式，否则将会造成实践中对此类国家出资企业中国家工作人员范围认定的不当扩大。

（二）从实质要件分析，国家出资企业中的国家工作人员代表负有管理、监督国有资产职责的组织在国有控股、参股公司及其分支机构中从事组织、领导、监督、经营、管理工作

在国有控股、参股公司中国家工作人员身份的认定中，除了需要审查行为人的任命程序，还需要审查其是否"代表负有管理、监督国有资产职责的组织"，从事"组织、领导、监督、经营、管理工作"。这一审查主要围绕以下三个特征进行：(1)代表性。作为授权方的负有管理、监督国有资产职责的组织，与作为被授权方的国家工作人员，通过批准、研究决定等政治授权行为方式，产生一种认可被授权方法律行为所建立的法律关系的效果，并将这种法律关系最终归属于国家。也即在国有出资企业中，国家工作人员系代表国有资产的监督、管理组织从事工作，这种代表性是认定国家工作人员身份的首要特征。(2)公务性。公务首先是管理性的事务，而不是一般的技术性、业务性的活动，与劳务相比其具有明显的管理属性。公务与职权具有紧密的关联。(3)与国有资产的紧密关联性。对于经党政联席会等形式批准、任命的人员，实践中把握的原则是，只要从事的是公务，一般都认定为国家工作人员。但对于未经党政联席会等形式批准、任命的人员，还要区分是公司整体的公务，还是代表国有资产管理、监督部门从事公务，只有代表国有投资主体行使监督、管理国有资产的职权，才能认定为国家工作人员。本案中，无证据证实被告人李培光属于"受国家机关、国有公司、企业、事业单位委派从事公务"的情形，综合案情和各种证据分析，难以认定其代表国有投资主体行使监督、管理国有资产的职权，因此，从实质层面分析，不应认定李培光具有国家工作人员的身份。

综上，本案被告人李培光职权的变动并未经负有管理、监督国有资产职责的组织批准或者研究决定，其所从事的工作也并非代表国有投资主体在国有出资企业中从事公务。因此，不能认定李培光为国家工作人员，其利用职务便利，将本单位资金非法占为己有的行为，构成职务侵占罪；同时，其挪用本单位资金归个人使用的行为，构成挪用资金罪。本案二审法院的判决是正确的。

（撰稿：最高人民法院刑二庭　康　瑛
审编：最高人民法院刑二庭　叶晓颖）

[第1018号]卫建峰受贿案

——如何认定公司改制后国家工作人员的身份

【关键词】　国有控股企业　国家工作人员　从事公务

一、基本案情

被告人卫建峰，男，汉族，1963年7月12日出生，原系广东珠三角城际轨道交通有限公司副

总经理。2011 年 9 月 21 日因涉嫌犯受贿罪被逮捕。

广西壮族自治区人民检察院南宁铁路运输分院以被告人卫建峰犯受贿罪，向南宁铁路运输中级法院提起公诉。

被告人卫建峰及其辩护人对起诉书指控的受贿事实无异议，同时卫建峰辩解：(1)陈月忠在其离任时给的人民币(以下币种同)10 万元属于馈赠，收受赵龙成的 3 万元用于公务支出，性质上不应认定为受贿金额；(2)其检举他人犯罪线索，具有立功表现。其辩护人提出：(1)卫建峰仅仅是受国有公司中国铁道建筑总公司(全民所有)提名，而不是委派到股份有限公司中铁二十五局集团(非国有公司)担任副总经理，卫建峰不属于中国铁道建筑总公司的管理人员，而属于中国铁建股份有限公司的管理人员，因此卫建峰身份不符合刑法第九十三条的规定，不应以国家工作人员论。(2)卫建峰兼任的湘桂Ⅶ标指挥长的职务不具有公务性质，因为指挥部是临时机构，指挥长的工作属于劳务、服务性质，是为各实际施工的项目部服务的，不宜认定为从事公务。(3)卫建峰收受张顺安、孙伟杰送给其的 110.7 万元，性质上不属于受贿，因为卫建峰没有为张顺安、孙伟杰谋取不正当的利益，不属于刑法第三百八十五条所规定的为他人谋取利益。陈月忠在其离任时给的 10 万元属于馈赠，收受赵龙成的 3 万元用于公务支出，性质上不应认定为受贿金额。(4)卫建峰在办案机关采取强制措施前，就如实供述了大部分犯罪事实，应当认定具有自首情节。卫建峰还检举他人犯罪线索，具有立功表现。

南宁铁路运输中级法院经公开审理查明：

2009 年 9 月至 2010 年 8 月，被告人卫建峰担任中铁二十五局集团有限公司副总经理兼任湘桂Ⅶ标指挥部指挥长期间，利用职务之便，为他人谋取利益，多次收受他人贿赂款共计 188.775 万元。具体事实如下：

1. 2009 年 9 月间，卫建峰得知原柳州市博浩贸易有限公司通过投标成为湘桂Ⅶ标指挥部的水泥供应商后，便通过湘桂Ⅶ标指挥部物资设备部部长韦唯(另案处理)向该公司法定代表人、总经理张顺安(另案处理)提出，要张按照该公司向湘桂Ⅶ标指挥部销售的水泥数量给予回扣款，张顺安为了能够及时结清水泥款表示同意。2009 年 10 月至 2010 年 8 月，张先后按照销售每吨水泥给予 10 元或者 7 元的标准，通过韦唯先后 6 次送给卫建峰共计 88.7 万元。

2. 2009 年 6 月，卫建峰应天津隆鑫达建筑基础工程有限公司法定代表人李子玉(另案处理)的请求，将李子玉安排到湘桂Ⅶ标指挥部下属的第三项目部分包水泥搅拌桩和高压旋喷桩工程。2010 年 8 月，卫建峰再次应李子玉的请求，将其安排到中铁二十五局集团广州铁路工程有限公司南宁枢纽工程Ⅲ标工程指挥部第二项目部分包水泥搅拌桩工程。李为了感谢卫建峰帮助其获得工程，先后三次送给卫建峰好处费共计 37.075 万元。

3. 2010 年春节前至 8 月间，中铁二十五局集团有限公司恒元建筑工程有限公司副总经理兼湘桂Ⅶ标指挥部第三项目部经理陈月忠(另案处理)先后 5 次送给卫建峰好处费共计 38 万元。其中，因卫建峰提出过节需要慰问费，为能及时拨付工程款，陈分别于 2010 年春节前和中秋节前先后送给卫建峰 30 万元，卫建峰留了 15 万元自用。2010 年 8 月底，卫建峰让陈月忠报销购买世博会纪念品发票，陈月忠给了卫建峰 11 万元。为了感谢卫建峰推荐自己担任项目部经理以及在卫建峰调任广东珠三角城际轨道交通有限公司后，其公司能打开广州市场，陈月忠送给卫建峰 12 万元。

4. 2010 年春节前至 2011 年春节前，原湘桂Ⅶ标指挥部第二项目部经理(后任南宁枢纽Ⅲ标指挥部第二项目部经理)孙伟杰(另案处理)因卫建峰提出搞经营开发及接待需要经费，其给了卫建峰 20 万元；同时，为感谢卫建峰及时拨付工程款保证施工顺利，又送给卫建峰好处费 2 万元。

5. 2010年6月,卫建峰和有关单位的人员对中铁二十五局集团柳州工程有限公司柳州制梁场进行检查验收,该场场长兼湘桂Ⅶ标指挥部制架梁项目部项目经理赵龙成为顺利通过验收从而获得《全国工业产品生产许可证》,送给卫建峰3万元。

卫建峰将收受的部分资金用于储蓄、炒股、消费和购买商品房,卫建峰在被司法机关调查期间,主动向司法机关交代了大部分受贿犯罪事实。案发后,卫建峰通过其家属已向广西壮族自治区人民检察院南宁铁路运输分院退出赃款140万元。

南宁铁路运输中级法院认为,被告人卫建峰经国有公司决定任命在国有控股公司的分支机构从事组织、领导、经营、管理工作,应当认定为国家工作人员。卫建峰在从事组织、领导、经营、管理工作中,利用职务上的便利,为他人谋取利益,收受财物,其行为侵犯了国家工作人员职务行为的廉洁性,已构成受贿罪。公诉机关指控的罪名成立。经查,中国铁道建筑总公司属于国有公司,中铁二十五局集团是国有控股公司中国铁建股份有限公司的全资子公司,属于国家出资企业。卫建峰担任中铁二十五局集团副总经理的职务是由中国铁道建筑总公司决定任命的。2004年中国铁道建筑总公司给中铁二十五局集团并党委下发了关于决定卫建峰等人为二十五局集团副总经理的通知。中铁二十五局2009年度、2010年度卫建峰的干部任免审批表证实,其一直担任中铁二十五局集团副总经理,并由中国共产党中铁二十五局集团组织干部部、中国共产党铁道部党组考核。2010年8月19日,卫建峰调任珠三角城际轨道交通有限公司任筹备组副组长,是由铁道部党组下发给广州铁路(集团)公司并党委的通知。由此可知,卫建峰从2004年起,一直是由铁道部管理的副局级干部。因此,卫建峰的主体身份符合《最高人民法院、最高人民检察院关于办理国家出资企业中职务犯罪案件具体应用法律若干问题的意见》(法发〔2010〕49号,以下简称《意见》)第六条的规定,属于国家工作人员。中铁二十五局湘桂Ⅶ标指挥部指挥长职责第二条明确规定:“指挥长是工程项目管理的第一责任人,根据合同对项目实施过程行使全面管理职权。”指挥长管理公务的重要职权之一就是购料款、工程款的拨付决定权。本案中的行贿人送钱给卫建峰的主要原因就是为了能让卫建峰及时拨付购料款和工程款。因此,指挥长职务具有管理公务性质,符合受贿罪的主体特征。故辩护人关于卫建峰主体身份不属于国家工作人员及指挥长职务不具备从事公务性质的辩护意见,不予采纳。根据被告人犯罪的事实、性质、情节和对于社会的危害程度,依照《中华人民共和国刑法》第三百八十五条第一款、第三百八十六条、第三百八十三条第一款第一项、第九十三条第二款、第六十四条以及《意见》第六条和《最高人民法院、最高人民检察院关于办理职务犯罪案件认定自首、立功等量刑情节若干问题的意见》第一条、第三条、第四条之规定,南宁铁路运输中级法院以被告人卫建峰犯受贿罪,判处有期徒刑十一年,并处没收财产三十万元。

一审宣判后,被告人卫建峰提出上诉。

被告人卫建峰及其辩护人上诉提出:(1)一审适用法律错误。其犯罪行为发生在2009年9月至2010年8月,按当时的刑法和司法解释,其不属于国家工作人员,而一审却适用2010年12月2日颁布实施的《意见》认定其为国家工作人员是错误的,在卫建峰犯罪时已有相关的司法解释,应当依照“从旧兼从轻”的原则,适用行为时的司法解释。(2)一审认定事实错误。①一审认定卫建峰“担任中铁二十五局副总经理的职务是由中国铁道建筑总公司决定任命的”、“从2004年起一直是铁道部管理的副局级干部”是错误的。中铁二十五局集团公司、中国铁建与铁道部没有隶属关系,中国铁建上市之前,卫建峰仅是被国有公司提名作为副总经理人选,委派与提名是两种不同的概念,卫建峰不是国有股代表,不属受委托管理国有资产的人选,不能认定为代表国有投资主体行使监督、管理职权;中国铁建上市以后,卫建峰担任中铁二十五局副总经理兼湘桂

Ⅶ标指挥部指挥长一职，是由中国铁建任命的，而且指挥长的职责是组织合同施工，不具备监督、管理国有资产的职务活动性质，不属于法律规定的经国有机关、国有公司提名、推荐、任命、批准等，在国有控股公司、参股公司及其分支机构中从事公务。②卫建峰收受李子玉的一笔20万元是李子玉交给其代为炒黄金的资金，不是受贿；陈月忠在其离任时送给其的10万元，是馈赠不是受贿；赵龙成送的3万元是给其用于接待检查制梁厂的检查组使用的，已开支完毕，不是受贿。③原判量刑畸重。自首情节在量刑时没有得到体现。

广西壮族自治区高级人民法院经审理认为，上诉人卫建峰属于国有公司委派到非国有公司从事公务的人员，应当认定为国家工作人员。其在担任中铁二十五局集团有限公司副总经理兼任湘桂铁路Ⅶ标指挥部指挥长期间，多次利用职务便利主动索取或者收受他人贿赂共计188.775万元，为他人谋取利益，其行为亦构成受贿罪。一审判决认定的事实清楚，证据确实、充分，适用法律正确，量刑适当，审判程序合法，应予维持。据此，广西壮族自治区高级人民法院依法裁定驳回上诉，维持原判。

二、主要问题

如何认定公司改制后国家工作人员的身份？

三、裁判理由

根据在案证据，我们认为，应当认定本案被告人卫建峰在实施检察机关指控的有关犯罪行为期间属于国家工作人员，其利用职务便利索取或者收受他人贿赂的行为，应当构成受贿罪。对卫建峰行为的定性关键在于认定其是否属于国家工作人员身份。具体分析如下：

（一）《意见》应当同步适用，与相关司法解释不存在冲突，不存在从旧兼从轻的适用问题

2010年“两高”出台的《意见》系专门对国家出资企业中有关人员职务犯罪问题作出的解释，其内容并没有改变之前“两高”有关司法解释中认定国家工作人员身份标准的规定，只是对于近年来司法机关办理此类案件中经常遇到的一些新情况、新问题，规定了更为明确的认定标准，其与之前相关司法解释的内容没有冲突，对国家工作人员的认定范围没有改变，亦与刑法第九十三条的规定相一致，不存在所谓从旧兼从轻的适用问题。因此，在“两高”有明确规范性文件规定的情况下，本案当然应当适用该《意见》。

（二）卫建峰属于受国有主体委派在国有控股企业中从事管理工作的人员

中国铁建股份有限公司于2007年11月成立，由中国铁道建筑总公司（国有公司）独家发起设立。中国铁建股份有限公司于2008年3月上市扩股，吸纳社会公众资金，上市后国家持股61.33%，国有法人全国社会保障基金理事会持股1.98%，社会公众持股36.69%，属于国家控股企业（国家出资企业）。

中铁二十五局集团有限公司于1985年成立，股东为中国铁道建筑总公司和广州铁路工程（集团）有限公司工会；2004年股东变更为中国铁道建筑总公司持股76.65%，中铁十五局集团有限公司持股11.56%，广州铁路工程公司工会持股11.79%；2007年5月，由中国铁道建筑总公司收购广州铁路工程（集团）有限公司工会出资股权，股东变更为中国铁道建筑总公司（持股88.44%）和中铁十五局集团有限公司（持股11.56%）；2007年11月，中国铁建股份有限公司通过划转、收购有关股东的股权，持股100%，成为唯一股东。因此，中铁二十五局集团有限公司是中国铁建股份有限公司的全资子公司（二级公司），属于国家出资企业。

卫建峰担任中铁二十五局集团有限公司副总经理之前，其长期在中铁十二局集团公司工作，并于2003年起担任工程管理部部长，成为公司中层管理人员，后通过铁路系统内部招聘，调到中铁二十五局集团有限公司。

从卫建峰担任中铁二十五局集团有限公司副总经理的任命来看，其系由国有公司中国铁道建筑总公司决定并向中铁二十五局集团有限公司及其党委下达通知任命的，然后才由中铁二十五局集团有限公司履行聘任手续；2009年中铁二十五局集团有限公司又任命卫建峰兼任湘桂铁路扩能改造工程Ⅶ标工程指挥部指挥长。从卫建峰担任珠三角城际轨道交通有限公司副总经理的工作调动、职务任命过程看，其担任珠三角城际轨道交通有限公司筹备组副组长（副局级）系铁道部党组给广州铁路（集团）公司及其党委下发的任职通知，之后才由广东珠三角城际轨道交通有限公司聘任其为总经理。2004年中共中铁二十五局集团公司委员会文件《中铁二十五局集团有限公司党委工作若干规定》规定，公司党委隶属中国铁道建筑总公司党委领导，同时接受广东省委的领导；公司实行党管干部原则，党委会讨论决定集团公司所属单位领导班子成员的考核、任用和奖惩事项。卫建峰的职务从2004年12月任命后直至2010年8月调任珠三角城际轨道有限公司，其职务没有发生变动。证据显示，中国铁建股份有限公司对下属二级公司董事会、经理层的领导任免，要经过中铁建党委组织的考察、征求党委常委及纪检部门意见，并经公司党委常委会讨论决定。卫建峰没有重新任命，是中国铁建股份有限公司党委认可了原提名和任命手续。因此，卫建峰担任中铁二十五局集团有限公司副总经理，受国有投资主体委派代表国有股东一方行使管理职权的性质在中国铁建股份有限公司上市后并未发生改变。卫建峰的《干部任免审批表》显示，其担任湘桂铁路扩能改造工程Ⅶ标工程指挥部指挥长，是中铁二十五局党委组织干部部呈报二十五局集团公司同意任命的，后才以中铁二十五局集团公司的名义下发的任免通知。

此外，中铁二十五局2009年度、2010年度卫建峰的《干部任免审批表》证实，卫建峰作为中铁二十五局集团有限公司副总经理，由中国共产党中铁二十五局集团组织干部部、中国共产党铁道部党组考核。

从以上卫建峰的任职、考核情况看，可以得出卫建峰从2004年起，一直是由国家机关负责管理的副局级干部，属于党管干部，其任职源起要么来自国有公司，要么来自国家机关，其在有关公司中的任职应当属于受国有主体委派，符合《意见》第六条规定的经国家机关、国有公司提名、推荐、任命在国有控股企业中从事管理工作的人员，具有国家工作人员身份。

（三）卫建峰在兼任湘桂铁路扩能改造工程Ⅶ标工程指挥部指挥长期间的工作属于从事公务

本案被告人卫建峰所担任的职务，最初是经中国铁道建筑总公司提名的，属于受国有公司的委派在国有控股公司中从事管理工作。中国铁建股份有限公司是国有控股公司，其成立后卫建峰的职务保持不变，属于职务延续，卫建峰受国有投资主体委派代表国有股东一方行使管理职权的性质并未发生改变。另外，根据2011年中共中国铁建股份有限公司制发的《中国铁建股份有限公司企业领导人员管理暂行办法》的规定，该公司二级公司（中铁二十五局集团公司属于二级公司）担任领导职务的人员（包括总经理、副总经理）的选任，民主推荐结果应当向股份公司党委汇报，研究确定考察对象，之后由党委组织考察提出选用建议，再提交公司党委常委会讨论决定；逐步建立企业领导人员责任追究制度，企业领导人员有“因管理不善，造成国有资产严重流失的”等情形，视情况给予经济处罚、组织处理、党纪政纪处分，涉嫌违法犯罪的，依法移交司法机关。卫建峰在担任中铁二十五局集团有限公司副总经理的职务期间，作为公司高层管理人员，当然负有监督、管理、经营国有资产的职责，属于国家工作人员。

根据2009年10月26日《关于调整集团公司经理层领导工作分工的通知》，卫建峰副总经理负责南宁铁路局范围内在建项目、对湘桂线（南局段）项目行使直接组织指挥权，协管施工管理部、安全管理部；同时，根据《关于成立“中铁二十五局湘桂铁路扩改工程Ⅶ标指挥部”及启用印章的通知》,卫建峰作为湘桂铁路扩能改造工程Ⅶ标工程指挥长还兼任党工委书记。至于卫建峰兼任的中铁二十五局集团有限公司湘桂铁路扩能改造工程Ⅶ标工程指挥部指挥长,虽然是临时性职务,但并不影响其是否从事公务的认定,其该职务是否属于从事公务,应当从其具体工作职责进行分析。

《中铁二十五局湘桂铁路扩改工程Ⅶ标指挥部指挥长职责》第二条明确规定:“指挥长是工程项目管理的第一责任人,根据合同对项目实施过程行使全面管理职权。”据此,指挥长作为工程指挥部的“一把手”,对工程项目的施工生产进度、工程质量监管、工程成本控制及价款结算等所有工作均具有领导职责,这其中必然包括对中铁二十五局所持国有股份对应的国有资产的经营、监管责任,购料款、工程款的拨付决定权作为其职权之一。而本案中行贿人送钱给卫建峰的主要原因是为了能让卫建峰及时拨付购料款和工程款。因此,卫建峰作为湘桂铁路扩改工程Ⅶ标指挥部指挥长,系国有控股公司临时机构的“一把手”,同时其还兼任指挥部的党工委书记,主持党工委的全面工作,其从事的工作具有公务性质,符合《意见》第六条规定的经国家出资企业中负有管理、监督国有资产职责的组织研究决定,代表其在国有控股公司及其分支机构中从事组织、领导、监督、经营、管理工作的人员,应当认定为国家工作人员。

综上,被告人卫建峰在国家出资企业中作为高层管理人员,所任职务系经国家出资企业中负有管理、监督国有资产职责的组织研究决定,从事组织、领导、监督、经营、管理的工作,应当认定为国家工作人员。本案一、二审法院将其利用职务便利收受贿赂的行为定性为受贿罪是正确的。

(撰稿:最高人民法院刑二庭　康　瑛
审编:最高人民法院刑二庭　王晓东)

[第1045号]张静故意杀人案

——玩“危险游戏”致人死亡案件中行为人主观心态的认定

【关键词】“危险游戏”　明知　间接故意

一、基本案情

被告人张静,女,1992年9月15日出生,农民工。2012年8月23日因涉嫌犯故意杀人罪被逮捕。

浙江省宁波市人民检察院以被告人张静犯故意杀人罪,向宁波市中级人民法院提起公诉。

被告人张静辩称其没有杀死被害人的故意。张静的辩护人认为张静的行为仅构成过失致人死亡罪,不构成故意杀人罪,请求法庭对张静从轻处罚。

宁波市中级人民法院经公开审理查明:被告人张静与被害人张丽敏均在浙江省慈溪市务工,二人共同租住于慈溪市周巷镇城中村傅家兴二弄14号102室。2012年8月13日1时许,张静用手机上网时发现一条“用绳子勒脖子会让人产生快感”的信息,决定与张丽敏尝试一下,并准备了裙带作为勒颈工具。随后,张静与张丽敏面对面躺在床上,张静将裙带缠系在张丽敏的颈部,用双手牵拉裙带的两端勒颈。其间,张丽敏挣扎、呼救。两人的亲友、邻居等人闻声而至,在外敲窗询问,张静答称张丽敏在说梦话。后张静发现张丽敏已窒息死亡,遂割腕自杀,未果。当日8时许,张静苏醒后报警求救,经民警询问,其交代了自己的犯罪事实。案发后双方家属达成赔偿和解协议。

宁波市中级人民法院认为，被告人张静与被害人张丽敏相约做“用绳子勒脖子产生快感”的游戏，张静用裙带勒张丽敏颈部，且在张丽敏呼救时依然勒颈，放任张丽敏死亡结果的发生，其行为构成故意杀人罪。公诉机关指控的罪名成立。张静作为成年人，理应对勒颈可以致人死亡的常识有所认识，且当被害人被勒颈产生激烈反应，伴有脚踢床板，喊叫救命等行为时，张静更应明知其行为可能会产生致人死亡的结果，但仍放任被害人死亡结果的发生，其行为符合故意杀人罪的特征。鉴于张静案发后主动报警，如实供认自己的犯罪事实，构成自首，并积极向被害人的亲属赔偿经济损失且获得谅解，依法可以减轻处罚。据此，依照《中华人民共和国刑法》第二百三十二条、第六十七条第一款之规定，宁波市中级人民法院以被告人张静犯故意杀人罪，判处有期徒刑七年。

一审宣判后，被告人张静以定性不当为由，向浙江省高级人民法院提起上诉。

浙江省高级人民法院经公开审理认为，原判认定的事实清楚，证据确实、充分，定罪和适用法律正确，量刑适当，审判程序合法，遂裁定驳回上诉，维持原判。

二、主要问题

如何认定玩“危险游戏”致人死亡案件中行为人的主观心态?

三、裁判理由

当前，随着网络信息的高速发展，在一些不健康、不理性信息的暗示和刺激下，一些人为追求刺激，利用网络获得的信息尝试所谓“危险游戏”，如勒颈、上吊之类，试图让参与者通过窒息造成的死亡临界状态而体验某种快感。但此类“游戏”实际上已脱离了游戏本身娱乐、放松的属性，具有相当的危险性，对参与者的生命安全构成了现实威胁。更有甚者，利用参与者的游戏心态非法剥夺他人生命，看似游戏，实则暗藏“杀机”。因“危险游戏”当事人多为自愿参与，在危险后果发生后对被告人主观心态的认定存在一定困难和争议。

本案就是一起因玩“危险游戏”致人死亡的案件，对于被告人张静的主观心态和行为性质的认定，存在两种不同意见。

一种意见认为，张静的行为仅构成过失致人死亡罪。理由主要有三点：(1)从张静犯罪的动机、目的角度分析，可以完全排除其杀人的直接故意，其动机是为了帮助被害人追求快感，该行为本身不具有违法性，且对死亡的结果没有追求，故可以排除直接故意的犯罪心态。(2)张静也没有杀人的间接故意，张静在被害人挣扎、呼救时以为被害人得到了快感，其为了让被害人体验快感的时间更久些，没有即时停止游戏。当其发现被害人死亡后一直处于恐惧、后悔之中，甚至选择自杀，由此可见，被害人的死亡超出了张静的预判，是违背其意愿的。(3)张静在进行危险游戏前，预见到自己的行为可能会造成被害人受伤或者发生其他结果，但其轻信能够避免。在此心态下，张静的行为客观上造成了死亡的后果，故其行为更符合过失致人死亡罪的特征。

另一种意见认为，张静作为成年人，理应对勒颈可致人死亡的常识有所认识，且当被害人被勒颈时反应激烈，伴有脚踢床板，喊叫救命等行为时，其更应明知其行为可能会产生致人死亡的结果，但其仍放任被害人死亡结果的发生，其行为符合故意杀人罪的特征，应当以(间接)故意杀人罪对其定罪处罚。

我们赞同后一种意见。本案中对于被告人张静主观心态的认定，应结合在案证据、游戏本身的危险程度、日常生活经验等综合分析判断。

其一，游戏进行前，被告人张静对其行为所面临的高度危险是明知的。张静和被害人相约进行勒颈游戏,虽出于追求刺激、快感的本意,但用绳索、衣带勒颈具有高度的危险性,可致人死亡,是人所共知的常识。张静作为一个正常的成年人,不存在对此种情况认识上的障碍,而理应对此有充分认识。从在案证据看,对绳勒脖颈会致人死亡这一常识的明知,亦有张静的供述予以印证。张静供述称"用裙带勒颈会把人勒死我是知道的",故在游戏进行前,张静对其所进行的勒颈游戏可能会造成他人死亡的后果是明知的。这是认定其对被害人死亡后果所持主观心态的基础。

其二,游戏进行时,张静对其行为的现实危险性是明知的。张静供述,在勒之前被害人与其约定,如果受不了的话就喊一下"救命",被害人如果喊"救命",张静就不再用力了。当游戏进行了一分钟左右,被害人就有反抗和挣扎行为,且被害人喊了张静的名字,还叫了一声"救命",双手也在乱抓张静。根据二人事先的约定,此时张静应当明知自己的勒颈行为已经给被害人带来了无法承受的痛苦和生命危险。况且,被害人当时的痛苦反应是异常激烈的,在隔壁居住的证人都听到了被害人的呼救声以及脚踢床板的声音,如此强烈的挣扎,如此大力度的反抗是完全可以为张静所感知的,也足以促使张静作出理性的判断。因此,在游戏进行中,张静对勒颈行为已现实威胁到被害人的生命安全应当是明知的。

其三,被告人张静放任了危害结果的发生。根据上述分析,张静无论是游戏前对勒颈行为可能面临的危险,还是游戏中对勒颈的现实危险性,都是明知的。在此情况下,张静是否放弃继续勒颈,表明了其对危害结果发生的主观心态。而在被害人已经出现挣扎、呼救等激烈的异常反应的情况下,张静以所谓使被害人体验快感的时间更久些为由,不但没有松手解开缠在被害人颈部的裙带,而且持续用力使被害人较长时间处于呼吸不畅的状态,最终导致被害人机械性窒息死亡。由此可见,张静在追求让被害人产生"快感"的同时,放任了被害人死亡结果的发生,其主观上更符合间接故意犯罪的特征。

此外,当被告人张静发现被害人死亡后,确实存在恐惧、后悔、愧疚等复杂心理,并自杀未果,这种犯罪后的心理变化与行为表现,对于认定其作案时放任被害人死亡结果发生的主观心态和行为性质也有一定作用。

综上,本案被告人张静原本出于玩乐、追求刺激的心态与被害人相约进行具有一定人身危险性的游戏,但在游戏过程中不顾被害人激烈挣扎、呼救等异常反应,仍继续进行游戏,放任被害人死亡结果的发生,其行为构成(间接)故意杀人罪。鉴于本案的杀人情节与一般的严重暴力犯罪相比具有一定的特殊性,同时,被告人具有自首情节,并积极向被害人的亲属赔偿经济损失且获得谅解,法院依法对其减轻处罚是适当的。

(撰稿:浙江省宁波市中级人民法院　万仁赞　孔　飞
审编:最高人民法院刑五庭　马　岩)

[第1055号]王海洋非国家工作人员受贿、挪用资金案

——如何认定国家出资企业中工作人员的主体身份

【关键词】　国家出资企业　国家工作人员　从事公务

一、基本案情

被告人王海洋,男,1981年9月29日出生,原系中国建筑第八工程局有限公司第一建设有限

公司(以下简称中建八局第一公司)西客站交通枢纽项目部商务经理。2013 年 5 月 9 日因涉嫌犯受贿罪被逮捕。

山东省济南市历下区人民检察院以被告人王海洋犯受贿罪、挪用公款罪向历下区人民法院提起公诉。

济南市历下区人民法院经公开审理查明:

(一)受贿事实

中建八局第一公司系国有企业,被告人王海洋在任该公司西客站交通枢纽项目部商务经理期间,利用负责项目工程预、决算签发、审核的职务便利,为分包施工队谋取利益,分别于 2011 年 9 月、2012 年 4 月、2013 年 2 月三次收受施工队负责人李忠阳、郭峰好处费共计人民币(以下币种同)27.6 万元,据为己有。

(二)挪用公款事实

2011 年 9 月 14 日,中建八局第一公司会计张娜将公款 22 万元转入王海洋个人农业银行账户,由王海洋保管。同年 11 月 10 日,王海洋利用保管该部分账外资金的职务便利,将其中 147 850.65元用于个人购买农业银行理财产品,进行营利活动,同年 12 月 12 日归还,获利约 700 元。

济南市历下区人民法院认为,被告人王海洋身为国有企业工作人员,利用职务便利,为他人谋取利益,收受他人财物;利用职务便利,挪用公款进行营利活动,数额较大,其行为分别构成受贿罪和挪用公款罪。王海洋到案后如实供述了挪用公款的犯罪事实,依法可以从轻处罚。王海洋家属为其积极退缴全部受贿赃款,依法可以酌情从轻处罚。据此,依照《中华人民共和国刑法》的相关规定,历下区人民法院判决如下:

被告人王海洋犯受贿罪,判处有期徒刑十年六个月;犯挪用公款罪,判处有期徒刑二年;决定执行有期徒刑十一年。扣押在案的赃款人民币二十七万六千元予以没收,上缴国库。

一审宣判后,被告人王海洋不服,向济南市中级人民法院提起上诉。其主要上诉理由是:中建八局第一公司是中建八局公司的全资子公司,中建八局公司又是中国建筑股份有限公司(以下简称中建股份公司)的全资子公司,而中建股份公司 2009 年 7 月上市,从国有公司演变为国有资本控股公司,中建八局公司和中建八局第一公司也随之转变为非国有公司。因此,其身份不属于国家工作人员,不具备受贿罪、挪用公款罪的主体要件。

济南市中级人民法院经公开审理查明的上诉人王海洋收受郭峰、李忠阳等人 27.6 万元贿赂以及挪用本单位资金 147 850.65 元的事实和证据与一审相同。

济南市中级人民法院另查明,2007 年 12 月,经国务院国资委同意,中国建筑工程总公司(以下简称中建总公司)联合中国石油天然气集团公司、宝钢集团有限公司、中国中化集团公司作为发起人(以上均为国有股东,其中中建总公司持股 94%),发起设立中建股份公司。随后,中建总公司决定将中建八局公司 100% 国有法人股权作为其出资的一部分投入中建股份公司,并与中建股份公司签订了股权转让协议,中建八局公司由此成为中建股份公司独家持股的独资有限公司。2009 年 7 月,中建股份公司在上海证券交易所上市,从 2009 年至 2013 年,该公司国有股东持股比例均保持在 60% 以上。2009 年 12 月,中建股份公司为中建八局公司增资 9.65 亿元。2010 年 12 月,经中建股份公司同意,中建八局公司收购上诉人王海洋所在单位中建八局第一公司 49% 的社会法人股及自然人股股权(另 51% 股权继续由中建八局公司持有)。2011 年 3 月 10 日,中建八局第一公司工商登记注册变更为中建八局的独资有限公司。

济南市中级人民法院认为,上诉人王海洋身为非国有公司的工作人员,利用职务上的便利,非法收受他人财物，为他人谋取利益，数额巨大；利用职务上的便利，挪用本单位资金归个人使用，进行营利活动，数额较大，其行为构成非国家工作人员受贿罪和挪用资金罪，依法应当数罪并罚。原审认定王海洋的行为构成受贿罪和挪用公款罪有误，应当予以纠正。鉴于王海洋受贿赃款已全部追回，归案后如实供述其挪用资金的事实，对其依法可以从轻处罚。据此，依照《中华人民共和国刑事诉讼法》第二百二十五条第一款第二项、《中华人民共和国刑法》第一百六十三条第一款、第二百七十二条第一款、第六十九条第一款、第六十七条第三款、第六十四条之规定，济南市中级人民法院改判如下：

上诉人王海洋犯非国家工作人员受贿罪，判处有期徒刑六年；犯挪用资金罪，判处有期徒刑一年；决定执行有期徒刑六年六个月。

二、主要问题

如何认定国家出资企业中工作人员的主体身份？

三、裁判理由

本案被告人王海洋的身份是否属于国家工作人员，应当综合以下两个问题进行分析认定：一是王海洋所在单位是否属于刑法意义上的国有公司；二是如果其单位不属于国有公司，王海洋是否属于《最高人民法院、最高人民检察院关于办理国家出资企业中职务犯罪具体应用法律若干问题的意见》（以下简称《国家出资企业意见》）第六条第二款所规定的国家工作人员类型。二审法院在查明有关事实的基础上，遵循上述思路，认定王海洋不具有国家工作人员主体身份，并据此改判。具体理由如下：

（一）被告人所属公司出资股东的性质决定了该公司的性质是非国有公司，由此被告人不是国有公司中从事公务的人员

刑法意义上的国有公司仅指国家出资的国有独资公司，不包含国有资本控股公司、国有资本参股公司等其他类型的国家出资企业。刑法条文中含有“国有公司”“非国有公司”的表述，但刑法条文没有对“国有公司”“非国有公司”的内涵和外延作出明确规定，对其界定只能依据最高司法机关出台的规范性指导文件。从最高人民法院2001年发布的《关于在国有资本控股、参股的股份有限公司中从事管理工作的人员利用职务便利非法占有本公司财物如何定罪问题的批复》、2003年发布的《全国法院审理经济犯罪案件工作座谈会纪要》、2005年出台的《关于如何认定国有控股、参股股份有限公司中的国有公司、企业人员的解释》等规定来看，刑法意义上的国有公司仅限于国有独资公司，这也是长期刑事司法实践中一贯掌握的标准。“两高”2010年联合出台的《国家出资企业意见》与上述规定一脉相承，在坚持国有公司、企业既定外延的基础上，仅对国家出资企业中“以国家工作人员论”的范围有所突破和扩大。

本案一审之所以认定被告人王海洋所在的中建八局第一公司是国有公司，王海洋的身份是国家工作人员，主要是基于该公司在诉讼阶段出具了一份证明：2010年前该公司的国有法人股占51%，社会法人股占10%，职工股占39%，2010年经上级同意改为国有企业，社会股和职工股资金全部退出。然而问题的关键是，能否仅凭该证明认定中建八局第一公司属于国有公司。我们认为，对公司性质的认定，不能仅凭公司的工商注册登记或者公司自身所做的说明，而应当严格依照《国家出资企业意见》第七条的规定，遵循“谁投资，谁拥有产权”的原则，从公司的实际出资情况进行认定。具体联系本案，从相关文件来看，2011年3月，中建八局第一公司变更为中建八局公司的全资子公司，中建八局公司是中建八局第一公司的唯一股东，因此中建八局公司的国有性质决定了中建八局第一公司的国有性质。然而，从股东实际出资情况来看，中建八局公司后改制为国有控股公司，即非国有公司，从而决定了中建八局第一公司属于国家出资企业，而不属于

国有公司。这一过程大致可以划分为两个阶段:(1)中建八局公司原是国有公司中建总公司的全资子公司,2007年12月,该公司的股东即出资人变更为中建股份公司,此时,中建股份公司仍是国有公司,故中建八局公司也是国有公司。(2)2009年7月,中建股份公司在上海证券交易所上市,转变为国有控股公司,由此,中建八局公司因其股东不再是国有独资公司,其在性质上也就不再属于国有公司,而是转变为国有控股公司。相应地,中建八局第一公司的性质也应变为国有控股公司。基于上述分析,可以认定王海洋的身份不属于国有公司中从事公务的人员。

(二)从被告人的任职程序和实际履行的职责来看,被告人不属于《国家出资企业意见》规定的"国家工作人员"

《出资企业意见》第六条将非国有独资的国家出资企业中的国家工作人员分为两种类型:第一种类型与刑法第九十三条第二款对应,属于"委派型"国家工作人员。本案中,被告人王海洋所在公司及上级公司均为国有控股公司,故不属于国有公司委派到非国有公司任职的情形。第二种类型即"间接委派型"或者"代表型"国家工作人员。《国家出资企业意见》第六条第二款规定:"经国家出资企业中负有管理、监督国有资产职责的组织批准或者研究决定,代表其在国有控股、参股公司及其分支机构中从事组织、领导、监督、经营、管理工作的人员,应当认定为国家工作人员。"根据该规定,对于国家出资企业中的工作人员是否属于"国家工作人员",应当从以下两个方面进行认定:一是形式要件,即经国家出资企业中负有管理、监督国有资产职责的组织批准或者研究决定。这里的"组织"主要是指上级或者本级国家出资企业内部的党委、党政联席会。二是实质要件,即代表负有管理、监督国有资产职责的组织在国有控股、参股公司及其分支机构中从事组织、领导、监督、经营、管理工作,实质要件具有"代表性"和"公务性"两个特征。在判断层次上,对于形式要件、实质要件的判断分别属于形式判断和实质判断,首先要进行形式判断,形式判断是进行实质判断的重要前提和依据。

本案中,被告人王海洋任职本公司西客站交通枢纽项目部商务经理是经本公司总经理办公会研究决定任命,并非经国家出资企业中负有管理、监督国有资产职责的组织批准或者研究决定任命。

综上,本案被告人王海洋不是国家工作人员,其利用职务之便,为他人谋取利益,收受他人贿赂的行为以及挪用本单位资金的行为,不构成受贿罪和挪用公款罪,应当以非国家工作人员受贿罪和挪用资金罪论处。

(撰稿:山东省济南市中级人民法院　张威力　李洪川
审编:最高人民法院刑二庭　逄锦温)

[第1079号]都某过失致人死亡案

——实施一般殴打导致特异体质被害人死亡的行为如何定性

【关键词】 特异体质　殴打　过失致人死亡

一、基本案情

被告人都某,男,1963年1月1日出生,原系某市供销总公司业务员。2012年3月16日因涉嫌犯故意伤害罪被逮捕。

某市某区人民检察院以被告人都某犯过失致人死亡罪，向某区人民法院提起公诉。附带民事诉讼原告人邵某等提起附带民事诉讼。

某市某区人民法院经公开审理查明：2011 年 9 月 30 日 19 时许，被告人都某及其子都某乙在某市一高校宿舍区亲属家中吃过晚饭后，都某准备驾驶轿车回家。其间，适逢住在该宿舍区另一幢楼房的该高校教授陈某（被害人，殁年 48 岁）驾车回家取物。陈某将其驾驶的车辆停在宿舍区两幢楼房前方路口，堵住了车辆行进通道，致都某所驾车辆无法驶出。双方遂发生口角，继而打斗在一起。在打斗过程中，都某拳击、脚踹陈某头部、腹部，致其鼻腔出血。后陈某报警。在此过程中，都某乙与陈某的妻子邵某发生拉扯，并将邵某推倒在地。民警赶到现场后将都某父子带上警车，由陈某驾车与其妻跟随警车一起到派出所接受处理。双方在派出所大厅等候处理期间，陈某突然倒地，后经送医院抢救无效于当日死亡。经鉴定，陈某有高血压并冠状动脉粥样硬化性心脏病，因纠纷后情绪激动、头面部（鼻根部）受外力作用等导致机体应激反应，促发有病变的心脏骤停而死亡。

某市某区人民法院认为，被告人都某过失致人死亡，其行为构成过失致人死亡罪，同时，都某依法应当承担民事赔偿责任。因被害人在案发起因上有一定责任，故都某仅应当承担主要民事赔偿责任。据此，依照《中华人民共和国刑法》第二百三十三条、《中华人民共和国刑事诉讼法》第九十九条第一款以及《最高人民法院关于适用〈中华人民共和国刑事诉讼法〉的解释》第一百五十五条第一款、第二款之规定，以过失致人死亡罪判处被告人都某有期徒刑三年，并判处都某赔偿附带民事诉讼原告人医药费、丧葬费、交通费、住宿费等各项经济损失共计人民币 23 425.19 元。

一审宣判后，被告人都某不服，向某市中级人民法院提起上诉。都某及其辩护人的主要上诉理由和辩护意见是：原审法院适用法律不当，应当依法改判都某无罪，并依照双方责任大小重新确定民事赔偿数额。

某市中级人民法院经审理认为，被告人都某应当预见击打他人头部、腹部可能导致他人死亡的危害后果，因为疏忽大意而没有预见，仍拳击、脚踹被害人头部、腹部，以致发生被害人死亡的危害后果，行为和结果之间存在因果关系，其行为符合过失致人死亡罪的构成要件。相关上诉理由和辩护意见不能成立。原审判决认定的事实清楚，证据确实、充分，定罪准确，量刑适当，审判程序合法，裁定驳回上诉，维持原判。

二、主要问题

行为人因民间纠纷与被害人互相厮打，对被害人实施轻微暴力，导致有特异体质的被害人发病死亡，对该行为应当如何定性？

三、裁判理由

在本案诉讼过程中，针对被告人都某的行为如何定性，主要存在以下三种意见：

第一种意见认为，被害人死亡的直接原因是有高血压并冠状动脉粥样硬化性心脏病，被告人的行为与被害人的死亡结果之间不存在刑法上的因果关系，被告人也不可能预见到被害人的特异体质进而预见到危害结果的发生，因此，本案属于意外事件，被告人的行为不构成犯罪，不应当负刑事责任。

第二种意见认为，被告人对被害人实施了故意伤害的行为，并产生了致人死亡的后果，行为与后果之间存在刑法上的因果关系，其行为符合故意伤害罪的结果加重构成要件，因此，应当以故意伤害罪定罪处罚。

第三种意见认为，被告人作为一名具备相当社会生活经验的成年人，应当能够预见拳击他人头部可能导致他人死亡的危害后果，但因为疏忽大意而没有预见到，导致发生了被害人死亡的危害后果，故应当以过失致人死亡罪定罪处罚。

我们同意第三种意见，对被告人都某应当以过失致人死亡罪定罪处罚。具体理由如下：

（一）被告人都某的行为与被害人的死亡结果之间具有刑法上的因果关系

本案的尸体鉴定意见表明，被害人陈某死亡的原因是有高血压性并冠状动脉粥样硬化性心脏病，因纠纷后情绪激动、头面部（鼻根部）受外力作用等导致机体应激反应，促发有病变的心脏骤停而死亡。由该鉴定意见可知，本案被害人的死亡属于多因一果情形。死亡的直接原因是心脏病，而引发心脏病的原因是纠纷后情绪激动，以及头面部（鼻根部）受外力作用等导致机体应激反应。因此，虽然被害人的特异体质是其死亡的内在原因，但不可否认的是，正是因为被告人的暴力行为导致被害人的身体产生应急反应，促发病变心脏骤停而死亡，并非被害人自身原因促发死亡。因此，被告人的行为是被害人死亡结果发生的必要条件，两者具有刑法上的因果关系。

（二）被告人都某没有造成他人身体器官损伤的主观故意

司法实践中，常见的攻击、打斗行为表现为两种不同的情形：一种是一般争执过程中旨在造成他人身体一时疼痛的一般殴打行为；另一种是意图造成他人身体器官损伤的故意伤害行为。实践中，不能将所有的"故意"殴打致人死亡的案件，都认定为故意伤害致死。如有学者所言："一般生活意义上的'故意'不等同于刑法上的故意。行为人只具有一般殴打的意图，并无伤害的故意，由于某种原因或者条件引起了被害人死亡的，不能认定为故意伤害致死；如果行为人对死亡结果有过失，就应认定为过失致人死亡罪。"①

综合本案主客观方面的情况来看，被告人的行为属于一般殴打行为，并不属于意图造成他人身体器官损伤的故意伤害行为，因此，不宜认定被告人存在造成他人身体器官损伤的主观故意。具体理由是，从被告人的行为及其造成的后果来看，被告人在与被害人发生争执后互相殴打，被告人拳击、脚踹被害人头部、腹部，其中用拳头殴打被害人鼻根部的行为导致被害人鼻根部及右眼下方见软组织出血，上述身体损伤只是一般的损伤，后果并不严重，鉴定意见也显示，被告人的行为并未造成严重的伤害结果。打斗结束后，被害人抓住被告人衣领不放，不让被告人离开，被告人也并未继续实施殴打行为，可见，从被告人打击被害人的部位、力度和造成的后果来看，被告人实施的尚属一般殴打行为，这表明被告人并没有积极追求造成被害人身体器官损伤的主观故意。综上，可以认定被告人只有殴打他人的故意，但不能认定被告人存在意图造成被害人身体器官损伤的刑法上的伤害故意，故不能认定被告人的行为构成故意伤害罪。如果行为人对被害人故意施暴，力度失控进而导致被害人死亡，就要结合案件情况承担故意伤害（致死）罪相应的刑事责任。本案不属于此种情形。

（三）被告人都某对其行为导致被害人死亡的结果存在疏忽大意的过失

被告人对其行为导致被害人死亡的结果存在疏忽大意的过失。具体理由如下：

在一般争执过程中，行为人实施的暴力行为属于带有加害风险的行为，行为人通过殴打他人发泄愤怒情绪的同时，伴有导致他人受伤或死亡的可能。由于此类殴打行为源于愤怒情绪，不仅具有攻击性且力度容易失控，故致人受伤或者死亡的风险具有客观性，加之行为人通过殴打他人发泄情绪的行为应受谴责，不具有合法性，因此必然要求行为人承担避免因殴打行为力度较大而导致对方处于危险状态的注意义务，一旦发生危害结果，行为人就可能因未履行注意义务而构成过失犯罪。从本案情况来看，人的头部是敏感且较为脆弱的区域，被告人作为一个精神健全、身

① 张明楷：《刑法学》（第4版），法律出版社2011年版，第771页。

体健硕的成年人,应当预见到用拳头击打他人头部可能造成他人受伤或者死亡的风险,但其由于疏忽大意没有预见,最终导致被害人因纠纷后情绪激动、头面部(鼻根部)受外力作用等导致机体应激反应,促发有病变的心脏骤停而死亡,故被告人应当承担过失致人死亡的责任。也正是基于此,被告人都某提出的无罪主张不能成立。当然,如果行为人只有一般的殴打行为,并未殴打被害人重要部位且殴打力度轻微,并未导致被害人产生机体应激反应并促发特殊疾病等原因死亡的,结合案件具体情况,行为人对被害人死亡结果没有过失的,则应当认定被告人无罪。

(四)认定被告人的行为构成过失致人死亡罪更符合公众的一般心理预期

为了合理明确刑法处罚范围,对于处在罪与非罪、重罪与轻罪边缘的行为,应适当结合一般人的生活和社会常理作出判断。在一般争执和殴打致人死亡案件中,被告人的行为并未直接造成被害人轻伤以上的后果,而是因被害人原有病症发作等复杂因素导致死亡,因果关系方面具有"多因一果"的特征,死亡结果具有某种程度的偶发性,对此种情形以过失致人死亡罪定罪处罚更能获得社会认同。

(撰稿:江苏省高级人民法院 叶 巍 陈亚鸣
审编:最高人民法院刑三庭 罗国良)

[第1117号]杨某某、杜某某放火案
——刑法上因果关系的认定

【关键词】 因果关系 介入因素 放火罪

一、基本案情

被告人杨某某,女,1972年8月21日出生。2012年3月14日被逮捕。

被告人杜某某,男,1967年4月10日出生。2012年3月14日被逮捕。

河北省承德市人民检察院以被告人杨某某、杜某某犯放火罪,向承德市中级人民法院提起公诉。承德市中级人民法院于2012年10月24日以放火罪分别判处被告人杨某某死刑,剥夺政治权利终身;判处被告人杜某某死刑,缓期二年执行,剥夺政治权利终身。宣判后,二被告人均提出上诉。河北省高级人民法院经审理,裁定发回重审。

被告人杨某某供认起诉指控的犯罪事实,其辩护人提出,此案应定故意杀人罪或故意伤害罪,杨某某到现场只是放风,且火不是杜某某点燃的,属于犯罪预备。此案事出有因,被害人的儿子有过错,请依法从轻判处。

被告人杜某某供认起诉指控的犯罪事实,其辩护人提出,本案的起火原因是被害人高某开手电而引起,杜某某没有点火,其行为应认定为犯罪预备,且杜某某认罪态度好,有悔罪表现,请依法从轻判处。

承德市中级人民法院经重审查明:被告人杨某某因高某某与其断绝不正当男女关系,产生了报复高某某的想法,找到被告人杜某某要求其去高某某家放火实施报复。杜某某驾驶一辆面包车拉着杨某某,经预谋踩点后于2012年2月6日晚携带汽油、稻草、爆竹、盆子、打火机等放火工具到高某某家院墙外蹲守。当晚凌晨1时许,二被告人见高某某家东屋居住的人已熄灯入睡后,杨某某在院墙外放风,杜某某携带汽油、稻草、爆竹、盆子、打火机等放火工具进入院内,先断了高

某某家的电源开关，将汽油泼洒在东、西屋窗台及外屋门上后，用木棍击碎有人居住的东屋玻璃窗，向屋内泼洒汽油。东屋内居住的高某某的父母高某、卢某某被惊醒后，使用警用手电照明后开启电击功能击打出电火花，引发大火将高某、卢某某烧伤，房屋烧坏。卢某某因大面积烧伤，导致休克、毒血症以及多脏器功能衰竭，经抢救无效死亡；高某损伤程度为重伤；高某某家被烧坏房屋的物品价值为4 672元。

承德市中级人民法院认为，被告人杨某某为报复高某某，与被告人杜某某共同预谋，准备放火工具、助燃材料并踩点后，趁高某某家人在屋内熟睡之际，向屋外门窗泼洒汽油并敲碎玻璃向屋内泼洒汽油的行为，必然引起屋内的人使用照明设置，进而引发火灾，且客观上已经由此引发了火灾，可以认定杨某某、杜某某的犯罪行为与高某某家火灾的发生之间有必然的因果关系，即刑法上的因果关系，被告人杨某某、杜某某的行为构成放火罪（既遂）。高某某家房院在村庄内，与邻居家房子仅距离15.4米，且其间堆放有柴草，二被告人准备了干草、汽油、鞭炮等助燃材料，且当时处在火灾高发期，高某某家着火，足以危及其邻居的生命、财产安全，二被告人的行为构成放火罪。本案是由感情纠葛等民间矛盾引发的，量刑时予以考虑。依照《中华人民共和国刑法》第一百一十五条、第六十四条、第五十七条第一款、第四十八条第一款、第二十五条第一款之规定，以放火罪分别判处被告人杨某某死刑，缓期二年执行，剥夺政治权利终身；判处被告人杜某某死刑，缓期二年执行，剥夺政治权利终身。

一审宣判后，承德市人民检察院以对被告人杨某某量刑畸轻为由提出抗诉，河北省人民检察院支持抗诉。

河北省高级人民法院经审理认为，被告人杨某某为报复高某某，与被告人杜某某共同预谋，在村民聚居区准备放火作案工具，向被害人所住房屋门窗及屋内泼洒汽油的行为，引起屋内被害人使用照明设施产生高压电弧引发火灾，造成一死一重伤的后果，杨某某、杜某某的行为均已构成放火罪。应依法惩处。鉴于本案是感情纠纷引发，起火原因不排除是被害人自己使用照明设施所致。原判决针对杨某某、杜某某在犯罪中的作用及相关量刑情节，依法量刑，并无不当，抗诉机关关于对杨某某量刑不当的理由不能成立。依法驳回抗诉，维持对被告人杨某某、杜某某的定罪量刑。

二、主要问题

1. 被告人杨某某、杜某某的行为与被害人卢某某的死亡结果之间是否具有刑法上的因果关系？

2. 二被告人到被害人家实施放火行为，应当如何定性？

三、裁判理由

（一）被告人杨某某、杜某某的行为与被害人卢某某的死亡结果之间存在刑法上的因果关系

本案在审理过程中，对于被告人杨某某、杜某某的行为与被害人的死亡结果之间是否具有刑法上的因果关系，有两种不同意见：第一种意见，即杜某某、杨某某的辩护人的观点，认为杜某某没有点火行为，故杨某某、杜某某的行为与被害人的死亡结果之间没有刑法上的因果关系，应认定二被告人为犯罪预备。第二种意见，即一、二审法院的观点，认为杨某某为报复高某某，与杜某某共同预谋，准备放火工具、助燃材料并踩点后，趁高某某家人在屋内熟睡之际，向屋外门窗泼洒汽油并敲碎玻璃向屋内泼洒汽油的行为，必然引起屋内的人使用照明设施，进而引发火灾，且客观上已经由此引发了火灾，可以认定杨某某、杜某某的犯罪行为与高某某家火灾的发生之间有必然的因果关系，即刑法上的因果关系。

我们同意第二种意见，即本案被告人杨某某、杜某某的行为与被害人死亡结果之间存在刑法

上的因果关系。刑法上的因果关系是指危害行为与危害结果之间引起与被引起的合乎规律的联系。如何认定刑法上的因果关系,存在各种各样的学说。在大陆法系学说史上,先后主要历经了条件说、原因说、相当因果关系说与客观归责理论的历史变迁。而在英美法系中,刑法上认定因果关系的理论通说是“双层次原因学说”,即把原因分为两个层次:第一个层次是事实原因;第二个层次是法律原因。我国刑法理论以前采取的是“必然因果关系说”,即当危害行为中包含着危害结果产生的根据,并符合规律地产生了危害结果时,危害行为与危害结果之间就是必然因果关系;只有这种必然因果关系,才是刑法上的因果关系。由于这种学说导致因果关系的成立范围过窄,后来出现了“偶然因果关系说”,该说的基本观点是,当危害行为本身并不包含产生危害结果的根据,但在其发展过程中,偶然介入其他因素,并由介入因素合乎规律地引起了危害结果时,危害行为与危害结果之间就是偶然因果关系;介入因素与危害结果之间是必然因果关系;必然因果关系与偶然因果关系都是刑法上的因果关系。

我们认为,不管采取何种学说,在认定因果关系时应当注意以下几点:(1)因果关系研究的是行为与结果之间的引起与被引起的关系,而不是对行为与结果本身的研究。(2)因果关系是一种客观联系,并且是一种特定条件下的客观联系,不能离开客观条件认定因果关系。(3)一个危害结果完全可能由数个危害行为造成,在认定某种行为造成了某一危害结果时,不能轻易否认该危害结果可能同时由其他行为造成。(4)在行为人的行为介入其他因素时,要根据具体情况综合判断行为人的行为与结果之间的关系,具体应当考察四个方面的因素:一是行为人的行为导致结果发生的可能性的大小;二是介入因素的异常性大小;三是介入因素对结果发生作用的大小;四是介入因素是否属于行为人的管辖范围。当被告人实施行为后,介入了被害人行为,导致结果的发生时,应根据案件具体情况判断被害人实施的行为是否具有通常性。如果被告人实施的行为,导致被害人不得不或者在通常情况下会实施介入行为,则该介入行为对被告人的行为与结果之间的因果关系没有影响;如果被害人的介入行为属于通常情况下不会实施的行为,即异常行为,该行为对结果又起到决定性作用,则不能将结果归责于被告人的行为。

本案中,二被告人事先预谋,案发当晚杨某某在院墙外放风,杜某某携带汽油、稻草、爆竹、盆子、打火机等放火工具进入院内,先断了高某某家的电源开关,将汽油泼洒在东、西屋窗台及外屋门上后,又用木棍击碎东屋窗玻璃并向屋内泼洒汽油,二被告人实施这一系列行为后,被害人高某、卢某某被惊醒,使用警用手电照明后又开启电击功能击打出电火花引发大火将高某、卢某某烧伤,卢某某经抢救无效死亡,高某损伤经鉴定为重伤。被害人使用警用手电照明并使用电击功能击打出电火花这一介入因素,是否能够切断二被告人放火行为与被害人伤亡结果的因果关系呢?我们认为,将介入因素放到犯罪构成中去考察,可以得出这一因果关系未曾切断,因而应当肯定二被告人的行为与本案危害结果之间存在刑法上的因果关系的结论。理由如下:

1.被害人开启警用手电电击功能的行为虽系偶然介入因素,但却是由被告人先前切断电源行为引起的通常行为。公安部消防局天津火灾物证鉴定中心出具的鉴定意见证实:本案中的“警用手电”在开启电击功能时,手电的端部可以产生高压电弧放电。根据有关技术文件和实际案例,电击的高压电弧产生的火花能量极大,可能引燃汽油蒸气。可见,本案的起火原因不排除被害人自己使用“警用手电”电击功能引燃汽油。但是,如前所述,被告人杜某某携带汽油、稻草、爆竹、盆子、打火机等放火工具和助燃材料进入院内,切断电源,打碎窗户,在屋外屋内多处泼洒汽油,在这种情况下,被害人被惊醒后因无法开灯,不得不使用照明工具。虽然被害人使用“警用手电”这一情况具有一定的偶然性,但这种偶然性不足以否定被害人拿出手电照明以及使用电击功能作为阻吓入侵者行为的通常性,即二被告人实施了上述泼洒汽油、切断电源等一系列行为后,在通常情况下都会导致被害人使用照明工具这一介入行为。也就是说,被害人使用照明的行为系被告人先前切断电源行为所致。

2. 被害人打开警用手电电击功能的行为没有中断被告人泼洒汽油行为与着火结果之间的因果关系。应当说,从刑法的意义看,着火的结果仍是被告人泼洒汽油的行为造成的,只是由于被害人的举动,着火的结果比被告人预想的时间提前发生,但丝毫不改变被告人泼洒汽油的行为对着火结果的原因力。被害人使用手电电击功能的介入行为对二被告人的行为与结果之间的因果关系没有影响。如果被害人打开警用手电在被告人的犯罪设计之中,那么被告人放火的实行行为在泼洒完汽油后就全部完成了,着火的结果当然要全部归责于被告人。但是,本案被害人打开警用手电显然是出乎被告人的犯罪计划之外的一个事实因素,而被害人的行为本身不仅是毫无危险性的行为,而且是因为听到有人敲碎自家窗户,看见有棍子之类的东西伸进来,感受到了威胁所作出的自然反应,并最终合乎逻辑地引燃大火。只是被害人使用手电电击功能的行为让被告人省却了自己点火的这一步,从被告人一方来看,整个犯罪进程没有发生根本性的变化,本案的结果应全部归责于被告人。

3. 被告人的放火行为,假设排除被害人的照明行为,是否会产生危害结果?也即照明行为是否为被告人放火系列行为中之必要?我们认为,即使没有被害人的照明行为,被告人已经着手实施的放火行为依然会继续,直到危害结果发生。被告人在被害人的照明行为之前,已经实施了一系列作为放火组成部分的行为,特别是携带打火机并泼洒汽油。之所以被告人未最终使用打火机点燃汽油,并非由于被告人主观上的原因,也不是意志以外的原因使其无法使用打火机,而是因为被害人照明行为的介入,偶然地成了被告人点燃汽油的替代行为,此时被告人点燃打火机已经变得没有必要。

4. 被害人照明行为致使危害结果的发生符合被告人犯罪意志的内容。被告人的犯罪目的就是通过放火的手段实施报复。本案所出现的危害后果与被告人的报复目的完全一致。

(二)二被告人的行为应当以放火罪论处,且系犯罪既遂

本案在审理中,对于二被告人行为的定性也存在不同意见。被告人杨某某的辩护人认为此案应定性为故意杀人罪或故意伤害罪。一、二审法院认为,高某某家房院在村庄内,距离邻居家房子仅 15.4 米,且其间堆放有柴草,二被告人准备了干草、汽油、鞭炮等助燃材料,当时又处在火灾易发期高某某家着火,足以危及其邻居的生命、财产安全,二被告人的行为构成放火罪(既遂)。

我们同意一、二审法院的意见,即被告人杨某某提起犯意,纠集被告人杜某某共同预谋,积极准备作案工具,并共同实施放火行为,二人构成放火罪的共犯。我们认为,本案二被告人以杀害特定少数人为目的而实施放火行为,对这类案件的定性,关键在于准确判断行为人所实施的以放火为手段的杀人行为,是否危及不特定或多数人的生命、健康或者重大公私财产安全。如果行为人所实施的放火行为,除了可能造成其意图杀害的特定少数人的伤亡结果外,还可能危害到其他人的生命、健康和重大财产安全,说明行为人主观上具有放任危害公共安全结果发生的心态,其行为构成放火罪。本案中,二被告人为了杀害高某某而实施放火行为,但高某某家房院在村庄内,距离邻居家房子仅 15.4 米,且中间堆放有柴草,而案发于 2 月初,正值风干物燥的火灾易发期,高某某家着火,足以危及邻居家的生命、健康和财产安全,因此二被告人实施的放火行为侵害了不特定人的生命、健康或者重大公私财产安全,即侵害了公共安全,应当构成放火罪。

此外,二被告人的辩护人均认为本案属于犯罪预备,我们认为,犯罪预备是指为了实行犯罪,准备工具、制造条件,但由于行为人意志以外的原因而未能着手实行犯罪的犯罪形态。本案从客观行为来看,被告人杜某某携带汽油、稻草、爆竹、盆子、打火机等放火工具和助燃材料进入被害

人家院内，在屋外屋内多处泼洒汽油，其行为已不是犯罪预备阶段的行为，而属于放火的实行行为。被告人杜某某不仅着手实行了犯罪，且发生了被害人伤亡的犯罪结果；被告人杨某某虽仅在院外望风，但其首先提起犯意，事前与杜某某共同预谋、准备作案工具并踩点，其与杜某某成立共同犯罪，对杜某某实施的全部行为负责，故而二被告人的行为不符合犯罪预备的条件，而具备了犯罪既遂的要求。从主观方面来看，被害人使用手电照明而引燃汽油并不违背二被告人的主观意志。因此，综合主客观方面，二被告人的行为均属于犯罪既遂，而非犯罪预备。

综上，原审法院认定被告人杨某某、杜某某的放火行为与被害人死伤结果的发生具有刑法上的因果关系，据此认定二被告人构成放火罪，同时鉴于本案是感情纠纷引发，起火原因不排除是被害人自己使用照明设施所致等具体情况，分别判处二被告人死刑，缓期二年执行是适当的。

（撰稿：河北省高级人民法院　谢炳忠　宋雪敏
审编：最高人民法院刑四庭　陆建红）

[第1126号] 李英俊故意伤害案

——在自家院内搜寻藏匿的不法侵害人时发生打斗，致人死亡的，构成正当防卫

【关键词】 不法侵害　正当防卫　无过当防卫

一、基本案情

被告人李英俊，男，1966年10月20日出生。2011年9月30日因涉嫌犯故意伤害罪被逮捕。

辽宁省抚顺市人民检察院以被告人李英俊犯故意伤害罪，向抚顺市中级人民法院提起公诉。

被告人李英俊辩称其系为了保护家人的安全才持铁管打了被害人，没有伤害被害人的故意。

抚顺市中级人民法院经公开审理查明：被告人李英俊系辽宁省抚顺市顺城区会元乡马金村村民。2011年8月26日4时许，李英俊夫妇在家中睡觉时被院内狗叫声吵醒，其妻刘占元走到院门口，看见刘振强（被害人，男，殁年42岁）持尖刀刺其院门，并声称要“劫道”。李英俊随后赶来，见状立即回院内取来一根铁管，并打电话通知村治保主任刘首钢等人前来帮忙。刘振强又来到李英俊家厨房外，用尖刀割开厨房纱窗，被刘占元发现后躲进院内玉米地。李英俊持铁管进玉米地寻找刘振强，在玉米地里与持尖刀的刘振强相遇，二人发生打斗。李英俊持铁管击打刘振强头部，致其倒地。后刘振强被送往医院救治，因颅脑损伤于次日死亡。

抚顺市中级人民法院认为，被害人刘振强在凌晨4时许持刀砍击被告人李英俊家大门并声称要“劫道”，后又闯入李家带有围墙的后院，划开厨房纱窗，其行为已经严重危害李家人的人身和财产安全。李英俊为保护自己及家人的安全持铁管击打刘振强，致其死亡，该行为符合无过当防卫的条件，构成正当防卫。公诉机关指控李英俊犯故意伤害罪的罪名不能成立。据此，依照《中华人民共和国刑法》第二十条第三款之规定，判决如下：被告人李英俊无罪。

一审宣判后，抚顺市人民检察院提出抗诉。其抗诉意见是：(1)被害人躲进玉米地后，不法侵害的现实威胁已消失，不存在实施防卫的紧迫性，被告人李英俊的行为不具有防卫性质。(2)李英俊系故意伤害未对其与家人实施任何不法侵害的被害人，不具备正当防卫的前提条件。(3)李英俊主观上具有主动加害意图，不具有防卫目的。

二审中，辽宁省人民检察院提出如下意见：(1)本案不属于无过当防卫。被害人刘振强在凌晨到被告人李英俊家用刀劈刺大门，并闯入李家后院划开纱窗，其行为已严重危及李英俊及其家人的人身安全。数名村民闻讯赶到李家后，能够控制现场局势，且刘振强已躲进李家玉米地，严重危及人身安全的危险及防卫的紧迫性均已消失，因而不构成无过当防卫。(2)本案属一般的正当防卫，但防卫明显过当。刘振强持刀劈刺李家院门并进入李家院内后，不法侵害已经开始，刘振强躲进院内玉米地后，李英俊持铁管进入玉米地搜索时，对可能发生的致人伤亡的后果持希望或放任态度，二人相遇后李英俊持铁管击打刘振强头部，致刘振强死亡，防卫明显超过必要限度，但应当减轻或免除处罚。

被告人李英俊及其辩护人提出，其为了保护家人的安全持铁管击打被害人，没有伤害故意，其行为构成正当防卫。

辽宁省高级人民法院经公开审理认为，被告人李英俊对正在进行的行凶暴力犯罪采取防卫行为，造成不法侵害人死亡，不属于防卫过当，不负刑事责任。李英俊持铁管进玉米地寻找被害人刘振强时，虽然在场人员已经报警，但现场局势并未得到控制，持刀藏匿在李家封闭院落内的刘振强依然对李家人构成现实威胁，且其后续行为足以证实其并未放弃实施不法侵害。李英俊持械进入玉米地寻找刘振强，属于公民依法行使保护自身权利的行为，不能据此认定李英俊有加害故意。刘振强藏匿在李家封闭院落内的玉米地里，并持尖刀刺扎李英俊，故其行为属于正在进行的严重危及人身安全的行凶暴力犯罪，李英俊的防卫行为应适用刑法关于无过当防卫的规定，构成正当防卫。据此，依照《中华人民共和国刑事诉讼法》第二百二十五条第一款第一项之规定，裁定驳回抗诉，维持原判。

二、主要问题

不法侵害人持刀闯进院内并躲进玉米地后，被告人搜寻不法侵害人时发生打斗，造成不法侵害人死亡的，是否构成正当防卫？

三、裁判理由

如何认定正当防卫，是司法实践中的一个难题。尽管近年来已出现一些认定为正当防卫的案件，但由于案件之间的差别较大，分析案件性质的视角又各有不同，故对于新出现的案件，认定上仍然容易引发争议。本案审理过程中，对被告人李英俊的行为是否构成正当防卫有三种意见：第一种意见认为，被害人躲进玉米地后，不法侵害的现实威胁已消失，不具备构成正当防卫的前提条件。李英俊持铁管寻找被害人时有加害故意，故其构成故意伤害罪。第二种意见认为，被害人躲进玉米地后不法侵害仍在继续，但并未严重危及李家人的人身安全，李英俊寻找被害人时对可能发生的危害后果持希望或放任态度，后在打斗中打死被害人，其防卫明显超过必要限度，构成防卫过当。第三种意见认为，被害人躲在玉米地内对李家仍有现实威胁，李英俊持械进入玉米地寻找被害人的行为具有正当性、合理性，其在遭到被害人持刀攻击时击打被害人致死，符合刑法关于无过当防卫的规定，构成正当防卫。

根据刑法第二十条第三款的规定，对正在进行行凶、杀人、抢劫、强奸、绑架以及其他严重危及人身安全的暴力犯罪，采取防卫行为，造成不法侵害人伤亡的，不属于防卫过当，不负刑事责任。刑法理论上一般将这种情形称为无过当防卫或特殊防卫。构成无过当防卫，除了在防卫目的、防卫起因、防卫客体、防卫时间等方面要符合正当防卫的一般要求外，还要具备两个条件：一是行为人面临行凶、杀人、抢劫、强奸、绑架以及与前述行为危害程度相当的严重暴力犯罪，行为人的人身安全受到严重威胁，甚至是侵害；二是行为人实施防卫不受防卫限度条件的限制，即使造成不法侵害人伤亡，也不属于防卫过当。结合本案的具体情况，我们认为被告人李英俊的行为

构成无过当防卫,具体分析如下:

(一)被害人刘振强躲进玉米地后其实施的不法侵害并未结束

刘振强凌晨持刺刀砍击被告人李英俊家大门,后翻墙进入李家院内划割厨房纱窗,其行为严重威胁李英俊及家人的人身安全,属正在进行的不法侵害。刘振强划割纱窗被李英俊妻子发现后躲入院内的玉米地,虽未继续行凶,但其躲避的目的是准备逃离现场还是伺机行凶,根据现有证据无法查明。同时,在案证据证实刘振强患有精神病,案发时处于精神异常状态,攻击他人的可能性较大。由于该玉米地与李家住房均用围墙围在一个大院落内,且玉米地与住房距离较近,刘振强躲在玉米地内对李家人仍有现实威胁,也可认为是侵害状态的延续,故认为被害人躲入玉米地后不法侵害仍然存在的意见有一定道理。

(二)被告人李英俊在多名村民前来帮助的情况下持械进入玉米地寻找被害人刘振强的行为具有正当性、合理性,不应认定其具有加害故意

面对躲在自家院内玉米地里的持刀男子,由于不能确定其是否再次实施侵害,李英俊有权利保护自身及家人的安全,其进玉米地搜寻持刀人的目的是排除现实危险,携带铁管防身也是人之常情,即使其认识到可能与对方发生打斗,对对方造成伤害,也不影响其目的的正当性。刑事诉讼法第八十二条规定,对正在实行犯罪或者在犯罪后即时被发觉的人,任何公民都可以立即扭送公安机关、人民检察院或者人民法院处理。如将在自家院内搜捕潜在侵害人的行为认定为意图加害他人的行为,则是对公民自行抓捕、扭送犯罪嫌疑人权利的不当限制,与刑法鼓励、提倡同犯罪分子作斗争的立法目的不符。有意见认为,多名村民到场后李家人的安全已有保证,李英俊应等待警察到场处置,其直接持械进入玉米地进行搜索,处理不当,应承担相应的法律责任。我们认为,选择等待警察到场处置虽然也是一种处理方式,但在自家院内搜捕潜在侵害人是公民应有的权利,况且案发时为凌晨,光线较暗,刘振强躲过在场人员的监控潜入室内行凶的可能性是客观存在的。因此,李英俊在警察到来之前自行搜捕不法侵害人,既是合法的,也是合理的。

(三)被告人李英俊在玉米地中与被害人刘振强发生打斗,并将刘振强打倒的行为属于无过当防卫

根据李英俊的供述,二人相遇后刘振强首先持刀攻击,李英俊在还击中将刘振强打倒。李英俊供述的二人在玉米地里发生打斗的情节无其他人目击,但当时在院内的多名证人均证实李英俊进入玉米地后听到铁器撞击声,一定程度上印证了李英俊所供打斗情节。结合李英俊打倒刘振强后立即呼叫他人,其家人积极协助救治的情节看,其在打斗中无明显的杀伤意图,打击手段亦有节制,对其供述应予采信。因此,李英俊在遭到刘振强持刀攻击的情况下持铁管还击并将刘振强打倒的行为,符合刑法第二十条第三款规定的无过当防卫的构成要件,系正当防卫,依法不负刑事责任。一、二审法院认定李英俊无罪是正确的。

(撰稿:辽宁省高级人民法院　欧阳宁疆　张利晨
审编:最高人民法院刑五庭　马　岩)

[第1222号]秦电志故意杀人、故意伤害、放火、抢劫、盗窃案
——行为人短时间内实施一系列具有关联性犯罪行为的如何认定

【关键词】 关联性犯罪行为 罪数 罪名确定

一、基本案情

被告人秦电志,男,1984年5月15日出生。2008年10月23日因犯抢劫罪被判处有期徒刑一年六个月,并处罚金人民币一千元,2009年12月8日刑满释放;2010年11月26日因犯盗窃罪被判处有期徒刑七个月,并处罚金人民币一千元,2011年1月17日刑满释放。2015年2月11日因本案被逮捕。

天津市人民检察院第一分院以被告人秦电志犯故意杀人罪、抢劫罪、放火罪,向天津市第一中级人民法院提起公诉。

天津市第一中级人民法院经审理查明:2015年1月28日7时许,被告人秦电志携带尖刀至天津市武清区王庆坨镇寻找盗窃目标未果。当日17时许,秦电志途经王庆坨镇四合庄村被害人李丽经营的体育彩票店,进入该店购买“十一选五”体育彩票,至当日23时许,秦电志累计赊欠约人民币1万元。后秦电志提出将其身份证、银行卡抵押在李丽处,次日偿还欠款,被李丽及其丈夫王建光拒绝,并要求秦电志到银行取款。秦电志假意应承,骗得王建光驾驶吉利牌汽车载其到王庆坨镇。当车行至王庆坨镇中国邮政储蓄银行附近时,秦电志掏出随身携带的尖刀朝王建光面部、颈部捅刺数刀,劫得人民币200余元。秦电志逼迫王建光脱光上衣,用放在车内的两根手机数据线将王建光双手手腕并拢捆绑。其间,李丽见王建光不归,致电王建光询问情况,秦电志逼迫王建光撒谎搪塞,为防止王建光报警,将王建光的手机拿走。随后,秦电志用王建光脱下的秋衣、工作服,将王建光上身捆绑于驾驶座椅靠背上,用王建光的防寒服蒙住王建光面部,为泄愤,又持刀朝王建光腹部捅刺一刀。唯恐李丽察觉报警,秦电志将王建光挪至副驾驶座椅予以捆绑,后自己驾车返回体育彩票店。行驶至一高速桥涵洞旁无名路上时,秦电志误认为王建光欲抢刀反抗,再次持刀朝王建光胸部捅刺数刀,致王建光昏厥。秦电志驾车拉载王建光到体育彩票店附近后,将王建光留在车内,携带尖刀返回体育彩票店,将王建光的手机交予李丽,并告知李丽其已将王建光捅伤。李丽掏出手机准备报警,秦电志恐罪行败露上前阻止,厮打过程中李丽倒地,秦电志遂掏出随身携带的尖刀,朝李丽头、颈、胸、腹部及背部猛捅数十刀,致李丽受伤倒于室内东侧床与冰柜夹角处。其间,王建光恢复意识,驾车逃离,秦电志发现后持刀追截未果,再次返回体育彩票店。为毁灭罪证,秦电志将所购体育彩票堆放于室内单人床上,用打火机引燃彩票及床单,秦电志发现放在床上一黑色女士书包内装有大量现金,遂将该包盗走,窃得人民币4 000余元。后秦电志为防止火情被人发现,将室外卷帘门关闭并逃离作案现场,造成体育彩票店内空调、液晶电视、冰箱、冰柜、彩票机、电脑等物品损毁。因民警及时发现火情,组织群众迅速扑救,未造成周围居民伤亡和重大财产损失。作案后,秦电志逃匿并于同年1月29日21时许被抓获归案。经鉴定,李丽系被他人用单刃刺器刺破心脏、双肺致失血性休克死亡。王建光胸部、腹部的损伤程度分别构成重伤二级;面部的损伤程度构成轻伤一级;颈部的损伤程度构成轻微伤。

天津市第一中级人民法院认为，被告人秦电志赊账购买体育彩票后，因被追要欠款而不满，为报复泄愤，编造谎言，欺哄被害人王建光一同离开体育彩票店到银行取款，并在途中持刀行凶抢劫王建光财物，后为泄愤及唯恐王建光反抗两次持刀行凶，致被害人王建光重伤；唯恐罪行败露，返回体育彩票店将被害人李丽杀害，还临时起意窃取李丽数额较大的财物；后为毁灭罪证，又纵火，危害公共安全。依照法律规定，公诉机关指控被告人秦电志故意杀人、放火犯罪及部分抢劫犯罪的事实清楚，证据确实、充分，罪名成立，法院予以确认。被告人秦电志出于报复的目的，持刀行凶致被害人王建光轻伤，并临时起意当场劫取被害人王建光财物后，其抢劫实行行为已经结束，为泄愤又持刀朝王建光腹部捅刺一刀，后误认为王建光欲抢刀反抗，再次持刀朝王建光胸部捅刺数刀，致被害人王建光重伤，并不是为了再次获取被害人王建光钱财，而是出于伤害的犯罪故意，实施了故意伤害的犯罪行为，应当以故意伤害罪追究其刑事责任。被告人秦电志持刀连续捅刺被害人李丽数十刀后，李丽心脏、双肺、肝脏均被刺破，李丽在遭受如此重创的情况下，出现呻吟或抖动，只是一种在不自主状态下的生理反应，并不意味着此时李丽还存在清醒意识，现有证据亦不能证明李丽在被告人秦电志拿走其财物时仍有清醒意识，被告人秦电志在被害人李丽不知晓的情况下，临时起意拿走李丽财物的行为系盗窃行为，应当以盗窃罪追究其刑事责任。综上，被告人秦电志的行为已分别构成故意杀人罪、故意伤害罪、放火罪、抢劫罪、盗窃罪，且故意杀人犯罪手段特别残忍，情节特别恶劣，后果特别严重，属罪行极其严重，应依法予以处罚。其犯数罪，应依法实行数罪并罚。被告人秦电志刑满释放后五年以内再犯应当判处有期徒刑以上刑罚之罪，系累犯，依法应从重处罚。依照《中华人民共和国刑法》第二百三十二条、第二百三十四条第二款、第一百一十四条、第二百六十三条、第二百六十四条、第五十七条第一款、第六十五条第一款、第六十九条，《最高人民法院关于适用〈中华人民共和国刑事诉讼法〉的解释》第二百四十一条第一款第二项之规定，判决被告人秦电志犯故意杀人罪，判处死刑，剥夺政治权利终身；犯故意伤害罪，判处有期徒刑九年；犯放火罪，判处有期徒刑五年；犯抢劫罪，判处有期徒刑五年，并处罚金人民币一千元；犯盗窃罪，判处有期徒刑二年，并处罚金人民币一千元；决定执行死刑，剥夺政治权利终身，并处罚金人民币六千元。

宣判后，被告人秦电志以原判量刑过重为由提出上诉，其辩护人提出，被害人在案件起因上存在过错；秦电志事先无预谋，属于激情犯罪，希望对其从轻处罚。

天津市高级人民法院经审理认为，被告人秦电志因被害人王建光、李丽夫妇向其追要彩票欠款而心生怨恨，为报复泄愤，编造谎言欺骗王建光到银行取款，驾车途中持刀对王建光行凶抢劫；为泄愤及误认为王建光反抗两次捅刺王建光，致王建光重伤；唯恐罪行败露，返回彩票店内持刀捅刺李丽数十刀，将李丽当场杀害；还临时起意窃取李丽数额较大财物；为毁灭罪证，又纵火危害公共安全，其行为已分别构成抢劫罪、故意伤害罪、故意杀人罪、盗窃罪、放火罪。原审判决认定事实清楚，证据确实、充分，定罪准确，量刑适当，审判程序合法。依照《中华人民共和国刑事诉讼法》第二百二十五条第一款第一项、第二百三十五条之规定，裁定驳回上诉，维持原判，并依法报最高人民法院核准。

最高人民法院经复核后认为，第一审判决、第二审裁定认定的事实清楚，证据确实、充分，定罪准确，量刑适当，审判程序合法。据此裁定核准天津市高级人民法院上述裁定。

二、主要问题

1. 行为人实施一系列具有关联性犯罪行为的，如何定罪？

2. 人民法院认定事实与公诉机关指控事实一致的，能否改变罪名？

三、裁判理由

（一）行为人实施一系列具有关联性犯罪行为的，应当遵循主客观一致的原则，依法、科学地确定罪名

行为人实施一系列具有关联性的犯罪行为，往往是在多个犯罪目的、动机临时产生的情况下实施的，甚至其中的一些行为，表面上看并无明确的犯罪目的。但是，由于人的客观行为都是具有主观内容的行为，哪怕一些看似无意识的行为，其实也是有潜意识内容的，因此，只要认真研究案情，仔细区分，就能够甄别出一系列犯罪行为中每个犯罪行为的具体犯罪目的。当然，有的犯罪目的，是在系列关联犯罪行为实施之前就已经存在于行为人主观意识中，而有的犯罪目的则临时产生于系列犯罪行为过程中，即通常所说的"临时起意"。能否正确区分存在于系列犯罪行为中的不同犯罪目的，关系到能否对行为人的犯罪行为正确定罪以及准确确定罪数的问题，也关系到最终能否对行为人的犯罪行为准确科学地量刑，从而实现罪责刑相一致的问题。在司法实务中，我们既不能机械地套用标准犯罪构成要件认定罪数，亦不能不顾行为人的具体犯罪目的和动机想当然地确定罪数，而应当严格遵循主客观相一致的原则，根据刑法学定罪理论，依据刑法的具体规定，结合系列犯罪行为人的主观心理状态，确定每个行为的性质及行为实施时的客观环境等，认真分析，准确定罪并科学确定罪数。

在本案中，被告人秦电志所实施的一系列犯罪行为，可以分为两类：一类是针对被害人王建光所实施的系列犯罪行为；另一类则是针对被害人李丽所实施的系列犯罪行为。并且，两类犯罪行为之间不是完全孤立、分离的，而是相互间存在关联性的，即实施两类系列犯罪行为的前因是秦电志购买李丽经营的体育彩票店中的体育彩票，累计共赊欠 1 万元后，秦电志提出将身份证、银行卡抵押在李丽处，但遭王建光、李丽拒绝。在明确本案基本背景和系列犯罪行为的分类后，我们再对两类犯罪的罪名、罪数问题进行如下分析：

1. 关于秦电志针对王建光所实施的系列犯罪行为的定罪问题

秦电志针对王建光实施的先持刀捅刺，后劫取财物，又再次实施暴力，持刀捅刺，致王建光重伤等系列犯罪行为，应定抢劫罪一罪还是以抢劫罪、故意伤害罪实施并罚，在审理中存在两种不同意见：

第一种意见认为应定抢劫罪一罪。理由是：秦电志基于报复的意图，先对王建光施暴，后劫取财物，而后持续控制王建光并再次捅刺的行为，应作为一个整体的抢劫行为评价。

第二种意见认为应以抢劫罪、故意伤害罪实行并罚。理由是：在劫取财物行为完成后，其抢劫犯罪已经完成。之后实施的暴力并致王建光重伤的行为，于抢劫而言已无必要，该暴力行为本身有自己独立的犯罪构成，即基于对被害人的怨恨及误认为被害人欲反抗而产生的报复心理驱使下实施的故意伤害行为。

我们同意第二种意见。理由如下：

（1）在施暴过程中临时起意劫取财物的，该暴力行为应评价为抢劫罪的胁迫行为

在本案中，被告人秦电志对王建光的暴力行为可以分为报复施暴、劫取财物、劫财后的施暴三个阶段。秦电志最初对王建光施暴时并无劫财目的，并不是为了非法占有财物，而仅仅是为了报复。因此，如何对第一阶段即初始的暴力行为定性就成为关键。我们认为，第一阶段的暴力并非与秦电志的劫财行为毫无关系。秦电志劫财的故意内容产生于其第一阶段的暴力实施过程中，而基于第一阶段的暴力所形成的对被害人精神上的胁迫，足以满足抢劫罪的"胁迫"这一手段要件。"胁迫"作用与取得财物之间存在因果关系，因此，秦电志的劫财行为构成抢劫罪。不能因为秦电志实施第一阶段的暴力行为时仅有报复故意没有劫财故意而无视其犯意的发展变化。犯

意由报复变化为劫财，是其主观故意的完整内容。定罪的主客观一致原则，应当包括主客观内容发展变化后，以变化后的主观、客观内容作为定罪的事实基础的内容。

(2)抢劫既遂后，又实施的故意伤害行为，应另行定故意伤害罪

秦电志第三阶段的暴力行为如何定性，是将其作为抢劫犯罪的后续行为还是作为单独的犯罪行为？我们认为，应当区分“犯罪的后续行为”与“罪后的独立犯罪行为”。前者，如犯罪人本身所实施的掩饰、隐瞒犯罪所得行为，毁灭罪证行为，由于该后续行为没有侵犯新的法益，缺乏期待可能性，因而是不可罚的行为。后者，则是侵犯了新的法益并且独立于前罪的犯罪行为，虽然与前罪具有时间上的连续性甚至内容上的关联性，但行为人的主观内容、客观行为都是独立的，由于行为人的前罪行为与罪后的独立犯罪行为都有各自独立的犯罪故意和客观行为，因而符合数罪的构成条件。

就本案而言，秦电志从王建光处劫得200余元后，其抢劫犯罪就属于既遂状态，也就是说，秦电志的抢劫行为已经实行终了，且在客观上已经完全排除了被害人夺回财物的可能性，其对财物的控制具有不可逆性。首先，被害人被捅刺后，向被告人求饶，慑于被告人的暴力行为，已放弃取回财物的意愿；其次，被害人受伤后被捆绑双手，并被捆绑于驾驶座椅靠背上，客观上已丧失反抗能力。按照《最高人民法院关于审理抢劫、抢夺刑事案件适用法律若干问题的意见》的规定，抢劫罪具备劫取财物或者造成他人轻伤以上后果两者之一的，属于抢劫既遂。按照我国刑法理论通说观点，行为人控制被害人财物为既遂标准，秦电志的行为符合上述标准，抢劫已既遂。此后，秦电志在抢劫现场即被害人的汽车内持续控制被害人，实际于抢劫罪而言已经是没有意义的行为。在抢劫行为已经完成且既遂的前提下，该客观状态的持续不构成抢劫行为的延续和抢劫现场的延伸。其再次实施的暴力行为与已经完成的劫取财物状态之间不存在关联，亦非为了再次劫取被害人的财物，而是基于对被害人的怨恨及误认为被害人反抗而产生的报复泄愤心理，在该心理驱使下两次对被害人实施了捅刺行为，属于另起犯意，且造成了被害人重伤的后果，侵犯的法益具有独立性，应当单独评价为故意伤害罪。在这方面，最高人民法院的有关司法解释是有先例的。《最高人民法院关于抢劫过程中故意杀人案件如何定罪问题的批复》规定：“行为人实施抢劫后，为灭口而故意杀人的，以抢劫罪和故意杀人罪定罪，实行数罪并罚。”

2. 关于秦电志针对李丽所实施的系列犯罪行为的定罪问题

秦电志对王建光实施抢劫、故意伤害犯罪行为后，唯恐罪行败露，遂持刀捅刺王建光的妻子李丽要害部位数十刀致李丽倒地，后又纵火焚烧现场，在焚烧时发现现场床上装有现金的女士包，又实施了将现金占为己有的行为。秦电志实施的上述行为中，危害李丽的行为构成故意杀人罪，纵火焚烧现场的行为构成放火罪没有争议。但其占有被害人李丽钱款的行为应认定为抢劫罪还是盗窃罪，存在不同的观点。

我们认为，秦电志从现场取款的行为应当认定为盗窃罪。认定取款行为是抢劫罪还是盗窃罪，关键在于秦电志的取款行为属于秘密窃取还是暴力劫取，是在被害人不敢反抗、不能反抗的情况下劫取财物，还是在被害人已经失去知觉甚至已经死亡的情况下获取财物。被害人在现场，并不能当然地成为认定被告人行为属于暴力劫取的理由。因为此时的被害人不是一般意义上的被害人，而是头、颈、胸、腹及背部被捅刺了数十刀的人，且倒于现场室内东侧床与冰柜夹角处。结合本案证据，可以认定秦电志实施取款的行为系“秘密窃取”。

首先，被告人秦电志系出于担心罪行败露的故意为灭口而持刀连续捅刺被害人李丽数十刀，李丽心脏、双肺、肝脏均被刺破，遭受重创后奄奄一息。尸体检验报告显示被害人李丽系死后被焚尸，即被害人死于被捅刺倒地至被告人放火焚烧现场后的较短时间内。据被告人供述，在其点

火焚烧现场并取得财物时，李丽尚未死亡，仍有呻吟或抖动。被告人在全案中的供述自然稳定，供述的犯罪事实与其他证据相互印证，可信度较高。然而，此时被害人的呻吟或抖动，不是一个有正常反抗能力但不敢反抗、无法反抗的被害人的反应，而是濒死时无意识的生理反应，这一生理反应不属于对被告人取走现金的反抗行为。因此，可以认定被告人取走现金时，被害人已处于濒死状态，已丧失反抗意识，被告人的行为符合盗窃罪秘密窃取的行为特征。

其次，认定被告人构成盗窃罪，符合有利于被告人的原则。在本案中，被告人基于杀人故意捅刺被害人李丽，后又非法占有被害人的财物，依照法律规定，只能得出故意杀人罪与抢劫罪数罪并罚或故意杀人罪与盗窃罪数罪并罚的结论。根据刑法规定，盗窃罪相较于抢劫罪，系轻罪。退一步讲，如果现有证据不能证明被告人取财时是秘密窃取，还是利用先前暴力行为导致被害人不敢反抗或不能反抗的状态而劫取，那么，应按照有利于被告人的原则，认定被告人构成盗窃罪，与故意杀人罪数罪并罚。

最后，认定秦电志取款行为构成盗窃罪，符合司法解释的规定。《最高人民法院关于审理抢劫、抢夺刑事案件适用法律若干问题的意见》第八条规定："行为人实施伤害、强奸等犯罪行为，在被害人未失去知觉，利用被害人不能反抗、不敢反抗的处境，临时起意劫取他人财物的，应以此前所实施的具体犯罪与抢劫罪实行数罪并罚；在被害人失去知觉或者没有发觉的情形下，以及实施故意杀人犯罪行为之后，临时起意拿走他人财物的，应以此前所实施的具体犯罪与盗窃罪实行数罪并罚。"

（二）人民法院认定事实与公诉机关指控事实一致的，人民法院可以改变罪名

根据刑事诉讼法第一百九十五条第一项的规定，对于案件事实清楚，证据确实、充分，依据法律认定被告人有罪的，人民法院应当作出有罪判决。根据《最高人民法院关于适用〈中华人民共和国刑事诉讼法〉的解释》第二百四十一条第一款第二项规定，起诉指控的事实清楚，证据确实、充分，指控的罪名与审理认定的罪名不一致的，应当按照审理认定的罪名作出有罪判决。我们认为，公诉机关指控罪名与人民法院认定罪名不一致时如何判决的问题，实际上就是审判权由何种机关行使的问题。判决是人民法院依据审理查明的案件事实，依法对案件作出的实体认定，认定的主体是人民法院。因此，判决认定的罪名不受起诉指控罪名的限制，包括两种情形：(1)指控甲罪名，判决认定为乙罪名的；(2)判决认定罪名数少于指控罪名数的。

需要注意的是，由于法庭审理是围绕指控的犯罪进行，特别是控辩双方主要围绕指控的罪名能否成立开展辩论，因此，人民法院作出与指控的罪名不一致的有罪判决，应当设法保障被告方的辩护权。基于这一考虑，《最高人民法院关于适用〈中华人民共和国刑事诉讼法〉的解释》第二百四十一条第二款规定："具有前款第二项规定情形的，人民法院应当在判决前听取控辩双方的意见，保障被告人、辩护人充分行使辩护权。必要时，可以重新开庭，组织控辩双方围绕被告人的行为构成何罪进行辩论。"在审判实践中，人民法院拟根据审判认定的罪名作出有罪判决前，应当采取多种方式就变更罪名问题听取控辩双方的意见，既可以召集控辩双方在庭外共同听取意见，也可以在庭外分别听取控辩双方的意见。对于那些社会影响大或拟认定的罪名重于指控的罪名等案件，必要时，可以重新开庭，组织控辩双方围绕罪名确定问题进行辩论。

综上所述，公诉机关指控被告人秦电志犯故意杀人罪、抢劫罪、放火罪，而人民法院经开庭审理后，认定秦电志的行为构成故意杀人罪、故意伤害罪、放火罪、抢劫罪、盗窃罪，既符合案件的客观事实和被告人的主观故意内容，在程序上也是符合刑事诉讼法规定的。

（撰稿：天津市第一中级人民法院　张立新　梁　勤　王少兵
审编：最高人民法院刑四庭　陆建红）

[第1285号]陈君宏故意杀人案

——船舶碰撞发生船只倾覆、船员落水的后果，肇事责任人能够救助而不救助，逃离现场致使落水船员死亡行为的认定

【关键词】 先行行为 作为义务 不作为 故意杀人罪

一、基本案情

被告人陈君宏，男，1980年1月5日出生，因本案于2012年3月1日被取保候审，同年8月24日被逮捕。

浙江省宁波市北仑区人民检察院以陈君宏犯故意杀人罪向宁波市北仑区人民法院提起公诉。公诉机关指控认为，被告人陈君宏在发生船舶碰撞事故，对方船舶倾覆、船员落水后，明知驾船逃逸可能导致他人生命处于危险境地的情况下，不履行救助义务，造成多人因失救而死亡或者失踪的严重后果，其行为已构成故意杀人罪，提请法院依法惩处。

被告人陈君宏辩称，"恒利88"轮在碰撞事故中也有受损，自己系为了避让行船和自救才驾船离开现场，并非逃离现场。其辩护人认为，陈君宏虽是船长，但驾驶船舶的经验并不丰富，虽然事故后处置措施不当，但并没有杀人故意，其行为应当以交通肇事罪论处。另外，陈君宏有自首情节，已与被害方达成调解协议并支付了部分赔偿款，有认罪、悔罪表现，建议法庭对其从轻处罚。

宁波市北仑区人民法院经审理查明：2011年2月27日凌晨0时7分许，被告人陈君宏担任船长的"恒利88"轮在由南通驶往广东途中，因陈君宏指挥不当，在舟山佛渡岛南侧约2海里处与由台州温岭驶往上海的"浙玉机618"轮雾中相遇，"恒利88"轮的艏尖撞进"浙玉机618"轮右舷中间靠前位置。两船发生碰撞事故后，"浙玉机618"轮因严重受损随即沉没，船员落水。陈君宏明知此时落水船员面临生命危险，仍亲自驾船逃离现场，直至同日1时37分，陈君宏才拨打电话向海事部门报告事故。后在"浙玉机618"轮船员家属催促下，陈君宏于当日3时许返回事故现场施救。"浙玉机618"轮上7名船员因得不到及时救助，其中余国云、王春来、余灵龙、郑国祯、徐良平5人落水死亡，潘伯松、潘云军2人失踪。经宁波海事局调查认定，在上述事故中，"恒利88"轮负主要责任，陈君宏是本起事故的主要责任人。事故双方经浙江省高级人民法院调解，已就民事赔偿达成协议，被告人陈君宏一方按协议赔偿对方部分经济损失。

宁波市北仑区人民法院审理认为，被告人陈君宏违反交通安全管理法规，致使发生船舶碰撞事故，在明知对方船员生命处于危险境地的情况下，不及时履行救助义务，造成被撞船只船员因得不到及时救助而溺水死亡5人、失踪2人，其行为已构成故意杀人罪，应追究其刑事责任。被告人陈君宏关于其没有事后逃逸的辩解，与法院经审理查明的事实不符，不予采信。陈君宏的辩护人以陈君宏驾驶船舶驶离现场没有杀人故意，其行为应当以交通肇事罪论处的意见不能成立，法院不予采纳。陈君宏经侦查机关电话通知后能够主动投案，并如实供述自己的罪行，系自首，依法予以从轻处罚。鉴于陈君宏积极履行赔偿义务，酌情予以从轻处罚。辩护人以此为由建议法院对陈君宏从轻处罚的辩护意见，予以采纳。依照《中华人民共和国刑法》第二百三十二条、第六十七条第一款、第五十五条第一款、第五十六条第一款之规定，判决如下：被告人陈君宏犯故意杀人罪，判处有期徒刑十五年，剥夺政治权利三年。

宣判后，被告人陈君宏以自己没有逃避法律追究的犯罪故意，原判定性错误为由提出上诉。

浙江省宁波市中级人民法院经审理认为，上诉人陈君宏明知自己的先前碰撞行为导致对方船员落水，在船员生命处于危险境地的情况下不及时履行救助义务，造成被撞船只船员因得不到及时救助而溺水死亡5人、失踪2人的严重后果，已构成故意杀人罪。陈君宏及其辩护人辩解，事发之后驶离现场是为了避让后面船只和自救的理由不能成立。原判定罪准确，量刑适当，适用法律正确，审判程序合法，据此，宁波市中级人民法院作出维持原判的刑事裁定。

二、主要问题

船舶碰撞发生船只倾覆、船员落水的后果，肇事责任人能够救助而不救助，逃离现场致使落水船员死亡的，能否认定为故意杀人罪？

三、裁判理由

法院认定被告人陈君宏构成故意杀人罪的主要理由是，本案中船舶碰撞事故造成的落水船员溺水死亡后果，系由肇事船舶的先行碰撞行为和被告人不采取救助措施的行为所导致。这一认定不仅符合事实与刑法规定，而且符合刑法理论。由于被告人先行的过失碰撞行为使他人的生命处于危险境地，此时便产生救助义务，不履行救助义务而导致他人死亡的，可以认定为故意杀人罪，即不履行救助义务的间接故意杀人罪。

在本案中，船舶事故发生后，海事执法机关第一时间介入事故调查，最终形成的《浙江宁波"2·27""浙玉机618"与"恒利88"碰撞事故调查报告》（以下简称《调查报告》），对案件事实、证据及事故责任所进行的分析与界定，为认定本案的犯罪性质及其责任划分提供了依据。人民法院据此对被告人定罪量刑，有着确实充分的事实与法律依据。就认定本案而言，必须明确以下几个问题：

（一）船员落水溺亡能否归因于肇事船舶碰撞后的逃逸行为

与车辆肇事的事故不同，船舶碰撞事故无法保留现场，行为人肇事后逃逸通常没有第三方目击证人证实。实践中肇事船舶逃逸现象比较突出，有的一旦被追查到，行为人也往往以自己不知道发生碰撞事故，或者己方船舶也存在翻沉的危险为由开脱罪责。如果受害方船员无一生还，肇事船员再订立攻守同盟，逃脱法律责任的概率便很高。另外，落水人员死于碰撞事故的当场还是死于无人救助的溺水，也是很难证明的事实。因此，船舶肇事发生后，执法部门只能通过比对和分析船身的痕迹、船舶设施的记录信息才能查明事故的起因进而划分出主体的责任。这项工作的专业技术性很强，因而通过严格执法促进行业内部的自律与监督显得非常重要。

通过审查本案"恒利88"轮上的船员自证碰撞事故的相关情况，可以印证《调查报告》认定的"恒利88"轮与"浙玉机618"轮碰撞的以下事实：船长陈君宏在指挥船舶雾中航行时，存在瞭望疏忽、对碰撞危险估计不足、未使用安全航速航行、未及早采取避让行动等过失，违反了《1972年国际海上避碰规则》《中华人民共和国海上交通安全法》的有关规定。"恒利88"轮事发后未及时向主管机关报告、擅自驶离现场，客观上延误了救助"浙玉机618"轮的时间，在本起事故中负主要责任，其船长陈君宏是本起事故的主要责任人；"浙玉机618"轮在本起事故中负次要责任。《调查报告》还载明受害船员落水后还在打电话求救，有关证人证言能够证明至少有3名船员因无人救助而溺水死亡。《调查报告》虽然没有明确认定"恒利88"轮具有逃逸情节，但其认定的"恒利88"轮"擅自驶离现场"和"事发后未及时向主管机关报告"的事实，足以认定被告人主观上对事故的明知以及客观上具有逃逸情节的事实。

宁波市北仑区人民检察院指控，"浙玉机618"轮上几名船员落水后，有的还手抓翻沉的船边给家属打电话求救并报告"恒利88"轮肇事逃逸等情节，有力地佐证了被告人陈君宏在发生船舶碰撞事故，对方船只倾覆、船员落水后，明知驾船逃逸可能导致他人生命处于危险境地的情况下，未采取救助措施，由此造成多人因失救而死亡或者失踪的基本事实。陈君宏以船舶碰撞后因急于自救而驶离现场的辩解没有得到其他证据证实，且与《调查报告》认定的事实不符。宁波市北仑区人民法院在审理案件中查明，船长陈君宏所称"碰撞后实施应急冲滩"的说法不符合事实，依据是：(1)"恒利88"轮未超载，货舱未进水，船舶具有一定的抗沉性。从碰撞后雷达回放来看，该轮在近1小时的航行中状态稳定，船长应该能够判定当时不至于严重危及船舶自身安全，有条件采取救助行动。(2)碰撞发生后，"恒利88"轮按计划航线驶离现场，事故后近2小时才向主管机关报告，约2时30分后才掉头返回，至3时20分后才回到事发水域，客观上延误了救助时间。据此可以认定，被告人在明知事故发生的情况下逃逸并由此导致落水船员无法及时得到救助而溺亡的事实成立。

（二）先行行为致落水船员处于危险境地，行为人不履行救助义务的，能否认定为故意杀人罪

关于本案的定性问题存在两种意见：第一种意见认为，本案构成交通肇事罪，主要理由是，"肇事后逃逸"只能说明被告人具有逃避法律追究的主观动机，不能证明船长具有杀人的故意，具有逃逸情节可在七年以上十五年以下量刑，但是不应改变案件的定性。第二种意见认为，本案构成故意杀人罪，主要理由是，与车辆肇事不同，船舶碰撞一旦造成船员落水，船员的生命当即处于现实危险境地，肇事方不予救助的"逃逸行为"使落水船员失去获救的机会，放任了落水船员死亡后果的发生，认定为故意杀人罪符合刑法理论及相关司法解释的规定。

我们倾向于第二种意见，理由如下：

1. 先行行为是作为义务的来源之一，海上船舶碰撞使对方船员落水而逃逸的，证明肇事者决意拒绝履行救助义务，放弃处于危险境地的船员的生命，依法可构成不作为的故意杀人罪。申言之，海上船舶肇事通常没有第三方救助的可能，逃逸行为使落水人员丧失唯一的获救机会，认定为故意杀人罪符合案件事实与法律规定。本案船舶碰撞发生在2011年2月27日凌晨0时7分许，既是冬季，又是凌晨，海水温度非常低，落水人员通常在15～20分钟之后便会失去知觉。夜间海上能见度较低，即使有船舶经过案发现场也很难发现落水船员，"恒利88"轮肇事逃逸意味着落水船员失去最后一棵"救命稻草"。对于落水船员因得不到救助可能死亡的危害结果，被告人陈君宏主观上应具有明确的认识，其为了逃避法律追究而逃逸的行为，意味着放任落水船员死亡结果的发生，符合故意杀人罪的主客观要件。

2. 对本案被告人以故意杀人罪定罪处罚，符合《最高人民法院关于审理交通肇事刑事案件具体应用法律若干问题的解释》（以下简称《解释》）第六条"行为人在交通肇事后为逃避法律追究，将被害人带离事故现场后隐藏或者遗弃，致使被害人无法得到救助而死亡或者严重残疾的，应当分别依照刑法第二百三十二条、第二百三十四条第二款的规定，以故意杀人罪或者故意伤害罪定罪处罚"规定的内在精神。本案发生在深夜的茫茫大海上，肇事船舶的逃逸行为使落水船员处于无人救助的危险境地，与《解释》中"将被害人带离事故现场后隐藏或者遗弃，致使被害人无法得到救助而死亡"的情形相吻合。《解释》之所以将该种情形定性为故意杀人罪，是因为"隐藏或者遗弃"作为一种先前行为致使受害人处于无人救助的危险境地，不履行救助义务便意味着放任受害人死亡结果的发生，故符合不作为故意杀人罪的构成要件。本案虽无"将被害人带离事故现场后隐藏或者遗弃"的行为，但其逃逸行为造成的实际后果与"将被害人带离事故现场后隐藏或者遗弃"的情况并无本质不同。在司法解释已明确地将交通肇事后为逃避法律追究，将被害人带离事故现场后隐藏或者遗弃，致使被害人无法得到救助而死亡的行为认定为故意杀人的情况下，将本案被告人的行为认定为故意杀人罪，符合司法解释的精神以及刑法原理。

3. 肇事船舶在明知船员落水情况下的逃离现场行为不同于一般的交通肇事逃逸行为。陆上车辆肇事逃逸，被害人会有途经车辆或人员施救的可能，而海上船舶肇事后，被害人很难得到他船的救助，即使附近船舶闻讯赶来，通常也来不及挽回落水人员的生命，即使在水温较高的夏季，海浪、暗流也时刻会吞噬落水人员的生命。相较而言，茫茫大海上发生的逃逸行为，其实际危险性与危害性更为突出，在类似本案的场合下，被告人驾船逃离的行为，几乎意味着宣告落水人员的死亡，对此类行为的定罪处罚应当区别于一般的交通肇事逃逸行为，在其已符合不作为的故意杀人罪构成要件的情况下，应当优先考虑适用该罪名，唯此方能体现罪责刑相适应原则。

本案定性为故意杀人罪是海事刑事司法实践的一个突破。我国是海运大国，船舶肇事逃逸致使落水人员死亡和失踪的案件时有发生，以往的船舶肇事致人死亡案件要么以行政处罚和调解息事宁人，要么只追究民事侵权责任，以交通肇事罪入刑的案件比较鲜见，本案定性为故意杀人罪系全国首例。本案的示范价值在于：案件定性为故意杀人罪提高了船舶肇事逃逸行为的违法成本，最高刑期能够由交通肇事罪的有期徒刑十五年提升到故意杀人罪的死刑，从而，既可发挥刑罚一般预防的作用，也能为今后审理类似案件提供指引。

需要特别指出的是，肇事船舶的先前碰撞行为使落水人员处于危险境地，即产生救助义务，肇事船舶的逃逸行为背后反映的是不予救助的情节，这也是认定为不作为的故意杀人罪的主要依据，如果行为人虽因过失造成船舶碰撞事故，但能够积极救助遇难人员的，则不能参照本案以故意杀人罪定罪处罚。此外，在个别情况下，大船与小船在海上发生碰撞事故时，大船自身对碰撞的感受并不明显，有的甚至误认为撞到了海上漂浮物。如果能够认定责任人确实不知道本船发生了碰撞事故而驶离现场的，由于其对由此产生的救助义务不明知，即便发生人员溺亡的后果，通常也不能按照故意杀人罪论处。

（撰写：宁波大学法学院　赵　微
审编：最高人民法院刑二庭　于同志）

［第 1286 号］连恩青故意杀人案

——如何结合临床诊断证明和司法精神病鉴定意见准确认定被告人作案时的刑事责任能力

【关键词】 临床诊断证明　司法精神病鉴定意见　刑事责任能力

一、基本案情

被告人连恩青，男，1980 年 6 月 11 日出生，汉族，初中文化，农民。因涉嫌犯故意杀人罪于 2013 年 11 月 18 日被逮捕。

浙江省台州市人民检察院以被告人连恩青犯故意杀人罪，向台州市中级人民法院提起公诉。

台州市中级人民法院经公开审理查明：2012 年 3 月，被告人连恩青因鼻部疾病，在浙江省温岭市第一人民医院就诊时接受了该医院耳鼻喉科医生蔡朝阳的手术治疗。此后，连恩青认为手术后效果不佳，遂多次到该医院复查、投诉，并要求再次手术，未果。其间，连恩青还多次到其他医院就诊，均诊断其鼻部无异常。为此，连恩青对蔡朝阳医生及该医院处理其投诉事宜的耳鼻喉科医生王云杰（被害人，殁年 45 岁）、为其进行 CT 检查的医生林海勇心生怨恨，预谋报复杀人。

2013年10月25日8时20分许，连恩青携带事先准备的木柄铁锤、尖刀来到温岭市第一人民医院门诊大楼五楼耳鼻喉科门诊，见王云杰、蔡朝阳分别在各自的诊室坐诊，决意作案，遂进入王云杰诊室，站在王云杰背后持铁锤击打王云杰头部。因铁锤木把断裂，铁锤头掉落在地，连恩青丢下铁锤木柄又掏出尖刀捅刺王云杰。王云杰逃离诊室，连恩青即持刀追赶，在同楼层的口腔科门诊室追上王云杰并连续捅刺王云杰胸腹部、背部等处，还持刀捅刺劝阻其行凶的该医院医生王伟杰（被害人，时年59岁）右腋下一刀，在摆脱王伟杰阻拦后再次捅刺王云杰胸部。随后，连恩青持刀返回耳鼻喉科门诊寻找蔡朝阳，见蔡朝阳诊室房门已被锁住无法进入，便用尖刀刀柄敲碎诊室门玻璃后离开。接着，连恩青又持刀来到该医院放射科一楼CT室操作间寻找林海勇，误将该CT室医生江晓勇（被害人，时年39岁）认作林海勇，上前持刀捅刺江晓勇胸腹部三刀，在得知其捅刺的并非林海勇时即停止了行凶。连恩青随即被在场人员及闻讯赶来的保安当场抓获。王云杰因被刺致心脏、肺动脉及肺破裂，经抢救无效于当日死亡；江晓勇的损伤构成重伤；王伟杰的损伤未达轻伤。经浙江省立同德医院司法鉴定所鉴定，连恩青作案时意识清晰，作案动机现实，辨认和控制能力存在，具有完全刑事责任能力。

台州市中级人民法院认为，被告人连恩青因对手术治疗效果不满意，在多方求医治疗仍未解决其疾病痛苦的情况下，将失望情绪发泄到为其诊治释疑的医生身上，事先预谋并持铁锤和尖刀故意杀害他人，致一人死亡、一人重伤、一人受伤的严重后果，其行为已构成故意杀人罪。其犯罪情节特别严重，依法应予严惩。连恩青及其辩护人申请对其精神疾病重新鉴定，提出医院在手术治疗过程中存在CT片造假、医疗事故，在引发本案上存在过错等意见不成立，不予采纳。本案中，医院在手术治疗过程中不存在医疗事故，并积极协调处理连恩青的术后投诉，尽力诊治连恩青所反映的病症，不存在对连恩青疾病治疗上的过错，也不能认定在引发本案上有过错。虽然医院在对待连恩青的投诉及后续处理上存在瑕疵，连恩青归案后能如实供述犯罪事实，在作案过程中存在发现捅刺对象错误后没有持刀继续捅刺的情况，但鉴于本案所造成的后果特别严重，社会影响恶劣，尚不足以对其从轻处罚。依照《中华人民共和国刑法》第二百三十二条、第五十七条第一款之规定，对被告人连恩青以故意杀人罪判处死刑，剥夺政治权利终身。

一审宣判后，被告人连恩青提出上诉，认为原审判决未查清犯罪诱因，医院在医疗过程中过度修除鼻甲且对鼻黏膜进行了切除，从而导致并发症，医院对其做的手术存在过错，医院在处理其投诉及后续处理过程中也存在过错；精神病司法鉴定意见认为其存在疑病观念不当。其辩护人另提出，连恩青鼻子手术后出现头痛、胸闷、鼻子干燥等，符合空鼻症症状，连恩青行凶时精神已经达到崩溃边缘，要求二审重新对其刑事责任能力作出鉴定，结合本案的犯罪诱因、动机等酌情对其从轻处罚。

浙江省高级人民法院经审理认为，被告人连恩青故意杀人犯罪情节极其恶劣，犯罪后果特别严重，依法应予严惩。连恩青上诉及其辩护人提出要求重新进行精神疾病鉴定及要求从轻处罚的理由不足，不予采纳。原判定罪和适用法律正确，量刑适当，审判程序合法。依照《中华人民共和国刑法》第二百三十二条、第五十七条第一款及《中华人民共和国刑事诉讼法》第二百二十五条第一款第一项之规定，裁定驳回上诉，维持原判，并依法报请最高人民法院核准。

最高人民法院复核认为，被告人连恩青因对浙江省温岭市第一人民医院的治疗效果和投诉处理事宜不满，到医院持械行凶，故意非法剥夺医生生命，致一人死亡、一人重伤、一人受伤，其行为已构成故意杀人罪。犯罪性质特别恶劣，手段特别残忍，情节、后果特别严重，应依法惩处。第一审判决、第二审裁定认定的事实清楚，证据确实、充分，定罪准确，量刑适当，审判程序合法。依照《中华人民共和国刑事诉讼法》第二百三十五条、第二百三十九条和《最高人民法院关于适用

〈中华人民共和国刑事诉讼法〉的解释》第三百五十条第一项的规定，裁定核准浙江省高级人民法院(2014)浙刑一终字第50号维持第一审以故意杀人罪判处被告人连恩青死刑，剥夺政治权利终身的刑事裁定。

二、主要问题

临床诊断证明与司法精神病鉴定意见中关于被告人精神状态的判断不一致时，如何认定被告人作案时的刑事责任能力？

三、裁判理由

刑事责任能力是指行为人能够辨认或者控制自己行为，并对自己行为负责任的能力。刑法第十八条规定：精神病人在不能辨认或者不能控制自己行为的时候造成危害结果，经法定程序鉴定确认的，不负刑事责任；间歇性的精神病人在精神正常的时候犯罪，应当负刑事责任；尚未完全丧失辨认或者控制自己行为能力的精神病人犯罪的，应当负刑事责任，但是可以从轻或者减轻处罚。对于有精神障碍的行为人，在医院临床诊断或司法鉴定过程中，可能会因诊断或鉴定角度不同、侧重点不同而得出不同的结论。而且，临床诊断和司法鉴定的思路、方法不同：临床诊断往往是“有病推定”，检查患者或者查看病历时会搜索有病依据；而司法鉴定则是“无病推定”，需全面搜集并审查判断患者的所有情况，审查案情的全部材料，而临床诊断则没有这一过程。故临床诊断结果和司法鉴定意见可能不相一致。当二者关于被告人精神状态的判断不一致时，法官要严格、审慎审查，结合相关证据准确认定被告人作案时的刑事责任能力。

本案中，被告人连恩青作案前曾在其家人劝说下到上海市精神卫生中心进行了为期2个多月的精神疾病方面的治疗，被诊断为持久妄想性障碍，作案时距出院10天时间。浙江省立同德医院在连恩青归案后对其进行司法精神病鉴定，认为连恩青患有疑病症，未达到妄想的程度；作案时意识清晰，作案动机现实，辨认和控制能力存在，有完全刑事责任能力。可见，连恩青所患是持久妄想性障碍还是疑病症，医院诊断结果与司法鉴定意见并不一致。这就需要法官根据两种精神障碍的不同特征，结合被告人的具体症状作出判定。本案复核阶段，法官曾两次当面提审连恩青，并邀请精神病学专家面对面观察其精神状态，还多次就本案涉及的精神病学方面的专业性问题咨询权威专家，组织专家论证，进行全面、审慎的审查。一般而言，对精神障碍者刑事责任能力进行判断分两个层次：第一层次是判断行为人是否有精神障碍，及患有何种精神障碍；第二层次是进一步判断行为人是否因精神障碍而致辨认或者控制行为的能力减弱或丧失。结合本案分述如下：

（一）连恩青患有属于轻度精神障碍的疑病症，而非持久妄想性障碍

首先，持久妄想性障碍和疑病症的相同之处是患者均怀疑自己患有严重疾病，但二者存在本质区别：持久妄想性障碍又称偏执性精神病，属精神病性障碍，主要特征是患者头脑中存在某些根深蒂固的错误观念，表现为没有事实基础的长期持续性妄想，临床常见被害妄想和关系妄想。疑病妄想患者多坚持认为自己身体有病或某部分有缺陷等，对实际情况歪曲或无中生有，妄想内容较荒谬，无事实根据，一般不积极求治。而疑病症则属非精神病性精神障碍，系神经功能症的一种，表现为患者确实存在一定的疾病或身体不适，其对自身的健康状况或身体的某一部分过分关注，关注程度与实际健康状况很不相称，经常诉不适，并四处求医，希望好转，但各种客观检查的正常结果和医生的解释均不能打消患者的疑虑。疑病症患者疑心的病并非荒谬，其身体某一部分确有不适。本案中，判断连恩青患有的是持久妄想性障碍还是疑病症，关键是看连恩青认为的疾病是否有事实依据，其鼻部是否确有不适。经查，连恩青手术前鼻部患有鼻甲肥大、鼻中隔偏曲造成鼻腔堵塞、呼吸不畅的疾病。连恩青在手术后认为其鼻部的疾病未治愈，且更加严重，

导致呼吸困难、胸闷,希望再次对其进行手术,并多次到不同医院就诊。部分医院仍诊断为鼻中隔稍偏曲,两侧下鼻甲稍肥厚。但是,经各医院检查,连恩青的鼻部疾病并未达到其认为的严重程度。因此,温岭市第一人民医院对连恩青的手术有一定效果,但未彻底治愈,仍有相应症状,不适感未完全消除,连恩青认为鼻部仍有疾病有事实根据,符合疑病症的特征。

其次,疑病症患者有焦虑、失眠症状。连恩青亲属反映的连恩青晚上基本只睡两三个小时,醒后在村里转来转去的反常情况也符合疑病症症状。部分疑病症患者感觉身体不适,产生焦虑情绪,导致身体更加不适,焦虑情绪更加严重,恶性循环,从而产生愤怒情绪,甚至会发展到暴力发泄的程度。连恩青偏执、易激动的表现与其日趋严重的疑病症症状有关。

再次,医院临床诊断与司法鉴定意见不一致,是因为诊断与鉴定角度不同、侧重点不同。若仅关注患者"坚信自己患有严重疾病",而没关注其"身体的某一部分确有不适",就会诊断为持久妄想性障碍;反之,考虑患者"身体的某一部分确有不适",只是其关注程度与实际健康状况很不相称,就会诊断为疑病症。

最后,虽然上海市精神卫生中心诊断连恩青患有持久妄想性障碍,但具体检查内容为:"连恩青意识清楚,接触尚合作,对答切题,思维连贯,未引出幻觉,存在内感性不适,猜疑,情绪尚平静,有一定兴趣爱好,情感反应尚协调,意志要求存在,智能可,自知力部分经治疗结果为好转。"从表述的病情来看,连恩青只是存在轻度精神障碍,具有辨认和控制能力。

综上所述,连恩青的精神状态更符合疑病症的特征,其所认为疾病的严重程度与实际不符,由心理因素导致,其所患应为非精神病性的轻度精神障碍。

(二)连恩青的辨认和控制能力没有因患属于轻度精神障碍的疑病症而受损,具有完全刑事责任能力

首先,连恩青具有辨认自己行为的能力。辨认能力是控制能力的前提和基础。司法精神医学界普遍采用作案动机理论来判断辨认能力,将作案动机分为四种:病理动机,由妄想或幻觉等认知过程障碍引起,缺少现实目的;现实动机,由需要或现实冲突引起,动机和目的是明确的、现实的;混合动机,病理动机与现实动机兼备;不明动机,此动机是无意识的,行为要达到目的也是无意识的。现实动机属于正常动机,其他三种动机则属于异常动机。一般来说,病理动机即丧失了辨认能力,但对其他几种动机则需要综合分析,应根据行为人的病情严重程度、作案时与作案后的精神状态,分析精神障碍与犯罪行为之间有无潜在的联系,从而评定行为人的辨认能力状况。

本案中,连恩青认为其就医的不同医院的医生通过网络串通,伪造虚假的CT片,掩盖其疾病和医疗黑幕,因此对浙江省温岭市第一人民医院的医生产生怨恨,报复杀人。连恩青的想法虽有不合理因素,但并无病理性作案动机,而具有现实的作案动机。一是连恩青手术后鼻部不适感未完全消失,其感觉鼻部仍有病有一定现实基础,并非凭空想象。二是连恩青认为其就医的不同医院的医生通过网络串通,伪造虚假的CT片,掩盖其疾病和医疗黑幕,既与其内向、孤僻、偏激、多疑的性格及自身对网络不甚了解有直接关系,又与当前网络技术发达,媒体时常报道医院负面新闻的社会背景有关,连恩青的想法并未完全脱离现实生活。三是医院方出具的CT报告单曾将连恩青的名字、年龄、婚姻状况写错,连恩青在投诉期间于2012年12月26日、27日分别进行了两次CT检查,但医院于12月27日对其进行CT检查后却出具了前一天即26日的检查报告,上述瑕疵成为连恩青怀疑医院CT片造假的依据。医院管理和医生工作上的瑕疵是客观存在的,故连恩青的想法有现实基础,并非妄想,其所患疑病症未影响到其作案时的辨认能力。

其次,连恩青的作案过程也反映其具有完整的辨认和控制自己行为的能力。一是连恩青作

案对象明确,作案思路清晰。连恩青作案前准备了铁锤和尖刀,确定其要报复的王云杰、蔡朝阳均在医院坐诊后才决定动手;因其认为找王云杰看过病后所拍的CT片都有问题,致无法反映其鼻部问题、无法做手术,故最痛恨王云杰,决定先杀王云杰,再杀蔡朝阳和林海勇,事先确定了报复的对象和顺序;对王云杰动手前先思考了一二分钟,其供称回忆就医过程后才决定杀人;撞不开蔡朝阳诊室的门,就用刀柄敲碎门玻璃,感觉时间不多便赶紧离开;对江晓勇作案时,发现捅刺对象错误后即停止行凶,以上种种行为表现说明连恩青具有清晰的判断自己行为性质的能力,对自己实施的行为能够完全控制。二是连恩青作案时具有很强的自我保护意识。连恩青捅刺王云杰时发现一只鞋子掉了,离开后又返回穿鞋,连恩青供称,如穿一只鞋会引起他人注意、怀疑,可能会被抓住,故返回穿好鞋离开;连恩青离开捅刺王云杰的现场,准备下楼时将尖刀隐藏,与上楼的保安擦肩而过时对保安说"捅人的人还在楼上",以误导保安,为自己继续作案争取时间,充分反映连恩青作案时具有很强的自我保护意识。三是连恩青归案后第一次供述就详细交代了作案过程及就医情况,此后供述稳定一致,与在案其他证据证实的情况能相互印证,反映其作案时意识清楚。从法院提讯情况来看,连恩青表现正常,情绪稳定,对答切题,有正常的认知和控制能力,除较偏执之外精神方面并无异常。

综上,被告人连恩青预谋犯罪,有现实的作案动机和明确的作案对象,发现杀错人后能及时中止,并有明显的自我保护意识,在作案过程中存在辨认能力和控制能力,具有完全刑事责任能力。浙江省立同德医院司法鉴定所出具的"连恩青患有疑病症,但作案时意识清晰,作案动机现实,辨认和控制能力存在"的鉴定意见,论证合理,结论客观准确,鉴定程序合法,人民法院审查后依法予以采信,并根据本案的事实、性质、情节,结合被告人的主观恶性,以故意杀人罪判处被告人连恩青死刑。

(撰稿:最高人民法院刑一庭　余　森　许常海
审编:最高人民法院刑一庭　管应时)

[第1299号]高淑华、孙里海合同诈骗案
——签订合同并收取对方的保证金后挪作他用是否可以认定具有非法占有目的

【关键词】 非法占有目的　合同诈骗　民事纠纷

一、基本案情

被告人高淑华,女,1961年2月12日出生,河北省唐山市鑫海房地产开发有限公司(以下简称鑫海公司)法定代表人、董事长。因涉嫌犯合同诈骗罪于2013年2月25日被逮捕。

被告人孙里海,男,1963年2月27日出生,鑫海公司总经理。因涉嫌犯合同诈骗罪于2013年2月25日被逮捕。

河北省石家庄市人民检察院以被告人高淑华、孙里海犯合同诈骗罪向石家庄市中级人民法院提起公诉。

石家庄市人民检察院指控:2012年2月20日,被告人高淑华、孙里海虚构河北省唐山市丰润区任各庄镇曹信庄村的"鑫海唐山第一城"住宅楼项目,与河北世达建设集团有限公司石家庄分

公司(以下简称世达公司)签订工程施工协议,骗取该公司400万元保证金。

被告人高淑华、孙里海均辩称自己的行为不构成合同诈骗罪,理由是:(1)没有虚构事实欺骗世达公司,本案涉及的项目是真实的。(2)没有非法占有世达公司400万元保证金的目的,一直在想办法筹钱,没有逃逸行为。

被告人高淑华、孙里海的辩护人均提出:(1)本案涉及的"鑫海唐山第一城"项目是真实的,鑫海公司与曹信庄村委会签订的协议也是真实的,二被告人没有虚构事实、隐瞒真相。(2)鑫海公司与世达公司之间属于民事纠纷。(3)鑫海公司没有非法占有400万元保证金的故意,高淑华、孙里海二人一直在想办法筹钱,没有逃逸、藏匿等行为。综上,高淑华、孙里海二人的行为不构成合同诈骗罪。

石家庄市中级人民法院经审理查明:

2011年7月,经河北省推进农村新民居建设工作领导小组审定,唐山市丰润区任各庄镇曹信庄村被列为新民居建设示范村。同年8月18日,曹信庄村委会与被告人高淑华任董事长、孙里海任总经理的鑫海公司签订意向书,准备在该村开发新民居房产项目。意向书的主要内容是:(1)鑫海公司应尽快办理新民居项目所需的各项手续,于当年8月17日向曹信庄村委会账户汇入400万元保证金,并于当年9月27日前再汇入4 600万元启动资金,曹信庄村委会提供20亩临建用地。(2)鑫海公司如不能在约定时间足额交纳启动资金,曹信庄村委会有权与他人另议新民居项目,一切临建物归曹信庄村委会所有,经确认临建物无债务后退还400万元保证金。意向书签订后,鑫海公司依约将400万元保证金汇入曹信庄村委会账户,随后在临建用地上进行了平整土地等前期准备工作,并委托时任村委会主任付洪钢承建部分临建工程,但未能按约定的时间筹集到4 600万元启动资金,也未办理好项目所需的建筑工程规划及开发用地审批等手续,对此,曹信庄村委会并未向鑫海公司提出解约要求,也未与他人另议该项目。

2011年8月,被告人高淑华、孙里海与武汉新八建设集团有限公司(以下简称新八公司)项目经理王腊元洽谈合作事宜,约定由新八公司承建曹信庄村新民居项目约46万平方米的建筑工程,并要求先向鑫海公司账户汇入300万元作为保证金。王腊元按要求汇款后,鑫海公司与新八公司签订了承建合同,约定合同签订后三个月内保证开工建设。此后,由于鑫海公司未能按合同约定让新八公司按时入场开工,王腊元开始向鑫海公司追要300万元保证金。

2012年2月20日,被告人高淑华、孙里海与世达公司市场部经理马超、项目经理唐山洽谈合作。孙里海告诉马超、唐山,项目是得到国家政策支持的新农村建设项目,并表态保证20日至30日内把所需的所有手续弄全。马超、唐山认为鑫海公司提出的条件非常优惠,如能获得施工协议将会获得超出预期的利润,在仅看了项目效果图的情况下就签订了"鑫海唐山第一城"(曹信庄村新民居项目)住宅楼工程施工协议,约定世达公司承建该项目约20万平方米共价值3.2亿元的工程(合同显示该项目总建筑面积66万平方米,道路、广场、绿地2.13万平方米),并在合同签订后向鑫海公司交纳400万元保证金。协议签订后,孙里海开始以撕毁协议相威胁频繁催促世达公司交保证金。世达公司于当年2月27日将400万元保证金汇入鑫海公司账户,鑫海公司收到后,随即将其中的200万元用于退还2011年8月新八公司王腊元所支付的保证金(欠王腊元的剩余100万元亦在随后不久还清),另200万元用于项目施工及公司日常开支。世达公司与鑫海公司签订施工协议后,于2012年3月组织工人进入临建场地开始建设工人活动房,同年4月竣工。在鑫海公司与世达公司签订的施工协议中,约定签订40天内让世达公司进场正式施工,但鑫海公司未能履约,后又承诺当年5月25日前开工,但也一直未能兑现。在此情况下,世达公司开始追要400万元保证金,高淑华、孙里海表示愿意退还,但由于鑫海公司账上没钱且没有筹集到资金,故一直未能归还。其间为了应付要账人员,高淑华、孙里海还指使公司财务给世达公司开过两次空头支票。世达公司多次要账未果后,于2012年11月2日向公安机关报案。2013年1月17日,高淑华、孙里海在北京朝阳区农光东里桔子酒店内被公安人员抓获。

石家庄市中级人民法院认为,被告人高淑华、孙里海以非法占有为目的,在无履约能力的情况下,隐瞒事实,以鑫海公司名义与世达公司签订"鑫海唐山第一城"住宅楼工程施工协议,并通过该协议骗取400万元非法占有,数额特别巨大,其行为均已构成合同诈骗罪。高淑华、孙里海在共同犯罪中作用相当,均系主犯,依法应予惩处。依照《中华人民共和国刑法》第二百二十四条、第六十四条之规定,以合同诈骗罪分别判处被告人高淑华有期徒刑十五年,并处罚金二百万元;判处被告人孙里海有期徒刑十五年,并处罚金二百万元。

一审宣判后,被告人高淑华、孙里海均提出上诉。高淑华、孙里海及其辩护人的主要辩解和辩护意见是:(1)曹信庄村新民居开发项目真实存在。(2)鑫海公司在该项目上确有大量投入,与曹信庄村委会的协议并未解除,与世达公司的施工协议真实有效。(3)本案属民事纠纷,二被告人不构成合同诈骗罪。

河北省人民检察院认为,原判决认定事实清楚,证据确实、充分,定性准确,量刑适当,审判程序合法,二被告人的上诉理由及其辩护人的辩护意见均不能成立,建议驳回上诉,维持原判。

河北省高级人民法院经审理认为,上诉人高淑华、孙里海在与世达公司签订合同时存在欺诈行为,但鑫海公司的新民居建设项目真实存在且有一定的前期投入,收取的保证金主要用于归还项目经营形成的债务以及公司日常支出,认定二上诉人非法占有目的的证据不足。高淑华、孙里海及其辩护人所提本案属于民事纠纷,二上诉人不构成合同诈骗罪的上诉理由和辩护意见予以采纳,依照2012年《中华人民共和国刑事诉讼法》第一百九十五条第一款第三项、第二百二十五条第一款第三项、第二百三十三条之规定,依法改判高淑华、孙里海无罪。

二、主要问题

签订合同并收取对方的保证金后挪作他用是否可以认定具有非法占有目的?

三、裁判理由

对于本案中被告人高淑华和孙里海的行为应当如何定性,存在两种意见:

第一种意见认为,被告人高淑华、孙里海的行为构成合同诈骗罪。理由是:(1)鑫海公司未按期交纳曹信庄村新民居项目4 600万元启动资金,项目开发权利尚不确定,二被告人在签订合同时未告知被害方这一情况,存在欺诈行为。(2)鑫海公司没有实际履行能力。鑫海公司规模较小,自有资金严重不足,在预付曹信庄村400万元保证金后已无资金使用。虽然房地产开发边建设边融资的情况比较普遍,但应结合二被告人的融资能力综合考量其履约能力。鑫海公司与世达公司签订的施工协议远超其履行能力,又缺乏可靠的融资渠道,客观上也没有筹到任何资金,可认定其没有履行合同能力。(3)二被告人在此情况下,将收取施工单位的保证金部分用于返还其他公司交纳的保证金和日常开支,可认定其具有非法占有目的,被告人的行为构成合同诈骗罪。

第二种意见认为,被告人高淑华、孙里海的行为不构成合同诈骗罪。理由是:(1)曹信庄村新民居项目真实存在,二被告人主观上也确实想建设该项目。鑫海公司与曹信庄村委会签订了意向协议,先期支付了400万元保证金,还租用村民的土地搭建临时建筑,且有为履行合同创造条件的行为,案发前曹信庄村委会也未与鑫海公司解除协议,被告人的相关辩解不能完全否定。(2)二被告人虽然对世达公司有躲债行为,行为有一定的欺诈性,但鑫海公司对于曹信庄村新民居项目有前期投入并建设了一些临时建筑,虽然至案发时项目主体未开工,但该公司在曹信庄村仍有大量财产权益，且曹信庄村此前还收取了鑫海公司的400万元保证金。(3)被告人孙里海在与世达公司签订合同时确实有虚假、夸大宣传的行为，但“边干边批、先上车后买票”以及挪用保证金等不规范现象在房地产开发行业较为常见，现有证据并不能排除世达公司对此心知肚明。(4)二被告人主观上是希望施工合同能够履行，成功开发该新民居项目获利，未告知世达公司项目尚无手续和因未如期支付启动资金村里有权终止开发协议的行为属于合同欺诈，不构成合同诈骗罪。(5)二被告人得到世达公司支付的保证金后虽然有挪用行为，但主要围绕着项目花费，并未挥霍，非法占有目的不是很明确。

我们同意第二种意见，被告人高淑华、孙里海收取他人支付的保证金后挪作他用的行为不能认定为具有非法占有的目的，其行为不构成合同诈骗罪。理由是：

1.鑫海公司的房产项目真实存在。鑫海公司在2011年8月与曹信庄村委会签订了新民居项目意向书并交纳了400万元保证金，虽然未能按约定交纳后续4 600万元启动资金，但此后鑫海公司在临建用地上进行土地平整、修建道路及工人住房等前期准备时，曹信庄村委会并未制止，也未终止与鑫海公司的合同与他人另议该项目。因此，双方的合作协议实际上一直在履行，即使鑫海公司未告知世达公司曹信庄村有权终止协议，也不能据此认定其有隐瞒真相的行为。鑫海公司在与世达公司签订合同时虽然只提供了项目效果图，但由于“边干边批、先上车后买票”的情况在房地产行业普遍存在，且在案证据显示，被告人孙里海在与世达公司签约时曾告知对方项目是新民居建设，并保证尽快把项目所需手续办理齐全，作为建筑工程领域的公司，世达公司在签约时对于鑫海公司项目手续未办或不全的情况并非一无所知。

2.认定被告人高淑华和孙里海非法占有世达公司400万元保证金目的的证据不足。从现有证据来看，鑫海公司在曹信庄村新民居项目上确有前期投入，收取的保证金多数用于项目正常开支。鑫海公司与曹信庄村委会签订意向协议后，在临建用地上进行过土地平整、工人住房及修建道路等前期建设，并形成了相关的财产权益，所收取世达公司的400万元保证金均被用于归还欠款、工程费用及公司的日常开支，高淑华、孙里海没有将这400万元保证金占为己有或挥霍，主观上想将项目运作成功并围绕项目进行了一系列经营行为。

融资行为是判断被告人履约意愿的重要方面，但本案中关于被告人高淑华、孙里海融资行为的证据有限且真假未辨，无从认定。从整体来看，二被告人确实努力地在做曹信庄村新民居项目，尽管在与世达公司签约时有一些欺骗隐瞒行为，但从经验常识判断，房地产开发行业本身具有资金密集型的产业特点，资金投入大，经营风险高，鑫海公司虽然自身实力不足，但如果融资等经营行为得当，不能排除其最终盈利的可能性。因此，应当综合合同签订的背景、被告人为生产经营所作出的努力、钱款的去向和用途等方面来判断被告人是否具有非法占有的目的，而不能简单地从客观上被告人有欺骗行为直接得出被告人主观上具有非法占有目的的结论。

3.本案资产负债问题并不突出，世达公司的损失能够通过民事途径进行救济，在一定程度上可得到挽回。截至案发时，鑫海公司在曹信庄村委会账户上还有400万元保证金，在临建项目上也形成了相关的财产权益，不同于常见的合同诈骗犯罪，本案中鑫海公司的资产负债问题并不突出。二被告人从王腊元、世达公司等处收取的保证金主要用于曹信庄村新民居项目的临建设施、公司正常开支或者归还此前吸收的保证金，未见挥霍情况。案发时鑫海公司的账户上虽然没有现金，无法偿还世达公司的保证金，但鑫海公司此前在曹信庄村新民居项目上已完成的临建设施上仍有一定的财产权益，加上该公司此前支付给曹信庄村委会的400万元保证金，公司的整体资产负债问题不是很突出。如处理得当，世达公司的400万元损失可在一定程度上得到挽回。对于虽有一定的欺骗行为,但不影响被害人通过民事途径进行救济的,不宜轻易认定为诈骗犯罪,这也符合刑法的谦抑性原则。

综上,河北省高级人民法院以原判认定被告人高淑华、孙里海非法占有目的的证据不足,本案属于民事纠纷为由依法改判其无罪的判决是正确的。

（撰稿:最高人民法院刑二庭　郭　慧　初立秀
审编:最高人民法院刑二庭　韩维中）

三、犯罪的预备、未遂和中止

[第949号]刘星抢劫案

——在犯罪预备阶段单独停止犯罪，未积极阻止同案犯继续实施犯罪，也未有效防止共同犯罪结果发生的，能否成立犯罪中止

【关键词】 犯罪预备　犯罪中止　共同犯罪

一、基本案情

被告人刘星，男，1991年5月19日出生，无业。2010年2月11日因犯盗窃罪被判处拘役三个月，同年3月21日刑满释放；2012年1月11日因涉嫌犯抢劫罪被逮捕。

内蒙古自治区巴彦淖尔市人民检察院以被告人刘星犯抢劫罪，向巴彦淖尔市人民法院提起公诉。

被告人刘星对起诉书指控其犯抢劫的事实及罪名无异议，但辩称其只是准备抢劫，未确定抢劫汽车。

巴彦淖尔市中级人民法院经审理查明：2011年9月24日中午，薛占全（已另行处理）从内蒙古自治区包头市回到巴彦淖尔市乌拉特前旗乌拉山镇，与被告人刘星会合后，薛占全提出以杀人埋尸的手段抢劫的犯意，刘星表示同意。二人遂驾驶刘星的摩托车先后两次到乌拉山附近寻找埋尸的地点未果，遂将买来作案用的铁锹藏匿于乌拉山镇卧羊台公园一草丛内，之后返回乌拉山镇又各自购买尖刀一把随身携带。第二日，薛占全又打电话给刘星提出共同实施抢劫的犯意，遭到刘星的拒绝。第三日19时许，薛占全来到乌拉特前旗白彦花镇街上，租用李怀斌的蒙B-DD658号比亚迪牌轿车（价值约合人民币49 503元，以下币种同）前往乌拉特前旗先锋镇张楞社，欲途中实施抢劫但未果。当日20时许，薛占全在白彦花镇街上，租用被害人刘兰庭的蒙B-S5692号夏利牌轿车（价值30 544元）前往张楞社。当车行驶至先锋镇分水村三其社附近时，薛占全找借口要求停车，并和刘兰庭一同下车。在刘兰庭准备上车时，薛占全持随身携带的刀捅刺刘兰庭左肩颈结合处、左肩、左背部、腰部10刀，致刘兰庭左锁骨下动脉破裂引发大出血死亡。后薛占全驾驶该车将刘兰庭尸体抛至先锋镇分水村根子厂社附近草地内，从刘兰庭处劫得现金100元、诺基亚手机1部。

巴彦淖尔市中级人民法院认为，被告人刘星与薛占全预谋以杀人埋尸的手段抢劫财物，共同寻找埋尸地点并购买了作案工具，二人的行为构成抢劫罪，且系共同犯罪。薛占全在共同犯罪中起主要作用，系主犯，刘星在共同犯罪中起辅助作用，系从犯。刘星与薛占全共同预谋抢劫杀人、共同准备犯罪工具、制造犯罪条件，其虽然在预备阶段停止实施犯罪行为，但其未有效制止薛占全的继续犯罪行为，未能避免危害结果的发生，其应当对全案抢劫杀人既遂后果承担法律责任。据此，依照《中华人民共和国刑法》第二百六十三条第（四）项、第（五）项，第二十五条，第二十六条，第二十七条，第五十七条第一款，第六十四条之规定，巴彦淖尔市中级人民法院以被告人刘星犯抢劫罪，判处有期徒刑五年，并处罚金人民币一万元。

宣判后，被告人刘星没有提起上诉，检察机关亦未抗诉，该判决已发生法律效力。

二、主要问题

在犯罪预备阶段单独停止犯罪，未积极阻止同案犯继续实施犯罪，也未有效防止共同犯罪结果发生的，能否成立犯罪中止？

三、裁判理由

在本案审理过程中，关于被告人刘星在预备阶段放弃犯罪，但没有阻止他人继续实施犯罪行为，未能避免犯罪结果发生，是否构成犯罪中止，存在两种不同意见：

一种意见认为，刘星伙同薛占全预谋抢劫杀人，但刘星仅在预备阶段准备工具、制造条件，并未继续参与共同犯罪，且其已明确表示放弃共同犯罪的意思。同时，在薛占全实施抢劫时放弃犯罪，自行切断与共犯之间的联系，刘星与薛占全之后的抢劫实行行为并无关联，与犯罪结果间也不存在因果关系，其行为构成犯罪中止。

另一种意见认为，刘星伙同薛占全预谋抢劫杀人，并在预备阶段准备工具、制造条件，构成共同犯罪。刘星虽然中途放弃犯罪，未参与抢劫犯罪的实行过程，但其未制止薛占全继续实施犯罪行为，亦未能有效避免危害结果的发生，与薛占全抢劫行为所致的危害结果未脱离因果关系，不能成立犯罪中止。

我们同意后一种意见，具体理由如下：

（一）在犯罪预备阶段为共同犯罪准备工具、制造条件，即使未参与实行的，也应当承担共同犯罪刑事责任

根据刑法第二十五条第一款规定："共同犯罪是指二人以上共同故意犯罪。"共同犯罪行为可以是作为也可以是不作为，在共同犯罪中也可能存在分工，并非人人直接实施实行行为。有的犯罪可能历经犯意提起、犯罪条件的准备、实行行为的着手和完成。在分工复杂的共同犯罪中，各共同犯罪人实施犯罪行为的过程并非都是自始至终，可以在不同犯罪阶段介入，也可以仅介入部分犯罪的实行过程。但不管何时介入，只要与其他共同犯罪人的行为结合成一个统一体，就应当承担共同犯罪的刑事责任。但考虑到各共同犯罪人在共同犯罪中的分工不同和参与实施犯罪的程度不同，其各自在共同犯罪中所起的作用也不同，从而其所承担的刑事责任也应当予以区分。共同犯罪人未参与实行行为，但对实行结果承担刑事责任的情形通常有两类：一类是参与了预谋但未参与预备、实行行为；另一类是参与了预谋、预备但未参与实行行为。前者即是理论界提出的"共谋共同正犯"，即二人以上共谋实行犯罪行为，而由谋议者中一人或者部分人直接实行犯罪，参与共谋的他人，即便未参与实行，也作为共同犯罪人负刑事责任。实践中这样的情况时有发生，犯罪预备阶段的共同谋议行为已不仅是停留于主观内心的犯罪意图，亦不仅是个体的意思表示，是相互间的意思联络；参与共谋者即便未参与实行，但通过参与如何实施共同犯罪的商量，为实行者提供有利条件，进而对共同犯罪行为施加影响，当以共同犯罪者论，应当根据其在共同犯罪中所起的作用处罚。对共谋共同正犯追究刑事责任，是理论界的通说，也是司法实务部门的共识。举轻以明重，共谋共同正犯尚需承担共同犯罪责任，在犯罪预备阶段为共同犯罪准备工具、创造条件的行为更应承担共同犯罪责任。

本案中，刘星、薛占全预谋抢劫杀人，二被告人为此一同寻找埋尸的地点并购买了作案工具刀子，后薛占全单独完成杀人抢劫，二被告人的行为构成共同犯罪。刘星虽未直接实施抢劫行为，但在对共同抢劫行为存在主观罪过的心理支配下，与实行犯薛占全一同寻找埋尸地点、准备犯罪工具。可见，刘星、薛占全基于共同的合意，进行犯罪准备。刘星在预备阶段所做的努力，为薛占全的实行行为创造了条件，也通过薛占全的实行行为与危害结果建立因果关系。刘

星、薛占全的行为不是相互独立的，主观上相互知晓，客观上相互支撑，作为一个有机统一的整体存在。因此，刘某与薛占全属于共同犯罪，刘星系共同犯罪中的帮助犯。根据部分行为全部责任的原则，刘星即便未参与犯罪全过程，也应当对共同犯罪行为所致的全部结果承担责任。

（二）共同犯罪人单纯放弃个人继续犯罪，未阻止他人实行行为或者有效防止危害结果发生的，不能成立犯罪中止

共同犯罪从形式上可区分为简单共同犯罪和复杂共同犯罪，二者评判犯罪中止的成立存在不同。简单共同犯罪中，二人以上共同故意实行犯罪，若部分共同实行犯在犯罪过程中自动放弃犯罪，又成功阻止其他共同实行犯放弃犯罪，犯罪过程不再延续的，各共同实行犯均成立犯罪中止；该放弃犯罪者虽未能说服他人的，但通过自身努力有效避免危害结果发生的，其依然构成犯罪中止，而相对其他未放弃者而言，危害结果的未发生是意志以外因素所致，则构成犯罪未遂；该放弃犯罪者若未能有效劝服其他实行犯，或者未能采取合理、有效措施，避免危害结果发生，致使犯罪既遂的，各实行犯均应对危害结果承担刑事责任。复杂共同犯罪中，虽然内部存在分工，各共犯对犯罪过程参与程度不同，但对是否成立犯罪中止的判断，基本原则等同于简单共同犯罪，主要把握放弃犯罪者终止自身行为、对其他共犯是否成功施加影响或有效避免危害结果的发生等几方面内容。对其他非主动放弃犯罪的共犯的犯罪形态把握，就要看危害结果未发生的状态与其主观心态是否背离，是否因其主动放弃犯罪心态下付出的努力，或者成立犯罪中止，或者成立犯罪未遂。若未能有效避免犯罪结果发生的，均构成犯罪既遂。本案中，刘星系复杂共同犯罪中的帮助犯，其虽然放弃继续实施犯罪，但未有效阻止实行犯薛占全放弃继续实施犯罪，也未有效防止犯罪结果的发生，薛占全继续实行并完成抢劫行为，故刘星的行为不构成犯罪中止，应当认定为抢劫既遂。

虽然根据犯罪中止理论的通说，共同犯罪人单纯放弃继续犯罪，未能阻止他人实行行为或有效防止危害结果发生的行为，不成立犯罪中止，其仍具备承担犯罪既遂责任的主客观条件，但毕竟其主观上存在放弃继续犯罪的愿望，客观上未再继续扩大其在共同犯罪中的影响，也未再对危害结果的产生施加作用力，相较未放弃的共同犯罪人而言，其行为的社会危害性较小，个体的主观恶性、人身危险性也较低，所应背负的刑事责任理应有所区别。根据刑法第六十一条规定："对于犯罪分子决定刑罚的时候，应当根据犯罪的事实、犯罪的性质、情节和对于社会的危害程度，依照本法有关规定判处。"共同犯罪人所应承担刑事责任的大小，除需考虑整体犯罪的性质、手段、后果等相关情节外，更应注重考虑共犯参与程度、地位、作用以及对其他共犯产生的影响，而对于意欲放弃犯罪却不足成立中止犯的共同犯罪人来说，自动放弃行为或防止犯罪结果发生的努力也是一个方面的考虑因素。尤其是共同犯罪人若仅参与犯罪预备，未及实行阶段便萌生放弃之意，客观上更未进一步参与，其行为在共同犯罪中所起的作用相对较小，与共同犯罪后果间的因果联系也相对疏离，只是因共同犯罪整体性及共同犯罪人相互牵连的特性使其应背负相较个人犯罪更高的注意义务，由其仍需承担共同犯罪既遂责任已是体现，但若不在具体刑事责任负担上区分考虑则是对共同犯罪人过于苛责，也有悖于罪责刑相适应的原则，另一方面也不利于鼓励共同犯罪人放弃犯罪。由此可见，共同犯罪人即便放弃犯罪的行为不足以成立犯罪中止的，也应根据其在共同犯罪中的实际作用、危害大小并适当考虑其放弃犯罪的意愿及所做努力施以相应刑罚。本案中，刘星仅参与犯罪预备阶段的准备工作，没有参与同案被告人后期实施的犯罪行为，对后期危害结果的发生也持消极态度，客观上其未进一步扩大其个体行为所致恶害，参与共同犯

罪程度较浅，在共同犯罪中所起作用相对较小，系从犯。故法院对刘星依法予以减轻处罚，体现了罪责刑相适应的原则。

（撰稿：最高人民法院刑一庭　钟彦君
内蒙古自治区巴彦淖尔市中级人民法院　贾东升
审编：最高人民法院刑一庭　汪鸿滨）

[第964号]郭春故意杀人案

——如何认定故意杀人未遂情形下行为人的主观心态

【关键词】　故意杀人罪　未遂　中止

一、基本案情

被告人郭春，男，1962年6月6日出生。2012年12月20日因涉嫌犯故意伤害罪被刑事拘留，2013年3月22日因涉嫌犯故意杀人罪被逮捕。

上海市虹口区人民检察院以被告人郭春犯故意杀人罪，向虹口区人民法院提起公诉，同时提出，本案因郭春意志以外的原因而使犯罪未能得逞，系未遂，建议对郭春从轻处罚。

被告人郭春对起诉书指控的主要事实无异议，但辩称，案发时，因姚么妹摔其手机又咬其一口，并要离开他，其即拿刀砍姚么妹，但并未想杀她。辩护人基于以下理由建议对郭春判处十年以下有期徒刑：郭春不具有杀人故意，其行为构成故意伤害罪；即使郭春构成故意杀人罪，也属犯罪中止；郭春具有自首情节。

上海市虹口区人民法院经公开审理查明：2012年12月19日23时许，被告人郭春酒后在上海市唐山路952弄28号底楼处（系与其朋友法吉成共同承租），因琐事与女朋友姚么妹发生争执后，郭春强行将姚么妹从床上拖拉到地上，并从厨房取出两把菜刀，先用刀背敲击姚么妹头部及肩部两下，致姚么妹头部流血后，继而用刀刃朝姚么妹头部、面部猛砍数刀。后见姚么妹头、面部大量流血，倒地后不再挣扎，即弃刀逃离现场。次日凌晨，郭春在朋友吴兴根的陪同下主动至上海市公安局虹口分局提篮桥派出所投案，并如实供述了上述犯罪事实。案发后，经司法鉴定科学技术研究所司法鉴定中心鉴定：被鉴定人姚么妹被他人砍伤，致颅面部多处软组织创，致容貌毁损及7枚以上牙齿脱落或者折断，构成重伤。

上海市虹口区人民法院认为，被害人姚么妹的陈述，以及证人法吉成、张宏英、吴兴根的证言证实，当被告人郭春持刀对姚行凶，证人法吉成进行劝阻时，郭春称别管，否则连其一起杀；当郭春持刀猛砍姚么妹头面部数刀后逃离现场至表妹张宏英处时，又对张称其用刀杀了姚么妹；《验伤通知书》、《鉴定意见书》等书证证实，姚么妹的受伤部位均在头、面部等人体的要害部位，且从姚的伤势程度来看，也足以证实郭春行凶时用力之猛，欲置姚于死地的心态。故郭春的客观行为反映出其主观上具有非法剥夺他人生命的故意，而非故意伤害他人身体的故意。郭春主动投案后曾多次交代，由于其患有癌症，案发时姚么妹与其发生争吵后提出分手并要离开他，其受不了折磨，认为自己活不长了，也不想让她活了，因此持刀砍杀姚么妹。郭春的上述犯罪动机的供述与其客观行为相吻合，系其真实意思的流露，且与证人证言及书证等证据相互印证，充分证实了郭春故意杀人的犯罪主观故意。因此，郭春的犯罪行为符合故意杀人罪的主、客观构成要件，关于其不想杀人的辩解及辩护人相关辩护意见，与事实、法律不符，不予采纳。郭春持刀砍杀姚么妹的行为一气呵成，直至姚倒在血泊中不再挣扎后扬长而去，郭行凶后逃至其表妹张宏英住处时也称自己杀了姚么妹，可见，郭春故意杀人的犯罪行为已实施完毕，其误以为已杀害姚么妹，而逃离现场。由于他人报警，姚么妹及时被送往医院抢救，才未造成死亡结果的发生，并非郭春自动放弃犯罪，也非其自动有效地防止犯罪结果的发生。质言之，姚么妹未被杀死的结果系郭春意志以外的原因，即违背郭春砍死姚么妹本意的客观障碍因素造成，郭春的行为符合故意杀人犯罪实行终了的未遂的构成特征，应当以犯罪未遂论处。故辩护人关于郭春的行为系犯罪中止的辩护意见，与事实、法律不符，不予采纳。被告人郭春犯罪后主动至公安机关投案自首，如实供述了犯罪事实，庭审中，其对自己的客观行为予以了供认，仅对本案的定性提出了辩解，不影响对其自首的认定，可以从轻处罚。据此，依照《中华人民共和国刑法》第二百三十二条、第二十三条、第六十七条第一款、第五十五条第一款、第五十六条第一款及第六十四条之规定，虹口区人民法院以被告人郭春犯故意杀人罪，判处有期徒刑十二年，剥夺政治权利三年。缴获的犯罪工具菜刀二把予以没收。

一审判决后，被告人郭春没有提起上诉，检察院亦未抗诉，该判决已发生法律效力。

二、主要问题

如何认定故意杀人未遂情形下行为人的主观心态？

三、裁判理由

本案在审理过程中，存在两个方面的争议：一是被告人郭春主观上是否具有剥夺被害人姚么妹生命的故意，这直接关系到其用菜刀砍被害人的行为是构成故意杀人罪还是故意伤害罪；二是如果认定郭春构成故意杀人罪，那么杀人结果未发生系违背其本意的客观障碍因素引起还是因其主动放弃继续加害行为而导致，关系到其故意杀人犯罪成立未遂还是中止。具体分析如下：

（一）郭春是否以剥夺他人生命为故意内容

根据刑法的规定，故意伤害罪是指故意非法损害他人身体健康的行为，故意杀人罪是指故意非法剥夺他人生命的行为。故意伤害罪与故意杀人罪（未遂或中止）的相同之处表现为故意实施了侵害他人身体的行为，区别在于两者故意的内容不同。故意伤害罪的行为人主观上仅追求损害他人身体健康的结果发生，而并不希望甚至排斥死亡结果发生；故意杀人罪的行为人实施侵害行为时则积极追求或者放任死亡结果发生。本案被告人郭春刀砍被害人姚么妹的行为系杀人还是伤害，关键在于对其主观内容的认定。

郭春与姚么妹系男女朋友关系，且有足够证据证实郭春对姚么妹具有较深的感情基础。从常理分析，说被害人的死亡结果违背被告人意志，有较强的可信度，也正是从这个角度，本案辩护人认为被告人仅具有伤害而不具有杀人的故意。我们认为，仅以此认定被告人不具有杀人故意，理由并不充分，也于法无据。关于行为人的主观故意内容，必须将行为人置于行为实施时的特定情境中，综合各种情节要素进行认定。

主观内容包含认识因素和意志因素两个方面。前者体现行为人对行为结果的预见情况，后者体现行为人对该结果所持态度。在主客观相统一的刑事司法原则的要求之下，主观故意的内容只有外化为行为人具体的外在行动才具有刑法评价的意义，而这也恰为刑事司法实践中认定行为人的主观故意内容提供了可能。具体到本案中，被告人郭春所持的工具系足以剥夺他人生命的菜刀，伤害的部位为头面部等人体要害部位，行为方式为连续多次砍击。如果被告人仅是使用菜刀刀背敲击被害人，那么推定杀人故意尚存合理怀疑之处，但是被告人后来连续多次使用菜刀刀刃砍杀被害人的行为，足以使该怀疑得以排除。从被害人的伤势情况来看，相关证据足以证实郭春行凶时用力之猛，具有欲置被害人于死地的主观心态。综合以上客观事实，足以认定被告人砍人时具有剥夺他人生命的故意。且从作案动机分析，正是因为被告人对被害人具有较深的感情基础，被害人提出分手，被告人又身患绝症，故被告人自己活不了、“也不想让她活”的供述符合常理，足以使法官形成其具有剥夺他人生命故意的内心确信。即使由于被害人得到及时救治，故意杀人的结果并未发生，但这仅影响故意杀人罪犯罪停止形态的判断，而不影响对被告人实施砍人行为时主观心态的认定。

（二）死亡结果未发生是否在被告人意志之外

本案被告人郭春的杀人行为并未最终引起被害人姚么妹死亡结果的发生，判断被告人系犯罪中止还是未遂，关键在于判断阻却被害人死亡结果发生的因素是被告人的主观意志还是其意志以外的因素。

根据刑法理论，犯罪中止包括自动放弃犯罪和自动有效防止犯罪结果的发生两种情形。前者是在犯罪行为实施终了前，行为人主动停止本可继续实施的加害行为；后者是在犯罪行为实施完毕后、犯罪结果尚未发生时，行为人自动有效地防止了犯罪结果的发生。而本案该两种情形均不具备。被告人在其追求的杀人结果发生之前并未自动停止实施侵害行为，直到被害人头面部大量出血，倒地后不再挣扎，其误认为被害人已经死亡才停止侵害行为，也即被告人停止本可继续实施的加害行为并非出于其对犯罪故意的自动放弃。在行为实施完毕后，被告人迅速逃离现场，对其行为所导致的后果即被害人的死亡置之不顾，没有采取任何的救助措施避免死亡结果发生，因而亦不能认定其自动有效地防止了犯罪结果的发生。被害人之所以未死亡，是因为他人报警，及时被送往医院抢救。基于上述分析，我们认为，被害人未死亡的结果系被告人意志以外的原因造成，被告人的行为符合故意杀人犯罪实行终了的未遂的构成特征。理由如下：

第一，被害人死亡结果未发生这一客观事实存在于被告人意志以外，且不以其意志为转移。从性质上看，犯罪未遂中“意志以外的原因”应当与行为人完成犯罪的愿望相矛盾，本案被告人在其认定被害人已死亡、不可能再被“救活”的情况下，才停止其加害行为并逃离现场，这一点在其行凶后逃至其表妹张宏英住处时称自己杀了姚么妹等相关供述中可以得到印证。

第二，对被害人被“有效施救”这一客观事实，被告人没有预见，也不可能预见。本案属于典型的事实认识错误，具体而言，属于对因果关系的认识错误，即特定的犯罪结果未发生而行为人误以为已经发生，从而停止犯罪活动。根据刑法理论，判断“意志以外的原因”不要求其客观上足以阻止犯罪结果发生，而应当以行为人主观感受为标准。在被告人拒不认罪的案件中，还要适度参考平均人的主观认知标准。尽管本案被告人客观上本可继续实施导致死亡结果发生的杀人行为，但其因认识错误而“放弃”犯罪，符合未遂犯的本质特征。

第三，被害人被“有效施救”这一介入因素一经成为现实，被告人故意杀人的行为就无法达到既遂，这正是犯罪未遂成立的应有之义。从作用上看，“意志以外的原因”应当与犯罪行为的发展和完成的进程相冲突。本案中，对被害人的相关施救行为无疑切断了被告人的客观杀人行为与死亡结果之间的自然发展进程，使行为人在该次杀人意志支配下的犯罪行为所指向的逻辑结果最终无法实现。

综上，本案被告人郭春具有剥夺他人生命的故意，但由于意志以外的原因而使其犯罪行为未能得逞，应当按照故意杀人罪（未遂）的罪责定罪量刑。

（撰稿：上海市虹口区人民法院　杨凤英　葛立刚
审编：最高人民法院刑四庭　陆建红）

[第 1063 号] 习海珠抢劫案

——在拖欠被害人钱款情况下，以暴力、胁迫手段逼迫被害人书写收条的行为，应当如何定性？属于犯罪既遂还是未遂

【关键词】 抢劫罪　财产性利益　既遂　未遂

一、基本案情

被告人习海珠，男，1973 年 10 月 27 日出生，个体经营户。因涉嫌犯强迫交易罪于 2011 年 12 月 31 日被逮捕。

（其他被告人的基本情况及处理结果略）

江西省新余市人民检察院以被告人习海珠等人犯强迫交易罪、抢劫罪、故意伤害罪向新余市中级人民法院提起公诉。

被告人习海珠对公诉机关指控其犯抢劫罪辩解称，被害人彭桂根的陈述不属实，同案被告人艾宇刚等人殴打彭桂根是因为矿山纠纷而非为了抢劫，且彭桂根所写收条已灭失，其不构成抢劫罪。

新余市中级人民法院经公开审理查明：2009 年 4 月，被害人彭桂根、习金华、彭淑韦合伙经营位于江西省新余市渝水区下村镇的高山选矿厂。2010 年 4 至 5 月间，被告人习海珠为迫使彭桂根等人转让该厂，多次指使习小红、习思平，以每去一次每人发 50 元钱为条件，组织本村部分老人、妇女到厂里，采取关电闸、阻拦货车装货等方式阻碍生产，并对工人进行威胁。2010 年 11 月、2011 年 4 月，彭桂根、习金华、彭淑韦三人先后被迫将该选矿厂以 390 万元的价格转让给习海珠。习海珠陆续支付了彭桂根 222 万元，但仍欠彭桂根 75 万元，彭桂根多次讨要。2011 年 7 月 3 日 21 时许，在新余市暨阳五千年娱乐城 301 包厢内，习海珠指使艾宇刚等人殴打彭桂根，并逼迫彭桂根写下收到习海珠购买高山选矿厂所欠 75 万元的收条。经鉴定，彭桂根所受身体损伤构成轻微伤乙级。

另查明，2011 年 9 月 8 日晚，被告人习海珠、习勇兵等人与李良、被害人王庆等人在新余市华祥苑茶楼商谈履行购矿合同一事。其间，李良要求习勇兵离开，习勇兵与王庆发生争执。习海珠指使陈海峰（在逃）等人持刀将王庆砍至轻伤。

新余市中级人民法院认为，被告人习海珠等人以关电闸、阻拦货车装货等胁迫手段强迫被害人彭桂根等人转让高山选矿厂，情节严重，其行为已构成强迫交易罪；习海珠等人故意伤害被害人王庆身体，致其轻伤，其行为又构成故意伤害罪。关于习海珠等人是否构成抢劫罪的问题，经查，虽无法认定彭桂根书写收条的具体内容，但习海珠等人采取暴力手段逼迫彭桂根书写收条，其目的是消除或减少习海珠所欠彭桂根的债务，侵犯了彭桂根的财产权利，故习海珠等人还构成抢劫罪。习海珠等人所犯数罪，依法应予并罚。在抢劫共同犯罪中，习海珠授意犯罪，系主犯。该抢劫犯罪因意志以外的原因而未得逞，系抢劫未遂，依法可减轻处罚。据此，依照《中华人民共和国刑法》第二百二十六条、第二百六十三条、第二百三十四条第一款、第二十三条、第二十五条第一款、第六十九条之规定，判决如下：被告人习海珠犯强迫交易罪，判处有期徒刑三年；犯抢劫罪，判处有期徒刑二年；犯故意伤害罪，判处有期徒刑一年，决定执行有期徒刑五年六个月。

一审宣判后,被告人刁海珠提出上诉。主要理由是:本案事实不符合抢劫犯罪当场取得财物的特征;即便认定为抢劫罪,也应认定为犯罪中止,而非未遂,更不应认定为既遂。新余市人民检察院提起抗诉。主要理由是:本案证据可以证实,被告人刁海珠等人逼迫被害人彭桂根所写收条的内容为"收到刁海珠购买高山选矿厂所欠75万元",刁海珠等人的抢劫行为已实施终了,债务已经消灭,属于抢劫犯罪既遂,对刁海珠所犯该罪应在有期徒刑十年以上量刑。

江西省高级人民法院经审理认为,被告人刁海珠等人以暴力、胁迫手段逼迫被害人彭桂根写下75万元收条的犯罪行为,当场完成了"归还"75万元欠款的全部手续,使彭桂根难以向其追债,进而实现了消灭合法债务、非法占有彭桂根合法财产的犯罪目的,符合抢劫罪的构成要件,且应认定为犯罪既遂。检察机关关于刁海珠等人构成抢劫既遂的抗诉意见成立,应予采纳。江西省高级人民法院判决如下:被告人刁海珠犯强迫交易罪,判处有期徒刑三年;犯抢劫罪,判处有期徒刑十一年,并处罚金人民币二万元;犯故意伤害罪,判处有期徒刑一年,决定执行有期徒刑十二年,并处罚金人民币二万元。

二、主要问题

在拖欠被害人钱款情况下,以暴力、胁迫手段逼迫被害人书写收条的行为,应当如何定性?属于犯罪既遂还是未遂?

三、裁判理由

(一)在拖欠被害人钱款情况下,以暴力、胁迫手段逼迫被害人写下收条的行为,应当认定为抢劫罪

1. 抢劫罪的侵害对象既包括财物,也包括财产性利益

对本案被告人的行为能否认定为抢劫罪,关键要看财产性利益是否属于抢劫罪的犯罪对象。这一问题在理论和实践中存在很多争议,导致了司法实践中的困惑以及司法不统一的现象。

许多国家都在刑法典中将财产性利益作为财产犯罪的对象,如德国、日本、韩国、英国等。日本刑法将财产罪分别规定为财物罪和利益罪两类,作为财产犯罪对象,财物和财产性利益是并列存在的,不存在包容关系。日本刑法第二百三十六条第二款规定,"使用暴力、威胁而获得财产性不法利益,或者使他人获取该不法利益的,处五年以下有期徒刑"。

我国现行刑法中并没有直接规定侵犯财产罪的犯罪对象包括财产性利益,也没有单独设立利益罪,但是,刑法理论界普遍的观点认为,财产性利益可以作为财产犯罪的对象。随着社会交易方式、财产形态的日渐多样化,作为刑法中的财产犯罪的对象,"财产"概念的内涵和外延也呈现逐渐扩张趋势。财产既包括有形的财物,也包括各种财产性利益。加强对财产性利益的法律保护,是市场经济发展的必然要求。

我国刑法第五章规定的侵犯财产罪,对相关罪名的罪状表述多采用"财物"这一概念,如"以暴力、胁迫或者其他方法抢劫公私财物的",构成抢劫罪。单从文义来看,相关罪状表述似乎将财产犯罪的对象限定为有形的"财物",但是,财产性利益具有财产价值,可以转化为现金或者其他财物,因此,从对财产权的法益保护角度来看,此处所谓的"财物",不仅包括有形的"财物",也应当包括以其他形式存在的财产性利益。抢劫有形财物与抢劫财产性利益所侵害的对象都是财产,如仅因财产的表现形式不同就加以区别对待,显然是不公平的。

此外,"侵犯财产罪"这一类罪的表述,已经明确将"财产"作为该类犯罪侵害的对象,广义的财产显然包括财产性利益。鉴于此,将抢劫罪罪状中的"财物"理解为包括有形财物之外的财产性利益,不属类推解释,不违反罪刑法定原则。本案中,被告人刁海珠等人以暴力、胁迫手段逼迫被害人彭桂根书写75万元收条,侵犯的就是彭桂根的财产性利益。

2. 被告人刁海珠等人当场使用暴力、胁迫手段，致使被害人不能反抗或者不敢反抗，符合抢劫罪的犯罪构成

本案中，对被告人刁海珠以暴力、胁迫手段逼迫被害人彭桂根书写75万元收条的行为定性，存在抢劫罪和敲诈勒索罪两种意见。我们认为，该行为应当认定为抢劫罪。

敲诈勒索罪与抢劫罪的主要区别在于客观方面，即行为的内容、方式、手段不同。抢劫罪以当场实施暴力或以暴力相威胁作为行为内容，当场取得财物；而敲诈勒索罪的行为内容则一般仅限于威胁，取得财物可以在当场，但更多的是在威胁、要挟之后的一定期限取得。当然，有的敲诈勒索犯罪，行为人也可能使用一定程度的暴力，但这种暴力的程度尚未达到足以"使被害人不能反抗或者不敢反抗"的程度，否则就应当构成抢劫罪。

具体到本案，被告人刁海珠在拖欠被害人彭桂根钱款的情况下，指使艾宇刚等人在封闭的包厢内殴打彭桂根，李凯凯在旁持刀威胁，彭桂根在孤立无援，被多人围困、殴打的情况下，迫不得已写下"已经收到刁海珠购买高山选矿厂所欠75万元"的收条。这种暴力行为已经足以压制彭桂根的反抗，使其不敢、不能反抗，其暴力程度显然已超出敲诈勒索罪的轻微暴力程度，因此，以抢劫罪定罪处罚是妥当的。

（二）以暴力、胁迫手段逼迫被害人写下收条的行为，属于抢劫既遂

一般认为，犯罪行为构成既遂，通常是以该行为满足某一罪名的全部犯罪构成要件为依据。抢劫罪侵犯的是复杂客体，从对财产权的侵犯角度来看，认定抢劫罪既遂与否一般应以行为人是否实际控制了他人财产为标准。本案中，被告人刁海珠上诉提出，即便认定为抢劫罪，也应认定为犯罪中止，而非未遂，更不应认定为既遂。也有意见认为，被告人刁海珠等人的行为属于抢劫未遂，理由是：刁海珠等人拿到的仅仅是一张收条，该收条违背了民法的意思自治原则，按照合同法等相关规定，该行为属于无效或可变更、可撤销的行为，彭桂根可以向法院提起诉讼，请求撤销，换言之，75万元收条是否存在都不能消除彭桂根的合法债权，彭桂根仍可以凭原有的欠条向刁海珠主张民事权利。

我们认为，被告人刁海珠等人以暴力、胁迫手段逼迫彭桂根书写75万元的收条，进而消灭债务的犯罪行为，属于抢劫既遂。主要理由如下：

第一，被告人刁海珠通过强迫彭桂根书写75万元的收条，已经实现了非法占有75万元的犯罪目的。从表面上看，刁海珠等人的暴力行为没有获取实实在在的财物，仅拿到了一张收条。收条本身虽不是有形财物，但却是双方债权债务消灭的主要证明凭证，刁海珠拿到彭桂根书写的收条，彭桂根就难以再向刁海珠主张原有的75万元债权。对刁海珠而言，其拖欠彭桂根75万元，实际上等同于事先占有了该笔款项，但这种占有是以刁海珠、彭桂根二人的债权债务关系为前提条件的，即刁海珠负有向彭桂根归还该75万元的义务。刁海珠之所以逼迫彭桂根书写收条，目的就是消除双方的债权债务关系，消除彭桂根日后行使返还该款项请求权的可能性，彻底占有其事先占有的75万元，不再归还。在刁海珠拿到彭桂根收条的那一刻起，就已经实现了犯罪目的，原来由刁海珠占有的75万元就变为了"非法占有"，故应当属于犯罪既遂。

第二，以财产性利益为犯罪对象的抢劫案件，应当以财产性权益是否在客观上受到实际侵害作为判断既遂和未遂的标准。本案在犯罪既遂和未遂的问题上产生争议，主要是由于抢劫对象特殊，并非实实在在的75万元现金，而是能够体现消除75万元债权的收条。有观点认为，被害人可以通过提起民事诉讼的方式主张自己的合法债权，因此，被告人的行为并不能改变原有的债权债务关系，属于犯罪未遂。这种观点值得商榷。实际上，即使在以有形财物作为犯罪对象的抢劫犯罪中，被害人对被抢财物的所有权也没有丧失，只是丧失了占有而已，对此，显然不能以被害

人可以通过提起民事诉讼主张自己对被抢财物的所有权为由认定本案情形属于犯罪未遂。此外,即使彭桂根提起民事诉讼,是否能够胜诉,也并不确定。因此,不能以被害人可以通过民事诉讼等方式获得救济为由认定本案情形属于犯罪未遂。

从对财产权的侵犯角度来看,对于以有形财物作为抢劫对象的案件,被害人拥有财产权的主要方式就是对财物的占有,一旦被害人因犯罪行为丧失对财物的占有,其财产权就遭到了实际侵害,对此类案件,应当以行为人是否实际劫取财物作为判断既遂和未遂的标准。对于以财产性利益作为抢劫对象的案件,被害人的财产权并不直接体现为对有形财物的实际占有,而是体现为各种财产权利义务关系,如果因犯罪行为改变了原有的财产权利关系,导致被害人丧失了财产性利益,被害人的财产权就遭到了实际侵害,对此类案件,应当以行为人是否改变了原有的财产权利关系作为判断既遂和未遂的标准。

本案中,被告人刁海珠等人以暴力、胁迫手段迫使彭桂根书写75万元的收条,改变了原有的财产权利关系,导致彭桂根丧失75万元的债权,应当认定为抢劫犯罪既遂。公安机关及时侦破本案,恢复原有的财产权利关系,就如同公安机关追回被抢财物返回给被害人一样,属于事后行为,可以在量刑时予以考虑,但并不影响抢劫既遂的认定。

(撰稿:最高人民法院刑三庭　杜曦明　张向东
江西省高级人民法院　陶松兵
审编:最高人民法院刑三庭　罗国良)

[第1086号]张正亮贩卖淫秽物品牟利案

——如何把握贩卖淫秽物品牟利罪既遂、未遂的认定标准

【关键词】 贩卖淫秽物品牟利罪　既遂　未遂

一、基本案情

被告人张正亮,男,1979年3月17日出生,农民。2013年6月15日因涉嫌犯贩卖淫秽物品牟利罪被逮捕。

北京市朝阳区人民检察院以被告人张正亮犯贩卖淫秽物品牟利罪,向朝阳区人民法院提起公诉。

北京市朝阳区人民法院经公开审理查明:被告人张正亮之妻伍海琼(另案处理)自2013年4月开始贩卖淫秽光盘牟利。同年5月14日22时许,张正亮使用名为"杨雷"的身份证件,在北京市朝阳区京达物流有限公司领取由伍海琼联系购买,并从广州发送至北京的2 996张光盘,被当场抓获归案。经鉴定,上述光盘均属于淫秽物品。

朝阳区人民法院认为,被告人张正亮以牟利为目的,伙同他人贩卖淫秽物品,情节特别严重,其行为已构成贩卖淫秽物品牟利罪。对于张正亮提出的"不知晓伍海琼发送的是淫秽光盘,没有犯罪故意,也没出售过光盘"的辩解理由,经查,张正亮与伍海琼是夫妻关系,二人共同生活,张正亮声称其不知晓伍海琼发送的是淫秽光盘的辩解理由不符合常理,且相关证人证言及京达物流有限公司运费专用收据等证据证实,张正亮使用名为"杨雷"的身份证件办理提货手续,并在提货时签名为"杨雷",张正亮在侦查阶段亦曾供述其伙同伍海琼共同贩卖淫秽物品,据此,可以认

定张正亮明知所取系淫秽物品，且具有贩卖淫秽物品牟利的犯罪目的。鉴于张正亮着手实行犯罪后，由于意志以外的原因而未得逞，系犯罪未遂，依法对其减轻处罚。据此，依照《中华人民共和国刑法》第三百六十三条第一款、第二十五条第一款、第二十三条、第五十二条、第五十三条、第六十一条、第六十四条以及《最高人民法院关于审理非法出版物刑事案件具体应用法律若干问题的解释》第八条第二款第二项、第三款，第十八条之规定，以被告人张正亮犯贩卖淫秽物品牟利罪，判处有期徒刑四年，并处罚金人民币八千元。

一审宣判后，被告人张正亮以主观上没有犯罪故意、量刑过重为由提出上诉，请求从轻处罚。

北京市第三中级人民法院经审理后，裁定驳回上诉，维持原判。

二、主要问题

如何把握贩卖淫秽物品牟利罪既遂、未遂的认定标准?

三、裁判理由

本案中，被告人张正亮在货运站内领取其妻伍海琼联系购买并从广州发送至北京的2 996张淫秽光盘，当场被抓获归案。现有证据能够认定张正亮的行为构成贩卖淫秽物品牟利罪。但张正亮贩卖淫秽物品牟利的行为属于既遂还是未遂，存在不同意见。一种意见认为，张正亮的行为构成犯罪既遂，理由是张正亮以牟利为目的购进淫秽光盘，只要购进淫秽光盘，即为犯罪既遂。另一种意见认为，张正亮的行为构成犯罪未遂，理由是张正亮购进淫秽光盘后欲出售牟利，但该犯罪行为因张正亮“被当场抓获”这一意志以外的原因未能得逞，故应当认定为犯罪未遂。

我们同意第二种意见，即被告人张正亮贩卖淫秽物品牟利的行为属于犯罪未遂。具体分析如下：

鉴于“淫秽物品”在社会上传播后将对公众身心健康和社会风气造成不良影响，而贩卖淫秽物品牟利罪并无具体、有形、可衡量的损害后果，因此，出于牟利目的对淫秽物品的买卖行为都应当认定为对社会管理秩序造成了损害。据此，贩卖淫秽物品牟利罪不属于结果犯，而属于行为犯。行为犯通常以法律规定的犯罪行为的完成作为既遂认定标准，但行为犯中的犯罪行为并不是一着手实行即告完成。有的行为犯，犯罪行为有一个实行过程，通常要达到一定阶段(或者程度)，才能视为行为的完成。

具体到贩卖淫秽物品牟利罪，其中的“贩卖”本义是一种市场交易行为，通常是指出于牟利目的以低价购进淫秽物品再以高价卖出的行为，但也包括有偿转让淫秽物品的行为。立足该类犯罪的发案特点和常见情形，以下四种行为均应认定为贩卖淫秽物品牟利罪中的“贩卖行为”：一是为牟利欲低价购进、高价出售，在购买时被查获的行为；二是为牟利低价购进后，正在进行出售(代售)被查获的行为；三是为牟利低价购进后，已出售并获利的行为；四是不能查明系低价购进，但确为牟利正在出售(代售)或已出售并获利的行为。实践中，基于公安机关对此类犯罪的严厉打击，行为人往往具有较强的反侦查意识，此类犯罪多是行为人为牟利而低价购买淫秽物品后在运输途中被查获，或者在摆摊、店铺进行代售或零星销售时被查获。已经出售获利或者大量购买时被查获的情形较为少见。

对于上述不同类型的贩卖行为，是否认定既遂，应当考察行为所处的阶段(或者程度)，不能一概以行为着手作为认定既遂的标准。例如，对于前述第一种情形，虽然为牟利而购买淫秽物品的行为也妨害了社会管理秩序，依法已经构成犯罪，但是不能认定行为人只要购买淫秽物品就成立犯罪既遂，通常还要求行为人实际取得所购买的淫秽物品，毕竟“购买型”犯罪与“出售型”犯罪的社会危害存在一定差异。

本案中，被告人张正亮曾与卖家联系，此次由伍海琼与卖家联系好发货，货到后张正亮去货运站办理提货手续，尚未取到货物时即被抓获。尽管张正亮已经着手实施购买行为，既有购买的主观意思，又有购买、付款、取货的行为，但由于其尚未验货和取到货物，犯罪行为未达到既遂状态。且在案证据表明，公安机关已经掌握张正亮的犯罪线索，进行蹲点守候，张正亮的犯罪行为已经处于公安机关控制之下，不可能得逞。据此，本案应认定为犯罪未遂。

（撰稿：北京市朝阳区人民法院　崔光同
最高人民法院刑三庭　陈新旺
审编：最高人民法刑三庭　罗　敏）

[第 1321 号] 孙佳英、蒋志诈骗案

——涉疫情诈骗犯罪未遂的认定和量刑把握

【关键词】 疫情　诈骗罪　既遂　未遂

一、基本案情

被告人孙佳英，女，汉族，1992 年 2 月 15 日出生，无业。2020 年 2 月 12 日被逮捕。

被告人蒋志，男，汉族，1984 年 4 月 30 日出生，无业。2020 年 2 月 12 日被逮捕。

北京市西城区人民检察院指控被告人孙佳英、蒋志犯诈骗罪，向北京市西城区人民法院提起公诉。

被告人孙佳英、蒋志对指控事实无异议，并认罪认罚。辩护人提出：二被告人主观恶性较小，人身危险性不大，系初犯，且具有犯罪未遂、认罪认罚、如实供述等从宽情节。

北京市西城区人民法院经公开审理查明：被告人孙佳英、蒋志经预谋，于 2020 年 1 月 27 日 12 时许，打印虚假宣传材料 3 000 份，在北京市西城区多处张贴、散发，假借"市希望工程办公室、市志愿者协会"之名，以"为抗击新冠肺炎疫情募捐"为由，谎称已联系到口罩等物资的购买渠道，骗取他人向孙佳英微信个人账户转款。截至案发，尚未有钱转入被告人微信账户。孙佳英、蒋志于当日 16 时许接受公安机关电话传唤到案。

北京市西城区人民法院认为，被告人孙佳英、蒋志以非法占有为目的，共同预谋，在新型冠状病毒肺炎疫情防控期间，假冒慈善机构的名义，以赈灾募捐为由，欲骗取公私财物，情节严重，其行为均已构成诈骗罪，依法应予惩处。鉴于孙佳英、蒋志已着手实施诈骗，但由于被民警及时查获而未得逞，系犯罪未遂，可比照既遂犯从轻处罚。孙佳英、蒋志在检察院均能如实供述自己的罪行，在法院审理期间自愿认罪认罚，可对其依法从轻处罚。在全国防控新型冠状病毒肺炎疫情的特殊时期，孙佳英、蒋志假借抗疫之名，实施诈骗行为，其主观恶性大，社会影响恶劣。依照《中华人民共和国刑法》第二百六十六条、第二十五条第一款、第二十三条第一款、第二款、第六十七条第三款、第五十二条、第五十三条、第六十四条，《最高人民法院、最高人民检察院关于办理诈骗刑事案件具体应用法律若干问题的解释》第五条第一款及《中华人民共和国刑事诉讼法》第十五条之规定，判决如下：

1. 被告人孙佳英犯诈骗罪，判处有期徒刑十个月，并处罚金人民币一万元；
2. 被告人蒋志犯诈骗罪，判处有期徒刑十个月，并处罚金人民币一万元；
3. 扣押在案募捐传单二千六百三十张及胶带一卷均予以没收。

一审宣判后，被告人孙佳英、蒋志未上诉，检察机关未提出抗诉。判决已发生法律效力。

二、主要问题

如何认定与处罚涉疫情诈骗犯罪未遂行为？

三、裁判理由

（一）对情节严重的涉疫情诈骗未遂行为应当定罪处罚

刑法第二百六十六条规定，诈骗公私财物，数额较大的，处三年以下有期徒刑、拘役或者管制，并处或者单处罚金；数额巨大或者有其他严重情节的，处三年以上十年以下有期徒刑，并处罚金；数额特别巨大或者有其他特别严重情节的，处十年以上有期徒刑或者无期徒刑，并处罚金或者没收财产。对于诈骗犯罪是否存在未遂形态存在一些争议。有观点认为，对于数额犯，无论是基本犯还是加重犯都不存在未遂形态，理由是当行为没有达到刑法规定的数额，就说明行为的社会危害性没有达到应受刑罚处罚的程度，不构成犯罪，更不可能成立未遂犯。我们不同意此观点，作为一种普通的故意犯罪，诈骗罪理应存在既遂和未遂形态的区分。理由如下：

其一，犯罪既遂与否的标准是刑法分则对该种犯罪所规定的构成要件是否已经齐备，齐备则为既遂，不齐备则为未遂。诈骗罪的未遂形态契合修正的犯罪构成。我国刑法条文中关于诈骗罪的规定列明了其基本的犯罪构成，就具体的诈骗犯罪而言，诈骗数额不能满足基本的犯罪构成，并不意味着其也不符合修正的犯罪构成。其二，司法解释对诈骗罪基本犯存在未遂形态的观点予以肯定。《最高人民法院、最高人民检察院关于办理诈骗刑事案件具体应用法律若干问题的解释》（以下简称《诈骗解释》）第五条规定，在犯罪数额不符合基本犯罪构成的前提下，如果诈骗行为以数额巨大的财物为诈骗目的，或者具有其他严重情节，也能够成立诈骗罪。其三，对诈骗犯罪基本犯的未遂行为能否认定为诈骗罪的未遂犯，在于其是否符合刑法第十三条“但书”的规定，即如果该诈骗行为确属情节显著轻微危害不大的，就不应该将其认定为犯罪加以处罚；如果该诈骗行为不属于情节显著轻微危害不大的范围，则应将其认定为诈骗犯罪加以处罚。因而，诈骗罪同样存在未遂形态，且诈骗罪的未遂行为主要表现为两种形式：一是被害人并未因行为人的欺诈行为失去对财产的控制；二是虽然被害人基于行为人的欺诈行为失去对财产的控制，但该失控财产的数额并未达到数额较大的程度。

本案中，被告人孙佳英、蒋志在疫情防控期间，冒用他人名义，利用公众同情心理，以赈灾募捐为由实施诈骗活动，由于公安机关查处及时，当天即将二人传唤到案，因而截至案发，尚未有钱转入微信账户。但是，二被告人打印附有孙佳英微信收款二维码的虚假募捐材料，并多处张贴、散发，这已经是着手实施犯罪，因被公安机关及时查处才未能得逞，应当属于犯罪未遂。

对于该未遂行为是否应当定罪处罚，《诈骗解释》第五条规定，诈骗未遂，以数额巨大的财物为诈骗目的的，或者具有其他严重情节的，应当定罪处罚。因而，本案认定的焦点在于被告人是否属于“有其他严重情节”的情形。结合本案的具体情形，我们认为，本案被告人主观恶性大、社会影响恶劣。具体理由如下：一是被告人利用疫情防控期间，大家合力抗击疫情的同情心和同理心，冒用慈善机构名义，发起虚假募捐式诈骗，行为性质恶劣。二是被告人通过到处散布、张贴虚假材料的方式实施犯罪行为，不仅影响社会管理秩序，而且被害对象不特定，侵害面广。三是被告人通过宣传册上附微信二维码的形式骗取钱财，与受害者之间通过虚拟平台进行财物流转，钱财追回难度高、查处难度大。综合以上分析，二被告人的行为属于“具有其他严重情节”的情形，应当依照刑法第二百六十六条关于诈骗罪的规定依法处理。

（二）涉疫情诈骗未遂的量刑把握

1. 选择合适的量刑幅度

根据刑法规定，诈骗数额巨大或者有其他严重情节的，应当适用第二档量刑，即处三年以上十年以下有期徒刑，并处罚金。对于以数额巨大的财物为诈骗目的的，或者具有其他严重情节的诈骗未遂，应当适用基本的量刑档次还是加重的量刑档次，实践中也存在争议。对此，我们认为，应当根据刑法和司法解释规定，结合案件作出准确认定。

首先，对于诈骗未遂，存在不同量刑幅度。实践中有观点认为，对于诈骗未遂只能适用基本刑档，不能适用加重刑档。我们认为，这种理解过于片面。《诈骗解释》第六条明确规定，诈骗既有既遂，又有未遂，分别达到不同量刑幅度的，依照处罚较重的规定处罚；达到同一量刑幅度的，以诈骗罪既遂处罚。申言之，对此类案件，先要分别根据行为人的既遂数额和未遂数额判定其各自所对应的法定刑幅度，未遂部分还需同时考虑可以从轻或者减轻处罚；之后根据比较结果，如果既遂部分所对应的量刑幅度较重，或者既遂、未遂所对应的量刑幅度相同的，以既遂部分所对应的量刑幅度为基础酌情从重处罚；反之，如未遂部分对应的量刑幅度较重的，则以该量刑幅度为基础，酌情从重处罚。可见，对于诈骗未遂，并不限于基本刑档。

其次，对量刑幅度的选择应当体现罪责刑相适应原则。刑法总则规定，对于未遂犯，可以比照既遂犯从轻或者减轻处理。诈骗罪作为一项侵犯财产权益的结果犯，给被害人造成的财产损失大小是关乎定罪量刑的重要考量因素，因而在构成诈骗未遂的前提下，量刑时应当考虑既遂、未遂的数额。另外，《诈骗解释》规定，诈骗未遂，以数额巨大的财物为诈骗目的的，或者具有其他严重情节的，应当定罪处罚。通过该条也不难推断出对于诈骗目标数额较小等情节并不严重的诈骗未遂情形，一般可不再追究刑事责任。根据罪责刑相适应原则，以数额巨大的财物为诈骗目的的，或者具有其他严重情节的诈骗未遂，首先应当考虑适用基本的量刑幅度。

本案中，被告人孙佳英、蒋志实施诈骗行为，但截至案发，尚未出现被害人及财产损失，因而对二被告人，按照刑法第二百六十六条规定的第一档刑期（判处三年以下有期徒刑、拘役或者管制，并处或单处罚金）定罪量刑是比较合适的。

2. 对涉疫情的诈骗犯罪处罚应当体现从严

目前，涉疫情诈骗犯罪主要表现为以下几类样态：其一是假借售卖防控物资或防控药物诈骗；其二是冒充特定人员（政府相关部门或慈善机构等）实施诈骗；其三是虚构提供交通服务或住宿服务等实施诈骗；其四是虚构对方家属感染疫情等事实实施诈骗等。这些行为的本质在于犯罪分子以非法占有为目的，用虚构事实或者隐瞒真相的方法，诱使对方作出错误判断和财产处分，进而骗取公私财物。

根据《最高人民法院、最高人民检察院关于办理妨害预防、控制突发传染病疫情等灾害的刑事案件具体应用法律若干问题的解释》第七条明确规定："在预防、控制突发传染病疫情等灾害期间，假借研制、生产或者销售用于预防、控制突发传染病疫情等灾害用品的名义，诈骗公私财物数额较大的，依照刑法有关诈骗罪的规定定罪，依法从重处罚。"《诈骗解释》也明确了对以赈灾募捐名义实施诈骗的行为酌情从严惩处的量刑思路。2020 年 2 月 6 日，最高人民法院、最高人民检察院、公安部、司法部发布的《关于依法惩治妨害新型冠状病毒感染肺炎疫情防控违法犯罪的意见》，基于尽快控制疫情、保障人民群众人身财产安全、稳定社会秩序的视角，亦对该类犯罪明确了依法严惩的总体思路。

需要指出的是，对涉疫情诈骗犯罪这种从严惩处应当坚持罪刑法定原则，体现宽严相济的刑事政策精神，真正做到严之有理、严之有据，而并非一味从严。司法实践中要综合考虑疫情形势、舆论引导、受众心理等社会因素，全面把握此类违法犯罪行为的主观恶性和危害后果，审慎适用缓刑。另外，还应当注意避免对相关因素在入罪和量刑环节进行重复评价。

综上，人民法院根据二被告人犯罪的事实、性质、情节及对社会的危害程度等，并综合考虑二被告人具有犯罪未遂、如实供述、认罪认罚的从宽处理情节，以诈骗罪分别判处二被告人有期徒刑十个月，并处罚金一万元，是适当的。

（撰稿：北京市西城区人民法院　刘双玉　马　越　冀　敏
审编：最高人民法院刑二庭　韩维中）

四、共同犯罪

[第951号]范裕榔等诈骗案

——公司化运作的犯罪集团中各行为人刑事责任的区分

【关键词】 犯罪集团 刑事责任 涉台刑事证据

一、基本案情

被告人范裕榔,男,1970年12月14日出生,我国台湾地区居民,无业。2009年11月23日因涉嫌犯诈骗罪被逮捕。

被告人陈俊达,男,1980年2月7日出生,我国台湾地区居民,无业。2009年11月23日因涉嫌犯诈骗罪被逮捕。

被告人简铭助,男,1979年2月14日出生,我国台湾地区居民,无业。2009年11月23日因涉嫌犯诈骗罪被逮捕。

(其余40名被告人基本情况略)

广东省东莞市人民检察院以被告人范裕榔等43人犯诈骗罪,向东莞市中级人民法院提起公诉。

被告人范裕榔辩称,其只是公司名义上的负责人,各组均有具体负责人。陈俊达等被告人辩称,各被告人仅应对其所参与的犯罪承担刑事责任。

东莞市中级人民法院经公开审理查明:2009年6月,被告人范裕榔与"海哥"(另案处理)到广东省东莞市长安镇霄边社区金安大厦接手管理珠海奇盛贸易有限公司长安分公司(以下简称奇盛公司),从事电信诈骗活动。同年9月起,范裕榔与"台北哥"(另案处理)共同管理奇盛公司,继续实施电信诈骗活动。奇盛公司以电话推销茶叶为名,先后纠集40余名我国台湾地区居民和40余名大陆女子,并将上述人员分成A、B、C三组,在金安大厦七楼从事电信诈骗活动,由公司统一安排食宿。范裕榔等人从我国台湾地区不法分子处购得大量我国台湾地区居民信息资料,由简铭助整理打印后分发给各组人员。黄剑梅等被告人冒充我国台湾地区某医院护士,按照简铭助提供的信息资料拨打电话,告知被害人有人冒用其身份在医院办理保险等业务,取得被害人的初步信任后即提出可帮助报警。随后假扮巡警、警员的郭志航、钟易伦等被告人在电话中称有人冒用被害人的身份开立了涉嫌洗钱及诈骗的账户,需交警察队长处理。假扮警察队长的谢汶融等被告人则声称被害人的合法账户即将被冻结,要求被害人积极配合检察官的调查,否则可能被收押。待被害人相信上述虚构的事实后,王俊权等被告人即以检察官的身份要求被害人将账户中的资金提出,交由司法机关保管,待查明真相后返还。被害人接受该建议后,王俊权等人便要求被害人将提出的现金交给冒充司法工作人员的当地不法分子或者汇入指定账户。为避免被害人怀疑,范裕榔等人在收到被害人交来的钱款后,制作相应的虚假司法文书,通过当地不法分子送交被害人,并在奇盛公司设置电话查询系统,供被害人电话查询存款情况。范裕榔等43名被告人使用上述诈骗方式,先后骗取陈张阿凉等19名我国台湾地区被害人款项共计折合人民币768.0225万元。

东莞市中级人民法院认为，范裕榔等43名被告人以非法占有为目的，虚构事实，骗取他人财物，数额特别巨大，其行为均构成诈骗罪，且构成共同犯罪。在共同犯罪中，范裕榔组织、领导犯罪集团实施诈骗行为，是诈骗集团的首要分子，依法按照集团所犯的全部罪行处罚；陈俊达、简铭助等11人在共同犯罪中起主要作用，是主犯，依法按照其所参与的全部犯罪处罚。钟易伦等31名被告人在诈骗犯罪中起次要、辅助作用，是从犯，依法应当从轻、减轻处罚。其中，黄剑梅等6人犯罪情节较轻，适用缓刑确实不致再危害社会，依法对其可以宣告缓刑。据此，依照《中华人民共和国刑法》第二百六十六条，第二十五条第一款，第二十六条，第二十七条，第五十二条，第五十三条，第七十二条，第七十三条第二款、第三款以及《最高人民法院关于审理单位犯罪案件具体应用法律有关问题的解释》第二条之规定，判决如下：

1. 被告人范裕榔犯诈骗罪，判处无期徒刑，剥夺政治权利终身，并处没收个人全部财产。

2. 被告人陈俊达犯诈骗罪，判处有期徒刑十三年，并处罚金人民币六十万元。

3. 被告人简铭助犯诈骗罪，判处有期徒刑十二年六个月，并处罚金人民币五十万元。

（其余40名被告人判刑情况略）

一审宣判后，被告人范裕榔等人提出上诉。

范裕榔上诉提出，其并非奇盛公司老板，三个组的诈骗数额不应合计，应由各组各负其责。

广东省高级人民法院经二审审理认为，上诉人范裕榔系奇盛公司实际负责人，在实施诈骗过程中存在三组成员相互配合并诈骗成功的情况，各组成员之间共享诈骗利益。奇盛公司在实施诈骗时实行统一管理，成员间穿插配合，分享利益，所有成员均应对奇盛公司的整体犯罪行为承担刑事责任。范裕榔所提上诉理由不成立。原审判决认定的事实清楚，证据确实、充分，定罪准确，量刑适当，审判程序合法。据此，依照《中华人民共和国刑事诉讼法》第一百八十九条第（一）项之规定，广东省高级人民法院裁定驳回上诉，维持原判。

二、主要问题

1. 如何确定公司化运作的诈骗集团中各被告人的犯罪数额？

2. 对公司化运作的诈骗集团成员如何认定主从犯？

3. 对涉台刑事证据如何审查判断？

三、裁判理由

本案系犯罪集团实施的跨区域电信诈骗案件，被告人在东莞市通过拨打长途电话对台湾地区被害人实施诈骗，诈骗环节复杂，且被害人与行为人仅通过电话建立联系，二者之间又有在台不法分子、地下钱庄等多个环节，因此将每个被害人的具体被骗事实与诈骗集团成员实施的具体诈骗行为一一对应，是比较困难的。同时，诈骗集团中各成员实施犯罪的情况也不尽相同，如何确定各被告人的诈骗犯罪数额及在共同犯罪中的地位、作用，是本案的难点。此外，本案属涉台刑事案件，如何通过海峡两岸司法互助途径调取涉台证据，并运用现行证据规则进行审查判断，值得探讨。

（一）诈骗集团成员分工协作，共享犯罪利益，均应对集团全部诈骗数额承担刑事责任

被告人范裕榔等人组建起比较稳固的犯罪集团实施诈骗，该诈骗集团采取公司化运作模式，各被告人参与流水线诈骗作业，诈骗所得按公司制定的分配比例分给扮演不同角色的成员。范裕榔系奇盛公司负责人，陈俊达、简铭助分别负责财务、文件收发等工作，三被告人的犯罪行为在诈骗集团中具有总体性、组织性，故该三人应当对全案犯罪数额负责。其余40名扮演不同角色具体实施诈骗行为的被告人，仅对其诈骗成功的数额负责，还是应当对全案诈骗数额承担刑事责任，这是本案的重要问题。我们认为，公司化运作的犯罪集团实施的诈骗行为具有整体性，本案

其余40名被告人亦应对全案诈骗数额承担刑事责任。主要理由包括:第一,奇盛公司既是组织严密、结构完整、较为固定的犯罪集团,又是完全按照公司管理模式运作的实体。范裕槲等人以公司名义租用场地,统一编配诈骗台词,安装用于诈骗的电信设备,统一向成员分发我国台湾地区居民信息资料。公司实行分组只是为了便于管理,各组皆受公司领导,分组并不影响对公司犯罪行为整体性的认定。第二,扮演不同角色的各被告人在主观上受共同诈骗故意支配,客观上相互配合实施了共同诈骗行为。在实施诈骗过程中,奇盛公司各组成员间并无严格的界限,存在穿插配合实施诈骗的情况,体现了公司行动的整体性和目标的一致性。第三,最为关键的是,诈骗成员根据公司制定的分配制度,共享诈骗利益。具体表现在:(1)该诈骗集团在一周内的诈骗总金额达到200万元新台币时,全部台湾地区行为人每人会分得1 000元人民币的奖金;(2)扮演护士的大陆女被告人不论诈骗是否成功,每月基本工资为人民币2 500元,全勤奖为人民币500元;(3)公司统一负责所有被告人的食宿。由此可见,各被告人实施的诈骗行为均系奇盛公司诈骗犯罪的组成部分,行为性质相同,目标一致,故不论"工作业绩"如何,均应对奇盛公司的全部犯罪数额承担刑事责任。一审、二审法院认定本案全体被告人均应对全案诈骗数额承担刑事责任是正确的。

(二)应当综合考虑"职务"等因素认定公司化运作的犯罪集团中的主从犯

如前所述,本案中所有被告人均应当对全案高达人民币768万余元的诈骗犯罪数额承担责任,只有准确认定各被告人在共同犯罪中的地位、作用,合理运用相关量刑情节,才能实现对每一被告人量刑适当。范裕槲是奇盛公司的实际管理者,陈俊达、简铭助是公司的行政管理人员,三被告人对维持公司运转起着重要作用,认定其三人为主犯,自不待言。其余40名分角色实施诈骗的被告人参与实施诈骗行为,均属实行犯,但在共同犯罪中所起的作用有主次之分。奇盛公司实施犯罪的基本模式是分角色与被害人接触,各角色环环相扣,直至被害人受骗上当。因此,在认定这些行为人在共同犯罪中的地位、作用时,所扮演的角色是一个重要的考量因素。越接近诈骗链条末端的角色对诈骗技巧要求越高,对被害人施加的影响越大,其单次诈骗成功率也越高。同时,能够扮演高端的角色也一定程度上说明行为人的诈骗技巧、内部影响力都是比较突出的。此外,还要综合考虑各被告人的入职时间、在公司中的地位及获利情况进行综合判断。本案中,陈裕仁等9名被告人入职较早,在诈骗中扮演警察队长、检察官等高端角色,施骗技巧复杂,以被害人会被收押、银行账户会被司法机关冻结等事由,要求被害人配合调查工作,进而转移资金,系骗取被害人财产的关键角色,在诈骗中起主导作用,且获利较多,应当认定为主犯。王锡元等19名被告人扮演警员角色,吕文英等12名被告人扮演医院工作人员角色,该31名被告人仅参与诈骗的试探和引导活动,参与程度较低,骗取被害人信任的成功率也较低,且获利较少,在共同犯罪中起次要作用,故均应认定为从犯。其中,黄剑梅等6名被告人扮演医院工作人员,作案时间短、实施诈骗行为次数少、分赃少,犯罪情节较轻,适用缓刑确实不致再危害社会,故依法可对黄剑梅等6人宣告缓刑。

(三)通过两岸司法协助途径调取的涉台刑事证据,依据现行证据规则能够采信的,可作为定案证据

《海峡两岸共同打击犯罪及司法互助协议》第八条规定:"双方同意依己方规定相互协助调查取证,包括取得证言及陈述;提供书证、物证及视听资料;确定关系人所在地或确认其身份;勘验、鉴定、检查、访视、调查;搜索及扣押等。"最高人民法院《关于人民法院办理海峡两岸送达文书和调查取证司法互助案件的规定》第十五条亦规定:"人民法院办理海峡两岸调查取证司法互助业务,限于与台湾地区法院相互协助调取与诉讼有关的证据,包括取得证言及陈述;提供书证、物证

及视听资料;确定关系人所在地或者确认其身份、前科等情况;进行勘验、检查、扣押、鉴定和查询等。”上述两个文件为刑事司法领域的海峡两岸调查取证互助工作提供了依据。本案被害人均为我国台湾地区居民,并且在案证据显示,实际被骗的被害人远不止一、二审认定的19人。而这19人中除一名被害人陈张阿凉是亲自到东莞市公安机关报案并制作笔录外,其余18名被害人均是向我国台湾地区当地警方报案并制作笔录、提交书证。我国台湾地区警方收到大陆公安机关的办案协调函后,通过广东省公安厅港澳台事务工作办公室将上述18名被害人的陈述及相关书证转交给大陆公安机关,这些证据的调取过程符合现行规定。上述被害人陈述及相关书证在本案中能否采信,关键是该组证据能否与其他证据相互印证。因不能排除其他犯罪团伙使用同种方式实施诈骗的可能性,故如果取自被害方的证据为孤证,则不能作为定案依据。本案中,我国台湾地区警方收集的19份“被害人陈述”及相关书证与在案其他证据可相互印证,形成证据链。首先,从现场扣押的语音自动报读系统及电脑主机中存储了已诈骗成功的被害人信息,公安机关从中提取到被害人的身份证号码。其次,现场提取的范裕榔等人制作的15份虚假法律公文的电子文档中,记载了部分被害人姓名、身份证号码、被骗日期及金额。最后,奇盛公司的部分电话清单中,记载了奇盛公司与其中10名被害人通话的情况。以上证据充分证实陈张阿凉及其余18名被害人所述的被骗事实与范裕榔等人实施的诈骗犯罪有关。综上,一审、二审法院认定范裕榔等人实施诈骗共19起的证据是确实、充分的。

（撰稿：广东省东莞市中级人民法院　蒋小美
审编：最高人民法院刑五庭　马　岩）

[第1152号]陈垚东等人组织、领导、参加黑社会性质组织案

——如何准确认定黑社会性质组织的成员

【关键词】　黑社会性质组织　组织者　领导者　积极参加者　其他参加者

一、基本案情

被告人陈垚东,男,1971年7月16日出生。2012年1月29日因本案被逮捕。

被告人文稳权,男,1965年6月23日出生。2012年1月29日因本案被逮捕。

(其他被告人、被告单位基本情况略)

广东省深圳市人民检察院以被告人陈垚东、文稳权、伍健东、陈锦田、赖庆棠、王文明、陈诺强、陈伟明、曾庆发、曾鸿辉、易亚胡、潘永钊、宁注作、林波、岳彪、曾玉新、曾细苓、刘志清、谢春山、陈惠芳、潘泽勇、陈嘉祺、陈卓峰、陈展斌、应春秋、文迎新、陈伟洪、曾柏球、周梁、李朝阳、曾庆华、江沛华、黎进成、江锦平、陈法军、陈平右、刘少雄、文永峰、郑剑宏、曾炯贤、被告单位深圳市万丰(集团)股份有限公司等分别犯组织、领导、参加黑社会性质组织罪,故意杀人罪,绑架罪,故意伤害罪,非法拘禁罪,抢劫罪,敲诈勒索罪,强迫交易罪,交通肇事罪,虚报注册资本罪,非法倒卖土地使用权罪,聚众扰乱社会秩序罪,聚众斗殴罪,寻衅滋事罪,纵容黑社会性质组织罪,提供伪造的出入境证件罪,赌博罪,开设赌场罪,贩卖毒品罪,容留他人吸毒罪,组织卖淫罪,行贿罪,单位行贿罪,受贿罪,向深圳市中级人民法院提起公诉。

被告人文稳权辩称没有参加任何黑社会性质组织。其辩护人提出:文稳权未单独或与陈垚

东共同发起、创建黑社会性质组织，没有在组织中起决策、指挥、协调、管理作用，也没有带领、引导、领导行为，其和陈垚东之间没有经济合作之外的其他经济联系，所做经济决策不必听取陈垚东的命令，经济合作中的利益分配和风险承担根据股权的多少依照民事法律原则进行，文稳权的行为不构成领导黑社会性质组织罪。

深圳市中级人民法院经审理查明：

（一）组织、领导、参加黑社会性质组织的事实

被告人陈垚东自20世纪80年代末开始，纠集“沙皮狗”等社会闲杂人员，在广东省宝安县沙井镇（现广东省深圳市宝安区沙井街道）一带逞勇斗狠、为非作恶，成为当地颇具声名的恶势力。自1994年以来，陈垚东通过笼络乡邻、招纳小弟、聘用员工、纠集同道等途径，逐步建立起以其本人为组织者、领导者，以被告人伍健东、陈锦田、赖庆棠、王文明、陈诺强、曾庆发、曾鸿辉、易亚胡、潘永钊、宁注作等人为积极参加者，包括被告人陈伟明、林波、岳彪、曾玉新、曾细苓、刘志清、谢春山、陈惠芳、潘泽勇、陈嘉祺、陈卓峰、陈展斌、陈伟洪、文迎新、曾柏球、周梁、李朝阳、曾庆华、江沛华、黎进成、江锦平、陈法军、陈平右以及另案处理的数十人组成的骨干成员固定、层级结构明确、人数众多、势力庞大、在沙井街道经济、社会生活中具有重大影响的黑社会性质组织。该组织按照“江湖规矩”管理组织成员，维系组织架构。盘踞沙井街道一带，长期通过非法手段经营废品收购、码头运输、房地产等行业，实施了故意伤害、绑架、非法拘禁、抢劫、敲诈勒索、开设赌场、赌博、聚众斗殴、寻衅滋事、强迫交易、容留他人吸毒、贿赂国家工作人员、非法倒卖土地使用权等大量违法犯罪活动，攫取了巨额非法财富，严重破坏了当地的经济、社会生活秩序。

（二）以被告人陈垚东为首的黑社会性质组织实施犯罪的事实

容留他人吸毒的事实

1999年12月，被告人陈垚东与被告人文稳权等人合伙在深圳市宝安区沙井街道黄埔路口原新桥客运站一、二楼开办创世纪娱乐城。陈垚东、文稳权明知所经营的场所内存在吸毒行为，为招揽生意，非但不予制止，而且长期为顾客提供吸食K粉的吸管、碗、碟等工具。创世纪娱乐城在经营期间，多次被公安机关查获有容留他人吸毒的违法犯罪活动，其中公安机关仅2004年9月30日就一次查获吸毒人员213人。

（故意伤害、绑架、非法拘禁、抢劫、敲诈勒索、赌博、聚众斗殴、寻衅滋事、强迫交易、行贿、非法倒卖土地使用权的事实略）

（三）黑社会性质组织成员及本案其他被告人实施犯罪的事实

被告人文稳权寻衅滋事的事实

2003年年底，被告人文稳权等人获得779路、780路、782路公交路线的承包经营权，由文稳权具体经营。2004年年初，文稳权认为其承包经营的公交线路的客源不如谭忠启承包经营的781路公交线路的客源丰富，遂擅自改变规定的行驶路线，与781路公交车队并线竞争揽客。同时，文稳权授意手下人员多次拦停营运的781路公交汽车，驱赶乘客，殴打司机，打砸汽车，逼迫781路公交车队改变规定的行驶路线或退出沙井客运市场。谭忠启被逼在2004年3月初将781路公交车队18台公交车全部停止营运。在沙井街道办和沙井运输公司介入协调下，781路公交车队恢复营运，并作出让步，改道走客源较少的路段。其后，因谭忠启未退出沙井客运市场，781路公交车队仍不时遭遇文稳权等人的暴力滋扰。

（其他事实略）

深圳市中级人民法院认为，以陈垚东为首的犯罪组织形成了较稳定的黑社会性质组织结构，组织成员加入时具有一定形式，有一定的组织纪律和活动规约并较为明确地划定势力范围；该组

织通过违法犯罪活动或者其他手段获取经济利益，具有一定的经济实力，并以经济实力支持该组织的活动；该组织成员利用组织势力和影响，有组织地实施故意伤害、绑架、非法拘禁、抢劫、敲诈勒索、赌博、聚众斗殴、寻衅滋事、强迫交易、行贿、非法倒卖土地使用权等违法犯罪活动，并腐蚀、拉拢国家工作人员，称霸沙井街道一带，为非作恶，欺压、残害群众，造成群众心理恐慌，安全感下降；该组织以暴力、威胁为基础，利用组织势力和影响，为组织成员划分势力范围，垄断沙井街道一带的大宗废品收购、沙石运输等行业，在一定区域和行业内均形成了非法控制和重大影响，严重破坏了沙井街道一带经济、社会生活秩序。公诉机关指控陈垚东等 31 人分别构成组织、领导、参加黑社会性质组织罪，事实清楚，证据确实、充分，指控罪名成立……被告人文稳权虽然曾与陈垚东合作开办创世纪娱乐城、共同承包经营公交线路等，也有同案被告人指认文稳权与陈垚东私交颇好，但无证据证明文稳权参与发起、创建以陈垚东为首的黑社会性质组织，无证据证明文稳权以何种方式参加该组织，无证据证明文稳权在组织层级结构中处于何位置，无证据证实文稳权对该组织及其运行、活动起到决策、指挥、协调、管理作用以及曾发展下线成员，依法不能认定文稳权为黑社会性质组织的领导者，亦不能认定其参加黑社会性质组织，公诉机关指控文稳权犯领导黑社会性质组织罪，事实不清，证据不足，不予支持；文稳权为争抢客源而授意他人随意拦截公交汽车，殴打司乘人员，情节恶劣，其行为已构成寻衅滋事罪，应当依法予以惩处；公诉机关指控文稳权犯容留他人吸毒罪，已过追诉时效期限，并且不是必须追诉，已另行裁定终止审理……依照《中华人民共和国刑法》第二百九十四条第一款、第三款、第四款、第五款，第一百三十三条，第二百三十四条，第一百五十八条第一款，第二百二十六条第一项，第二百二十八条，第二百三十二条，第二百三十八条第一款、第三款，第二百三十九条第一款，第二百六十三条第四项，第二百九十条第一款，第二百九十二条第一款第二项、第四项，第三百一十九条第一款，第三百五十四条，第三百零三条，第三百五十九条第一款，第三百八十五条第一款，第三百八十六条，第三百八十三条第一款第一项、第二款，第三百九十条第一款，第三百八十九条第一款，第三百九十三条，第十二条第一款，第九十七条，第三十条，第三十一条，第二十三条，第二十五条第一款，第二十六条，第二十七条，第六十五条，第六十七条第二款、第三款，第六十一条，第四十八条，第五十七条第一款，第五十六条第一款，第五十二条，第五十九条，第六十九条，第七十条，第七十七条第一款，第七十二条第一款、第三款，第七十三条，第三十七条，第八十七条，第六十四条，第三十六条第一款；1997 年修订的《中华人民共和国刑法》第二百七十四条，第二百九十三条第一项、第二项、第三项；《中华人民共和国民法通则》第一百一十九条、第一百三十条；《中华人民共和国刑事诉讼法》第九十九条第一款、第一百零二条；《中华人民共和国民事诉讼法》第六十四条、第二百五十三条；《全国人民代表大会常务委员会关于〈中华人民共和国刑法〉第二百二十八条、第三百四十二条、第四百一十条的解释》；《最高人民法院关于审理黑社会性质组织犯罪的案件具体应用法律若干问题的解释》第三条第一款、第五条第二款、第六条第四项；《最高人民法院、最高人民检察院关于办理行贿刑事案件具体应用法律若干问题的解释》第一条、第四条第一项、第五条；《最高人民法院关于审理破坏土地资源刑事案件具体应用法律若干问题的解释》第二条第三项、第四项；《最高人民法院关于审理交通肇事刑事案件具体应用法律若干问题的解释》第一条、第二条、第三条；《最高人民法院关于处理自首和立功具体应用法律若干问题的解释》第二条、第三条、第四条；《最高人民法院关于审理人身损害赔偿案件适用法律若干问题的解释》第三条第一款、第十九条、第二十条、第二十一条、第二十二条、第二十三条、第二十四条、第二十六条、第二十七条、第二十八条、第三十五条；《最高人民法院关于适用〈中华人民共和国刑事诉讼法〉的解释》第一百三十八条，第一百四十三条第一款第一项，第一百五十五条第一款、第二款，第一百五十七条的规定，判决如下：

1. 被告人陈垚东犯组织、领导黑社会性质组织罪，判处有期徒刑十五年，并处没收个人全部财产；犯故意伤害罪，判处无期徒刑，剥夺政治权利终身；犯绑架罪，判处有期徒刑十年，并处罚金人民币三百万元；犯非法拘禁罪，判处有期徒刑一年；犯抢劫罪，判处有期徒刑十年，剥夺政治权利三年，并处罚金人民币二十万元；犯敲诈勒索罪，判处有期徒刑十年；犯赌博罪，判处有期徒刑二年，并处罚金人民币一百八十万元；犯聚众斗殴罪，判处有期徒刑三年；犯寻衅滋事罪，判处有期徒刑二年；犯强迫交易罪，判处有期徒刑六年，并处罚金人民币九千万元；犯容留他人吸毒罪，判处有期徒刑二年，并处罚金人民币一百五十万元；犯行贿罪，判处无期徒刑，剥夺政治权利终身，并处没收个人全部财产；犯非法倒卖土地使用权罪，判处有期徒刑七年，并处罚金人民币三千万元；犯虚报注册资本罪，判处有期徒刑六个月，并处罚金人民币五十万元。数罪并罚，决定执行无期徒刑，剥夺政治权利终身，并处没收个人全部财产，罚金人民币一亿二千七百万元。

2. 被告人文稳权犯寻衅滋事罪，判处有期徒刑一年六个月。

（其他被告人、被告单位的判决情况略）

宣判后，被告人陈垚东等提出上诉，文稳权未提出上诉。

广东省高级人民法院经审理，依法驳回陈垚东等人的上诉，并依法对5名同案被告人改判。

二、主要问题

在黑社会性质组织犯罪案件中，应如何准确认定被告人是否为黑社会性质组织的成员。

三、裁判理由

我国刑法采用行为与地位、作用相结合的划分标准，将黑社会性质组织的成员分为组织者、领导者、积极参加者、其他参加者（又称“一般参加者”）等不同类型，并且规定了不同的刑罚。被指控为黑社会性质组织成员的被告人，能否认定其具有组织、领导、参加行为是一个基础性问题，不仅关乎事实认定，更关乎罪与非罪以及如何判处刑罚，必须严格加以区分。2009年《最高人民法院、最高人民检察院、公安部办理黑社会性质组织犯罪案件座谈会纪要》（以下简称2009年《纪要》）对黑社会性质组织的组织者、领导者、积极参加者、其他参加者均作出了较为明确的界定。2015年《全国部分法院审理黑社会性质组织犯罪案件工作座谈会纪要》（以下简称2015年《纪要》）进一步采用反向列举的方式，明确了以下三类人员不属于黑社会性质组织的成员：(1)主观上没有加入黑社会性质组织的意愿，受雇到黑社会性质组织开办的公司、企业、社团工作，未参与或者仅参与少量黑社会性质组织的违法犯罪活动的人员；(2)因临时被纠集、雇佣或受蒙蔽为黑社会性质组织实施违法犯罪活动或者提供帮助、支持、服务的人员；(3)为维护或扩大自身利益而临时雇佣、收买、利用黑社会性质组织实施违法犯罪活动的人员。同时规定：“上述人员构成其他犯罪的，按照具体犯罪处理。”通观两份《纪要》中关于认定黑社会性质组织成员的相关规定，既强调“主客观相一致”的刑法原则，要求审判时应当着重审查行为人主观上有无参加黑社会性质组织的认识因素和意志因素，同时又从客观方面对认定“组织、领导、参加”行为提出了具体标准。从2009年《纪要》的规定来看，组织者是指黑社会性质组织的发起者、创建者，领导者是指实际居于领导地位，并对整个组织及其运行、活动起着决策、指挥、协调、管理作用的组织成员。由于该定义十分清楚，组织者、领导者所需具有的客观行为也一目了然。对于积极参加者、其他参加者的认定，2009年《纪要》除了要求“明知而参加”之外，还要求行为人“接受黑社会性质组织的领导和管理”。应当说，此处的“接受”一词有着主客观两方面的含义：一方面是指主观上有将自己置于黑社会性质组织管控之下的意愿；另一方面也是指客观上有接受黑社会性质组织领导和管理的事实。2015年《纪要》继承了上述精神，仔细分析后不难发现，所列举的三类人员都是因为在主观或者客观方面尚未达到认定标准而被排除在黑社会性质组织成员之外。

司法实践中,认定被告人有无组织行为、领导行为相对容易,而认定被告人是否有参加黑社会性质组织行为时,情况则显得比较复杂。一般来说,可以将是否举行专门的参加仪式作为重要的认定依据。但当前的实践中多数黑社会性质组织在发展成员时并无此类程序,这就要求在审判时要按照两份《纪要》的规定,审慎地结合以下两个方面来判别被告人是否有参加黑社会性质组织的行为:第一,是否参与实施了黑社会性质组织的违法犯罪活动。黑社会性质组织区别于其他犯罪组织的本质特征,就是依靠有组织的违法犯罪活动来达到对经济、社会生活进行非法控制并进而攫取非法利益的目的。黑社会性质组织的生存离不开有组织的违法犯罪活动,而是否参与有组织的违法犯罪活动又是表明被告人与涉案黑社会性质组织之间存在关系的重要标志。因此,这一点自然是判断参加行为的重要依据。第二,与涉案黑社会性质组织之间有无相对固定的从属关系。所谓相对固定的从属关系,是指在黑社会性质组织中组织者、领导者居于核心地位,积极参加者和其他参加者较稳定地处于被领导、被管理的地位。其中,有些人是直接听命于组织者、领导者,更多的则是在分级管理的体系内听命于其他组织成员。但不管怎样,组织成员在黑社会性质组织中均应具有相对固定的位置,如果与黑社会性质组织没有任何从属关系,如只是临时受邀或基于个人意愿参与某起犯罪,即便其参与了有组织的违法犯罪活动,也不能将其认定为是黑社会性质组织的成员。换言之,如果在黑社会性质组织中找不到可以对应的位置,就说明被告人与该犯罪组织没有从属关系;如果与黑社会性质组织的某一成员之间没有服从与被服从、管理与被管理关系,就不能认定被告人有参加黑社会性质组织的行为。

当前,黑社会性质组织犯罪呈现出多样化、复杂化、隐蔽化、“黑白”结合等特征,在认定参加行为时也会面临一些新的问题。具体到本案,以陈垚东为首的黑社会性质组织发展时间较长,层级分明,组织纪律明确,成员多达数百人(本案是主案)。长期盘踞在深圳市宝安区沙井街道,通过实施违法犯罪活动和依靠个别国家工作人员的非法保护,欺压、残害群众、称霸一方。不仅获取了巨额经济利益,而且已对沙井地区的经济、社会生活以及当地的大宗废品收购、沙石运输等行业形成了非法控制或重大影响。应该说,该黑社会性质组织具有一定的典型性,且其运行模式、获利方式在同类型案件中也显得相对更为有效和广泛。虽然陈垚东黑社会性质组织的成员互称“公司的人”,但该犯罪组织并不是单纯以某一个经济实体作为依托。陈垚东本人主要是通过自己经营与非法控制的房地产、大宗废品回收业务以及其他投资来获取利益,而陈垚东手下的主要成员则各有独自染指的行业和势力范围,该犯罪组织的成员相互之间在获利渠道方面基本互不交叉。而且,陈垚东一般只直接管理骨干成员,通过调解纠纷、划分地盘和惩戒处罚等手段来避免手下的各个团伙相互发生冲突,骨干成员则负责管理各自手下的“小弟”。正因如此,该黑社会性质组织层级较多、势力庞大,触角几乎伸向了沙井地区的每一座村庄、每一个行业。在这种情况下,当地从事生产、经营活动的人员难免会与该黑社会性质组织存在这样那样的联系。其中一些人不仅与该黑社会性质组织或者组织成员有经济往来,甚至还参与了该组织的违法犯罪活动。可否将这些人员认定为黑社会性质组织成员,在司法实践中存在一定争议。

本案检察机关以领导黑社会性质组织罪对被告人文稳权提起公诉,并在起诉书中将其列为第二被告人。文稳权及其辩护人均不认可该项指控,提出其系“六无人员”(无组织、无纪律、无大哥、无马仔、无仪式、无行为),不是黑社会性质组织成员的辩解和辩护意见。从审理查明的案情来看,由于受香港地区有组织犯罪亚文化的影响,以陈垚东为首的黑社会性质组织在吸收、发展组织成员时一般需要举行一定的仪式,或是敬酒、敬茶,或是奉上红包。如本案骨干成员曾庆棠、曾鸿辉在20世纪90年代中期开始追随陈垚东时,就分别采用了前述方式。但是,在案证据并不能证明文稳权曾向陈垚东或陈的“黑道”前辈举行过“拜大佬”仪式,也不能证明其以其他形式表达过加入意愿。因此,在认定文稳权有无领导、参加行为时,还需要结合其是否参与实施黑社会性质组织的违法犯罪活动、是否与黑社会性质组织存在相对固定的从属关系来审查分析。

法院经审理后认定了两起与文稳权有关的犯罪事实,其中第一起系黑社会性质组织实施的容留他人吸毒犯罪,第二起系文稳权个人实施的寻衅滋事犯罪。应该说,除了陈垚东曾在公交线路经营初期有过短暂投资(约半年后撤资)之外,第二起犯罪与涉案黑社会性质组织并无其他关联。但是,第一起犯罪却有所不同。陈垚东、文稳权于1999年与他人共同投资开办创世纪娱乐城。开业之初,凭借陈垚东的关系请来我国香港特别行政区黑社会组织头面人物及娱乐明星助阵,故当地皆知该娱乐城有陈垚东的股份,无人敢来闹事。创世纪娱乐城由文稳权出面经营直至2006年,陈垚东从中分红获利。这段时间正值以陈垚东为首的黑社会性质组织扩张时期,该娱乐城的经营对于该黑社会性质组织壮大声势、扩充经济实力客观上起到了不可低估的作用。那么,是否可以因文稳权参与了该起黑社会性质组织的犯罪活动便认定其具有领导或参加行为?从相关证人及各同案被告人的供述来看,文稳权与陈垚东是相识已久的朋友关系,私交甚好。文稳权虽长期与陈垚东共同经营生意,且颇受陈垚东手下"马仔"尊重,但没有证据证明其接受某一组织成员的管理或者对某一组织成员起着领导作用,也就是在陈垚东黑社会性质组织内既无上级,也无下属。虽然文稳权经营创世纪娱乐城达7年之久,客观上为陈垚东黑社会性质组织的发展提供了重要的帮助、支持,但其主观上并没有为黑社会性质组织存在、发展服务的意图。除了出面经营娱乐城之外,文稳权未曾介入陈垚东黑社会性质组织的决策、指挥、协调、管理等内部事务,也未参与其他有组织的违法犯罪活动。因此,其与陈垚东的经济合作实际上只是二人相互借助、各为其利。这一点,从陈垚东与文稳权共同投资经营公交路线后因无利可图便很快撤资的事实也可看出。文稳权确曾利用陈垚东黑社会性质组织的成员为其解决纠纷,但相关同案被告人均否认自己是文稳权的下属,且有其他证据表明文稳权借助该犯罪组织势力是经过陈垚东事先默许的,其既无自行决定的行为,也无自行决定的权力。因此,文稳权与该黑社会性质组织之间并不存在相对固定的从属关系,不应认定其领导或者参加了陈垚东黑社会性质组织。

(撰稿:广东省高级人民法院　李中原
审编:最高人民法院刑三庭　周　川)

[第1153号]朱光辉等人组织、领导、参加黑社会性质组织案
——如何准确把握和认定黑社会性质组织的骨干成员

【关键词】 黑社会性质组织　骨干成员　组织者　领导者　积极参加者　其他参加者

一、基本案情

被告人朱光辉,男,1963年10月31日出生。1985年因犯流氓罪被判处有期徒刑四年;1999年11月18日因犯非法携带枪支、管制刀具危及公共安全罪被判处拘役四个月;2009年4月29日因犯非法拘禁罪被判处有期徒刑一年,2009年10月14日刑满释放。2013年6月6日因本案被逮捕。

被告人朱文力,男,1993年7月17日出生。2013年6月6日因本案被逮捕。

被告人陈家福,男,1963年9月30日出生。2013年6月6日因本案被逮捕。

被告人易三云,男,1959年12月11日出生。2013年9月30日因本案被逮捕。

被告人刘超,男,1984年11月27日出生。2013年6月6日因本案被逮捕。

被告人朱宏,男,1962年9月11日出生。2013年8月23日因本案被逮捕。

(其他被告人基本情况略)

湖北省武汉市人民检察院以被告人朱光辉犯以组织、领导黑社会性质组织罪、故意伤害罪、寻衅滋事罪、敲诈勒索罪、绑架罪、非法持有枪支罪;被告人朱文力犯参加黑社会性质组织罪、故意伤害罪、敲诈勒索罪……被告人陈家福犯参加黑社会性质组织罪、寻衅滋事罪、绑架罪、非法持有枪支罪;被告人易三云、刘超犯参加黑社会性质组织罪、寻衅滋事罪、敲诈勒索罪;被告人朱宏犯参加黑社会性质组织罪、敲诈勒索罪……向武汉市中级人民法院提起公诉。

被告人朱光辉辩称其没有敲诈勒索。被告人朱文力、朱宏、刘超等人均辩称没有参加黑社会性质组织。

武汉市中级人民法院经公开开庭审理查明:

2000年年初,被告人朱光辉刑满释放后,预谋通过对武汉市硚口区宗关客运站运营车辆收取"保护费"达到非法敛财的目的。为此,朱光辉先后纠集被告人易三云及"红强"、"在在"(前述二人均另案处理)等人以驱赶黑车、协调发班、维持秩序为由对宗关客运站的个体营运车辆多次敲诈勒索。2005年年底至2006年年初,宗关客运站与水厂客运站合并后搬迁至水厂客运站,各营运线路车主陆续成立了联营体。朱光辉随即大肆招揽劳改释放人员和社会闲散人员,将被告人朱文力、朱宏、郑秦缘、陈才、余志雄、江国亮、许还爽、陈家福、管后贤、刘超、易修、彭兴元、林菲及陶家鸣、周天、王前进、万威、殷创露、"郭胖子"、"付麻子"、"大雄雄"(前述八人均另案处理)等人网罗进组织扩充组织规模。自2006年以来,朱光辉带领朱文力、易三云、朱宏等人以收线路牌、抢车钥匙、扎汽车轮胎、"撞猴子"、暴力、威胁、恐吓等方式向各联营体收取"保护费"。至此该团伙已发展成为以朱光辉为首,以朱文力、易三云、朱宏、刘超、陈家福为骨干,以管后贤、余志雄、许还爽、林菲、郑秦缘、江国亮、彭兴元、陈才、易修、陶家鸣、周天、殷创露、王前进、"郭胖子"、"大雄雄"等为成员的人数达20余人的犯罪组织。2011年5月,朱光辉为进一步扩张其势力范围,达到非法敛财目的,又指使朱宏、余志雄、江国亮等人,利用其淫威控制雪花啤酒销售商在武汉市硚口区水厂一带的经营销售,同时收取"保护费"。2011年7月,朱光辉还指使刘超、林菲、陶家鸣、殷创露等人,控制武汉市康之福消毒餐具有限公司在武汉市硚口区水厂一带的胖胖大酒楼、吟诗酒楼、草根生活、香辣虾酒楼、可可酒楼、潮兴粥府等6家餐馆一次性消毒餐具的使用并收取"保护费"。2012年6月,朱文力等人为了控制武汉市硚口区水厂一带的游戏机室的经营,对该地区的游戏机经营者进行骚扰和敲诈。朱光辉对其组织成员采取恩威并施的管理手段,通过日常管理和有组织实施一系列违法犯罪活动,逐步形成了一套约定俗成和普遍认同的组织纪律,并以组织成员集中就餐、固定发放工资、节日派发红包、坐牢安抚、实施违法犯罪活动给予奖励等方式对该组织成员予以拉拢、控制。

在该犯罪组织中,朱光辉是组织成员公认的组织者、领导者。为了便于管理控制其手下,朱光辉将自己租住的武汉市硚口区汉西北路67附6荣冠花园A座2单元404室作为其"地下公司",在此对其手下成员进行统一管理、指挥并发号施令。其中,朱宏负责对水厂客运站的部分线路及水厂地区一带餐馆的啤酒供应商收取"保护费";易三云、朱文力负责对水厂客运站大部分线路收取"保护费";刘超负责对水厂地区一带餐馆消毒餐具供应商收取"保护费";陈家福负责该组织的后勤保障。他们按照朱光辉的安排各负其责,并分别带领余志雄、郑秦缘、陈才、江国亮、彭兴元、林菲、许还爽、管后贤、易修及陶家鸣等人实施违法犯罪活动。

该犯罪组织在朱光辉的组织、领导下，以暴力手段为依托，通过有组织地实施一系列违法犯罪活动，非法收取硚口区水厂客运站个体营运车主及周边一次性餐具、啤酒供应的“保护费”，截至案发时，非法聚敛钱财达人民币260余万元。同时，为支撑组织运转，进一步增强其犯罪实力，朱光辉花钱购买了大量枪支、砍刀、棍棒、弓弩等作案工具；为拉拢和收买人心，朱光辉向其手下提供伙食，每月发放工资，过年、过节聚餐派发红包，组织成员因为组织利益被判刑，朱光辉多次到羁押场所探视等，此类支出已达人民币190余万元。

2005年以来，该犯罪组织在朱光辉的指使下，通过有组织实施的故意伤害、寻衅滋事、非法拘禁、敲诈勒索、绑架等违法犯罪活动，致1人死亡、3人轻伤、6人轻微伤，涉案枪支4支。该犯罪组织通过实施一系列违法犯罪活动，在武汉市硚口区水厂路一带称霸一方，对水厂客运站的个体长途车辆营运线路及周边的餐饮相关行业（啤酒、消毒餐具供应）形成非法控制，严重破坏了当地的经济、社会生活秩序。特别是在对水厂客运站各线路联营体、车主的敲诈过程中，朱光辉等人一方面以暴力、威胁、恐吓为手段；另一方面以驱赶站外“黑车”、协调发班、维持秩序等为由，霸占客运站的办公室作为其团伙的“办公室”，公开收取“保护费”，其行为非法取代了客运站、运管、交管等相关单位、部门的管理职能，对客运行业形成了非法控制。2007年4月，朱光辉为进一步树立自己的淫威，还组织多人堵截应山线路的客车，造成该线路停运，引起了武汉市主流媒体《楚天都市报》以及北京《法制与社会》杂志的关注，并以“汉口至广水的客车七天内五次遭拦停”为题进行了报道，社会影响极其恶劣。

该组织实施的具体犯罪如下：

（一）故意伤害、寻衅滋事的事实

1. 2013年4月29日上午6时许，被告人朱文力窜至武汉市硚口区古田四路魔幻先锋电玩城，向该电玩城工作人员索要“保护费”遭到拒绝后，于当日上午8时许，邀约被告人刘超、郑秦缘、陈才等人持木棍、砍刀等凶器来到该电玩城进行报复，后被该电玩城工作人员赶走；被告人朱光辉在得知朱文力等人寻衅滋事未果后，又邀约被告人余志雄、华畅、胡建平以及陈金山（另案处理）等人持木棍、砍刀等凶器于当日下午3时许再次到电玩城进行挑衅，又被该电玩城工作人员赶走。2013年5月4日晚，朱光辉、朱文力决定实施报复，为此分别邀约刘超、郑秦缘、陈才、余志雄、华畅、胡建平，被告人杨新松、陈家福、管后贤、易修、林菲、许还爽、黄志国、江国亮、彭兴元、苏正祥、商海东以及陶家鸣、王前进（均另案处理）等人到武汉市硚口区汉西北路67附6荣冠花园A座2单元404室会合，经预谋及分工后，于次日凌晨3时许，朱光辉、杨新松、陈家福、胡建平、彭兴元、余志雄分别持自制手枪及猎枪；易修、刘超持弓弩及木棍；林菲、郑秦缘、许还爽、黄志国、江国亮、陈才、华畅及陶家鸣等人持砍刀、木棍等工具，统一佩戴深色鸭舌帽、白色手套，分别乘坐由商海东、苏正祥、管后贤及王前进等人驾驶的汽车到古田四路路口，管后贤、商海东、苏正祥3人在门外负责接应，其他人员持凶器先后冲进魔幻先锋电玩城二楼，追打该电玩城员工以及顾客，同时对游戏设备进行打砸，造成魔幻先锋电玩城价值共计人民币53 200元的物品损毁。在追打过程中，被告人杨新松持猎枪企图阻止对方追赶，朝对方人群开了一枪，子弹击中该电玩城经理葛世明头部，致其因严重颅脑损伤并发多器官功能衰竭而死亡；现场无辜群众王强被易修等人持械殴打左腿部致左腓骨骨折，损伤程度属轻伤。

2. 2011年8月22日上午10时许，王加福与左汉庆两人在武汉市硚口区水厂长途汽车客运站，因争抢客源发生打斗，后经公安机关调解处理。2011年8月24日中午，被告人易三云以调解双方纠纷为由，提出由左汉庆、王加福出钱在水厂附近的吟诗酒楼请客吃饭，同时易三云邀请被告人朱光辉以及王前进等人(另案处理)一起就餐。席间左汉庆与朱光辉因言语不和再次发生矛盾,随后左汉庆邀约老乡杜自新、潘忠一、高伦、祝文睿、杜凯凯等人前来助威,朱光辉指使易三云及王前进等人持菜刀、木棒等凶器将潘忠一、高伦、祝文睿、杜凯凯打伤。经鉴定,潘忠一损伤程度为轻伤;高伦、祝文睿、杜凯凯3人损伤程度均为轻微伤。

(其他故意伤害、寻衅滋事的事实略)

(二)绑架的事实

2013年4月24日晚10时许,被告人朱光辉以自己的朋友先锋被李同仪殴打为由,指使被告人管后贤、陈家福到武汉市硚口区玉带街"御景名苑"小区一楼麻将室内,将李同仪绑架至硚口区简易路一卡拉OK厅二楼内。后被告人陈家福邀约被告人余志雄、陈才、许还爽等人参与看守。其间,朱光辉指使管后贤、陈家福、余志雄、陈才、许还爽等人使用暴力手段殴打李同仪并索要赎金。2013年4月25日下午2时许,当李同仪的家人交纳赎金人民币9 000元后,朱光辉等人才将李同仪放回。

(三)敲诈勒索的事实

为了达到非法控制武汉市硚口区水厂客运站客运线路、水厂客运站周边中小型餐馆一次性餐具及啤酒经营业务的目的,被告人朱光辉采取暴力胁迫、恐吓等手段逼迫水厂长途汽车客运站的各条线路联营体、武汉市康之福消毒餐具有限公司、硚口区亿万达副食经营部等经销商接受每月向其交纳"保护费"的条件。随后朱光辉指使被告人易三云、朱文力、朱宏、刘超带领被告人余志雄、陈才、郑秦缘、江国亮、彭兴元、林菲及陶家鸣、万威、殷创露等人(均另案处理)对上述经营者进行暴力、威胁、恐吓,并采取抢夺线路牌、车钥匙、不让发车及不让销售、营业等手段收取"保护费"。2002年至2013年5月间,朱光辉黑社会性质组织共敲诈勒索现金人民币260余万元。其中,易三云参与敲诈勒索8起,实际数额164万余元;朱宏参与敲诈勒索5起,实际数额39万余元;朱文力、郑秦缘、陈才共同参与敲诈勒索1起,实际数额24万余元;刘超、林菲共同参与敲诈勒索1起,实际数额10万余元;江国亮参与敲诈勒索2起,实际数额16万余元;彭兴元参与敲诈勒索1起,实际数额7万余元;余志雄参与敲诈勒索1起,数额12万余元。

(四)非法持有枪支的事实

(非法持有枪支的事实略)

武汉市中级人民法院认为,被告人朱光辉纠集、网罗被告人易三云、朱文力、陈家福、朱宏、刘超、余志雄、陈才、管后贤、许还爽、江国亮、郑秦缘、林菲、彭兴元、易修等人,形成较为稳定的犯罪组织,人数众多,有明确的组织者、领导者,骨干成员基本固定;通过有组织地实施违法犯罪活动获取经济利益,以支持该组织的活动;通过暴力、威胁等手段,有组织地多次进行违法犯罪活动,为非作恶,欺压、残害群众;通过有组织地实施犯罪活动,逐步对本市硚口区水厂客运站营运车主以及周边餐饮、啤酒行业形成非法控制和重大影响,严重破坏当地经济、社会生活秩序。朱光辉犯罪组织符合《中华人民共和国刑法》第二百九十四条规定的黑社会性质组织的四个特征,依法应当认定为黑社会性质组织。

被告人朱光辉组织、领导黑社会性质组织,系组织者、领导者;直接参与并组织、指挥组织成员等人实施故意伤害1起,致1人死亡、1人轻伤,情节恶劣,后果严重;直接参与或指使组织成员任意损毁财物,持械随意殴打他人3起,致2人轻伤,6人轻微伤,情节恶劣;直接参与并指使组织成员敲诈勒索他人财物13起,数额260余万元,犯罪数额特别巨大;指使组织成员以勒索财物为目的绑架他人1起,索取赎金9 000元,情节较轻;违反枪支管理规定,非法持有枪支3支,情节严重。其行为分别构成组织、领导黑社会性质组织罪,故意伤害罪,寻衅滋事罪,绑架罪,敲诈勒索罪，非法持有枪支罪。被告人朱光辉系黑社会性质组织的首要分子，依法应当按照该组织所犯的全部罪行处罚；被告人朱光辉在敲诈勒索、寻衅滋事共同犯罪中均起主要作用，系主犯，依法应当按照其参与的或者组织、指挥的全部犯罪处罚；被告人朱光辉曾因故意犯罪被判处有期徒刑，刑满释放后五年内再犯应当判处有期徒刑以上刑罚之罪，系累犯，依法应当从重处罚；被告人朱光辉一人犯数罪，依法应当数罪并罚……被告人朱文力积极参加黑社会性质组织，系骨干成员；邀约并指使他人持械故意伤害1起，致1人死亡，1人轻伤，情节恶劣，后果严重；伙同组织成员敲诈勒索他人财物1起，数额24万余元，犯罪数额巨大；其行为分别构成参加黑社会性质组织罪、敲诈勒索罪。被告人朱文力在敲诈勒索共同犯罪中起主要作用，系主犯，依法应当按照其参与的或者组织、指挥的全部犯罪处罚；被告人朱文力在宣判前一人犯数罪，依法应当数罪并罚。被告人易三云积极参加黑社会性质组织，系骨干成员；伙同组织成员持械随意殴打他人2起，致1人轻伤，3人轻微伤，情节恶劣；伙同组织成员敲诈勒索他人财物8起，数额164万余元，犯罪数额特别巨大，其行为分别构成参加黑社会性质组织罪、寻衅滋事罪、敲诈勒索罪。被告人易三云在敲诈勒索共同犯罪中起主要作用，系主犯，依法应当按照其参与或组织、指挥的全部犯罪处罚。被告人易三云一人犯数罪，依法应当数罪并罚……被告人朱宏积极参加黑社会性质组织，系骨干成员；伙同组织成员敲诈勒索他人财物5起，数额39万余元，犯罪数额巨大。其行为分别构成参加黑社会性质组织罪、敲诈勒索罪。被告人朱宏在敲诈勒索犯罪中起主要作用，系主犯，依法应当按照其参与的或者组织、指挥的全部犯罪处罚。被告人朱宏一人犯数罪，依法应当数罪并罚。被告人刘超积极参加黑社会性质组织，系骨干成员；伙同组织成员持械任意损毁他人财物，随意殴打他人1起，致1人轻伤，情节恶劣，造成财产损失5万余元，情节严重；伙同组织成员敲诈勒索他人财物1起，数额10万元，犯罪数额巨大。其行为分别构成参加黑社会性质组织罪、寻衅滋事罪、敲诈勒索罪。被告人刘超在敲诈勒索共同犯罪中起主要作用，系主犯，依法应当按照其参与的或者组织、指挥的全部犯罪处罚。被告人刘超一人犯数罪，依法应当数罪并罚。被告人陈家福积极参加黑社会性质组织，系骨干成员；伙同组织成员持械任意损毁他人财物，随意殴打他人1起，致1人轻伤，情节恶劣，造成财产损失5万余元，情节严重；以勒索财物为目的绑架他人1起，索取赎金9 000元，情节较轻；违反枪支管理规定，非法持有枪支1支。其行为分别构成参加黑社会性质组织罪、寻衅滋事罪、绑架罪、非法持有枪支罪。被告人陈家福在绑架共同犯罪中起主要作用，系主犯，应当按照其参与的或者组织、指挥的全部犯罪处罚。被告人陈家福案发后自动投案并如实供述犯罪事实，是自首，依法可以从轻处罚。被告人陈家福一人犯数罪，依法应当数罪并罚……依照《中华人民共和国刑法》第二百九十四条一款、第五款，第二百九十三条第一款第一项、第三项，第二百三十四条第二款，第二百七十四条，第二百三十九条第一款，第一百二十八条第一款，第二十五条第一款，第二十六条，第二十七条，第四十八条第一款，第五十五条第一款，第五十六条第一款，第六十七条第一款，第六十五条第一款，第六十九条，第六十四条，第三十六条；《最高人民法院关于审理非法制造、买卖、运输枪支、弹药、爆炸物等刑事案件具体应用法律若干问题的解释》第五条第一款第二项、第二款第二项；《最高人民法院关于审理刑事附带民事诉讼范围的规定》第一条、第四条的规定，判决如下：

1. 被告人朱光辉犯组织、领导黑社会性质组织罪判处有徒刑十年，剥夺政治权利一年，并处没收个人财产人民币十万元；犯故意伤害罪判处死刑，缓期二年执行，剥夺政治权利终身；犯寻衅滋事罪判处有期徒刑五年六个月，并处罚金人民币三万元；犯敲诈勒索罪判处有期徒刑十三年，剥夺政治权利二年，并处罚金人民币十三万元；犯绑架罪判处有期徒刑六年，并处罚金人民币四万元；犯非法持有枪支罪判处有期徒刑五年。决定执行死刑，缓期二年执行，剥夺政治权利终身，并处没收个人财产人民币十万元,罚金人民币二十万元。

……

3. 被告人朱文力犯参加黑社会性质组织罪判处有期徒刑五年,并处罚金人民币五万元;犯故意伤害罪判处有期徒刑十三年,剥夺政治权利二年;犯敲诈勒索罪判处有期徒刑六年,并处罚金人民币六万元。决定执行有期徒刑十七年,剥夺政治权利二年,并处罚金人民币十一万元。

4. 被告人易三云犯参加黑社会性质组织罪判处有期徒刑五年,并处罚金人民币五万元;犯寻衅滋事罪判处有期徒刑二年;犯敲诈勒索罪判处有期徒刑十年,并处罚金人民币十万元。决定执行有期徒刑十二年,并处罚金人民币十五万元。

……

6. 被告人朱宏犯参加黑社会性质组织罪判处有期徒刑四年,并处罚金人民币四万元;犯敲诈勒索罪判处有期徒刑五年,并处罚金人民币五万元。决定执行有期徒刑七年,并处罚金人民币九万元。

7. 被告人刘超犯参加黑社会性质组织罪判处有期徒刑四年,并处罚金人民币四万元;犯寻衅滋事罪判处有期徒刑二年九个月;犯敲诈勒索罪判处有期徒刑三年,并处罚金人民币三万元。决定执行有期徒刑七年,并处罚金人民币七万元。

8. 被告人陈家福犯参加黑社会性质组织罪判处有期徒刑三年,并处罚金人民币三万元;犯寻衅滋事罪判处有期徒刑三年;犯绑架罪判处有期徒刑三年,并处罚金人民币二万元;犯非法持有枪支罪判处有期徒刑一年。决定执行有期徒刑六年六个月,并处罚金人民币五万元。

(其他被告人判决情况略)

一审宣判后,被告人朱文力、易三云、刘超、朱宏等人不服,向湖北省高级人民法院提出上诉。朱文力、易三云、刘超、朱宏上诉提出:原审判决认定其积极参加黑社会性质组织的事实不清,证据不足。

湖北省高级人民法院经审理认为,原审判决认定事实清楚,定罪准确,量刑适当,审判程序合法。各上诉人的上诉理由均不能成立。故裁定驳回上诉,维持原判。

二、主要问题

如何准确把握和认定黑社会性质组织的骨干成员?

三、裁判理由

根据刑法第二百九十四条第一款的规定,黑社会性质组织的成员包括三种类型:组织者、领导者,积极参加者和其他参加者。在该款规定中,还分别设置了七年以上有期徒刑,三年至七年有期徒刑以及三年以下有期徒刑、拘役、管制或者剥夺政治权利三个不同档次的刑罚。也就是说,审判时,对于被认定犯有该罪的被告人要分别归入这三类(也只能归入这三类),并在对应的法定刑幅度内判处刑罚。但是,刑法第二百九十四条第五款第一项规定,黑社会性质组织应当具备“形成较稳定的犯罪组织,人数较多,有明确的组织者、领导者,骨干成员基本固定”的组织特征。其中“骨干成员”所指为何并无明确规定,导致司法实践中在这个问题上出现了一定混乱。在有些黑社会性质组织犯罪案件的裁判文书中可以看到,“骨干成员”一词要么被回避,要么与积极参加者混为一谈、互相替代。不仅社会公众不明其意,许多办案法官也说不清“骨干成员”与法定的三类组织成员有何区别、是何关系。实际上,这个问题在刑法修正之前就已存在。“骨干成员”一词最早出现于 2000 年 12 月出台的《最高人民法院关于审理黑社会性质组织犯罪的案件具体应用法律若干问题的解释》(以下简称《司法解释》)。该解释规定,“黑社会性质的组织”一般应具备以下组织特征:“组织结构比较紧密,人数较多,有比较明确的组织者、领导者,骨干成员基本固定,有较为严格的组织纪律。"2002年出台的《全国人大常委会关于〈中华人民共和国刑法〉第二百九十四条第一款的解释》(以下简称《立法解释》)虽对组织特征的认定标准作出调整,但关于"骨干成员基本固定"的要求并未改变,即"形成较稳定的犯罪组织,人数较多,有明确的组织者、领导者,骨干成员基本固定"。之后,该规定又被刑法修正案(八)全盘吸收,并沿用至今。

从字面上理解,"骨干"一词是指事物最主要的、起支柱作用的部分。照此解读,"骨干成员"就应该是指黑社会性质组织中最为核心、最为重要的成员,显然不包括处于组织底层的其他参加者。那么,"骨干成员"是否是指组织者、领导者?毫无疑问,在黑社会性质组织中,组织者、领导者是能够代表组织意志并起决策、指挥、管理作用的核心成员。但从刑法第二百九十四条的相关规定来看,黑社会性质组织的组织特征同时要求"有明确的组织者、领导者"和"骨干成员基本固定",因此,组织者、领导者与"骨干成员"是并列存在的不同范畴。在排除了组织者、领导者和其他参加者之后,"骨干成员"能否与积极参加者画等号?为了明确这一概念,准确认定组织特征,2015年《全国部分法院审理黑社会性质组织犯罪案件工作座谈会纪要》(以下简称2015年《纪要》)专门对此作出说明:"骨干成员,是指直接听命于组织者、领导者,并多次指挥或积极参与实施有组织的违法犯罪活动或者其他长时间在犯罪组织中起重要作用的犯罪分子,属于积极参加者的一部分。"根据这一界定,在认定"骨干成员"时应分以下几个层次来把握:

第一,骨干成员是积极参加者中的一部分,应当满足积极参加者的认定条件。2009年《最高人民法院、最高人民检察院、公安部办理黑社会性质组织犯罪案件座谈会纪要》(以下简称2009年《纪要》)已经从主客观两方面明确了积极参加者的认定标准。主观方面是指"明知而接受黑社会性质组织的领导和管理"。客观方面则更为复杂一些,既要有"参加"行为,又要符合三种情形之一。其中,第一种情形是指"多次积极参与黑社会性质组织违法犯罪活动"。要求行为人多次积极参与实施黑社会性质组织的违法犯罪活动,且在其参与实施的违法犯罪活动中一般应起主要作用。第二种情形是指"积极参与较严重的黑社会性质组织的犯罪活动且作用突出"。行为人所参与的"较严重的黑社会性质组织的犯罪",既包括故意杀人、故意伤害、绑架等性质严重的暴力犯罪,也包括其他一些已造成重大财产损失或者恶劣社会影响的犯罪。第三种情形是指"在黑社会性质组织中起重要作用"。实际上就是专指那些对黑社会性质组织的人、财、物等重要事项具有"主要管理职权",且对犯罪组织的维系、运行、活动确实起到重要作用的成员。审判时,对于"骨干成员"应当首先根据上述规定进行初步判断,不符合积极参加者认定条件的应直接被排除在外。

第二,"骨干成员"应当是直接听命于组织者、领导者的积极参加者。当时在全国人大法工委工作的黄太云同志在解读《立法解释》时指出,"骨干成员,通常是指从组织者、领导者那里受领任务又指挥和积极参与实施具体的犯罪活动的人",这一解读清晰地传达出了立法本意。应当说,这一解读既符合"骨干"一词的文意,又与黑社会性质组织的组织结构相契合。可以试想,在组织者、领导者明确,而由其直接管理的积极参加者又基本固定的情况下,一个两层级的组织结构便已然建立,只要再加上一定数量的其他成员,并有组织纪律、规约作为管理手段,稳定的犯罪组织即可基本成型。因此,审判时应当紧紧把握"直接听命于组织者、领导者"这一限定条件,从积极参加者中准确筛选出"骨干成员"。

第三,"骨干成员"在黑社会性质组织中所起的作用应当大于一般的积极参加者。在认定"骨干成员"时,仅仅具备"直接听命于组织者、领导者"这一条件还是不够的。既然是"骨干",所起的作用自然是要比一般的积极参加者更大。与2009年《纪要》中关于积极参加者的规定相比较后不难发现,2015年《纪要》对于"骨干成员"客观方面的要求,实际上是在积极参加者相关要求基础上的升级。只有是"多次指挥或积极参与实施有组织的违法犯罪活动或者其他长时间在犯罪组织中起重要作用"的积极参加者,才能被认定为"骨干成员"。也就是说,只要未达到"多次",即便"积极参与实施较严重的黑社会性质组织的犯罪活动,且作用突出",也不能认定。同理,只要未达到"长时间",即便是对黑社会性质组织的人、财、物等重要事项具有主要管理职权,亦不能认定。

本案中,被告人朱光辉不仅是涉案犯罪组织的发起者,也是组织中公认的最高领导者,全体组织成员均以朱光辉为"带头大哥",不仅在实施违法犯罪活动时听其号令,而且不管"保护费"是谁负责收取,都必须全部交给朱光辉管理,之后再由其为组织成员统一发放"工资"、提供物质支持。因此,朱光辉显然系黑社会性质组织的组织者、领导者。本案认定的骨干成员共有5人,分别是朱文力、易三云、朱宏、刘超和陈家福,他们当中加入涉案黑社会性质组织时间最短的,也已在组织中发展了一年以上,还有些则是从组织创建之初便已跟随朱光辉。从这5人加入组织后所指挥或积极参与实施的违法犯罪活动来看,易三云、朱宏、陈家福均是"多次指挥或积极参与实施有组织的违法犯罪活动",朱文力、刘超虽未达到"多次",但二人均加入组织多年,且与易三云、朱宏、陈家福一样,都是在朱光辉的直接领导和管理下,分别负责一部分"组织事务",并各自带领和管理一伙"小弟",在组织中发挥着承上启下的重要作用。其中,朱宏负责对水厂客运站的部分线路及水厂地区一带餐馆的啤酒供应商收取"保护费",易三云、朱文力负责对水厂客运站大部分线路收取"保护费",刘超负责对水厂地区一带餐馆消毒餐具供应商收取"保护费",陈家福主要负责该组织的后勤保障。因此,上述5人不仅符合2009年《纪要》关于积极参加者的规定,也符合2015年《纪要》关于骨干成员的规定,一、二审法院认定上述5人为骨干成员是正确的。

最后,针对审判时容易出现的问题,笔者认为"骨干成员"与积极参加者之间是包含与被包含关系,不能混为一谈。在我国刑法中,对任意共犯的责任区分主要体现在总则部分(划分主从犯),而对必要共犯的责任区分主要是靠分则来解决。组织、领导、参加黑社会性质组织罪就属于必要共犯,刑法第二百九十四条第一款按照三类成员在黑社会性质组织中的地位、作用直接设置了不同幅度的法定刑。因此,准确认定积极参加者的主要意义就在于对被告人公正定罪量刑。而"骨干成员"出现在刑法第二百九十四条中关于黑社会性质组织构成条件的部分,准确认定"骨干成员"的主要意义,则在于保证黑社会性质组织认定的恰当性。由于两个概念的意义、作用不同,在裁判文书中应当区分情况、准确运用。一般来说,在裁判文书认定的事实部分,对于谁是骨干成员应予明确表述,不属于骨干成员的积极参加者也要单独表述清楚。而在裁判文书的"本院认为"部分,由于需要准确叙述罪状和量刑依据,对确属"骨干成员"的被告人,只表述"被告人某某积极参加黑社会性质组织"即可。因为"骨干成员"并没有与之对应的法定刑,积极参加者的身份才是对被告人定罪量刑的适当依据。

(撰稿:湖北省高级人民法院　金吕钢
审编:最高人民法院刑三庭　周　川)

[第1154号]史锦钟等人组织、领导、参加黑社会性质组织案

——如何认定黑社会性质组织的形成时间

【关键词】 黑社会性质组织 形成时间 四个特征

一、基本案情

被告人史锦钟,男,1979年3月25日出生。2007年10月9日因犯故意伤害罪被判处有期徒刑二年,2008年8月23日刑满释放。2012年4月13日因本案被逮捕。

(其他被告人基本情况略)

江西省吉安市人民检察院以被告人史锦钟、尹忠华、龙武、刘晓武、龚鹏、沈卫、尹卫民、尹友朵、刘海清、高远宇、张江华、皮文林、刘峰、李泽明、刘东东、雷作、周江维、吕金伟、廖红旗分别犯组织、领导、参加黑社会性质组织罪,故意伤害罪,以危险方法危害公共安全罪,开设赌场罪,赌博罪,非法持有枪支罪,非法拘禁罪,强迫交易罪,窝藏罪,向吉安市中级人民法院提起公诉。

史锦钟及其辩护人提出:史锦钟的行为不构成组织、领导黑社会性质组织罪。

吉安市中级人民法院经公开审理查明:

(一)组织、领导、参加黑社会性质组织的事实

被告人史锦钟原为江西省永新县恶势力团伙头目刘文广的手下。2004年10月,史锦钟伙同沈卫等人持枪伤害在永新县有名的恶势力头目夏永东,迫使夏永东离开永新县。因此事件,史锦钟名声大震,并先后网罗社会闲散人员沈卫、尹卫民、高远宇、刘海清、张江华、黄建军、尹忠华、尹友朵等人听其差遣。2006年刘文广死后,该恶势力团伙演变为分别以史锦钟为首和以姜小伟为首的两个犯罪组织,相互之间因争霸立势而产生矛盾,互有摩擦。2006年6月,史锦钟为打压姜小伟一方,指使沈卫、刘海清等成员携带枪支、刀具在永新县高桥楼镇将姜小伟手下成员龙海涛等人打伤。为此,史锦钟手下的大部分成员入狱服刑,史锦钟也于2007年10月在浙江省宁波市因犯故意伤害罪被判刑入狱。2008年8月,史锦钟出狱后,继续网罗先前的组织成员,又发展了刘晓武、龙武、龚鹏、尹忠华等骨干成员。该组织通过暴力、威胁或其他手段,实施了大量的有组织犯罪活动,形成了一个以永新县城为主要活动区域,以史锦钟为组织者、领导者,以尹忠华、龙武、刘晓武、龚鹏、沈卫、尹卫民、尹友朵、刘海清、高远宇为积极参加者,张江华、皮文林、刘峰、李泽明、刘东东、雷作、周江维、吕金伟、廖红旗、黄建军(另案处理)、尹志权(另案处理)为一般参与者,组织严密、层级清晰、结构稳定的黑社会性质组织。

该犯罪组织先后在江西省永新县、吉安市,利用组织的恶名和强势地位,有组织地通过暴力、威胁等手段,开设赌场、经营客运班线、插手工程,以获取非法利益。其中,仅在永新县、吉安市开设赌场便获利300余万元,还通过入股永新至安福等客运班线和强行夺取永新县站前西路工程获取利益。该组织在聚敛财富的同时,还通过利益纽带维系组织的生存、发展和壮大。一方面,该组织平时作案所用经费、购置作案工具(砍刀、枪支)、车辆的费用,组织成员作案后用于逃匿、摆平关系的费用,交纳取保候审保证金、支付赔偿金等费用均由组织统一支付,总计支出20余万元。另一方面,史锦钟通过强迫转让方式获取站前西路工程后,安排骨干成员刘晓武担任项目经理,负责工程日常建设等事宜;还将班线中的股权分配给刘晓武、龙武、尹卫明、刘峰等人,形成利益共同体;并通过给沈卫、雷作、龚鹏等人发工资、发红包、食宿全包等方式笼络组织成员。

该犯罪组织为了排除异己、聚敛钱财,使用暴力、威胁和其他手段,或者利用组织的强势地位,大肆实施有组织的违法犯罪活动。其中,故意伤害案7起,共造成1人死亡,1人重伤,7人轻伤;以危险方法危害公共安全案1起,造成1人重伤,2人轻伤;开设赌场案2起;赌博案2起;非法持有枪支案4起;非法拘禁案1起;强迫交易案2起;窝藏案1起。另外,该组织还有数起寻衅滋事等违法行为。史锦钟利用该组织的势力和影响,指使或纵容组织成员寻衅滋事、冲击赌场、逼取赌债,以达到让赌客到该组织开设的赌场进行赌博的目的;使用暴力、威胁或其他手段插手工程建设,纵容组织成员插手茶麸生意,意图垄断永新县茶麸收购市场;利用组织恶名或强势地位,充当打手,随意插手他人纠纷,在永新县称霸一方,极大地破坏了当地的经济秩序和社会生活秩序,严重危害群众生命财产安全。

(二)故意伤害的事实

1.被告人史锦钟与姜小伟素有积怨。自2006年起,分别以两人为首的犯罪组织之间多有矛盾。为打压对方,提高自己威望,史锦钟多次纠集组织成员殴打姜小伟。2011年,史锦钟以刘文飞拖欠其赌债不还为由,多次安排组织成员刘晓武、龚鹏、尹忠华等人找刘索要赌债。刘文飞因与姜小伟系亲戚,便找到姜出面帮忙。史锦钟认为是姜小伟从中作梗,多次扬言若姜小伟插手此事,就先将其"搞掉"。随后,史锦钟多次指使组织成员龙武、皮文林等人殴打姜小伟直至最终将其伤害致死。具体事实如下:

2011年3月的一天,史锦钟在永新县城开心100宾馆安排皮文林(已判刑)去打姜小伟,并给皮文林一把猎枪和一把仿制手枪,还安排吕金伟协同实施,吕金伟带廖红旗从安福县赶至永新县与皮文林会合。3月15日,皮文林和吕金伟持枪、廖红旗持刀蹲守在永新县才丰乡姜小伟女朋友家附近伺机作案。待姜小伟出门后,皮文林、吕金伟先后开枪,由于吕金伟所持枪支未击发,姜小伟随即躲避。皮文林追上后又朝姜小伟连开两枪,击中姜小伟腿部,该伤情经鉴定为轻伤乙级。

2011年10月的一天,史锦钟在永新县城开心100宾馆安排龙武去打姜小伟,并交给龙武一把仿六四手枪。龙武与李泽明、刘东东下楼准备去打姜小伟时,因姜已开车离去而未实施。此后,史锦钟多次交代龙武一定要打到姜小伟。

2011年11月6日,龙武听从史锦钟指示,安排李泽明、刘东东(二人均已判刑)去打姜小伟。龙武带李、刘二人指认姜小伟后,把史锦钟给的仿制手枪交给李泽明,并购置了两把不锈钢菜刀交给李、刘二人。随后龙武躲在永新县城茗园街一灯具店附近负责接应,李泽明先持枪朝站在店门口的被害人贺珂开枪(枪未击发),后李、刘二人分别持刀将贺珂砍伤。李、刘二人事后才得知,误将贺珂当作姜小伟砍伤。作案后,史锦钟安排龙武等人到自己位于吉安市青原区的出租房内躲避。经鉴定,被害人贺珂的伤势为轻伤甲级。

2012年1月,史锦钟多次指示龙武要在过年前打到姜小伟。1月17日下午,龙武在永新县城茗园街发现姜小伟的行踪后,随即赶到史锦钟的哥哥史锦明家中纠集尹友朵、龚鹏去砍姜小伟。龚鹏找来3把菜刀,后3人驾驶一辆小轿车前往茗园街寻找姜小伟。在"日丰管业"店门口发现姜小伟后,龙武先持刀砍向姜小伟腿部,姜随即往店内躲避,龚鹏、尹友朵、龙武3人持刀朝姜小伟头部、背部、手臂、腿部等处乱砍。见姜小伟被砍倒在地,3人驾车逃离。龙武向史锦钟报告已经砍到姜小伟,史锦钟便要3人先返回史家,然后交给龙武2 000元,并先后安排刘晓武、尹忠华等人帮助3人逃匿。被害人姜小伟经医院抢救无效死亡。经鉴定,姜小伟系失血性休克死亡。

2.被害人夏永东曾打过被告人史锦钟。2004年,夏永东因琐事在史锦钟经营的发廊里打了一个人,史锦钟要求夏永东赔偿未果,便决意报复。2004年10月10日晚,史锦钟纠集被告人沈卫和"小飞""飞侠"(二人均另案处理),四人持两把仿六四手枪、一把猎枪、一把砍刀,在永新县城品牌街开枪击伤夏永东。经鉴定,夏永东的伤势为轻伤乙级。

3. 2006年6月,被告人史锦钟组织成员被姜小伟手下打伤。6月29日,史锦钟邀集沈卫、尹卫民、高远宇、刘海清(均已判刑)等骨干成员商议报复。在发现被害人龙海涛等人行踪后,尹卫民带上一支六连发转盘枪,纠集尹忠华、尹友朵、贺小云(均已判刑)驾车跟踪,沈卫驾车纠集黄建军(已判刑)等人、刘海清驾车纠集吴小园(已判刑)等人、高远宇驾车纠集尹志权(已判刑)等人均朝高桥楼方向追去。在永新县高桥楼派出所地段,尹卫民等人驾车合围被害人黄小康、龙海涛等人驾驶的车辆,尹卫民下车持枪威胁黄小康等人,尹忠华、贺小云分别持马刀、锁具砍砸被害人驾驶汽车的玻璃,黄建军、尹志权、龙风荣(已判刑)持刀将被害人砍伤。经鉴定,被害人黄小康、龙海涛、刘路平为轻伤甲级,田志强为轻伤乙级。经鉴定,尹卫民所持枪支具有杀伤力。

(其他故意伤害事实,开设赌场、赌博、非法持有枪支、非法拘禁、强迫交易、窝藏事实以及其他违法事实略)

吉安市中级人民法院经审理认为,被告人史锦钟的行为已构成组织、领导黑社会性质组织罪、故意伤害罪、以危险方法危害公共安全罪,开设赌场罪、赌博罪、非法持有枪支罪、非法拘禁罪、强迫交易罪,依法应数罪并罚。史锦钟在黑社会性质组织中起组织、领导作用,系首要分子。其在刑罚执行完毕后五年以内再犯应当判处有期徒刑以上刑罚之罪,系累犯,应当从重处罚……依照《中华人民共和国刑法》第二百九十四条第一款、第五款,第二百三十四条,第一百一十五条第一款,第三百零三条,第一百二十八条第一款,第二百三十八条第一款,第二百二十六条,第三百一十条第一款,第二十五条第一款,第二十六条第一款、第三款,第四十八条第一款,第五十二条,第五十六条第一款,第五十七条第一款,第六十五条第一款,第六十七条第一款、第三款,第六十八条,第六十九条,第七十条,第三十六条第一款的规定,判决如下:

被告人史锦钟犯组织、领导黑社会性质组织罪,判处有期徒刑九年,并处没收财产人民币五万元;犯故意伤害罪,判处死刑,缓期二年执行,剥夺政治权利终身;犯以危险方法危害公共安全罪,判处有期徒刑十年;犯开设赌场罪,判处有期徒刑三年,并处罚金人民币三万元;犯赌博罪,判处有期徒刑二年,并处罚金人民币两万元;犯非法持有枪支罪,判处有期徒刑四年;犯非法拘禁罪,判处有期徒刑二年;犯强迫交易罪,判处有期徒刑二年,并处罚金人民币一万元。决定执行死刑,缓期二年执行,剥夺政治权利终身,并处没收财产人民币五万元,罚金人民币六万元。

(其他被告人判决情况略)

一审宣判后,吉安市人民检察院以被告人史锦钟到案后无悔罪表现,一审法院判处史锦钟死缓,属于适用法律不当,导致量刑畸轻,应当判处死刑为由提出抗诉。

被告人史锦钟、尹忠华、龙武、尹友朵、龚鹏、刘晓武、沈卫、尹卫民、刘海清以其行为不构成组织、领导、参加黑社会性质组织罪分别提出上诉。

江西省高级人民法院经审理后认定,2004年10月10日晚,被告人史锦钟伙同他人故意伤害夏永东一案不属于黑社会性质组织所实施的犯罪,系史锦钟等人实施的个人犯罪。

江西省高级人民法院经审理认为,上诉人史锦钟的行为已构成组织、领导黑社会性质组织罪、故意伤害罪、以危险方法危害公共安全罪、开设赌场罪、赌博罪、非法持有枪支罪、非法拘禁罪、强迫交易罪,依法应数罪并罚。史锦钟在黑社会性质组织中起组织、领导作用,系首要分子。其在刑罚执行完毕后五年以内再犯应当判处有期徒刑以上刑罚之罪,系累犯,应当从重处罚。考虑史锦钟有一定的认罪悔罪表现,对其可酌情从轻处罚,对其所犯故意伤害罪可判处死刑,但不必立即执行。同时考虑史锦钟系黑社会性质组织的组织者、领导者,人身危险性极大,对其应限制减刑。对江西省人民检察院支持抗诉意见书和出庭意见中关于一审对史锦钟判处死缓,量刑畸轻,应当判处死刑立即执行的意见不予采纳……依照《中华人民共和国刑事诉讼法》第二百二十五第一款第一项、第二项,第二百二十六条第二款,第二百三十七条和《中华人民共和国刑法》第二百九十四条第一款、第四款、第五款,第二百三十四条,第一百一十五条第一款,第三百零三条,第一百二十八条第一款,第二百三十八条第一款,第二百二十六条,第三百一十条,第二十五条第一款,第二十六条第一款、第三款、第四款,第四十八条第一款,第五十条第二款,第五十二条,第五十六条第一款,第五十七条第一款,第六十五条第一款,第六十七条第一款、第三款,第六十八条,第六十九条,第七十条之规定,判决如下:

1. 维持一审判决对上诉人史锦钟的定罪量刑。

2. 对上诉人史锦钟限制减刑。

(其他上诉人、原审被告人的定罪处刑情况略)

二、主要问题

如何认定黑社会性质组织形成的时间。

三、裁判理由

黑社会性质组织的形成有无明确的时间节点?如果无法判断时间节点,那么,在黑社会性质组织成员在较早之前实施的违法犯罪行为,能否认定为组织的违法犯罪行为?该问题在司法实践中有不同的认识。具体到本案,发生在2004年的史锦钟纠集沈卫故意伤害夏永东的犯罪行为能否认定为黑社会性质组织的犯罪行为?该问题需要通过明确黑社会性质组织形成的时间节点才能解决。

黑社会性质组织一般都会有一个从产生、发展到逐步壮大的过程。随着组织的发展演变和犯罪行为的积累,其组织特征、经济特征、行为特征和非法控制特征逐渐形成、完备。严格来说,前述四个特征都具备了,才可称之为黑社会性质组织,但正如2009年下发的《最高人民法院、最高人民检察院、公安部办理黑社会性质组织犯罪案件座谈会纪要》所指出的,普通犯罪集团、恶势力团伙向黑社会性质组织发展是一个渐进的过程,没有明显的性质转变的节点,审判中也难以判明四个特征何时均已具备,认定标准无法统一。2015年9月7日,最高人民法院在广西壮族自治区北海市召开会议,并形成《全国部分法院审理黑社会性质组织犯罪案件工作座谈会纪要》(以下简称2015年《纪要》)。该文件规定:"黑社会性质组织存续的起点,可以根据涉案犯罪组织举行成立仪式或者进行类似活动的时间来认定。没有前述活动的,可以根据足以反映其初步形成核心利益或者强势地位的重大事件发布时间进行审查判断。没有明显标志性事件的,也可以根据涉案犯罪组织为维护、扩大组织势力、实力、影响、经济基础或者按照组织惯例、纪律、活动规约而首次实施有组织的犯罪活动的时间进行审查判断。"该规定不仅体现了在审判实践中认定黑社会性质组织形成时间的必要性、重要性,同时也确定了可供操作的具体标准,对于准确适用法律,切实做到罚当其罪,维护公平正义有重要意义。

从司法实践情况来看,尽管举行成立仪式也并不意味着黑社会性质组织的四个特征都已具备,但由于此类活动往往带有明确组织层级、结构、宗旨、目标的性质,故将举行成立仪式作为黑社会性质组织形成时间的起点很少会引起争议。不过,由于黑社会性质组织的成熟程度、严密程度毕竟不同于典型的黑社会组织,通过举行专门仪式来宣告成立的为数很少,故仅此一个判断标准尚不足以应对实践中各类复杂情况。审判时可以发现,有相当多的黑社会性质组织在发展过程中,都存在对其树立非法权威、争夺势力范围、获取稳定经济来源具有重要意义的违法犯罪活动或其他重大事件。这些违法犯罪活动或重大事件的具体情形和后果不尽相同:有的是击垮主要竞争对手、有的是抢到重要资源、还有的是制造重大社会影响并极大提升了犯罪组织的知名度。但其相同之处在于,它们都会对黑社会性质组织的发展、升级产生显著的推动或催化作用。将这些违法犯罪活动或重大事件作为黑社会性质组织的形成起点,不仅易于判断,而且也符合黑社会性质组织的成立宗旨和发展规律。当然,确实也有一些案件中不存在明显的标志性事件。在此情况下,可以按照2015年《纪要》的规定,将首次实施有组织犯罪活动的时间作为形成起点。应当注意的是,"首次实施有组织犯罪活动"并非仅指实施犯罪的方式具有组织性,更重要的是看该犯罪是否为了组织利益、按照组织意志而实施,以及犯罪能否体现该组织追求非法控制的意图。认定黑社会性质组织的违法犯罪活动,并非只有那些直接体现组织利益和组织意图的违法犯罪活动才能构成,只要符合组织惯例、纪律、活动规约,或者客观上起到维护和扩大组织势力、实力、影响、经济基础作用的也可认定。但是,在判断黑社会性质组织形成时间起点时,由于还没有所谓的惯例、纪律、活动规约可供参照,反映非法控制意图的事实尚不充分,如果作为判断依据的"首次实施有组织犯罪活动"不能体现组织利益、意图,则会失去应有的作用和意义。

结合本案事实,以史锦钟为首的犯罪组织,通过多年的发展,组织者、领导者明确,基本骨干一直稳定,而且不断发展其他成员,人数多达20余人。该组织不仅层级分明,且内部已形成一系列成员必须遵守的不成文的规矩,如不准吸毒、接受指令后必须执行且不得问原因、成员之间不允许发生矛盾等。该组织在永新县等地实施了一系列违法犯罪活动,涉及9项罪名、19起犯罪事实、7起违法事实,其中仅开设赌场一项便获利数百万元。该犯罪组织虽尚未能完全控制当地某个行业,但在赌博等非法行业内,对其他存在竞争关系的违法犯罪者不断进行打击,追求非法控制的意图十分明显,且在当地赌博行业内已形成重大影响。为谋取更大的非法利益,该组织还不断拓展涉足的领域,追求对当地工程招投标市场、茶蔸收购市场的非法控制,对永新县的经济、社会生活秩序形成重大影响,已具备黑社会性质组织的四个特征。

该黑社会性质组织的形成、发展具有一定的代表性,经历了从恶势力团伙逐步发展为黑社会性质组织的过程。从时间上看,大致分为前后两个阶段:2004年至2006年是前一个阶段。在该阶段内,史锦钟依附于当地恶势力头目刘文广手下,团伙成员还有本案被害人姜小伟。在追随刘文广期间,史锦钟因私人恩怨,于2004年10月纠集沈卫等人持枪打伤另一恶势力团伙头目夏永东,迫使夏永东离开永新县,此举为史锦钟积累了个人"声望",史锦钟也借此开始组织、网罗多名社会闲散人员直接受其差遣。第二个阶段是自2006年刘文广死后直至本案案发。刘文广之死导致以其为首的恶势力团伙开始分裂,史锦钟自立门户,并居于新的犯罪组织核心。随着沈卫、尹卫民、高远宇、刘海清、刘晓武、张江华、龙武、尹忠华、尹友朵、黄建军、尹志权等人的加入,以史锦钟为首的犯罪组织势力日渐增大,追求非法控制的意图日益明显。从此时开始,史锦钟一方面积极为该组织的发展积蓄经济实力,通过有组织地开设赌场、聚众赌博谋取非法利益;另一方面为确立其所领导的犯罪组织在永新县区域内的强势地位,有目的、有计划地打压与其有竞争关系的姜小伟犯罪组织。2006年6月29日,史锦钟指使沈卫、刘海清、高远宇、尹卫民、尹忠华、黄建军及尹志权等组织成员携带枪支和刀具在永新县高桥楼镇将姜小伟团伙成员龙海涛、何俊、黄小康等人打伤。该次犯罪,史锦钟犯罪组织的成员几乎全部参加,并将姜小伟一方的数名骨干成员打伤打残,致使姜小伟犯罪组织在此后实力大为减弱。此次犯罪不仅是典型的带有"争霸"性质的有组织犯罪,而且对史锦钟犯罪组织排除竞争对手、确立非法权威产生了重要影响。虽然在司法机关的打击下,史锦钟犯罪组织大部分成员或入狱或潜逃,在一段时间内呈分散解体状态,但该组织的恶名和史锦钟的个人权威已经形成,并对之后该组织的死灰复燃起到了重要作用。2008年史锦钟刑满释放后,该组织成员又迅速聚拢到其身边,其间又发展了刘晓武、龙武、龚鹏和尹忠华等骨干成员,社会闲散人员雷作、廖红旗、刘峰、皮文林、周江维、吕金伟等纷纷加入,组织规模不断巩固和扩大。至此，该犯罪组织以暴力、威胁或其他手段，实施了大量有组织的违法犯罪活动，大肆敛财、壮大经济实力，并将所得财产部分用于违法犯罪活动和维系组织的生存发展，形成了一个以永新县城为地域基础，以史锦钟为组织者、领导者，以尹忠华、龙武、刘晓武、龚鹏、沈卫、尹卫民、尹友朵、刘海清、高远宇为积极参加者，张江华、皮文林、刘峰、李泽明、刘东东、雷作、周江维、吕金伟、廖红旗、黄建军和尹志权为一般参与者，组织架构完整、层级清晰、结构稳定的黑社会性质组织。综上，2006 年 6 月，史锦钟指使组织成员在永新县高桥楼故意伤害黄小康、龙海涛等人一案可视为该黑社会性质组织的形成起点。

与之相比较，2004 年 10 月史锦钟、沈卫等人故意伤害夏永东一案，虽然是由史锦钟与涉案黑社会性质组织成员沈卫等人共同有组织地实施，客观上也提升了史锦钟的恶名，但该起犯罪是因个人恩怨而引发，既不涉及组织利益，也无法反映追求非法控制的意图。况且，当时史锦钟只是刘文广恶势力团伙的一名成员，尚未创建由其自己领导的犯罪组织，因此，不能据此认定涉案黑社会性质组织始于 2004 年 10 月，该起犯罪也不能认定为黑社会性质组织的犯罪，二审法院予以纠正是正确的。

（撰稿：江西省高级人民法院　周素阳
审编：最高人民法院刑三庭　周　川）

［第 1158 号］刘汉等人组织、领导、参加黑社会性质组织案
——如何认定黑社会性质组织实施的违法犯罪活动；如何认定组织者、领导者对具体犯罪的罪责

【关键词】　黑社会性质组织　组织者　领导者

一、基本案情

被告人刘汉，男，汉族，1965 年 10 月 25 日出生，原系四川汉龙（集团）有限公司董事局主席，曾任中国人民政治协商会议四川省第九届委员会委员，第十届、第十一届委员会常务委员会委员，四川省工商业联合会副会长。2013 年 8 月 8 日因本案被逮捕。

被告人唐先兵，男，汉族，1974 年 8 月 11 日出生。2013 年 7 月 27 日因本案被逮捕。

被告人仇德峰，男，汉族，1979 年 5 月 16 日出生，2002 年 11 月 4 日因犯寻衅滋事罪被判处有期徒刑四年，2005 年 5 月 30 日刑满释放。2013 年 7 月 27 日因本案被逮捕。

（其他被告人、被告单位的基本情况略）

湖北省咸宁市人民检察院以被告人刘汉犯组织、领导黑社会性质组织罪，故意杀人罪，故意伤害罪，非法拘禁罪，非法买卖枪支罪，非法持有枪支、弹药罪，串通投标罪，非法经营罪，敲诈勒索罪，故意毁坏财物罪，妨害公务罪，寻衅滋事罪，开设赌场罪，窝藏罪，骗取贷款、票据承兑、金融票证罪；被告人唐先兵犯参加黑社会性质组织罪，故意杀人罪，故意伤害罪……被告人仇德峰犯参加黑社会性质组织罪、故意杀人罪……向咸宁市中级人民法院提起公诉。

咸宁市中级人民法院经审理查明：

（一）组织、领导、参加黑社会性质组织的事实

1993 年，被告人刘汉在四川省广汉市开办圣罗兰游戏机厅，从事赌博活动，由其哥哥刘坤（曾

用名刘建，另案处理）管理。此后，刘汉与孙晓东（另案处理）在四川省绵阳市合伙成立绵阳市平原建材公司，通过经营建筑材料、从事期货交易等业务，逐渐积累经济实力，并于1997年3月在绵阳市成立被告单位四川汉龙（集团）有限公司（以下简称汉龙集团），后又安排被告人刘小平（刘汉的姐姐）管理公司财务。同年4月，汉龙集团成立绵阳小岛建设开发有限公司，在绵阳市游仙区小岛开发房地产，招募被告人唐先兵、仇德峰等组建保安队。保安队多次对当地村民使用暴力，强行推进工程建设，唐先兵等人将村民熊伟杀死。其间，被告人孙华君（孙晓东的哥哥）经营典当行，网罗被告人缪军、李波、车大勇、刘岗等人在广汉市、绵阳市发展黑恶势力。孙华君为刘汉、孙晓东发展经济实力提供武力保护，将缪军、车大勇、刘岗派到刘汉、孙晓东开办的经济实体工作，在刘汉、孙晓东的指使下组织唐先兵等人枪杀了对汉龙集团产生威胁的王永成。

与此同时，以刘维（刘汉的弟弟，另案被告人）为首的黑恶势力在被告人刘汉的资助下不断发展、壮大。1994年9月，刘维因妨害公务被取保候审后回到广汉市。刘汉将圣罗兰游戏机厅交给刘维经营，出资为刘维开办餐饮、娱乐场所。刘维积累了一定经济实力后，逐步发展手下成员，将广汉市有名的"操哥"（混社会的人）陈富伟的小弟曾建军（另案被告人）、张顺（另案处理）收归名下，还将陈力铭、旷晓燕、文香灼、旷小坪（均系另案被告人）等人发展为小弟。曾建军、陈力铭、旷晓燕、文香灼、旷小坪等人亦各自发展手下成员。刘维安排曾建军等人在赌博游戏机厅"看场子"、收取"保护费"，枪杀了与其争夺势力范围的"操哥"周政，逐步垄断了广汉市赌博游戏机行业。刘维还成立广汉市乙源实业发展有限公司等经济实体大肆敛财，结交四川省什邡市人民检察院原副检察长刘忠伟、四川省德阳市公安局刑侦支队原政委刘学军、德阳市公安局装备财务处原处长吕斌（均系另案被告人）等人充当其保护伞，将广汉市音豪娱乐会所作为组织集会场所。刘维还为刘汉、孙晓东聚敛钱财、排除异己提供暴力支持，多次派手下携带枪支保护刘汉，为刘汉、孙晓东等人杀害王永成、策划杀害史俊泉提供枪支，并策划枪杀了对刘家产生威胁的陈富伟。

随着经济实力的增强，被告人刘汉与孙晓东于2000年将汉龙集团总部迁至四川省成都市。刘汉、孙晓东通过"政商结合"，不仅成为四川省知名的民营企业家，还分别获得四川省政协常委、绵阳市人大代表等身份，并利用政治地位和结交的关系多次对刘维、孙华君等人的违法犯罪活动提供庇护。

被告人刘汉与刘维、孙晓东、孙华君以兄弟亲情、合作经营为纽带，以汉龙集团等经济实体为依托，相互支持、相互融合，逐步形成了以刘汉、刘维、孙晓东为组织者、领导者，被告人唐先兵、孙华君、缪军、曾建军、文香灼、旷小坪、陈力铭、旷晓燕和詹军（另案被告人）等人为骨干成员，被告人刘岗、李波、车大勇、仇德峰、刘小平、肖永红和张东华、田先伟、张伟、袁绍林、曾建、桓立柱、孙长兵、闵杰、李君国、钟昌华、黄谋、王雷、王万洪、刘光辉（均系另案被告人）等人为其他参加者的较稳定的犯罪组织。刘汉负责决策和指挥整个组织的运转；孙晓东负责执行刘汉指示及汉龙集团日常经营管理；刘维负责为组织打击、铲除对手，谋取非法利益，树立非法权威。

该犯罪组织崇尚暴力，从武术学校、退伍军人中招募多名保安、保镖，吸纳刑满释放人员和社会闲散人员，购置刀具、警械，非法买卖、持有大量枪支、弹药，为实施暴力犯罪提供保障。该犯罪组织宣扬"为公司利益要敢打敢冲，出了事公司会负责""要是公司遇到事了，打架要打赢，要勇敢一点""表现好的有重用，不好的被开除""'哥佬倌'带小弟，小弟服从'哥佬倌'指挥"等不成文的规约和纪律，纵容成员为组织利益实施违法犯罪活动，并通过奖励、提拔为组织利益"敢打敢冲"的成员和开除少数违反组织纪律的成员，不断强化组织纪律和规约，树立组织者、领导者权威。

该犯罪组织不仅通过有组织地实施开设赌场、敲诈勒索等违法犯罪活动敛财，壮大经济实力，还分别依托汉龙集团、乙源实业公司等经济实体的经营活动攫取巨额经济利益，具有强大的经济实力。为了扩充经济实力、维护组织利益，被告人刘汉和刘维、孙晓东等人以暴力为后盾，利用黑恶势力排挤、打击竞争对手，铲除障碍，“以黑护商”。该组织还“以商养黑”，将所获收益部分用于支持组织成员实施违法犯罪活动，购买枪支、弹药、刀具和车辆等作案工具，提升组织犯罪能力，增强组织威慑力；组织手下成员聚会、娱乐、吸毒等，为组织成员发放工资、奖金，购买房屋、车辆，偿还赌债，提供逃跑、赔偿费用；收买国家工作人员，为组织实施违法犯罪活动提供庇护。

该犯罪组织为树立其非法权威，维护其非法利益，为非作恶，欺压、残害群众，有组织地实施了故意杀人，故意伤害，非法拘禁，非法买卖枪支，非法持有枪支、弹药，敲诈勒索，故意毁坏财物，妨害公务，寻衅滋事，开设赌场，窝藏等数十起犯罪活动以及随意殴打他人、聚众赌博、串通拍卖等11起违法行为，共造成8人死亡、多人受伤等极其严重的危害后果。该组织通过实施违法犯罪活动及利用国家工作人员的包庇和纵容，称霸一方，在广汉市、绵阳市、什邡市等地形成重大影响，并对广汉市的赌博游戏机行业形成非法控制，严重破坏了上述地区的经济秩序和社会生活秩序。

（二）故意杀人的事实

1. 1997年4月，汉龙集团成立小岛公司，开发四川省绵阳市游仙区小岛。工程开发过程中，小岛公司多次与当地村民发生冲突。在1998年3月至4月间的一次冲突中，被告人唐先兵（小岛公司保安）被村民熊伟（男，绰号熊三娃，殁年22岁）打伤。唐先兵起意报复熊伟，并请同为该公司保安的被告人仇德峰等人帮忙。1998年8月13日23时许，唐先兵从仇德峰处得知熊伟行踪后，携带水果刀赶到绵阳市凯旋酒廊。仇德峰向唐先兵指认了熊伟所在位置，唐先兵走进酒廊，持刀朝熊伟右胸部连扎两刀后跑出酒廊，乘坐仇德峰事先租好的出租车逃离现场。熊伟被他人送往医院经抢救无效死亡。经法医鉴定，被害人熊伟系外伤性心脏破裂死亡。时任汉龙集团娱乐有限公司经理的被告人肖永红得知情况后，当即向孙晓东汇报，并分别安排唐先兵、仇德峰到广汉躲藏，为二人提供生活费，仇德峰工资照发。后仇德峰回到绵阳，汉龙集团将其从小岛公司保安队调至工程部开车，工资待遇提高。

2. 1999年年初，被害人王永成（男，殁年29岁）的朋友李小东因琐事被汉龙集团员工何均等人砍伤，王永成扬言要炸毁汉龙集团办公场所、保龄球馆及汉龙集团总经理孙晓东乘坐的车辆。孙晓东得知该消息后，即向被告人刘汉作了汇报，刘汉指使孙晓东找人“做掉”王永成。孙晓东向被告人孙华君、缪军传达了刘汉要教训王永成的指示。孙华君安排黄强、杨建伟（均另案处理）打探王永成行踪，提供桑塔纳轿车用于作案。刘维应孙晓东的要求，安排其司机罗廷刚（另案处理）将2支手枪、1支滑膛枪送交缪军。缪军安排被告人车大勇开车，将枪支分发给被告人唐先兵、刘岗、李波，组织唐先兵等人试枪并在汉龙集团职工宿舍集中住宿。同年2月13日晚，黄强、杨建伟在绵阳市凯旋酒廊发现王永成，随即联系缪军。缪军安排车大勇驾驶桑塔纳轿车载唐先兵、刘岗、李波前往，其随后赶到。在凯旋酒廊门口，黄强向缪军等人指认了王永成，缪军先行离开。唐先兵、刘岗各持手枪在凯旋酒廊门口守候，李波持滑膛枪在附近警戒。当王永成走出凯旋酒廊时，唐先兵朝王连开两枪，将王击倒在地。刘岗亦开枪，但因枪支故障未能击发。随后，车大勇驾车接应唐先兵等人逃离现场。王永成因被枪弹击伤致外伤性心脏破裂、双肺裂创，经抢救无效死亡。

事后，当地公安机关根据相关线索怀疑孙华君、缪军等人涉嫌犯罪，对其进行抓捕。缪军、车大勇将作案所用桑塔纳轿车销毁。孙晓东将王永成已被杀死以及公安机关抓捕情况向被告人刘汉作了汇报，刘汉当即安排孙华君等人到深圳市佳宁娜广场小区躲藏。经刘汉同意，孙晓东在孙华君、缪军逃匿期间从汉龙集团的资产中给予孙华君、缪军共计100余万元，为唐先兵、刘岗、缪军长期发放工资直至该三人归案，还提供凯迪拉克轿车和奥迪 A8 轿车给孙华君使用。

（其他犯罪事实略）

咸宁市中级人民法院认为，被告人刘汉伙同他人网罗被告人唐先兵、孙华君、缪军、刘岗、李波、仇德峰、肖永红、车大勇、刘小平等，形成较稳定的犯罪组织。该组织存续 20 年，成员多达 30 余人，有明确的组织者、领导者，骨干成员基本固定；通过有组织地实施违法犯罪活动或者其他手段获取经济利益，具有强大的经济实力，以支持该组织的活动；以暴力、威胁或者其他手段，有组织地实施故意杀人、故意伤害、非法拘禁等违法犯罪活动数十起，非法持有、买卖枪支 20 支，为非作恶，欺压、残害群众，共造成 8 人死亡、多人受伤等严重后果；通过实施违法犯罪活动和利用国家工作人员的包庇、纵容，称霸一方，在四川省广汉市、绵阳市、什邡市等地形成重大影响，并对广汉市的赌博游戏机行业形成非法控制，该犯罪组织依法应认定为黑社会性质组织。被告人刘汉组织、领导黑社会性质组织，其行为构成组织、领导黑社会性质组织罪。被告人刘汉作为黑社会性质组织的组织者、领导者和首要分子，应当对该组织所实施的全部罪行负责，其行为分别构成组织、领导黑社会性质组织罪，故意杀人罪，故意伤害罪，非法拘禁罪，非法买卖枪支罪，非法持有枪支、弹药罪，非法经营罪，敲诈勒索罪，故意毁坏财物罪，妨害公务罪，开设赌场罪，寻衅滋事罪和窝藏罪。被告人唐先兵积极参加黑社会性质组织，并伙同其他组织成员故意非法剥夺他人生命，故意损害他人身体健康，其行为分别构成参加黑社会性质组织罪、故意杀人罪、故意伤害罪……被告人仇德峰参加黑社会性质组织，伙同其他组织成员故意非法剥夺他人生命，其行为分别构成参加黑社会性质组织罪、故意杀人罪……依照《中华人民共和国刑法》第二百九十四条第一款、第四款、第五款，第二百三十二条，第二百三十四条，第二十五条第一款，第二十六条，第六十四条，第六十七条第三款，第六十九条和《最高人民法院关于审理黑社会性质组织犯罪的案件具体应用法律若干问题的解释》第三条第一款……（其他法律规定略）的规定，判决如下：

1. 被告人刘汉犯组织、领导黑社会性质组织罪，判处有期徒刑十五年，并处没收个人全部财产；犯故意杀人罪，判处死刑，剥夺政治权利终身；犯故意伤害罪，判处有期徒刑十三年；犯非法拘禁罪，判处有期徒刑十年；犯非法买卖枪支罪，判处有期徒刑三年；犯非法持有枪支、弹药罪，判处有期徒刑五年；犯非法经营罪，判处有期徒刑七年，并处没收财产人民币三千万元；犯敲诈勒索罪，判处有期徒刑五年；犯故意毁坏财物罪，判处有期徒刑三年；犯妨害公务罪，判处有期徒刑二年；犯开设赌场罪，判处有期徒刑五年，并处罚金人民币二百万元；犯寻衅滋事罪，判处有期徒刑二年；犯窝藏罪，判处有期徒刑二年；犯骗取贷款、票据承兑、金融票证罪，判处有期徒刑六年，并处罚金人民币五千万元。决定执行死刑，剥夺政治权利终身，并处没收个人全部财产。

2. 被告人唐先兵犯参加黑社会性质组织罪，判处有期徒刑七年，并处罚金人民币二十万元；犯故意杀人罪，判处死刑，剥夺政治权利终身；犯故意伤害罪，判处有期徒刑十三年。决定执行死刑，剥夺政治权利终身，并处罚金人民币二十万元。

3. 被告人仇德峰犯参加黑社会性质组织罪，判处有期徒刑三年，并处罚金人民币五万元；犯故意杀人罪，判处有期徒刑十年，剥夺政治权利一年。决定执行有期徒刑十二年，剥夺政治权利一年，并处罚金人民币五万元。

（其他被告人、被告单位的判决情况略）

宣判后，被告人刘汉、唐先兵、仇德峰提出上诉。

刘汉及其辩护人提出：刘汉不构成组织、领导黑社会性质组织罪，原审判决所认定的组织犯罪，有的系孙晓东、刘维组织实施，刘汉事先根本不知情；有的系他人出于个人恩怨实施；有的被法院生效判决确认为个人犯罪。将这些由多人为各自目的所实施的犯罪拼凑成“有组织地”实施违法犯罪活动，与事实不符，刘汉不应承担刑事责任等上诉理由和辩护意见。

唐先兵及其辩护人提出：唐先兵不属于黑社会性质组织骨干成员，现有证据无法证明王永成身上的致命枪伤系唐先兵造成，也没有充分的证据证明熊伟身上的致命刀伤系唐先兵造成等上诉理由和辩护意见。

仇德峰及其辩护人提出：熊伟被杀案应定性为故意伤害罪，仇德峰系黑社会性质组织的其他参加者，在熊伟被杀案中系从犯等上诉理由和辩护意见。

湖北省高级人民法院经审理认为，原审判决认定上诉人刘汉犯组织、领导黑社会性质组织罪，故意杀人罪，故意伤害罪，非法拘禁罪，非法买卖枪支罪，非法持有枪支、弹药罪，敲诈勒索罪，故意毁坏财物罪，妨害公务罪，开设赌场罪，寻衅滋事罪，窝藏罪；上诉人唐先兵犯参加黑社会性质组织罪、故意杀人罪、故意伤害罪；上诉人仇德峰犯参加黑社会性质组织、故意杀人罪的事实清楚，定罪准确，量刑适当。依法判决：上诉人刘汉犯骗取贷款、票据承兑、金融票证罪，判处有期徒刑四年，并处罚金人民币一千万元，与原审判决对其犯组织、领导黑社会性质组织罪，判处有期徒刑十五年，并处没收个人全部财产；犯故意杀人罪，判处死刑，剥夺政治权利终身；犯故意伤害罪，判处有期徒刑十三年；犯非法拘禁罪，判处有期徒刑十年；犯非法买卖枪支罪，判处有期徒刑三年；犯非法持有枪支、弹药罪，判处有期徒刑五年；犯敲诈勒索罪，判处有期徒刑五年；犯故意毁坏财物罪，判处有期徒刑三年；犯妨害公务罪，判处有期徒刑二年；犯开设赌场罪，判处有期徒刑五年，并处罚金人民币二百万元；犯寻衅滋事罪，判处有期徒刑二年；犯窝藏罪，判处有期徒刑二年并罚，决定执行死刑，剥夺政治权利终身，并处没收个人全部财产。驳回唐先兵、仇德峰的上诉，维持原判。湖北省高级人民法院依法对被告人刘汉、唐先兵的死刑判决报请最高人民法院核准。

最高人民法院复核认为，被告人刘汉伙同他人组织、领导人数众多、骨干成员基本固定的较稳定的犯罪组织，有组织地通过违法犯罪活动或者其他手段获取经济利益，具有支持该组织活动的经济实力，以暴力、威胁或者其他手段，有组织地多次进行违法犯罪活动，为非作恶，欺压、残害群众，称霸一方，在一定区域或者行业内形成非法控制或者重大影响，严重破坏经济、社会生活秩序，其行为已构成组织、领导黑社会性质组织罪……在故意杀害王永成的共同犯罪中，刘汉提出杀人犯意，事后藏匿、资助组织成员，起组织、指挥作用……故意杀害熊伟的犯罪系黑社会性质组织的骨干成员唐先兵为维护组织利益而实施……被告人唐先兵积极参加黑社会性质的组织，其行为已构成参加黑社会性质组织罪；唐先兵伙同他人故意非法剥夺被害人生命，其行为已构成故意杀人罪……第一审、第二审判决认定被告人刘汉组织、领导黑社会性质组织，故意杀人，故意伤害，非法拘禁，非法买卖枪支，非法持有枪支、弹药，敲诈勒索，故意毁坏财物，妨害公务，寻衅滋事，开设赌场和窝藏的事实和被告人唐先兵参加黑社会性质组织、故意杀人、故意伤害的事实，以及第二审判决认定被告人刘汉骗取贷款、票据承兑、金融票证的事实清楚，证据确实、充分，定罪准确。第一审判决中除非法经营罪和骗取贷款、票据承兑、金融票证罪以外的量刑及第二审判决量刑适当。审判程序合法。故裁定核准湖北省高级人民法院(2014)鄂刑一终字第00076号刑事判决中对被告人刘汉和被告人唐先兵的定罪量刑部分。

二、主要问题

1. 如何认定黑社会性质组织实施的违法犯罪活动？

2. 如何认定组织者、领导者对具体犯罪的罪责？

三、裁判理由

（一）黑社会性质组织违法犯罪活动的认定

在审理黑社会性质组织犯罪案件中，正确区分黑社会性质组织违法犯罪和组织成员个人违法犯罪的重要意义:一是对于解决黑社会性质组织组织者、领导者的刑事责任问题有至关重要的影响。黑社会性质组织的组织者、领导者不仅应对其本人直接组织、策划、指挥、参与实施的违法犯罪活动承担责任,而且应当对黑社会性质组织实施的违法犯罪承担责任。因此,准确界定黑社会性质组织实施的违法犯罪的范围,是确定组织者、领导者刑事责任的基础和前提。二是有助于准确认定黑社会性质组织的行为特征。黑社会性质组织的行为特征是"以暴力、威胁或者其他手段,有组织地多次进行违法犯罪活动,为非作恶,欺压、残害群众"。可见,构成黑社会性质组织,必须有一定违法犯罪活动量的积累。没有量的积累,不可能"称霸一方",也不可能"在一定区域或者行业内,形成非法控制或者重大影响"。因此,准确认定黑社会性质组织实施的违法犯罪活动,有助于从行为特征上把握黑社会性质组织的构成条件,避免把组织成员个人实施的违法犯罪活动认定为组织实施的违法犯罪活动,进而导致把一些松散的犯罪团伙、恶势力团伙升格为黑社会性质组织。三是有助于准确认定参加黑社会性质组织的行为。由于黑社会性质组织在发展程度上与典型的黑社会组织还存在差异,很少会通过举行仪式、登记造册等显见形式来发展和管理组织成员,往往要通过被告人是否参加黑社会性质组织的违法犯罪活动来判断其是否已经接受黑社会性质组织的领导与管理。因此,正确区分组织的违法犯罪与成员个人的违法犯罪,对于准确认定参加黑社会性质组织罪也有直接影响。四是有助于明确组织成员的罪责。准确界定黑社会性质组织实施的违法犯罪活动,有助于正确区分积极参加者和其他参加者。相反,将组织成员个人实施的违法犯罪活动认定为组织实施的违法犯罪活动,有可能不恰当地将本属于其他参加者的被告人升格为积极参加者,从而加大其罪责。

2009年下发的《最高人民法院、最高人民检察院、公安部办理黑社会性质组织犯罪案件座谈会纪要》(以下简称2009年《纪要》)对黑社会性质组织违法犯罪与组织成员个人违法犯罪进行了区分,列举了属于黑社会性质组织违法犯罪活动的五种情形,其中四种情形属于并非由组织者、领导者直接组织、策划、指挥、参与的违法犯罪,即"由组织成员以组织名义实施,并得到组织者、领导者认可或者默许的违法犯罪活动;多名组织成员为逞强争霸、插手纠纷、报复他人、替人行凶、非法敛财而共同实施,并得到组织者、领导者认可或者默许的违法犯罪活动;组织成员为组织争夺势力范围、排除竞争对手、确立强势地位、谋取经济利益、维护非法权威或者按照组织的纪律、惯例、共同遵守的约定而实施违法犯罪活动……"。上述情形下,虽然并非由组织者、领导者直接组织、策划、指挥、参与实施,但应认定为组织的违法犯罪,即意味着组织者、领导者要承担相应的罪责。2015年最高人民法院印发的《全国部分法院审理黑社会性质组织犯罪案件工作座谈会纪要》进一步强调:"属于2009年《座谈会纪要》规定的五种情形之一的,一般应当认定为黑社会性质组织实施的违法犯罪活动,但确与维护和扩大组织势力、实力、影响、经济基础无任何关联,亦不是按照组织惯例、纪律、活动规约而实施,则应作为组织成员个人的违法犯罪活动处理。"

可以看出,组织者、领导者并非对所有组织成员实施违法犯罪承担责任,纯粹由组织成员个人实施的犯罪,不能视为组织犯罪。组织者、领导者之所以要对一些并非由自己直接组织、策划、指挥、参与的违法犯罪承担责任,一言以蔽之,是与组织意志和组织利益有关。详言之:第一,"由组织成员以组织名义实施,并得到组织者、领导者认可或者默许的违法犯罪活动"。是指组织成员以组织名义实施违法犯罪时原本未经组织者、领导者授意,属于"越权"行为。但因组织成员以组织名义实施,不言而喻能扩大组织的影响力,符合组织利益,且因得到了组织者、领导者的认可或默许,体现了组织意志,因而视为组织犯罪。第二,"多名组织成员为逞强争霸、插手纠纷、报复他人、替人行凶、非法敛财而共同实施的违法犯罪"。此类违法犯罪虽然行为人主观动机上不一定是为了组织利益,但因上述行为是黑社会性质组织经常实施的违法犯罪,通常手段上具有暴力、胁迫性，方式上为公开化或半公开化，犯罪的附带后果能扩大组织的影响力和势力，客观上符合组织利益。而且，多名组织成员共同实施，本身在一定程度上能反映组织意志，尤其是得到组织者、领导者的认可或默许，可能体现组织的意志，因而视为组织犯罪。第三，“组织成员为组织争夺势力范围、排除竞争对手、确立强势地位、谋取经济利益、维护非法权威而实施违法犯罪”。显而易见，这几种情形都是为了组织利益而实施的违法犯罪。其中，为组织谋取经济利益较为直接，而为组织争夺势力范围、排除竞争对手、确立强势地位、维护非法权威与组织的潜在利益有关，有利于黑社会性质组织在今后的竞争中取得优势地位，从而谋取更大的经济利益，因而视为组织犯罪。第四，“按照组织的纪律、惯例、共同遵守的约定而实施违法犯罪活动”。所谓组织的纪律、共同遵守的约定，是指组织制定或者自发形成的，并用以明确组织内部人员管理、职责分工、行为规范、利益分配、行动准则等事项的成文或不成文的规定、约定；所谓惯例，是指能够体现组织意志、宗旨的一贯做法。可见，上述四种情形均能体现组织意志或符合组织利益，或者是组织利益和组织意志的统一，如果与组织利益无任何关联，即使有组织者、领导者的认可和默许，也不能视为组织犯罪。

本案中，故意杀害熊伟的犯罪虽然表面上看似是因组织成员与被害人的个人恩怨而引发，但实际上与维护组织利益密切相关，符合组织的纪律、惯例和共同遵守的约定，属于比较典型的组织犯罪。被告人刘汉崇尚暴力，汉龙集团从武术学校、退伍军人中招募多名保安、保镖，吸纳在逃犯罪嫌疑人、刑满释放人员和社会闲散人员，大量购置枪支、弹药、刀具、警械，为实施暴力犯罪提供保障。该犯罪组织宣扬“为公司利益要敢打敢冲”“打架要打赢”“表现好的有重用，不好的被开除”等不成文的规约和纪律，纵容组织成员为组织利益实施违法犯罪活动。不仅如此，该犯罪组织还通过奖励、提拔为组织利益“敢打敢冲”的成员和开除少数违反组织纪律的成员，不断强化组织纪律和规约，对组织成员的行为产生导向作用。

故意杀害熊伟犯罪是汉龙集团在暴力开发过程中发生的案件。该犯罪组织的另一名组织者、领导者孙晓东的供述可以证明，在开发小岛村时，公司跟村民发生纠纷多用暴力解决。其向刘汉汇报保安将小岛村村民打伤的事，刘汉比较赞同，说只要工程能够顺利推进，不管采用什么方法都行，员工为了公司利益出了事该管就管，该花钱的花钱，该赔钱的赔钱，该鼓励的鼓励，该奖励的奖励。之后，孙晓东将刘汉的意思向下传达。当熊伟被杀案发生后，其向刘汉汇报了情况。刘汉对唐先兵表示赞许，说“这个娃还可以”。由此可见，刘汉虽然事先对故意杀害熊伟案并不具体知晓，但其对组织成员采用暴力手段持肯定态度。该起犯罪的具体参与者唐先兵、仇德峰、肖永红均系汉龙集团的保安或负有保安管理职责的人员。唐先兵到汉龙集团当保安后，汉龙集团领导多次向其灌输暴力文化，其在与小岛村村民的冲突中表现较好，立即受到公司奖励，安排其免费学习驾驶技术，并调整到汉龙娱乐公司当保安。其本人接受上述观念后，认为敢打敢杀才能得到上级的赏识，故在工程开发过程中与熊伟发生冲突后，蓄意报复杀害对方。熊伟被杀后，小岛村村民对汉龙公司心存恐惧，之后，开发项目更为顺利。因此，唐先兵的行为不仅客观上符合汉龙集团的利益，该起犯罪亦得到了组织者、领导者的认可。因此，故意杀害熊伟犯罪既属于组织成员为维护组织利益实施的犯罪，又属于按照组织的纪律、惯例、共同遵守的约定而实施的犯罪。第一、二审判决及最高人民法院复核裁定认定上述犯罪系组织犯罪，刘汉应承担责任是正确的。

（二）组织者、领导者对具体犯罪的罪责范围和程度

黑社会性质组织的组织者、领导者是组织的发起者、创建者，在组织中处于领导地位，对整个组织的运行起着决策、指挥、管理作用。因此，组织者、领导者不仅应对其直接组织、策划、指挥、

参与实施的违法犯罪活动承担责任，而且应当对该组织所犯全部罪行承担刑事责任。但在对具体犯罪承担刑事责任的范围和程度上，实践中不无争议。概括起来有两个层次的问题：

1. 组织者、领导者对具体犯罪承担罪责的范围

关于组织者、领导者对具体犯罪承担罪责的范围，有两种观点：第一种观点认为，根据《最高人民法院关于审理黑社会性质组织犯罪案件具体应用法律若干问题的解释》（以下简称《司法解释》）第三条的规定，"……对于黑社会性质组织的组织者、领导者，应当按照其所组织、领导的黑社会性质组织所犯的全部罪行处罚"。因此，组织者、领导者应对其直接组织、领导的罪行承担责任，而不是对黑社会性质组织的全部罪行承担责任。第二种观点认为，组织者、领导者应对黑社会性质组织所犯的全部罪行承担刑事责任，即组织者、领导者与犯罪行为的组织者、策划者、指挥者、实施者构成共犯，应根据其在共同犯罪中的地位和作用对具体犯罪承担刑事责任。

我们同意第二种观点。理由是：(1)第一种观点错误理解了司法解释的规定，"应当按照其所组织、领导的黑社会性质组织所犯的全部罪行处罚"，意在强调组织者、领导者对黑社会性质组织所犯的罪行承担责任，而不能对组织成员个人的罪行承担责任，此处的"组织、领导"限定的是"黑社会性质组织"，而不是"罪行"。(2)刑法第二十六条第三款规定："对组织、领导犯罪集团的首要分子，按照集团所犯的全部罪行处罚。"黑社会性质组织是犯罪集团的高级表现形式，黑社会性质组织的组织者、领导者也是犯罪集团的首要分子，应按照黑社会性质组织所犯的全部罪行处罚。(3)2009年《纪要》进一步规定，对黑社会性质组织的组织者、领导者，应根据法律规定和该纪要中关于"黑社会性质组织实施的违法犯罪活动"的规定，按照该组织所犯的全部罪行承担责任。

2. 组织者、领导者对具体犯罪承担罪责的程度

组织者、领导者对黑社会性质组织所犯的全部罪行承担刑事责任，并不意味着组织者、领导者在具体犯罪中承担最重罪责，而要根据其在具体犯罪中的地位和作用来确定罪责。具体来说，在确定组织者、领导者对具体犯罪的罪责时，应把握以下原则：

第一，组织者、领导者对于并非由自己直接组织、策划、指挥、参与的犯罪一般不承担最重的责任。如上文所述，2009年《纪要》规定了四种并非由组织者、领导者直接组织、策划、指挥、参与的违法犯罪。上述四种情形下，组织者、领导者对具体犯罪只是一般性地知晓，甚至根本不知晓，只应负一般的责任，而应当由具体犯罪的起意者、组织者、指挥者或者实施者承担最重的责任。

第二，组织者、领导者对由其直接组织、策划、指挥、参与实施的犯罪，一般应承担最重的刑事责任。实践中存在的争议问题是，如果组织者、领导者提出犯意后未参与具体的策划、实施，如何确定其罪责程度？《最高人民法院关于审理故意杀人、故意伤害案件正确适用死刑的指导意见》指出：对于雇凶者与受雇者共同直接实施故意杀人、故意伤害犯罪的，应认定雇凶者为罪行最为严重的主犯；雇凶者没有直接实施故意杀人、故意伤害犯罪行为，但参与了共同犯罪的策划，实施了具体组织、指挥行为的，对雇凶者也应认定为罪行最为严重的主犯；雇凶者只是笼统提出犯意，没有实施具体组织、指挥行为，积极实施犯罪行为的受雇者可以认定为罪行最为严重的主犯。我们认为，上述意见对黑社会性质组织犯罪案件具有参考意义，但审判时应当结合涉黑犯罪的自身特点来把握，不能机械理解。具体来说，如果组织者、领导者不仅提出犯意，而且具体策划、组织、指挥，或者直接参与实施犯罪的，当然应认定为罪责最为严重的主犯。但是，如果组织者、领导者没有针对具体犯罪进行策划、组织、指挥以及参与实施，只是提出犯意后交由组织成员负责实施，也并不能就此认为组织者、领导者不是罪责最为严重的主犯，还应当结合具体案情进行分析。这是因为，黑社会性质组织犯罪不同于一般共同犯罪、团伙犯罪，组织者、领导者与组织成员的联系

更加紧密，具有领导与被领导、管理与被管理的关系，犯罪的组织化程度也更高，分工更明确，隐蔽性更强。基于这些特点，组织者、领导者往往只需要躲在幕后发号施令即可，不必策划、组织、指挥具体的违法犯罪活动，参与实施的情况就更少。实践中，组织者、领导者一旦发出指示，组织成员都会不遗余力地执行，如果简单套用上述意见，无疑会给黑社会性质组织的组织者、领导者逃避处罚以可乘之机。

刘汉、刘维组织、领导黑社会性质组织案中，该组织实施的杀害周政、王永成、陈富伟等三起故意杀人犯罪，均由组织者、领导者提起犯意，骨干成员组织实施，其他组织成员具体执行，是自上而下层层安排；组织者、领导者或骨干成员事先准备枪支、车辆等作案工具，对作案人员进行分工，作案后安排作案人员逃避法律追究，充分反映出该犯罪组织有很强的犯罪能力，实施违法犯罪活动时的组织性很强。在故意杀害王永成的犯罪中，被告人刘汉虽然并未就如何作案等问题进行具体的策划、安排，更未直接参与实施犯罪，但该犯罪组织另一组织者、领导者孙晓东的供述证明，刘汉指使其找几个人把王永成“做掉”。组织成员孙华君的供述也证明，其和缪军这样“操社会”的人都明白刘汉的意思是要杀掉王永成。因此，刘汉在该起犯罪中并非仅是笼统地提出犯意，其对组织成员的指示较为明确。而且，刘汉在案发后安排孙华君、缪军等人藏匿，并提供资助，符合该犯罪组织实施违法犯罪活动的一贯分工和做法，凸显出刘汉在该起犯罪中发挥着“幕后总指挥”的作用，应当认定为该起故意杀人犯罪中罪责最为严重的主犯，第一、二审判决及最高人民法院复核裁定对刘汉判处死刑是正确的。

（撰稿：最高人民法院刑五庭　绳万勋
审编：最高人民法院刑三庭　周　川）

［第1160号］牛子贤等人绑架、敲诈勒索、开设赌场、重婚案

——如何准确把握黑社会性质组织的认定标准，最高人民法院经复核认为涉黑罪名不成立的应如何依法处理

【关键词】　黑社会性质组织　四个特征　死刑复核

一、基本案情

被告人牛子贤，男，1967年11月23日出生。2010年6月4日因涉嫌犯绑架罪被逮捕。

（其他被告人的基本情况略）

河南省新乡市人民检察院以被告人牛子贤犯组织、领导黑社会性质组织罪，绑架罪，敲诈勒索罪，开设赌场罪，重婚罪，向新乡市中级人民法院提起公诉。

被告人牛子贤当庭辩解，其行为不构成组织、领导黑社会性质组织罪；其没有与吕福秋、时丽等人预谋，没有索要钱财，没有指使杀人，没有敲诈被害人邢云康、邢云峰。其辩护人提出，认定牛子贤犯绑架罪的证据不足，其行为也不构成组织、领导黑社会性质组织罪和敲诈勒索罪、重婚罪。

新乡市中级人民法院经公开审理查明：

（一）组织、领导、参加黑社会性质组织的事实

2007年以来，被告人牛子贤利用朋友、亲属、同学等关系纠集一些社会上的无业闲散人员，在

新乡市区进行绑架、开设赌场、敲诈勒索等违法犯罪活动，逐渐形成了以牛子贤为首，被告人吕福秋、牛震等为骨干成员，被告人时丽、胡俊忠、李来刚、周鑫、岳静等为积极参加者的具有黑社会性质的犯罪组织。为攫取经济利益，该犯罪组织采取开设赌场、敲诈勒索等犯罪方式获取非法利益。平时，这些犯罪组织成员接受牛子贤指挥、分工，为牛子贤所开设的赌场站岗、放哨、记账、收账并从事其他犯罪活动。每次参加开设赌场等犯罪活动后，牛子贤都将非法所得以“工资”形式分给参加者，或拿钱给参加者吃饭等。在组织纪律方面，牛子贤要求组织成员按其制定的开设赌场规矩交纳“保证金”，以保证组织成员在为其开设的赌场服务期间能尽职尽责，否则将没收“保证金”。由此该组织成员逐渐形成了听从牛子贤指挥、安排的习惯性行为，从而进行犯罪活动。在实施违法犯罪活动过程中，牛子贤亲自或指使组织成员多次以威胁、暴力手段从事绑架、敲诈勒索等违法犯罪活动，影响极其恶劣，给国家、集体财产和公民个人生命及财产造成了重大损失，对当地的社会生活秩序和经济秩序造成了严重破坏。

（二）绑架、非法拘禁、故意杀人、帮助毁灭证据的事实

被告人牛子贤为达到勒索财物目的，经与被告人吕福秋商量后，多次授意被告人时丽利用女色引诱男人，进行绑架来勒索钱财。2010年3月30日22时许，时丽在牛子贤的授意下，将被害人李旦火诱骗至新乡市牧野区王村镇牛村建材市场南口，牛子贤指使吕福秋找人控制李旦火。吕福秋以“有人遛小燕（时丽）了，牛子贤让去打那个人一顿”为借口，纠集被告人牛震、周鑫、岳静、胡俊忠将李旦火从其车上拽下进行殴打，并用手铐将李旦火拘禁在位于王村镇牛村的牛子贤的仓库内，后周鑫、牛震、岳静、胡俊忠相继离开。牛子贤到仓库后与吕福秋采取殴打等方式逼迫李旦火向其朋友打电话索要现金，并搜走李旦火现金3 000元及手机一部。后牛子贤、吕福秋担心事情败露，牛子贤决定将李旦火杀死。次日23时许，吕福秋通知牛震，牛震又通知周鑫来到仓库，吕福秋说牛子贤要将李旦火杀死，并递给周鑫一条毛巾，周鑫接过毛巾后和吕福秋一起将李旦火勒死。随后，牛子贤开车赶到仓库，从车后备厢拿出事先准备好的编织袋，和吕福秋、牛震、周鑫一起将李旦火的尸体装入编织袋，掩埋于牧野区栗屯桥北170米处的垃圾填埋场。同年4月1日晚，岳静在得知李旦火被杀死后，又和吕福秋、牛震、周鑫一起在掩埋尸体的地方压上几块水泥块以掩盖痕迹。经法医鉴定，不排除李旦火系因机械性窒息而死亡。

（三）开设赌场的事实

2007年以来，被告人牛子贤为达到敛财目的，伙同被告人李光军、李洪全、李双志、李伟、裴铮铮等人在新乡市牧野区王村镇牛村等处开设赌场，并多次组织、雇佣被告人李来刚、胡俊忠、牛震、吕福秋、岳静及被告人程新亮、李宁、赵桂宁和曹金宝（另案处理）等人充当赌场站岗、放哨、放高利贷、记账、收账人员，组织多人以麻将牌“四挂四”的形式进行赌博，牛子贤等人从中非法获利。

（四）敲诈勒索的事实

2009年1月某日21时许，被告人高志强、牛震驾驶被告人牛子贤的黑色雪佛兰轿车在新乡市人民路“金三角”市场地下涵洞，与被害人邢云康、邢云峰驾驶的拉煤货车发生碰撞，造成雪佛兰轿车右后车门及后保险杠受损。因高志强与邢云康认识，双方同意私了。邢云康因急着开车去市区卸煤便让邢云峰留下，其卸煤后来处理此事。后邢云康一直未来，高志强通知牛子贤，牛子贤便带领被告人吕福秋等人赶至现场，将邢云峰带至位于新乡市牧野区牛村一仓库内。因邢云康迟迟未来，高志强、牛震、吕福秋等人便采用殴打、威胁等手段逼迫邢云峰打电话，让其父亲及邢云康来解决此事。次日凌晨2时至3时许，牛子贤、高志强、牛震和被告人牛子良等人在新乡市环宇立交桥附近和开货车的邢云康见面，并将货车扣留，将邢云峰放回。后牛子贤等以要求

赔偿车损、给手下人“发工资”为由敲诈勒索邢云康现金7 849.70元。

(重婚的事实略)

新乡市中级人民法院经审理认为,被告人牛子贤等人组织、领导和参加以暴力、威胁或者其他手段,有组织地进行的违法犯罪活动,为非作恶,严重破坏经济、社会生活秩序的黑社会性质组织。其中,牛子贤系黑社会性质组织的组织者、领导者,其行为已构成组织、领导黑社会性质组织罪。牛子贤作为黑社会性质组织的首要分子,应当对该组织所犯的全部罪行承担刑事责任。牛子贤等人以勒索财物为目的绑架他人,并杀害被绑架人,其行为均已构成绑架罪。在绑架犯罪中,牛子贤与他人共同预谋并实施绑架,系主犯,应当按照其所参与的全部犯罪处罚。牛子贤等人以营利为目的,长期开设赌场,其行为均已构成开设赌场罪。在开设赌场犯罪中,牛子贤起主要作用,系主犯,应当按照其所参与的全部犯罪处罚。牛子贤等人敲诈勒索他人财物,数额较大,其行为均已构成敲诈勒索罪。在敲诈勒索犯罪中,牛子贤起主要作用,系主犯,应当按照其所参与的全部犯罪处罚。牛子贤有配偶而重婚,其行为已构成重婚罪。牛子贤犯有数罪,应当数罪并罚。关于辩护人所提牛子贤的行为不构成组织、领导黑社会性质组织罪的意见,经查,以牛子贤为首的犯罪集团具有较为明确的组织性,通过犯罪活动获取经济利益,以暴力、威胁等手段多次进行违法犯罪活动,欺压、残害群众,对当地的社会生活秩序和经济秩序造成了严重破坏,故对该辩护意见不予采纳。关于辩护人所提认定牛子贤犯绑架罪证据不足的意见,经查,牛子贤与被告人吕福秋、时丽预谋绑架并杀害被害人的犯罪事实不仅有各被告人的供述相互印证,而且有现场勘查笔录、鉴定意见、编织袋、铁锹、通话记录、相关证人证言等证据证实,故对该辩护意见不予采纳。关于辩护人所提牛子贤不构成敲诈勒索罪的意见,经查,牛子贤伙同其他被告人以赔偿车损、给手下“发工资”为由,扣押他人及车辆,并殴打被害人,其行为符合敲诈勒索罪特征,故对该辩护意见不予采纳。依照《中华人民共和国刑法》第二百九十四条,第二百三十九条第二款,第二百七十四条,第二百五十八条,第二十五条第一款,第二十六条,第四十八条第一款、第二款,第五十二条,第五十七条第一款,第六十九条等规定,判决如下:

被告人牛子贤犯组织、领导黑社会性质组织罪,判处有期徒刑六年;犯绑架罪,判处死刑,剥夺政治权利终身,并处没收个人全部财产;犯开设赌场罪,判处有期徒刑二年九个月,并处罚金人民币五万元;犯敲诈勒索罪,判处有期徒刑二年,并处罚金人民币二千元;犯重婚罪,判处有期徒刑一年。决定执行死刑,剥夺政治权利终身,并处没收个人全部财产。

(其他被告人的判决情况略)

一审宣判后,被告人牛子贤上诉提出,其没有为绑架被害人李旦火进行预谋和准备,李旦火是在何人提议、指使下被害的事实不清,其不应对李旦火的死亡后果负责;其不具有敲诈勒索的主观故意,也没有实施敲诈勒索的客观行为,与被害人邢云峰之间的纠纷属于普通交通事故引发的民事赔偿,不构成敲诈勒索罪;其与时丽没有以夫妻名义共同生活,不构成重婚罪;原判认定其构成组织、领导黑社会性质组织罪没有证据支持。

河南省人民检察院出庭意见是:一审判决认定的主要犯罪事实清楚,证据确实、充分;在定性方面,在被害人李旦火被拘禁并被杀害的犯罪中,被告人牛子贤的行为应在定性为抢劫罪和故意杀人罪;牛子贤等人的行为符合黑社会性质组织犯罪的组织性、经济性及行为性特征,但在危害性特征即影响力和控制性特征方面的证据稍显薄弱;原判对牛子贤量刑适当,建议二审法院根据本案证据情况、量刑情节等依法裁判。

河南省高级人民法院经二审审理认为,关于上诉人牛子贤及其辩护人所提其行为不构成黑社会性质组织犯罪的意见,经查,以牛子贤为首的犯罪团伙具有较为明确的组织性,通过犯罪活动获取经济利益，以暴力、威胁等手段多次进行违法犯罪活动，欺压、残害群众，对当地的社会生活秩序和经济秩序造成了严重破坏，在当地具有重大影响，故牛子贤等人的行为符合黑社会性质组织犯罪的四个特征，构成黑社会性质组织犯罪。牛子贤系黑社会性质组织的组织、领导者，其行为已构成组织、领导黑社会性质组织罪。在牛子贤等人所犯的绑架罪、故意杀人罪、非法拘禁罪、帮助毁灭证据罪中，牛子贤等人预谋从被害人李旦火处勒索钱财，客观上实施了控制、拘禁李旦火并要求李旦火向亲朋要钱的行为，后又合谋杀死李旦火，符合绑架犯罪的构成要件，其行为已构成绑架罪，当场劫取财物的行为被绑架罪所吸收。关于牛子贤及其辩护人所提牛子贤不应对李旦火死亡后果负责的意见，经查，牛子贤虽未直接动手杀害李旦火，但其是绑架杀人犯罪的组织、策划、指挥者，应对李旦火死亡后果负责，且其是罪行最为严重的主犯，应依法严惩。牛子贤等人敲诈勒索他人财物，数额较大，其行为已构成敲诈勒索罪。在敲诈勒索犯罪中，牛子贤等人强行扣留并殴打被害人邢云峰，逼迫邢云峰打电话让亲属解决问题，后扣留车辆，向邢云峰、邢云康索要超出修车费用近5倍的赔偿款，其行为符合敲诈勒索罪的构成要件，且牛子贤系主犯。牛子贤的行为还构成开设赌场罪、重婚罪。原判定罪准确，量刑适当，审判程序合法。依照《中华人民共和国刑事诉讼法》第二百二十五条第一款第一项之规定，裁定驳回上诉，维持原判，并依法报请最高人民法院核准。

最高人民法院经复核确认的被告人牛子贤实施绑架、开设赌场、敲诈勒索、重婚犯罪的事实与一、二审认定一致，但认为，黑社会性质组织应当同时具备组织特征、经济特征、行为特征和非法控制特征，本案并无充分证据证实牛子贤为首的犯罪团伙同时具备上述“四个特征”，故依法不能认定为黑社会性质组织。由于一、二审法院认定牛子贤犯罪团伙系黑社会性质组织及牛子贤等人的行为构成涉黑犯罪不当，且是否认定涉黑犯罪对多名同案被告人的定罪量刑均有影响，故依法不予核准牛子贤死刑，将本案发回河南省高级人民法院重新审判。

二、主要问题

1. 如何准确把握黑社会性质组织的认定标准？

2. 对于报送核准死刑的黑社会性质组织犯罪案件，经复核认为涉黑罪名不成立的，应如何依法处理？

三、裁判理由

（一）认定黑社会性质组织必须同时具备四个法定特征

自1997年刑法新增“组织、领导、参加黑社会性质组织罪”以来，准确界定和把握黑社会性质组织的认定标准便成为理论界和司法实践关注的焦点和难点，甚至最高司法机关之间也一度出现认识分歧。为此，全国人大常委会于2002年4月28日通过了《全国人大常委会关于〈中华人民共和国刑法〉第二百九十四条第一款的解释》（以下简称《立法解释》）明确规定，“‘黑社会性质的组织’应当同时具备以下特征：（一）形成较稳定的犯罪组织，人数较多，有明确的组织者、领导者，骨干成员基本固定；（二）有组织地通过违法犯罪活动或者其他手段获取经济利益，具有一定的经济实力，以支持该组织的活动；（三）以暴力、威胁或其他手段，有组织地多次进行违法犯罪活动，为非作恶，欺压、残害群众；（四）通过实施违法犯罪活动，或者利用国家工作人员的包庇或者纵容，称霸一方，在一定区域或者行业内，形成非法控制或者重大影响，严重破坏经济、社会生活秩序”。由此，认定黑社会性质组织所必备的“四个特征”，即组织特征、经济特征、行为特征和非法控制特征正式确立。2011年5月1日起施行的刑法修正案（八），将《立法解释》规定的黑社会性质组织的认定标准直接写入刑法，从而彻底解决了原条文罪状不清、表述不明的问题，为惩治涉黑犯罪提供了更加完备的法律武器。

不过,随着2006年年初开始的“打黑除恶”专项斗争的推进和司法实践的发展,黑社会性质组织犯罪不断表现出新变化、新特点,各级公检法机关对于黑社会性质组织认定标准等具体问题的争议仍然时有发生,有时甚至影响了办案效果。为此,最高人民法院、最高人民检察院、公安部于2009年12月联合印发了《办理黑社会性质组织犯罪案件座谈会纪要》,重点对过去七八年间司法实践中争议较为集中的黑社会性质组织的认定等问题进行了说明,细化了“四个特征”的具体认定标准,增加了可操作性。为继续推进“打黑除恶”专项斗争,准确适应刑法、刑事诉讼法对涉黑犯罪相关规定的修改,更好地满足依法惩治黑社会性质组织犯罪的需要,最高人民法院又于2015年研究制定了《全国部分法院审理黑社会性质组织犯罪案件工作座谈会纪要》。该纪要对司法实践中反映较为突出,但2009年《纪要》未作规定或者有关规定尚需进一步细化的问题进行了补充和完善,使黑社会性质组织“四个特征”的认定标准更加清晰。

我们认为,鉴于涉黑犯罪的严重社会危害性,必须毫不动摇地依法加以严惩,同时也应认真贯彻落实宽严相济刑事政策,正确把握“打早打小”与“打准打实”的关系,准确区分“涉黑”与“涉恶”的差别。具体而言,在审理涉黑犯罪案件中,应当坚持罪刑法定原则和证据裁判原则,本着实事求是的态度,严格依照刑法的规定和两个座谈会纪要的精神认定黑社会性质组织。对于指控证据尚未达到“确实、充分”的程度,不符合黑社会性质组织认定标准的,应当根据案件事实和证据,依照刑法的相关规定予以处理,对被告人依法定罪处刑,不能勉强认定为黑社会性质组织犯罪。

具体到本案,在案并无充分证据证实被告人牛子贤犯罪团伙同时具备组织特征、经济特征、行为特征和非法控制特征等“四个特征”,故依法不能认定为黑社会性质组织。具体分析如下:

第一,认定被告人牛子贤犯罪团伙具备组织特征的证据不充分。从刑法规定和两个座谈会纪要的精神来看,黑社会性质组织应当具有一定规模,人数较多,组织成员一般在10人以上;应有明确的组织者、领导者,骨干成员基本固定,并有比较明确的层级和职责分工。具有一定的组织纪律或者活动规约,虽然不是黑社会性质组织的必要条件之一,但却是认定组织特征时的重要参考依据。综观本案,其一,虽然公诉机关指控牛子贤等8人系组织成员,人数较为接近前述要求,但时丽、周鑫、岳静、胡俊忠、李来刚等人多系被临时纠集参与作案,与牛子贤合伙经营赌场的李光军、李洪全、李双志、李伟、裴铮铮等人均不属于组织成员,涉案人员尚没有形成稳定的组织体系。其二,牛子贤犯罪团伙没有成文或者不成文的组织纪律或者活动规矩,牛子贤要求手下人交纳“保证金”系其经营赌场时管理雇员的必要手段,难以认定为组织纪律或者活动规约。其三,牛子贤、吕福秋、牛震、周鑫、时丽、岳静等人之间并不存在明显的层级关系,相互之间并非管理与被管理的上下级,也没有明确固定的职责分工,反映不出组织性。因此,现有证据不能认定牛子贤犯罪团伙具备黑社会性质组织的组织特征。

第二,认定被告人牛子贤犯罪团伙具备经济特征的证据不充分。根据刑法规定和两个座谈会纪要的精神,黑社会性质组织的经济特征,是指有组织地通过违法犯罪活动或者其他手段获取经济利益,具有一定的经济实力,以支持该组织的活动。“一定的经济实力”,是指黑社会性质组织在形成、发展过程中获取的,足以支持该组织运行、发展以及实施违法犯罪活动的经济利益。而是否将所获经济利益全部或部分用于违法犯罪活动或者维系犯罪组织的生存、发展,即所获经济利益是否在客观上起到豢养组织成员、维护组织稳定、壮大组织势力的作用,是认定经济特征的重要依据。本案证据反映,牛子贤获取经济利益的主要途径是开设赌场,但赌场收入一般由各合伙人按出资比例分配,并非由牛子贤全权支配或者独享。赌场的部分收入用于支付雇员工资,也并非由牛子贤决定,不能认定其以此方式豢养组织成员。牛子贤在3年多时间内从赌场获利几十万元，经济实力相对薄弱，且所获赃款基本上用于其个人及家庭支出，尚无证据证实牛子贤将所获取的上述不义之财用于保持组织稳定、实施其他违法犯罪、支持组织活动或者维系组织的生存与发展。也就是说，牛子贤既没有为有组织地实施违法犯罪活动提供经费、出资购买刀具、枪支等作案工具，也没有为组织成员发放福利、奖励或者为帮助组织成员逃避法律追究而支付必要的费用，等等。因此，现有证据不能认定牛子贤犯罪团伙具备黑社会性质组织的经济特征。

第三，认定被告人牛子贤犯罪团伙具备行为特征的证据不充分。根据刑法的规定和两个座谈会纪要的精神，黑社会性质组织的行为特征，是指以暴力、威胁或者其他手段，有组织地多次进行违法犯罪活动，为非作恶，欺压、残害群众。“有组织地多次进行违法犯罪活动”是认定黑社会性质组织的必要条件之一，涉案犯罪组织实施的犯罪活动不多，仅触犯少量具体罪名的，是否应认定为黑社会性质组织，要结合组织特征、经济特征和非法控制特征综合判断，严格把握。从本案看，牛子贤等人仅实施了3起犯罪，且目的均是图财，与追求非法控制无关。其中，只有开设赌场犯罪具有一定的持续性，而敲诈勒索犯罪发生于2009年1月，纯属偶发案件，牛子贤等人所实施的绑架犯罪又与敲诈勒索犯罪相隔一年两个月之久。虽然本案从形式上看基本符合“多次实施违法犯罪活动”的条件，但这些违法犯罪活动既反映不出牛子贤等人长期欺压、残害无辜群众，也反映不出牛子贤等人有逞强争霸、争权势力范围、确立“江湖”地位等目的，故现有证据不能认定牛子贤犯罪团伙具备黑社会性质组织的行为特征。

第四，认定被告人牛子贤犯罪团伙具备非法控制特征的证据不充分。根据刑法的规定，“通过实施违法犯罪活动，或者利用国家工作人员的包庇或者纵容，称霸一方，在一定区域或者行业内，形成非法控制或者重大影响，严重破坏经济、社会生活秩序”是黑社会性质组织的非法控制特征。该特征是黑社会性质组织的本质特征，也是该组织区别于一般犯罪集团的关键所在。从本案情况来看，首先，虽然牛子贤等人在3年多时间里多次非法开设赌场并获利数十万元，但并无扩张的行为或意图，在案证据不能证明牛子贤等人对当地的其他地下赌场有任何影响。其次，牛子贤等人所实施的绑架、敲诈勒索犯罪均具有随机性，侵害对象有限且犯罪目的单一，既没有对当地群众形成心理强制或者威慑，也没有表现为“称霸一方”；既不属于插手民间纠纷、经济纠纷，也不属于干扰破坏他人正常生产、经营。换言之，并无确实、充分的证据证实牛子贤犯罪团伙对当地经济、社会生活秩序造成了严重破坏，现有证据不能认定牛子贤犯罪团伙具备黑社会性质组织的非法控制特征。

综上，由于本案不符合黑社会性质组织的认定标准，牛子贤等人的行为依法不构成组织、领导、参加黑社会性质组织罪，故最高人民法院复核后认为“一、二审认定的部分事实不清、证据不足”，依法将案件发回重审。

（二）对于报送核准死刑的黑社会性质组织犯罪案件，经复核认为涉黑罪名不成立的，应根据案件具体情况依法准确处理

最高人民法院第一次复核期间，对本案如何处理曾有三种意见：第一种意见认为，最高人民法院应直接改判，即不认定被告人牛子贤犯组织、领导黑社会性质组织的事实，以绑架罪、敲诈勒索罪、开设赌场罪、重婚罪数罪并罚，判处牛子贤死刑。第二种意见认为，应以一、二审认定的部分事实不清、证据不足为由，发回一审法院重新审判。第三种意见认为，应以一、二审认定的部分事实不清、证据不足为由，发回二审法院重新审判。经研究，最终采纳了第三种处理意见，具体理由如下：

第一，多年来，最高人民法院始终强调办理死刑案件“一审是基础、二审是关键”，并特别注重发挥二审法院对死刑案件的审查把关作用。本案中以牛子贤为首的犯罪团伙在“四个特征”方面

均与黑社会性质组织存在差距，最高人民法院将案件发回二审法院重新审判，可以促使二审法院更好地理解和把握黑社会性质组织的认定标准，从而在今后的类似案件审判过程中更好地发挥职能作用。

第二，按照《最高人民法院关于适用〈中华人民共和国刑事诉讼法〉的解释》第三百五十三条的规定，对于最高人民法院裁定不予核准死刑、发回二审法院重新审判的案件，第二审人民法院有两种处理方式：一是直接改判；二是必须通过开庭查清事实、核实证据或者纠正原审程序违法的，则应开庭审理。本案发回重审后，二审法院具有较大的选择空间，如果检察机关未能补充提供认定涉黑事实的证据，二审法院可以依法直接对涉黑事实和被告人牛子贤的定罪量刑作出改判，并可以绑架罪等非涉黑罪名再次报请核准死刑；如果检察机关能够补充提供相关证据，则可以按照二审程序开庭审理，查清事实，并重新作出是否认定涉黑犯罪的判决。

第三，由于其他被认定犯有参加黑社会性质组织罪的同案被告人的判决已生效，二审法院重审期间，既可以解决对牛子贤所涉犯罪的实体处理问题，也可以通过启动审判监督程序一并解决相关同案被告人的定罪量刑问题，无疑更有利于节约司法资源。

需要补充的是，最高人民法院作出拟不核准死刑的复核决定之前，曾依法向最高人民检察院通报了本案有关情况。最高人民检察院经审查，亦认为一、二审认定被告人牛子贤等人构成黑社会性质组织犯罪的事实不清、证据不足，且是否认定涉黑犯罪对被告人牛子贤及同案其他被告人的定罪量刑均有影响，故同意最高人民法院不核准牛子贤死刑，将案件发回二审法院重新审判的决定。二审法院对本案重新审理后，直接予以改判，对原判牛子贤的组织、领导黑社会性质组织犯罪不予认定，并以绑架罪等其他犯罪再次报送核准死刑，最高人民法院经再次复核，依法核准了被告人牛子贤死刑。

（撰稿：最高人民法院刑五庭　李晓光　邓克珠
审编：最高人民法院刑五庭　韩维中）

[第1203号]林在清等人诈骗案

——无明确的犯罪意思联络，但为诈骗犯罪分子提取赃款并获利，是否构成诈骗共犯

【关键词】　诈骗罪　共同犯罪　意思联络

一、基本案情

被告人林在清，男，1979年3月21日出生。2014年6月23日因涉嫌犯诈骗罪被刑事拘留。

被告人柯世铵，男，1983年12月3日出生。2014年7月5日因涉嫌犯诈骗罪被刑事拘留。

被告人林永生，男，1974年11月2日出生。2014年6月23日因涉嫌犯诈骗罪被刑事拘留。

被告人蓝清辉，男，1976年10月27日出生。2014年6月23日因涉嫌犯诈骗罪被刑事拘留。

淮安市淮安区人民检察院以被告人林在清、柯世铵、林永生、蓝清辉犯诈骗罪向淮安市淮安区人民法院提起公诉。

被告人林在清、林永生、蓝清辉对公诉机关指控的诈骗犯罪事实及罪名没有异议，但请求对其从轻处罚。

被告人柯世铵辩称其行为不构成诈骗罪，其辩护人提出公诉机关指控事实不清，证据不足的辩护意见。

淮安市淮安区人民法院经公开审理查明：

2014年2月，被告人林在清通过网上聊天与他人商议，由其提供银行卡账户，并在他人通过网络骗取的钱财进入其银行卡账户后代为取款。同月25日，被告人柯世铵利用伪基站群发社保补贴未有领取的短信，诱使宁夏回族自治区固原市原州区居民马秀芸将钱款人民币92 355元转入该银行卡账户，后林在清指使被告人林永生将该钱款取出，扣减其中的10%作为“报酬”，将余款转入柯世铵指定账户。

同年3月23日，被告人林在清采用同样的方法获取淮安市广州路办事处居民高崇茂钱款人民币5 500元。

同年6月7日，被告人林在清指使被告人蓝清辉将安徽省固镇县城关镇居民徐善兰银行卡账户钱款人民币25 800元取出，并将部分余款汇入该上线指定账户。

淮安市淮安区人民法院认为，被告人柯世铵以非法占有为目的，经与他人共同预谋后，通过网络伪基站假借某一地区固定电话向该地区不特定用户群发送有经济利益或利益受损信息，诱使受害人通过银行ATM机按其设定的模式进行转账或所谓的银行卡升级，从而将钱款骗入自己控制的银行卡账户；被告人林在清与上线共同预谋，为实施犯罪提供银行卡账号，直接参与或指挥他人提取上线所骗取赃款；被告人林永生、蓝清辉在被告人林在清组织指挥下，积极参与提取赃款，四被告人行为均已构成诈骗罪。遂依照《中华人民共和国刑法》第二百六十六条，第二十五条第一款，第二十六条第一款、第四款，第二十七条，第六十七条第三款，第七十二条第一款、第三款，第七十三条第二款、第三款和第六十四条之规定，分别以诈骗罪判处：林在清有期徒刑三年，并处罚金人民币三万五千元；柯世铵有期徒刑四年，并处罚金人民币三万元；林永生有期徒刑一年六个月，并处罚金人民币二万元；蓝清辉有期徒刑六个月，缓刑一年，并处罚金人民币一万五千元；扣押在案退赔款，发还给相关被害人；责令被告人继续向相关被害人退赔经济损失。

一审宣判后，被告人柯世铵、林永生不服，均向淮安市中级人民法院提出上诉，在二审法院审理期间，被告人林永生自愿申请撤回了上诉。

淮安市中级人民法院经公开审理认为，一审判决认定事实清楚，证据确实、充分，定罪准确，量刑适当，审判程序合法，遂依照《中华人民共和国刑事诉讼法》第二百二十五条第一款第一项、《最高人民法院关于适用〈中华人民共和国刑事诉讼法〉的解释》第三百零五条第一款的规定，裁定驳回柯世铵的上诉，维持原判。

二、主要问题

事先无明确的犯罪意思联络，但为诈骗犯罪分子提取赃款并获利，是否构成诈骗共犯？

三、裁判理由

信息时代的来临使信息的传递更加快捷、顺畅，但信息传递方式的普及又为公民个人信息外泄提供可能，为违法犯罪活动提供了新的运作空间和便利条件，大量诈骗短信使公民权利遭受侵犯的范围扩展到人身与有形财产方面。近年来，通过信息网络发布违法犯罪信息，进而实施违法犯罪活动的现象层出不穷，给人民群众造成严重的损失，严重破坏了社会运行的正常秩序。网络安全已成为我国乃至世界面临的一个严峻的社会安全问题。本案即是一起典型的通过网络传播虚假信息，进而骗取他人钱财的案件。

在本案审理过程中，对于被告人柯世铵的行为构成诈骗犯罪均没有异议，但对被告人林在清、林永生、蓝清辉与诈骗分子无明确的犯罪意思联络，而提取赃款并获得所谓“劳动报酬”的行为能否构成诈骗共犯存在不同认识：一种意见认为，林在清、林永生、蓝清辉事先没有明确与诈骗上线就如何进行诈骗犯罪进行预谋，所实施的犯罪行为并非由诈骗上线所指使，所获得的利益并非诈骗上线给予的，而是通过自己的所谓"劳动"所得。三被告人行为虽然客观上对诈骗分子所实施的行为起到帮助作用，但并未达到应受刑事处罚的程度，不宜以诈骗犯罪论处。另一种意见认为，虽然三被告人事先与诈骗上线未就如何具体实施诈骗犯罪进行预谋，但就其所处的生活环境以及被告人的个人认知水平，其是知道也应当知道诈骗上线所实施行为的严重社会危害性已经达到犯罪程度，在诈骗上线实施犯罪行为过程中，林在清提供银行卡账户以及与林永生、蓝清辉提取赃款等行为均是诈骗犯罪不可缺少的重要组成部分，只是在诈骗犯罪中分工不同而已，应当以诈骗共犯论处。

我们认为，共同犯罪并不是若干单独犯罪的简单相加，它必须是一个各犯罪行为人的共同犯罪故意和共同犯罪行为联系起来的犯罪整体，它体现在各共同犯罪人愿意与他人共同实施犯罪，认识到自己所实施的具体犯罪是在与他人共同实施，而且他人也在与自己共同实施，同时每一个人都希望或放任共同犯罪结果的发生。具体到本案，我们认为：

（一）三被告人对自己行为的社会危害性有明确的认识，具有实施诈骗犯罪的共同故意和行为

在共同实行犯罪的情况下，各共同犯罪人必须具有全面与互相的主观联系。所谓共同犯罪故意，是指各共同犯罪人通过意思联络，认识到他们的共同犯罪行为会发生危害社会的结果，并决意参与共同犯罪，希望或放任这种结果发生的心理态度。意思联络就是共同犯罪人以明示或暗示的方法表明愿意共同实施某种犯罪。正是这种意思联络，各共同犯罪人的个人犯罪故意才结成一体，转化为共同的犯罪故意，这种共同犯罪人之间的意思联络并不要求所有共同犯罪人之间都必须存在，只要实行犯与其他共同犯罪人之间存在意思联络即可，事前犯意联络就是故意犯罪的重要方式，它通常包括共同犯罪人之间用语言或文字互相沟通犯罪意思，就拟实施的犯罪性质、实施方法、地点、时间和分工进行商议，有时也以表示同意的身体动作作为犯意联络的行为表现。对共同犯罪而言，有无直接明确的意思联络，并不影响共同犯罪的成立。共谋的内容是共同协议决定实行犯罪，但共谋并不要求必须谋议犯罪的时间、地点、手段以及具体实行方法的细节，即使行为人不知道这些情况，只要参加犯罪基本问题的谋议就可以认定为共谋。在共同谋议实行犯罪的场合，不论其是否直接参与实行行为，都应据其在共同犯罪中所起的作用处罚。在司法实践中，法官在认定行为人的犯罪故意时就是根据行为人的行为表现，结合自身的经验、知识和一般的常理、常识进行推断。《最高人民法院、最高人民检察院、海关总署关于办理走私刑事案件适用法律若干问题的意见》推定行为人具有走私主观故意的七种情形以及《最高人民法院、最高人民检察院关于办理侵犯知识产权刑事案件具体应用法律若干问题的解释》中认定"明知"系假冒注册商标的商品的四种情形等就是以司法推定的方式认定故意在实践中的例证。

本案中，虽无明确证据可以证明林在清等人与诈骗上线之间存在整体诈骗犯罪的意思联络，但综观全案，应当说是存在如何实施犯罪的犯罪联系的，只是这种联系内容与通常状态下的预谋分工有一定的区别。本案行为人林在清作为福建安溪地区的居民，在明知当地存在许多人实施诈骗行为的情况下，自己为了挣钱而与柯世铵等人联系，且柯世铵等人已告知其所取款项系诈骗而来。从其主观而言，其对上线通过虚构信息骗取他人钱财的事实是有明确认知的，其对自己未向他人发布虚假信息、未告知被害人如何操作 ATM 机将钱款打入、钱款的进入并非自己的直接行为所致以及没有实施所谓实质性损害行为的性质如何认识，并不影响犯罪行为的成立。至于林在清与林永生、蓝清辉之间是否存在犯罪意思联络，我们认为同样不影响整个诈骗共同犯罪的

成立。基于林永生、蓝清辉自身实际情况，其二人与林在清同处福建安溪地区，对当地许多人从事虚构网络信息进行诈骗获取钱款的行为同样有较为清晰的认识，从其年龄和实施方法、利益分成看，其事先与诈骗上线未直接联系既有林在清已与上线联系清楚，无须联系的考虑，也有怕事情暴露的顾虑，况且林在清提出以这种取款方式带二人挣钱时其二人就有所感知，在其二人以后的行为实施过程中，二人是知道也是应当知道林在清所指挥行为的社会违法性，但知道而不制止、退出反而继续参与实施并获利，说明其具有临时产生共同实施犯罪行为的故意。因此，根据现有材料，完全可以认定三被告人与诈骗上线之间存在一定程度的犯罪联系，具有实施共同诈骗犯罪的主观故意。

刑法上所讲的共同犯罪行为，要求各共同犯罪人实施的行为指向同一犯罪事实，都具有社会危害性，且达到严重的程度，各共同犯罪人的行为彼此联系，互相配合，与犯罪结果之间都存在因果联系。通常情况下，自然人对行为性质的认识是通过其对行为手段或行为方法的认识来确定的。无论行为人是知道（直接故意）还是应当知道（间接故意），外界都可依据一定的客观基础事实和主观认识进行判定，具体到本案，我们认为可从下列几方面确认三被告人的行为与其上线一样均是诈骗犯罪的共同实行行为：

第一，行为手段。行为手段是行为人实现犯罪目的的重要条件。从被告人林在清等人实施犯罪的行为手段来看，其首先在网络上购买银行卡，编成代号告知柯世铵等上线，柯世铵等上线通过他人设定的伪基站发送虚假信息，在被害人认为自己有经济利益或认为自身经济利益有可能受损而与柯世铵等人联系后，柯世铵等人诱使被害人通过银行ATM机进行所谓的转账或银行卡升级，将钱款汇入林在清等人事先购买的银行卡上，再告知林在清等人前往附近银行取款。林在清等人将被害人的钱款取出，扣减其中的10%作为自己的报酬后，将余款汇入柯世铵等上线控制的银行卡。柯世铵、林在清等人煞费心机地设计、使用的这种特殊手段，利润之高、手段之怪与日常生活中的网络货物交易完全不同，也由此可以说明行为人对自己的行为后果、违法性质等要素有一定的认知。

第二，实施侵害的行为对象。柯世铵等上线是在他人对该受信用户情况并不了解，不知受害人是否有如短信所言内容的情况下，明知自己并不具有短信中所描述的资格和能力，只是为了达到犯罪目的而去实施。林在清等人对这种有选择地确定侵害对象的方式和内容是明知的。

第三，行为人案发前后的表现。林在清在案发前所办理的银行卡为网上非实名购买，柯世铵等上线在收到短信的被害人对其质疑时，往往也是直接挂断电话，不再启用原先告知的电话号码、银行卡号，在案发后毁灭、伪造证据，同时为避免被他人发现，一般都是借用非本地联系电话，而且林在清等取款也都是在非本人居住地宾馆开房，等候通知，收取钱款后立即转移，实质是一种掩盖犯罪事实、逃避法律追究的行为。

上述内容可以确认三被告人所实施的行为均是具有诈骗犯罪性质的共同实行行为。

（二）三被告人的提取赃款行为，是诈骗犯罪系列行为的一部分，是诈骗行为人实现犯罪目的不可缺少的重要组成部分

共同犯罪的严重危害性来源于其整体性，整体性体现为各犯罪人行为的相互配合、相互补充，共同犯罪故意使各共同犯罪人的行为在它的支配下成为一个统一整体。各共同犯罪人的行为不管在共同犯罪中的表现形式如何，都不是互相孤立的，而是有一个共同的犯罪目标把它们联系起来，成为统一的犯罪活动。他们每一个人的行为都是共同犯罪不可或缺的组成部分，行为表现既可是共同作为，也可是共同不作为，还可表现为作为与不作为的结合；既可能是共同实施实行行为，也可能是不同行为的配合。我们不能孤立地只就共同犯罪中的某一人的行为是否现实

地导致结果发生来认定其行为与结果之间是否存在因果关系，而应当理解为各共同犯罪人基于共同犯罪意思的联系，彼此互相利用他人的行为而共同实施犯罪，他们的行为是围绕着一个犯罪目标，互相配合、互为条件的，这些行为的总和才导致犯罪结果的发生，每个人的行为都是犯罪结果发生不可分割的原因的一部分，即使其中某一人的行为引起犯罪结果发生，其他人的行为虽然没有直接导致犯罪结果的发生，也应认为与犯罪结果之间存在因果关系。各共同犯罪人对共同实行的故意犯罪行为整体负责，而不只是对自身参与实行的犯罪行为负责。当然，在共同犯罪人之间存在分工的场合，如果事后的帮助行为不存在事前或事中通谋，就不构成共同犯罪，但如果存在事前或事中共谋，则存在共同犯罪。我国刑法第一百五十六条关于在一系列走私犯罪过程中的不同行为以走私共犯论处的规定就体现了这一点。本案也是如此，各犯罪人的行为方式虽有差异，但这种差异是基于林在清与诈骗上线网络聊天时即已确定的不同分工，他们之间是一种协作配合的关系，尽管三被告人在实施诈骗犯罪之前对犯什么罪以及如何实施犯罪等事项与诈骗上线事前无明确的犯罪预谋，但先后实施不同的犯罪行为均没有超出林在清与上线商议的范围：

首先，如上所述，本案三被告人与柯世铵等上线具有实施诈骗犯罪的共同犯罪故意，其犯罪的目的均是希望通过实施虚构事实、隐瞒真相的手段获取不特定被害人的钱财，其相互之间目的明确、手段共知，均指向同一的诈骗犯罪。

其次，各犯罪人之间行为的不同只是他们之间因特殊诈骗行为的要求而导致的不同分工。本案与其他普通共同犯罪的区别在于三被告人与诈骗上线并未见面，与被害人是通过网络联系，犯罪钱财的取得也不是从被害人手中直接取得，行为的实施具有时间、空间的不同一性，因而需要犯罪行为人采取各自不同的方法、手段，三名被告人的取款行为正是适应这种需要的行为。

最后，三被告人行为与上线的前期行为都是诈骗目的实现不可分割的组成部分，缺一不可。柯世铵等上线一方在实施自身行为时认识到自己实施完毕后，林在清等人自然会去取款并汇给自己，而林在清等三被告人在实施自身的取款行为时亦明知或应当知道取款资金来自柯世铵等上线的前期诈骗所得。事实上从购买银行卡，到通过网络向不特定人员发送虚假信息诱使他人为获得所谓钱财或避免利益受损而将钱款转移，再到将此钱款转入犯罪行为人控制的银行卡，整个过程都是诈骗犯罪的实行行为，无论是缺少诈骗上线的前期行为，还是三被告人后期到附近ATM机上将上线骗得的尚在银行的钱财取出行为，该诈骗犯罪的实际目的均不能得逞。需要特别强调的是，三被告人行为并非如有些共同犯罪中的帮助行为。认定帮助犯要从行为人在共同犯罪中的地位、参与程度、具体犯罪情节以及危害后果原因大小等因素综合考量，本案三被告人所实施行为是诈骗目的得以实现不可缺少的必要条件，缺少其行为则诈骗结果不能实现，这与在共同犯罪中未直接实行犯罪，只是对实行犯罪提供方便条件的帮助行为是有原则区别的，我们不能错误地认为虚构事实让被害人将钱款转入预先设立的账户是诈骗，其他过程都是一种辅助行为，如此则会产生林在清等三被告人行为在整个犯罪过程中的必要性以及是否构成诈骗共犯的困惑。

综上，我们同意第二种意见。一、二审法院以三被告人犯诈骗罪进行处罚是正确的。

（撰稿：江苏省淮安市淮安区人民法院　颜　赤　贺同新
审编：最高人民法院刑二庭　高洪江）

[第1214号]翟高生、杨永涛等盗窃、抢劫案

——共同预谋并实施盗窃后离开,对同伙的二次盗窃行为是否担责

【关键词】 共同犯罪 共谋共同正犯 概括故意

一、基本案情

被告人翟高生,男,1991年4月23日出生,无业。2011年9月2日因涉嫌犯盗窃罪被逮捕。

被告人杨永涛,男,1984年1月27日出生,无业。2011年9月2日因涉嫌犯盗窃罪被逮捕。

被告人程龙喜,男,1988年7月2日出生,无业。2006年4月17日因犯抢劫罪被判处有期徒刑二年,并处罚金人民币二千元;2007年12月3日刑满释放。2011年9月2日因涉嫌犯盗窃罪被逮捕。

被告人王杰,男,1987年1月7日出生,无业。2006年8月10日因犯故意伤害罪被判处有期徒刑三年,缓刑三年。2011年9月2日因涉嫌犯盗窃罪被逮捕。

江苏省无锡市人民检察院以被告人翟高生犯盗窃罪、抢劫罪,被告人杨永涛、程龙喜、王杰犯盗窃罪,向无锡市中级人民法院提起公诉。

无锡市中级人民法院经审理查明:被告人翟高生、杨永涛、程龙喜、王杰经合谋和踩点于2011年7月26日凌晨1时许,采用翻墙、撬窗等手法,先后两次进入无锡凯尔科技有限公司仓库内窃得各种型号的手机摄像头共计73 750个,赃物价值共计人民币250余万元。其中,四被告人窃得摄像头56盒(2万余只),在驾车返回途中,杨永涛因故中途下车离开,另三人待其下车后商议返回仓库盗窃剩余摄像头,又窃得5万余只后返回苏州。事后,由杨永涛负责联系销赃,获赃款18万余元由四被告人共同拆分。

被告人程龙喜于2008年3月11日,伙同他人在上海市奉贤区奉城镇某皮球厂内窃得成品皮球13箱,赃物价值人民币5 720元。

被告人翟高生伙同程继峰、韩龙飞,经合谋于2005年11月20日15时许,由翟高生、程继峰驾乘摩托车在河南省武陟县北郭乡蔡庄村附近抢劫中国石油武陟第四加油站职工原某某、刘某所携带的营业款人民币2万余元。

无锡市中级人民法院认为,被告人翟高生、杨永涛、程龙喜、王杰以非法占有为目的,秘密窃取公私财物,数额特别巨大,四人的行为均已构成盗窃罪,系共同犯罪;被告人翟高生还伙同他人抢劫公私财物,数额巨大,其行为已构成抢劫罪。被告人翟高生、杨永涛、程龙喜、王杰系流窜作案,属有其他严重情节,酌情予以从重处罚;被告人翟高生实施抢劫犯罪时已年满14周岁未满18周岁,应当减轻处罚;被告人翟高生、杨永涛、程龙喜、王杰归案后能如实供述自己的罪行,并当庭自愿认罪,均可予以从轻处罚;涉案部分赃物已追回,且侦查机关还分别从被告人翟高生、程龙喜处追缴销赃款人民币2 780元及40 175元,另被告人杨永涛、王杰亲属分别代为退出销赃款人民币38 100元及30 000元,弥补了被害单位的部分损失,对四被告人均可酌情从轻处罚。公诉机关指控的犯罪事实清楚,证据确实充分,指控的罪名成立。依照《中华人民共和国刑法》第二百六十三条、第二百六十四条、第十七条第二款及第三款、第五十六条第一款、第二十五条第一款、第六十七条第三款、第六十九条、第六十四条及《最高人民法院关于对故意伤害、盗窃等严重破坏社会

秩序的犯罪分子能否附加剥夺政治权利问题的批复》之规定，判决如下：

1. 被告人翟高生犯盗窃罪，判处有期徒刑十五年，剥夺政治权利五年，并处罚金人民币十万元；犯抢劫罪，判处有期徒刑九年，并处罚金人民币一万元；决定执行有期徒刑二十年，剥夺政治权利五年，并处罚金人民币十一万元。

2. 被告人杨永涛犯盗窃罪，判处有期徒刑十五年，剥夺政治权利五年，并处罚金人民币十万元。

3. 被告人程龙喜犯盗窃罪，判处有期徒刑十五年，剥夺政治权利五年，并处罚金人民币十万元。

4. 被告人王杰犯盗窃罪，判处有期徒刑十三年，剥夺政治权利四年，并处罚金人民币八万元。

宣判后，四被告人均未提出上诉，检察机关亦未抗诉，判决已发生法律效力。

二、主要问题

共同盗窃犯罪中，部分行为人盗窃完毕后离开，是否对其余行为人继续实施的盗窃行为负责？

三、裁判理由

本案审理过程中，对于被告人杨永涛参与预谋并与他人共同实施盗窃后离开，没有参加同伙实施的第二次盗窃行为，是否需要对两次盗窃行为负全部刑事责任的问题形成以下三种不同的意见：

第一种意见认为，被告人杨永涛仅需对第一次盗窃行为承担刑事责任。翟高生等三被告人返回厂内继续盗窃的行为超出其意志之外，其下车离开后，不可能预见到后续可能发生的盗窃行为。因此，根据主客观相一致的定罪量刑原则，杨永涛仅承担第一次盗窃罪的刑事责任。

第二种意见认为，被告人杨永涛对两次盗窃行为均应承担刑事责任。杨永涛虽因中途离开没有实施第二次盗窃，但其作为整个盗窃活动的组织策划者，主观上对窃取财物的数量存在概括的故意，虽未实施第二次盗窃行为，但其主观上并不排斥翟高生等人再次实施盗窃。次日，其看到盗窃所得的摄像头远远超过第一次的数量时，没有提出质疑，而是事后积极参与销赃、分赃。因此，其应对两次盗窃行为均承担刑事责任。

第三种意见认为，被告人杨永涛对两次行为分别承担盗窃罪和掩饰、隐瞒犯罪所得罪的刑事责任，应进行数罪并罚。理由是杨永涛并未参加第二次盗窃行为，且无法证实其主观上对翟高生等人在其离开后再次实施盗窃的行为事先明知，故仅推断其主观上明知第二次所得的摄像头系翟高生等人再次窃取的，并帮助销赃，宜按照赃物犯罪来处理。

我们同意第二种意见，理由如下：

本案涉及共同犯罪理论中比较复杂的共谋共同正犯问题。这个理论主要来源于日本学者。但是，我国学界也有不少学者对此进行探讨[①]，因此，有必要简要介绍这一理论。共谋共同正犯与实行共同正犯相对应。所谓实行共同正犯，指二人以上均直接实施了实行行为的共同正犯。如本案中，被告人杨永涛与同案被告人共谋盗窃后并直接参与了第一次的盗窃行为。该第一次盗窃行为中，杨永涛与同案被告人程龙喜、王杰均属于实行共同正犯。而从客观外部行为特征上考察，在共同犯罪中，可能出现一部分人已着手实行，另一部分人并未参与实行的现象。这就是共谋共同正犯所研究的问题。所谓“共谋共同正犯”所指的现象是，二人以上共谋实行某种犯罪行为，但只有一部分人基于共同的意思实行了犯罪，没有直接实行犯罪的共谋人与实行了犯罪的

① 张明楷：《刑法学》(第4版)，法律出版社2011年版，第363～364页。

人，一起构成所共谋之犯罪的共同正犯。① 本案中，被告人杨永涛参与共谋盗窃后仅参与了第一次盗窃行为，但未直接参与第二次盗窃行为，而第二次盗窃行为却是其提议下形成的盗窃共同故意内容之下的犯罪行为。因此，杨永涛对第二次盗窃行为属于共谋共同正犯。

当然，究竟应否承认共谋共同正犯的概念，在学界还存在诸多争议。本文提及这个概念，仅仅是为了研究案例所用。真正要解决本案例涉及的问题，还必须根据刑法通行理论及刑法条文的规定。刑法第二十五条第一款规定，共同犯罪是指二人以上共同故意犯罪。根据该条规定，我们认为，杨永涛应当对同案被告人的第二次盗窃行为负刑事责任。

（一）被告人杨永涛主观上对实施盗窃犯罪具有概括故意，且同案被告人的盗窃行为在其策划的共同故意范围内

刑法理论中的概括故意，是指行为人明知自己的行为会发生危害社会的结果，但对侵害范围和侵害性质的认识尚不明确，而希望或者放任结果发生的心理态度。概括故意从认识内容上可以分为对行为手段、性质认识不明确的概括故意，对行为对象认识不明确的概括故意和对危害结果认识不明确的概括故意。本案中被告人杨永涛对于第二次盗窃行为的主观故意就属于最后一种，即“对危害结果范围认识不明确的概括故意，行为人故意实施危害行为，明知自己的行为会导致某种危害结果的发生，但对于自己的行为会造成多大的危害结果，波及多少犯罪对象，认识处于不确定状态”。此种主观状态也可以理解为具有犯罪的间接故意，即虽未直接希望并追求危害结果的发生，但是对发生危害后果存在放任的心态。

本案中，杨永涛伙同翟高生等人秘密窃取公司财物，其首先提起犯意，并在盗窃活动中负责组织、策划、窃取、销赃、分赃等工作，系犯罪团伙的重要成员。本案两次盗窃活动是基于概括的故意，行为的时间、地点也具有连续性，构成刑法上的连续犯，虽然杨永涛没有直接参加第二次盗窃，但由于其在被盗公司工作过，对公司产品价值、存放地点、安全保卫等环境较为熟悉，并在实施合谋时将上述情况告诉翟高生等人，故其在第一次盗窃中所起作用十分重要，客观上也为第二次实施盗窃提供了极大的便利，没有其在先的组织策划行为，后一次盗窃行为完成的可能性较小，两次行为具有紧密的联系。因此，杨永涛作为犯意的提出者，能明确认识到其行为会造成他人财物损失的后果，但是对造成多大的损失并不明确，因为具体盗窃的数量、财物总价值是难以在事先确定的，即杨永涛具有对危害结果的范围认识不明确的概括故意。换言之，杨永涛对第二次盗窃行为在主观上是一种放任的心态，属于间接故意。

（二）被告人杨永涛参与销赃行为系对全部盗窃活动的事后追认

首先，销赃行为是盗窃活动的重要后续行为，虽然属于事后不可罚行为，但销赃数额的多少在一定程度上可以影响量刑的幅度。其次，行为人积极参与销赃表明其主观上具有强烈的非法占有该部分财物的意图，并积极追求该非法利益。最后，积极参与销赃系对全部盗窃活动的一种事后追认，即该行为后果的发生不但不违背其主观意愿，反而得到其默认。本案中，被告人杨永涛在案发次日得知在其离开后，翟高生等人再次返回案发现场实施盗窃的情况后并未提出异议，并且积极联系买主，着手实施销赃，充分表明了其对翟高生等人第二次实施的盗窃行为是认同的，至少主观上并不排斥。

综上，本案中的二次盗窃，均在被告人杨永涛提议形成的共同故意的范围内。并且，共同故意的内容也是盗窃公司摄像头。在共同故意的形成过程中，杨永涛起重要的、关键的作用，甚至支配作用，是犯意的提出者，是整个盗窃活动的组织策划者。除非其在第一次盗窃后，明确提出

---

① 高铭暄、马克昌主编：《刑法学》（第4版），北京大学出版社、高等教育出版社2010年版，第177页。

不再盗窃,仅以第一次盗窃已经得手的财物为限。但是,对第二次盗窃行为,杨永涛不仅没有排斥之意,反而在第二次盗窃得手后负责联系销赃,使盗窃的利益目的得以实现。因此,杨永涛对于翟高生等人的第二次盗窃行为虽没有明确、具体的认识,但该盗窃行为完全包含在其实施盗窃的概括故意之中,而非实行过限行为。

第三种意见认为被告人杨永涛对第二次盗窃行为仅构成掩饰、隐瞒犯罪所得罪。我们认为,该观点难以成立,缺乏对整个盗窃、销赃过程的全局考量。销赃者是构成掩饰、隐瞒犯罪所得罪还是构成上游盗窃犯罪的共同犯罪,两者区分的关键在于,实施销赃的行为人与上游犯罪分子是否存在事前通谋。掩饰、隐瞒犯罪所得、犯罪所得收益罪中的掩饰、隐瞒行为是在上游犯罪既遂后实施的帮助行为,而非共同犯罪中的行为。对于事前与上游犯罪分子通谋,事后销赃的,主观上明知上游犯罪行为人的犯罪内容、危害后果而与其通谋,形成共同的犯罪故意,客观上对上游犯罪分子实施犯罪予以配合,其掩饰、隐瞒行为就成了上游犯罪的共同犯罪行为的组成内容,应当以上游犯罪的共同犯罪论处。2015 年 6 月 1 日起施行的《最高人民法院关于审理掩饰、隐瞒犯罪所得、犯罪所得收益刑事案件适用法律若干问题的解释》第五条已明确规定:“事前与盗窃、抢劫、诈骗、抢夺等犯罪分子通谋,掩饰、隐瞒犯罪所得及其产生的收益的,以盗窃、抢劫、诈骗、抢夺等犯罪的共犯论处。”本案中,杨永涛等四人在实施盗窃前进行了共谋和踩点,杨永涛由于曾经在被盗公司工作过,其在策划、组织盗窃的过程中起到了较大的作用,其销赃行为应作为共同盗窃犯罪的一部分行为,应该以盗窃罪的共犯论处,而不能单独认定为掩饰、隐瞒犯罪所得罪。

(三)对被告人杨永涛在量刑时可以适当从轻处罚

公诉机关的量刑建议是判处被告人杨永涛无期徒刑,理由是其系犯罪团伙中的主犯,流窜作案,社会危害性很大,且盗窃数额特别巨大,依法应当判处无期徒刑。法院最终以盗窃罪判处其有期徒刑十五年,比公诉机关的量刑建议低,已综合考虑其犯罪数额、认罪态度、退赃退赔等情节,是较为适当的。

首先,杨永涛系犯罪团伙的主犯,积极参与盗窃活动的组织、策划、实施、销赃、分赃等过程,应当对全部犯罪行为承担刑事责任,依法应当判处十年以上有期徒刑、无期徒刑,但是考虑到其有坦白,部分退赃、退赔等情节,可以从轻处罚,判处有期徒刑有利于保持法院量刑的均衡性和连贯性,为今后遇到数额更大的盗窃犯罪的量刑留有余地。

其次,被告人杨永涛并未亲自参与第二次盗窃犯罪的实施,根据罪责刑相一致原则和宽严相济的刑事政策,作为非实行犯与另三名实行犯在量刑时可作适当区分,尤其是第一被告人翟高生,其犯有数罪,并且在两次盗窃行为中均全程积极谋划并参与,其刑期为无期徒刑。判处第二被告杨永涛有期徒刑十五年能更好地实现量刑均衡,也有助于其息诉服判。

(撰稿:江苏省无锡市中级人民法院　范　凯　诸佳英
审编:最高人民法院刑四庭　陆建红)

[第1224号]郭光伟、李涛抢劫案

——共同致一人死亡的案件中,如何认定罪责最严重的主犯

【关键词】 抢劫罪 共同犯罪 主犯

一、基本案情

被告人郭光伟,男,汉族,1982年4月28日出生。2011年3月因犯盗窃罪被判处有期徒刑二年十个月,并处罚金人民币三千元,2013年7月6日刑满释放。因涉嫌犯抢劫罪于2014年9月12日被逮捕。

被告人李涛,男,汉族,1989年6月13日出生。2012年5月因犯敲诈勒索罪被判处有期徒刑二年五个月,并处罚金人民币一万元,2014年2月28日刑满释放。因涉嫌犯抢劫罪于2014年9月12日被逮捕。

湖北省宜昌市人民检察院以被告人郭光伟、李涛犯抢劫罪向宜昌市中级人民法院提起公诉。

被告人郭光伟提出,没有证据证实其实施了抢劫行为。

被告人李涛提出其不明知是去抢劫。李涛的辩护人提出,李涛系从犯,认罪态度好,请求从轻判处。

宜昌市中级人民法院经审理查明:被告人郭光伟、李涛因犯罪在同一劳改场所服刑时认识,刑满释放后,二人亦有联系。2014年7月26日,李涛从湖北省荆门市来到宜昌市猇亭区与郭光伟见面。其间,郭光伟、李涛多次预谋实施抢劫,并购买了手套、绳子等作案工具。同年7月29日,郭光伟、李涛二人在宜昌市猇亭区政府附近,拦下被害人周晓林(女,殁年41岁)驾驶的鄂EZR950红色"吉利美日"牌出租车(价值人民币21 740元)。郭光伟谎称去三峡机场,并按事前预谋,郭光伟上车后坐在后排,李涛则坐在副驾驶位。当周晓林驾驶车辆行至猇亭区逢桥路延伸段时,郭光伟声称喝醉酒要呕吐,要周停车。周晓林停车后,郭光伟立即用绳子套住周晓林的颈部,因周极力反抗,致使绳子滑落。此时,李涛将车钥匙拔出后,对周晓林进行殴打并将绳子拾起套住周的颈部后,又在周的颈部缠绕两圈递给郭光伟。郭光伟接过绳子猛勒周晓林的颈部,李涛则捂住周晓林的嘴,郭光伟、李涛共同致周晓林死亡。随后,郭光伟、李涛将周晓林的尸体移至后排座位,由郭光伟驾驶车辆返回其工作的工厂宿舍取换洗的衣服等物。李涛唯恐周晓林没有死亡,要郭光伟带湿毛巾用于捂周晓林的嘴。郭光伟从宿舍取走二人的衣服后返回车内时,递给李涛一件用水淋湿的衣服,李涛即用湿衣服捂住周晓林的嘴,直至其确认周毫无动静才松手。作案后,郭光伟驾驶该车与李涛沿318国道往荆州方向逃跑,行驶至宜昌市高新区白洋镇雅畈村路段时,车辆因故障熄火。郭光伟、李涛将周晓林的尸体抛弃于路边树林中,郭将周的衣服脱光,连同从车上拆卸的坐垫等物,丢弃于一水沟中,弃车逃跑。郭光伟、李涛逃跑到枝江市董市镇姚家港三宁化工公司附近的长江边时将周晓林的衣服、手机等物以及各自作案时穿的衣服换下后丢弃于长江,将周晓林的手机卡丢弃于江边草丛中。

宜昌市中级人民法院认为,被告人郭光伟、李涛以非法占有为目的,采取暴力手段抢劫他人财物,其行为均已构成抢劫罪。郭光伟、李涛共同预谋抢劫,并共同采取暴力手段致人死亡,其地位、作用相当,不分主从。二被告人的犯罪情节特别恶劣,后果特别严重,社会危害极大,且均系累犯,人身危险性极大,均应从重处罚。据此,依法以抢劫罪,分别判处被告人郭光伟、李涛死刑,

剥夺政治权利终身,并处没收个人全部财产。

一审宣判后,被告人郭光伟、李涛分别提出上诉。郭光伟上诉提出,其没有作案;其辩护人提请二审法院根据查明的事实和证据依法判决。李涛上诉提出,其是从犯,原判量刑过重;其辩护人提出相同的辩护意见。

湖北省高级人民法院经审理后认为,上诉人郭光伟、李涛以非法占有为目的,采取暴力手段抢劫他人财物,并致人死亡,其行为均构成抢劫罪。郭光伟、李涛事先共同策划杀害女出租车司机后抢劫出租车,并进行具体分工。为杀人灭口,郭、李二人不顾被害人哀求,用绳索将被害人活活勒死,并用湿衣服捂其口鼻,以防其未死亡,后将被害人抛尸野外,犯罪情节特别恶劣,罪行极其严重。郭光伟、李涛曾因犯罪被判处刑罚,在刑罚执行完毕后五年内又实施犯罪,均系累犯,人身危险性极大,依法应从重处罚。二审开庭时,郭光伟拒不认罪,李涛态度恶劣,均无悔罪表现。原审判决认定的事实清楚,证据确实、充分,定罪准确,量刑适当,审判程序合法。依照《中华人民共和国刑事诉讼法》第二百二十五条第一款第一项之规定,裁定驳回上诉,维持原判,并依法报请最高人民法院核准。

最高人民法院经复核认为,被告人郭光伟和李涛均系共同犯罪的主犯,且均系累犯,应依法从重处罚。第一审判决、第二审裁定认定的事实清楚,证据确实、充分,定罪准确。审判程序合法。对郭光伟量刑适当。鉴于被告人李涛在共同犯罪中的地位、作用略低于被告人郭光伟,对其判处死刑,可不立即执行。依照《中华人民共和国刑事诉讼法》第二百三十五条、第二百三十九条和《最高人民法院关于适用〈中华人民共和国刑事诉讼法〉的解释》第三百五十二条的规定,判决如下:

1. 核准湖北省高级人民法院维持第一审以抢劫罪判处被告人郭光伟死刑,剥夺政治权利终身,并处没收个人全部财产的刑事裁定。

2. 撤销湖北省高级人民法院刑事裁定和宜昌市中级人民法院刑事判决中以抢劫罪判处被告人李涛死刑,剥夺政治权利终身,并处没收个人全部财产的部分。

3. 被告人李涛犯抢劫罪,判处死刑,缓期二年执行,剥夺政治权利终身,并处没收个人全部财产。

4. 对被告人李涛限制减刑。

二、主要问题

共同致一人死亡的案件中,如何认定罪责最严重的被告人?

三、裁判理由

共同犯罪案件中,如果各被告人之间存在主从犯的区别,认定各被告人的罪责、准确量刑是很容易的。但如两个或两个以上的被告人都是主犯,且罪责相当,如何进一步区分主犯之间的罪责以及如何量刑,就成为司法实践中的一个难题。本案中,对于共同抢劫致人死亡的被告人郭光伟和李涛的地位作用、罪责大小如何区分,是否应同时判处两人死刑,在案件审理中有以下两种不同意见:

第一种意见认为,二被告人在抢劫致人死亡的犯罪过程中,均是积极实施者,均系主犯,地位、作用相当,且二被告人均系累犯,人身危险性极大,应依法从重处罚,均应判处死刑。

第二种意见认为,虽然二被告人共同实施抢劫致人死亡的犯罪行为,二人均系主犯,但是从犯罪预谋、犯罪实行等环节可以看出,郭光伟在共同抢劫犯罪中的地位作用略大于李涛,罪责相对更大。因此,应判处罪责最严重的郭光伟死刑立即执行,对李涛可判处死缓并限制减刑。

我们赞同第二种意见,理由如下:

（一）共同致死一人的案件，一般不应判处两名以上被告人死刑

共同致一人死亡的案件，存在两名或两名以上的主犯的，在主犯之间进一步区分罪责大小，从而区别量刑，是刑法罪责刑相适应原则的体现，也是贯彻宽严相济刑事政策的需要。最高人民法院于2016年发布的《关于审理抢劫刑事案件适用法律若干问题的指导意见》明确指出，对于两名以上被告人共同抢劫致死一名被害人的案件，要注意分清各被告人作用，准确确定各被告人罪责。一案中有两名以上主犯的，要从犯罪提意、预谋、准备、行为实施、赃物处理等方面区分出罪责最大者和较大者。除犯罪手段特别残忍、情节及后果特别严重、社会影响特别恶劣、严重危害社会治安的外，一般不应同时判处两名以上被告人死刑。应当在认真分清罪责的基础上，详细分析各被告人的地位和作用，特别是对罪责大小要作出准确认定，一般只对作用最突出、罪行最为严重的主犯判处死刑立即执行。罪行最严重的主犯如系未成年人而不适用死刑，或者因具有自首、立功等法定从宽处罚情节而不判处死刑立即执行的，不能不加区别地对其他主犯判处死刑立即执行。

本案系两名被告人共同抢劫致死一名被害人的案件，也应分清各被告人在共同犯罪中的地位、作用，准确确定罪责，不能轻易以不能分清主次为由，简单地一律判处死刑立即执行。

（二）司法实践中如何认定罪责最为严重的共同致死被告人

1. 认定罪责最严重的共同致死被告人可考量的因素

共同致死案件中如有多名主犯的，如何在主犯中区分出罪责最为严重者和较为严重者，是正确适用死刑的关键。如何认定地位作用最突出、罪责最严重的主犯，我们认为，应当全面考察犯意形成、犯罪实施、犯罪后各阶段的行为及案外因素等，确定各被告人在共同犯罪中的具体地位、作用及主观恶性、人身危险性。区分被告人罪责时，可结合全案的犯罪事实，综合考虑下列因素：

（1）从犯罪动机的角度，一般来说，动机卑劣的被告人主观恶性深，如具有奸夫淫妇谋害本夫、出于恶意竞争杀害竞争对手、预谋杀人或杀人决意明显、性情残暴动辄肆意杀人、抢劫杀害孤寡老人或少年儿童等动机、因素的被告人，罪责相对较大。

（2）从犯意产生的角度，一般来说，提起犯意的被告人罪责相对较大。通常提起犯意的被告人往往会积极实施犯罪，且对共同犯罪行为有一定的控制力，故作用相对突出，罪责相对较大。但如果二人均有犯意，仅一人首先提出，另一人一拍即合并积极参与预谋，起意者在实行阶段作用并不突出的，也可不认定起意者罪责最大。此外，实践中常有各被告人供述不一、互相推诿的情形，这就需要结合各被告人前后供述、自身情况及与被害人的关系等因素，综合认定，确实无法确定起意者的，也可认定为共同起意。

（3）从参与犯罪积极程度的角度，一般来说，主动参加、纠集他人参与犯罪、全程参与、积极实施、直接行凶的被告人罪责相对较大。如某一被告人组织、策划、指挥整个犯罪过程，则应认定其罪责较大，而听从他人指挥实施犯罪的，可认定为罪责相对较小。

（4）从犯罪准备的角度，一般来说，提出并积极准备犯罪工具、物色作案对象、策划犯罪路线、实施踩点等行为的被告人罪责相对较大。

（5）从实施致死行为的角度，实施最核心和最重要致死行为的被告人罪责相对较大，即在能够分清各被告人的行为对死亡结果所起的具体作用的情况下，实施直接致死行为的被告人罪责较大。一人下手凶狠，连续捅刺多刀，另一人捅刺一两刀，明显有节制，则捅刺刀数多的被告人罪责较大。一人击打或者捅刺的是被害人的胸腹部等要害部位，另一人捅刺的是腿部、臀部等次要部位，则捅刺要害部位的被告人罪责较大。采取扼掐颈部方法杀人，一人动手掐，另一人按住被害人手脚，则直接扼掐的被告人罪责较大。二人以上先后用同样凶器捅刺被害人的同样部位，伤

害程度相当的，则先实施行为的被告人罪责较大。

(6)从案后抛尸、毁灭罪证等的角度，一般来说，作案后提议破坏案发现场、毁灭尸体及作案工具等罪证，并积极实施的，其罪责相对较大。

(7)从赃款赃物处理的角度，一般来说，对赃款赃物的分配具有决定权或者分得较多赃款赃物的被告人罪责相对较大。

(8)从案外因素的角度，如被告人的性别、年龄及成长经历，是否有犯罪前科，是否更熟悉作案地点及周边情况，被告人之间的相互关系等，这些因素可以从侧面说明哪个被告人的犯意更坚决，犯罪经验更丰富，犯罪过程中的主导性更强，也可用于区分各被告人的地位作用、罪责轻重。

(9)从犯罪后的表现来看，作案后有自首、立功、认罪悔罪、积极赔偿、主动施救、取得被害人谅解等情节的被告人，罪责要比没有这些情节的被告人相对较小。

在审判实践中，判断被告人罪责的大小需要从不同角度同时展开，而不能局限于某一角度。对被告人最终罪责的认定，应是综合分析判断的结果。而对于在犯罪过程中地位、作用明显大于其他被告人，即使被告人犯罪后有自首或立功表现，但该情节依法不足以从轻处罚的，也可以对该被告人判处死刑立即执行。另外，在共同犯罪人罪责确实难以区分时，如果其中某个被告人系累犯，也可从主观恶性和人身危险性的角度予以区分。

如果通过以上各个方面的仔细区分，仍然难以区分罪责大小的，也不宜一律判处两名以上被告人死刑立即执行。如果犯罪性质不是特别恶劣，情节、后果不是特别严重的，基于"严格控制、慎重适用"的死刑政策，也可以对各被告人均不判处死刑立即执行。

2. 在雇凶杀人、伤害案中如何认定罪责最严重的主犯

在雇凶杀人、伤害致一人死亡的案件中，一般不宜同时判处雇凶者与受雇者死刑立即执行，应根据雇凶犯罪的不同情况，准确认定罪责最严重的主犯。

一般而言，下列情形也可以认定雇凶者是罪责最严重的主犯：(1)雇凶者不仅雇用他人犯罪，而且与受雇者共同直接实施；(2)雇凶者虽没有直接实施犯罪，但参与了共同犯罪的策划，实施了具体组织、指挥行为的；(3)雇凶者雇用未成年人实施犯罪的；(4)多名受雇者地位作用相当，责任相对分散或者责任难以分清，雇凶者应对全案负责，应认定雇凶者为罪责最严重的主犯。

一般而言，下列情形可以认定受雇者是罪责最严重的主犯：(1)雇凶者只是笼统提出犯意，没有实施组织、指挥行为，而系受雇者积极主动实施杀人、伤害行为的；(2)受雇者明显超出雇凶者授意范围实施故意杀人、故意伤害犯罪，因行为过限造成更严重危害后果的。

(三)对本案二被告人罪责大小的具体分析

本案中，被告人郭光伟和李涛均积极实施抢劫致人死亡的犯罪行为，均系主犯，但从犯罪预谋、准备工具、具体实施等阶段综合判断，郭光伟的地位作用要略大于李涛，罪责最为严重。理由如下：

1. 二被告人虽共同预谋抢劫，但郭光伟提议抢劫黑出租车并杀死被害人，李涛表示同意。在预谋阶段，郭光伟的罪责略大于李涛。

2. 在二被告人准备实施抢劫前，郭光伟提议购买作案工具绳子和手套，李涛随之共同购买。郭光伟在准备作案工具的环节，罪责大于李涛。

3. 在具体实施抢劫杀人过程中，郭光伟实施了持绳子勒死被害人的最主要行为，李涛实施了将绳子套入被害人脖子并捂住被害人口鼻的行为。相对而言，在致死被害人上郭光伟的行为作用更为突出，罪责大于李涛。

4. 从其他因素来看，案发时郭光伟的年龄是 32 岁，李涛是 25 岁，郭光伟的社会阅历和成长

经历较李涛丰富;郭光伟的户籍地是宜昌市下辖的枝江市,案发地在宜昌市猇亭区,郭光伟在此工作,而李涛是荆门人,案发时从荆门来到猇亭,因此,郭光伟更熟悉猇亭的基本情况等。从常理推断,这些因素也会导致郭光伟在犯罪过程中的主导性更强,罪责相对更大。

综上,在本案只造成一人死亡的情况下,综合共同犯罪的具体情节,可以认定郭光伟的罪责要大于李涛。最高人民法院依法核准郭光伟死刑,改判李涛死缓,限制减刑是适当的。

(撰稿:最高人民法院刑四庭　裴　宇　张　剑
审编:最高人民法院刑四庭　陆建红)

[第1256号]白云江、谭蓓蓓故意杀人、抢劫、强奸案

——共同故意杀人犯罪中各被告人地位、作用的区分

【关键词】　故意杀人罪　共同故意　死刑

一、基本案情

被告人白云江,男,1976年5月8日出生,农民。2013年8月12日因涉嫌犯故意杀人罪、抢劫罪、强奸罪被逮捕。

被告人谭蓓蓓,女,1981年3月14日出生,无业。2013年9月7日因涉嫌犯故意杀人罪、抢劫罪、强奸罪被逮捕。

黑龙江省佳木斯市人民检察院以被告人白云江、谭蓓蓓犯故意杀人罪、抢劫罪、强奸罪,向佳木斯市中级人民法院提起公诉。

被告人白云江对杀害被害人胡某某的犯罪事实供认不讳,辩解称没有强奸胡某某。其辩护人提出,白云江认罪态度较好,有酌情从轻处罚情节。被告人谭蓓蓓对指控事实未持异议。

佳木斯市中级人民法院经审理查明:

2013年5月,被告人白云江从他人处获知被告人谭蓓蓓(白云江之妻)在与其恋爱期间还曾与多名男子发生两性关系。白云江为此很生气,经常打骂谭蓓蓓,谭蓓蓓遂产生寻找少女供白云江奸淫,使白云江达到心理平衡之念。同年6月25日18时许,白云江之女白某甲将同学苏某某(被害人,女,时年16岁)带回位于黑龙江省桦南县白云江夫妇的住处留宿。当日21时许,白云江、谭蓓蓓将以前购买的数片氯硝安定片剂碾碎后放入两盒酸奶中,谭蓓蓓将酸奶给苏某某、白某甲喝下,致苏某某、白某甲昏迷。白云江欲奸淫苏某某,后自动放弃。次日,苏某某、白某甲参加中考时在考场中分别出现昏睡、呕吐等症状,不能正常考试。

2013年7月,被告人白云江又购买了一瓶氯硝安定,并与谭蓓蓓将数片氯硝安定片剂碾碎后掺入一盒酸奶,伺机作案。同月24日15时许,怀孕八个多月的谭蓓蓓在桦南县文林街遇到被害人胡某某(女,殁年16岁),即以腹痛需要帮助为由,将胡某某骗至其住处。白云江假装感谢胡某某,让胡某某喝下掺入氯硝安定的酸奶,致胡某某昏迷,并用此前购买的手铐将胡某某铐在床头栏杆上。白云江欲对胡某某实施奸淫,因胡某某正值经期及白云江的生理原因而未得逞。白云江、谭蓓蓓因恐罪行败露决定杀人灭口,共同采用枕头捂压口鼻、按压手脚的方法致胡某某窒息死亡,并将胡某某的尸体装入旅行箱,驾车运至桦南县福山村西南勃利铁路林场松林掩埋。

被告人白云江、谭蓓蓓见白云江的同学康某某佩戴价值较高的首饰(共计价值56 829元),

产生抢劫之念。白云江、谭蓓蓓预谋将康某某骗至住处抢劫后杀害，并购买了编织袋、胶带、手机卡等物，将数片氯硝安定片剂碾碎后用注射器注入一罐易拉罐啤酒和一瓶饮料。2013 年 7 月 19 日 16 时许，白云江、谭蓓蓓以请吃饭为名邀请康某某及妻子董某某到二人住处。席间，因白云江不断问及康某某、董某某的经济状况，引起康某某反感，白云江、谭蓓蓓尚未将注入氯硝安定的啤酒让康某某饮用，康某某即带着董某某离开。后白云江、谭蓓蓓为继续实施抢劫，还多次分别邀约康某某、董某某，康某某、董某某均未前往。

佳木斯市中级人民法院认为，被告人白云江、谭蓓蓓共同故意非法剥夺他人生命，致一人死亡；违背妇女意志，采取具有镇静催眠作用的药物致人昏迷的手段强奸两名妇女；以具有镇静催眠作用的药物致人昏迷的方法抢劫他人财物，指向财物数额巨大，并意欲杀害被害人，其行为均已构成故意杀人罪、强奸罪、抢劫罪，应依法予以并罚。二被告人在共同犯罪中均积极实施犯罪行为，起主要作用，均系主犯。故意杀人犯罪罪行极其严重，应当判处白云江死刑并立即执行；谭蓓蓓在被采取监视居住强制措施时系已怀孕数月的妇女，属于“审判的时候怀孕的妇女”，对其依法不能适用死刑。二被告人实施的强奸犯罪一起为犯罪中止、一起为犯罪未遂，实施的抢劫犯罪系犯罪预备，依法可从轻或减轻处罚。谭蓓蓓在被采取强制措施后，如实供述司法机关还未掌握的伙同白云江抢劫康某某、董某某的罪行，应以自首论；供述强奸苏某某的事实系坦白，可从轻处罚。据此，依法判决如下：

1. 被告人白云江犯故意杀人罪，判处死刑，剥夺政治权利终身；犯强奸罪，判处有期徒刑六年；犯抢劫罪，判处有期徒刑八年，并处罚金人民币五千元，决定执行死刑，剥夺政治权利终身，并处罚金人民币五千元。

2. 被告人谭蓓蓓犯故意杀人罪，判处无期徒刑，剥夺政治权利终身；犯强奸罪，判处有期徒刑五年；犯抢劫罪，判处有期徒刑六年，并处罚金人民币三千元，决定执行无期徒刑，剥夺政治权利终身，并处罚金人民币三千元。

一审宣判后，被告人白云江以在共同犯罪中系从犯为由提出上诉。其辩护人提出，白云江在强奸、杀害胡某某的犯罪中属强奸未遂，在抢劫犯罪中属犯罪中止，应从轻处罚。

黑龙江省高级人民法院经审理认为，上诉人白云江、原审被告人谭蓓蓓故意非法剥夺他人生命的行为均已构成故意杀人罪；白云江在谭蓓蓓的帮助下，违背女性意志，利用药物麻醉的手段奸淫女性，二人的行为均已构成强奸罪；二人以非法占有为目的，采用药物麻醉的方法欲使他人丧失反抗能力，当场劫取财物的行为，均已构成抢劫罪。在强奸犯罪中，被告人谭蓓蓓率先提出强奸犯意，但此后被告人白云江不但与谭蓓蓓共同预谋，又化名购买氯硝安定片剂、手铐等作案工具，在与谭蓓蓓共同致胡某某昏迷后，随即实施强奸行为；在抢劫犯罪中，白云江与谭蓓蓓共同购买不记名的手机卡、胶带、编织袋等犯罪工具，积极邀请被害人康某某、董某某来自家就餐，抢劫未成后，又单独打电话给康某某并伙同谭蓓蓓以谭的口吻给董某某发信息，意欲继续实施抢劫犯罪；在故意杀人犯罪中，与谭蓓蓓共同致被害人胡某某死亡。白云江在三起犯罪中均起主要作用，系主犯。白云江上诉所提自己是从犯的理由不能成立，不予采纳。白云江和谭蓓蓓共同实施的强奸犯罪一起为犯罪中止、一起为犯罪未遂，实施的抢劫犯罪系犯罪预备，依法可从轻或减轻处罚。对上述情节一审法院判决时已予考虑，对辩护人的相关辩护意见，不予采纳。一审判决认定的事实清楚，证据确实、充分，定罪准确，量刑适当。审判程序合法。依照《中华人民共和国刑事诉讼法》第二百二十五条第一款第（一）项的规定，裁定驳回上诉，维持原判，并将白云江的死刑判决依法报请最高人民法院核准。

最高人民法院复核认为，被告人白云江结伙利用药物麻醉手段奸淫少女，其行为已构成强奸罪;为灭口,将被害少女杀害,其行为已构成故意杀人罪;以非法占有为目的,采用药物麻醉方法劫取他人财物,其行为已构成抢劫罪,应依法予以并罚。被告人白云江犯罪动机卑劣,情节、后果严重,社会影响极其恶劣,系共同犯罪中罪行最为严重的主犯,应依法惩处。白云江实施的强奸犯罪一起为犯罪中止、一起为犯罪未遂,实施的抢劫犯罪系犯罪预备,原判已对其依法从轻或减轻处罚。第一审判决、第二审裁定认定的事实清楚,证据确实、充分,定罪准确,量刑适当。审判程序合法。依照《中华人民共和国刑事诉讼法》第二百三十五条、第二百三十九条和《最高人民法院关于适用〈中华人民共和国刑事诉讼法〉的解释》第三百五十条第(一)项的规定,裁定核准黑龙江省高级人民法院维持第一审对被告人白云江以故意杀人罪判处死刑,剥夺政治权利终身;以抢劫罪判处有期徒刑八年,并处罚金人民币五千元;以强奸罪判处有期徒刑六年,决定执行死刑,剥夺政治权利终身,并处罚金人民币五千元的刑事裁定。

二、主要问题

共同故意杀人犯罪中各被告人地位、作用如何区分?如何正确适用死刑?

三、裁判理由

(一)故意杀人案件适用死刑的基本原则

在宽严相济刑事政策的指引下,准确理解和严格执行好“保留死刑,严格控制和慎重适用死刑”的一贯政策,是把握死刑案件量刑标准的关键。对特定故意杀人案件是否适用死刑,需要严格依照法律规定,并综合考虑案件性质,犯罪的起因、动机、目的、手段等情节,犯罪的后果,被告人的主观恶性和人身危险性等因素,全面分析影响量刑的各种情节、因素后审慎作出裁判。就案件性质而言,故意杀人案件大体可分为严重危害社会治安、严重影响人民群众安全感的案件和因婚姻家庭、邻里纠纷等民间矛盾激化引发的案件两类。对于后一类案件,在适用死刑时应特别慎重。而对于前一类案件,要依法从严惩处,该判处死刑的要坚决依法判处死刑,以维护秩序,伸张正义。

共同致一人死亡的,原则上判处一人死刑,这是司法实践和刑法理论界已经普遍认同的原则。这个原则也适用于严重危害社会治安、严重影响人民群众安全感的故意杀人案件。我们认为,在办理各类共同故意杀人案件时首先应当明确该原则,该原则对于共同故意杀人案中判处死刑人数能够起到有效的控制作用,是准确贯彻“严格控制和慎重适用死刑”政策的体现和要求。换言之,共同故意杀人致一人死亡的,判处两人死刑应当作为例外情况。即对于共同故意杀人致一人死亡的案件,如果杀人手段特别残忍,情节特别恶劣,被害人家属、当地群众或者社会舆论反映很强烈的,也可以判处两人死刑,但作出判决时一定要慎之又慎。

本案中,被告人白云江和谭蓓蓓为实施强奸,利用谭蓓蓓的孕妇身份及被害少女的善良,将助人为乐的被害少女骗至家中强奸并杀害。该案受到媒体广泛关注,并冠以“孕妇为夫猎艳杀人案”加以报道,人民群众纷纷呼吁严惩被告人。二被告人实施强奸犯罪后为灭口将被害少女杀害,犯罪动机卑劣,情节、后果特别严重,社会影响极其恶劣,属于应当适用死刑予以严惩的案件。但由于被告人谭蓓蓓在被采取强制措施时已怀孕数月,根据刑法第四十九条第一款的规定,属于“审判的时候怀孕的妇女”,对其依法不能适用死刑,故本案不存在判处两名被告人死刑的必要性。

(二)在共同故意杀人犯罪中,有两名以上主犯的,应进一步细分其地位、作用

在共同犯罪中,准确认定各被告人的地位、作用,区分主从犯,并在此基础上更进一步区分各主犯之间或各从犯之间作用大小,对最终确定各被告人的量刑至关重要。在一些故意杀人的共同犯罪案件,特别是两人共同犯罪的案件中,被告人共同预谋,分工配合,共同实施杀人行为,均

系主犯。对这种案件，如果仅致一人死亡又依法应当判处死刑的，原则上不能同时判处两名被告人死刑，而应当仔细区分、综合判定各被告人在共同犯罪中的地位、作用，尽可能进一步区分罪责大小，只对其中地位、作用最突出，罪责最严重者判处死刑。审判中要防止为了追求严惩，以难以分清罪责为由，简单地一律判处死刑的做法。同时，需要注意的是，有的案件中，罪责相对较大的被告人因具有法定从宽处罚情节而不能判处死刑的，如犯罪时未成年或者系怀孕的妇女，作案后自首、立功等，此时不能为了追求适用死刑，而把共犯中罪责相对较轻又没有法定从宽处罚情节的被告人升格判处死刑。

有意见认为，既然都是主犯，地位和作用基本相同，技术上很难再进一步区分罪责大小。我们认为，尽管这种区分确实有困难，但仍可以从犯罪过程的各个阶段对各被告人的作用进行综合分析、认定。就故意杀人犯罪而言，主要有提起犯意，纠集同案人，准备作案工具，选择、确定犯罪目标，制定犯罪计划，对参与人员进行分工，实施具体犯罪过程中的行为（如实施直接致人死亡的行为），资助同案人出逃等环节。具体到个案，上述情节的认定，主要依靠各被告人的供述，在各被告人利益存在冲突的情况下，很可能存在互相推诿的情况，这就需要对各被告人的供述进行认真分析，对供述真伪作出判断，进而对各被告人的地位、作用进行区分。

本案有三起犯罪事实，最主要的一起是强奸、杀害被害人胡某某的事实，这也是判处被告人白云江极刑、被告人谭蓓蓓重刑的原因。在该起犯罪中，谭蓓蓓最先提出骗少女到家里供白云江强奸的犯意，白云江同意并购买氯硝安定，谭蓓蓓将胡某某骗回家后，白云江让胡某某喝下放有氯硝安定的酸奶，白云江强奸胡某某未遂，二人共同将被害人杀害。白云江、谭蓓蓓均起主要作用，均系主犯。再对二被告人的作用大小进行比较，白云江、谭蓓蓓虽然对参与本案的基本事实供认，但对于一些具体行为，如谁提议杀人、谁为主致被害人死亡供述不一。谭蓓蓓供述较为稳定，一直称白云江提议杀人，白云江用枕头捂胡某某头，她按脚。白云江供述前后有变化，侦查阶段接受讯问时称谭蓓蓓提议杀人，他先用手捂胡某某口鼻，谭蓓蓓按腿，被害人反抗，他将枕头放在胡某某脸上，让谭蓓蓓按着，他帮着按腿；一审庭审中白云江先是称没人提议杀人，后又称谭蓓蓓提议，同时承认他用枕头捂胡某某口鼻、谭蓓蓓按腿；二审庭审中则称，谭蓓蓓用枕头捂胡某某，他按胡某某的手腿。从谭蓓蓓供述稳定、白云江供述变化来看，谭蓓蓓供述更为可信；白云江在一审庭审中所供他用枕头捂胡某某口鼻、谭蓓蓓按腿的情节与谭蓓蓓的稳定供述一致；从作案时谭蓓蓓怀有八个多月身孕的具体情况分析，白云江所称谭蓓蓓为主杀人的可能性不大。综合二被告人的供述及二人个体特征来分析，白云江在共同犯罪中的作用较谭蓓蓓更大，应对其适用死刑。如果本案中谭蓓蓓比白云江在共同犯罪中的作用更大，则不能因为谭蓓蓓系孕妇，依法不能判处死刑，而将作用较小的白云江判处死刑。这也是对这起性质、情节极其恶劣、严重的犯罪依法应当适用死刑的情况下，仍需要比较二被告人的地位、作用的重要原因。

综上，法院根据本案性质、情节、后果对罪行最为严重的被告人白云江适用死刑是适当的。

（撰稿：最高人民法院刑四庭　冯　珊
审编：最高人民法院刑四庭　陆建红）

[第 1265 号]张菊、王福贵、周道会贩卖、运输毒品案
——重大毒品犯罪中,共同犯罪人及上下家之间如何适用刑罚

【关键词】 毒品犯罪 共同犯罪 上下家

一、基本案情

被告人张菊,女,汉族,1976 年 2 月 21 日出生。2012 年 11 月 23 日因涉嫌贩毒、运输毒品罪被逮捕。

被告人王福贵,男,汉族,1968 年 12 月 9 日出生。2012 年 11 月 24 日因涉嫌贩毒、运输毒品罪被逮捕。

被告人周道会,男,汉族,1981 年 12 月 11 日出生。2012 年 11 月 24 日因涉嫌贩毒、运输毒品罪被逮捕。

河北省唐山市人民检察院以被告人张菊、王福贵、周道会犯贩卖毒品罪向唐山市中级人民法院提起公诉。

被告人张菊、周道会对公诉机关指控的事实供认不讳。被告人王福贵供述公诉机关指控的事实基本属实,但辩称在白石家园查获的 315 克毒品不是其所有,除被查获的 4 100 余克毒品外,其之前未提供给张菊毒品。

被告人张菊的辩护人提出:张菊系从犯,应当从轻、减轻处罚。被告人王福贵的辩护人提出:购买后分两批邮寄的共计 4 100 余克毒品应属王福贵非法持有,且认定其贩卖毒品数量证据不足,其主动供述周道会贩卖给其毒品的犯罪事实属立功,可以从轻、减轻处罚。被告人周道会的辩护人提出:周道会的行为只构成运输毒品罪,而非贩卖毒品罪;周道会系从犯,供述毒品“上线”个人信息及贩卖毒品事实属立功,可以从轻或减轻处罚。

唐山市中级人民法院经审理查明:

2011 年 11 月至 2012 年 10 月,被告人张菊在河北省唐山市丰南区租借多处房屋作为贩卖毒品的窝点,以给付报酬或提供毒品吸食为利诱,先后纠集同案被告人马永帅、周海全、王海涛、贾春芳、张广永(均已判刑)等为其交接毒品,以每克 500 元左右的价格分别向吸毒人员孙兆伟(另案处理)等十二人出售毒品,共计贩卖甲基苯丙胺(冰毒)800 余克。其间,2012 年 8 月,张菊还和周海全共同出资 5 万元,由周海全与王海涛到安徽省阜南县购得甲基苯丙胺 150 克,张菊给付王海涛 5 000 元报酬及甲基苯丙胺 60 克,给付周海全甲基苯丙胺 10 克,将剩余 80 克甲基苯丙胺贩卖。

2012 年 6 月,被告人王福贵找到被告人张菊,提出以优惠价格提供甲基苯丙胺,双方合作贩毒,张菊表示同意,后王福贵陆续批量购进毒品交给张菊贩卖。同年 10 月,王福贵、张菊商定将前期合作贩毒所得作为共同出资,扩大贩毒规模,获利共分。王福贵随即到广东省佛山市找到被告人周道会,商定以每克 220 元的价格购买甲基苯丙胺 4 000 克,并要求周道会分两批寄至河北省唐山市。王福贵向周道会支付现金 80 万元,又与张菊通过银行汇款付给周道会 7.97 万元。周道会接收毒资后向他人两次购得甲基苯丙胺,指使同案被告人周虎成(已判刑)将甲基苯丙胺伪装在茶具中分两批通过物流公司寄给张菊。当月 17 日 10 时许,张菊指派马永帅在唐山市一小区门口接收第一批送到的甲基苯丙胺,马永帅接到毒品准备交给张菊时被抓获,公安人员当场查

获甲基苯丙胺 1 980.26 克，随即将张菊抓获，并查获甲基苯丙胺 131.21 克、甲基苯丙胺片剂(麻古) 3.02 克。随后，公安人员将王福贵抓获，查获甲基苯丙胺 16.01 克；并在王福贵指认下，在丰南区一小区查获甲基苯丙胺 315 克。当月 19 日，公安人员在物流公司查获周道会邮寄的第二批甲基苯丙胺 2 149.45 克。当月 30 日，公安人员在佛山市将周道会抓获。

唐山市中级人民法院认为，被告人张菊、王福贵、周道会贩卖毒品，其行为均已构成贩卖毒品罪，且贩卖数量大。三被告人及其辩护人的辩解、辩护意见理据不足，均不予采纳。综合考虑各被告人在毒品犯罪中的地位、作用、毒品数量、毒资来源、参与情节及社会危害程度，依法以贩卖毒品罪，分别判处三被告人死刑，剥夺政治权利终身，并处没收个人全部财产。

一审宣判后，张菊、周道会提出上诉。

被告人张菊上诉及其辩护人提出：一审认定张菊与王福贵在 2012 年共同出资购买 4 000 余克毒品证据不足，且此部分毒品未流向社会，危害性小；张菊受王福贵雇佣贩卖毒品，应认定为从犯；如实供述犯罪事实，有积极认罪情节，请求从轻、减轻处罚。

被告人周道会上诉及其辩护人提出：一审仅认定周道会自愿认罪，未认定系从犯；具有毒品未流向社会、坦白、立功、积极退赃、初犯偶犯等酌定从轻、减轻处罚情节；亲属有积极退赃的情节，请求从轻处罚。

被告人王福贵未提出上诉。其辩护人的意见是，一审认定王福贵与张菊共同出资情况和贩卖毒品的数量不清，证据不足；量刑过重，不应适用死刑。

河北省高级人民法院认为，上诉人张菊、周道会及原审被告人王福贵的行为构成贩卖毒品罪，且贩卖毒品数量大，罪行极其严重，均应依法惩处。相关上诉理由及辩护意见，均不能成立，不予采纳。原判认定的事实清楚，证据确实、充分，定罪准确，量刑适当，审判程序合法。据此，依法裁定驳回上诉，维持原判，并报请最高人民法院核准。

最高人民法院经复核认为，被告人张菊、王福贵为牟取非法利益，结伙贩卖甲基苯丙胺，其行为均已构成贩卖毒品罪；被告人周道会为牟取非法利益，与他人结伙贩卖、运输甲基苯丙胺，其行为已构成贩卖、运输毒品罪。被告人张菊、王福贵共同出资购买毒品并贩卖给他人，贩卖毒品数量巨大，均系共同犯罪中罪责严重的主犯，犯罪情节严重，社会危害极大，应依法惩处。被告人周道会居中倒卖毒品并通过物流运输，贩卖、运输毒品数量巨大，犯罪情节严重，社会危害大，应依法惩处。第一审判决、第二审裁定认定的事实清楚，证据确实、充分。审判程序合法。对被告人张菊、王福贵定罪准确、量刑适当。鉴于被告人周道会在毒品犯罪中，与王福贵、张菊相比，罪责相对较轻，对其判处死刑，可不立即执行。依照《中华人民共和国刑法》第三百四十七条第二款第(一)项、第二十五条第一款、第二十六条第一款、第五十七条第一款、第五十九条，《中华人民共和国刑事诉讼法》第二百三十五条、第二百三十九条和《最高人民法院关于适用〈中华人民共和国刑事诉讼法〉的解释》第三百五十二条的规定，判决如下：

1. 核准河北省高级人民法院刑事裁定中维持第一审以贩卖毒品罪分别判处被告人张菊、王福贵死刑，剥夺政治权利终身，并处没收个人全部财产的部分。

2. 撤销河北省高级人民法院刑事裁定和唐山市中级人民法院刑事判决中对被告人周道会以贩卖毒品罪判处死刑，剥夺政治权利终身，并处没收个人全部财产的部分。

3. 被告人周道会犯贩卖、运输毒品罪，判处死刑，缓期二年执行，剥夺政治权利终身，并处没收个人全部财产。

二、主要问题

毒品犯罪中，共同犯罪人、上下家均到案，且存在既是共同犯罪又是上下家关系的情况下，如何适用死刑?

三、裁判理由

从贩毒数量上看,本案查实被告人张菊贩卖毒品甲基苯丙胺5 000余克,被告人王福贵、周道会贩卖毒品甲基苯丙胺4 000余克,均已超过判处死刑的数量标准。从三人的关系来看,周道会与王福贵、张菊之间比较单纯,就是上下家关系,而王福贵和张菊的关系比较复杂,王福贵最初是张菊的上家,其购买毒品后加价交给张菊贩卖,各自获利,后王福贵与张菊又发展为共同贩毒,也就是说,二人既是共同犯罪,又是上下家。本案审理期间,基于对各被告人在共同犯罪中的地位和作用及作为上下家所起作用的不同认识,就三被告人如何适用死刑的问题,形成了四种意见。

第一种意见认为,本案应判处被告人张菊、王福贵死刑,判处被告人周道会死刑缓期二年执行。理由是:(1)王福贵用于购买4 000多克毒品的毒资主要来源于张菊;(2)张菊在唐山是毒品的重要源头,雇佣了很多马仔,在共同犯罪中地位作用突出;(3)张菊贩卖毒品数量最多,且多次零包贩卖,下家达20多个,掌握着当地毒品贩卖网络,系严厉打击的重点;(4)周道会虽然是毒品上家,但在促成毒品交易中的作用较小。

第二种意见认为,本案应判处被告人王福贵、周道会死刑,判处被告人张菊死刑缓期二年执行。理由是:(1)虽然本案中贩卖毒品数量最大的是张菊,但张菊的绝大部分毒品来源均是王福贵,而王福贵的毒品来源是周道会,所以涉案绝大部分毒品和三被告人都有关系;(2)周道会和王福贵、张菊是上下家关系,根据《全国法院毒品犯罪审判工作座谈会纪要》(以下简称《武汉会议纪要》)的精神,对于下家主动约购毒品的情形下可以判下家死刑,但打击毒品源头历来也是重点,而且在本案贩毒数量已达巨大的情况下,不能认为周道会的作用小于王福贵和张菊;(3)王福贵控制毒资和毒品,在张菊前男友因贩卖毒品被抓后主动找张菊贩卖毒品,而且承诺保证货源、承担损失,故张菊具有一定的被动性。

第三种意见认为,本案应判处被告人张菊、王福贵、周道会三人死刑。理由是:(1)本案虽然只认定了周道会的两笔贩卖毒品事实,但其系毒品上家,动辄交易几千克毒品,系大毒贩,雇佣马仔周虎成,并通过邮寄等掩盖的方法运输毒品,反侦查能力很强,涉毒较深;(2)张菊和王福贵相比周道会而言,地位作用较小,但鉴于本案在当地影响较大,张菊是唐山销售毒品的总经销商,雇佣了很多马仔,贩卖毒品数量巨大,也系大毒贩,应当对三被告人均判处死刑。

第四种意见认为,本案只判处被告人王福贵一人死刑。理由是:(1)被告人周道会和王福贵是上下家,4 000多克毒品是在二人之间实施交易,根据《武汉会议纪要》的精神,王福贵主动联系上家周道会,上下家都在案的情况下,一般在犯罪中哪个主动判哪个死刑,所以应判王福贵死刑;(2)王福贵主动找张菊,利用张菊前男友的关系销售毒品,张菊作用低于王福贵,尽管张菊单独及合伙贩卖1 000多克冰毒,但放在共同犯罪和上下线网络中考虑,属于涉毒数量相对少的被告人。

《武汉会议纪要》规定,毒品共同犯罪案件的死刑适用应当与该案的毒品数量、社会危害及被告人的犯罪情节、主观恶性、人身危险性相适应。涉案毒品数量达到巨大以上,二名以上主犯的罪责均很突出,或者罪责稍次的罪犯具有法定、重大酌定从重处罚情节,判处二人以上死刑符合罪刑相适应原则,并有利于全案量刑均衡的,可以依法判处。根据该规定,本案涉案毒品数量已经达到了巨大以上,前述第四种意见认为只判处王福贵一人死刑不够妥当。而前述其他三种意见争议的焦点有两个:一是本案判处二人死刑还是三人死刑更合适;二是判处二人死刑的情况下,三被告人中谁的地位作用相对较小从而应当改判死缓刑。我们同意第一种意见,理由如下:

（一）对于既是共同犯罪又是上下家的被告人，要在分清主次的基础上根据各自的地位和作用依法确定是否适用死刑

从本案的贩毒事实来看，主要涉及两部分：一是张菊、王福贵、周道会等人实施的贩卖毒品事实；二是张菊、周海全、王海涛合伙购买毒品及张菊向多人出售毒品的事实。由于第一部分事实系涉及三被告人贩毒的主要事实，故对此予以重点分析。在被告人张菊、王福贵、周道会等人实施的贩卖毒品事实中，尽管王福贵、张菊均系周道会的下家，但二人的关系并不是单纯的共同犯罪，而是有一个发展变化的过程。最初王福贵是张菊的上家，提供毒品，加价交给张菊贩卖，各自获利，后来王福贵与张菊逐步发展成为共同贩毒，共同获利，主要表现是：二人以兄妹相称，王福贵持有张菊所租部分房屋的钥匙，二人协作完成贩毒事宜，商定共分利润。从具体作用来看，王福贵提供最初的毒品，交给张菊贩卖获利，二人使用贩毒回收的本金和利润继续购进毒品、扩大贩毒；张菊接收王福贵购进的毒品，自主联系在本地销售并组织多人为其运送，且租用多处房屋用于贩毒，除将少量贩毒利润留作日常支出外，将大部分收入交由王福贵继续购进毒品。从上述变化情况来看，二人的主要关系是共同犯罪。从二人在共同犯罪中的地位和作用来看，王福贵有稳定货源，张菊有流通渠道，二人均有各自的优势和较大的独立性，“强强联手”后扩大贩毒规模，二人在共同犯罪中均起主要作用，均系主犯，地位、作用基本相当。

被告人张菊结伙贩卖甲基苯丙胺 5 145 克，贩毒数量巨大；在与王福贵的共同犯罪中，如前所述，张菊系地位和作用突出的主犯；在与周海全、王海涛共同犯罪中，张菊系主要货主，不仅拍板确定赴安徽购毒，而且负责安排毒资、提供路费、给予辛苦费等事宜，购买毒品的数量也是由其决定，其地位和作用在三人中最为突出。此外，本案中，张菊系唐山毒品销售网络的重要源头，拥有为数众多的下线买家，尽管每次销售数量不多，但因买家多、次数多，总量也不小，而且少量多销的方式更加隐蔽，流入社会危害更大。毒品零包贩卖，也是从严打击的重点。鉴于张菊犯罪情节严重，社会危害极大，罪行极其严重，结合其另有大量贩毒行为的实际情况，判处其死刑适当。被告人王福贵提议与张菊共同贩毒，承诺获利后与张菊年底分红，积极筹措毒资，主动联系上线周道会约购毒品，并事先交付毒资，亦系地位和作用突出的主犯，共查获其贩卖毒品 4 591 克，犯罪情节严重，社会危害极大，应依法惩处，结合其另有大量贩毒行为的实际情况，判处其死刑适当。

（二）对于单纯的上下家，要综合考虑各自在促成毒品交易中的作用大小，慎重决定适用死刑

被告人王福贵、张菊从被告人周道会处购进毒品，然后由张菊出售给他人，因此双方是上下家关系，即周道会是上家，王福贵、张菊是下家。对同一宗毒品的上下家，判处几人死刑、如何选择适用死刑，一直是司法实践中困惑的问题。为此，《武汉会议纪要》规定，对于买卖同宗毒品的上下家，涉案毒品数量刚超过实际掌握的死刑数量标准的，一般不能同时判处死刑；上家主动联络销售毒品，积极促成毒品交易的，通常可以判处上家死刑；下家积极筹款，主动向上家约购毒品，对促成毒品交易起更大作用的，可以考虑判处下家死刑。涉案毒品数量达到巨大以上的，也要综合上述因素决定死刑适用。

从本案情况来看，被告人周道会虽系王福贵的上家，但属于居中倒卖，其接收王福贵的毒资后又联系他人购进毒品加价贩卖，且雇用他人协助完成贩卖、寄运事宜，罪责严重，应依法惩处。但与张菊、王福贵相比，周道会的作用相对较小：首先，周道会贩卖毒品的数量少于张菊、王福贵贩卖毒品的数量，获利更是少之又少，尚不及王福贵从张菊处获取的差价，对此应在量刑时予以适当考虑；其次，周道会虽然是毒品上家，但其并不是持有毒品待价而沽，而是王福贵主动找他联系并先支付毒资，其才去联系毒品，故其在贩卖毒品的合意、联络等方面，均具有一定的被动性，也就是说，在促成毒品交易方面，周道会的作用明显要小于王福贵。根据《武汉会议纪要》的规定

以及周道会贩卖毒品的数量和情节，对其可以不判处死刑。

综上，最高人民法院核准一审、二审对被告人张菊、王福贵的死刑判决，并对被告人周道会改判死刑，缓期二年执行是适当的。

（撰稿：最高人民法院刑四庭　汪　雷
审编：最高人民法院刑四庭　陆建红）

［第1268号］方斌等组织卖淫案

——组织卖淫共同犯罪中的主犯认定及组织卖淫罪与协助组织卖淫罪的区分

【关键词】　组织卖淫罪　协助组织卖淫罪　共同犯罪　主犯

一、基本案情

被告人方斌，男，1964年6月24日出生，2016年9月25日被逮捕。

被告人于振洋，男，1982年8月23日出生，2016年9月23日被逮捕。

被告人秦辉明，男，1965年12月6日出生，2016年9月23日被逮捕。

被告人方勇，男，1968年10月9日出生，2016年9月23日被取保候审。

被告人张后龙，男，1985年9月15日出生，2016年9月23日被取保候审。

被告人吴聪，男，1992年9月12日出生，2016年9月18日被取保候审。

被告人潘强（曾用名潘小娃），男，1987年3月28日出生，2016年9月23日被取保候审。

四川省绵阳市涪城区人民检察院以被告人方斌、秦辉明、于振洋犯组织卖淫罪，被告人方勇、张后龙、吴聪、潘强犯协助组织卖淫罪，向绵阳市涪城区人民法院提起公诉。

被告人方斌对指控的罪名无异议，但辩称其没有实际管理、经营卖淫场所，没有参与分配卖淫收入和支出。其辩护人提出方斌没有参与卖淫活动的具体事务管理，在案发后主动投案，如实供述犯罪，有自首情节，属于初犯，有悔罪表现，应当对其从轻、减轻处罚。

被告人秦辉明对指控罪名有异议，辩称其只负责经营场所足浴部门的管理，不负责对卖淫人员的管理。其辩护人提出，指控秦辉明犯组织卖淫罪证据不足，秦辉明行为构成协助组织卖淫罪。秦辉明没有控制卖淫人员并从中获利，在本案中所起作用较小，系初犯、偶犯，到案后如实供述，系坦白，建议对其从轻、减轻判处。

被告人于振洋辩称其没有招聘和培训卖淫人员，只负责卖淫人员上下班、工资发放工作。其辩护人提出，于振洋不构成组织卖淫罪，构成协助组织卖淫罪。于振洋没有参与卖淫场所利润分配，在卖淫活动中不起决策、领导、管理作用，处于被领导、被管理的地位，同时没有招聘、培训卖淫人员，系初犯、偶犯，认罪态度好，建议对其从轻、减轻判处。

被告人方勇、张后龙、吴聪、潘强对公诉机关指控的犯罪事实、罪名无异议。

绵阳市涪城区人民法院经审理查明：

2013年3月20日，被告人方斌租用位于绵阳市涪城区会仙路16号的四川豪瑞特酒店8楼成立“绵阳城区乔治五号商务娱乐会所”，经营卡拉OK、洗浴、足浴服务。2016年3月，被告人方斌聘用彭建智（另案处理）担任“绵阳城区乔治五号商务娱乐会所”总经理，负责会所经营管理活动。当月，彭建智又聘用被告人秦辉明在会所担任店长，负责会所员工日常管理等工作。此后，彭建智与方斌等人共谋在会所组织卖淫人员从事卖淫活动，方斌安排被告人方勇监督会所经营情况，负责保管卖淫活动营业款等工作。2016 年 4 月至 8 月 18 日，该会所聘用被告人于振洋负责招聘、管理卖淫人员，被告人张后龙、吴聪、潘强为足浴店接待员、保安，负责接待嫖娼人员，推荐、介绍卖淫服务，领取卖淫提成等；并先后制定豪瑞特养生会馆足浴技师提成方案、营业基本任务、理疗部项目提成方案等关于卖淫活动收入的分配方案，同时在互联网网站上发布招聘按摩师等信息，组织马某、王某等多名卖淫人员，在“绵阳城区乔治五号商务娱乐会所”从事卖淫活动，其中 2016 年 8 月 1 日至 8 月 18 日，该会所组织卖淫活动 346 次。

2016 年 8 月 18 日 16 时许，公安机关接群众举报，在“绵阳城区乔治五号商务娱乐会所”的租房内，查获正在进行卖淫嫖娼活动的马某(女)、石某(男)二人，并现场抓获被告人秦辉明、于振洋、方勇、潘强、吴聪、张后龙及卖淫女王某、随某某、吴某某、王某某，扣押赃款 2 680 元，扣押作案工具电脑主机 2 台、POS 机 1 台。同日 23 时许，被告人方斌主动到公安机关投案。

绵阳市涪城区人民法院认为，被告人方斌、秦辉明、于振洋在豪瑞特酒店利用从事服务行业的便利条件，在经营服务业的同时，招募多名卖淫人员，有组织地从事卖淫活动，其行为已构成组织卖淫罪；被告人张后龙、吴聪、潘强、方勇帮助他人组织卖淫，其行为已构成协助组织卖淫罪，应依法惩处。在共同犯罪过程中，被告人方斌起主要作用，是主犯，应当按照其组织的全部犯罪处罚；被告人秦辉明、于振洋起次要作用，是从犯，应当减轻处罚。被告人方斌虽主动到案，但到案后在第一次接受讯问时未如实交代犯罪事实，不属于自首，但当庭认罪，可以酌情从轻处罚。被告人秦辉明、张后龙、吴聪、潘强、方勇到案后如实供述自己的罪行，可以从轻处罚。被告人于振洋当庭认罪，可酌情从轻判处。依照《中华人民共和国刑法》第三百五十八条、第二十五条、第二十六条、第二十七条、第六十七条第三款、第六十四条、第七十二条、第五十三条之规定，判决如下：

1. 被告人方斌犯组织卖淫罪，判处有期徒刑五年六个月，并处罚金人民币 20 万元；
2. 被告人秦辉明犯组织卖淫罪，判处有期徒刑三年六个月，并处罚金人民币 8 万元；
3. 被告人于振洋犯组织卖淫罪，判处有期徒刑三年六个月，并处罚金人民币 8 万元；
4. 被告人张后龙犯协助组织卖淫罪，判处有期徒刑二年，缓刑二年，并处罚金人民币 2 万元；
5. 被告人吴聪犯协助组织卖淫罪，判处有期徒刑二年，缓刑二年，并处罚金人民币 2 万元；
6. 被告人潘强犯协助组织卖淫罪，判处有期徒刑二年，缓刑一年，并处罚金人民币 2 万元；
7. 被告人方勇犯协助组织卖淫罪，判处有期徒刑一年，缓刑一年，并处罚金人民币 1 万元。

一审宣判后，被告人方斌、于振洋不服，提出上诉。

方斌的上诉理由是：其不是主犯，因为犯意不是其提出，未具体实施管理、组织妇女卖淫，未掌握资金，不负责分配；其有自首情节，可以从轻或减轻、免除处罚。

于振洋的上诉理由是：其构成协助组织卖淫罪，而非组织卖淫罪，并且其家庭情况困难，请求二审法院从轻判处。其辩护人还提出：于振洋的工作是受店长秦辉明安排，秦辉明的作用远远大于于振洋，故在量刑上应进行区分；于振洋对会所的工作没有决定权，不参与制度的制定，没有负责招聘卖淫人员，其从事的只是打杂工作，应定协助组织卖淫罪，并在两年以下量刑，可适用缓刑。

绵阳市中级人民法院经审理认为，在组织卖淫的共同犯罪过程中，上诉人方斌起主要作用，是主犯，应当按照其组织的全部犯罪处罚；原审被告人秦辉明、上诉人于振洋起次要作用，是从犯，应当减轻处罚。原审被告人秦辉明、张后龙、吴聪、潘强、方勇到案后如实供述自己的罪行，可以从轻处罚。上诉人于振洋当庭认罪，可酌情从轻判处。上诉人方斌虽主动投案，但在司法机关掌握其主要犯罪事实之前没有如实供述，不属于自首，但当庭认罪，可以酌情从轻处罚。对上诉人方斌认为其构成自首以及不是主犯的上诉理由与审理查明的事实及法律规定不符，不予支持。上诉人于振洋以招募、雇佣、管理等手段，实施了控制多人从事卖淫活动的行为，其实行行为符合组织卖淫罪构成要件，应当以组织卖淫罪定罪，其上诉辩称构成协助组织卖淫罪的上诉及辩解理由不能成立，不予采纳。对于上诉人于振洋的辩护人提出的于振洋工作是受店长秦辉明安排、对会所的工作没有决定权、不参与制度的制定、没有负责招聘卖淫人员、其从事的只是打杂工作的辩护意见，与审理查明的事实不符，提出的应在两年以下量刑并适用缓刑的辩护意见，不予支持。综上，原判认定事实和适用法律正确，量刑适当。依照《中华人民共和国刑事诉讼法》(2012年)第二百二十五条第一款第一项之规定，裁定如下：驳回上诉，维持原判。

二、主要问题

1. 如何认定主要投资人在组织卖淫共同犯罪中的地位、作用？

2. 如何区分组织卖淫罪与协助组织卖淫罪？

3. 自动投案后在公安机关掌握其主要犯罪事实前未如实供述犯罪事实，其后才如实供述的，能否认定为自首？

三、裁判理由

(一)在组织卖淫共同犯罪中，主要投资人(所有人)一般应认定为主犯

1. 组织卖淫罪有主犯、从犯之分

司法实践中有观点认为，组织卖淫罪只有主犯，没有从犯。我们不认同这种观点。任何一种犯罪，在数人共同犯罪的形态中，除都是主犯或者共同正犯的情况外，均应按照各自在犯罪中所起到的作用大小，区分为主犯和从犯。在通常情况下，组织卖淫犯罪涉及的人员较多、关系复杂，既有组织者、各类管理人员，又有一般的服务人员。他们之间有不同的职责分工，共同参与犯罪活动，要根据其行为区分不同的罪责，确定主犯、从犯。

2. 在组织卖淫共同犯罪中，主要投资人一般应认定为主犯

对于主要投资人而言，其实际上是卖淫场所的所有人或实际经营者，虽然通常并不直接参与卖淫场所的日常经营管理，而是通过雇用、指使管理人员负责卖淫场所的日常经营运行，但主要投资人在整个组织卖淫共同犯罪过程中起到了组织、策划、指挥等主要作用，具有绝对的支配权和领导地位，其他参与组织卖淫犯罪的人员都受其指挥、服从其领导，二者之间是上下级的关系。故主要投资人在犯罪组织中的地位高、作用大，属于“幕后黑手”“老板”“大哥”，当然应该对组织卖淫活动承担全部责任，是第一主犯。

本案中，被告人方斌在豪瑞特酒店利用从事服务行业的便利条件，以招募、雇佣、容留等手段，控制多人从事卖淫行为，其已构成组织卖淫罪。方斌虽然没有直接参与卖淫活动的具体事务管理，但其作为会所实际投资人，雇用他人管理卖淫活动，是整个卖淫活动的控制者，起主要作用，是主犯，应当按照其组织的全部犯罪处罚。一、二审法院认定方斌系组织卖淫共同犯罪的主犯是正确的。

(二)区分组织卖淫罪和协助组织卖淫罪的关键在于是否实施了管理、控制卖淫活动的组织行为

组织卖淫罪与协助组织卖淫罪二者密切相关，司法实践中容易混淆。有观点认为，组织卖淫罪一般是由数人或者多个环节组成的共同犯罪行为，凡是共同组织卖淫罪的主犯应当定性为组织卖淫罪，凡是共同组织卖淫罪的从犯应当定协助组织卖淫罪。我们认为这种观点是片面的，混淆了组织卖淫罪从犯与协助组织卖淫罪的界限。

1. 主观上形成共同组织卖淫的故意，客观上有共同的组织卖淫行为者，构成组织卖淫共同犯罪

组织卖淫罪的行为人主观上要有组织他人卖淫的故意，客观上要有组织卖淫行为。所谓组织卖淫行为，一般是指以招募、雇佣、容留等手段，管理或者控制多人从事卖淫的行为。认定的关键是行为人对卖淫活动有策划、指挥、管理、控制、安排、调度等组织行为（实行行为），对卖淫者的卖淫活动已经形成有效管理与控制。因此，在组织卖淫活动中对卖淫者的卖淫活动直接实施安排、调度等行为的，也属于对卖淫者进行管理的组织行为，不论是主犯、从犯，还是实行犯、帮助犯，都应当按照组织卖淫罪定罪处罚，绝不能根据分工或者作用的不同而分别定罪。

本案被告人于振洋在整个犯罪体系中属于管理卖淫人员的“鸡头”，卖淫人员的请销假、排班、调度、薪酬等都由其控制掌握，其在整个共同犯罪过程中地位极其重要，仅次于“大老板”方斌，负责管理、培训卖淫女等工作，与一般工作人员工作内容不同，其管理、支配、控制着卖淫活动，也就是与卖淫人员之间存在管理与被管理的关系，这些行为已经超越了单纯的帮助行为的界限，其行为实质上属于管理和控制他人从事卖淫活动，符合组织卖淫罪构成要件，应当以组织卖淫罪定罪处罚。

2. 客观上只实施了为组织卖淫的人招募、运送人员或者其他协助组织他人卖淫行为的，构成协助组织卖淫罪

组织卖淫罪的行为人主观方面是组织他人卖淫的犯罪故意，而协助组织卖淫罪的行为人主观方面是协助组织卖淫活动的犯罪故意。协助组织卖淫行为属于帮助犯，而帮助犯不实施主行为，因此，协助组织卖淫者所实施的行为不能是前述组织行为（实行行为），否则应当以组织卖淫罪论处。没有实施组织行为，即不是对卖淫活动直接进行策划、指挥、管理、控制、安排、调度，不与卖淫行为发生直接联系，而是在外围协助组织者实施其他行为，如充当保镖、打手、管账人或为直接为组织者招募、雇用、运送卖淫人员，为卖淫人员安排住处，为组织者充当管账人、提供反调查信息等行为，这些都不构成组织卖淫罪，而仅构成协助组织卖淫罪。

本案中，被告人张后龙、吴聪、潘强、方勇等分别监督会所经营情况，负责保管卖淫活动营业款，或作为足浴店接待员、保安，负责接待嫖娼人员，推荐、介绍卖淫服务，领取卖淫提成等，虽然对卖淫场所的正常运行发挥重要作用，但他们并没有直接管理和支配卖淫人员，与组织卖淫罪中的“控制多人从事卖淫活动”存在本质上的不同，属于在组织卖淫的共同犯罪中起帮助作用的行为，符合刑法第三百五十八条第四款规定的“为组织卖淫的人招募、运送人员或者有其他协助组织他人卖淫行为”的情形，应当以协助组织卖淫罪定罪处罚。

综上，一、二审法院认定于振洋构成组织卖淫罪，张后龙、吴聪、潘强、方勇等构成协助组织卖淫罪，是正确的。

（三）自动投案后在公安机关掌握其主要犯罪事实前未如实供述犯罪事实的，不能认定为自首

刑法第六十七条规定，犯罪以后自动投案，如实供述自己的罪行的，是自首。自首是法定从轻处罚情节。对于自首的认定，应当严格依照法律及相关司法解释来进行。一般情况下，自首的成立必须具备以下条件：一是自动投案。二是如实供述自己的罪行。本案被告人方斌自动投案是没有异议的，但方斌未在到案后的第一时间如实供述自己的罪行，能否认定为自首，在实践中容易出现争议。

如实供述自己的罪行是自首成立的重要条件，也是自首的本质特征。如实供述自己的罪行，是指犯罪分子自动投案后，应当“及时”如实供述自己的主要犯罪事实，也就是说，如实供述是有时间要求的。

关于“及时”如实供述，根据有关司法解释，有两种情形：第一种情形是，被告人在自动投案后，第一次供述时即如实交代自己的主要犯罪事实的，构成自首；即使如实供述后又翻供的，依照《最高人民法院关于处理自首和立功具体应用法律若干问题的解释》（以下简称《自首立功解释》）第一条第二项的规定，只要在一审判决前又能如实供述的，仍然可以认定为自首。这种情况下，犯罪嫌疑人的悔罪态度比较明显，其供述有利于降低办案成本，提高诉讼效率，故无论司法机关在其自动投案前是否已经掌握其主要犯罪事实，都应当认定为自首，以体现法律对自首的鼓励态度。第二种情形是，犯罪嫌疑人自动投案时虽然没有如实交代自己的主要犯罪事实，但在司法机关掌握其主要犯罪事实之前主动交代的，依照《最高人民法院关于处理自首和立功若干具体问题的意见》（以下简称《自首立功意见》）第二条第三款的规定，应认定为如实供述自己的罪行。即犯罪嫌疑人自动投案时，司法机关尚未掌握其主要犯罪事实，犯罪嫌疑人一开始未如实交代，但只要在司法机关掌握其主要犯罪事实之前如实供述的，仍然构成自首，但在掌握其主要犯罪事实之后，其迫于压力才如实供述的，则不构成自首。这样规定的原因在于，法律对于自首的犯罪嫌疑人依法从宽处理，是因为其体现了犯罪嫌疑人的悔罪态度，又能节约司法资源，而犯罪嫌疑人在侦查机关掌握证据后才交代的，并不能体现出其悔罪态度，案件侦破主要是依靠侦查机关的努力，未体现出节约司法资源的宗旨，故这种情况不能认定为自首。

本案被告人方斌虽主动投案，但其在第一次供述时并未如实交代主要犯罪事实（否认明知会所组织卖淫活动），不属于“及时”如实供述，不符合《自首立功解释》第一条规定的情形；方斌在第二次供述时供认犯罪，但此时已有两名同案被告人（秦辉明、潘强）证实方斌知道会所存在卖淫活动的事实，因此，应视为司法机关已经在方斌如实供述前掌握了方斌主要的犯罪事实，故也不符合《自首立功意见》第二条规定的情形。方斌在司法机关掌握其主要犯罪事实之前没有如实供述，其后才交代主要犯罪事实，已经不具有自首的时间条件，对于案件侦破的作用已经大为减少，不应当认定为自首。但鉴于被告人方斌有主动投案情节，且其在庭审时当庭认罪，故法院在量刑时应当考虑上述因素，可以酌情从轻处罚。

综上，一、二审法院认定被告人方斌、秦辉明、于振洋构成组织卖淫罪，被告人张后龙、吴聪、潘强、方勇构成协助组织卖淫罪，认定被告人方斌在共同犯罪中系主犯，秦辉明、于振洋系从犯，并根据各被告人具有的从轻处罚情节分别量刑是适当的。

（撰稿：最高人民法院刑四庭　张　剑
审编：最高人民法院刑四庭　陆建红）

［第1269号］杨恩星等组织卖淫案

——如何区分组织卖淫罪的从犯与协助组织卖淫罪

【关键词】 组织卖淫罪　协助组织卖淫罪　从犯

一、基本案情

被告人杨恩星，男，1984年8月25日出生，2016年9月26日被逮捕。

被告人逄锦敏，男，1985年5月4日出生，2016年9月26日被逮捕。

被告人纪文峰，女，1993年12月12日出生，2017年6月27日被逮捕。

山东省青岛市黄岛区人民检察院以被告人杨恩星、逄锦敏、纪文峰犯组织卖淫罪,向青岛市黄岛区人民法院提起公诉。

青岛市黄岛区人民法院经审理查明:自2015年10月起,被告人杨恩星在青岛市黄岛区江山路西小区租赁房屋,并在网上发布招嫖信息,招聘卖淫女从事卖淫活动。被告人纪文峰起初为杨恩星招聘的卖淫女,后与杨恩星发展成为情人关系,遂开始在卖淫活动中担任客服。2016年5月,杨恩星使用假身份证在青岛市黄岛区华宇新村××号楼×单元×××户租赁房屋,与被告人逄锦敏合伙经营,招聘卖淫女卫某某、明某、刘某某等人,从事组织卖淫犯罪活动。该二人约定各自享有华宇新村店一半的股份且该店所有收益由二人均分。该店规定了明确的卖淫项目及价格、卖淫所得分成方式。杨恩星负责在网上发布招嫖信息、客服、记账、招聘和管理卖淫女等工作,逄锦敏负责接送嫖客、给出租车司机结账、招聘卖淫女、望风等现场管理工作,纪文峰为华宇新村店担任客服工作,其主要负责接听嫖客电话、指引嫖客前往指定地点进行嫖娼、创建该卖淫店工作微信群、面试卖淫女等工作。2016年7月14日,公安人员在华宇新村店内查获卖淫女刘某某、卫某某、明某,嫖娼人员陈某某、孙某、张某。经查,当日张某和明某发生卖淫嫖娼关系,陈某某、孙某和卫某某发生卖淫嫖娼关系。

青岛市黄岛区人民法院认为,被告人杨恩星、逄锦敏、纪文峰为牟取非法利益,组织多名妇女从事卖淫活动,其行为均构成组织卖淫罪。对于逄锦敏所提其行为应认定为协助组织卖淫罪的辩解意见,经查,三被告人的供述及证人明某等证言均能证实逄锦敏作为卖淫店的老板之一,直接实施了组织卖淫的犯罪行为,其行为应认定为组织卖淫罪,对该辩解意见不予采纳。对于纪文峰辩护人所提纪文峰的行为应认定为协助组织卖淫罪的辩护意见,经查,纪文峰在组织卖淫活动中直接参与对卖淫者的卖淫活动进行安排、调度、指挥等组织行为,其行为应认定为组织卖淫罪,但由于其在组织卖淫犯罪中起次要作用,故应认定纪文峰为组织卖淫罪的从犯,依法予以减轻处罚。被告人杨恩星、逄锦敏、纪文峰均自愿认罪,酌情予以从轻处罚。依据《中华人民共和国刑法》第三百五十八条、第二十五条、第二十七条、第四十五条、第四十七条、第五十二条、第五十三条之规定,判决如下:

1. 被告人杨恩星犯组织卖淫罪,判处有期徒刑五年六个月,并处罚金人民币五万元;
2. 被告人逄锦敏犯组织卖淫罪,判处有期徒刑五年,并处罚金人民币三万元;
3. 被告人纪文峰犯组织卖淫罪,判处有期徒刑二年六个月,并处罚金人民币二万元。

宣判后,各被告人均未提出上诉,公诉机关亦未抗诉,判决已发生法律效力。

二、主要问题

如何区分组织卖淫罪的从犯与协助组织卖淫罪?

三、裁判理由

本案中,被告人杨恩星与逄锦敏合伙经营卖淫店,杨恩星租赁房屋、负责在网上发布招嫖信息、客服、记账、招聘和管理卖淫女等工作,逄锦敏负责接送嫖客、给出租车司机结账、招聘卖淫女、望风等现场管理工作,二人招聘多名卖淫女从事卖淫活动,均分收益。杨恩星和逄锦敏的行为属典型的组织卖淫行为,且均系主犯,审理时对二人均构成组织卖淫罪并不存在争议。但对于被告人纪文峰的行为如何定性,存在两种不同观点:

第一种观点认为,纪文峰的行为构成协助组织卖淫罪。理由是,纪文峰为杨恩星和逄锦敏的组织卖淫活动充当客服,负责接听嫖客电话、指引嫖客前往指定地点进行嫖娼、创建卖淫店工作微信群、面试卖淫女,这些行为对于杨恩星和逄锦敏所实施的犯罪来说均属于帮助行为,故构成协助组织卖淫罪。

第二种观点认为，纪文峰的行为构成组织卖淫罪，但由于其在组织卖淫犯罪中与两名同案犯相比，起次要作用，故应认定为组织卖淫罪的从犯。

我们同意第二种观点，主要理由如下：

（一）协助组织卖淫罪是将组织卖淫罪的帮助行为单独成罪，而非将组织卖淫罪的所有从犯单独成罪

我国 1979 年刑法没有规定协助组织卖淫罪。1991 年《全国人民代表大会常务委员会关于严禁卖淫嫖娼的决定》（以下简称《决定》）第一次从法律上确认了组织卖淫罪和协助组织卖淫罪。随后，最高人民法院、最高人民检察院于 1992 年出台《关于执行〈全国人民代表大会常务委员会关于严禁卖淫嫖娼的决定〉的若干问题的解答》（以下简称《解答》）在第三条解释了协助组织卖淫罪的罪状，即“协助组织他人卖淫罪，是指在组织他人卖淫的共同犯罪中起帮助作用的行为。如充当保镖、打手、管帐人等”。1997 年刑法吸纳了上述内容。2011 年，《刑法修正案（八）》修改了本罪的罪状，将“协助组织他人卖淫的”修改为“为组织卖淫的人招募、运送人员或者有其他协助组织他人卖淫行为的”。2017 年 7 月 25 日实施的《最高人民法院、最高人民检察院关于办理组织、强迫、引诱、容留、介绍卖淫刑事案件适用法律若干问题的解释》（以下简称《涉卖淫刑案解释》）对本罪罪状进行了详细的解释，即“明知他人实施组织卖淫犯罪活动而为其招募、运送人员或者充当保镖、打手、管账人等的，依照刑法第三百五十八条第四款的规定，以协助组织卖淫罪定罪处罚，不以组织卖淫罪的从犯论处”。

从以上协助组织卖淫罪的相关规定可以看出，组织卖淫罪与协助组织卖淫罪在一般情况下属于实质上的共同犯罪，协助组织卖淫行为属于组织卖淫行为中的帮助行为。在我国刑法理论中，一般来说，帮助犯从属于正犯，与正犯构成共同犯罪。在刑法没有对帮助犯设置具体罪状并单独规定法定刑的情况下，对帮助犯只能适用正犯的法定刑，并结合刑法总则规定的从犯处罚原则进行处罚。但考虑到实践中某些帮助行为已出现类型化趋势，社会危害性也较大，为加大对此类行为的打击，我国刑法分则将部分帮助行为规定为独立犯罪，如刑法第一百零七条规定的资助危害国家安全犯罪活动罪，第一百二十条之一第一款规定的帮助恐怖活动罪以及第三百五十八条第四款规定的协助组织卖淫罪。协助组织卖淫行为单独成罪，主要是由于司法实践中组织卖淫者往往不能单独完成犯罪，需要合作者或者帮助者才能顺利实施组织卖淫行为。在组织卖淫者开设“娱乐场所”的过程中，离不开保镖、打手、管账人等的“协助”，这些协助组织行为已经常态化、类型化，甚至可以说必不可少。而由于其中犯罪人之间的分工不同、作用不同，导致各自承担的刑事责任也是不同的。因此，将这些协助组织行为从组织卖淫行为中分离出来，进行区别定罪量刑。此外，司法实践中也存在不少协助者独立于组织卖淫者的情况，如一些行为人专门负责招募、雇用、运输、培训卖淫者，他们不仅仅服务于某一个组织卖淫团伙，而是同时为数个组织卖淫团伙服务。这种情况下，如果简单地按照共同犯罪理论，将其作为某一个组织卖淫团伙的共犯来处理，就很可能会遗漏掉协助者的其他协助行为。

综上，协助组织卖淫者可以认为是组织卖淫者的帮助犯，在帮助犯没有单独成罪的情况下，确实属于从犯的一种，但并不是从犯的全部。在协助组织卖淫行为单独成罪以后，对该行为不再按照组织卖淫罪的从犯处理，而是作为独立的犯罪定罪量刑。但这并不意味着组织卖淫罪中不存在从犯，或者说组织卖淫罪的从犯就是协助组织卖淫罪。实践中有种观点认为，组织卖淫罪一般是由数人或者多个环节组成的共同犯罪行为，凡是共同组织卖淫罪的主犯都应当定性为组织卖淫罪，凡是共同组织卖淫罪的从犯都应当定协助组织卖淫罪。我们认为，这种观点是错误的，协助组织卖淫罪是一种独立的犯罪，而不是共同组织卖淫罪的从犯；共同组织卖淫罪的从犯，应

当定性为组织卖淫罪，而不能定性为协助组织卖淫罪。

（二）协助组织卖淫罪与组织卖淫罪的从犯的本质区别在于行为不同，而非作用大小

组织卖淫罪的从犯与协助组织卖淫罪的区分历来是司法实践中的难点。我们认为，协助组织卖淫行为属于帮助犯，帮助犯与主行为实施者即实行犯是按照分工不同划分的，即帮助犯不实施主行为，两者的本质区别在于行为人在组织卖淫活动过程中的分工，而不是作用大小。在组织卖淫活动中，凡是对卖淫者的卖淫活动直接进行管理、控制的行为人，体现为以招募、雇佣、强迫、引诱、容留等手段，管理、控制多人从事卖淫，核心是策划、指挥、管理、控制、安排、调度等组织行为，应当构成组织卖淫罪。其中起主要作用的是主犯，起次要、辅助作用的是从犯，但从犯实施的行为也应是组织行为，只是这种组织行为相对于主要组织者而言作用相对次要。而协助组织卖淫罪中行为人所实施的行为不能是组织行为，不与卖淫行为发生直接联系，只能是在外围保障卖淫活动顺利进行的辅助行为。根据刑法和《涉卖淫刑案解释》的规定，协助组织卖淫罪的客观行为主要表现为：以招工为名，通过广告、互联网等方式，协助诱骗、招募妇女卖淫，但本身不参与组织卖淫活动；提供交通工具，为组织卖淫者接送、转移卖淫人员，只收取相应运输费用；充当保镖，看家护院、望风放哨；充当打手，协助强迫妇女卖淫；为组织卖淫者充当管账人等。

在司法实践中，对于将组织他人卖淫场所中的“老板”认定为组织者是没有异议的，但对于经理、领班等其他管理人员能否认定为组织者存在争议。我们认为，在整个卖淫组织中，出资者、指挥者固然属于组织卖淫者，经理、领班等其他管理人员也实施具体的管理行为，只是其地位和作用相对于出资者、指挥者来说较小，但只要与卖淫人员之间存在管理与被管理的关系，而不是实施单纯的帮助行为，其实质上就实施了组织卖淫罪的实行行为，故也应将这部分管理人员的管理行为认定为组织卖淫行为。

本案中，被告人纪文峰在卖淫场所中担当客服的角色，主要负责接听嫖客电话、指引嫖客前往指定地点进行嫖娼，此外纪文峰还负责创建该卖淫店工作微信群、面试卖淫女、办理卖淫女请假事宜等工作。这些行为中，前者即接听嫖客电话、指引嫖客前往嫖娼的地点、面试卖淫女等属于协助组织卖淫行为；但后者即建立杨恩星、逄锦敏还有卖淫女在内的微信工作群、准许卖淫女请假等行为，却属于组织卖淫行为，因为这些行为已经超出了协助组织卖淫的行为范畴，而属于组织卖淫中的管理行为。在这种情况下，应如何认定被告人纪文峰的行为性质？我们认为，应当综合全案分析纪文峰行为的本质特征。纪文峰是卖淫店合伙人杨恩星的情人，组织卖淫活动是杨恩星的唯一经济来源，纪文峰的日常花费均由杨恩星提供，纪文峰实际是在杨恩星的指使下，与逄锦敏分工负责共同管理卖淫活动，因此，组织卖淫活动并从中牟取利益是其实施所有行为的目的。在其实施组织卖淫行为时，虽然同时实施了性质上属于协助组织卖淫的行为，但两类行为是密切相关的。也就是说，行为人基于同一犯罪目的（组织卖淫），同时实施两类行为，分别触犯了不同罪名，但行为之间具有牵连关系的，属于牵连犯，应当从一重罪处断，即按照组织卖淫罪来定罪处罚。原审法院在判决时《涉卖淫刑案解释》尚未公布实施，但认定被告人纪文峰的行为构成组织卖淫罪，与《涉卖淫刑案解释》的规定是完全一致的；原审法院同时考虑到，相对于杨恩星、逄锦敏来说，纪文峰的作用相对次之，认定其为从犯，判处有期徒刑二年六个月，并处罚金二万元是适当的。

（撰稿：最高人民法院刑四庭　张建英
山东省青岛市黄岛区人民法院　侯　风　王德成
审编：最高人民法院刑四庭　陆建红）

[第1359号]张礼琦包庇、纵容黑社会性质组织案

——如何准确把握包庇、纵容黑社会性质组织罪的主客观方面、罪数处断及追诉时效

【关键词】 包庇、纵容黑社会性质组织罪　连续犯　追诉时效

一、基本案情

被告人张礼琦，男，1973年9月6日出生，曾任中共温岭市公安局委员会委员、浙江省温岭市公安局副局长、浙江省台州市公安局城市管理警察支队副支队长（主持工作）、支队长、台州市公安局纪委副书记。2017年7月24日被逮捕。

浙江省东阳市人民检察院以被告人张礼琦犯包庇、纵容黑社会性质组织罪，向东阳市人民法院提起公诉。

被告人张礼琦及其辩护人提出：张礼琦没有包庇、纵容陈才强等人的黑社会性质组织，其部分行为不属于包庇、纵容的行为，部分行为甚至不是犯罪行为；指控的部分行为，即便构罪，已过诉讼时效；量刑处理上不应适用《刑法修正案（八）》。

东阳市人民法院经审理查明：

被告人张礼琦身为国家机关工作人员，明知陈才强团伙在浙江省温岭市有组织地长期从事违法犯罪活动，不依法履行职责，对陈才强（另案处理）等人组织、领导的黑社会性质组织实施的违法犯罪活动，多次进行包庇、纵容，或者积极帮助该组织领导者和成员逃避查禁或打击，一度致使对该黑社会性质组织的查禁工作受阻，为其充当“保护伞”。具体事实如下：

1. 2008年2月14日，被告人张礼琦利用其职权，要求释放涉嫌寻衅滋事的陈才强等人，后又授意陈才强作不如实供述。同晚，张礼琦对叶新立等寻衅滋事案违法审批不予立案。案件移送打黑办后，张礼琦打听案情并透露给陈才强，告知陈才强逃避侦查对策。后该案陈才强未被打击。

2. 2011年，被告人张礼琦得知温州市公安局着手调查陈才强等人涉黑的违法犯罪行为，向陈才强透露警务秘密，告知陈才强逃避侦查对策，向办案单位打听案情并透露给陈才强，导致对陈才强涉黑案的调查无法继续。

3. 2013年，被告人张礼琦将浙江省公安厅向台州市公安局纪委下转的关于陈才强涉黑的信访件内容透露给陈才强。

4. 2016年年初，被告人张礼琦得知省公安厅再次调查陈才强即将消息透露给陈才强。陈才强被抓后，张礼琦与陈才强家属及律师等人商量应对省厅调查的策略。

……

9. 2008年5月14日，被告人张礼琦受陈才强请托后，要求看守所所长对涉嫌聚众斗殴的蔡建波出具变更强制措施的建议，所长没有同意。

10. 2010年5月，被告人张礼琦受陈才强请托，授意派出所释放因吸毒抓被的方志国，但派出所仍对方志国作出行政拘留、强制隔离戒毒的处罚。

东阳市人民法院认为，被告人张礼琦作为国家机关工作人员，包庇、纵容黑社会性质组织进行违法犯罪活动，情节严重，其行为已触犯刑律，构成包庇、纵容黑社会性质组织罪。根据张礼琦

犯罪的事实、性质、情节和对于社会的危害程度，依照《中华人民共和国刑法》第二百九十四条第三款之规定，判决如下：

被告人张礼琦犯包庇、纵容黑社会性质组织罪，判处有期徒刑八年。

一审宣判后，被告人张礼琦提出上诉。

金华市中级人民法院经审理，依法裁定驳回上诉，维持原判。

二、主要问题

（一）如何把握本罪的追诉时效及如何准确适用《刑法》修正前后的相关规定？

（二）如何准确认定包庇、纵容黑社会性质组织罪？

（三）行为人包庇、纵容黑社会性质组织的犯罪行为，同时触犯其他包庇类、渎职类罪名，如何定罪处罚？

三、裁判理由

（一）连续犯追诉时效的认定

黑社会性质组织犯罪一个明显的特点是犯罪的时间跨度普遍较长，而包庇、纵容黑社会性质组织犯罪也往往伴随着黑社会性质组织持续若干年，故审理此类案件中经常碰到关于具体犯罪的追诉时效及新旧法律规定的适用问题。本案中，被告人张礼琦实施的10起包庇、纵容黑社会性质组织犯罪的时间跨度从2007年至2015年，且各犯罪事实相互间隔，而2011年《刑法修正案（八）》对包庇、纵容黑社会性质组织罪的法定刑幅度进行了修正，辩护人就犯罪追诉时效及新旧法律规定适用提出意见。

我们认为：(1)《最高人民检察院关于对跨越修订〈刑法〉施行日期的继续犯罪、连续犯罪以及其他同种数罪应如何具体适用刑法问题的批复》规定，对于开始于1997年9月30日以前，继续到1997年10月1日以后终了的继续犯罪，应当适用修订《刑法》一并进行追诉；对于开始于1997年9月30日以前，连续到1997年10月1日以后的连续犯罪，或者在1997年10月1日前后分别实施同种类数罪，其中罪名、构成要件、情节以及法定刑均没有变化的，应当适用修订《刑法》，一并进行追诉；罪名、构成要件、情节以及法定刑已经变化的，也应当适用修订《刑法》，一并进行追诉，但是修订《刑法》比原《刑法》所规定的构成要件和情节较为严格，或者法定刑较重的，在提起公诉时应当提出酌情从轻处理意见。连续犯是指行为人基于数个同一的犯罪故意，连续多次实施数个性质相同的犯罪的行为，触犯同一罪名的犯罪形态。本案中，被告人张礼琦所包庇的黑社会性质组织一直处于持续状态，其本身实施的包庇、纵容行为亦一直处于连续状态，虽然其10起犯罪事实的直接目的各有不同，但从整体来看，均基于包庇、纵容同一黑社会性质组织的目的，故应当根据前述批复的精神，按照修正后的《刑法》规定定罪处罚。(2)根据法律规定，追诉期限从犯罪之日起计算；犯罪行为有连续或者继续状态的，从犯罪行为终了之日起计算。在追诉期限内又犯罪的，前罪追诉期限从犯后罪之日起计算。本案中，被告人张礼琦的10起犯罪行为属于连续犯，最后一起发生于2016年，故不存在已过追诉期限问题，应追究其全部犯罪行为的刑事责任。

（二）关于包庇、纵容黑社会性质组织罪的认定

1. 关于包庇、纵容黑社会性质组织罪主观方面的认定

一是本罪主观上只能是故意，过失不构成本罪。其中“包庇”行为仅为直接故意，“纵容”则可以是直接故意，也可以是放任态度的间接故意，间接故意表现为消极不作为。本案中，被告人张礼琦的包庇、纵容行为均为明显的直接故意。

二是对于包庇、纵容对象的认知程度问题，即是否需要认识到其包庇、纵容的是黑社会性质

组织及其违法犯罪活动。从司法实践来看,黑社会性质组织发展是一个渐进的过程,有时还会以合法外衣予以隐匿,准确认知其性质非常困难,故法律不可能要求行为人对黑社会性质组织有确定的认识。因此,2009 年最高人民法院、最高人民检察院、公安部印发的《办理黑社会性质组织犯罪案件座谈会纪要》明确规定,只要行为人知道或者应当知道是从事违法犯罪活动的组织即可。我们认为,在认定行为人主观明知时,要综合考虑行为人对包庇、纵容对象的形态、规模、成员、行为方式的了解程度,以及本人与组织成员交往的密切程度等。如果行为人确实不知道,则不能认定本罪,应按其他符合犯罪构成要件的罪名定罪处罚。本案中,以陈才强为组织者、领导者的黑社会性质组织形成于2000 年左右,被告人张礼琦包庇、纵容行为则始于 2007 年,当时以陈才强为首的黑社会性质组织已在温岭当地形成了一定社会影响,2007 年 10 月陈才强请托张礼琦为涉嫌犯聚众斗殴罪的蔡建波办理取保候审手续,2008 年乾宫 KTV 案发生后,因影响恶劣曾移交打黑办侦查,张礼琦作为时任温岭市公安局的领导多次向打黑办打听案件,还告知陈才强逃避侦查对策,足见其熟悉该组织,且介入程度深。因此,张礼琦对陈才强犯罪组织的认知程度,不仅知道该组织是从事违法犯罪活动的组织,对于该组织可能为黑社会性质组织也可认定为明知。

2. 关于包庇、纵容黑社会性质组织罪客观方面的认定

第一,包庇和纵容行为的表现和区别。《最高人民法院关于审理黑社会性质组织犯罪的案件具体应用法律若干问题的解释》第五条对“包庇”“纵容”加以定义的同时,也列举了行为的表现形式。包庇行为是积极作为,纵容行为是在有查禁义务情况下,消极不作为。本案中,在第 1 至第 4 起犯罪事实中,如被告人张礼琦打招呼违规释放犯罪嫌疑人、透露警务秘密、帮助逃避处罚等,这些行为一度阻碍对该黑社会性质组织的查禁工作,符合前述解释所指的通过积极方式实施的包庇行为。第 1 起事实中的对寻衅滋事犯罪事实批准不予立案,符合前述解释所指的以消极不作为方式实施的纵容行为。

第二,在审查本罪时还应注意以下两个方面:一是本罪是行为犯,原则上只要行为人在客观上实施了包庇、纵容黑社会性质组织行为的,即构成本罪且属既遂,不要求其包庇、纵容的行为最终使黑社会性质的组织逃脱追究责任,故辩护人所提的未成功帮助蔡建波办理取保候审、未成功让方志国逃脱处罚因此并非犯罪的辩护意见不能成立。二是行为人包庇、纵容的是黑社会性质组织及其违法犯罪活动,而不能是一般的犯罪组织或违法犯罪行为。

(三)行为人包庇、纵容黑社会性质组织的犯罪行为,同时触犯其他包庇类、渎职类罪名,应根据法条竞合的处理原则选择罪名

在司法实践中,行为人包庇、纵容黑社会性质组织的行为,同时可能符合包庇、纵容黑社会性质组织罪、包庇罪、帮助犯罪分子逃避处罚罪、滥用职权罪的构成要件,该如何认定罪数需要研究。行为人如果为黑社会组织性质成员提供隐藏处所、财物,帮助其逃避或者指使他人作伪证等包庇行为,既触犯包庇、纵容黑社会性质组织罪,必定也触犯包庇罪、帮助犯罪分子逃避处罚罪等。同时,其作为国家机关工作人员,如果利用职务之便采用各种方法包庇黑社会性质组织的,无疑是滥用职权,如达到一定的危害损失后果,又构成滥用职权罪。本案中,被告人张礼琦存在违法授意放人、教唆不如实交代、审批不予立案、通知或授意出逃、泄露警务秘密、出谋划策等包庇、纵容行为,上述行为已触犯多个罪名,应以处罚较重的包庇、纵容黑社会性质组织罪定罪处罚。

(撰稿:浙江省高级人民法院　茹　鹏
浙江省金华市东阳市人民法院　黄兰蔚
审编:最高人民法院刑三庭　周　川)

[第1360号]吴强等人敲诈勒索、抢劫、贩卖毒品、故意伤害案
——如何区分恶势力犯罪集团和普通犯罪集团

【关键词】 恶势力 恶势力犯罪集团 普通犯罪集团

一、基本案情

被告人吴强,男,1996年10月4日出生。2017年4月21日被逮捕。

(其他被告人基本情况略。)

江苏省南通市通州区人民检察院以被告人吴强犯抢劫罪、敲诈勒索罪,被告人季凯文、姜东东、曹立强犯抢劫罪,被告人季少廷犯敲诈勒索罪、贩卖毒品罪,被告人曹静怡、李颖、邵添麒、曹兵犯敲诈勒索罪,向南通市通州区人民法院提起公诉。审理中,南通市通州区人民检察院追加起诉吴强犯故意伤害罪,同时追加认定本案是以吴强为首带有恶势力性质的犯罪集团。

被告人吴强辩称:本案因没有稳定的组织,没有相对固定的成员和相对固定的收入,不能认定为犯罪集团。其辩护人提出:本案是否属于持枪抢劫存疑。

南通市通州区人民法院经审理查明:

2017年2月初,被告人吴强、季少廷为谋取非法利益,与被告人曹兵共同计议,商定通过约熟人吃饭时“劝酒”,诱使被害人酒后驾驶机动车,而后制造交通事故,以被害人系酒后驾驶机动车欲报警相要挟,索要他人钱财。后被告人曹静怡、李颖明知吴强等人欲实施上述违法犯罪活动而积极加入,并在吴强、季少廷的组织、安排下,逐步形成相对稳定、分工明确的犯罪团伙开始实施敲诈勒索犯罪。

被告人吴强通过被告人邵添麒将季某峰、徐某炜(均系未成年人,另案处理)带入团伙。2017年2月底3月初开始,季某峰、徐某炜紧密跟随吴强,并由吴强负责二人的住宿、生活及日常开销。在短时间内,快速形成以吴强为首要分子,被告人季少廷等人为其他成员的犯罪集团。吴强纠集被告人季少廷、曹静怡、李颖、邵添麒、曹兵以及季某峰、徐某炜等人,以威胁、恐吓等手段,先后五次实施敲诈勒索犯罪行为。后吴强发现赌场内流动资金较多,且参与赌博人员害怕处理一般不敢报警,遂纠集被告人季凯文、曹立强、姜东东及季某峰、徐某炜、应某维等人持气手枪、管制刀具、电棍等,采用暴力手段实施抢劫。具体犯罪事实如下:

(一)敲诈勒索事实

1. 2017年2月18日下午,被告人季少廷出面约被害人曹帅帅在江苏省南通市经济技术开发区世贸广场吃饭。其间,季少廷安排被告人曹静怡、李颖故意劝曹帅帅饮酒。后曹帅帅酒后驾驶汽车离开,被告人吴强、曹兵驾驶汽车尾随并故意与曹帅帅碰撞,制造交通事故。吴强以曹帅帅系酒后驾驶机动车欲报警相要挟,向曹帅帅索要人民币50 000元。后曹帅帅的母亲及姨妈赶至现场,经双方“协商”由曹帅帅向吴强支付“赔偿款”人民币5000元。

2. 2017年2月的一天晚上,被告人吴强出面约被害人熊春波等人在南通市通州高新技术产业开发区希格马KTV唱歌。其间,吴强安排被告人曹静怡、李颖故意劝被害人熊春波等人饮酒。后熊春波酒后驾驶汽车离开,被告人季少廷故意与熊春波碰撞,制造交通事故。季少廷以熊春波系酒后驾驶机动车欲报警相要挟,向熊春波索要人民币3000元,后熊春波向季少廷支付“赔偿款”人民币3000元现金。

（其他敲诈勒索的事实略。）

（二）抢劫事实

2017 年 3 月 13 日夜至 14 日凌晨，被告人吴强提议抢劫南通市通州区川姜镇义成小区一棋牌室内参赌人员的赌资，季某峰、徐某炜等人赞同。同月 14 日下午，吴强和季某峰、徐某炜三人购买了口罩、帽子，又准备气手枪（未充压缩气体、未装钢珠）、砍刀、电棍、伸缩甩棍等工具。后季某峰纠集被告人姜东东及应某维（系未成年人，另案处理），徐某炜纠集被告人季凯文，季凯文又纠集被告人曹立强。当日 23 时许，吴强等七人来到棋牌室楼下并设法持作案工具进入棋牌室，因发现没有进行大规模赌博，且被打牌的被害人陈菊发现而离开现场。此次进屋期间，吴强单独偷了被害人倪东人民币 150 元。

在离开的途中，被告人季凯文和季某峰提议返回实施抢劫，众人都表示同意，遂再次持作案工具进入棋牌室。被害人陆美红到客厅发现被告人吴强等七人后，随即返回其打牌的里屋把门关上。季凯文持砍刀上前将门踹开，吴强等人分别手持气手枪、砍刀等作案工具恐吓被害人，要求交出随身钱财。在抢得人民币 2100 余元后，吴强等七人离开现场，离开时吴强还踹了倪东一脚，威胁对方不准报警。经鉴定，扣押涉案枪支为气手枪，以压缩气体为动力，可发射 6 毫米 0.86 克钢珠弹丸，弹丸比动能为 $2.05J/cm^2$，对人体具有致伤力。

（故意伤害、贩卖毒品的事实略。）

江苏省南通市通州区人民法院认为，被告人吴强、季少廷、曹静怡、李颖、邵添麒、季凯文、姜东东、曹立强、曹兵等人与另案处理的季某峰、徐某炜、应某维等人为共同实施犯罪而组成较为固定的犯罪组织，其间采取暴力、威胁等手段，在一定区域内多次实施敲诈勒索、抢劫等犯罪活动，且在实施犯罪过程中目的明确、分工明细，可认定为犯罪集团。本案中，吴强等人从聚集在一起开始作案，到最后实施持枪抢劫犯罪，时间较短，所实施的犯罪行为不符合恶势力犯罪集团的认定要求，故不能认定为恶势力犯罪集团，按一般犯罪集团对各被告人定罪量刑……吴强伙同季凯文、姜东东、曹立强等人持枪抢劫他人钱财，上述四被告人的行为均已构成抢劫罪；吴强伙同季少廷、曹静怡、李颖、邵添麒、曹兵等人，多次实施敲诈勒索他人钱财，数额较大，上述六被告人的行为均已构成敲诈勒索罪；吴强故意伤害他人身体，致人轻伤，其行为已构成故意伤害罪；季少廷明知是毒品而少量贩卖，其行为已构成贩卖毒品罪。依照《中华人民共和国刑法》第二百六十三条第（七）项，第二百七十四条，第二百三十四条第一款，第三百四十七条第一款、第四款，第二十五条第一款，第二十六条，第五十五条第一款，第五十六条第一款，第六十九条第一款、第三款，第六十四条；《最高人民法院关于审理抢劫案件具体应用法律若干问题的解释》第五条；《最高人民法院、最高人民检察院关于办理敲诈勒索刑事案件适用法律若干问题的解释》第一条、第三条、第八条等规定，判决如下：

被告人吴强犯抢劫罪，判处有期徒刑十二年，剥夺政治权利二年，并处罚金人民币四千元；犯敲诈勒索罪，判处有期徒刑二年，并处罚金人民币一万元；犯故意伤害罪，判处有期徒刑十个月，决定执行有期徒刑十三年六个月，剥夺政治权利二年，并处罚金人民币一万四千元。

（其他被告人判决情况略。）

一审宣判后，被告人均未上诉，检察机关亦未抗诉。一审判决已发生法律效力。

二、主要问题

如何区分恶势力犯罪集团和普通犯罪集团？

三、裁判理由

恶势力犯罪集团是一个随着司法实践不断深入而产生的概念，用以理顺由“恶”到“黑”的演进脉络，标定恶势力与黑社会性质组织之间的中间发展阶段，进而充分运用《刑法》总则关于犯罪集团的规定实现依法从严惩处，防止此类犯罪组织继续发展，形成新的黑社会性质组织。此前，最高人民法院、最高人民检察院、公安部印发的《办理黑社会性质组织犯罪案件座谈会纪要》虽然提出“对符合犯罪集团特征的，要按照犯罪集团处理，以加大对‘恶势力’团伙依法惩处的力度”，但是并未直接界定恶势力犯罪集团。扫黑除恶专项斗争伊始，最高人民法院、最高人民检察院、公安部、司法部联合制定印发的《关于办理黑恶势力犯罪案件若干问题的指导意见》（以下简称《指导意见》）对恶势力犯罪集团进行了定义，即“恶势力犯罪集团是符合犯罪集团法定条件的恶势力犯罪组织”。之后，最高人民法院、最高人民检察院、公安部、司法部印发的《关于办理恶势力刑事案件若干问题的意见》（以下简称《意见》）在《指导意见》的基础上对恶势力犯罪集团的定义作出了进一步明确，“恶势力犯罪集团，是指符合恶势力全部认定条件，同时又符合犯罪集团法定条件的犯罪组织”。

从前述定义来看，恶势力犯罪集团与普通犯罪集团的界限较为清晰，主要审查在符合犯罪集团法定条件的同时，是否还符合恶势力的全部认定条件。但综合比较分析，便可发现由于犯罪集团是三人以上为共同实施犯罪而组成的较为固定的犯罪组织，其当然具备“一般为三人以上”“多次实施违法犯罪活动”等特征；同时，恶势力主要实施和伴随实施的违法犯罪活动许多又是多发性违法犯罪，普通犯罪集团亦常会涉及。因此，单从“人数”、“行为次数”和“罪名”等形式特征出发，很难对恶势力犯罪集团和普通犯罪集团作以准确区分，容易导致恶势力犯罪集团认定的扩大化。

那么如何解决恶势力犯罪集团与普通犯罪集团的区分问题呢？我们认为，恶势力与普通犯罪团伙、恶势力犯罪集团与普通犯罪集团的区别都可从“恶”与“黑”的关系入手加以把握。具体来说，恶势力是黑社会性质组织的雏形，恶势力犯罪集团是恶势力的下一个发展形态，如果不加以限制和打击，二者都有可能发展成为黑社会性质组织。《指导意见》和《意见》在恶势力的定义中，使用“尚未形成黑社会性质组织的违法犯罪组织”这一表述，正是对“恶”与“黑”演进关系和内在联系的明示。基于这种内在联系和演进关系，恶势力、恶势力犯罪集团在主观方面虽然没有同黑社会性质组织一样强烈的自我发展要求，但二者实施违法犯罪活动一般都会不同程度带有“形成非法影响、谋求强势地位”的意图，并在这一意图的支配下完成“量”的积累，最终实现由“恶”到“黑”的蜕变。换言之，恶势力、恶势力犯罪集团“形成非法影响、谋求强势地位”的意图在一定程度上可以看作黑社会性质组织“争霸一方”总体意图的“前奏”。在客观方面，相对于黑社会性质组织行为特征中的“为非作恶，欺压、残害群众”和危害性特征中的“形成非法控制或者重大影响”，恶势力、恶势力犯罪集团实施违法犯罪活动必然带有“为非作恶，欺压百姓”的特征，并且“造成较为恶劣的社会影响”。而普通犯罪团伙、普通犯罪集团则尚不具有前述“恶”与“黑”的演进关系，因此不具备恶势力、恶势力犯罪集团实施违法犯罪活动的全部主客观特征，在打击方式上也不需要通过“定恶”来增强否定性评价，提升惩治力度。

在司法实践中，恶势力、恶势力犯罪集团实施违法犯罪活动的主客观特征往往通过危害结果、行为公开性、违法犯罪手段等事实要素表现出来，需要结合具体案情综合分析、把握：一是由于恶势力、恶势力犯罪集团具有“形成非法影响、谋求强势地位”的意图，其实施违法犯罪活动所造成的危害往往具有复合性，不仅侵犯公民人身、财产权利，还破坏市场经济秩序或者社会管理秩序。二是恶势力、恶势力犯罪集团由于不同程度带有“形成非法影响、谋求强势地位”的意图，且需要“在一定区域或者行业内，造成较为恶劣的社会影响”，其所实施的违法犯罪活动必然具有一定的公开性。三是恶势力、恶势力犯罪集团实施违法犯罪活动必然带有“为非作恶，欺压百姓”

的特征。其中,“欺压百姓”要求恶势力、恶势力犯罪集团实施违法犯罪活动应当以暴力、威胁为主要手段,带有欺凌、强制、压迫的性质。

具体到本案,被告人吴强等人为共同实施敲诈勒索等侵犯财产犯罪,在短时间内形成以吴强为首要分子,重要成员较为固定的犯罪组织,多次有预谋地实施敲诈勒索、抢劫等犯罪活动,造成严重社会危害,依法应当认定为犯罪集团。关于吴强等人是否同时符合恶势力的认定标准,进而认定为恶势力犯罪集团,从本案查明事实来看,吴强等人虽然在犯罪人数、构成犯罪的类型(敲诈勒索系恶势力主要实施的违法犯罪活动、抢劫系恶势力伴随实施的违法犯罪活动)、犯罪次数等形式特征上与恶势力犯罪集团相符,但其实施犯罪活动明显仅是为了牟取不法经济利益,缺乏“形成非法影响、谋求强势地位”的意图,也不具有“为非作恶,欺压百姓”的特征。在敲诈勒索犯罪中,吴强等人的主要犯罪手段是约熟人吃饭,设局“劝酒”造成被害人酒后驾车,再“碰瓷”制造交通事故,利用被害人害怕报警处理的心理,通过所谓的“协商”“私了”实现对他人财物的非法占有。从物色被害人到达成犯罪目的,吴强等人预备、实施犯罪的整个过程都是在较为隐蔽的情况下进行,极力避免被他人察觉而“穿帮”。在唯一一起抢劫犯罪中,吴强等人同样抱有刻意隐匿踪迹的心理。比如,吴强等人起意抢劫赌场的重要原因是参赌人员害怕被处理一般不敢报警,持气手枪、砍刀等作案工作第一次进入现场后又随即离开的原因之一是被被害人陈菊发现。综上,吴强等人在单纯“谋财”意图的支配下实施敲诈勒索、抢劫犯罪,“为非作恶,欺压百姓”的特征尚不明显,犯罪手段、行为方式与典型的恶势力犯罪集团存在明显差异,实际侵犯的法益基本也都集中在公民财产权利方面。故吴强等人实施违法犯罪活动的特征与恶势力犯罪集团的认定要求不符,应作为普通犯罪集团依法处理。

(撰稿:江苏省南通市中级人民法院　李梦龙
审编:最高人民法院刑三庭　周　川)

五、单位犯罪

[第 1284 号]苏州市安派精密电子有限公司、庞美兴、罗正华虚开增值税专用发票案

——如何认定单位犯罪中直接负责的主管人员,以及开票单位未到案时能否认定受票单位构成犯罪

【关键词】 单位犯罪 直接负责的主管人员 虚开增值税专用发票罪

一、基本案情

被告单位苏州市安派精密电子有限公司(以下简称安派公司),2011 年 6 月 14 日注册成立。

被告人庞美兴,男,1974 年 6 月 12 日出生,安派公司采购部主管。2015 年 6 月 19 日因本案被取保候审。

被告人罗正华,男,1979 年 3 月 17 日出生,安派公司总经理。2015 年 6 月 12 日因本案被取保候审。

江苏省苏州市吴中区人民检察院以被告单位安派公司,被告人庞美兴、罗正华犯虚开增值税专用发票罪,向苏州市吴中区人民法院提起公诉。

被告人庞美兴的辩护人提出:公诉机关指控的被告单位安派公司、被告人庞美兴接受深圳市浩瑜环贸易有限公司(以下简称浩瑜环公司)、深圳市顺畅通贸易有限公司(以下简称顺畅通公司)虚开增值税专用发票一节,因浩瑜环公司和顺畅通公司均处于非正常经营状态,相关负责人未到案,庞美兴所作的“与深圳两公司没有真实货物交易”“相关发票都是出开票费买来的”等有罪供述缺乏开票单位印证,属于孤证,应不予采信。公诉机关指控的犯罪事实不清,证据不足。

被告人罗正华的辩护人提出:公诉机关指控的被告单位安派公司,被告人庞美兴、罗正华接受三门峡天一实业有限公司(以下简称天一公司)虚开增值税专用发票一节,被告人罗正华虽名为安派公司总经理,但实际并无总经理的地位和职权,其只分管市场开拓和销售,平时经常在外公关客户,公司内部的生产、采购、财务等事务均由被告人庞美兴负责;在原材料采购付款方面,只要有庞美兴签字审核即可,罗正华签字只是履行公司财务惯例,并无实际意义,如没有庞美兴签批,只有罗正华签批,公司财务不会同意付款。因此,罗正华在公司内的实际职务只相当于部门经理,其并不具有总经理职务所应有的全面管理职权,在庞美兴向其表明犯罪意图、实施犯罪时,其无法对庞美兴施加有效制约,不属于单位犯罪中直接负责的主管人员,不构成犯罪。

苏州市吴中区人民法院经审理查明:

1. 被告单位安派公司及其采购部主管被告人庞美兴、总经理被告人罗正华于 2012 年 3 月至 2012 年 5 月间,在无真实货物交易的情况下,以支付开票费为对价,接受销货单位为天一公司的河南增值税专用发票合计 5 份,价税合计人民币 3 699 803.1 元。其中税款人民币 537 578.22 元已于同期向税务部门申报抵扣。

2. 被告单位安派公司及其采购部主管被告人庞美兴于 2013 年 8 月间,在无真实货物交易的情况下,以支付开票费为对价,接受销货单位为浩瑜环公司的深圳增值税专用发票合计 11 份,价

税合计人民币1 285 515元。其中税款人民币186 784.18元已于同期向税务部门申报抵扣。

3. 被告单位安派公司及其采购部主管被告人庞美兴于2013年11月间，在无真实货物交易的情况下，以支付开票费为对价，接受销货单位为顺畅通公司的深圳增值税专用发票合计36份，价税合计人民币4 207 788元。其中税款人民币611 388元已于同期向税务部门申报抵扣。

（其他事实略）

苏州市吴中区人民法院认为：关于被告人庞美兴的辩护人提出的辩护意见，经查，庞美兴的供述和证人杜俊、陈建枚的证言均证实安派公司与深圳两公司之间没有真实业务往来以及安派公司与深圳两公司之间存在资金回流的事实，该事实有记账凭证、送货单、入库单、银行业务回单及交易记录、手写账目明细等书证佐证。因此，上述辩护意见与事实不符，不予采纳。关于被告人罗正华的辩护人提出的辩护意见，经查，庞美兴、罗正华的供述和证人谢彪等人的证言均证实了罗正华在公司的职责和权限，该事实有安派公司章程、组织架构图、会议记录、电子邮件往来记录、付款申请单等书证佐证，罗正华作为公司总经理，具有全面管理公司的权限，其代表单位纵容被告人庞美兴实施犯罪，应认定为单位犯罪中直接负责的主管人员。因此，上述辩护意见与事实不符，不予采纳。综上，被告单位安派公司在没有真实货物交易的情况下，让他人为自己虚开增值税专用发票，数额巨大，其行为已构成虚开增值税专用发票罪；被告人庞美兴、罗正华作为被告单位中直接负责的主管人员，对其应以虚开增值税专用发票罪追究其刑事责任。依照《中华人民共和国刑法》第二百零五条第一款、第二款、第三款，第六十四条，第六十七条第一款，第七十二条第一款，第七十三条第二款、第三款之规定，判决如下：

1. 被告单位安派公司犯虚开增值税专用发票罪，判处罚金人民币三十万元；

2. 被告人庞美兴犯虚开增值税专用发票罪，判处有期徒刑三年，缓刑四年；

3. 被告人罗正华犯虚开增值税专用发票罪，判处有期徒刑二年六个月，缓刑三年。

宣判后，被告单位安派公司，被告人庞美兴、罗正华均未提出上诉，公诉机关也未提出抗诉。判决已经发生法律效力。

二、主要问题

1. 单位犯罪中“直接负责的主管人员”如何认定？

2. 如开票单位未到案，能否认定受票单位构成虚开增值税专用发票罪？

三、裁判理由

（一）如何认定单位犯罪中直接负责的主管人员

刑法第二百零五条规定，虚开增值税专用发票罪的犯罪主体包括单位。该条同时规定，构成本罪，在对单位判处罚金的同时，还应追究直接负责的主管人员和其他直接责任人员的刑事责任。实践中，在认定直接负责的主管人员时，往往因其地位的特殊性、职权的宏观性以及参与犯罪的隐蔽性等特点而存在争议。我们认为，可以从以下两个方面把握：

1. 直接负责的主管人员应为单位的管理人员，不包括一般工作人员

单位犯罪是由单位决策机构按照单位决策程序决定，产生单位犯意，再由直接责任人员实施的。而单位犯意一经产生，即表现为单位的整体意志。单位决策机构的成员范围并不及于单位的全体成员，在一般情况下，能够跻身单位决策层的，往往是单位的管理人员。这部分人涵盖多个层级，既可以是单位的高层管理人员，如董事会成员、党组成员、法定代表人等；也可以是单位的中下层管理人员，如分公司负责人、部门负责人等。进入决策机构意味着上述人员可以按照单位内部既有的决策程序，参与决定单位运行过程中的重大事项，包括实施单位犯罪。

相对于管理人员，单位中的一般工作人员往往不担负管理职责，其参与单位事务的主要方式

不是决策,而是执行。作为单位意志的执行者,尽管一般工作人员也可以在有限的范围内影响单位决策,但其无法决定单位意志的产生、形成和变更。因此,一般工作人员不属于直接负责的主管人员,只可能作为其他直接责任人员而存在。

2. 单位的管理人员应对单位犯罪直接负责

2001 年 1 月 21 日最高人民法院发布的《全国法院审理金融犯罪案件工作座谈会纪要》(以下简称《纪要》)在"关于单位犯罪问题"的第二条规定,直接负责的主管人员,是在单位实施的犯罪中起决定、批准、授意、纵容、指挥等作用的人员,一般是单位的主管负责人,包括法定代表人。

应当注意的是,直接负责包括"直接"和"负责"两个方面,在强调"负责"的同时,不能忽视"直接"。如前所述,单位犯意产生于单位的决策机构按照预设的决策程序所作的决定,而单位的决策机构中包含众多管理人员,并非每个管理人员都会参与决策的制定和完善。实践中,不同管理人员在决策程序的不同阶段的参与程度千差万别。例如,虚开增值税专用发票常伴有资金的走账和回流,一般而言,单位在对外支付大额资金前需要履行内部审批程序,如先由采购部门填写付款申请单,然后报采购部门主管审批同意,再报分管业务经理审批同意,最后交由董事长审批同意后付款。如果董事长召集各环节管理人员开会,研究决定购买发票抵扣税款,并敦促各环节管理人员在合同签订、资金走账和回流以及货物入库、单据制作等方面提供审批便利,则可以认为各环节的管理人员存在犯意沟通,均为单位犯罪的顺利实施提供了相应的保障,各环节的管理人员均应对单位犯罪直接负责,承担相应的刑事责任。但在司法实践中,并非每个案件都属于上述这种典型的审批流程各环节的管理人员沟通犯意、各司其职,全部参与决策单位犯罪的情形。单位的管理人员在预谋犯罪时,出于封锁消息、逃避处罚的目的,往往会限定参与犯罪的人员范围,可能表现为上级管理人员选择审批流程中重要环节的负责人参与,而对次要环节的负责人则隐瞒实情,仅以行政命令的方式要求其贯彻上级决定;也可能表现为下级管理人员欺瞒上级,以伪造的合同、送货单、入库单等手续骗得上级的同意和审批,以单位名义决策、实施犯罪。在上述情形中,审批流程各环节的管理人员对单位犯罪所承担责任的性质是有区别的。其中,明确知晓单位犯意、积极参与单位犯罪的决策和组织,并为上下环节实施犯罪提供职务便利的管理人员应对单位犯罪直接负责;而因受蒙蔽不当履行工作职责,或者虽然知晓他人意图实施犯罪,但本人并未实际参与决定、批准、授意、纵容、指挥等重要工作,只是出于下级对上级的服从,受上级指派或者奉命完成本职工作的管理人员,因缺乏犯罪的故意或主动性,且其权限通常仅涉及程序性事项,难以对单位犯罪的最终决策产生实质影响,一般不宜认定为直接责任人员,以避免不当扩大打击范围。

需要指出的是,相比单位中下层管理人员而言,高层管理人员在单位中的地位更高,决策权限更大,影响单位犯罪的能力也更强。因此,在单位犯罪中,高层管理人员的决策权比中下层管理人员更具有实质意义,但这并不意味着高层管理人员就当然地构成犯罪,中下层管理人员就与犯罪无缘。是否构成犯罪与职务级别、地位高低、权力大小并无必然联系,关键在于该管理人员在单位犯罪中的参与程度是否起到了《纪要》中所论及的"决定、批准、授意、纵容、指挥等"五种重要作用。如果没起到上述重要作用,即便该管理人员是单位的"一把手"、主要负责人,也不应对单位犯罪直接负责。

具体到本案,首先,从安派公司的章程规定和组织架构分析,被告人罗正华作为总经理,其职权范围由公司管理层集体讨论确定,涉及公司生产经营等诸多方面,具有总经理的全部职权,与董事长谢彪处于同一职务层次,而庞美兴只是采购部主管。卷内证据显示,安派公司于 2012 年 5 月 20 日召开了管理工作会议,会议明确了高层管理人员的分工,即由罗正华"制定管理架构和流程，统筹江苏工厂之管理”，由庞美兴负责“采购、仓库等管理工作”。《各部门签字审批流程》也显示，“各事业部采购物料时，需要总经理（罗正华）确认，总经理（罗正华）直接管理各下属部门，同时监督采购、人事行政、财务”，“下属部门所发生的单据要由主管部门审核，再由总经理（罗正华）签字”。其次，从安派公司的日常管理分析，罗正华对公司进行了全面管理，参与决策了公司的重要事务，实际担负了总经理的全部职权。谢彪、罗正华等人的往来电子邮件显示，公司涉及高层管理人员的薪资调整、年度工作汇报、主持召开会议等事项的上传下达都是通过罗正华来完成的，例如，罗正华向下属部门发送的邮件中有“按照谢董（谢彪）的意见，现就公司各位总经理、副总的薪资、福利做重新调整：罗正华25 000元，庞美兴20 000元”“需要特别调整的，请提交给我和谢董审批”“每月定期召开KPI月度总结会议，我和谢董参加会议，并听取工作报告”“庞总（庞美兴），2011年度总结报告还剩张祥林所属部门没有更新，请跟进”等内容。可见，罗正华不仅要向庞美兴等人传达董事长谢彪的最高指示，还要做好审批人力资源调整、薪酬待遇调整、召开会议、听取工作汇报等各类日常管理事务，其对公司的经营管理职权是全方位的。

针对被告人罗正华的辩护人所提“没有罗正华本人签字，只有庞美兴签字，财务照样可以付款”的意见，公诉机关向法庭出示了2012年5月前后财务部邓艳梅发给被告人庞美兴的电子邮件，上述邮件显示，财务人员在将付款申请表附件发给庞美兴的同时，还将该邮件抄送了罗正华等人。也就是说，尽管有些书面单据上没有罗正华的亲笔签名，但罗正华对于上述单据的内容是知晓的。财务人员在实际操作过程中变通履行了公司的审批制度，罗正华虽未签字，但其知晓相关付款事项，实际履行了相应的监督管理职责。

因此，我们认为，被告人罗正华作为安派公司总经理，具有全面管理公司的职权，被告人庞美兴作为罗正华下属，接受罗正华领导，罗正华对庞美兴能够实施有效制约。在安派公司接受天一公司虚开增值税专用发票一节，当庞美兴向罗正华表明犯意后，罗正华未有效阻止庞美兴实施犯罪，反而予以赞同，在单位犯罪中起到了纵容下属人员实施犯罪的作用，属于单位犯罪中直接负责的主管人员，应当构成虚开增值税专用发票罪。

而在安派公司接受深圳两公司虚开增值税专用发票一节，购买发票是由庞美兴一人组织、策划并主导实施的，诸如联系中间人、约定开票费和资金走账回流等犯罪的具体细节，庞美兴均未向罗正华汇报，罗正华对此不知情，也未利用领导职权为单位犯罪的实施提供便利，在单位犯罪中未起到实质作用，不应承担刑事责任。

（二）开票单位未到案的，可依证据认定受票单位构成虚开增值税专用发票罪

在司法实践中，虚开增值税专用发票罪常表现为“无货虚开”，即开票单位与受票单位之间没有真实的业务往来，无真实货物交易，受票单位出于抵扣进项税额，减轻企业税负的目的，通过支付一定数额的开票费，向开票单位购买增值税专用发票。证明“无货”是办理该类案件的关键所在。

由于货物交易存在于上下家单位之间，要证实“无货”，一般需要开票单位和受票单位的相关负责人都到案，双方供证一致，再以银行账户交易记录等证据证实资金走账和回流等情况佐证，确定“无货”属实，方可认定。在真实的货物交易中，买卖双方一般不会有资金回流的情况，货款单向流入卖方。在交接货物时，通常需要填写送货单、入库单、货物清点记录等文书，并由买卖双方签字确认；而在“无货”的情况下，开票单位和受票单位为了掩盖罪行，往往会签订虚假的买卖合同，伪造送货单、入库单、清点记录等文书材料，这需要我们进行认真审查、甄别。比如，有些文书材料没有交接人员的签名，只有上下家的单位公章，显然与正常的商品交易习惯不符，则可以从侧面印证“无货”的事实。

需要说明的是,有时开票单位与受票单位为了规避税务稽查,会以支付现金的方式交易开票费,“全程无痕”,致使资金的走账和回流无迹可查,给准确认定“无货”带来困难。此时,若仅有受票单位一方供认“无货”,无其他证据印证,在审查时应倍加慎重。

本案中,浩瑜环公司和顺畅通公司均处于非正常经营状态,上述两公司的相关负责人未到案接受询问,因此,无法通过开票单位核实其与安派公司之间是否存在真实的货物交易。但是,庞美兴对安派公司和深圳两公司之间没有真实货物交易的情况供认不讳,还详细描述了资金走账和回流的具体步骤:庞美兴先将货款全额汇入深圳两公司账户,深圳两公司收到后,扣留开票费部分,并通知庞美兴来深圳见面,当面将剩余资金以现金的形式回流给庞美兴,庞美兴再将回流资金 500 万元交给公司财务人员陈建枚。对此,公诉机关向法庭出示了安派公司与深圳两公司之间的银行账户交易凭证,证实确有与发票价税合计金额一致的资金转入深圳两公司账户;又出示了陈建枚提供的记账本,证实事后庞美兴确有 500 万元现金回流;此外,公诉机关还向法庭出示了安派公司与深圳两公司之间的送货单,这些送货单均为空白单据,无发货方、收货方、入库方和保管方等人员的签字,其真实性无从核实,这恰恰印证了庞美兴关于“送货单是后来伪造的”供述。因而,虽然深圳两公司未到案,但相关证据足以认定安派公司与深圳两公司之间存在虚开增值税专用发票的犯罪事实。

综上,苏州市吴中区人民法院依法认定安派公司构成虚开增值税专用发票罪,并追究被告人庞美兴、罗正华的刑事责任是正确的。

(撰稿:苏州市吴中区人民检察院　郑　毅
审编:最高人民法院刑二庭　韩维中)

[第 1337 号]周长兵非法经营宣告无罪案

——未经许可经营保安服务业的行为是否构成非法经营罪以及如何把握“不以单位犯罪论处”的情形

【关键词】　非法经营罪　不以单位犯罪论处

一、基本案情

被告人周长兵,男,汉族,1982 年 4 月 12 日出生,华北中安(北京)安全技术服务有限公司法定代表人。2011 年 12 月 7 日被逮捕,2012 年 3 月 21 日被取保候审。

北京市丰台区人民检察院以被告人周长兵犯非法经营罪,向北京市丰台区人民法院提起公诉。

北京市丰台区人民法院经公开审理查明:

2010 年 10 月,被告人周长兵设立华北中安(北京)安全技术服务有限公司(以下简称中安公司)。2010 年 11 月至 2011 年 11 月,周长兵在明知中安公司未取得保安服务许可证的情况下,与北京科住物业管理有限公司(以下简称科住公司)签订三份保安服务合同,向科住公司的半导体所项目部、微电子研究所项目部、学术会堂项目部派驻保安员并提供保安服务,其间收取科住公司支付的保安服务费共计人民币(以下币种同)95 万元,盈利 1 万元左右。中安公司设立后,主要经营保安服务业务。

截至案发，中安公司拥有保安员50余人，因规模未达到加盟市保安服务总公司要求的100人条件，本着边经营边招募的想法，而未向公安机关申请保安服务许可证。

2012年12月，北京市丰台区人民法院作出裁定，准许北京市丰台区人民检察院撤回对被告人周长兵的起诉。

二、主要问题

（一）未经许可从事保安服务业务经营的行为是否构成非法经营罪？

（二）如何把握"为进行违法犯罪活动而设立公司"或者"公司设立后以实施犯罪为主要活动"规定的适用？

三、裁判理由

本案审理过程中，主要存在以下两个问题的争议。

一是关于被告人周长兵的行为是否构成非法经营罪，主要形成以下两种意见：

一种意见认为，周长兵的行为构成非法经营罪。主要理由是：(1)周长兵未经许可，从事保安服务业务经营的行为违反了《保安服务管理条例》（国务院令第564号，以下简称《条例》）第九条的规定，属于违反国家规定从事非法经营的行为。(2)非法经营保安服务业务不仅扰乱了保安服务行业的正常秩序，而且极有可能侵犯人民群众的人身权利和财产权利，相对于普通非法经营行为，其侵犯的客体更为复杂，可能造成的社会危害更为严重。(3)非法经营行为认定情节严重的标准主要是数额和危害后果。①从经营数额分析，周长兵的经营数额为95万元，远超出2010年最高人民检察院、公安部联合印发的《关于公安机关管辖的刑事案件立案追诉标准的规定（二）》（以下简称《标准二》）第七十九条第（八）项规定的个人非法经营数额5万元的标准，与目前非法经营犯罪案件中"情节严重"的最高认定标准100万元非常接近，应当认定构成"情节严重"。②从行业特点分析，保安服务行业具有特殊性，保安人员需具备保安资质，未经审查、备案的保安公司在保安服务能力、保安人员素质、水平等方面欠缺一定的保障，存在潜在危险性，即对社会稳定和人民群众人身、财产安全形成的潜在危险，具有一定的社会危害性。

另一种意见认为，被告人周长兵的行为不构成非法经营罪。主要理由是：周长兵未经许可从事保安服务业务的行为，虽然违反了国家规定，属于非法经营行为，但鉴于保安服务行业的特殊性，对情节严重的认定不能参照普通非法经营5万元的认定标准，而应参照电信、POS机套现业务等经营行为以100万元作为"情节严重"的认定标准。本案未达到"情节严重"的程度，故不构成非法经营罪。

二是本案是应认定为单位行为还是个人行为，主要形成以下两种意见：

一种意见认为，本案非法经营行为应认定为个人的行为。主要理由是：根据《最高人民法院关于审理单位犯罪案件具体应用法律有关问题的解释》（以下简称《单位犯罪解释》）第二条，个人为进行违法犯罪活动而设立的公司、企业、事业单位实施犯罪的，或者公司、企业、事业单位设立后，以实施犯罪为主要活动的，不以单位犯罪论处。本案被告人周长兵设立中安公司后主要从事非法经营犯罪行为，依照上述规定，不以单位犯罪论处，应以个人犯罪追究周长兵的刑事责任。

另一种意见认为，本案非法经营行为应认定为单位行为。主要理由如下：本案中安公司从事保安服务业务经营行为不属于《单位犯罪解释》中的"不以单位犯罪论处"情形。不应对实质上依照《条例》经营管理的保安服务业务行为，仅以未经许可这一形式要件，不但认定为非法经营犯罪，而且将本应认定为单位经营犯罪行为认定为个人经营犯罪行为，从而降低定罪处罚标准。

我们赞同上述后一种观点。鉴于上述两个问题既具有关联性又具有独立性，故分别予以阐述。

（一）本案被告人等非法从事保安服务业务经营行为不构成非法经营罪

关于本案未经许可从事保安服务业务经营行为属于非法经营行为，控辩双方形成一致意见。根据《刑法》第九十六条的规定，《刑法》中的“国家规定”是指全国人民代表大会及其常务委员会制定的法律和决定，国务院制定的行政法规、规定的行政措施、发布的决定和命令。《条例》是国务院发布的第564号令，属于《刑法》中的“国家规定”。《条例》第九条规定：“申请设立保安服务公司，应当向所在地设区的市级人民政府公安机关提交申请书以及能够证明其符合本条例第八条规定条件的材料。”中安公司未向公安机关提出申请保安服务许可证而经营保安服务业务的行为违反了国家规定，中安公司的行为属于非法经营行为。然而，在认定非法经营行为的前提下，要认定构成非法经营罪，还应认定该非法经营行为严重扰乱市场秩序，并达到“情节严重”的程度。

1. 是否属于严重扰乱市场秩序的非法经营行为应单独评价

《刑法》第二百二十五条规定，非法经营行为，扰乱市场秩序，情节严重的，构成非法经营罪。该条文同时列举了四项非法经营行为，其中第（四）项是兜底性条款，规定了“其他严重扰乱市场秩序的非法经营行为”。“情节严重”的认定是一种个案认定，多是参照规范性文件的量化标准，而行为是否属于严重扰乱市场秩序的认定是一种类案认定，两者应作为不同层面的问题进行分析。实践中，有的司法工作人员习惯于按照个案中具体数额多少认定“行为是否属于严重扰乱市场秩序的非法经营行为”，形成以“情节是否严重”的认定替代“行为是否属于严重扰乱市场秩序的非法经营行为”的认定。《刑法》第二百二十五条第（一）项至第（三）项规定的是已被实践检验的类型化行为，无须对经营行为是否严重扰乱市场秩序进行专门评价，但该条第（四）项规定的非法经营行为包罗万象，复杂多变，难以被一一类型化。因此，《最高人民法院关于准确理解和适用刑法中“国家规定”的有关问题的通知》（以下简称《通知》）要求，各级人民法院审理非法经营犯罪案件，要依法严格把握《刑法》第二百二十五条第（四）项的适用范围。《通知》所强调的“严格把握”主要是指对“经营行为是否属于严重扰乱市场秩序的非法经营行为”的严格把握（不排除对个别情节严重认定标准的审慎把握）。基于上述分析，无论是根据法理精神还是按照《通知》要求，都有必要对经营行为是否属于《刑法》第二百二十五条第（四）项规定的严重扰乱市场秩序的非法经营行为进行单独评价。

2. 本案经营行为不属于严重扰乱市场秩序的非法经营行为

非法经营罪属于《刑法》第三章“破坏社会主义市场经济秩序罪”第八节“扰乱市场秩序罪”，严重扰乱市场秩序，主要是指对市场经济秩序的严重扰乱。因此，对《刑法》第二百二十五条第（四）项严重扰乱市场秩序的非法经营行为的评价，重点应当围绕市场经济秩序这一法益。而对于主要危害不在市场经济秩序的非法经营行为，既要分析经营行为是否缺少特许的形式要件，更要分析经营行为在实体上是否造成其他严重后果或存在其他严重危险。首先，经营保安服务业务虽然属于行政特许行业，但根据《条例》第八条的规定，只要达到规定的条件就可以向公安机关提出申请，公安机关不批准的应当说明理由。因此，保安服务业务不属于严格意义上的限制经营许可业务。其次，未经行政许可经营保安服务的主要社会危害在于对人民群众人身和财产安全可能造成一定的潜在危险，对保安服务业务经营行为是否属于《刑法》第二百二十五条第（四）项规定的非法经营行为的认定，重点应当考察经营行为有无实质上违法犯罪行为及严重后果。对没有实施及产生《条例》第四十三条、《公安机关实施保安服务管理条例办法》第四十五条规定的泄露国家秘密、侵犯个人隐私、参与追索债务、采用暴力处理纠纷等后果的经营行为，不应认定为其他严重扰乱市场秩序的非法经营行为。

本案中，中安公司除了没有获取保安服务许可证这一形式要件外，并未实施其他违反《条例》《公安机关实施保安服务管理条例办法》的行为。中安公司的各项章程符合《公司法》的规定，其按照合同约定派驻保安员并提供保安服务，按时发放保安员工资，在经营保安服务业务过程中未发生其他危害后果，也未出现其他不好的反映和记录。因此，综合全案案情和基于严格把握的政策精神分析，中安公司的行为不属于严重扰乱市场秩序的非法经营行为，不构成非法经营罪。

顺便提及的是，关于从事保安服务业务经营行为应参照电信业务、POS机套现业务确定情节严重标准的观点，缺乏法律依据。2010年最高人民法院下发了《关于在经济犯罪审判中参照适用〈最高人民检察院、公安部关于公安机关管辖的刑事案件立案追诉标准的规定（二）〉的通知》，在没有新的司法解释或者相关指导性文件出台的前提下，应参照适用立案追诉标准的规定。保安服务行业是以人力资源为依托的一种服务行业，与电信业务、POS机套现业务区别明显，后者涉案数额普遍巨大，以100万元作为立案追诉标准，有其合理性，但将保安服务行业从数额上提升到100万元，与行业特点以及实际情况不符。

（二）本案经营保安服务业务行为不属于司法解释规定的“不以单位犯罪论处”情形

鉴于本案非法经营行为不属于严重扰乱市场秩序的经营行为，故本没有必要对下一阶段“情节严重”的认定展开分析。但由于单位犯非法经营罪和个人犯非法经营罪“情节严重”的认定标准不同，所以有必要准确论述《单位犯罪解释》第二条规定的“不以单位犯罪论处”的情形。根据《单位犯罪解释》第二条的规定，对单位实施的行为不以单位犯罪论处，必须是“为进行违法犯罪活动而设立公司”或者“公司设立后以实施犯罪为主要活动”两种情形。对上述规定，不能仅从形式逻辑角度进行教条式理解，应当从辩证逻辑角度进行限制把握。以本案为例，保安服务业务本身是一种治安服务，是预防和打击违法犯罪活动的辅助力量，只要保安服务业务本身规范经营，其对社会治安无疑具有一种正面辅助作用。事实上，中安公司在成立后提供了保安服务等正常业务，如果仅因中安公司未获取保安服务许可证这一形式要件而将这一行为认定为犯罪，进而因公司主要从事这一行为对公司的行为不以单位犯罪论处，而以个人犯罪追究责任，降低入罪门槛，实际对被告人产生了双重不利的后果，也背离了常识、常情、常理。基于上述考虑，我们认为，本案经营保安服务业务行为不属于司法解释规定的“不以单位犯罪论处”情形。

最后，值得注意的是，虽然本案最终宣告无罪，但并不意味着所有非法从事保安服务业务的经营行为都不构成非法经营罪。具体个案是否构成犯罪，仍要结合案情具体分析。

（撰稿：二十国集团反腐败追逃追赃研究中心　刘晓虎
审编：最高人民法院刑二庭　韩维中）

六、罪　数

[第1243号]张志明故意杀人案

——概括故意下实施的连续行为可认定为一罪

【关键词】 概括故意　连续行为　故意杀人罪

一、基本案情

被告人张志明，男，1963年1月29日出生，无业。因涉嫌犯故意伤害罪于2014年1月11日被逮捕。

北京市人民检察院第三分院以被告人张志明犯故意杀人罪，向北京市第三中级人民法院提起公诉。

被告人张志明及其辩护人提出，现有证据材料不能证明张志明有杀人故意；被害人存在过错；被告人家属积极赔偿被害人经济损失，请求对张志明从轻处罚。

北京市第三中级人民法院经审理查明：2013年7月25日2时许，被告人张志明酒后在北京市朝阳区西大望路与光华路交叉路口附近，因琐事与被害人赵奎（男，殁年27岁）、董金虎二人发生争执。其间，张志明用尖刀向董金虎左面部猛砍一刀，又在路口东侧辅路上用尖刀向赵奎的颈、左肩、胸及左臂等部位猛刺数刀，赵奎因左腋动脉离断及右肺破裂致失血性休克死亡，董金虎面部所受损伤经鉴定为轻伤（一级）。当日，张志明被公安机关查获归案。

北京市第三中级人民法院认为，被告人张志明故意非法剥夺他人生命，致一人死亡、一人轻伤，其行为已构成故意杀人罪。根据张志明犯罪的事实、性质、情节和对于社会的危害程度，依照《中华人民共和国刑法》第二百三十二条、第四十八条、第五十一条、第五十七条第一款、第六十一条之规定，以被告人张志明犯故意杀人罪，判处死刑，缓期二年执行，剥夺政治权利终身。

宣判后，被告人张志明对刑事部分判决不服，提出上诉。

北京市高级人民法院经二审审理，裁定驳回张志明的上诉，维持原审刑事部分判决，并核准北京市第三中级人民法院对被告人张志明以故意杀人罪判处死刑，缓期二年执行，剥夺政治权利终身的刑事判决。

二、主要问题

被告人持刀连续捅刺他人，致一死一伤的行为，成立故意杀人一罪还是故意杀人和故意伤害两罪？

三、裁判理由

本案审理中的焦点是被告人张志明行为的定性问题。基于张志明在短时间内持刀连续刺、扎两名被害人，致一人死亡、一人轻伤的犯罪事实，公诉机关指控张志明犯故意杀人罪，张志明及其辩护人均否认张志明具有杀人的主观故意。合议庭对张志明的行为性质有两种意见：一种意见认为，公诉机关指控张志明实施的是故意杀人行为，该行为虽导致两种危害后果，但宜认定为故意杀人罪一罪，轻伤结果可作为量刑情节考虑。另一种意见认为，张志明针对不同的犯罪对象实施了两种不同的行为，应分别定故意杀人罪和故意伤害罪，实行数罪并罚。我们同意第一种意见，即以故意杀人罪一罪追究张志明的刑事责任。

（一）一罪与数罪的认定并非以单纯的行为个数为标准，而是行为人外在的客观行为与内在的主观犯意的结合

区分一罪与数罪的标准，刑法理论上存在各种学说，其中的犯罪构成标准说系通说，亦为司法实践所认可。依据犯罪构成标准说，确定犯罪的单复，即一罪还是数罪，应以犯罪构成的个数为标准：具备一个犯罪构成的，构成一罪；具备数个犯罪构成的，构成数罪。犯罪构成的标准强调的是主观要件和客观要件的统一，故该标准又称为主客观相统一的标准。其中，作为犯罪的主观要件的犯罪心态（故意和过失）以及在该犯罪心态支配下的犯罪的客观要件（行为和结果）在犯罪构成中居于主导地位。在一定意义上可以说，犯罪构成的标准就是行为人在主观心态支配下实施客观行为的认定标准，不同主观心态与不同客观行为的结合决定了某一犯罪行为究竟是一罪还是数罪。其中尤其是客观行为，在区分一罪与数罪中具有举足轻重的意义，它在很大程度上决定着犯罪的个数。但刑法意义上的一罪与数罪并非以单纯的行为个数为标准，客观行为必须与主观犯意相结合，即刑法意义上的行为必须是行为人在主观犯意支配下的身体举止。

主观犯意是行为人实施特定行为时的主观心理状态。就故意犯罪而言，在行为人实施单一的自然行为（物理意义上的行为）的情形下，支配他的是单一的主观心理状态。而在行为人实施多个连续的、近似的自然行为时，其主观心理有两种表现形式：同一的犯罪故意或概括的犯罪故意。同一的犯罪故意是指行为人具有数次实施同一犯罪的故意，刑法理论上所称的连续犯多是基于同一的犯罪故意（少部分是概括的犯罪故意），即犯罪心态同一，在该犯罪心态支配下的犯罪行为所触犯的罪名亦同一（其实是犯罪行为同一）。概括的犯罪故意则是指行为人对于认识的具体内容并不明确，但明知自己的行为会发生危害社会的结果，而希望或者放任该结果发生的心理态度。根据行为人认识的具体内容的不同，概括故意可以分为对行为性质认识不明确的概括故意、对行为对象认识不明确的概括故意以及对危害结果认识不明确的概括故意三种。对行为性质和对行为对象认识不明确一般不影响犯罪的成立，此种犯罪心态支配下的行为仍可构成数罪，这便是我们通常所称的概括的犯罪故意作用下的连续犯。

对危害结果认识不明确的概括故意，具体是指行为人故意实施危害行为，明知自己的行为会导致某种危害结果的发生，但对于自己的行为会造成多大的危害结果，波及多少犯罪对象，其认识处于不确定状态，即属于对危害结果范围认识不明确的概括故意。如果行为人实施犯罪行为时对其行为造成多大的危害结果以及波及的犯罪对象并无明确认识，这种概括故意作用下的行为人实施行为时的客观表现以及危害后果可用一罪进行综合评判。换言之，在一定的概括故意下实施的连续行为，如果行为人对行为性质和行为对象均有明确认识，仅对危害结果存在不明确认识的情形下，可认定为系在一个主观犯意下实施的整体行为，构成处断的一罪。

（二）本案是在概括故意支配下的同一行为，行为人对危害结果范围认识不明确不影响定罪

本案被告人张志明与两名被害人素昧平生，酒后因琐事发生争执，进而引发命案。从本案证据来看，案发现场尽管没有监控录像、有关证人亦未对被告人进行指认或辨认，但综合现有证据足以认定张志明的犯罪事实。其中，证人郑义、范桂平、张长利从各自的视角对案发经过作了描述，综合三人的描述基本能还原案发的大致经过，更为关键的是据此锁定了作案人的突出特征（如作案人系光头、操北京口音等），这些证人证言与被害人董金虎的陈述在案发经过及作案人特征上相互印证，证明了案发当时董金虎、赵奎二人与作案人酒后因琐事发生争执，进而被该人持刀砍刺的事实经过。张志明遗留在作案现场的本人身份证作为案发现场提取的重要物证，与张志明的供述及其母亲的证言相互印证。张志明虽否认持刀扎死、扎伤二被害人，但一直承认其到

过案发现场,与他人发生冲突,以及持刀伤人的事实,从而再次证明了案发经过及其作案人的身份。至于张志明的精神状态,在案证据证明被告人虽是酒后作案,但案发后回家洗手、换衣服、扔衣服、给女儿打电话嘱咐等一系列行为足以证明其思路清晰,在案发时应具有完全的刑事责任能力。

从两名被害人的死因及伤情鉴定意见来看,死者赵奎受伤部位集中在颈项部、胸部等致命部位,其死因符合被单刃锐器刺击造成左腋动脉离断及右肺破裂致失血性休克死亡;伤者董金虎受伤部位头面部亦为要害部位,损伤程度构成轻伤一级。被告人张志明酒后与被害人董金虎、赵奎发生争执,即持刀砍刺被害人,虽没有预谋杀人,但其是将两名被害人作为一个整体予以攻击的。从其攻击被害人的部位来看,张志明先是砍击董金虎,且砍击的是要害部位脸部。在董逃离现场后,其随即将攻击的目标转向赵奎,对赵的要害部位连续猛刺七刀。由此可以看出,张志明对其行为的性质及行为对象均有明确的认识,故支配张志明行为的主观心态不属于对行为性质认识不明确的概括故意,亦不属于对行为对象认识不明确的概括故意。

从概括故意的角度来看,被告人张志明在作案过程中系对危害结果的认识不明确,即其对于自己的行为会造成多大的危害结果在当时特定环境下处于不确定状态,属于对危害结果范围认识不明确的概括故意。对这种概括故意作用下的行为人行为的定性,应结合其实施行为时的客观表现以及危害后果进行综合评判。如前所述,在案证据证明,张志明作案时是将两名被害人作为一个整体,对其要害部位实施不间断的攻击,在被害人董金虎被攻击逃离现场后,张志明将其攻击行为在被害人赵奎身上实施完毕,故在张志明对危害结果认识不明确的情形下,应以其行为最终实施完毕的结果作为其应当承担刑事责任的结果。换言之,在一定的概括故意下实施的连续行为,如行为人对行为性质和行为对象均有明确认识,仅对危害结果不明确的情形下,可认定为系在一个主观犯意下实施的整体行为,构成处断的一罪。因此,从张志明客观行为和主观故意结合的角度来看,对其以故意杀人罪定罪处罚具有法理上的依据。

值得注意的是,被告人张志明虽有连续的行为,但与通常所称的连续犯不同。连续犯是处断的一罪,连续犯的行为虽具有连续性,但数次行为必须触犯同一具体罪名,如果不是触犯同一具体罪名,则不成立连续犯。连续犯事实上已经具备了数个犯罪构成,是不典型的数罪,实践中一般按一罪定罪,在量刑时再对犯罪人已构成数罪的情形予以考虑。与连续犯异曲同工之处在于,本案以故意杀人罪定性,一方面与公诉机关对本案指控的罪名相一致,另一方面能够涵盖整个犯罪过程。反之,如果将被告人的行为分开定性,有伤害结果的定故意伤害罪,有死亡结果的定故意杀人罪,仅仅着眼于被告人独立的两个自然行为及其结果,不但与本案实际发生和发展的过程不符,也很难证明被告人作案过程中存在两个不同的主观心理过程。

综上,法院对被告人张志明以故意杀人罪定罪处罚,是适当的。

（撰稿:北京市第三中级人民法院刑一庭　余　净
审编:最高人民法院刑五庭　方文军）

七、刑　罚

[第1022号]尹宝书故意杀人案

——如何理解和适用审判的时候已满75周岁的人一般不判处死刑的法律规定

【关键词】 审判的时候已满75周岁的人　特别残忍手段　死刑

一、基本案情

被告人尹宝书,男,1938年2月12日出生。2011年4月13日因涉嫌犯故意杀人罪被逮捕。

辽宁省沈阳市人民检察院以被告人尹宝书犯故意杀人罪,向沈阳市中级人民法院提起公诉。

被告人尹宝书对指控的犯罪事实无异议,但辩称其行为不构成故意杀人罪。其辩护人提出,尹宝书具有自首情节,对其可以从轻或者减轻处罚。同时,本案系邻里纠纷激化引发,被害人存在过错,尹宝书系防卫过当。

沈阳市中级人民法院经公开审理查明:被告人尹宝书与被害人吴兆义(男,殁年65岁)、被害人王玉瑛(女,殁年62岁)夫妇同住沈阳市苏家屯区十里河镇柳三家子村,系邻居关系,两家因栅栏占道及堆放粪堆问题产生矛盾。2011年4月2日6时许,尹宝书发现其栽种在吴兆义家粪堆附近的两棵柳树棒被人拔掉,质问吴兆义时双方发生口角,继而厮打。厮打中,尹宝书用其栽种的柳树棒击打吴兆义头面部数下,致吴兆义因头面部损伤导致颅脑损伤当场死亡。嗣后,尹宝书到吴兆义家将吴的妻子王玉瑛叫到粪堆附近。王玉瑛发现吴兆义倒地后,与尹宝书发生厮打,尹宝书用柳树棒击打王玉瑛头面部数下,致王玉瑛因头面部损伤导致颅脑损伤当场死亡。当日,尹宝书委托其表弟尹宝伦代为报案,后在家中被公安机关抓获。

沈阳市中级人民法院认为,被告人尹宝书的行为构成故意杀人罪。关于尹宝书所提其不构成故意杀人罪的辩解,经查,尹宝书与被害人吴兆义发生口角后,持柳树棒击打吴兆义头面部数下,致吴兆义当场死亡,尹宝书对吴兆义行凶后未有悔过之意,将被害人王玉瑛叫到案发现场后,又持柳树棒击打王玉瑛头面部,致其死亡。从尹宝书使用的凶器类型、致伤部位、力度及造成的后果来看,尹宝书客观上实施的行为反映其具备故意杀人的主观故意,其行为符合故意杀人罪的构成要件,应当认定为故意杀人罪,故对尹宝书的辩解不予采纳。关于其辩护人提出尹宝书具有自首情节,可对其从轻或者减轻处罚的辩护意见,经查,公诉机关提供的刑事案件登记表、案件来源、侦破报告及证人尹宝伦、关玉坤的证言可以证实尹宝书案发后委托尹宝伦代为报警,且庭审时如实供述主要犯罪事实,应当认定为自首,但尹宝书连续杀害两名被害人,后果特别严重,不予从轻处罚。关于其辩护人所提本案系邻里纠纷激化引发,被害人存在过错,尹宝书系防卫过当的辩护意见,经查,尹宝书与被害人吴兆义因粪堆及栅栏占道问题产生矛盾后,本应妥善解决,但尹宝书采取极端方式,被害人在本案中无过错,尹宝书的行为亦不符合防卫过当的构成要件,故对辩护人所提辩护意见不予采纳。尹宝书仅因邻里纠纷而剥夺二被害人生命,虽然具有自首情节,但不足以对其从轻处罚。尹宝书故意杀人,犯罪后果特别严重,应予严惩。据此,依照《中华人民共和国刑法》第二百三十二条、第五十七条第一款、第六十七条第一款之规定,沈阳市中级人民法院以被告人尹宝书犯故意杀人罪,判处死刑,剥夺政治权利终身。

一审宣判后,被告人尹宝书不服,向辽宁省高级人民法院提起上诉,称其行为不构成故意杀人罪,且有自首情节,一审量刑过重。其辩护人提出,本案系邻里纠纷引发,被害人存在过错,尹宝书有自首情节,且其无前科,系初犯,并系老年人犯罪。

辽宁省高级人民法院经公开审理后认为,上诉人尹宝书因邻里纠纷而与被害人产生矛盾,持柳树棒连续击打二被害人头部,其行为构成故意杀人罪。尹宝书犯罪手段残忍,致二人死亡,犯罪后果和罪行极其严重,依法应当判处死刑。关于尹宝书及其辩护人所提尹宝书具有自首情节,本案系邻里纠纷引发,尹宝书无前科,系初犯,并系老年人犯罪的辩护意见,经查属实,但不足以对其从轻处罚。关于尹宝书所提不构成故意杀人罪,一审量刑过重的上诉理由,经查没有法律依据,不予采纳。关于其辩护人所提被害人存在过错的辩护意见,经查没有事实依据,不予采纳。原判认定事实清楚,证据确实、充分,定罪准确,量刑适当,审判程序合法。据此,依照《中华人民共和国刑事诉讼法》(1996 年)第一百八十九条第一项之规定,辽宁省高级人民法院裁定驳回上诉,维持原判,并依法报请最高人民法院核准。

最高人民法院经复核认为,被告人尹宝书故意非法剥夺他人生命,其行为构成故意杀人罪。尹宝书仅因邻里纠纷,连续杀死二人,犯罪情节恶劣,后果和罪行极其严重,依法应当严惩。鉴于尹宝书作案后委托他人报案,并在家中等候公安人员抓捕,到案后如实供认犯罪事实,有自首情节,且在本院复核期间已年满 75 周岁,依法对其可不判处死刑立即执行。第一审判决、第二审裁定认定的事实清楚,证据确实、充分,定罪准确,审判程序合法。据此,依照《中华人民共和国刑事诉讼法》(2012 年)第二百三十五条、第二百三十九条和《最高人民法院关于适用〈中华人民共和国刑事诉讼法〉的解释》第三百五十条第五项、第三百五十三条第一款之规定,裁定不核准并撤销辽宁省高级人民法院维持第一审以故意杀人罪判处被告人尹宝书死刑,剥夺政治权利终身的刑事裁定;发回辽宁省高级人民法院重新审判。

二、主要问题

如何理解和适用审判的时候已满 75 周岁的人一般不判处死刑的法律规定?

三、裁判理由

2011 年施行的刑法修正案(八)在刑法第四十九条中增设的第二款规定:“审判的时候已满七十五周岁的人,不适用死刑,但以特别残忍手段致人死亡的除外。”该条文完善了刑法在死刑适用方面对特殊年龄主体的规定,体现了刑罚人道主义和尊老的传统文化,也是对严格控制和慎重适用死刑政策的深入贯彻,符合刑事立法的文明进步趋势。

社会生活中,年满 75 周岁的老年人犯严重暴力犯罪的情形较为少见,如何准确理解和适用刑法第四十九条第二款的规定,特别是如何认定“特别残忍手段”,是一个重要的实践问题。本案一审法院判处被告人尹宝书死刑,二审法院裁定维持原判,最高人民法院复核后不予核准死刑,所涉及的问题主要就是如何理解刑法第四十九条第二款的规定。以下从两个方面加以分析:

首先,死刑复核阶段属于刑法第四十九条第二款规定的“审判的时候”。我国的刑事案件审判实行两审终审制,但死刑案件有特殊性,除一审、二审程序外,还有死刑复核程序,只有经过最高人民法院适用死刑复核程序审理并裁定核准后,死刑案件的判决才发生法律效力。尽管死刑复核程序不采取开庭审理方式,检察机关和辩护律师的介入方式也与一审、二审有所区别,但死刑复核程序无疑仍然属于“审判的时候”。被告人在侦查、起诉,以及一审、二审期间未满 75 周岁,但经过一段时间的诉讼期间后,在死刑复核程序中年龄达到 75 周岁的,仍然应当认定为在“审判的时候”年满 75 周岁。本案中,被告人尹宝书作案时的年龄是 73 周岁,一审、二审时均未满75周岁,但在报请最高人民法院复核时已年满75周岁,故符合刑法第四十九条第二款的规定,原则上不适用死刑。

其次,对"特别残忍手段"的认定不能泛化。"特别残忍手段",是刑事司法实践中的常用词,在暴力犯罪案件中尤为常见,存在泛化适用的问题。究竟哪些情形可以称得上"特别残忍手段",需要逐步统一认识、加强规范。全国人大常委会法制工作委员会刑法室编著的《中华人民共和国刑法释义》对"特别残忍手段"的释义是:采用毁容、挖人眼睛、砍掉双脚等特别残忍的行为。实践中,一般认为,出自冷酷坚决的犯意,给被害人的肉体和精神造成特别严重的痛苦、折磨、恐惧的,可视为特别残忍手段。例如,使用焚烧、冷冻、泼洒强酸强碱等强腐蚀物品致人死亡的;砍下被害人四肢或者挑断被害人筋脉的;以挖眼睛、割耳鼻等手段毁损被害人容颜的;砍击、刺扎被害人生殖部位的;用尖刀等利器捅刺被害人要害部位数十刀,或者用铁锤、砖块等钝器反复击打被害人头部致人死亡的;活埋被害人致人窒息死亡的;杀死被害人后肢解其尸体的;长时间暴力折磨被害人肉体的,等等。"特别残忍手段"都应当是给被害人肉体上带来极大痛苦、公众心理上难以接受的作案手段。因此,不能认为只要使用了暴力手段,就属于手段特别残忍。

本案中,被告人尹宝书从现场随手捡起柳树棒,先后击打两名被害人的头部,致二人死亡。从尹宝书的作案工具、击打方式看,其作案手段尚不属于刑法规定的"特别残忍手段",故不宜认定为刑法第四十九条第二款规定的"以特别残忍手段致人死亡"。在这种情况下,综合考虑本案系农村邻里纠纷引发,尹宝书具有自首情节,归案后认罪态度较好等多种因素,对尹宝书不应判处死刑。值得注意的是,对审判时已满75周岁的人不适用死刑是一项原则性规定,实践中若出现被告人以特别残忍手段致人死亡,且主观恶性和人身危险性很大的,即使审判时已满75周岁,也仍可以判处死刑。

(撰稿:辽宁省高级人民法院　张怡嘉　赵英东
审编:最高人民法院刑五庭　马　岩)

[第1139号]周爱武、周晓贪污案

——贪污特定款物的司法认定以及新旧法选择适用时罚金刑的判处

【关键词】 贪污罪　特定款物　罚金刑　溯及力

一、基本案情

被告人周爱武,女,1968年1月18日出生,原系北京市朝阳区安贞街道社区服务中心工作人员。2015年1月26日被逮捕。

被告人周晓,女,1972年11月16日出生,原系北京市朝阳区安贞街道社区服务中心工作人员。2015年1月26日被逮捕。

北京市朝阳区人民检察院以被告人周爱武、周晓犯贪污罪,向北京市朝阳区人民法院提起公诉。

被告人周爱武、周晓对公诉机关的指控未提出异议。二被告人的辩护人均辩称:涉案的尚未兑换现金的养老服务券102 327元不应计入贪污数额。周爱武的辩护人另提出了周爱武的贪污

行为并未造成严重后果，具有自首情节，真诚悔过并如实供述罪行，积极退赃，建议法庭对其从宽处罚的辩护意见。周晓的辩护人另提出了周晓系从犯，具有自首情节，认罪、悔罪态度好，积极退赃，建议法庭对其从宽处罚的辩护意见。

北京市朝阳区人民法院经审理查明：被告人周爱武、周晓均在北京市朝阳区安贞街道社区服务中心从事居家养老服务工作，共同负责安贞街道办事处居家养老（助残）服务券（以下简称服务券）的申领、发放工作。2012 年至 2014 年间，经周爱武提议，二被告人共同利用职务便利，虚报养老（助残）人数申领服务券，然后按照实有人数发放，从中截留面值共计人民币（以下币种同）916 900元的服务券据为己有。后由周爱武通过北京康复信和商贸有限公司等朝阳区养老服务商将其中面值 814 573 元的服务券兑换成钱款，并将其中部分钱款分配给周晓。二被告人于 2015 年 1 月 9 日主动投案，并各自退赃 30 万元。尚未兑换现金的服务券 102 327 元，起获后已退回朝阳区社区服务中心。在法院审理期间，周爱武亲属退缴 134 573 元，周晓亲属退缴 80 000 元。

北京市朝阳区人民法院认为，被告人周爱武、周晓利用职务便利，非法占有公共财物，数额巨大，二被告人的行为均已构成贪污罪，依法均应予惩处。北京市朝阳区人民检察院指控被告人周爱武、周晓犯贪污罪的事实清楚，证据确实、充分，罪名成立。被告人周爱武、周晓主动投案，如实供述，系自首，并主动退缴违法所得；被告人周晓在共同犯罪中所起作用小于被告人周爱武，故对二被告人所犯罪行分别予以从轻处罚。二被告人的辩护人关于尚未兑现的服务券金额不应计入贪污犯罪数额的辩护意见，经查，涉案服务券可以在一定范围内不记名流通使用，具有财物属性，不论被告人是否使用，均应计入犯罪数额，故对此辩护意见，不予采纳。但尚未兑现部分，属于犯罪未遂，应以既遂部分的数额确定刑罚。在案钱款，一并处理。据此，依照《中华人民共和国刑法》第十二条第一款，第三百八十二条，第三百八十三条第一款第二项、第二款、第三款，第二十三条，第六十七条第一款，第六十一条，第四十五条，第四十七条，第五十二条，第五十三条，第六十四条之规定，于 2016 年 5 月 18 日判决如下：

1. 被告人周爱武犯贪污罪，判处有期徒刑四年，罚金人民币三十万元；
2. 被告人周晓犯贪污罪，判处有期徒刑三年，罚金人民币二十万元；
3. 在案之人民币 814 573 元，上缴国库。

一审宣判后，检察机关未抗诉，被告人周爱武、周晓亦未上诉，判决已发生法律效力。

二、主要问题

1.《最高人民法院、最高人民检察院关于办理贪污贿赂刑事案件适用法律若干问题的解释》（以下简称《解释》）中规定的“特定款物”如何认定？

2. 贪污服务券类财物的，犯罪数额如何把握？

3. 贪污罪的罚金刑是否适用于刑法修正案（九）实施前的贪污犯罪行为？

三、裁判理由

本案属于行为发生于刑法修正案（九）实施之前，判决发生于新法实施之后的案件。《解释》对贪污罪的犯罪对象以及附加刑适用都做出了新的规定，需要正确理解和适用。

（一）本案的犯罪对象不应按照《解释》规定的特定款物认定

根据《解释》第一条的规定，贪污一般财物数额在 3 万元以上的，属于“数额较大”，应当定罪处罚。而贪污救灾、抢险、防汛、优抚、扶贫、移民、救济、防疫、社会捐助等特定款物，数额达到 1 万元以上的，即认定为“情节严重”，应当定罪处罚。救灾等特定款物具有特定用途，专用于特定的事项或者特定的人。行为人贪污此类款物，有可能会影响专项工作，或者影响特定人的生活保障，相对于贪污其他财物，具有更大的社会危害性。换个角度看，对于这些特定款物都能动贪污之念的行为人,其主观恶性也显然更大。鉴于多种因素的考量,司法解释对特定款物做了特别规定,加大了保护的力度。

在司法解释对特殊款物做了相应规定的情况下,认定贪污罪犯罪对象是否为特定款物就具有了实质意义。如果贪污数额在1万元以上3万元以下,是否属于特定款物会决定罪与非罪。如果贪污数额在3万元以上,贪污对象是否属于特定款物不会影响定罪,但会影响量刑。虽然司法解释没有规定贪污特定款物从重处罚,但是在入罪标准上的差别就决定了在数额相同的情况下,贪污特定款物量刑应当重于贪污一般款物。也就是说,司法解释中蕴含着贪污特定款物从重处罚的量刑原则。按照量刑规范化的基本原理,对贪污特定款物的案件,在确定量刑起点和基准刑时,应区别于一般案件。例如,同样是贪污100万元,在对象是一般款物时,应以贪污20万元确定量刑起点,以超出的80万元增加刑罚量确定基准刑。由于贪污一般款物20万元以上300万元以下,对应的法定刑为有期徒刑三年以上十年以下,相当于在20万元的基础上数额每增加40万元即增加基准刑一年,贪污100万元对应的基准刑为有期徒刑五年。而如果贪污特定款物100万元,应当以10万元确定量刑起点,以超出的90万元增加刑罚量确定基准刑。贪污特定款物10万元以上150万元以下,对应的法定刑为有期徒刑三年以上十年以下,相当于在10万元的基础上,数额每增加20万元即增加基准刑一年,贪污特定款物100万元对应的基准刑为有期徒刑七年六个月。所以,犯罪对象是否属于特殊款物,对被告人的定罪量刑具有实质意义。在办案的过程中,需要对犯罪对象进行准确界定。

本案中,二被告人贪污的是养老(助残)服务券,从服务券本身的特点来看属于特定款物。《解释》第一条第二款第一项对贪污特定款物的表述为:"贪污救灾、抢险、防汛、优抚、扶贫、移民、救济、防疫、社会捐助等特定款物的",在列举了九种类型的特定款物之后,又用了"等"的表述方式。那么服务券是否属于特定款物呢?我们认为,判断一种款物是否属于特定款物,首先要看其是否属于解释明确规定的类型,如果符合条文列举的九种类型则当然属于特定款物。如果不属于前述九种类型,则看其是否与列举的款物具有同样的性质。当然,这种解释应当贯彻谦抑原则,审慎对待。

养老(助残)服务,是社会福利制度发展的体现,服务券是对老年人和残疾人这一特殊群体进行救助而发放的具有一定面额的纸质券,领取对象具有特定性。从这一角度看,服务券可以理解为救济款物的一种。即使其不属于典型的救济款,也可以通过对"等"的解释将其纳入特定款物。但是,判断一种款物是否属于特定款物,不仅要看其外在的表现形式,还要看其代表事项的重要性、用途的特定性以及时间的紧迫性。服务券由政府向老年人、残疾人发放,相关人员领取到服务券后可以到政府指定的服务商处消费或者接受服务。本案的二被告人是社区工作人员,其工作职责是向政府报告辖区内符合领取服务券人员的数量和金额,并代为领取,领取后向符合条件的人员发放。但是在实际工作中,二被告人采取虚报人数的方式,从政府多领取服务券,然后按照实有人数发放,这样就产生了差额,差额部分由二被告人截留,然后套现。从中可以看出,二被告人是以虚报的手段,骗取政府多付的资金,而非截留侵吞政府按实际名额发放的资金,其行为性质和贪污政府的一般公款并无二致。反过来看,如果二被告人根据实有符合条件人数领取服务券后,没有发放给相应的老年人或者残疾人,自己截留,从而使社会救济对象没有得到社会救济,则其行为对象已定型化为特定款物,应认定为特定款物。在这种情况下,行为人的行为使特定群体不能得到救济,危害性更大。而本案中二被告人的行为,没有侵犯特定的老年人或者残疾人的受救济权利,没有妨害国家的救济制度,只是导致了财政款的流失,所以犯罪对象应当认定为普通款物。

综上所述,司法解释蕴含了贪污特定款物从重处罚的原则,在办案过程中区分犯罪对象是否属于特定款物直接影响着对被告人的定罪量刑。司法实践中认定犯罪对象是否属于特定款物,不仅要看具体款物的表现形式,还要通过贪污方式看其本质特征,只有在公款已经类型化为特定款物且妨害了特定事项办理或者特殊群体权利的情况下,才认定为特定款物。

(二)贪污养老(助残)服务券的,应以其贪污的票面金额确定犯罪金额

本案贪污的对象为服务券,不是钱款,因此如何认定犯罪数额也成了控辩双方争议的焦点。服务券由政府印制,具有票面金额。持有人只能在政府指定的服务商处按照票面额持券消费,而不能在社会上流通。服务商收取服务券后,凭服务券到政府相应部门兑换钱款,政府收回服务券、支付对价款,服务商即可收回应得款。本案中二被告人将虚报冒领的服务券交付服务商,服务商凭服务券兑现后扣除一定的费用,剩余部分返给二被告人。据此,二被告人实际获取的钱款数额会低于其截留的服务券的票面金额。但是,认定其贪污数额只能以服务券票面金额认定,而不能以其实际获取钱款的金额认定。因为在服务券流转的过程中,政府是按照票面金额向服务商支付钱款的,被告人的贪污行为造成的公款损失数额与票面金额相等,至于服务商和被告人之间如何分配,不影响贪污数额的认定。

本案中,二被告人截留服务券金额为90余万元,实际通过服务商兑换了80余万元,尚有10万余元在案发前未交付服务商兑换。公诉机关认为应当以其截留的票面金额认定,而辩护人认为应当以实际完成兑换的部分认定。对此,应当结合服务券的自身特点来分析。

二被告人通过虚报多领的方式,从政府机关领取了面值达90余万元的服务券,而且对多领部分没有下发的打算,具有截留的直接故意。其犯罪针对的就是90余万元金额的服务券,应以90余万元作为犯罪数额。政府部门印制的服务券是不记名的票券,从政府部门流出后,即处于不可控状态,持有人随时可以到指定服务商处消费。二被告人意图占有90余万元的金额,也实际取得了可以支配使用的服务券,从主客观角度看,应当将全部票面金额认定为犯罪数额。

(三)适用新法对被告人量刑时,应当附加判处罚金刑

刑法修正案(九)颁布以前,刑法对贪污罪没有设置罚金刑。刑法修正案(九)对贪污罪设立了罚金刑,《解释》又进一步明确了罚金的数额,从而让贪污犯罪分子受到经济上的严厉制裁。这一立法变化,使贪污罪的刑罚从单一主刑转变为主刑、附加刑同时科处。对于刑法修正案(九)实施之后的犯罪行为,并处罚金自然没有争议,但对于刑法修正案(九)实施之前的犯罪行为,能否适用罚金刑存在争议。这主要涉及从旧兼从轻原则的理解问题,即对于行为时原本没有罚金刑的案件,适用新法后判处罚金刑是否违背从旧兼从轻的原则。

刑法第十二条规定:"中华人民共和国成立以后本法施行以前的行为,如果当时的法律不认为是犯罪的,适用当时的法律;如果当时的法律认为是犯罪的,依照本法总则第四章第八节的规定应当追诉的,按照当时的法律追究刑事责任,但是如果本法不认为是犯罪或者处刑较轻的,适用本法。"这一规定确立了从旧兼从轻的刑法适用原则。在新旧法交替时期,从旧兼从轻原则对案件中的法律适用问题具有重大指导意义。《最高人民法院关于适用刑法第十二条几个问题的解释》进一步明确:"刑法第十二条规定的'处刑较轻',是指刑法对某种犯罪规定的刑罚即法定刑比修订前刑法轻。"同时规定:"如果刑法规定的某一犯罪有两个以上的法定刑幅度,法定最高刑或者最低刑是指具体犯罪行为应当适用的法定刑幅度的最高刑或者最低刑。"这一司法解释规定了比较法定刑轻重的方法。即比较法定刑轻重,主要看同样的犯罪行为,在新旧法中所对应的法定刑幅度,从中选取较轻的法定刑幅度适用。如果新法较轻的,则适用新法。适用新法,当然要适用新法规定的全部法定刑。

如果旧法未规定附加刑,而新法增设了附加刑,如何比较法定刑轻重呢?我们认为,比较法定刑的轻重,首要的标准在于主刑的轻重,而不在于刑种的多少。在两个主刑存在轻重之分的情况下,有无附加刑不影响法定刑轻重的判断。主刑重的,属于处刑较重的;主刑轻的,属于处刑较轻的。这是因为,在我国的刑罚体系中,主刑与附加刑具有不同的地位,主刑的适用范围广、惩罚力度大,而附加刑只能附加适用,或者作为一种轻刑独立适用于轻罪。当然,如果两个条文对应的主刑相同,而一个有附加刑,另一个没有附加刑,则有附加刑的重于没有附加刑的。此外,从法定刑的性质来看,在同时规定有主刑和附加刑的情况下,二者是一个有机整体。适用某一法律条文,必须做到完整适用,而不能割裂开来。如果主刑用新法,附加刑用旧法,新法旧法同时适用,则违背了从旧兼从轻原则,造成法律适用上的混乱。

适用附加刑还有一个价值判断的问题,即主刑的降低与附加刑的平衡问题,主刑减少的刑期与附加刑增加、罚金经济价值的比较,不同地区是有差别的,应综合判断适用附加刑的数量,附加刑的判处还要考虑被告人的执行能力、过错等。

具体到本案中,二被告人贪污 90 余万元,按照旧刑法,对应的法定刑幅度为有期徒刑十年以上的刑罚。而按照新刑法,对应的法定刑幅度为三年以上十年以下有期徒刑,并处罚金。新法的法定刑幅度在整体上轻于旧法,可以直接选择新法的法定刑幅度作为量刑依据,新法的法定刑中就包括了罚金刑。这一做法,既符合从旧兼从轻的原则,也是刑法第十二条所规定的“适用本法”的当然要求。相反,选择适用新法的主刑,而不适用罚金刑,则是缺乏法律依据的做法。

(撰稿:北京市朝阳区人民法院　臧德胜
审编:最高人民法院刑二庭　王晓东)

[第 1194 号]张成建等贩卖毒品案

——贩卖毒品案件中上下家的罪责区分及死刑适用

【关键词】 贩卖毒品罪　上下家　死刑

一、基本案情

被告人张成建,男,1966 年 8 月 16 日出生。1996 年 11 月因犯抢劫罪被判处有期徒刑七年;2003 年 9 月因犯寻衅滋事罪被判处有期徒刑四年;2011 年 5 月 23 日因犯贩卖毒品罪被判处有期徒刑十五年,剥夺政治权利三年,并处没收财产人民币四万元。因患重大疾病于 2011 年 8 月 8 日被暂予监外执行。2014 年 11 月 28 日因涉嫌犯贩卖毒品罪被逮捕。

被告人贺建波,男,1976 年 8 月 18 日出生。1998 年 5 月 11 日因犯抢劫罪被判处有期徒刑十三年,2005 年 8 月刑满释放。2013 年 11 月 15 日因涉嫌犯贩卖毒品罪被逮捕。

(其他被告人洪达、匡小林、周伟伟的基本情况略)

浙江省舟山市人民检察院以被告人张成建、贺建波等五人犯贩卖毒品罪,向舟山市中级人民法院提起公诉。

被告人张成建及其辩护人提出,张成建购买的毒品部分被其吸食,应予扣除;其贩卖毒品的目的是治病,主观恶性不大;到案后如实供述自己罪行,请求从轻处罚。

被告人贺建波及其辩护人提出,指控贺建波 4 次向张成建贩卖甲基苯丙胺共计 3 300 克的事实不清，证据不足；在共同犯罪中，贺建波系从犯，请求从轻处罚。

舟山市中级人民法院经公开审理查明：

2013 年 5 月至 7 月，被告人张成建在被告人匡小林的参与“验货”下，在浙江省舟山市普陀区华发大酒店、普津大酒店等地，先后 4 次从被告人贺建波处购得甲基苯丙胺（冰毒）共计约 3 300 克。同年 8 月至 10 月间，张成建在舟山市普陀区，将上述部分毒品及从他人处购得的甲基苯丙胺片剂（俗称“麻古”）共计 163 粒（约重 14.67 克），多次贩卖给匡小林、被告人周伟伟及张军峰、贺海江等人。同年 10 月 9 日，张成建在舟山市普陀区东港街道兴宁度假酒店公寓 1018 室被抓获，公安人员从该室查获甲基苯丙胺 495.35 克（含量为 61.3%～62%）、含甲基苯丙胺成分的粉末 0.15 克及甲基苯丙胺片剂共计 20.836 克。

2013 年五六月的一天，被告人贺建波在舟山市普陀区华发大酒店 610 房间内贩卖给被告人匡小林甲基苯丙胺 10 克、贩卖给被告人洪达甲基苯丙胺 2 克。同年 10 月 9 日，贺建波在舟山市普陀区华发大酒店门口被抓获，公安人员从其身上查获甲基苯丙胺片剂 0.182 克。

（其他被告人的犯罪事实略）

浙江省舟山市中级人民法院认为，被告人张成建、贺建波等人明知是毒品，单独或者伙同他人进行贩卖，其行为均已构成贩卖毒品罪。公诉机关指控的事实及罪名成立。张成建在暂予监外执行期间又犯新罪，应对新犯的罪作出判决，把前罪没有执行的刑罚和后罪所判处的刑罚，依法予以并罚。张成建曾多次因犯罪被判刑，且因犯贩卖毒品罪被判刑后，在暂予监外执行期间又实施贩卖毒品犯罪，系毒品再犯，主观恶性深，应依法从重处罚。张成建贩毒时间长、次数多、数量大、纯度高，犯罪情节极其严重，依法应予严惩。贺建波贩卖毒品数量大，亦应予以严惩，根据贺建波的犯罪事实、情节等实际情况，对其判处死刑，可不立即执行。据此，依照《中华人民共和国刑法》第三百四十七条第一款、第二款第一项、第三款、第七款，第二十五条第一款，第二十六条第一款、第四款，第六十五条第一款，第七十一条，第六十九条，第五十七条第一款之规定，判决如下：

1. 被告人张成建犯贩卖毒品罪，判处死刑，剥夺政治权利终身，并处没收个人全部财产，与前罪尚未执行的有期徒刑十二年二个月六日，剥夺政治权利三年，没收财产人民币四万元并罚，决定执行死刑，剥夺政治权利终身，并处没收个人全部财产；

2. 被告人贺建波犯贩卖毒品罪，判处死刑，缓期二年执行，剥夺政治权利终身，并处没收个人全部财产。

（其他被告人的判刑情况略）

被告人张成建上诉及其辩护人提出，张成建购买的毒品部分被其吸食或者送人，该部分毒品数量应予扣除；张成建的毒品来源于贺建波，贺建波系毒品上家，作用更大，对张成建的量刑不应重于贺建波；张成建贩毒是为了治疗肺癌，通过自吸来缓解症状，主观恶性不大，客观危害较小；张成建归案后主动交代了自己的全部罪行，原判对其判处死刑过重，希望从轻改判。

被告人贺建波上诉及其辩护人提出，原判认定贺建波 4 次向被告人张成建贩卖甲基苯丙胺共计 3 300 克的事实不清，证据不足；原判量刑过重，希望从轻改判。

浙江省高级人民法院经二审审理认为，上诉人张成建为实施贩毒犯罪而大肆购入毒品，并已将大量毒品贩卖给多人，原判将其所购买的毒品认定为其贩毒数量并无不当。张成建在前次尚未查出患有肺癌时即已在贩毒，在查出患病后所购买毒品的数量已经远远超过了其所称为治疗肺癌、自吸以缓解病痛的需要，其为牟利大肆购入毒品进行贩卖，毒品已大量流入社会，社会危害大。张成建贩卖毒品数量大，因贩卖毒品被判刑后又犯贩卖毒品罪，系毒品再犯，应依法从重处罚；张成建在暂予监外执行期间又犯新罪，应当对新犯的罪作出判决，把前罪没有执行的刑罚和后罪所判处的刑罚，依法予以并罚。贺建波贩卖毒品数量大，又有犯罪前科，应依法从严惩处。原判根据张成建、贺建波的罪行等具体犯罪情节，对二被告人的量刑适当，二被告人及其辩护人要求从轻改判的理由不能成立，不予采纳。原判定罪及适用法律正确，量刑适当，审判程序合法。依照《中华人民共和国刑法》第三百四十七条第二款、第三款、第七款，第三百五十六条，第六十七条第三款，第六十五条第一款，第二十七条，第七十一条，第六十九条，第五十七条第一款，第五十六条第一款，第五十五条第一款及《中华人民共和国刑事诉讼法》第二百二十五条第一款第一项之规定，裁定驳回被告人张成建、贺建波的上诉，维持原判，并将对张成建的死刑判决依法报请最高人民法院核准。

最高人民法院复核认为，被告人张成建多次贩卖甲基苯丙胺等毒品，其行为已构成贩卖毒品罪。张成建贩卖毒品数量大，社会危害大，罪行极其严重，且其在共同犯罪中起主要作用，系主犯，应当按照其所参与的全部犯罪处罚。张成建曾因犯贩卖毒品罪被判刑，在暂予监外执行期间又犯贩卖毒品罪，系毒品再犯，主观恶性深，人身危险性大，应依法从重处罚，并与前罪尚未执行的刑罚并罚。第一审判决、第二审裁定认定的事实清楚，证据确实充分，定罪准确，量刑适当，审判程序合法。依照《中华人民共和国刑事诉讼法》第二百三十五条、第二百三十九条和《最高人民法院关于适用〈中华人民共和国刑事诉讼法〉的解释》第三百五十条第一项的规定，裁定核准浙江省高级人民法院维持第一审对被告人张成建判处死刑的刑事裁定。

二、主要问题

贩卖毒品案件中，如何区分上下家的罪责并准确适用死刑？

三、裁判理由

在办理毒品犯罪案件过程中，为更好地区分各犯罪人在整个毒品犯罪中的地位与作用，准确认定其罪责大小，通常会将具有密切关联的上下游案件进行并案审理。对于买卖同宗毒品的上下家，由于涉案毒品总量并没有增加，毒品数量刚刚超过实际掌握的死刑数量标准的，一般不同时判处死刑。那么，应当如何对上下家准确适用死刑呢？对此，最高人民法院 2015 年 5 月 18 日印发的《全国法院毒品犯罪审判工作座谈会纪要》（以下简称《武汉会议纪要》）明确规定：“对于贩卖毒品案件中的上下家，要结合其贩毒数量、次数及对象范围，犯罪的主动性，对促成交易所发挥的作用，犯罪行为的危害后果等因素，综合考虑其主观恶性和人身危险性，慎重、稳妥地决定死刑适用。对于买卖同宗毒品的上下家，涉案毒品数量刚超过实际掌握的死刑数量标准的，一般不能同时判处死刑；上家主动联络销售毒品，积极促成毒品交易的，通常可以判处上家死刑；下家积极筹资，主动向上家约购毒品，对促成毒品交易起更大作用的，可以考虑判处下家死刑。涉案毒品数量达到巨大以上的，也要综合上述因素决定死刑适用，同时判处上下家死刑符合罪刑相适应原则，并有利于全案量刑平衡的，可以依法判处。”

本案中，被告人贺建波与被告人张成建系买卖毒品的上下家关系，且就二人交易的 3 300 克甲基苯丙胺而言，二人属于买卖同宗毒品的上下家。从判决认定的贩卖毒品数量来看，贺建波与张成建二人贩毒数量基本相当，且均已达到了实际掌握的死刑数量标准，但尚未达到数量巨大的程度，故根据《武汉会议纪要》上述规定的精神，不宜对两人同时判处死刑。关于应当对上家还是下家适用死刑的问题，一、二审及最高人民法院复核均认为，尽管张成建系毒品下家，但其在与上家贺建波的毒品交易中更为积极主动，所起的作用、主观恶性及人身危险性均大于贺建波，故最终决定判处张成建死刑立即执行。具体理由分析如下：

（一）被告人张成建贩卖毒品的数量、次数多于被告人贺建波，贩卖毒品的对象范围也大于贺建波

首先，从贩卖毒品的数量来看，判决书中认定张成建贩卖毒品的数量为 3 335.521 克，贺建波贩卖毒品的数量为 3 321.182 克，张成建要略多于贺建波。但从在案证据来看，张成建实际贩卖的毒品应远多于判决书中所认定的数量：一方面，从购买毒品的角度来看，张成建与同案犯匡小林在供述中均曾提到，张成建除向贺建波购买毒品外，还分别从广东毒贩“阿凯”“眼镜”处购买过数千克甲基苯丙胺。公安机关抓获张成建时除查获大量甲基苯丙胺外，还查获到大量甲基苯丙胺片剂，而贺建波仅贩卖甲基苯丙胺给张成建，也说明张成建确实从其他人处购买过毒品。另一方面，从贩卖毒品的角度来看，银行交易明细显示，张成建及其女友刘金兰所有的两个银行账户案发前入账资金合计达 80 万元。张成建案发前没有任何职业，没有生活来源，上述资金应主要来源于其贩毒所得，即使按照张成建所供述的最高销售价每克 200 元计算，其贩卖毒品的数量也已经达到 4 000 多克。而且张成建供称毒品交易主要采用现金方式，仅有部分购毒款打入其上述银行账户，故账户上金额仅为部分贩毒款，张成建贩卖毒品的数量也远不止根据银行账户金额推算出来的数量。

其次，从毒品贩卖的次数及对象范围来看，根据现有证据，被告人贺建波除贩卖毒品给被告人匡小林（10 克）和被告人洪达（2 克）之外，另外 4 次都是贩卖给被告人张成建，贩卖的次数相对较少，且贩卖对象仅限于上述 3 人。而张成建除了贩卖毒品给同案犯匡小林、周伟伟之外，还大量贩卖给另案处理的张军锋、贺海江、“玲玲”、“阿二”、“乌骨鸡”、“阿路”等人；从查获到案的银行卡交易明细来看，上面有多达数十人、数百起的交易记录，表明张成建曾先后向数十人贩卖过数百次的毒品。由此可见，在贩卖毒品的次数及对象范围上，张成建实际上要远远多于或大于贺建波。

（二）在毒品交易中，被告人张成建比被告人贺建波更为积极主动，对促成交易所起的作用更大

从本案中张成建与贺建波之间的毒品交易过程来看，张成建始终处于积极、主动地位，而贺建波则处于相对消极、被动的地位。尽管贺建波系毒品买卖的上家，但其并未事先购入大量毒品持毒待售，也没有积极主动联系下家张成建，向张成建推销毒品。相反，每一次毒品交易都发生在张成建手中的毒品即将贩卖完毕之际，由张成建主动打电话向贺建波约购毒品，并向贺建波提出其所需毒品的种类与数量。贺建波在手中并没有毒品的情况下，应张成建的要求从他人处购入毒品，再由张成建携带事先筹集的购毒款，并带上验毒人员匡小林前来验货，张成建购买毒品后再将毒品带回销售给他人。可见，无论是从发起毒品交易的主动性，还是从对促成交易所发挥的作用来看，张成建明显更为积极主动，对于促成二人之间的毒品交易所发挥的作用也更大。

不仅如此，从毒品上下家之间的依赖关系来看，被告人贺建波购入的毒品除少量贩卖给被告人匡小林、洪达之外，绝大部分都贩卖给被告人张成建，张成建系其最主要的毒品下家。而证据显示，张成建除了从贺建波处购买毒品外，还分别从广东毒贩“阿凯”“眼镜”处购买过大量毒品，贺建波并非其唯一的毒品上家。这就表明，即使没有贺建波，张成建也能从他人那里购买到大宗毒品，其对上家贺建波的依赖性并不强。相反，贺建波的毒品主要是贩卖给张成建，毒品的种类、数量、价格、交易时间等因素均取决于张成建的需要，如果没有张成建，其因为缺乏销路也很可能不会主动向自己的上家购入大量毒品。可见，贺建波的贩卖行为很大程度上依赖于张成建的购买行为，也说明张成建在与贺建波的毒品交易中起着主导作用，对促成毒品交易的作用更大。

（三）从实际危害后果来看，涉案毒品通过被告人张成建进一步流向社会上不特定的吸贩毒人员，张成建贩毒行为的危害后果更为直接

尽管本案毒品系从被告人贺建波处流向被告人张成建，但张成建所购买的毒品并非用于自己吸食，而是用于贩卖给人数众多的下游吸、贩毒人员。张成建并非毒品流转环节中最末端的吸食者，在与毒品吸食者的交易关系中又居于毒品上家地位。同样，贺建波在本案中虽系毒品上家，但其并非毒品的制造者或走私入境者，相对于毒品源头来说，其又处于下家的地位。可见，处于毒品交易中间环节的上下家，仅是一个相对的概念，在社会危害性上并不具有绝对的衡量价值，不能简单地认为毒品上家的地位、作用及社会危害性就一定高于毒品下家，对其量刑也并非一律要重于毒品下家，仍要坚持具体案件具体分析。在本案的毒品流转关系中，当贺建波将毒品贩卖给张成建时，毒品尚未被人数众多的吸毒者所持有和吸食，其社会危害性并未完全显现；而张成建购得毒品后再向下游贩卖的行为，使毒品流向分散的零卖者以及最终端的吸毒者，毒品犯罪的危害后果才进一步显现。故从实际危害后果来看，张成建贩毒行为的危害性较贺建波更为直接，也更大。

（四）被告人张成建的主观恶性较被告人贺建波更深，其人身危险性也明显要大于贺建波

从被告人张成建的主观恶性及人身危险性来看，其先后有三次犯罪前科，分别于 1996 年因犯抢劫罪、2003 年因犯寻衅滋事罪被判处刑罚，2011 年又因犯贩卖毒品罪被判处有期徒刑十五年。可见，张成建在本次犯罪之前不仅具有暴力犯罪前科，还曾因毒品犯罪被判处重刑，系毒品再犯，应依法从重处罚。张成建在 2011 年因贩卖毒品被判刑之后，因患有重大疾病（肺癌及恶性胸腺瘤）被暂予监外执行，在暂予监外执行期间，又利用其所患疾病即使被抓获亦难以羁押的条件，继续实施贩毒犯罪，可谓肆无忌惮。上述情况表明，张成建素行不良，又系职业毒犯、毒品再犯，且在暂予监外执行期间又实施毒品犯罪，主观恶性深、人身危险性大，属于应依法从严惩处的对象。与之相比，被告人贺建波在此前有一次抢劫暴力犯罪前科，虽然亦属于主观恶性较深、人身危险性较大的犯罪分子，但其前科犯罪次数少于张成建，前次犯罪也并非毒品犯罪，并不具有毒品再犯这一法定从重情节，主观恶性和人身危险性相对而言均要小于张成建。

综上，在本案被告人贺建波与被告人张成建的上下家关系中，无论是从毒品交易的数量、次数、对象范围以及危害后果，还是从毒品交易过程中的主动性及对促成交易所发挥的作用，以及被告人的主观恶性和人身危险性来看，张成建的罪行均较贺建波更为严重，故判处下家张成建死刑立即执行是适当的。

（撰稿：浙江省高级人民法院　聂昭伟
审编：最高人民法院刑五庭　马　岩）

［第 1228 号］林清泉制造毒品案

——制造毒品案件中，缴获的毒品系液态毒品，判处死刑应当特别慎重

【关键词】　制造毒品罪　液态毒品　死刑

一、基本案情

被告人林清泉，男，汉族，1971 年 2 月 11 日出生，农民，2015 年 4 月 15 日因本案被逮捕。

广东省揭阳市人民检察院以被告人林清泉犯制造毒品罪向广东省揭阳市中级人民法院提起公诉。

广东省揭阳市中级人民法院经公开审理查明：被告人林清泉购买了用来制造甲基苯丙胺的液体，并将液体带回位于广东省惠来县东埔管区东下村的家中进行熬煮、冷却，制造甲基苯丙胺。2015 年 3 月 9 日 15 时许，公安机关在惠来县东埔农场东埔管区东下村林清泉家抓获林清泉，现场查获 1 锅净重 3.5 千克的黄褐色液体（检出甲基苯丙胺成分，含量为 29.55%）、1 锅净重 0.65 千克的黄褐色液体（检出甲基苯丙胺成分，含量为 37.54%）、1 锅净重 2.425 千克的褐色液体（检出甲基苯丙胺成分，含量为 14.74%）、1 盒净重 3.55 千克的黄褐色液体（检出甲基苯丙胺成分，含量为 17.63%）、1 桶净重 8.55 千克的黑色液体（检出甲基苯丙胺成分，含量为 9.15%）及煤气炉、铁盆、铁筛等制毒工具。

揭阳市中级人民法院认为，被告人林清泉非法制造毒品甲基苯丙胺，数量大，其行为已构成制造毒品罪，应依法严惩。依照《中华人民共和国刑法》第三百四十七条第二款第一项、第五十七条第一款之规定，以制造毒品罪判处被告人林清泉死刑，剥夺政治权利终身，并处没收个人全部财产。

一审宣判后，被告人林清泉不服，提出上诉。

广东省高级人民法院经审理认为，上诉人林清泉制造毒品甲基苯丙胺，数量大，其行为已构成制造毒品罪，依法应予惩处。公安机关缴获的毒品为液态，经鉴定含有甲基苯丙胺成分，均应计入林清泉制造毒品的数量。林清泉将购买的粗制毒品进行提纯，已经制造出纯度更高的毒品，是犯罪既遂。制造毒品犯罪是毒品犯罪的源头，是我国刑法打击的重点，故林清泉归案后虽能如实供述犯罪事实，但不足以抵偿其罪过。依照《中华人民共和国刑事诉讼法》第二百二十五条第一款第一项之规定，裁定驳回上诉，维持原判，并依法报请最高人民法院核准。

最高人民法院经复核认为，被告人林清泉违反国家对毒品的管制法规，非法制造毒品甲基苯丙胺，其行为已构成制造毒品罪。林清泉制造毒品数量大，罪行极其严重，应依法惩处。第一审判决、第二审裁定认定的事实清楚，证据确实、充分，定罪准确，审判程序合法。鉴于林清泉归案后如实供述主要犯罪事实，对其依法判处死刑，可不立即执行，故裁定不核准广东省高级人民法院维持第一审以制造毒品罪判处被告人林清泉死刑，剥夺政治权利终身，并处没收个人全部财产的刑事裁定。

二、主要问题

制造毒品案件中，公安机关缴获的含甲基苯丙胺的液态毒品与含甲基苯丙胺的晶体状毒品在毒品性质、毒品含量及社会危害性上均有区别，对适用死刑有无影响？

三、裁判理由

本案在审理过程中，对被告人的量刑出现分歧意见：

第一种意见认为，被告人制造毒品的数量特别巨大。本案缴获的毒品虽为液体，但根据《全国法院毒品犯罪审判工作座谈会纪要》（以下简称《武汉会议纪要》），毒品成品和半成品数量应当全部认定为制造毒品的数量，即使经过折算，数量也超过了目前实际掌握的死刑数量标准，对被告人应当适用死刑立即执行。

第二种意见认为，含甲基苯丙胺的液态毒品的量刑可以参照甲基苯丙胺片剂（麻古）的量刑。因为甲基苯丙胺片剂中甲基苯丙胺的含量一般在 5% ~12%，纯度也不高。根据《武汉会议纪要》，甲基苯丙胺片剂的死刑数量标准一般可以按照甲基苯丙胺（冰毒）的 2 倍左右掌握，以本案的液体冰毒数量，也可以考虑对被告人适用死刑。

第三种意见认为，虽然在液体中检出了甲基苯丙胺既视为制毒既遂，但毕竟还是液态毒品，仍属半成品，应当与制造出毒品成品的既遂有所区别。本案缴获的毒品全是液态，被告人未能制造出甲基苯丙胺成品，行为危害性相对较小，且归案后认罪态度好，确有悔罪表现，可对被告人判处死刑缓期二年执行。

我们同意第三种意见。具体理由如下：

（一）制造毒品案件中缴获的含有甲基苯丙胺成分的液体或固液混合毒品与毒品消费、流通环节能直接吸食的成品毒品，在毒品性质上并不完全一样

我国法律对毒品的概念有明确的规定。1997年刑法第三百五十七条及2008年6月1日起施行的《中华人民共和国禁毒法》规定，毒品是指鸦片、海洛因、甲基苯丙胺（冰毒）、吗啡、大麻、可卡因，以及国家规定管制的其他能够使人形成瘾癖的麻醉药品和精神药品。

1961年联合国大会通过了《麻醉品单一公约》，1971年通过了《精神药物公约》，1988年又通过了《禁止非法贩运麻醉药品和精神药物公约》，以上三个公约对毒品作出了统一释义。根据上述国际公约，所谓“毒品”，是指国际公约规定的受控制的麻醉品和精神药品。我国作为以上三个公约的缔约国，刑法中的毒品概念与国际公认的毒品概念基本吻合。

2014年8月20日，最高人民法院、最高人民检察院、公安部联合印发了《关于规范毒品名称表述若干问题的意见》，其中规定：“对于含甲基苯丙胺成分的晶体状毒品，应当统一表述为甲基苯丙胺（冰毒）……对于含甲基苯丙胺成分的液体、固液混合物、粉末等，应当根据其毒品成分和具体形态进行表述，如表述为含甲基苯丙胺成分的液体、含甲基苯丙胺成分的粉末等。”市场流通环节中的冰毒，主体化学成分是甲基苯丙胺，但实质为甲基苯丙胺盐酸盐，因此冰毒并不能完全等同于甲基苯丙胺。

然而，实践中遇到的问题复杂多变。制定法律、解释法律时，立法机关、司法机关面对的多数是固体海洛因、晶体冰毒等常见形态，故而确定毒品性质时以常见形态来确定。但随着制毒技术、工艺的发展、普及，制造毒品案件出现了大量的新情况、新问题。如在制造甲基苯丙胺案件中，除查获毒品成品外，往往还会查获大量含有甲基苯丙胺成分的液体、固液混合物、块状物、粉末状物等非常态物质。这些物质通常是制毒过程中产生的半成品，甚至是废液废料，也可能是用于加工其他毒品的原料。如何认定这些半成品的物质性质，常常困扰很多办案人员。有意见认为，鉴于固态毒品与液态毒品或固液混合毒品等两类物质实际上不能等同，建议制定一个裁判规则，将制毒案件中缴获的半成品毒品与传统观念中或刑法条文规定的毒品区分认定，以减少争议。还有意见认为，没必要纠结是液态毒品还是固态毒品，因为法律规定的是毒品，没有规定必须是固态毒品。

对此，我们的意见是，由于毒品具有滥用性、依赖性、危害性、管制性四大特征，因此，在定义毒品成品时，通常是指可以直接用于销售和滥用的毒品，而毒品半成品通常是指未制成成品前的中间产品。通过化学方法制造毒品的，一般已经全部或者部分完成化学反应，但对于以制造甲基苯丙胺为最终目的的犯罪，制成含有甲基苯丙胺成分的晶体的，才能视为制出成品，制出含甲基苯丙胺成分的液体、固液混合物等的，应视为制出半成品。

本案中，被告人林清泉购买的是含有甲基苯丙胺成分的液体，不属于毒品成品。林清泉对其中的部分液体进行加工后，虽然甲基苯丙胺含量有所提高，但并未结晶，仍不具有可直接被吸食和消费的属性，故其加工产物不是毒品成品，而是半成品。毒品半成品不能直接被吸食消费，销售环节中也只有那些需要继续加工的人会购买，否则销售不出去，因此不存在滥用性。而成品毒品是可以直接吸食的，容易被滥用并有明确的社会危害性。

（二）含甲基苯丙胺的液态毒品的定量（转化率）问题

1997 年刑法第三百五十七条第二款规定，毒品的数量以查证属实的走私、贩卖、运输、制造、非法持有毒品的数量计算，不以纯度折算。2015 年 5 月 20 日，最高人民法院印发的《武汉会议纪要》规定："办理毒品犯罪案件，无论毒品纯度高低，一般均应将查证属实的毒品数量认定为毒品犯罪的数量，并据此确定适用的法定刑幅度，但司法解释另有规定或者为了隐蔽运输而临时改变毒品常规形态的除外。涉案毒品纯度明显低于同类毒品的正常纯度的，量刑时可以酌情考虑。"《武汉会议纪要》中还明确指出："制造毒品案件中，毒品成品、半成品的数量应当全部认定为制造毒品的数量，对于无法再加工出成品、半成品的废液、废料则不应计入制造毒品的数量。对于废液、废料的认定，可以根据其毒品成分的含量、外观形态，结合被告人对制毒过程的供述等证据进行分析判断，必要时可以听取鉴定机构的意见。"关于如何认定毒品废液，根据国家毒品实验室有关专家给出的意见，对于毒品含量在 0.2% 以下的物质即可以视为废液、废料。

毒品的纯度大小表明了毒品内含有毒性成分的大小，吸食量和吸食效果主要取决于毒品中的有效成分，也就是毒品的含量。纯度高的毒品，流入社会后其危害性必然大于纯度低的毒品。因此，2007 年 12 月，最高人民法院、最高人民检察院、公安部联合出台了《办理毒品犯罪案件适用法律若干问题的意见》，其中规定："可能判处死刑的毒品犯罪案件，毒品鉴定结论中应有含量鉴定的结论。"

办理制造毒品案件中如何计算液态毒品数量？实践中有用液体的重量乘以毒品含量得出一个数值来对液态毒品比照固态毒品进行定量的做法，此做法并不科学。以本案为例，根据被告人供述，其购买回一桶 15 公斤的"冰毒水"，将其中半桶倒出加工冰毒，剩下半桶被缴获。因公安机关缴获的半桶液态冰毒经鉴定甲基苯丙胺含量为 9.15%，以此推算，这 15 公斤甲基苯丙胺含量为 9.15% 的液体定量后甲基苯丙胺量为 1.372 5 公斤（15 公斤 ×9.15%）；而被告人加入粗盐熬煮、过滤、冷却后，不仅总重量从原 15 公斤增加至 18.675 公斤，将 3 锅、1 盒、半桶甲基苯丙胺含量不同的液体按上述计算方式计算后，甲基苯丙胺量也增加到 3.042 925 公斤，如果据此确定被告人的制毒数量，显然是不合理的。

本案在二审期间，合议庭曾就液态毒品的定量（转化率）问题咨询有关专家。有关专家表示，用液体的重量乘以毒品含量得出一个数值来对液态毒品比照固态毒品进行定量是不妥的。因为液态毒品的转化率受很多因素影响，包括制毒原材料、制毒工艺、使用的反应釜、制毒频率等。另外，转化过程中还存在损耗问题。由于液态毒品（毒品半成品）在转化（为毒品成品）过程中受很多不确定因素的影响，因此无法定量。假设该液态毒品能够完成生产流程，如想要定量，需要搜集上述制造毒品的原材料、工艺、规律、频率甚至发货单、进货单、用电量、用水量等证据，并根据有关专业知识进行实验确定。像本案被告人这样，买回半成品，根据道听途说的制毒方法试制冰毒，但一直未能结晶的，客观上很难定量。

本案中，被告人林清泉经加工，制造出 10 余千克甲基苯丙胺含量 14.74% 至 37.54% 不等的液体，对该 10 余千克含甲基苯丙胺成分的液体，应当全部认定为其制造毒品的数量。林清泉对查获的另外 8.55 千克含甲基苯丙胺成分的黑色液体，虽然尚未实施加工行为，也可一并认定为其制造毒品的数量，但在量刑时应酌情考虑。至于涉案半成品最终能制造出多少成品，受诸多因素影响，目前不能根据含量简单推算。

（三）含甲基苯丙胺的液态毒品的社会危害性相对较小，对缴获的毒品均呈液态的制造毒品案件，判处死刑应当特别慎重

《全国部分法院审理毒品犯罪案件工作座谈会纪要》（以下简称《大连会议纪要》）规定，已经

制成毒品，达到实际掌握的死刑数量标准的，可以判处死刑；数量特别巨大的，应当判处死刑。根据上述规定，在决定能否对被告人判处死刑时，制出成品的数量是更为重要的考虑因素。认定的制造毒品数量虽已达到实际掌握的死刑数量标准，但尚未制造出成品的，或者仅制造出少量成品，绝大多数为粗制毒品或者半成品的，由于其社会危害与已经制成成品待售的情形有明显不同，故一般不宜对被告人适用死刑。这样考虑的原因在于，毒品半成品因无法被直接吸食、消费，与毒品成品的危害紧迫性不一样，其客观危害没那么紧迫。

此外，毒品犯罪的数量虽然能反映毒品犯罪行为社会危害性的大小，对定罪量刑有非常重要的意义，但它仍只是依法惩处毒品犯罪的一个基础情节，而不是唯一情节。因此，在执行毒品犯罪数量标准时不能将之简单化、绝对化，特别是对被告人可能判处死刑的案件，更不能简单地将数量标准作为判处死刑的唯一尺度。是否判处死刑还必须综合考虑被告人犯罪情节、危害后果、主观恶性等多种因素。

本案中，被告人林清泉购入原料即为毒品半成品，由于加工工艺等问题，林清泉始终未能制出成品。从林清泉的犯罪手段来看，林清泉制毒所用工具均来自普通家庭厨房所用，并非专门用来加工毒品的器皿，说明林清泉非长期制毒人员，其应不属于制毒惯犯，且其采取的加工工艺简单，也并未实际制造出毒品成品。综合考虑被告人的犯罪情节、危害后果及主观恶性，并考虑其归案后能够如实供述主要犯罪事实，依法可以从轻处罚，故最高人民法院裁定依法不核准林清泉死刑。

（撰稿：最高人民法院刑三庭　罗　敏
广东省高级人民法院　罗　桦
审编：最高人民法院刑三庭　周　川）

[第1229号]陈恒武、李祥光贩卖、运输毒品案
——共同贩卖毒品的死刑政策把握

【关键词】　贩卖、运输毒品罪　共同犯罪　死刑

一、基本案情

被告人陈恒武，男，1972年11月4日出生，小学文化，农民。2012年9月6日因本案被逮捕。

被告人李祥光，男，1968年1月9日出生，文盲，无业。2003年12月17日因犯贩卖毒品罪被判处有期徒刑八年，并处罚金人民币三千元，2010年7月23日刑满释放。2012年9月6日因本案被逮捕。

贵州省毕节市人民检察院指控被告人陈恒武、李祥光犯贩卖、运输毒品罪一案，向毕节市中级人民法院提起公诉。

被告人陈恒武辩称，其没有和陈艳商量，也没有邀约陈恒友去贩毒，公安机关缴获的毒品与陈艳在缅甸购买的毒品不是一批货。其辩护人提出，本案定性应为运输毒品罪，陈恒武系本案从犯，买车、改装、联系买主等都是陈艳等人实施的，并且由陈艳安排同伙的行动，且陈恒武所购毒品数额较少，请求从宽判处。

被告人李祥光不否认起诉书指控的事实，但认为汇给陈恒武的钱中有10万元是借给陈恒武的。其辩护人提出，李祥光系从犯，只对其出资6万元购买的毒品承担责任。

毕节市中级人民法院经审理查明：

被告人陈恒武与陈艳（在逃）共谋到云南购买毒品，并分别邀约陈恒友、李启兵（均系同案被告人，已判刑）、陈明权（在逃）一同前往。2012年7月24日，陈艳、李启兵、陈明权驾驶比亚迪轿车、陈恒武和陈恒友驾驶丰田凯美瑞轿车先后前往云南。7月25日，陈艳、陈明权、李启兵到达云南省勐海县打洛镇后，陈艳、陈明权偷渡到缅甸小勐拉。7月26日，陈恒武、陈恒友到达打洛镇后偷渡到小勐拉与陈艳、陈明权会合。陈恒武、陈艳、陈明权、陈恒友在入住的小勐拉凯旋宾馆内多次与货主"小龙"（在逃）等人查验毒品样品、商议购买毒品。其间，被告人李祥光、张佳勇（另案处理）分别通过银行汇款给陈恒武16万元和8.5万元购买毒品。7月31日晚，陈恒武、陈艳由缅甸返回打洛镇。8月1日凌晨1时许，李启兵按照陈艳的安排将比亚迪轿车开到事先指定的地点，送货人将毒品装入该车油箱。陈恒武驾驶丰田凯美瑞轿车与陈艳、陈恒友在前探路，李启兵驾驶比亚迪轿车运输毒品跟随其后。3时35分至3时50分，云南省勐海县公安边防支队在云南省西双版纳州国道老路3100路标处先后将陈恒武、陈恒友、陈艳和李启兵拦下检查，发现比亚迪轿车后排座位下的油箱电泵处有改动痕迹，怀疑藏有违禁品，遂将两车带到勐海县荣光汽修厂。6时30分，在荣光汽修厂专业人员的协助下，当场从比亚迪轿车油箱内查获含量为46.88%的毒品海洛因2 760克，含量为14.45%的甲基苯丙胺片剂（俗称"麻古"）9 015克。

贵州省毕节市中级人民法院认为，被告人陈恒武违反国家毒品管理法规，以牟取非法利益为目的贩卖、运输毒品甲基苯丙胺9 015克、毒品海洛因2 760克，毒品共计11 775克的行为已构成贩卖、运输毒品罪。被告人李祥光得知陈恒武至境外购买毒品后将毒资汇至陈恒武账户、要求陈恒武为其代购毒品并支付相应车费的行为构成贩卖、运输毒品罪。其中，陈恒武与陈艳共谋购买毒品，与毒品上线联系，参与检验毒品样品、试货、商议毒品价格，斥巨资购买毒品，验收毒品数量，驾驶车辆行驶在运毒车辆之前探路，在犯罪中起主要作用，系主犯。李祥光出资16万元请陈恒武为其购买毒品，应当对其所购毒品负责，其所涉毒品数量巨大，且系毒品再犯、累犯，应从重处罚。依照《中华人民共和国刑法》第三百四十七条第二款第一项、第三百五十六条、第四十八条、第五十七条、第六十五条、第二十五条、第二十六条、第二十七条之规定，以贩卖、运输毒品罪，分别判处被告人陈恒死刑，剥夺政治权利终身，并处没收个人全部财产；判处被告人李祥光死刑，剥夺政治权利终身，并处没收个人全部财产。

一审宣判后，陈恒武、李祥光提出上诉。

被告人陈恒武上诉提出，陈艳在逃致关键事实不清，其行为应定运输毒品罪，系从犯，量刑过重。二审庭审中，陈恒武对其参与贩卖、运输毒品的事实不持异议，但辩解此前未与陈艳共谋，系到云南后陈艳再三邀约才参与的。其辩护人提出，鉴于陈艳在逃，请求对陈恒武作出留有余地的判决。

被告人李祥光上诉提出，其仅出资6万元购买毒品，应定贩卖毒品罪。其辩护人提出，一审判决认定事实不清，证据不足，量刑过重。

贵州省高级人民法院经审理认为，原判认定上诉人陈恒武、李祥光犯贩卖、运输毒品罪的事实清楚。陈恒武邀约陈恒友贩卖、运输毒品甲基苯丙胺和海洛因，其行为均已构成贩卖、运输毒品罪。李祥光贩卖毒品甲基苯丙胺和海洛因，其行为已构成贩卖毒品罪。陈恒武所提"应定运输毒品罪"的上诉理由不能成立，不予采纳。李祥光所提"应定贩卖毒品罪"的上诉理由成立，予以采纳。在陈恒武等人贩卖、运输毒品的共同犯罪中，陈恒武与陈艳等人共谋购买毒品，参与检验毒品样品、商议毒品价格、出资购买毒品，为他人代购毒品，驾驶车辆在运毒车辆之前探路，起主要作用，系本案主犯，应当按照其参与的全部犯罪处罚。其所提"系从犯，量刑过重"的上诉理由不能成立，不予采纳。上诉人李祥光出资16万元通过陈恒武为其购买毒品欲进行贩卖，且系毒品累犯和再犯，主观恶性极大，社会危害性特别严重，应依法从重处罚，原审法院据此对其量刑并无不当，其辩护人所提“量刑过重”的辩护意见不能成立，不予采纳。原审法院对陈恒武的定罪准确，对陈恒武、李祥光的量刑适当，但对李祥光的定罪不当，应予以改判，审判程序合法。据此，依照《中华人民共和国刑法》第三百四十七条第二款第一项、第三百五十六条、第五十七条第一款、第五十六条第一款、第五十五条第一款、第六十五条第一款、第二十五条第一款、第二十六条第一款和第四款、第二十七条和《中华人民共和国刑事诉讼法》第二百二十五条第一款第一项、第二项之规定，判决如下：

1. 维持毕节市中级人民法院对上诉人陈恒武的刑事判决；

2. 撤销毕节市中级人民法院对上诉人李祥光的刑事判决，以贩卖、运输毒品罪改判李祥光死刑，剥夺政治权利终身，并处没收个人全部财产。

贵州省高级人民法院依法将陈恒武、李祥光的死刑判决报请最高人民法院核准。

最高人民法院经复核认为，被告人陈恒武违反毒品管理法规，伙同他人购买、运输毒品海洛因、甲基苯丙胺的行为已构成贩卖、运输毒品罪。被告人李祥光委托陈恒武代为购买毒品的行为已构成贩卖毒品罪。陈恒武伙同陈艳共谋贩毒，纠集陈恒友参与贩卖、运输毒品，并邀约李祥光、张佳勇购买毒品，亲自赴境外检验毒品样品、商议毒品价格，且出资巨大，其在共同贩卖、运输毒品犯罪中起主要作用，系罪责最为严重的主犯之一，应当按照其所参与的全部犯罪处罚。陈恒武贩卖、运输毒品数量大，应依法惩处。第一审判决、第二审判决认定的事实清楚，证据确实、充分，定罪准确，对被告人陈恒武量刑适当，审判程序合法。李祥光受邀参与贩毒，未参与运输毒品，且归案后能如实供述罪行，对李祥光判处死刑，可不立即执行。依照《中华人民共和国刑事诉讼法》第二百三十五条、第二百三十九条和《最高人民法院关于适用〈中华人民共和国刑事诉讼法〉的解释》第三百五十二条之规定，判决如下：

1. 核准贵州省高级人民法院刑事判决中维持第一审以贩卖、运输毒品罪判处被告人陈恒武死刑，剥夺政治权利终身，并处没收个人全部财产的部分。

2. 撤销贵州省高级人民法院以贩卖、运输毒品罪判处被告人李祥光死刑，剥夺政治权利终身，并处没收个人全部财产的判决部分。

3. 被告人李祥光犯贩卖毒品罪，判处死刑，缓期二年执行，剥夺政治权利终身，并处没收个人全部财产。

二、主要问题

1. 共同贩卖毒品犯罪中，部分主犯在逃，能否适用死刑？

2. 如何准确认定毒品案件中代购者与托购者的罪责？

三、裁判理由

（一）共同贩卖毒品案件中死刑政策的把握

对共同犯罪案件如何把握死刑政策，现在普遍的认识和做法是，对于二人或者多人致死一人的案件，原则上只对其中罪责最为突出的被告人判处死刑。对此，《最高人民法院关于贯彻宽严相济刑事政策的若干意见》有明确的指导意见：“对于多名被告人共同致死一名被害人的案件，要进一步分清各被告人的作用，准确确定各被告人的罪责，以做到区别对待；不能以分不清主次为由，简单地一律判处重刑。”当然，作为极少数例外情况，对多人致死一人的，也可能有判处二人死刑的情况。

针对毒品共同犯罪，通常也是参照上述政策精神来把握死刑适用。最高人民法院于2008年印发的《全国部分法院审理毒品犯罪案件工作座谈会纪要》（以下简称《大连会议纪要》）中明确提出:共同犯罪中能分清主从犯的,不能因为涉案的毒品数量特别巨大,就不分主从犯而一律将被告人认定为主犯或者实际上都按主犯处罚,一律判处重刑甚至死刑;对于共同犯罪中有多个主犯或者共同犯罪人的,要全面考察各主犯或者共同犯罪人在共同犯罪中实际发挥作用的差别,主观恶性和人身危险性方面的差异,对罪责或者人身危险性更大的主犯或者共同犯罪人判处更重的刑罚。如果共同犯罪毒品数量刚达到实际掌握的死刑数量标准,但各共同犯罪人作用相当,或者责任大小难以区分的,可以不判处死刑立即执行。由此可见,毒品共同犯罪中,一方面需要考虑毒品数量,另一方面需要认真审查各被告人的地位、作用,要注意从犯意的提起、与毒品源头的紧密程度、出资额、分工等方面进行审查,区分罪责大小。

同时,由毒品犯罪的特殊性所决定,在一些毒品犯罪案件中,只抓获部分涉毒人员,甚至有相当一部分案件主犯在逃。此时仍要根据在案证据比较在案被告人与在逃人员的罪责,若在案证据足以证明被告人地位、作用明显大于在逃同案犯或者地位、作用基本相当时,仍可依法核准在案被告人死刑。最高人民法院于2015年印发的《全国法院毒品犯罪审判工作座谈会纪要》中明确指出:"对于部分共同犯罪人未到案的案件,在案被告人与未到案共同犯罪人均属罪行极其严重,即使共同犯罪人到案也不影响对在案被告人适用死刑的,可以依法判处在案被告人死刑……"

具体在本案中,结合证据可以认定如下事实:第一,陈恒武伙同陈艳共谋贩毒。陈艳虽未到案,但是手机通话清单、卷中其他证据材料可以证明陈恒武与陈艳共谋到云南购买毒品。手机通话清单证实,7月18日至24日陈恒武与陈艳手机通话联系34次(24次主叫),其中7月24日联系19次且陈恒武主叫13次。结合卷中其他证据材料可以证明,陈恒武与陈艳为购买毒品而多次预谋,陈艳主要负责购买包装等物,二人联系出发事宜。陈恒武辩解其受陈艳邀请到云南帮助陈艳找老公,但该辩解既得不到陈艳供述的印证,亦与技侦转化资料内容矛盾,又不符合常情常理。第二,陈恒武纠集同案犯陈恒友参与贩卖、运输毒品。陈恒友供述"被抓前约一个星期,陈恒武打电话说最近他们准备去做一批生意(指贩毒),问我要不要去,我说可以",该内容与在案相关证据相印证。同时,车辆行驶信息、住宿登记信息以及陈恒友的供述证实,二人驾驶陈恒武的轿车,7月24日出发,沿着金关—昆明—景洪—打洛镇—缅甸—打洛镇的路线贩卖、运输毒品。第三,陈恒武亲自到境外查验毒品、商议毒品数量、价格。陈恒友供述,其与陈恒武到达云南勐海县打洛镇后就随同陈恒武一起偷渡到了缅甸小勐拉,与陈艳、陈明权会合,陈恒武、陈明权、陈艳联系购买毒品并商议价格。因陈艳、陈明权在逃,三人的具体分工无法获知,但是陈恒友的供述得到了卷中其他证据材料及陈恒武供述的印证。且从相关证据来看,陈恒武与上线联系更加紧密,尤其是"麻古"主要靠陈恒武联系,交易毒品时也是陈恒武在场,陈艳只是负责联系李启兵运输毒品。第四,陈恒武主动代张佳勇、李祥光购买毒品,该事实有张佳勇、李祥光的供述及手机通话清单、银行转账凭证等证据证明。综上,被告人陈恒武伙同陈艳共谋贩毒,纠集陈恒友参与贩卖、运输毒品,并邀约张佳勇、李祥光购买毒品,亲自赴境外检验毒品样品、试货、商议毒品价格,且出资额巨大,其在共同贩卖、运输毒品犯罪中起主要作用,系罪责最为严重的主犯之一,应当按照其所参与的全部犯罪处罚。陈恒武贩卖、运输毒品数量大,应依法惩处。虽然本案另两名主犯陈艳、陈明权在逃,但是从现有证据来看,陈恒武的作用比陈艳、陈明权略大或者至少作用相当。故最高人民法院依法核准被告人陈恒武死刑。

(二)毒品案件中代购者与托购者的罪责认定

办理毒品犯罪案件时,要注意对"居间介绍"或者"代购代卖"的准确认定。《大连会议纪要》明确指出:"明知他人实施毒品犯罪而为其居间介绍、代购代卖的,无论是否牟利,都应以相关毒品犯罪的共犯论处。”一般而言，“居间者”或者“托购者”的罪责相对较小。但上述情况不是绝对的，仍要结合具体案情和证据问题具体分析。

本案中，被告人李祥光的供述及手机通话清单证明，此次贩毒系陈恒武主动联系李祥光；李祥光、陈恒武、陈恒友的供述以及卷中其他证据材料证明，李祥光通过电话委托陈恒武代为购买毒品；李祥光的供述、李祥光之妻的证言以及银行转账凭证证明李祥光汇款16万元至陈恒武指定账户；李祥光购买毒品实物被公安人员查获。因此现有证据可以证明李祥光委托陈恒武代为购买毒品，李祥光与陈恒武等人构成贩卖毒品罪的共犯。但是由于各被告人供述以及卷中其他证据材料关于李祥光毒资及购买毒品数量说法不一，就现有证据而言，不好确定李祥光到底购买了多少毒品。

对李祥光量刑时，首先需要平衡其与在案的陈恒武及在逃的陈艳、陈明权的罪责大小。在案证据证明，李祥光将毒资汇至陈恒武指定账户，未亲自到云南或者境外购买毒品，未参与运输毒品；李祥光不是幕后指挥操纵贩毒的主犯，而是在陈恒武打电话告知的情况下委托陈恒武代为购买，属于受邀约参与犯罪。故可以认定李祥光的罪责小于陈恒武以及在逃的陈艳、陈明权。同时也需要考虑，现有证据只能确定李祥光出资16万元，不能确定李祥光购买毒品种类和毒品数量，在作为量刑最重要标准之一的毒品数量不确定的情况下，也不宜核准李祥光死刑。

综上，权衡全案事实和各被告人量刑，最高人民法院作出了核准被告人陈恒武死刑，不核准被告人李祥光死刑并改判李祥光死刑缓期二年执行的刑事判决。

（执笔：最高人民法院刑三庭　薛美琴
审编：最高人民法院刑三庭　周　川）

[第1240号]张士禄故意杀人案

——对于依法可以不核准死刑但被害方强烈要求核准死刑的案件如何裁判

【关键词】　民间矛盾　被害方过错　死刑政策

一、基本案情

被告人张士禄，男，1983年12月8日出生，农民。2007年10月22日因涉嫌犯故意杀人罪被逮捕。

河南省南阳市人民检察院以被告人张士禄犯故意杀人罪，向南阳市中级人民法院提起公诉。

被告人张士禄对公诉机关指控的事实无异议，辩称不是有意杀人，不构成故意杀人罪。其辩护人提出，张士禄认罪态度较好，请求从轻处罚。

南阳市中级人民法院经审理查明：被告人张士禄与被害人张文平（殁年69岁）均系河南省方城县二郎庙乡安楼村村民。2007年秋，因张文平饲养的牛吃了张士禄家的庄稼，二人发生纠纷。张文平之子张留江得知此事后曾携刀找过张士禄，因张士禄当时不在家而未找到。张士禄得知此事后，心中恼怒。2007年10月9日18时许，张士禄酒后持杀猪刀至张文平家，持刀朝张文平胸部捅刺一刀，致张文平心脏被刺破大失血而死亡。张文平之妻贾书琴（时年66岁）见状上前阻拦，张士禄又持刀刺扎贾书琴背部、左前臂致其轻微伤。后张士禄又刺扎张文平儿媳郭丽肖（时年22岁)右臂一刀致其轻微伤。此时,张士禄亲属赶到现场将杀猪刀夺下,并将张士禄拖走。次日凌晨,公安人员在张士禄亲属的带领下在一机井房内将张士禄抓获。

南阳市中级人民法院认为,被告人张士禄故意非法剥夺他人生命的行为已构成故意杀人罪,且造成一人死亡,二人轻微伤,罪行极其严重,应依法惩处。关于被告人张士禄的辩解,经查,张士禄持刀冲入张文平家,言称想死想活,说明其主观上有杀人的故意,客观上猛刺张文平胸部,致张文平心脏贯通伤当场死亡,又刺扎贾书琴、郭丽肖,致二人受伤,其行为已构成故意杀人罪,其辩解理由不能成立,不予采纳。依照《中华人民共和国刑法》第二百三十二条、第五十七条第一款之规定,南阳市中级人民法院以故意杀人罪判处被告人张士禄死刑,剥夺政治权利终身。

一审宣判后,张士禄上诉提出其无杀人故意,案发时张文平先持木棍对其击打,被害方有过错,被抓获时正准备去投案,原判量刑重。

河南省高级人民法院经审理认为,被告人张士禄的行为已构成故意杀人罪。张士禄杀死一人,杀伤二人,情节恶劣,罪行极其严重,应依法惩处。关于张士禄及其辩护人所提被害人张文平先持木棍击打张士禄及张士禄无杀人故意的上诉理由,经查,现场目击者贾书琴、郭丽肖均证明案发时张士禄持刀进院后在楼梯上直接持杀猪刀猛扎张文平胸部,张士禄归案后亦供述其见张文平从房顶下来走到楼梯口时直接持杀猪刀朝张文平胸部“用力扎了一下”。在案证据证明张文平并未持木棍击打张士禄,且张士禄持长达一尺的杀猪刀直接猛扎张文平胸部,致张文平心脏被刺破导致大失血而死亡,其非法剥夺他人生命的主观故意明显,故该上诉理由和辩护意见不能成立。关于张士禄及其辩护人所提被害方在案发前因上有一定过错的上诉理由,经查,本案确因张文平家的牛吃张士禄家的庄稼这一民间纠纷引发,但事隔数日后,张士禄酒后持刀到被害人家中报复,不能认定被害方在案发前因上有过错,故该上诉理由不能成立。关于张士禄所提案发后其准备投案的上诉理由,经查,案发后,张士禄向亲友索要钱财,并向亲友表示要去广州打工,且躲藏在村外机井房内直至被公安机关抓获,张士禄并未有投案的意思表示及行为,故该上诉理由亦不能成立。据此,依法裁定驳回上诉,维持原判,并报请最高人民法院核准。

最高人民法院经复核认为,被告人张士禄故意非法剥夺他人生命的行为,已构成故意杀人罪。张士禄因琐事持刀杀人,致一人死亡、二人轻微伤,罪行极其严重,应依法惩处。鉴于本案系因民间矛盾引发,被害方在案件起因上负有一定责任,被告人亲属有协助抓捕情节,故对张士禄判处死刑,可不立即执行。第一审判决、第二审裁定认定的事实清楚,证据确实、充分,定罪准确,审判程序合法,但量刑不当。据此,依法裁定不核准河南省高级人民法院维持第一审对被告人张士禄以故意杀人罪判处死刑,剥夺政治权利终身的刑事裁定。

二、主要问题

对因民间矛盾激化引发,被害方在案件前因上负有一定责任,但被害方要求判处死刑的情绪特别激烈的案件,如何准确贯彻我国的死刑政策?

三、裁判理由

(一)因民间矛盾激化引发、被害方在案件前因上负有一定责任的,在量刑时应酌情从宽处罚

根据《最高人民法院关于贯彻宽严相济刑事政策的若干意见》(以下简称《意见》)第二十二条的规定,对于因恋爱、婚姻、家庭、邻里纠纷等民间矛盾激化引发的犯罪,因被害方过错或者基于义愤引发的或者具有防卫因素的突发性犯罪,应酌情从宽处罚。此类被告人犯罪系事出有因,与发生在社会上针对不特定多数人的严重危害社会治安的暴力犯罪,在主观恶性、人身危险性和社会危害性上有明显差别,故在对被告人量刑时应体现差别。总体而言,对此类犯罪应酌情从宽,充分体现宽严相济刑事政策中区别对待的精神,从而更加有效地改造罪犯和预防犯罪。本案

中，被告人张士禄及被害人亲属均证实因被害人张文平家的牛吃了张士禄家的庄稼，双方发生纠纷，属于民间矛盾引发的案件；且张文平之子张留江为此曾携刀找过张士禄，虽然二人当时未碰面，但此举具有挑衅性质，引起张士禄的不满，村干部亦反映张文平经常将牛放到他人庄稼地里，村民对此也多有不满。故被害人张文平在案件起因上虽不构成过错，但亦负有一定的责任，且在一定程度上激化了双方的矛盾。因此，在量刑时，对被告人张士禄应酌情从宽处罚。

（二）对被告人亲属协助司法机关抓获被告人，虽不构成自首，但在量刑时应予充分考虑

根据《意见》第十七条的规定，对于亲属以不同形式送被告人归案或协助司法机关抓获被告人而认定自首的，原则上都应依法从宽处罚；有的虽然不能认定自首，但考虑到被告人亲属支持司法机关工作，促使被告人到案、认罪、悔罪，在决定对被告人具体处罚时，也应当予以充分考虑。《意见》既规定了对自首从宽处罚的基本要求，也提出了在特殊情况下，被告人亲属"大义灭亲"，协助司法机关抓获被告人，虽由于被告人系被动归案，不能认定为自首，但对亲属"大义灭亲"的行为应给予肯定，在对被告人量刑时亦应予以充分考虑。本案中，被告人张士禄的亲属先有在犯罪现场阻止张士禄继续实施犯罪的行为，后有带领公安人员将张士禄抓获的行为，张士禄归案后，如实供述持刀杀害张文平的事实，认罪、悔罪，根据《意见》的规定，此情节应在量刑上加以体现。

（三）对依法可不判处死刑立即执行的案件，应当妥善处理被害方要求严惩的意愿与严格控制和慎重适用死刑政策之间的关系

《意见》第二十九条规定，要准确理解和严格执行"保留死刑，严格控制和慎重适用死刑"的政策。对于罪行极其严重的犯罪分子，只要是依法可不立即执行的，就不应当判处死刑立即执行。严格控制死刑是对死刑适用总体上、战略上、趋势上的严格把握，就是要防止任何不必要的适用甚至滥用。严格适用死刑，一方面必须严格统一地坚持证据裁判的最高标准和最严要求；另一方面必须严格统一地把握法律政策标准。对不应当判处死刑的案件，无论面对多大的压力，都不能违法适用死刑。在审理死刑案件时，应当考虑社情民意，但是当部分群众尤其是部分被害人亲属的要求带有强烈的个人感情色彩，背离法律、政策精神，甚至无原则地上访、闹访时，则不能一味地退让，对不应当判处死刑立即执行的案件，绝不能作出违反法律政策的判决，要坚决维护法治的权威。

在本案审理过程中，河南省高级人民法院曾两次发回南阳市中级人民法院重新审判。因本案系民间矛盾引发，被害方在案件的前因上负有一定责任，被告人近亲属有协助司法机关抓捕的情节，属于应酌情从宽处罚、从严控制死刑的范畴。为此，两级法院在数次审理中，多次深入案发地做民事调解和民意调查工作。由于被告方赔偿能力有限，被害方坚决不同意调解，强烈要求判处被告人死刑，还曾进京上访，并扬言若愿望得不到满足，将杀掉被告人一家。当地村干部和村邻均认为，被告人幼年丧母，无兄弟姐妹，相对而言处于弱势，并非罪大恶极。综上，从本案的起因、犯罪情节、被告人认罪态度、案发地群众意见等方面综合考虑，被告人张士禄属于可不判处死刑立即执行的犯罪分子。虽然被告人及其亲属赔偿能力有限，被害人亲属不予谅解，且要求严惩的意愿强烈，但在全面考察本案的犯罪事实、性质、情节的基础上，结合被告人的主观恶性、人身危险性、社会危害性等因素，根据"严格控制和慎重适用死刑"的刑事政策要求，最高人民法院依法作出了不核准被告人张士禄死刑的裁定。

（撰稿：最高人民法院刑一庭　谢　颖　彭　凌
审编：最高人民法院刑一庭　管应时）

[第1241号]张保林故意杀人案

——民间矛盾引发的死刑案件中,如何做好民事调解工作化解矛盾

【关键词】 民间矛盾 死刑案件 民事调解

一、基本案情

被告人张保林,男,1964年2月10日出生,农民。2013年3月15日因涉嫌犯故意杀人罪被逮捕。

安徽省蚌埠市人民检察院以被告人张保林犯故意杀人罪,向蚌埠市中级人民法院提起公诉。

被告人张保林辩称,被害人张东亚两次到其家门口辱骂,其去张东亚家问究竟,遭被害人张保亮持棍打骂,其才夺棍打张保亮一棍,张东亚过来用棍打在其肩上,其才与之对打。其辩护人提出,被害人张东亚两次辱骂张保林引发本案,应适当减轻张保林责任;被害人张保亮患有其他疾病,是外力作用导致脑瘤破裂而死;张保林没有打在场的张东亚的妻子、孩子,没有犯罪前科,潜逃期间没有犯罪,认罪态度好,主观恶性相对较小,请求对张保林从轻处罚。

蚌埠市中级人民法院经审理查明:被告人张保林与被害人张东亚(殁年37岁)均系安徽省固镇县任桥镇清凉村张南组村民,两家平时没有矛盾。2005年11月3日下午,张保林与张东亚等人到安徽省宿州市芦岭街吃饭喝酒。酒后,张保林骑摩托车带张东亚回村,快到村口时,因道路不平,张保林要张东亚下车步行,自己先骑车回家。张东亚对此不满,当晚先后两次到张保林家外长时间辱骂张保林。当日23时许,张保林驾驶摩托车、提着矿灯到张东亚家院内,遇到张东亚的父亲张保亮(殁年60岁),因言语不和,张保林持铁棍朝张保亮头面部猛击,张东亚的母亲冯立英(时年57岁)从屋内出来,张保林又持铁棍击打冯立英头面部,致其轻伤。随后,张东亚进入院内,张保林持铁棍对张东亚头面部等处击打数下,致张东亚因急性外伤性蛛网膜下腔出血当场死亡,张保亮经送医院抢救无效于同月15日死亡。经鉴定,张保亮死因系头部受重击引发脉络丛乳头瘤血管破裂造成广泛性脑室系统出血。作案后张保林长期潜逃。

蚌埠市中级人民法院认为,被告人张保林在因琐事遭被害人张东亚两次辱骂后,即恼羞成怒,深夜闯入张东亚家中,遇到人搭话即用矿灯照射,持棍猛力击打三人头面等要害部位,置死伤后果于不顾,致一人当场死亡、一人经抢救无效死亡、一人轻伤,其行为构成故意杀人罪。虽然张东亚在案发原因上存在过错,张保亮系外力作用于疾患经抢救无效死亡,但综合本案的犯罪性质、犯罪情节及对社会的危害程度等因素,不足以对张保林从轻处罚。据此,依照《中华人民共和国刑法》第二百三十二条、第五十七条第一款之规定,以故意杀人罪判处张保林死刑,剥夺政治权利终身。

一审宣判后,被告人张保林提出上诉,所提上诉理由及辩护人所提辩护意见与一审时的意见一致。

安徽省高级人民法院经审理认为,被告人张保林因琐事遭被害人张东亚两次辱骂后,不能冷静对待,深夜闯入张东亚家中,持棍猛力击打三人头面等要害部位,致一人当场死亡、一人抢救无效死亡、一人轻伤,其行为构成故意杀人罪。犯罪性质恶劣,手段残忍,后果严重,应依法严惩。原判认定的事实清楚,证据确实、充分,定罪正确,量刑适当,审判程序合法。据此,依法裁定驳回上诉,维持原判,并报请最高人民法院核准。

最高人民法院经复核认为，被告人张保林故意非法剥夺他人生命的行为已构成故意杀人罪。张保林因琐事遭被害人张东亚辱骂后，持铁棍击打张东亚及其父母张保亮、冯立英头面部，致二人死亡、一人轻伤，情节恶劣，后果特别严重，应依法惩处。鉴于本案系民间矛盾激化引发，张东亚对引发本案负有责任；被害人张保亮的死亡主要由其自身患有的脑瘤疾病引发，张保林的击打行为只是张保亮死亡的诱因之一，张保林不应对张保亮的死亡结果承担全部责任；张保林归案后认罪、悔罪，对其判处死刑，可不立即执行。第一审判决、第二审裁定认定的事实清楚，证据确实、充分，定罪准确，审判程序合法。依照《中华人民共和国刑事诉讼法》第二百三十五条、第二百三十九条和《最高人民法院关于适用〈中华人民共和国刑事诉讼法〉的解释》第三百五十条第五项、第三百五十三条第一款的规定，裁定不核准安徽省高级人民法院维持第一审以故意杀人罪判处被告人张保林死刑，剥夺政治权利终身的刑事附带民事裁定。

二、主要问题

1. 对造成二死一伤严重危害后果的故意杀人案件，能否开展民事调解工作？

2. 如何有的放矢地做好民事调解工作，实现法律效果和社会效果的统一？

三、裁判理由

被告人张保林故意杀人一案起因于琐事，属于因民间矛盾激化引发，但张保林致二人死亡、一人轻伤，后果严重。第一、二审期间，被害人亲属拒绝接受民事赔偿，坚决要求判处张保林死刑。最高人民法院复核期间，承办法官在吃透案情的基础上，严格贯彻宽严相济刑事政策，耐心细致地进行民事调解工作，最终促成双方以现金和土地使用权相结合的赔偿方式达成赔偿谅解协议，据此依法裁定不核准被告人张保林死刑。

（一）审理民间矛盾引发的死刑案件，不能仅看危害后果，还应综合考虑全案因素，严格贯彻宽严相济刑事政策，依法、谨慎作出裁判

案件性质不同，被告人是否具有从轻、从重处罚情节，直接决定法院能否主动出面做民事调解工作，以及调解的力度和方式方法。因此，吃透案情，区分案件性质，判明被告人具有的量刑情节，是确定能否调解、如何调解的基础。

最高人民法院复核的死刑案件中，因民间矛盾激化引发的故意杀人案件占相当比例。对这类案件适用死刑，应当与诸如抢劫杀人、强奸杀人等严重危害社会治安的案件加以区别。所谓民间矛盾，主要指在普通老百姓之间，因为日常生活、生产中的具体琐事引发的矛盾纠纷。比如，家庭亲属因矛盾引发的纠纷，婚恋关系矛盾引发的纠纷，邻里之间因宅基地、山墙、道路等引发的纠纷，民间债权债务引发的纠纷，个人之间因说闲话、家长里短等引发的恩怨纠纷，等等。民间矛盾的主要特点：一是作案人一般都是普通百姓，常常是初犯、偶犯；二是一般发生在熟人之间，对象特定；三是作案人往往因为性格、认知和控制力上的弱点导致犯罪，具有突发性、偶然性。总之，民间矛盾引发的犯罪一般被告人主观恶性、人身危险性与严重危害社会治安的犯罪分子明显不同，对社会治安的危害相对较小，适用死刑立即执行应当慎重。

对于因民间矛盾激化引发的故意杀人案件，审理中要注重以下两方面工作：

一是重视对案发起因及双方责任大小的审查。案发起因可以反映被告人的主观恶性、人身危险性和罪责大小，直接关乎对被告人应否适用死刑，因此要重视对案件起因事实的审查，必要时要到案发地深入实地进行查证或者要求公安机关进行补查，同时了解当地群众对案件的反映情况。对被害人有明显过错、对矛盾激化负有主要责任，当地群众对被告人表示同情的，即使未最终达成调解，也可以不判处被告人死刑立即执行。

二是充分体现政策，加大民事调解工作力度。对于因婚姻家庭、邻里纠纷等民间矛盾激化引

发，以及被告人具有自首等法定从轻处罚情节的案件，应充分体现政策。这些案件如果把工作真正做到家，把政策落实到位，不仅能够化解当事人之间的矛盾，维护社会和谐稳定，还有助于推动"严格控制和慎重适用死刑"的刑事政策的贯彻落实，社会意义重大。审判实践中，对民间矛盾引发的犯罪，不能因为案件复杂、被害人反应强烈，看似没有调解希望，就产生畏难情绪，应当积极地开展矛盾化解、调解工作，尽力去做、努力做好。

本案中，被告人张保林虽然造成二人死亡、一人轻伤的严重后果，但本案属于因民间矛盾引发的案件，被告人和被害人系同村村民，平时无矛盾，案发前张保林邀被害人张东亚外出喝酒，关系友好；张东亚因琐事两次辱骂张保林对引发案件有过错；被害人张保亮死亡主要由其自身患有脑瘤疾病所致，张保林的击打行为仅造成张保亮轻度脑损伤，只是张保亮死亡的诱因，张保林对张保亮的死亡不应承担全部责任；张保林一贯表现良好，没有前科劣迹。综合案件情况，本案具有开展调解工作的基础，而且从正确贯彻死刑政策的角度，法院也应当积极介入调解，并加大调解力度，努力化解社会矛盾。

（二）审理民间矛盾引发的故意杀人案件，要根据案件具体情况，有的放矢地做好民事调解工作，达到法律效果和社会效果的统一

本案中，对被告人张保林既有核准死刑的理由，也有可以考虑不核准的诸多因素，如果简单地裁定核准或者不核准，可能在法律效果或者社会效果上只能取得单一的效果。为了实现法律效果和社会效果的统一，最高人民法院复核承办法官倾注大量精力和智慧，最终促使双方达成赔偿谅解协议。

1. 了解情况，确定调解工作主要对象和赔偿大致数额。（1）了解被告方的赔偿意愿和赔偿能力，以及此前双方未达成调解的原因。被告方表达了积极代为赔偿的意愿，表示可以赔偿数十万元现金，并将全家的承包地转让给被害方使用；被害方要求赔偿至少两倍的现金，并长期使用被告方的承包地；被告方现金筹集达不到被害方要求的数额，致使调解未成。（2）确定被害方调解的主要对象。被害方有 10 人提起附带民事诉讼，其中 9 人一致委托张某代理，张某是调解中的核心人物。

2. 有的放矢，打消被害方的思想顾虑。经与张某交谈，了解到案发后张某一直抚养被害人张东亚的 4 个子女和自己的 2 个孩子，负担很重，有接受赔偿意愿，但部分亲属不同意调解，为此张某思想上有顾虑。承办法官与张某一道分析事情的利弊得失：接受赔偿是为了更好地抚养张东亚的子女，让他们能够获得更好的受教育机会和成长条件，这也是对死者最大的安慰。张某对接受赔偿获得了道义支持，由此解开了一直以来瞻前顾后的心结。

3. 辨法析理，缩小双方有关赔偿数额的差距。在调解之初，被害方和被告方所提现金赔偿数额有数十万元的差距。承办法官根据被告方的经济状况以及救人心切的心态，相信他们提出的是尽最大努力筹集的数额，因此将工作重点放在说服被害方适当降低赔偿数额上。一是从案件事实和量刑情节入手，指出在案发起因上张东亚有过错，张保亮的死亡也有其自身疾患介入因素；二是介绍近年来调解的案例，提示被害方要考虑对方实际赔偿能力。被害方的心理预期渐趋理性，最终对现金的赔偿数额与被告方达成一致。

4. 打破僵局，使调解重新走上正轨。调解过程中，双方态度均有反复，赔偿方案多次调整，被害方对此心生不满，认为被告方没有诚意，并有放弃调解的情绪，调解一度陷入僵局。经承办法官"背靠背"做工作，向被害方解释，被告方几次改变赔偿方案是因救人心切，作出超出赔偿能力的承诺，并非没有诚意；向被告方指出必须信守承诺，即使有客观原因不能兑现承诺，改变的幅度也不能过大，应当照顾被害方的感受。终于双方就现金赔偿具体数额及流转家庭承包的部分土

地40年的使用权达成一致意见。

5. 研究法律、政策,确定土地赔偿方案细节。本案的特殊性在于除了现金赔偿外,还涉及用土地使用权进行补偿。对流转承包土地40年使用权是否符合法律、政策,将来是否存在相关风险,包括本轮承包期届满后土地政策是否变化,承包期届满后是否还需要被告方出具手续,如果被告方反悔是否影响手续办理,将来被告方的土地随人口变化是否会减少,如何办理手续等问题,承办法官查阅了相关法律法规,并咨询了双方所在镇的副镇长和所在村的村支书,确保了调解方案在法律层面具有可行性。鉴于土地日渐增值的一般趋势以及流转期长达40年所潜藏的风险,双方可能因土地升值发生新矛盾,甚至引发新祸端,承办法官还引导双方就提前"赎回"土地事宜进行反复协商、沟通,包括国家征收涉案土地时补偿款如何分配,确定被告方可以提前"赎回"土地的条件以及"赎回"土地的计价方法,根据现行政策涉案土地享有的各项补贴的归属等,最终双方就上述事项也达成一致意见。双方均深受感动,说他们自己没有考虑到的问题,法官都为他们想好了。

6. 充分准备,促成调解圆满达成。为确保双方最后顺利签署调解协议,承办法官在赴当地之前进行了充分的准备:(1)要求被告方先将筹集的全部现金存入一审法院账户。(2)事先拟订调解协议书草案。(3)通知双方所有当事人到场签署协议,要求不能到场的当事人依法办理委托手续。(4)预判签署协议时,当事人可能提出新的调解要求,对此做好应急预案。(5)邀请村镇两级部门派员参加、见证协议签署,并当面请托村镇干部协助办理流转土地使用权的相关手续。(6)通知一审法院对协议签署过程进行全程录音录像,使双方当事人感受到调解协议书签署的严肃性和法律效力,以防发生变故。(7)将签署协议地点选在县法院,为双方当事人和参加签署工作的村镇干部带来便利。最终双方签署了调解协议书,在协议中被害人亲属表达了服从法院裁判的意见,实现了案结事了的效果。

鉴于被告人与被害人亲属达成了赔偿协议,并获得被害方的谅解,并考虑到本案系民间矛盾激化引发,被害方在案件起因上负有责任,被告人归案后认罪、悔罪等情节,对罪行极其严重的被告人判处死刑,可不立即执行,故最高人民法院依法不予核准被告人死刑。

(撰稿:最高人民法院刑一庭　肖　凤
审编:最高人民法院刑一庭　管应时)

[第1258号]张洁清故意杀人案

——故意杀人犯罪事实清楚,但不能排除其行为具有防卫性质的,能否适用死刑

【关键词】 故意杀人罪　防卫性质　死刑案件证据裁判

一、基本案情

被告人张洁清,男,汉族,1969年7月2日出生,系黑龙江省呼兰监狱服刑人员。1999年12月23日因犯信用卡诈骗罪被判处有期徒刑十一年,并处罚金人民币五万元,2001年6月6日在服刑期间脱逃。2004年5月18日因犯信用卡诈骗罪被判处无期徒刑,剥夺政治权利终身,并处没收个人全部财产。2006年8月17日因犯脱逃罪、非法持有枪支罪、故意伤害罪,与前罪未执行

完毕的刑罚并罚判处无期徒刑，剥夺政治权利终身。2009 年 3 月 24 日被减刑为有期徒刑二十年，剥夺政治权利八年。

黑龙江省哈尔滨市人民检察院以被告人张洁清犯故意伤害罪向哈尔滨市中级人民法院提起公诉。

被告人张洁清辩称，被害人邢某某先拿刀砍，其是防卫过当。其辩护人提出，张洁清属于防卫过当，被害人邢某某首先使用菜刀自伤，不能排除邢某某用刀伤及张洁清，张洁清作案后认罪、悔罪，请求对张洁清减轻处罚。

哈尔滨市中级人民法院经审理查明：被告人张洁清与被害人邢某某（男，殁年 56 岁）均系黑龙江省呼兰监狱二监区服刑人员，二人平素关系较好。2011 年 5 月 22 日中午，张洁清与邢某某在黑龙江省呼兰监狱二监区生产车间下料操作间内午餐饮酒后，躺在地铺休息时，因琐事发生争执。张洁清持下料操作间内的一把木槌击打邢某某头部数下，致邢某某当场死亡。张洁清又用一把自制菜刀割划自身颈部，自杀未果。邢某某系生前头面部被钝性物体打击致颅脑损伤死亡；邢某某右颈部锐器切割创是生前非致命性损伤，倾向意见是其本人自伤形成。张洁清损伤程度属轻伤，其颈部损伤自伤可以形成。

哈尔滨市中级人民法院认为，被告人张洁清因琐事与被害人发生争吵，持木槌击打被害人头部，明知自己的行为会造成被害人死亡的结果，并希望这种结果的发生，其行为已构成故意杀人罪。公诉机关指控罪名不当，应予以纠正。张洁清及其辩护人提出的张洁清属于防卫过当及被害人有过错的辩解和辩护意见没有证据支持，不予采纳。张洁清曾多次被判刑，屡教不改，服刑期间持械杀死一人，罪行、情节极其严重，应依法予以严惩。张洁清系判决宣告以后，刑罚执行完毕前又犯罪，应将前罪没有执行完毕的刑罚和后罪所判处的刑罚并罚。据此，依法以故意杀人罪，判处被告人张洁清死刑，剥夺政治权利终身，与前罪没有执行的刑罚十七年十个月零一天，剥夺政治权利八年，并处没收个人全部财产并罚。决定执行死刑，剥夺政治权利终身，并处没收个人全部财产。

宣判后，被告人张洁清提出上诉，辩称其是在被害人先持刀对其实施伤害的情况下实施自卫行为，没有杀人及伤害的故意。其辩护人提出：被害人邢某某及被告人张洁清颈部创口是如何形成的事实认定不清；张洁清到案后能如实供述，可以从轻处罚。

黑龙江省高级人民法院经审理认为，张洁清故意非法剥夺他人生命的行为，构成故意杀人罪。在案法医学鉴定书证实，张洁清颈部创口自伤可以形成，且除其本人辩解外，无其他证据证实被害人先持刀对其实施加害行为。张洁清持木槌连续多次击打被害人身体要害部位，致被害人颅脑损伤死亡，其杀人的主观故意明显。张洁清所提其实施的是自卫行为，没有杀人或伤害故意的上诉理由，不能成立。相关鉴定意见能够证实，张洁清及被害人颈部创口的形成原因，辩护人所提一审判决对此情节事实认定不清的辩护意见，不能成立。张洁清虽能如实供述其持木槌致死被害人的事实，但其因琐事即持械杀死一人，犯罪手段凶残，后果极其严重，且曾因多次犯罪被判处刑罚，并在服刑期间再犯罪，主观恶性极深，人身危险性极大，应依法惩处。张洁清及其辩护人请求二审法院对张洁清从轻处罚的上诉理由和辩护意见，不予采纳。一审判决认定的事实清楚，证据确实、充分，定罪准确，量刑适当。审判程序合法。依照《中华人民共和国刑事诉讼法》第二百二十五条第一款第（一）项、第二百三十五条的规定，裁定驳回上诉，维持原判，并依法报请最高人民法院核准。

最高人民法院经复核认为，第一审判决、第二审裁定认定被告人张洁清犯故意杀人罪的部分事实不清，证据尚不够确实、充分。依照《中华人民共和国刑事诉讼法》第二百三十五条、第二百三十九条和《最高人民法院关于适用〈中华人民共和国刑事诉讼法〉的解释》第三百五十条第(三)项、第三百五十三条第一款的规定,裁定不核准黑龙江省高级人民法院维持第一审以故意杀人罪判处被告人张洁清死刑,剥夺政治权利终身,与前罪没有执行的刑罚十七年十个月零一天,剥夺政治权利八年,并处没收个人全部财产并罚,决定执行死刑,剥夺政治权利终身,并处没收个人全部财产的刑事裁定。并撤销第二审裁定,发回黑龙江省高级人民法院重新审判。

二、主要问题

被告人故意杀人的事实清楚,但在案证据不能排除其行为存在防卫性质的可能,能否适用死刑?

三、裁判理由

本案在审理过程中,对于被告人张洁清实施的故意杀人行为是否达到死刑案件证据确实、充分的标准,存在以下两种不同意见:

第一种意见认为,本案认定张洁清实施故意杀人的证据确实、充分,理由有五点:一是,本案系在监狱内发生,场所相对封闭,张洁清与被害人邢某某一同在操作间被发现,当时邢某某已死亡,张洁清则受伤昏迷。一起在操作间劳动的其他服刑人员均证实案发当天午餐时看到张洁清和邢某某一起在操作间吃饭,饭后其他服刑人员出去活动,操作间只剩张洁清和邢某某在搭地铺准备睡觉,其他服刑人员活动回来后发现张洁清和邢某某并排躺在地铺上,旁边都是血。案发时只有邢某某和张洁清二人在场,可排除其他人作案的可能。二是,尸体鉴定意见证实,邢某某系生前头面部被钝器物体打击致颅脑损伤死亡,头面部损伤符合具有一定平面的木质物体重复打击形成。现场勘查笔录及扣押物品文件清单证实,侦查人员在现场提取到木槌 1 把,经 DNA 鉴定和手印鉴定,从该木槌槌头上检出邢某某的血迹、锤柄上检出张洁清的右手掌纹。与张洁清供述的持该木槌击打邢某某头面部的作案手段相符。三是,现场勘查笔录及扣押物品文件清单证实,侦查人员在现场提取到铁柄菜刀 1 把,经 DNA 鉴定,从该菜刀刀刃部提取的 6 处血迹中有 5 处系张洁清的血迹、1 处系张洁清和邢某某的混合血迹,与张洁清供述的邢某某持该菜刀自伤、其持木槌杀死邢某某后又持该菜刀自杀的情节相符。四是,DNA 鉴定意见证实,分别在张洁清所穿上衣、绒衣的右袖口处检出张洁清和邢某某的混合血迹。五是,张洁清经抢救苏醒后即向侦查人员供述了持木槌杀害邢某某后持菜刀自杀的事实,此后供述一直稳定,与在案其他证据印证。上述证据已形成完整证据锁链,足以认定张洁清故意杀人的犯罪事实。

第二种意见认为,前述本案现有证据仅能证实被告人张洁清持木槌打击被害人邢某某头部致邢某某死亡这一基本事实,证实该基本事实的证据确实、充分,但张洁清到案后始终稳定供述因被害人邢某某持菜刀划其颈部,其才就地持木槌打击邢某某头部,在案证据不能排除张洁清有防卫的可能性,故全案证据没有达到确实、充分的标准,不能排除合理怀疑。

我们同意第二种意见,理由如下:

(一)防卫行为属于阻却犯罪事由,是应当有证据证明的定罪量刑事实

在我国的刑事诉讼中,认定被告人有罪的证明标准是案件事实清楚,证据确实、充分。关于"证据确实、充分"的内涵,刑事诉讼法第五十五条第二款规定:"证据确实、充分,应当符合以下条件:(一)定罪量刑的事实都有证据证明;(二)据以定案的证据均经法定程序查证属实;(三)综合全案证据,对所认定事实已排除合理怀疑。"一般而言,定罪量刑的事实包括犯罪构成要件事实及影响刑罚裁量的事实,具体是指以下事实:(1)被指控的犯罪事实的发生;(2)被告人实施了犯罪行为及被告人实施犯罪行为的时间、地点、手段、后果以及其他情节;(3)影响被告人定罪的身份情况;(4)被告人有刑事责任能力;(5)被告人的罪过;(6)是否共同犯罪及被告人在共同犯罪中

的地位、作用;(7)对被告人从重处罚的事实;(8)其他影响对被告人定罪量刑的事实。

本案中,虽然认定被告人张洁清持木槌杀死被害人邢某某的证据已经确实、充分,但是对于张洁清到案后所供述的因被害人邢某某持菜刀划其颈部,其才就地持木槌打击邢某某头部的情节亦需要进行判断和证明。张洁清的行为是否存在防卫性质,直接关系到本案是否存在阻却犯罪事由,张洁清是否受到被害人的不法侵害,是否具有犯罪的主观罪过?如果存在防卫性质,是否属于防卫过当,能否成立特殊防卫?上述问题必然会对张洁清行为的定性及对其量刑产生重大影响。因此,上述事实也是本案认定被告人实施故意杀人所必须证明的事实。

(二)在案证据不能排除被告人的行为存在防卫性质的可能性

被告人张洁清自第一次接受讯问时起,始终稳定供述因被害人邢某某持菜刀划张洁清颈部,张洁清才就地持木槌打击邢某某头部。一、二审庭审中辩解称自己是在被害人先持刀对其实施伤害的情况下实施的自卫行为,没有杀人及伤害的故意。其辩护人提出,邢某某及张洁清颈部创口是如何形成的事实认定不清,不能排除邢某某用刀伤及被告人。关于上述辩解和辩护意见,一审法院认为没有证据支持,故不予采纳。二审法院认为,在案法医学鉴定书证实,张洁清颈部创口自伤可以形成,且除其本人辩解外,无其他证据证实被害人先持刀对其实施加害行为。张洁清所提其实施的是自卫行为,没有杀人或伤害故意的上诉理由,不能成立。一、二审法院均未采纳张洁清及其辩护人的辩解和辩护理由,认为张洁清供述的该情节没有得到其他证据佐证,不予认定。

我们认为,一、二审在审判过程中对尸体鉴定意见中记载"邢某某颈部切割创口是在颅脑损伤之前形成,倾向于自己形成"这一关键证据重视程度不够,且对供证细节未能综合分析,对该节事实的判断过于草率,本案现有证据不能排除张洁清的行为存在防卫性质的可能。主要理由如下:

第一,被害人邢某某的尸体鉴定意见载明,死者颈部有10处横行切割创口,上述切割创口是生前伤,系菜刀类锐器切割所致,在颅脑损伤之前形成,倾向于自己形成。由于该鉴定意见对死者颈部损伤成因只有倾向性意见,为进一步查清该损伤成因,最高人民法院复核期间,经向法医专家咨询,得到的答复意见是:死者颈部创口均在颈部右侧,特征为浅表、平行、拖刀痕大部分向右,符合试切创的特征,为其本人形成。该鉴定意见和专家咨询意见与张洁清供述其在持木槌打击邢某某头部之前,邢某某持菜刀切割自己颈部的供述印证,可证实邢某某应有先用菜刀切割自己颈部的自伤行为。那么,如果邢某某仅仅是拿菜刀自伤,并未侵害到张洁清的安全,张洁清又何必以锤击之?这难免会使人产生邢某某是否对张洁清实施侵害的疑问。

第二,被告人张洁清的活体鉴定意见记载,张洁清颈部甲状软骨上至颌下在长18.8cm×5.0cm范围内有(右)11条、(中)6条、(左)10条缝合创,创缘整齐。各创横行,规律性排列。上述创中除一处较深创口外,多数创口深度较浅,各创创角具有右侧创角较左侧创角锐利或左侧创角较右侧创角锐利并拖带延长的特征,符合试刀形成试刀痕及左右切割、拖刀形成拖刀痕等形态特征。根据上述损伤的形态特征分析,其损伤自伤可以形成。虽然该鉴定意见证明张洁清颈部的创口自伤可以形成,但没有完全排除他伤的可能。为了弄清是否存在他伤的可能性,最高人民法院复核期间,经向法医专家咨询,得到的答复意见是:根据鉴定书记载及照片显示,被告人颈部创口在右、中、左侧均有分布,根据一般情况,自伤形成的创口由本人右手或左手拿刀在一侧用力,很难形成颈部正中的平行创口,分布情况应在颈部右侧或左侧,故颈部正中喉结处及喉结下方的创口系他人形成的可能性大,被告人颈部最深的一处创口在颈部正中稍偏右,应系其本人在他伤创口的基础上再次用力切割所致,其他创口为其本人形成的可能性大。专家咨询意见虽未给出明确的结论，但提出张洁清颈部正中的平行创口系他伤的可能性大，其他创口为其本人形成的可能性大，与张洁清始终供述邢某某持菜刀划张洁清颈部，其反抗杀了邢某某后又持刀割颈自杀的情节并不矛盾。

第三，从现场勘验、检查笔录及照片可见，现场的喷溅血迹主要集中分布于地铺北头西边的料堆、北边的木板、东边的操作案台侧面的下部，操作案台侧面喷溅血迹较少，料堆和木板上喷溅血迹较多且有一块颅骨碎片。现场方位和血迹分布情况与被告人张洁清所供案发时其躺在操作案台一侧，邢某某半侧身压在其身上持菜刀对其行凶，其用左手从操作台下拿了木锤击打邢某某头部脑门处一下，邢某某一愣，其又将木锤换到右手朝邢某某头部脑门处打了一下（前两次击打时距操作案台较近，血可以喷溅到操作案台侧面，打击次数较少，喷溅血迹较少），之后邢某某倒在靠近料堆的地铺西侧，其又持木锤猛击邢某某头面部数下（后几次击打距料堆较近，距操作案台较远，血可以喷溅到料堆和木板上，打击次数较多，喷溅血迹较多）的供述吻合，说明张洁清的供述具有一定的真实可信度。

根据以上事实、证据和综合分析，被告人张洁清供述的邢某某持刀先对其实施侵害，其为自卫才就地持木锤打击邢某某头部的情节，能够得到尸体鉴定意见、现场勘验、检查笔录的部分印证，且与在案的活体鉴定意见等证据没有矛盾。在有一定客观性证据予以印证，且没有足够的反向证据能够推翻被告人供述的情况下，现有证据不能排除被告人供述的真实性，不能排除邢某某持刀对张洁清实施侵害在先的合理怀疑。换言之，即不能排除张洁清的行为存在防卫性质的可能。在这一影响定罪量刑的重大情节尚未查清，证据未达确实、充分的情况下，以故意杀人罪判处被告人张洁清死刑显然有违刑事诉讼法要求。

综上，最高人民法院按照死刑案件证据裁判原则，严格适用刑事诉讼证明标准，以本案部分事实不清，证据尚不够确实、充分为由，依法作出不核准张洁清死刑的刑事裁定，是适当的。

（撰稿：最高人民法院刑四庭　许　昱
审编：最高人民法院刑四庭　陆建红）

[第1273号]刘宏伟故意伤害案

——故意伤害致人死亡且被告人有多次前科的，如何正确适用死刑

【关键词】　故意伤害致人死亡　前科　死刑

一、基本案情

被告人刘宏伟，男，1978年4月18日出生，无业。1998年2月24日因犯诈骗罪被判处有期徒刑一年六个月，并处罚金人民币一万五千元；2000年7月27日因犯盗窃罪被判处有期徒刑三年，并处罚金人民币二千元；2005年4月15日因犯盗窃罪、诈骗罪被判处有期徒刑一年六个月，并处罚金人民币五千元，2006年6月15日刑满释放。因涉嫌犯故意伤害罪于2013年11月5日被逮捕。

河南省郑州市人民检察院以被告人刘宏伟犯故意伤害罪，向郑州市中级人民法院提起公诉。

郑州市中级人民法院经公开审理查明：2013年10月22日14时许，被害人刘成（男，殁年

48岁)约被告人刘宏伟一起到郑州市中原区国棉四厂杨惠康家中喝酒。刘宏伟在杨家楼下的地摊上随手购买了一把水果刀,并携带此刀进入杨家。其间,刘宏伟和刘成酒后发生言语冲突,后刘宏伟拿起其刚刚购买的水果刀捅向刘成胸部,致刘成肺脏被刺破造成失血性休克死亡。

郑州市中级人民法院认为,被告人刘宏伟故意伤害他人身体,致一人死亡,其行为已构成故意伤害罪。刘宏伟随身携带刀具,动辄行凶,不计后果,致一人死亡,罪行极其严重,应依法严惩。刘宏伟曾因犯罪被多次判刑,人身危险性极大。刘宏伟虽愿意赔偿,但并无赔偿能力,也未实际赔付。依照《中华人民共和国刑法》第二百三十四条第二款、第五十七条第一款之规定,判决被告人刘宏伟犯故意伤害罪,判处死刑,剥夺政治权利终身。

被告人刘宏伟上诉称,其事后让人帮忙拨打"120",积极抢救被害人,原判量刑过重。

河南省高级人民法院经二审审理认为,被告人刘宏伟故意伤害罪行极其严重,且其曾三次被判刑,应依法严惩。虽然刘宏伟事后让他人拨打"120",但其在救护车到来前即逃离现场。刘宏伟人身危险性和社会危害性大,原审对其量刑并无不当。裁定驳回上诉,维持原判,并依法报请最高人民法院核准。

最高人民法院经复核认为,被告人刘宏伟故意伤害他人身体,其行为已构成故意伤害罪。刘宏伟酒后因言语不和而持刀捅刺被害人一刀,致其死亡,犯罪情节恶劣,罪行严重,应依法惩处。鉴于本案系琐事纠纷引发,刘宏伟作案后让他人打电话救治被害人,归案后认罪、悔罪,综合考虑其犯罪的事实、性质、情节和对社会的危害程度,对其可不判处死刑立即执行。第一审判决、第二审裁定认定的事实清楚,证据确实、充分,定罪准确,审判程序合法。依法裁定如下:

1. 不核准并撤销河南省高级人民法院维持第一审以故意伤害罪判处被告人刘宏伟死刑,剥夺政治权利终身的刑事裁定;

2. 发回河南省高级人民法院重新审判。

河南省高级人民法院经重新审判于2015年12月12日判处被告人刘宏伟死刑,缓期二年执行。

二、主要问题

故意伤害致人死亡,且被告人有多次前科的,如何准确适用死刑?

三、裁判理由

故意伤害犯罪侵犯公民的身体健康,社会危害较大,而故意伤害致人重伤、死亡属于严重危害社会治安的暴力犯罪,一直是人民法院依法严惩的犯罪类型。但是,在造成被害人死亡的情况下,故意伤害致人死亡与故意杀人相比,被告人的主观恶性及人身危险性都有所不同,量刑时也需要予以区别对待,特别是对故意伤害致人死亡的被告人考虑适用死刑时,应格外慎重。从立法来看,故意伤害致人死亡犯罪和故意杀人犯罪,对应的法定刑都是十年以上有期徒刑、无期徒刑和死刑;从危害后果来看,二者均造成被害人死亡,判处死刑都符合"杀人偿命"的传统报应观念。因此,在司法实践中,如何正确区分二者的犯罪性质,对故意伤害致人死亡案件准确适用死刑,有一定难度。

本案是一起比较典型的因琐事纠纷引发的故意伤害致人死亡案件。在审理过程中对被告人刘宏伟是否应判处死刑存在两种意见:一种意见认为,刘宏伟随身携带刀具,动辄行凶,致一人死亡,且其曾因多次犯罪被判刑,人身危险性极大,应当判处其死刑。另一种意见认为,刘宏伟因琐事纠纷持随身携带的刀具行凶,致一人死亡,其虽有多次前科,但均属非暴力且被判处轻刑的犯罪,综合考虑其系酒后行为失控下作案、作案后对被害人有救助举动等因素,对其可不判处死刑立即执行。我们认为第二种意见更符合当前执行的死刑政策，具体分析如下：

（一）对故意伤害致人死亡的案件，犯罪手段特别残忍，情节特别恶劣的，才可以考虑判处被告人死刑

刑法第二百三十四条第二款规定，故意伤害致人死亡的，处十年以上有期徒刑、无期徒刑或者死刑。该条对三种不同刑罚由轻到重进行排列，从中可以看出，对于故意伤害致人死亡的，立法上要求首先考虑适用十年以上有期徒刑、无期徒刑，死刑是排在最后的，故只有在极个别情况下才可以考虑适用死刑。这与刑法第二百三十二条对故意杀人罪规定的刑罚由重到轻进行排列的情况正好相反，即故意杀人的，处死刑、无期徒刑或者十年以上有期徒刑，两个条款所反映出的立法意图存在明显区别。1999年印发的《全国法院维护农村稳定刑事审判工作座谈会纪要》规定，故意伤害致人死亡，手段特别残忍，情节特别恶劣的，才可以判处死刑。这说明，在司法实践中，对故意伤害致人死亡案件要更加严格执行死刑政策，在把握是否适用死刑时也要更加严格。最高人民法院2007年统一行使死刑核准权后，严格控制故意伤害罪的死刑适用，一般仅对犯罪情节特别恶劣、手段特别残忍、造成特别严重后果的情形适用死刑，如以特别残忍的手段进行伤害并致被害人死亡或者严重残疾，为报复社会而伤害不特定人员致人死亡等情形。在个案中决定能否适用死刑，应对被告人的全部犯罪情节进行综合分析判断，以确定是否具备适用死刑的基础。

对于本案的犯罪情节，可以从以下几个角度进行分析：首先，从案发起因来看，被告人刘宏伟与被害人刘成系朋友关系，当日刘宏伟应刘成之约共同到另一朋友家喝酒，刘宏伟酒后因琐事与刘成发生口角，引发本案。本案属于典型的因琐事纠纷引发的案件，刘宏伟系酒后一时冲动作案。虽然刘宏伟在前往喝酒途中购买了水果刀并带至现场，但买刀时其与刘成并未发生矛盾，也没有证据证实其买刀时有犯罪的预谋，其主观恶性与预谋犯罪相比，相对较小。其次，从作案手段来看，刘宏伟仅捅刺被害人一刀，不属于作案手段特别残忍。刘宏伟发现刘成受伤后，并未继续捅刺，作案手段有所节制。再次，从作案对象来看，刘宏伟与被害人刘成系朋友关系，平时并无矛盾，刘宏伟因酒后偶发口角而持刀作案，作案对象特定，这与故意伤害不特定人员意图报复社会的犯罪相比，主观恶性和社会危害性都相对较小。最后，从刘宏伟作案后的表现来看，其在逃离现场前让朋友打“120”救治被害人，逃离后又通过他人打电话询问被害人伤情，这都反映出刘宏伟并不希望发生被害人死亡的结果，主观恶性相对较小。综合考虑上述情节以及本案致一人死亡的犯罪后果，可以认定本案属于情节一般的故意伤害致人死亡案件，不属于必须判处死刑立即执行的情形。

（二）对于被告人具有前科的，要根据前科的具体情形客观评估其人身危险性，不能一概而论

被告人的前科反映出的人身危险性，是量刑时需要予以考虑的情节。被告人构成累犯，应当依法从重处罚，尤其构成累犯的前罪是暴力性犯罪或者严重的非暴力性犯罪的，说明其人身危险性较大，对死刑适用的影响更大。如果被告人的前科不构成累犯，其前科情况也反映出其既往表现不佳，再犯可能性较大，可酌情从重处罚，但在决定是否适用死刑时应对前科做客观分析，综合前罪和后罪的具体情况评估被告人的人身危险性，特别是再次实施严重暴力犯罪的可能性。也就是说，有前科不能当然成为适用死刑的理由，不能简单因被告人有前科就对原本可以不适用死刑的犯罪“升格”适用死刑。本案被告人刘宏伟有三次前科，但均系判处刑罚不超过三年有期徒刑的盗窃罪、诈骗罪等非暴力性犯罪，与其本次实施的故意伤害犯罪在性质和严重程度上都有明显不同，不能据此认定被告人再次实施严重暴力犯罪的可能性明显大于没有前科的被告人。即刘宏伟的三次较轻前科尚不足以导致对其“从重”至判处死刑立即执行。

综合上述理由，最高人民法院复核后依法裁定不核准被告人刘宏伟死刑，发回二审法院重新审判。

（撰稿：最高人民法院刑四庭　张建英
审编：最高人民法院刑五庭　欧阳南平）

[第1275号]牛旭旭、张延明、郭华涛等人绑架案
——对多人共同致死一人的严重暴力犯罪案件，如何准确把握宽严相济刑事政策和死刑政策

【关键词】 共同犯罪　宽严相济　死刑政策

一、基本案情

被告人牛旭旭，男，1981年11月20日出生，无业。1997年12月10日因犯抢劫罪被判处有期徒刑二年；2001年4月13日因犯故意伤害罪被判处有期徒刑七年，2006年9月9日刑满释放。因涉嫌犯绑架罪于2009年6月12日被逮捕。

被告人张延明，男，1980年8月6日出生，无业。因涉嫌犯绑架罪于2009年6月12日被逮捕。

被告人郭华涛，男，1984年6月29日出生，无业。因涉嫌犯绑架罪于2009年6月12日被逮捕。

河南省洛阳市人民检察院以被告人牛旭旭、郭华涛、张延明①、宋林杰②犯绑架罪，向洛阳市中级人民法院提起公诉。

洛阳市中级人民法院经公开审理查明：2009年4月初，被告人牛旭旭提议并伙同被告人张延明、郭华涛、宋林杰准备了手铐、胶带等作案工具，预谋绑架河南省某中学初一学生李某某（被害人，男，殁年13岁），向其家人勒索钱财。4月16日，牛旭旭伙同张延明到汽车租赁公司租赁了一辆现代轿车，并购买假车牌换上。次日7时许，牛旭旭等四人驾车来到该中学门口，牛旭旭向张延明等三人指认了李某某，后张延明等人按预谋诱骗李某某上车，由于李某某警觉，未能得逞。后张延明又到汽车租赁公司租赁了一辆桑塔纳轿车，换上假车牌豫CR2168，与郭华涛、宋林杰在牛旭旭的授意下多次驾车到学校门口附近守候，伺机绑架李某某，因人多一直未能得逞。4月24日7时许，张延明、郭华涛、宋林杰再次来到学校门口，发现李某某单独一人，便开车尾随其后，在学校门口东侧慢车道上强行将李某某绑至车内，迅速逃离现场。途中，张延明等三人用手铐铐住李某某手脚、用胶带封住李某某的嘴，将李某某塞进车后备厢内。李某某被绑架后，牛旭旭负责打探消息及时通报给张延明等人。由于李某某亲属报案，牛旭旭等人未敢打电话勒索钱财。当日傍晚，牛旭旭与张延明等约定见面，由于担心被李某某认出，牛旭旭与张延明商量后决定将李某某杀死。之后牛旭旭出资让宋林杰购买了两把铁锹和一桶汽油，将车开至河南某村附近，由张

---

① 被告人张延明同时犯有绑架罪和贩卖毒品罪，贩卖毒品罪被判处有期徒刑二年，并处罚金五千元。因贩卖毒品罪非本文讨论的问题，故不予详述。

② 被告人宋林杰亦为本案共同犯罪人之一，法院认定其系绑架罪和贩卖毒品罪中的从犯，两罪并罚，决定执行有期徒刑十六年，剥夺政治权利三年，并处罚金人民币二万三千元。因其在绑架罪中的罪责明显小于另三人，不涉及本文讨论的问题，故对其身份和处理情况不专门叙述。

延明按住李某某，郭华涛将李某某掐死。后郭华涛和宋林杰将李某某的尸体抬到事先挖好的土坑内，浇上汽油焚烧后掩埋。经法医鉴定，李某某系被他人扼颈致机械性窒息死亡。

洛阳市中级人民法院认为，被告人牛旭旭、张延明、郭华涛的行为均已构成绑架罪。在共同绑架犯罪中，牛旭旭、张延明、郭华涛起主要作用，均系主犯，且所犯罪行极其严重，牛旭旭又系累犯，对该三人依法应予严惩。依法判决：被告人牛旭旭、张延明、郭华涛犯绑架罪，均判处死刑，剥夺政治权利终身，并处没收个人全部财产。

一审宣判后，被告人牛旭旭、张延明、郭华涛分别提出上诉。被告人牛旭旭上诉提出，其不愿意杀死被害人，没有参与杀人过程，请求从轻处罚。其辩护人提出，牛旭旭刚开始指使绑架，但后来并未亲自参与杀人，并非绑架案主导者，主观恶性相对较小；牛旭旭认罪态度较好，有悔罪表现，希望从轻处罚。被告人张延明上诉提出，其在共同犯罪中起次要作用，原判量刑过重。其辩护人提出，张延明只实施了开车等辅助行为，原判认定张系主犯不当；张延明系初犯，认罪悔罪态度好，希望依法改判。被告人郭华涛上诉提出，其在绑架中所起作用较小，不应认定为主犯；郭华涛系初犯，判处死刑过重。其辩护人提出，郭华涛在绑架案中居于从属地位，一贯表现较好，到案后真诚悔罪，依法可不判处死刑立即执行。

河南省高级人民法院经二审审理认为，上诉人牛旭旭、张延明、郭华涛的行为均已构成绑架罪，且手段残忍，后果极其严重，应依法严惩。原判事实清楚，证据确实、充分，定罪准确，对被告人牛旭旭、张延明、郭华涛的主刑量刑适当，审判程序合法，但对张延明判处的附加刑没收个人全部财产及罚金数罪并罚计算有误。上诉人牛旭旭、张延明、郭华涛的上诉理由及其辩护人的辩护意见均不能成立，不予采纳。依法判决：

1. 维持原审判决中对被告人牛旭旭、郭华涛的定罪量刑部分及对被告人张延明的定罪部分。

2. 撤销原审判决中对被告人张延明的刑罚部分。

3. 上诉人张延明犯绑架罪，判处死刑，剥夺政治权利终身，并处没收个人全部财产；犯贩卖毒品罪，判处有期徒刑二年，并处罚金人民币五千元；决定执行死刑，剥夺政治权利终身，并处没收个人全部财产。对上诉人牛旭旭、张延明、郭华涛的死刑判决，依法报请最高人民法院核准。

最高人民法院经复核认为，被告人牛旭旭、张延明、郭华涛以勒索财物为目的绑架他人，其行为均已构成绑架罪。在共同绑架犯罪中，牛旭旭提议绑架，出资并与张延明共同租赁作案用车，与张延明一同购买假车牌，指认被害人李某某及其学校，策划绑架方案并幕后指挥，打探消息提供给张延明等人，与张延明商议决定杀死李某某灭口，对杀人、埋尸作出分工，出资并指使同案被告人宋林杰购买手机卡和埋尸、焚尸工具，起主要作用，系主犯，应按照其所参与和组织、指挥的全部犯罪处罚。张延明积极参与绑架预谋，准备作案所用手铐，单独或伙同牛旭旭租赁作案用车，先后伙同牛旭旭和郭华涛购买假车牌，多次驾车伺机作案并组织郭华涛、宋林杰到学校门口绑架李某某，参与控制李某某，与牛旭旭商议决定杀人灭口，协助郭华涛杀死李某某，起主要作用，系主犯，应按照其所参与和组织的全部犯罪处罚。郭华涛参与绑架预谋，与张延明一同购买假车牌，多次参与伺机绑架李某某，强行将李某某推上车并伙同张延明、宋林杰控制李某某，根据牛旭旭授意购买手机卡和焚尸、埋尸工具，与宋林杰挖掘埋尸土坑，扼掐李某某颈部致死，与宋林杰焚烧并掩埋尸体，起主要作用，系主犯，应按照其所参与的全部犯罪处罚。牛旭旭、张延明、郭华涛结伙精心策划绑架方案，在绑架中杀死未成年被害人，又焚烧、掩埋尸体以湮灭罪证，犯罪手段残忍，情节特别恶劣，社会危害大，罪行极其严重，应依法惩处。牛旭旭曾因抢劫、故意伤害犯罪被判处刑罚，在刑罚执行完毕后五年内又犯罪，系累犯，主观恶性深，人身危险性大，应依法从重处罚。鉴于郭华涛系被纠集参与作案，在共同绑架犯罪中所起作用略次于牛旭旭和张延明，认罪态度较好,对其判处死刑,可不立即执行。根据郭华涛的犯罪情节和主观恶性,应当对其限制减刑。一、二审判决认定牛旭旭、张延明、郭华涛绑架的事实清楚,证据确实、充分,定罪准确,对牛旭旭量刑适当;第二审判决对张延明量刑适当,审判程序合法。2013 年 4 月 22 日,最高人民法院判决如下:

1. 核准被告人牛旭旭、张延明死刑。

2. 撤销对被告人郭华涛的死刑判决。

3. 被告人郭华涛犯绑架罪,判处死刑,缓期二年执行,剥夺政治权利终身,并处没收个人全部财产;对被告人郭华涛限制减刑。

二、主要问题

审理多人共同致死一人的严重暴力犯罪案件,如何准确把握宽严相济刑事政策和死刑政策?

三、裁判理由

本案是一起以在校中学生为侵害对象的恶性绑架犯罪案件,曾在当地学生、家长中引发了一定程度的恐慌,社会影响恶劣,群众关注度高,被害人亲属强烈要求严惩凶手。案件裁判结果也备受瞩目。一、二审期间,省市两级法院对于被告人牛旭旭、张延明和郭华涛均系共同绑架犯罪之主犯及对牛旭旭判处死刑没有争议,但对同时判处张延明和郭华涛死刑还是仅判处张、郭之中一人死刑有一定分歧。归纳起来,共有四种意见:

第一种意见认为,被告人张延明在决定和实施杀死人质过程中所起作用相对较小,被告人郭华涛虽然直接杀死了人质,但是在他人决定后实施的,且认罪态度好,有悔罪表现,应判处该二人死缓。

第二种意见认为,被告人牛旭旭、郭华涛对人质死亡起决定作用,所犯罪行极其严重,且牛旭旭又系累犯,应判处该二人死刑;被告人张延明虽属罪行极其严重,但在杀害人质的过程中所起作用相对较小,应对其判处死缓并限制减刑。

第三种意见认为,被告人郭华涛按照分工直接动手杀人,相比牛旭旭、张延明的作用较小;张延明在杀人时也动手按住被害人;牛旭旭系累犯,张延明还犯有贩卖毒品罪,主观恶性及社会危害性相比郭华涛更大,应对牛旭旭、张延明判处死刑,对郭华涛判处死缓并限制减刑。

第四种意见认为,被告人牛旭旭作用最为突出,被告人张延明、郭华涛作用相当,各有侧重;本案是犯罪性质特别恶劣的暴力犯罪案件,在学生中容易形成恐慌性影响,牛旭旭、张延明和郭华涛均属罪行特别严重者,郭华涛直接掐死被害人,牛旭旭又系累犯,张延明还犯有贩卖毒品罪,对三人均应判处死刑。

从上述分歧意见可以看出,本案的焦点问题是对罪行极其严重的多名被告人如何适用死刑,即审理多人共同致死一人的严重暴力犯罪案件,如何准确把握宽严相济刑事政策和死刑政策。我们认为,对于此类案件,应当充分考虑宽严相济和"严格控制、慎重适用死刑"的政策要求,在准确认定全案整体罪质和各被告人各自罪责大小的前提下,准确适用死刑,实现法律效果与社会效果的有机统一。下面对此从两个层面进行分析。

(一)对严重暴力犯罪案件的裁判,整体上要体现宽严相济刑事政策中依法"从严"的政策要求

2010 年 2 月,最高人民法院印发了《关于贯彻宽严相济刑事政策的若干意见》(以下简称《意见》),对各级人民法院在刑事审判工作中贯彻落实宽严相济刑事政策提出了具体要求。这项政策的关键是,根据犯罪的具体情况,做到该宽则宽、当严则严、宽严相济、罚当其罪。在"从严"方面,需要注意三点要求:一是毫不动摇地坚持依法严惩严重刑事犯罪的方针,始终将绑架、抢劫、

故意杀人等严重暴力犯罪和严重影响人民群众安全感的犯罪作为打击重点；二是对于罪行十分严重、社会危害性极大，依法应当判处重刑或死刑的，要坚决地判处重刑或死刑；三是对于社会危害大或者具有法定、酌定从重处罚情节，以及主观恶性深、人身危险性大的被告人，要依法从严惩处。绑架属于严重暴力犯罪，它不仅直接侵犯被绑架人的人身自由甚至生命权利，还往往侵犯被绑架人近亲属的财产权利，严重影响人民群众的安全感，具有极大的社会危害性，因此历来属于刑法严厉打击的对象，也是宽严相济刑事政策中"从严"惩处的重点。

本案裁判时，《刑法修正案（九）》尚未施行，当时刑法第二百三十九条第二款规定，犯绑架罪，致使被绑架人死亡或者杀害绑架人，处死刑，并处没收财产。《刑法修正案（九）》将此款改为，犯绑架罪，杀害被绑架人的，或者故意伤害被绑架人，致人重伤、死亡的，处无期徒刑或者死刑，并处没收财产。事实上，修订前后的法条都充分体现了刑法对侵犯被绑架人生命权的行为的否定性评价。通过对此类犯罪给予严厉惩罚，可以有效地震慑犯罪分子和社会不稳定分子，达到有效遏制犯罪、预防犯罪的目的。

就本案而言，以被告人牛旭旭为首的四名无业人员，结伙绑架并杀人灭口，还焚尸、埋尸灭迹，所犯罪行可谓令人发指。具体表现在：第一，牛旭旭等人选择年仅13岁的初中学生作为绑架对象，几人驾车在学校门前的公路上公然强行掳走被害人并将其杀害，在社会上尤其是当地学生、家长中引发了一定恐慌，给人民群众的安全感带来了重大影响，严重危害社会治安。第二，牛旭旭等人系有预谋、有准备地作案，精心策划绑架方案，商定绑架人质后向其家人勒索二三百万元的巨额赎金，在诱骗被害人未果后仍多次驾车到学校门口守候、尾随，伺机作案，充分说明几人犯罪意志坚决，主观恶性极深。第三，牛旭旭等人绑架被害人后长时间控制并伺机向其家人勒索钱财，因怀疑被认出，为掩盖罪行又残忍地将其杀害，还焚烧、掩埋尸体以湮灭罪证，犯罪情节特别恶劣。第四，本案共有四人参与绑架犯罪，分工明确，幕后谋划指挥和具体实施均有一名起组织、领导作用的主犯，其中，牛旭旭提起犯意并组织、策划犯罪，因其与被害人家人熟识，故在犯罪实施阶段主要负责通风报信并遥控指挥；张延明在绑架、控制人质过程中起组织作用。

一、二审法院考虑被告人牛旭旭、张延明、郭华涛所犯罪行的严重程度，依照刑法的规定并根据宽严相济刑事政策的要求，同时判处三名被告人死刑。这表明两级法院充分注意到，审理严重暴力犯罪案件需要贯彻宽严相济刑事政策中依法"从严"的政策要求。这一指导思想和出发点是正确的。

（二）在共同犯罪案件中判处一名以上被告人死刑的，要充分考虑罪行的整体严重程度和各主犯的具体罪责

如上所述，对于绑架等严重暴力犯罪，在政策把握上应当体现"从严"的政策要求，该判处死刑的要坚决依法判处。同时，也需要充分注意到，由于死刑是最为严厉的刑罚，适用时应当贯彻执行"严格控制、慎重适用死刑"政策，防止不必要地过多适用死刑，从而背离宽严相济刑事政策的精神。根据《意见》第三十一条，对于多名被告人共同致死一名被害人的共同犯罪案件，应当充分考虑各被告人在共同犯罪中的地位和作用上的差别以及在主观恶性和人身危险性方面的差异，如果有多名主犯的，还要在主犯中进一步区分出罪行最为严重者。这是对共同犯罪案件各被告人决定刑罚时应当遵循的规则。即便按照"杀人偿命""一命抵一命"的朴素正义观念，对两名以上被告人同时适用死刑也应当特别慎重，原则上不宜同时适用死刑。从近年来的司法实践来看，对于多人共同致死一名被害人的暴力犯罪案件，原则上只判处一人死刑，但是，作为例外，如果某一案件的整体罪行十分严重，各被告人的罪责又确实十分接近，需要通过判处两人死刑来体现严惩并实现量刑平衡的，也可以考虑同时判处两人死刑。

具体到本案,被告人牛旭旭作为犯意提起者和组织、指挥者,是罪行最严重的主犯,且系累犯,一、二审法院一致认为应当依法判处其死刑。争议的焦点在于,是否还应当再判处一人或者二人死刑。如前所述,本起绑架案件犯罪性质恶劣,社会影响极坏,属于应当从严惩处的案件类型;各被告人事先精心预谋、策划犯罪,实行中为防止罪行败露而杀死被害人灭口,后又焚尸、埋尸灭迹,再判处其中一人死刑,确有事实根据和政策依据,在满足被害人亲属强烈要求的同时,也符合社会公众的期望。但是,如果判处三人死刑,则缺乏充分依据,也违背政策精神,属于过多适用死刑。也就是说,对于本案,判处死刑立即执行的被告人数量不宜超过二人。

在这一前提下,需要细致区分各被告人在共同犯罪中的具体罪责,从而确定对哪些被告人可以适用死刑。显然,共同犯罪案件中组织、指挥他人实施犯罪的被告人,与被纠集和在他人指挥下具体实施犯罪的被告人,其主观恶性和人身危险性是有区别的。一般而言,应根据各被告人在案前、案中、案后阶段对犯罪行为发生、发展的控制程度和参与犯罪行为的主动性等因素,综合评判其主观恶性。具体来讲,主要看其是犯意提起者还是被纠集参与者,是预谋犯罪还是临时起意犯罪,预谋时是否已经决意杀人,是否精心策划犯罪方案,犯罪手段是否特别残忍,是否具有抛尸、分尸、焚尸、埋尸灭迹等恶劣情节,等等。而对各被告人人身危险性的评判,一般主要看其是初犯、偶犯还是惯犯、职业犯,是否同时犯有其他罪行,是否曾因故意犯罪受过刑事处罚,是否在缓刑或者假释考验期内再次犯罪,是主动投案还是被动归案,归案后是否如实认罪、真诚悔罪,等等。

具体到本案,除被告人牛旭旭外,是应当另判处被告人张延明死刑,还是另判处被告人郭华涛死刑,需要对该二人主观恶性和人身危险性方面的差异进行细致分析,从而得出准确判断。通过以下分析,能够认定张延明较郭华涛的主观恶性更深,人身危险性更大:

第一,被告人张延明既是积极参与的实行犯,又是与被告人牛旭旭密切配合的组织犯,对于犯罪的实施、完成具有决定性作用。从在案证据分析,被告人宋林杰参与作案系受张延明邀约的可能性极大;张延明不仅伙同牛旭旭租赁作案所用现代汽车并购买假车牌,还单独租赁作案当天所用桑塔纳汽车并准备了控制被害人时所用的两副手铐,而被告人郭华涛只是参与购买了假车牌;张延明驾车搭载郭华涛和宋林杰多次伺机绑架被害人并在作案当天负责与牛旭旭保持电话联系,而郭华涛是按照事先分工行事。

第二,被告人郭华涛的杀人、埋尸行为系在被告人牛旭旭和张延明的授意下实施的。虽然是郭华涛扼掐被害人颈部致其死亡,但却是牛旭旭与张延明商议杀死被害人灭口并确定由该二人共同实施,后因牛旭旭不愿意亲自动手才授意郭华涛实施,郭华涛遂与被告人张延明共同将被害人杀害;虽然张延明未参与处理被害人尸体,但郭华涛是按照牛旭旭和张延明确定的分工与宋林杰焚尸、埋尸的。

第三,被告人张延明的供述缺乏稳定性,存在避重就轻嫌疑,认罪、悔罪态度差,而被告人郭华涛归案后对共同绑架及杀害被害人的犯罪事实供认不讳且供述稳定,在几名被告人中认罪态度最好,还带领公安人员指认了掩埋被害人尸体的具体地点,公安人员据此挖掘出被害人尸体,及时提取、固定了关键性证据,对定案起到至关重要的作用。

第四,被告人张延明除了绑架作案外,还伙同他人多次贩卖“零包”毒品,且系共同贩卖毒品犯罪中起组织、指挥作用的主犯,主观恶性深,人身危险性大,而被告人郭华涛并无前科劣迹,本次系初次犯罪。

通过上述比较,被告人张延明应该被确定为罪责仅次于被告人牛旭旭而相对大于郭华涛的罪行严重者,对其适用死刑的理由比对被告人郭华涛适用死刑的理由更为充分。同时,考虑到郭华涛的犯罪情节和主观恶性，最高人民法院对其判处死缓的同时决定限制减刑，以更好地实现与牛旭旭、张延明的量刑平衡。

（撰稿：最高人民法院刑五庭　李晓光　邓克珠
审编：最高人民法院刑五庭　马　岩）

[第1279号]高洪雷等贩卖、运输毒品，介绍卖淫案
——共同犯罪中作用相对较大的主犯因具有法定从轻情节而未判处死刑的，对其他主犯能否适用死刑

【关键词】　共同犯罪　主犯　死刑

一、基本案情

被告人高洪雷，男，1974年5月21日出生。因涉嫌犯贩卖、运输毒品罪，介绍卖淫罪，于2015年1月7日被逮捕。

被告人杨军练，男，1968年3月4日出生。2005年1月12日因犯挪用公款罪被判处有期徒刑十年，2010年4月9日刑满释放。因涉嫌犯贩卖、运输毒品罪，介绍卖淫罪，于2015年1月7日被逮捕。

（同案被告人曾美英的身份情况和判刑情况略）

浙江省温州市人民检察院以被告人高洪雷、杨军练、曾美英犯贩卖、运输毒品罪，介绍卖淫罪，向温州市中级人民法院提起公诉。

被告人高洪雷对起诉书指控的事实无辩解。其辩护人提出，高洪雷贩卖的毒品数量在500克以内，且第二次购买的毒品全部被查获，未给社会造成实质性危害；高洪雷参与贩毒作用相对杨军练较小；现有证据仅能证实曾美英介绍卖淫4次，其中高洪雷接送2次；高洪雷系初犯、偶犯，归案后如实供述自己的罪行，当庭自愿认罪，请求对高洪雷从轻处罚。

温州市中级人民法院经公开审理查明：2014年11月中旬，被告人高洪雷与杨军练、曾美英经商议决定在浙江省温州市鹿城区贩毒，由杨军练负责向毒品上家姜雯静（另案处理）购买毒品，高洪雷负责销售毒品，曾美英负责提供“冰妹”陪吸毒者吸毒和发生性关系。11月21日，杨军练前往江西省南昌市向姜雯静购得甲基苯丙胺（冰毒）970克、甲基苯丙胺片剂（俗称“麻古”）200粒，运回温州市后藏匿于浙商证券有限责任公司营业部的保安室内。后高洪雷陆续将毒品卖给他人，剩余的84.08克甲基苯丙胺、13克甲基苯丙胺片剂后被公安人员查获。其间，曾美英先后6次介绍付某某（女，未成年）等人陪吸毒者吸毒并发生性关系。后经曾美英请求，杨军练、高洪雷同意曾美英退出合伙。同年12月2日，杨军练、高洪雷一起乘坐曹某某驾驶的汽车前往南昌市向姜雯静购买毒品。次日，杨军练和姜雯静在南昌市广州路华东建材市场附近广场公厕旁进行毒品交易。交易完成后，杨军练、高洪雷乘坐上述车辆返回温州，在温州市温州西高速公路收费站处被公安人员抓获，当场查获3大包毒品疑似物及104颗毒品疑似物。经鉴定，该3大包毒品疑似物重2 497.98克，均检出甲基苯丙胺，其中1 000.44克甲基苯丙胺的含量为79.0%，499.50克甲基苯丙胺的含量为80.5%，998.04克甲基苯丙胺的含量为79.4%；104颗毒品疑似物重9.73克，检出甲基苯丙胺及咖啡因成分。

温州市中级人民法院经审理认为,被告人高洪雷、杨军练、曾美英违反国家毒品管制法规,贩卖、运输毒品,其行为均已构成贩卖、运输毒品罪;高洪雷、杨军练、曾美英多次介绍他人卖淫,其中介绍未成年人卖淫4次,情节严重,其行为又均已构成介绍卖淫罪,公诉机关指控的罪名成立。高洪雷在公安机关任协警期间与杨军练、曾美英相识,案发时虽已辞职离开公安机关,但却未将该情况告知杨、曾,杨、曾供述约定分成之时已考虑高洪雷协警的身份。此外,高洪雷负责销售毒品,大量毒品经其手流入社会,行为积极,故高洪雷与杨军练的地位、作用基本相当。虽然高洪雷归案后能够如实供述主要犯罪事实,但不足以对其从轻处罚。杨军练曾因故意犯罪被判处有期徒刑以上刑罚,在刑满释放后五年内又故意犯罪,系累犯,应依法从重处罚。杨军练归案后协助公安机关抓获毒品上家姜雯静,有重大立功表现,且能够如实供述主要犯罪事实,可以从轻处罚。依照《中华人民共和国刑法》第三百四十七条第二款第一项、第三百五十九条第一款、第六十九条、第六十七条第三款、第六十五条第一款、第二十五条第一款、第二十六条、第四十八条、第五十七条第一款、第六十八条等规定,判决如下:

1. 被告人高洪雷犯贩卖、运输毒品罪,判处死刑,剥夺政治权利终身,并处没收个人全部财产;犯介绍卖淫罪,判处有期徒刑五年,并处罚金人民币三千元;决定执行死刑,剥夺政治权利终身,并处没收个人全部财产。

2. 被告人杨军练犯贩卖、运输毒品罪,判处死刑,缓期二年执行,剥夺政治权利终身,并处没收个人全部财产;犯介绍卖淫罪,判处有期徒刑五年,并处罚金人民币三千元;决定执行死刑,缓期二年执行,剥夺政治权利终身,并处没收个人全部财产。

一审宣判后,被告人高洪雷上诉提出,原判认定其在共同犯罪中的分工、分成、贩毒数量等事实有误,其销售毒品数量应在500克以内,在共同犯罪中所起作用较杨军练要小,本案所涉毒品大部分未流入社会,应对其从轻处罚。其辩护人提出,杨军练在共同犯罪中所起的作用比高洪雷大;第一次贩卖的毒品含量没有经过鉴定,含量应该推定为非常低;高洪雷曾担任过协警的身份不影响其在共同犯罪中的地位;原审量刑不平衡,应依法改判。被告人杨军练未提出上诉。

浙江省高级人民法院经二审审理认为,被告人高洪雷等人的行为均已构成贩卖、运输毒品罪,介绍卖淫罪。高洪雷及其辩护人所提高洪雷贩卖毒品数量应在500克以内、在共同犯罪中作用相较杨军练小的上诉理由及辩护意见,与查明的事实不符,不予采信。虽然第一次购进的毒品没有含量鉴定,但第二次购得的毒品含量达到80%,且两次购进毒品均来源于上家姜雯静,出庭检察员基于毒品来源及销售速度,提出第一批毒品质量较好,没有鉴定不影响本案定罪量刑的意见可以成立。原判定罪准确,量刑适当,审判程序合法。裁定驳回上诉,维持原判。对高洪雷的死刑判决依法报请最高人民法院核准。

最高人民法院经复核认为,被告人高洪雷伙同他人非法购买、销售毒品甲基苯丙胺和甲基苯丙胺片剂,并使用交通工具运送,其行为已构成贩卖、运输毒品罪。高洪雷伙同他人介绍妇女卖淫,其行为又构成介绍卖淫罪。在共同犯罪中,高洪雷起主要作用,系主犯,应按照其所参与的全部犯罪处罚。高洪雷结伙贩卖、运输毒品数量大,罪行严重,还结伙多次介绍卖淫、介绍未成年人卖淫,情节严重,应依法惩处。鉴于高洪雷在共同贩卖、运输毒品犯罪中所起作用略小于同案被告人杨军练,归案后始终如实供述犯罪,能够认罪、悔罪,且涉案毒品大部分已查获,未进一步流入社会造成更严重危害,依法可不判处其死刑立即执行。高洪雷的辩护律师所提的部分辩护意见,有事实和法律依据,予以采纳。第一审判决、第二审裁定认定的事实清楚,证据确实、充分,定罪准确,审判程序合法。裁定不核准高洪雷死刑,发回浙江省高级人民法院重新审判。

浙江省高级人民法院经重新审判,于2017年5月8日判处被告人高洪雷死刑,缓期二年执行。

二、主要问题

1. 如何准确区分各被告人在毒品共同犯罪中的地位、作用?

2. 在作用相对较大的主犯因具有法定从宽情节而未判处死刑的情况下,对其他主犯能否适用死刑?

三、裁判理由

(一)要从预谋、出资、分配利润、购买和出售毒品等多个角度准确区分各被告人在毒品共同犯罪中的地位、作用

准确区分行为人在共同犯罪中的地位、作用,是审理共同犯罪案件中一个非常重要的问题,因为共同犯罪中的地位、作用直接决定罪责轻重,而罪责轻重直接影响刑罚适用。刑法第二十六条和第二十七条分别规定了主犯、从犯及其处罚原则,即对组织、领导犯罪集团的首要分子,按照集团所犯的全部罪行处罚;对组织、领导犯罪集团的首要分子以外的其他主犯,应当按照其所参与的或者组织、指挥的全部犯罪处罚;对于从犯,应当从轻、减轻处罚或者免除处罚。共同犯罪案件中一般情况下有主犯、从犯之分,有的案件中则可能出现两名以上主犯的情形。两名以上主犯由于所处地位和所实施的犯罪行为并不完全相同,其主观恶性、人身危险性也往往存在差别,故其在共同犯罪中的作用大小及罪行严重程度并不完全相同,判处的刑罚自然也会有区别。实践中,贩卖、运输毒品共同犯罪案件往往有多人参与,从起意贩毒、纠集人员到筹集毒资、联系毒品上家、商谈交易数量和价格、确定交易地点,再到支付毒资、接取毒品、运送毒品、保管毒品、销售毒品、收取毒赃、掌管账目、利润分成,涉及众多环节。各共同犯罪人的参与程度以及所实施的具体行为也多种多样,有的参与部分环节,有的全程参与,有的幕后指挥,有的直接实施,等等。此外,出于趋利避害和侥幸心理,各共同犯罪人尤其是多名主犯对自己及其他人在毒品犯罪中具体行为的供述往往不尽一致。因此,准确区分各共同犯罪人尤其是多名主犯在共同犯罪中所处地位和所起作用是实践中比较疑难、复杂的问题,对此必须审慎地分析判断。

具体到本案,被告人高洪雷和杨军练均积极参与了两宗贩卖、运输毒品犯罪,在共同犯罪中均起主要作用,均系主犯。鉴于涉案甲基苯丙胺总量为3 000余克,已达到适用死刑的数量标准,进一步区分二人罪责大小对准确量刑尤其是准确适用死刑至关重要。由于高洪雷、杨军练、曾美英对部分情节的供述不尽一致,加大了区分的难度,这便需要细致梳理,认真比对。首先,从犯罪预谋阶段来看,虽然根据三人的供述无法准确认定是高洪雷还是杨军练最先提议贩毒及贩毒利润到底如何分成,但可以认定高洪雷和杨军练积极与曾美英共谋、商定利润分成及杨军练负责购进毒品、高洪雷负责销售毒品等事实。在此阶段,高洪雷和杨军练的地位、作用基本相当。其次,从犯罪实行阶段来看,根据在案证据可以认定,在第一次贩卖、运输毒品过程中,杨军练主动联系毒品上家、提供全部购毒款、亲自前往江西省南昌市购得毒品、将毒品运回浙江省温州市并保管毒品、掌控毒赃,高洪雷则按照事先分工为主销售毒品。在第二次贩卖、运输毒品过程中,杨军练和高洪雷分别提供了部分购毒款、一同乘坐曹某某驾驶的汽车前往南昌市购毒并运回温州市。其中,杨军练出资最多,还联系毒品上家、雇用曹某某驾车、直接与毒品上家交易毒品,高洪雷介绍他人出资并与曹某某驾车接应前去交易毒品的杨军练。相比较而言,在第一次犯罪中,杨军练所起作用明显大于高洪雷;在第二次犯罪中,杨军练所起作用也略大于高洪雷。据此可以认定,高洪雷在全案中所起作用相对小于杨军练。一、二审法院以高洪雷负责销售毒品且大量毒品经其手流入社会为由,认定其与杨军练地位、作用基本相当,是不够准确的。而这正是最高人民法院不核准高洪雷死刑的主要理由。

（二）在毒品共同犯罪中作用相对较大的主犯因具有法定从宽情节而未判处死刑的，对其他罪责相对较小的主犯不应“升格”判处死刑

司法实践中经常遇到这样的情形，毒品共同犯罪中的某一主犯的罪行极其严重，依法应当判处死刑，但因其具有自首或者立功等法定从宽处罚情节，法院对其从宽判处死刑缓期执行，而另一名主犯所犯罪行亦很严重，但其在共同犯罪中所起作用略小于前者，对其能否判处死刑立即执行？本案就属于这种情形。被告人高洪雷与杨军练贩卖、运输毒品数量大，已超过适用死刑的毒品数量标准。二人在共同犯罪中均起主要作用，均系主犯，且二人积极预谋并筹集毒资，主动向毒品上家约购毒品，并前往上家所在地购买毒品，相对于毒品上家而言，对促成毒品交易起到了更大作用，杨军练又系累犯，可以说二人均属罪行极其严重。那么，本案能否同时判处两名被告人死刑，或者应当对哪一名被告人适用死刑？这就需要立足案情本身，根据罪责刑相适应原则作出稳妥裁判。

2015 年印发的《全国法院毒品犯罪审判工作座谈会纪要》（以下简称《武汉会议纪要》）规定：“毒品共同犯罪的死刑适用应当与该案的毒品数量、社会危害及被告人的犯罪情节、主观恶性、人身危险性相适应。涉案毒品数量刚超过实际掌握的死刑数量标准，依法应当适用死刑的，要尽量区分主犯间的罪责大小，一般只对其中罪责最大的一名主犯判处死刑。”根据这一规定，毒品共同犯罪的死刑适用要严格贯彻罪责刑相适应原则，涉案毒品的数量不同，毒品犯罪造成的社会危害不同，适用死刑的具体情况也有所区别。对于贩卖、运输毒品共同犯罪中有两名以上主犯，涉案毒品数量刚超过实际掌握的死刑数量标准的，应当全面考察各主犯在共同犯罪中实际发挥作用的差别，一般只选择其中罪责最大的一名主犯依法判处死刑；即便两名以上主犯均具有法定从重处罚情节，也要充分比较主观恶性和人身危险性方面的差异，同时判处二人死刑应当特别慎重。换言之，即便同为罪行极其严重且依法可以判处死刑的主犯，也要注意区分彼此之间罪责大小，进一步区分出罪行最为严重者，并非一律判处死刑立即执行，更不能在罪责最为严重的主犯没有被判处死刑的情况下，对罪责稍次的主犯“升格”适用死刑。

根据以上分析，本案毒品数量近 3 500 克，以目前实际掌握的死刑数量标准，不宜判处二人死刑立即执行。被告人杨军练归案后对公安机关抓获毒品上家起到了一定协助作用，一审法院认定其行为构成重大立功，并考虑其能够如实供述主要犯罪事实，依法对其判处死刑，缓期二年执行。在此情况下，是否要判处被告人高洪雷死刑呢？答案是否定的，主要理由在于：其一，杨军练在贩卖、运输毒品共同犯罪中所起作用大于高洪雷，系罪行最为严重的主犯，又系累犯，论罪应依法判处死刑。在杨军练因具有重大立功表现这一法定从宽处罚情节而未被判处死刑的情况下，不宜对罪责稍次的主犯高洪雷“升格”判处死刑立即执行，否则，就违反了《武汉会议纪要》的相关规定。其二，毒品数量是毒品犯罪案件量刑的重要情节，但不是唯一情节，在考虑是否适用死刑时，更不能只强调毒品数量，忽视其他情节，而应当综合考虑毒品数量、犯罪情节等各种因素。高洪雷贩卖、运输毒品数量确实已经超过适用死刑的数量标准，但其并非罪行最严重的主犯，也不具有法定或者重大酌定从重处罚情节，而且从归案到复核提讯，始终如实供认犯罪，有悔罪表现，对公安机关抓获参与出资购买第二宗毒品的共同作案人起到积极作用。其三，第二宗毒品已全部被公安机关查获，未进一步流入社会造成严重危害，此情节在量刑时亦需酌情考虑。

综上，最高人民法院根据毒品犯罪的死刑政策和罪责刑相适应原则，依法未予核准被告人高洪雷死刑，将案件发回浙江省高级人民法院重新审判。

（撰稿：最高人民法院刑五庭　李晓光　赵　娟
审编：最高人民法院刑五庭　马　岩）

[第1287号]刘传林故意伤害案

——对采用灌、泼硫酸方式故意伤害他人的，如何把握死刑适用标准

【关键词】 故意伤害罪 特别残忍手段 死刑

一、基本案情

被告人刘传林，男，1954年1月22日出生，农民。因涉嫌犯故意伤害罪于2015年8月26日被逮捕。

湖南省郴州市人民检察院以被告人刘传林犯故意伤害罪，向郴州市中级人民法院提起公诉。

被告人刘传林及其辩护人对公诉机关指控刘传林故意伤害的事实无异议，但辩称事情是由被害人父亲引起。刘传林的辩护人另提出刘传林有自首情节，系初犯、偶犯，认罪态度好，建议对其从轻处罚。

郴州市中级人民法院经公开审理查明：

被告人刘传林与刘元生、刘元生的侄子刘某某均系湖南省永兴县油麻乡高城村老高城组村民。2015年5月，刘传林与刘元生因琐事在刘某某家发生打斗，刘传林受伤。后刘传林要求刘某某赔偿医疗费，经村干部及当地派出所调解未果，遂起意用硫酸泼洒刘某某的孩子。刘传林从他人处骗得硫酸后，将硫酸倒入平时用来喝茶的塑料水壶中，准备作案。同年8月17日11时许，刘传林见刘某某的儿子刘甲（被害人，时年8岁）、女儿刘乙（被害人，殁年5岁）与其孙子在一起玩耍，便赶回家中拿出装有硫酸的塑料水壶，将刘甲、刘乙骗至村后山树林中偏僻处，强行给刘甲灌食硫酸，刘甲反抗，刘传林将刘甲按倒在地，将硫酸泼洒在刘甲的脸上、身上。刘甲挣脱后跑回村中求救。刘传林又强行将硫酸灌入刘乙口中，并朝刘乙的脸上、身上泼洒。作案后，刘传林主动向公安机关投案。刘甲、刘乙相继被送往医院抢救，刘甲经抢救脱险，刘乙经抢救无效于同月19日死亡。经鉴定，刘乙系被他人用强腐蚀性物质作用于体表和上消化道，致极重度烧伤，因呼吸、循环衰竭死亡；刘甲头面部、胸部、双眼球被硫酸烧伤，现双眼无光感，容貌重度毁损，评定为重伤一级、一级伤残。

郴州市中级人民法院认为，被告人刘传林采取强行灌食和泼洒硫酸的方式故意伤害他人，致一人死亡，一人重伤，其行为已构成故意伤害罪。刘传林因刘某某没有及时劝阻其与他人的厮打而迁怒于刘某某，继而用硫酸报复无辜的被害人，作案动机卑劣，犯罪手段特别残忍，后果特别严重，社会危害性极大，且不悔罪，虽有自首情节，但不足以从轻处罚。据此，依照《中华人民共和国刑法》第二百三十四条第二款、第六十七条第一款、第五十七条第一款之规定，以被告人刘传林犯故意伤害罪，判处死刑，剥夺政治权利终身。

一审宣判后，被告人刘传林未提出上诉，检察机关未抗诉。湖南省高级人民法院经复核，裁定同意原判，并依法报请最高人民法院核准。最高人民法院于2017年4月24日核准了被告人刘传林死刑。

二、主要问题

对采用灌、泼硫酸方式进行故意伤害的案件，如何把握死刑的适用标准？

三、裁判理由

故意伤害罪和故意杀人罪都是侵犯公民人身权利的犯罪，但与故意杀人罪相比，故意伤害罪

的社会危害性和被告人的主观恶性有所不同,适用死刑应当比故意杀人罪更加慎重,标准更加严格。从刑法对法定刑的配置看,故意杀人罪是“处死刑、无期徒刑或者十年以上有期徒刑”,而对故意伤害犯罪,是在“致人死亡或者以特别残忍的手段致人重伤造成严重残疾的”条件下,“处十年以上有期徒刑、无期徒刑或者死刑”。这种条件配置和轻重不同的法定刑排序,体现了立法对故意杀人罪和故意伤害罪适用死刑的不同态度。

从近年的司法实践来看,对故意伤害案件适用死刑,要综合考虑犯罪的起因、动机、目的、手段等情节,犯罪的后果,被告人的主观恶性和人身危害性等因素,全面分析影响量刑的轻重情节,根据被告人的罪责,并考虑涉案当地的社会治安状况和犯罪行为对人民群众安全感的影响,区分案件的不同情况对待,以确保死刑的慎重适用。其中,对于故意伤害致人死亡的被告人决定是否适用死刑时,要将严重危害社会治安的案件与民间纠纷引发的案件进行区分,将手段特别残忍、情节特别恶劣的与手段、情节一般的进行区分,将预谋犯罪与激情犯罪进行区分,等等。对于以特别残忍手段致人重伤造成严重残疾的故意伤害案件,适用死刑时应当更加严格把握,并不是只要达到“严重残疾”的程度就必须判处被告人死刑,而是要根据致人“严重残疾”的具体情况,综合考虑犯罪情节和“严重残疾”的程度等情况,慎重决定。对于以特别残忍手段造成被害人重伤致特别严重残疾的被告人,可以适用死刑立即执行。

本案是一起采用灌食、泼洒硫酸方式实施的恶性故意伤害犯罪案件。从起因来看,本案属于民间矛盾激化引发,与针对不特定对象实施的严重危害社会治安的故意伤害犯罪有所不同,且被告人作案后投案自首,但是,本案从犯罪性质到犯罪情节、犯罪后果,都需要体现从严惩处:其一,犯罪手段特别残忍,犯罪情节恶劣,后果极其严重。刘传林利用被害人刘甲、刘乙对长辈的信任,将二被害人骗至村外,当着自己孙子(时年5岁)的面,强行向刘甲灌食硫酸,遭到反抗后又朝刘甲身上泼洒,致刘甲面目全非。其孙子吓得大哭后,刘传林仍不罢手,又朝刘乙强行灌食和泼洒硫酸,致刘乙体表和上消化道极重度烧伤死亡。刘甲消化道烧伤,双眼睑外翻、双眼球烧毁,鼻部大部分缺失变平畸形,口唇严重外翻,张口度仅能容二指,颏颈前部瘢痕严重连痂挛缩,左耳廓完全缺失,构成一级重伤、一级伤残。其二,被害方对引发案件没有过错。根据查明的事实,刘某某既未唆使其叔叔刘元生殴打刘传林,也未参与刘元生和刘传林的打斗,对刘传林的损伤无法定赔偿义务。虽然刘某某未主动阻止刘元生与刘传林的打斗,但事发后已因此向刘传林道歉,并被刘传林的亲戚殴打,在情理上也不亏欠刘传林。在此情况下,刘传林仍起意报复刘某某,明知硫酸具有强腐蚀性,能严重毁容或致人死亡,预谋向刘某某的两个年幼的孩子灌食、泼洒硫酸,可谓犯罪动机十分卑劣。其三,刘传林虽投案自首,但认罪态度一般,无明显悔罪表现。刘传林作案后向亲属表示感觉出了气,为家族争了光,归案后也仅承认向二被害人泼洒硫酸,二被害人的损伤是其所致,始终否认向二人强行灌食硫酸的犯罪情节,供述避重就轻,开庭时明确表示无法赔偿。经法院工作,刘传林的亲属仍拒绝代为赔偿,被害方对刘传林也不予谅解。此外,本案性质恶劣、后果极其严重,在当地引起极为恶劣的影响。综合上述理由,最高人民法院认为,本案是以特别残忍手段造成被害人死亡和特别严重残疾的案件,刘传林属罪行极其严重,故依法核准刘传林死刑。

需要指出的是,虽然本案被告人刘传林被核准死刑,但对故意伤害犯罪适用死刑整体上应十分慎重。泼硫酸通常被认为属于特别残忍的犯罪手段,但如在后果不属于极其严重,而只是致一人重伤,残疾等级也不是很高的情况下,则一般不判处死刑立即执行。此外,对于因民间矛盾激化引发的、犯罪情节和后果一般的伤害案件,被害人有过错或者对引发案件负有直接责任的伤害案件,被告人犯罪后对被害人积极施救或者积极赔偿、取得被害方谅解的伤害案件,一般不适用死刑。对于伤害案件,即使犯罪后果严重,只要犯罪手段不是特别残忍、情节不是特别恶劣的,也应本着化解社会矛盾、修复被破坏的社会关系的目的，尽量开展附带民事调解等矛盾化解工作，以确保死刑的慎重适用。

（撰稿：最高人民法院刑五庭　王秋玲　李　彤
审编：最高人民法院刑五庭　欧阳南平）

［第1290号］唐立新、蔡立兵贩卖毒品案

——如何把握贩卖毒品罪的既遂未遂标准与毒品犯罪上下家的死刑适用标准

【关键词】　贩卖毒品罪　既遂　死刑适用标准

一、基本案情

被告人蔡立兵，男，1973年10月26日出生，无业。1991年3月14日因犯抢劫罪被判处有期徒刑三年。因本案于2011年12月23日被逮捕。

被告人唐立新，男，1967年8月17日出生，无业。2011年12月23日被逮捕。

（其他被告人情况略）

湖南省郴州市人民检察院以被告人唐立新、蔡立兵犯贩卖毒品罪，向郴州市中级人民法院提起公诉。

被告人唐立新及其辩护人提出，公诉机关指控的第一起贩毒事实证据不足；第二起贩毒的毒品未流入社会，社会危害不大，请求对唐立新从轻处罚。

被告人蔡立兵及其辩护人提出，蔡立兵为吸食而购买毒品，公诉机关指控蔡立兵购买毒品系为贩卖的证据不足，且第二起贩毒的毒品未转移给蔡立兵，蔡立兵购买毒品的行为并未完成，不能定罪。

郴州市中级人民法院经公开审理查明：

2011年间，被告人蔡立兵从天津市来到湖南省郴州市，认识了被告人廖小军（同案被告人，已判刑）。经廖小军介绍，蔡立兵从被告人唐立新处购买毒品，带回天津市用于自己吸食和贩卖。蔡立兵驾驶一辆东南牌小轿车到郴州购买毒品，并雇请雷水林（另案处理）驾驶一辆骐达牌小轿车在郴州市区内接送。具体犯罪事实如下：

1. 2011年7月，被告人蔡立兵从天津市来到郴州市找到廖小军，欲购买毒品。廖小军找到被告人唐立新，唐立新即从“阿英”（在逃）处购进冰毒100克，在郴州市第三人民医院家属区廖小军家中卖给蔡立兵。之后，蔡立兵将毒品带回天津市用于自己吸食和贩卖。

2. 2011年10月底，被告人蔡立兵联系廖小军，欲购买2 000多克冰毒。廖小军将该信息告诉被告人唐立新。唐立新遂找到彭永根（同案被告人，已判刑）商议购买毒品卖给蔡立兵。同年11月15日，蔡立兵携带60.3万元毒资，驾驶东南牌小轿车从天津市来到郴州市，住在廖小军的妹妹廖某某家中。同月16日，彭永根在广东省陆丰市从“阿高”（在逃）处以每克220元的价格购进冰毒2 000余克。同月17日下午，彭永根将冰毒带回郴州，同日18时许，唐立新购买了电子秤并与彭永根接应，将蔡立兵约至郴州市春天公寓进行交易。三人会合后，蔡立兵对毒品验货、称重，并与唐立新、彭永根议定购买该批冰毒的价格为每克260元。其间，唐立新另将300粒“麻

古”以1万元的价格卖给蔡立兵。唐立新与蔡立兵因此次毒品交易系廖小军从中介绍，商定各出5 000元给廖作为好处费，并当场打电话告知廖。唐立新、彭永根、蔡立兵将毒品包装好，准备出门前往廖某某住处取毒资时，被公安人员抓获。公安人员当场缴获白色晶体5包，红色药丸2包，经鉴定，白色晶体净重2 227克，甲基苯丙胺含量为57.8%；红色药丸净重30.338 9克，从中检出甲基苯丙胺和咖啡因成分。随后，公安机关从廖某某家卧室衣柜边查获蔡立兵藏匿的毒资60.3万元，从蔡立兵驾驶的东南牌小轿车中查获“麻古”337粒，净重26.220 8克。

郴州市中级人民法院认为，被告人唐立新、蔡立兵违反国家对毒品的管制法规，明知冰毒、“麻古”系毒品而予以贩卖，二人的行为均构成贩卖毒品罪。唐立新共贩卖毒品两次，其中冰毒2 327克，“麻古”30.338 9克；蔡立兵共贩卖毒品两次，其中冰毒2 327克，“麻古”56.559 7克。蔡立兵向唐立新购买100克冰毒用于吸食、贩卖的事实有唐立新、蔡立兵、雷水林在侦查阶段的供述相互印证，且公安机关在侦查阶段的审讯均合法有效，足以认定。蔡立兵一次性向唐立新购买价值60多万元的冰毒全部用于自己吸食，不符合常理，况且此前其已有过贩毒行为，蔡立兵、雷水林在侦查阶段的供述亦证实蔡立兵购买毒品除自己吸食外还用于贩卖，故蔡立兵及其辩护人所提蔡立兵购买毒品用于吸食的辩解和辩护意见不能成立。第二次贩毒中，唐立新从廖小军处获悉蔡立兵欲购买大量毒品后，主动联系彭永根商量贩毒牟利，并指使彭永根寻找、购买毒品，打电话与蔡立兵商谈毒品交易价格和安排交易地点，在彭永根买到毒品后又接应彭永根一同前往由其选定的交易地点与蔡立兵进行交易，系该起毒品犯罪的犯意提起、组织策划、具体实施者。蔡立兵应唐立新之约进入毒品交易现场，双方谈妥了毒品交易价格，并对毒品进行了查验和称重，准备赶往另一地点交付购毒款，故该起犯罪已经既遂。依照《中华人民共和国刑法》第三百四十七条第二款第一项，第二十五条第一款，第二十六条第一款、第四款，第四十八条第一款，第五十七条第一款等规定，判决如下：被告人唐立新犯贩卖毒品罪，判处死刑，剥夺政治权利终身，并处没收个人全部财产；被告人蔡立兵犯贩卖毒品罪，判处死刑，剥夺政治权利终身，并处没收个人全部财产。

一审宣判后，被告人唐立新、蔡立兵提出上诉。唐立新及其辩护人提出，一审认定第一起贩毒事实的证据不足；第二起贩毒系未遂，毒品未流入社会造成更大危害；唐立新归案后认罪态度好，一审对其量刑过重。蔡立兵及其辩护人提出，第一起贩毒中蔡立兵仅购买60克冰毒用于吸食；第二起贩毒系未遂，一审对其量刑过重。

湖南省高级人民法院经二审审理认为，第一起贩毒事实有依法取得的唐立新、蔡立兵和雷水林的供述证实，足以认定；第二起毒品交易是公安机关通过侦查掌握各被告人交易毒品的情况后布控破案，该起毒品没有流入社会，且唐立新、蔡立兵到案后如实供述自己的犯罪事实，但二人涉案毒品数量均多达2 000余克，社会危害大，不足以对二人从轻处罚。原审认定的事实清楚，证据确实、充分，定罪准确，量刑适当，审判程序合法。依照《中华人民共和国刑事诉讼法》（2012年修正，下同）第二百二十五条第一款第一项等规定，裁定驳回上诉，维持原判，并依照《中华人民共和国刑事诉讼法》第二百三十六条第二款之规定，对唐立新、蔡立兵的死刑判决依法报请最高人民法院核准。

最高人民法院经复核认为，被告人蔡立兵以贩卖为目的，伙同他人非法购买甲基苯丙胺并销售，单独或伙同他人非法购买甲基苯丙胺片剂，其行为已构成贩卖毒品罪。被告人唐立新以贩卖为目的，非法购买毒品甲基苯丙胺和甲基苯丙胺片剂并销售，其行为已构成贩卖毒品罪。蔡立兵提出购买毒品犯意，委托廖小军联系购买毒品，雇请雷水林驾车接应，直接交易、销售毒品，在共同贩卖毒品犯罪中起主要作用，系主犯，应当按照其所参与的全部犯罪处罚。蔡立兵曾因犯抢劫罪被判处刑罚，本案中又系犯罪的诱发者，行为更为积极、主动，对促成毒品交易所起作用更大，且跨省贩卖毒品数量大，主观恶性深，人身危险性和社会危害性大，罪行极其严重，应依法惩处。唐立新贩卖毒品数量大，社会危害性大，但在本案中的罪责相对小于蔡立兵，依法对其判处死刑，可不立即执行。第一审判决、第二审裁定认定的事实清楚，证据确实、充分，定罪准确，审判程序合法，对蔡立兵量刑适当。依照《中华人民共和国刑法》第三百四十七条第二款第一项、第七款，第二十六条第一款、第四款，第四十八条第一款，第五十七条第一款；《中华人民共和国刑事诉讼法》第二百三十五条、第二百三十九条和《最高人民法院关于适用〈中华人民共和国刑事诉讼法〉的解释》第三百五十二条的规定，核准蔡立兵死刑，改判唐立新死刑，缓期二年执行。

二、主要问题

1. 如何准确把握贩卖毒品罪的既遂与未遂标准？

2. 如何准确把握贩卖毒品案件中的上下家的死刑适用标准？

三、裁判理由

（一）认定贩卖毒品罪的既遂，宜采取"进入实质交易环节"的标准

司法实践中，贩卖毒品情形复杂多样，有的毒品和毒资均已转移给对方，有的支付了毒资、尚未收到毒品，有的双方已进入交易现场并实施了一定交易行为，有的则刚刚着手进行交易，等等。对于这些贩卖毒品案件，既遂与未遂一直是控辩双方关注的重要问题，因为该问题直接关乎被告人的刑罚轻重，甚至影响到是否对被告人适用死刑。长期以来，理论上对贩卖毒品罪既遂标准的认定问题一直存在争议，有"契约说""实际交付说""进入交易说""成交说""出卖说""买入说"等多种观点，实践中对该问题的认识和把握也不尽一致，影响了部分毒品案件的处理，需要加以规范和统一。

如前所述，本案第二起贩卖毒品行为就涉及既遂与未遂的认定问题。法院在审理过程中，对被告人唐立新属于犯罪既遂认识一致，即唐立新应被告人蔡立兵的请求而购买毒品，系为卖出而买入毒品，与毒品上家的交易行为已经完成。但是，对于蔡立兵是否成立犯罪既遂，则有不同意见。一种意见认为，应以毒品上家实际交付毒品作为犯罪既遂标准，只要毒品下家未实际收到毒品，便不成立既遂。蔡立兵因没有支付毒资而未实际控制毒品，在准备取毒资时被公安人员抓获，属于因意志以外的原因无法完成毒品交易，成立犯罪未遂。另一种意见认为，应以毒品是否进入交易环节为准，至于是否实际交付毒品，均不影响犯罪既遂的成立。唐立新与蔡立兵进入毒品交易现场，谈妥了交易价格，对带到现场的毒品进行了查验和称重，虽然还没有交付毒资和毒品，亦可以认定为犯罪既遂。

我们认为，就本案而言，第二种意见是可取的。主要理由是，这种意见符合司法实践中比较普遍采取的"进入实质交易环节"的既遂认定标准，也符合当前禁毒形势的客观需要，有利于打击与遏制毒品犯罪。我国经过连续多年开展禁毒人民战争，在一定程度上遏制了毒品快速蔓延的势头，但由于受国际毒潮泛滥和国内多种因素影响，我国仍处于毒品问题蔓延期、毒品犯罪高发期和毒品治理攻坚期，大宗制毒、贩毒、运毒犯罪活动多发，青少年吸毒人数增长迅猛，禁毒斗争形势严峻复杂，禁毒工作任务依然十分艰巨。面对如此严峻的毒品犯罪形势，坚持依法从严惩处毒品犯罪，无疑是治理毒品犯罪的重要手段。实践中，由于毒品犯罪具有高度隐蔽性，侦查难度大，一旦毒品交易行为已完成就难以被查缉，故"人毒俱获"成为侦破毒品犯罪案件的重要特征。本案毒品交易完成之前，公安人员即采取收网行动，将各被告人抓获并查获了被告人蔡立兵的毒品，毒品上下家已经进入毒品交易现场并实施了验货、谈价、称重等实际交易行为，仅差支付毒资后交付毒品的环节未完成。如果以毒品是否实际交付给下家为标准来认定犯罪既遂与否，则会

使一部分毒品犯罪案件作未遂处理,不利于对毒品犯罪的打击。因此,在毒品犯罪既遂与未遂的认定上,应当充分考虑有利于依法严惩毒品犯罪的原则,以是否进入实质交易环节作为判断犯罪既遂与未遂的标准。

但需要说明的是,本案的情况具有一定特殊性,看起来被告人蔡立兵作为买家尚未拿到毒品,似乎存在认定为犯罪未遂的余地,但由于其已经完成验货、称量等重要交易行为,蔡立兵也把购毒款带在身边准备支付,如果不是公安机关此时进行抓捕,则双方则必然完成本次交易。故不能简单以公安机关抓捕时间的早晚来认定是否既遂。当然,对毒品犯罪也并非完全不区分既遂与未遂,对于实践中典型的犯罪未遂,如买方尚未达到交易地点,或者买到的是假毒品等情形,可以认定为犯罪未遂。审判中对"进入实质交易环节"的把握也不能太宽,以免把一些本应认定为犯罪未遂的情形作为既遂处理,失之过严。

(二)要根据"数量+其他情节"的原则,准确把握贩卖毒品案件中的上下家的死刑适用标准

贩卖毒品案件中的上下家的死刑适用问题,一直是审判实践中的难题。在以往一段时期内,存在对毒品上家判处死刑、对下家判处死缓的思路和做法。因为毒品上家掌握毒品来源,系毒品源头或者更接近毒源,相较于下家,社会危害更大,罪责更重。但2015年最高人民法院印发的《全国法院毒品犯罪审判工作座谈会纪要》(以下简称《武汉会议纪要》)出台后,对以往的做法有所调整。《武汉会议纪要》首次对毒品犯罪上下家的死刑适用问题作出规定,即对于贩卖毒品案件中的上下家,要结合其贩毒数量、次数及对象范围,犯罪的主动性,对促成交易所发挥的作用,犯罪行为的危害后果等因素,综合考虑其主观恶性和人身危险性,慎重、稳妥地决定死刑适用。对于买卖同宗毒品的上下家,涉案毒品数量刚超过实际掌握的死刑数量标准的,一般不能同时判处死刑;上家主动联络销售毒品,积极促成毒品交易的,通常可以判处上家死刑;下家积极筹资,主动向上家约购毒品,对促成交易起更大作用的,可以考虑判处下家死刑。涉案毒品数量达到巨大以上的,也要综合上述因素决定死刑适用,同时判处上下家死刑符合罪刑相适应原则,并有利于全案量刑平衡的,可以依法判处。上述规定,对于处理贩卖毒品案件中的上下家死刑适用问题具有重要指导意义。

本案中,被告人蔡立兵除了向被告人唐立新购买甲基苯丙胺2 327克、甲基苯丙胺片剂30.338 9克外,另外向他人购买甲基苯丙胺片剂26.220 8克。该二人贩卖毒品数量大,社会危害性大,罪行极其严重,依法可以判处死刑。但是,根据《武汉会议纪要》的上述规定,唐立新、蔡立兵所贩卖毒品中的绝大部分系同宗毒品,二人涉案毒品数量相当,虽然已超过判处死刑的数量标准,但尚不属于数量巨大,只能判处其中一人死刑。因此,需要仔细区分唐立新、蔡立兵对促成毒品所起作用大小、社会危害程度及主观恶性、人身危险性等因素,准确决定刑罚。最高人民法院复核后核准蔡立兵死刑,改判唐立新死缓的主要理由如下:

第一,被告人蔡立兵对促成毒品交易所起作用更大。从具体行为看,蔡立兵在毒品犯罪中的主动性大于被告人唐立新。虽然唐立新是蔡立兵的上家,但其并非囤毒待售,而是应蔡立兵的要求向他人购入毒品,然后再加价卖给蔡立兵。蔡立兵向唐立新求购毒品,先后两次驾车携带购毒款从天津到湖南进行毒品交易,且被告人廖小军、彭永根和雷水林均系因蔡立兵而参与到毒品犯罪当中。因此,蔡立兵是本案的诱发者,行为更积极、主动,对促成毒品交易所起作用大于唐立新。

第二,被告人蔡立兵贩毒行为的社会危害性更大。蔡立兵先后两次从天津前往湖南向被告人唐立新购买毒品,系跨省长途贩卖毒品。第一次所购甲基苯丙胺除蔡立兵自己吸食外,还在天津贩卖给他人;第二次购毒,系蔡立兵约购毒品,唐立新请求彭永根联系购买毒品,随后彭永根从广东购来毒品,且该批毒品数量大,已远远超出蔡立兵个人正常吸食量,如果不是被公安机关及

时查获，定会被蔡立兵运回天津出售给他人。此外，蔡立兵还从他人处购买了甲基苯丙胺片剂。因此，蔡立兵的购毒行为导致毒品从毒源地向外扩散，促进了毒品的进一步流转和消费，具有更大的社会危害性。

第三，被告人蔡立兵的人身危险性更大。蔡立兵曾因犯抢劫罪被判处有期徒刑三年，刑满释放后却不知悔改，本次又实施贩卖毒品犯罪，虽然不构成累犯，但也反映出其主观恶性深，人身危险性大。此外，蔡立兵供述，其向被告人唐立新购买毒品之前，曾向他人购买过甲基苯丙胺用于吸食和贩卖牟利。而侦查机关并未查实唐立新在本次犯罪之前实施过其他违法或者犯罪行为，其人身危险性相对小于蔡立兵。

最高人民法院对本案的复核结果体现了对毒品犯罪上下家适用死刑的把握思路。需要说明的是，近年来涉案毒品数量巨大的案件时有出现，毒品数量越大，意味着可以判处二人以上死刑的根据也越充分，但对毒品犯罪案件始终需要贯彻执行“严格控制、慎重适用”的死刑政策，不能简单以涉案毒品数量巨大为由就不区分上下家的罪责大小。对于能够区分罪责大小的，不能仅因为数量巨大就同时判处二人以上死刑。

（撰稿：最高人民法院刑五庭　李晓光　赵　娟
审编：最高人民法院刑五庭　马　岩）

[第1307号] 常茂、吴江运输毒品案
——对毒品共同犯罪案件如何准确把握死刑政策

【关键词】　毒品共同犯罪　死刑政策　综合审查证据

一、基本案情

被告人常茂，男，1988年1月8日出生，农民。2014年5月27日因涉嫌犯运输毒品罪被逮捕。

被告人吴江，男，1990年9月9日出生，农民。2008年7月24日因犯盗窃罪被判处拘役六个月，并处罚金人民币二千元。2014年5月27日因涉嫌犯运输毒品罪被逮捕。

（其他被告人情况略）

云南省大理白族自治州人民检察院以被告人常茂、吴江犯运输毒品罪，向大理白族自治州中级人民法院提起公诉。

被告人常茂辩称无罪。其辩护人提出，公诉机关指控常茂犯运输毒品罪的事实不清、证据不足，请求宣告无罪。

被告人吴江当庭否认参与运输毒品犯罪。其第一辩护人对指控的罪名无异议，但提出吴江系受人指使，仅送他人到接取毒品的地点，系从犯，且毒品未流入社会，危害性较小，请求从轻处罚。其第二辩护人提出，指控吴江犯运输毒品罪的事实不清、证据不足，请求宣告无罪。

大理白族自治州中级人民法院经审理查明：被告人常茂组织多人从中缅边境接取毒品并在境内运输，通过电话等方式对整个运输过程进行指挥。2014年4月19日夜间，常茂安排被告人吴江带领同案被告人吴庆、王勇（均已判刑）到云南省临沧市南伞镇接取毒品。之后，根据常茂的安排，同案被告人王克坤（已判刑）指挥同案被告人赵泽领、赵成（均已判刑）驾驶牌照为云

AZ892W 的大众牌迈腾轿车前往接应，并将毒品放置在该迈腾轿车内。后王克坤驾驶无牌照大众牌桑塔纳轿车、吴庆驾驶牌照为云 A360W9 的长城牌哈弗 H3 越野车依次在前探路，赵泽领、赵成、王勇驾驶迈腾轿车在后运输毒品，前往云南省昭通市。同月 20 日上午，行至云南省保山市昌宁县城外时，王勇、赵泽领将迈腾轿车上的毒品转移至王克坤驾驶的桑塔纳轿车的后备厢内，王克坤将该桑塔纳轿车停放在昌宁县人民医院，后各自住店休息。当日晚，公安人员将上述人员抓获，同时查获该桑塔纳轿车，从车内起获海洛因 42.52 千克、甲基苯丙胺片剂（俗称“麻古”）5.965 千克。

大理白族自治州中级人民法院认为，被告人常茂、吴江伙同他人，为牟取非法利益运输毒品海洛因 42.52 千克、甲基苯丙胺 5.965 千克，其行为均已构成运输毒品罪。在共同犯罪中，常茂组织、指挥毒品犯罪，起主要作用，系主犯；吴江将吴庆、王勇带至中缅边境接取毒品，亦起主要作用，属主犯，应依法惩处。常茂归案后拒不供述犯罪事实，但吴江、王勇、赵泽领、赵成均指证常茂组织和指挥毒品犯罪，并结合收缴在案的写有毒品犯罪详细计划的笔记本及笔记本中记录的被告人电话号码、被告人绰号、笔迹鉴定、通话清单、手机中银行卡信息以及银行账户存取款大额资金凭证等证据，可以认定常茂组织和指挥毒品犯罪的事实。常茂及其辩护人提出其构成运输毒品罪事实不清、证据不足，请求宣告无罪的辩解及辩护意见；吴江提出未参与运输毒品的辩解及其辩护人提出吴江构成运输毒品罪事实不清、证据不足，请求宣告无罪的辩护意见，均无事实及法律依据，不予采纳。依照《中华人民共和国刑法》第三百四十七条第二款第一项、第二十五条第一款、第二十六条第三款、第五十七条第一款、第五十九条之规定，对被告人常茂、吴江分别以运输毒品罪判处死刑，剥夺政治权利终身，并处没收个人全部财产。

一审宣判后，被告人常茂上诉提出，认定其构成运输毒品罪并判处其死刑的事实不清、证据不足。被告人吴江上诉提出，其在本案中受常茂指挥，系从犯，原判量刑过重。

云南省高级人民法院经审理认为，被告人常茂、吴江为牟取非法利益，运输毒品海洛因 42.52 千克、甲基苯丙胺片剂 5.965 千克的行为，均已构成运输毒品罪。运输毒品数量巨大，社会危害性极大，罪行极其严重，依法应当判处常茂、吴江死刑。常茂及其辩护人提出认定常茂构成运输毒品罪事实不清、证据不足的上诉理由及辩护意见，吴江及其辩护人提出吴江受常茂指挥，系从犯，原判量刑过重的上诉理由及辩护意见，与查明的事实不符，均不予采纳。依照 2012 年《中华人民共和国刑事诉讼法》第二百二十五条第一款第一项之规定，裁定驳回上诉，维持原判，并依法报请最高人民法院核准。

最高人民法院经复核认为，被告人常茂、吴江违反国家毒品管理规定，伙同他人运输海洛因、甲基苯丙胺片剂，其行为均已构成运输毒品罪。常茂、吴江运输海洛因 42.52 千克、甲基苯丙胺片剂 5.965 千克，数量特别巨大，社会危害严重，应依法惩处。常茂在共同犯罪中起组织、指挥作用，系地位最为突出的主犯，且到案后拒不供认犯罪；吴江在共同犯罪中负责联系境外毒贩、接取毒品后交由他人运输，亦系作用突出的主犯，均应依法惩处。第一审判决、第二审裁定认定的事实清楚，证据确实、充分，定罪准确，量刑适当，审判程序合法。依照 2012 年《中华人民共和国刑事诉讼法》第二百三十五条、第二百三十九条和《最高人民法院关于适用〈中华人民共和国刑事诉讼法〉的解释》第三百五十条第一项的规定，裁定核准云南省高级人民法院维持第一审分别对被告人常茂、吴江以运输毒品罪判处死刑，剥夺政治权利终身，并处没收个人全部财产的刑事裁定。

二、主要问题

1. 对毒品共同犯罪案件如何准确把握死刑政策？

2. 对被告人拒不供认的毒品犯罪案件，如何综合审查证据？

三、裁判理由

（一）判处二名以上主犯死刑符合罪刑相适应原则的，对罪责稍次的主犯亦可适用死刑

与其他类型的犯罪相比较，共同犯罪是毒品犯罪的一个显著特征。特别是在某些地区，毒品犯罪日益呈现集团化、专业化的趋势，从以往的单人贩运、售卖形式，逐渐发展为上家总销、下家贩运、马仔分售的复合形态；在毒品犯罪不同阶段，组织严密、分工明确，每一环节均由不同的人专门负责，形成相对固定的犯罪模式。对毒品共同犯罪中各犯罪人刑事责任的评价及以此为基础的量刑是一项复杂而细致的工作，对毒品共同犯罪准确把握死刑政策，有赖于对参与毒品犯罪各行为人行为性质的正确认定以及其在共同犯罪中罪责大小的准确判断。

我国《刑法》第四十八条规定“死刑只适用于罪行极其严重的犯罪分子”，这同样是司法实践中对毒品犯罪适用死刑的总体原则。根据历次毒品犯罪案件工作座谈会纪要精神，毒品共同犯罪案件的死刑适用应当与该案所涉毒品数量、社会危害性及被告人的犯罪情节、主观恶性、人身危险性相适应。综观2000年《全国法院审理毒品犯罪案件工作座谈会纪要》（以下简称《南宁会议纪要》）、2008年《全国部分法院审理毒品犯罪案件工作座谈会纪要》（以下简称《大连会议纪要》）、2015年《全国法院毒品犯罪审判工作座谈会纪要》（以下简称《武汉会议纪要》），体现出量刑标准更加明晰、对死刑适用范围的限定更加严格的趋势。关于主犯的死刑适用问题，《南宁会议纪要》规定，“共同犯罪中能分清主从犯的，不能因为涉案的毒品数量特别巨大，就一律将被告人认定为主犯并判处重刑甚至死刑”。该规定相对笼统，标准亦较为概括，没有就如何对多名主犯适用死刑作出明确规定。《大连会议纪要》的标准则稍显具体化，规定“对于共同犯罪中有多个主犯或者共同犯罪人的，处罚上应做到区别对待。应当全面考察各主犯或共同犯罪人在共同犯罪中实际发挥作用的差别，主观恶性和人身危险性方面的差异，对罪责或者人身危险性更大的主犯或者共同犯罪人依法判处更重的刑罚”。《武汉会议纪要》对死刑适用范围的规定仍以主犯为基础，但对可以适用死刑的主犯范围作出了限定，即“涉案毒品数量刚超过实际掌握的死刑数量标准，依法应当适用死刑的，要尽量区分主犯间的罪责大小，一般只对其中罪责最大的一名主犯判处死刑……二名主犯的罪责均很突出，且均具有法定从重处罚情节的，也要尽可能比较其主观恶性、人身危险性方面的差异，判处二人死刑要特别慎重”。由此可见，同一案件中存在多名主犯时，对于适用死刑的范围的限定日趋严格。但同时，《武汉会议纪要》也规定：“涉案毒品数量达到巨大以上，二名以上主犯的罪责均很突出，或者罪责稍次的主犯具有法定、重大酌定从重处罚情节，判处二人以上死刑符合罪刑相适应原则，并有利于全案量刑平衡的，可以依法判处。”由此，我们认为，同一案件存在多名主犯的，在适用死刑时应遵循两个基本原则：一是慎重适用死刑，在符合法律规定和政策精神的情况下，尽量只对其中罪责最大的一名主犯适用死刑；二是不存在机械的死刑适用的“人数指标”，判处二人以上死刑符合罪刑相适应原则，并有利于全案量刑平衡的，可以依法判处。

1. 对于涉案毒品数量刚超过实际掌握的死刑数量标准，依法应当适用死刑的，一般只对其中罪责最大的一名主犯适用死刑

司法实践中，对于毒品犯罪的量刑通常遵循“数量加情节”的原则，毒品犯罪数量对毒品犯罪的定罪，特别是量刑具有重要的基础性影响，在某种意义上直接关系到对被告人能否适用死刑。当然，毒品数量并不是毒品犯罪量刑的唯一考虑因素，还要综合考虑被告人的犯罪情节、危害后果、主观恶性等多种因素。《武汉会议纪要》即体现了这一精神，依据该纪要的规定，对于涉案毒品数量刚超过实际掌握的死刑数量标准，依法应当适用死刑的，各主犯间的作用能够区分主次

的，对于罪责稍次的主犯一般可不适用死刑。

2. 涉案毒品数量达到巨大以上，罪责稍次的主犯具有法定、重大酌定从重处罚情节，判处二人以上死刑符合罪刑相适应原则，并有利于全案量刑平衡的，可以依法判处

在涉案毒品数量达到巨大以上的情况下，判处罪责稍次的主犯死刑仍需具备两个条件：一是判处二人以上死刑符合罪刑相适应原则，并有利于全案量刑平衡；二是具有法定或重大酌定从重处罚情节。关于法定或重大酌定从重处罚情节的范围，通常包括：(1)累犯、毒品再犯、毒枭、职业毒犯等主观恶性深、人身危险性大的犯罪分子；(2)属于走私、制造毒品和大宗贩卖毒品等源头性犯罪的；(3)武装掩护走私、贩卖、运输、制造毒品的，或以暴力抗拒检查、拘捕，情节严重的；(4)利用、教唆未成年人实施毒品犯罪，或者向未成年人出售毒品的；(5)其他反映被告人主观恶性深、人身危险性大的情节。

在本案中，被告人常茂在共同犯罪中起组织、指挥作用，系罪责最突出的主犯；被告人吴江虽亦系主犯，但其在常茂指挥下负责具体环节的实施，地位和作用小于常茂，系罪责稍次的主犯。最终核准吴江死刑的理由主要是：(1)涉案毒品数量特别巨大。常茂、吴江伙同他人运输毒品海洛因42.52千克、甲基苯丙胺5.965千克，无论是在案发地还是全国，涉毒数量之大，均不多见，这是本案决定死刑适用的重要基础性情节。(2)本案系导致毒品入境的大宗毒品源头性犯罪。近年来境外毒源地对我国毒品渗透不断加剧，云南是缅北毒品向我国渗透的主要通道，毒品入境形势严峻，且大宗毒品犯罪案件多，必须进一步加大打击力度，以震慑毒品犯罪分子，从源头上遏制毒品犯罪。本案中，常茂组织多人从中缅边境接取大宗毒品后在境内运输，吴江直接负责安排人员接取毒品，系致使毒品入境的源头性犯罪，应从严惩处。(3)对吴江适用死刑有利于全案量刑平衡。常茂在共同运输毒品中固然居于总指挥的地位，但本案有多人参与，被告人吴江仅是略次于常茂，相对于其他同案被告人，吴江的地位、作用更为突出；同案被告人王定坤等人的地位和作用均次于吴江，法院依法对王定坤判处死刑，缓期二年执行，对吴江适用死刑有利于全案量刑平衡。综合来看，本案涉案毒品数量特别巨大，系致使毒品入境的大宗毒品源头性犯罪，社会危害极为严重，又具有一定的经营性和组织性，系打击的重点，核准常茂、吴江二人死刑更能体现罪刑相适应。

(二)被告人拒不供认犯罪，但其他证据确实、充分的，可以依法认定相关案件事实

毒品犯罪隐蔽性极强，收集证据的难度高，很多案件的细节需要靠被告人供述来加以证实，因此被告人的供述成为毒品犯罪案件中使用率最高的证据之一。而毒品犯罪的被告人往往具有一定的反侦查能力，尤其是在可能判处死刑的案件中，被告人翻供甚至自始至终不供认犯罪的情况十分常见。对于被告人拒不供认犯罪的案件，应当结合全案证据进行综合分析，审查被告人的无罪辩解是否成立，若其他证据确实、充分、能够证明被告人有罪的，可以依法对被告人定罪处刑。

本案是一起共同犯罪案件，被告人常茂通过电话联络的方式，组织、指挥被告人吴江、吴庆、王勇接取毒品，后交由王克坤、赵泽领、赵成等运输。常茂未直接参与运输犯罪、未直接接触毒品，到案后始终拒不供认犯罪，认定常茂是否参与犯罪及其在共同犯罪中的地位和作用成为本案的关键。综合现有证据，可认定常茂组织、指挥他人运输毒品的犯罪事实，具体分析如下：

1. 公安人员从常茂住处及车内查获手机、笔记本、存款业务凭条等证据，这是确认常茂与本案有关联的基础。(1)从常茂住处查获9部手机，在案发时间段分别与在案其余各被告人有数十次密集通话，其中有些通话长达一两个小时。(2)从常茂住处及包内查获3个笔记本，其中绿色笔记本上所记载的多个手机号码在到案的各被告人处提取，黑色笔记本和几何作业本上记载了

部分被告人的代号、运输毒品途中需经过的主要地点、距离、运输中的分工、代号和暗语。(3)从常茂车内及手包内提取到吴江、赵泽领账户的存款业务凭条等书证,吴江供述账户被常茂用以支付毒资、赵泽领供述按照常茂的安排通过银行卡向吴江的账户转账。

2. 有多名被告人指认常茂参与犯罪,多次供述之间相互印证,高度可信。吴江始终稳定供认系受常茂指使,其余被告人均系常茂组织和指挥;王勇曾供称系由常茂组织和指挥;赵泽领供称系受常茂纠集和指挥;赵成在侦查阶段曾供述经王克坤介绍后帮常茂运输毒品。

3. 常茂之弟常语宏、女友之弟吴彪均证明常茂于案发时间段安排其驾车查看有无警察以探路,佐证常茂参与犯罪。

4. 常茂的无罪辩解与现有证据不符。(1)常茂辩称提取在案的笔记本与其本人无关,其辩解与笔迹鉴定意见所证笔记本上的字迹系由常茂所留相矛盾;(2)常茂辩称在其住处查获的手机系捡得,其辩解与上述手机在案发时间段与其余6名被告人持有的号码均保持密集通话相矛盾;(3)常茂辩称不知道存款凭证等系由何人留在其车内,其辩解与其手机内存有上述存款凭证所记载账号的短信及同案被告人吴江、赵泽领的供述相矛盾。

综上,被告人常茂的无罪辩解与在案证据明显不符,不予采信;根据在常茂住处及车内查获的手机、笔记本、存款凭条以及吴江等同案被告人的有罪供述,足以认定常茂组织、指挥他人运输毒品的犯罪事实。

(撰稿:最高人民法院刑一庭　崔祥莲
审编:最高人民法院刑一庭　管应时)

[第1369号]高某某故意伤害案

——死刑缓期执行期间故意犯罪案件"情节恶劣"的把握

【关键词】 死刑缓期执行　故意犯罪　情节恶劣　溯及力

一、基本案情

被告人高某某,男,1985年7月30日出生。2014年1月3日因犯故意杀人罪被河南省许昌市中级人民法院判处死刑,缓期二年执行,剥夺政治权利终身,并限制减刑。2014年7月12日经河南省高级人民法院裁定核准。

河南省许昌市人民检察院指控被告人高某某在死刑缓期执行期间又犯故意伤害罪,向河南省许昌市中级人民法院提起公诉。

河南省许昌市中级人民法院经审理查明:被告人高某某因犯故意杀人罪被判处死刑,缓期二年执行,剥夺政治权利终身,并限制减刑,2014年8月7日入某省第三监狱服刑。2014年8月23日下午,高某某被同监狱罪犯张某某(被害人)打骂,便怀恨在心。2014年8月24日午饭后,高某某趁张某某在监舍休息之际,将放在监舍门口的暖水瓶内的开水,倒在趴在床上睡觉的张某某的面部、颈部、肩部、背部等处,致张某某被烫伤。经鉴定,张某某的损伤程度为轻伤一级。

河南省许昌市中级人民法院认为,被告人高某某主观上有伤害他人的故意,客观上实施了伤害他人的行为,并造成了被害人轻伤一级的后果,其行为已构成故意伤害罪。鉴于被害人对本案的引发存在过错,可以对高某某从轻处罚。依照《中华人民共和国刑法》第二百三十四条第一款、

第六十一条之规定，判决如下：

被告人高某某犯故意伤害罪，判处有期徒刑一年；依据《中华人民共和国刑法》第五十条第一款（此处指《刑法修正案（九）》修正前的条款）、《中华人民共和国刑事诉讼法》第二百五十条第二款、《最高人民法院关于适用〈中华人民共和国刑事诉讼法〉的解释》第四百一十五条第二款之规定，本判决生效以后，层报最高人民法院核准对被告人高某某执行死刑。

一审宣判后，在法定期限内没有上诉、抗诉。河南省许昌市中级人民法院依法报请河南省高级人民法院复核。

河南省高级人民法院裁定同意原判，同时依法报请最高人民法院核准。

最高人民法院复核认为，被告人高某某在死刑缓期执行期间，用开水浇烫他人身体，致人轻伤一级，其行为构成故意伤害罪，但鉴于被害人在本案起因上具有明显过错等情节，高某某故意犯罪尚未达到情节恶劣的程度，第一审判决和复核审裁定对高某某决定执行死刑的刑罚不当。根据《中华人民共和国刑法》第五十条第一款（此处指经《刑法修正案（九）》修正后的条款）、《中华人民共和国刑事诉讼法》第二百三十九条和《最高人民法院关于执行〈中华人民共和国刑事诉讼法〉的解释》第三百五十条第（五）项、第三百五十三条第一款之规定，裁定如下：

不核准河南省高级人民法院同意第一审决定对被告人高某某执行死刑，剥夺政治权利终身的刑事裁定，并发回重审。

河南省许昌市中级人民法院经重审后认为，被告人高某某在死刑缓期执行期间，在受到同监室服刑人员被害人张某某打骂后，不通过正当渠道反映，而是伺机报复，致张某某轻伤一级，应以故意伤害罪追究高某某的刑事责任，但鉴于高某某因工作慢受到被害人的打骂，不存在不服管教、故意违反监规的问题；张某某在本案起因上存在明显过错，系引发高某某此次犯罪的主要原因。故对高某某所犯故意伤害罪予以从轻处罚，高某某的行为不属"情节恶劣"。依照《中华人民共和国刑法》第二百三十四条、第七十一条、第五十条第一款、第六十七条第三款、第六十九条、第六十一条之规定，判决如下：

被告人高某某犯故意伤害罪，判处有期徒刑一年；与其前犯故意杀人罪所判处的刑罚并罚，决定执行死刑，缓期二年执行，剥夺政治权利终身，对被告人高某某限制减刑。

宣判后，被告人未提出上诉，检察机关亦未抗诉。判决已发生法律效力。

二、主要问题

（一）《刑法修正案（九）》对死刑缓期执行期间故意犯罪的规定对修正案施行前所判处的死缓罪犯及其于修正案施行前实施的故意犯罪有无溯及力？

（二）死刑缓期执行期间故意犯罪"情节恶劣"应如何把握？

（三）死刑缓期执行期间故意犯罪案件的审理程序应如何适用？

三、裁判理由

（一）《刑法修正案（九）》关于死刑缓期执行期间故意犯罪"情节恶劣的"才能执行死刑的规定，应当适用于该修正案实施之前已经判决并生效的死刑缓期执行罪犯

死刑缓期执行是我国特有的一种刑罚执行制度，自1979年《刑法》实施以来，先后经过两次修改。根据1979年《刑法》第四十六条的规定，对于判处死刑缓期执行的罪犯，在死刑缓期执行期间，"如果抗拒改造情节恶劣，查证属实的，由最高人民法院裁定或者核准，执行死刑"。1997年《刑法》第五十条对死缓罪犯变更执行死刑的条件作出修改，规定"如果故意犯罪，查证属实的，由最高人民法院核准，执行死刑"，限定了死缓罪犯变更为执行死刑的范围，要求抗拒改造的行为表现必须构成故意犯罪，才能考虑执行死刑。2015年11月1日施行的《刑法修正案（九）》对《刑

法》第五十条再次作出修改，规定"如果故意犯罪，情节恶劣的，报请最高人民法院核准后执行死刑；对于故意犯罪未执行死刑的，死刑缓期执行的期间重新计算，并报最高人民法院备案"。这一修改，进一步严格了死刑缓期执行罪犯变更执行死刑的条件，要求该罪犯不但要有故意犯罪行为，而且必须达到"情节恶劣"的程度，才能变更为执行死刑。与1997年《刑法》相比，《刑法修正案（九）》的规定对于死刑缓期执行罪犯故意犯罪的刑罚处理更轻，根据《刑法》第十二条"从旧兼从轻"的溯及力原则，该规定对于2015年11月1日之前判处的死刑缓期执行罪犯及这一类罪犯在2015年11月1日之前实施的故意犯罪行为，均应予以适用。因此，《最高人民法院关于〈中华人民共和国刑法修正案（九）〉时间效力的解释》第二条规定，"对于被判处死刑缓期执行的犯罪分子，在死刑缓期执行期间，且在2015年10月31日以前故意犯罪的，适用修正案刑法第五十条第一款的规定"。

具体到本案中，罪犯高某某于2014年7月12日被河南省高级人民法院裁定核准死刑，缓期二年执行，并限制减刑。2014年8月23日又再犯故意伤害罪，依照当时有效的《刑法》（《刑法修正案（九）》实施之前的1997年《刑法》）第五十条第一款之规定，应当报请最高人民法院核准后执行死刑，故第一审判决和复核审裁定决定对高某某执行死刑在当时是适当的。但在最高人民法院复核期间，《刑法修正案（九）》实施，因高某某的死刑执行裁定尚未生效，根据从旧兼从轻的原则，即应当适用修正后的《刑法》第五十条第一款规定予以审查。在最高人民法院不予核准并发回重审后，某某中级人民法院适用修正后的《刑法》第五十条第一款规定作出判决，也是正确的。

（二）死刑缓期执行期间故意犯罪"情节恶劣"的认定，应当根据故意犯罪的动机、手段、造成的危害后果等犯罪情节，并结合罪犯在缓期执行期间的改造、悔罪表现等，综合作出判断

根据修正后《刑法》第五十条第一款的规定，对于被判处死刑缓期执行的罪犯，如果在死刑缓期执行期间故意犯罪，情节恶劣的，报请最高人民法院核准后执行死刑。这里的"情节恶劣"该如何把握，目前尚没有司法解释予以规定。有观点认为，应当与《刑法》其他故意犯罪条文中规定的"情节恶劣"作同一理解；也有观点认为，应当以其故意犯罪所判处的刑罚为准，凡被判处三年有期徒刑以上刑罚或者五年有期徒刑以上刑罚的，均应当执行死刑。

我们认为，这两种观点均存在不妥之处，理由如下：

第一，现行《刑法》分则中关于"情节恶劣"的规定共有十条，其中危险驾驶罪，出版歧视、侮辱少数民族作品罪，打击报复会计、统计人员罪，虐待罪，遗弃罪，寻衅滋事罪，虐待部属罪，遗弃伤病军人罪，虐待俘虏罪九个条文将"情节恶劣"规定为构成犯罪的基本条件，也就是说，属于入罪条款，针对的是故意犯罪的一般情形；另外，就是强奸罪条文中"强奸妇女、奸淫幼女情节恶劣的"处十年以上有期徒刑、无期徒刑或者死刑的规定。如果将"情节恶劣"理解为故意犯罪的一般情形，意味着所有的故意犯罪都属于"情节恶劣"的情形，就抵消了《刑法修正案（九）》对死缓罪犯故意犯罪执行死刑增加"情节恶劣"这一限制条件的意义，无疑不符合立法的原意。如果将"情节恶劣"理解为强奸罪条文中所规定的可能判处十年有期徒刑以上刑罚的严重情形，则死缓罪犯变更执行死刑的条件过于严格，既不符合民意，也不利于刑罚执行机关对罪犯的改造和管理。

第二，在我国刑法理论中，"情节恶劣"既包括对被告人主观心态或人格的判断，也包括对其客观行为表现的判断。死缓罪犯在监狱的封闭环境中可能实施的犯罪种类有限，但也存在死缓罪犯由于脱逃或者其他原因而脱管于社会的可能性，在后一种情况下，其可能实施一般自然人为主体的大多数种类犯罪。在死缓罪犯是否变更执行死刑的问题上，如果按其故意犯罪可能判处的刑罚搞"一刀切"，也不能应对实践中千差万别的情形。

因此，合理的做法是通过追本溯源，从"为什么对被告人缓期执行"出发来寻找"为什么对被告人执行死刑"的答案，换句话说，设置死缓制度的目的决定了死缓的适用条件，同样也就决定了死缓的撤销条件。

死缓制度设置的目的是减少和限制死刑，体现了社会主义人道精神。《刑法》第四十八条规定："死刑只适用于罪行极其严重的犯罪分子。对于应当判处死刑的犯罪分子，如果不是必须立即执行的，可以判处死刑同时宣告缓期二年执行。"对该规定应当从以下两个方面理解：一方面，死刑缓期执行不是一种独立的刑种，而是死刑的一种执行方法，是对于本应当判处死刑的犯罪分子，考虑其存在一定情节，因此对其死刑不予立即执行，而是判决缓期二年执行，予以考察，以观后效。这就决定了死缓的适用对象仍是罪行极其严重的犯罪分子。另一方面，刑事责任的评价要素既包括犯罪行为的社会危害性大小，也包括犯罪人的主观恶性和人身危险性大小。死刑适用于社会危害性极为严重的罪行，在判断被告人所判处死刑是否属于"不是必须立即执行"的情形，还要从其主观恶性和人身危险性方面来分析，能否给其一个改过自新、重新做人的机会。因而，对于罪犯在缓期执行期间的故意犯罪，判断是否属于"情节恶劣"应予执行死刑，也应从其所犯新罪体现出来的主观恶性和人身危险性来评价。在司法实践中，判断是否达到"情节恶劣"的程度，可以根据犯罪的动机、手段、造成的危害后果等犯罪情节，并结合罪犯在缓期执行期间的改造、悔罪表现等，综合作出判断。具体而言：

1. 从犯罪原因上看，如果死缓罪犯所犯新罪事出有因，被害人有一定的过错或者责任，或者说系受被害人刺激而为，则说明该罪犯主观上并没有积极地对抗改造；如果其出于狭隘心态而针对他人或者不特定多数人实施犯罪，并且没有可归责于该罪犯以外的原因，则充分说明其主观上仍抱有仇恨社会的心态、抗拒改造。

2. 从犯罪手段及后果上看，如果被告人的犯罪手段节制，未造成特别严重后果，说明其内心对法制尚有敬畏之心，仍有改造余地；如果其行为毫无节制，受制于意外因素才被终止，或者造成特别严重的后果，则说明其行为不计后果，无视甚至蔑视法制，没有再改造的可能性。

3. 从死缓罪犯在缓期执行期间的整体表现来看，如果其在考验期间一贯表现不好，经常有不服管教、故意违反监规的行为，说明其主观上具有拒绝改造的心态，认定其故意犯罪是否属于"情节恶劣"时应当将这些情况考虑进来，从严对待；如果其在考验期间一贯表现良好，积极接受改造，则认定其故意犯罪是否属于情节恶劣时也应当结合其平时表现，从宽对待。

4. 死缓罪犯新犯故意犯罪被判处三年有期徒刑以上刑罚或者五年有期徒刑以上刑罚的，可以作为判断"情节恶劣"的重要参考，但不能一概而论，仍应结合上述三个情节予以综合判断。比如，对于被告人出于正当防卫的目的而实施故意杀人或者故意伤害犯罪，可能也会被判处五年以上有期徒刑，但如果绝对认定这种情况下即应执行死刑，恐怕与社会公众的道德价值观念也相违背；如果死缓罪犯实施以不特定多数人为犯罪对象的故意犯罪，如实施放火、爆炸、决水、投毒等，即使因未遂仅被判处三年以上五年以下有期徒刑的，但犯罪已反映出该罪犯极端仇视社会的心理和反社会人格，主观恶性和人身危险性极大，也应当判决报请最高人民法院核准死刑。

具体到本案中，从犯罪前因上看，罪犯高某某因劳动速度慢而被作为同监罪犯的被害人多次扇耳光并辱骂，并不存在不服管教，故意违反监规、对抗改造的问题，被害人在本案起因上存在明显的过错；从其犯罪表现上看，也是出于泄愤之举，并非要严重伤害被害人；而且高某某于2014年8月7日入监狱服刑，8月24日再犯故意伤害罪，实际接受监狱改造时间很短，就此判定其不服管教、抗拒改造，会有"不教而诛"之嫌。

综合以上考虑，认定高某某的故意犯罪不属于"情节恶劣"，对其不执行死刑，是适当的。

（三）对死刑缓期执行期间故意犯罪决定不执行死刑的，不需再经过高级人民法院的复核程序；决定执行死刑的，则需要经过最高人民法院核准

根据修正后的《刑法》第五十条第一款的规定，对于被判处死刑缓期执行的罪犯，如果在死刑缓期执行期间故意犯罪，情节恶劣的，报请最高人民法院核准后执行死刑；对于故意犯罪未执行死刑的，死刑缓期执行的期间重新计算，并报最高人民法院备案。《最高人民法院关于对死刑缓期执行期间故意犯罪未执行案件进行备案的通知》第二条指出："中级人民法院判决对死刑缓期执行期间故意犯罪不执行死刑的，不需要再报高级人民法院核准。"之所以对故意犯罪未执行死刑的不再报高级人民法院核准，是因为死刑（死缓刑）复核的主要目的是确定生效判决所认定死刑罪名的相关事实清楚、适用法律正确、对被告人判处的死缓适当，对于这类罪犯来说，其原来所判处的死缓已经经过高级人民法院的复核程序予以核准，再次上报的话，高级人民法院复核的主要对象仍是原判处死缓刑罪名的事实认定、法律适用及量刑问题，从诉讼经济的角度出发，没有必要再重复一次复核工作。而对于一审、二审裁判决定执行死刑的情形，因为最高人民法院是《刑法》规定的唯一死刑核准机关，而原来的死缓判决并未经最高人民法院复核，因此，应当报请最高人民法院核准。根据上述规定，对于死刑缓期执行期间故意犯罪的案件，在审理程序上应当作如下把握：

1. 如果一审判决不执行死刑，控辩双方不提出上诉、抗诉，或者控辩双方提出上诉（认为自己无罪或者不构成故意犯罪）、抗诉（认为应当执行死刑）而高级人民法院二审维持一审不执行死刑判决的，该一审判决即发生法律效力，不需由高级人民法院进行复核程序；或者一审判决对被告人执行死刑，控辩双方提出上诉或抗诉，高级人民法院二审改判不执行死刑的，即为终审判决；上述情形均应当将被告人移交监狱执行刑罚，同时将判决层报最高人民法院备案审查。如果高级人民法院和最高人民法院在备案审查中认为生效裁判确有错误的，按照审判监督程序予以纠正。

2. 如果一审判决决定对被告人执行死刑，控辩双方不提出上诉，或者控辩双方提出上诉（认为自己无罪、不构成故意犯罪的或者不应当执行死刑）、抗诉（认为不应当执行死刑）而高级人民法院二审维持一审执行死刑判决的；或者一审判决对被告人不执行死刑，检察机关提出抗诉而高级人民法院二审改判对被告人执行死刑的，应当报请最高人民法院核准。

（撰稿：河南省高级人民法院　蔡智玉
审编：最高人民法院刑四庭　周　峰）

八、量　刑

[第994号]黄志坚故意杀人案

——逆向情节并存时如何把握量刑的一般原则以及因民间纠纷激化行凶杀人,既具有杀死纠纷一方成年人,杀死、杀伤无辜儿童等从重处罚情节,又具有自首等从轻处罚情节的,如何准确把握量刑尺度

【关键词】　逆向情节　量刑原则　量刑尺度

一、基本案情

被告人黄志坚,男,1975年9月1日出生,个体户。2010年4月30日因涉嫌犯故意杀人罪被逮捕。

福建省厦门市人民检察院以被告人黄志坚犯故意杀人罪,向厦门市中级人民法院提起公诉。

被告人黄志坚及其辩护人基于以下理由提请法庭对其从轻处罚:本案系事出有因,黄志坚系义愤杀人;被害人具有过错且对矛盾激化负有主要责任;黄志坚具有自首情节,且有认罪、悔罪表现,能够部分赔偿给被害人家属造成的经济损失。

厦门市中级人民法院经审理查明:2009年以来,被告人黄志坚与被害人黄朝法(殁年61岁)两家人因土地租金、饲料款、邻里纠纷等矛盾经常吵架。在黄朝法的儿子黄某敏自杀后,黄朝法的儿媳吴某某认为是黄志坚夫妇造成的,因此经常到黄志坚的养猪场吵闹,两家之间的矛盾进一步加深。2010年4月18日16时许,吴某某与黄志坚的妻子王某某发生争吵进而打斗,双方均受伤。之后,黄朝法到黄志坚的养猪场找黄志坚理论并发生争执,黄志坚即持钢管多次击打黄朝法头部,致黄朝法受伤倒地。随后,黄志坚又冲到黄朝法家中,持钢管击打黄朝法的孙子被害人黄以轩(殁年4岁)、孙女黄以晴(时年9岁)、妻子李劝(时年54岁),致三人先后受伤倒地。尔后,黄志坚返回其养猪场,见受伤的黄朝法欲起身离开,再次持钢管击打其头部、颈部,致黄朝法当场死亡。黄以轩经送医院抢救无效于同月26日死亡。经鉴定,黄朝法、黄以轩均系因头部遭钝性物体打击致重度颅脑损伤死亡,黄以晴所受损伤为重伤,伤残等级为九级,李劝所受损伤系轻伤,伤残等级为八级。黄志坚作案后即拨打110报警并带领公安人员到案发现场,向公安人员如实供述了犯罪事实。

厦门市中级人民法院认为,被告人黄志坚因民间矛盾纠纷,采用持钢管击打头部的方式故意非法剥夺他人生命,致二人死亡、一人重伤、一人轻伤的严重后果,其行为构成故意杀人罪。公诉机关指控的犯罪事实清楚,证据确实、充分,指控的罪名成立。虽然黄志坚犯罪后自动投案并如实供述罪行,具有自首情节,且其家属能代为赔偿被害人家属的部分经济损失,但黄志坚除杀害与其有矛盾纠纷的被害人外,还将无辜幼童作为犯罪对象,造成两名未成年被害人一死、一重伤的严重后果,犯罪手段极其残忍,后果极其严重,不足以从轻处罚。据此,依照《中华人民共和国刑法》第二百三十二条、第六十七条第一款、第五十七条第一款、第六十四条、第三十六条第一款之规定,厦门市中级人民法院以被告人黄志坚犯故意杀人罪,判处死刑,剥夺政治权利终身。

一审宣判后,被告人黄志坚不服,向福建省高级人民法院提起上诉。

福建省高级人民法院经审理认为,原判认定的事实清楚,证据确实、充分,定罪准确,量刑适当,审判程序合法,遂裁定驳回上诉,维持原判,并将维持判处上诉人黄志坚死刑的裁定部分依法报请最高人民法院核准。

最高人民法院经复核审理认为,被告人黄志坚因不能正确处理邻里纠纷,持金属水管故意剥夺他人生命,其行为构成故意杀人罪,且致二人死亡,一人重伤,一人轻伤,犯罪手段极其残忍,后果和罪行极其严重,依法应当严惩。其虽有自首情节,但不足以从轻处罚。第一审判决、第二审裁定认定的事实清楚,证据确实、充分,定罪准确,量刑适当,审判程序合法。据此,最高人民法院依法裁定核准被告人黄志坚死刑。

二、主要问题

1. 逆向情节并存时如何把握量刑的一般原则?

2. 因民间纠纷激化行凶杀人,既具有杀死纠纷一方成年人,杀死、杀伤无辜儿童等从重处罚情节,又具有自首等从轻处罚情节的,如何准确把握量刑尺度?

三、裁判理由

刑事审判实践中,一案具有多种量刑情节的现象并不鲜见,而且具体形态较为复杂。混合的多种量刑情节既可能是同向的,如都是从宽情节,或都是从严情节,也可能是逆向的,如从严与从宽情节并存。进一步细分,同向或逆向量刑情节又有从轻、减轻和免除处罚情节,从重和加重处罚情节,法定和酌定情节,应当情节和可以情节,罪前、罪中与罪后情节等种种区别。本案即是多个逆向情节(或称冲突情节)并存,争议焦点在于,本案既存在从严情节,又有从宽情节,量刑时如何把握从宽与从严的尺度。

(一)逆向情节并存时量刑把握的一般原则

1. 逆向情节并存时量刑的基本步骤

《最高人民法院关于常见犯罪的量刑指导意见》(以下简称《量刑意见》)规定:“量刑时要充分考虑各种法定和酌定量刑情节,根据案件的全部犯罪事实以及量刑情节的不同情形,依法确定量刑情节的适用及其调节比例……具体确定各个量刑情节的调节比例时,应当综合平衡调节幅度与实际增减刑罚量的关系,确保罪责刑相适应。”虽然《量刑意见》主要是用于规范有期徒刑刑罚裁量时的标准,在拟适用死刑、无期徒刑刑种时无法体现各量刑情节的调节比例,但《量刑意见》所体现的罪责刑相适应等量刑基本原则和综合分析平衡的基本方法,对包括死刑案件在内的所有刑事案件,均具有参考和借鉴意义。

根据上述精神,基于量刑情节的复杂性,就本案所涉及的逆向情节并存的情况而言,我们认为,应当综合比较分析后予以判断。具体而言,包括三个步骤:一是考察案件各量刑情节对于量刑的影响程度。二是将这些情节对量刑的影响程度的大小进行分析比较,考察是否有一方情节占据较显著的优势。对于显著优势情节,一般应当在综合案情的前提下优先适用。三是如果逆向情节相互间并无优势而大致相当(主要是指只有从轻情节和从重情节并存的情形),则先考虑从重情节估量出刑种与刑度,然后考虑从轻情节,确定最终的刑罚。

2. 准确适用优势量刑情节应当把握以下原则

(1)罪中情节一般优于罪前、罪后情节。以犯罪情节与犯罪行为在时间上的先后关系为准,可分为罪前情节、罪中情节、罪后情节。罪前情节一般是指犯罪实施前的情节,如案发起因、一贯表现等;罪中情节一般是指犯罪过程中的各种情节,如犯罪手段、犯罪后果等;罪后情节一般是指犯罪后的态度,如案发后行为、悔罪态度等。罪中情节与犯罪构成紧密相关,是影响罪行的情节,反映了犯罪行为的事实要素，直接体现了犯罪行为社会危害性的大小。罪前、罪后情节主要是反映行为人主观恶性与人身危险性的情节，体现犯罪起因、动机、悔罪态度等。一般情况下，罪中情节对量刑的影响更为关键和重要。

(2)单一的应当型情节与可以型情节相比，单一的法定情节与酌定情节相比，前者一般为优势情节。应当型情节是对法定情节必须适用的绝对性规定，可以型情节则仍然有一定选择适用的余地；法定情节是刑法明文规定需要在量刑时考虑的情节，而酌定情节则是根据刑事政策和刑法精神，在量刑酌定考虑的情节。

(3)从重与减轻情节并存时，减轻情节一般为优势情节。因为从重只能在法定刑幅度内从重，而减轻则是在法定刑以下判处。不论犯罪的情节多么严重，在法定刑以内应当判处多重的刑罚，一旦适用减轻处罚，就应当依法在法定刑以下判处。此种情况下，即使有从重情节，也不应改变在法定刑以下判处刑罚的情况。因此，减轻情节对于从重处罚而言属于优势情节。具体操作时，应当在与罪行相应的法定刑最低刑的下一格量刑幅度内，估量出一定的刑罚，而后在该量刑幅度内，再从重处罚。

(4)从重与免刑情节并存时，免刑情节一般为优势情节。有观点认为，免刑情节是对一切可罚情节的彻底否定，是对任何法定刑罚的免除，故在从重与免刑情节并存时，应当不考虑从重处罚而直接裁量决定免除处罚。我们认为，对此应当综合分析，不宜过于绝对。我国刑法没有规定免刑的单一功能情节，免刑情节多以“从轻、减轻或者免除处罚”的多功能情节出现，可见立法者对免刑情节的规定较为慎重。在同时存在免除处罚和从重情节的情况下，一般应当慎用免刑情节。一般情况下，在多功能情节中选择是否免除处罚时，应当首先估量免刑情节对量刑结果的影响，而后再考虑从重情节，并“尽可能缩小从重处罚的分量”，以罪刑相适应原则为指引，谨慎决定是否免除处罚。另外，虽然从重情节与免刑情节并存时，是否免除刑罚应当慎重，但最终的量刑一般应当轻于从重与减轻情节并存的情形。

(5)优势情节可以由多个同向情节累积形成。如行为人实施诈骗行为刚达到当地数额巨大的标准，又系累犯，应当在三年以上有期徒刑从重处罚，但又存在自首和重大立功情节，且在共同诈骗中系从犯，则应当将以上从宽情节与从严情节各自累积后比较，相较之下从宽的情节占据优势，综合衡量后，对行为人可判处三年以下有期徒刑。

(6)应当型情节相对于可以型情节、法定情节相对于酌定情节的优势不是绝对的。我们认为，优势情节是相对而言，优势一方必须要综合全案不同情节的地位作用加以分析判断，一般不存在只要单一出现就完全排除其他任何逆向情节适用的绝对优势情节。优势情节的确立及其适用，必须牢牢把握罪责刑相适应原则，依据法律规定，通过综合分析来比较各种量刑情节对量刑结果的影响，最终决定实际的刑罚。

3. 关于从重与从轻情节并存难以确定优势情节时的量刑适用

从重情节与从轻情节并存的情况比较常见，这种逆向情节并存的情况往往难以确定优势一方。此种情况下，一般应当先考虑所有的从重处罚的情节，在此基础上先拟定一个要判处的刑罚，之后在从重处罚的基础上再考虑所有的从轻处罚情节，将拟处的刑罚幅度向下适当降低，即“先从重再从轻”。

有观点认为，先考虑从重情节，会导致在任何情况下，趋严的情节都是优先的、首要的情节，因此不利于被告人，也不利于司法机关公正合理地量刑。其实，这种观点是对本方法的误读。因为，并非先考虑哪个情节，哪个情节就更重要：先考虑从重情节，可在法定刑内确定上限，使裁判者明晓本案所能判处刑罚或者刑期的顶点；再从轻，可以使从轻情节得到充分体现。在此种方法下可以出现在法定刑下限判处的情况，有利于被告人。反之，如果采用先从轻后从重的方法，貌似优先考虑和趋向于从轻，但实际上则不利于从轻情节的体现：一是即使裁判者在先考虑从轻时已到了法定刑下限，再考虑从重则势必要在刑罚或者刑期上予以提升，难以出现在法定刑下限判处的情况；二是采取先轻后重往往在实际考虑从重情节时难以把握限度，有“上浮过限”的可能，导致从轻情节作用被弱化。综上，采取“先从重再从轻”，相较之下对被告人更为有利，符合刑法的谦抑性。

需要指出的是，从重、从轻的量刑适用顺序，不仅在操作上应当准确，而且在裁判文书中也应当清晰反映。否则，就可能造成量刑不当的误读。如某被告人参与抢劫，系共同犯罪中的从犯，但系累犯，一审判决表述为：被告人系从犯，应当从轻处罚，又系累犯，应当从重处罚，最终对其判处有期徒刑三年。检察机关认为，既然从犯应当从轻，从轻到了法定刑下限就是三年有期徒刑，那么之后表述的累犯这一从重情节根本没有体现，于是提起抗诉。此系文书表述中的“近因效应”，如果先表述从重再表述从轻，则从逻辑上在法定刑下限判处也就能够成立，不至于造成逻辑上的混乱和理解上的偏差。

（二）本案中逆向情节并存时如何考量

本案即是一起从宽情节与从严情节逆向并存的案件。我们认为，应当以综合比较的方法对本案并存的逆向情节加以分析，最终确定应当判处的刑罚。

本案的从严情节包括：(1)被告人黄志坚在与邻居发生矛盾时不能以合法方式正确对待和处理，以无辜妇孺为泄愤对象，致二死（含一幼童）、一重伤（幼童）、一轻伤（妇女、八级伤残），罪行及后果极为严重，社会危害极大。(2)黄志坚在整个作案过程中有二次加害、入户杀人、杀害无辜妇孺等情节，均体现了黄志坚极为坚决的杀人犯意，以及为泄愤而滥杀无辜的极深的主观恶性。

本案的从宽情节包括：(1)案发起因是由于民间矛盾、邻里纠纷激化引发，属于《最高人民法院关于贯彻宽严相济刑事政策的若干意见》中所列可以酌定从轻处罚的情节；(2)被告人作案后具有自首情节，系法定的从轻处罚情节。

经对本案两种逆向情节加以综合分析判断，我们认为，本案中从严情节具有比较明显的优势，理由如下：

1. 本案的从重情节多属于罪中情节，而从宽情节多属于罪前、罪后情节。如前所述，罪中情节更能直接体现犯罪行为本身的危害性，在犯罪构成上起决定作用，对量刑的影响至关重要。本案的从宽情节如民间矛盾引发、自首，均属于罪前或者罪后情节，而从严情节如作案手段极其残忍、持凶器入户行凶、二次加害、杀人意志极为坚决、犯罪后果极其严重等均为罪中情节。相比之下，从严情节对于量刑的影响更大。

2. 本案的从宽情节程度及价值均有限。“因民间矛盾引发”只是酌定从轻情节，是否从轻处罚需要综合全案考量。经查，被告人黄志坚不仅杀死了与其有矛盾的黄朝法，还迁怒于黄朝法亲属而滥杀无辜，黄志坚与黄朝法之间矛盾的是非曲直暂且不论，年仅4岁的被害人黄以轩、年仅9岁的被害人黄以晴与本案没有任何牵涉，纯属因黄志坚泄愤而无辜遇害，黄志坚犯罪的恶劣程度已超过民间矛盾的范畴。

3. 被告人黄志坚的自首价值有限。刑法规定对于自首的犯罪分子，可以从轻、减轻或者免除处罚。自首制度一方面旨在鼓励犯罪人认罪、悔罪，实现刑罚惩罚和教育的目的，投案主动性、自动性即体现了犯罪人人身危险性的减少；另一方面自首有利于节约司法资源，提高办案效率，减少诉讼成本。本案中，现场幸存的两名被害人均认识被告人且目击了被告人作案，犯罪嫌疑人明确，即使被告人不报案公安人员亦可马上确定其嫌疑并展开抓捕。因此，被告人的投案自首，对于侦破案件的价值相对有限。另外,被告人作案过程中有若干停止继续实施犯罪的节点,如打倒黄朝法后本可不闯入黄朝法家行凶,在黄家行凶后见黄朝法未死时,亦可不予二次侵害,但被告人在各节点均未停止犯罪,反而以坚决的犯意继续行凶杀人,造成极其严重的后果,体现了极深的主观恶性和人身危险性。故被告人自首价值有限,可以不从轻处罚。

4. 本案从严处罚符合相关法律规定及刑事政策的要求。(1)从保护未成年人的角度,本案从重惩处符合当前刑事司法政策。2004 年立法者将“国家尊重和保障人权”写入宪法,保障人权的理念已成社会共识,而包括未成年人在内的弱势群体权益的保障,则属于人权保障中更需要关注的方面。下一代的健康成长,是国家和社会有序、正常发展的基础,未成年人体力和智力不及成人,自我保护和防范能力差,刑法对此特殊群体规定了特殊的保护制度。《关于依法惩治性侵害未成年人犯罪的意见》等一系列司法解释性文件的出台,亦表明我国对于未成年人的刑事司法保护力度在不断增强。(2)从打击严重暴力犯罪的角度分析,对本案被告人黄志坚从重处罚与刑事政策的精神要求一致。严重暴力犯罪危害人民群众的生命健康,一直是我国司法机关打击的重点。《关于贯彻宽严相济刑事政策的若干意见》指出:“对于……严重暴力犯罪……该重判的要坚决依法重判,该判处死刑的要坚决依法判处死刑”“对于罪行十分严重,社会危害性极大,依法应当判处重刑或死刑的,要坚决地判处重刑或死刑”“严惩严重刑事犯罪,必须充分考虑被告人的主观恶性和人身危险性”。《量刑意见》亦规定:“对严重暴力犯罪、毒品犯罪等严重危害社会治安犯罪,在确定从宽的幅度时,应当从严掌握。”可见,以未成年人等弱势群体为犯罪对象的严重暴力犯罪,极大威胁了人民群众安全感,社会危害性极大,社会影响极为恶劣,必须依法严惩。而本案即是一起严重暴力侵害包括未成年人在内的公民生命权及健康权的案件,属于依法应予从严打击的范围。

通过对上述从严情节与从宽情节的综合比较,本案从宽情节在程度和对量刑的影响方面较为有限,相对而言,从严情节性质明确、程度强烈,在对量刑的影响力上占据了较为明显的优势。一、二审法院以被告人黄志坚犯故意杀人罪,依法判处死刑,剥夺政治权利终身,定罪正确,量刑适当。

(撰稿:最高人民法院刑一庭　渠　帆
审编:最高人民法院刑一庭　冉　容)

[第 1012 号]关盛艺盗窃案

——误将非债务人的财物作为债务人的财物加以盗窃的如何定性以及刑事审判中民事纠纷的基础事实严重影响到量刑的是否有必要审查确认

【关键词】 盗窃罪　民事纠纷　量刑

一、基本案情

被告人关盛艺,男,1985 年 9 月 11 日出生。2012 年 5 月 9 日因涉嫌犯盗窃罪被逮捕。

广东省广州市越秀区人民检察院以被告人关盛艺犯盗窃罪,向越秀区人民法院提起公诉。

被告人关盛艺对起诉书指控的事实及罪名均无异议,但辩称其因苏玮拖欠垫付的业务款而到苏玮的物业"13号大院"实施盗窃,属于事出有因,请求法院对其从轻处罚。关盛艺的辩护人基于以下理由提请法院对关盛艺从宽处罚:(1)关盛艺的犯罪动机是基于苏玮拖欠其垫付款而私下取走误以为是苏玮的财物,关盛艺的主观恶性较低,犯罪情节较轻微;(2)关盛艺具有自首情节,依法可以减轻处罚;(3)本案赃物已被退回,没有造成被害人损失;(4)关盛艺是初犯、偶犯,悔罪表现明显。

广州市越秀区人民法院经公开审理查明:2012年7月21日18时许,被告人关盛艺驾驶一辆面包车到广州市越秀区农林上路一横路13号大院,用事先准备的钥匙进入该大院内,窃得谢某放在该处的1张根雕茶几(价值人民币25 000元)后逃离现场。2012年8月8日,关盛艺经传唤后向公安机关投案自首。同月22日,关盛艺将上述赃物上交公安机关。

另查明,广州泽声现代文化传播有限公司(该公司法定代表人为苏玮,以下简称泽声公司)拖欠关盛艺垫付的业务款人民币7 000余元。本案案发前,泽声公司曾在广州市越秀区农林上路一横路13号大院办公。

广州市越秀区人民法院认为,被告人关盛艺以非法占有为目的,秘密窃取他人财物,数额巨大,其行为构成盗窃罪。公诉机关指控关盛艺犯盗窃罪的事实清楚,证据确实、充分,罪名成立,予以支持。关盛艺犯罪后主动向公安机关投案并如实供述自己的罪行,具有自首情节,依法可以减轻处罚。本案赃物已缴回,没有造成被害人损失,酌情可以对关盛艺从轻处罚。公诉机关基于以上述理由建议对关盛艺在"有期徒刑二至三年"的幅度内确定宣告刑的量刑建议合法有理,予以采纳。鉴于关盛艺的主观恶性较小,犯罪后认罪、悔罪态度良好,综合考虑其犯罪动机、情节及社会危害性,可以对其宣告缓刑。关盛艺及其辩护人的从宽处罚量刑意见,予以采纳。据此,依照《中华人民共和国刑法》第二百六十四条,第六十七条第一款,第七十二条,第七十三条第二款、第三款,第五十三条及《最高人民法院关于适用财产刑若干问题的规定》第二条第一款之规定,广州市越秀区人民法院以被告人关盛艺犯盗窃罪,判处有期徒刑二年一个月,缓刑三年,并处罚金人民币五千元。

宣判后,被告人关盛艺未提出上诉,公诉机关亦未提出抗诉,判决已经发生法律效力。

二、主要问题

1. 误将非债务人的财物作为债务人的财物加以盗窃的,如何定性?

2. 刑事审判中民事纠纷的基础事实严重影响到量刑的是否有必要审查确认?

三、裁判理由

(一)误将非债务人的财物作为债务人的财物加以盗窃的,仍应以盗窃罪定罪处罚

本案中,被告人关盛艺为实现自己的债权,使用事先准备的钥匙进入他人院内,将院内存放的价值25 000元的根雕茶几当作债务人的财产运走,对其行为是否构成盗窃罪,存在不同意见。一种意见认为,关盛艺虽然客观上实施了秘密窃取他人财物的行为,但其不具备非法占有目的。理由是:关盛艺窃取财物,其主观目的是为实现自己的债权,只是手段非法,对其仅应施以批评教育等非刑事处罚措施,而不应以盗窃罪追究其刑事责任。另一种意见认为,关盛艺以秘密窃取的非法手段,侵犯了他人财产权利,其行为构成盗窃罪。

我们同意第二种意见,非法占有不仅包括目的的非法性,同时也包含手段的非法性。行为人主观上以非法手段占有他人财物的故意,仍可视为具有非法占有目的,否则便是对该类违法行为的放纵。当然,在个别情况下,因目的具有正当性,以致手段的非法性所反映的行为的社会危害性大大降低,可以认定为犯罪情节显著轻微危害不大,不作为犯罪处理。如债权人为实现债权而实施盗窃,在盗窃行为实施完毕后,及时告知债务人盗窃事宜,并声明只要债务人还款即归还所

窃之物。在这种情形下，由于实现债权目的的正当性及后续实现债权的跟进行为对之前不法手段具有补救功能，使占有的非法性得到一定程度的“漂白”，故对此种情形可以不作为犯罪处理。但本案中，关盛艺可以通过合法途径实现其债权，但其却采用秘密窃取手段获取财物，其具备非法占有的目的。同时，关盛艺所窃取的财物价值明显高于其债权数额，其后续亦未实施实现债权的跟进行为，如通告债务人、向人民法院起诉对所窃财物进行诉讼保全等，其占有的非法性明显，故法庭认定其因追债未果而产生非法占有目的适当。

值得探讨的是，行为人在犯罪过程中，有时会出现因为认错犯罪对象，造成预想加害的对象与实际加害的对象不一致的情况，进而对案件处理产生一定影响。本案中，债权人关盛艺将第三人谢某某的财物误认为债务人苏玮的财物而加以盗窃，属于犯罪对象认识错误。但无论是债务人的财物还是第三人的财物，体现的法益性质相同，属于同一构成要件范围内的认识错误，对犯罪行为性质不产生实质影响。故即便关盛艺对犯罪对象不产生认识错误，实际窃取了债务人苏玮的财物，亦不影响以盗窃罪追究其刑事责任。同时，犯罪对象认识错误，系犯罪动机产生之后所出现的问题，故犯罪动机对量刑的影响力依然有效，即虽然关盛艺实际盗窃的是第三人的财物，但从关盛艺实施盗窃的犯罪动机考虑，其主观恶性较小，在量刑时应予酌情从宽处理。

（二）刑事审判中民事纠纷的基础事实严重影响到量刑的，有必要审查确认

犯罪动机是刺激、促使行为人实施犯罪行为的内心起因或者思想活动，很大程度上反映了行为人的主观恶性、人身危险性以及所实施的行为的社会危害性的大小，亦涉及被害人对本案发生是否存在过错的问题，是重要的量刑情节。在刑事审判中，有必要尽可能地查明行为人的犯罪动机，并在量刑时予以充分考虑。本案中，被告人关盛艺及其辩护人提出，关盛艺是因为苏玮拖欠其垫付的业务款而私下取走误以为是苏玮的财物，其主观恶性较低，犯罪情节较轻微。在此情况下，应当查明该辩解事实，以客观、准确地对被告人进行量刑。

苏玮是否拖欠被告人关盛艺的钱款，是查明关盛艺犯罪动机的基础事实。关盛艺与苏玮之间有无债权债务关系，系民事争议，一般应当按照民事诉讼的相关规则进行审理。通常情况下，对于该种民事纠纷，应当由关盛艺提起民事起诉，以确认其与苏玮之间存在债权债务关系，并判令苏玮偿还其钱款，履行给付义务。但在双方对该债权债务关系存在争议且未提起民事诉讼的情况下，刑事法庭能否对该民事争议进行审查，并认定相关事实，是一个值得探讨的问题。我们认为，根据当前法院内部业务庭之间的分工，刑事审判中对于附带民事诉讼之外的其他民事纠纷，一般不能作出处理。但是，当某一民事争议的基础事实严重影响到量刑时，则有必要尽可能查明。

本案中，公诉机关未审查关盛艺辩解的犯罪动机，而法庭经审理查明并认定了泽声公司拖欠关盛艺垫付的业务款项 7 000 余元的事实，为准确量刑提供了事实依据。本案审理过程中，关盛艺在庭审中辩称，其从苏玮口中得知苏玮拟重新装修 13 号大院，平时也知道苏玮在该物业内居住，一直相信该物业属于苏玮所有。其实施盗窃，系因苏玮拖欠自己垫付的业务款，目的是实现债权。证人苏玮出庭作证称，关盛艺辩称被拖欠的垫付款所对应的业务确为泽声公司开展的业务，至于该业务费用是否由关盛艺垫付，其无法确认。泽声公司曾在案发地点广州市越秀区农林上路一横路 13 号大院办公，其未曾向关盛艺明示上述大院属他人所有的物业，且曾向关盛艺称拟重新装修该物业。可见，苏玮在庭审中并未正面回应其是否拖欠关盛艺的业务款，只是确认关盛艺辩称的“垫付款”所对应的业务确系为泽声公司开展的业务。苏玮在庭审中亦未明确其是否向关盛艺表明 13 号大院属于自己的物业，但确认其未曾向关盛艺明示上述大院属他人所有的物

业，且曾向关盛艺称拟重新装修该物业。对于证人苏玮的上述证言，应结合本案的其他证据加以分析认定。证人林素琳出庭作证提供的证言，证实苏玮曾向客户宣称案发地 13 号大院属其个人物业。证人林素琳、杨文玮、仇文轩、胡国伟的证言，还证实关盛艺为泽声公司垫付业务款 7 000 余元，该公司的老板苏玮一直拖欠该款项的情况。根据上述证据情况，可以认定关盛艺被苏玮的泽声公司拖欠垫付的业务款 7 000 余元，关盛艺追讨未果而将其误认为属于泽声公司的财产——价值 25 000 元的茶几盗走"抵债"的事实。

需要说明的是，刑事审判中对上述民事争议基础事实的审查与认定，仅属于查明案情的需要。不同于刑事附带民事诉讼或者纯粹的民事诉讼，上述民事争议不属于本案诉讼标的，故刑事裁判文书中不能判决苏玮偿还关盛艺的钱款。也就是说，对于关盛艺而言，其不能以刑事判决书认定的民事争议基础事实，要求苏玮履行还款义务或向执行部门申请强制执行。

综上，通过传唤证人出庭作证，并结合在案其他证据对证言加以审查，广州市越秀区人民法院查明了被告人关盛艺作案动机的相关事实。鉴于关盛艺具有自首情节，积极退赃，犯罪后认罪、悔罪态度良好，广州市越秀区人民法院综合考虑其犯罪动机、情节及社会危害程度，对关盛艺判处缓刑，彰显了法律的公正性，取得了良好的法律效果和社会效果。

（撰稿：广东省广州市越秀区人民法院　林旭群　邹海媚
审编：最高人民法院刑五庭　马　岩）

[第 1020 号] 王新明合同诈骗案

——在数额犯中，行为既遂部分与未遂部分并存且分别构成犯罪的，如何准确量刑

【关键词】 数额犯　既遂　未遂　量刑

一、基本案情

被告人王新明，男，1961 年 9 月 6 日出生，无业。1988 年 10 月因犯盗窃罪，被判处有期徒刑二年。2013 年 5 月 3 日因涉嫌犯合同诈骗罪被逮捕。

北京市石景山区人民检察院以被告人王新明犯合同诈骗罪，向石景山区人民法院提起公诉，同时石景山区人民检察院提出，王新明部分犯罪行为因意志之外的原因未得逞，系犯罪未遂，可以比照既遂犯从轻或者减轻处罚。

北京市石景山区人民法院经公开审理查明：2012 年 7 月 29 日，被告人王新明通过使用伪造的户口簿、身份证，冒充房主王叶芳（被告人之父）身份的方式，在石景山区链家房地产经纪有限公司古城公园店，以出售石景山区古城路 28 号楼 44 号房屋为由，与被害人徐菁签订房屋买卖合同，约定购房款为人民币（以下币种同）100 万元，并当场收取徐菁定金 1 万元。同年 8 月 12 日，王新明又收取徐菁支付的购房首付款 29 万元，并约定余款过户后给付。后双方在办理房产过户手续时，王新明虚假身份被石景山区住建委工作人员发现，余款未取得。2013 年 4 月 23 日，王新明被公安机关查获。次日，王新明亲属将赃款退还徐菁，徐菁对王新明表示谅解。

石景山区人民法院认为，被告人王新明以非法占有为目的，冒用他人名义签订合同，骗取对方当事人钱款，数额巨大，其行为构成合同诈骗罪，依法应予惩处。鉴于王新明到案后如实供述

犯罪事实，且在亲属的帮助下退赔了全部赃款，取得了被害人的谅解，依法可以对其从轻处罚。公诉机关指控王新明犯合同诈骗罪的事实清楚，证据确实、充分，指控的罪名成立，但认为王新明合同诈骗数额特别巨大且系犯罪未遂的法律适用有误，予以更正。据此，依照刑法第二百二十四条第一项、第六十七条第三款、第五十二条、第五十三条、第六十一条之规定，石景山区人民法院以被告人王新明犯合同诈骗罪，判处有期徒刑六年，并处罚金人民币六千元。

一审宣判后，北京市石景山区人民检察院提出抗诉。抗诉意见为：王新明的犯罪数额应当为100万元，属于数额特别巨大。（即应当以犯罪总数额100万元确定全案适用的法定刑幅度，在十年有期徒刑、无期徒刑法定刑幅度内量刑——编者注）而原判未评价70万元未遂的事实，仅依据既遂的30万元认定王新明犯罪数额巨大，系适用法律错误。北京市人民检察院第一分院支持上述抗诉意见。

上诉人王新明以原判量刑过重为由提出上诉。北京市第一中级人民法院审理过程中，王新明申请撤回上诉。

北京市第一中级人民法院经公开审理认为，上诉人王新明以非法占有为目的，冒用他人名义签订合同，其行为构成合同诈骗罪，依法应予惩处。一审法院认定的事实清楚，证据确实、充分，定罪准确，审判程序合法，但未评价未遂70万元的犯罪事实不当，予以纠正。根据刑法及相关司法解释关于诈骗犯罪处罚原则的有关规定，考虑王新明合同诈骗既遂30万元，未遂70万元（但可以对该部分减轻处罚），且到案后如实供述犯罪事实，退赔全部赃款取得被害人谅解等因素，原判对其量刑在法定刑幅度之内，且抗诉机关亦未对量刑提出异议，故应予维持。石景山区人民检察院的抗诉意见以及北京市人民检察院第一分院的支持抗诉意见，酌情予以采纳。王新明撤回上诉的申请符合法律规定，依法准许。据此，北京市第一中级人民法院裁定准许上诉人王新明撤回上诉，维持原判。

二、主要问题

在数额犯中，行为既遂部分与未遂部分并存且分别构成犯罪的，如何准确量刑？

三、裁判理由

本案审理过程中，控辩双方对于犯罪事实没有分歧，争议的焦点在于，对于行为既遂部分与未遂部分并存且分别构成犯罪的，如何准确量刑。这一焦点问题又涉及两个具体问题：第一个问题是，法定刑幅度应当根据犯罪总数额确定，还是根据既遂数额抑或是未遂数额确定？具体到本案中，是根据诈骗总数额100万元确定法定刑幅度，还是根据既遂数额30万元抑或是未遂数额70万元确定法定刑幅度。第二个问题是，在根据既遂部分与未遂部分择一重处原则选择法定刑幅度时，对于未遂部分法定刑幅度的确定，是否先行对未遂部分进行从轻或者减轻的评价（从轻情形一般不涉及量刑分歧，故本文仅论述减轻情形）。具体到本案中，就是在确定诈骗未遂部分对应的法定刑幅度时，是先进行减轻选择有期徒刑三年以上十年以下的法定刑幅度，还是先选择有期徒刑十年以上的法定刑幅度再考虑未遂情节。

（一）刑法分则未对未遂犯单独设置相应的法定刑幅度，在既未遂并存且均单独构成犯罪的情况下，首先应当根据刑法第二十三条第二款的规定就未遂部分比照既遂犯确定对应的法定刑幅度；刑法第二十三条第二款具有量刑情节及确定未遂部分法定刑幅度的双重功能，是对以既遂形态设置的法定刑幅度的补充

我国刑法分则关于法定刑幅度的设置，是以犯罪既遂形态为前提的。对于未遂犯，根据刑法

总则的规定，应当予以处罚。① 但刑法分则并未单独就未遂犯另行设置法定刑幅度，以与既遂犯的法定刑幅度区别开来。为此，刑法第二十三条第二款规定："对于未遂犯，可以比照既遂犯从轻或者减轻处罚。"以往，在全案只有未遂或者既未遂并存但既遂部分不够入罪标准，或者既未遂并存且均单独构成犯罪的情况下，比较普遍的做法是先按照犯罪（总）数额确定法定刑幅度，然后认定全案未遂，将未遂作为量刑情节，比照既遂犯确定从宽的幅度，决定从轻或者减轻处罚。在这一过程中，刑法第二十三条第二款的规定，基本上是作为量刑情节对待，是在法定刑幅度、量刑起点以及基准刑确定之后对未遂情节的评价。但最高人民法院、最高人民检察院于2011年3月联合出台的《关于办理诈骗刑事案件具体应用法律若干问题的解释》（以下简称《诈骗案件解释》）第六条规定："诈骗既有既遂，又有未遂，分别达到不同量刑幅度的，依照处罚较重的规定处罚；达到同一量刑幅度的，以诈骗罪既遂处罚。"根据该规定，对于诈骗既遂、未遂并存且均单独构罪的，在确定全案适用的法定刑幅度之前，应当就既遂部分与未遂部分分别对应的法定刑幅度进行比较，也就是说，首先需要确定既遂部分与未遂部分分别对应的法定刑幅度。鉴于刑法分则中的法定刑幅度是针对既遂犯设置的，未遂部分并无直接对应的法定刑幅度，这就给如何确定未遂部分的法定刑幅度带来了问题。（下文拟对《诈骗案件解释》第六条规定的合理性以及理解与适用问题进行阐释。）我们认为，要准确理解与贯彻执行《诈骗案件解释》的上述规定，在既未遂并存且均单独构罪的情况下，确定未遂部分对应的法定刑幅度，应当依照刑法第二十三条第二款的规定，与未遂部分对应的既遂形态（既遂犯）进行比较，决定是否对单独构罪的未遂部分减轻处罚，进而确定未遂部分对应的法定刑幅度，与既遂部分对应的法定刑幅度进行比较。在这一过程中，刑法第二十三条第二款，发挥的并非量刑情节功能，即并非在确定法定刑幅度、量刑起点、基准刑后对全案适用，而是在量刑起点确定之前针对未遂部分法定刑幅度确定过程中适用。也就是说，对于刑法第二十三条第二款，不能仅仅理解为对全案适用的未遂量刑情节，在既未遂并存且单独构罪的情况下，还有必要理解为确定未遂部分对应的法定刑幅度的原则，进而作为我国刑法分则以犯罪既遂形态设置法定刑幅度这一原则的补充。唯其如此，才能将刑法第二十三条第二款的规定在具体案件中全面贯彻到位。据此，刑法第二十三条第二款具有双重功能：在全案认定未遂的情况下，该规定的具体适用体现为未遂情节对基准刑的调节功能；在全案认定既遂但未遂部分单独构罪的情况下，该规定的具体适用体现为在确定未遂部分法定刑幅度过程中对对应既遂犯法定刑幅度的调节功能。②

（二）既未遂并存且分别构成犯罪的应当贯彻择一重处的原则，不能以犯罪总数额或者一概以既遂数额确定法定刑幅度

在《诈骗案件解释》出台之前，对于数额犯，实践中一直以既未遂的总数额作为犯罪数额，进

---

① 目前，只有个别司法解释提高了未遂犯的入罪门槛。如《最高人民法院、最高人民检察院关于办理诈骗刑事案件具体应用法律若干问题的解释》第五条规定："诈骗未遂，以数额巨大的财物为诈骗目标的，或者具有其他严重情节的，应当定罪处罚"。2013年4月2日最高人民法院、最高人民检察院公布的《关于办理盗窃刑事案件适用法律若干问题的解释》第十二条作了类似的规定。

② 这一问题产生的根源，在于我国刑法理论中的罪数问题，对于既未遂并存的，无论在认识上、评价上还是科刑上，均是作为一罪处理。如果在科刑上作为数罪处理，对于刑法第二十三条第二款的规定，仅仅理解为未遂量刑情节即可，无须赋予其对未遂犯对应既遂犯法定刑幅度的调节功能，与以往惯例并无二致。

而确定全案的法定刑幅度，将未遂部分作为未遂情节对全案适用。① 根据犯罪形态的一般理论，在既未遂并存且既遂部分构成犯罪的情况下，由于部分行为已经既遂且构成犯罪，整个犯罪就已经既遂，就不存在未遂的问题。为了解决实践中存在的部分行为已经既遂且既遂部分已经达到定罪数额标准，仅因存在未遂部分又认定整个犯罪属于未遂的理论困境，同时避免因对全案运用部分行为未遂的未遂情节减轻处罚导致量刑畸轻的问题，《诈骗案件解释》第六条确定了不以既未遂累计的犯罪总数额确定法定刑幅度，而以既遂部分和未遂部分分别对应的法定刑幅度择一重处的处理原则。②

上述择一重处的处理原则，在最高人民法院、最高人民检察院出台的有关办理知识产权刑事案件，非法生产、销售烟草专卖品刑事案件，盗窃刑事案件等司法解释中均有规定。据此，尽管司法解释没有明确办理合同诈骗案件是否贯彻这一原则，但按照在没有特殊规定的情况下，对于同类问题应当同样处理的惯例，处理其他既未遂并存的案件时，在既遂数额、未遂数额均达到定罪标准的情况下，也应当贯彻这一处理原则。即比较既遂数额、未遂数额所对应的法定刑幅度，在较重法定刑幅度内量刑。

对于数额犯的法定刑幅度的选择，根据《诈骗案件解释》出台之前的一贯思路，以既未遂累计的总数额即全案的犯罪数额确定法定刑幅度，因此确定法定刑幅度的数额与全案犯罪(总)数额是一致的。但在《诈骗案件解释》出台之后，确定法定刑幅度的数额与犯罪(总)数额必须区别开来。在只有既遂或者只有未遂的情况下，确定法定刑幅度的数额与犯罪数额是一致的，但是在既未遂并存的情况下，确定法定刑幅度的数额不再是既未遂累计的犯罪(总)数额，而是既遂部分的犯罪数额或者未遂部分的犯罪数额。具体而言，有以下几类情形：

1. 全案只有既遂或者只有未遂的。这种情况下，不存在既未遂并存，所以确定法定刑幅度的数额与全案犯罪(总)数额是一致的。

2. 既未遂并存但只有一者符合定罪条件的。这种情况下，不单独构罪的既遂部分或者未遂部分并不存在确定法定刑幅度的问题。确定法定刑幅度的数额为单独构罪的既遂数额或者未遂数额，与既未遂累计的全案犯罪(总)数额不一致。

3. 既未遂并存二者均单独符合定罪条件的。这种情况下，既遂部分与未遂部分均对应相应的法定刑幅度。根据《诈骗案件解释》的规定，全案的法定刑幅度根据二者对应的法定刑幅度中

① 在有关办理生产、销售伪劣商品刑事案件等个别司法解释中，明确规定既遂数额不够定罪条件的情况下，将未遂的入罪数额标准提高到既遂的入罪数额标准的3倍以上。但该司法解释只是提高了全案未遂的入罪数额标准，对于既未遂并存且已构成犯罪的情况下，实践中同样以既未遂的总数额作为犯罪数额，进而确定全案的法定刑幅度，将未遂部分作为未遂情节对全案适用。2001年4月9日《最高人民法院、最高人民检察院关于办理生产、销售伪劣商品刑事案件具体应用法律若干问题的解释》第二条第二款规定，“伪劣商品尚未销售，货值金额达到刑法第一百四十条规定的销售金额三倍以上的，以生产、销售伪劣产品罪(未遂)定罪处罚”，2010年3月2日《最高人民法院、最高人民检察院关于办理非法生产、销售烟草专卖品等刑事案件具体应用法律若干问题的解释》也有类似规定。上述司法解释将未遂的入罪数额标准提高到既遂的入罪数额标准的3倍。

② 有观点认为，《诈骗案件解释》就既未遂并存且单独构罪情况下法定刑幅度确定思路的转变，是以重行为对轻行为的吸收关系为基础(不能理解为既遂行为对未遂行为的吸收)的。笔者认为，姑且不论刑法理论中吸收犯成立侵害的法益是否必须为同一法益(既遂未遂并存的情况下，侵害数个法益的情况很常见)，但是上述解释第六条中的“达到同一量刑幅度的，以诈骗罪既遂处罚”的规定，显然不能认为达到同一量刑幅度的未遂行为一定比既遂行为为轻，前述有关吸收犯的理论无法在该解释中一以贯之。笔者认为，该解释对既未遂并存且单独构罪情况下法定刑幅度确定思路的转变，出发点仅仅是为了解决实践中利用部分未遂对全案大幅度减轻的量刑畸轻问题，对量刑过程中的自由裁量权进行规范，在不违背刑法第二十三条第二款规定的前提下，对以往不当量刑方法的纠正。

较重的确定;在二者对应的法定刑幅度一致的情况下,“以既遂处罚”,即根据既遂部分对应的法定刑幅度确定全案的法定刑幅度。此时,决定全案适用的法定刑幅度的数额并非全案犯罪(总)数额,分别是既遂部分数额或者未遂部分数额。

4. 既遂未遂并存,均未单独构罪但总数额符合定罪条件的。对于这种情况能否作为犯罪处理,目前只有最高人民法院、最高人民检察院于 2010 年 3 月公布的《关于办理非法生产、销售烟草专卖品等刑事案件具体应用法律若干问题的解释》予以了明确。该解释第二条规定:“伪劣卷烟、雪茄烟等烟草专卖品尚未销售,货值金额达到刑法第一百四十条规定的销售金额定罪起点数额标准的三倍以上的,或者销售金额未达到五万元,但与未销售货值金额合计达到十五万元以上的,以生产、销售伪劣产品罪(未遂)定罪处罚。”对于这种情况,根据既未遂累计的犯罪(总)数额确定全案适用的法定刑幅度,并认定全案具有未遂情节,犯罪(总)数额与确定法定刑幅度的数额是一致的。这里需要注意的是,该种处理方式仅仅适用于解决既未遂均不够定罪条件但总数额已够定罪条件的入罪问题,只涉及第一刑档。如果未遂部分已经达到第二量刑档次,则依据上文的第二种处理原则处理。①

为了表述方便,决定全案法定刑幅度的数额,也就是选择刑罚档次的数额,这里称为“刑档数额”,以便与“犯罪数额”相区别。《诈骗案件解释》出台后,在既未遂并存的情况下,刑档数额与犯罪(总)数额并不完全一致,也不能等同于既遂数额或者未遂数额。在具体案件中,应当根据上述不同情形分别确定刑档数额。

本案中,被告人王新明的合同诈骗犯罪行为既遂部分为 30 万元,根据北京市高级人民法院关于合同诈骗罪的定罪量刑数额标准,②对应法定刑幅度为有期徒刑三年以上十年以下;未遂部分为 70 万元,在未考虑未遂情节的情况下,对应的法定刑幅度为十年以上有期徒刑、无期徒刑,比既遂部分对应的法定刑幅度重。一审法院仅以诈骗既遂的 30 万元作为刑档数额,将对应的法定刑幅度确定为全案适用的法定刑幅度,而未与诈骗未遂的 70 万元所对应的法定刑幅度相比较,来确定全案应当适用的法定刑幅度,有失妥当。鉴于本案既遂部分与未遂部分均单独构成犯罪,应根据上述所列第三种处理情形,检察机关提出的应当以王新明的犯罪总数额 100 万元确定法定刑幅度的抗诉意见亦属不当。

(三)对于未遂部分,先进行是否减轻处罚的评价,确定未遂部分对应的法定刑幅度,再与既遂部分比较确定全案适用的法定刑幅度,将未做评价的既遂数额或者未遂数额在量刑时予以考虑

在既未遂并存且未遂部分对应的法定刑幅度重于既遂部分对应的法定刑幅度的情况下,比较难处理的是如何确定未遂部分对应的法定刑幅度。尽管《诈骗案件解释》第六条规定了既未遂并存时,以分别对应的法定刑幅度择一重的处理原则,但并没有明确如何确定未遂部分对应的法定刑幅度,以及能否对未遂部分减轻处罚、如何减轻处罚等具体问题。对此,实践中存在不同看法。

一种意见认为,直接根据未遂部分的犯罪数额确定对应的法定刑幅度,与既遂部分比较后,按照择一重处原则确定全案适用的法定刑幅度。如果未遂部分对应的法定刑幅度重于既遂部

---

① 对于该解释第二条的规定能否参照适用于其他数额犯如盗窃、诈骗等犯罪案件中,有关司法解释没有明确,认识上并不统一,实践中各地做法也不尽一致。

② 在《诈骗案件解释》实施以后,北京市高级人民法院就合同诈骗罪的定罪量刑数额标准统一认识,在相应的司法解释出台之前,除入罪数额标准外,对于合同诈骗罪法定刑升格的数额标准,参照《诈骗案件解释》的有关规定执行。

分，将既遂部分与未遂部分的未遂情节在量刑过程中综合评价；如果既遂部分对应的法定刑幅度重于未遂部分或者两者一样，则将未遂部分及未遂情节在量刑过程中综合评价。另一种意见认为，未遂部分的未遂情节应当仅适用于未遂部分，不能适用于整个犯罪。应当根据未遂情节决定对未遂部分是否减轻处罚后，即先确定未遂部分对应的法定刑幅度，再与既遂部分进行比较。

前一种意见简单易行，便于操作。该意见仍然是将未遂部分的未遂情节作为包括既遂部分在内的整个犯罪的未遂情节对待，进而对整个犯罪从轻或者减轻处罚。但该意见至少存在以下两个方面的问题：

1. 在未遂的问题上自相矛盾。根据该意见，对于既遂部分对应的法定刑幅度重于未遂部分对应的法定刑幅度或者两者一致的，按照《诈骗案件解释》的规定将既遂数额作为刑档数额确定应当适用的法定刑幅度。但是对于未遂部分犯罪数额对应的法定刑幅度重于既遂部分的，则以未遂部分犯罪数额作为刑档数额确定全案适用的法定刑幅度。在全案适用的法定刑幅度确定以后，根据量刑规范化的要求，应当以未遂部分犯罪事实为依据确定量刑起点。在量刑起点确定后，再体现未遂部分的减轻处罚评价，必然导致将未遂部分的未遂情节作为全案的量刑情节来对待，无论是否考虑既遂部分对量刑的影响，均是对全案进行的减轻处罚，而不是单独对未遂部分的减轻处罚，客观上同样陷入了在认定犯罪已经既遂的前提下又认定全案存在未遂情节的理论困境。

2. 如果允许减轻处罚，导致裁量幅度过大，在既遂部分与未遂部分分别对应的法定刑幅度差别较小的情况下，容易出现量刑畸轻的现象。该意见的解决思路在未遂部分与既遂部分分别对应的法定刑幅度差别较大的情况下，出现的问题较少。以诈骗罪为例，行为人诈骗既遂部分5000元（北京法院掌握的诈骗罪入罪数额标准为5000元），未遂部分50万元，在没有其他法定减轻情节的情况下，无论是认定全案未遂减轻一档量刑，还是先就未遂部分减轻一档后再考虑既遂部分进行量刑，实践中差别并不大。但是在既遂部分与未遂部分分别对应的法定刑幅度差别较小的情况下，就容易出现量刑畸轻的现象。同样以诈骗罪为例，如行为人诈骗既遂部分49万元，未遂部分500万元，在没有其他法定减轻情节的情况下，因未遂部分对应法定刑幅度重于既遂部分，按照上述意见对全案进行减轻处罚，并不属于对《诈骗案件解释》第六条的适用错误。但考虑到既遂部分非常接近第三刑档（十年以上有期徒刑、无期徒刑）的量刑数额标准，且未遂部分数额远远超过第三刑档的量刑数额标准，上述情形与既遂部分50万元的社会危害性相比较，无疑前者的社会危害性更大，如对前者能够减轻处罚，而后者却不能减轻处罚，量刑显然不均衡。

我们认为，后一种意见更为妥当。主要理由是：

1. 未遂部分对应的法定刑幅度重于既遂部分对应的法定刑幅度的，应当允许减轻处罚，否则在既遂部分与未遂部分分别对应的法定刑幅度差别较大的情况下，将导致量刑畸重。同样以诈骗罪为例，如果行为人诈骗50.5万元，其中5 000元既遂，50万元未遂，则需要在诈骗5 000元既遂和诈骗50万元未遂分别对应的法定刑幅度之间择一重处。如果对诈骗50万元未遂部分，确定法定刑幅度之前不进行未遂情节减轻处罚与否的评价，则确定的法定刑幅度为第三量刑档次（十年以上有期徒刑或者无期徒刑），与诈骗5 000元既遂部分所对应的第一量刑档次（三年有期徒刑以下刑罚）比较后，对被告人量刑的法定刑幅度则为第三量刑档次，即十年以上有期徒刑或者无期徒刑。由于整个犯罪已经既遂，对全案不能适用未遂情节，那么在对既遂部分及未遂部分的未遂情节综合评价后，在没有其他法定减轻情节并排除特别减轻的前提下，从轻幅度再大最低也要判处十年有期徒刑。而如果行为人诈骗500万元或者更多，且未遂，即使无其他法定减轻情节，也可以根据未遂情节减轻判处十年有期徒刑以下刑罚。然而，就二者的社会危害性比较，实践中很难作出诈骗500万元（或者犯罪数额更大）未遂的社会社会性比诈骗50万元未遂、5 000元既遂的社会危害性更轻的判断，从而导致后者的量刑畸重。① 所以在既未遂并存且单独构罪的情况下，不应认定全案未遂进而对全案进行减轻处罚，但是应当允许在确定与既遂部分比较的未遂部分对应的法定刑幅度时，先行在未遂部分范围内考虑是否需要减轻处罚。

2. 在与既遂部分对应法定刑幅度比较时先行就未遂部分考虑是否减轻处罚，有利于发挥既遂部分对未遂部分从宽幅度过大的限制功能，避免量刑畸轻的现象。在既未遂并存且未遂部分直接对应的法定刑幅度重于既遂部分对应的法定刑幅度的情况下，如上文分析，如果直接以未遂数额作为刑档数额确定全案适用的法定刑幅度后，再对全案进行是否减轻处罚的评价，可能导致部分案件的量刑畸轻。但将未遂部分的未遂情节先行作出是否减轻处罚的评价，则可以避免量刑畸轻的现象。同样以诈骗罪为例。如行为人诈骗既遂部分40万元，未遂部分100万元，且没有其他法定减轻情节。在确定未遂部分100万元应当对应（而非直接对应）的法定刑幅度过程中，如不予减轻选择法定刑幅度，自然避免了量刑畸轻情况的发生。但如综合全案其他案件事实，确需进行减轻处罚，按照第二种意见，减轻评价针对的是未遂部分的法定刑幅度，经减轻后对应的法定刑幅度为刑法第二百六十六条的第二量刑档次（有期徒刑三年以上十年以下），与诈骗既遂部分40万元对应的法定刑幅度一致，根据《诈骗案件解释》第六条的规定，以诈骗罪既遂处罚，也就是以既遂部分犯罪数额作为刑档数额确定法定刑幅度，将未遂部分作为从重因素在量刑中予以考虑，最终判处的刑罚只能重于诈骗既遂40万元对应的刑罚。在此过程中，既遂部分体现出了对未遂部分在量刑上从宽幅度过大的限制功能，从而有利于避免量刑畸轻。

3. 避免了在未遂问题上的自相矛盾。对未遂部分在确定与既遂部分进行比较的法定刑幅度过程中进行是否减轻处罚的评价，而不是在与既遂部分对应的法定刑幅度进行轻重比较后进行是否减轻处罚的评价，将对未遂部分是否减轻处罚的评价限定于未遂部分，而非扩展到包括既遂部分在内的全案犯罪事实，从而避免了既认定全案既遂又将未遂部分的未遂情节作为全案未遂情节的情况。

最高人民法院负责起草《诈骗案件解释》的同志在其撰写的相关理解与适用文章中，针对《诈骗案件解释》第六条进行了进一步阐释："对于此类案件（诈骗既未遂并存且均单独构成犯罪的案件——编者注），首先要分别根据行为人的既遂数额和未遂数额判定其各自所对应的法定刑幅度，未遂部分还需同时考虑可以从轻或者减轻处罚；之后根据比较结果，如果既遂部分所对应的量刑幅度较重，或者既未遂所对应的量刑幅度相同的，以既遂部分所对应的量刑幅度为基础酌情从重处罚；反之，如未遂部分对应的量刑幅度较重的，则以该量刑幅度为基础，酌情从重处罚。"② 可见，上述后一种意见与《诈骗案件解释》第六条的精神以及上述负责起草该解释的同志的理解是相符的。

---

① 根据《诈骗案件解释》第五条的规定，"诈骗未遂，以数额巨大的财物为诈骗目标的，或者具有其他严重情节的，应当定罪处罚"。2013年4月2日《最高人民法院、最高人民检察院关于办理盗窃刑事案件适用法律若干问题的解释》第十二条作了类似的规定。但是，上述规定并没有明确上述情形对应的法定刑幅度是第一量刑档次还是第二量刑档次。实践中，倾向于认定为对应的法定刑幅度为第一量刑档次，即将诈骗数额巨大未遂作为诈骗罪的入罪条件而非法定刑升格的条件。但带来的问题是，对于诈骗只有未遂或者既遂部分不够入罪条件的，是否可以理解为降档处理？对此并不明确。如果可以理解为降档处理，那么对于诈骗未遂无论数额多高，最重的刑罚也只能是十年有期徒刑。姑且不论该结论是否妥当，如作此理解，那么对于行为人诈骗50.5万元，其中5 000元既遂，50万元未遂，不能减轻处罚，量刑的不平衡问题将更加突出。

② 胡云腾、周加海等：《〈关于办理诈骗刑事案件具体应用法律若干问题的解释〉的理解与适用》，载《人民司法·应用》2011年第9期。

（四）未遂部分的未遂情节在量刑中的具体体现

在量刑规范化工作开展之前，按照“估堆”量刑的方法，似无就未遂部分的未遂情节在量刑中如何体现另行进行探讨的必要。但根据《最高人民法院关于常见犯罪的量刑指导意见》中关于量刑步骤的相关规定，量刑过程分为三个不同阶段：“（1）根据基本犯罪构成事实在相应的法定刑幅度内确定量刑起点；（2）根据其他影响犯罪构成的犯罪数额、犯罪次数、犯罪后果等犯罪事实，在量刑起点的基础上增加刑罚量确定基准刑；（3）根据量刑情节调节基准刑，并综合考虑全案情况，依法确定宣告刑。”据此，如果按照前述第一种意见，全案认定为未遂，则将未遂情节在量刑的第三阶段即根据量刑情节调节基准刑的过程中进行评价。这里需要探讨的是在既未遂并存且均构成犯罪的情况下如何体现未遂部分的未遂情节。根据《诈骗案件解释》第六条的规定以及前述后一种意见，在既未遂并存且均构成犯罪的情况下，不能全案认定为未遂，未遂部分的未遂情节不再作为全案量刑情节在量刑的第三阶段即根据量刑情节调节基准刑的过程中进行评价，而是在前两个阶段进行评价，并且由于决定全案适用的法定刑幅度的刑档数额可能是既遂数额也可能是未遂数额，未遂部分的未遂情节的适用在不同案件中就会出现不同的适用情况，从而需要进行具体探讨。

1. 根据既遂数额确定法定刑幅度。在确定量刑起点阶段，首先要根据基本犯罪构成事实确定全案适用的法定刑幅度。对于既未遂并存且均构成犯罪的，由于决定全案适用的法定刑幅度的刑档数额可能是既遂数额也可能是未遂数额，所以确定量刑起点的基本犯罪构成事实既可能是既遂部分犯罪事实，也可能是未遂部分犯罪事实。对于以既遂部分犯罪事实作为基本犯罪构成事实确定量刑起点的，未遂部分犯罪事实作为“其他影响犯罪构成的犯罪数额、犯罪次数、犯罪后果等犯罪事实”，在根据既遂部分犯罪事实确定的量刑起点的基础上增加刑罚量进而确定基准刑，也就是说，在此过程中，未遂部分犯罪事实连同该部分的未遂情节是作为增加刑罚量的因素即量刑中的从重因素得以体现的，这与将未遂情节作为全案适用的量刑情节进行从宽处罚是截然不同的。

2. 根据未遂数额确定法定刑幅度。对于以未遂部分犯罪事实作为基本犯罪构成事实确定量刑起点的，未遂部分的未遂情节是在量刑的第一阶段即确定量刑起点阶段进行评价的，由于这里不涉及既遂部分犯罪事实，对未遂部分未遂情节的评价仅仅局限于未遂部分犯罪事实范围内，在该阶段对未遂部分未遂情节的评价类似于全案未遂中对未遂情节的评价。因此，无论是否根据未遂部分的未遂情节对确定全案适用的法定刑幅度进行减轻处理，未遂部分的未遂情节在该阶段体现的都是对未遂部分犯罪事实的从宽处罚。这与以既遂部分犯罪事实作为基本犯罪构成事实确定量刑起点后对未遂部分未遂情节的评价是不同的。

在根据未遂数额确定全案适用的法定刑幅度过程中，根据《诈骗案件解释》第六条的规定以及前述后一种意见，在与既遂部分对应的法定刑幅度进行轻重比较前，需要就未遂部分的未遂情节对未遂数额直接对应的法定刑是否减轻进行评价。这里需要区分两种情形：第一种情形是不予减轻选择法定刑幅度。在这种情形中，未遂部分的未遂情节并未在法定刑幅度确定过程中得到实际体现，仅仅作为基本犯罪构成事实的一部分在确定量刑起点过程中予以评价。第二种情形是予以减轻选择法定刑幅度。在这种情形中，未遂部分的未遂情节在法定刑幅度确定过程中得到了实际体现，但由于这种体现限于法定刑的减轻选择，未遂情节究竟从宽到何种程度并未完全体现，因此，要就未遂情节进行完全评价，在选择减轻法定刑之外，还需要在之后确定量刑起点的过程中，将其作为基本犯罪构成事实的一部分进行评价。在这一过程中，对未遂部分的未遂情节进行了两次评价，但并不属于重复评价，只有将两次评价结合起来，才能对未遂部分的未遂情节评价充分。

本案中,被告人王新明合同诈骗未遂部分70万元,对应法定刑幅度为十年有期徒刑以上刑罚,结合本案的具体情况,应当对该未遂部分减轻处罚,所以确定的未遂部分法定刑幅度应当为三年以上十年以下有期徒刑,与合同诈骗既遂部分30万元所对应的法定刑幅度一致。依照《诈骗案件解释》第五条的规定,以合同诈骗罪既遂30万元的犯罪事实作为基本犯罪构成事实,确定全案适用的法定刑幅度,并确定量刑起点。将未遂部分70万元作为"其他影响犯罪构成的犯罪数额、犯罪次数、犯罪后果等犯罪事实",确定适当的刑罚增加量,进而在量刑起点的基础上确定基准刑,未遂部分的未遂情节作为未遂部分犯罪事实的一部分,作为量刑过程中的从重因素得以体现。一审判决根据诈骗既遂的30万元确定法定刑幅度后,并未将未遂部分的70万元在量刑过程中进行评价,因此有失妥当。二审对未遂部分评价后,认为尽管一审法院未评价未遂部分确属不当,但量刑总体上适当,故裁定维持原判,准许上诉人撤回上诉。

(撰稿:北京市高级人民法院　罗鹏飞
审编:最高人民法院刑二庭　逄锦温)

[第1027号]沈青鼠、王威盗窃案

——刑罚执行期间发现漏罪,判决作出时原判刑罚已经执行完毕的情况如何处理

【关键词】 漏罪　数罪并罚

一、基本案情

被告人沈青鼠,男,1984年10月3日生。2012年4月24日因犯盗窃罪被浙江省慈溪市人民法院判处有期徒刑七个月,并处罚金人民币一千元;2012年7月28日因涉嫌犯盗窃罪被逮捕。

被告人王威,男,1988年5月1日生。2012年4月24日因犯盗窃罪被浙江省慈溪市人民法院判处有期徒刑一年,并处罚金人民币一千元。现在服刑中。

上海市金山区人民检察院以被告人沈青鼠、王威犯盗窃罪,向金山区人民法院提起公诉。

二被告人对起诉书指控的事实及罪名均无异议。

上海市金山区人民法院经公开审理查明:

2011年10月15日中午12时许,被告人沈青鼠、王威至上海市金山区朱泾镇亭枫公路2640号上海宝日机械公司办公大楼底楼,窃得被害人林国红诺基亚E71型手机及诺基亚N81型手机各一部,价值人民币(以下币种同)300元的卡努牌棕色单肩包一个,现金500元,共计价值2 216元。经追赃,上述二部手机已发还被害人林某,被告人王威家属也在案发后代为向林国红赔偿800元。

沈青鼠、王威因犯盗窃罪于2012年4月24日被浙江省慈溪市人民法院分别判处有期徒刑七个月并处罚金一千元、有期徒刑一年并处罚金一千元。沈青鼠的刑期自2011年12月29日起至2012年7月28日止;王威的刑期自2011年12月29日起至2012年12月28日止。2012年5月14日,公安机关对本案进行立案,并于同年6月4日将正在服刑中的上述二被告人押解回金山区进行审查。

上海市金山区人民法院认为，被告人沈青鼠、王威以非法占有为目的，采用秘密手段窃取他人财物，共计价值2 216元，数额较大，其行为均构成盗窃罪。沈青鼠、王威在判决宣告以后，刑罚执行完毕以前，发现在判决宣告以前还有其他罪没有判决，应当实行数罪并罚。沈青鼠、王威到案后能够如实供述自己罪行，均可以从轻处罚。王威家属在案发后代为退赔赃款，可以对王威酌情从轻处罚。据此，上海市金山区人民法院判决如下：

1. 被告人沈青鼠犯盗窃罪，判处有期徒刑六个月十五日，并处罚金人民币一千元；连同前判有期徒刑七个月，并处罚金人民币一千元，决定执行有期徒刑八个月十五日，并处罚金人民币二千元；

2. 被告人王威犯盗窃罪，判处有期徒刑六个月，并处罚金人民币一千元；连同前判有期徒刑一年，并处罚金人民币一千元，决定执行有期徒刑一年一个月，并处罚金人民币二千元。

一审宣判后，上诉人未提起上诉，检察机关亦未抗诉，该判决已发生法律效力。

二、主要问题

刑罚执行期间发现漏罪，判决作出时原判刑罚已经执行完毕的情况如何处理？

三、裁判理由

（一）漏罪数罪并罚中发现漏罪的时间节点及理解

刑法第七十条规定："判决宣告以后，刑罚执行完毕以前，发现被判刑的犯罪分子在判决宣告以前还有其他罪没有判决的，应当对新发现的罪作出判决，把前后两个判决所判处的刑罚，依照本法第六十九条的规定，决定执行的刑罚。已经执行的刑期，应当计算在新判决决定的刑期以内。"对于该条的理解，需要把握两个关键点：一是发现漏罪的时间节点要求，二是对发现漏罪的"发现"含义的理解。

漏罪数罪并罚要求发现漏罪的时间节点必须是在前判"判决宣告以后，刑罚执行完毕以前"，在此期间发现漏罪的应当适用数罪并罚，否则可能单独就漏罪进行追诉。

对于漏罪数罪并罚中"发现"漏罪的理解，实践中主要存在以下四种意见：第一种意见认为，"发现"一词没有特别的法律内涵，不具有规范意义，它只是生活语言在法律上的运用，"发现"的对象应当是犯罪事实，而不是罪；①第二种意见认为，"发现"是指侦查机关对犯罪事实立案侦查，并有相关证据证明服刑犯实施了犯罪事实，即将服刑犯明确为犯罪嫌疑人；第三种意见认为，"发现"的时间范围以司法机关有证据证明漏罪事实为服刑犯本人所为起算，并经过移送起诉和提起公诉阶段，直到漏罪判决之前的这段时间；②第四种意见认为，"发现"的主体仅指人民法院，不包括公安、检察机关，因为根据法律规定，只有人民法院才能认定行为人是否有罪，及作出相应判决，故"发现"是指人民法院发现漏罪。③

对于本案被告人沈青鼠而言，公安机关在其前判服刑期间发现漏罪，但在漏罪判决前沈青鼠前判刑期已满，对此是否适用漏罪数罪并罚，上述四种意见得出的法律适用结果不同。根据上述第一、二、三种意见，应当适用漏罪数罪并罚；而根据第四种意见，则不能适用漏罪数罪并罚。对上述四种意见如何进行取舍直接影响被告人所受刑罚的总量，涉及被告人的权利问题，故正确理解漏罪数罪并罚中的"发现"对漏罪数罪并罚的适用具有重要意义。

---

① 于志刚：《如何解决数罪并罚中的"时间差"》，载 http://newspaper. jcrb. com/dzb/zhukan/page_3/200807/t20080729_56044. html，2012 年 9 月 7 日访问。

② 但未丽：《如何正确理解"判决宣告后发现漏罪的并罚"中的"发现"》，载《太原师范学院学报》2009 年 9 月第 8 卷第 5 期。

③ 童君：《刑满释放时发现漏罪是否数罪并罚》，载《检察日报》2002 年 11 月 21 日版。

在上述四种意见中,我们倾向于同意第二种意见。理由如下:

1."发现"的主体通常是侦查机关,自诉案件中也可以是人民法院。刑事诉讼法第一百零七条规定:"公安机关或者人民检察院发现犯罪事实或者犯罪嫌疑人,应当按照管辖范围,立案侦查。"第一百零八条规定:"任何单位和个人发现有犯罪事实或者犯罪嫌疑人,有权利也有义务向公安机关、人民检察院或者人民法院报案或者举报。被害人对侵犯其人身、财产权利的犯罪事实或者犯罪嫌疑人,有权向公安机关、人民检察院或者人民法院报案或者控告。公安机关、人民检察院或者人民法院对于报案、控告、举报,都应当接受。对于不属于自己管辖的,应当移送主管机关处理,并且通知报案人、控告人、举报人;对于不属于自己管辖而又必须采取紧急措施的,应当先采取紧急措施,然后移送主管机关。犯罪人向公安机关、人民检察院或者人民法院自首的,适用第三款规定。"根据上述条款的规定,侦查机关(包括公安机关与人民检察院)对于自己发现的犯罪事实,根据管辖立案侦查;对于其他单位、个人报案、举报、控告的犯罪事实,也根据管辖立案侦查。如果仅有相关单位或者个人发现犯罪事实,而不报案、举报、控告,则无法进入刑事追诉程序从而"发现"漏罪,并对漏罪的服刑犯进行处罚,因此"发现"的主体通常要求是侦查机关。当然,如果是自诉案件,由人民法院直接受理,"发现"的主体也可以是人民法院。

2."发现"有相应的程序性要求,且需达到一定证明程度。公安、检察机关"发现"犯罪事实后进行立案侦查,但此时并不一定达到"发现"的证明程度要求,因为"发现"犯罪事实,仅是表明有人实施了犯罪行为需要追究刑事责任,故进行立案侦查,只有通过一定调查,掌握相关证据证明相关犯罪事实系服刑犯实施的,才达到"发现"漏罪的程度要求。对于自诉案件而言,人民法院受理自诉案件后,经过初步审查确实服刑犯实施了相关犯罪行为的,可以认为是"发现"漏罪。

3."发现"不同于"定罪"。由于"发现"漏罪只是刑事追诉的初步阶段,尚需通过进一步调查,并经起诉、审判后,才能对前罪服刑犯、漏罪被告人进行定罪处罚。因此,"发现"仅仅意味着明确或者锁定了犯罪嫌疑人。

(二)刑罚执行期间发现漏罪,判决作出时原判刑罚已执行完毕的应当适用漏罪数罪并罚

本案存在一定特殊性,即被告人沈青鼠、王威的前罪与新发现的罪均系共同犯罪,但沈青鼠在本院判决时前判刑罚已经执行完毕,而王威尚在服刑中。对于尚在服刑中的王威应当适用漏罪数罪并罚不存在异议,但对于前判刑罚已经执行完毕的沈青鼠是否也适用漏罪数罪并罚,需要进一步分析。

如前所述,要适用漏罪数罪并罚,一是符合发现漏罪的时间节点要求;二是符合发现漏罪的相应程序及证明程度要求。

本案中存在四个时间节点:一是沈青鼠服刑期满时间。沈青鼠的刑期自2011年12月29日起至2012年7月28日止,王威的刑期自2011年12月29日起至2012年12月28日止。二是本案立案时间。2012年5月14日,被害人林国红向公安机关报案,公安机关对本案进行立案。三是将沈青鼠、王威押解回上海市金山区审查时间。公安机关在对本案立案后,通过技术侦查手段,确定沈青鼠、王威有重大作案嫌疑,遂于2012年6月4日将处于服刑中的沈青鼠、王威押解回上海市金山区进行审查。沈青鼠、王威均于当日如实供述了本案盗窃事实。四是本案审理时间。2012年9月5日,上海市金山区人民法院对本案进行了审理。

在上述四个时间节点中,根据上述对发现漏罪含义的理解,第三个时间节点比较符合发现漏罪的标准与要求,因为此时公安机关不仅已经立案,且已经有被害人陈述、被告人供述及相应技术侦查证据等相应证据,已基本可以认定被告人沈青鼠、王威实施了本案盗窃行为,即明确沈青鼠、王威为犯罪嫌疑人。同时,由于该时间节点在沈青鼠前判执行期间,故符合漏罪数罪并罚的

时间节点要求，故对于沈青鼠也应当依法适用漏罪数罪并罚。

前述是从适用条件角度分析沈青鼠是否应当适用漏罪数罪并罚。另外，从法律公平公正和被告人权益保障角度分析，对于沈青鼠也应当适用漏罪数罪并罚。因为从横向比较，沈青鼠、王威共同实施了前罪、新发现的罪，对王威适用漏罪数罪并罚，王威享受了数罪并罚限制加重的量刑优惠，作为同案犯的沈青鼠也应享受数罪并罚限制加重的优惠，否则就显失公平。另外，从纵向分析，只要在前判执行期间发现漏罪，则无论漏罪的判决是在前判执行期间还是执行完毕之后，均应当对被告人适用漏罪数罪并罚，否则将会造成法律适用的不确定性。

（撰稿：上海市金山区人民法院　沈　磊　舒平锋
审编：最高人民法院刑二庭）

［第1028号］王雲盗窃案

——刑罚执行期间发现漏罪，判决作出时原判刑罚已执行完毕的情况如何处理

【关键词】　漏罪　数罪并罚

一、基本案情

被告人王雲，男，1994年5月2日出生，农民。2013年11月6日因犯盗窃罪被处有期徒刑六个月，并处罚金人民币五千元（刑期自2013年8月17日起至2014年2月16日止），2014年2月16日刑满释放；2014年2月16日因涉嫌犯盗窃罪被刑事拘留，同月27日被逮捕。

浙江省台州市黄岩区人民检察院以被告人王雲犯盗窃罪，向台州市黄岩区人民法院提起公诉，同时提出王雲漏罪作出判决时，前罪刑罚已执行完毕，不需要将漏罪与前罪原判刑罚进行数罪并罚。

被告人王雲对公诉机关指控的犯罪事实和罪名均没有异议。

台州市黄岩区人民法院经公开审理查明：

1. 2013年5月22日凌晨3时许，被告人王雲来到台州市黄岩区东城街道桔乡大道金色港湾酒店，从洗碗间溜门进入酒店一楼，在一楼吧台柜子里窃得现金人民币（以下币种同）1 500元、总价值为252元的硬壳中华香烟6包、总价值为140元的软壳中华香烟2包、总价值为480元的华为手机3部。

2. 2013年5月24日凌晨3时许，王雲又来到金色港湾酒店，从酒店厨房窗户爬窗进入酒店二楼，在二楼酒水间窃得总价值1 344元的硬壳中华香烟32包，总价值490元的软壳中华香烟7包。

另查明，2013年5月24日，公安机关对本案进行刑事立案。2014年2月12日，公安机关通过侦查明确王雲为犯罪嫌疑人。2014年2月16日，王雲被公安机关传唤到案。

台州市黄岩区人民法院认为，被告人王雲以非法占有为目的，秘密窃取他人财物，数额较大，其行为构成盗窃罪，依法应予惩处。公诉机关指控王雲的罪名成立。王雲在前罪刑罚执行期间发现漏罪，依法应予数罪并罚。王雲归案后如实供述犯罪事实，认罪态度较好，依法可以从轻处罚。根据王雲犯罪的事实、性质、情节和对社会的危害程度，依照《中华人民共和国刑法》第二百六十四条、第七十条、第六十九条、第六十七条第三款之规定，黄岩区人民法院判决如下：

被告人王雲犯盗窃罪,判处有期徒刑六个月,并处罚金人民币二千元;与前罪盗窃罪判处的有期徒刑六个月,并处罚金人民币五千元并罚;决定执行有期徒刑九个月,并处罚金人民币七千元。

一审宣判后,被告人王雲未提起上诉,公诉机关亦未抗诉,一审判决已经发生法律效力。

二、主要问题

刑罚执行期间发现漏罪,判决作出时原判刑罚已执行完毕的情况如何处理?

三、裁判理由

刑法第七十条规定:“判决宣告以后,刑罚执行完毕以前,发现被判刑的犯罪分子在判决宣告以前还有其他罪没有判决的,应当对新发现的罪作出判决,把前后两个判决所判处的刑罚,依照本法第六十九条的规定,决定执行的刑罚。已经执行的刑期,应当计算在新判决决定的刑期以内。”然而,由于刑事诉讼过程需要一定时间,实践中可能会出现对漏罪作出判决时,前罪原判刑罚已执行完毕的情况,对此类情况的处理,存在不同认识。本案审理过程中,对被告人王雲是否需要数罪并罚主要形成两种意见:一种意见认为,本案漏罪作出判决时,前罪原判刑罚已执行完毕,不需要再将漏罪判处的刑罚与前罪原判处的刑罚实行数罪并罚,直接将漏罪判处的刑罚按照我国刑法第六十九条的规定并罚即可。另一种意见认为,应当将漏罪判处的刑罚和前罪原判的刑罚按照刑法第七十条和第六十九条的规定实行数罪并罚。

我们同意后一种意见。在判决宣告以后、刑罚执行完毕以前,发现漏罪,无论漏罪判决作出时前罪原判刑罚是否已执行完毕,均应依法实行数罪并罚。主要基于以下两点理由:

(一)符合刑法第七十条规定的立法本意

1. 关于“漏罪”的理解。从立法原意看,漏罪必须符合以下几个条件:其一,该漏罪在判决宣告之前就已实施,直至判决宣告以后、刑罚执行完毕以前才被发现。其二,该漏罪是在判决宣告以后,并已经发生法律效力后才被发现。因为只有当判决发生法律效力时,刑罚的执行才开始。其三,该漏罪必须是未超过刑法规定的追诉时效。已过追诉时效的,由于刑事责任的追诉期限已过,不能再进行数罪并罚。其四,该漏罪既可以是一罪,也可以是数罪;既可以是与前罪性质相同之罪,也可以是性质不同之罪。从本案具体情况看,后实施的盗窃行为发生在2013年5月22日、24日,实施的时间在前罪判决宣告2013年11月6日之前,且前罪判决发生了法律效力,后实施的盗窃罪亦未过追诉时效,与前罪属于同一性质,符合漏罪的构成特征。

2. 关于“发现”的理解。从立法原意看,此处的“发现”是指通过司法机关侦查、他人揭发或犯罪分子自首等途径发现犯罪分子还有其他罪行。此处的“发现”有其特定的法律内涵:一方面,如何确定发现的时间标准。无论是通过司法机关侦查、他人揭发,还是犯罪分子自首等途径,漏罪最终都应被司法机关发现。如果漏罪尚未被司法机关发现,仅被他人知晓,显然不会产生数罪并罚。当然,司法机关发现漏罪的时间节点,不能取决于任何组织或者个人的主观认识,而应当根据合理、明确的法律标准确定。我们认为,一般情形下应当以刑事立案时间为发现时间。公安机关进行刑事立案时,一般已初步掌握了犯罪嫌疑人的基本情况,但是有些案件因其复杂性和特殊性,缺少明确的犯罪嫌疑人。在这种情形下,应当以公安机关通过侦查等方式明确犯罪嫌疑人的时间为发现时间。另一方面,如何理解“发现”的法律意义。发现漏罪一是确立了实行数罪并罚法律规定的基本前提,二是确立了发现漏罪时间作为前罪原判刑罚执行的界点,即发现漏罪之前为前罪原判刑罚已执行的刑期,发现漏罪之后为前罪原判刑罚未执行的刑期。因此,发现漏罪之后所羁押的时间应在数罪并罚所确定的刑罚期间中予以折抵。

本案中,被告人王雲前罪刑期自2013年8月17日起至2014年2月16日止。王雲于2014年

2 月 16 日刑满释放后被公安机关传唤到案。另外,2013 年 5 月 24 日公安机关对本案进行刑事立案,2014 年 2 月 12 日公安机关通过侦查明确王雲为本案犯罪嫌疑人。因此,本案发现漏罪的时间应确定为 2014 年 2 月 12 日。

(二)符合法律规定的确定性

根据刑法第七十条的规定,发现漏罪的时间范围仅明确要求"判决宣告以后,刑罚执行完毕以前",除此之外并没有其他任何适用时间上的限制,也没有其他限制性规定。因此,不能因诉讼过程的长短、宣判时间的不同而产生不同的适用结果。否则,就会使刑法第七十条的适用处于不确定状态,使数罪并罚制度增加了新的适用条件限制,进而导致数罪并罚的适用因漏罪侦查进程、宣判时间的长短差异而产生错乱。有观点认为,不论漏罪的发现时间,只要前罪原判刑罚已执行完毕,就不再适用数罪并罚。这一观点值得商榷。如果采用这一观点,不仅量刑时于法无据,而且还会变相地加重被告人的刑罚。因此,第一种意见不仅违背了罪刑法定原则,还违背了法律面前人人平等的精神。

综上所述,在判决宣告以后、刑罚执行完毕以前,发现漏罪,无论漏罪判决作出时前罪原判刑罚是否已执行完毕,均应依法实行数罪并罚。

(撰稿:浙江省台州市黄岩区人民法院　王永兴
审编:最高人民法院刑二庭)

[第 1082 号]石加肆盗窃案

——前罪原审判决被撤销后的刑罚适用若干问题

【关键词】 累犯　减刑　数罪并罚

一、基本案情

被告人石加肆,男,1983 年 10 月 25 日生,农民。2004 年 8 月 20 日因犯盗窃罪被判处有期徒刑一年,并处罚金人民币 2 000 元;2005 年 10 月 25 日因犯盗窃罪被判处有期徒刑一年六个月,并处罚金人民币 2 000 元,2006 年 12 月 31 日刑满释放;2007 年 9 月 12 日冒用其兄长石启发的身份因犯盗窃罪被判处有期徒刑四年六个月,并处罚金人民币 5 000 元,2010 年 4 月 20 日刑满释放。2014 年 4 月 17 日因涉嫌犯盗窃罪被逮捕。

江苏省江阴市人民检察院以被告人石加肆犯盗窃罪向江阴市人民法院提起公诉。

被告人石加肆对指控的事实未提出异议。

江阴市人民法院经审理查明:

(一)前罪事实

被告人石加肆(冒名石启发)单独及伙同他人先后于 2007 年 4 月 9 日、5 月 6 日的凌晨,采用钻窗等手段,到江阴市月城镇花园二村 1 号,花园一村 9 号、20 号、24 号入户盗窃 4 次,共窃得人民币 11 800 元,浪琴手表 1 部,三星、摩托罗拉、中天、诺基亚手机各 1 部,华伦天奴皮夹 1 只,物资价值合计人民币 11 800 余元,财物价值共计人民币 23 600 余元。

江阴市人民法院于 2007 年 9 月作出(2007)澄刑初字第 849 号刑事判决,以盗窃罪判处石启发有期徒刑四年六个月(刑期自 2007 年 5 月 6 日起至 2011 年 11 月 5 日止),并处罚金人民币

5 000元,继续追缴石启发犯罪所得发还被害人。交付执行后,江苏省镇江市中级人民法院于2010年4月作出(2010)镇刑执字第1121号刑事裁定,对罪犯石启发减去有期徒刑一年六个月十五日(减刑后的刑期至2010年4月20日),罪犯石启发于2010年4月20日刑满释放。2014年7月,江苏省海门市人民检察院在审查海门市公安局移送审查起诉的犯罪嫌疑人龙杨良、龙洛根、石启发涉嫌盗窃时发现2007年被江阴市人民法院判刑的"石启发"非真实的石启发,系他人冒名顶替。经审查,(2007)澄刑初字第849号刑事判决中的石启发的真实身份为石加肆。

2014年9月9日,江阴市人民法院针对前罪作出(2014)澄刑监字第0004号再审决定书,决定对(2007)澄刑初字第849号提起再审,并于2014年11月6日作出(2014)澄刑再初字第0005号刑事判决书:撤销本院(2007)澄刑初字第849号刑事判决;被告人石加肆犯盗窃罪,判处有期徒刑五年,并处罚金人民币6 000元;继续追缴被告人石加肆犯罪所得,发还被害人。

(二)本罪事实

2014年2月至3月间,被告人石加肆多次伙同龙玉海(已判刑)至江阴市云亭街道、青阳镇、徐霞客镇等地入户盗窃,窃得现金、摩托车、黄金首饰等财物,价值共计人民币9 800余元。

江阴市人民法院认为,被告人石加肆以非法占有为目的,多次伙同他人秘密入户窃取公私财物,其行为已构成盗窃罪,系共同犯罪。被告人石加肆在判决宣告以后,刑罚执行完毕以前又犯罪,应当对新犯的罪作出判决,把前罪没有执行的刑罚和后罪所判处的刑罚,依照《中华人民共和国刑法》第六十九条的规定,决定执行的刑罚。被告人石加肆归案后如实供述自己的罪行,当庭自愿认罪,部分损失已挽回,依法予以从轻处罚。公诉机关指控被告人石加肆犯盗窃罪的事实清楚,证据确实、充分,指控的罪名正确,予以采纳,但认定被告人石加肆系累犯不当,予以纠正。据此,判决如下:

1. 被告人石加肆犯盗窃罪,判处有期徒刑一年,并处罚金人民币3 000元;与前罪尚未执行完毕的有期徒刑二年零十五天,并处罚金人民币6 000并罚,决定执行有期徒刑二年三个月,并处罚金人民币9 000元;

2. 责令被告人石加肆继续退赔违法所得人民币7 186.4元,发还相应被害人。

一审宣判后,被告人石加肆未提起上诉,检察机关未提出抗诉,判决已发生法律效力。

二、主要问题

1. 前罪刑罚被执行完毕后,因审判监督程序被加重刑罚,后罪在加重刑罚执行期间内实施是否构成累犯?

2. 前罪减刑裁定减去的刑期是否应计入已经执行的刑期?

3. 后罪实施于前罪加重刑罚执行期间时,两罪如何数罪并罚?

三、裁判理由

本案争议的焦点主要在于:(1)被告人石加肆是否构成累犯。一种意见认为,石加肆前罪原审判决已经执行完毕,本罪应当构成累犯;另一种意见认为,被告人石加肆前罪原审判决并未执行完毕,本罪不应构成累犯。(2)前罪减刑裁定减去的刑期是否应计入已经执行的刑期。一种意见认为,因被告人自身没有如实供述自己的身份信息,致使原审判决降低了其罪责,而再审判决并未执行,故减刑裁定减去的刑期不应计入已经执行的刑期;另一种意见认为,减刑裁定减去的刑期应计入已经执行的刑期。(3)前后两罪如何数罪并罚。一种意见认为,应将前后两罪先并罚,再减去已经执行的刑罚,即"先并后减";另一种意见认为,应将后罪与前罪尚未执行的刑罚数罪并罚,即"先减后并"。

我们认为:(1)前罪因审判监督程序的启动和生效而被加重刑事处罚,不等于前罪刑罚执行完毕,后罪自然不应构成累犯。(2)漏罪的发现和新罪的实施均是对被告人人身危险性可能弱化的否定,与减刑的初衷相悖,故前罪减刑裁定减去的刑期不应计入已经执行的刑期当中。(3)后罪实施于前罪刑罚执行过程中(因客观原因刑罚执行中断),属于刑罚执行过程中再犯新罪,应适用"先减后并"的原则数罪并罚。理由如下:

(一)前罪再审判决尚未执行完毕,被告人不构成累犯

根据刑法第六十五条、第六十六条的规定和相关理论,累犯(一般累犯和特殊累犯)的成立前提必须是刑罚执行完毕或者赦免以后,本案中显然不属于赦免情形,故被告人的后罪是否发生在前罪刑罚执行完毕后便成为其是否构成累犯的关键。本案的特殊之处在于被告人在前罪审判过程中隐瞒了个人真实身份信息,导致原审判决未正确认定累犯情节,量刑不当。原审法院在审判后罪过程中发现了前罪判决的错误,根据刑事诉讼法及司法解释的有关规定,启动审判监督程序,撤销原审判决后加重了被告人的刑罚。因此,本案的焦点在于,原审判决刑罚执行完毕后,又因再审判决增加了前罪的刑罚量,在增量刑罚尚未执行完毕的情况下,是否属于"刑罚执行完毕"的情形。

我们认为,因被告人自己隐瞒个人信息而导致法院对前罪再审并增加了刑罚量的情况下,增量刑罚尚未执行完毕的,不能认定为前罪刑罚执行完毕。再审裁判是法院通过刑事审判监督程序对已经发生法律效力的判决和裁定,因发现确有错误而重新进行审理后所作出的裁判。再审裁判一经作出,已经生效的原审裁判就不再有效。对被告人执行刑罚,也就应当以再审裁判为依据。本案中,被告人前罪的原审判决虽然已经实际执行完毕,但该"执行完毕"是建立在原审判决的基础上的。鉴于原"刑罚执行完毕"的基础——原审刑事判决已经被撤销,随之而来的是被告人必须执行再审判决确定的增量刑罚。在增量刑罚尚未执行完毕的情况下,不应认定为前罪"刑罚执行完毕"。

因此,被告人的本次犯罪行为实施于前罪尚未执行完毕的期间内,不符合累犯构成的时间要件,不应认定为累犯。

(二)前罪服刑期间经减刑裁定减去的刑期不应计入已经执行的刑期之中

本案的前罪原审判决虽已被依法撤销,但被告人服刑期间的减刑裁定如何评价在实践中尚存争议。有人认为,减刑是基于被告人服刑期间的行为、人格作出的评价,一经法定程序作出即具有法律效力,不应因漏罪或者新罪的裁判而撤销已经依法作出的减刑等裁定,否则将有损减刑的严肃性和权威性。

我们认为,减刑的深层动因在于人身危险性的良性变化。在本质上,减刑是对原判执行过程的改变,并非对原判判决的改变。刑罚执行虽以判决确定的刑罚为执行内容,但并不仅仅是裁判权的附庸,刑罚执行本身具有相对独立性:刑罚执行过程中可以根据犯罪人的悔改表现或者立功表现,对判决所确定的刑罚依法加以调整。[①] 进入刑罚执行阶段,犯罪已成客观事实,犯罪性质不再发生变化,犯罪行为本身不存在使刑罚变更的原因;而犯罪人是鲜活的个体,其个体情况和改造程度的变化差异构成刑罚变更的基础。犯罪人从服刑初始被动接受法律制裁到为了缩短承受刑罚痛苦的时间而积极改造直至逐渐降低犯罪意愿并使自身行为符合社会利益的过程,根本上是其人身危险性趋向减弱的动态变化。但漏罪的发现或新罪的实施恰恰否认了被告人人身危险性弱化的可能性,与减刑的初衷背道而驰。《最高人民法院关于罪犯因漏罪、新罪数罪并罚时原减刑裁定应如何处理的意见》(法〔2012〕44 号)也规定,罪犯被裁定减刑后,因被发现漏罪或者又

---

① 陈兴良:《刑法哲学》,中国政法大学出版社2000年版,第790页。

犯新罪而依法进行数罪并罚时，经减刑裁定减去的刑期不计入已经执行的刑期。因此，被告人在前罪服刑期间经减刑裁定减去的一年六个月十五天不能计入已经执行的刑期，即前罪实际执行的刑期为二年十一个月十五天。

（三）刑罚执行中又犯罪的应当坚持“先减后并”的数罪并罚原则

根据刑法第六十九条、第七十条、第七十一条的规定和相关理论，数罪并罚的执行根据新罪实施时间的不同采取不同的并罚原则，即刑罚执行完毕以前发现漏罪的实行“先并后减”，刑罚执行完毕以前又犯新罪的实行“先减后并”。鉴于两种数罪并罚方式对被告人实际执行刑期的长短影响较大，故需在准确认定漏罪或新罪的基础上正确适用相关并罚原则。

刑罚执行完毕以前又犯新罪的数罪并罚的特点是：(1) 犯罪人在原判决宣告以后，刑罚执行完毕以前又犯新罪；(2) 不论新罪是否与原判决的罪性质相同；(3) 将新罪定罪量刑；(4) 将前罪没有执行的刑罚与新罪所判处的刑罚，依照刑法第六十九条的原则进行并罚；(5) 已经执行的刑期不得计算在新判处所决定的刑期以内。① 本案中，如前所述，被告人的此次盗窃行为发生于前罪刑罚执行完毕以前，争议的焦点在于是否属于“原判决宣告以后”，即此处的“原判决”是指案件中的原审判决，还是再审判决，抑或是其他。有人认为，鉴于审判监督程序的启动和再审判决的生效已经撤销了原审判决，故类似案件中的原判决只能是再审判决。我们认为，再审判决的生效虽然否定了原审判决的效力，但不能消灭原审判决所产生的所有影响，如刑罚执行的起刑日期（改判无罪的案件除外）的影响便不能改变。原审判决和再审判决在刑罚执行的起始止日期上应当保持一致，即原审判决的起刑日期就是正确判决的起刑之日，再审判决的止刑日期就是正确判决的止刑之日，当中的中止时日根据并罚原则予以排除便可。

综上，本案前罪的起刑日期是 2007 年 5 月 6 日，止刑日期在 2014 年 3 月之后，后罪的实施是在 2014 年 2 月至 3 月间。后罪在原判决宣告以后，刑罚执行完毕以前实施，应当适用先减后并的原则数罪并罚。原审法院判处被告人石加肆有期徒刑一年，与前罪尚未执行完毕的有期徒刑二年零十五天（五年减去二年十一个月十五天）并罚，决定执行有期徒刑二年三个月的量刑是正确的。

（撰稿：江苏省无锡市中级人民法院　王星光　马小卫
审编：最高人民法院刑四庭　陆建红）

［第 1085 号］沙学民容留他人吸毒案

——在暂予监外执行期间犯新罪被抓获，应如何计算前罪余刑

【关键词】　暂予监外执行　新罪　剩余刑期

一、基本案情

被告人沙学民，男，1966 年 12 月 15 日出生。2013 年 2 月 4 日因犯贩卖毒品罪被判处有期徒刑一年，并处罚金人民币 1 000 元，同年 2 月 18 日因病被决定暂予监外执行。同年 4 月 10 日因涉嫌犯容留他人吸毒罪被抓获，次日被刑事拘留，当日因无锡市公安局监管支队不予收押，被取保

① 张明楷：《刑法学》（第 4 版），法律出版社 2011 年版，第 539 页。

候审。2014 年 5 月 29 日经无锡市北塘区人民法院决定逮捕，同年 6 月 4 日由无锡公安局北塘分局执行逮捕，当日因无锡市公安局监所管理支队不予收押而被取保候审。

无锡市北塘区人民检察院以被告人沙学民犯容留他人吸毒罪，向北塘区人民法院提起公诉。

被告人沙学民对公诉机关指控的事实、证据无异议。

北塘区人民法院经审理查明：

1. 2013 年 4 月 8 日下午，被告人沙学民在无锡市北塘区建设新村 127 号 403 室容留万建华吸食毒品甲基苯丙胺。

2. 2013 年 4 月 10 日下午，被告人沙学民在无锡市北塘区建设新村 127 号 403 室容留刘雪珍吸食毒品甲基苯丙胺，容留邓国民吸食毒品甲基苯丙胺、注射毒品海洛因，容留金明发吸食毒品甲基苯丙胺、海洛因。

另查明，在前案中，被告人沙学民于 2011 年 11 月 10 日被抓获，同年 11 月 12 日被取保候审，羁押时间为 3 天。2013 年 2 月 18 日沙学民被暂予监外执行。同年 4 月 10 日因本案被抓获，则监外执行服刑的时间为一个月零二十四天。综上，被告人沙学民已执行刑期为一个月二十七天。

北塘区人民法院认为，被告人沙学民容留他人吸食、注射毒品，其行为已构成容留他人吸毒罪，依法应当判处三年以下有期徒刑、拘役或者管制，并处罚金。沙学民曾因犯贩卖毒品罪被判过刑，又犯容留他人吸毒罪，是毒品再犯，依法从重处罚。沙学民归案后如实供述自己的罪行，依法可以从轻处罚。沙学民在判决宣告以后，刑罚执行完毕以前又犯罪，应当对新犯之罪作出判决，把前罪没有执行的刑罚和后罪所判处的刑罚数罪并罚。公诉机关指控被告人沙学民犯容留他人吸毒罪的事实清楚，证据确实、充分，指控成立，但未指控数罪并罚有误，应予纠正。依照《中华人民共和国刑法》第三百五十四条、第三百五十六条、第六十七条第三款、第七十一条、第六十九条之规定，以容留他人吸毒罪判处被告人沙学民有期徒刑九个月，并处罚金人民币 1 000 元。连同前罪剩余刑期十个月三天，决定执行有期徒刑一年三个月，并处罚金人民币 1 000 元。

一审宣判后，北塘区人民检察院提起抗诉，称原审被告人沙学民前罪刑罚已经执行完毕，故北塘区人民法院的判决认定其前罪尚有未执行完毕的刑罚，且将前罪未执行的刑罚与后罪所判处的刑罚实行数罪并罚，属于适用法律错误。

无锡市中级人民法院经审理认为，原审判决的审判程序合法，认定的事实清楚，证据确实、充分，量刑适当，应予维持。依照《中华人民共和国刑事诉讼法》第二百二十五条第一项之规定，裁定驳回抗诉，维持原判。

二、主要问题

被暂予监外执行的罪犯在监外执行期间犯新罪并被抓获，社区矫正机关未及时出具收监建议书，而后出具社区矫正期满的证明书，被告人的前罪是否还有剩余刑期？

三、裁判理由

本案在审理过程中，对于被告人的前罪是否有剩余刑期，存在不同的意见。

第一种意见认为，被告人沙学民于 2013 年 2 月 4 日因犯贩卖毒品罪被北塘区人民法院判处有期徒刑一年，同年 2 月 18 日判决生效后因疾病被决定暂予监外执行一年。根据我国刑事诉讼法的规定，对被暂予监外执行的罪犯，依法实行社区矫正，由社区矫正机构负责执行。故自 2013 年 2 月 18 日至 2014 年 2 月 17 日，根据刑事诉讼法的规定将沙学民交由社区矫正机构负责执行。2014 年 2 月 17 日社区矫正机构对沙学民作了社区矫正期满，依法解除社区矫正的宣告，并出具矫正期满解除社区矫正证明书。根据法律规定，暂予监外执行的期间计入刑罚执行的期间。被告人社区矫正一年期满，故前罪刑罚已经执行完毕，不存在数罪并罚的问题。

第二种意见认为,2013 年 4 月 10 日被告人沙学民因涉嫌犯容留他人吸毒罪被公安机关抓获,根据最高人民法院、最高人民检察院、公安部、司法部联合制定的《社区矫正实施办法》第二十六条的规定,暂予监外执行的社区矫正人员违反有关法律、行政法规和监督管理规定,情节严重的,由居住地县级司法行政机关向批准、决定机关提出收监执行的建议书。举轻以明重,被告人的行为显然是违反有关法律、行政法规和监督管理规定,情节严重的行为,社区矫正机构应依法出具收监建议书。因此,本案被告人 2013 年 4 月 10 日被抓获当天,已不符合暂予监外执行条件,应通过法定程序中止前罪的暂予监外执行。同时,被告人被抓获当天即被公安机关采取刑事强制措施,即被告人从抓获之日起应当计入新罪的刑事强制措施时间,不应视为所服前罪判决的刑期。综上,本案应以被告人被抓获之日为界点计算前罪的剩余刑期。

我们同意第二种意见。理由如下:

(一)被告人在监外执行期间因犯新罪而被采取强制措施的,新罪强制措施采取之日,即为前罪监外执行中止之时

根据刑事诉讼法第二百五十七条的规定,对于暂予监外执行的罪犯,有法律规定情形之一的,应当及时收监。由此可见,暂予监外执行制度具有明显的临时性特征,随时可能因法定情形的出现而中止。决定或批准对罪犯适用暂予监外执行之后,并不意味着其之后都会在监狱外服刑,而是当出现法律规定的情形时,相关机关应当及时改变监外执行的方式,将罪犯收监从而恢复为监禁执行的行刑方式。一旦被告人被有权机关决定收监,则其暂予监外执行期间显然中止。

暂予监外执行期间犯新罪,暂予监外执行期满前发现的,根据最高人民法院、最高人民检察院、公安部、司法部联合制定的《社区矫正实施办法》第二十六条的规定,暂予监外执行的社区矫正人员违反有关法律、行政法规和监督管理规定,情节严重的,由居住地县级司法行政机关向批准、决定机关提出收监执行的建议书。举轻以明重,被告人的行为显然属于触犯刑法的行为,应依法收监执行。故被告人在暂予监外执行期间犯新罪并在暂予监外执行期满前被发现的,自有权机关依法定程序作出收监决定之日,前罪的暂予监外执行期间中止。

本案中,社区矫正机构即无锡市北塘区司法局应在被告人因犯新罪被抓获之日依法向北塘区人民法院提出对被告人沙学民进行收监执行的建议书,但北塘区司法局没有及时向北塘区人民法院提出收监建议。这种不利的后果应由被告人自己承担,也就是说,其在被公安机关抓获后继续履行的接受社区矫正的时间不计入其刑期。因为《社区矫正实施办法》第十一条规定:"社区矫正人员应当定期向司法所报告遵纪守法、接受监督管理、参加教育学习、社区服务和社会活动的情况。"显然,本案被告人没有履行应尽的义务。

另外,从社会导向的角度分析,规避法律责任往往是当事人趋利避害的反应,若对不履行社区矫正义务的暂予监外执行人认可其社区矫正期满,则可能诱导当事人采取各种方式规避法律责任,如此将不利于社区矫正机构依法进行社区矫正工作,也不利于维护司法的公正性。因此,只有将行为人没有履行社区矫正义务的行为导致的不利后果归于其本人承担,即认定其前罪的暂予监外执行期间自其被抓获之日起中止,同时认定其前罪的刑期也自被抓获之日起中止计算,方能有效避免当事人通过不履行义务的方式获得非法利益。在本案中,由于被告人没有切实履行其接受社区矫正的义务,在暂予监外执行期间没有向社区矫正机构如实报告其犯新罪的情况,导致社区矫正机构做出错误的矫正期满证明书,法院应不认可该社区矫正期满证明书,而是根据事实,依法认定被告人被抓获后其前罪的暂予监外执行期间中止,其在中止后继续接受社区矫正的期间不计入其前罪服刑期间。

(二)应以被告人被抓获之日作为计算前罪剩余刑期的界点

暂予监外执行期间的中止不等于刑期计算的中止,被告人在暂予监外执行期间因出现法定情形,如被保外就医的被告人疾病治愈,则有权机构应作出收监决定,被告人被收监后在监狱内继续服刑,即虽然暂予监外执行中止,但是刑期却是连续计算的。但是,如果被告人是因为犯新罪而被中止前罪的暂予监外执行期间,则涉及前罪的刑期的计算是否中断,以及以何日作为前罪刑期计算中断的界点,从而开始计算前罪的剩余刑期。我们认为,应以被告人犯新罪被抓获并被采取强制措施之日为界点,中断前罪刑期的计算。

实践中,被告人在前罪暂予监外执行期间因犯新罪被抓获的同时一般也被采取了刑事强制措施。同时被告人在前罪暂予监外执行期间因犯新罪被抓获,有权机关应依法对被告人进行收监执行。那么这里作为限制或者剥夺被告人人身自由的刑事强制措施和同为剥夺被告人人身自由的收监执行就产生了冲突。我们认为,应优先处理新罪。理由如下:

第一,新罪的处理比旧罪的服刑更加紧迫。被告人在前罪暂予监外执行期间犯新罪,侦查机关发现并抓获被告人后,立即进入紧张的侦查程序,刑事诉讼法对侦查工作的时间有着严格的要求,可以说时间紧迫。而且对新罪的侦查、起诉、审判工作决定着被告人是否犯罪。而被告人的前罪的剩余刑期是确定的,完全可以与新罪判决的刑罚一同执行,相比于侦查工作不具有时间上的紧迫性。故在这种情况下,应中止前罪的服刑,进入新罪的刑事诉讼程序上来。

第二,优先处理新罪符合立法的原意。刑法第七十一条规定,判决宣告以后,刑罚执行完毕以前,被判刑的犯罪分子又犯罪的,应当对新犯的罪作出判决,把前罪没有执行的刑罚和后罪所判处的刑罚,依照本法第六十九条的规定,决定执行的刑罚。根据该条规定,被告人在前罪的刑罚执行期间犯新罪的,应当首先对新罪作出判决,同时将因为处理新罪而耽搁的前罪服刑期间与新罪判处的刑罚进行数罪并罚。也就是说,被告人在前罪的刑罚执行期间犯新罪的,应中止前罪的服刑,并将中止后的前罪的剩余刑期与新罪进行数罪并罚。如果将被告人按照违反社区矫正监督管理规定收监,则属于继续前罪的刑罚的执行,收监后被告人仍然属于服前罪的刑期,与上述法条的立法精神不符。

结合到本案,被告人沙学民于2013年4月10日因涉嫌犯容留他人吸毒罪被抓获,次日被刑事拘留,当日因无锡市公安局监管支队不予收押,被取保候审。被告人自抓获之日起被采取了拘传、刑事拘留、取保候审等一系列刑事强制措施,这些刑事强制措施显然是为保障新罪的刑事诉讼顺利进行而采取的,属于新罪的刑事诉讼程序。故被告人自抓获之日起被限制人身自由属于新罪的刑事诉讼程序中的强制措施,被羁押的时间应在新罪的刑期中扣除,而不能计算在前罪的服刑期间。

综上,一、二审法院没有依据社区矫正机构出具的社区矫正期满证明书认定被告人沙学民前罪已服刑期满,而是以被告人被抓获的时间作为前罪刑期中断的界点计算其前罪的剩余刑期,从而对被告人进行数罪并罚的裁判是正确的。

(撰稿:江苏省无锡市北塘区人民法院　赵　越
审编:最高人民法院刑四庭　陆建红)

[第1089号]杨德林滥用职权、受贿案

——滥用职权造成恶劣社会影响的及供犯罪所用的本人财物如何认定,受贿既、未遂并存的如何处罚

【关键词】 滥用职权造成恶劣社会影响 供犯罪所用的本人财物 受贿犯罪未遂

一、基本案情

被告人杨德林,男,1964年12月9日出生,原系贵州百里杜鹃风景名胜区管理委员会(以下简称百管委)副主任。2014年4月28日因涉嫌犯滥用职权罪、受贿罪被逮捕。

贵州省毕节市人民检察院以被告人杨德林犯滥用职权罪、受贿罪,向毕节市中级人民法院提起公诉。

被告人杨德林对公诉机关指控的滥用职权和受贿的事实均无异议,但认为其行为不构成滥用职权罪。对其支付到贵州湾田煤业公司的60万元,认为属于其合法财产,请求法院判决予以返还。其辩护人提出了公诉机关指控的金隆煤矿事故瞒报造成恶劣社会影响属多因一果,杨德林不应承担滥用职权罪的刑事责任的辩护意见。

毕节市中级人民法院经公开审理查明:

(一)关于滥用职权的事实

2010年11月起,被告人杨德林担任百管委副主任,分管安全生产等工作,2012年2月起兼任百里杜鹃安全委员会(以下简称百安委)主任,负有按照国家、省、市的要求,在煤矿发生安全事故后到现场组织开展抢险救援、及时上报事故情况、做好事故善后工作、开展事故调查等职责。

2013年10月4日,贵州湾田煤业集团有限公司(以下简称湾田煤业公司)所属的百管委金坡乡金隆煤矿发生3死3伤的重大劳动安全事故。杨德林未按规定将事故情况及时上报,未组织安监、煤矿安全部门相关人员去现场救援,并且授意金隆煤矿负责人隐瞒不报。同月11日,贵州煤矿安全监察局毕节监察分局(以下简称毕节监察分局)要求百管委组织对金隆煤矿事故进行调查。为隐瞒事故真相,杨德林指使安监、煤矿安全部门以及矿方与事故死伤者家属相互串通,在百管委组织调查时提供虚假材料,并将事前与彭洪亮等人商定的金隆煤矿未发生事故的虚假调查结论上报,致使事故真相被隐瞒。2014年3月,毕节监察分局准备组织对金隆煤矿事故重新调查。杨德林得知后,安排他人伪造举报信,以"举报"金隆煤矿发生造成2人受伤的虚假事故为由组织第二次调查。后杨德林指使调查组作出煤矿发生事故,造成2人受伤的虚假调查结论上报,致使事故真相再次被隐瞒。

事故真相被隐瞒期间,数家新闻媒体记者以调查金隆煤矿安全事故为由,向金隆煤矿敲诈勒索财物,金隆煤矿被迫以赞助费等名义给予记者赵某等人现金数十万元;金隆煤矿得以继续违规生产;相关责任人员也未受到处理。

(二)关于受贿的事实

1. 被告人杨德林隐瞒金隆煤矿2013年10月4日发生的重大劳动安全事故后,向湾田煤业公司副总经理陈国虹提出需要人民币(以下币种同)400万元用于协调有关事宜。经陈国虹等人商量,同意杨德林的要求。为规避法律责任,双方商定采用由杨德林出资60万元虚假入股的方式,

给予杨德林400万元。2013年11月，杨德林安排其侄子杨磊出面与湾田煤业公司签订虚假入股协议。同年12月9日，按照杨德林的安排，杨磊从杨德林的账户转款60万元给湾田煤业公司。应杨德林的要求，湾田煤业公司将该60万元以“入股”分红的形式退还给杨德林，并承诺于2014年4月底用200万元以“退股”形式收购杨德林50%的“股份”，剩余200万元在同年6月兑现。2014年4月，杨德林因涉嫌犯滥用职权罪被调查，该400万元未实际取得。

2. 2013年，根据贵州省和毕节市有关文件规定及会议精神，百管委将对辖区内煤矿企业进行兼并重组。同年1月起，杨德林兼任百管委煤矿企业兼并重组工作领导小组副组长。在煤矿企业兼并重组过程中，鹏程煤矿总经理朱月宝为实现兼并相邻煤矿的目的，请托杨德林以鹏程煤矿与相邻煤矿整合的方案上报，并愿提供协调费用。同年5月30日，杨德林通过杨磊收到朱月宝贿赂200万元。其间，中心煤矿负责人苏尔省为规避产业政策，防止煤矿被关闭淘汰，请托杨德林以中心煤矿作为单列技改保留现状的煤矿上报。杨德林提出苏尔省需提供300万元作为协调费用，苏尔省答应。同年6月2日，杨德林通过杨磊收到苏尔省贿赂300万元。在百管委开会讨论编制煤矿兼并重组方案时，杨德林在会上提出将鹏程煤矿与相邻煤矿整合、将中心煤矿进行单列保留上报的兼并重组方案。后经杨德林签字同意并将方案上报毕节市工能委。

案发后，湾田煤业公司将涉案款400万元上缴毕节市人民检察院，杨德林亦退缴全部受贿所得赃款。

毕节市中级人民法院认为，被告人杨德林身为国家机关工作人员，滥用职权，致使国家和人民利益遭受重大损失的行为构成滥用职权罪。杨德林身为国家工作人员，利用职务便利，索取请托人苏尔省贿赂300万元，向湾田煤业公司索要贿赂400万元，但该400万元因其涉嫌犯滥用职权罪被调查而未实际取得，非法收受请托人朱月宝贿赂200万元并为其谋取利益，其行为还构成受贿罪。对杨德林应依法惩处并数罪并罚。杨德林利用职务便利向湾田煤业公司索要贿赂400万元，系受贿犯罪未遂，可以比照既遂犯从轻或者减轻处罚；杨德林归案后如实供述了司法机关尚未掌握的其受贿500万元的事实，依法可以从轻处罚；杨德林退缴全部赃款，确有悔罪表现，可酌情从轻处罚。据此，依照《中华人民共和国刑法》第三百八十五条第一款，第三百八十六条，第三百八十三条第一款第一项、第二款，第三百九十七条第一款，第六十九条，第六十七条第三款，第五十九条，第二十三条，第六十四条之规定，毕节市中级人民法院作出如下判决：

1. 被告人杨德林犯受贿罪，判处有期徒刑十五年，并处没收个人财产人民币五十万元；犯滥用职权罪，判处有期徒刑三年，决定执行有期徒刑十七年，并处没收个人财产人民币五十万元。

2. 被告人杨德林受贿所得赃款予以没收，上缴国库。

一审宣判后，杨德林向贵州省高级人民法院提起上诉。具体理由如下：(1)一审判决认定其索要金隆煤矿400万元错误，该400万元不应认定为受贿；(2)一审判决认定其利用职务便利，以隐瞒重大安全事故为条件索要金隆煤矿400万元，分别定受贿罪和滥用职权罪错误；(3)一审判决将其入股分红的利润60万元予以没收，并判决没收个人财产50万元无法律依据；(4)其具有自首情节，原判量刑过重。

贵州省高级人民法院经审理后认为，原判认定上诉人杨德林犯滥用职权罪、受贿罪的事实清楚，证据确实、充分，适用法律正确，量刑适当，审判程序合法。杨德林所提上诉理由均不能成立。据此，依照《中华人民共和国刑事诉讼法》第二百二十五条第一款第一项之规定，裁定驳回上诉，维持原判。

二、主要问题

1. 对“滥用职权造成恶劣社会影响”应当如何认定？

2. 受贿犯罪中,如何理解刑法第六十四条规定的"供犯罪所用的本人财物"?

3. 如何认定受贿犯罪未遂?

4. 受贿犯罪既遂与未遂并存时如何处罚?

三、裁判理由

(一)滥用职权造成恶劣社会影响的认定

滥用职权罪,是指国家机关工作人员滥用职权,致使公共财产、国家和人民利益遭受重大损失的行为。换言之,滥用职权行为,只有致使公共财产、国家和人民利益遭受重大损失的,才成立犯罪。一般认为,国家机关工作人员滥用职权造成的损失可以分为有形损失和无形损失。实践中,对有形损失如造成的经济损失、人员伤亡情况等的认定较为容易;但对无形损失的认定则相对难以把握。

2013年1月,《最高人民法院、最高人民检察院关于办理渎职刑事案件适用法律若干问题的解释(一)》(以下简称《渎职解释一》)第一条第一款规定了滥用职权罪的入罪门槛,即明确了刑法第三百九十七条第一款中滥用职权"致使公共财产、国家和人民利益遭受重大损失"的认定,具体包括四种情形:(1)造成死亡1人以上,或者重伤3人以上,或者轻伤9人以上,或者重伤2人、轻伤3人以上,或者重伤1人、轻伤6人以上的;(2)造成经济损失30万元以上的;(3)造成恶劣社会影响的;(4)其他致使公共财产、国家和人民利益遭受重大损失的情形。其中,第三项"造成恶劣社会影响"就属于无形损失。对此类无形损失的认定,我们认为,应当根据被告人滥用职权行为造成的危害后果、社会影响等客观实际,结合滥用职权行为的性质、手段等因素综合分析判断。

本案中,在案证据证实,金隆煤矿发生事故后,被告人杨德林未履行职责,且授意他人不将煤矿事故上报、不到现场救援,安排他人提供虚假材料,作虚假调查,要求他人隐瞒事故真相。因事故真相被隐瞒,一方面,致使事故调查、处理工作延误,相关责任人员未被追究责任;另一方面,煤矿存在重大安全隐患而未整改,仍组织矿工冒险下井生产作业,致使煤矿得以继续违法开采。同时,事故真相被隐瞒期间,数名记者以调查金隆煤矿安全事故为由,向金隆煤矿敲诈勒索财物共计数十万元,在当地造成的社会影响极坏,致使政府公信力受到人民群众的质疑。据此,一、二审法院认定杨德林滥用职权行为,严重损害了国家机关公信力,在当地造成了恶劣社会影响。依照刑法第三百九十七条第一款、《渎职解释一》第一条第一款第三项的规定,杨德林的行为构成滥用职权罪。

综上,我们认为,司法实践中对国家机关工作人员渎职犯罪"造成恶劣社会影响"的认定,在正确认识渎职犯罪行为侵犯的是国家机关公务的合法、公正、有效执行以及人民群众对此的信赖这一法益的基础上,一般可从以下方面予以把握:(1)渎职行为严重损害国家机关形象,致使政府公信力下降的;(2)渎职行为引发新闻媒体广泛关注,引起强烈社会反响的;(3)渎职行为造成大规模上访、暴力冲突等事件,影响国家机关正常职能活动的;(4)渎职行为诱发民族矛盾纠纷,严重影响民族团结、社会稳定的;(5)渎职行为造成其他恶劣社会影响的。

(二)受贿犯罪中"供犯罪所用的本人财物"的认定

刑法第六十四条规定:"供犯罪所用的本人财物,应当予以没收。"供犯罪所用的本人财物是指供犯罪分子进行犯罪活动而使用的属于其本人所有的钱款和物品,如用于走私的犯罪工具、赌博用的赌具等。一般认为,供犯罪所用的本人财物包括犯罪工具以及组成犯罪行为之物。实践中,对供犯罪所用的本人财物的理解应从"供犯罪所用"和"本人财物"两个方面着手进行。

"供犯罪所用"是指被告人有意识地将某物用于犯罪行为,被告人在使用时对财物为犯罪行为服务有着明确认识和追求。即一方面被告人对财物用于犯罪行为具有概括认识,另一方面又付诸实施。但在具体案件中,要注意分析该供犯罪所用财物与具体犯罪行为之间是否具有直接关联性,是否密切相关。2005 年 11 月《最高人民法院、最高人民检察院关于办理赌博刑事案件具体应用法律若干问题的解释》第八条第二款明确规定:“赌资应当依法予以追缴;赌博用具、赌博违法所得以及赌博犯罪分子所有的专门用于赌博的资金、交通工具、通讯工具等,应当依法予以没收。”这里的“专门”,实际上就是强调了上述财物应与赌博犯罪行为之间具有直接、密切的关联性。换言之,该司法解释事实上确认了应将“供犯罪所用财物”理解为与犯罪行为具有经常性联系或者密切相关的物品这一规则。

“本人财物”一般是指被告人对财物享有所有权。如果财物不是犯罪分子本人的,而是借用或者擅自使用的他人财物,财物所有人事前不知道是供犯罪使用的,应当予以返还。但是,一般认为,从有利于防止相关财物再次用于犯罪,有利于剥夺犯罪分子再犯的物质基础等出发,在充分考虑“比例对等”“罪罚相当”原则及公正司法理念的基础上,对于恶意第三人或者有重大过失的第三人所有的以及共同所有的用于犯罪行为的财物,也可以予以没收。①

近年来,出现了一些新型贿赂犯罪,如有个人投入的“交易型”受贿、“投资型受贿”、“委托理财型”受贿等,如何认定此类犯罪中的“供犯罪所用的本人财物”,对行为人个人投入部分能否予以没收,是当前司法实践中的难题。要准确认定上述问题,首先必须厘清“交易”“投资”及“委托理财”的性质并准确认定个人投入数额和受贿犯罪数额。2007 年 7 月,《最高人民法院、最高人民检察院关于办理受贿刑事案件适用法律若干问题的意见》对此类犯罪的认定作了规定,据此应当明确:(1)在“交易型”受贿、“投资型”受贿、“委托理财型”受贿犯罪中,“交易”“投资”“委托理财”只是贿赂双方规避法律制裁的手段,受贿人虽然有个人财产支出,但目的是掩盖权钱交易。即使受贿人收受的贿赂包含一部分合法成本,但对价成本主要是权钱交易的结果,其行为符合受贿犯罪的本质特征。(2)受贿人象征性支付对价的,即使产生了增值利益,也不是受贿人的善意取得,不符合“善意取得不予追缴原则”。(3)整体剥夺受贿犯罪全部经济收益,符合当前从严惩治腐败的现实需要。所以,在“交易型”受贿、“投资型”受贿、“委托理财型”受贿犯罪中,对受贿数额的认定应将受贿人支付的对价扣除,认定的受贿数额应依照刑法第六十四条的规定予以没收;但受贿人支付的对价,应按照上述“供犯罪所用的本人财物”的认定标准,结合具体的个案实际审慎判断,属于“供犯罪所用的本人财物”的,亦应依法没收。

本案中,搭股协议、承诺书、湾田煤业公司收据、证人陈国虹、杨磊等的证言、被告人杨德林的供述等证据证实,杨德林将自己的 60 万元转账至湾田煤业公司,目的是得到其向他人索要的 400 万元,后因杨德林担心其索要的 400 万元不能得到,且连投入的 60 万元也无法收回,湾田煤业公司遂将该 60 万元以“入股”分红的形式退还给杨德林,并出具承诺书。据此可以认定,杨德林对该 60 万元系为索取 400 万元贿赂有着明确认识,其将该 60 万元付诸实施“入股”行为后又积极追求实现索取 400 万元的犯罪目的;杨德林象征性“入股”的该 60 万元与其索要 400 万元的犯罪行为密切相关,并直接为该犯罪行为服务,该 60 万元系杨德林用于索取贿赂的犯罪工具。故杨德林支付给湾田煤业公司的 60 万元属于供其犯罪所用的本人财物,依照刑法第六十四条的规定,应当予以没收,上缴国库。

---

① 戴长林主编:《刑事案件涉案财物处理程序——以违法所得特别没收程序为重点的分析》,法律出版社 2014 年版,第 50 页以下。

（三）受贿犯罪未遂的认定

刑法第二十三条第一款规定："已经着手实行犯罪，由于犯罪分子意志以外的原因而未得逞的，是犯罪未遂。"刑法理论通说认为，成立犯罪未遂应同时具备以下条件：(1)被告人着手实行犯罪。这是犯罪未遂区别于犯罪预备的主要标准。着手标志着犯罪预备阶段的结束，并进入犯罪实行阶段，它是实行行为的起点。着手实行犯罪，是指被告人已经开始实施刑法分则规定的某种具体犯罪构成客观方面的行为。(2)犯罪未得逞。这是区别犯罪未遂与犯罪既遂的主要标准。被告人的行为没有具备刑法分则规定的某种具体犯罪构成的全部要件的，为犯罪未遂；已经具备的，为犯罪既遂。(3)犯罪未得逞，是由于犯罪分子意志以外的原因。这是犯罪未遂区别于犯罪中止的主要标准。所谓意志以外的原因，是指违背被告人意志的，客观上使犯罪不可能既遂的原因，即对犯罪分子完成犯罪的意志具有抑制作用的原因。

本案中，被告人杨德林利用职务便利，隐瞒湾田煤业公司所属的金隆煤矿重大劳动安全事故后，向湾田煤业公司索要贿赂400万元。为了得到该400万元，杨德林将其所有的60万元转账至湾田煤业公司作虚假"入股"。后因杨德林涉嫌犯滥用职权罪被调查，该400万元才未实际取得。由此可见，杨德林提出索贿要求并经对方答应后，用自己的60万元作虚假"入股"，其已经着手实行犯罪，但由于意志以外的原因——因涉嫌滥用职权被调查——而未得逞。杨德林向他人索贿400万元的行为符合受贿犯罪钱权交易的本质特征，构成受贿罪，但系犯罪未遂，依照刑法第二十三条第二款的规定，可以比照既遂犯从轻或者减轻处罚。

（四）受贿犯罪既遂与未遂并存的处罚原则

在受贿犯罪中，可能存在既遂、未遂或者既有既遂又有未遂三种情况。对于只有既遂或者未遂的定罪处罚，当无疑问。但是对于既遂与未遂并存的定罪处罚，则相对较复杂。司法实务中，对此争议较大。第一种观点认为，应仅以受贿既遂论处，不再追究未遂的刑事责任。第二种观点认为，在以受贿既遂论处的同时，将未遂作为从重量刑情节予以考虑。该观点又具体分为：(1)应全案以既遂认定，并累计计算既遂和未遂数额后确定所对应的法定刑幅度，再考虑未遂情节酌情从轻处罚；(2)应根据既遂和未遂的累计数额确定所对应的法定刑幅度，再考虑既遂和未遂的轻重情况，依法从轻或者减轻处罚。

2010年3月，《最高人民法院、最高人民检察院关于办理非法生产、销售烟草专卖品等刑事案件具体应用法律若干问题的解释》第二条第二款规定："销售金额和未销售货值金额分别达到不同的法定刑幅度或者均达到同一法定刑幅度的，在处罚较重的法定刑幅度内酌情从重处罚。"2011年4月，《最高人民法院、最高人民检察院关于办理诈骗刑事案件具体应用法律若干问题的解释》第六条规定："诈骗既有既遂，又有未遂，分别达到不同量刑幅度的，依照处罚较重的规定处罚；达到同一量刑幅度的，以诈骗罪既遂处罚。"笔者认为，上述司法解释为受贿犯罪既有既遂又有未遂的处罚提供了重要参考，实践中，可以借鉴并参照上述规则进行处理。具体言之，首先要分别根据被告人受贿的既遂数额和未遂数额判定其各自所对应的法定刑幅度；之后，如果既遂部分所对应的量刑幅度较重或者既遂、未遂部分所对应的量刑幅度相同的，则以既遂部分对应的量刑幅度为基础，酌情从重处罚；如果未遂部分对应的量刑幅度较重的，则以该量刑幅度为基础，酌情从重处罚。

本案中，被告人杨德林受贿既遂500万元，其中300万元系索贿；其受贿未遂400万元。杨德林受贿既遂、未遂所对应的量刑幅度相同，即按照刑法第三百八十三条第一款第一项[刑法修正案（九）实施前]的规定，应判处十年以上有期徒刑或者无期徒刑，可以并处没收财产；情节特别严重的，处死刑，并处没收财产。据此，一、二审法院以杨德林受贿既遂500万元所对应的法定量刑幅度——十年以上有期徒刑或者无期徒刑,可以并处没收财产为基础,酌情从重处罚,并综合考虑其索贿的从重处罚情节及坦白、退赃的从轻处罚情节,以受贿罪(既遂)判处杨德林有期徒刑十五年,并处没收个人财产五十万元是适当的。

(撰稿:贵州省高级人民法院　孔德伦
审编:最高人民法院刑二庭　逄锦温)

[第1095号]袁某某信用卡诈骗,张某某掩饰、隐瞒犯罪所得案

——"亲亲相隐"情形如何量刑及掩饰、隐瞒犯罪所得、犯罪所得收益罪罪名的适用

【关键词】 掩饰、隐瞒犯罪所得、犯罪所得收益罪　亲亲相隐　量刑

一、基本案情

被告人袁某某,男,1974年3月17日出生。

被告人张某某,女,1978年2月28日出生。

湖南省怀化市鹤城区人民检察院以被告人袁某某犯信用卡诈骗罪,被告人张某某犯掩饰、隐瞒犯罪所得罪向鹤城区人民法院提起公诉。

被告人袁某某、张某某对指控的罪名和犯罪事实均无异议。

鹤城区人民法院经审理查明:2012年5月23日11时许,被告人袁某某在怀化市鹤城区城东市场门口处拾得被害人章某某遗失的中国建设银行的银行卡及留有银行卡密码的纸条,随后在怀化学院西院附近的中国工商银行、中国农业银行的自动取款机上分多次共取走银行卡内现金人民币20 000元,回家后交由其妻被告人张某某保管。张某某明知是犯罪所得的赃款,仍将部分用于出借他人及家庭开支,部分存入其个人银行账户内。案发后,张某某主动向公安机关投案,赃款已全部退还被害人。

鹤城区人民法院认为,被告人袁某某冒用他人信用卡骗取财物数额较大,其行为已构成信用卡诈骗罪。被告人张某某明知是犯罪所得的财物予以窝藏、掩饰,其行为已构成掩饰、隐瞒犯罪所得罪。公诉机关指控二被告人犯罪的事实清楚,证据确实、充分,罪名成立。张某某犯罪以后主动前往公安机关并如实供述自己的罪行,系自首。案发后,二被告人退回全部赃款并已归还被害人。袁某某认罪态度较好,确有悔罪表现,对其适用缓刑确实不致再危害社会。张某某犯罪情节轻微不需要判处刑罚,依法可以免予刑事处罚。据此,依照《中华人民共和国刑法》第一百九十六条第一款第三项,第三百一十二条第一款,第六十七条第一款、第三款,第三十七条,第七十二条,第七十三条,第五十二条,第五十三条之规定,判决如下:

1. 被告人袁某某犯信用卡诈骗罪,判处拘役六个月,缓刑一年,并处罚金人民币二万元;

2. 被告人张某某犯掩饰、隐瞒犯罪所得罪,免予刑事处罚。

一审宣判后,二被告人均未提出上诉,检察机关亦未抗诉,判决已发生法律效力。

二、主要问题

1. "亲亲相隐"情形如何量刑?

2. 掩饰、隐瞒犯罪所得、犯罪所得收益罪罪名应如何适用?

三、裁判理由

(一)“亲亲相隐”,且系初犯、偶犯,又认罪、悔罪并退赃、退赔的,可免予刑事处罚

行为人为近亲属掩饰、隐瞒犯罪所得,量刑时能否考虑其系基于亲情、人伦所为而予以从轻处罚,在司法实践中尚有争议。本案中,被告人张某某是为丈夫袁某某掩饰、隐瞒信用卡诈骗犯罪所得,即“亲亲相隐”,量刑时能否从轻考虑,对此存在两种不同意见:

第一种意见认为,被告人张某某为丈夫掩饰、隐瞒犯罪所得,虽然基于亲情所为,但“亲情、人伦”并非法定或酌定从轻处罚情节。刑法规定的窝藏、包庇罪,司法实践中有不少发生在亲属之间,因此,法律鼓励的是“大义灭亲”而非“亲亲相隐”,故不能成为从轻处罚的理由。

第二种意见认为,被告人张某某为丈夫掩饰、隐瞒犯罪所得,系基于亲情关系所为,法律作为维护基本道德的准则,不应强人所难。例如,2012年修订的刑事诉讼法第一百八十八条第一款规定:“经人民法院通知,证人没有正当理由不出庭作证的,人民法院可以强制其到庭,但是被告人的配偶、父母、子女除外。”该规定一定程度上肯定了亲情在法律天平上的作用,因此在对张某某量刑时也可酌情从轻处罚。

我们同意第二种意见,对被告人张某某可酌情从轻处罚。“亲亲相隐”是我国春秋战国时期儒家提出的主张,后逐渐发展为古代刑律的一项原则,主要包含以下三点内容:第一,亲属有罪相隐,不论罪或减刑;第二,控告应相隐的亲属要处刑;第三,国事重罪例外。“亲亲相隐”原则在我国刑法史上具有重要地位,及至近代法制变革仍被保留。新中国成立后,该原则在我国刑法典中被清除,但在我国台湾地区“刑法”中则被承继了下来,其现行“刑法”第351条规定:直系血亲、配偶或同财共居的亲属犯掩饰、隐瞒赃物犯罪的,得免除其刑。从域外立法情况来看,古罗马法律就曾规定亲属之间不得互相告发,也不得令亲属作证等。1994年《法国刑法典》、1976年《德国刑法典》中均有“亲亲得相首匿”的踪影。日本现行刑法第257条也规定,配偶之间或者直系血亲、同居的亲属或者这些人的配偶之间犯收受赃物罪的,免除刑罚。

我国现行刑法虽然没有关于“亲亲相隐”的规定,但相关司法解释也有与其精神相似的规定。2013年4月4日起施行的《最高人民法院关于办理盗窃刑事案适用法律若干问题的解释》第八条规定:“偷拿家庭成员或者近亲属的财物,获得谅解的,一般可以不认为是犯罪;追究刑事责任的,应当酌情从宽。”2011年4月8日起施行的《最高人民法院、最高人民检察院关于办理诈骗刑事案件具体应用法律若干问题的解释》第四条规定:“诈骗近亲属的财物,近亲属谅解的,一般可不按犯罪处理。诈骗近亲属的财物,确有追究刑事责任必要的,具体处理也应酌情从宽。”这两条规定体现了针对近亲属的犯罪可以从宽处罚的精神,但尚不是严格意义上的“亲亲相隐”。2012年修订的刑事诉讼法第一百八十八条的规定被誉为新中国成立后第一次对“亲亲相隐”从法律上作出的规定,有利于对亲情的保护,也有利于社会的和谐与稳定。

掩饰、隐瞒犯罪所得、犯罪所得收益罪以上游犯罪的成立为前提,且要求行为人明知掩饰、隐瞒的是犯罪所得及其产生的收益。从行为对象、主观故意来看,该罪很容易发生在亲属之间。犯罪人只有在面对自己的亲人时,才不担心被告发,而能相告处理的财物系犯罪所得;行为人在得知亲属犯罪后,为使自己的亲人免受牢狱之灾一般会密而不告,甚至帮助亲人隐匿罪证。以往法律没有对亲属之间的“相隐”行为作出特殊规定,法官在量刑时又会考虑亲情因素,因此裁判时往往左右为难。2015年6月1日起施行的《最高人民法院关于审理掩饰、隐瞒犯罪所得、犯罪所得收益刑事案件适用法律若干问题的解释》(以下简称《解释》)吸收了“亲亲相隐”的合理内核,在第二条第一款规定:“掩饰、隐瞒犯罪所得及其产生的收益行为符合本解释第一条的规定,认罪、悔罪并退赃、退赔,且具有下列情形之一的,可以认定为犯罪情节轻微,免予刑事处罚:……

（二）为近亲属掩饰、隐瞒犯罪所得及其产生的收益，且系初犯、偶犯的……。”该规定进一步明确了司法实践中对亲缘关系的特殊处理，使司法更人性化，有利于维护社会的基本伦理关系。需要说明的是，对亲属“相隐”行为适用免予刑事处罚，必须同时具备两个条件：一是行为人认罪、悔罪，并退赃、退赔；二是行为人与本犯行为人为近亲属关系，且系初犯、偶犯。这既体现了对近亲属犯掩饰、隐瞒犯罪所得、犯罪所得收益罪的宽大原则，又设置了初犯、偶犯的条件，防止被滥用。

本案中，被告人张某某是信用卡诈骗犯罪被告人袁某某的妻子，系近亲属，又系初犯、偶犯，且在案发后，主动向公安机关投案，将赃款全部退还给了被害人。符合《解释》中关于近亲属犯本罪，可免予刑事处罚的相关规定。怀化市鹤城区人民法院对张某某免予刑事处罚的处理是适当的。

（二）掩饰、隐瞒犯罪所得、犯罪所得收益罪属于单一式选择性罪名

1997年刑法实施后，最高人民法院发布了《关于执行〈中华人民共和国刑法〉确定罪名的规定》，将刑法第三百一十二条的罪名确定为窝藏、转移、收购、销售赃物罪。2006年刑法修正案（六）实施后，最高人民法院、最高人民检察院发布了《关于执行〈中华人民共和国刑法〉确定罪名的补充规定（三）》，确定将刑法第三百一十二条的罪名由窝藏、转移、收购、销售赃物罪更改为掩饰、隐瞒犯罪所得、犯罪所得收益罪。在审判实践中，这一罪名的适用产生了较大分歧，各地做法也不统一。第一种观点认为，本罪名属于简单罪名，应该用全称，一律定掩饰、隐瞒犯罪所得、犯罪所得收益罪。第二种观点认为，本罪名属于复合式选择性罪名，即犯罪手段和犯罪对象之间都存在选择关系，根据手段、对象不同，可分别认定为掩饰犯罪所得、犯罪所得收益罪，掩饰犯罪所得罪，掩饰犯罪所得收益罪；隐瞒犯罪所得、犯罪所得收益罪，隐瞒犯罪所得罪，隐瞒犯罪所得收益罪；掩饰、隐瞒犯罪所得、犯罪所得收益罪，掩饰、隐瞒犯罪所得罪，掩饰、隐瞒犯罪所得收益罪。第三种观点认为，本罪名属于单一式选择性罪名，即只有犯罪对象之间存在选择关系，而掩饰与隐瞒之间不存在选择关系，可根据案件事实认定为掩饰、隐瞒犯罪所得、犯罪所得收益罪，掩饰、隐瞒犯罪所得罪，掩饰、隐瞒犯罪所得收益罪。我们同意第三种观点。“掩饰”与“隐瞒”都是使真相不让他人知晓，系近义词，其含义往往难以准确区分，司法实践中的掩饰、隐瞒行为五花八门，非常复杂，难以一一界定，若在审判中对所有的掩饰、隐瞒行为都加以区分，更容易造成分歧，也不好操作，而从犯罪对象上看，犯罪所得和犯罪所得收益是完全可以区分的。

《解释》对掩饰、隐瞒犯罪所得、犯罪所得罪罪名的选择性适用问题予以明确，在第十一条中规定：“掩饰、隐瞒犯罪所得、犯罪所得收益罪是选择性罪名，审理此类案件，应当根据具体犯罪行为及其指向的对象，确定适用的罪名。”即根据案件情况，选择适用掩饰、隐瞒犯罪所得罪，掩饰、隐瞒犯罪所得收益罪，或掩饰、隐瞒犯罪所得、犯罪所得收益罪罪名。必须明确，当犯罪对象既有犯罪所得，又有犯罪所得收益时，只定掩饰、隐瞒犯罪所得、犯罪所得收益罪一罪，而不能认定为掩饰、隐瞒犯罪所得罪和掩饰、隐瞒犯罪所得收益罪两罪予以并罚。

本案中，被告人张某某掩饰、隐瞒的对象是被告人袁某某信用卡诈骗所得的赃款，属于犯罪所得。故怀化市鹤城区人民法院对被告人张某某以掩饰、隐瞒犯罪所得罪定罪是准确的。

（撰稿：最高人民法院刑四庭　张　勤
审编：最高人民法院刑四庭　党建军）

[第 1127 号] 潘光荣、赖铭有抢劫案

——保外就医期限届满后未归监又重新犯罪的应如何计算余刑

【关键词】 保外就医 重新犯罪 余刑

一、基本案情

被告人潘光荣,男,1969 年 7 月 25 日生。1990 年 4 月 22 日因犯抢劫罪被判处无期徒刑,剥夺政治权利终身,判决生效后在 A 监狱服刑。1993 年 7 月 3 日减刑为 19 年,剥夺政治权利 5 年;1995 年减刑 1 年 9 个月,剥夺政治权利 5 年不变(服刑期至 2010 年 10 月 2 日止)。A 监狱报广西壮族自治区劳改局于 1996 年 11 月 6 日获得批准,1996 年 11 月 29 日给潘光荣办理了监外执行(保外就医)一年的手续,2000 年 8 月 16 日,广西壮族自治区监狱管理局要求对潘光荣收监检查病情,A 监狱多次联系潘光荣的保证人及去潘光荣居住地均未找到潘光荣本人。2012 年 3 月 29 日潘光荣因本案被刑事拘留,同年 5 月 3 日被逮捕。

被告人赖铭有,男,1968 年 2 月 3 日生,1990 年 5 月 12 日因犯抢劫罪被判处无期徒刑,剥夺政治权利终身。经减刑,于 2008 年 11 月 13 日释放。2012 年 5 月 3 日因本案被逮捕。

广西壮族自治区北海市人民检察院以被告人潘光荣、赖铭有分别犯抢劫罪、故意杀人罪,向北海市中级人民法院提起公诉。

被告人潘光荣对指控的犯罪事实、罪名均无异议,辩称系赖铭有提起犯意并掐死被害人。其辩护人提出,潘光荣的供述比赖铭有的供述可信度高,且认罪态度好,可以从轻处罚。

被告人赖铭有对指控的犯罪事实、罪名均无异议,辩称系潘光荣提起犯意,并在共同犯罪中起组织、指挥作用。其辩护人提出,在共同犯罪中潘光荣系主犯,赖铭有系从犯,且认罪态度好,可不判处死刑。

北海市中级人民法院经审理查明:被告人潘光荣、赖铭有曾在同一监狱服刑而相识。2012 年 2 月,潘光荣、赖铭有共谋抢劫,并准备了电话卡、铁铲等作案工具。同月 29 日 9 时许,潘光荣、赖铭有以出去玩为由将北海市一保健城的足疗按摩师张燕(被害人,女,殁年 35 岁)诱骗上了赖铭有驾驶的华普小轿车。之后,赖铭有驾驶该车,潘光荣驾驶其租来的海马小轿车,三人来到一练车场停车后,潘光荣进入赖铭有驾驶的小轿车内。潘光荣、赖铭有以殴打、威胁等手段共同劫取了张燕的银行卡两张,威逼张燕说出银行卡密码后,潘光荣、赖铭有合力将张燕掐死,并将张燕的尸体移到潘光荣驾驶的海马小轿车上。潘光荣、赖铭有四处寻找埋尸地点,直至次日凌晨,二人将张燕的尸体转移到北海市海边沙滩上挖坑掩埋,随后将张燕的衣物及埋尸工具铁铲等丢弃。同年 3 月 14 日凌晨,潘光荣在银行自动取款机上取走张燕银行卡内人民币 5 000 元(以下币种均为人民币)。同月 16 日凌晨,潘光荣、赖铭有一同在自动取款机上取走张燕银行卡内 14 000 元后分赃。

北海市中级人民法院认为,被告人潘光荣、赖铭有以非法占有为目的,使用暴力手段劫取他人财物,数额巨大,并致人死亡,其行为均构成抢劫罪。潘光荣、赖铭有实施犯罪的最根本目的是劫财,在抢得被害人少量现金及银行卡、得知密码后对被害人杀人灭口是两被告人抢劫行为的延续,以抢劫罪一罪对二被告人定罪处罚能更加准确地反映被告人的犯罪本质,体现罪刑相适应的原则。在共同犯罪中,虽然被告人潘光荣、赖铭有在提出犯意、准备作案工具、殴打威胁被害人和

掐死被害人等重要环节上互相推诿，但是，二人共谋抢劫，共同以暴力、胁迫的手段实施抢劫，合力掐死被害人并且共同处理尸体、作案工具和被害人的衣物等重要物证，行为积极主动、相互配合密切、作用相当，均起主要作用，均是主犯，依法应按照其参与的全部犯罪进行处罚。被告人潘光荣曾因犯抢劫罪被判处无期徒刑，在服刑期间保外就医，仍不思悔改，又实施严重损害他人生命和财产权利的抢劫犯罪行为，应数罪处罚。被告人赖铭有曾因犯抢劫罪被判处无期徒刑，在刑罚执行完毕以后仍不思悔改，五年以内再犯应当判处有期徒刑以上刑罚之罪，是累犯，依法应从重处罚。二被告人犯罪主观恶性大，犯罪手段特别残忍，罪行极其严重，不具有法定的从轻或减轻处罚情节。据此，判决如下：

1. 被告人潘光荣犯抢劫罪，判处死刑，剥夺政治权利终身，并处没收个人全部财产；曾因犯抢劫罪被判处无期徒刑，剥夺政治权利终身，经减刑后尚未执行完毕的刑期为十三年十个月二十七天，剥夺政治权利五年。数罪并罚，决定执行死刑，剥夺政治权利终身，并处没收个人全部财产。

2. 被告人赖铭有犯抢劫罪，判处死刑，剥夺政治权利终身，并处没收个人全部财产。

一审宣判后，被告人潘光荣、赖铭有均提出上诉。被告人潘光荣及其辩护人提出，被害人系赖铭有骗出，潘光荣认罪悔罪，请求改判。被告人赖铭有及其辩护人提出，赖铭有没有与潘光荣共谋抢劫，赖铭有系从犯，请求从轻处罚。

广西壮族自治区人民检察院认为，原判认定事实清楚，证据确实、充分，审判程序合法，但潘光荣、赖铭有是劫财后为杀人灭口而实施杀人行为，应以抢劫罪和故意杀人罪分别定罪处罚；原判认定潘光荣曾因犯抢劫罪被减刑后，于1996年11月6日被予以监外执行，本案案发时，其刑罚已执行完毕，本案不应对其数罪并罚，原判定性不正确，量刑不当，请求二审依法判处。

广西壮族自治区高级人民法院经审理认为，被告人潘光荣、赖铭有在抢劫前为了劫取他人财物而预谋抢劫杀人，并准备了埋尸的工具铁铲，明显有抢劫而预谋杀人的故意，且在抢劫中虽然取得了被害人的银行卡及密码，但未实际掌握银行卡内财物，为了不让被害人报案，进一步取得财物排除障碍而将被害人杀害，可见杀害被害人并不超出其预谋抢劫杀人的范畴，原判以抢劫罪定罪处罚有事实及法律依据。潘光荣于1996年11月29日因保外就医，被予以监外执行一年。期满后，其未取得继续保外就医亦未被收监，属在暂予监外执行期间脱逃、漏管，脱逃的期间不计入执行刑期。潘光荣从1997年11月29日起至2010年10月2日止，尚有余刑共12年10个月3天未执行，其在服刑期间重新犯罪，对尚未执行的刑罚应与所犯新罪所判处的刑罚进行数罪并罚。二上诉人抢劫致一人死亡，虽能供述抢劫杀人的犯罪事实，但二人曾因抢劫被判处过无期徒刑的刑罚，仍不思悔改又实施抢劫犯罪，二人主观恶性深、人身危险性大、所犯罪行极其严重，依法应予以严惩。原审判决认定事实清楚，证据确实、充分，定罪准确，适用法律正确，审判程序合法。原判计算潘光荣余刑有误，予以纠正。据此，判决如下：

1. 维持北海市中级人民法院对被告人赖铭有以抢劫罪判处死刑，剥夺政治权利终身，并处没收个人全部财产的判决；

2. 撤销北海市中级人民法院对被告人潘光荣的判决；

3. 被告人潘光荣犯抢劫罪，判处死刑，剥夺政治权利终身，并处没收个人全部财产。与原抢劫罪尚未执行完毕的刑期十二年十个月三天，剥夺政治权利五年，实行数罪并罚，决定执行死刑，剥夺政治权利终身，并处没收个人全部财产。

广西壮族自治区高级人民法院将判决依法报请最高人民法院核准。

最高人民法院经复核认为，被告人潘光荣、赖铭有结伙采用暴力手段劫取他人财物，致人死亡，其行为均已构成抢劫罪，应依法惩处。第一审、第二审判决认定的事实清楚，证据确实、充分，定罪准确,审判程序合法。第二审判决量刑适当。据此,裁定核准广西壮族自治区高级人民法院维持第一审对被告人赖铭有以抢劫罪判处死刑,剥夺政治权利终身,并处没收个人全部财产;对被告人潘光荣以抢劫罪判处死刑,剥夺政治权利终身,并处没收个人全部财产,与前罪尚未执行完毕的刑期并罚,决定执行死刑,剥夺政治权利终身,并处没收个人全部财产的刑事判决。

二、主要问题

保外就医期限届满后未归监又重新犯罪的应如何计算余刑?

三、裁判理由

本案在审理过程中,对于被告人潘光荣的余刑应如何计算的问题,存在较大分歧。公诉机关认为,被告人潘光荣曾因犯抢劫罪被减刑后,于1996年11月6日被予以监外执行,2002年还继续治疗,本案证据没有证明监狱执行机关的保外就医、通知潘光荣收监的行为有不当之处,可以认定潘光荣的刑罚已经于2010年10月2日执行完毕,本案不应对其数罪并罚。一审法院认为,潘光荣从1996年11月6日起至2010年10月2日止,余刑为13年10个月27天,剥夺政治权利5年。二审法院认为,潘光荣于1996年11月29日因保外就医被予以监外执行一年,期满后潘光荣没有取得继续保外就医亦未被收监,属于在暂予监外执行期间脱逃、漏管,期满后的时间不应计入已执行刑期,潘光荣从1997年11月29日起至2010年10月2日止,余刑共12年10个月3天,剥夺政治权利5年。

我们同意二审法院的观点。理由如下:

(一)被告人潘光荣保外就医一年的时间应计入已执行刑期

根据刑事诉讼法和监狱法有关条文的规定,保外就医是指对于被判处无期徒刑、有期徒刑或者拘役的罪犯,因患有严重疾病,暂予监外执行不致危害社会的,依照法定的程序审批后,由监内执行刑罚变更为暂予监外执行刑罚的一种特殊的刑罚执行方式。保外就医属于暂予监外执行①的一种,与缓刑、假释期间的法律效果不同,暂予监外执行期间刑期持续计算,即罪犯在监外治疗疾病的期间计入刑罚执行期间。本案中A监狱于1996年对被告人潘光荣办理的保外就医一年,是依法定程序报省级监狱管理部门批准的,合法有效,故该一年的保外就医期间应计入刑罚执行期间。一审法院在没有任何证据的情况下否定潘光荣保外就医一年的合法性,在计算潘光荣的余刑时没有扣除合法的保外就医期间是错误的。

(二)被告人潘光荣保外就医期满后的时间不应计入已执行刑期

关于保外就医期满后未收监的,如何计算已执行刑期,现行法律法规的相关规定如下:

刑事诉讼法第二百五十七条规定:"对暂予监外执行的罪犯,有下列情形之一的,应当及时收监:(一)发现不符合暂予监外执行条件的;(二)严重违反有关暂予监外执行监督管理规定的;(三)暂予监外执行的情形消失后,罪犯刑期未满的。……罪犯在暂予监外执行期间脱逃的,脱逃的期间不计入执行刑期。"《最高人民法院、最高人民检察院、公安部、国家安全部、司法部、全国人大常委会法制工作委员会关于实施刑事诉讼法若干问题的规定》第三十四条规定:"刑事诉讼法第二百五十七条第三款规定:'不符合暂予监外执行条件的罪犯通过贿赂等非法手段被暂予监外执行的,在监外执行的期间不计入执行刑期。罪犯在暂予监外执行期间脱逃的,脱逃的期间不计入执行刑期。'对于人民法院决定暂予监外执行的罪犯具有上述情形的,人民法院在决定予以收监的同时,应当确定不计入刑期的期间。对于监狱管理机关或者公安机关决定暂予监外执行的

---

① 根据刑事诉讼法的规定,暂予监外执行有三种情形:一是患有严重疾病需要保外就医的;二是怀孕或正在哺乳自己婴儿的妇女;三是生活不能自理,适用暂予监外执行不致危害社会的。

罪犯具有上述情形的,罪犯被收监后,所在监狱或者看守所应当及时向所在地的中级人民法院提出不计入执行刑期的建议书,由人民法院审核裁定。”

从上述规定可以看出,虽然现行法律法规对保外就医期限届满未收监又重新犯罪的,如何计算余刑没有具体的规定,但基本原则是明确、一致的,即保外就医期间违反相关监管规定脱管、脱逃的,脱管、脱逃期间不计入执行刑期。我们认为,这种规定有利于更好地实现保外就医制度的法律效果与社会效果。保外就医制度的本质在于彰显人道主义精神,体现刑罚执行的人性化,是对患严重疾病罪犯的一种人道主义待遇。但在司法实践中,由于监管不力、法律规定缺失等诸多原因,导致“一保到底”“保而不医”等保外就医后脱管、漏管问题频繁发生,甚至出现罪犯持续数年脱管,流散社会威胁社会稳定和安全的情况,如本案中的潘光荣就是在脱管后再次实施严重暴力犯罪。因此,对于保外就医如何计入刑罚执行期间的问题,应当以更加严格和审慎的标准来认定,如果将罪犯保外就医期满后未办理延期手续、未归监的时间都计入刑罚执行期间,无异于引导和鼓励保外就医的罪犯违反规定和脱管,这显然与保外就医制度设立的初衷相背离。

本案中,被告人潘光荣保外就医的期限为一年,2000 年 8 月 16 日广西壮族自治区监狱管理局批示要求对潘光荣“收监检查病情”之后,监狱方面多次寻找潘光荣无果,并于 2009 年 3 月 27 日决定以脱逃罪对潘光荣立案,实施网上追捕。A 监狱多份文件均明确:潘光荣 1996 年保外就医一年,收监日期为 1997 年 11 月 28 日,保外就医期满之日起之后的刑期不计入执行刑期。可见,自保外就医期满后,潘光荣就处于脱管状态,其保外就医期满后的时间不应计入刑罚执行期间。公诉机关的观点与潘光荣监外执行期满后脱管、漏管直到脱逃被立案、网上追捕的事实不符。

(三)对被告人潘光荣的余刑应从保外就医一年期满后第二日起算

1994 年 6 月 18 日《最高人民法院研究室关于服刑罪犯保外就医期限届满后未归监又重新犯罪应如何计算前罪余刑问题的答复》(以下简称《答复》)曾作出明确的规定:“服刑罪犯经批准保外就医期应计入执行期,保外就医期限届满后未归监的时间不得计入执行期;又重新犯罪的,其前罪的余刑应从保外就医期限届满第二日起计算至前罪刑满之日为止。”该《答复》虽然已于 2013 年 1 月 18 日被废止,但在本案的处理中仍可以参照《答复》的精神。本案中,虽然 A 监狱于 1996 年 11 月 6 日批准潘光荣保外就医,但卷内证据显示,1996 年 11 月 29 日潘光荣才实际办理保外就医手续出监,1996 年 11 月 6 日至 11 月 29 日期间仍属于在监内服刑期间,因此潘光荣的余刑应该从 1996 年 11 月 29 日至 1997 年 11 月 28 日一年期满后的第二日,即 1997 年 11 月 29 日开始计算。一审法院将潘光荣的余刑自 1996 年 11 月 6 日开始计算至 2010 年 10 月 2 日,共计 13 年 10 个月 27 天,除了前述未将合法的保外就医期限计入刑罚执行刑期的问题外,还存在两个问题:一是与实际案情不符,1996 年 11 月 6 日至 11 月 29 日期间潘光荣仍在监内服刑;二是计算上有误,即使从 1996 年 11 月 6 日开始计算,至 2010 年 10 月 2 日,也应为 13 年 10 个月 26 天,而不是 13 年 10 个月 27 天,即 11 月 6 日当天应计算为服刑日。二审法院计算潘光荣的余刑从 1997 年 11 月 29 日至 2010 年 10 月 2 日止,共 12 年 10 个月 3 天,是准确、适当的。

此外,本案在审理中,对于定抢劫一罪还是定抢劫罪、故意杀人罪两罪的问题,存在争议。我们认为,根据《最高人民法院关于抢劫过程中故意杀人案件如何定罪问题的批复》“行为人为劫取财物而预谋故意杀人,或者在劫取财物过程中,为制服被害人反抗而故意杀人的,以抢劫罪定罪处罚。行为人实施抢劫后,为灭口而故意杀人的,以抢劫罪和故意杀人罪定罪,实行数罪并罚”的规定,本案定抢劫罪一罪更适当。理由在于:本案中,潘光荣、赖铭有在抢劫前为了劫取财物而预谋抢劫杀人,并准备了埋尸的工具铁铲,明显有为抢劫而预谋杀人的故意,在抢劫中虽然取得了被害人的银行卡及密码,但未实际掌握银行卡内财物,为了不让被害人报案,为进一步取得财物排除障碍而将被害人杀害,可见杀害被害人并不超出其预谋抢劫杀人的范畴,符合该批复所规定的为劫取财物而预谋故意杀人的情况,定抢劫罪一罪完全可以涵盖二被告人的主观故意和客观行为。

本案系共同抢劫致一人死亡,但被告人潘光荣、赖铭有参与预谋、共同实施抢劫,二人均系主犯,在共同犯罪中的地位、作用相当。考虑到本案系为劫取财物而预谋故意杀人,犯罪性质十分恶劣,情节、后果特别严重;潘光荣曾因抢劫罪被判处无期徒刑,在刑罚执行完毕以前又犯罪,虽不属于累犯,但在前罪执行脱管期间犯罪,其主观恶性、人身危险性不亚于累犯,且前罪也是严重危害社会治安的抢劫犯罪;被告人赖铭有是累犯,前罪被判处无期徒刑,也是严重危害社会治安的暴力犯罪,二人均主观恶性极深,人身危险性极大,判处二人死刑适当。

(撰稿:最高人民法院刑四庭　杨　华
审编:最高人民法院刑四庭　陆建红)

[第1161号]邓统文等人组织、领导、参加黑社会性质组织案

——组织者、领导者通过赔偿经济损失取得被害人家属谅解的,量刑时应当如何把握

【关键词】　黑社会性质组织犯罪　被害方谅解　量刑

一、基本案情

被告人邓统文,绰号"邓胖",男,1985年9月18日出生。2010年4月14日因犯故意伤害罪被樟树市人民法院判处有期徒刑三年,缓刑四年。2011年7月6日因本案被逮捕。

(其他被告人基本情况略)

江西省宜春市人民检察院以被告人邓统文犯组织、领导黑社会性质组织罪,故意杀人罪,故意伤害罪,故意毁坏财物罪,寻衅滋事罪,开设赌场罪,非法买卖枪支罪,非法持有枪支、弹药罪,敲诈勒索罪……向宜春市中级人民法院提起公诉。

被告人邓统文及其辩护人提出:邓统文的行为不构成组织、领导黑社会性质组织罪。其中,本案未查扣任何财产,没有证据证实该组织具备经济实力,不具备黑社会性质组织的经济特征。

(其他辩解理由和辩护意见略)

宜春市中级人民法院经公开审理查明:

(一)组织、领导、参加黑社会性质组织的事实

自2005年年底开始,被告人邓统文与他人先后在江西省樟树市洋湖乡晏梁村店前自然村、鹿江街道大路口村老邹坊、大桥街道枧头村黄家脑等地开设赌场非法牟利,并先后收刘欢、敖祥(同案被告人,均已判刑)等人为"小弟"。在此期间,胡小强(同案被告人,已判刑)及严露、朱海林(均另案处理)等人亦曾跟随邓统文。2007年1月,邓统文为了报复竞争对手敖志富,伙同他人持刀、枪将敖志富手下"小弟"聂江涛砍伤,并将聂江涛的女友徐兆华刺成重伤。此举极大地提升了邓统文在当地的"名气",而以邓统文为组织者、领导者的犯罪组织也随之得以快速发展。其中,敖祥、刘欢及王波文、丁文波(同案被告人,均已判刑)为积极参加者,敖超、熊建申、游龙明、尚波、杜程远、丰凯强、张威、熊四华、胡思生、丁梁、彭建军、邹雪勇(同案被告人,均已判刑)等人为其他参加者。邓统文通过对骨干成员敖祥、刘欢、王波文的授意和指挥来对整个犯罪组织进行控

制、管理,并形成了对组织成员进行管理与奖惩的一系列不成文的组织纪律和行为规则。

2005年年底以来,邓统文及其组织成员以开设赌场等方式聚敛了巨额经济利益,并用于购买枪支、刀具、对讲机等作案工具,向组织成员发放工资及生活费用,安排部分组织成员集中吃、住等,为该组织的运行、发展提供经济支撑。该组织在樟树市观上镇、江西省丰城市拖船镇(毗邻樟树市观上镇)等地区长期、多次开设赌场,并以暴力手段"护赌"以及强行在他人开设的赌场"入股",在上述地区的这一非法行业中确立了重要地位。为了扩大势力范围、排除竞争对手、维护非法权威以及插手其他行业,2007年1月以来,该组织还在樟树市大肆实施故意杀人,故意伤害,故意毁坏财物,寻衅滋事,非法买卖枪支,非法持有枪支、弹药,敲诈勒索等多种违法犯罪活动,作案30余起,致死1人,致伤3人(重伤1人,轻伤2人),损毁公民合法财物价值数万元,已在当地形成重大影响,严重破坏了正常的社会生活秩序和经济秩序。

(二)故意杀人、寻衅滋事的事实

1. 2011年5月29日下午5时许,被告人邓统文指使被告人敖祥带领被告人王波文、敖超、丰凯强、游龙明、胡思生、熊建申、熊四华、尚波等人携带枪支、刀具乘车前往樟树市东门菜市场旁"东门老年活动中心"麻将馆,在要求强行入股未果后,朝麻将馆开枪进行恐吓。同年6月1日上午,敖祥在邓统文的授意下,召集组织成员携带枪支、刀具、雷管到樟树盐矿家属区汇合。邓统文指使敖祥再次带领王波文、丁文波、敖超、熊建申、游龙明、丰凯强、张威、胡思生、尚波等人分乘由被告人熊四华、丁梁驾驶的两辆车前往该麻将馆"砸场子"。到达后,熊四华、丁梁未下车。敖祥、王波文、丁文波、敖超、熊建申、游龙明6人持枪,丰凯强、张威、胡思生、尚波等人持刀下车,敖超走在前面。在此麻将馆"守场子"的被害人杨素庭在隔壁"三百斤"麻将馆门口见敖超等人过来,随即持枪朝敖超等人先开一枪,但未击中人。熊建申、敖祥、王波文、丁文波、敖超、游龙明随即朝杨素庭开枪。丰凯强、张威、胡思生、尚波等人持刀站在一旁。杨素庭中枪后躲入"三百斤"麻将馆,丁文波持枪追入,朝坐在地上的杨素庭开了一枪后退出。敖祥等人朝该麻将馆及旁边店面等处开了十多枪后,携作案工具乘熊四华、丁梁的车回到盐矿家属区与邓统文会面。敖祥、王波文、丁文波向邓统文汇报了枪击事实。案发后,被害人杨素庭随即被送往医院,经抢救无效于2011年6月3日死亡。经鉴定,杨素庭系被散弹枪击伤头面部致重度颅脑损伤,因急性中枢神经功能衰竭而死亡。

2. 2011年5月5日,被告人敖祥带领被告人敖超、丰凯强、游龙明及蔡彬、罗旭等人在樟树市观上镇巷里村委开设赌场,杨峻等人持枪将赌场抄掉,并打伤罗旭,砸烂了赌场内的车辆。为此,敖祥在请示被告人邓统文后,带领敖超、丰凯强、游龙明及蔡彬等人携带刀枪开车寻找杨峻等人报复。当行至樟树市老火车站博彩超市旁时发现一辆广本无牌轿车,敖祥等人以为杨俊等人在车上,便朝汽车开枪、扔自制"雷管",致使晏刚、游泳受伤。在晏刚、游泳等人逃走后,敖祥等人冲上去将未来得及逃跑的"朋朋"拉下车进行殴打,并持刀将广本汽车砸烂。

3. 被告人邓统文欲参股江西晶昊盐化有限公司煤灰煤渣处理承包项目,遭到承包股东之一熊金芽(绰号"大佬")拒绝。邓统文遂在2011年4月左右指使被告人敖祥、王波文带人持枪到樟树市洋湖乡晏梁村委店前村找熊金芽未果后,朝天鸣枪示威恐吓。同年5月28日晚上6时许,邓统文指使敖祥、王波文、丁文波、敖超、熊建申、熊四华、丰凯强、游龙明、胡思生、尚波及蔡彬携带刀枪乘车再次前往熊金芽家进行恐吓。因不能确认熊金芽家具体位置,便开枪将熊金芽家旁一户村民的窗户打碎,并朝天开枪恐吓后离开。当晚10时许,邓统文再次指使被告人敖祥带领被告人王波文、敖超、熊建申、熊四华、丰凯强、游龙明、胡思生及蔡彬携带刀枪乘车前往店前村找熊金芽。在问清熊金芽家位置后,敖祥等人强行踢开熊金芽家大门,对熊金芽的妻子持刀进行恐吓,并推翻熊金芽家摩托车、电视机、衣柜等物,用刀将摩托车等物砍烂后离开。

（其他寻衅滋事的事实略）

（三）故意伤害的事实

2011年3月至4月,被害人陈凯的朋友带人砍伤被告人丁梁后,又在樟树市银河大酒店KTV打了被告人邓统文女友的弟弟。邓统文遂指使被告人王波文带人报复陈凯。2011年4月30日16时左右,王波文纠集被告人熊建申、丁梁、熊四华、杜程远和陈星(另案处理)等人,携带两把枪及数把菜刀在樟树市大唐歌飞KTV门口找到陈凯。王波文、熊四华各持一把枪,熊建申、丁梁、杜程远和陈星上前抓住陈凯砍了几刀。陈凯被砍后挣脱逃跑,王波文遂持枪向陈凯逃跑的方向开了一枪。经法医鉴定,被害人陈凯伤情为轻伤乙级。

（其他故意伤害的事实略）

（四）故意毁坏财物的事实

2010年年底至2011年年初,被告人邓统文欲参股江西晶昊盐化有限公司煤灰煤渣处理承包项目。在遭到承包股东拒绝后,邓统文对多名承包股东多次采取暴力、威胁手段进行报复。2011年1月7日凌晨2时许,邓统文指使被告人敖祥带领被告人敖超、丰凯强、丰路平、“小猛”等人持刀到樟树市香格里拉小区内,将承包股东之一陈庆的一辆大众迈腾轿车(车牌号为赣CE0606)砸烂。经鉴定,车辆损失为24 897元。

（其他故意毁坏财物以及开设赌场,非法买卖枪支,非法持有枪支、弹药,敲诈勒索的事实略）

宜春市中级人民法院经审理认为,被告人邓统文的行为已构成组织、领导黑社会性质组织罪,故意杀人罪,故意伤害罪,故意毁坏财物罪,寻衅滋事罪,开设赌场罪,非法买卖枪支罪,非法持有枪支、弹药罪,敲诈勒索罪。被告人邓统文在缓刑考验期限内犯新罪且判决以前还有漏罪,应当撤销缓刑,数罪并罚。被告人邓统文在黑社会性质组织的犯罪活动中起组织、领导作用,系首要分子,应对该组织所犯全部罪行承担责任……依照《中华人民共和国刑法》第一百二十五条第一款,第一百二十八条第一款,第二百三十二条,第二百三十四条第一款、第二款,第二百六十四条,第二百七十四条,第二百七十五条,第二百九十三条第一款第一项至第三项、第二款,第二百九十四条第一款、第四款、第五款,第三百零三条第二款,第三百四十七条第四款,第十七条第一款、第二款、第三款,第二十五条第一款,第二十六条第一款、第三款、第四款,第二十七条,第四十八条第一款,第五十七条第一款,第六十七条第一款,第六十八条,第六十九条,第七十七条第一款;《最高人民法院、最高人民检察院关于办理盗窃刑事案件适用法律若干问题的解释》第一条第一款;《最高人民法院关于执行〈中华人民共和国刑事诉讼法〉若干问题的解释》第三百五十七条;《最高人民法院关于适用财产刑若干问题的规定》第三条之规定,判决如下:

被告人邓统文犯组织、领导黑社会性质组织罪,判处有期徒刑九年,并处没收财产人民币十万元;犯故意杀人罪,判处死刑,剥夺政治权利终身;犯故意伤害罪,判处有期徒刑二年;犯故意毁坏财物罪,判处有期徒刑五年;犯寻衅滋事罪,判处有期徒刑七年;犯开设赌场罪,判处有期徒刑七年,并处罚金人民币五十万元;犯非法买卖枪支罪,判处有期徒刑三年;犯非法持有枪支、弹药罪,判处有期徒刑五年六个月;犯敲诈勒索罪,判处有期徒刑二年,并处罚金人民币一万元。与前罪数罪并罚,决定执行死刑,剥夺政治权利终身,并处没收财产人民币十万元,罚金人民币五十一万元;

（其他被告人定罪量刑情况略）

一审判决后,被告人邓统文不服,以不构成组织、领导黑社会性质组织罪,二审期间其亲属与被害人亲属自愿达成了民事赔偿及谅解协议等为由向江西省高级人民法院提出上诉,请求二审依法改判。

江西省高级人民法院经审理认为，原判认定的犯罪事实清楚，证据确实、充分，定罪准确，量刑适当，审判程序合法。裁定驳回邓统文的上诉，维持原判，并将依法报请最高人民法院核准。

最高人民法院经复核，依法核准被告人邓统文死刑。

二、主要问题

黑社会性质组织的组织者、领导者通过经济赔偿取得被害方谅解的，量刑时应当如何把握？

三、裁判理由

受尊重被害人程序主体地位、恢复性司法等理念的影响，在当前的刑事司法实践中，对于被害方（包括被害人以及特定情况下被害人的近亲属）权益的保护愈加重视，被害方就案件处理所提出的意见，也会成为量刑时所要考虑的因素。2010 年下发的《最高人民法院关于贯彻宽严相济刑事政策的若干意见》第二十三条指出："被告人案发后对被害人积极进行赔偿，并认罪、悔罪的，依法可以作为酌定量刑情节予以考虑。因婚姻家庭等民间纠纷激化引发的犯罪，被害人及其家属对被告人表示谅解的，应当作为酌定量刑情节予以考虑……"审判时，正确理解并将这一精神准确运用于死刑案件之中，对于贯彻执行"保留死刑，严格控制和慎重适用死刑"刑事政策具有重要意义。应当看到，将被害方的谅解作为酌定量刑情节，要以确保实现刑罚的惩罚、预防功能为前提，否则就可能会导致轻纵犯罪和量刑不公。因此，无论是刑法第六十一条关于量刑依据的规定，还是前述关于宽严相济政策的意见，均强调要根据犯罪的事实、性质、情节和对于社会的危害程度来依法决定犯罪分子的刑罚。对于被告人通过赔偿经济损失取得被害方谅解的，在量刑时应当与案件性质、后果、被告人的主观恶性、人身危险性以及其他量刑情节等因素放在一起综合考虑。也就是说，对于非因民间纠纷而引发，危害对象不特定的严重危害社会治安的暴力犯罪案件，原则上不能因被害人谅解而从轻处罚；对于被告人未能真诚认罪、悔罪，再犯可能性较大，又无法定从轻情节的，也不能因被害方谅解便予以从宽处理。

众所周知，黑社会性质组织犯罪案件的社会危害远大于普通刑事案件，黑社会性质组织头目、骨干分子的人身危险性也往往更大。同时，黑社会性质组织通过违法犯罪活动积聚了较强的经济实力，社会关系也较为广泛，更容易通过经济赔偿来取得被害方谅解。为了不给黑社会性质组织犯罪分子逃避处罚留下可乘之机，2015 年《全国部分法院审理黑社会性质组织犯罪案件工作座谈会纪要》（以下简称 2015 年《纪要》）规定："审理黑社会性质组织犯罪案件，应当通过判处和执行民事赔偿以及积极开展司法救助来最大限度地弥补被害人及其亲属的损失。被害人及其亲属确有特殊困难，需要接受被认定为黑社会性质组织成员的被告人赔偿并因此表示谅解的，量刑时应当特别慎重。不仅应当查明谅解是否确属真实意思表示以及赔偿款项与黑社会性质组织违法所得有无关联，而且在决定是否从宽处罚、如何从宽处罚时，也应当从严掌握。可能导致全案量刑明显失衡的，不予从宽处罚。"笔者认为，对于该纪要中的前述规定，审判时应从以下几方面来理解和把握：一是被害人谅解必须基于真实意思表示。由于黑社会性质组织体系严密，人员构成复杂，经济实力较强，因此，即便在被司法机关打掉之后，仍有可能残存一定的犯罪能力和社会活动能力。审判时，若被害方对黑社会性质组织犯罪分子表示谅解的，一定要审慎核实背景情况，排除因受到威逼、诱骗而违背真实意愿的情形。二是被告人的赔偿款项应当与黑社会性质组织的违法犯罪所得无关。根据刑法第六十四条的规定，犯罪分子违法所得的一切财物，都应当予以追缴或者责令退赔。但是，在黑社会性质组织犯罪案件中，犯罪分子往往采取各种手段极力掩饰、隐瞒违法犯罪所得的来源、去向，给司法机关的追缴工作制造困难。因此，审判时应当认真甄别赔偿款项的来源，不能让黑社会性质组织犯罪分子利用隐匿的违法犯罪所得在量刑时获利。三是在谅解意思真实、赔偿款项与违法犯罪所得无关的情况下，量刑仍应从严把握。如前所述，黑社会性质组织犯罪具有极大的社会危害，对于此类犯罪分子原则上不能因被害方谅解而予以从宽处罚。如果被害方确因特殊生活困难急需获得经济赔偿的（如丧失劳动能力以及急需支付就学、就医费用等），在考虑是否从宽以及确定从宽幅度时，要以保证罪责刑相一致、实现刑罚目的以及全案量刑平衡为底线。

以被告人邓统文为首的黑社会性质组织在江西省樟树市市区、观上镇及其周边地区长期为非作恶。为争夺当地赌博行业的控制权、强行介入工程项目，该组织配备了霰弹枪、手枪6支以及砍刀、自制爆炸物等作案工具，并在邓统文的授意、指挥之下实施故意杀人、故意伤害、寻衅滋事等各类犯罪30余起，致1人死亡，多人受伤，社会危害极其严重。邓统文系在缓刑考验期内继续组织、领导黑社会性质组织实施违法犯罪活动，且其归案后对犯罪事实避重就轻，在大量证据面前，始终否认组织、领导黑社会性质组织犯罪、故意杀人犯罪等严重罪行，认罪态度较差，充分说明其主观恶性较深、人身危险性较大。鉴于本案的性质和危害后果，法院在审理过程中未组织调解。一审宣判后，邓统文的亲属与死者杨素庭的亲属私下接触，代为赔偿76万元并与被害方达成谅解协议，死者杨素庭的家属还向二审法院明确表示希望得到76万元的经济赔偿，请法院量刑时予以充分考虑。针对这一情况，审理过程中就量刑问题曾出现过不同意见：有一种意见认为，考虑到邓统文并未明确授意组织成员开枪射杀杨素庭，且死者家属明确表示谅解并有接受赔偿的强烈愿望，故可以考虑改判邓统文死缓并限制减刑。但多数意见认为，在枪杀杨素庭一案发生之前，敖祥、敖超等组织成员便曾多次在寻衅滋事过程中随意开枪（如在博彩超市门前砸毁广本轿车的过程中开枪射伤晏刚、游泳、在熊金芽家开枪滋事时险些击中熊金芽的父亲）。由于这种作案手法具有高度的危险性，因此，邓统文事先虽未明确授意手下成员射杀杨素庭，但开枪致死杨素庭应属偶然之中有必然。邓统文明知组织成员一贯采用高度危险的作案手段，不仅从未加以制止，反而提供枪支、弹药，因此，敖祥、敖超等人开枪射杀杨素庭的行为和后果并不超出邓统文的故意范围。此外，证人刘庆勇的证言证明：2011年5月29日（本案故意杀人犯罪发生之前），敖祥等人就曾在“东门老年活动中心”麻将馆开枪滋事，邓统文于当晚23时许打电话威胁刘庆勇“你不要再到那里玩了（不要再介入该麻将馆的经营），如果到时候开枪打到你，你不要说我没有和你讲”；敖祥、王波文、丁文波等人的供述证明，敖祥在作案后向邓统文当面汇报了枪击杨素庭的情况，邓统文不仅未持异议，还打电话对刘庆勇再次进行威胁，之后又指使敖祥等人去打砸被害人邹留生的车辆。根据前述证据，足以说明邓统文对于组织成员开枪杀人的行为早有预见，其主观上对此持默许态度。另外，邓统文虽未具体参与实施，但其系该起犯罪的造意者、策划者、组织者，而且还向各同案被告人提供了作案用的枪支、弹药，并安排车辆接送，放任组织成员开枪杀人，因此，邓统文应属于故意杀人犯罪中罪责最为严重的主犯。至于死者杨素庭家属的谅解是否足以影响量刑，则应进一步核实其意思表示的真实性以及赔偿款项的来源。

经调查，死者杨素庭家属的谅解意思虽然真实，但其接受经济赔偿的目的是改善生活条件，而非存在特殊困难。关于邓统文家属代为赔偿款项的来源，则存在很大疑问：在案证据证明，邓统文组织、领导的黑社会性质组织通过开设赌场、敲诈勒索等一系列犯罪活动聚敛了巨额不法经济利益，仅在江西省丰城市拖船镇利城村开设的一处赌场，保守计算获利也已在百万元以上，且该组织的犯罪所得均由邓统文统一管理和支配，具体的数额、去向只有其最为清楚。但是，邓统文归案后拒不供认，导致涉案犯罪所得难以查清和追缴，一审判处的没收财产人民币十万元，罚金人民币五十一万元，也无财产可供执行。邓统文的父母均为普通农民，一审宣判后一次性拿出76万元进行赔偿，却未能清楚地说明款项来源。在调查时，邓统文的父亲称：“76万元都是借的，向弟弟邓某某借了5万元、向朋友曾某某借了6万元，还有一个邓统文的朋友以转账的方式借了65

万元,这个朋友的名字记不清了,所有这些借款都没有打借条。"法院要求邓统文的父亲提供借款证明和转账凭单,其仅提供了一份名为"陆某"的身份证复印件(上面写有"今借给邓某某65万元整。陆某")。因"陆某"无法找到,法院遂找邓统文进行核实,邓统文在调查时明显对"陆某"的名字感到陌生,经仔细回忆后才称此人可能是其一个做生意的朋友。根据上述情况,邓统文的家属对于赔偿款项的来源既未提供足够的证据予以证明,所作解释也不合情理,不能排除该款与黑社会性质组织的犯罪所得有关。

综上,笔者认为,被告人邓统文所犯罪行极其严重,其不仅没有法定从轻情节,且属于缓刑考验期内再犯罪,归案后未能真诚认罪悔罪,家属代赔款项来源存疑,被害人家属虽表示谅解,但不足以据此对邓统文从轻处罚,一、二审法院和最高人民法院的裁判结果是正确的。从案件审结后的各方反应看,本案的审判有力地维护了法律的严肃与公正,实现法律效果与社会效果的统一。

(撰稿:江西省高级人民法院　彭济晓
审编:最高人民法院刑三庭　周　川)

[第1162号]吴亚贤等人组织、领导、参加黑社会性质组织案

——组织者、领导者检举揭发构成立功,量刑时应如何把握

【关键词】　组织、领导、参加黑社会性质组织罪　立功　量刑

一、基本案情

被告人吴亚贤,男,1974年7月15日出生,原系广东大众矿业有限公司总经理、廉江市第十四届人大代表和第十一届政协常委。2009年11月26日因本案被逮捕。

(其他被告人基本情况略)

广东省湛江市人民检察院以被告人吴亚贤等犯组织、领导、参加黑社会性质组织罪,故意杀人罪,故意伤害罪,非法采矿罪,寻衅滋事罪,强迫交易罪,敲诈勒索罪,故意毁坏财物罪,抽逃出资罪,妨害公务罪,非法持有枪支罪,非法拘禁罪,抢劫罪,向广东省湛江市中级人民法院提起公诉。

湛江市中级人民法院经审理查明:

(一)组织、领导、参加黑社会性质组织的事实

被告人吴亚贤在20世纪90年代后期通过诈骗聚敛财富,于2000年回到广东省廉江市雅塘镇开设赌场牟利。2004年间,吴亚贤获悉采挖黑白矿泥加工成球土出售可获取高额利润,便开始筹建廉江市大众球土原料厂、廉江市大众矿业有限公司(后增资变更为广东大众矿业有限公司),以经营企业为幌子非法开采矿土攫取财富。其间,吴亚贤先后吸收一些社会闲散人员,逐步形成了以吴亚贤为组织、领导者,吴日旺、吴仔君、吴树琴、吴日敷、钟汝翁(另案处理)为积极参加者,曹日坚、邹才董、王优如、温亚华、尤甲宗、曹超、赖名可、吴炳兰、李观兴、吴广利、潘英文、吴启仁、江济发、尤俊其、廖家俊、梁有章、唐鸿声及蓝建、张观娣、吴亚添、赖宁、李辉、吴广胜、林春梅、符南光(后8人均另案处理)等人为一般参加者的犯罪组织。该组织结构较为稳定,成员人数多达数十人,并有比较明确的层级、职责分工和组织纪律,主要以廉江市大众矿业有限公司等公司、企业为幌子,从事违法犯罪活动,非法谋取暴利。在经营过程中,该犯罪组织通过非法手段低价强

买或强抢其他矿产企业或国家、农村集体的山林矿地进行非法开采加工，数年间聚敛了巨额财富。该组织一方面将财富用于发放大众矿业公司等企业普通员工工资、购买机器设备、投资生产经营等，另一方面用于支持违法犯罪活动。2004 年至 2009 年间，该组织进行了故意杀人、强迫交易、故意毁坏财物、非法采矿、妨害公务等违法犯罪活动，在廉江市雅塘镇、青平镇、营仔镇、河唇镇、吉水镇、和寮镇等地区为非作恶，欺压、残害群众，给众多受害人造成了人身伤害和财产损失，在当地的群众中形成了严重的心理威慑。此外，吴亚贤还想方设法当选廉江市人大代表、政协委员，公开以人大代表、政协委员、企业家的身份在社会上活动。以吴亚贤为首的犯罪组织多次实施违法犯罪活动，称霸一方，已在廉江市雅塘镇、青平镇及周边乡镇村庄的采矿等行业内形成非法控制，造成国家矿产等资源的重大损失，严重破坏了廉江地区经济、社会生活的秩序，严重地影响了廉江地区的社会治安稳定及经济发展，社会影响极其恶劣。

（二）故意杀人的事实

2009 年 2 月开始，被告人吴亚贤与廉江市雅塘镇大埇村的罗亚斌为争夺廉江市雅塘镇四角塘车站岭的采矿权而产生矛盾，进而怀恨在心，遂萌发报复罗亚斌的歹念。2009 年 9 月 26 日 21 时许，当吴亚贤获悉罗亚斌组织人员在车站岭采矿的情况后，便打电话让吴日旺组织人员前往该矿场报复罗亚斌等人。吴日旺立即指使王优如去踩点。王优如踩点后将情况电话告知吴日旺，吴日旺又将情况电话反馈给吴亚贤。当日 22 时许，吴亚贤再次电话指示吴日旺尽快纠集组织成员邹才董、吴日敷等人持枪到四角塘矿场"喷"（指开枪射击）罗亚斌及其在矿场干活的人员，还要求到矿场后见人就"喷"。吴日旺将吴亚贤的指示分别通过电话告知了邹才董、吴日敷、吴仔君、王优如等人，叫上述人员准备好作案用的车辆等工具后会合。邹才董打电话将吴亚贤的指示告知了曹日坚，曹乘坐邹才董的小车与其他人会合。吴日旺和吴日敷则拿了两支猎枪和数枚猎枪子弹，邹才董准备了一支枪支及数枚子弹。

吴日旺等 6 人会合后，吴日旺自持一支猎枪，让吴日敷也持一支猎枪伙同曹日坚坐上邹才董驾驶的吉普车前往，让吴仔君、王优如各驾一辆两轮摩托车尾随。当窜至距四角塘车站岭矿场约几公里处时，吴日旺安排吴仔君、王优如两人望风，其则与邹才董、曹日坚、吴日敷 4 人继续驾车前往矿场。9 月 27 日凌晨 1 时许，吴日旺、邹才董、吴日敷、曹日坚等人驾车窜至距矿场约 200 米远处停车，吴日旺、吴日敷、曹日坚 3 人各持一支猎枪下车向矿场冲去，邹才董在原地等候接应。接近矿场后，吴日旺首先持枪向矿场口人、车集中的方向开枪射击，紧接着吴日敷、曹日坚也朝着同一方向射击。曹日坚开了一枪后，因所持枪支出现故障无法继续射击，便马上逃回吉普车中。吴日旺、吴日敷仍持枪向矿场口中心方向推进射击，将该矿场工人莫孙运打死，致谢亚明轻伤。

作案得逞后，吴日旺、邹才董、吴日敷、曹日坚、吴仔君和王优如等人驾车逃离现场，并将作案情况向吴亚贤汇报。事后，吴亚贤按惯例付给吴日旺 3 000 元，付给吴仔君、王优如、邹才董各 5 000元作为报酬。邹才董拿到报酬后，付给曹日坚 2 000 元。

（其他违法犯罪事实略）

湛江市中级人民法院认为，被告人吴亚贤组织、领导黑社会性质组织，大肆进行违法犯罪活动，应对其黑社会性质组织的全部犯罪负责……被告人吴亚贤还直接指使组织成员枪杀被害人莫孙运，致莫孙运死亡；指使组织成员故意伤害他人身体健康，致人轻伤；无证擅自开采矿土，造成矿产资源严重破坏；指使组织成员随意殴打他人，情节恶劣；指使他人任意损毁私人财物，情节严重；亲自或指使组织成员强迫他人转让沙场经营权、林地承包权，情节严重；以暴力、威胁等方法敲诈勒索他人财物 13.2 万元，数额巨大；指使组织成员故意损毁他人财物，数额巨大；违反公司法的规定，抽逃注册资金，数额巨大；以暴力、威胁手段阻碍国家机关工作人员依法执行职务；

违反法律规定非法持有枪支，其行为已分别构成组织、领导黑社会性质组织罪，故意杀人罪，故意伤害罪，非法采矿罪，寻衅滋事罪，强迫交易罪，敲诈勒索罪，故意毁坏财物罪，抽逃出资罪，妨害公务罪，非法持有枪支罪，应数罪并罚。在杀害莫孙运一案中，吴亚贤是直接指使者，是作用最重要的主犯，罪行极其严重，人身危险性极大，亦无任何法定、酌定从宽情节，依法应予严惩……依照《中华人民共和国刑法》第二百九十四条、第二百三十二条、第二百三十四条、第三百四十三条第一款、第二百九十三条、第二百二十六条、第二百七十四条、第二百七十五条、第一百五十九条、第二百七十七条第一款、第一百二十八条第一款、第二百三十八条、第二百六十三条、第十七条第三款、第二十五条第一款、第二十六条、第二十七条、第三十六条、第四十五条、第四十七条、第四十八条、第五十二条、第五十三条、第五十五条、第五十六条第一款、第五十七条第一款、第六十一条、第六十二条、第六十四条、第六十五条第一款、第六十八条、第六十九条、第七十条、第七十七条，《全国人民代表大会常务委员会关于〈中华人民共和国刑法〉第二百九十四条第一款的解释》，《最高人民法院关于审理黑社会性质组织犯罪的案件具体应用法律若干问题的解释》第三条、第七条，《最高人民法院关于适用财产刑若干问题的规定》第一条、第二条、第三条、第五条、第八条，《最高人民法院关于处理自首和立功具体应用法律若干问题的解释》第六条，《最高人民法院关于刑事附带民事诉讼范围问题的规定》（已失效）第一条、第二条，《中华人民共和国民法通则》第一百一十九条、第一百三十条，《最高人民法院关于审理人身损害赔偿案件适用法律若干问题的解释》第三条、第十七条、第十九条、第二十四条、第二十七条、第二十八条、第二十九条、第三十五条的规定，参照《广东省二〇一〇年度人身损害赔偿损失计算标准》的有关规定，判决如下：

被告人吴亚贤犯组织、领导黑社会性质组织罪，判处有期徒刑九年；犯故意杀人罪，判处死刑，剥夺政治权利终身；犯故意伤害罪，判处有期徒刑二年；犯非法采矿罪，判处有期徒刑六年，并处罚金人民币四千万元；犯寻衅滋事罪，判处有期徒刑四年；犯强迫交易罪，判处有期徒刑二年，并处罚金人民币十万元；犯敲诈勒索罪，判处有期徒刑六年；犯故意毁坏财物罪，判处有期徒刑五年；犯抽逃出资罪，判处有期徒刑三年，并处罚金人民币一百万元；犯妨害公务罪，判处有期徒刑三年；犯非法持有枪支罪，判处有期徒刑一年。数罪并罚，决定执行死刑，剥夺政治权利终身，并处罚金人民币四千一百一十万元。

（其他被告人判决情况略）

一审宣判后，吴亚贤上诉提出原判认定的事实不清，证据不足；吴亚贤主动检举原廉江市公安局局长马东进等人涉嫌受贿等违法犯罪行为，已被查证属实，构成立功，应从轻处罚。吴日旺、吴日敷、吴仔君、邹才董、曹日坚、王优如等亦提出上诉。

广东省高级人民法院经审理认为，原判认定各被告人的犯罪事实清楚，证据确实、充分。上诉人吴亚贤虽然揭发他人犯罪经查证属实，具有立功表现，且其亲友于二审期间向被害人莫运孙的亲属支付了部分赔偿款，但鉴于其罪行极其严重，主观恶性和人身危险性极大，对其不予从轻处罚，维持其死刑判决。上诉人吴日旺所犯参加黑社会性质组织罪，依照修正后的刑法，对其参加黑社会性质组织罪改判有期徒刑七年，与其他犯罪合并执行，决定执行死缓。本案依法报请最高人民法院核准。对上述其他被告人均维持原判。

最高人民法院经复核，依法核准被告人吴亚贤死刑。

二、主要问题

组织者、领导者检举揭发构成立功，量刑时应如何把握？

三、裁判理由

本案是一起较为典型的黑社会性质组织犯罪案件。吴亚贤等人经过多年的发展后，已形成较稳定的犯罪组织，且人数众多，仅抓获在案的就有22人。本案中，吴日旺、吴仔君、邹才董、吴树琴、温亚华等人属于基本固定的骨干成员，均直接接受吴亚贤的领导和管理。该组织的主要成员之间层级清楚、分工明确、联系紧密。吴亚贤是该组织的唯一决策者、最高指挥者，被组织成员尊称为“老板”或“贤哥”。吴亚贤制定了成文和不成文两套组织纪律和活动规约。成文的纪律是以公司、企业的制度、章程等形式出现，包括奖惩制度、请销假等规章。不成文的规约则表现为吴亚贤平时对组织成员提出的各种要求，包括“绝对听从命令”“凡是外出为组织做事一定要绝对保密，不准向外张扬”“互相之间不准打听”“要讲义气、讲团结，不准做对不起兄弟的事”。违反前述纪律、规约的，吴亚贤便会采取报复或惩戒措施，这些内部控制手段使该犯罪组织体系更加严密，违法犯罪的组织化程度更高。该组织不仅通过开设赌场获取不法经济利益，而且通过实施强迫交易、敲诈勒索、寻衅滋事等犯罪活动，低价强买或强占其他矿产企业或国家、农村集体的山林矿地进行非法开采，短短几年间便迅速聚敛了巨额的财富。如2006年8月至2009年9月这3年间，该组织所属公司营业总收入就达6 800余万元，利润多达1 300余万元，具有较为雄厚的经济实力，并用于支持该组织的违法犯罪活动。2004年以来，该组织为实现抢占资源、排除对手等目的，先后实施了一系列的故意杀人、故意伤害、寻衅滋事、敲诈勒索、强迫交易等暴力犯罪活动，在廉江当地为非作歹，欺压、残害群众，对廉江市的黑白矿泥开采、甘蔗收购、河沙开采等行业形成了不同程度的非法控制，当地相关政府职能部门，如廉江市国土资源局、雅塘镇土地管理所、雅塘镇人民政府甚至是廉江市公安局雅塘镇派出所等，其工作人员均因惧怕吴亚贤等人的打击报复而不敢正常履行职务。吴亚贤还想方设法获取了廉江市人大代表、政协常委的政治光环，该犯罪组织在其带领下给当地群众造成了极大的心理恐惧，严重破坏了当地经济、社会生活的秩序。

在本案故意杀人犯罪中，吴亚贤因获知竞争对手罗亚斌于案发当晚组织人员在四角塘矿场采矿的情况后，便直接打电话让吴日旺组织人员前往该矿场报复罗亚斌，获悉组织成员的“踩点”情况后，再次电话明确指示吴日旺持枪“喷”罗亚斌及其在矿场工作的人员，还要求到矿场后见人就“喷”。在吴亚贤的授意下，吴日旺等人遂持3支枪到四角塘矿场对正在运矿的司机等人开枪射击，致一死一伤。吴亚贤作为黑社会组织的领导者、组织者，不仅明确提出犯意，而且有组织、指挥行为，其在该起犯罪中应当承担最为主要的罪责。一审宣判后，吴亚贤检举原廉江市公安局局长马东进等人买官卖官、收受贿赂的情况。经立案侦查，马东进涉嫌徇私枉法、收受贿赂人民币172万元和港元4万元，湛江市麻章区人民检察院遂以犯徇私枉法罪、受贿罪对马东进提起公诉。因吴亚贤的检举揭发构成立功，故二审期间对吴亚贤可否从轻处罚的问题曾存在不同意见。多数意见认为，对于黑社会性质组织的组织者、领导者因检举揭发而构成立功的，量刑时应从严掌握，综合全案情况，对吴亚贤不予从轻。

笔者认为，设立立功制度的实质根据有二：一是从法律上说，刑罚的目的之一在于对罪犯施以改造，犯罪分子揭发他人犯罪，表明其有意积极配合司法机关查处犯罪，说明其主观上发生向好转变，人身危险性有所降低，可以适度降低用于改造的刑罚；二是从政策上说，揭发他人犯罪有利于司法机关发现、侦破案件，可予以必要奖励。如果被告人虽有立功表现，但其主观恶性很大且未发生变化，再犯可能性并未减小，人身危险性并未降低，难以实现改造目的的，则不予从轻处罚。对于因揭发检举而构成立功或重大立功的黑社会性质组织的组织者、领导者是否从宽处罚，除了要综合考虑此类犯罪的特殊危害、被告人所具有的各种量刑情节以及全案的量刑平衡之外，还应着重审查以下两点：一是认罪态度。黑社会性质组织的组织者、领导者若能如实供述罪行，则检举揭发可以表明其人身危险性降低，对其从宽处理不违反立功制度设立初衷。反之，对于在证据面前拒不供认或者避重就轻的，则不宜从宽处理。二是检举线索的来源。由于组织者、领导者在黑社会性质组织中居于核心地位,有获取他人犯罪线索的便利条件,故审判时应当防止组织者、领导者利用这种优势地位获利甚至逃避处罚。2009 年《最高人民法院、最高人民检察院、公安部办理黑社会性质组织犯罪案件座谈会纪要》(以下简称 2009 年《纪要》)指出:黑社会性质组织的组织者、领导者检举揭发与该黑社会性质组织及其违法犯罪活动有关联的其他犯罪线索,即使依法构成立功或重大立功,在量刑时也应从严把握。2015 年《全国部分法院审理黑社会性质组织犯罪案件工作座谈会纪要》(以下简称 2015 年《纪要》)进一步指出:对于组织者、领导者检举揭发与该黑社会性质组织及其违法犯罪活动有关联的其他犯罪线索,如果在认定立功问题方面存在事实、证据或法律适用方面的争议,应严格把握。构成立功的,在决定是否从宽、如何从宽时,要依据罪责刑相一致的原则从严掌握。可能导致全案量刑明显失衡的,不予从宽处罚。审判时,应当根据 2009 年《纪要》和 2015 年《纪要》的前述规定对检举揭发线索的来源进行审查。如果线索是利用组织者、领导者的特殊地位而取得,且与该黑社会性质组织及其违法犯罪活动有关联的,则一般不应从宽处罚。至于对检举线索"关联性"的判断,则应当从是否与黑社会性质组织寻求非法保护、实施违法犯罪等活动有关联、是否与该组织的成员、"保护伞"及雇佣、纠集的人员有关联等方面来进行审查。

具体到本案,吴亚贤在一审、二审期间、死刑复核期间均拒不供认罪行,对于马东进等人的受贿线索,其在一审期间也并未检举,而是等到一审宣判后才向司法机关反映,其目的不言自明。这些情况都可以说明吴亚贤并未认罪悔罪,检举揭发只是其妄图逃避处罚的一种手段,其人身危险性并没有丝毫降低。同时,以吴亚贤为首的黑社会性质组织在广东省廉江市长期、多处非法采矿,并大量实施其他违法犯罪活动,廉江市公安局局长马东进等人明知该组织从事非法采矿活动,不仅不予查处,还与吴亚贤合作采矿办厂,充当该犯罪组织的"保护伞",任由该犯罪组织为非作恶、发展壮大。吴亚贤为了与马东进等人搞好关系,除通过入股分红构建利益共同体外,还经常请吃请喝以笼络感情。吴亚贤所检举的马东进等人的受贿线索,就是在这些吃喝宴请活动中获知的。该线索与该黑社会性质组织寻求非法保护紧密相关,属于利用组织者、领导者地位获取的"关联性"线索。综上,吴亚贤虽有立功情节,但广东省高级人民法院、最高人民法院根据本案的犯罪事实、性质、情节和对社会的危害程度,对吴亚贤不予从轻处罚是正确的。

(撰稿:广东省高级人民法院　李中原
审编:最高人民法院刑三庭　周　川)

[第 1191 号]陈菊玲非法进行节育手术案

——判决宣告前犯有同种数罪但被分案起诉,后罪判决时能否与前罪并罚

【关键词】　同种数罪　分案处理　数罪并罚

一、基本案情

被告人陈菊玲,女,1977 年 10 月 5 日出生。2013 年 12 月 19 日因犯非法进行节育手术罪被判处有期徒刑一年九个月,并处罚金人民币一万元。

被告人张菊玲前科犯罪具体案发及审理经过:2010 年 7 月 26 日,被告人陈菊玲非法对被害

人张某某实施终止妊娠手术，致张某某子宫、小肠、大网膜及横结肠系膜破裂，经鉴定构成重伤。同年8月4日，陈菊玲被公安机关查获，后被采取取保候审强制措施。昆山市人民检察院于2011年1月21日指控陈菊玲犯非法进行节育手术罪，向昆山市人民法院提起公诉。取保候审期间，陈菊玲又于2011年3月19日在昆山市非法对被害人周某某实施终止妊娠手术。次日，公安机关再次将陈菊玲查获并立案侦查，陈菊玲到案后如实供述了自己的罪行，后在取保候审期间脱逃，致使被害人张某某一案在较长时间内无法继续审理，昆山市人民法院遂依法裁定对陈菊玲非法进行节育手术案中止审理。2013年11月28日，陈菊玲被公安机关抓捕归案。昆山市人民法院建议昆山市人民检察院并案公诉陈菊玲的两起犯罪事实，但公诉机关不予并案处理。同年12月19日，昆山市人民法院仅就起诉的非法进行节育手术致张某某重伤的犯罪事实进行审理，以非法进行节育手术罪判处陈菊玲有期徒刑一年九个月，并处罚金人民币一万元。宣判后无上诉、抗诉，该判决已生效。

2014年2月12日，江苏省昆山市人民检察院以被告人陈菊玲犯非法进行节育手术罪，向昆山市人民法院提起公诉。

被告人陈菊玲对公诉机关指控的犯罪事实无异议，请求对其从轻处罚。其辩护人的辩护意见是：本案案发时间为2011年3月19日，彼时陈菊玲正因涉嫌另一起非法进行节育手术犯罪（被害人张某某一案）被取保候审，后陈菊玲却仅因该案被判刑，而未能与本案（被害人周某某一案）一并审理。因该两起犯罪事实同系非法进行节育手术，应属处断的一罪，现作为两案分别审理，予以数罪并罚不当。

昆山市人民法院经审理查明：2011年3月19日，被告人陈菊玲在未取得医生执业资格的情况下，在昆山市周市镇东方家园12号楼603室为被害人周某某进行终止妊娠手术，致周某某子宫破裂，子宫次全切除、两侧输卵管切除。经法医鉴定，周某某腹部脏器损伤已构成人体重伤，八级伤残。

昆山市人民法院经审理认为，被告人陈菊玲未取得医生执业资格，擅自为被害人周某某进行终止妊娠手术，情节严重，其行为已构成非法进行节育手术罪。陈菊玲在前罪判决宣告以后，刑罚执行完毕以前，还有判决宣告以前的该起犯罪没有判决，依法予以数罪并罚。陈菊玲归案后如实供述自己罪行，依法予以从轻处罚。据此，依照《中华人民共和国刑法》第三百三十六条第二款、第六十七条第三款、第七十条、第六十九条之规定，以非法进行节育手术罪判处被告人陈菊玲有期徒刑一年十个月，并处罚金人民币一万元；与前罪并罚，决定执行有期徒刑二年三个月，并处罚金人民币二万元。

宣判后，被告人陈菊玲以其前后两起犯罪均系非法进行节育手术犯罪，一审法院未将其前后两罪一并审理，不应分案数罪并罚，适用程序有误，以及已对被害人周某某进行赔偿并取得谅解，原判量刑过重等为由，提出上诉。

江苏省苏州市中级人民法院经审理认为，被告人陈菊玲为被害人周某某进行节育手术的行为已构成非法进行节育手术罪。陈菊玲在前罪判决宣告以后，刑罚执行完毕以前，还有判决宣告以前的其他罪没有判决，依法应予数罪并罚。一审法院依据公诉机关指控的陈菊玲新的犯罪事实依法进行审理于法有据，故对陈菊玲的相关辩解意见，不予采纳。陈菊玲到案后如实供述自己罪行，依法予以从轻处罚。陈菊玲对被害人进行了赔偿并取得被害人谅解，酌情从轻处罚。据此，依照《中华人民共和国刑事诉讼法》第二百二十五条第一款第二项，《中华人民共和国刑法》第三百三十六条第二款、第五十二条、第五十三条、第六十七条第三款、第七十条、第六十九条之规定，撤销原判，以非法进行节育手术罪，改判陈菊玲有期徒刑一年六个月，并处罚金人民币九千元;与前罪并罚,决定执行有期徒刑二年,并处罚金人民币一万九千元。

二、主要问题

判决宣告以前犯有同种数罪但被人为分案处理的,对后罪进行审判时能否数罪并罚,应适用何种法律程序?

三、裁判理由

(一)判决宣告以前犯同种数罪的,一般应并案按照一罪处理,不实行并罚

同种数罪,是指行为人实施的数个独立的犯罪属于同一罪名的犯罪形态,通说采取单罚论的立场,认为除对判决宣告以后、刑罚执行完毕以前发现的同种漏罪和再犯的同种新罪应实行并罚之外,对同种数罪不并罚,而应作为一罪的从重情节或法定刑升格的情节处罚即可。最高人民法院1993年发布的《关于判决宣告后又发现被判刑的犯罪分子的同种漏罪是否实行数罪并罚问题的批复》明确规定,人民法院的判决宣告并已发生法律效力以后,刑罚还没有执行完毕以前,发现被判刑的犯罪分子在判决宣告以前还有其他罪没有判决的,不论新发现的罪与原判决的罪是否属于同种罪,都应当依照规定实行数罪并罚。但如果在第一审人民法院的判决宣告以后,被告人提出上诉或者人民检察院提出抗诉,判决尚未发生法律效力的,第二审人民法院在审理期间,发现原审被告人在第一审判决宣告以前还有同种漏罪没有判决的,第二审人民法院应当按照刑事诉讼法的规定,裁定撤销原判,发回原审人民法院重新审判,第一审人民法院重新审判时,不适用刑法关于数罪并罚的规定。可见,对判决宣告以前一人犯同种数罪以一罪处理,也是我国刑事司法实务的一贯做法。

本案中,被告人陈菊玲因犯非法进行节育手术罪被检察机关提起公诉,在法院审理过程中,再次实施非法进行节育手术犯罪并被立案侦查。其前后两次犯罪系同种数罪,均实施于判决宣告以前,也被发现于判决宣告以前,根据刑法理论和司法实践的一贯做法,一般应当并案一罪处理,不实行并罚。

(二)在审理过程中,法院发现被告人犯有同种数罪但被人为分案处理的,可以建议检察机关并案起诉;检察机关不予并案处理的,应仅就起诉的犯罪事实作出裁判,在审理后起诉的犯罪事实时,可以适用刑法第七十条关于漏罪并罚的规定

刑事诉讼中,对行为人犯有数罪的,司法机关通常会并案处理,通过一次诉讼活动一并解决,以便查明案情和节约司法资源。对此,司法解释亦作出了明确规定。最高人民检察院于2012年11月22日出台的《人民检察院刑事诉讼规则(试行)》第十二条第二款规定:“对于一人犯数罪、共同犯罪、多个犯罪嫌疑人实施的犯罪相互关联,并案处理有利于查明案件事实和诉讼进行的,人民检察院可以对相关犯罪案件并案处理。”最高人民法院、最高人民检察院、公安部、国家安全部、司法部、全国人大常委会法制工作委员会联合发布的《关于实施刑事诉讼法若干问题的规定》(以下简称《六部委规定》)第三条亦规定:“具有下列情形之一的,人民法院、人民检察院、公安机关可以在其职责范围内并案处理:(一)一人犯数罪的;(二)共同犯罪的;(三)共同犯罪的犯罪嫌疑人、被告人还实施其他犯罪的;(四)多个犯罪嫌疑人、被告人实施的犯罪存在关联,并案处理有利于查清案件事实的。”上述规定对于规范刑事追诉活动具有重要指导意义,但是在用语上均使用了“可以”一词。可见,对同种数罪并案处理,并非一种强制性规定。

实践中,存在办案机关出于业务考核等考虑,将被告人所犯同种数罪分开处理,先后追诉的情况。例如,在审理某盗窃案件中,被告人的两起盗窃事实已为不同的公安机关所掌握,两家公安机关均明知被告人有两起盗窃事实,但基于各自考核指标的考虑,均不愿把案件移送对方处理,结果由一家将案件先行移送、起诉,待法院判决生效后,另一家再移送、起诉另一起盗窃事实,

导致本应一并处理的案件经两次刑事追诉，这种做法不利于节约司法资源，给被告人增加诉累，并对适用法律造成不必要的困扰。

控审分离、不告不理，是现代刑事诉讼的基本原则。它要求未经起诉，法院不得实施任何形式的审理活动；法院的审判范围应当限于公诉机关指控的范围，不得审判任何未经起诉的行为。对于法院发现检察机关未指控的犯罪事实该如何处理，考虑到我国刑事诉讼法实行公检法机关分工负责，相互配合，相互制约原则，《六部委规定》第三十条规定，人民法院审理公诉案件，发现有新的事实，可能影响定罪的，可以建议人民检察院补充起诉或者变更起诉，人民检察院应当在7日以内回复意见。《最高人民法院关于适用〈中华人民共和国刑事诉讼法〉的解释》（以下简称《刑事诉讼法解释》）第二百四十三条作出了类似规定，并针对实践中常见的检察机关不同意补充起诉或者变更起诉，或者在7日以内未回复意见的情况，进一步明确规定人民法院应当就起诉指控的犯罪事实依照解释第二百四十一条的规定作出判决、裁定。因此，人民法院在审理过程中，发现被告人犯有同种数罪但被检察机关人为分案处理的，因分案处理的事实影响对被告人的定罪，可以建议检察机关并案起诉。二审法院发现被告人在第一审判决宣告以前还有同种漏罪没有判决的，也可以发回重审，并协调检察机关并案处理。检察机关不同意或者在7日内未回复意见的，法院应当仅就起诉指控的犯罪事实作出裁判。判决生效以后，检察机关另案起诉其他同种漏罪的，并案以一罪处理的前提条件已经消失，法院必须对漏罪依法予以审理，构成犯罪的，单独予以定罪判刑。鉴于此前判处的刑罚尚未执行完毕，亦不属于刑法第六十九条规定的判决宣告以前一人犯数罪及第七十一条规定的刑罚执行期间发现新罪的情形，故对漏罪进行审判时，适用刑法第七十条关于漏罪并罚的规定进行处理，是相对合理的选择。

就本案而言，昆山市人民法院在判决宣告前，发现被告人陈菊玲在审理期间又实施了非法进行节育手术犯罪并被公安机关立案侦查，所涉新罪与检察机关已经起诉指控的犯罪属同种罪行。检察机关知晓陈菊玲有该起同种犯罪事实，却不予并案起诉。昆山市人民法院根据《刑事诉讼法解释》第二百四十三条的规定，建议昆山市人民检察院补充起诉，但昆山市人民检察院仍未对陈菊玲前后两罪并案公诉。昆山市人民法院无权主动并案审理陈菊玲的同种数罪，最终只能仅就起诉指控的陈菊玲对被害人张某某非法进行节育手术犯罪部分进行审判，判处陈菊玲有期徒刑一年九个月，并处罚金人民币一万元。判决生效之后，刑罚执行完毕以前，检察机关又起诉指控陈菊玲对被害人周某某非法进行节育手术犯罪。昆山市人民法院受理后，对陈菊玲在判决宣告以前实施的同种漏罪进行审判，判处陈菊玲有期徒刑一年十个月，并处罚金人民币一万元，并根据刑法第七十条的规定，与其前罪判处的刑罚实行并罚。昆山市人民法院的一审判决于法有据，在审理程序和适用法律上并无不当。但检察机关该种分案处理的做法，不利于提高诉讼效率，实践中应尽量避免。

（三）对人为分案处理的同种数罪实行并罚时，决定执行的刑罚应当与并案以一罪处理时所应判处的刑罚基本相当，不得加重被告人的处罚

我国刑法以“刑罚执行完毕以前”作为适用数罪并罚制度的时间条件。为了有区别地对待不同危害程度的数罪和危险程度各异的数罪实施者，贯彻罪刑相适应原则，刑法第六十九条、第七十条和第七十一条中明确规定对不同阶段实施或者被发现的数罪采取不同的并罚方法。

刑法第七十条规定：“判决宣告以后，刑罚执行完毕以前，发现被判刑的犯罪分子在判决宣告以前还有其他罪没有判决的，应当对新发现的罪作出判决，把前后两个判决所判处的刑罚，依照本法第六十九条的规定，决定执行的刑罚……”这是关于漏罪并罚的规定，因为漏罪事实所反映的社会危害性及其行为人的人身危险性，要比判决宣告以前发现的同等数罪相对严重。换言之，

犯有数罪的犯罪分子,对社会危害严重,其到案后不但不积极悔罪,还故意隐瞒部分罪行,表明其有较大的人身危险性。对其漏罪实行并罚,既是罪刑相适应原则的要求,也有加重处罚的司法威慑效果。所以,根据立法本意,该条主要是针对犯罪分子归案后,在审判之前故意隐瞒自己的部分犯罪行为,直到对其审判之后刑罚执行完毕以前才发现还有遗漏罪行的情况。

因侦查机关、检察机关人为分案,导致法院在审判时未发现被告人的同种犯罪事实,或者已经发现但因未一并起诉而不能对被告人的同种犯罪事实并案审理,从而造成另案审判时对被告人所犯同种罪行只好适用漏罪并罚的规定处理,该种做法虽不是不可以,但可能会使被告人因分案处理而承担不利后果。因此,在因人为分案处理而对被告人的同种漏罪进行并罚时,决定执行的刑罚应与并案以一罪公诉所应判处的刑罚基本相当,否则有违刑法的罪刑相适应原则。

刑法第三百三十六条第二款规定,非法进行节育手术,情节严重的,处三年以下有期徒刑、拘役或者管制,并处或者单处罚金;严重损害就诊人身体健康的,处三年以上十年以下有期徒刑,并处罚金;造成就诊人死亡的,处十年以上有期徒刑,并处罚金。本案中,被告人陈菊玲两次非法进行节育手术犯罪均造成他人重伤,属于情节严重,尚不构成严重损害就诊人身体健康的情形,其法定刑范围应为三年以下有期徒刑、拘役或者管制,并处或者单处罚金。因此,如果并案以一罪处理,对陈菊玲的宣告刑不应超过有期徒刑三年。昆山市人民法院在一审审理陈菊玲的同种漏罪适用并罚时,决定执行有期徒刑二年三个月,并处罚金人民币二万元。在二审期间,因出现被告人赔偿获得谅解情节,二审依法改判陈菊玲有期徒刑二年,并处罚金人民币一万九千元。一、二审对陈菊玲数罪并罚后决定执行的刑期,均没有超出并案以一罪处理时有期徒刑三年的法定最高刑,且与并案以一罪公诉所应判处的刑罚基本相当,不仅符合罪刑相适应原则,也保障了被告人的合法权益。

(撰稿:江苏省昆山市人民法院　王　东
审编:最高人民法院刑一庭　杜国强)

[第 1217 号]朱韩英、郭东云诈骗案
——刑罚执行完毕后对以前未能依法并案处理的犯罪行为如何裁判

【关键词】　刑罚执行完毕　漏罪　社区矫正调查评估

一、基本案情

被告人朱韩英,女,1974 年 4 月 22 日出生。因犯诈骗罪于 2013 年 5 月 24 日被判处有期徒刑四年,并处罚金五万元,2015 年 11 月 6 日刑满释放;因本案于 2016 年 1 月 1 日被逮捕。

被告人郭东云,男,1972 年 1 月 21 日出生。因犯诈骗罪于 2013 年 5 月 24 日被判处有期徒刑四年,并处罚金五万元,2015 年 12 月 17 日刑满释放;因本案于 2016 年 5 月 10 日被逮捕。

湖南省衡南县人民检察院以被告人朱韩英、郭东云犯诈骗罪,向衡南县人民法院提起公诉。

被告人朱韩英、郭东云对指控的犯罪事实均无异议,请求从轻处罚。

衡南县人民法院经公开审理查明:2012 年 8 月 25 日上午,被告人朱韩英、郭东云及杨桐军、

王忠华（均另案处理）乘坐由王忠华驾驶的郭东云的银白色长城C30轿车，从永州市祁阳县前往衡南县洪山镇实施诈骗。在该镇豆塘村野鸡组路段，四人以“丢钱、捡钱、分钱”的方式骗得被害人王承莲现金2 800元和一张邮政银行存折及存折密码，并将存折内63 000元支取。得款后，四人甩开被害人王承莲潜逃。

2016年10月14日，二被告人各退赔被害人损失16 450元，被害人王承莲对二被告人的行为予以谅解。

衡南县人民法院认为，被告人朱韩英、郭东云以非法占有为目的，伙同他人虚构事实，骗取他人财物，数额巨大，其行为已构成诈骗罪。在共同犯罪中，二被告人分工明确，共同配合，全程参与，均起主要作用，均系主犯。二被告人均能如实供述主要犯罪事实，系坦白，依法可从轻处罚；庭审中自愿认罪，有悔罪表现，积极赔偿被害人损失并取得被害人的谅解，酌情从轻处罚。综合全案犯罪事实及量刑情节，依照《中华人民共和国刑法》第二百六十六条，第二十六条第一款、第四款，第六十七条第三款，第六十四条，第五十二条，第五十三条，第七十二条第一款、第三款，第七十三条第二款、第三款；《最高人民法院、最高人民检察院关于办理诈骗刑事案件具体应用法律若干问题的解释》第一条和《中华人民共和国刑事诉讼法》第一百八十条之规定，以诈骗罪分别判处被告人朱韩英有期徒刑三年，缓刑三年，并处罚金人民币二万元；判处被告人郭东云有期徒刑三年，缓刑三年，并处罚金人民币二万元。

一审宣判后，衡南县人民检察院提起抗诉，理由是：(1)被告人朱韩英、郭东云属于团伙犯罪、流窜作案，不符合“犯罪情节较轻”“没有再犯罪的危险”的条件；(2)被告人朱韩英、郭东云在江西被抓获时，对本案的犯罪事实未曾供述，朱韩英、郭东云的犯罪行为不具备“有悔罪表现”的缓刑条件；(3)司法局的评估报告认为朱韩英、郭东云不符合社区矫正的条件，不符合宣告缓刑的条件。

湖南省衡阳市中级人民法院经审理认为，原审被告人朱韩英、郭东云合伙诈骗他人财物，数额巨大，其行为均已构成诈骗罪。在共同犯罪过程中，朱韩英、郭东云均起主要作用，均系主犯。朱韩英、郭东云到案后均能如实供述自己的罪行，依法可以从轻处罚。朱韩英、郭东云能够主动赔偿被害人损失，取得被害人谅解，可以酌情从轻处罚。对于检察院提出的抗诉理由，经查，本案的犯罪事实并非新罪，而是未能依法并案处理的犯罪事实。二原审被告人主动赔偿被害人，取得被害人谅解，有一定的悔罪表现。根据本案的实际情况及罪刑相适应的刑法原则，可以对二原审被告人适用缓刑。依照《中华人民共和国刑事诉讼法》第二百二十五条第一款第一项之规定，依法裁定驳回抗诉，维持原判。

二、主要问题

1. 刑罚执行完毕后，发现被告人在判决宣告以前还有其他犯罪没有判决的，对于漏罪是单独进行定罪处罚还是与已经执行完毕的刑罚采取“先并后减”的方法实行并罚？

2. 如何采用司法行政机关的“社区矫正调查评估”？

三、裁判理由

（一）刑罚执行完毕后，发现被告人在判决宣告以前还有其他犯罪没有判决的，应当就漏罪单独进行定罪处罚

本案中，被告人朱韩英、郭东云因犯诈骗罪于2013年5月24日分别被判处刑罚，并分别于2015年11月6日、12月17日刑满释放。在两人刑罚执行完毕后，司法机关对两人于2012年8月所犯漏罪即另外的诈骗犯罪事实进行侦查、起诉和审判。本案在审理中，对于二人所犯漏罪是采取与已经执行完毕的刑罚实行数罪并罚还是单独定罪量刑，有以下两种不同观点：

第一种观点认为,应当参照刑法第七十条的规定,与已判刑罚采取“先并后减”的方法,实行数罪并罚。理由是:决定执行的刑罚一般会短于两罪分别判处的刑罚之和,这样更有利于被告人。虽然刑法对此未作明文规定,但在法无明文规定的情况下,应当作出有利于被告人的判决。据此,可以参照刑法第七十条的规定,对朱韩英、郭东云分别进行数罪并罚。

第二种观点认为,在刑罚执行完毕后发现漏罪,不得适用刑法第七十条、第七十一条规定的数罪并罚制度,而应对漏罪单独定罪量刑。理由是:将刑罚执行完毕后发现的漏罪与前罪进行数罪并罚,不符合刑法第七十条规定的时间条件,即“判决宣告以后,刑罚执行完毕以前”,因此,不能适用刑法第七十条规定的并罚原则,而应当依法对被告人朱韩英、郭东云的漏罪单独定罪量刑。

我们同意第二种观点。主要理由如下:

第一,对漏罪必须依法定罪处罚。刑法的目的是惩罚犯罪、保护人民。根据罪刑法定原则,法律明文规定为犯罪行为的,应依照法律定罪处罚。刑罚消灭的事由,依照法律规定主要包括以下几种:已过追诉时效期限的;经特赦令免除刑罚的;告诉才处理的犯罪没有告诉或者撤回告诉的;犯罪嫌疑人、被告人死亡的。对于刑罚执行完毕又发现漏罪的情形,行为人不具有法定的刑罚消灭事由,自然也不存在因为已受过刑罚就不再定罪量刑的理由。根据法律面前人人平等的原则,对任何人犯罪,在适用法律上一律平等,不能因为行为人受过刑罚就享有不再追诉的超越法律的特权。

第二,服刑期满后发现漏罪的,将漏罪与前罪数罪并罚不符合法律规定。刑法第七十条规定:“判决宣告以后,刑罚执行完毕以前,发现被判刑的犯罪分子在判决宣告以前还有其他罪没有判决的,应当对新发现的罪作出判决,把前后两个判决所判处的刑罚,依照本法第六十九条的规定,决定执行的刑罚。已经执行的刑期,应当计算在新判决决定的刑期以内。”由此可知,适用刑法第七十条进行数罪并罚的时间条件是发现漏罪在“判决宣告以后,刑罚执行完毕以前”,不包括在刑罚执行完毕以后,才发现漏罪的情形。设立数罪并罚制度的目的是解决人民法院在量刑时如何处理宣告刑和正在执行的刑罚之间的并罚问题。数罪并罚的前提是数罪的刑罚均未执行或未执行完毕。对于刑罚执行完毕以后,才发现判决宣告之前还有其他罪没有判决而应当追诉的,应当依法另行定罪量刑。因此,将已经执行完毕的刑罚作为数罪并罚的适用对象不符合法律逻辑,数罪中只有一罪存在未执行的刑罚没有适用数罪并罚的必要性。

第三,漏罪产生的原因与被告人供述不完整有很大的关系。如果被告人在其前罪的侦查、起诉、判决等阶段能够如实交代所有犯罪事实,自然可以享受数罪合并处罚带来的权益。相对于在刑罚执行完毕前又发现漏罪的犯罪行为人来说,刑罚执行完毕后才发现漏罪的犯罪行为人的主观恶性及人身危险性一般要更大,而且犯罪行为人在刑罚执行完毕,经过一定的改造后,仍然存在侥幸心理,没有如实交代所有犯罪事实以逃避刑罚,相当于放弃了如实供述所带来的数罪并罚的利益,不实行数罪并罚更符合刑法的立法精神,也有利于促进犯罪行为人主动供述,坦白其他罪行。

第四,刑罚执行完毕后发现的漏罪与前罪实行并罚未必一律对被告人有利,在某些情况下,甚至对被告人更为不利。例如,《最高人民法院关于罪犯因漏罪、新罪数罪并罚时原减刑裁定应如何处理的意见》规定:“罪犯被裁定减刑后,因被发现漏罪或者又犯新罪而依法进行数罪并罚时,经减刑裁定减去的刑期不计入已经执行的刑期。”原判刑罚裁定减去的刑期,只能在此后依法减刑,“决定减刑的频次、幅度时,应当对其原经减刑裁定减去的刑期酌予考虑”。如被告人原判刑罚是死缓、无期徒刑,如果不管是否执行完毕,一律数罪并罚,那么数罪并罚后还应执行死缓、无期徒刑，显然对被告人更不利，也极不公平。在服刑中依法对罪犯减刑是一种常态，如果罪犯在服刑中有减刑，那么在刑罚执行完毕后发现的漏罪与前罪根据刑法第七十条规定的“先并后减”原则进行数罪并罚，对被告人就不一定有利，甚至可能更不利于被告人。所以，简单地从是否有利于被告人考虑，来确定是否实行数罪并罚，并不科学，应当严格依据刑法的有关规定进行。

（二）人民法院量刑时，应当科学、客观地对待司法行政机关的“社区矫正调查评估”

本案中，被告人朱韩英、郭东云在刑罚执行完毕之后被发现漏罪，既有两人自身的原因，又有公安机关未及时依法并案处理的原因。本案被告人系流窜作案，根据公安机关出具的“说明”证实，2012 年各被告人在江西被抓时，某某县公安局已经知晓，并且锁定本案系二被告人所为，但某某县公安局并未将本案与江西的案件并案处理，而是将本案先挂起，再于 2015 年二被告人即将服刑完毕时上网追逃，因此，朱韩英出狱仅 10 余天即被公安机关重新抓获，郭东云出狱 4 个多月被重新抓获。基于前述分析的理由，对二被告人的漏罪只能单独判处。依照《最高人民法院、最高人民检察院关于办理诈骗刑事案件具体应用法律若干问题的解释》（法释〔2011〕7 号）及湖南省的相关规定，二被告人诈骗数额为 65 800 元，属于“数额巨大”，因而应依法在三年以上有期徒刑量刑。即便在法定刑幅度内判处最低刑即有期徒刑三年，仍然属于偏重的。因为已经执行完毕刑罚的诈骗数额与漏罪的诈骗数额之和为 17 万余元（在江西的犯罪数额为 11 万余元），如果在前罪判决时将漏罪事实一并定罪量刑，那么依法应判处有期徒刑五年左右的刑罚。而如果对漏罪判处有期徒刑三年，加上已经执行完毕的有期徒刑四年，则实际判处的刑罚将会达到有期徒刑七年。如此，就会带来量刑不均衡的问题。固然二被告人在江西司法机关处理时未能主动供述，需要承担相应的不利后果，但本案不予数罪并罚所导致对被告人量刑较重的问题也与有关部门未能依法办案有直接关系，从合理平衡利益、实现司法公正的角度，在对被告人漏罪进行量刑时应当考虑这一实际情况。

而对二被告人的漏罪在法定刑以下量刑，又没有具体情节依据。在这种情况下，该如何对二被告人的漏罪进行量刑？特别是在本案中，当地司法行政机关又出具了“建议对被告人不适用社区矫正”的《调查评估意见书》。本案在审理中，对于二被告人是否适用缓刑，存在两种不同观点：

第一种观点认为，由于二被告人在江西被捕时，没有如实供述自己的遗漏犯罪事实，二被告人系流窜作案，社会危害性大，司法局评估建议对二被告人不适用社区矫正，因此，不能对被告人适用缓刑。

第二种观点认为，如果本案给各被告人判处三年实刑，加上原来被告人已经判刑的四年，实际判决的刑期就达到了七年，明显存在罪刑不相适应。而对这种量刑不平衡、罪责刑不相适应的最佳处理方案，莫过于对被告人适用缓刑。虽然司法局建议对被告人不适用社区矫正，但人民法院可以根据案件的实际情况和被告人的悔罪表现决定适用缓刑。

我们倾向于第二种观点，对被告人朱韩英、郭东云可以依法适用缓刑。理由如下：

第一，对被告人量刑应当综合考虑各种因素，切实做到罪责刑相一致。本案中，被告人在前罪的侦查、起诉、审判阶段未如实供述本案事实，体现了被告人的主观恶性和悔罪态度（侥幸心理），但公安机关未及时依法并案处理也是漏罪未得以及时处理的客观原因。这两种因素，在对漏罪量刑时均应依法予以考虑。不宜由二被告人对漏罪的产生承担全部的责任。理由是，根据《公安机关办理刑事案件程序规定》第一百八十一条的规定，经立案侦查，认为有犯罪事实需要追究刑事责任，但不属于自己管辖或者需要由其他公安机关并案侦查的案件，经县级以上公安机关负责人批准，制作移送案件通知书，移送有管辖权的机关或者并案侦查的公安机关，并在移送案件后 3 日以内书面通知犯罪嫌疑人家属。因此，某某县公安局在发现本案被告人已经在江西进入司法程序后，应当将本案移交江西司法机关并案处理，某某县公安局显然违反了该规定。

在此种情况下，如果对被告人判处实刑则在一定程度上有违罪责刑相适应原则。刑法第五条规定："刑罚的轻重，应当与犯罪分子所犯罪行和承担的刑事责任相适应。"可以说，罪责刑相适应原则是人民法院在办理刑事案件时的纲领性原则。本案被告人的全部涉案金额为17万余元，结合法律规定和被告人的各种量刑情节，充其量只能在五年左右量刑。二被告人在江西已经实际服刑三年十个月左右，因本案也实际羁押一年左右，总计羁押时间达到了将近五年。因此，二被告人已经得到了与其罪行相适应的惩罚。如果再对被告人判处三年有期徒刑，对被告人有失公平。此外，二被告人归案后又各退赔了被害人的部分损失，被害人对二被告人的犯罪行为予以谅解。这些都是在量刑时应当考虑的因素。

第二，人民法院在量刑时应当根据刑法规定和案件的实际情况，参考当地司法行政机关的《调查评估意见书》，决定是否适用缓刑。根据《社区矫正实施办法》第四条第一款的规定，人民法院、人民检察院、公安机关、监狱对拟适用社区矫正的被告人、罪犯，需要调查其对所居住社区影响的，可以委托县级司法行政机关进行调查评估。同时，根据我国刑法第七十二条的规定，"宣告缓刑对所居住社区没有重大不良影响"是适用缓刑的必备条件之一。因此，《社区矫正实施办法》对于规范缓刑的适用，防止法官滥用职权，防止过多、过滥地对被告人适用缓刑具有积极的意义。一般而言，人民法院对被告人适用缓刑应当充分考虑司法局的社区调查评估意见。但是，在对被告人判处刑罚的同时，决定适用缓刑，归根结底是人民法院审判权的内容之一，是宪法和刑事诉讼法赋予人民法院的一项重要权力，人民法院完全可以依法独立行使该项权力。法官对被告人决定是否适用缓刑，既不能完全置《调查评估意见书》于不顾，也不能在被告人确实符合适用缓刑条件时完全被《调查评估意见书》左右而不敢适用缓刑。同时，人民法院也可以自己认定对被告人适用缓刑是否对社区有重大不良影响，因为《社区矫正实施办法》第四条中规定的是"可以"，而并非应当。本案中，二被告人的此次行为系漏罪而非犯新罪，犯罪情节相对较轻，且已经退清了赃款，取得了被害人的谅解，有悔罪表现，社会矛盾得到了化解，法院经综合考量认为适用缓刑对社区也没有重大不良影响，故符合刑法第七十二条规定的缓刑适用条件，可以对二被告人适用缓刑。

（撰稿：湖南省衡阳市中级人民法院刑一庭　匡梓精
审编：最高人民法院刑四庭　陆建红）

[第1237号]王海旺非法经营案

——特殊情况下减轻处罚的理解与适用

【关键词】　销售伪劣产品罪　销售假冒注册商标的商品罪　非法经营罪　法定刑以下判处刑罚

一、基本案情

被告人王海旺，男，1979年10月16日出生，农民。2015年5月18日因涉嫌犯销售伪劣产品罪被逮捕，同年6月18日被取保候审。

北京市丰台区人民检察院以被告人王海旺犯非法经营罪,向北京市丰台区人民法院提起公诉。

北京市丰台区人民法院经审理查明:2015年1月至5月间,被告人王海旺在未取得烟草专卖零售许可证的情况下,在北京市丰台区等地非法经营卷烟。2015年5月18日,丰台区烟草专卖局会同北京市公安局马家堡派出所民警联合执法,在丰台区马家堡小区门口路边王海旺的白色金杯牌汽车内将王海旺查获,从该车内起获玉溪、中华等10个品牌共计709条卷烟,随后在丰台区马家堡角门14号院门口路边,从王海旺之妻张春霞名下银灰色松花江牌汽车内起获玉溪、中华等6个品牌共计569条卷烟。经抽样检查,上述卷烟均为假冒注册商标的伪劣卷烟,鉴定价值人民币37.661 8万元。

北京市丰台区人民法院认为,被告人王海旺违反烟草专卖法律法规规定,为牟取非法利益,非法经营烟草制品,情节特别严重,其行为构成非法经营罪。非法经营卷烟"情节特别严重"的认定标准为25万元,王海旺非法经营数额37万余元,依法应在五年以上有期徒刑的法定刑幅度内量刑。综合犯罪情节,依照《中华人民共和国刑法》第二百二十五条第一项、第五十二条、第五十三条、第六十一条、第六十四条和《最高人民法院、最高人民检察院关于办理非法生产、销售烟草专卖品等刑事案件具体应用法律若干问题的解释》第三条、第五条之规定,对王海旺从轻判处有期徒刑五年,并处罚金人民币五万元。

一审宣判后,被告人王海旺以量刑过重为由提出上诉,请求法院考虑其家庭特殊情况从宽处罚。出庭支持公诉的北京市人民检察院第二分院提出,王海旺为筹集其女儿治疗费用非法经营烟草制品,主观恶性较小,王海旺还是其家庭的主要经济支柱和女儿骨髓移植手术的优选供髓者,综合考虑王海旺的犯罪情节,且为避免影响其女儿的治疗,建议对王海旺在法定刑以下减轻处罚并适用缓刑。

北京市第二中级人民法院经审理查明的事实与第一审法院一致。另查明,被告人王海旺的女儿被诊断患有骨髓增生异常综合征,需进行骨髓移植手术,王海旺为优选供髓者。

北京市第二中级人民法院经审理认为,一审法院认定被告人王海旺犯非法经营罪的事实清楚,定罪准确。鉴于本案的特殊情况,为充分保障未成年人的权益,根据宽严相济刑事政策,可以对其在法定刑以下判处刑罚并层报最高人民法院核准。依照《中华人民共和国刑法》第二百二十五条第一项、第五十二条、第五十三条、第六十一条、第六十三条第二款、第六十四条,《中华人民共和国刑事诉讼法》第二百二十五条第一款第一项、第二项及《最高人民法院、最高人民检察院关于办理非法生产、销售烟草专卖品等刑事案件具体应用法律若干问题的解释》第三条第二款第一项、第五条之规定,认定被告人王海旺犯非法经营罪,在法定刑以下判处王海旺有期徒刑三年,缓刑三年,并处罚金人民币三万元。北京市高级人民法院经复核,同意第二审判决,并依法报请最高人民法院核准。

最高人民法院经复核认为,被告人王海旺违反烟草专卖法律规定,为牟取非法利益,非法经营假冒注册商标的伪劣卷烟,情节特别严重,其行为已构成非法经营罪,依法应判处五年有期徒刑以上刑罚。鉴于王海旺非法经营的卷烟尚未售出,认罪悔罪,系女儿骨髓移植手术的优选供髓者,没有再犯罪的危险,所居住社区具备矫正管理条件,对其可在法定刑以下判处刑罚并宣告缓刑。故依照《中华人民共和国刑法》第六十三条第二款和《最高人民法院关于适用〈中华人民共和国刑事诉讼法〉的解释》第三百三十八条的规定,裁定核准北京市第二中级人民法院以非法经营罪判处被告人王海旺有期徒刑三年,缓刑三年,并处罚金人民币三万元的刑事判决。

二、主要问题

1. 无证经营假冒伪劣卷烟的行为如何定罪?

2. 如何综合案件事实认定刑法第六十三条第二款规定的法定刑以下判处刑罚的“特殊情况”?

三、裁判理由

(一)无证经营假冒伪劣卷烟的行为涉及多个罪名,属于想象竞合犯,应以处罚较重的罪名定罪

2010 年公布的《最高人民法院、最高人民检察院关于办理非法生产、销售烟草专卖品等刑事案件具体应用法律若干问题的解释》(以下简称《烟草解释》)第一条规定:生产、销售伪劣卷烟、雪茄烟等烟草专卖品,销售金额在 5 万元以上的,依照刑法第一百四十条的规定以生产、销售伪劣产品罪定罪处罚;销售明知是假冒他人注册商标的卷烟、雪茄烟等烟草专卖品,销售金额较大的,依照刑法第二百一十四条的规定以销售假冒注册商标的商品罪定罪处罚;违反国家烟草专卖管理法律法规,未经烟草专卖行政主管部门许可,无烟草专卖生产企业许可证、烟草专卖批发企业许可证、特种烟草专卖经营企业许可证、烟草专卖零售许可证等许可证明,非法经营烟草专卖品,情节严重的,依照刑法第二百二十五条的规定以非法经营罪定罪处罚。据此,无证销售假烟行为可能触犯的罪名有三个,分别是销售伪劣产品罪、销售假冒注册商标的商品罪和非法经营罪。

上述三个罪名并不必然同时构成。例如,根据刑法第一百四十条之规定,销售伪劣产品罪中的“伪劣产品”,包括“在产品中掺杂、掺假,以假充真,以次充好或者以不合格产品冒充合格产品”四种情形。2001 年发布的《最高人民法院、最高人民检察院关于办理生产、销售伪劣商品刑事案件具体应用法律若干问题的解释》(以下简称《伪劣商品解释》)第一条对此进行进一步的明确,其中“在产品中掺杂、掺假”是指在产品中掺入杂质或者异物,致使产品质量不符合国家法律、法规或者产品明示质量标准规定的质量要求;“以假充真”是指以不具有某种使用性能的产品冒充具有该种使用性能的商品的行为。因而销售假冒注册商标的商品的行为,并不必然触犯销售伪劣产品罪,构成该罪还需要对所售产品质量进行检测,以确定其为伪劣产品。无证销售假冒他人注册商标的卷烟,但经鉴定所售卷烟不是伪劣产品,则只构成销售假冒注册商标的商品罪和非法经营罪,而不构成销售伪劣产品罪。因此行为人构成几个罪名,需要根据具体案件事实进行分析。

具体到本案,首先,被告人王海旺销售假冒中华、玉溪等注册商标的卷烟,货值金额在 15 万元以上,依照相关司法解释的规定,其行为构成销售假冒注册商标的商品罪;其次,涉案卷烟经鉴定系伪劣产品,王海旺销售假冒卷烟的行为同时构成销售伪劣产品罪;最后,王海旺无证经营假冒卷烟,情节特别严重,其行为还构成非法经营罪。

对于同时构成销售假冒注册商标的商品罪、销售伪劣产品罪和非法经营罪的经营假冒卷烟行为进行定罪处罚,实践中需要注意以下两点:一是此类竞合属于想象竞合而非法条竞合。有意见认为此类竞合属于法条竞合,并据此提出应按照“特别法优于一般法”的司法原则确定罪名。我们认为,无证销售假冒卷烟的行为之所以同时触犯三个罪名,非因该三个罪名的刑法规定存在重复或者交叉关系,而是此类行为的复合性导致其同时侵害数个不同客体所造成的,故应当认定为想象竞合而非法条竞合。也正是基于此,长期以来包括《烟草解释》等在内的相关司法解释无一例外地规定,对此类行为应当择一重罪定罪处罚。二是罪轻罪重不能笼统地从不同罪名的法定最高刑来判断,而是应当根据具体犯罪行为在不同罪名中所对应的法定刑幅度进行判断。

本案所涉卷烟货值金额37万余元，根据刑法及相关司法解释的规定，在销售伪劣产品罪中对应的法定刑幅度为二年以上七年以下有期徒刑；在销售假冒注册商标的商品罪中对应的法定刑幅度为三年以上七年以下有期徒刑；在非法经营罪中对应的法定刑幅度为五年以上有期徒刑。加之涉案卷烟尚未售出，以销售伪劣产品罪或者销售假冒注册商标的商品罪均属未遂，故一、二审法院适用处罚最重的非法经营罪定罪是正确的。

（二）综合全案事实和情节可以认定本案存在刑法第六十三条第二款规定的“特殊情况”，依法可以在法定刑以下判处刑罚

被告人王海旺非法经营卷烟，情节特别严重，没有法定减轻处罚情节，依法本应在五年以上有期徒刑的法定刑幅度内量刑，一审法院综合本案情节对其从轻判处五年有期徒刑的刑罚，原则上没有问题。二审法院在进一步查清相关事实的基础上，充分考虑本案的特殊情况，在法定刑以下判处被告人王海旺三年有期徒刑并适用缓刑，体现了法、理、情的融合与平衡，判决的效果更好。

法定刑以下判处刑罚是我国刑法规定的特别宽宥制度，即不存在法定减轻处罚情节，但是考虑到案件的特殊情况在法定刑以下判处刑罚的一项制度安排。刑法没有明确何为“特殊情况”，这为个案量刑更好地实现法、理、情的融合和平衡提供了弹性空间，而运用不当又有可能损及刑罚适用的统一性和规范性，这也是刑法规定法定刑以下判处刑罚须经最高人民法院核准的原因所在。在司法实践中，一方面，要严格掌握法定刑以下判处刑罚的适用范围，以此确保依法统一规范量刑；另一方面，对于确有特殊情况的案件又要敢于、善于适用，以此体现立法精神，实现宽严相济。

应当指出，案件是否具有法定刑以下判处刑罚的特殊情况，通常并不取决于某一个情节，而是多个情节综合认定的结果。综合本案事实和情节，对被告人王海旺在法定刑以下量刑是适当而必要的。一是行为表现。在案证据证明，王海旺的行为主要表现为明知是假冒注册商标的伪劣卷烟而予以保管、运输、帮助销售。帮助销售行为属于非法经营行为的具体表现，虽不影响其非法经营卷烟行为这一基本事实的认定，但在量刑上与指使或者单独销售卷烟的非法经营行为应有所区别。二是行为后果。王海旺非法经营的伪劣卷烟尚未售出，未造成具体危害结果，虽然由于非法经营行为的特殊性，行为人只要实施了生产、运输、销售等任何一个环节的行为，通常均应认定为既遂，但对此情节量刑时有必要酌予考虑。三是经营数额。根据《烟草解释》、2001年公布的《伪劣商品解释》、2004年公布的《最高人民法院、最高人民检察院关于办理侵犯知识产权刑事案件具体应用法律若干问题的解释》等规定的精神，假冒伪劣卷烟的经营数额，原则上应优先以实际销售价格作为认定标准，在实际销售价格无法查明的情况下才以真品的市场价格认定。本案由于假烟尚未出售等原因，无法查清实际销售价格，故基于真品市场价格认定非法经营数额37万余元。有必要注意的是，假烟的实际销售价格和真品的市场价格通常是存在较大差别的，这一点在量刑时需要特别加以考虑。四是家庭情况。王海旺14周岁的女儿身患骨髓增生异常综合征，多次因失血性休克入院治疗，急需进行骨髓移植手术，手术费用高昂，王海旺既是家庭的经济支柱，同时还是女儿骨髓移植的优选供髓者。五是罪后情节。王海旺对一审判决认定的事实无异议，真诚悔罪，没有再犯罪的危险。上述事实和情节涉及基本事实、量刑情节、家庭伦理、未成年人权益保护等各个方面，这些因素的综合考量赋予了本案特殊性，据此在法定刑以下判处刑罚既符合法律，又合乎情理，有利于实现各种不同政策利益的平衡，实现个案处理法律效果和社会效果的有机统一。

需要特别指出的是，为确保本案公正、合理量刑，一、二审法院做了大量的基础调查工作。一

是前往医院调取王海旺女儿诊断治疗过程中的就诊记录、诊断书、化验单、医学检验报告等病历资料，多次向主治医师详细询问相关情况，以全面准确了解其女儿病情和治疗方案。二是就对被告人王海旺适用非监禁刑委托社区矫正部门进行异地调查评估，并听取社区矫正部门的矫正管理意见。这些工作为本案恰如其分地量刑奠定了坚实的基础，值得充分肯定和借鉴。

（撰稿：最高人民法院刑二庭　刘为波　毛逸潇
审编：最高人民法院刑二庭　韩维中）

[第1239号] 被告人胡方权故意杀人、非法拘禁案

——对严重危害社会治安和影响人民群众安全感的犯罪，应慎重把握被告人亲属代为赔偿情节对被告人量刑的影响

【关键词】　故意杀人罪　谅解　死刑政策

一、基本案情

被告人胡方权，男，1962年7月19日出生，个体经商。1994年8月1日因犯流氓罪、赌博罪被判处有期徒刑八年六个月；2006年9月20日因犯赌博罪被判处有期徒刑九个月，2007年6月11日刑满释放。2013年4月10日因本案被逮捕。

浙江省杭州市人民检察院指控被告人胡方权犯非法拘禁罪、故意杀人罪，向杭州市中级人民法院提起公诉。

杭州市中级人民法院经公开审理查明：

（一）关于非法拘禁事实

2012年6月10日19时许，被告人胡方权为向被害人张宏（殁年44岁）索债，纠集李国成（另案处理）等人将张宏从浙江省杭州市某酒店带离杭州市。同年6月11日至8月31日间，胡方权分别指使或雇用同案被告人张崇宣、金朝国、傅雄武及曾方照、陈晓貌、马兵、金震寰、李英等多人（均已判刑）先后在浙江省温州市永嘉县某街道某村、永嘉县某镇某村及浙江省丽水市青田县方山乡某村等多处租房关押、看管张宏。其间，胡方权多次逼迫张宏电话联系亲友，索要5 000余万元。因张宏亲属未按胡方权要求的金额及期限汇款，胡方权多次威胁、殴打张宏，并让看管人员用手铐、铁笼拘束张宏。截至2012年8月15日，胡方权共计向张宏亲友索得620万元。

（二）关于故意杀人事实

2012年8月31日深夜，被告人胡方权和金朝国驾车来到浙江省青田县某村关押被害人张宏的地点，伙同金震寰等人将张宏关进一个铁笼，装入所驾驶的奥迪Q7轿车后备箱内运往青田县滩坑水库。途中，奥迪Q7轿车爆胎，胡方权联系在附近探路的张崇宣驾驶英菲尼迪轿车前来，因该车无法装运铁笼，胡方权又电话联系傅雄武驾驶尼桑皮卡车前来。胡方权等人将关着张宏的铁笼抬到尼桑皮卡车上。然后，胡方权、金朝国乘坐由傅雄武驾驶的尼桑皮卡车，与张崇宣驾驶的英菲尼迪轿车一同驶往青田县滩坑水库。9月1日凌晨，当二车临近水库时，胡方权让傅雄武到英菲尼迪车上停留等候，并让张崇宣换乘到尼桑皮卡车上，然后由金朝国驾驶该皮卡车至滩坑水库北山大桥上调头后靠桥栏杆停下。胡方权、张崇宣、金朝国一起将关着张宏的铁笼从皮卡车上抬起，抛入距离桥面20多米的滩坑水库中，致张宏死亡。而后，胡方权等三人与傅雄武会合并

逃离现场。胡方权于2012年9月潜逃偷渡出境,2013年2月27日在泰国曼谷被泰国警方抓获,同年3月6日被押解回国。

杭州市中级人民法院认为,被告人胡方权的行为已构成非法拘禁罪、故意杀人罪。在共同故意杀人犯罪中,胡方权起组织、指挥作用,系主犯,且系累犯,应从重处罚。据此,依法判决被告人胡方权犯故意杀人罪,判处死刑,剥夺政治权利终身;犯非法拘禁罪,判处有期徒刑三年;决定执行死刑,剥夺政治权利终身。

一审宣判后,被告人胡方权不服,提出上诉。

浙江省高级人民法院经审理认为,原审判决定罪和适用法律准确,量刑和民事赔偿得当。审判程序合法。据此,依法裁定驳回上诉,维持原判,并报请最高人民法院核准。

最高人民法院经复核认为,被告人胡方权为索债,纠集、雇用他人非法限制债务人的人身自由,其行为构成非法拘禁罪;在索债未能如愿的情况下,纠集、雇用他人将被害人关入铁笼抛入水库致死,其行为又构成故意杀人罪,应依法并罚。胡方权犯罪性质特别恶劣,手段残忍,情节、后果严重,社会危害性大,且在共同犯罪中系罪行最严重的主犯,又系累犯,主观恶性深,应依法从重处罚。第一审判决、第二审裁定认定的事实清楚,证据确实、充分,定罪准确,量刑适当,审判程序合法。依照《中华人民共和国刑事诉讼法》第二百三十五条、第二百三十九条和《最高人民法院关于适用〈中华人民共和国刑事诉讼法〉的解释》第三百五十条第一项的规定,裁定核准浙江省高级人民法院维持第一审对被告人胡方权以故意杀人罪判处死刑,剥夺政治权利终身;以非法拘禁罪判处有期徒刑三年,决定执行死刑,剥夺政治权利终身的刑事附带民事裁定。

二、主要问题

对严重危害社会治安和人民群众安全感的故意杀人案件,被告人亲属积极代为赔偿,被害人亲属表示接受,予以谅解的,如何准确把握死刑政策?

三、裁判理由

本案二审期间,被告人亲属代为赔偿,取得了被害人的谅解。在此种情况下,能否对罪行极其严重的被告人从宽处罚,不适用死刑立即执行,二审及死刑复核审理中有两种不同意见:第一种意见持肯定立场,认为应据此改判被告人死刑缓期二年执行;第二种意见持否定立场,认为此案不适宜对被告人从宽判处,应当维持、核准死刑判决。

我们同意第二种意见,理由如下:

宽严相济是我国的基本刑事政策,即根据犯罪的具体情况,实行区别对待,做到该严则严,当宽则宽,宽严相济,罚当其罪。既要防止片面从严,也要避免一味从宽。《最高人民法院关于贯彻宽严相济刑事政策的若干意见》(以下简称《意见》)指出:"对于被告人同时具有法定、酌定从严和法定、酌定从宽处罚情节的案件,要在全面考察犯罪的事实、性质、情节和对社会危害程度的基础上,结合被告人的主观恶性、人身危险性、社会治安状况等因素,综合作出分析判断,总体从严,或者总体从宽。"《意见》同时指出:"被告人案发后对被害人积极进行赔偿,并认罪、悔罪的,依法可以作为酌定量刑情节予以考虑。因婚姻家庭等民间纠纷激化引发的犯罪,被害人及其亲属对被告人表示谅解的,应当作为酌定量刑情节考虑。"

据此,被告人积极赔偿和被害人及其亲属谅解是重要的酌定从宽处罚情节,但要注意准确、全面把握:第一,被告人案发后对被害人积极进行赔偿,"可以"从宽量刑,而非必须从宽处罚;并且,根据此情节对被告人从宽处罚,被告人不仅要有实际的赔偿,还应当认罪、悔罪。第二,被害人及其亲属谅解而对被告人从轻处罚的上述规定,一般适用于"因婚姻家庭等民间纠纷激化引发的犯罪"。第三,被害人及其亲属谅解的本质是被告人与被害人及其亲属双方在自愿协商一致的基础上，通过被告人真诚悔罪，赔礼道歉并支付被害人的损失，以此来取得被害人及其亲属的谅解，从而修复被破坏的社会关系。在被害人死亡或者无法独立表达意志的情况下，对被害人亲属谅解的背景、原因是否确系真实、自愿，更要从严审查和把握，要注意审查是否违背社会良好风尚和公众朴素的正义情感。第四，被告人积极赔偿和被害人及其亲属谅解虽然是重要的酌定从宽处罚情节，但在严重刑事犯罪中，是否对被告人从宽及从宽的幅度，必须结合犯罪事实、性质及其他情节进行综合衡量，给予适当、准确的评价。

本案中，既有可考虑从严惩处的情节，如系有预谋的直接故意杀人，性质特别恶劣，情节、后果严重，社会危害性大，被告人系累犯，人身危险性大，主观恶性深等；又有可考虑从宽处罚的情节，如二审期间，被告人胡方权的亲属积极代为赔偿，取得被害人亲属谅解。如何评价从严与从宽情节，需要准确把握以下三个方面的因素：

首先，从案件性质来看，本案最初起因虽系民间借贷纠纷，但后期发展已明显超出简单的借贷纠纷的性质，演变成严重暴力犯罪。被告人胡方权将被害人张宏从酒店带走后，先后花钱雇用多名社会闲散人员、有犯罪前科的人员，转换多个地点关押被害人长达两个多月，索债不能如愿后，又纠集他人故意杀害被害人，性质特别恶劣。故意杀人系极为严重的暴力犯罪，不但严重侵犯公民个人的人身权利，也严重危及正常的社会秩序，一向是我国刑法严厉打击的重点。在决定对这类案件被告人的刑罚时，一方面要考虑实现特殊预防目的，即防止被告人本人的再犯可能性；另一方面还要考虑实现一般预防，即防止潜在的犯罪发生，在发挥对被害人的安抚补偿功能的基础上，注重发挥对社会的一般威慑、强化规范意识的功能，而不应片面强调被害人一方的感受和态度。

其次，从犯罪情节、后果来看，被告人胡方权采用将被害人张宏装入专门制作的铁笼后沉入水库的方式杀人，作案手段残忍，情节特别恶劣，严重危害当地社会治安，影响人民群众安全感。

最后，从被告人的主观恶性及人身危险性来看，被告人胡方权经过预谋，选好地点后纠集他人共同作案。被害人张宏被抛入水库的地点距水面20余米，水面距库底80余米，打捞极为困难，公安机关曾两次打捞无果。作案后，胡方权潜逃境外，被抓捕归案后，仅供认非法拘禁事实，否认故意杀人事实，且供述屡屡改变：在张宏尸体被打捞上来之前，称在浙江省温州市将张宏放走了；在同案被告人翻供后，供称在北山大桥附近将张宏释放了；在打捞到张宏尸体后，又称在北山大桥上将张宏释放后同案被告人曾经返回，暗示铁笼是被同案被告人抛入水库的；在二审开庭时又称发现张宏死亡后才“抛尸”。可见，胡方权口供随着司法机关掌握证据的变化而一变再变，百般抵赖，并无认罪、悔罪态度，主观恶性深。《意见》指出，“被告人案发后对被害人积极进行赔偿，并认罪、悔罪的，依法可以作为酌定量刑情节予以考虑。因婚姻家庭等民间纠纷激化引发的犯罪，被害人及其亲属对被告人表示谅解的，应当作为酌定量刑情节考虑”。胡方权的亲属虽然愿意代为赔偿，但胡方权并无认罪、悔罪态度；被害人亲属虽然对被告人表示谅解，但本案并不属于“因婚姻家庭等民间纠纷激化引发的犯罪”。概言之，被告人不具备对其从轻处罚的必要条件。另外，被告人还有两次犯罪前科，系累犯，人身危险性大，具有法定从重处罚情节。

综上，对于犯罪性质、情节特别恶劣，后果特别严重，严重危害社会治安和影响人民群众安全感的故意杀人案件，被告人主观恶性深、人身危险性大的，即使被告人积极赔偿，得到被害人亲属谅解，法院也要掌握好宽严尺度，从宽判处仍应当特别慎重，做到罪责刑相适应，不能过于偏离社会公众的朴素道德情感，防止死刑政策出现偏差。尤其是对于并未认罪、悔罪的被告人，不能仅因积极赔偿、取得谅解而从轻处罚。本案中，经综合考量从严与从宽情节，最高人民法院对本案总体从严，认定被告人胡方权虽然就民事赔偿与被害人亲属达成了协议，但尚不足以对其从轻处罚，故依法核准被告人胡方权死刑。

（撰稿：最高人民法院刑一庭　张昊权
审编：最高人民法院刑一庭　管应时）

[第1254号]陈锦国故意杀人案

——对暴力抗拒行政执法致死案件，如何判定被害人是否有过错

【关键词】 故意杀人罪　被害人过错

一、基本案情

被告人陈锦国，男，1983年10月16日出生，农民。因涉嫌犯故意杀人罪于2015年7月28日被逮捕。

浙江省金华市人民检察院以被告人陈锦国犯故意杀人罪，向金华市中级人民法院提起公诉。

被告人陈锦国否认其有杀人故意，辩称系误伤被害人。其辩护人提出，不排除陈锦国后退时身体失衡误伤被害人的可能性；檀溪镇政府对激化矛盾、引发本案有责任，应对被告人从轻处罚。

金华市中级人民法院经公开审理查明：案发前，被告人陈锦国在浙江省浦江县檀溪镇盘山村月牙湖畔经营烧烤摊。2015年7月24日12时许，浦江县檀溪镇人民政府为举办美食节，组织曹红岩、陈新荣等工作人员前往盘山村月牙湖畔进行摊位搬移规劝工作。工作人员在对陈锦国劝说时，陈锦国右手持菜刀、左手持尖刀威胁、阻止工作人员搬移摊位。后陈锦国乘曹红岩不备，持刀朝曹红岩脸部等处砍击多刀，致曹红岩受伤。陈新荣等其他工作人员见状劝陈锦国把刀放下，陈锦国又持尖刀朝上前劝阻的陈新荣腹部捅刺一刀，致陈新荣经抢救无效死亡。经鉴定，陈新荣系因被他人用锐器刺伤腹部致腹腔大血管破裂、急性大出血而死亡；曹红岩所受损伤构成轻伤。

金华市中级人民法院认为，被告人陈锦国采用持刀砍、刺的方式故意非法剥夺他人生命，致一人死亡、一人轻伤，其行为已构成故意杀人罪。陈锦国在公共场所持刀砍伤一人后，不顾其亲属及在场人员的再三劝阻，继续持刀捅刺，又致一人死亡，犯罪情节极其恶劣，后果极其严重，应依法惩处。檀溪镇人民政府因举办美食节需要对月牙湖畔的摊位进行搬迁，且事前进行了通知，陈锦国不愿意搬迁并持刀伤害两名镇政府工作人员，不能认定镇政府及工作人员对本案的发生存在过错。辩护人所提镇政府对本案矛盾激化负有相应责任的辩护意见不能成立，不予采纳。据此，依照《中华人民共和国刑法》第二百三十二条、第五十七条第一款等规定，于2015年11月25日作出刑事附带民事判决，以故意杀人罪判处被告人陈锦国死刑，剥夺政治权利终身。

宣判后，被告人陈锦国提出上诉。陈锦国及其辩护人提出，陈锦国没有杀人故意和杀人行为，不排除后退时身体失衡误伤被害人的可能性；陈锦国有自首情节；镇政府有过错，请求改判。

浙江省高级人民法院经二审审理认为，上诉人陈锦国因不愿意搬离摊位，在公共场所持刀将一名政府工作人员砍致轻伤后，不顾其亲属及在场人员的劝阻，继续持刀捅刺政府工作人员并致一人死亡，其行为已构成故意杀人罪。浦江县檀溪镇政府决定在月牙湖畔举办美食节，需要对月牙湖畔美食节涉及地点的摊位进行搬迁，对场地进行整治，属于镇政府对辖区事务的正常管理范

畴。为此，镇政府事前进行了通知，并且安排了地方让需要搬移摊位的村民另行摆放摊位。摆摊的村民包括被告人陈锦国及其前妻黄巧红对此都知道。至于陈锦国称其听盘山村会计黄正平说过他们盘山村村民之前在那里摆的摊位不用搬到镇政府统一规划的地方去，虽能得到黄正平证言印证，但黄正平讲他是听村书记陈云峰说的，而陈云峰并没有相关证言，镇政府也没有相关表态。案发当天，虽然镇政府及其工作人员态度比较强硬，但尚不能认定镇政府及工作人员对本案的发生存在过错。陈锦国不愿意搬迁摊位并持刀伤害劝其搬迁的两名镇政府工作人员，致一人死亡、一人轻伤，陈锦国称镇政府有明显过错及其辩护人所提镇政府对本案矛盾激化负有相应责任的理由均不成立，不予采纳。原判认定事实清楚，证据确实、充分，定性准确，量刑适当，审判程序合法。据此，依照《中华人民共和国刑事诉讼法》第二百二十五条第一款第（一）项之规定，于2016年6月27日裁定驳回上诉，维持原判，并依法报请最高人民法院核准。

最高人民法院经复核认为，被告人陈锦国故意非法剥夺他人生命，其行为已构成故意杀人罪。陈锦国暴力抗拒行政执法，持刀连续捅刺执法人员，致一人死亡、一人轻伤，犯罪情节恶劣，手段残忍，罪行极其严重，应依法惩处。第一审判决、第二审裁定认定的事实清楚，证据确实、充分，定罪准确，量刑适当。审判程序合法。据此，依照《中华人民共和国刑事诉讼法》第二百三十五条、第二百三十九条和《最高人民法院关于适用〈中华人民共和国刑事诉讼法〉的解释》第三百五十条第（一）项的规定，于2017年7月17日裁定核准被告人陈锦国死刑。

二、主要问题

对暴力抗拒行政执法的故意杀人、伤害案件，如何认定被害人是否有过错？

三、裁判理由

近年来，在城市管理、房屋拆迁、土地征用、环境保护等行政执法过程中，行政执法相对人采用暴力手段抗拒行政执法，造成执法人员伤亡的案件时有发生，往往也成为社会舆论关注的热点。行政执法人员作为被害人，对于引发犯罪是否存在过错，通常是控辩双方争议的焦点，对于刑罚裁量特别是适用死刑有重大影响。对于以暴力手段抗拒合法的行政执法行为，造成执法人员伤亡的，司法实践中历来将其作为犯罪情节恶劣的情形依法予以严惩。但如果行政执法行为本身严重违法，甚至是个别执法人员假公济私，严重侵犯公民合法权益的，则可认定对引发案件具有过错，进而影响对被告人的量刑。在审判实践中，对此类故意杀人、伤害案件是否适用死刑，需要在查清案件起因的基础上，准确分析被害人有无过错，从而作出公正判决。结合本案的情况，可以从以下几个方面分析被害人有无过错问题。

（一）行政管理的目的与动机是否正当

为了保障社会生产、生活的正常进行，保障公民的合法权益，维持一个安定良好的社会秩序十分必要。行政管理是政府相关部门对社会公共事务进行的一种有组织的管理活动，目的是维护安定有序的社会环境，并非谋求行政机关或公务人员的特殊利益。服从行政管理是行政执法相对人应当履行的法定义务，相关公民即使认为行政执法人员的具体行政行为侵犯了其合法权益，也应当通过行政复议、行政诉讼等合法途径进行维权，而不应采取暴力手段直接妨碍、抗拒行政管理。一般来说，采用暴力手段抗拒行政执法的行为不仅干扰和破坏了正常的行政管理活动，也侵犯了行政执法人员的人身权利，具有较为严重的社会危害性。对合法的行政管理进行抗拒，主要是因为有的行政相对人法制观念淡薄，有的人性格冲动或者不明真相，有的则是妄图通过对抗来满足自己的不正当利益诉求。在这种情况下，行政执法者当然不存在过错。因此，对于被告人采用暴力手段抗拒行政执法引发的故意杀人、伤害案件，在判断被害人是否存在过错时应当重视对行政管理目的和动机的审查，具体分析案发起因，准确判断被害人是否存在过错。

本案中，被害人陈新荣、曹红岩所在的檀溪镇人民政府为了发展地方经济，利用当地自然条件，出资在辖区盘山村罗家源河的河滩边修建了天然游泳场，即月牙湖。根据地方各级人民代表大会和地方各级人民政府组织法第六十一条的规定，乡、民族乡、镇的人民政府行使的职权包括“管理本行政区域内的经济、教育、科学、文化、卫生、体育事业”。根据檀溪镇人民政府的会议记录、活动方案和证人证言，为了扩大月牙湖景点的知名度，吸引更多游客到当地旅游消费，增加群众收入，檀溪镇人民政府多次开会集体研究决定在月牙湖畔举办“铜罐饭大赛”美食节活动，并进行宣传报道。多名证人包括被告人陈锦国均表示，村民支持镇政府举办美食节，因为此举能让村民多赚钱。案发后，村干部介绍称当地以前很穷，自从镇政府投资建设月牙湖游泳场后，前来游玩的人多了，村民通过从事经营活动普遍提高了收入。檀溪镇人民政府要求在月牙湖游泳场擅自占位摆摊的村民将摊位搬移至统一规划的摆摊区域，主要是依据以往举办类似美食节参加人数众多的经验，为了维持活动现场的良好秩序，以实现宣传旅游资源目的。为此，檀溪镇人民政府决定在辖区内举办美食节、决定整治摆摊秩序，被害人陈新荣、曹红岩等执法人员根据镇政府决定要求陈锦国等村民搬移摊位，在行政管理目的和动机上均具有正当性、必要性、合法性。

（二）行政强制程序是否规范

行政强制是行政执法的方式之一。根据行政强制法第二条的规定，行政强制包括行政强制措施和行政强制执行。其中，行政强制措施是指行政机关在行政管理过程中为制止违法行为、防止证据损毁、避免危害发生、控制危险扩大等情形，依法对公民的人身自由实施暂时性限制，或者对公民、法人或者其他组织的财物实施暂时性控制的行为。行政强制执行是指行政机关或者行政机关申请人民法院，对不履行行政决定的公民、法人或者其他组织，依法强制履行义务的行为。本案中，檀溪镇人民政府决定整治月牙湖游泳场的村民摆摊秩序，在多次通知村民搬移摊位无效的情况下，派行政执法人员到场规劝村民履行搬移摊位的义务，应属于行政强制执行。行政强制法第四章规定了行政强制执行的程序，其中第三十五条规定，行政机关作出强制执行决定前，应当事先催告当事人履行义务。催告应当以书面形式作出。本案中，檀溪镇人民政府没有采用书面形式催告陈锦国搬移摊位，在程序上有一定瑕疵，但檀溪镇人民政府已经事先口头或打电话多次通知被告人陈锦国挑选、搬移摊位，陈锦国对此亦不否认。陈锦国私自占用公共场所无证经营，即使镇政府以前没有禁止，陈锦国也不可能取得摊位的合法使用权，故镇政府以口头方式通知陈锦国搬移摊位，并未限制、剥夺陈锦国的合法权利，与书面形式催告具有相同的效果。因此，檀溪镇人民政府及其执法人员未书面通知陈锦国搬移摊位的瑕疵，并不构成陈锦国暴力抗拒执法的正当理由。

（三）暴力抗法行为是否具有防卫因素

在暴力抗法引发的故意杀人、伤害案件中，被告人及其辩护人往往提出被告人遭到执法人员辱骂、殴打、伤害或者毁损财物等的辩护意见，主张被告人的犯罪行为具有防卫因素，被害人具有过错。行政强制法规定的行政强制措施包括对人身自由的暂时性限制和对物的暂时性控制，但仅限于为了制止违法行为、防止证据损毁、避免危害发生、控制危险扩大等合法目的。行政执法人员在执法过程中出于逞强、泄愤等原因，在没有行政强制的合理需要情况下，故意伤害、杀害行政相对人或者毁损行政相对人财物的，在性质上应属于其个人的违法犯罪行为。对此，行政相对人作为公民依法享有正当防卫的权利。即使行政相对人的正当防卫超过必要限度，也可以认为具有防卫因素，依法予以从宽处罚。反过来，如果行政执法人员正常执行公务时遭到行政相对人暴力抗法，在人身、财产安全受到不法侵害时，不仅拥有采取行政强制措施的职权，而且作为公民个人也同样享有采取正当防卫的权利。实践中，应当根据行政强制措施的实施情况、双方肢体冲突发生的原因、双方的损伤特征和损伤程度、财物毁损的原因和损失价值等实际情况，具体分析判断被告人的暴力抗法行为是否具有防卫因素。

本案中，被告人陈锦国经檀溪镇人民政府多次通知均拒绝搬移摊位。案发当日，被害人曹红岩等执法人员在劝说陈锦国自行搬移摊位未果、次日即将举办美食节而舞台尚未搭建的情况下，为排除妨碍而强行搬移陈锦国的摊位，没有粗暴野蛮行为，未造成陈锦国人身或者财产损害，属于行政强制的合理需要，行政强制执行方式合法规范。对此，在场村民包括陈锦国家人均证实执法人员没有辱骂、推搡、殴打陈锦国或者打砸财物行为。陈锦国为了阻止执法人员搬移其摊位，持刀砍、划曹红岩面部、颈部等处多下，致曹红岩轻伤，属于对曹红岩人身权利的非法侵害，不具有防卫因素。陈锦国行凶伤害曹红岩之后，不听其家人及村、镇干部劝阻，拒绝放下凶器，还向上前劝阻的一名执法人员颈部挥刀，被执法人员及时躲开，可见其不法侵害行为尚未结束。此时，被害人陈新荣认为自己年纪大且认识陈锦国的父亲，上前劝说陈锦国放下刀。陈锦国见陈新荣走近，即持尖刀猛刺陈新荣腹部一刀，致陈新荣受伤倒地，后经抢救无效死亡。执法人员报警并与陈锦国对峙，后公安人员到场将陈锦国抓获，当日对陈锦国人身检查时未发现陈锦国身体有伤。可见，陈新荣劝说陈锦国放下凶器，甚至抢夺陈锦国手中的凶器，目的都是制止陈锦国的不法侵害行为。相关目击证人也证实，陈锦国捅刺陈新荣后持刀指向执法人员说"你们还有谁不服的"，足见陈锦国捅刺陈新荣不可能是出于防卫目的，其暴力抗法行为不具有防卫因素。

综上，本案中行政执法人员没有过错，陈锦国的暴力抗拒行为不具有正当性，法院根据其故意杀人犯罪的性质、情节和危害后果，最终判处并核准了死刑。

（撰稿：最高人民法院刑五庭　章　政
审编：最高人民法院刑五庭　马　岩）

[第1280号]陈春莲贩卖毒品案

——先前被羁押行为与最终定罪行为并非同一行为时，羁押日期可否折抵刑期

【关键词】 先前羁押　折抵刑期

一、基本案情

被告人陈春莲，男，汉族，1981年5月3日出生。2016年11月3日因涉嫌犯贩卖毒品罪被刑事拘留，同月28日被取保候审，2017年1月12日被继续取保候审，同年12月7日因本案被逮捕。

浙江省温州市人民检察院以被告人陈春莲犯贩卖毒品罪，向温州市中级人民法院提起公诉。

浙江省温州市中级人民法院经公开审理查明：

2016年5月25日，被告人陈春莲和陈曙辉（已判刑）约定以人民币18 000元的价格交易200克甲基苯丙胺（冰毒），陈曙辉通过微信向陈春莲转账人民币1万元，余款8 000元以现金方式支付，后陈曙辉取得甲基苯丙胺190余克。

另查明，2016年11月3日，陈春莲因涉嫌参与李晓微等人（均另案处理）贩卖毒品一案被立案侦查，并于同日被刑事拘留。在该案中，李晓微供称其系通过陈春莲向上家购买毒品，但陈春莲拒不认罪，检察机关于同年11月28日对陈春莲不予批准逮捕，同日转为取保候审，2017年1

月12日对其继续取保候审。其间,公安机关在办理陈曙辉贩卖毒品案件中,从陈曙辉的手机中提取到其向陈春莲购毒的信息,陈曙辉供认毒品来源于陈春莲,手机短信就是向陈春莲购毒的内容。公安机关遂对本案展开侦查,并于2016年12月14日移送审查起诉,检察机关经两次退回补充侦查,于2017年11月22日向法院提起公诉,法院于同年12月7日对陈春莲批准逮捕。

温州市中级人民法院认为,被告人陈春莲违反国家毒品管理法规,贩卖毒品数量大,其行为已构成贩卖毒品罪。公诉机关指控的罪名成立。根据被告人犯罪的事实、性质、情节和对于社会的危害程度,依照《中华人民共和国刑法》第三百四十七条第二款第一项、第五十六条第一款、第六十四条之规定,判决被告人陈春莲犯贩卖毒品罪,判处有期徒刑十五年,剥夺政治权利五年,并处没收个人财产六万元。(刑期从判决执行之日计算。判决执行以前先行羁押的,羁押一日折抵刑期一日,即自2017年12月7日起至2032年11月10日止。)

一审宣判后,被告人陈春莲以原判事实不清为由提出上诉。

浙江省高级人民法院经审理认为,被告人陈春莲违反国家毒品管理法律法规,贩卖毒品甲基苯丙胺,其行为已构成贩卖毒品罪。其贩卖毒品数量大,应依法惩处。被告人陈春莲及其辩护人所提辩护理由不足,不予采纳。原判事实清楚、证据确实充分,定罪正确,量刑适当,审判程序合法。依照《中华人民共和国刑法》第三百四十七条第二款第一项、第五十六条第一款及《中华人民共和国刑事诉讼法》第二百二十五条第一款第一项之规定,裁定驳回上诉,维持原判。

二、主要问题

被告人先后因两起犯罪被采取刑事羁押措施,但先前被羁押行为与最终定罪行为并非同一行为时,羁押日期可否折抵刑期?

三、裁判理由

本案犯罪事实清楚,存在争议的问题是对被告人判处刑罚之后,其先前羁押的时间能否折抵刑期,这就涉及刑期折抵制度。所谓刑期折抵制度,就是把被告人在审前羁押的期间换算成判决后执行刑期的一种制度。审前羁押在我国刑事诉讼过程中被大量运用,又直接影响对被告人自由的剥夺,但理论上对刑期折抵制度关注不多,司法实践中做法各异。

本案审理过程也是如此,犯罪嫌疑人陈春莲因涉嫌第一起贩毒被公安机关刑事拘留,后因证据不足被取保候审;其间公安机关又发现陈春莲还参与了另一起贩毒,后法院针对第二起贩毒判处其有期徒刑十五年,但法院在判决决定执行刑期起止日期时,对于陈春莲在第一起贩毒中被刑事拘留的期间是否应当折抵刑期,存在三种不同的观点:第一种观点认为,刑法明确规定"判决执行以前先行羁押的,羁押一日折抵刑期一日",至于被告人先前被羁押行为与最终定罪行为是否系同一行为,并无限制,只要是在判决执行以前被先行羁押过即可,故对陈春莲因第一起贩毒而被刑事拘留的期间应折抵刑期。第二种观点认为,刑期折抵制度所针对的系同一行为,只有当被告人先前被羁押行为与最终定罪行为系同一行为时,才可以对被告人的羁押时间予以折抵。本案中,陈春莲被刑事拘留与其最终被判处刑罚的不是同一行为,故刑事拘留期间不应折抵刑期。第三种观点认为,被告人先行羁押时间能否最终折抵刑期,不能一概而论。只有先前被羁押行为与最终定罪行为系同一行为,或者虽然不是同一行为,但二者之间存在密切关联时才可以予以折抵。

我们同意上述第三种观点,具体理由分析如下:

(一)被告人最终被判处刑罚的犯罪行为,如果与之前被采取刑事或行政拘留的行为系同一行为,其被采取刑事或行政拘留的期间应予折抵刑期

从我国司法实践来看,犯罪嫌疑人、被告人在被判决之前往往会被采取刑事强制措施,此谓

先行羁押，亦即审前羁押、未决羁押制度。先行羁押制度为刑事诉讼的顺利进行以及社会公共安全提供了保障，但如果滥用，也存在侵犯人权以及违反一事不再罚原则的可能，因而需要对因先行羁押而造成被羁押人人身自由损害的予以救济。正是基于此，包括中国在内的世界各国刑事法律乃至宪法，都规定了以刑期折抵和国家刑事赔偿两种基本形式为主的救济形式。其中，对于先行羁押，若被告人经审理最终被确认无罪的，属于错误羁押，此时应依国家赔偿法给予其赔偿；若被告人经审理最终被判处刑罚且为有期自由刑的，则其被羁押的时间应折抵判决中所确定的刑期。我国刑事诉讼法亦明确规定，行为人因为在判决之前被刑事拘留、逮捕，之后被判处管制、拘役、有期徒刑的，先前所采取拘留、逮捕的时间可以折抵刑期。此外，在部分案件中，由于证据收集或法律认知等原因，某些行为在一开始并没有被发现或证实为犯罪行为，相关行政机关对其采取了行政处罚后，经查实系犯罪，也可以折抵刑期。对此，我国 1996 年 10 月 1 日起施行的现行行政处罚法第二十八条明确规定："违法行为构成犯罪，人民法院判处拘役或者有期徒刑时，行政机关已经给予当事人行政拘留的，应当依法折抵相应刑期。违法行为构成犯罪，人民法院判处罚金时，行政机关已经给予当事人罚款的，应当折抵相应罚金。"

关于刑期折抵的标准问题，我国刑事立法并无明确规定，但相关司法答复、批复中对刑期折抵标准是比较明确且立场一致的，即先行羁押的行为与被判处刑罚的行为应系"同一行为"。对此，最高人民法院早在 1957 年 9 月 30 日给浙江省高级人民法院的《关于行政拘留日期应否折抵刑期等问题的批复》（〔1957〕法研字第 20358 号，已废止）中即指出："如果被告人被判处刑罚的犯罪行为和以前受行政拘留处分的行为系同一行为，其被拘留的日期，应予折抵刑期；如果被判处刑罚的是另一犯罪行为，则其被拘留的日期当然不应折抵刑期。"此后，最高人民法院研究室 1988 年 2 月 23 日在《关于行政拘留日期折抵刑期问题的电话答复》中提道："我院 1957 年法研字第 20358 号批复规定：'如果被告人被判处刑罚的犯罪行为和以前受行政拘留处分的行为系同一行为，其被拘留的日期，应予折抵刑期。'这里所说的'同一行为'，既可以是判决认定同一性质的全部犯罪行为，也可以是同一性质的部分犯罪行为。只要是以前受行政拘留处分的行为，后又作为犯罪事实的全部或者一部分加以认定，其行政拘留的日期即应予折抵刑期。"

（二）针对并案处理或先后处理的数个犯罪行为，"同一行为"标准无法适用，此时可以采用"关联性"标准来进行刑期折抵

当被采取强制措施的行为系单一行为，并最终被人民法院判决有罪时，人民法院在进行刑期折抵时按照"同一行为"标准计算刑期一般争议不大。但如果公安机关对犯罪嫌疑人采取强制措施后，在侦查过程中又发现了其他罪行，进而对两项罪行并案或先后处理，后检察机关仅对其中一项罪行进行指控，或者人民法院仅对其中一项罪行认定为犯罪，此时针对未指控或未认定犯罪的行为所采取的先行羁押能否折抵刑期，上述批复或电话答复并未涉及。如果按照绝对的"同一行为"标准，由于人民法院仅判决第二起事实构成犯罪，那么只能将针对第二起事实所采取的先行羁押折抵刑期，而针对第一起事实所采取的先行羁押，就不能折抵刑期。然而，按照国家赔偿法第十七条的规定，错拘错捕属于国家赔偿的范围，在第一起贩毒最终未予认定的情况下，那么针对该行为所采取的拘留逮捕措施就失去了合法性依据，这样就存在一个国家需要承担赔偿义务，而被告人需要付出自由代价的问题。为此，当面对数个犯罪行为时，不应受制于评价单一行为的"同一行为"标准，而应当将尽可能多的先行羁押纳入刑期折抵中来。对此，我们可以采取"关联性"标准，即只要被采取先行羁押的数行为之间存在某种事实或程序上的关联，就可以将先行羁押时间进行刑期折抵，从而达成一种国家与被告人双赢的结果。其中，事实上的关联是指先前被强制剥夺或限制人身自由的事实理由与最终被处罚的犯罪行为之间罪名相同，或者属于同

一选择性罪名，或者在法律、事实上有密切关联。这种密切关联体现在不同犯罪的构成要件存在交叉或者是犯罪行为之间存在因果关系、手段目的关系、条件关系等牵连关系上，如洗钱犯罪与上游犯罪，抢劫罪、盗窃罪与之后处理赃物的掩饰、隐瞒犯罪所得罪。程序上的关联是指前罪羁押与后罪的侦查、起诉、审判活动是连续进行的，且前罪羁押为后罪的刑事诉讼活动提供了一定保障，则不论先前羁押的行为与最终定罪行为是否一致，都应视羁押与该犯罪嫌疑人的犯罪行为存在关联，可以将羁押的时间折抵刑期。

综上所述，根据“同一行为”和“关联性”标准，对于司法实践中出现的如下四种情形，均可以纳入刑期折抵的范围中来：(1)行为人因为甲行为被采取羁押措施，在上述羁押措施执行完毕后，又因甲行为构成犯罪而进入刑事诉讼，最终被判处管制、拘役、有期徒刑的，之前的羁押日期应当折抵刑期。(2)行为人因为甲行为被采取刑事羁押措施，在对甲行为侦查期间，又发现乙行为涉嫌犯罪，但针对乙行为并未采取刑事羁押措施，最终因乙行为被判处管制、拘役、有期徒刑的，因甲行为被刑事拘留、逮捕的时间应当折抵刑期。(3)行为人因为甲行为被侦查期间，发现了乙行为涉嫌犯罪，如果针对乙行为采取刑事羁押措施，但最终因甲行为被判处管制、拘役、有期徒刑的，因乙行为被刑事拘留、逮捕的时间应当折抵刑期。(4)行为人因为甲行为被采取刑事羁押措施，后变更为取保候审或监视居住，其间发现了乙行为涉嫌犯罪并针对乙行为采取刑事拘留、逮捕措施，最终因乙行为被判处管制、拘役、有期徒刑的，针对甲、乙两个行为所采取的刑事拘留、逮捕措施的时间均应当折抵刑期。需要指出的是，针对行为人所实施的数个行为，公安机关不一定均采取刑事强制措施，完全可能针对甲行为采取行政强制措施或者予以行政拘留，而对乙行为采取刑事拘留、逮捕等刑事强制措施，此时需要区分情况来折抵刑期。如果甲行为最终构成犯罪，依据“同一行为”或“关联性”标准，针对甲行为所采取的行政强制措施或者予以行政拘留也可以折抵刑期。但如果甲行为不构成犯罪，针对甲行为所采取的行政强制措施能否折抵刑期呢？我们认为，答案是否定的。因为行政机关有权根据执法具体情况实施限制人身自由的行政措施，也有权对相应的违法行为处以拘留等行政处罚，被告人的行政违法行为应当承担相应的行政法律责任，是违法必究原则的体现。如果再予以折抵刑期，则在事实上使行为人的行政违法行为未受到追究，放纵了行为人的违法行为。以毒品案件为例，如行为人因为吸毒被查获，在被采取行政拘留措施后又发现其还有贩毒行为，遂对其予以立案并采取刑事拘留措施。尽管二者在程序上具有一定连续性，但吸毒与贩毒是两个行为，不折抵刑期并不违背“一事不再罚”原则；更重要的是，吸毒行为本身就应当受到行政拘留，不折抵刑期也不涉及国家赔偿的问题；相反，如果到贩卖毒品罪中去折抵刑期，则吸毒行为等于没有受到任何惩罚，显然是放纵了违法行为。

具体到本案中来，被告人陈春莲因为第一起贩毒案件被采取刑事羁押措施，后对其取保候审；在对该起贩毒案件侦查期间，又发现了另一起贩卖毒品犯罪，并对该起犯罪采取逮捕措施，最终陈春莲因为后一起犯罪被判处有期徒刑十五年。由于针对第一起贩毒案件所采取的刑事羁押措施与第二起贩毒案件的侦查、起诉、审判活动是连续进行的，且先行羁押实现了对第二起犯罪案件刑事诉讼活动的保障功能，二者在程序上具有“关联性”。为此，一、二审法院将前案羁押日期在后案判处刑罚时折抵刑期的做法是适当的。

（撰稿：浙江省高级人民法院　聂昭伟
审编：最高人民法院刑二庭　韩维中）

[第1302号]郗菲菲、李超、蒋超超、林恺盗窃案
——“供犯罪所用的本人财物”的司法认定

【关键词】 盗窃罪 供犯罪所用的本人财物

一、基本案情

被告人郗菲菲,男,1988年12月28日出生。2015年9月22日因犯盗窃罪被判处有期徒刑十个月,并处罚金人民币八千元,2016年4月22日刑满释放。2017年1月6日因本案被逮捕。

被告人李超,男,1989年6月7日出生。2017年1月6日被逮捕。

被告人蒋超超,又名蒋钊,男,1986年2月23日出生。2017年1月6日被逮捕。

被告人林恺,男,1989年12月5日出生。2017年1月6日被逮捕。

陕西省西安市长安区人民检察院指控被告人郗菲菲、李超、蒋超超、林恺犯盗窃罪,向西安市长安区人民法院提起公诉。

被告人郗菲菲、李超、蒋超超对公诉机关指控的犯罪事实和罪名无异议,被告人林恺除辩解其未参与检察机关指控的第一宗盗窃外,对其余犯罪事实和罪名无异议。

西安市长安区人民法院经审理查明:2016年11月10日17时许,经预谋,被告人林恺驾驶陕A8××××轿车载被告人郗菲菲、李超前往西安市长安区下北良村忆青春网吧伺机盗窃手机。郗菲菲、李超进入网吧,林恺驾车在外接应。李超在网吧内望风,郗菲菲使用铁丝制成的钩状工具盗走被害人郭某放置于电脑桌上的苹果7PLUS手机1部,三人驾车逃离现场。后三人又于11月14日21时许、22日17时许,采取上述相同方式先后在西安市雁塔区青松路尚MISS网咖、西安市经济技术开发区红树林网吧,分别盗窃被害人张某、被害人雷某放置于电脑桌上的苹果6S、OPPO R9手机各1部。以上手机价值共计9 041元。

2016年11月18日17时许、20时许、25日19时许、29日17时许,经预谋,被告人蒋超超驾驶其所有的陕AZ××××轿车载被告人郗菲菲、李超先后前往西安市灞桥区西航花园社区冒险岛网咖、西安市未央区新房村本都网吧、西安市高陵区大时代网吧、华阴市现代商城自由空间网吧伺机盗窃手机。郗菲菲、李超进入网吧,蒋超超驾车在外接应。李超在网吧内望风,郗菲菲趁被害人不备或使用铁丝制成的钩状工具分别盗窃被害人余某、宋某、任某、孟某放置在电脑桌上的苹果6S、OPPO R9、VIVO X7PLUS、OPPO R9PLUS手机各1部,价值共计12 097元。

以上手机销赃后所得赃款由上述被告人分赃后挥霍。综上,被告人郗菲菲、李超参与盗窃7次,价值21 138元;被告人蒋超超参与盗窃4次,价值12 097元;被告人林恺参与盗窃3次,价值9 041元。

西安市长安区人民法院经审理认为,被告人郗菲菲、李超、蒋超超、林恺以非法占有为目的,结伙多次秘密窃取他人财物,数额较大,其行为均已构成盗窃罪。郗菲菲系累犯,应当从重处罚。林恺参与第一宗盗窃,有郗菲菲、李超的供词,其在公安机关也予以供认,故对其相关辩解意见不予采纳。各被告人有坦白情节,依法可从轻处罚。据此,依照《中华人民共和国刑法》第二百六十四条、第二十五条第一款、第六十四条、第六十五条、第六十七条第三款之规定,判决如下:

1. 被告人郗菲菲犯盗窃罪,判处有期徒刑二年,并处罚金人民币一万八千元;被告人李超犯盗窃罪,判处有期徒刑一年八个月,并处罚金人民币一万五千元;被告人蒋超超犯盗窃罪,判处有

期徒刑一年一个月，并处罚金人民币九千元；被告人林恺犯盗窃罪，判处有期徒刑一年，并处罚金人民币八千元。

2. 责令被告人郗菲菲、李超、林恺、蒋超超退赔被害人郭某等人经济损失。

3. 对被告人郗菲菲、李超、林恺、蒋超超的非法所得继续追缴。

4. 涉案车辆陕 A8××××轿车、陕 AZ××××轿车依法予以没收，由西安市公安局长安分局上缴国库；作案工具铁丝钩两根、手套一个，予以没收。

一审宣判后，被告人蒋超超、林恺不服，提起上诉，认为一审将其贷款购买的车辆予以没收不当，并提交了车辆贷款购买合同等证据材料。

西安市中级人民法院经审理后认为，上诉人蒋超超、林恺及原审被告人郗菲菲、李超以非法占有为目的，多次结伙盗窃他人财物，数额巨大，其行为均构成盗窃罪，依法应予惩处。但蒋超超、林恺名下车辆不应作为供犯罪所用的本人物品予以没收，蒋超超、林恺的上诉理由成立，予以采纳。原审判决认定事实清楚，证据确实、充分，定罪准确，量刑适当，审判程序合法，唯判决没收陕 A8××××、陕 AZ××××轿车不当，依法应予纠正。依照2012年《中华人民共和国刑事诉讼法》第二百二十五条第一款第一项、第二项以及《中华人民共和国刑法》第二百六十四条、第二十五条、第二十六条、第二十七条、第六十四条、第六十五条、第六十七条第三款之规定，判决如下：

1. 维持西安市长安区人民法院(2017)陕0116刑初296号刑事判决书第一项、第二项、第三项。

2. 撤销陕西省西安市长安区人民法院(2017)陕0116刑初296号刑事判决书第四项，即涉案车辆陕 A8××××、陕 AZ××××轿车依法予以没收，由西安市公安局长安分局予以执行，上缴国库；作案工具铁丝钩两根、手套一个，予以没收。

3. 作案工具铁丝钩两根、手套一个，予以没收。

二、主要问题

《刑法》第六十四条规定的"供犯罪所用的本人财物"如何认定？

三、裁判理由

《刑法》第六十四条规定，违禁品和供犯罪所用的本人财物，应当予以没收。但对于何谓"供犯罪所用的本人财物"，没有明确规定，理论界和司法实践中存在认识分歧，尤其是对于非直接或非专门用于犯罪的财物、设定了他人民事权利的财物等如何认定、处理尚不统一。具体到本案，对于被告人蒋超超、林恺在盗窃犯罪实施过程中驾驶的陕 A8××××、陕 AZ××××轿车是否应认定为《刑法》第六十四条规定的"供犯罪所用的本人财物"，继而判决予以没收，在本案一、二审审理中形成以下两种不同意见：

第一种意见认为，被告人蒋超超、林恺在盗窃犯罪中分别驾驶陕 A8××××、陕 AZ××××轿车多次载被告人郗菲菲、李超到网吧实施盗窃，并在盗窃完成后作为逃离工具，应认定为"供犯罪所用本人财物"。

第二种意见认为，被告人蒋超超、林恺在盗窃犯罪中驾驶的陕 A8××××、陕 AZ××××轿车虽然起到了载人到达和逃离犯罪现场的工具作用，但该车之上设定有其他合法抵押权，且该车并非蒋超超、林恺为盗窃犯罪而购买，根据二被告人的罪行，如果对其车辆予以没收，和第一、第二被告人相比会产生明显惩罚失衡。

我们赞同第二种意见，理由如下：

对《刑法》第六十四条规定的应当予以没收的"供犯罪所用的本人财物"，应结合财物与犯罪的关联程度、是否损害他人合法民事权利等因素，综合衡量财物价值与犯罪情节的相当性作出认定。

（一）“供犯罪所用的财物”应是与犯罪有经常性或密切性联系，对犯罪实施具有重要作用的财物

对于“供犯罪所用”的理解认识，按照文义解释方法，即为犯罪而使用的财物。从广义范围而言，所有在犯罪预备、犯罪实行过程中使用的与犯罪有联系的财物都包含在上述范围。照此逻辑，犯罪中被告人实际使用的与犯罪没有必然联系的生活必需品或日常用品，如穿着的衣服、鞋袜也都属于“供犯罪所用”，如果予以没收，显然有违常情常理，会引发法律评价与社会经验的冲突问题。按照法律解释方法理论，在文义解释出现问题时，就需要采用文理解释方法，从立法本意和法律精神去把握条文的内涵和外延。《刑法》之所以规定将“供犯罪所用的财物”予以没收，主要目的是特殊预防、剥夺被告人再犯能力，当然实际上也会产生一定惩罚效果。基于对没收“供犯罪所用的财物”这一行为目的、性质的分析，因而在认定“供犯罪所用的财物”时主要应从财物与犯罪的关联性方面去把握，需要考量财物对于犯罪的作用大小、联系紧密程度等因素。对于专门用于犯罪的财物应认定为“供犯罪所用”没有争议。对于非专门用于犯罪的财物，可从以下两个方面去判断：

第一，财物与犯罪应该存在直接或者密切联系。所谓直接联系就是该财物对犯罪行为或结果的发生起到决定或者直接作用，或者说该财物是实施或者完成犯罪行为的必要条件或重要条件，比如在运输毒品犯罪中的轿车，就与犯罪有着直接联系；所谓密切联系，即财物和犯罪存在经常性的联系，财物经常用于犯罪，反复使用。

第二，被告人有将财物用于犯罪的主观认识。《刑法》第六十四条虽未限定没收“供犯罪所用的本人财物”必须发生在故意犯罪中，但从文义解释来看，“供犯罪所用”是被告人在主观上对财物用于犯罪有明确的认识，继而积极主动地在犯罪中使用该财物。由于过失犯罪中，被告人对犯罪实施缺乏主动性，对犯罪目的实现也没有积极追求，对于财物在犯罪中的使用缺乏主动性和明确认识，故所涉财物不属于应当没收的情形。

本案中，被告人蒋超超、林恺的轿车的主要用途为家庭生活和工作，没有连续性或者长期性用于实施盗窃犯罪，故不属于专门用于犯罪的财物。同时，该轿车只是交通工具，并非盗窃犯罪实施的必要条件或者重要条件，故不应认定为“供犯罪所用”。

（二）没收的财物应为本人所有且予以没收对第三人的合法权利不会构成损害

按照文义解释，“本人财物”就是指被告人进行犯罪活动所使用的属于其本人所有的财物。但随着经济社会的快速发展，财产流转日益频繁，权利主体多元化，权利内容呈现多层次性和交叉性。一个财物可能同时存在叠加的多项权利。因此，在作出没收供犯罪所用的本人财物判决时，仅审查被告人本人是否对该财物具有所有权尚不全面。对“本人财物”的认定，不仅要对被告人是否具有所有权进行审查，还应注意予以没收是否会损害第三人合法权利。

本案中，被告人蒋超超、林恺的轿车涉及夫妻财产共有关系和银行的抵押权，如果刑事判决不顾上述情况简单予以没收，割裂了刑民关系，必然侵害合法民事权利，有损法律的统一性和严肃性。

（三）应坚持相当性原则衡量拟没收财物的价值是否与犯罪的危害性相当

对“供犯罪所用的财物”予以没收，虽然不属于我国《刑法》所规定的法定刑罚种类，但并不能否定其所具有的惩罚性效果。因此，在认定是否属于应当没收的“供犯罪所用的财物”时，应坚持相当性原则，根据罪刑相一致的基本原则进行衡量，如果拟没收的财物价值明显超过犯罪危害

性质和危害程度所对应的应受惩罚程度，说明没收会与社会基本认知和普遍价值判断产生冲突，反向证明没收的不合理。

具体到本案，被告人蒋超超、林恺盗窃犯罪数额分别为9 000余元和1万余元，判处的刑罚分别为有期徒刑一年一个月、一年，并处罚金分别为9 000元、8 000元，如对价值数倍于犯罪数额和罚金标准的轿车予以没收，实际上变相加重了对蒋超超、林恺的惩罚，与比其二人罪行更为严重的其他被告人相比，会出现刑罚失衡问题。

因此，综合以上三个方面的因素，二审法院对一审判决中的没收轿车部分进行了改判，决定对被告人蒋超超、林恺的轿车不予没收，是正确、合理的。

（撰稿：陕西省高级人民法院　王琪轩
审编：最高人民法院刑二庭　韩维中）

[第1322号]应鑫迪诈骗案

——疫情防控时期利用疫情实施诈骗犯罪的，应从严惩处

【关键词】　疫情　诈骗罪　从重处罚

一、基本案情

被告人应鑫迪，男，汉族，1998年12月26日出生于浙江省宁波市。2020年2月5日被监视居住。

浙江省宁波市鄞州区人民检察院指控被告人应鑫迪犯诈骗罪，向宁波市鄞州区人民法院提起公诉。

宁波市鄞州区人民法院经审理查明：2020年2月3日早上，被告人应鑫迪通过微信等社交软件结识被害人吴鹏飞，虚构自己系"鄞州二院女护士"的身份，并有获取医用口罩的特殊渠道。吴鹏飞因疫情严重，想要购买医用口罩自用及分发给周边朋友，于是向应鑫迪提出购买1万个医用口罩。应鑫迪使用另一微信号编造"鄞州二院仓库管理员"的身份与吴鹏飞交易，共骗得吴鹏飞6 295元。同年2月5日，应鑫迪被抓获，案发后退还了全部赃款。

宁波市鄞州区人民法院认为，被告人应鑫迪以非法占有为目的，采用虚构事实、隐瞒真相的方式骗取他人钱财，数额较大，其行为构成诈骗罪。应鑫迪在预防、控制突发传染病疫情期间，假借销售用于预防突发传染病疫情用品的名义，诈骗他人财物，依法从重处罚。应鑫迪认罪认罚，到案后能如实供述自己的罪行，且退还了全部赃款，依法可以从轻处罚。依照《中华人民共和国刑法》第二百六十六条、第六十七条第三款，《最高人民法院、最高人民检察院关于办理妨害预防、控制突发传染病疫情等灾害的刑事案件具体应用法律若干问题的解释》第七条的规定，判决如下：

被告人应鑫迪犯诈骗罪，判处有期徒刑六个月，并处罚金人民币一千元。

一审宣判后，被告人应鑫迪未提出上诉，公诉机关未提出抗诉。判决已发生法律效力。

二、主要问题

疫情防控时期发生的利用疫情实施诈骗等犯罪的，应当如何处理？

三、裁判理由

本案发生在全国上下一心抗击新型冠状病毒肺炎（以下简称新冠肺炎）疫情的特殊时期，系

浙江省首例宣判的利用疫情虚假出售口罩诈骗案。本案的审理呈现以下特点：

（一）疫情防控时期发生的涉疫情犯罪案件依法可以适用速裁程序，快审快结

2020年2月5日，习近平总书记主持召开了中央全面依法治国委员会第三次会议并发表重要讲话，会议审议通过了《中央全面依法治国委员会关于依法防控新型冠状病毒感染肺炎疫情、切实保障人民群众生命健康安全的意见》。浙江省高级人民法院根据党中央、最高人民法院和省委部署要求，充分发挥刑事审判职能，依法严惩妨害预防、控制疫情的各类犯罪行为。2020年2月7日，浙江省高级人民法院、浙江省人民检察院、浙江省公安厅联合下发了《关于涉新型冠状病毒感染肺炎疫情刑事案件办理工作的若干规定》，要求全省各级司法机关加强协同配合，形成打击合力，对于涉疫情刑事案件要优先办理，严格依法快侦快诉快审。

根据《刑事诉讼法》第二百二十二条的规定，基层人民法院管辖的可能判处三年有期徒刑以下刑罚的案件，案件事实清楚，证据确实充分，被告人认罪认罚并同意适用速裁程序的，可以适用速裁程序，由审判员一人独任审判。同时，《刑事诉讼法》第二百二十四条规定，适用速裁程序审理案件，不受送达期限限制，一般不进行法庭调查、法庭辩论，并且应当当庭宣判。

本案公诉机关建议适用速裁程序审理，法院受理后当天立案，经审查认为符合《刑事诉讼法》规定适用速裁程序的条件，依法适用速裁程序进行审理。本案从案发到判决仅用时四天。2020年2月3日，宁波市公安局鄞州分局接到被害人吴鹏飞的报案，于同月5日抓获被告人应鑫迪。同月6日，该案移送宁波市鄞州区人民检察院审查起诉，应鑫迪自愿认罪认罚。同月7日，宁波市鄞州区人民检察院向宁波市鄞州区人民法院提起公诉，法院当天立案、当天开庭、当庭宣判。

本案发生在新冠肺炎疫情防控的关键时期，全国各类口罩紧缺，被告人利用民众求购口罩心切的心理，骗取钱财，不但侵犯了他人的财产权利，更影响了疫情防控工作和社会安全稳定。为充分发挥刑事审判打击妨害抗击疫情犯罪的职能，切实保障人民群众生命安全和身体健康，保障社会大局稳定有序，保障疫情防控工作顺利开展，法院坚决依法从快惩处。从案发到判决仅四天，法院依法审理并在半天结案，为打赢这场疫情防控阻击战提供了有力的司法服务和坚强的司法保障。

（二）疫情防控时期，利用疫情实施的犯罪应依法从重处罚

本案中，被告人应鑫迪诈骗金额6 295元，刚达到浙江省高级人民法院根据最高人民法院司法解释授权规定的该省关于诈骗罪6 000元的起刑标准，被告人还有退赃和认罪认罚等法定、酌定从轻处罚情节，按照该省以往同类案件的司法实践，一般可判处拘役，并宣告缓刑。但本案发生在抗击新冠肺炎疫情的特殊时期，被告人又是假借销售用于预防突发传染病疫情用品的名义诈骗他人财物，相比正常时期的诈骗犯罪行为，社会危害性更大。对此，《最高人民法院、最高人民检察院关于办理妨害预防、控制突发传染病疫情等灾害的刑事案件具体应用法律若干问题的解释》第七条规定："在预防、控制突发传染病疫情等灾害期间，假借研制、生产或者销售用于预防、控制突发传染病疫情等灾害用品的名义，诈骗公私财物数额较大的，依照刑法有关诈骗罪的规定定罪，依法从重处罚。"浙江省公检法三家下发的《关于涉新型冠状病毒感染肺炎疫情刑事案件办理工作的若干规定》亦要求全省各级法院正确运用法律规定加大惩处力度，体现依法从严惩处精神。

本案中，被告人应鑫迪在预防、控制突发传染病疫情期间，假借销售口罩的名义诈骗他人财物，不仅侵犯了公私财物的所有权，同时容易引发社会紧张情绪，不利于疫情防控工作的开展，体现了被告人较深的主观恶性和更严重的社会危害性。对应鑫迪从重处罚，不仅符合相关司法解释的规定，也符合浙江省公检法三家下发规定的精神。此外，应鑫迪认罪认罚，到案后能如实供

述自己的罪行，且退还了全部赃款，依法可以从轻处罚。

综上，法院根据本案事实、情节依法以诈骗罪判处被告人应鑫迪有期徒刑六个月，并处罚金人民币一千元，既体现了依法从重的政策精神，也体现了罪刑相适应的原则。

（撰稿：浙江省高级人民法院　郑晓红
浙江省宁波市鄞州区人民法院　马　晓
审编：最高人民法院刑二庭　韩维中）

[第1326号]谢益波、邵颖妨害公务案

——如何准确把握妨害疫情防控犯罪中的“依法严惩”

【关键词】　疫情　妨害公务罪　依法严惩

一、基本案情

被告人谢益波，男，汉族，1988年10月4日出生。2020年2月8日被刑事拘留。

被告人邵颖，曾用名邵佳佳，女，1993年6月4日出生。2020年2月8日被刑事拘留，同月12日被取保候审。

浙江省临海市人民检察院指控被告人谢益波、邵颖犯妨害公务罪，向临海市人民法院提起公诉，并认为被告人谢益波、邵颖自愿认罪认罚，可以从宽处理，建议判处被告人谢益波有期徒刑一年四个月；判处被告人邵颖拘役六个月，缓刑一年。

被告人谢益波、邵颖对指控事实、罪名及量刑建议均没有异议，同意适用速裁程序且签字具结，在开庭审理过程中亦无异议。

被告人谢益波的辩护人提出：谢益波系初犯，有坦白、认罪认罚、赔偿情节以及家庭实际情况等，请求从轻处罚。

被告人邵颖的辩护人提出：邵颖系初犯且作用较小，有坦白、认罪认罚、赔偿等情节，以及家庭实际情况，请求对被告人邵颖适用缓刑。

临海市人民法院经审理查明：2020年2月7日14时30分许，被告人谢益波与邵颖（二人系夫妻关系）欲从临海市邵家渡街道翡翠湾小区后面绿道的封锁处绕行回家，被正在此处执行政府防疫工作的被害人吴昌富（系邵家渡街道办事处工作人员）劝阻。二人遂辱骂、推搡吴昌富，并将其推倒在地进行殴打。其中谢益波用拳头多次击打吴昌富头面部，并捡起水泥块多次击打吴昌富头部，邵颖用拳头击打吴昌富的大腿、腰部等处。二人行为致吴昌富四处轻微伤。

案发后，被告人谢益波、邵颖在临海市邵家渡街道翡翠湾小区后面被公安机关传唤到案。另查明，谢益波、邵颖在审理过程中自愿预交赔偿款20 000元。

临海市人民法院经审理认为，被告人谢益波、邵颖在疫情防控期间，暴力殴打依法执行政府防疫工作的国家机关工作人员，致被害人四处轻微伤，严重妨害了防疫工作秩序，其行为均已构成妨害公务罪。谢益波、邵颖有坦白情节，且愿意接受处罚，依法予以从轻处罚。根据邵颖的犯罪情节、悔罪表现，以及二被告人系夫妻关系并育有幼子两名等家庭实际情况，依法对邵颖适用缓刑。依照《中华人民共和国刑法》第二百七十七条第一款、第二十五条第一款、第六十七条第三款、第七十二条第一款，《最高人民法院、最高人民检察院关于办理妨害预防、控制突发传染病疫

情等灾害的刑事案件具体应用法律若干问题的解释》第八条以及《中华人民共和国刑事诉讼法》第十五条、第二百零一条的规定,判决如下:

1. 被告人谢益波犯妨害公务罪,判处有期徒刑一年四个月;

2. 被告人邵颖犯妨害公务罪,判处拘役六个月,缓刑一年。

一审宣判后,二被告人未提出上诉,公诉机关未提出抗诉。判决已发生法律效力。

二、主要问题

如何准确把握妨害疫情防控犯罪中的"依法严惩"?

三、裁判理由

新型冠状病毒肺炎(以下简称新冠肺炎)疫情防控已经成为我国当前最重要的任务,关系到每一个公民生命健康安全,关系到社会稳定和经济发展的大局。2020 年 2 月 6 日,最高人民法院、最高人民检察院、公安部、司法部为依法惩治妨害新冠肺炎疫情防控违法犯罪行为,印发了《关于依法惩治妨害新型冠状病毒感染肺炎疫情防控违法犯罪的意见》(以下简称《防控意见》)。《防控意见》明确规定了对抗拒疫情防控措施犯罪、暴力伤医犯罪、制假售假犯罪等九大类妨害疫情防控犯罪依法严惩,这是我国当前新冠肺炎疫情防控的法治需求,也是宽严相济刑事政策的司法坚持。我们认为,在坚持罪刑法定原则的前提下,刑事政策上依法采取从严惩处,能够有效打击严重危害国家安全、社会治安和人民群众利益的犯罪,维护法律权威、社会秩序,保障人民群众生命安全和身体健康。司法实践中,应从以下几个方面来准确把握妨害疫情防控犯罪中"依法严惩"的具体含义:

(一)严格依照法律规定准确定性、保障诉权

"依法严惩"的前提是严格依法。这就要求实体上要严格适用法律和程序上要依法保障诉权。一方面,要切实贯彻落实罪刑法定原则、罪责刑相适应原则和法律面前人人平等原则,根据新冠肺炎疫情防控期间犯罪的特殊性,依照相应的法律规定、司法解释、指导意见等准确定性,界定罪与非罪、此罪与彼罪、一罪与数罪,做到"不拔高、不降格"。例如,根据《防控意见》的规定,需要准确认定故意传播新冠肺炎病原体的行为性质,区分以危险方法危害公共安全罪和妨害传染病防治罪的犯罪构成。另一方面,要依法保障犯罪嫌疑人、被告人的各项诉讼权利,不可因为强调从严打击而忽视诉讼程序和诉讼权利。例如,依照《刑事诉讼法》的规定,对符合适用认罪认罚程序的被告人要依法适用;积极指派律师为没有委托辩护人的被告人依法提供辩护或者法律援助,切实维护犯罪嫌疑人、被告人的合法权益,保障法律正确实施。

就本案而言,首先,二被告人辱骂、推搡、殴打被害人,如被告人谢益波用拳头多次击打被害人头面部,并捡起水泥块多次击打被害人头部,致其受伤,其行为系暴力行为。其次,被害人吴昌富是临海市邵家渡街道办事处从事疫情防控公务人员,系国家机关工作人员。最后,二被告人在小区后面绿道的封锁处绕行回家,被害人吴昌富正在此处执行政府防疫工作,为防控疫情而加以劝阻,可以认定吴昌富正在依法执行公务。因此,二被告人暴力殴打依法执行政府防疫工作的国家机关工作人员,致被害人四处轻微伤,严重妨害了防疫工作秩序,根据我国刑法以及《防控意见》的相关规定,应认定妨害公务罪。同时,法院依法对二被告人适用认罪认罚从宽程序,依法指派法律援助律师为其辩护,充分保障了被告人的诉讼权利。

(二)要全面结合犯罪事实与防控需要从严惩处

"依法严惩"的核心是从重处罚。从刑罚处罚根据来看,在新冠肺炎疫情防控期间实施了妨害疫情防控犯罪,阻碍防控工作的顺利推进,可能会造成疫情的进一步蔓延,给人民群众造成了不必要的恐慌和传染风险,也会增加社会的不稳定因素,该行为在客观上具有严重的社会危害

性;行为人主观上在明知目前系疫情防控期却实施妨害疫情防控犯罪,表明其主观恶性和人身危险性较大,因此,对上述行为人进行严厉惩处具有充分的刑罚根据。《防控意见》规定,对于在疫情防控期间实施有关违法犯罪的,要作为从重情节予以考量,依法体现从严的政策要求。

在司法实践中,一方面,要全面结合犯罪事实,对于在妨害疫情防控犯罪中社会危害性大或者具有法定、酌定从重处罚情节,以及主观恶性深、人身危险性大的被告人,要依法从重量刑,通过审判实践体现依法严惩的政策要求,有效震慑犯罪分子和社会不稳定分子,达到有效遏制犯罪、预防犯罪的目的。另一方面,要全面、客观把握疫情防控的不同时期不同地区的社会形势,充分考虑人民群众的安全感以及惩治犯罪的实际需要,注重从严打击。因此,在新冠肺炎疫情防控期间,对妨害疫情防控犯罪情节恶劣、危害后果严重、人民群众反映强烈的案件,要依法予以从重处罚,严格控制对相关被告人适用缓刑、管制、免刑、单处罚金等非监禁刑;加大财产刑的处罚力度,采取有效措施依法追缴犯罪违法所得,不让犯罪分子在经济上非法获利;对利用职业便利实施犯罪或违背职业要求特定义务的犯罪,可依法决定对被告人的职业禁止。

就本案而言,被告人谢益波在被害人无明显过错情况下随意殴打被害人,并使用水泥块作为工具连续击打其头部,致被害人四处轻微伤,可见被告人主观恶性和人身危险性较大、犯罪情节恶劣,同时考虑被告人谢益波在疫情防控期间实施妨害公务行为,社会危害性远远高于正常时期的同类犯罪。因此,综合全案的犯罪事实和防控需要,应对被告人谢益波依法予以从重处罚。

(三)要综合考虑人性化的关怀,确保宽严相济

"依法严惩"的误区是片面从严。贯彻宽严相济刑事政策,要根据犯罪的具体情况,实行区别对待,做到该宽则宽,当严则严,切实做到宽严并用,罚当其罪。在妨害疫情防控犯罪中,刑事政策必须采取依法从严,但这并不是否认宽严相济,我们应注意克服重刑主义思想影响,防止片面从严。刑法应保持必要的谦抑性,在强调依法严惩的同时,要充分贯彻宽严相济刑事政策,在定罪、量刑、羁押等方面都要保持必要的审慎,体现善意的人性关怀,确保办案三个效果的有机统一。对于情节显著轻微、危害不大的行为,不作为犯罪处理;对于情节较轻、社会危害性较小的犯罪,或者罪行虽然严重、但具有法定、酌定从宽处罚情节,以及主观恶性相对较小、人身危险性不大的被告人,可以依法从轻、减轻或者免除处罚;对于所犯罪行不重、主观恶性不深、人身危险性较小、有悔改表现、不致再危害社会的犯罪分子,要依法从宽处理;符合条件的,应当依法适用缓刑或者管制、单处罚金等非监禁刑。

本案中,被告人邵颖虽也实施了殴打行为,但被害人轻微伤后果主要是被告人谢益波的行为导致,同时考虑到二被告人系夫妻关系,并育有两名未成年子女,两名子女在疫情期间需要由邵颖照顾的实际情况,再结合邵颖认罪认罚以及被告人家属已预交赔偿款等从宽情节,对邵颖的量刑应区别于谢益波,充分体现刑法的谦抑性和善意关怀。故而法院综合上述情况,依法对邵颖适用缓刑。

综上,我们认为,对新冠肺炎疫情防控期间实施妨害疫情防控的犯罪应采取"依法严惩"的刑事政策,既要严格依照法律规定准确定性、保障诉权,也要全面结合犯罪事实与防控需要从重量刑。同时,在刑事政策的具体运用过程中,刑法应保持必要的谦抑性,不能片面地强调一律从严从重,而是要体现人性化的善意关怀,结合案件具体情况,实行区别对待,落实宽严相济刑事政策。

(撰稿:浙江省台州市中级人民法院　王永兴
审编:最高人民法院刑二庭　韩维中)

[第1368号]余正希故意伤害案
——被害人过错的认定标准

【关键词】 故意伤害罪 被害人过错

一、基本案情

被告人余正希,男,1961年4月6日出生。2016年8月24日被逮捕。

广东省潮州市潮安区人民检察院指控被告人余正希犯故意伤害罪,向潮州市潮安区人民法院提起公诉。

被告人余正希对公诉机关的指控无异议。

潮州市潮安区人民法院经审理查明:2016年7月15日晚,被告人余正希与被害人王某(时年47岁)因琐事在潮州市潮安区古巷镇古巷三村美厝公厅前发生口角,后被在场群众劝阻。后余正希为泄愤,持一把菜刀返回现场与王某打架。过程中,余正希持刀砍打王某,致王某的身体多处受伤,余正希也被王某打伤,后余正希逃离现场。案发后,余正希的家属已代其向王某先行支付赔偿款12 550元。

经法医鉴定:王某的身体损伤程度评定为轻伤二级,余正希的身体损伤程度评定为轻微伤。

另查明,附带民事诉讼原告人王某共用去医疗费21 903.32元。

潮州市潮安区人民法院经审理认为,被告人余正希持械故意伤害他人身体,致一人轻伤,其行为已构成故意伤害罪,依法应予以惩处,并应赔偿被害人王某因本案而遭受的物质损失。鉴于余正希归案后如实供述自己的罪行,且案发后能积极赔偿被害人的部分经济损失,依法予以从轻处罚。王某在本案中有一定过错,依法可以减轻余正希20%的民事赔偿责任,即余正希应赔偿王某经济损失共计43 530.53元。抵除余正希一方前已支付的12 550元,余正希还应当赔偿王某30 980.53元。依照《中华人民共和国刑法》第二百三十四条第一款、第六十七条第三款、第三十六条第一款,《中华人民共和国民法通则》第一百三十一条,《最高人民法院关于审理人身损害赔偿案件适用法律若干问题的解释》第十九条、第二十条、第二十一条、第二十二条、第二十三条、第二十四条、第三十五条之规定,判决如下:

1. 被告人余正希犯故意伤害罪,判处有期徒刑一年二个月。

2. 被告人余正希应赔偿附带民事诉讼原告人王某的医疗费、后续治疗费、住院伙食补助费、误工费、护理费、营养费、鉴定费、交通费共计43 530.53元,抵除余正希一方前已支付的款项12 550元,余款30 980.53元应于本判决发生法律效力之日起十日内付还。

3. 驳回附带民事诉讼原告人王某的其他诉讼请求。

宣判后,附带民事诉讼原告人王某对该案附带民事部分判决不服,上诉称整个案件都是余正希故意挑起事端,其在本案中没有任何过错,原审判决认定其在本案中有一定过错不当。

潮州市中级人民法院认为,被告人余正希故意伤害他人身体,致一人轻伤,其行为已构成故意伤害罪,应依法予以惩处。余正希故意伤害致王某轻伤,应对王某因此而遭受的物质损失承担相应的民事赔偿责任。原审判决审判程序合法,但认定王某在本案中有一定过错并据此减轻余正希应当承担的民事赔偿责任不当,应予纠正,判决如下:

1. 维持潮州市潮安区人民法院(2016)粤5103刑初524号刑事附带民事判决的第三项;

2. 撤销潮州市潮安区人民法院(2016)粤5103刑初524号刑事附带民事判决的第二项;

3. 原审被告人余正希应赔偿上诉人王某因本案而遭受的物质损失共计54 413.16元,抵除余正希一方前已支付的款项12 550元,余款41 863.16元应于本判决发生法律效力之日起十日内付还。

二、主要问题

司法实践中如何认定被害人过错?

三、裁判理由

本案中,关于被害人王某是否存在过错的问题,有两种意见:第一种意见认为,虽然被告人余正希持刀砍打王某,但因王某在现场未能冷静处理双方纠纷,且王某在打架过程中也将余正希打致轻微伤,故应认定王某在本案中存在过错;第二种意见认为,在案证据不足以认定王某存在过错。

我们同意第二种意见,理由如下:

被害人过错是司法案件中常见的情形。如《民法通则》第一百三十一条规定,受害人对损害的发生有过错的,可以减轻侵害人的民事责任。在刑事案件中,被害人是否有过错也影响被告人的量刑。但是,刑事案件中的被害人过错不同于一般话语环境中的过错,具有其自身特定的含义。刑法意义上的被害人过错,是指被害人出于主观上的过错实施了错误或不当的行为,且该行为违背了法律或者社会公序良俗、伦理规范等,侵犯了被告人的合法权益或其他正当利益,客观上激发了犯罪行为的发生。

实践中,认定被害人具有刑法意义上的过错,应具备以下条件:

第一,过错行为的实施者是被害人。如果过错行为是第三人所实施的,而被告人却针对被害人实施了犯罪行为,那么不能认定被害人有过错。

第二,被害人实施的行为违反了法律规定,或者违背社会公序良俗、伦理规范,应当受到社会的否定性评价。同时,这种应受谴责性应当达到一定的程度,即并非所有的过错都属于刑法意义上的过错,轻微的过错,不属于刑法意义上的被害人过错。在司法实践中,通常认为,只有被害人的言语或行为对被告人的合法权益或者社会公共利益造成比较恶劣的影响或比较严重的损害,为常人所不能容忍时,才属于刑法评判的范畴。比如,因夫妻矛盾引发的杀妻案件中,如果是因为妻子有婚外性关系,违背夫妻忠诚义务的,通常认为属于被害人过错;如果仅仅因为夫妻双方日常争执引发案件,通常不认为被害人有过错。

第三,被害人主观上具有过错。即被害人主观上是故意或过失的心态,应当受到法律或道德上的谴责。至于不可归咎于被害人的其他行为,则不能认定为被害人过错。

第四,过错行为与犯罪行为的发生之间具有关联性。这表现在以下几个方面:一是时间上的相近性,必须是过错行为在前,犯罪行为在后。同时,如果过错行为已经发生很久,被告人在多年之后实施犯罪行为的,通常情况下不再认定是被害人的过错激发了犯罪的发生。二是利益上的关联性,利益关联性是被害人行为构成过错的事实条件。比如,甲住在乙家与乙同居数年,后二人在生活中发生矛盾,乙欲结束这种同居关系而不让甲在其家继续居住,甲搬出后恼怒,于某夜潜入乙家将乙杀死。本案的诱因是乙不让甲在乙家居住,但乙的行为并未侵犯甲的正当利益因而不构成过错。两人同居关系与案件的发生并没有利益关联性,故而本案中乙与甲同居之后又将甲从其家中赶出,都不属于被害人过错。三是作用上的因果性,即被害人的过错行为与犯罪行为的发生之间具有引起与被引起的因果关系,被害人的行为直接激化或加剧了被告人的犯罪。

本案中,首先,王某的陈述和证人杨某的证言均证实被告人余正希与王某第一次、第二次发生争吵均是由余正希先挑起事端。其次,王某和证人周某、杨某均证实案发时是余正希先持刀砍人,之后王某才拿起凳子抵挡并打余正希,而不是王某先拿凳子打余正希。王某在拿起凳子抵挡的过程中虽然致余正希轻微伤,但这是由于余正希的先行侵犯行为所引起的。王某的行为与余正希的犯罪行为之间不具有因果性,故王某的行为不属于刑法意义上的过错行为。

综上,二审法院依法认定王某在本案中不存在过错,并据此对附带民事诉讼部分进行改判是正确的。

(撰稿:广东省潮州市中级人民法院　江　瑾
审编:最高人民法院刑四庭　叶邵生)

[第1370号]岳德分盗窃案

——无期徒刑减为有期徒刑后在执行期间发现漏罪,应当如何处理?

【关键词】　无期徒刑　漏罪　数罪并罚

一、基本案情

被告人岳德分,男,1967年8月26日出生。2006年11月因犯盗窃罪被判处有期徒刑一年;2008年6月因犯盗窃罪被判处无期徒刑,剥夺政治权利终身,2011年1月28日减为有期徒刑十九年,剥夺政治权利九年,2013年7月28日减刑一年十个月。2013年7月16日因本案被依法解回再审。

浙江省杭州市人民检察院指控被告人岳德分犯盗窃罪,向杭州市中级人民法院提起公诉。

被告人岳德分对公诉机关指控的犯罪事实无异议。

杭州市中级人民法院经审理查明:2004年至2005年3月,被告人岳德分伙同陈凯、于云飞(均已判刑)等人,分别进入杭州市萧山区靖江镇和顺村靖江春来布厂、靖江镇花神庙村五一化纤厂、靖江镇雷东村被害人孙尔军家、义蓬镇长红村被害人沈伯啸家、南阳镇雷山村威迈工艺厂,窃得铝管800余只、电缆线30米、电线2 300米、铝制品和铝合金一批、"五粮液"酒2瓶、硬盒"中华"香烟1条、护套线1 400米及音箱、VCD、功放等物,共计价值人民币50 240元。

2005年2月至5月,被告人岳德分伙同张祥、岳邦全、岳邦利(均另案处理),采用挖墙洞、爬窗、撬窗等方式分别进入萧山区党湾镇曙光村梅西校办化纤预制砖厂变电房、党湾镇新前村党湾校办化纤厂,窃得变压器铜芯及铜线等财物,共计价值人民币66 755元。

综上,被告人岳德分共参与盗窃7次,窃得财物价值共计人民币116 995元。

杭州市中级人民法院认为,被告人岳德分以非法占有为目的,秘密窃取公私财物,数额巨大,其行为已构成盗窃罪。鉴于其归案后能如实供述部分罪行,对其可酌情从轻处罚。因该罪系前判宣告后且刑罚执行完毕前发现的漏罪,依法应与前判之刑罚并罚。据此,依照《中华人民共和国刑法》第二百六十四条、第六十九条、第七十条、第五十七条之规定,判决如下:

被告人岳德分犯盗窃罪,判处有期徒刑三年六个月,并处罚金人民币四千元,与前判无期徒刑,剥夺政治权利终身,并处没收个人全部财产并罚,决定执行无期徒刑,剥夺政治权利终身,并处没收个人全部财产。

宣判后,被告人岳德分提出上诉,辩称其现已服刑数年经两次减刑之后,仅因三年六个月有期徒刑的漏罪又被判处无期徒刑,不知刑期怎么折算。要求给其公正判决。

浙江省高级人民法院经审理认为,一审参照《中华人民共和国刑法》第六十九条、第七十条规定精神,对被告人岳德分所作量刑并无不当。至于无期徒刑后减刑,如何折算,这是刑罚执行中的问题,为解岳德分的疑惑,附判后释疑予以说明。一审定罪和适用法律准确,量刑适当。审判程序合法。依照《中华人民共和国刑事诉讼法》第二百二十五条第一款第(一)项之规定,裁定如下:

驳回上诉,维持原判。

二、主要问题

无期徒刑减为有期徒刑后在执行期间发现漏罪,数罪并罚时原减刑裁定减去的刑期以及减为有期徒刑后已经执行的刑期如何处理?

三、裁判理由

司法实践中,由于减刑、假释等刑罚执行制度的存在,判处无期徒刑的罪犯,除特殊情况外,一般可以减为有期徒刑。在无期徒刑减为有期徒刑或者被假释之后,刑罚执行完毕之前,行为人发现漏罪的情形并不少见。对于在假释考验期内发现漏罪的,根据《刑法》第八十六条之规定,直接撤销假释实行数罪并罚。然而,对于裁定减刑后出现漏罪的情形,实践中对于减刑裁定是否需要撤销,漏罪刑罚是与减刑后还是减刑前的原判刑罚并罚等问题争议较大。存在以下两种不同观点:

第一种观点认为,应当对漏罪作出判决,把新判决所确定的刑期与裁定减刑后的刑期依据《刑法》第六十九条数罪并罚后,再依据第七十条减去已经执行的刑期,从而确定最终的执行刑期。理由是:(1)减刑裁定是根据犯罪分子在刑罚执行过程中的表现,将原判刑罚予以减轻,是对原审判决的适当修正,应当视为与原判决具有同等的法律效力。与假释考验期内发现漏罪要撤销假释裁定的规定不同,在减刑后发现漏罪并无撤销减刑裁定的规定,如果在数罪并罚时对减刑裁定弃之不用,等于是变相地撤销了减刑裁定,势必会影响法院裁判文书的既判力和公信力,故应当将减刑后的刑期与新判决所确定的刑期实行并罚。(2)对于判处同样刑罚的服刑人员来说,其在执行期间有减刑的,有未减刑的,还有减刑程度不一的,如果在对漏罪处理时不考虑减刑裁定,就难以体现区别对待和公平原则,也不利于调动服刑人员的改造积极性。(3)根据《刑法》第七十条的规定,对于判决宣告后发现漏罪情形的并罚,已经执行的刑期,应当计算在新判决决定的刑期以内。然而,当前罪刑罚系死缓刑或者无期徒刑时,已经执行的刑期,在新判决中就无法予以扣除,显然不公平。

第二种观点认为,应当将前一判决所确定的无期徒刑刑罚与对漏罪所判刑罚依照"吸收原则"进行并罚后,确定其最终执行刑罚为无期徒刑。先前的减刑裁定无须撤销,经减刑裁定减去的刑期以及减为有期徒刑之后已经执行的刑期均不计算在内,但在执行第二个无期徒刑过程中,在再次减刑时应当考虑减刑裁定减去的刑期,以及第一次无期徒刑减为有期徒刑之后至漏罪判决之间已经执行的刑期。

我们同意第二种观点,具体理由如下:

(一)《刑法》第七十条关于数罪并罚规定中的"前后两个判决",是指前罪判决和漏罪判决,不包括减刑裁定

在刑罚执行期间,人民法院会因罪犯表现良好而对其作出减刑裁定。这样当发现漏罪并作出判决之后,就会同时存在三份(或以上)裁判文书:前罪的第一份判决、减刑裁定(包括无期徒刑减为有期徒刑的裁定和有期徒刑的减刑裁定)及新发现的漏罪判决。此时,《刑法》第七十条数罪

并罚规定中的“前后两个判决”,尤其是“前一个判决”到底是指哪一份裁判文书呢?是漏罪的前一份减刑裁定,还是前罪的第一份判决?我们认为,“前一个判决”只能是前罪判决书,而非减刑裁定。理由如下:

第一,从刑法条文的字面用语来看,《刑法》第七十条表述为“前后两个判决所判处的刑罚”。其中,对“刑罚”所作的限制性修饰是“判决所判处”,这一界定强调了该刑罚应当由“判决”确定,而非“裁定”确定。换言之,《刑法》第七十条规定的“判决所判处的刑罚”应当是指“原审判决书所记载的刑罚”,而非经裁定减刑后确定的“实际执行的刑罚”。因此,如果将裁定减刑后的刑罚视为“判决所判处的刑罚”,与法律条文的字面含义不符。

第二,通过对比“判决”与“减刑裁定”,可以发现二者存在很大区别:一是所处的诉讼阶段不同。前者处于审判阶段,而后者处于执行阶段。二是作出裁判所依据的事由不同。作出判决所依据的事由主要是犯罪行为的社会危害性,针对的对象主要是犯罪行为本身;而作出减刑裁定所依据的事由主要是罪犯人身危险性的减小,所针对的对象主要是犯罪行为人。三是所服务的目的和功能不同。作出判决主要是为了通过运用刑罚惩戒犯罪,更多地体现刑罚的报应功能;而减刑裁定的作出则主要是为了鼓励罪犯积极改造、认罪服法,更多地体现刑罚的教育、改造功能。而数罪并罚发生于审判阶段而非执行阶段,针对的对象系数个犯罪行为而非行为人,其目的更多的是惩戒而非教育、改造犯罪行为人。因此,《刑法》第七十条关于数罪并罚的规定是指针对前后两项犯罪所作的判决,而非针对犯罪行为人罪后表现所作的减刑裁定。

第三,2012 年 1 月 18 日《最高人民法院关于罪犯因漏罪、新罪数罪并罚时原减刑裁定应如何处理的意见》(以下简称《减刑处理意见》)规定:“罪犯被裁定减刑后,因被发现漏罪或者又犯新罪而依法进行数罪并罚时,经减刑裁定减去的刑期不计入已经执行的刑期。”从上述规定可以看出,《减刑处理意见》实质上排除了减刑裁定对于因漏罪而进行数罪并罚的影响,并将原判决所确定的刑罚作为数罪并罚的基准。之所以不将减刑裁定减去的刑罚计入新的判决当中,主要是因为罪犯在服刑期间隐瞒漏罪事实或者重新犯罪,说明其并未真心悔过。如此规定体现了对减刑犯在执行过程中发现新增罪行从严处罚的精神,同时也可以敦促犯罪行为人及早供述出自己的余罪,并避免重新犯罪。

具体到本案中,先后存在四份裁判文书:第一份是 2008 年 6 月,因犯盗窃罪被判处无期徒刑,剥夺政治权利终身。紧接着是两份减刑裁定:2011 年 1 月 28 日被裁定减为有期徒刑十九年,剥夺政治权利九年;2013 年 7 月 28 日,被裁定予以减刑一年十个月。最后一份是 2014 年 2 月 27 日,因漏罪盗窃罪被判处有期徒刑三年六个月,并处罚金人民币四千元。面对上述四份裁判文书,一审、二审法院将第四份漏罪判决的刑罚即三年六个月,与第一份判决的无期徒刑进行并罚,最终判处无期徒刑是适当的。

(二)经减刑裁定减去的刑期以及无期徒刑减为有期徒刑后已被执行的刑期,属于刑罚执行问题,虽然在数罪并罚后的新判决中无法体现,但可在新判决执行过程中予以考虑

由于《刑法》第七十条规定的“把前后两个判决所判处的刑罚”是指前罪判决和漏罪判决,不包括减刑裁定,这就导致经减刑裁定减去的刑期在数罪并罚后的新判决中无法体现,相当于变相否定了减刑裁定的法律效力。更重要的是,在前罪刑罚系死缓刑或者无期徒刑,后减为有期徒刑并即将服刑完毕的情况下,对于已经执行的刑期,在并罚后的新判决中无法扣除,这对于服刑人员来说显失公平,也不利于调动服刑人员改造的积极性。

为了解决上述问题,最高人民法院通过两个司法文件,明确可以将上述因素放入新判决执行过程中去考虑,以达到既能严格依法,又有利于保障罪犯合法权益,有利于对罪犯的教育、感化和

挽救的目的。具体来说，一方面，针对减刑裁定减去的刑期，最高人民法院在《减刑处理意见》中规定："在此后对因漏罪数罪并罚的罪犯依法减刑，决定减刑的频次、幅度时，应当对其原经减刑裁定减去的刑期酌予考虑。"另一方面，对于前罪判决系无期徒刑，被减为有期徒刑后已执行刑期的扣除问题，最高人民法院于2007年8月11日在《关于刘文占减刑一案给河北省高级人民法院的答复》中明确："河北省高级人民法院：……罪犯刘文占犯盗窃罪被判处无期徒刑，减为有期徒刑十八年之后，发现其在判决宣告之前犯有强奸罪、抢劫罪。沧州市中级人民法院作出新的判决，对刘文占以强奸罪、抢劫罪分别定罪量刑，数罪并罚，决定对罪犯刘文占执行无期徒刑是正确的。现监狱报请为罪犯刘文占减刑，你院在计算刑期时，应将罪犯刘文占第一次减为有期徒刑十八年之后至漏罪判决之间已经执行的刑期予以扣除。"

具体到本案中，尽管减刑裁定减去的刑期以及无期徒刑减为有期徒刑后已经执行的刑期，在数罪并罚后的新判决中并未予以扣除，但是二审裁定书在判后释疑中引用了上述两个司法文件，告知被告人岳德分，只要其在执行新的刑罚期间符合认罪服法、表现良好、受奖立功等减刑条件的，就可以在对其再次减刑时充分考虑前一判决执行期间的减刑情况。这样做既符合现行法律规定，也有利于调动服刑人员的改造积极性。

（三）在将前罪与漏罪刑罚进行并罚作出新判决时无须撤销原减刑裁定

司法实践中，对于"新判决作出后是否需要撤销原减刑裁定"也存在分歧。有观点认为，应当比照假释期间发现漏罪的做法，在新判决中将减刑裁定予以撤销。我们认为，对于先前的减刑裁定无须撤销，理由如下：

《刑法》没有规定将前罪与漏罪进行并罚作出新判决时需撤销原减刑裁定。尽管减刑和假释都是我国刑罚执行制度，但对于假释适用相关的数罪并罚问题，《刑法》第八十六条作了明确规定，即对在假释考验期限内发现被假释人犯新罪或有漏罪的，应当先撤销假释，再依据《刑法》第七十条、第七十一条的规定实行数罪并罚。而对与减刑适用相关的数罪并罚问题，《刑法》并没有明确规定，也没有相关司法解释。这从另一个侧面反映，《刑法》对减刑和假释在适用数罪并罚问题上是有一定区别的。

另外，假释一旦被撤销之后，在假释期间已经过的考验期便作废，收监执行尚未执行完毕的刑罚；而减刑裁定不同，在服刑期间如果发现被减刑人犯新罪或有漏罪的，在新判决执行过程中，先前作出的减刑裁定仍然是应当考量的因素，而并非一律作废，可见对于减刑裁定不应完全比照假释的情况予以撤销。

综上，一审、二审法院对被告人岳德分的前一判决所确定的无期徒刑刑罚与对漏罪所判刑罚进行并罚后，确定其最终执行刑罚为无期徒刑是适当的。

（撰稿：浙江省高级人民法院　聂昭伟
审编：最高人民法院刑四庭　陆建红）

九、累　犯

[第1034号]姚某贩卖毒品案

——不满18周岁的人因毒品犯罪被判处五年有期徒刑以下刑罚,其再次实施毒品犯罪的,是否能够认定为毒品再犯

【关键词】 不满18周岁的人　毒品再犯

一、基本案情

姚某,男,1993年9月4日出生。2011年7月22日因犯贩卖毒品罪被判处有期徒刑六个月。2013年1月29日因涉嫌犯贩卖毒品罪被逮捕。

重庆市垫江县人民检察院以被告人姚某犯贩卖毒品罪,且系毒品再犯,向垫江县人民法院提起公诉。

垫江县人民法院经公开审理查明:2013年1月16日22时许,被告人姚某在垫江县桂溪镇名流网吧附近一巷子内以人民币200元的价格贩卖甲基苯丙胺0.19克给吸毒人员欧阳才飞。二人交易完毕后被民警当场抓获。

垫江县人民法院认为,被告人姚某违反国家对毒品的管理法规,将毒品贩卖给他人,其行为构成贩卖毒品罪。公诉机关指控姚某系毒品再犯,经查,姚某曾因毒品犯罪被判刑,但犯罪时未满18周岁,该指控不符合法律有关规定。姚某到案后,如实供述自己的罪行,可以从轻处罚。据此,依照《中华人民共和国刑法》第三百四十七条第一款、第四款,第六十七条第三款,第五十二条,第五十三条之规定,垫江县人民法院判决被告人姚某犯贩卖毒品罪,判处有期徒刑六个月,并处罚金人民币一千元;公安机关已扣押的被告人姚某违法所得人民币二百元予以没收,上缴国库;公安机关已扣押的毒品予以没收。

判决生效后,重庆市人民检察院第三分院向重庆市第三中级人民法院提出抗诉,认为原审被告人姚某曾因犯贩卖毒品罪被判过刑,又犯贩卖毒品罪,依照刑法第三百五十六条的规定,系毒品再犯,应当从重处罚。虽然刑法修正案(八)增加了有关未成年人犯罪不构成累犯的规定,但并未对毒品再犯作出特殊规定,2012年修改后的刑事诉讼法增加的未成年人犯罪记录封存制度,亦明确将司法机关办案需要设置为例外情形。故应当认定姚某为毒品再犯,并从重处罚。原审判决以原审被告人姚某前次犯贩卖毒品犯罪时未满18周岁为由,对其毒品再犯情节未予认定,属于法律适用错误,量刑不当。

重庆市第三中级人民法院经审理认为,原审判决认定原审被告人姚某犯贩卖毒品罪的事实清楚,证据充分,量刑适当,审判程序合法。关于抗诉机关抗诉提出"姚勇曾因犯贩卖毒品罪被判过刑,又犯贩卖毒品罪,系毒品再犯,应当从重处罚"的理由,经查,虽然抗诉机关举示了原审被告人姚某未满18周岁前因犯贩卖毒品罪被判过刑的证据,但2012年修改后的刑事诉讼法第二百七十五条第一款规定:"犯罪时不满十八周岁,被判处五年有期徒刑以下刑罚的,应当对相关犯罪记录予以封存。"该条第二款规定:"犯罪记录被封存的,不得向任何单位和个人提供,但司法机关为办案需要或者有关单位根据国家规定进行查询的除外。依法进行查询的单位,应当对被封存

的犯罪记录的情况予以保密。”根据该条规定的精神和刑法从旧兼从轻原则，本案即使是司法机关办案需要，也应对被封存的未成年犯罪记录的情况予以保密，故也不得将封存的未成年人犯罪记录用作从重处罚的依据。因此，抗诉机关提出姚某系毒品再犯，应当从重处罚的抗诉理由，不予支持。据此，依照《中华人民共和国刑事诉讼法》第二百四十五条第一款、第二百二十五条第一项之规定，重庆市第三中级人民法院裁定驳回抗诉，维持原判。

二、主要问题

不满18周岁的人因毒品犯罪被判处五年有期徒刑以下刑罚，其再次实施毒品犯罪的，是否能够认定为毒品再犯？

三、裁判理由

在本案审理过程中，有观点认为，姚某未成年时因毒品犯罪记录被封存，其再次犯毒品犯罪，应当认定为毒品再犯。主要理由是：(1)姚某曾因贩卖毒品被判刑，2013年1月16日又因贩卖毒品被公安机关查获，虽然前罪行为发生时姚某不满18周岁，不构成累犯，但是刑法第三百五十六条对毒品犯罪再犯进行了特别规定，且该规定并未排除未成年人可构成毒品犯罪再犯的可能性；前科封存制度不得对抗法律相关例外规定，如刑法对特殊累犯、再犯等的规定。(2)2012年修改的刑事诉讼法第二百七十五条虽然创设了“未成年人轻罪犯罪记录封存制度”，但该条仅是一种程序性规定，目的在于使失足未成年人卸下沉重的心理负担，在上学、入伍、就业等方面不受其较轻犯罪行为影响。“未成年人轻罪犯罪记录封存制度”不同于“前科消灭制度”。首先，“前科”是指因犯罪而被判处刑罚的事实，是个人犯罪的历史记录。而“未成年人轻罪犯罪记录”指的是特定主体在特定范围内的犯罪记录，作为一种客观的事实记载，与“前科”有着本质的区别。其次，“封存”又不同于“消灭”。“封存”的意思是使犯罪记录暂时处于保密状态，是不予查询或者限制查询，但实际上仍是存在的。而“消灭”则是把行为人的犯罪记录彻底消除，把曾经犯罪的事实彻底消除。该程序性规定不能否定实体法规定。(3)现行刑法规定体现了对毒品再犯从严打击的精神，对于实施毒品犯罪已成习惯的犯罪人，改造难度很大，保留前科，是打击毒品犯罪、预防毒品犯罪的需要，与立法精神相一致。(4)犯罪行为引起的刑法上的不利后果并不因犯罪记录封存而消灭，法律特别规定“司法机关为办案需要或者有关单位根据国家规定进行查询的除外”，对于未成年人重新犯罪的，应当允许公安、检察、审判机关查阅原犯罪记录，作出恰当的处置，符合再犯条件的，仍构成再犯。犯罪记录封存并未将行为人在法律上视为从未犯过罪的人。综上，对本案姚某应当援引刑法第三百五十六条的规定，以毒品犯罪再犯从重处罚。

我们认为，不满18周岁的人因毒品犯罪被判处五年有期徒刑以下刑罚，其再次实施毒品犯罪的，不能认定为毒品再犯而予以从重处罚。具体理由如下：

（一）符合立法精神和本意

2011年2月25日，第十一届全国人民代表大会常务委员会第十九次会议通过刑法修正案（八），在刑法第一百条中增加一款作为第二款：“犯罪的时候不满十八周岁被判处五年有期徒刑以下刑罚的人，免除前款规定的报告义务。”① 2012年修改后的刑事诉讼法第二百七十五条规定：“犯罪的时候不满十八周岁，被判处五年有期徒刑以下刑罚的，应当对相关犯罪记录予以封存。犯罪记录被封存的，不得向任何单位和个人提供，但司法机关为办案需要或者有关单位根据国家规定进行查询的除外。依法进行查询的单位，应当对被封存的犯罪记录的情况予以保密。”2012

---

① 第一款规定为“依法受过刑事处罚的人，在入伍、就业的时候，应当如实向有关单位报告自己曾受过刑事处罚，不得隐瞒。”

年5月10日，最高人民法院、最高人民检察院、公安部、国家安全部、司法部发布了《关于建立犯罪人员犯罪记录制度的意见》（法发〔2012〕10号）。以上法律规定被视为是未成年人犯罪记录封存制度在我国程序法与实体法上正式确立的标志。

然而实际上，中央关于未成年人犯罪记录封存的政策精神提出得更早。早在2008年12月，中共中央转发的《中央政法委关于深化司法体制和工作机制改革若干问题的意见》首次以中央文件的形式明确提出了建立"未成年人轻罪犯罪记录消灭制度"。根据这一政策精神，2009年3月最高人民法院发布了《人民法院第三个五年改革纲要（2009—2013）》。该文件提出："人民法院配合有关部门有条件地建立未成年人轻罪犯罪记录消灭制度，明确其条件、期限、程序和法律后果。"未成年人轻罪犯罪记录消灭制度作为人民法院一项重要的改革项目和措施被确定下来。从中央政法委和最高人民法院的相关文件中可见，实现未成年人轻罪犯罪记录的消灭是改革和立法的本意，未成年人轻罪犯罪记录封存制度的建立不仅仅是为了使犯罪记录暂时处于保密状态，不允许查询、限制查询，更是为了在实质上禁止对未成年人轻罪犯罪记录的重复使用，从而避免其以罪犯身份出现在公众面前，帮助未成年人尽快回归社会，健康成长。

（二）符合未成年人轻罪犯罪记录封存制度的本质特征和设立目的

未成年人犯罪记录封存制度要求犯罪记录被封存后应当处于一种保密状态，即便司法机关为办案需要或者有关单位根据国家规定可以进行查询，查询单位也应将查询所获知的犯罪记录情况予以保密，不得对此加以利用。可见，犯罪记录封存不仅具有程序法上的意义，更具有实体法上的意义。具体而言，被封存的犯罪记录应当保密这一前提决定了该犯罪记录所反映的犯罪行为应当免于被重复利用和评价，否则保密便无从谈起。如果被封存的犯罪记录能够被重复利用和评价，封存制度实际上就被虚化，制度设立的目的也难以实现。即使未成年犯罪人再犯罪，司法机关也不得引用其前科犯罪记录，其前科亦不能作为适用累犯或者再犯的原因而对其从重或者加重处罚。因此，在实体法上，被封存的犯罪记录所反映的犯罪行为不能作为累犯或者再犯的认定依据，不然就是对被封存犯罪记录的重复利用和评价，就是对保密义务的置若罔闻，就与犯罪记录封存制度背道而驰。在此种意义上而言，我国的未成年人犯罪记录封存制度，其功能已经相当于前科消灭制度。①

（三）符合国际司法规则的相关要求

《儿童权利公约》规定，"其隐私在诉讼的所有阶段均得到充分尊重"。《联合国少年司法最低限度标准规则》第八条明确规定："应在各个阶段尊重少年犯享有隐私的权利，以避免由于不当的宣传或加以点名而对其造成伤害；原则上不应公布可能导致认出某一少年犯的资料。"第二十一条规定："对少年罪犯的档案应严格保密，不得让第三方利用。应仅限于与处置手头案件直接相关的人员或其他经正式授权的人员才可以接触这些档案。少年罪犯的档案不得在其后的成人诉案中加以利用。"以上规定的意义在于：首先，基于保护未成年人的考虑，使其免受来自社会的不良影响，避免其以罪犯身份出现在公众面前，这不仅有利于未成年人的教育和改造，也有利于其尽快回归社会。其次，在警察、检察机关和其他当局的利益同少年罪犯的利益发生冲突时，明确了未成年人犯罪档案不得在以后其作为成年人犯罪的诉讼案中加以使用的原则，就可以避免未成年人在心智不成熟时的犯罪成为以后犯罪的加重或者从重处罚情节。我国作为加入《联合

---

① 前科消灭制度，是对有前科的人，经过法定程序，宣告注销犯罪记录，恢复正常法律地位的一种制度。在国外，前科消灭制度常见于关于未成年人的法律制度中，日本《少年法》第六十条规定："少年犯刑期执行完毕或免予执行，适用有关人格法规的规定，在将来得视为未受过刑罚处分。"

国少年司法最低限度标准规则》的国家，有义务履行条约要求。

（四）符合我国宽严相济刑事政策中对未成年人的保护原则

刑法及刑事诉讼法对未成年人犯罪历来坚持教育、感化、挽救的方针及“教育为主、惩罚为辅”的原则。修改后的刑法及刑事诉讼法都直接体现了对未成年犯罪人的倾斜保护原则，使未成年犯罪人免受因犯罪记录的终身伴随，而在个人学习、入伍、就业等方面遭受不利影响，使其能顺利回归社会，改过自新，重新做人。虽然对于毒品犯罪我国历来都是坚持从严整治，严厉打击，但是结合我国刑法对于未成年人保护的原则，在宽严相济的刑事政策的大前提下，对于未成年人轻罪犯罪记录封存后，再犯毒品犯罪，不宜认定为毒品再犯。同时，从价值衡量上看，对未成年时期所实施较轻犯罪行为进行犯罪记录封存，不予重复利用和评价，也更有利于未成年人的成长与发展，更能体现我国处理未成年人犯罪的立法精神。

（五）符合相关司法解释和“从旧兼从轻”的基本原则

《最高人民法院关于适用〈中华人民共和国刑事诉讼法〉的解释》第四百九十条第二款规定：“2012年12月31日以前审结的案件符合前款规定的，相关犯罪记录也应当封存。”我国刑法历来贯彻从旧兼从轻原则。具体到本案中，从被告人姚某的角度看，适用2013年1月1日起施行的新修正的刑事诉讼法第二百七十五条的规定，不再考虑其第一次的贩卖毒品行为，仅就2013年1月16日的贩卖毒品行为进行单独评价和认定，处罚结果明显比适用刑法第三百五十六条的规定所得出的处罚结果轻。因此，基于从旧兼从轻原则，不应将姚某认定为毒品犯罪再犯。

综上所述，不满18周岁的人因毒品犯罪被判处五年有期徒刑以下刑罚，因犯罪记录被封存，不应被重复利用和评价，不得作为毒品犯罪再犯认定的依据。

（撰稿：重庆市第三中级人民法院　陈胜友
审编：最高人民法院刑四庭　陆建红）

[第1068号]周崇敏贩卖毒品案

——二审裁判文书生效后，发现被告人在因一审判处的有期徒刑届满被取保候审期间又犯新罪的，在对新罪进行审判时不应认定该被告人构成累犯

【关键词】　刑罚执行完毕　新罪　累犯

一、基本案情

被告人周崇敏，女，1984年8月5日出生，无业。因涉嫌犯贩卖毒品罪于2013年9月25日被刑事拘留，10月30日被逮捕。

江苏省丹阳市人民检察院以被告人周崇敏犯贩卖毒品罪，向丹阳市人民法院提起公诉。

丹阳市人民法院经公开审理查明：2013年8月21日至9月13日间，被告人周崇敏先后五次向雷凯（“佳佳”）、景军贩卖毒品甲基苯丙胺共计1.1克，得款1 500元。2013年9月25日，公安机关在周崇敏的暂住地将其查获，当场缴获甲基苯丙胺0.83克。

另查明，被告人周崇敏曾因犯贩卖毒品罪于2012年9月26日被江苏省镇江市中级人民法院判处有期徒刑一年六个月（判决前先行羁押期限折抵刑期，即刑期自2011年6月3日至2012年

12月2日),并处罚金人民币二千元。宣判后,同案被告人提出上诉,法院依法对周崇敏决定取保候审,江苏省高级人民法院于2013年11月29日作出刑事裁定,驳回上诉,维持原判。

丹阳市人民法院认为,被告人周崇敏明知是毒品甲基苯丙胺而进行贩卖,其行为构成贩卖毒品罪,对其已卖出的和在其住处查获的全部毒品应一并认定为贩卖毒品的数量。检察机关指控的事实清楚,证据确实、充分,指控的罪名成立。周崇敏曾因贩卖毒品罪被判过刑,又犯本罪,依法从重处罚;其归案后如实供述自己的罪行,可从轻处罚。据此,依照《中华人民共和国刑法》第三百四十七条第一款、第四款、第七款,第三百五十六条,第六十七条第三款,第六十四条之规定,以被告人周崇敏犯贩卖毒品罪判处有期徒刑一年六个月,并处罚金人民币三千元。

宣判后,被告人未上诉,检察机关亦未抗诉,判决已经发生法律效力。

二、主要问题

如何把握构成一般累犯所要求的"刑罚执行完毕"?

三、裁判理由

在本案中,被告人周崇敏曾因犯贩卖毒品罪一审被判处有期徒刑,同案被告人提出上诉后该案进入第二审程序,一审判决书对周崇敏确定的刑期在二审期间已届满,对被告人周崇敏在该期限届满后至二审裁判文书生效前又实施的新的毒品犯罪的,是否构成累犯,存在两种不同意见:

第一种意见认为,被告人周崇敏前罪判决执行前被先行羁押,前罪一审判处的刑罚因折抵羁押期限而已实际执行完毕,二审裁定只是对这种状态的追认,周崇敏属于在刑罚执行完毕后又实施犯罪,其前后两罪均被判处有期徒刑,故应认定其系累犯。

第二种意见认为,被告人周崇敏前罪所判处的刑罚在二审阶段因羁押期届满而被取保候审,从时间节点来看,其犯本罪在前罪二审裁判文书生效前,而前罪判处的刑罚此时因判决尚未生效而未进入执行程序,故不属于刑罚执行完毕后再犯罪,不符合累犯的构成条件。

我们同意第二种意见,被告人周崇敏不构成累犯,应认定为毒品再犯。具体理由如下:

根据我国刑法第六十五条的规定,被判处有期徒刑以上刑罚的犯罪分子,刑罚执行完毕或者赦免以后,在5年以内再犯应当判处有期徒刑以上刑罚之罪的,是累犯,应当从重处罚,但是过失犯罪和不满18周岁的人犯罪的除外。由此可见,构成一般累犯,要求后罪必须发生在前罪判处的刑罚执行完毕或者赦免以后5年内,本案争议的焦点就在于如何理解和认定"刑罚执行完毕"。我们认为,需要把握以下三点:

首先,关于刑罚种类的界定。我国刑法规定的刑罚种类既有主刑,也包括附加刑,但构成累犯所要求的"刑罚执行完毕"仅限于指主刑执行完毕,被判处附加刑的,附加刑是否执行完毕不影响累犯的构成。主要是考虑到从刑法对累犯规定的用语表述来看,前罪、后罪均要求判处或应判处有期徒刑以上刑罚,强调的侧重点在主刑;后罪构成累犯,与前罪所判处的刑罚执行完毕有法定时间间隔限制,即5年内,意在突出被告人的人身危险性大。而附加刑的执行与主刑并不完全同步。例如,主刑是有期徒刑,附加剥夺政治权利的,自主刑执行完毕才计算剥夺政治权利的刑期,如将"刑罚执行完毕"理解为包括主刑和附加刑都执行完毕,则过分延长了前、后罪的时间间隔,有违累犯制度从重处罚的初衷。

其次,关于"刑罚执行完毕"时间点的把握。刑事诉讼法第二百四十八条规定:"判决和裁定在发生法律效力后执行。下列判决和裁定是发生法律效力的判决和裁定:(一)已过法定期限没有上诉、抗诉的判决和裁定;(二)终审的判决和裁定;(三)最高人民法院核准的死刑的判决和高级人民法院核准的死刑缓期二年执行的判决。"由此可见,刑罚执行的内容是判决和裁定,执行的前提条件是裁判发生法律效力,刑罚执行的起点是裁判发生法律效力之时。刑罚执行完毕,既包括有期徒刑实际执行完毕，也包括假释考验期满；被判处缓刑的犯人，在缓刑考验期满后再犯罪的，不构成累犯，系因缓刑考验期满意味着所判处的主刑不再执行，本质上区别于刑罚执行完毕。

最后，要准确区分刑罚执行完毕与羁押期限届满。刑罚是以限制或剥夺犯罪人权益为内容的最严厉的强制性法律制裁方法，羁押是司法机关对犯罪嫌疑人在判决生效前的暂时关押，羁押不是刑事诉讼法规定的强制措施，而是因适用拘留、逮捕等剥夺人身自由的强制措施而形成的附带性后果及状态，两者在性质、内容、适用主体与对象等方面各成体系。两者的关联主要体现在"刑期折抵"：对先行羁押的被告人，如经审判被确认有罪，且判处刑罚为管制、拘役、有期徒刑的，则判决生效前羁押的时间相应折抵判决所确定的刑期；如经审判被确认无罪，则属于错误羁押，可依据国家赔偿法申请赔偿。如果被逮捕羁押的被告人所羁押的时间已届满第一审人民法院对其判处的刑期期限，因案件进入二审程序或复核程序，一审判决尚未生效的，则人民法院应当对其变更强制措施或者予以释放，但这并不属于刑罚执行完毕。

在本案中，被告人周崇敏于2012年9月26日被江苏省镇江市中级人民法院以贩卖毒品罪判处有期徒刑一年六个月，一审宣判后，该案因同案被告人上诉进入二审程序，故原一审判决未生效，不具有可执行效力；直至2013年11月29日江苏省高级人民法院对该案作出驳回上诉，维持原判裁定，二审裁定作出并送达之日，一审判决生效。周崇敏在该案诉讼过程中，于2011年6月3日被刑事拘留，一直处于被羁押状态，至2012年12月2日羁押期限届满一年六个月，法院决定对周崇敏取保候审。虽在该时间节点之后原一审判决确定的有期徒刑一年六个月已无实际可执行内容，但不能认为是原判刑罚已执行完毕。因为，在周崇敏被羁押的整个过程中，该案判决未具可执行的条件，而当判决生效进入执行阶段时，所确定的刑期基于法律规定，经先前羁押的期间折抵后已无可供执行的余刑。换言之，本案原判刑罚的执行，系从判决生效之日起始，亦在该日结束，此为执行过程。而周宗敏在取保候审期间实施本案贩卖毒品犯罪，系在原判决生效前所为，亦即在刑罚执行前犯新罪，故在本案审理时不符合累犯必须是"前罪刑罚执行完毕后"的时间条件。需要指出的是，从我国刑法对数罪并罚的制度规定来看，被告人周崇敏属于在判决生效前又犯新罪，表面上看似符合刑法第六十九条"判决宣告前犯数罪予以并罚"的情形，但在前罪二审裁定书宣告前，并未发现周崇敏另犯本案新罪的情况，且前罪判决生效时已无余刑可执行，故不具备实行数罪并罚的客观条件和必要性。相对而言，法院在本案中将周崇敏认定为"曾因贩卖毒品罪被判过刑"的毒品再犯予以从重处罚，处理是正确的。

（撰稿：江苏省丹阳市人民法院　朱菊霞
审编：最高人民法院刑一庭　翟　超）

[第1173号]钟某抢劫案

——被告人前次犯罪跨越十八周岁且被判处有期徒刑，在刑罚执行完毕后五年内再犯应当判处有期徒刑以上刑罚之罪的，是否构成累犯

【关键词】 不满十八周岁的人 刑罚执行完毕 累犯

一、基本案情

被告人钟某，男，1991年12月14日出生，农民。2012年1月19日因涉嫌犯抢劫罪被逮捕。

江苏省吴江市人民检察院以被告人钟某犯抢劫罪，向江苏省吴江市人民法院提起公诉。

江苏省吴江市人民法院经审理查明：

2012年1月11日22时许，被告人钟某至吴江经济技术开发区城南花苑×号住房门前的小巷子内，采用卡脖子、拳打脚踢等手段，劫取被害人石媛媛现金400余元及总价值420元的数码相机、MP4、挎包及钱包等财物，并致石媛媛轻微伤。案发后，公安机关追回全部赃款（物），并已发还给石媛媛。归案后，钟某如实供述了自己的犯罪事实。

另查明，被告人钟某于2009年2月至2009年9月间（作案时已满十六周岁不满十八周岁），在吴江市平望镇、横扇镇等地，先后盗窃作案7起，窃得财物共计3580元；于2010年7月8日（作案时已满十八周岁）在吴江市平望镇入户窃得其伯父钟某某现金2280元。吴江市人民法院于2010年12月6日以盗窃罪判处被告人钟某有期徒刑九个月，并处罚金人民币一千元，2011年4月17日刑满释放。

江苏省吴江市人民法院认为，被告人钟某以非法占有为目的，采取暴力手段，强行劫取他人财物，其行为已构成抢劫罪，应依法惩处。钟某归案后如实供述自己的罪行，依法可以从轻处罚。钟某赔偿了被害人石媛媛的经济损失，并获得谅解，酌情从轻处罚。据此，依照《中华人民共和国刑法》第二百六十三条、第六十七条第三款的规定，以抢劫罪判处被告人钟某有期徒刑三年三个月，并处罚金人民币三千元。

宣判后，被告人钟某未提出上诉，检察机关亦未抗诉，判决已发生法律效力。

二、主要问题

被告人前次犯罪跨越十八周岁且被判处有期徒刑，在前罪判处的刑罚执行完毕以后五年以内再犯应当判处有期徒刑以上刑罚之罪的，是否构成累犯？

三、裁判理由

2011年5月1日起施行的《中华人民共和国刑法修正案（八）》第六条对累犯的认定条件作了修改，即“被判处有期徒刑以上刑罚的犯罪分子，刑罚执行完毕或者赦免以后，在五年以内再犯应当判处有期徒刑以上刑罚之罪的，是累犯，应当从重处罚，但是过失犯罪和不满十八周岁的人犯罪的除外”。与此前规定相比，不满十八周岁的人犯罪被排除在累犯之外。本案中，被告人钟某曾因多次盗窃被判处有期徒刑，而前次犯罪时年龄跨越十八周岁，其刑满释放后，在五年内故意再犯应当判处有期徒刑以上刑罚之罪，其行为是否构成累犯？审理中，存在两种不同意见：

第一种意见认为，被告人钟某的前科盗窃犯罪已被判处有期徒刑九个月，尽管前七起盗窃均系其不满十八周岁时实施，但其在实施第八起盗窃时已满十八周岁，盗窃数额达到2280元，无论

从该八起盗窃事实整体所判处的刑罚,还是就第八起盗窃事实本身应当判处的刑罚来看,均属判处有期徒刑以上刑罚的故意犯罪,符合累犯的成立条件。

第二种意见认为,被告人钟某在前罪中共实施八起盗窃行为,不满十八周岁时实施的七起盗窃行为数额总计为3580元,钟某在实施第八起盗窃行为时已满十八周岁,数额达到2280元。故无论从盗窃次数还是数额来看,钟某不满十八周岁时所实施的犯罪行为所占的比例较大,同时具有认罪悔罪、退赃等从轻处罚情节,其十八周岁后实施的盗窃犯罪不是必然判处有期徒刑。从有利于被告人的原则出发,应当认定其前罪系不满十八周岁的人犯罪,继而不能认定其构成累犯。

我们原则上同意第二种意见,同时认为,判决依据的理由及其分析可进一步细化,即对于在十八周岁前后实施数罪或持续性的犯罪行为(包括连续犯、继续犯等情形),其中,十八周岁后实施的故意犯罪不是应当判处有期徒刑以上刑罚的,不构成累犯;十八周岁后实施的故意犯罪处于可能判处有期徒刑与拘役、管制、单处罚金等刑罚的临界点的,在前罪判处的刑罚执行完毕或者赦免以后五年内,再故意犯应当判处有期徒刑以上刑罚之罪的行为人,一般不认定为累犯。具体理由如下:

从刑法第六十五条第一款所体现的立法精神来看,是否构成累犯,一般需要符合罪质(前后罪均须为故意犯罪)、刑度(前后罪均应判处有期徒刑以上刑罚)、时间条件(刑罚执行完毕后五年以内)三个方面的要求。同时,为体现对未成年犯罪人的特殊保护,即使符合构成累犯所要求的罪质、刑度和时间条件,如果前罪系不满十八周岁时实施的,也不能认定为累犯。实践中争议较大的一种情形是,被告人所犯前罪跨越了十八周岁年龄段,宣告刑或数罪并罚合并决定执行的刑罚系有期徒刑,那么,被告人是否属于前罪系不满十八周岁时实施、可不以累犯论处的例外情况?

我们认为,既不能因为前罪中有十八周岁前实施的犯罪,就一概认为不构成累犯,也不能完全不考虑十八周岁前后数罪的罪质及应判处的刑罚,只根据宣告刑或合并执行的刑罚是否是有期徒刑以上刑罚,来认定是否构成累犯。应当坚持刑法第六十五条第一款体现的对未成年人犯罪尽量从宽处罚的精神,兼顾便于司法实践操作,以十八周岁后实施的犯罪的罪质及应判处的刑罚为判断的侧重点,结合十八周岁前所犯之罪合并执行的刑罚执行完毕的期限,判断是否构成累犯。

试举例说明:甲于十八周岁前实施抢劫,十八周岁后实施盗窃,其中所犯抢劫罪被判有期徒刑三年,盗窃罪被判处拘役五个月,合并决定执行有期徒刑三年二个月。如果甲在刑罚执行完毕以后五年以内又实施了新的故意犯罪被判有期徒刑,那么,鉴于甲在十八周岁后实施的盗窃罪仅判处拘役,就不能简单以前罪合并执行的刑罚系有期徒刑为依据,认定甲构成累犯。

如果前罪即十八周岁前后实施的数罪为同种数罪或连续犯,即使最终判处的刑罚不体现每起犯罪独立的宣告刑,也可以根据其数罪情节分别对应的量刑幅度,确定十八周岁后实施的犯罪是否应当判处有期徒刑以上刑罚。如果应当判处有期徒刑的,在其他条件也符合的情况下,可以认定被告人系累犯。如果综合考虑被告人十八周岁前后所实施的全部罪行而对其判处有期徒刑,但单独考虑十八周岁后实施的部分犯罪行为的性质、情节,或者被告人具有自首、立功、从犯等从轻、减轻处罚情节,处于可判处有期徒刑与拘役或者管制、单处罚金等刑罚的临界点的,那么,从存疑有利于被告人及特殊保护未成年人的原则考虑,一般不宜认定为累犯。

本案中,被告人钟某2010年7月8日(作案时已满十八周岁)在吴江市平望镇入户盗窃现金2280元(前罪中第八起盗窃);钟某还于2009年2月至2009年9月间(作案时已满十六周岁不满十八周岁),先后盗窃作案七起,窃得财物共计3580元,法院综合考虑盗窃事实、情节,判处钟某有期徒刑九个月。本案审理时最高人民法院于2010年发布的《人民法院量刑指导意见(试行)》规定,构成盗窃罪,达到数额较大起点的,可以在三个月拘役至六个月有期徒刑幅度内确定量刑起点。就第八起盗窃犯罪而言,钟某具有全部退赃、自愿认罪、盗窃亲属财物等从轻情节,以及入户盗窃等从重情节,钟某应判处的刑罚为有期徒刑六个月以下,或者拘役六个月以下。鉴于钟某实施的多起盗窃跨越十八周岁年龄段,而十八周岁后实施的盗窃犯罪应判处的刑罚处于有期徒刑与拘役的临界点,不是必然应当判处有期徒刑,因此,法院从刑法第六十五条排除不满十八周岁的人犯罪构成累犯的规定精神出发,在审理其后犯抢劫罪时,未认定钟某构成累犯,是适当的。

(撰稿:最高人民法院刑一庭　彭　锐
江苏省苏州市吴江区人民法院　沈　丽
审编:最高人民法院刑一庭　冉　容)

十、自首和立功

[第943号]冯维达、周峰故意杀人案

——行为人对其主观心态的辩解是否影响自首的成立

【关键词】 自首 辩解 如实供述

一、基本案情

被告人冯维达,男,汉族,1979年11月8日出生,农民。2005年9月因犯非法拘禁罪被判处拘役六个月;2011年7月22日因涉嫌故意杀人罪被逮捕。

被告人周峰,男,汉族,1984年12月21日出生,农民。2011年7月22日因涉嫌故意杀人罪被逮捕。

浙江省杭州市人民检察院以被告人冯维达、周峰犯故意杀人罪,向杭州市中级人民法院提起公诉。

被告人冯维达辩称,在与二被害人发生冲突的过程中,其并非有意追赶二被害人,因被害人砍其轿车,其为向二被害人索赔而在追赶过程中不小心撞上被害人的摩托车。其辩护人提出,被告人冯维达只想逼停被害人要求赔偿,发生碰撞时冯维达踩了刹车,本案应当定性为交通肇事逃逸,冯维达自动投案并如实供述自己的罪行,应当认定为自首。

被告人周峰辩称,其没有让冯维达摆平被害人,当看到二被害人驾驶摩托车经过时其也没有让冯维达追赶,故其行为不构成故意杀人罪。其辩护人基于以下理由请求法庭对周峰从轻处罚:本案系冯维达临时起意追赶被害人,周峰不构成故意杀人罪的共犯;周峰对犯罪性质的辩解不影响自首的成立;被害人具有过错。

杭州市中级人民法院经公开审理查明:2011年6月17日凌晨2时许,被告人周峰驾驶牌号为“浙A7226P”的雪佛兰轿车至浙江省杭州市余杭区崇贤镇众望街“星期八烧烤店”吃夜宵时遇到其熟悉的被害人祁亮(殁年27岁)等人。祁亮遂通知范玉民(另案处理)过来持刀挑衅。周峰驾车离开时打电话让被告人冯维达开车前来摆平此事。祁亮听到周峰打电话联系他人,遂打电话纠集被害人侯树伟(殁年19岁)、祈雷(另案处理)等人前来,并持砍刀、木棍围住周峰的轿车,祁亮还持械砍砸周峰的轿车。周峰驾车冲出并赶到崇贤镇农业银行附近与驾驶凯迪拉克轿车前来的冯维达会合。此时,寻找周峰的祁亮驾驶摩托车搭载侯树伟携带砍刀、木棍正好从周峰、冯维达汇合处经过,周峰即向冯维达指认祁亮、侯树伟系欺负他之人,并率先驾驶轿车顶上摩托车。祁亮、侯树伟驾乘摩托车转弯,冯维达即驾驶凯迪拉克轿车调头追赶,周峰驾车紧随其后。追逐过程中,冯维达加速行驶,在崇贤镇众望街94号路段撞上摩托车,致摩托车倒地滑行数米,祁亮、侯树伟被撞倒在人行道上,撞击后冯维达又驾车行驶数十米,后因轮胎严重破损无法行驶而弃车换乘周峰驾驶的轿车逃离现场。祁亮、侯树伟均因与地面撞击、摩擦致颅脑损伤死亡。

杭州市中级人民法院认为,被告人周峰遭到他人寻衅后,为泄愤报复而纠集被告人冯维达并指认对方人员,冯维达、周峰先后驾驶汽车高速追逐对方人员,由冯维达不计后果地高速猛烈撞击被害人驾驶的摩托车,致二被害人死亡,其行为均构成故意杀人罪。公诉机关指控的罪名成

立。现场痕迹反映出冯维达在撞击摩托车之前车速快且未刹车，且撞击之后继续驾车行驶100余米，因车胎爆破无法前行才停止，因此，冯维达对二被害人的死亡后果持希望或者放任的态度，符合故意杀人罪的构成特征。周峰虽未明确指使冯维达撞击二被害人，但其纠集冯维达驾车前来目的是泄愤报复对方，明知冯维达驾车高速追逐的行为可能导致二被害人伤亡结果的发生，非但未制止反而驾车紧跟，且在冯维达撞击二被害人后，驾车带冯维达逃离现场，逃离途中也未对冯维达的撞击行为表示任何反对或者不满，由此体现出冯维达高速撞击二被害人的行为并未超出周峰报复、摆平对方的概括性故意。故相关辩护意见与查证的事实不符，不予采纳。冯维达、周峰投案后能够如实供述本人实施的主要客观犯罪行为，符合自首条件；但二被告人未如实供述本人主观故意的内容，实际未真诚悔罪。二被害人在本案起因上有一定过错，辩护人所提被害人有过错的辩护意见予以采纳。鉴于冯维达故意杀人犯罪的社会危害性极大，犯罪后果极其严重，根据被害人的过错程度以及冯维达的自首程度，尚不足以对冯维达从宽处罚。鉴于周峰未直接加害二被害人，可视其自首情节、赔偿情况以及被害人过错的程度，依法可以从轻处罚。据此，依照《中华人民共和国刑法》第二百三十二条、第二十五条第一款、第六十七条第一款、第五十七条第一款、第五十六条第一款、第五十五条第一款之规定，判决如下：

1. 被告人冯维达犯故意杀人罪，判处死刑，剥夺政治权利终身。

2. 被告人周峰犯故意杀人罪，判处有期徒刑十五年，剥夺政治权利三年。

一审宣判后，被告人冯维达不服，向浙江省高级人民法院提起上诉。冯维达及其辩护人基于以下理由提出原判量刑过重，请求法庭对冯维达从轻处罚：冯维达没有杀人的故意及动机；原判认定二被害人未砍击冯维达所开车辆及车挡风玻璃破裂是碰撞后碎裂的证据不足；即使冯维达驾车追逐放任危害结果发生，也系间接故意；被害人具有过错；冯维达具有自首情节。

被告人周峰不服，向浙江省高级人民法院提起上诉。冯维达及其辩护人基于以下理由提出原判量刑过重，请求法庭对周峰从轻处罚：周峰没有实施共同杀害被害人的行为；周峰具有自首情节。

二审出庭检察员认为，原判认定的事实清楚，证据确实、充分，定性准确，量刑适当，二上诉人的上诉理由及辩护意见均不能成立，遂建议驳回上诉，维持原判。

浙江省高级人民法院经公开审理认为，原判认定上诉人冯维达、周峰故意杀人的事实清楚，证据确实、充分。冯维达、周峰虽然均系主动投案，但并未如实供述自己的主要犯罪事实，原判认定二上诉人构成自首不当，应予更正。原判定罪正确，量刑适当，审判程序合法。冯维达、周峰要求改判的理由不足，不予采纳。据此，浙江省高级人民法院依法裁定驳回被告人冯维达、周峰的上诉，维持原判，并将判处被告人冯维达死刑的裁定依法报请最高人民法院核准。

最高人民法院复核认为，被告人冯维达受同案被告人周峰纠集，故意非法剥夺他人生命，其行为构成故意杀人罪。在共同犯罪中，冯维达直接实施致死二被害人的行为，系罪责最为严重的主犯。冯维达被纠集至现场后即在居民区驾驶轿车高速行驶，故意撞击二被害人驾乘的摩托车致二被害人死亡，犯罪情节特别恶劣，犯罪后果特别严重，罪行极其严重，依法应当严惩。第一审判决、第二审裁定认定的事实清楚，证据确实、充分，定罪准确，量刑适当，审判程序合法。据此，最高人民法院依法裁定核准浙江省高级人民法院维持第一审以故意杀人罪判处被告人冯维达死刑，剥夺政治权利终身的刑事裁定。

二、主要问题

行为人对其主观心态的辩解是否影响自首的成立？

三、裁判理由

本案一审认定被告人冯维达、周峰在犯罪后自动投案，如实供述自己的罪行，构成自首；二审则认为二被告人虽然均系自动投案，但并未如实供述自己的主要犯罪事实，不能认定为自首。因周峰一直否认纠集冯维达来现场摆平被害人，且否认指使冯维达驾车追赶被害人，周峰的上述辩解已经否认了自己的客观犯罪事实，系未如实供述主要犯罪事实，二审依法认定周峰不构成自首有充分的法律依据。而冯维达虽然一直如实供述其驾车撞死二被害人的客观犯罪事实，但始终否认其具有故意杀人的主观心态。由于一审、二审对行为人仅从主观心态进行辩解是否影响自首的成立认识不一，故对冯维达是否构成自首存在不同认定。

对于如何理解"如实供述自己的罪行（主要犯罪事实）"及"对行为性质的辩解不影响自首的成立"这两个有关自首认定的重要问题，理论界和实务界均有不同意见。一种意见认为，"如实供述自己的罪行（主要犯罪事实）"是指如实供述自己犯罪的客观行为，并不要求如实供述作案时的主观心态（罪过），行为人只要供述客观行为是其所为就应当认定其供述了主要犯罪事实；对主观心态的辩解属于对行为性质的辩解，这是行为人行使刑事诉讼法所赋予的辩护权的当然要求。另一种意见则认为，"如实供述自己的罪行（主要犯罪事实）"是指如实供述自己的"主要（基本）犯罪构成事实"，犯罪构成事实不仅包括主体、客体和客观方面的事实，还包括主观方面的事实，是主客观方面的统一，因此，"如实供述自己的罪行（主要犯罪事实）"不仅要求行为人如实供述客观行为，还要求如实供述其犯罪时的主观心态，否则就不能认定为自首。

我们同意后一种意见。上述两种意见的分歧焦点在于如何理解"主观心态"与"主要犯罪事实"及"对主观心态的辩解"与"对行为性质的辩解"之间的关系。具体分析如下：

（一）主观心态属于"主要犯罪事实"

刑法理论将成立犯罪所必须具备的条件称为"犯罪构成要件"。犯罪构成要件是刑法规定的，决定某一行为的社会危害性及其程度，而为成立犯罪所必需的一切客观主观要件的有机统一。[①] 犯罪构成由犯罪客体、犯罪客观要件、犯罪主体和犯罪主观要件组成。犯罪事实是指客观存在的犯罪的一切实际情况的总和，包括犯罪的全部活动及其结果。[②] 犯罪事实包括犯罪构成事实和非犯罪构成事实。[③] 犯罪构成事实包括犯罪客体要件、犯罪客观要件、犯罪主体要件、犯罪客观要件的事实。[④] 犯罪构成事实是认定犯罪所必须具备的事实，因此，它属于主要犯罪事实。在犯罪构成事实中，尽管犯罪客观要件事实（危害行为、危害结果、行为的时间、地点、方法等）是定罪的基础，但犯罪主观要件事实（行为人对实施的危害行为及其危害结果所持的主观心理态度）对区分罪与非罪、一罪与数罪、轻罪与重罪具有重要意义。罪过的形式和内容，直接反映出行为人主观上对危害行为及危害结果的态度。既然犯罪构成事实是主要犯罪事实，那么，行为人主观心态作为犯罪主观要件事实，当然属于"主要犯罪事实"。因此，行为人自动投案后是否如实供述犯罪主观心态，必然影响自首的认定。

（二）"对行为性质的辩解"与"是否如实供述主观心态"本质上是两个层面的问题

有观点认为，对行为性质的辩解通常是针对主观心态进行，行为人针对主观心态的辩解属于对行为性质的辩解，更何况主观心态可以通过客观行为表现出来，行为人即使不如实交代犯罪时

---

① 张明楷：《刑法学》，法律出版社2011年版，第98～99页。

② 高铭暄、马克昌：《刑法学》，中国法制出版社1999年版，第71～78页；莫洪宪：《论自首和立功》，载《法学评论》1996年第2期。

③ 赵廷光：《论定罪剩余的犯罪构成事实转化为量刑情节》，载《湖北警官学院学报》2005年第1期。

④ 罗国良：《论非法证据排除规则中口供合法性的证明责任》，载《中国刑事法杂志》2006年第6期。

的主观心态，也可以结合在案证据通过其实施的客观行为来认定，因此，行为人是否如实供述作案时的主观心态并不影响自首的认定。

我们认为这种认识值得商榷。理由如下：

首先，“对行为性质的辩解”与“对主观心态的辩解”存在质的区别。“对行为性质的辩解”是对犯罪行为的定性，即犯罪行为在法律上是否应当被认定为犯罪所作的辩解，而不是对主观心态内容（是故意还是过失、是直接故意还是间接故意等）的辩解。主张对主观心态进行辩解不影响自首成立的观点，最有力的理由是，根据最高人民法院2004年下发的《关于被告人对行为性质的辩解是否影响自首成立问题的批复》（以下简称《批复》）的规定，对行为性质的辩解不影响自首的成立。然而，有必要强调的是，《批复》是最高人民法院对广西壮族自治区高级人民法院《关于被告人对事实性质的辩解是否影响投案自首的成立的请示》作出的有针对性的批复。《批复》所规定的对自己行为的性质进行辩解，必须是在行为人已经“如实供述自己的罪行”的前提下，即在本质上是对法律适用方面的辩解，而不是对犯罪事实本身是否存在的辩解。对行为性质的辩解与对主观心态的辩解是两个不同层次的问题。因为“对于自己的行为是否构成犯罪，是一个主观认识问题，法律只强调自首要求犯罪嫌疑人把自己的行为事实如实地交代，至于是否对自己的行为有正确的法律认识，在自首的认定中是不需要加以评价的”。[①] 举例而言，行为人在自动投案后如实交代了持刀取得被害人财物的犯罪事实，但辩解其行为不构成抢劫罪，而是抢夺罪，这其实是行为人对行为法律性质的一种主观认识，认识的对错不能否认其如实供述了犯罪事实。反之，如果行为人自动投案后虽然承认从被害人处取得财物，但辩称是被害人归还给他的欠款，否认具有非法占有被害人财物的主观心态，则属于未如实供述主要犯罪事实，不能认定为自首。

其次，主观心态固然可以通过行为人的客观行为以及在案证据进行认定，但不能据此认为，认定自首可以不必要求行为人如实供述自己的主观心态。正如，行为人的客观行为虽然通常能够通过行为人口供之外的其他证据予以证实（如目击证人证言），但不能据此认为，认定自首行为人亦无须如实供述自己的客观行为。

（三）“如实供述”的认定

“如实供述”，顾名思义，是指实事求是地、客观地供述犯罪事实。如实供述自己的罪行，要求行为人真实、完整地交代自己的主要犯罪事实。具体包括三层含义：其一，行为人供述的内容应当是犯罪事实。其二，行为人供述的内容应当是本人的犯罪事实。即是由行为人自己实施，并由其自己承担刑事责任的罪行（共同犯罪中还包括其知道的共同犯罪人的犯罪事实）。其三，行为人供述的内容应当是主要犯罪事实。如果行为人只交代自己次要的犯罪事实而回避主要犯罪事实，则不能认定为“如实供述”。司法实践中，“如实供述”的认定是一个非常复杂的问题。如对行为人将故意杀人辩解为过失致人死亡的情形，因为罪过的形式和内容有巨大反差（将故意辩解为过失），一般认定行为人没有如实供述主要犯罪事实没有争议。但在行为人承认其罪过形式是故意，辩称只是伤害故意，而没有杀人故意的情况下，对这种将重罪故意辩解为轻罪故意的情形，是否认定为如实供述主要犯罪事实存在一定分歧。

目前，刑法和相关司法解释均未对“如实”的判断标准作出规定。虽然最高人民法院2010年

---

① 肖中华等：《刑法问题对谈录》，北京大学出版社2007年版，第227～228页。

出台的《关于处理自首和立功若干问题的意见》以"真实情况"来解释"如实",①但"真实情况"的表述仍然过于模糊。对此,我们认为,"如实供述"的认定虽然是刑事实体法要研究的问题,但犯罪事实的认定和定罪量刑必须依靠刑事诉讼法解决,脱离案件证据和程序规范,对"如实供述"的认定就会陷入纯理论探讨的泥沼。因此,"如实供述"的判断应当以根据在案证据查明的案件事实为认定标准。限于人的认识能力、认识水平以及客观实际,绝对的犯罪客观真实是无法复原的,但依照法定程序,通过在案证据"重现"的犯罪事实,就应当视为案件事实。

具体到对行为人主观心态的认定上,我们认为,应当按照主客观相统一原则把握行为人是否"如实供述"犯罪主观心态,即以行为人对主观心态的辩解是否改变或者否定依照在案证据认定的案件事实为标准:如果行为人的辩解具有合理的根据能够成立,或者不能被在案证据排除的,就属于没有改变或者否定案件事实,不影响"如实供述"的成立;反之,则影响"如实供述"的成立。对于上述将重罪故意辩解为轻罪故意的情形,可以通过这个标准来分析行为人对主观心态的辩解是否影响"如实供述"的成立:根据行为人和被害人的关系(是否有矛盾,矛盾大小)、行为人作案时的行为表现(是否扬言杀人,是否追杀)、被害人的创口部位(要害部位还是非要害部位)、创口数量(多处创口还是一处创口)、行为人作案后的态度(是否有抢救被害人的行为)等在案证据证实的情节,若在案证据足以认定行为人实施的是重罪故意行为,则行为人的辩解不能成立,不能认定其构成自首;反之,若在案证据不能认定行为人实施了重罪故意行为,或者不能排除其有实施轻罪故意行为可能的,则应当认定行为人的辩解成立,认定其构成自首。

本案中,被告人冯维达自动投案后供述的犯罪事实有以下变化:其首次供述不承认驾车转弯是为了追赶被害人,在整个侦查阶段否认两次撞击被害人的摩托车,且至二审庭审均否认有撞击被害人摩托车的主观故意,辩称撞击前踩了刹车但没刹住,是不小心撞到了摩托车。但同案被告人周峰的供述、多名目击证人的证言及监控录像均证实,冯维达在看到二被害人后即驾车追赶,两次撞击被害人驾乘的摩托车;交通事故勘查笔录亦证实,冯维达作案时所驾凯迪拉克轿车的制动痕迹开始于撞击点(说明撞击前没有刹车),而技术验证报告证实,该凯迪拉克轿车的制动性能正常,证明冯维达所提"撞击前踩了刹车但没刹住"的辩解不能成立。上述在案证据足以证明冯维达是故意撞击被害人的摩托车,其是精神和智力正常的成年人,对驾驶轿车高速撞击二轮摩托车可能造成被害人死亡这一结果是明知的,至少有放任被害人死亡的故意。因此,冯维达一直否认有故意杀人的主观心态,与庭审查明的案件事实不符,其对主观心态的辩解(将故意辩解为过失)已经达到了否定案件事实的程度,属于未如实供述自己的主要犯罪事实,二审认定其不能构成自首是正确的。

(撰稿:最高人民法院刑三庭　陈　攀
审编:最高人民法院刑三庭　罗国良)

---

① 最高人民法院《关于处理自首和立功若干具体问题的意见》第二条规定,《解释》第一条第(二)项规定如实供述自己的罪行,除供述自己的主要犯罪事实外,还应包括姓名、年龄、职业、住址、前科等情况。犯罪嫌疑人供述的身份等情况与"真实情况"(注:引号系作者加)虽有差别,但不影响定罪量刑的,应认定为如实供述自己的罪行。

[第944号]张芳元故意杀人案
——如何区分"形迹可疑人"与"犯罪嫌疑人"

【关键词】 形迹可疑人 犯罪嫌疑人 自首

一、基本案情

被告人张芳元，男，1968年8月27日出生，农民。2012年1月4日因涉嫌故意杀人罪被逮捕。

贵州省安顺市人民检察院以被告人张芳元犯故意杀人罪向安顺市中级人民法院提起公诉。附带民事诉讼原告人梁兵、梁芳、梁建提起附带民事诉讼。

被告人张芳元对指控的犯罪事实及罪名无异议。其辩护人提出张芳元在接受公安机关传唤时主动供述犯罪事实，应当认定具有自首情节。

安顺市中级人民法院经公开审理查明：被告人张芳元与被害人朱勤芬（女，殁年40岁）有不正当男女关系。2011年11月15日，二人经电话联系，相约于当日19时30分许在安顺市西秀区大西桥镇小屯关贵黄公路旁见面。后双方因琐事争吵，继而发生撕扯。其间，张芳元用双手掐住朱勤芬的颈部，致其停止挣扎后，又从地上捡起一根摩托车用皮带缠绕其颈部，致其机械性窒息死亡。随后，张芳元将朱勤芬的尸体扛到附近的贾郭山，置放于两块岩石间的岩缝中，并用周围的土、树枝、树叶等物掩盖。同月21日上午，朱勤芬的亲属到公安机关报案称朱勤芬失踪。张芳元于同年12月19日晚被公安机关传唤，次日如实供述其杀害朱勤芬并将尸体藏匿的犯罪事实，并带领公安机关找到尸体。

安顺市中级人民法院认为，被告人张芳元与被害人朱勤芬因婚外不正当男女关系引发矛盾后，残忍杀害朱勤芬，其行为构成故意杀人罪。张芳元被公安机关作为犯罪嫌疑人传唤后，第一次询问时并未如实供述其杀人的犯罪事实，其系在公安机关对其作法律、政策宣传后才供认犯罪事实的，故其不具有自首情节，辩护人所提相关辩护意见不予采纳。张芳元能够如实供述犯罪事实，并带领公安机关找到被害人的尸体，故对其判处死刑，可不立即执行，但应当限制减刑。据此，依照《中华人民共和国刑法》第二百三十二条、第四十八条第一款、第五十条第二款、第五十七条第一款、第六十七条第三款和《中华人民共和国民法通则》第一百一十九条之规定，安顺市中级人民法院判决如下：

1. 被告人张芳元犯故意杀人罪，判处死刑，缓期二年执行，剥夺政治权利终身；
2. 对被告人张芳元限制减刑；
3. 被告人张芳元赔偿附带民事诉讼原告人梁兵、梁芳、梁建经济损失28 409.35元。

一审宣判后，被告人张芳元未上诉，安顺市中级人民法院依法报请贵州省高级人民法院复核。附带民事诉讼原告人不服，以民事赔偿数额过低和应当判处被告人张芳元死刑立即执行为由提出上诉。

贵州省高级人民法院经公开审理认为，现场勘验检查笔录、抓获经过、报案笔录、被告人张芳元的供述等证据证实，公安机关传唤张芳元时并未掌握本案犯罪线索，系张芳元供述其杀害被害人朱勤芬的犯罪事实并带领公安机关找到被害人尸体后，此案才被发现。张芳元在公安机关未发觉犯罪事实，尚在一般性排查询问时主动如实供述自己的罪行，足以体现其投案的自愿性、主动性，应当认定具有自首情节。张芳元罪行极其严重，论罪应当判处死刑，但鉴于其有自首情节，可不立即执行，且根据张芳元的犯罪情节及认罪态度，可对其不限制减刑。原判对张芳元限制减刑不当，应予纠正。原判定罪准确，审判程序合法，但量刑不当，赔偿抚育费计算有误，予以改判。据此，依照《中华人民共和国刑法》第二百三十二条、第六十七条第一款、第四十八条第一款、第五十七条第一款，《中华人民共和国民法通则》第一百一十九条，《中华人民共和国刑事诉讼法》第二百二十五条第一款第（一）项、第（二）项以及《中华人民共和国民事诉讼法》第一百七十条第一款第（二）项之规定，贵州省高级人民法院判决如下：

1. 维持贵州省安顺市中级人民法院（2012）安市刑一初字第83号刑事附带民事判决主文第一项，即被告人张芳元犯故意杀人罪，判处死刑，缓期二年执行，剥夺政治权利终身；

2. 撤销贵州省安顺市中级人民法院（2012）安市刑一初字第83号刑事附带民事判决主文第二项、第三项；

3. 原审被告人张芳元赔偿上诉人（原审附带民事诉讼原告人）梁兵、梁芳、梁建经济损失共计29 767.5元。

二、主要问题

如何正确区分"形迹可疑人"和"犯罪嫌疑人"？

三、裁判理由

刑法第六十七条第一款规定："犯罪以后自动投案，如实供述自己的罪行的，是自首。"根据这一规定，成立自首应当同时具备"自动投案"和"如实供述自己的罪行"两个要件。行为人在犯罪后主动到司法机关投案的，属于"自动投案"的典型情形。而对于被司法机关传唤后如实交代自己罪行的行为能否认定为自首，关键要看行为人经传唤到案是否属于"自动投案"。根据《最高人民法院关于处理自首和立功具体应用法律若干问题的解释》（以下简称《解释》）第一条的规定，自动投案，是指犯罪事实或者犯罪嫌疑人未被司法机关发觉，或者虽被发觉，但犯罪嫌疑人尚未受到讯问、未被采取强制措施时，主动、直接向公安机关、人民检察院或者人民法院投案。罪行尚未被司法机关发觉，仅因形迹可疑，被有关组织或者司法机关盘问、教育后，主动交代自己的罪行的，应当视为自动投案。《解释》对经司法机关询问而交代罪行的行为人规定了"形迹可疑人"和"犯罪嫌疑人"两种情形。

司法实践中，"形迹可疑"主要表现有两种情形：一是司法机关尚未掌握行为人犯罪的任何线索、证据，而仅凭行为人当时的举动、神色等异常而判断其可能实施犯罪行为。这种情形的"形迹可疑"是一种纯粹的基于常理、常情或者特定的工作经验所形成的主观判断。二是司法机关已经掌握了据以推测行为人可能与某起案件有一定联系的线索、证据，但这些线索和证据尚不足以将行为人确定为该起案件的犯罪嫌疑人。这种情形的"形迹可疑"虽然不属于纯粹的主观判断，但仍主要是一种带有臆测性的心理判断。而"犯罪嫌疑"则是指司法机关凭借一定的线索或者事实依据，认定行为人有作案的嫌疑，这通常是办案人员根据一定线索和证据，以一定的客观事实为依据，通过逻辑判断，足以认定行为人与某起案件有关联及作案的可能。

"形迹可疑"和"犯罪嫌疑"之间的区别主要在于：一是产生怀疑的依据不同。对"形迹可疑"的判断主要是依据工作经验和常识、常情、常理，有时甚至是依据直觉所形成的猜测；"犯罪嫌疑"则是对所掌握的证据分析、判断后形成的推定，有被合理怀疑的事实根据。二是对证据和线索的要求程度不同。"形迹可疑"仅是针对特定行为人的衣着、举止、言谈或者表情而产生的一般性怀疑，司法人员无须掌握任何与特定案件相关联的证据或线索；而"犯罪嫌疑"则是有针对性的怀疑，强调司法人员必须以一定的线索、证据为依据，将行为人与某种具体犯罪相联系。简言之，行为人如实供述罪行之前司法机关是否已经掌握足以合理怀疑行为人实施某种犯罪的证据或者线索,从而在行为人与具体案件之间建立起直接、明确的联系,是区分“形迹可疑”与“犯罪嫌疑”的关键。

需要强调的是,在认定“形迹可疑人”和“犯罪嫌疑人”时应当注意两个方面的问题:一方面,在司法机关将行为人与待侦案件相联系并将其列为侦查对象时,并不一定意味着司法机关已经掌握了足以合理怀疑行为人犯罪的线索和证据,即不能认为行为人一旦被司法机关认定为与待侦案件有一定的联系,此时其犯罪事实就属于被司法机关发觉,行为人就成了“犯罪嫌疑人”;另一方面,也不能片面认为,在司法机关尚不知道是否有案件发生的情况下,凡是在例行盘查中发现的犯罪人都一概属于“形迹可疑人”。因为在某些场合,即便司法机关对行为人的盘查属于例行盘查,但若凭例行盘查出的某种线索或者证据已足以合理怀疑行为人实施某种犯罪时,即使此时尚不能确定行为人具体实施何种犯罪,也应当认定行为人是“犯罪嫌疑人”,而非“形迹可疑人”。如公安人员在深夜巡逻过程中对一携带旅行箱的人员进行盘查时,在旅行箱搜出枪支弹药、毒品、大量假币等违禁物品,在此种情形下,不能仅因公安人员尚不知道是否有案件(盗窃、抢劫等)发生而认定被盘查人是“形迹可疑人”,而不是“犯罪嫌疑人”。①

基于上述思路,我们认为,对行为人因被传唤到案而交代罪行的行为是否构成“自动投案”,要审查司法机关对行为人的怀疑是否属于“司法机关已经掌握足以合理怀疑行为人实施某种犯罪的证据或者线索,从而在行为人与具体案件之间建立起直接、明确的联系”的情形。当然,对“形迹可疑人”和“犯罪嫌疑人”的认定并非一个非此即彼的问题,司法实践中还可能存在模棱两可的情形。如司法机关根据已经掌握的线索、证据,虽然尚不足以认定行为人系待侦案件的犯罪嫌疑人,但这些线索、证据已经超出了通常认定“形迹可疑”所要求的线索、证据,即司法机关认定行为人系“犯罪嫌疑人”的内心确信比认定其系“形迹可疑人”更强。我们认为,在这种难以确切判断行为人是“形迹可疑人”还是“犯罪嫌疑人”的情况下,应当本着有利于被告人原则的现代刑法理念和鼓励犯罪人自首的刑事政策精神,认定行为人属于“形迹可疑人”。

本案中,根据在案证据及被告人张芳元的具体归案情况,应当认定其是“仅因形迹可疑”被司法机关盘问、教育后,主动交代自己罪行,属于自动投案,构成自首。理由是:第一,被害人朱勤芬的亲属报案时并不知道朱勤芬是否被害,公安机关传唤张芳元时也不知道朱勤芬已经被害,更没有掌握张芳元杀害朱勤芬的任何证据,仅是因为二人之间存在不正当男女关系、近期通话频繁而对其产生了怀疑,并根据主观经验对其进行一般性排查询问后,张芳元即主动交代了罪行,并带领公安机关找到了被害人尸体、作案工具(缠绕于被害人颈部的摩托车皮带)等客观性证据,进而确定本案系张芳元所为。上述情况足以表明张芳元具有投案的自愿性、主动性,因此,张芳元在公安机关尚未掌握相关证据的情况下,主动向公安机关交代杀害被害人的行为应当视为自动投案。第二,张芳元在公安机关第一次询问时虽然没有供述杀人犯罪,但其如实供述了自身基本情况,并在当晚第二次询问时如实供述了整个作案经过、藏尸地点等主要犯罪事实,且带领公安人员找到了被害人的尸体。张芳元是在公安机关掌握其犯罪证据之前即供述了主要犯罪事实,且之后供述一直稳定,根据《最高人民法院关于处理自首和立功若干具体问题的意见》第二条第三款的规定,“犯罪嫌疑人自动投案时虽然没有交代自己的主要犯罪事实,但在公安机关掌握其主要犯罪事实之前主动交代的,应认定为如实供述自己罪行”,依法应当认定张芳元具有自首情节。

---

① 周加海:《自首制度研究》,中国人民公安大学出版社2004年版,第51~53页。

综上，贵州省高级人民法院复核认定被告人张芳元构成自首，并根据其犯罪情节及认罪态度，依法对其不限制减刑的判决是正确的。

（撰稿：贵州省高级人民法院　孔德伦
最高人民法院刑三庭　陈　攀
审编：最高人民法院刑三庭　罗国良）

[第965号]孟令廷故意杀人、故意伤害案
——在被采取强制措施期间，向司法机关主动如实供述本人真实身份及所犯不同种余罪的，对余罪能否认定为自首

【关键词】　自首　余罪自首　不同种余罪

一、基本案情

被告人孟令廷（化名孟令敏），男，1962年9月5日出生，原系长沟峪煤矿干部。2010年7月8日因涉嫌犯故意伤害罪被逮捕。

北京市人民检察院第一分院以被告人孟令廷犯故意杀人罪、伪造居民身份证罪、故意伤害罪，向北京市第一中级人民法院提起公诉。

被告人孟令廷对公诉机关指控的犯罪事实未提出异议。其辩护人提出，孟令廷在廊坊市公安局看守所羁押期间主动交代了自己的杀人事实，应当认定具有自首情节。

北京市第一中级人民法院经公开审理查明：

被告人孟令廷因不能正确处理邻里纠纷，于1997年7月26日5时许，持菜刀等作案工具来到北京市房山区佛子庄乡北窑村安立东家，持菜刀猛砍安立东的长子安庆兵（殁年22岁）、次子安庆忠及女儿安庆红，致安庆兵死亡，安庆忠、安庆红轻伤。而后，孟令廷又因怀疑其弟媳刘某（殁年32岁）与他人有不正当男女关系而携带菜刀来到该村刘某家中，持刀猛砍刘某的头面部等处20余刀，致刘某死亡。

孟令廷在逃期间，使用其弟“孟令敏”的身份信息，通过他人伪造居民身份证两张并使用。2010年6月11日1时许，孟令廷在河北省廊坊市广阳区南尖塔镇，因琐事与合租一个单元房的任某发生矛盾。孟令廷持菜刀砍击任的朋友许振发，致许轻伤（偏重）。同月28日，孟令廷以“孟令敏”的身份被廊坊市公安机关刑事拘留。同年7月4日，孟令廷主动交代了其真实身份及1997年7月26日故意杀人的犯罪事实。

北京市第一中级人民法院经审理认为，被告人孟令廷故意非法剥夺他人生命的行为，已构成故意杀人罪；其逃匿期间伪造居民身份证的行为，又构成伪造居民身份证罪；其逃匿期间故意损害他人身体健康致人轻伤的行为，还构成故意伤害罪。对孟令廷所犯数罪依法应予并罚。关于辩护人所提孟令廷在廊坊市公安局看守所羁押期间主动交代了自己的杀人事实，应当认定具有自首情节的辩护意见，经查，依据相关司法解释的规定，孟令廷杀人的罪行已被录入全国公安信息网络在逃人员信息数据库，应当视为公安机关已经掌握，故孟令廷的上述行为不构成自首。孟令廷不能正确解决问题，持刀连砍4人，造成2人死亡、2人轻伤的严重后果，犯罪手段凶残，情节恶劣，后果和罪行极其严重。孟令廷犯罪后不思悔改，畏罪潜逃多年又接连犯新罪，主观恶性深，

人身危险性大,依法应当严惩。据此,依照《中华人民共和国刑法》第十二条第一款,1979 年《中华人民共和国刑法》第一百三十二条、第四十三条、第五十三条第一款,《中华人民共和国刑法》第二百八十条第三款、第二百三十四条第一款、第六十七条、第六十一条、第六十九条,《最高人民法院关于处理自首和立功具体应用法律若干问题的解释》第二条之规定,北京市第一中级人民法院判决如下:

被告人孟令廷犯故意杀人罪,判处死刑,剥夺政治权利终身;犯伪造居民身份证罪,判处有期徒刑一年六个月;犯故意伤害罪,判处有期徒刑一年六个月;决定执行死刑,剥夺政治权利终身。

一审宣判后,被告人孟令廷提出上诉。北京市高级人民法院经审理,裁定驳回孟令廷的上诉,维持原判。最高人民法院经复核于 2012 年 8 月 15 日核准了北京市高级人民法院关于维持判处上诉人孟令廷死刑的裁定。

二、主要问题

杀人潜逃后使用化名,后又因犯新罪被采取强制措施期间,向司法机关主动交代真实身份及所犯故意杀人罪的,对于前罪能否认定为自首?

三、裁判理由

本案的争议焦点是,被告人孟令廷以前所犯故意杀人罪已被公安机关上网通缉,而孟令廷因故意伤害以"孟令敏"的化名被廊坊市公安机关羁押期间,又主动交代其真实身份,供认冒用其弟"孟令敏"的身份信息,以及其于 1997 年故意杀人的犯罪事实。对于孟令廷在被采取强制措施期间,向司法机关主动交代真实身份,如实供述故意杀人的行为,能否认定为自首,本案审理过程中存在不同认识。一种观点认为构成自首,另一种观点认为不构成自首,仅属于坦白。我们赞同后一种意见,具体分析如下:

对于在被采取强制措施期间,如实供述司法机关尚未掌握的本人其他罪行的情况,理论界一般称为余罪自首。对于余罪自首的认定,应当从以下三个方面进行审查:

第一,必须是如实供述余罪。《最高人民法院关于处理自首和立功若干具体问题的意见》(以下简称《意见》)规定,如实供述自己的罪行,"除供述自己的主要犯罪事实外,还应包括姓名、年龄、职业、住址、前科等情况"。该规定要求行为人不仅要供述所犯余罪罪行,还要交代其真实身份。对于隐瞒自己的真实身份等情况,影响对其定罪量刑的,不能认定为如实供述自己的罪行。被告人孟令廷因故意伤害被公安机关刑事拘留,在羁押期间向公安机关不仅主动交代了自己故意杀人的罪行,还如实供述了自己的真实身份,即之前是冒用其弟"孟令敏"的姓名等身份情况,其真实身份是孟令廷。

第二,所供余罪必须是本人的其他罪行,与所犯新罪不属于选择性罪名或者不存在事实、法律上的关联。《最高人民法院关于处理自首和立功具体应用法律若干问题的解释》第二条规定,"被采取强制措施的犯罪嫌疑人、被告人和已宣判的罪犯,如实供述司法机关尚未掌握的罪行,与司法机关已掌握的或者判决确定的罪行属不同种罪行的,以自首论"。《意见》对"不同种罪行"的认定又作了进一步规定:"犯罪嫌疑人、被告人在被采取强制措施期间如实供述本人其他罪行,该罪行与司法机关已掌握的罪行属同种罪行还是不同种罪行,一般应以罪名区分。虽然如实供述的其他罪行的罪名与司法机关已掌握犯罪的罪名不同,但如实供述的其他犯罪与司法机关已掌握的犯罪属选择性罪名或者在法律、事实上密切关联……应认定为同种罪行。"虽然孟令廷如实供述的故意杀人犯罪与司法机关已掌握的故意伤害犯罪,犯罪事实均系孟令廷因与被害人产生矛盾后,持菜刀砍击被害人,但两者分属不同罪名,且不存在法律或事实上的关联,属于不同种罪行。

第三,所供述余罪必须为司法机关不掌握。该条件是认定此类情形是否构成余罪自首的关键。对何为"司法机关还未掌握的本人其他罪行",《意见》规定:"犯罪嫌疑人、被告人在被采取强制措施期间,向司法机关主动如实供述本人的其他罪行,该罪行能否认定为司法机关已掌握,应根据不同情形区别对待。如果该罪行已被通缉,一般应以该司法机关是否在通缉令发布范围内作出判断,不在通缉令发布范围内的,应当认定为还未掌握,在通缉令发布范围内的,应视为已掌握;如果该罪行已录入全国公安信息网络在逃人员信息数据库,应视为已掌握。如果该罪行未被通缉、也未录入全国公安信息网络在逃人员信息数据库,应以该司法机关是否已实际掌握该罪行为标准。"需要指出的是,该条意见针对的是行为人身份信息明确的情形。如果行为人潜逃期间或者因新罪到案后为掩盖漏罪或者前科,长期使用化名或者自报虚假身份,即便该行为人被公安机关上网通缉,该余罪亦难以为司法机关所掌握。因此,不能简单以"是否在司法机关通缉令发布范围内"或"该罪行是否录入全国公安信息网络在逃人员信息数据库"作为司法机关是否掌握的标准,而应本着实事求是、具体情况具体分析的态度审查判断,不宜搞"一刀切"。认定司机机关是否掌握余罪罪行,既不能把握得过窄,影响行为人交代余罪的积极性,又不能放得过宽,导致行为人借助余罪自首减轻罪责。对于行为人采用化名的情形,司法审判中应当综合审查在案证据,结合公安机关侦查惯例等情况,具体分析司法机关有无掌握其余罪的条件与可能,对于行为人外逃后长期使用化名,司法机关对其真实身份的查证又无其他任何线索的,如果行为人因实施其他犯罪到案后如实交代真实身份信息及所犯余罪,可以认定构成余罪自首。如果司法机关有明确、清晰的查证身份线索,不宜认定行为人对余罪构成自首。

就本案而言,首先,根据公安机关出具的《在逃人员登记/撤销表》及《协查通报》,被告人孟令廷因故意杀人逃跑后,公安机关于1997年10月7日向各地公安机关、看守所等发布了抓捕孟令廷的协查通报;于2002年4月1日又在全国范围内对孟令廷上网追逃。虽然孟令廷因故意伤害在廊坊市公安局看守所羁押期间,如实供述了自己的杀人罪行,但公安机关具备了解和掌握其所犯余罪的客观条件和正规途径。其次,孟令廷使用"孟令敏"的化名已有数年,并以"孟令敏"的身份信息伪造了身份证。公安机关在孟令廷主动交代前,并不掌握其真实身份信息,但孟令廷所持有的第一、二代身份证,均系伪造且被公安机关起获,其冒充他人身份信息的情况已露出破绽。同时,孟令廷冒充的是其弟"孟令敏"的身份信息,根据公安机关侦查惯例,公安人员按照正常的工作程序,在调取"孟令敏"的户籍材料,查证行为人与"孟令敏"身份关系的活动中,亦能了解孟令廷的真实身份及所犯余罪罪行。由此可见,孟令廷使用"孟令敏"化名,对公安机关掌握其余罪罪行并不构成实质障碍。故孟令廷在廊坊公安局看守所羁押期间,如实供述自己真实身份及杀人罪行的行为不符合"如实供述司法机关还未掌握的本人其他罪行"的规定,不应认定为自首。

需要说明的是,之所以对余罪自首采用比一般自首更为严格的认定标准,主要考虑到犯罪嫌疑人已被采取强制措施,属被动归案,司法机关有深挖余罪的职责,犯罪嫌疑人有如实回答的义务。当然,上述对"司法机关是否掌握"认定标准的界定,并不会造成变相鼓励犯罪嫌疑人、被告人编造和使用没有任何查证线索的化名的情况。就孟令廷而言,其主动交代真实身份,如实供述其以前所犯罪行的行为,虽不能认定为余罪自首,但已构成坦白。2011年施行的刑法修正案(八)已将坦白上升为法定从宽处罚情节,审判机关可以根据其坦白价值大小、所犯罪行严重程度等情节,在量刑时决定对其是否予以从轻。孟令廷故意杀人,致2人死亡、2人轻伤,在逃期间又犯故意伤害罪,主观恶性与人身危险性大,虽有坦白情节,不足以从宽处罚,故法院判处并核准死刑。

(撰稿:北京市第一中级人民法院　王雪枫
审编:最高人民法院刑五庭　马　岩)

[第1019号]杨治山内幕交易案

——如何理解内幕交易犯罪案件中的“自动投案”和“如实供述主要罪行”

【关键词】 内幕交易罪 自动投案 如实供述

一、基本案情

被告人杨治山,男,1965年8月24日出生,原系中信证券股份有限公司(以下简称中信证券)研究部执行总经理、山西漳泽电力股份有限公司(以下简称漳泽电力)独立董事。2012年5月22日因涉嫌犯内幕交易罪被逮捕。

上海市人民检察院第一分院以被告人杨治山犯内幕交易罪,向上海市第一中级人民法院提起公诉。

被告人杨治山及其辩护人对起诉书指控的事实及罪名无异议,但认为杨治山具有自首情节,依法可以从轻或者减轻处罚,并提请法庭对杨治山适用缓刑。

上海市第一中级人民法院经公开审理查明:

2010年5月起,被告人杨治山担任漳泽电力独立董事。2011年3月至4月间,杨治山从漳泽电力相关负责人处获悉该公司重大资产重组的内幕信息后,于同年4月15日抛售其妻尚燕萍证券账户内的股票,共筹集资金人民币(以下币种同)1 600余万元,并以第三人李桦的名义在中国建银投资证券有限责任公司上海物华路证券营业部开设证券账户。4月18日,杨治山指使尚燕萍将1 500万元转入李桦账户。同月19日、28日,杨治山在李桦账户内共买入漳泽电力股票268万余股,成交金额合计1 499万余元。2011年6月7日,漳泽电力股票停牌。同年10月28日,漳泽电力公告重大资产重组信息并复牌。杨治山与尚燕萍商议后,由尚操作,于复牌当日以集合竞价方式低价抛售上述全部漳泽电力股票,亏损82万余元。

杨治山在证券监管机构调查期间主动向证券监管机构如实供述主要犯罪事实,在被侦查人员传唤到案后如实供述了上述犯罪事实。

上海市第一中级人民法院经审理认为,被告人杨治山作为证券交易内幕信息的知情人员,在相关信息尚未公开前,买入该股票1 499万余元,其行为构成内幕交易罪,且情节特别严重。公诉机关指控的罪名成立。杨治山在证券监管机构调查期间,主动向证券监管机构交代其获悉漳泽电力可能重组的信息后,在信息敏感期内买入漳泽电力股票的事实,并表示愿意接受调查。在侦查机关到杨治山事先交代的住址传唤其到案接受调查时,杨治山亦供述了其主要犯罪事实,其行为可视为自动投案后如实供述主要犯罪事实,依法应当认定其具有自首情节。结合杨治山当庭自愿认罪、在漳泽电力股票复牌当日低价抛售股票等情节,可以对杨治山减轻处罚。但综合考虑本案事实、情节,对杨治山不宜适用缓刑,辩护人所提相关量刑建议不予采纳。据此,为维护证券市场的公开、公平、公正秩序,保护广大证券投资者合法利益,依照《中华人民共和国刑法》第一百八十条第一款、第三款,第六十七条第一款,第五十三条之规定,上海市第一中级人民法院以被告人杨治山犯内幕交易罪,判处有期徒刑三年,并处罚金人民币五万元。

一审判决后,被告人杨治山不服,以量刑过重为由向上海市高级人民法院提出上诉,要求改判宣告缓刑。

上海市高级人民法院经公开审理认为，一审判决认定的事实清楚，证据确实、充分，定罪准确，量刑适当，审判程序合法，遂裁定驳回上诉，维持原判。

二、主要问题

如何理解内幕交易犯罪案件中的“自动投案”和“如实供述主要罪行”？

三、裁判理由

司法实践中的自首分为三类：“主动投案型”、“形迹可疑型”及“被采取强制措施后如实供述尚未掌握犯罪型”。刑法第六十七条对主动投案型自首的认定作了如下规定：“犯罪以后自动投案，如实供述自己罪行的，是自首。”根据《最高人民法院关于处理自首和立功具体应用法律若干问题的解释》（以下简称《解释》）第一条第二项的规定，如实供述自己的罪行是指犯罪嫌疑人自动投案后，如实交代自己的主要犯罪事实。《最高人民法院关于处理自首和立功若干具体问题的意见》（以下简称《意见》）规定：“犯罪嫌疑人自动投案后隐瞒自己的真实身份等情况，影响对其定罪量刑的，不能认定为如实供述自己的罪行。”

本案的定性没有争议，争议的焦点在于，依照刑法及上述司法解释的规定，能否认定被告人杨治山的行为构成自首。对这一问题的论述，又可以从以下两个方面着手：杨治山被侦查人员上门传唤到案是否属于“自动投案”；杨治山关于其购买涉案股票主要是基于专业判断的辩解是否影响对其“如实供述自己罪行”的认定。

（一）内幕交易犯罪案件中的“自动投案”

凡是证券监管部门移送的内幕交易犯罪案件，在将案件移送之前，证券稽查部门往往已启动了立案稽查程序。本案中，被告人杨治山获悉证券监管部门调查相关股票异动情况后，主动向证券监管部门反映自己购买股票的情况，并向证券监管部门提供了自己的联系方式及家庭住址，以便有关部门作进一步调查取证。证券监管部门经过数月的调查后，向公安机关移送案件材料，随后侦查人员到杨治山家中传唤其到案接受调查。杨治山主动找证券监管部门反映情况，且其在家中被公安机关传唤到案如实供述主要犯罪事实的行为是否属于自首，直接影响到对杨治山的量刑。鉴于庭审过程中，法庭对此存在争议，故有必要探讨。我们认为，杨治山主动找所在单位领导或者有关部门反映自身情况后，能够随传随到，并在自己的住址等候司法机关处理，依法应当认定为自动投案。

1. 只要行为人主动向基层组织或者证券监管部门如实反映自身涉案情况，并自愿等候有关部门处理的，均可以认定为自动投案。根据《解释》第一条的规定，自动投案，是指犯罪事实或者犯罪嫌疑人未被司法机关发觉，或者虽被发觉，但犯罪嫌疑人尚未受到讯问、未被采取强制措施时，主动、直接向公安机关、人民检察院或者人民法院投案。犯罪嫌疑人向其所在单位、城乡基层组织或者其他有关负责人员投案的，应当视为自动投案。根据《意见》第一条第一项的规定，“犯罪嫌疑人具有以下情形之一的，也应当视为自动投案：1. 犯罪后主动报案，虽未表明自己是作案人，但没有逃离现场，在司法机关询问时交代自己罪行的；2. 明知他人报案而在现场等待，抓捕时无拒捕行为，供认犯罪事实的……5. 其他符合立法本意，应当视为自动投案的情形”。由此可见，在现场等候抓捕，即使非本人主动报案，亦可视为主动投案。在内幕交易案件中，由于系先由证券监管部门调查，故行为人一般均是先向证券监管部门投案，如果行为人预留联系方式，并在预留地址自愿等候有关部门处理的，比照“明知他人报案而在现场等待”的规定，应当认定行为人系主动投案。行为人在自愿等候有关部门处理过程中，被公安抓获到案不影响自动投案的认定。质言之，如果因行为人在等候处理过程中，因未能及时向公安机关投案而否认行为人自动投案，则可能导致内幕交易案件中的行为人自动投案不能。原因在于内幕交易犯罪往往由证券监管部门先行调查,监管部门依照调查结论作出行政处罚或者移送司法机关处理。行为人在等候处理过程中一般也无法确知调查进展情况,更无从知晓案件是否移送到公安机关。在行为人无法准确了解何时需要向公安机关投案的情况下,不能因部门之间的协调程序影响对行为人自动投案的认定。当然,如果行为人向证券监管部门主动投案并预留联系方式和家庭住址后逃跑的,则因其不具有等候处理的自愿性,依法不能认定为自动投案。

2. 行为人向证券监管部门主动投案已实现自首制度中主动投案的立法价值。从自首的立法价值分析,立法者设置自首制度的目的在于减少司法机关的追诉负担和司法成本、有效实现刑罚预防犯罪的功能。如果行为人能向司法机关自动投案如实供述,将大大提高司法机关侦破案件的效率。行为人在公安机关介入之前即主动向有关部门主动投案,并在家中等候处理,证券监管部门依照行为人供述的内容进行调查、取证,必然减轻司法机关调查、取证的负担,也必定节约司法成本。因此,从这一角度分析,行为人向证券监管部门主动投案已实现自首制度中主动投案的立法价值。

从另一角度分析,内幕交易案件被移送公安机关后,由于行为人在预留的住址等候处理,公安机关即使上门采取拘留等强制措施,对司法资源的浪费也不明显,以此进行刑法负面评价的意义并不大。基于上述分析,我们认为,本案被告人杨治山的行为符合自动投案的特征。

(二)内幕交易犯罪案件中的"主要罪行"

主要罪行系指主要犯罪事实,包括罪质事实和重大罪量事实。罪质事实,是指对犯罪嫌疑人行为性质认定具有重大影响的事实、情节;重大罪量事实,是指对量刑具有重大影响的事实、情节。其中,罪质事实主要是针对罪名的构成要件。对于故意犯罪,因系有意为之,行为人是否供述了主要犯罪事实,通常不难判断。值得注意的是,在具体案件中,因不同罪名的构成要件不同,如实供述罪行中的罪质事实也相应有所不同。如在盗窃案件中,行为人如实供述罪行时,供述的内容应当包括窃取的财物种类、数量等;而在故意杀人案中,行为人如实供述的内容应当主要包括作案工具、杀人手段等事实。

我们认为,在内幕交易犯罪案件中,根据刑法第一百八十条的规定,行为人的如实供述内容,应当包括:行为人的主体身份;所购买的相关股票名称、数量;行为人获悉内幕信息等相关情况。

1. 从犯罪行为性质分析。内幕交易犯罪是一种典型的行政犯,由于证券期货违法犯罪所涉专业性较强,人民法院通常是在参考证券监管部门出具的相关认定意见的基础上认定犯罪事实。然而,证券监管部门的认定意见本身不属于内幕交易犯罪本身的事实和情节,行为人对该认定意见进行辩解或者持不同看法,不影响对其如实供述罪行的认定。在其他行政犯罪案件中也存在类似的问题。如在重大责任事故犯罪案件中,在危害后果无须证实的情况下,对行为人罪责的认定关键在于对行为人是否违反特定规章制度所要求的注意义务的认定,而行为人是否严格遵守业务规章制度和认真履行特定监督管理职责,需要经过长时间、多渠道的调查才能确定。① 因此,在重大责任事故案件中,行为人应当对其依照行政规章的作为和不作为进行供述,但对其行为是否存在重大责任可以不作供述,即便做无责任辩解也不影响对其如实供述罪行的认定。在重大责任事故犯罪的场合,事故原因正在调查之中,刑事责任的范围及其具体责任人尚未确定,有关人员按时接受调查并如实陈述所知道的情况的,宜视为自动投案,依法应当认定为自首。②

经由上述分析,在内幕交易犯罪案件中,行为人只要如实供述了其获悉内幕信息、从事了相

① 周峰、赵俊甫:《重大责任事故罪自首认定刍议》,载《人民司法》2012 年第 3 期。

② 黄祥青:《自首与立功司法认定若干问题探讨》,载《法律适用》2007 年第 2 期。

关股票交易的事实,就基本可以认定其如实供述了主要罪行。至于行为人对犯罪性质的辩解,具体而言,对相关信息是否为内幕信息、其从事相关证券交易时是否处于价格敏感期等内容的辩解,不影响对其如实供述主要罪行的认定。

2. 从辩解性质分析。在内幕交易案件中,行为人通常作出其主要是基于专业判断而买卖相关股票的辩解。对于该类辩解是否影响对行为人如实供述主要罪行的认定,实践中存在争议。我们认为,该类辩解本质上属于性质辩解,不属于事实辩解。根据《最高人民法院关于被告人对行为性质的辩解是否影响自首的成立问题的批复》的规定,犯罪分子对行为性质的辩解不影响自首的成立,因此,在行为人如实供述犯罪事实的前提下,作出其是主要基于专业判断而买卖相关股票的辩解不影响对其如实供述罪行的认定。内幕交易犯罪相关司法解释明确规定了对获悉内幕信息和购买股票行为之间因果联系的认定规则,行为人对这种因果联系的辩解,在本质上属于一种性质辩解,而并非事实辩解。故即使行为人作出其购买股票主要是基于专业判断的辩解,只要其如实供述犯罪事实,也不影响对其如实供述罪行的认定。

值得注意的是,如果行为人编造事实,否认自己购买股票,否认自己获悉相关信息的,则不应认定为自首。自动投案后,又编造事实为自己开脱罪责,不能认定为如实供述主要罪行。如行为人向证券稽查部门供述时称,购买股票全系自己妻子的行为,自己完全不知情也从未参与的,该辩解是一种事实辩解,不能认定为如实供述主要罪行。

综上,本案中,被告人杨治山主动找到证券监管部门反映自己涉案情况,预留了自己的联系方式和住所地址,并在上述地址等候有关部门处理,后经公安机关上门传唤到案,依法可以视为主动投案。杨治山在证券稽查阶段,说明自己系相关上市公司独立董事等身份,也交代了其知晓涉案上市公司资产重组的信息,并主动交代了其通过第三人账户购买涉案股票 1 499 万余元的事实。后在公安机关侦查阶段,到案后亦如实供述了主要犯罪事实,故依法可以认定杨治山具有自首情节。杨治山关于其购买股票主要是基于自身专业知识判断的辩解,属于对其行为性质的辩解,不影响对自首情节的认定。

(撰稿:上海市第一中级人民法院　万志尧　邬小骋
审编:最高人民法院刑二庭)

[第 1035 号]李梦杰、刘辉贩卖毒品案

——立功等从轻处罚事实的认定是适用严格证明标准还是优势证明标准

【关键词】　立功　严格证明标准　优势证明标准

一、基本案情

上诉人(原审被告人)李梦杰,男,1980 年 7 月 6 日出生,无业。2013 年 3 月 30 日因涉嫌犯贩卖毒品罪被逮捕。

原审被告人刘辉,男,1991 年 4 月 9 日出生,无业。2013 年 3 月 30 日因涉嫌犯贩卖毒品罪被逮捕。

江苏省无锡市南长区人民检察院以被告人李梦杰、刘辉犯贩卖毒品罪,向南长区人民法院提

起公诉。

无锡市南长区人民法院经公开审理查明：被告人李梦杰于2013年2月20日晚，经与杜枫事先电话联系交易毒品后，指使被告人刘辉至无锡市第三人民医院附近的建设银行门口，向杜枫贩卖毒品甲基苯丙胺9余克。被告人李梦杰得款人民币4 500元。

无锡市南长区人民法院认为，被告人李梦杰、刘辉结伙贩卖毒品甲基苯丙胺，情节严重，二被告人的行为均构成贩卖毒品罪。在共同犯罪中，李梦杰起主要作用，是主犯，应当按照其所参与的全部犯罪处罚；刘辉起次要作用，是从犯，应当从轻、减轻或者免除处罚。李梦杰曾因故意犯罪被判处有期徒刑，在刑罚执行完毕后，五年内再犯应当判处有期徒刑以上刑罚之罪，是累犯，应当从重处罚。李梦杰、刘辉到案后均如实供述自己的罪行，可以从轻处罚。综合李梦杰、刘辉的犯罪情节和量刑情节，南长区人民法院决定对李梦杰从重处罚，对刘辉减轻处罚。据此，依照《中华人民共和国刑法》第三百四十七条第四款，第二十五条第一款，第二十六条第一款、第四款，第二十七条，第六十五条第一款，第六十七条第三款及《最高人民法院关于审理毒品案件定罪量刑标准有关问题的解释》第三条之规定，以贩卖毒品罪，分别判处被告人李梦杰有期徒刑六年六个月，并处罚金人民币六千元；判处被告人刘辉有期徒刑二年六个月，并处罚金人民币三千元。

一审宣判后，被告人李梦杰提出上诉。上诉理由是：李梦杰在2013年2月25日被公安机关抓获后，当晚便在公安民警的控制下电话联系了原审被告人刘辉，得知刘辉在无锡市马山镇的红灯笼网吧上网，即将该线索告知民警。民警查询到该网吧地址后即前往红灯笼网吧将刘辉抓获。李梦杰的行为应当构成立功。

无锡市中级人民法院经公开审理查明：2013年2月20日晚，上诉人李梦杰经与杜枫事先电话联系交易毒品后，指使原审被告人刘辉至无锡市第三人民医院附近的建设银行门口，向杜枫贩卖毒品甲基苯丙胺9余克。同月25日，无锡市公安局南长分局金匮派出所民警在五星家园182号602室抓获了李梦杰。当晚，在民警的控制下，李梦杰与刘辉通话，得知刘辉在无锡马山的红灯笼网吧上网，即将该线索告知民警。民警查询到该网吧地址后即前往红灯笼网吧将刘辉抓获。

无锡市中级人民法院认为，虽然上诉人李梦杰在一审时未提出有协助抓获同案犯的意见，但根据二审查明的事实，应当认定李梦杰归案后协助公安机关抓获了原审被告人刘辉，具有立功情节。理由是：(1)上诉人李梦杰二审庭审时供称其归案当晚在与刘辉的通话中，刘辉告知其在马山的红灯笼网吧上班，其将该线索告知了民警。该供述亦得到了刘辉二审当庭供述的印证。(2)在二审审理过程中，公安机关出具《情况说明》证明公安机关系通过李梦杰手机中存储的刘辉QQ号码采用技侦手段抓获了刘辉，但公安机关既未提供QQ号码，又未提供相关审批手续。故该《情况说明》证明的内容，法院不予采信。(3)李梦杰与刘辉二审庭审时的供述能够相互印证，而公安机关出具的《案件的侦破、揭发经过》和《情况说明》与李梦杰、刘辉的供述相互矛盾，且无其他证据印证。根据现行司法解释的规定，应当认定李梦杰确有立功表现，对李梦杰在原判量刑的基础上可以从轻处罚。综上，原审判决的审判程序合法，对李梦杰的定罪正确，对原审被告人刘辉的定罪正确、量刑适当，但鉴于上诉人李梦杰确有立功表现，依照《中华人民共和国刑事诉讼法》第二百二十五条第一款第三项，《中华人民共和国刑法》第三百四十七条第四款，第二十五条第一款，第二十六条第一款、第四款，第二十七条，第六十五条第一款；《最高人民法院关于审理毒品案件定罪量刑标准有关问题的解释》第三条以及《最高人民法院关于处理自首和立功具体应用法律若干问题的解释》第五条之规定，无锡市中级人民法院判决如下：

1. 维持无锡市南长区人民法院(2013)南刑初字第104号刑事判决对原审被告人李梦杰的定罪部分以及对原审被告人刘辉的定罪量刑部分，撤销对原审被告人李梦杰的量刑部分。

2. 上诉人(原审被告人)李梦杰犯贩卖毒品罪,判处有期徒刑六年,并处罚金人民币五千元。

二、主要问题

立功等从轻处罚事实的认定是适用严格证明标准还是优势证明标准?

三、裁判理由

根据《最高人民法院关于处理自首和立功具体应用法律若干问题的解释》和《最高人民法院关于处理自首和立功若干问题的意见》的相关规定及精神,犯罪分子提供犯罪后掌握的同案犯的藏匿地址,司法机关据此抓捕同案犯的,应当认定为协助司法机关抓捕同案犯,构成立功。本案争议的焦点在于:上诉人李梦杰是否提供了原审被告人刘辉的藏匿地址,以及司法机关是否是根据李梦杰提供的线索抓捕了刘辉。一种意见认为,李梦杰并未提供刘辉的具体藏匿地址,司法机关抓捕刘辉主要是通过相关的技术侦查手段。其理由是,司法机关出具的《案件的侦破、揭发经过》和《情况说明》充分证明了刘辉的归案情况,且上述书证的证明力大于当事人供述的证明力,李梦杰提出的构成立功的上诉理由不应予以采信。另一种意见认为,李梦杰构成立功。其理由是,李梦杰的上诉事实和证据得到刘辉当庭供述的印证,而公安机关的材料前后不一,且尚有明显疑点无法排除,认定构成立功证据的证明力大于否定其的证明力。根据优势证据的证明标准,应当认定李梦杰构成立功。

我们同意后一种观点。具体分析如下:

(一)立功等从轻处罚事实的认定可以采用自由证明,而非一律适用最严格证明

犯罪事实包括定罪事实与量刑事实,后者又包括不利于被告人的从重量刑事实和有利于被告人的从宽量刑事实。立功属于有利于被告人的量刑事实。传统的刑事证据理念及相关规则主要是针对定罪问题而确立,以对法院定罪活动加以限制和约束为目标。基于此,诉讼活动中要求严格坚持无罪推定原则,赋予公诉方证明被告人有罪的责任,并为这种证明确立了最高的证明标准,即严格证明。但是,当讨论具体个案中的量刑事实时,默认前提是该被告人的行为已经构成犯罪,不宜再将严格证明应用于所有量刑事实,特别是从轻处罚事实。

就量刑事实而言,囿于控辩双方向法庭提供的量刑信息的不全面、不客观,甚至各方基于本方的诉讼利益,可能向法庭提供虚假或者不可靠的量刑证据,法庭据此作出的量刑裁判往往会过分偏重或者偏轻,导致量刑裁决的不公正。为了最大限度降低潜在的量刑失衡风险,真正实现罪责刑相适应,在相应司法理念指导下,法庭对量刑事实的证明应当区别对待。具体而言,对于由控诉机关提供的从重量刑事实的证明,从限制国家司法权的理念出发,仍应坚持适用最严格的证明标准;而被告方提供的从轻、减轻等有利于被告人量刑事实的证明,本着有利于被告人的原则,对此类量刑事实应当允许进行自由证明;质言之,在证据种类、提出和调查方式上不应进行苛刻要求,对于用于证明有利于被告人量刑事实的证据的证明能力不应作严格的限制。如证据种类方面,不局限于法定证据种类,对于有关机关出具的"情况说明"、民意的反映材料等也可纳入考量范畴;提出和调查方式方面,不拘泥于证据来源的方式,如通过查阅卷宗或者电话询问的方式取得的材料也可作为对被告人量刑的依据。立功作为有利于被告人的重要量刑情节之一,其认定当然亦应采用自由证明的方式。《最高人民法院关于适用〈中华人民共和国刑事诉讼法〉的解释》(以下简称《解释》)第六十四条第二款规定:"认定被告人有罪和对被告人从重处罚,应当适用证据确实、充分的证明标准。"然而,《解释》对被告人从轻、减轻等有利于被告人的量刑事实并未规定最严格的证明标准,从体系解释的逻辑脉络分析,可反向推论对此类事实可以不适用最严格证明标准。

（二）立功等从轻处罚事实的认定可以适用优势证明标准

自由证明与严格证明的区别除了上文提及的证据种类、提出和调查方式外，另一显著区别在于两者的证明标准不同，即严格证明适用“排除合理怀疑”的通常标准，而自由证明则适用优势证明标准。换言之，相对于严格证明适用的“排除合理怀疑”等证明标准而言，自由证明中判断证据指向的事实是否存在的标准是“盖然性”。之所以如此，是因为严格证明适用于定罪和从重量刑场合，这些场合中承担证明责任的主要是控诉机关，从无罪推定理念和控诉机关掌握大量司法权力的现实出发，如若不适用上述标准，可能导致国家权力的滥用，直接损害被告人的合法权益。而自由证明适用于有利于被告人的量刑场合，如果对有利于被告人的量刑情节一律要求严格证明，就会导致取证能力较弱的被告人及其辩护人所获证据被采信的可能性大大降低，不利于对被告人合法权益的保障。因此，无论是严格证明中的通常标准还是自由证明中的优势标准，蕴含的价值取向均是对被告人权益的保障，两者有异曲同工之妙。

司法实践中，诸如立功等有利于被告人的量刑情节，通常由被告方提出。相应地，被告方通常会承担主要的证明责任。具体而言，被告方的这种证明责任需要达到优势证据的程度，并在达到这一程度之后，将证明责任再次转移给公诉方。公诉方此时要承担证明该项量刑情节不成立的责任，并需达到优势证据的程度。在被告方与公诉方的证明势均力敌的情况下，法庭通过对控辩双方量刑证据的权衡，最终裁断哪一方的证明达到了相对优势的程度。换言之，在存在两种相反的事实认定的可能下，只要其中一种事实存在的可能性具有证据上的相对优势，也就是相对另一种事实存在的可能性而言，该种事实成立的可能性更大一些，那么，法庭就该确信该种事实的成立，并将其作为裁判的依据。

本案中，上诉人李梦杰为证明其有协助公安机关抓捕同案犯的行为，向法庭提供了抓捕前其与同案犯的通话记录，据此证实其通过电话确定了同案犯的具体藏匿地址，并将该地址及时告知了公安机关。此时的证明责任已经转移至公诉方。公诉方为了证明李梦杰不构成立功，向法庭提交了由公安机关出具的《案件的侦破、揭发经过》和《情况说明》。该三份材料虽然均否认李梦杰有提供同案犯具体藏匿地址的行为，始终坚持同案犯的落网是公安机关运用技术侦查手段所致，但具体细节描述前后不一，特别是关于通过同案犯 QQ 锁定其藏匿地址的证明无法得到相关证据的证实。相反，同案犯刘辉的供述证实，其在与李梦杰通话过程中曾将自己所处详细位置告知李梦杰，后被公安机关抓获。法庭综合衡量后，认为李梦杰的上诉理由能够得到同案犯供述的印证，相对于公安机关出具的《案件的侦破、揭发经过》和《情况说明》，可信度更大。故二审法院根据优势证据裁判标准，认定李梦杰有协助抓获同案犯的行为，依法认定其构成立功是适当的。

（撰稿：江苏省无锡市中级人民法院　韩　锋　王星光
审编：最高人民法院刑四庭　陆建红）

[第1036号]朱莎菲贩卖毒品案

——被告人协助公安机关抓获同案犯,但同案犯未被作为犯罪处理的,能否认定被告人构成立功

【关键词】 立功 同案犯 查证属实

一、基本案情

被告人朱莎菲,女,1974年10月17日出生,无业。2013年3月26日因涉嫌犯贩卖毒品罪被逮捕。

江苏省无锡市北塘区人民检察院以被告人朱莎菲犯贩卖毒品罪,向北塘区人民法院提起公诉。

无锡市北塘区人民法院经公开审理查明:

2013年2月至3月12日期间,被告人朱莎菲在江苏省无锡市南长区永乐路87号永乐名典等地,分三次将0.74克甲基苯丙胺分别贩卖给邱涛、费忠、陈登英,得款共计人民币(以下币种同)800元。具体事实如下:

1. 2013年2月,朱莎菲在无锡市南长区永乐路87号永乐名典附近,将0.1克甲基苯丙胺贩卖给邱涛,得款100元。

2. 2013年3月10日左右,朱莎菲在无锡市南长区永乐路大荣饭店门口,将0.44克甲基苯丙胺贩卖给费忠,得款500元。

3. 2013年3月12日,朱莎菲在无锡市南长区永乐路87号永乐名典附近,将0.2克甲基苯丙胺贩卖给陈登英,得款200元。

2013年3月12日14时许,公安机关在无锡市南长区日航大酒店附近抓获朱莎菲,并从其身上当场查获3克甲基苯丙胺。同日16时许,公安机关在朱莎菲位于无锡市南长区扬名路63号402室的租住处查获1.83克甲基苯丙胺。朱莎菲归案后主动供述了司法机关尚未掌握的其向邱涛、陈登英贩卖毒品的事实,并协助公安机关抓获张志超、邱涛、陈登英。

无锡市北塘区人民法院认为,被告人朱莎菲明知甲基苯丙胺是毒品而多次贩卖给他人共计0.74克,其既有吸毒行为,又有贩毒行为,查获的甲基苯丙胺4.83克,应当计入其贩卖数额,即认定其贩卖甲基苯丙胺5.57克,其行为构成贩卖毒品罪,且属情节严重。朱莎菲归案后如实供述自己的罪行,依法可以从轻处罚。朱莎菲多次因吸毒被行政处罚,仍不思悔改,酌情从重处罚。朱莎菲归案后协助公安机关抓捕其他犯罪嫌疑人员,犯罪嫌疑虽未查证属实,但有立功意愿,酌情从轻处罚。鉴于本案部分毒品被查获尚未流入社会以及朱莎菲本人吸食毒品的情况,在量刑时可以酌情从轻。据此,依照《中华人民共和国刑法》第三百四十七条第四款、第六十七条第三款之规定,无锡市北塘区人民法院以被告人朱莎菲犯贩卖毒品罪,判处有期徒刑三年八个月,并处罚金人民币四千元。

一审宣判后,被告人朱莎菲以其具有立功表现,其犯罪行为不属于情节严重等为由向无锡市中级人民法院提起上诉。

无锡市中级人民法院经公开审理查明:2013年2月至3月12日,上诉人朱莎菲在无锡市南长区永乐路87号永乐名典等地,先后3次将共计0.74克甲基苯丙胺贩卖给邱涛、费忠、陈登英,

得款共计800元。同年3月12日14时许,公安机关在无锡市南长区日航大酒店附近将朱莎菲抓获,当场从朱莎菲身上查获其为了贩卖而委托涉案人员张志超(另案处理)购买的甲基苯丙胺3克。同日16时许,公安机关在朱莎菲租住地查获甲基苯丙胺1.83克。朱莎菲归案后主动供述了司法机关尚未掌握的其向邱涛、陈登英贩卖毒品的事实,并协助公安机关抓获张志超、邱涛、陈登英。

无锡市中级人民法院认为,上诉人朱莎菲多次贩卖甲基苯丙胺共计5.57克,其行为构成贩卖毒品罪,且属情节严重。朱莎菲归案后协助公安机关抓获涉案人员张志超,该行为依法构成立功,且有主动供述公安机关尚未掌握的同种罪行以及如实供述全部罪行的情节。据此,依照《中华人民共和国刑事诉讼法》第二百二十五条第一款第三项,《中华人民共和国刑法》第三百四十七条第四款、第二十五条第一款、第六十八条第一款、第六十七条第三款以及《最高人民法院关于处理自首和立功具体应用法律若干问题的解释》第五条之规定,无锡市中级人民法院判决如下:

1. 维持无锡市北塘区人民法院(2013)北刑初字第0136号刑事判决对原审被告人朱莎菲的定罪部分,撤销对朱莎菲的量刑部分。

2. 上诉人朱莎菲犯贩卖毒品罪,判处有期徒刑二年,并处罚金人民币二千元。

二、主要问题

被告人协助公安机关抓获同案犯,但同案犯未被作为犯罪处理的,能否认定被告人构成立功?

三、裁判理由

本案中,被告人朱莎菲在被公安机关抓获后,主动交代其被查获的3克甲基苯丙胺系张志超明知其贩卖毒品而为其代购的,并按照公安机关的安排打电话将张志超约至指定地点见面,还在见面地点向公安人员指认了张志超,公安机关据此将张志超抓获。张志超到案后,公安机关出具的《情况说明》载明:2013年3月12日13时许,接涉毒嫌疑人费忠举报,朱莎菲近期在无锡市向多人贩卖毒品。当日14时许,公安机关在费忠的协助下,将携带3克甲基苯丙胺准备与费忠进行交易的朱莎菲抓获,后朱莎菲协助公安机关抓获帮助其购买毒品的张志超。因朱莎菲与费忠的毒品交易已被公安机关掌控,张志超不构成犯罪。一审法院据此认定:"朱莎菲归案后协助公安机关抓捕其他犯罪嫌疑人员,犯罪嫌疑虽未查证属实,但有立功意愿,酌情从轻处罚。"从该裁判理由分析可知,一审法院认定朱莎菲协助抓获同案犯的行为不构成立功。

二审审理过程中,对于被告人朱莎菲协助公安机关抓获张志超的行为是否构成立功,存在两种意见:一种意见与一审法院的意见相同,认为朱莎菲虽具有协助公安机关抓获张志超的行为,但张志超未被公安机关处理,朱莎菲检举的张志超的犯罪行为未能查证属实,故不应认定朱莎菲的行为构成立功。另一种意见认为,审判机关应当根据法律规定认定张志超明知他人实施毒品犯罪仍为其代购毒品的行为构成犯罪,虽然公安机关未对张志超作出处理,但朱莎菲确有协助公安机关抓获张志超的表现,应当认定朱莎菲的行为构成立功。

我们同意后一种意见。具体理由如下:

刑法第六十八条规定,犯罪分子有揭发他人犯罪行为,查证属实的,或者提供重要线索,从而得以侦破其他案件等立功表现的,可以从轻或者减轻处罚。《最高人民法院关于处理自首和立功具体应用法律若干问题的解释》(以下简称《解释》)第五条对立功的构成条件作出详细列举和明确规定:"犯罪分子到案后有检举、揭发他人犯罪行为,包括共同犯罪案件中的犯罪分子揭发同案犯共同犯罪以外的其他犯罪,经查证属实;提供侦破其他案件的重要线索,经查证属实;阻止他人犯罪活动;协助司法机关抓捕其他犯罪嫌疑人(包括同案犯);具有其他有利于国家和社会的突出表现的，应当认定为有立功表现。”由于实践中满足立功制度确立的从宽处罚条件的情形较为复杂，为进一步规范司法实践中对立功制度的运用，更好地贯彻落实宽严相济刑事政策，最高人民法院 2010 年 12 月印发的《关于处理自首和立功若干具体问题的意见》（以下简称《意见》）对协助抓捕其他犯罪嫌疑人型立功的具体认定、立功线索的查证程序、自首与立功证据材料的审查等问题作出了更为详细的规定。《意见》第五条第一款规定，犯罪分子具有下列行为之一，使司法机关抓获其他犯罪嫌疑人的，属于《解释》第五条规定的“协助司法机关抓捕其他犯罪嫌疑人”：（1）按照司法机关的安排，以打电话、发信息等方式将其他犯罪嫌疑人（包括同案犯）约至指定地点的；（2）按照司法机关的安排，当场指认、辨认其他犯罪嫌疑人（包括同案犯）的；（3）带领侦查人员抓获其他犯罪嫌疑人（包括同案犯）的；（4）提供司法机关尚未掌握的其他案件犯罪嫌疑人的联络方式、藏匿地址的，等等。根据上述规定，认定协助抓捕其他犯罪嫌疑人（包括同案犯）型立功属于刑法第六十八条规定的“犯罪分子有揭发他人犯罪行为，查证属实的”，应当满足三个条件：一是行为条件。即行为人应当有协助抓捕其他犯罪嫌疑人（包括同案犯）的行为，具体包括《意见》第五条第一款规定的四种情形等。二是对象条件。即被协助抓获的犯罪嫌疑人确有犯罪行为。三是结果条件。即被协助抓获的犯罪嫌疑人的犯罪行为经查证属实。

本案认定被告人朱莎菲的行为构成立功，主要有以下几点理由：

（一）朱莎菲的行为符合“协助司法机关抓捕其他犯罪嫌疑人”型立功的行为条件

朱莎菲在被公安机关抓获后，主动交代其被查获的 3 克甲基苯丙胺系张志超明知其贩卖毒品而为其代购，提供了张志超的联系方式，按照公安机关的安排打电话将张志超约至指定地点，并当场指认了张志超，公安机关在朱莎菲的指认下抓获张志超。朱莎菲的行为既符合《意见》第五条第一款第一项规定的“按照司法机关的安排，以打电话、发信息等方式将其他犯罪嫌疑人（包括同案犯）约至指定地点”的情形，也符合该款第二项规定的“按照司法机关的安排，当场指认、辨认其他犯罪嫌疑人（包括同案犯）”的情形。朱莎菲的电话约见、当场指认为司法机关的抓捕提供了极大便利，有效地降低了抓捕成本，提高了抓捕效率，符合“协助司法机关抓捕其他犯罪嫌疑人”型立功的客观行为特征。

（二）被告人朱莎菲的行为符合“协助司法机关抓捕其他犯罪嫌疑人”型立功的对象条件

认定朱莎菲是否构成立功的第二个要件，是其协助抓获的张志超是否有犯罪行为。张志超明知朱莎菲贩卖毒品而为其代购 3 克甲基苯丙胺的事实，有张志超、朱莎菲的一致供述及从朱莎菲处查获的 3 克甲基苯丙胺予以证实，足以认定张志超实施犯罪的事实。对于张志超的行为是否构成犯罪，公安机关、一审法院与二审法院的认识存在分歧，但分歧不在于认定该事实的证据是否充分，而在于不同机关对法律适用问题的理解。对此问题，公安机关出具了专门的《情况说明》。该《情况说明》分析，因为朱莎菲欲向他人贩卖 3 克甲基苯丙胺的犯罪公安机关已事先掌握，故帮助朱莎菲购买毒品的张志超不构成犯罪，从而朱莎菲检举并协助抓获张志超的行为不构成立功。我们认为，公安机关在《情况说明》中关于张志超不构成犯罪的结论和理由均不能成立。公安机关是否事先掌握朱莎菲欲向他人贩卖 3 克甲基苯丙胺的犯罪事实，与明知朱莎菲贩卖毒品而帮助其购毒的张志超是否构成犯罪没有必然联系。本案中，公安机关根据涉毒人员费忠的检举掌握了朱莎菲贩卖毒品的犯罪线索，且利用费忠向朱莎菲再次购买毒品而将正欲进行毒品交易的朱莎菲抓获，属于利用特情引诱破案。因朱莎菲此前已有多次贩毒行为，向费忠贩卖毒品也不是第一次，故本案不属于犯意引诱，但从以往朱莎菲贩毒数量均在 1 克以下的情节分析，不排除此次贩卖毒品有数量引诱因素。但本案中的特情引诱情节不影响朱莎菲贩卖毒品犯罪的成立，更不影响对张志超为朱莎菲代购毒品的行为性质的认定。2008 年印发的《全国部分法院审理毒品犯罪案件工作座谈会纪要》明确指出:“明知他人实施毒品犯罪而为其居间介绍、代购代卖的,无论是否牟利,都应以相关毒品犯罪的共犯论处。”张志超明知朱莎菲欲实施贩卖毒品犯罪而为其代购毒品,为朱莎菲贩卖毒品提供实际帮助,与朱莎菲构成共同犯罪,应当按照贩卖毒品罪的共犯论处。

（三）被协助抓获者的犯罪行为是否“查证属实”应当由法院依据事实和法律作出认定

张志超的犯罪行为是否查证属实,是本案争议的焦点,也是实践中存在认识分歧的主要问题,并直接关系到对朱莎菲立功情节的认定。其中主要涉及两个问题:一是“查证属实”的认定主体问题;二是“查证属实”的认定依据问题。

1. 关于“查证属实”的认定主体。我们认为,应当明确不同司法机关在此问题上的职责和权限,确立侦查机关的查证职责和审判机关的审查认定职责。首先,侦查机关有查证被协助抓获者是否构成犯罪的职责。根据刑事诉讼法第一百一十三条的规定:“公安机关对已经立案的刑事案件,应当进行侦查,收集、调取犯罪嫌疑人有罪或者无罪、罪轻或者罪重的证据材料。”根据法律规定,对犯罪嫌疑人立案之后,处理相应的立功线索以及认定犯罪嫌疑人是否具有立功情节的职责均归属于侦查机关。侦查机关应当对犯罪嫌疑人的犯罪行为与犯罪嫌疑人所检举揭发的他人的犯罪行为给予同样的重视,既要收集犯罪嫌疑人有罪和罪重的证据,也要收集犯罪嫌疑人无罪或者罪轻的证据,以保障犯罪嫌疑人的诉讼权利不受侵犯。具体到本案,被告人朱莎菲涉及构成协助抓获同案犯的立功,侦查机关在查证时应当明确朱莎菲是否具有协助抓获同案犯的客观行为,也应查明朱莎菲协助抓获的张志超是否存在相应的犯罪事实,并将证明上述情节的证据材料全面、客观地提供给人民法院。其次,人民法院有审查认定被协助抓获者的犯罪行为是否被“查证属实”的职责。《最高人民法院关于适用〈中华人民共和国刑事诉讼法〉的解释》第一百一十条规定了人民法院应当对被告人的立功材料进行形式和实质审查的内容。其中第一款规定:“证明被告人自首、坦白、立功的证据材料,没有加盖接受被告人投案、坦白、检举揭发等的单位的印章,或者接受人员没有签名的,不得作为定案的根据。”这表明人民法院对涉及立功的相关证据材料具有形式审查的职责,只有形式完备的证据材料才能作为定案的根据。该条第二款规定:“对被告人及其辩护人提出有自首、坦白、立功的事实和理由,有关机关未予认定,或者有关机关提出被告人有自首、坦白、立功表现,但证据材料不全的,人民法院应当要求有关机关提供证明材料,或者要求相关人员作证,并结合其他证据作出认定。”该款规定明确了人民法院对被告人的立功情节应当进行实质审查的职责。人民法院既可以根据被告人一方提出的请求和意见,对有关机关未予认定的立功情节进行审查;也可以根据职权,对有关机关认定被告人构成立功的结论进行实质审查。本案中,人民法院对公安机关出具的证实张志超不构成犯罪的《情况说明》,不应简单进行形式审查后直接采纳,而应根据案情和其他相关证据进行综合评判。

2. 关于“查证属实”的认定依据。《意见》第六条第四款对立功线索的查证及认定作出规定:“根据被告人检举揭发破获的他人犯罪案件,如果已有审判结果,应当依据判决确认的事实认定是否查证属实;如果被检举揭发的他人犯罪案件尚未进入审判程序,可以依据侦查机关提供的书面查证情况认定是否查证属实。”本案中,被告人朱莎菲协助抓获的张志超未被侦查机关作为犯罪处理,因此,主要涉及人民法院对侦查机关出具的证实张志超不构成犯罪的材料如何认定的问题。对此,首先应当从刑法设立立功制度的立法原意进行分析,对立功中的“查证属实”要件作有利于被告人的解释。立功制度兼具体现犯罪人的悔罪表现以及打击犯罪的双重功能:一方面犯罪人通过立功行为体现其对犯罪行为的悔恨,展现较好的悔罪表现,从而获得从轻处罚;另一方面犯罪人的立功行为有利于司法机关发现、侦破刑事犯罪,从而实现刑罚预防和惩治犯罪的作用。其中,犯罪人的悔罪表现往往是通过其立功行为本身体现出来的,而认定其是否构成立功的关键即在于该行为是否客观上对打击犯罪起到帮助和促进作用。本案中,被告人朱莎菲协助抓获的张志超确实涉嫌贩卖毒品犯罪,朱莎菲的协助抓获行为体现了其认罪、悔罪的良好态度,并有利于司法机关及时发现和有效惩治相关犯罪行为,因而具有立功价值。其次,对于被检举者的犯罪行为是否"查证属实"的认定,不宜一概要求依据相应的刑事判决。实践中,对检举者的判决与被检举者的判决之间常常会出现较长的时间间隔,若一味强调只有人民法院判决才能确定被检举者的犯罪行为是否"查证属实",无疑会错过对检举者在量刑阶段进行从宽处罚的时机,不利于保障犯罪人的正当权利。因此,从有利于被告人和便宜诉讼进程的角度考虑,可以由审理检举人的人民法院根据现有证据认定被检举人是否构成犯罪以及可能判处的刑罚,并据此认定检举人是否构成立功。

综上,无锡市中级人民法院在审理被告人朱莎菲贩卖毒品一案的过程中,有权根据现有证据认定张志超明知他人实施毒品犯罪而为其代购毒品的相关犯罪事实,并据此认定朱莎菲协助抓获张志超的行为构成立功是正确的。

(撰稿:江苏省无锡市中级人民法院　蔡连德　黄　辛　杨　柳
审编:最高人民法院刑五庭　马　岩)

[第1037号]杨文博非法持有毒品案

——因形迹可疑被盘查时发现持有可疑物品,在被带至公安机关接受调查时如实供述了非法持有毒品事实的,是否成立自首

【关键词】　自首　形迹可疑　如实供述

一、基本案情

被告人杨文博,男,1984年4月9日出生,无业。2014年5月23日因涉嫌犯非法持有毒品罪被逮捕。

河南省鹤壁市山城区人民检察院以被告人杨文博犯非法持有毒品罪,向山城区人民法院提起公诉。

被告人杨文博对指控的事实和罪名无异议,但辩称涉案毒品是其被带到公安机关后主动交代的。杨文博的辩护人提出,杨文博在侦查人员讯问前主动交代自己的主要犯罪事实,应当认定为自首;杨文博认罪态度好,系初犯,可以从轻或者减轻处罚。

鹤壁市山城区人民法院经公开审理查明:2014年5月8日17时许,鹤壁市公安局红旗分局侦查大队在鹤壁市山城区东岭转盘处设卡盘查,在对杨文博驾驶的牌号为豫AY646X的车辆进行检查时,发现其随身携带的挎包内藏有4包可疑白色晶体,遂将其带至红旗分局接受调查。杨文博随即交代了其携带的可疑物品系冰毒,是其从网上购买供自己吸食用的。经鹤壁市公安局物证鉴定所鉴定,该4包白色晶体净重62.58克,均检出甲基苯丙胺成分。

鹤壁市山城区人民法院认为,被告人杨文博非法持有甲基苯丙胺62.58克,其行为构成非法持有毒品罪。杨文博在公安机关已发现其随身携带的挎包内藏有可疑物品后,才交代非法持有毒品的事实,不能认定为自首。杨文博认罪态度好,到案后能如实供述自己的犯罪事实,系坦白,

依法可以从轻处罚。据此,依照《中华人民共和国刑法》第三百四十八条、第六十七条第三款、第五十二条、第五十三条之规定,鹤壁市山城区人民法院以被告人杨文博犯非法持有毒品罪,判处有期徒刑七年,并处罚金人民币二万元。

宣判后,被告人杨文博未提起上诉,公诉机关亦未抗诉,该判决已发生法律效力。

二、主要问题

因形迹可疑被盘查时发现随身携带的挎包内藏有可疑物品,在被带至公安机关接受调查时,如实供述了非法持有毒品事实的,是否成立自首?

三、裁判理由

本案审理过程中,对于被告人杨文博的行为能否认定为自首,存在两种意见:一种意见认为,根据《最高人民法院关于处理自首和立功具体应用法律若干问题的解释》(以下简称《解释》)的规定,罪行尚未被司法机关发觉,仅因形迹可疑,被司法机关盘问后,主动交代自己的罪行的,应当视为自动投案。杨文博因形迹可疑被执行巡查任务的公安人员盘查后,主动交代其非法持有毒品的犯罪事实,应当认定为自动投案。另一种意见认为,公安人员在盘问杨文博的同时,对其驾驶的车辆进行搜查,发现其随身携带与犯罪有关的物品,此后杨文博交代了非法持有毒品的事实,其行为不属于自动投案;杨文博如实供述的事实系司法机关已掌握的犯罪事实,其行为不成立自首;杨文博如实供述犯罪事实的情节,应当认定为坦白。

我们赞同后一种意见,理由如下:

(一)侦查人员已从被告人杨文博随身携带的挎包内查获可疑物品,此时杨文博交代非法持有毒品的事实,不应当视为自动投案

根据刑法第六十七条的规定,犯罪以后自动投案,如实供述自己的罪行的,是自首。可见,自动投案是自首成立的前提条件。所谓自动投案,是指犯罪事实或者犯罪嫌疑人未被司法机关发觉,或者虽被发觉,但犯罪嫌疑人尚未受到讯问、未被采取强制措施时,主动、直接向公安机关、人民检察院或者人民法院投案。实践表明,自动投案有多种情形。《解释》第一条规定:“罪行未被司法机关发觉,仅因形迹可疑被有关组织或者司法机关盘问、教育后,主动交代自己的罪行的……应当视为自动投案。”上述规定中使用的“形迹可疑”一词,是指对方的举动和神色让人起疑心。这种疑心,是司法工作人员基于经验、常理对怀疑对象所作的一种主观判断。从侦查人员的角度看,在“形迹可疑”语境下,侦查人员还没有掌握任何可疑物品,即尚未掌握任何被怀疑者犯罪的证据或者线索,因而只能对被怀疑者进行盘问、教育,而无权对其采取进一步的侦查措施。从被怀疑者的角度看,此时他不能被作为刑事侦查程序意义上的犯罪嫌疑人。这个时候,如果被怀疑对象主动交代了自己尚未被司法机关发觉的罪行,应当视为自动投案。但是,如果被怀疑者的罪证已经被侦查人员所掌握,或者侦查人员凭借一定的事实、证据以及工作经验或者他人提供的线索,对特定对象产生了某种具体的、有针对性的怀疑,从而可以将嫌疑人与某种具体犯罪行为相联系,则该嫌疑对象已经成为刑事侦查程序意义上的犯罪嫌疑人。此时犯罪嫌疑人交代犯罪事实的,不属于《解释》规定的“罪行尚未被司法机关发觉”,不能认定为自动投案。

本案中,侦查人员在对被告人杨文博进行盘查而尚未发现其随身携带的挎包内藏有可疑物品时,杨文博只是个“形迹可疑”的人;但是当侦查人员对杨文博的车辆进行检查后发现其挎包内有4包白色可疑晶体,并决定将其带至公安机关接受调查时,杨文博不再是《解释》所称的“仅因形迹可疑”而被盘问、教育的人,而是一个犯罪嫌疑人,即侦查人员已经掌握了被怀疑者实施犯罪的证据或者线索。此时,侦查人员根据自己的工作经验,可以判断毒品犯罪事实——如贩卖、运

输毒品或者非法持有毒品事实存在的较大可能性。这4包白色可疑晶体已经在一定程度上证明了杨文博具有非法持有毒品的犯罪嫌疑。有观点认为,侦查人员在物证检验报告结果出来之前,不能确定该4包白色晶体是毒品,故侦查人员对杨文博的怀疑只是一般性的怀疑,而没有掌握确凿的证据,因而不能认为公安机关已经发觉了杨文博非法持有毒品的罪行。我们认为,此种观点不能成立。发觉某种罪行的发生,不等于完全证实了该种罪行。在侦查阶段,不能以侦查人员掌握的证据达到"确实、充分"标准来认定发觉了犯罪嫌疑人实施的罪行。在毒品犯罪案件中,作为物证的毒品是指控犯罪的最有力、最直接的证据。非法持有毒品犯罪案件尤其如此,只要毒品被查获,就应当认定行为人的罪行已经被司法机关发觉。物证检验报告形成之前,侦查人员可以根据经验去判断所查获的可疑物品是不是毒品,并决定对可疑物品持有者采取进一步的侦查措施。这种判断虽然不能代替人民法院宣告有罪判决时所要求的物证鉴定,但在侦查阶段确定犯罪嫌疑人时不失为一种有效的判断。因此,在毒品犯罪案件中,毒品已经被查获,处于公安机关控制之下的犯罪嫌疑人即失去了自动投案的机会。基于这种思路,《最高人民法院关于处理自首和立功若干具体问题的意见》明确规定:"有关部门、司法机关在其身上、随身携带的物品、驾乘的交通工具等处发现与犯罪有关的物品的,不能认定为自动投案。"

(二)被告人杨文博虽然不具有自首情节,但其到案后能够如实供述犯罪事实,依法可以从轻处罚

根据上述分析,虽然被告人杨文博在自己的挎包被侦查人员没收后才交代其非法持有毒品事实的行为不成立自首,但根据刑法第六十七条第三款规定,犯罪嫌疑人虽然不具有自首情节,但是如实供述自己罪行的,可以从轻处罚。本案中,被告人杨文博认罪态度好,到案后能如实供述自己的犯罪事实,系坦白,可以从轻处罚。诉讼过程中有观点认为,杨文博携带的毒品数量已经超出了自吸的合理范围,认定杨文博的行为构成非法持有毒品罪,意味着涉案毒品的去向是不清楚的——可能自吸,但不排除贩卖等可能,因此不能认定杨文博"如实供述自己罪行"。如果认定杨文博关于购买冰毒用于自吸的供述是真实的,则不应当认定其行为构成犯罪,因为吸毒不构成犯罪,那么购买毒品用于自吸也不应当予以定罪。因此,反过来看,不能认定杨文博关于购买毒品用于自吸的供述是真实的。

我们认为,上述观点虽有一定道理,但不能过于绝对。首先,根据刑法第三百四十八条的规定,非法持有毒品罪中持有的毒品数量并无上限,因此,认定杨文博是否"如实供述自己罪行"首先要看其所携带的毒品是否明显超出自吸的合理范围。如果所携带的毒品数量明显超出自吸范围,仅是因为没有其他证据证明贩卖或者运输目的而认定为持有的,一般不认定被告人具有"如实供述自己罪行"情节。本案中,杨文博携带毒品的数量为62.58克,尚未明显超出自吸的合理范围,故上述观点的前提不能成立。其次,刑法第六十七条规定的"如实供述自己罪行",应当理解为如实交代自己的主要犯罪事实,而不是交代所有的事实。非法持有毒品罪是一种持有型犯罪,本罪的客观方面是持有毒品行为,因而在所携带毒品数量尚未明显超出自吸合理范围的前提下,只要行为人如实交代了其非法持有毒品状态的事实,即可认定其交代了主要犯罪事实。至于毒品的来源与去向,因不属于本罪的构成要件事实,可以排除于主要犯罪事实之外。最后,从刑事证明角度看,在所携带毒品并未明显超出自吸合理范围的前提下,虽无证据证明杨文博关于购买冰毒用于自吸的供述是真实的,但同样无证据证明其供述是虚假的。因此,从有利于被告的角度考虑,不能认定杨文博未如实供述自己的罪行,不能轻易排除坦白情节的认定。值得注意的是,上述关于杨文博未如实供述自己罪行的观点既无证据支持,也过分挤压了自首和坦白情节在持有型犯罪中的适用空间,不利于鼓励犯罪分子认罪悔罪,故难免失之偏颇。

综上所述,鹤壁市山城区法院对被告人杨文博予以从轻处罚,即以非法持有毒品罪判处其有期徒刑七年,并处罚金人民币二万元的判决是正确的。

（撰稿:河南省鹤壁市山城区人民法院　崔艳丽
审编:最高人民法院刑二庭）

[第1044号]黄光故意杀人、诈骗案

——打电话报警但未承认自己实施犯罪行为的是否认定为自首以及如何审查判断经鉴定属于被害人真实签名的保证书等书证的真实性

【关键词】　自首　自动投案　书证

一、基本案情

被告人黄光,男,原系广东省阳春市八甲镇政府农办副主任。2012年1月17日因涉嫌犯故意杀人罪、诈骗罪被逮捕。

广东省阳江市人民检察院以被告人黄光犯故意杀人罪、诈骗罪,向阳江市中级人民法院提起公诉。

被告人黄光对起诉书指控其以投毒方式杀害被害人龙利源的事实无异议,但辩称指控其诈骗龙利源钱财,不是事实。其辩护人提出:(1)黄光在阳春市公安局因涉嫌犯诈骗罪被刑事拘留后,如实供述了司法机关尚未掌握的其故意杀人犯罪事实,具有自首情节;(2)起诉书指控黄光诈骗罪的证据不足。保证书证明黄光与龙利源之间债务已经结清。

阳江市中级人民法院经公开审理查明:

(一)诈骗事实

被告人黄光担任广东省阳春市八甲镇人民政府农办副主任期间具体负责林业工作,经人介绍与广东省高州市源兴林业有限公司总经理龙利源(被害人,殁年38岁)结识。2009年9月至2011年12月间,黄光谎称能帮助承包电站周边林木、向电站供应沙石和办理建筑企业资质证书,先后以需支付承包款、办事费、押金等名义骗取龙利源钱款共计人民币(以下币种同)135.5万元。

(二)故意杀人事实

龙利源发觉被骗,多次向被告人黄光索要钱款,黄光遂产生杀害龙利源的念头。2011年12月23日11时许,龙利源与生意伙伴黄文一起到阳春市八甲镇八甲火锅城预订了猫肉火锅,后打电话约黄光到八甲镇合路村委会查看山林。当日13时许,三人看完山林回到镇上,一起到八甲火锅城201包房就餐。等餐期间,黄光借故离开,到其轿车上取出事先准备的一包片状大茶药(钩吻,俗称"断肠草",有剧毒),然后进入火锅城厨房假意试吃猫肉,又借故将店老板吴万夫妇支开。见厨房只剩自己,黄光取出部分大茶药放上漏勺,先将漏勺放进烹煮猫肉的火锅浸泡数分钟,再捞出大茶药倒掉冲走。猫肉火锅端上桌,龙利源、黄文和黄光开始食用。龙利源、黄文喝过汤说有苦味,黄光即谎称系猫胆破裂或者所配药材过多所致,还食用少量猫肉和火锅汤以遮掩真相。稍后,龙利源、黄文、黄光均出现中毒症状,被送到镇卫生院进行治疗和抢救。在医院期间,黄光打电话报警,但隐瞒了其投放大茶药的事实。龙利源因为食用过多大茶药而中毒太深经抢

救无效当日下午死亡,黄文、黄光经抢救脱险。经鉴定,龙利源因钩吻中毒死亡。

阳江市中级人民法院认为,被告人黄光以投毒手段故意杀害一人,还以虚构事实的手段骗取他人财物135.5万元,数额特别巨大,其行为分别构成故意杀人罪和诈骗罪,依法应当并罚。该案后果严重,社会影响恶劣。据此,阳江市中级人民法院依照《中华人民共和国刑法》第二百三十二条、第二百六十六条、第五十七条、第六十四条、第六十九条之规定,阳江市中级人民法院判决如下:

被告人黄光犯故意杀人罪,判处死刑,剥夺政治权利终身;犯诈骗罪,判处有期徒刑十二年,并处罚金十万元;决定执行死刑,剥夺政治权利终身,并处罚金十万元。

一审宣判后,被告人黄光不服,向广东省高级人民法院提起上诉。黄光及其辩护人均基于以下理由请求二审对黄光所犯故意杀人罪从轻处罚和撤销诈骗罪认定:(1)被害人龙利源以暴力威胁方法向其催收已结清的70万元,从而引发了本案,龙有重大过错;(2)其有自首情节和防止危害后果扩大的犯罪中止行为;(3)其与龙利源之间书写的保证书是真实有效的,可以证实其与被害人之间的债务已经结清,其没有诈骗被害人的财物,不构成诈骗罪。

广东省高级人民经开庭审理查明的事实、证据与一审无异。

广东省高级人民法院认为,上诉人黄光以投毒方法故意杀人,致一人死亡,还以虚构事实的手段骗取他人财物135.5万元,数额特别巨大,其行为分别构成故意杀人罪和诈骗罪,依法应当并罚。黄光诈骗被害人巨款后,因为赌六合彩输钱、斥巨资购房等原因而不能归还诈骗被害人的巨款,便产生了在食物中投毒杀害被害人的想法,其作案动机卑劣;在被害人等发现食用的猫汤异常时,还说谎骗被害人等放心食用,在医院抢救被害人时,也拒不说明或者提示被害人所中毒的类型,足见其决意要杀害被害人;同时,黄光还罔顾其他无关人员的生命安全,其主观恶性极深。黄光的投毒行为造成被害人死亡,后果极其严重;本案社会影响恶劣。综上,黄光所犯罪行极其严重,依法应当判处死刑。原审判决认定的事实清楚,证据确实、充分,定罪准确,量刑适当,审判程序合法。据此,广东省高级人民法院依照《中华人民共和国刑事诉讼法》第二百二十五条第一款第一项、第二百三十五条之规定,裁定驳回上诉,维持原判,并依法报请最高人民法院核准。

最高人民法院经复核认为,被告人黄光虚构事实,骗取他人数额特别巨大的财物,其行为构成诈骗罪;诈骗后为杀人灭口,采用投毒方法故意非法剥夺他人生命,致一人死亡,其行为构成故意杀人罪,依法应当并罚。故意杀人犯罪性质恶劣,情节、后果严重,依法应当惩处。第一审判决、第二审裁定认定的事实清楚,证据确实、充分,定罪准确,量刑适当,审判程序合法。据此,依照《中华人民共和国刑事诉讼法》第二百三十五条、第二百三十九条和《最高人民法院关于适用〈中华人民共和国刑事诉讼法〉的解释》第三百五十条第一项之规定,最高人民法院裁定如下:

核准广东省高级人民法院(2013)粤高法刑四终字第61号维持第一审对被告人黄光以故意杀人罪判处死刑,剥夺政治权利终身;以诈骗罪判处有期徒刑十二年,并处罚金人民币十万元;决定执行死刑,剥夺政治权利终身,并处罚金人民币十万元的刑事裁定。

二、主要问题

1. 打电话报警但未承认自己实施犯罪行为的是否认定为自首?

2. 如何审查判断经鉴定属于被害人真实签名的保证书等书证的真实性?

三、裁判理由

(一)打电话报警但未承认自己实施犯罪行为的不构成自首

根据刑法第六十七条的规定,自首,是指犯罪以后自动投案,如实供述自己罪行的行为。自首的成立，必须同时符合自动投案和如实供述两个要件。综观本案全案，被告人黄光打电话报警但未承认自己实施的犯罪事实，不构成自首。

1. 黄光缺少自动投案的要件。自动投案，一般是指犯罪事实或者犯罪嫌疑人未被司法机关发觉，或者虽然被发觉，但犯罪嫌疑人尚未受到办案机关的调查、谈话、讯问，或者未被宣布采取调查措施或者强制措施、未被群众扭送时，主动将自己置于办案机关的合法控制下，接受审查与裁判的行为。就本案而言，被害人龙利源、黄文及黄光本人食用有毒猫汤后均呈中毒状，送往医院抢救。在医院，黄光打电话报警称三人食物中毒，要求出警。但报警时并未称其投毒，且自始至终没有告知或者提示医生三人系因服用大茶药而中毒，致被害人龙利源因抢救无效而死亡。如果黄光告知或者提示医生三人系因服用大茶药而中毒，或许龙利源不致死亡。而且，公安机关出警后，仍不能明确谁是投毒行为实施人，黄光的报警，并不必然将自己置于犯罪嫌疑人的地位。案件事实也表明，2011 年 12 月 23 日发生的中毒事件，龙利源当天就死亡，黄光当天报警，但公安机关直到经过大量调查工作，取得一定证据后，才于同月 30 日对黄光刑事拘留。从 23 日至 30 日的 7 天中，公安机关曾 4 次对黄光调查询问，但黄光均未如实交代其投毒杀人的事实。公安机关的 4 次调查，均属于排查性质，并未将黄光列为犯罪嫌疑人。因此，黄光的报警与公安机关将黄光作为犯罪嫌疑人采取强制措施之间没有关联性，黄光缺乏自动投案的要件。

2. 黄光的到案不属于视为自动投案的情形。自动投案，是犯罪人基于自己的意志积极主动地投案。但实践中存在许多非典型地反映行为人积极主动投案，却符合自首的立法宗旨的行为，对于此类行为，可以视为自动投案。最高人民法院 1998 年出台的《关于处理自首和立功具体应用法律若干问题的解释》规定了七种视为自动投案的情形。经过长期的司法实践，最高人民法院于 2010 年 12 月 22 日下发的《关于处理自首和立功若干具体问题的意见》，对视为自动投案的情形作了进一步补充和完善。从上述解释性文件可知，视为自动投案的情形，必须体现行为人投案的主动性和自愿性。

本案中，被告人黄光不具有主动性和自愿性的要件。公安机关对黄光刑事拘留时的案由是诈骗，并非故意杀人。黄光在刑事拘留后的第二天如实供述了投毒杀人的事实。表面看，似乎符合刑法第六十七条第二款的规定构成自首。但根据本案的实际情况，公安机关虽然以诈骗罪立案并拘留黄光，但实际上已经掌握了相当证据证明黄光实施了投毒杀人的行为。理由如下：(1)公安机关一直是围绕投毒案件开展前期调查的，这从刑拘之前对黄光的几次询问笔录中清晰可见。(2)在黄光供述投毒杀人罪行之前，侦查机关从火锅店业主及一同食用猫汤的黄文处获悉，龙利源在抢救期间情绪激动并用手指着黄光；黄光当天行为反常，并在厨房进出频繁，特别是在火锅城厨房消毒柜顶上提取了剩余的大茶药片。同时，证人提交了龙利源与黄光有经济往来的相关票据，据此确定黄光有投毒的重大作案嫌疑。也就是说，侦查机关在黄光交代之前就已经掌握了黄光投毒的事实，并掌握了相当的证据。(3)公安机关之所以未以故意杀人罪立案而以诈骗罪立案并拘留黄光，一方面由于黄光犯诈骗罪的证据已经收集得比较充分，而诈骗罪正是黄光故意杀人罪的前因；另一方面公安机关已将相关物证送检，但检验报告未出正式结果。为了防止黄光毁灭证据、逃跑，故先以诈骗罪立案侦查。综上，黄光在被以诈骗罪立案并刑事拘留后交代的投毒杀人犯罪，不属于交代公安机关尚未掌握的犯罪事实。

（二）经鉴定属于被害人真实签名的保证书等书证亦必须依照证据规则进行审查质证才能作为定案的依据

本案中，认定被告人黄光虚构事实，从被害人龙利源处骗取巨额款项的证据充分。首先，龙利源转款给黄光的证据充分。银行提供的转账单、查询存款通知书（回执）、银行凭条，高州市源兴林业发展有限公司提供的日记账、支付证明单、收据等书证证实龙利源以转账及支付现金的方式给付了黄光300多万元。一、二审就低仅认定135.5万元。黄光对其收到135.5万元也予以承认。其次,黄光虚构事实的证据充分。委托书、伪造的工程合作协议书、伪造的建筑企业资质证书、省住建厅和高州市住建局提供的证明、阳春市八甲镇政府提供的证明、黄光发给龙利源的短信等证据,证明黄光所称的工程项目不存在,建筑企业资质证书、工程合作协议书系伪造。龙利源所在公司的员工及龙利源的亲友等均证实,龙利源基于相信黄光虚构的上述事实将巨款交给黄光。最后,黄光巨额支出及参与六合彩赌博的证据充分,证明其从龙利源处取得款项后,不仅没有将其用于所谓的"项目",也没有归还给龙利源的意思。

审理过程中,黄光辩称其和龙利源之间的债务已经结清。为证实此一事实,其前妻徐永洁在一审期间提交一份打印的保证书。内容如下:"本人与黄光同志之间的数目已于2011年11月20日结算清楚,除以前已还款外,本人尚欠黄光(人民币)叁拾贰万元整,定于2011年12月6日前还清,如未能按时还清,则每超期一天按所欠款项千分之五交滞纳金。特此保证。保证人:二〇一一年十一月二十日。"保证人处签有"龙利源",还有手写字体"数目属实,保证书各存一份。黄光"和"数目已全部还清。本保证书作废。黄光"。

因保证书中"龙利源"的字迹经鉴定是龙利源所写。因此,该份保证书成为认定黄光的行为是否构成诈骗罪的关键。这一争议的焦点在于,该保证书上的签名经过痕迹鉴定系龙利源亲笔签名,且对鉴定程序、鉴定依据、鉴定方法及鉴定人的资质审查后,均没发现问题。一般情况下,真实签名的字据,其证明力极强,高于证人证言的证明力。但我们认为,即使签名为真的字据,也并非一定能成为认定案件事实的依据,必须从形式要件和实质要件进行审查,并结合案情和其他证据来判断其真伪和证明力。

1.关于该保证书的形式要件。经过审查,该收据系黄光前妻徐永洁提供,但徐永洁不能说明该证据形成的来龙去脉。因此,对收据的真实性应当进行审查。该保证书的纸张形式也有可疑之处。依照黄光供述,"龙利源就自己去打了一张保证书,是打在一张A4纸上的,分上下两节,一式两份,我与他各取一份"。但从保证书原件看,与正常情况下将一张纸一分为二明显有异。A4纸的标准高度(长度)和宽度分别为297mm×210mm。如果一分为二,则每张高度(长度)和宽度分别为148mm(左右)×210mm。但该保证书为173mm×210mm。由此推论,如果龙利源手上有另一份保证书,则规格为124mm×210mm。这种两分法与一般人在正常情况下的做法有明显不同。并且,该份保证书的下行处几乎没有空白处。既然是一式两份,那么在黄光所称的另一份保证书上的内容与徐永洁提供的保证书的内容应该是相同的。徐永洁提供的保证书,其内容占了A4纸五分之三面积,且下行处无空白,在另一份仅占A4纸五分之二面积的纸张上,依此保证书的样子打印和书写同样的内容便很困难。即使勉强可以,肯定形式上与在案保证书具有巨大差别。因此,可以认为,该保证书在纸张形式上存疑。当然,仅凭此存疑,不能认定保证书系伪造。还得根据内容结合案情分析保证书的真实性。

2.关于保证书的实质要件。对保证书的实质内容的审查,应当从在案证据,并结合日常生活常识去分析。

第一,与黄光开支及收入不符。黄光替龙利源办事,并收取了龙的巨款,龙利源再向黄光借32万元不符合常理。黄光作为一名公务员,2009年购买小车,2010年分别为前妻徐永洁出资30余万元、为同居女友出资13余万元购买了住房,还往徐永洁账户上存款10万元以帮助其在信用社完成储蓄任务,特别是和同居女友一起参加六合彩赌博,输了180余万元。黄光的上述巨额支出的收入来源不明。此外,另一份保证书无从查找,龙利源所在公司及家人均不知此份保证书,也不知保证书所说的款项结清一事。保证书签署后至案发前，黄光仍然在向龙利源所在公司汇钱还款。如果按照黄光所辩解的账已结清，此保证书日期为2011年11月20日，那么黄光就没有必要再向龙利源所在公司还款。但是，龙利源所在公司的员工李锋证实，其出差到东莞办事经费不够，向龙利源要钱时，龙利源称有钱在黄光处，让黄光汇3万元给李锋。而银行明细证实，2011年12月12日黄光账户转账3万元到李锋账户。

第二，缺乏黄光归还龙利源巨款或者黄光将巨款用于其所称的工程等方面的证据，而黄光收取龙利源巨额资金的证据却非常充分。黄光巨额开支的证据特别是其参与六合彩赌博输巨款的证据非常充分。也就是说，保证书所称的款项已结清，没有依据。(1)黄光称70万元已经结清，但如何结清却没有具体的供述和辩解，而对此70万元尚在其处则有数次供述。(2)黄光供述的支付官河村委会保背村38万元，与官河村委会相关人员的证言及证人黄文关于龙利源与保背村的款项均系龙利源自己所付，未经黄光之手的证言不符。(3)黄光关于支付龙利源承包联合村山林中介费20万元的辩解，与联合村相关证人关于此项承包没有中介费一事的证言相矛盾。(4)龙利源给黄光9万元用于办理资质证，黄光仅花了1 500元从网上买了一个假的资质证，余款黄光仅称已结清，但无法说明如何结清，也没有相关证据。(5)龙利源所在公司财务没有结清款项的记载，众多证人也证明从未听龙利源说过与黄光结清经济往来一事。(6)黄光关于龙利源向其借钱的理由与本案证据相冲突。首先，黄光称龙利源与妻子有矛盾，龙的妻子想当老板，故龙利源向其借钱的说法不成立。龙利源妻子从不管企业财务，对龙利源与黄光之间的巨额财务往来也仅知道龙利源因让黄光办理资质证给黄光款项一事，其他款项来往均不知，且本人称2011年11月20日前后没有与龙利源闹意见。其次，黄光所称的其借给龙利源32万元中部分来源于徐永洁10万元、徐永娟6万元的借款，与徐永洁、徐永娟证实的情况不符，二人均证明未借钱给黄光。

综上分析，一审判决、二审裁定和最高人民法院复核裁定未将本案被告人黄光提供的保证书作为认定黄光与龙利源之间款项已经结清的依据，是正确的。

（撰稿：最高人民法院刑四庭　陆建红
审编：最高人民法院刑四庭　周　峰）

[第1050号]台州市黄岩恒光金属加工有限公司、周正友污染环境案

——如何认定行政主管部门与公安机关联合执法案件中的自动投案

【关键词】　联合执法　行政执法移送　自动投案

一、基本案情

被告单位台州市黄岩恒光金属加工有限公司（以下简称恒光公司），住所地浙江省台州黄岩江口大闸路，系有限责任公司。

诉讼代表人周根法，男，1955年10月29日出生，系恒光公司法定代表人。

被告人周正友，男，1962年3月14日出生，系恒光公司股东。2013年9月4日因本案被取保

候审，同年12月25日被逮捕。

浙江省台州市黄岩区人民检察院指控被告单位恒光公司、被告人周正友犯污染环境罪，向黄岩区人民法院提起公诉。

被告单位的诉讼代表人周根法、被告人周正友对公诉机关指控的犯罪事实和罪名均无异议。

被告人周正友的辩护人对公诉机关指控周正友的犯罪事实和罪名亦无异议，但提出周正友主动到公安机关投案，并如实供述犯罪事实，应当认定具有自首情节。

台州市黄岩区人民法院经公开审理查明：

被告单位恒光公司于2011年8月成立，被告人周正友作为公司股东负责公司的生产。恒光公司于2012年4月正式投产。同年10月，恒光公司因从事酸洗项目无环境保护行政主管部门批准的环境影响评价批准文件，被台州市环境保护局作出责令停止酸洗项目生产等行政处罚。2013年4月，周正友再次组织恒光公司从事酸洗项目，以苯丙三氮唑代替铬酸加工空调配件。后恒光公司于同年7月12日在台州市环境保护局等单位的联合执法行动中被查获，发现该公司硫酸铜回收仓库中回收废液的废桶中废液正在外溢，并从地面流入厂区东侧围墙墙角，再流出厂区围墙外的地面上，渗漏入地下。经对采集的外溢废水水样监测分析，总镍、总铬、六价铬等一类污染物的浓度分别达到国家最高允许排放浓度限值的10倍、280倍、541倍，总铜、总锌等亦严重超标。

另查明，2013年7月12日，台州市环境保护局对周正友进行调查谈话。同年7月22日，台州市环境保护局终结对被告单位的调查。8月8日，台州市环境保护局向台州市公安局移送被告单位超标排放环境违法案件。同月21日，台州市公安局进行刑事立案。同年9月4日，周正友到台州市公安局投案。

台州市黄岩区人民法院认为，被告单位恒光公司违反国家规定，排放有毒物质，严重污染环境；被告人周正友作为该单位直接负责的主管人员，因严重不负责任导致公司违反国家规定排放有毒物质，严重污染环境，应当以污染环境罪追究其刑事责任。公诉机关指控恒光公司、周正友的罪名成立。恒光公司曾因无环保部门批准的环境影响评价批准文件，擅自投入生产被行政处罚，现又犯污染环境罪，酌情予以从重处罚。恒光公司能如实供述犯罪事实，认罪态度较好，依法可以从轻处罚。关于周正友的辩护人所提周正友具有自首情节、犯罪情节较轻、主观恶性较小等辩护意见，经查，与本案的事实及相关法律规定不符，本院不予采纳。另辩护人所提周正友归案后能如实供述犯罪事实，认罪态度较好，应当从轻处罚等意见，经查，与本案的事实相符，本院予以采纳。据此，依照《中华人民共和国刑法》第三百三十八条、第三百四十六条、第六十七条第三款之规定，黄岩区人民法院以污染环境罪判处被告单位恒光公司罚金人民币十万元；以污染环境罪判处被告人周正友有期徒刑一年三个月，并处罚金人民币二万元。

一审宣判后，被告单位恒光公司、被告人周正友在法定期限内均未提起上诉，公诉机关亦未抗诉，该判决已经发生法律效力。

二、主要问题

如何认定行政主管部门与公安机关联合执法案件中的自动投案？

三、裁判理由

本案中，被告人周正友是否属于自动投案关系到自首是否成立的问题。换言之，行政执法机关发现违法行为并进行调查后，被告人再主动到公安机关投案的行为是否构成自动投案。本案审理过程，对周正友是否构成自首，主要形成两种意见：第一种意见认为周正友构成自首。理由是：被告人在被公安机关讯问或者采取强制措施之前就主动投案，并如实供述自己的犯罪事实，符合自首的两个条件;第二种意见认为环保部门是污染环境罪的办案机关之一,环保部门在进行调查谈话时已经初步掌握了本案的犯罪事实,其接受谈话的行为不能认定自动投案。案件移送到公安机关后,被告人再主动投案,更不能认定为自动投案,从而不能成立自首。

我们赞同后一种意见。具体理由如下:

(一)行政执法移送案件的特点

根据国务院2001年出台的《行政执法机关移送涉嫌犯罪案件的规定》,行政执法机关在依法查处违法行为过程中,发现违法事实涉及的金额、违法事实的情节、违法事实造成的后果等,根据刑法等相关规定,涉嫌构成犯罪,依法需要追究刑事责任的,必须依照该规定向公安机关移送。涉嫌污染环境犯罪案件属于该规定中行政执法移送的案件类型之一。(1)行政执法机关是具有法定职能的办案机关。行政执法机关是指依照法律规定,对破坏社会主义市场经济秩序、妨害社会管理秩序以及其他违法行为具有行政处罚权的行政机关,以及法律、法规授权的具有管理公共事务职能、在法定授权范围内实施行政处罚的组织。可见,行政执法机关是具有法定职能的办案机关,涉及税务、工商、文化稽查、烟草专卖、盐业专卖等机关,同时也包括环保部门。(2)案件移送内容是涉嫌刑事犯罪的违法事实。行政执法机关根据发现违法事实涉及的金额、违法事实的情节、违法事实造成的后果等证据材料,向公安机关移送涉嫌犯罪的案件。可见,行政执法机关移送的内容是在日常的依法查处违法行为过程中,根据已掌握的线索通过调查、检验、鉴定,发现相关单位或个人涉嫌犯罪的事实。(3)移送的法律后果是依照刑事法律规定审查。公安机关在接受行政执法机关移送的涉嫌犯罪案件后,依照刑事法律的相关规定,对所移送的案件进行审查。认为有犯罪事实,需要追究刑事责任的,依法决定立案;反之,依法不予立案,并退回案卷材料。可见,公安机关对行政执法案件是否进行刑事立案主要基于刑事法律进行审查。

从上述行政执法移送案件的特点来看,此类案件与职务犯罪移送案件具有一定的相似性。因此,在自首等问题上的法律适用,司法实践可以适度参照职务犯罪的相关规定。

(二)行政执法移送案件中自动投案的具体认定

结合实践中行政执法移送案件的特点,依照最高人民法院、最高人民检察院2009年联合出台的《关于办理职务犯罪案件认定自首、立功等量刑情节若干问题的意见》(以下简称《2009年意见》)和最高人民法院2010年出台的《关于处理自首和立功若干具体问题的意见》(以下简称《2010年意见》)等相关司法解释性文件的规定,行政执法移送案件的自动投案主要有三种情形:(1)在犯罪事实和犯罪嫌疑人未被发现或者犯罪事实已被发觉,犯罪嫌疑人尚未被发觉以前,向公安、检察、法院等司法机关投案,或者向相关行政执法部门投案,都可以认定为自动投案。(2)犯罪事实和犯罪嫌疑人均已被发觉,但犯罪嫌疑人尚未受到办案机关调查谈话或者被宣布调查措施以前,向公安、检察、法院等司法机关投案,或者向相关行政执法部门投案,也可以认定为自动投案。(3)犯罪事实和犯罪嫌疑人均已在检查过程中被发觉,并已受到行政执法部门的调查,再到公安等司法机关投案的,不能视为自动投案。

上述前两种情形的认定并无争议,对于第三种情形的认定,要准确把握以下两点理由:一是从立法目的来看,犯罪嫌疑人在行政执法检查过程中被发觉犯罪事实,并受到办案机关调查后再到司法机关投案,表明犯罪嫌疑人此时投案的主动性不够明显;同时,在办案机关掌握了相关犯罪事实,并向公安机关移送案件后,犯罪嫌疑人此时投案客观上也不能满足及时侦破案件的政策理由。二是根据《2010年意见》的精神,办案机关在掌握相关线索进行行政执法检查后,犯罪嫌疑人主动交代自己的罪行,不能视为自动投案。同时,根据《2009年意见》的精神,犯罪嫌疑人在办案机关调查之前未自动投案,后到司法机关投案的,即便如实交代办案机关掌握的线索所针对的事实的，也不能认定为自首。因此，行政执法机关发现违法行为并进行调查后，被告人再主动到公安机关投案的行为不属于自动投案。

本案中，台州市环境保护局等单位根据相关线索，与公安机关等部门组成联合执法，在执法行动中发现被告单位、被告人周正友有污染环境的违法行为，其间展开对被告单位、被告人周正友的调查。在联合执法调查过程中，环保部门、公安机关均已掌握了被告单位、被告人涉嫌犯罪的事实和线索、材料。周正友在环保部门调查谈话期间，如实交代了相关犯罪事实。后环保部门根据行政执法移送制度，将案件移送至公安机关。周正友系在公安机关刑事立案之后，再主动到公安机关投案，属于上文分析的第三种情形，不属于自动投案，不应认定具有自首情节。

（撰稿：浙江省台州市黄岩区人民法院　王永兴　钟兴华
审编：最高人民法院刑二庭　叶晓颖）

[第 1059 号]韩永仁故意伤害案

——"明知他人报案而在现场等待"情形的具体认定

【关键词】　自首　自动投案

一、基本案情

被告人韩永仁，男，1944 年 3 月 7 日出生，工人。2013 年 7 月 31 日因涉嫌犯故意伤害罪被逮捕。

吉林省长春市人民检察院以被告人韩永仁犯故意伤害罪，向长春市中级人民法院提起公诉。

长春市中级人民法院经审理查明：被告人韩永仁与被害人逯永君均系长春市雪月山饭店的锅炉工，二人轮流值班，因韩永仁到雪月山饭店工作的时间早于逯永君，涉及锅炉房的事情饭店人员就交代给韩永仁，但未明确二人之间存在管理关系。2013 年 7 月 19 日晚，逯永君值班。韩永仁供述称"21 时许，我看见逯永君将锅炉水加冒，他还在休息室听收音机，我就批评他，他不服还骂我，我用手扒拉他一下，他将我推倒，我右侧胳膊磕到凳子上，我激了，想他平时就不好好烧锅炉，我一说他，他就骂骂咧咧，我想教训他，就从休息室的碗架子上拿起一把尖刀"。韩永仁持刀扎逯永君左大腿上段前内侧及前胸正中平乳头处各一刀，后逯永君抢下尖刀，持刀追撵韩永仁至雪月山饭店一楼大厅，逯永君因伤情较重倒地，尖刀脱手，被在大厅值班的服务员金岚捡起，韩永仁见状回到锅炉房休息室。金岚随即拨打"120"急救电话，并电话告知经理庞秀平。后韩永仁再次来到大厅，见逯永君趴在地上不动，地上有不少血，询问金岚是否报"120"，得到答允后回到锅炉房休息室。后庞秀平拨打"110"报警电话，并派饭店员工赵立东、方强到锅炉房看锅炉的运转情况及韩永仁的动向，韩永仁始终在锅炉房休息室待着，直至被公安人员带走。经法医鉴定：逯永君系因左大腿单刃锐器刺创造成股动脉离断致失血死亡。

长春市中级人民法院认为，被告人韩永仁故意伤害他人身体，致逯永君死亡，其行为已构成故意伤害罪，应依法惩处。鉴于案发后，韩永仁有合理依据相信会有人及时报案，客观上有足够时间、条件逃跑而未逃跑，待在锅炉房休息室，归案后认罪、悔罪，应视为自首，对韩永仁依法可从轻处罚；韩永仁与逯永君又系工友关系，二人因工作问题产生矛盾进而引发本案，韩永仁有让他人打电话救助逯永君的意思表示，对韩永仁又可酌情从轻处罚。依照《中华人民共和国刑法》第二百三十四条第二款、第六十七条第一款、第五十七条第一款、第三十六条第一款，判决如下：

1. 被告人韩永仁犯故意伤害罪，判处无期徒刑，剥夺政治权利终身。

2. 被告人韩永仁赔偿附带民事诉讼原告人胡凤春经济损失人民币 29 305.5 元。

宣判后，被告人韩永仁未上诉，检察机关也未抗诉，判决已发生法律效力。

二、主要问题

如何理解和把握"明知他人报案而在现场等待"构成自动投案的具体认定条件？

三、裁判理由

最高人民法院为明确认定自首的条件，先后出台了《最高人民法院关于处理自首和立功具体应用法律若干问题的解释》（以下简称《解释》）及《最高人民法院关于处理自首和立功若干问题的意见》（以下简称《意见》）。《解释》第一条第一项规定："自动投案，是指犯罪事实或者犯罪嫌疑人未被司法机关发觉，或者虽被发觉，但犯罪嫌疑人尚未受到讯问，未被采取强制措施时，主动、直接向公安机关、人民检察院或者人民法院投案。"这一规定反映了典型的自动投案所应具备的四个要素：投案时间、投案意志、投案对象、投案方式。结合司法实践中出现的问题，从鼓励行为人主动投案、节约司法资源的角度考虑，《解释》和《意见》又分别列举了多种视为自动投案的情形，其中《意见》规定了五类应该视为自动投案的情形，包括"明知他人报案而在现场等待，抓捕时无拒捕行为，供认犯罪事实"的情形。而在司法实践中，行为人犯罪后到案的过程较为复杂，有些行为并不完全符合自首的法律规定，但是符合自首的立法本意，对这些非典型的自首行为是否能够认定为自动投案，产生了很多争议。

在本案的审理过程中，对被告人韩永仁是否属于"明知他人报案而在现场等待，抓捕时无拒捕行为，供认犯罪事实"的情形，从而认定为自动投案，有两种不同意见：第一种意见认为，韩永仁查看被害人伤情后询问他人是否报"120"，仅可视为韩永仁对被害人有救治的意思，但"120"属于医疗机构，并非司法机关，韩永仁对现场有人拨打"110"报警并不知情，不能认定为自动投案。第二种意见认为，韩永仁虽然没有在现场看到他人报案，但结合案发现场情况，其有合理依据判断会有人及时报案，客观上有足够时间、条件逃跑而未逃跑，符合立法本意，应视为自动投案的情形。

我们同意第二种意见，理由如下：

（一）行为人根据现场情况，有合理依据判断有人及时报案的，属于"明知他人报案"

我们认为，《意见》规定的"明知他人报案"包括两种情况：一种是行为人作案后在现场等待，现场有人报案，行为人看到或者听到他人报案，当然属于"明知他人报案"；另一种是行为人虽然没有亲眼看到或者亲耳听到他人报案，但根据当时情况可以认定为"明知他人报案"的情形。判断后一种情形下的"明知他人报案"，主要是结合案件的具体情况和行为人的自身情况，推断其主观上是否"明知"。

本案中证人金岚首先拨打"120"急救电话，证人庞秀平来到现场后拨打"110"报案。那么被告人韩永仁是否"明知他人报案"？我们认为，从以下三个方面可以判断出被告人"明知他人报案"：

第一，金岚拨打"120"急救电话后，韩永仁再次来到大厅，询问金岚是否报"120"，得到答允后回到锅炉房休息室。韩永仁供述"我从锅炉房回到大厅是想看看逯永君怎样了，别人是否报警"。证人金岚证实"在救护车没来之前，韩永仁从锅炉房出来问报没报警，我说报警了，他就回锅炉房了""我分不清报'110'和'120'"。从以上证据可以看出，虽然金岚拨打的是"120"急救电话,但无论是金岚还是韩永仁对于“110”与“120”的区别都不是很清楚,认为打“120”也是报警。

第二,在刑事案件发生后拨打“120”急救电话抢救被害人的过程中,需要将案发现场的地点,被害人受伤的原因和程度向急救中心详细说明,虽然急救中心没有处理刑事案件的职能,但根据实际情况,“120”与“110”一般都有联动关系,很多命案的报案人员都是急救医生。本案系证人庞秀平到现场后报案,但被害人已当场死亡,如果急救医生到现场发现被害人被他人伤害致死而没有报案,也会立即报案。

第三,韩永仁持刀捅刺被害人后,被害人持刀追撵韩永仁至饭店一楼大厅,被害人倒在大厅地上,尖刀则被在大厅值班的金岚捡起,其看到了这些情况,知道已经有人发现其犯罪事实,还掌握了作案工具。此后韩永仁再次来到饭店大厅,确认已经拨打“120”电话才回到第一作案现场——锅炉房。对于当时的被告人来说,犯罪事实已经昭然若揭,在场证人还打了电话,无论是拨打“110”还是“120”,韩永仁都有合理的依据相信警察会赶到现场,所以韩永仁供述“我没报警,我寻思应该有人报警”的情况是真实可信的。

(二)行为人在案发后有足够的时间、条件能逃跑而未逃跑,自愿在现场等待被抓捕的,属于“在现场等待”

广义上讲,“在现场等待”包括三种情况:一是行为人作案后无法离开现场,不得不在现场等待;二是行为人作案后有条件逃走,但为了毁灭证据、继续作案、观察四周情况等而留在现场;三是行为人有条件逃走而未逃走,自愿在现场等待被抓捕。

我们认为,“明知他人报案而在现场等待,抓捕时无拒捕行为,供认犯罪事实”的情形之所以能认定为自动投案,在于其具备自动投案的本质特征:投案的主动性和自愿性。而投案的主动性和自愿性集中体现在“在现场等待”这一行为中。故此处的“在现场等待”只能是上述第三种情况,即行为人有机会逃走而未逃走,留在现场等待抓捕,主动、自愿地将自己交付法律制裁。具体来说,首先需要判断行为人在当时的情况下是否有条件逃走,如果行为人因为受伤、意识不清、被群众包围等客观因素而不得不留在现场,并非能够自由选择是否留在现场,则不能认定为自动投案。其次需要判断行为人不逃走的主观目的是什么,如果滞留现场是为了寻找作案机会、继续作案等而非等待抓捕,则不能认定为自动投案。

本案中,被告人韩永仁在刺伤逯永君后,人身自由并未受到限制,其自行回到锅炉房的过程中没有任何人阻拦、包围,虽然经理庞秀平到达现场后派饭店两名员工到锅炉房看锅炉的运转情况及韩永仁的动向,但韩永仁在庞秀平及其他员工到来之前,仍有足够的时间逃走而未逃走,始终在锅炉房休息室待着直至被公安人员带走。根据现场客观情况,韩永仁系在作案后完全有条件逃离现场而未逃离。此外,韩永仁留在现场没有任何毁灭证据、试图再次作案的行为,在意识到他人已经知道自己的犯罪行为、会去报案的情况下,韩永仁对公安机关会对自己采取人身控制措施有充分的认识,在这种情况下留在现场,被抓捕时没有拒捕行为,应认定其自愿在现场等待被抓捕。

综上,被告人韩永仁明知他人报案而自愿在现场等待被抓捕,被抓捕时没有拒捕行为,具有自动投案的主动性和自愿性,应认定为自动投案。

(三)对并未主动报案,在现场等待抓捕型的自首,从宽幅度不宜过大

从鼓励行为人主动投案、节约司法资源的角度考虑,对自首认定的条件可以做适度的放宽。但在准确认定是否成立自首的同时,对不同形式的自首在量刑时考虑的从宽幅度应当有所区别。自首制度的功能主要体现在节约司法资源和被告人本身人身危险性的降低两个方面,应该结合

被告人到案的经过，到案后的表现，对犯罪行为的认识，认罪、悔罪的程度等多个方面综合判断其自首的价值。对于自己并未主动报案，现场等待抓捕型的自首，虽也具有投案的主动性和自愿性，但和主动到公安机关投案的典型自首相比，在考虑从轻时应当有所区别，以确实做到量刑均衡。

综上，一审法院认定被告人韩永仁构成自首，并依法从轻处罚是适当的。

（撰稿：最高人民法院刑四庭　杨　华
吉林省长春市中级人民法院　季　昊
审编：最高人民法院刑四庭　陆建红）

[第1078号] 徐勇故意杀人案
——关于自首情节中"确已准备去投案"的认定

【关键词】　自首　确已准备去投案　投案意愿

一、基本案情

被告人徐勇，男，1982年11月4日出生，农民。2013年9月13日因涉嫌犯故意杀人罪被逮捕。

浙江省绍兴市人民检察院以被告人徐勇犯故意杀人罪，向绍兴市中级人民法院提起公诉。

被告人徐勇对指控的事实无异议。其辩护人提出，徐勇作案后自首，建议从轻处罚。

绍兴市中级人民法院经公开审理查明：2013年9月1日19时许，被告人徐勇与其表兄陈文贤（被害人，殁年34岁）等人在浙江省嵊州市浦口街道东郭村陈文贤家饮酒时，因陈文贤怀疑徐勇此前想偷陈文贤妻子的电瓶车，二人发生争执并扭打。陈文贤持啤酒瓶击打徐勇头部，徐勇遂拔出随身携带的弹簧刀捅刺陈文贤胸、腹部数刀，致其右心房破裂而失血性休克死亡。

另查明：被告人徐勇作案后在亲属的规劝下，表示先回家与妻子告别再去投案，但回家后即醉倒，其亲属主动报案后，协助公安人员将昏睡的徐勇带至公安机关。次日，徐勇醒酒后即如实供述了犯罪事实。

绍兴市中级人民法院认为，被告人徐勇持刀连续捅刺他人要害部位并致人死亡，其行为已构成故意杀人罪。检察机关指控的罪名成立，应予支持。被害人在本案中有一定过错，且徐勇犯罪后有投案意思表示并确已准备去投案，归案后能如实供述罪行，系自首，依法予以从轻处罚。据此，依照《中华人民共和国刑法》第二百三十二条、第六十七条第一款、第五十七条第一款之规定，以故意杀人罪判处被告人徐勇无期徒刑，剥夺政治权利终身。

宣判后，被告人徐勇以原判量刑过重为由提出上诉。

浙江省高级人民法院经审理认为，原判认定的事实清楚，证据确实、充分，定罪准确，量刑适当，审判程序合法，裁定驳回上诉，维持原判。

二、主要问题

酒后作案，准备回家与亲属告别后再去投案，但回家后即醉倒，最终被公安人员抓获的，能否认定为"确已准备去投案"？

三、裁判理由

本案中，被告人徐勇的亲属报案后，协助公安人员将因醉酒昏睡的徐勇带至公安机关，徐勇醒来后即如实供述了自己的犯罪事实，故能否认定为自首，关键在于其是否构成“自动投案”。根据《最高人民法院关于处理自首和立功具体应用法律若干问题的解释》（以下简称《解释》）第一条的规定，自动投案除主动、直接向司法机关投案这种典型形式外，还包括“经查实确已准备去投案，或者正在投案途中，被公安机关捕获”等情形。该规定将各种虽然不完全具备典型自动投案特征，但同样体现了投案主动性和自愿性的投案形式规定为自动投案，有利于鼓励犯罪分子悔过自新，有利于侦查机关及时破案，有效节约司法资源，符合刑法设立自首制度的宗旨。但在司法实践中，对于“确已准备去投案”如何认定，往往存在一定难度。主要原因在于，与被告人在投案途中被抓获等情形不同，“准备去投案”的被告人虽然有投案意愿，但仅仅实施了准备投案行为、尚未来得及投案即被抓获，此时必须通过其准备行为来判断是否确有投案意愿。

我们认为，对这种“准备投案”的认定，应当强调的不仅仅是被告人的心理活动，更重要的是已经为投案实施了一定的准备活动，客观行为已经能够清楚地反映准备投案的主观心态。具体而言，可以从以下几个方面认定被告人是否“确已准备去投案”：

（一）必须有准备投案的客观行为

正如仅有犯意表示不构成犯罪一样，准备投案不能仅仅是被告人的一种纯粹的心理活动或者单纯的意思表示。原因在于，主观意愿如果没有外化为客观行为，并不具有法律意义，不仅如此，由于缺乏客观行为，司法机关对于被告人的心理活动也无从查证。这就要求，被告人必须在投案意愿的支配下，为投案实施了一定的准备行为，并且有客观的事实、证据来加以证明。例如，被告人已向他人表示将要投案，但在时间和条件允许的情况下，却一直没有任何为投案做准备的行为，这种情形就不能认定为准备投案。

（二）准备行为必须是与投案相关的必要行为

被告人作案后总会实施一系列活动，有的被告人归案后则辩称这些活动是为投案做准备。在这种情况下，就需要准确界定准备行为的范围。从司法实践来看，可以归入投案准备的行为主要有两类：一是为投案准备工具、创造条件的情形，如了解投案对象和场所路线，为投案准备交通工具、生活用具，请求父母、亲友陪同投案，正在书写供词准备带去投案，因受伤等原因正在寻找他人代为投案，等等；二是为投案解除后顾之忧、安排后事的情形，如投案前与亲友告别，交代债权债务，安排赡养老人、抚养子女事宜，等等。一般来说，以上情形都可以认定为是与投案相关的必要行为。反之，对那些与投案并无直接关系亦非必要的情形，则不能认定为准备投案。如被告人归案后辩称，归案前正在四处查找同案犯下落，准备找到之后带着立功线索投案的，即便该辩解有其他证据支持，但由于此情形并非投案的必要准备行为，在投案时间上也不可预期，故一般不能认定为准备投案。

（三）准备行为必须能够清楚地反映投案意愿

即便准备行为是与投案相关的必要行为，也要对是否能够清楚地反映出被告人的投案意愿进行审查。有的准备行为能够较为明显地反映出被告人的投案意愿，如请求亲友陪同投案，但也有一些准备行为具有双重性质，如准备交通工具、与家人告别，既可能是为投案创造条件或者解除后顾之忧，也可能是为潜逃做准备。对这种情形，如果仅有被告人供述，缺乏其他证据有力印证的，由于所谓的准备行为并不能清楚地反映出投案意愿，一般就不能认定为准备投案。

（四）投案意愿必须具有连续性

准备投案的情形之所以能认定为自动投案，是因为被告人确实在投案意愿的支配下实施了准备投案的行为，只是由于被公安机关及时抓获等意志以外的原因，才未能进一步实施投案行为。易言之，如果没有客观因素介入，被告人将会最终实际投案。这就要求，被告人的投案意愿必须具有连续性，产生投案意愿、准备投案之后又改变初衷的，或者犹豫不决的，一般不能认定为准备投案。例如，被告人在原籍地作案后外逃，在亲属的劝说下准备投案而返回原籍地，但返回后一个月一直未去投案，后被公安机关抓获，被告人辩称准备投案，其亲属也能证明说服被告人返回原籍地准备投案的过程。但是，所谓的“准备投案”竟然准备了一个月，这说明其投案意愿发生了变化。实际上，从客观行为看，被告人返回原籍地时确实是准备投案，但之后又放弃了投案意愿，所以不能认定为准备投案。又如，被告人确实是在准备投案途中被公安人员抓获，但在讯问时未能及时、如实供述犯罪事实，在多次讯问后才如实供述的，或者在抓捕时拒捕、逃跑的，都说明其投案意愿存在反复，一般也不能认定为准备投案。

（五）准备投案必须有相应的证据加以证明

对前述四个方面的审查认定，都离不开相应的证据。根据《解释》的规定，构成“准备投案”，必须要求“经查实确已准备去投案”，这里就存在一个证明标准的问题。对准备投案的证明标准当然不能要求过高，不能以“事实清楚，证据确实、充分”的定罪标准来衡量，但也不能动辄以有利于被告人为由，对其辩解在既无法查实也无法排除的情况下一概采信。因为《解释》强调，必须是“经查实确已准备去投案”，一方面要求“经查实”，另一方面要求被告人“确已”准备投案。对此，可以从被告人准备投案行为的客观表现、归案后供述的主动性和及时性、相关证人对被告人归案前言行的证言等方面进行综合审查判断。一般来说，被告人辩称准备投案，却提不出相应的证据线索，司法机关经查证也未发现确能证明其已为投案做准备的证据的，不能认定为准备投案。在有被告人供述及相关证人证言等证据证明被告人准备投案的情形下，必须认真审查言词证据的客观性、真实性、关联性，如分析供述与证言的印证关系、有无矛盾之处、供述与证言是否稳定、证言的制作时间、证人与被告人的亲疏利害关系，同时将言词证据与其他证据进行比对，审慎作出判断。

本案中，被告人徐勇作案后回家途中，姐夫刘俊及外甥媳妇陈选洪均打电话劝徐勇自首，徐勇称先回家与妻子陈红燕告别再去投案，关于此节相关证人证言及徐勇的供述可相互印证；徐勇回家后因酒性发作，未来得及安排善后即醉倒昏睡，此时刘俊报案并带领公安人员赶来；公安人员赶到徐勇家时，发现徐勇烂醉如泥，陈红燕称本想用三轮车送徐勇去投案，但力气不够，公安人员遂将徐勇带回派出所，徐勇醒酒后即如实供述了犯罪事实。可见，徐勇作案后准备回家与家人告别后再去投案，有准备投案的客观行为，而且此行为系为投案解除后顾之忧、安排后事，属于与投案相关的必要行为，徐勇醒来后即如实供述了犯罪事实，其投案意愿是明确的、连续的，以上事实除徐勇的供述外，还得到了其亲属和公安人员证言的印证。故一、二审法院根据已查明的事实、证据认定徐勇的行为属于“经查实确已准备去投案”，并结合其如实供述罪行，而依法认定为自首，是正确的。

（撰稿：浙江省高级人民法院　聂昭伟
最高人民法院刑一庭　孟　伟
审编：最高人民法院刑一庭　冉　容）

[第1081号]吴某强奸、故意伤害案

——行为人在取保候审期间犯新罪而逃跑，被公安机关依法通缉后又自动投案并如实供述罪行的，是否认定全案构成自首

【关键词】 自首 逃跑 自动投案

一、基本案情

被告人吴某，男，1996年7月12日出生，无业。2013年4月13日因涉嫌犯强奸罪被刑事拘留，同年4月20日被取保候审。2014年9月25日因涉嫌犯强奸罪、故意伤害罪被逮捕。

江苏省扬中市人民检察院以被告人吴某犯强奸罪、故意伤害罪向扬中市人民法院提起公诉。

扬中市人民法院经审理查明：

2013年4月13日3时许，被告人吴某在其租住的扬中市三茅镇扬子新村房间内，采取言语恐吓等方式，强行与被害人陈某某（女，1994年4月生）发生性关系。当日，吴某因涉嫌犯强奸罪被刑事拘留，同月20日被取保候审。

被告人吴某在取保候审期间逃跑，被公安机关依法通缉。同年12月30日，吴某在扬中市扬子新村第二机关幼儿园门前，因会车问题与被害人范永记发生纠纷，后吴某持木棍殴打范永记，致范永记轻伤。

2014年9月10日，被告人吴某主动向公安机关投案，到案后如实供述了其实施强奸、故意伤害的犯罪事实。

扬中市人民法院认为，被告人吴某违背妇女意志，强行与被害人发生性关系，其行为已构成强奸罪；吴某故意伤害他人身体致人轻伤，其行为已构成故意伤害罪，依法应予并罚。吴某犯罪时未满18周岁，应当从轻或者减轻处罚。吴某犯强奸罪、故意伤害罪后逃跑，在被通缉过程中主动投案，应视为自动投案，其到案后如实供述自己的犯罪事实，系自首，依法可以从轻或者减轻处罚。吴某在庭审中能自愿认罪，可酌情从轻处罚。综上，决定对吴某所犯强奸罪减轻处罚，所犯故意伤害罪从轻处罚。依照《中华人民共和国刑法》第二百三十六条第一款，第二百三十四条，第十七条第一款、第三款，第六十七条第一款，第六十九条以及《最高人民法院关于处理自首和立功具体应用法律若干问题的解释》第一条之规定，对被告人吴某以强奸罪判处有期徒刑二年；以故意伤害罪判处有期徒刑七个月，数罪并罚，决定执行有期徒刑二年四个月。

一审宣判后，扬中市人民检察院以原审被告人吴某在取保候审期间逃脱后又自动投案的行为不构成自首，原审判决认定该行为构成自首，属适用法律错误为由向镇江市中级人民法院提起抗诉，镇江市人民检察院支持抗诉。

镇江市中级人民法院经审理认为，原审被告人吴某因涉嫌强奸犯罪被公安机关抓获归案，后被取保候审，属已被采取强制措施，其在取保候审期间逃跑，后再投案的行为不符合自首构成要件。抗诉机关对该部分抗诉意见成立，予以支持。吴某因涉嫌故意伤害犯罪被公安机关网上追逃，其在未受到讯问、未被采取强制措施的情况下主动投案，并如实供述自己的犯罪事实，符合自首的成立要件。原审判决认定吴某故意伤害罪属自首并无不当。据此，依照《中华人民共和国刑事诉讼法》第二百二十五条第一款第二项，第二百二十六条第一款、第二款，《中华人民共和国刑法》第二百三十六条第一款，第二百三十四条第一款，第十七条第一、三款，第六十七条第一款，第

六十九条第一款以及《最高人民法院关于处理自首和立功具体应用法律若干问题的解释》第一条之规定,依法改判,对被告人吴某以强奸罪判处有期徒刑二年六个月;以故意伤害罪判处有期徒刑七个月,数罪并罚,决定执行有期徒刑二年九个月。

二、主要问题

行为人在取保候审期间犯新罪而逃跑,被公安机关网上通缉后,又自动投案并如实供述罪行的,是否构成自首?

三、裁判理由

本案中,被告人吴某因涉嫌犯强奸罪被取保候审,在此期间实施故意伤害犯罪行为而逃跑,之后又自动投案,对该行为是否认定为自首,审理中存在不同意见:

第一种意见认为,被告人吴某犯罪后逃跑,之后又自动投案并如实供述罪行,其行为符合法律规定的自首要件,应对其所犯强奸罪、故意伤害罪一并认定为自首。

第二种意见认为,被告人吴某逃跑时尚处于取保候审期间,属已被采取强制措施,不符合法律规定的自动投案的时间要件,其逃跑行为也在一定程度上干扰了司法机关的执法办案,浪费了刑事诉讼资源,对其所犯的强奸罪、故意伤害罪一律不认定自首。

第三种意见认为,被告人吴某因涉嫌犯强奸罪而被取保候审,在此期间内逃跑,其后自动投案的行为不应认定为自首。吴某因涉嫌犯故意伤害罪,在未被讯问、采取强制措施之前逃跑,后又自动投案并如实供述自己犯罪事实的,可以认定为自首。因此,对其所犯故意伤害罪可认定为自首,对其所犯强奸罪不应认定为自首。

我们同意第三种意见,具体理由如下:

(一)原审被告人吴某因涉嫌犯强奸罪被取保候审期间逃跑,后又主动投案的行为,不符合自首的成立要件,对其所犯强奸罪不应认定为自首

1. 不符合自首的成立条件。根据刑法规定,成立自首应具备两个条件:一是犯罪以后自动投案;二是如实供述自己的罪行。根据《最高人民法院关于处理自首和立功具体应用法律若干问题的解释》第一条的规定,自动投案的时间节点是尚未受到讯问、未被采取强制措施之时。取保候审是对未被逮捕或逮捕后需要变更刑事强制措施的犯罪嫌疑人、被告人,责令其提出保证人或者缴纳保证金,并出具保证书,保证随传随到,对其不予羁押或暂时解除其羁押的一种刑事强制措施。本案中,原审被告人吴某于2013年4月13日因涉嫌犯强奸罪被公安机关抓获归案,当日被刑事拘留,同月20日被取保候审,属已被采取刑事强制措施。因此,吴某在取保候审期间逃跑,不符合刑法关于自动投案时间节点的规定,不具备自首的前提条件,对其所犯强奸罪不应认定为自首。

2. 将该行为认定为自首,有违立法本意。自首制度的宗旨是鼓励犯罪嫌疑人自动投案,一方面促使犯罪嫌疑人悔过自新;另一方面节约司法资源,使案件得以及时侦办处理。本案中,原审被告人吴某在取保候审期间逃跑,进而被公安机关网上追逃,已严重妨碍了刑事诉讼活动的正常进行,浪费了司法诉讼资源,其行为不符合自首的立法本意。

3. 将该行为认定为自首,逻辑上存在矛盾,易造成法律适用的混乱。取保候审期间逃跑本身就违反了法律关于取保候审的规定,如果取保候审期间逃跑后再进行所谓的“投案”行为被认定构成自首,则可能出现“人为自首”的情况。即犯罪嫌疑人在被抓获后取保候审,只要逃跑后再次“投案”,就可以构成自首,从而可以得到从轻或减轻处罚,那么就等同于犯罪嫌疑人因其不法行为获得了法律上的额外利益,违背了“任何人不得从自己的错误行为中获益”的原则,况且这对同样被取保候审、遵守相关法律规定没有逃跑的犯罪嫌疑人而言,也是不公平的。

（二）被告人因涉嫌犯故意伤害罪，在未被讯问、采取强制措施之前逃跑，后又自动投案并如实供述自己犯罪事实的，可以对该新罪认定为自首

1. 被告人吴某因故意伤害罪而逃跑，被网上追逃后又自动投案的行为符合自首的法定要件：一是吴某逃跑之时，其所犯故意伤害罪尚未被立案，他本人也没有因此受到讯问或被采取强制措施，就其所犯故意伤害罪而言，之后的投案行为符合自动投案的时间节点；二是吴某的逃跑行为虽然发生在取保候审期间，但其被取保候审是因为所犯强奸罪而非故意伤害罪。我们认为，对此要有所区别，不应认为公安机关对其所犯的故意伤害罪也采取了强制措施。

2. 对故意伤害罪认定自首符合立法本意。被告人吴某因犯故意伤害罪被网上追逃后自动投案并如实供述犯罪事实，客观上节约了司法资源，同时也体现了吴某认罪、悔罪的态度，就故意伤害罪而言，其犯罪后的主动投案行为应当予以鼓励，对此认定为自首符合法律设立自首制度的本意。

综上所述，对被告人吴某在犯强奸罪被取保候审期间，又犯故意伤害罪而逃跑，尔后自动投案并如实供述犯罪事实的行为，是否认定为自首，需区别对待：吴某逃跑时已因犯强奸罪被采取刑事强制措施，即使逃跑后再主动投案，对强奸罪也不应认定为自首，但其所犯故意伤害罪尚未受到讯问，也没有被采取强制措施，对故意伤害罪可以认定为自首。二审认定被告人吴某前罪不构成自首，认定后罪构成自首，对原审相关认定依法改判是正确的。

（撰稿：江苏省镇江市中级人民法院　张　云　王　禹
审编：最高人民法院刑一庭　冉　容）

［第1125号］李虎、李善东等故意伤害案

——故意隐瞒自己参与共同犯罪的事实而以“证人”身份按照司法机关安排指认同案犯的行为是否构成立功

【关键词】　立功　故意隐瞒　到案后

一、基本案情

被告人李虎，男，1982年12月29日出生。2014年9月26日因涉嫌犯故意伤害罪被逮捕。

被告人李善东，男，1985年7月10日出生。2014年9月26日因涉嫌犯故意伤害罪被逮捕。

被告人吴贵德，男，1977年1月10日出生。2015年4月10日因涉嫌犯故意伤害罪被逮捕。

被告人姜庭、杨华军、黄民赛（基本身份情况略），均于2014年9月26日因涉嫌犯故意伤害罪被逮捕。

浙江省宁波市人民检察院指控被告人李虎、李善东、吴贵德、姜庭、杨华军、黄民赛犯故意伤害罪，向宁波市中级人民法院提起公诉。

被告人李虎的辩护人提出李虎有协助公安机关抓获同案犯的立功表现等法定从轻处罚情节。

宁波市中级人民法院经审理查明：2014年8月22日凌晨1时许，被告人李虎、李善东、吴贵德、姜庭、杨华军、黄民赛在浙江省宁波市镇海区骆驼街道山外山酒店对面用餐后，李善东、姜庭、杨华军、黄民赛沿骆驼街道兴业路步行返回住处。李虎和吴贵德在山外山酒店门口因故同醉酒的被害人方裕（殁年44岁）发生争执。后李虎、吴贵德上车沿兴业路行驶至骆驼街道宜家商务宾

馆门口遇见李善东等人。吴贵德停车后，李虎唆使李善东、姜庭、杨华军、黄民赛去教训方裕。该六人返回至兴业路180号东辉羽毛球馆门口附近时，吴贵德发现方裕即向李善东等人指认。李善东、姜庭、黄民赛、杨华军遂上前对方裕拳打脚踢。其间，李善东捡起路边的砖头猛击方裕头部致其重度颅脑损伤死亡。

另查明，公安机关于同日8时许抓获被告人姜庭、杨华军、黄民赛，根据调取的视频监控录像，初步确定共同殴打被害人方裕的有四人(另一人即被告人李善东)，而案发前被告人李虎与李善东等人一起就餐，遂将李虎作为知情人员传唤至公安机关询问，李虎未供述指使他人殴打被害人的犯罪事实，但提供了李善东在曙光丽亭酒店附近的饭店工作的信息，后公安机关因证据不足让李虎离开公安机关。同日，公安机关通过调查发现曙光丽亭酒店附近粒粒香饭店内的一名厨师的体貌特征与监控视频中的一名嫌疑人相似，遂秘密对该饭店进行布控，并将李虎带至该饭店进行指认。李虎确认该嫌疑人即是李善东，公安机关将李抓获归案。经审讯，李善东供述了受李虎指使殴打被害人的犯罪事实，公安机关遂于同日13时许将李虎抓获归案。

宁波市中级人民法院认为，被告人李虎、李善东、吴贵德、姜庭、杨华军、黄民赛的行为均已构成故意伤害罪。公安机关经侦查发现李善东有犯罪嫌疑，并在李善东工作单位将其控制。在此情况下，将李虎带至该饭店对李善东进行指认，李虎只是指认以确定同案犯李善东的身份，不属于协助公安机关抓获同案犯。故李虎的行为不构成立功。在共同犯罪中，李善东、李虎起主要作用，系主犯；吴贵德、姜庭、杨华军、黄民赛起次要作用，系从犯。李善东、李虎能如实供述犯罪事实，并有一定的赔偿表现，均予以从轻处罚。吴贵德系从犯，予以减轻处罚。姜庭、杨华军、黄民赛系从犯，并能如实供述犯罪事实，有一定的赔偿表现，均予以减轻处罚。依照《中华人民共和国刑法》第二百三十四条，第二十五条第一款，第二十六条第一款、第四款，第二十七条，第六十七条第三款，第四十八条第一款，第五十七条第一款，第五十五条第一款，第五十六条第一款，《最高人民法院关于对故意伤害、盗窃等严重破坏社会秩序的犯罪分子能否附加剥夺政治权利问题的批复》之规定，以故意伤害罪分别判处被告人李善东死刑，缓期二年执行，剥夺政治权利终身；判处被告人李虎有期徒刑十三年，剥夺政治权利三年；判处被告人吴贵德有期徒九年；判处被告人姜庭、杨华军、黄民赛各有期徒刑五年。

宣判后，被告人李虎、李善东、吴贵德均不服，分别提出上诉。其中，李虎提出其具有立功表现等上诉理由。

浙江省高级人民法院经审理认为，上诉人李虎、李善东、吴贵德及原审被告人姜庭、杨华军、黄民赛故意伤害致人死亡的事实清楚，证据确实、充分，其行为均已构成故意伤害罪。关于李虎所提构成立功的上诉理由，经查，李虎在接受公安机关询问时故意隐瞒其指使他人殴打被害人的事实，公安机关亦未掌握其犯罪事实，故李虎协助司法机关指认同案犯的行为系作为证人身份所为，彼时其尚未归案，因而不构成立功。二审期间，李虎、吴贵德家属分别代为赔偿被害人家属经济损失人民币五万元、二万元，获得被害人亲属的谅解，可在原判基础上再予从宽处罚。据此，以故意伤害罪改判李虎有期徒刑十年，剥夺政治权利一年；吴贵德有期徒刑七年。

二、主要问题

故意隐瞒自己参与共同犯罪的事实，按照司法机关安排以“证人”身份指认同案犯的行为是否构成立功？

三、裁判理由

(一)如何理解把握“协助司法机关抓捕其他犯罪嫌疑人”

刑法第六十八条规定了立功制度，但条文规定比较原则，在司法实践中出现了适用标准不统一等问题。为此,最高人民法院陆续颁布了多个司法解释或规范性文件予以规范指导。其中,《最高人民法院关于处理自首和立功具体应用法律若干问题的解释》(以下简称《解释》)第五条将"协助司法机关抓捕其他犯罪嫌疑人(包括同案犯)"作为立功表现的一种类型加以规定,2010年出台的《最高人民法院关于处理自首和立功若干具体问题的意见》(以下简称《意见》)进一步明确协助抓捕其他犯罪嫌疑人主要包括:(1)按照司法机关的安排,以打电话、发信息等方式将其他犯罪嫌疑人(包括同案犯)约至指定地点;(2)按照司法机关的安排,当场指认、辨认其他犯罪嫌疑人(包括同案犯);(3)带领侦查人员抓获其他犯罪嫌疑人(包括同案犯);(4)提供司法机关尚未掌握的其他案件犯罪嫌疑人的联络方式、藏匿地址的,等等。《解释》和《意见》的出台,为司法机关准确认定"协助司法机关抓捕其他犯罪嫌疑人"型立功起到了重要指导作用。我们认为,鉴于立功情节作为法定从宽处罚情节的重要性,而实践中协助抓捕的情形又千差万别,因此,对《意见》所列部分协助行为,不能仅作形式上或类型性的把握,还要同时从实质上予以"量"的把握。换言之,虽然协助行为对司法机关抓捕其他犯罪嫌疑人的确起到了一定作用,但不具有决定作用,而是可有可无,那么,就不宜不加区分,简单援引《意见》的规定一律认定构成立功。例如,公安机关实际上已经控制犯罪嫌疑人,但为防止错误抓捕,遂安排行为人进行指认以进一步核实确定嫌疑人身份的,不能说行为人的指认不起任何作用,但不宜认定其构成立功。

本案中,公安机关经侦查发现被告人李善东涉嫌犯罪,但不了解李善东的具体身份情况。公安机关根据李虎提供的李善东工作单位等信息,进一步调查发现该单位一名厨师的体貌特征与监控视频中的一名嫌疑人相似,于是秘密对该饭店进行布控。但是公安机关尚未确认该厨师就是李善东,也没有控制李善东。在这种情况下,李虎按照公安机关安排,到该饭店进行指认。经李虎指认,公安机关始确认李善东身份并将其抓获。应该说,李虎所实施的一系列协助行为,对公安机关顺利抓捕李善东具有一定实质作用,属于《意见》所列立功行为类型。

(二)如何理解把握构成立功所要求的"到案后"

刑法第六十八条并未对构成立功时间条件进行限定,根据《解释》第五条的规定,"犯罪分子到案后有检举、揭发他人犯罪行为……应当认定为有立功表现",由此可见,司法解释采取了限制解释的立场,只有"到案后"才可能构成立功。本案中,在认定被告人李虎指认同案犯的行为属于"协助抓捕其他犯罪嫌疑人"的前提下,对该行为是否能够认定为发生在"到案后"有较大分歧:

一种意见认为,被告人李虎在接受公安机关第一次询问时,已经在司法机关的控制之下,此时李虎已经归案,其后协助司法机关抓捕同案犯的行为应当认定为立功。

另一种意见认为,被告人李虎协助司法机关抓捕同案犯时,司法机关尚未掌握其涉案,李虎有完全的人身自由。故李虎协助司法机关抓捕同案犯的行为并非在"到案后"实施,其行为不构成立功。

我们同意第二种意见,即被告人李虎实施的协助抓捕行为并非发生在到案后,不符合构成立功的时间条件,具体理由如下:

立功制度蕴含的功利主义价值取向更为突出,其基本出发点就在于,通过对立功的犯罪分子在量刑时从宽处罚,鼓励犯罪分子检举、揭发他人犯罪,协助司法机关侦破案件,抓获其他犯罪嫌疑人,或者做出其他对社会有贡献的行为。换言之,立功是一种"将功赎罪"的刑罚奖励制度。为了克服追求功利主义可能带来的负面影响,对可构成立功的领域范围(主要限于与查缉犯罪相关)及时间条件予以限制,以体现公正价值,确有必要性。特别是从司法实践来看,因《解释》将"其他有利于国家和社会的突出表现"也视为立功,如果不将立功限定为"到案后",则立功的范围漫无边际、认定上流于随意,将给犯罪分子逃避法律制裁以可乘之机,有损法律的权威和公正。"到案后"一般情况下,意味着犯罪分子的人身自由已受到一定程度的控制,犯罪分子将功赎罪的主观愿望才明晰化,也能防止立功制度的滥用。因此,《解释》将立功的起始时间明确为"到案后",是科学的。"到案后"一般应理解为犯罪分子在被有关机关或个人控制之下或者其自愿置于有关机关或个人的控制之下。当然,对"到案后"也不能机械地理解为司法机关为办案之目的而控制犯罪分子之后,还可以包括其他有关机关、单位等发现犯罪分子有违法犯罪嫌疑而接触、控制犯罪分子之后。实践中,犯罪分子主动到有关机关投案交代自己的罪行并揭发他人犯罪,只是由于种种原因公安司法机关对其犯罪行为未予及时立案的,也不影响对其立功情节的认定。①《解释》所规定的"到案后"虽然主要是限定立功成立的时间要件,但从一定程度上,也可体现犯罪分子"将功赎罪"的主观意愿。对实践中存在的犯罪分子虽尚未置于有关机关控制之下(即现实到案),但有证据证实其确已准备投案或者在投案途中,其实施协助抓捕同案犯、向司法机关提供侦破其他案件的线索等符合立功客观要件行为的,对其应当认定为立功。例如,被告人伙同同案犯实施抢劫后潜逃,得知被通缉后,向公安机关打电话表示准备投案,同时应公安机关要求,与同案犯进行联系并会面,配合公安机关抓获同案犯的,对被告人上述协助抓捕行为可以解释为是"到案后"所实施。

本案中,被告人李虎在第一次接受询问时,公安机关虽然有条件对李虎进行约束、控制,但因未发现其有犯罪嫌疑而在客观上没有对李虎采取强制措施,而是让其自行离开,李虎故意隐瞒涉案事实,也没有任何投案的意愿。因此,李虎在接受公安机关第一次询问时,不属于"到案"。李虎故意隐瞒自己指使李善东等人殴打被害人的犯罪事实,有逃避法律追究的意图;其后以"证人"身份协助司法机关对同案犯李善东进行指认,也未体现任何"将功赎罪"的意愿。因此,严格来讲,即使被告人李虎指认同案犯的行为对司法机关抓捕同案犯起到一定协助作用,也不能认定是发生在"到案后"。法院对其协助抓捕行为不认定为立功,是正确的。

需要指出的是,还有一种意见认为,被告人李虎的行为可以构成重大立功,其理由是:《解释》第五条对立功的认定有"到案后"的明确规定,而《解释》第七条对重大立功没有规定"到案后",按照罪刑法定原则,构成重大立功不需要"到案后"。因此,李虎协助抓捕的同案犯李善东依法被判处死刑,缓期二年执行,其协助抓捕行为虽发生在到案前,但仍然构成重大立功。

我们认为,被告人李虎的行为不构成立功,更不构成重大立功。理由是:从逻辑上分析,立功与重大立功的区别主要在于所起作用的大小不同,但在构成立功的最低条件要求上,二者不存在也不应有区别。从法律效果方面分析,构成重大立功对犯罪分子从宽处罚的力度更大,那么对重大立功的限制条件亦应当更加严格,才符合逻辑和常理。在《解释》第五条已经规定了犯罪分子"到案后"才能构成立功的情况下,举轻以明重,《解释》第七条的规定虽无"到案后"的表述,但只有理解为同样要求"到案后"方为符合体系解释原则的妥当结论。

(撰稿:浙江省高级人民法院　侯天柱
审编:最高人民法院刑一庭　杜国强)

---

① 赵俊甫:《张俊兰受贿案——投案后、立案前协助公安机关抓获其他犯罪嫌疑人的,可以认定为立功》,载张军、黄尔梅主编:《最高人民法院自首、立功司法解释案例指导与理解适用》,法律出版社2012年版。

[第1170号]曹显深、杨永旭、张剑等故意伤害案

——被告人投案后,委托家属动员同案人投案的,能否认定为立功

【关键词】 立功 自首 悔罪表现

一、基本案情

被告人曹显深,男,1983年9月28日出生,无业。2015年7月17日被逮捕。

被告人杨永旭,男,1984年2月12日出生,无业。2015年7月17日被逮捕。

被告人张剑,男,1986年9月23日出生,无业。2015年7月17日被逮捕。

(其他被告人基本情况略)

广西壮族自治区防城港市人民检察院以被告人曹显深、杨永旭、张剑等人犯故意伤害罪,向防城港市中级人民法院提起公诉。

被告人曹显深对公诉机关指控的罪名无异议,辩称被害人卢德福曾叫人对其殴打,其一时冲动才找人去教训卢德福;对民事赔偿部分,表示尽力赔偿。辩护人提出以下辩护意见:(1)被害人卢德福多次无端殴打被告人曹显深是本案发生的诱因,卢德福对本案的发生存在过错;(2)被害人卢德福的死亡结果系多因导致,不能排除医院抢救不及时的合理怀疑;(3)被告人曹显深主观上没有报复被害人的故意,且愿意尽力赔偿被害人的经济损失,该案的发生具有一定的偶然性;(4)被告人曹显深具有自首和立功情节,请求对曹显深从轻、减轻处罚。

被告人杨永旭对公诉机关指控的犯罪事实和罪名均无异议;对民事赔偿部分,表示尽力赔偿。辩护人提出以下辩护意见:(1)被告人杨永旭具有自首情节;(2)被害人卢德福的死亡是多处刀伤所致,不能直接认定是被告人杨永旭所为,请求对杨永旭从轻、减轻处罚。

被告人张剑对公诉机关指控的犯罪事实和罪名均无异议,辩称其不是主犯;对民事赔偿部分,表示尽力赔偿。辩护人提出以下辩护意见:(1)被害人卢德福对本案发生存在过错;(2)被告人张剑不是犯意提起者和策划者,张剑砍了一刀后没有继续追砍被害人,应认定为从犯;(3)被害人卢德福的致命伤不是张剑所致;(4)被告人张剑具有自首情节,请求对张剑从轻、减轻处罚。

防城港市中级人民法院经审理查明:

2015年6月11日凌晨,被告人曹显深看见与其有矛盾的卢德福(被害人,男,殁年34岁)在东兴市V12娱乐城玩耍,遂产生报复的念头,随后纠集被告人杨永旭、张剑等人守候。当日6时许,卢德福从V12娱乐城出来后,曹显深驾车搭乘同案被告人尾随其至东兴市安得花园六区大门附近。杨永旭、张剑分别从杨永旭带上车的纸箱内拿出砍刀并戴上头套后下车追打卢德福。杨永旭持砍刀砍卢德福的背部、腿部各一刀,张剑持砍刀砍卢德福右腿一刀,后逃离现场。卢德福受伤后被送往医院经抢救无效于当日死亡。经鉴定,被害人卢德福系被锐器暴力砍击全身多处并造成左腘动脉静脉完全断裂致失血性休克而死亡。

2015年6月14日曹显深到公安机关投案,并让其哥哥曹显林寻找、劝说在逃人员张剑和杨永旭归案,其亲属还代为赔偿了被害人亲属经济损失并取得谅解。张剑和杨永旭分别于同年6月14日和7月9日到公安机关投案自首。

防城港市中级人民法院认为,被告人曹显深、杨永旭、张剑故意伤害他人身体,致人死亡,其行为已构成故意伤害罪,均应对各自行为造成被害人卢德福死亡的结果承担刑事责任。案件的

发生系曹显深主动寻仇所致，被害人并无过错。但鉴于本案事出有因，在量刑时酌情予以考虑。在共同犯罪中，曹显深纠集同伙，指认被害人，是犯意提出者和组织指挥者；杨永旭提供作案工具，持砍刀砍击卢德福的背部和腿部；张剑持砍刀砍击卢德福的右腿，作案后藏匿处理作案工具，三人均起主要作用，系主犯。曹显深、杨永旭、张剑自动投案并如实供述自己的罪行，是自首。曹显深投案自首后，请求其兄曹显林协助动员同案犯张剑和杨永旭投案，仅是一种协助抓捕的意思表示，不属具体协助公安机关抓获同案犯的行为，不应认定为立功，但该行为反映出其将功赎罪的主观意愿，在量刑上可酌情从轻处罚。曹显深积极赔偿被害人家属经济损失并取得谅解，依法可以酌情从轻处罚。根据各被告人的犯罪事实、性质、情节和对于社会的危害程度，决定对曹显深、杨永旭、张剑从轻处罚。据此，依照《中华人民共和国刑法》第二百三十四条第二款、第二十五条第一款、第二十六条第一款和第四款、第六十七条第一款和第三款，《中华人民共和国民法通则》第一百一十九条、第一百三十条和《最高人民法院关于适用〈中华人民共和国刑事诉讼法〉的解释》第一百三十八条、第一百五十五条第一款、第二款之规定，判决如下：

1. 被告人曹显深犯故意伤害罪，判处有期徒刑十五年，剥夺政治权利四年。

2. 被告人杨永旭犯故意伤害罪，判处有期徒刑十五年，剥夺政治权利四年。

3. 被告人张剑犯故意伤害罪，判处有期徒刑十三年，剥夺政治权利三年。

宣判后，三被告人提出上诉，均认为被害人存在过错。曹显深还提出其投案后委托其兄动员在逃同案犯杨永旭、张剑投案自首系立功表现的上诉意见。

广西壮族自治区高级人民法院经审理后认为，上诉人曹显深纠集上诉人杨永旭、张剑等人持械对被害人卢德福追砍殴打，致其死亡，各上诉人的行为已构成故意伤害罪，均应依法惩处。曹显深组织他人伺机报复，在共同犯罪中罪责最为严重；杨永旭为帮曹显深出气，准备犯罪工具、持砍刀暴力砍击卢德福，其行为与卢德福的死亡具有直接因果关系，系致死卢德福的直接凶手；张剑接受曹显深的指派，持砍刀严重伤害卢德福，案发后又藏匿作案凶器，其行为与被害人死亡亦有一定的因果关系；上述三人均系主犯。上诉人曹显深、杨永旭、张剑作案后能自首，依法可以从轻或减轻处罚。虽然卢德福两次殴打曹显深，是本案的诱因，但被害人卢德福在本案案发时，不存在刑法上的过错，仅属事出有因。曹显深归案后确有委托其兄曹显林动员上诉人杨永旭、张剑投案自首的行为，对张、杨二人先后到公安机关自首起了一定的作用。该行为表明曹显深有悔罪表现，但曹显深并不知道杨永旭、张剑的藏匿地点等具体信息，而是其兄曹显林及杨永旭、张剑的亲属代为找到此二上诉人并动员他们投案的，故不属刑法上的立功行为。因此，曹显深亲属曹显林代为动员同案犯归案的行为，不能视为曹显深的立功表现。故曹显深不具有立功表现，原判对该行为不认定为立功，但酌情从轻处罚正确，对其判处有期徒刑十五年，已充分体现从宽。杨永旭直接致死卢德福，张剑严重伤害卢德福，原判虽未查明直接致死者，但对二人分别判处有期徒刑十五年、十三年，罪罚相当，应予维持。根据《中华人民共和国刑法》第二百三十四条第二款、第二十六条第一款和第四款、第二十七条、第六十七条第一款、第五十五条第一款、第五十六条第一款和《中华人民共和国刑事诉讼法》第二百二十五条第一款第一项、第二百三十三条之规定，判决维持原审对曹显深、杨永旭、张剑的定罪量刑。

二、主要问题

被告人投案以后，委托亲属动员在逃的同案犯投案自首，该行为能否认定为立功？

三、裁判理由

本案中，被告人曹显深犯罪以后逃到越南，其兄曹显林找到其并讲明“跑得了一时，逃不了一世”，曹显深遂到公安机关投案自首。之后，曹显深让曹显林去找杨永旭、张剑回来投案。经曹显林寻找，张、杨二人的亲属协助寻找并动员，张、杨二人先后投案。据此，曹显深是否属于《最高人民法院关于处理自首和立功具体应用法律若干问题的解释》（以下简称《解释》）第五条中的“协助司法机关抓捕其他犯罪嫌疑人”的情形，从而认定为立功呢？有以下两种不同的意见：

第一种意见认为，《最高人民法院关于处理自首和立功若干具体问题的意见》（以下简称《意见》）对《解释》第五条规定的“协助司法机关抓捕其他犯罪嫌疑人”提供了具体认定的标准，并列举了四种主要情形。虽然本案中曹显深委托亲属动员同案犯前来投案不属于这四种具体情形，但是《意见》对“协助”的情形是列举式的，并不排除其他情形，且在第四种情形“提供司法机关尚未掌握的其他案件犯罪嫌疑人的联络方式、藏匿地址的”之后，写有“等等”二字。该“等”无疑是“等外等”之意。这表明协助的具体方式包括但不限于上述四种，只要确实起到了协助作用就应当认定为立功。那么，在具体认定的时候，可以“举轻以明重”，即协助的情形比《意见》明确的四种主要协助情形所起作用要大的，就应当认定为“协助司法机关抓捕其他犯罪嫌疑人”，从而认定为立功。本案中，杨永旭、张剑二人作案后跑到山上藏匿，司法机关一时半会难以抓获二人。曹显深因为本人已投案，无法直接动员杨、张二人投案自首，故委托其兄代为寻找。其兄前往寻找，并成功动员了二名在逃同案犯前来投案，确实节省了司法资源，相比“带领侦查人员抓获其他犯罪嫌疑人（包括同案犯）的”和“提供司法机关尚未掌握的其他案件犯罪嫌疑人的联络方式、藏匿地址的”这两种协助情形，对案件的侦破工作所起作用更大，应当鼓励这种行为。因此，可以认定曹显深具有立功表现。

第二种意见则认为，本案中杨永旭、张剑系在曹显深亲属曹显林的动员、规劝下投案，不能认定为曹显深本人立功。

我们同意第二种意见，理由如下：

（一）立功的主体原则上应限定为犯罪嫌疑人、被告人本人

无论是刑法还是《解释》《意见》，所规定的立功的主体都是“犯罪分子”。如果是在侦查、审查起诉阶段检举、揭发他人犯罪行为的，立功的主体就是犯罪嫌疑人；如果是在审判阶段提供重要线索从而得以侦破其他案件的，立功的主体就是被告人。因此，刑法上的立功的主体，原则上应限定为犯罪嫌疑人、被告人本人。这就是学理上讲的立功具有“亲为性”的特征。犯罪分子的亲属“协助立功”的，不符合立功的主体要件，因此，不能认定为犯罪分子具有立功表现。

（二）对《意见》所列举的“协助抓捕其他犯罪嫌疑人”的理解与适用，应当采取缩小解释

《意见》虽然在列举了四种常见“协助抓捕其他犯罪嫌疑人”的情形后，加上了“等等”二字，但对“等等”应当进行严格的限制解释，不能认为凡是对侦破案件起到一定的协助作用，节约了一定的司法资源就一律认定为立功。在具体情形的认定上，应当坚持两点：一看是否按照司法机关的安排而配合作出相应行为；二看将重要信息提供的对象是否是司法机关。前者的要点是，提供的协助行为是依照司法机关的安排所为，表明其有配合司法机关侦破案件的意愿和行为，如《意见》列举的第一、第二种协助方式，即“按照司法机关的安排，以打电话、发信息等方式将其他犯罪嫌疑人（包括同案犯）约至指定地点的”和“按照司法机关的安排，当场指认、辨认其他犯罪嫌疑人（包括同案犯）的”，无不强调是按照司法机关的安排而为。后者的要点是将重要信息向司法机关提供，如《意见》列举的第三、第四种协助方式，即“带领侦查人员抓获其他犯罪嫌疑人（包括同案犯）的”和“提供司法机关尚未掌握的其他案件犯罪嫌疑人的联络方式、藏匿地址的”，均要求是将重要信息向司法机关提供，之后由司法机关前往抓获。这体现出对立功持谨慎认定的态度，一方面，立法不鼓励“私力缉凶”这一冒险方式，以免发生新的悲剧；另一方面，也是为了防止饱受诟病的“串通买功”现象发生，人为制造不公正的量刑。

本案中,被告人曹显深规劝同案犯投案,既非是在司法机关的安排下进行,也非是将杨永旭、张剑二人的藏匿信息告知司法机关,由司法机关前往抓获。曹显深是将该想法告诉其兄长曹显林,由曹显林与张剑、杨永旭的亲属共同寻找、动员,之后,张剑、杨永旭才先后投案的。曹显深供述,其不知道杨永旭在哪里,仅猜测张剑躲在附近的山上。张剑则供述,曹显林与其父亲张某某一起找到其后,共同做其思想工作,之后才自动投案的。杨永旭亦供述,其哥哥杨某某找到其后,动员其去自首。之后,其哥哥拨打曹显林先前留下的纸条上的电话号码,由曹显林陪同投案。曹显林则对上述动员经过进行了证实。可见,曹显深并不能提供杨永旭、张剑的详细、具体、准确的藏匿地址,其仅仅是有规劝杨、张二人投案的意愿。杨永旭、张剑的投案,系曹显林与杨、张的亲属共同寻找、动员的结果,并非曹显深直接动员所致,不能认定为曹显深具有立功表现。

试想,假若将本案中曹显深的协助动员同案犯投案的意思表示认定为立功表现,则曹显深、杨永旭、张剑三人均有自首情节,曹显深还另有立功表现,且是重大立功表现,三人均可从轻甚至减轻处罚。但如果曹显深将杨永旭、张剑的准确藏匿地址提供给司法机关,由司法机关抓获杨、张,则杨、张二人不可能成立自首,仅有曹显深一人能得到减轻处罚。因此,不宜对曹显深提供信息的对象不加区分,认为只要是起到了一定的协助抓捕作用,就一律认定为立功。否则,将导致量刑失衡,也不符合宽严相济刑事政策的要求。

(三)曹显深的行为虽不认定立功,但可作为悔罪表现,酌情从轻处罚

如前所述,被告人曹显深的行为虽然不构成立功,但考虑到曹显深在投案以后,人身自由受限,确实不能亲自前往动员同案犯投案,其委托亲属代为动员的行为,表明了其将功赎罪的意愿,应认定为具有悔罪表现,可以酌情从轻处罚。

综上,一审法院不认定曹显深委托亲属代为动员在逃同案犯投案的行为为立功是准确的,同时考虑到曹显深有自首情节,本案事出有因,案发后又积极赔偿了被害人亲属经济损失并取得谅解,对其从轻处罚,以故意伤害罪判处有期徒刑十五年,剥夺政治权利四年是适当的。

(撰稿:广西壮族自治区高级人民法院　唐玉迪
审编:最高人民法院刑四庭　陆建红)

[第1212号]孟庆宝故意杀人案

——作案后逃往他处自杀被救起后主动交代罪行的,能否成立自首

【关键词】　自首　自动投案

一、基本案情

被告人孟庆宝,男,1983年2月22日出生,农民。2013年8月16日因涉嫌犯故意杀人罪被逮捕。

辽宁省沈阳市人民检察院以被告人孟庆宝犯故意杀人罪,向沈阳市中级人民法院提起公诉。

被告人孟庆宝对指控事实及罪名无异议。其辩护人提出,孟庆宝杀人后逃离犯罪地至他处欲投湖自尽,后被湖边散步的群众救起,湖区所在的派出所未掌握孟庆宝杀人的案情,该所公安人员在接到群众的救人报警电话,赶至现场对孟进行询问时,其主动、如实供述犯罪事实,依法构

成自首,应对其从轻处罚。

沈阳市中级人民法院经审理查明:

被告人孟庆宝与被害人王某某系夫妻关系。被告人孟庆宝因反对王某某与其他人交往而与王某某产生矛盾,王某某提出离婚,遭到孟庆宝拒绝。2013年7月24日11时许,孟庆宝在沈阳市于洪区黄河北大街环北家园的家中,与王某某发生口角,孟庆宝用双手掐住王某某颈部,致王某某因颈部受钝性外力作用导致机械性窒息而死亡。案发后,孟庆宝在家中企图自杀,未果。次日16时许,孟庆宝拨打其岳父王家某的电话,告知其将王某某杀害并准备自杀,后王家某向沈阳市皇姑区北陵派出所报警。

同年7月26日5时22分,沈阳市于洪区造化派出所民警接到有人投湖自杀的报警电话,到达现场后,投湖自杀男子已被群众救起。民警询问其投湖原因,该男子称其将妻子杀害,后又昏迷。民警待其苏醒后将其带至造化派出所,根据身份证件获知该男子为被告人孟庆宝,并通过孟庆宝的手机联系到其姐姐孟某某,了解到孟庆宝的妻子已在家中被害死亡。民警遂再次询问孟庆宝,孟庆宝详细交代了故意杀人的犯罪事实,后被移送至案发地的公安机关。

沈阳市中级人民法院认为,被告人孟庆宝的行为构成故意杀人罪。关于辩护人所提孟庆宝构成自首的辩护意见,经查,2013年7月25日17时许,孟庆宝的岳父王家某虽向沈阳市公安局于洪分局北陵派出所报案,但当晚公安机关现场勘查直至23时结束,当日未正式立案,亦未把孟庆宝列为犯罪嫌疑人进行通缉,2013年7月26日沈阳市公安局于洪分局对该案正式立案,故在此之前孟庆宝的犯罪事实尚未被除北陵派出所以外的其他区域的公安机关掌握。2013年7月26日清晨,被告人孟庆宝投湖自杀被救起时,沈阳市公安局于洪分局造化派出所出警民警尚未掌握其杀人罪行,在询问投湖原因时,孟庆宝即在投湖现场交代其杀害妻子的犯罪事实,后造化派出所民警根据此线索进一步核实了被告人身份及所涉案件侦破情况,并将孟庆宝移送至北陵派出所。被告人孟庆宝的行为符合形迹可疑型自首的构成要件,成立自首,故对此辩护意见予以采纳。鉴于本案系因婚姻、家庭琐事引发,被告人认罪悔罪,有自首情节,且取得了被害人家属的谅解,对其从轻处罚。依据《中华人民共和国刑法》第二百三十二条、第五十五条第一款、第五十六条第一款、第六十七条第一款之规定,以故意杀人罪,判处被告人孟庆宝有期徒刑十五年,剥夺政治权利五年。

二、主要问题

作案后逃往他处自杀被救起后,接受当地公安人员盘问时主动如实供述自己罪行的,能否成立自首?

三、裁判理由

本案审理中,对被告人作案后逃往他处自杀被救起后如实供述罪行的行为是否构成自首的问题,有两种不同意见:第一种意见认为,自首应具备自动投案和如实供述两个条件,缺一不可。2013年7月25日17时许,公安人员接到孟庆宝岳父的报警电话,称女儿被女婿孟庆宝杀害,警察对现场勘查并走访涉案人员的亲属,获知孟庆宝曾给其岳父打电话,告知系其杀死了被害人。此时,公安人员已掌握了孟庆宝杀人的事实。孟庆宝在杀人后逃离案发地,并于7月26日凌晨在他处畏罪自杀,目的是想逃避法律的追究,并无投案意愿,也缺少投案的主动性。孟庆宝自杀未遂后交代的犯罪事实已被公安人员掌握,其投案行为对案件的侦破亦无实质作用,故孟的行为不构成自首。此意见也是公诉机关的指控意见。第二种意见认为,本案符合"罪行未被司法机关发觉,仅因形迹可疑受到盘问而主动投案"的情形,依法可认定为自首。

我们同意第二种意见。理由如下:

根据刑法第六十七条的规定,成立自首需要具备“主动投案”和“如实供述自己的罪行”两个条件。关于何为“主动投案”,2010 年 12 月 22 日《最高人民法院关于处理自首和立功若干具体问题的意见》(以下简称《自首和立功意见》)第一条以列举的方式对此作了细化,其中第三种主动投案情形是“在司法机关未确定犯罪嫌疑人,尚在一般性排查询问时主动交代自己罪行的”。《自首和立功意见》还进一步指出,“罪行未被有关部门、司法机关发觉,仅因形迹可疑被盘问、教育后,主动交代了犯罪事实的,应当视为主动投案”。根据该意见的细化释明,上述第三种情形成立自首应当满足以下条件。

(一)进行盘问的司法机关尚未掌握犯罪人的罪行

司法实务中,犯罪人实施罪行后,多会选择逃离案发现场,甚至逃到外地,或至隐蔽场所藏匿。公安机关接警后会开展相应的侦查工作,只有在查明犯罪事实、确定犯罪嫌疑人后,才会逐级上报发布不同级别的通缉令,相应区域的公安部门方能了解到犯罪人的信息,这在不同的公安部门之间会形成一个客观存在的获知犯罪人身份的时间差。一般来讲,犯罪行为地的公安机关最先获得案件线索,而后开展侦查工作,在犯罪事实明朗之前,除可能涉及协查配合等例外情况外,具体侦查部门以外的他处公安机关很难获知犯罪人的身份情况,即使他处公安人员遇到犯罪人,如果犯罪人不主动交代,公安人员也很难查获其罪行。因此,进行盘查的公安人员未掌握犯罪人的信息,是体现其投案主动性的必备条件。

这里的主要问题是,何为“司法机关未掌握犯罪事实”。《自首和立功意见》对犯罪嫌疑人、被告人被采取强制措施期间如实供述司法机关还未掌握的本人其他罪行成立自首的情形进行了解释,认为“该罪行能否认定为司法机关已掌握,应根据不同情形区别对待。如果该罪行已被通缉,一般应以该司法机关是否在通缉令发布范围内作出判断,不在通缉令发布范围的,应认定为还未掌握,在通缉令发布范围内的,应视为已掌握;如果该罪行已录入全国公安信息网络在逃人员信息数据库,应视为已掌握。如果该罪行未被通缉、也未录入全国公安信息网络在逃人员信息数据库,应以该司法机关是否已实际掌握该罪行为标准”。

参考此规定,司法机关未掌握犯罪事实应包括两种情形:(1)犯罪事实尚未被司法机关发现;(2)犯罪事实虽已被发现,但司法机关尚未通过相关法律程序将被盘问人确定为犯罪嫌疑人。这两种情形的共同点就是被盘问人与具体案件之间的客观联系尚未被司法机关明确。一般来说,下列情形应属于罪行已被司法机关掌握:(1)根据案件相关线索,司法机关已经将被盘问人与特定的犯罪事实相联系,将其确定为犯罪嫌疑人,如已发布通缉令,且接受投案的部门在通缉令发布的区域内,以及该罪行已录入全国公安信息网络在逃人员信息数据库;(2)属于现行犯可以被采取拘留等强制措施的;(3)采取传唤或者其他强制措施,要求行为人到案接受讯问、调查的,等等。

(二)犯罪人仅因形迹可疑接受一般性的盘问,而非有针对性的盘查

公安人员依职责常处理警情、例行检查等各种警务,在此过程中,会对涉及的相关人员进行一般性的盘问,被询问人因为神态异常或形迹可疑会接受询问。从实际来看,犯罪人涉罪后,心理会有敏感、多疑等变化,外表举止亦呈现出有别于常人的举动,如避开公安人员或公众场所,面对盘查神色慌张等。但这种接受询问只是回答一般性的查询,公安人员没有事实根据确定犯罪人实施了何种罪行,犯罪人就具有了可主动供述或不如实供述的选择,此种情形下的如实供述便具有了主动投案性质。如果公安人员接到通缉令或协查通报,对犯罪人的身份信息或相貌特征有了初步的了解,而有针对性地对相关人员进行排查,此种情形下犯罪人已丧失了投案的主动性,查获的结果也是犯罪人因被动接受盘查而形成的,故不能成立“自动投案”。

（三）犯罪人主动、如实供述犯罪事实

犯罪人犯罪后，其罪行虽被公安机关发现，但罪行和犯罪人之间的关联尚不明朗，或者存在前文中提到的获知犯罪人身份时间差的问题。此时，犯罪人面对公安人员的一般性盘查，如实供述犯罪事实，表明其自愿归于公安机关控制之下，这将会对案件的侦破起到实质的作用，亦是犯罪人主动投案欲实现认罪、悔罪目的的直接体现，故1998年4月17日《最高人民法院关于处理自首和立功具体应用法律若干问题的解释》第一条规定了包括"形迹可疑自首"在内的七种情形，应当视为"自动投案"。

鉴于前述分析，对于畏罪自杀被救起后向不知晓具体案情的公安人员主动供述犯罪事实的行为，是否认定为自首，应当按照形迹可疑型自首的上述构成要件，综合考虑犯罪人的自杀动机、行凶与自杀的时间空间距离、侦查人员与盘问人员的同一关系、案件事实的知晓范围与程度等予以客观认定，而不能将犯罪人放弃生命的行为简单等同于逃避法律制裁，从而一概地排除适用自首制度。

就本案而言，2013年7月25日晚，被告人的岳父王家某虽向沈阳市公安局于洪分局北陵派出所报案，但当晚公安机关现场勘查直至23时结束，未正式立案，亦未把孟庆宝列为犯罪嫌疑人进行通缉或者录入全国公安信息网络在逃人员信息数据库，直至2013年7月26日，沈阳市公安局于洪分局才对该案正式立案。故在此之前，应当认为孟庆宝的犯罪事实尚未被除北陵派出所以外的其他地区公安机关掌握。2013年7月26日清晨，造化派出所接到报警，报警人称有一男子投湖，造化派出所民警出警时并不知投湖男子身份及其罪行，投湖行为本身亦无法与杀人犯罪建立联系，即行为人与具体案件之间的客观联系尚未被公安机关明确，应属于"犯罪事实尚未被司法机关发现"的情形。被告人孟庆宝投湖自杀被救起后，造化派出所的出警民警对其进行盘问的主要内容为投湖原因，属于因形迹可疑而盘问，孟庆宝在投湖现场即主动交代了自己的杀人罪行，虽杀人的细节并不完整，但不能否认造化派出所民警知悉孟庆宝杀害妻子事实的源头系孟庆宝自述，应当视为自动投案。被带至造化派出所后，孟庆宝如实供述了犯罪事实，其行为符合形迹可疑型自首的上述构成要件，依法成立自首。

此外，被告人孟庆宝作案后投湖自杀，表明其未能及时将自己置于国家法律有效管控之下，但不能简单认为其就是在逃避法律制裁，从而据此改变其后投案行为的性质。犯罪人作案后的行为是否成立自首，应当严格按照刑法及司法解释来认定。从实际来看，被告人自首的情况是多种多样的，该行为对司法机关侦破案件所起到的作用也会有所不同，有的效果明显，有的作用一般，所以，刑法规定"对自首的犯罪分子，可以从轻或者减轻处罚"，至于是从轻处罚还是减轻处罚，以及从轻、减轻处罚的具体幅度，由司法机关根据案件实际情况来判定。例如，本案被告人的自首情节对案件侦破的实际意义相对较弱，这一点可在量刑从轻处罚的具体幅度上去体现，但不能据此否定其行为构成自首。故法院判决认定被告人具有自首情节，是正确的。

（编写：辽宁省沈阳市中级人民法院　边　锋　袁俊峰
审编：最高人民法院刑二庭　韩维中）

[第1216号]刘哲骏等诈骗案
——积极救助同监室自杀人员的能否认定为立功

【关键词】 立功 救助行为 行为比例性

一、基本案情

被告人刘哲骏,男,1990年12月5日出生。2011年6月15日因犯贩卖毒品罪被判处有期徒刑七年,并处罚金一万元,现在看守所服刑。

被告人舒忠平,男,1990年7月4日出生。2011年3月9日被刑事拘留,同月13日被取保候审。

被告人吴雪骏,男,1990年2月2日出生。2011年8月23日因犯容留他人吸毒罪被判处拘役五个月,并处罚金二千元。同年3月10日被刑事拘留,同月13日被取保候审。

衢州市柯城区人民检察院以被告人刘哲骏、舒忠平、吴雪骏犯诈骗罪,向柯城区人民法院提起公诉。

被告人刘哲骏、舒忠平、吴雪骏均对公诉机关指控罪名及犯罪事实供认,未作辩解。

柯城区人民法院经审理查明:2011年1月27日,被告人舒忠平与吴雪骏、刘哲骏在衢州市伯慈大酒店413房间内吸毒时,提议骗取被害人杨发松的星空棋牌游戏银子。后三人商定由吴雪骏、刘哲骏前去与杨发松见面,以购买游戏银子为名,诱骗杨发松进行网上交付,舒忠平留在位于衢州市柯城区蛟池街91号店内进行账户操作,骗取的财物由三人平分。当日17时许,吴雪骏、刘哲骏来到事先与杨发松约好的红宝石网吧,由吴雪骏望风,刘哲骏进入网吧内,谎称自己是要收购游戏银子的人,让杨发松登陆星空棋牌游戏账号,以"梭哈"的形式将游戏银子划入舒忠平的网上账户。随后,杨发松在星空棋牌梭哈游戏一对一专间"蒙特卡罗"房间内分4次将13 800万游戏银子划入舒忠平"蛟池街售银"的星空棋牌游戏账号内。吴雪骏见刘哲骏得手后即逃离现场。刘哲骏向杨发松谎称前往住处取钱,也趁机逃跑。事后,刘哲骏分得1 400元,吴雪骏分得500元。经鉴定,被骗的游戏银子价值5 943元。

被告人吴雪骏案发后主动向公安机关投案。被告人刘哲骏在看守所羁押期间有立功表现。

柯城区人民法院认为,被告人刘哲骏、舒忠平、吴雪骏以非法占有为目的,采用虚构事实、隐瞒真相的方法,骗取他人财物,数额较大,三被告人的行为均已构成诈骗罪。被告人吴雪骏案发后主动向公安机关投案,并如实供述自己的罪行,属自首,可从轻处罚。被告人刘哲骏、舒忠平归案后如实供述自己的罪行,可从轻处罚。被告人刘哲骏在看守所羁押期间有立功表现,可从轻处罚;在判决宣告以后,刑罚执行完毕以前,发现在判决宣告以前还有其他罪没有判决,应对新发现的罪作出判决,与前罪并罚。被告人舒忠平、吴雪骏有案发后积极退赔被害人损失情节,且三被告人在庭审中均自愿认罪,可酌情从轻处罚。根据舒忠平、吴雪骏的犯罪情节、认罪态度和悔罪表现,可对二人适用缓刑。依照《中华人民共和国刑法》第二百六十六条,第二十五条第一款,第六十七条第一款、第三款,第六十八条,第七十条,第五十二条,第六十九条,第七十二条之规定,以诈骗罪分别判处被告人刘哲骏有期徒刑六个月,并处罚金六千元,与原判有期徒刑七年,并处罚金一万元并罚,决定执行有期徒刑七年四个月,并处罚金一万六千元;判处被告人舒忠平拘役五个月,缓刑一年,并处罚金六千元;判处被告人吴雪骏判处拘役四个月,缓刑十个月,并处罚金六千元。

一审宣判后,刘哲骏提出上诉,称其有新的立功表现,请求从轻处罚。

衢州市中级人民法院经审查查明的事实及证据与一审一致，另查明：2012年12月10日，上诉人刘哲骏发现与其羁押在同一监室的在押人员黎炳雄切割右手腕自杀后，立即通过警报器报告值班室，同时协同他人按住黎的右手腕，并用毛巾扎住黎的右手小臂进行施救。后黎炳雄被送往医院治疗，经诊断其右手腕可及一长4～5cm，深约1cm的创口，桡动脉断裂，系中至重度失血，呈失血性休克状态，送诊及时。

衢州市中级人民法院认为，上诉人刘哲骏、原审被告人舒忠平、吴雪骏的行为均已构成诈骗罪，且属共同犯罪。吴雪骏案发后自动投案，如实供述自己的罪行，属自首。刘哲骏、舒忠平归案后如实供述自己的罪行。刘哲骏有立功表现。舒忠平、吴雪骏在案发后退赔被害人损失。综合考量以上情节，可对三人均予从轻处罚。刘哲骏在判决宣告以后，刑罚执行完毕以前，发现在判决宣告以前还有其他罪没有判决，应对新发现的罪作出判决，与前罪并罚。原判根据刘哲骏的犯罪情节和悔罪表现，对其所处刑罚适当，但鉴于二审查明刘哲骏有积极救助他人行为，属有利于国家和社会的突出表现，应认定为立功，可在原判基础上对其再予从轻处罚。与此相符的上诉、检察意见，予以采纳。据此，依照《中华人民共和国刑法》第二百六十六条，第二十五条第一款，第六十七条第一款、第三款，第六十八条，第七十条，第五十二条及1997年修订的《中华人民共和国刑法》第六十九条、第七十二条，《最高人民法院关于处理自首和立功具体应用法律若干问题的解释》第五条和《中华人民共和国刑事诉讼法》第二百二十五条第二项之规定，判决如下：

1. 撤销浙江省衢州市柯城区人民法院(2012)衢柯刑初字第558号刑事判决中对被告人刘哲骏的量刑部分，维持判决其余部分；

2. 上诉人(原审被告人)刘哲骏犯诈骗罪，判处罚金人民币六千元，与原判有期徒刑七年，并处罚金人民币一万元并罚，决定执行有期徒刑七年，并处罚金人民币一万六千元。

二、主要问题

案件审理期间，被告人积极救助同监室自杀人员的行为，是否构成刑法第六十八条规定的立功？

三、裁判理由

本案在一审宣判之前，被告人刘哲骏积极有效救助同监室意欲自杀的人员，该行为是否构成刑法第六十八条规定的立功，存在以下两种不同观点：

第一种观点认为，刑法第六十八条规定，犯罪分子有揭发他人犯罪行为，查证属实的，或者提供重要线索，从而得以侦破其他案件等的，构成立功。1998年《最高人民法院关于处理自首和立功具体应用法律若干问题的解释》第五条，将刑法第六十八条的内涵扩展到了"具有其他有利于国家和社会的突出表现"。但此处的"具有其他有利于国家和社会的突出表现"应限于犯罪后有利于预防、查获、制裁犯罪的举止，①如阻止他人犯罪活动、逃跑等。刘哲骏救助意欲自杀的人员的行为，不属于"具有其他有利于国家和社会的突出表现"，不构成立功。

第二种观点认为，立功分为检举揭发型、提供线索型、协助抓捕型、阻止犯罪型和其他贡献型。其他贡献型立功，是指与刑事案件无关的，在日常生产生活中做出的有益于国家和社会的突出表现行为。② 刘哲骏救助意欲自杀人员的行为，属于"具有其他有利于国家和社会的突出表现"，应构成立功。

我们赞同第二种观点，被告人在案件审理期间积极救助他人的行为，可以认定为刑法第六十八条规定的立功。理由如下：

---

① 张明楷：《刑法学》(第4版)，法律出版社2011年版，第525页。

② 袁登明：《刑法适用疑难问题精解》，人民法院出版社2012年版，第205页。

（一）符合立功制度的本质特征

刑法设置立功制度的实质目的有二：一是从法律意义上，行为人在犯罪后揭发他人犯罪等行为，表明其人身危险性的减小，从矫正刑角度出发，应对其予以积极评价，以利于行为人的改造。二是从政策意义上，揭发他人犯罪等行为，有助于司法机关发现犯罪，以实现刑法上的犯罪认定等有益于社会的目的。所以，立功认定中涉及的犯罪分子所实施的行为，本质上是体现出犯罪分子人身危险性的减小，且在制度上有益于社会的行为。在相关司法解释已经对立功行为的内涵予以扩大的情况下，没有理由认为立功仅应局限于检举、揭发等与打击犯罪有关的行为。犯罪分子在日常生产生活中做出的有益于国家和社会的突出表现，虽然与刑事案件无关，但能够体现出其人身危险性的减小，符合立功的本质特征，在一定的条件下应当认定为立功。当然，也不宜将第六十八条规定的立功扩大为任何客观上表现为有利于社会的行为，如将捡到的财物归还失主、向震区捐款等，这些行为可以在量刑时酌情综合考虑，但一般情况下，不应通过认定立功的方式进行评价。因为这些行为虽然符合社会道德规范，但本质上或者属于法律规定当为的行为，或者属于犯罪分子基于自身特定的经济优势等才可以做出的行为，并不能直接体现出犯罪人人身危险性的减小，因此不宜认定为立功，否则可能导致刑法适用的不平等，并可能造成具有经济优势的犯罪分子享有立功特权的不公正现象。

（二）符合文义解释的原则

从文义解释的角度来看，刑法第六十八条和第七十八条均规定了立功，理论界通常将前者称为量刑立功，将后者称为减刑立功。刑法第七十八条规定，对于判处管制、拘役、有期徒刑、无期徒刑的犯罪分子，在执行期间，有立功表现的，可以减刑；有重大立功表现的，应当减刑；其中下列六种情形属于重大立功表现：(1)阻止他人重大犯罪活动的；(2)检举监狱内外重大活动，经查证属实的；(3)有发明创造或者重大技术革新的；(4)在日常生产生活中舍己救人的；(5)在抗御自然灾害或者排除重大事故中，有突出表现的；(6)对国家和社会有其他重大贡献的。我们认为，第六十八条规定的立功概念应当是与第七十八条的规定相统一的，也即第七十八条第一款所列舍己救人等行为系“重大立功”，那么除程度上的差异外，与第一款的普通“立功”概念内涵应该是统一的，而刑法第七十八条第一款又并未对普通“立功”行为进行明确界定，以区分于第六十八条的“立功”。那么，依据文义解释及刑法的内在统一，当然应当理解为刑法第七十八条第一款规定的“立功”与第六十八条“立功”概念内涵是一致的。

关于量刑立功和减刑立功的分类，根本上仅是从功能角度区分，体现的仅是前者在审理阶段适用，后者在执行阶段适用的不同。就立功所要求的人身危险性降低和社会效用这两个要素而言，二者应该是没有根本区别的。不能以区分两个学理概念的方式，直接否定两个条款中“立功”概念内涵的一致性，否则很难解释这种情况，即同样一种行为，在审理阶段不能进行法定的从宽处理，而在执行阶段，就可以援引第七十八条进行减刑，该情况显然既违反刑法同一性，也不利于犯罪人权利保护。

（三）“非舍己”救助行为可以认定为立功

刑法第七十八条规定“舍己救人”构成重大立功，那么，对于犯罪人没有因救助行为而遭受伤害的“非舍己”型救助行为是否构成立功呢？我们认为，仍然可以认定。首先，第七十八条第一款规定“舍己救人”系重大立功，也就是说，“舍己”情节是“重大”这个量上的限制，而非对是否构成“立功”的质上的限定，因为，舍己救人的社会价值重点在“救人”而非“舍己”。其次，法不能强人所难，不能要求犯罪人在救助他人时，必须使自己身体受到伤害。最后，并非所有救助行为均可以认定为刑事意义上的立功，应当从被救助人的伤势及急迫程度、行为效用等方面进行考量，强调有利于国家和社会的“突出”表现,严格进行界定。

因此,犯罪人在审理期间救助他人的行为可以认定为立功,但是因为此类行为不同于检举揭发、提供线索类的立功,具体适用缺乏相应的规范详细规定,在司法实践中,对此类行为的认定需要注意几个问题:

1. 行为的真实性问题

需要明确查实救助行为确实发生,且非犯罪人与被救助人之间故意制造救助事实的情况。本案二审中通过提取衢州市看守所监控录像(当庭播放)以及被救助人黎炳雄,同监犯马小斌、田光荣的证言,确定了救助行为真实发生。结合衢州市看守所所作《关于对犯罪嫌疑人刘哲骏从宽处理的建议书》《调查报告》《情况说明》等,初步确定被救助人员一直具有自杀的意图表示,排除为制造立功而故意创造救助行为条件的情况;并进一步调取了衢州市柯城区人民医院的《门诊病历记录》《出院小结》,以及被救助人的主治医师出具的《黎炳雄病情说明》等证明被救助人黎炳雄的伤势情况,相关证据显示黎炳雄右手腕可及一长4~5cm,深约1cm的创口,桡动脉断裂,系中至重度失血,呈失血性休克状态,从伤势的严重和急迫程度,进一步排除伪造的可能性。

2. 行为的效用性问题

效用性即救助行为与被救助结果的因果关系即作用力大小问题。救助行为之所以可以被认定为立功,并得到从宽处理,在于被救助人员的危险程度高和救助行为对降低该危险程度的直接积极作用。本案中,医院相关的《门诊病历记录》等证据显示,被救助人的伤势情况属较重的危险程度(出院小结显示术中失血1 000ml,系失血性休克),而监控录像及相关证言表明刘哲骏实施的行为具体为:及时按铃报警,并协助按住黎右手腕,用毛巾扎住黎右手小臂进行施救。主治医师的《情况说明》等证实,被救助人送诊及时,且认可了刘哲骏的上述行为对及时救助起到了较大的帮助作用,确定了救助行为的实际效用。

3. 行为比例性问题

司法实践中的部分救助行为系多人共同实施(不同于提供案件线索的立功情况,能够以时间先后认定立功),而相关机关在报送立功材料时又多为分别报送,导致一行为多立功的情况出现。对此,需要由报送机关对是否系共同救助,拟报送立功人数及相关人员实施的具体行为进行说明,这些事实的确定,对避免多人立功及对犯罪人从宽处理幅度的衡量均具有意义。本案中,有关部门出具了《情况说明》,表明该案共报请立功二人,分别为及时发现黎炳雄受伤的马小斌和实施具体救助行为并按铃报告的刘哲骏。审理认为,根据本案查明事实,报送机关的报送是合理的。结合二人具体行为,在适用从宽幅度上也应酌情考量救助行为的共同性,适当分担。

总之,立功作为重要量刑情节之一,虽已有详细的规范进行界定,但司法实践中仍不断涌现一些新型行为,亟待司法机关准确认定。对此,我们要严格、全面地把握作为量刑事实的行为的真实性,又要把握立功概念的本质,对符合条件的行为予以认定,并综合社会效果、行为所起到的实际作用等,在处理时充分评价,合理确定从宽幅度。有鉴于此,本案二审法院认定被告人刘哲骏构成立功,并对其立功情节进行综合考量,改判单处罚金是适当的。

(撰稿:浙江省衢州市中级人民法院　殷一村　徐丽娟
审编:最高人民法院刑四庭　陆建红)

[第1223号]王宪梓故意杀人案

——亲属主动报案并带领民警抓获被告人的如何量刑

【关键词】 自首 亲属主动报案

一、基本案情

被告人王宪梓,男,1992年9月22日出生,无业。2013年2月1日因本案被逮捕。

黑龙江省哈尔滨市人民检察院以被告人王宪梓犯故意杀人罪,向哈尔滨市中级人民法院提起公诉。

被告人王宪梓对指控的犯罪事实予以供认,辩解称其租赁的房屋是给他人租的,其能揭发他人犯罪,有立功表现。其辩护人提出,被害人对本案的起因存在一定过错,且被告人具有自首情节,主观恶性较小,认罪态度好,无前科劣迹,可从轻处罚。

哈尔滨市中级人民法院经审理查明:2009年,被告人王宪梓与被害人何云圣(男,殁年20岁)相识并成为朋友,后二人因琐事产生矛盾。2013年1月17日上午,王宪梓以王鑫的名字承租黑龙江省双城市双城镇洗涤剂家属楼一套房屋。当日17时许,王宪梓将何云圣约至该房,二人发生争执,王宪梓用腰带勒何云圣颈部,致何云圣机械性窒息死亡。次日,王宪梓购买电锯、手锯、尖刀等工具,在租房内将何云圣的尸体肢解,后将装有尸块的三个拉杆箱等物掩埋至双城市双城镇通达路西侧树林内。经王宪梓亲属举报,公安人员于2013年1月21日在双城市将王宪梓抓获。

哈尔滨市中级人民法院认为,被告人王宪梓故意非法剥夺他人生命,其行为构成故意杀人罪。王宪梓犯罪动机卑劣,为毁灭罪证将被害人尸体肢解,罪行极其严重,人身危险性大,其母亲的举报行为不足以对其从轻处罚。依照《中华人民共和国刑法》第二百三十二条、第五十七条第一款之规定,以故意杀人罪,判处被告人王宪梓死刑,剥夺政治权利终身。

一审宣判后,被告人王宪梓以有自首情节、亲属愿意赔偿被害人亲属经济损失等为由提出上诉。其辩护人还提出王宪梓在与被害人争吵情况下一时激愤,临时起意犯罪,且系初犯,一审量刑过重。

黑龙江省高级人民法院经审理认为,被告人王宪梓的行为构成故意杀人罪。王宪梓作案后虽然没有逃跑,且其母报案并带领公安人员将其抓获,但王宪梓并不知道其母报案,亦没有主动投案的意思表示和行为,故王宪梓及辩护人所提王宪梓具有自首情节的上诉理由及辩护意见,不能成立。王宪梓采取勒扼颈部手段致死被害人后,又肢解、掩埋尸体,毁尸灭迹,犯罪动机卑劣,手段十分凶残,情节特别恶劣,罪行和后果极其严重。依照《中华人民共和国刑事诉讼法》第二百二十五条第一款第一项、第二百三十五条的规定,裁定驳回上诉,维持原判,并依法报请最高人民法院核准。

最高人民法院经复核认为,被告人王宪梓故意非法剥夺他人生命,其行为已构成故意杀人罪。犯罪情节、后果严重,应依法惩处。第一审判决、第二审裁定认定的事实清楚,证据确实、充分,定罪准确,审判程序合法。鉴于王宪梓的母亲举报并带领公安人员抓获王宪梓,对王宪梓判处死刑,可不立即执行。依照《中华人民共和国刑事诉讼法》第二百三十五条、第二百三十九条和《最高人民法院关于适用〈中华人民共和国刑事诉讼法〉的解释》第三百五十条第五项、第三百五十三条第一款的规定,裁定不核准黑龙江省高级人民法院维持第一审对被告人王宪梓以故意杀人罪判处死刑,剥夺政治权利终身的刑事裁定。

二、主要问题

被告人亲属主动报案并带领公安人员抓获被告人的,能否据此认定被告人具有自首情节?是否影响对被告人的量刑?

三、裁判理由

(一)亲属主动报案并带领公安人员抓获被告人,被告人并非自动投案,不构成自首

自动投案是成立自首的必备条件。根据最高人民法院于1998年发布的《关于处理自首和立功具体应用法律若干问题的解释》(以下简称《自首立功解释》)、2010年发布的《关于处理自首和立功若干具体问题的意见》(以下简称《自首立功意见》),自动投案分为典型的自动投案和应当视为自动投案两种。

首先,《自首立功解释》第一条第一项规定,自动投案,是指犯罪事实或者犯罪嫌疑人未被司法机关发觉,或者虽被发觉,但犯罪嫌疑人尚未受到讯问、未被采取强制措施时,主动、直接向公安机关、人民检察院或者人民法院投案。本案中被告人王宪梓显然不属于此种典型的自动投案。

其次,《自首立功解释》列举了七种应当视为自动投案的情形,其中第七种情形为“公安机关通知犯罪嫌疑人的亲友,或者亲友主动报案后,将犯罪嫌疑人送去投案”。本案中,被告人王宪梓的母亲虽然主动向公安机关报案,但未送王宪梓投案,故不属于此种应当视为自动投案的情形。

再次,《自首立功意见》在《自首立功解释》的基础上,增加四种应当视为自动投案的情形,还设立了兜底条款。其中第二种情形为“明知他人报案而在现场等待,抓捕时无拒捕行为,供认犯罪事实”。本案中,被告人王宪梓并不知道母亲报案,更不知道母亲带领公安人员对他进行抓捕,因此王宪梓也不符合此种应当视为自动投案的情形。

最后,从《自首立功解释》和《自首立功意见》中列举的应当视为自动投案的情形来看,《自首立功解释》和《自首立功意见》虽然对自动投案采取了较为宽松的认定标准,但没有也不可能突破自动投案应具有的主动性和自愿性要求。正是根据此要求,《自首立功意见》将犯罪嫌疑人没有投案主动性和自愿性的行为,认为是被动归案的情形,即被亲友采取捆绑等手段送到司法机关,或者在亲友带领侦查人员前来抓捕时无拒捕行为的,均不能认定为自动投案。本案中,被告人王宪梓的母亲报案并带领公安人员抓获王宪梓,在整个过程中,王宪梓没有主动投案、自愿投案的意思表示和行为,而是被动归案,故王宪梓及其辩护人所提王宪梓具有自首情节不能成立。

(二)亲属主动报案并带领公安人员抓获被告人的,可据此对被告人从轻处罚

本案在审理中,对于被告人王宪梓不具有自首情节的问题,没有分歧。但对于王宪梓母亲报案并带领公安人员将其抓获这一情节,能否据此对王宪梓从轻处罚,存在两种不同观点。

第一种观点认为,王宪梓杀人后肢解尸体,情节恶劣,后果严重,虽然王宪梓的母亲“大义灭亲”,不足以从轻处罚,判处王宪梓死刑适当。

第二种观点认为,王宪梓杀人后分尸、埋尸,性质恶劣,手段残忍,后果严重,论罪本应判处王宪梓死刑,但鉴于王宪梓的母亲在犯罪事实未被发现,仅怀疑王宪梓杀人的情况下,即主动到公安机关举报,并带领公安人员抓获王宪梓,对王宪梓判处死刑,可不立即执行。

我们同意第二种观点,理由如下:

1. 被告人王宪梓亲属举报王宪梓并带领公安人员抓获王宪梓的行为,属于“大义灭亲”。史料记载的“大义灭亲”最早见诸于春秋时期。① “大义灭亲”的最初渊源,指为君臣大义而断绝父

① 《左传·隐公》记载:春秋时期卫大夫石碏之子石厚与公子州吁杀桓公,而立州吁为君。石碏非常痛恨两人大逆不道的行为,就趁两人向自己请教治国安邦之策时设计将两人杀死,故而被称为“大义灭亲”。

子私情，现多指为维护公义或正义而舍弃亲情血缘关系的举动或行为。现代法治社会所说的大义灭亲，是狭义上的概念，指犯罪人亲属在法定程序范围内作出指证犯罪人的行为，包括检举揭发犯罪行为、将犯罪人送交司法机关、出庭指证犯罪事实等。犯罪人亲友带领公安人员抓获犯罪人，可以使犯罪人及时归案，避免犯罪人实施其他危害社会的行为，有助于提高司法机关办案效率，节约司法资源；同时，我国是一个非常重视亲情的国家，亲属能够舍弃亲情主动将犯罪人交付国家审判，表明其对党和国家政策法律高度信任，这是两权相衡下的一种正义选择，理应得到司法机关的认可和实际响应。

2. 对具有“大义灭亲”情形的被告人予以从宽处罚，符合现行刑事政策精神。《最高人民法院关于贯彻宽严相济刑事政策的若干意见》中规定：“对于亲属以不同形式送被告人归案或协助司法机关抓获被告人而认定为自首的，原则上都应当依法从宽处罚；有的虽然不能认定为自首，但考虑到被告人亲属支持司法机关工作，促使被告人到案、认罪、悔罪，在决定对被告人具体处罚时，也应当予以充分考虑。”《自首立功意见》更是明确规定：“犯罪嫌疑人被亲友采用捆绑等手段送到司法机关，或者在亲友带领侦查人员前来抓捕时无拒捕行为，并如实供认犯罪事实的，虽然不能认定为自动投案，但可以参照法律对自首的有关规定酌情从轻处罚。”从实际来看，“送子归案”虽不能认定被告人构成自首，但其价值通常高于一般自首，在量刑上应予以充分考虑，尤其在是否适用死刑立即执行的问题上，需要特别慎重。

本案中，被告人王宪梓的母亲报案时称：“我想了一天，决定来报案，如果王宪梓真的把何云圣杀了，我做母亲的也想给儿子争取一个宽大处理的机会。”这句话充分体现了王宪梓母亲的纠结、抉择和希望的心路历程。被告人王宪梓系独生子，王宪梓的母亲向公安机关举报并带领公安人员抓获王宪梓的举动更为难得。从司法的社会价值取向和人文关怀考虑，不核准王宪梓死刑，社会效果和法律效果更好，更能充分体现政策导向。

（撰稿：最高人民法院刑一庭　冯　姗
审编：最高人民法院刑四庭　陆建红）

[第1225号] 张才文等抢劫、盗窃案

——检举本人与他人共同盗窃中他人超出犯意致人死亡的行为是否构成立功

【关键词】　立功　检举　共同犯罪

一、基本案情

被告人张才文，男，1970年2月10日出生。2011年1月13日因涉嫌犯抢劫罪、故意杀人罪被逮捕。

被告人全振东，男，1994年12月25日出生。2011年1月14日因涉嫌犯抢劫罪、故意杀人罪被逮捕。

被告人全意成，男，1974年8月10日出生。2011年1月14日因涉嫌犯包庇罪被逮捕，2012年12月21日被取保候审。

山西省朔州市人民检察院以被告人张才文犯抢劫罪、盗窃罪；被告人全振东犯抢劫罪；被告

人全意成犯掩饰、隐瞒犯罪所得罪，向朔州市中级人民法院提起公诉。被告人张才文辩称，其在抢劫致死郭玉成时作用次于全振东；在2001年其与杨有军、梁绍兵、刘运林共同盗窃过程中，自己负责放哨，并未参与杀人，且该案系其检举揭发而侦破，故应对其从轻处罚。其辩护人提出，张才文在伙同杨有军等人共同盗窃犯罪中系从犯，且该起犯罪系因张才文检举破案，应认定其有立功表现，请求依法予以从轻或减轻处罚；张才文2001年实施的盗窃罪应适用刑法从旧兼从轻原则予以处罚。

被告人全振东、全意成对起诉指控的犯罪事实没有异议。

朔州市中级人民法院经审理查明：

1. 2010年8月18日，被告人张才文在山西省怀仁县以搬家为由骗乘被害人李高峰驾驶的农用车（价值43 200元）来到山西省朔州市朔城区西环路，张才文、李高峰均住进栋梁物流市场的金花旅店。当晚，张才文趁李高峰熟睡之机，偷走李高峰车钥匙将农用车盗走。

2. 2010年11月，被告人张才文向其妻外甥全振东（同案被告人，犯罪时未满十六岁，已判刑）提议抢劫车辆运煤，全振东表示同意，二人准备了电警棍、胶带纸、绳索等工具，先后到山西省山阴县、右玉县等地作案未果。同年12月12日中午，张才文、全振东来到山阴县应山路，骗租被害人郭玉成（殁年37岁）驾驶的时代金刚自卸货车（价值83 754元），张才文坐副驾驶位，全振东坐在后排座。当车行至209国道山西省忻州市五寨县至偏关县路段时，张才文按事先约定让郭玉成停车，并示意全振东动手。全振东遂用一段绳子勒住郭玉成颈部，郭玉成反抗，张才文采用持电警棍电击头部和用绳子猛勒颈部的方法，致郭玉成机械性窒息死亡。后张、全二人用胶带纸缠住尸体双腿，将尸体抬下车抛弃于公路边绿化带外的荒草地里。二人待确定郭玉成死亡后驾车逃离。张才文的亲戚、被告人全意成明知该车为张才文和全意成的儿子全振东抢劫所得，但受张才文的指使将该车车牌拆卸并予以藏匿。

另经审理查明：在本案一审审理期间，被告人张才文检举在2001年夏天的一个晚上，其伙同杨有军、梁绍兵、刘运林在河北省献县子牙河新大桥南头，一住处屋内实施盗窃过程中，杨有军使用铁棍打死一个老人李树新的事实。经公安机关补侦后查证属实，河北方面将3名案犯抓获归案，作另案处理。山西省朔州市人民检察院据此补充起诉指控张才文伙同他人在实施盗窃中被发现，同案犯致死被害人，其行为亦构成抢劫罪。

朔州市中级人民法院认为，被告人张才文伙同被告人全振东采用暴力手段劫取他人财物，其行为均已构成抢劫罪，且具有抢劫数额巨大、抢劫致人死亡情节；张才文采用秘密手段窃取他人数额较大的财物，其行为又构成盗窃罪，应依法予以并罚。被告人全意成在明知被告人张才文、全振东实施抢劫行为，且在抢劫过程中致被害人死亡的情况下，仍将所抢车辆的车牌拆卸隐藏，掩饰、隐瞒张才文、全振东的犯罪所得的行为构成掩饰、隐瞒犯罪所得罪。在共同抢劫致死被害人郭玉成犯罪中，张才文提起犯意、购买工具、选择犯罪对象及作案地点，且具体分工、指挥作案，并积极实施暴力行为，系起主要作用的主犯；犯罪情节特别恶劣，手段特别残忍，后果特别严重，依法应予严惩。全振东在共同犯罪中起次要作用，系从犯，且其犯罪时年龄未满十六周岁，依法应对其从轻处罚。被告人全意成归案后能够主动检举张才文的盗窃犯罪行为，经公安机关查证属实，属立功表现，依法应对其从轻处罚。

关于被告人张才文在审理期间主动检举其伙同杨有军、梁绍兵、刘运林实施盗窃过程中，杨有军持铁棍将被害人李树新打死的事实，经查证属实。该检举系张才文如实供述司法机关尚未掌握的其本人伙同他人所犯同种罪行的事实，依法应认定为坦白，只对该起事实可予从轻处罚。但对公诉机关关于被告人张才文在此起事实中犯抢劫罪的指控不予支持。因张才文、杨有军、梁绍兵、刘运林4名被告人在共谋盗窃时，事先并未约定在盗窃过程中如遇到被抓捕时，将采取暴力、威胁手段予以抗拒，且现有证据不能证明在杨有军对李树新实施暴力之前，张才文与梁绍兵、刘运林同意杨有军当场使用暴力的意思联络，杨有军持铁棍击打被害人系个人临时决定采取的暴力手段，而此时张才文在外屋放哨，主观上与杨有军并不具有实施暴力行为的共同故意，客观上张才文、梁绍兵、刘运林均未对被害人实施暴力。故现有证据不能证明张才文构成抢劫罪。且该起事实盗窃数额仅300元，按照从旧兼从轻的刑法原则，所盗数额未达到盗窃数额较大的追诉标准，故张才文的该行为亦不构成盗窃罪。

对于被告人张才文及其辩护人提出张才文的检举构成立功表现，应对其从轻或减轻处罚的辩护意见，经查，张才文到案后，主动供述其伙同杨有军等人在实施盗窃过程中，杨有军当场使用暴力致人死亡的犯罪事实，虽经查证属实，但该行为属于如实供述公安机关尚未掌握的其本人伙同他人犯罪的事实，不属于揭发同案犯共同犯罪以外的其他犯罪，也不属于协助司法机关抓捕同案犯的行为，依法不属立功表现，故对该辩护意见，法院不予采纳。对于张才文的指定辩护人提出的张才文所犯盗窃罪应依照从旧兼从轻的刑法原则对其处罚的辩护意见，符合法律规定，法院予以采纳。根据《中华人民共和国刑法》第二百六十三条第四项、第五项，第二百六十四条，第三百一十二条第一款，第二十五条第一款，第二十六条第一款，第二十七条，第五十七条第一款，第十七条第二款、第三款，第六十七条第三款，第六十八条，第六十九条，第五十九条第一款，第五十二条，第四十七条，第六十四条之规定判决如下：

1. 被告人张才文犯抢劫罪，判处死刑，剥夺政治权利终身，并处没收其个人全部财产；犯盗窃罪，判处有期徒刑三年，并处罚金人民币一万元；决定执行死刑，剥夺政治权利终身，并处没收个人全部财产。

2. 被告人全振东犯抢劫罪，判处有期徒刑十三年，并处罚金人民币二万元。

3. 被告人全意成犯掩饰、隐瞒犯罪所得罪，判处有期徒刑二年，并处罚金人民币一万元。

宣判后，被告人张才文提出上诉。

山西省高级人民法院经审理认为，原判认定上诉人张才文伙同原审被告人全振东抢劫致死被害人郭玉成和张才文单独窃取他人农用车，以及原审被告人全意成掩饰、隐瞒犯罪所得的犯罪事实清楚，证据确实、充分，定罪准确，量刑适当，审判程序合法。关于张才文揭发其伙同杨有军等人的盗抢行为，属于主动供述公安机关尚未掌握的其本人伙同他人所犯同种罪行的犯罪事实，系坦白，可酌情从轻处罚。依照《中华人民共和国刑事诉讼法》第二百二十五条第一项之规定，裁定驳回上诉，维持原判，并对张才文的死刑判决依法报请最高人民法院核准。

最高人民法院经复核认为，被告人张才文结伙采用暴力手段劫取他人财物，其行为已构成抢劫罪；采用秘密手段窃取他人数额较大的财物，其行为已构成盗窃罪，应依法予以并罚。所犯抢劫罪性质恶劣，抢劫数额巨大并致人死亡，社会危害性大，应依法惩处。张才文归案后如实供述司法机关尚未掌握的其本人与他人的共同罪行，与司法机关判决确定的罪行属同种罪行，具有坦白情节，但其抢劫罪行极其严重，依法不足以从轻处罚。第一审判决、第二审裁定认定的事实清楚，证据确实、充分，定罪准确，量刑适当，审判程序合法。依照《中华人民共和国刑事诉讼法》第二百三十五条、第二百三十九条和《最高人民法院关于适用〈中华人民共和国刑事诉讼法〉的解释》第三百五十条第一项的规定，裁定核准山西省高级人民法院维持第一审对被告人张才文以抢劫罪判处死刑，剥夺政治权利终身，并处没收个人全部财产；以盗窃罪判处有期徒刑三年，并处罚金人民币一万元；决定执行死刑，剥夺政治权利终身，并处没收个人全部财产的刑事裁定。

二、主要问题

被告人检举本人与他人共同盗窃中他人超出犯意致人死亡的行为是否构成立功？

三、裁判理由

本案在审理过程中，对于被告人张才文检举其本人与杨有军等人共同盗窃中，杨有军超出犯意实施致人死亡的行为是否构成立功的问题，有以下三种意见：

第一种意见即张才文的一、二审辩护人的意见，认为被告人检举盗窃同伙超出犯意致人死亡的行为，经查证属实，依法应当认定重大立功表现。其理由是：根据法律规定，犯罪分子到案后有检举、揭发他人犯罪行为，包括共同犯罪案件中的犯罪分子揭发同案犯共同犯罪以外的其他犯罪，经查证属实的，应当认定为有立功表现。虽然张才文与杨有军有共同盗窃的犯罪故意，但没有抢劫的共同故意，而杨有军实施了抢劫犯罪，属于超出张才文犯罪故意的实行过限行为，不属于共同犯罪，故应认定张才文检举了同案犯共同犯罪以外的其他犯罪，构成立功。因被检举的杨有军被判处死缓，张才文的检举属于重大立功。

第二种意见即公诉机关的意见，认为张才文检举其伙同杨有军、梁绍兵、刘运林实施盗窃过程中，杨有军持铁棍将被害人李树新打死的犯罪事实属实，但不能认定张才文具有立功情节。其理由是：致被害人死亡是共同盗窃犯罪的结果，张才文、杨有军四被告人均应对该结果承担法律责任，故已构成盗窃转化型抢劫罪。因此，张才文的检举行为属于依法交代其参与的共同犯罪事实，只能认定为坦白，不能认定为立功。

第三种意见即最高人民法院及一、二审法院的一致意见，认为张才文的检举行为不构成立功和自首，仅构成坦白。其理由是：被告人张才文到案后，主动供述了其伙同杨有军等人在实施盗窃过程中，杨有军当场使用暴力致人死亡的犯罪事实，虽经查证属实，但该行为属于如实供述司法机关尚未掌握的其本人伙同他人所犯罪行，与司法机关先前掌握的其单独盗窃犯罪属同种罪行的坦白行为。其检举行为既不属于揭发同案犯共同犯罪以外的其他犯罪，也不属于协助司法机关抓捕同案犯的行为。杨有军在共同犯罪中超出共同犯意，实施致人死亡的行为，是张才文、杨有军等人共同盗窃犯罪事实的密切关联行为，属于张才文应当如实供述的内容。

我们同意第三种意见，认为张才文检举盗窃同伙超出犯意致人死亡的行为，属于与共同盗窃犯罪事实密切关联的行为，因而属于应当如实供述的内容。张才文的检举仅构成坦白，而不构成立功。理由如下：

（一）立功的内容仅限于法定内容

刑法中的立功，通常是指犯罪分子揭发他人犯罪行为，经查证属实，或者提供重要线索，从而得以侦破其他案件，或者阻止他人犯罪活动，或者协助司法机关缉捕其他罪犯（包括同案犯），或者具有其他有利于国家和社会的突出表现的行为。我国 1979 年刑法没有单独规定立功制度。1997 年刑法在总结多年司法实践的基础上，为鼓励犯罪分子改过自新，将功折罪，单独规定了立功制度，对什么是立功、立功的表现形式以及如何处罚在第六十八条作出明确的专门规定："犯罪分子有揭发他人犯罪行为，查证属实的，或者提供重要线索，从而得以侦破其他案件等立功表现的，可以从轻或者减轻处罚；有重大立功表现的，可以减轻或者免除处罚。"刑法修正案（八）对立功制度进行了修改，删除了原第二款"犯罪后自首又有重大立功表现的，应当减轻或者免除处罚"的规定。

为更好地贯彻刑法规定的立功制度，《最高人民法院关于处理自首和立功具体应用法律若干问题的解释》（法释〔1998〕8 号，以下简称《自首和立功解释》）第五条规定："根据刑法第六十八条第一款的规定，犯罪分子到案后有检举、揭发他人犯罪行为，包括共同犯罪案件中的犯罪分子揭发同案犯共同犯罪以外的其他犯罪,经查证属实;提供侦破其他案件的重要线索,经查证属实;阻止他人犯罪活动;协助司法机关抓捕其他犯罪嫌疑人(包括同案犯);具有其他有利于国家和社会的突出表现的,应当认定为有立功表现。"

为规范司法实践中对自首和立功制度的运用,更好地贯彻落实宽严相济刑事政策,根据刑法、刑事诉讼法和《自首和立功解释》等规定,最高人民法院又于 2010 年 12 月 22 日发布了《关于处理自首和立功若干具体问题的意见》(法发〔2010〕60 号,以下简称《自首和立功意见》),就"关于立功线索来源的具体认定""关于'协助抓捕其他犯罪嫌疑人'的具体认定""关于立功线索的查证程序和具体认定""关于立功证据材料的审查""关于对立功的被告人的处罚"等方面的内容作了更为详细、更具有可操作性的规定。

为依法惩处贪污贿赂、渎职等职务犯罪,根据刑法和相关司法解释的规定,2009 年 3 月 12 日,最高人民法院、最高人民检察院还发布了《关于办理职务犯罪案件认定自首、立功等量刑情节若干问题的意见》(法发〔2009〕13 号),就办理职务犯罪案件有关立功等量刑情节的认定和处理问题,作了补充性的规范。

上述法律规定和司法解释、司法文件关于立功的规定,构成了我国刑法立功制度的基本内容。从这些法律规定和司法解释来看,立功有五种类型:检举揭发型、提供线索型、协助抓捕型、阻止犯罪型、其他表现型。超出该解释范围以外的事项,都不宜认定为有立功表现。

本案中,被告人张才文归案后,揭发本人与他人共同盗窃中他人超出犯意致人死亡的行为,应当纳入第一种类型来研究,即其行为是否应认定为检举揭发型立功。根据我国刑法和有关司法解释的规定,检举揭发型立功有两种情形:一是犯罪分子到案后揭发案外人犯罪行为,经查证属实的;二是犯罪分子到案后揭发同案犯共同犯罪以外的其他犯罪,经查证属实的。这里所谓的揭发"案外人犯罪行为"和"共同犯罪以外的其他犯罪",顾名思义,应当理解为揭发本人没有参加的案外人的犯罪行为,或者是完全独立于共同犯罪的他人犯罪行为。前者如本案中的被告人全意成因掩饰、隐瞒犯罪所得犯罪行为被逮捕后,揭发张才文另外还在 2010 年 8 月 18 日实施了盗窃犯罪,经查证属实,因而全意成具有立功表现。对全意成而言,张才文实施的盗窃犯罪就是全意成揭发的案外人犯罪行为。因为全意成并未参与该起盗窃犯罪。后者如甲与乙因共同贩卖、运输毒品被逮捕后,甲揭发乙之前曾对一名妇女实施强奸,经查证属实,因而甲具有立功表现。这里,乙的强奸犯罪事实对甲而言,就是《自首和立功解释》中所称的"共同犯罪案件中的犯罪分子揭发同案犯共同犯罪以外的其他犯罪"。由此可见,检举揭发型立功的特点是,犯罪分子揭发与自己及其犯罪行为无关联的他人的犯罪行为,经查证属实,才能认定为立功。

(二)"共同犯罪案件中的犯罪分子揭发同案犯共同犯罪以外的其他犯罪"的正确界定

共同犯罪案件中的犯罪分子如果检举揭发自己参与的共同犯罪,除检举揭发人有协助抓捕同案犯的行为外,一般不构成立功。因为检举揭发的事实必须是同案犯共同犯罪以外的其他犯罪。所谓共同犯罪以外的其他犯罪,指的是检举揭发人没有参与而由被检举人实施的独立于检举揭发人和被检举揭发人均参与的共同犯罪以外的犯罪。

一般而言,对于"共同犯罪案件中的犯罪分子揭发同案犯共同犯罪以外的其他犯罪"的界定,只要坚持一点即可,即检举揭发人是否参与。凡检举揭发人参与的,即不属于这里所说的"共同犯罪以外的其他犯罪";反之,凡是检举揭发人没有参与的,即属于"共同犯罪以外的其他犯罪"。但是,司法实践中,会出现比较复杂的情况,如共同犯罪人超出共同犯罪的犯意限度,实施了其他犯罪行为,即实行过限行为,由于刑法理论和司法实践一般都认为,对于实行过限行为及其危害,其他共同犯罪人不承担罪责,因此,对于检举揭发同案犯在共同犯罪中实施的实行过限行为是否属于"检举揭发共同犯罪以外的其他犯罪"就有不同的观点。本案被告人张才文检举杨有军在共同盗窃中实施的致人死亡行为,是否属于"检举揭发共同犯罪以外的其他犯罪"的不同观点就是一个例证。我们认为,对于这个问题的正确理解,涉及被告人的供述义务和辩解权利、共同犯罪的事实内容和罪名规定、共同犯罪中实行过限行为与共同犯罪行为的因果联系等内容,而不能单纯地因为共同犯罪所触犯的罪名与实行过限行为所触犯的罪名不同,就简单地以检举揭发人对被检举揭发人的实行过限行为不承担罪责为由,认定实行过限行为属于"检举揭发共同犯罪以外的其他犯罪"。

1. 共同犯罪人交代罪行时应当如实供述所参与的共同犯罪事实

我国并没有实行被告人的"沉默权制度"。刑事诉讼法第一百一十八条第一款后部规定:"犯罪嫌疑人对侦查人员的提问,应当如实回答。但是对与本案无关的问题,有拒绝回答的权利。"在共同犯罪中,共同犯罪人所应如实供述的不仅是自己的犯罪事实,还应如实供述其他共同犯罪人相应的犯罪事实,包括其他共同犯罪人的基本信息、犯罪行为、犯罪后果等。如果对自己知道的共同犯罪人的基本犯罪事实不如实供述的,有时会影响到行为人的处罚。如《自首和立功解释》第一条规定:"共同犯罪案件中的犯罪嫌疑人,除如实供述自己的罪行,还应当供述所知的同案犯,主犯则应当供述所知其他同案的共同犯罪事实,才能认定为自首。"

2. 共同犯罪事实不仅仅指共同犯罪人共同实施的犯罪行为,也包括共同犯罪人所实施的实行过限行为

实行过限行为,在罪责上由过限行为实施人自己承担。但这并不能就此认为过限行为是游离于共同犯罪行为之外的完全独立的行为。过限行为与共同犯罪行为之间在因果关系上存在紧密的事实关联关系。如果没有共同犯罪事实的存在,就不会发生过限行为,过限行为虽然由过限行为人单独实施,但却是在共同犯罪行为实施过程中或实施之后才发生的。在本案中,杨有军的致人死亡行为,是在张才文、杨有军等人实施共同盗窃犯罪中产生的,没有他们的共同盗窃行为,就没有杨有军的致人死亡这一实行过限行为。如果杨有军是在共同犯罪之外,另行单独实施在犯意的产生、犯罪的预谋、犯罪的实行、犯罪的后果利益均由其一个承担和享受的犯罪,则不属于共同犯罪的实行过限行为,自然与共同犯罪无关。但杨有军的致人死亡行为,恰恰就发生在共同盗窃犯罪的过程中,与共同盗窃犯罪密不可分。杨有军的致人死亡行为是张文才供述自己共同盗窃行为时必须交代的同案犯的密切关联行为,如果要把共同盗窃的行为及后果交代清楚,就不可避免地会涉及杨有军实行过限的致人死亡行为;反之,若张文才未交代杨有军的致人死亡行为,则无法交代清楚其参与的共同盗窃事实。

因此,我们要把"共同犯罪以外的其他犯罪"和"与共同犯罪密切联系的关联犯罪"区分开来。如何判断密切联系的关联犯罪?主要判断依据就是关联犯罪与共同犯罪存在密切联系,或者说关联犯罪是在共同犯罪基础上实施的犯罪。对此,《自首和立功意见》第三条规定:被告人"如实供述的其他犯罪与司法机关已掌握的犯罪属选择性罪名或者在法律、事实上密切关联,如因受贿被采取强制措施后,又交代因受贿为他人谋取利益行为,构成滥用职权罪的,应认定为同种罪行"。我们认为,《自首和立功意见》将受贿罪和滥用职权罪这两个罪名不同,因具有法律、事实上的密切关联,而规定为属于"同种罪行",可以作为判断一个犯罪是"共同犯罪的关联犯罪"还是单独的"共同犯罪以外的其他犯罪"的参考。

综上所述,张才文必须如实供述其参与的共同盗窃犯罪过程中由杨有军单独实施的致人死亡的过限行为,司法机关才能认定张才文如实供述司法机关未掌握的其他罪行。其如实供

述杨有军的实行过限行为,属于其应当供述的与共同盗窃犯罪具有密切联系的关联行为,因而不属于"共同犯罪案件中的犯罪分子揭发同案犯共同犯罪以外的其他犯罪"的情形,不构成立功。

(三)张才文主动交代与杨有军等人共同盗窃的行为不构成自首

关于自首,刑法及前述司法解释、司法规范性文件也都作了体系性的规定,特别是对于"余罪自首",作了比较系统的详细规定。刑法第六十七条第二款规定:"被采取强制措施的犯罪嫌疑人、被告人和正在服刑的罪犯,如实供述司法机关还未掌握的本人其他罪行的,以自首论。"《自首和立功解释》第二条规定:"根据刑法第六十七条第二款的规定,被采取强制措施的犯罪嫌疑人、被告人和已宣判的罪犯,如实供述司法机关尚未掌握的罪行,与司法机关已掌握的或者判决确定的罪行属不同种罪行的,以自首论。"据此,"余罪自首"的前提条件除了行为人须如实供述司法机关尚未掌握的罪行外,还应当具备如实供述的罪行与司法机关已经掌握的或者判决确定的罪行不属于同种罪行。对如何理解不同种罪行,《自首和立功意见》第三条规定:"犯罪嫌疑人、被告人在被采取强制措施期间如实供述本人其他罪行,该罪行与司法机关已掌握的罪行属同种罪行还是不同种罪行,一般应以罪名区分。虽然如实供述的其他罪行的罪名与司法机关已掌握犯罪的罪名不同,但如实供述的其他犯罪与司法机关已掌握的犯罪属选择性罪名或者在法律、事实上密切关联,如因受贿被采取强制措施后,又交代因受贿为他人谋取利益行为,构成滥用职权罪的,应认定为同种罪行。"

本案中,由于张才文归案后主动供述了与杨有军等人共同盗窃的事实,因此,对该交代行为视为具备"如实供述"的情形。要认定这一"如实供述"是否构成自首的情节,关键要看其如实供述的事实与司法机关先行掌握的犯罪事实是否属于"同种罪行"。由于其于 2010 年 8 月 18 日实施的盗窃犯罪事实被司法机关掌握在先,其主动供述与杨有军等人共同盗窃的事实在后,因此,其"如实供述"司法机关尚未掌握的与杨有军等人共同盗窃的行为与司法机关已经掌握的其单独盗窃犯罪行为属于同一种罪行,因而不构成自首。

当然,张才文如实供述司法机关尚未掌握的与杨有军等人共同盗窃的事实,虽然既不构成立功,也不构成自首,但是,根据《自首和立功解释》第六条关于"共同犯罪案件的犯罪分子到案后,揭发同案犯共同犯罪事实的,可以酌情予以从轻处罚"的规定,其揭发杨有军致人死亡的实行过限行为,仍然构成坦白情节,因而可以酌情从轻处罚。但是,由于张才文的抢劫犯罪罪行极其严重,依法不足以从轻处罚。

基于以上分析,前述第二种观点即公诉机关关于张才文不具有立功情节的观点是正确的,但其关于张才文结伙杨有军等人共同盗窃,因杨有军实施致人死亡的行为而全案转化为抢劫的意见则不够准确。由于张文才等人在共谋盗窃时,并未事先约定在盗窃过程中如遇到抓捕时,将采取暴力、威胁手段予以抗拒,且在准备作案时,因各共同犯罪人均未携带犯罪工具,且杨有军致被害人死亡的行为是杨有军个人临时决定并单独实施的,此时张才文在外屋放哨,主观上与杨有军并不具有实施暴力行为的共同故意,客观上也没有证据证明张才文具有帮助杨有军实施暴力抗拒的行为。因而,第二种意见所持观点的依据,即张才文所检举的抢劫犯罪事实与司法机关先前掌握的张才文结伙全振东抢劫犯罪事实系同一种罪行,不能成立。张才文的检举揭发不能构成立功的依据应该是其所检举的盗窃事实和司法机关先前掌握的其单独实施的盗窃犯罪事实属于同种罪行。

综上所述,对张才文所检举揭发的事实,既不能认定为与己无关的"他人犯罪行为",也不能认定为与盗窃共同犯罪毫无关联的"其他犯罪",因此不能认定其检举行为构成立功。本案一、二审法院和最高人民法院均认定张才文的检举揭发系坦白,而不认定立功,是正确的。

(撰稿:最高人民法院刑四庭　白继明
审编:最高人民法院刑四庭　周　峰)

[第1236号]金复生以危险方法危害公共安全、故意杀人案
——不同犯意支配下实施的连续行为定性及现场待捕型自首的认定

【关键词】 自首　连续行为　现场待捕

一、基本案情

被告人金复生,男,1954年8月16日出生。因涉嫌犯以危险方法危害公共安全罪、故意杀人罪于2015年1月7日被逮捕。

北京市人民检察院第三分院以被告人金复生犯以危险方法危害公共安全罪、故意杀人罪(未遂),向北京市第三中级人民法院提起公诉。

被告人金复生的辩解及其辩护人的主要辩护意见是:金复生驾车撞击被害人康某致轻微伤,属于犯罪未遂;金复生在驾车加速逃跑过程中出于过失撞到被害人吴某致轻伤,属于一般交通肇事行为;金复生撞人结束后,明知必然有人报警,能够逃跑而未逃跑,在车内等待民警抓捕,到案后如实供述犯罪事实,应视为自首;金复生在被羁押期间制止他人自杀,有立功表现;另外,本案的发生事出有因,请求对金复生从轻判处。

北京市第三中级人民法院经审理查明:

被告人金复生与北京市朝阳区三里屯社区经济管理中心(以下简称三里屯经济管理中心)因民事纠纷产生矛盾,遂意图通过驾驶机动车撞死三里屯经济管理中心工作人员的方式泄愤。2014年12月26日10时许,金复生为实施报复行为,驾驶别克牌轿车在北京市朝阳区工体东路5号楼东侧辅路,故意撞击三里屯经济管理中心司机康某,并将康某撞倒后逃跑,造成被害人康某头部受伤,经鉴定为轻微伤。

被告人金复生驾车逃跑行驶至北京市朝阳区朝阳门外大街中国工商银行朝阳支行南侧主路时,故意高速撞击在人行横道内正常行走的行人,致被害人吴某轻伤(二级)。后金复生驾车由北京工人体育场南门进入体育场院内,又连续撞击了10名行人:在24号看台附近驾车撞击了被害人王某;在11号看台附近驾车撞击了被害人朱某;在14号看台附近驾车撞击了被害人刘某(女,殁年75岁)、陈某(男,殁年57岁)、智某;在20号看台附近驾车撞击了被害人靳某(男,殁年23岁)、文某、韩某、杨某、于某。被害人刘某被机动车撞击后,造成多处脑挫伤、硬膜下出血合并全身多处骨折,致颅脑损伤合并创伤性休克死亡;被害人陈某被机动车撞击后,致颅脑损伤死亡;被害人靳某被机动车撞击后,导致颅脑损伤合并创伤失血性休克死亡。同时,金复生的行为致被害人于某重伤(一级);致韩某重伤(二级);致被害人朱某、智某、文某轻伤(一级)、王某、杨某轻伤(二级)。金复生在20号看台附近撞击被害人靳某等人后,因所驾车辆与停放在该处的一辆金杯牌汽车发生碰撞而停下,导致该金杯牌汽车和相邻停放的现代途胜牌汽车、雪佛兰乐风牌汽车损

坏,经鉴定上述3辆汽车经济损失价值共计人民币43 517元。经现场群众报案后,民警赶赴现场,在金复生所驾车辆驾驶室内将其抓获。

另查明,被告人金复生被羁押在北京市第二看守所期间发现同监室在押人员高某企图自杀后及时制止。

北京市第三中级人民法院认为,被告人金复生驾驶汽车在城市繁华地段故意撞击行人,致3人死亡、2人重伤、6人轻伤,其行为已构成以危险方法危害公共安全罪;金复生因对与其产生民事纠纷的三里屯经济管理中心不满,驾车故意撞击该中心员工康某,其行为又构成故意杀人罪(未遂)。金复生到案后虽能够如实供述自己的犯罪事实,且在被羁押期间有立功表现,但因其所犯以危险方法危害公共安全罪性质极为恶劣,情节、后果特别严重,不足以对其从轻处罚。鉴于金复生所犯故意杀人罪系未遂;其因涉嫌犯以危险方法危害公共安全罪被羁押后如实供述司法机关尚不掌握的故意杀人犯罪事实,系自首,且在被羁押期间有立功表现,故依法对金复生所犯故意杀人罪减轻处罚。依照《中华人民共和国刑法》第一百一十五条第一款,第二百三十二条,第四十五条,第五十七条第一款,第六十九条第一款、第三款,第二十三条,第六十七条第二款、第三款,第六十八条,第六十一条,《最高人民法院关于处理自首和立功具体应用法律若干问题的解释》第二条、第三条、第五条之规定,判决如下:

被告人金复生犯以危险方法危害公共安全罪,判处死刑,剥夺政治权利终身;犯故意杀人罪,判处有期徒刑六年;决定执行死刑,剥夺政治权利终身。

一审宣判后,被告人金复生提出上诉。北京市高级人民法院经二审审理,于2016年9月25日裁定驳回金复生的上诉,维持原判,并依法报请最高人民法院核准。最高人民法院经复核,裁定核准北京市高级人民法院维持第一审对被告人金复生以以危险方法危害公共安全罪判处死刑,剥夺政治权利终身;以故意杀人罪判处有期徒刑六年,决定执行死刑,剥夺政治权利终身的刑事裁定。

二、主要问题

1. 对被告人在不同犯意支配下实施的连续行为如何评价?

2. 本案被告人是否成立现场待捕型自首?

三、裁判理由

(一)对不同犯意支配下实施的连续行为,应综合考量行为发生、发展至结束的全过程,按照主客观相一致原则予以准确评价

本案即2014年12月26日发生在北京繁华地段的"工体连环撞人案"。该案的一个显著特点是被告人金复生在不同犯意支配下实施了连续危害社会的行为,对这些行为如何进行准确评价是本案审理中的突出问题。我们认为,对不同犯意支配下实施的连续行为应从犯罪构成要件入手,结合具体案情作出综合评价。我国刑法理论中的犯罪构成要件具有犯罪个别化机能,使一罪与其他犯罪相区别。根据刑法理论通说,犯罪主观方面是犯罪主体对其所实施的危害行为及危害后果所持的心理态度,包括故意、过失、动机、目的等。一般来说,即使行为方式相同或类似,如果主观方面不同,所构成的犯罪也不尽相同。换言之,犯罪主体在不同主观故意支配下的行为构成不同的犯罪。例如,同样是持刀故意伤人的行为,甲多次扎刺被害人的头部、胸腹部等致命部位,而乙仅轻微划割被害人的四肢、臀部等非致命部位,显示出二人的主观故意不同,构成的犯罪亦不相同。因此,对不同犯意支配下行为人实施的具体行为应结合全案证据综合考量才能予以正确评价。

综观本案,被告人金复生的行为可分为三个现场,分别是朝阳区工体东路5号楼东侧辅路(三里屯经济管理中心附近),朝阳区朝阳门外大街中国工商银行朝阳支行南侧主路(以下简称朝

外大街），以及北京工人体育场院内（以下简称工体院内）。虽然案发在不同的地点且金复生针对不同对象实施了驾车撞击行为，但从在案证据来看，金复生的相关行为不宜截然分开，而应从其行为发生、发展的全过程分析其行为的性质。

首先，金复生撞击第一被害人康某的行为构成故意杀人罪（未遂）。从客观行为来看，2014年12月26日10时许金复生驾车在朝阳区工体东路5号楼东侧辅路故意撞击三里屯经济管理中心司机康某，造成康某头部受轻微伤。公安机关出具的现场勘验笔录及现场照片证明，现场东侧为南北走向的工人体育场东路，西侧为工体东路小区，周边路人较多。金复生的作案目标具有针对性，表明其犯罪行为侵害的客体是康某的人身权利，并非公共安全。从犯罪主观方面来看，据金复生的供述，他与三里屯经济管理中心因民事纠纷产生矛盾，遂意图驾驶机动车撞死该中心的人员以泄愤。其供称："我与三里屯经济管理中心因北京市朝阳区三里屯幸福一村十巷23号房产权一事打官司，因该中心有关领导的行为导致我在官司中败诉，就想开车撞死他们，自己也不活了。该中心的人都知道我是受冤枉的，因此我决定只要是这单位的人就开车撞。"可见，金复生最初是计划以开车撞人的方式实施报复，其明知开车撞人可能会致受害人死亡，却为发泄个人私怨而决意实施，足见其至少是持放任的主观心态。至于犯罪对象，金复生确定的目标是三里屯经济管理中心的领导或其他人员，即犯罪对象是特定的。其供称："我见赵某（三里屯经济管理中心的现任领导）的司机送赵某到单位。赵某先下车，我和司机仅隔一个小路口，我挂上最大动力挡，以二三十公里的时速撞向司机。我通过后视镜见对方倒地便加速离开。"可见，金复生在本案第一现场驾车撞人是有预谋实施的故意杀人行为，该行为也是其当初谋划的自认为可控制的行为。该行为没有达到其犯罪目的，即"开车撞死他们"的危害结果并没有发生，而仅造成被害人康某轻微伤，故属于犯罪未遂。

其次，被告人金复生撞击吴某等11人的行为应综合评价为以危险方法危害公共安全罪。除上述第一现场的行为外，如何评价金复生在第二现场（朝外大街）和第三现场（工体院内）的行为性质，存在一定争议。争议点包括：其一，金复生在第二现场的行为是故意还是过失？其二，金复生在第二现场和第三现场的行为是连续的行为还是各自独立的行为？金复生的辩护人认为，金复生实施第一现场的行为后，在驾车加速逃跑过程中扭回头看是否有人追赶，出于过失撞到吴某，致吴某轻伤，属于一般的交通肇事行为，故金复生在第二现场的行为不构成犯罪。我们认为，对金复生在离开第一现场之后实施的行为应结合具体案情综合认定。根据第二现场受害人吴某的陈述及现场监控录像，可以清楚地看到，吴某等行人当时正沿人行横道由南向北穿行马路且即将到达马路对面，金复生所驾驶的车辆从东向西直接朝吴某等行人冲来，且在接近行人时车辆有明显加速。金复生也供称："撞完司机后我慌忙逃跑……我的车速约每小时六七十公里，我也没踩刹车就撞了对方（吴某）。撞人后我继续驾车逃跑……从南门进入工人体育场。我从北门开往东门，在路上见人就撞，印象中撞了六七个人，具体数字不记得了……我撞的人与我打官司的事没有关系。我这么做的目的就是想多撞人，制造影响。"可见，金复生在第一现场的行为结束后先是为逃跑而在繁华地段高速行驶以致撞人，后为制造影响在工体院内连续对不特定的无辜行人进行冲撞，其故意或放任危害结果发生的主观心态是贯穿始终的。金复生作为有多年驾驶经验的老司机，明知驾车在有行人穿行的繁华路段高速行驶有可能撞到行人，但其先放任撞人结果的发生，再追求撞人结果的发生，故对其后续行为可以进行整体评价，即金复生在本案第二现场和第三现场的行为是连续的整体行为，构成以危险方法危害公共安全罪。

（二）对本案涉及的自首、立功等量刑情节应根据在案证据准确认定

本案涉及自首、立功、如实供述三种法定情节的认定问题。

首先,金复生在本案中的具体表现不能成立现场待捕型自首。金复生的辩护人认为,金复生连续撞人结束后,明知必然有人报警,能够逃跑而未逃跑,在车内等待民警前来抓捕,到案后如实供述犯罪事实,符合《最高人民法院关于处理自首和立功若干具体问题的意见》中"明知他人报案而在现场等待,抓捕时无拒捕行为,供认犯罪事实"的自动投案情形,构成现场待捕型自首。我们认为,作为"视为自动投案"的一种情形,现场待捕型自首的基础是行为人投案的主动性和自愿性,这种主动性和自愿性是通过明知司法机关必然到案发现场而在现场等待的形式表现出来的,包括相互依托的两个方面:一是明知他人报案;二是留在现场等待归案。两者的结合体现出行为人主动将自己置于司法机关控制之下的主观愿望和客观行为,在一定意义上等同于行为人自动投案,故可视为自动投案。实践中,"他人报案"这一事实一般应是有具体的报案人和明确的报案内容,但在人员比较繁杂的案发现场,即使行为人不能确定具体的报案人员和报案的事实,但能够概括或笼统地知道有人报案,也可认定"明知"的成立。另外,从"明知他人报案"的结果来看,多数情况下"他人报案"应是有效或成功的报案,即司法机关通过本次报案掌握了案发的相关信息,并基于此信息而予以相应处理。如果行为人所明知的并不是一次有效或成功的报案,但行为人误以为他人报案成功而主动留在案发现场等待,最终被查获归案的,考虑到其归案的主动性和自愿性,一般也可认定为"明知他人报案"。

本案中,被告人金复生撞人后的归案不能成立现场待捕型自首。主要理由是:其一,根据在案证据,不能得出金复生"明知他人报案"的结论。公安机关出具的"110"接处警记录及受案登记表、立案决定书等证据证明,朝阳公安分局接到群众报警后即将本案立为刑事案件侦查。金复生一直供称不知有人报警,现有证据既无法确定金复生明知具体的报案人员和报案的事实,也无法确定金复生概括或笼统地知道有人报案的情况。其二,根据在案证据,也不能得出金复生在现场等待归案的结论。在案证据显示,金复生是因为其所驾车辆撞到了停在路边的白色金杯车而无法继续行驶,金复生也供称:"中间有人开我的车门往车里踹了一脚,我就把车门锁上了。"这表明金复生系因缺乏逃离现场的客观条件而滞留现场,并非"等待归案"。况且,金复生在被抓捕时并未完全予以配合。张朝锋、韩立新等证人的证言均证明案发后金复生始终没下车,是在警察到达现场后被"拉下车"的。出警的两位民警的证言也证明:金复生当时"已撞蒙,坐在车内,没有投案迹象","拉开车门嫌疑人不下车,我们从车内将嫌疑人拽下车控制"。这表明金复生并未完全配合公安机关的抓捕行为。综上,不能认定金复生成立现场待捕型自首。

其次,金复生在押期间制止他人自杀的行为可认定为立功表现。《最高人民法院关于处理自首和立功具体应用法律若干问题的解释》第五条规定:"……犯罪分子到案后有检举、揭发他人犯罪行为,包括共同犯罪案件中的犯罪分子揭发同案犯共同犯罪以外的其他犯罪,经查证属实……具有其他有利于国家和社会的突出表现的,应当认定为有立功表现。"对此处的"其他有利于国家和社会的突出表现",相关司法解释并无具体规定,实践中一般由人民法院根据案件的实际情况并参照立法精神、社会评价等因素进行认定。本案中,根据证人高某的证言以及北京市公安局监区医疗管理处出具的核查复函能够证实:2015 年 1 月 25 日凌晨,金复生起夜时发现同监室在押人员高某在监室内用病号服裤子的弹性松紧带拴在床位护栏上,坐在地面。金复生迅速报告并与同监室人员一起将高某扶起。因金复生及时报告,民警对高某企图自缢情况进行了有效处置。故金复生救人的行为属于"有利于国家和社会的突出表现"的情形,可以认定为有立功表现。

最后,金复生主动交代了司法机关还未掌握的本人其他两起犯罪,应分别认定为特殊自首与坦白。公安机关出具的到案经过、工作说明证明:金复生因涉嫌在北京市朝阳区工人体育场院内以危险方法危害公共安全被民警当场抓获,其到案后除交代驾车在工人体育场撞人的事实外,还供述了其之前在第一现场驾车撞击康某，在第二现场驾车撞击吴某的事实。在金复生交代前，公安机关尚未掌握金复生驾车撞击康某、吴某的事实。康某、吴某的陈述也与上述证据相印证。根据前文的分析，虽然金复生驾车撞人的行为在时间上具有连续性，但其撞击康某的行为具有针对性，是意图杀害三里屯经济管理中心的人员，构成故意杀人罪，与之后所犯的以危险方法危害公共安全罪无论是在行为方式、后果，还是在主观故意、侵犯的客体上都有着明显不同，触犯的也是不同罪名，在犯罪事实上也不具有因果关系，属于如实供述司法机关尚未掌握的本人其他罪行的，以自首论。但金复生主动供述的司法机关尚未掌握的撞击吴某的事实则与其供述的撞击康某的事实性质不同，应认定为坦白。根据前文分析，金复生在第二现场撞击吴某的行为和在第三现场的行为是连续的整体行为，构成以危险方法危害公共安全罪，在犯罪事实上也有着密切联系，与司法机关掌握的罪行属于同种罪行，故对金复生主动交代该起犯罪事实的行为应认定为坦白。

（三）对本案的量刑应综合考虑全部量刑情节，依法确定刑罚

综合前文所述，对本案量刑应综合考虑以下量刑情节：一是金复生故意驾车在公共场所连续撞击行人，导致3人死亡、2人重伤、6人轻伤、3辆汽车受损的危害后果，已构成以危险方法危害公共安全罪，犯罪性质极为恶劣，情节、后果特别严重。金复生以不特定人为侵害对象，所犯罪行严重危害了公共安全与社会治安，严重影响了人民群众的安全感。二是金复生杀害康某的犯罪行为因意志以外的原因未得逞，系犯罪未遂，且该起犯罪系金复生主动交代的司法机关尚未掌握的不同种罪行，成立自首，故可以对其所犯故意杀人罪减轻处罚。三是金复生在案发后对于他人报警的事实并不明知，投案缺乏主动性，不能成立自首，对其所犯以危险方法危害公共安全罪不能从轻或减轻处罚。四是金复生到案后虽如实供述犯罪事实，且在被羁押期间有制止他人自杀的立功表现，该立功表现应分别适用于故意杀人罪和以危险方法危害公共安全罪。就故意杀人罪而言，因有立功表现，可以对其从轻处罚；但因其所犯以危险方法危害公共安全罪性质极为恶劣，情节、后果特别严重，人身危险性极大，不足以对其所犯以危险方法危害公共安全罪从轻处罚。五是对本案案发起因的评判问题。金复生的辩护人提出，金复生犯罪事出有因，造成本案的严重后果并非金复生一个人的责任，请求对金复生予以轻判。我们认为，金复生与他人产生民事纠纷后，因对处理结果不满，竟采用驾车在公共场所连续撞人的方式引起社会关注，造成重大人员伤亡，危害后果极大，以开车撞人作为发泄或引起关注的手段的辩解不能成立。法治社会应当通过合法、合理的方式解决问题，不能将自己认为的不公转移到无辜群众身上，而这也正表明了金复生犯罪动机的恶劣与人身危险性之大。因此，对于辩护人的此项辩护意见不予采纳。

综合上述量刑情节，我们认为，被告人金复生到案后虽能如实供述自己的犯罪事实，且在被羁押期间有立功表现，但因其所犯以危险方法危害公共安全罪性质极为恶劣，情节、后果特别严重，不足以对其从轻处罚。鉴于金复生所犯故意杀人罪系未遂，其因涉嫌犯以危险方法危害公共安全罪被羁押后如实供述司法机关尚未掌握的故意杀人的犯罪事实，系自首，且在被羁押期间有立功表现，故依法对金复生所犯故意杀人罪予以减轻处罚。最终对金复生以以危险方法危害公共安全罪判处死刑，剥夺政治权利终身；以故意杀人罪判处有期徒刑六年；决定执行死刑，剥夺政治权利终身。

（撰稿：北京市第三中级人民法院　余　净　刘鹏玮
审编：最高人民法院刑五庭　方文军）

[第1244号]许涛故意杀人案

——自动投案后将性质恶劣的故意杀人行为编造为相约自杀，能否成立自首

【关键词】 自首 自动投案 如实供述

一、基本案情

被告人许涛，男，1983年3月24日出生。因涉嫌犯故意杀人罪于2013年9月30日被逮捕。

陕西省西安市人民检察院以被告人许涛犯故意杀人罪，向西安市中级人民法院提起公诉。

被告人许涛辩称，其与被害人任某某系因恋爱关系遭到父母反对及偿还高利贷借款压力而相约自杀，任某某自愿让其掐死。其辩护人提出，许涛具有自首情节，认罪态度较好，有悔罪表现，请求对其从轻或减轻处罚。

西安市中级人民法院经公开审理查明：2011年4月，被告人许涛与被害人任某某通过网络相识，许涛采取欺骗手段取得任某某好感后二人建立恋爱关系。其间，许涛与任某某高息借款12万元，全部被许涛使用，尚余部分借款许涛无力偿还。2012年12月，许涛、任某某分手后，许涛仍纠缠任某某并对其实施暴力行为。2013年5月，任某某与他人确定恋爱关系。同年7月，许涛在网络上虚构“高利贷要账人员”，使用注册名为“任某某许涛不要脸还钱”的QQ号，散布任某某个人及家庭成员信息、欠款未还等情况。同年8月，许涛以“高利贷要账人员”名义，以电子邮件的方式威胁、恐吓任某某限期还款。8月29日，许涛谎称已准备好钱款，让任某某与许涛假扮的“高利贷要账人员”约定当晚在许涛家中还款。当许涛与任某某来到陕西省西安市灞桥区狄寨街道潘村三队许涛家的在建房屋后，许涛用力扼压任某某颈部，致任某某机械性窒息死亡。次日，许涛到公安机关投案，供称其与任某某相约自杀，致任某某死亡。

西安市中级人民法院认为，被告人许涛因债务压力，精心预谋，虚构事实，威胁、纠缠被害人任某某，欺骗任某某见面后杀死任某某，其行为已构成故意杀人罪。对于许涛提出其与任某某系因父母反对二人的恋爱关系及偿还借款压力而相约自杀，任某某自愿让其掐死的辩解，经查，任某某于2012年12月同许涛分手，2013年5月与他人确立恋爱关系，且感情稳定，不存在与许涛相约自杀的感情因素；任某某有固定工作，家庭条件较好，且许涛在网络上欺骗任某某已准备好9万元用于还款，任某某亦相信许涛所言，任某某显然亦不具有因债务压力自杀的因素，故许涛的辩解与案件事实不符，不能成立。对于许涛的辩护人提出许涛具有自首情节，依法应从轻处罚的辩护意见，经查，许涛主动投案，承认掐死任某某，在开庭时供认其在网上虚构“高利贷要账人员”威胁恐吓任某某等主要犯罪事实，依法构成自首。但许涛在侦查阶段及审判阶段均拒不指认犯罪现场，编造相约自杀情节，隐瞒真实杀人动机，无真诚认罪悔罪表现，故许涛的自首行为不足以从轻处罚。依照《中华人民共和国刑法》第二百三十二条、第五十七条第一款、第六十一条之规定，判决如下：

被告人许涛犯故意杀人罪，判处死刑，剥夺政治权利终身。

宣判后，被告人许涛未提出上诉。陕西省高级人民法院复核提讯时，许涛对掐死被害人任某某的事实供认不讳，但又供称其掐压任某某颈部时，任某某肯定不想跟其一起死。许涛的辩护人提出，许涛具有自首情节；许涛在原审庭审时承认自己的所有行为，未作辩解及推卸罪责，且接受

原审判决,未提出上诉,体现其认罪悔罪态度;许涛拒绝指认现场,系因不能面对父母和乡亲,并非掩盖罪行、逃避责任;许涛并未否认其杀人行为,请求对许涛从轻处罚。

陕西省高级人民法院经复核认为,被告人许涛故意杀人后主动向公安机关投案,在原审庭审中供认了主要犯罪事实,其行为构成自首。但许涛精心预谋全部作案过程,犯罪手段狡猾且卑劣,归案后编造相约自杀的情节,隐瞒真实犯罪动机,对其自首情节不能从轻处罚,故对辩护人的辩护意见不予采纳。依照《中华人民共和国刑事诉讼法》第二百三十六条之规定,同意原判,并依法报请最高人民法院核准。

最高人民法院经复核认为,被告人许涛因债务及感情纠葛,经预谋后采用虚构网名、冒充债主身份、通过网络向被害人催要债务的方式纠缠被害人,并以偿还债务为由将被害人骗至家中在建房屋内杀害,犯罪情节恶劣,手段残忍,罪行极其严重,应依法惩处。许涛虽能主动投案,但未如实供述主要犯罪事实,不构成自首。西安市中级人民法院原审判决、陕西省高级人民法院复核裁定认定的事实清楚,证据确实、充分,定罪准确,量刑适当,审判程序合法。但西安市中级人民法院原审判决、陕西省高级人民法院复核裁定认定许涛具有自首情节不当,依法应予纠正。依照《中华人民共和国刑法》第六十七条、《中华人民共和国刑事诉讼法》第二百三十五条、第二百三十九条和《最高人民法院关于适用〈中华人民共和国刑事诉讼法〉的解释》第三百五十条第二项的规定,裁定如下:

核准陕西省高级人民法院(2015)陕刑三终字第00013号同意原审以故意杀人罪判处被告人许涛死刑,剥夺政治权利终身的刑事附带民事裁定。

二、主要问题

自动投案后掩盖案发起因,虚构作案动机,将性质恶劣的故意杀人行为编造为相约自杀,能否成立自首?

三、裁判理由

根据刑法第六十七条的规定,自首是指犯罪分子犯罪以后自动投案,如实供述自己的罪行的行为。其中,自动投案是自首成立的前提条件,如实供述自己的罪行则是构成自首的核心要件。尽管上述规定较为明确,但由于司法实践中案件的情况差异较大,对于自首的认定仍时常存在理解分歧甚至认识误区。本案就是一个典型例证。在案件审理过程中,上下级法院之间以及同级法院审判组织内部对被告人许涛是否构成自首都存在不同认识,主要有两种观点:第一种观点认为,许涛作案后主动向公安机关投案,供述了采用扼颈方式致死被害人任某某的犯罪事实,并在原审庭审时供认在网上虚构"高利贷要账人员"威胁恐吓任某某等主要犯罪事实,应当认定构成自首。许涛所作其和任某某相约自杀的辩解,属于对行为性质的辩解,不影响自首的成立。第二种观点认为,许涛虽然主动投案并供认杀死任某某的事实,但掩饰案发起因,隐瞒真实作案动机,将性质恶劣的故意杀人行为虚构为与任某某相约自杀,该情节对其定罪量刑具有重大影响,不应认定其具有自首情节。我们赞同第二种观点,分析如下:

(一)被告人没有如实供述主要犯罪事实

自首的成立要求自动投案以后,必须"如实供述自己的罪行"。根据《最高人民法院关于处理自首和立功具体应用法律若干问题的解释》(以下简称《自首解释》)第一条第二项的规定,如实供述自己的罪行,是指犯罪嫌疑人自动投案后,如实交代自己的主要犯罪事实。《自首解释》对如实供述的范围和程度提出了定量要求,即不要求犯罪嫌疑人必须交代全部犯罪事实,特别是细枝末节的边缘事实,而是将如实供述的内容限定于"主要犯罪事实"的范畴。犯罪嫌疑人对于主要犯罪事实需要如实供述,不能避重就轻,更不能刻意隐瞒、歪曲编造。对于主要犯罪事实的界定,目前学界和实务界观点较为一致,即对行为性质认定有决定意义及对量刑有重大影响的案件事实、情节。简言之,主要犯罪事实包括定罪事实和重大量刑事实两部分。因为有犯罪构成要件框定,对于定罪事实的理解不存在多大难度,争议相对较少,但对于对量刑有重大影响的事实、情节的认定极易产生分歧。对量刑有重大影响的事实、情节,通常是指决定对犯罪嫌疑人应当适用的法定刑档次是否升格的情节,以及在总体危害程度上比其他部分事实、情节更重大的事实、情节。对于刑法规定的法定量刑情节,认定其是否对量刑有重大影响较为容易,但对于酌定量刑情节及多个量刑情节竞合的情形,操作起来相对困难。一般而言,"主要"是相对于"次要"而言的,根据2010年制定的《最高人民法院关于处理自首和立功若干具体问题的意见》(以下简称《自首意见》)的相关规定,如实交代的犯罪情节重于未交代的犯罪情节,或者如实交代的犯罪数额多于未交代的犯罪数额,一般应认定为如实供述自己的主要犯罪事实。

本案中,被告人许涛投案后主动交代了故意杀人事实,仅是隐瞒了案发起因及杀人动机,看似供述了主要犯罪事实,实则不然。故意杀人案件的案发起因及犯罪嫌疑人的作案动机可以反映其主观恶性与人身危险性的大小,属于重要的酌定量刑情节。但在多数情况下,案发起因及作案动机对量刑不会产生重大影响。因此,犯罪嫌疑人只要如实供述了故意杀人罪的要件事实,即便对案发起因事实或作案动机情节有所隐瞒、编造,亦不影响自首的成立。许涛隐瞒其冒充债主身份,以还债为由将任某某骗至案发现场,并编造与任某某相约自杀的虚假案情,上述情况是否影响许涛自首的认定,需要考量所编造的相约自杀情节是否会对量刑产生重大影响。相约自杀是二人以上互相约定自愿共同自杀的行为。司法实践中,相约自杀案件中以故意杀人罪追究未自杀者刑事责任的,主要存在于教唆自杀、帮助自杀及直接杀死对方三种情形之中。但是,除特定情况下的教唆自杀外,其他相约自杀的行为通常被认定为情节较轻的杀人行为,一般适用三年以上十年以下有期徒刑的法定刑幅度。依照许涛的辩解,本案中的相约自杀行为从性质上讲是一种得承诺(受托)杀人,量刑通常较轻,与有预谋的故意杀人相比,适用轻重明显有别的法定刑档次,许涛所隐瞒的事实情节显然对量刑有重大影响。因此,对于隐瞒编造案发起因与作案动机的情形,是否影响自首的认定不能一概而论,而应当仔细考察、判断该情节是否对量刑有重大影响。许涛为减轻罪责,隐瞒重要量刑情节,并故意歪曲案件事实,对其冒充债主身份,以还债为由将任某某骗至案发现场及真实杀人动机等主要犯罪事实未予供认,企图蒙混过关,不符合构成自首所要求的"如实供述自己的罪行"的条件。

(二)被告人所作其与被害人系相约自杀的辩解不属于对行为性质的辩解

2004年制定的《最高人民法院关于被告人对行为性质的辩解是否影响自首成立问题的批复》规定,被告人对行为性质的辩解不影响自首的成立。因此,对于自动投案的犯罪嫌疑人对罪责进行辩解的情况,应当注意将如实供述与合理辩解加以区分,不能因为犯罪嫌疑人对犯罪行为有所辩解,就认为其认罪态度不好,进而否定自首的成立;也不能因为犯罪嫌疑人总体上承认"事是自己干的",就罔顾辩解的性质与内容,而一概认定自首成立。关键是要审查犯罪嫌疑人所作辩解内容关涉事实叙述还是规范判断。如实供述属于事实判断,要求犯罪嫌疑人对作案过程的叙述与客观情况相符合,不得虚构事实、隐瞒真相以逃避或包揽罪责。只要犯罪嫌疑人的供述与经审理查明的事实一致,就应当认定为如实供述。而对行为性质的辩解属于规范判断,是犯罪嫌疑人对其行为的法律意义和价值的个人见解,涉及其行为是否构成犯罪、此罪彼罪及罪轻罪重等方面。因此,对行为性质的辩解是犯罪嫌疑人在客观地供述自己罪行的基础上,对其罪责有无及大小所作出的阐释、主张。如果犯罪嫌疑人投案以后,编造事实为自己开脱罪行,则不符合如实供述自己罪行的条件,且使其对行为性质的辩解丧失事实基础。

本案中，被告人许涛在事实叙述中隐瞒冒充债主身份，以还债为由将任某某骗至案发现场的事实，并编造与任某某相约自杀的情节，从而将典型的、性质恶劣的故意杀人行为辩解为相约自杀行为，属于对犯罪事实的直接否认，而非对行为性质的辩解。一旦司法机关采信其辩解，将直接使其获得不应有的大幅度从宽处罚，从而逃避法律的严惩。

（三）被告人如实供述部分案发起因情节系在司法机关掌握其相关犯罪事实之后

司法实践中，犯罪嫌疑人投案后如实供述犯罪事实的时段各有不同，有的是在侦查机关掌握相关证据后才交代，有的是在一审庭审时交代，有的是在二审庭审时交代，还有的在最高人民法院复核提讯时交代，也有一直不交代主要犯罪事实的。刑法第六十七条将如实供述的时间起点规定为投案以后，但对后续截止时间并非没有限制。根据《自首解释》的规定，犯罪嫌疑人自动投案并如实供述自己的罪行后又翻供，但在一审判决前又能如实供述的，应当认定为自首。那么，在投案以后至一审判决前，是否犯罪嫌疑人只要如实供述自己的罪行，即可以认定为自首呢？对此，司法实践中存在争议。《自首意见》对上述问题予以明确，即犯罪嫌疑人自动投案时虽然没有交代自己的主要犯罪事实，但在司法机关掌握其主要犯罪事实之前主动交代的，应认定为如实供述自己的罪行。《自首意见》没有要求犯罪嫌疑人到案之初即交代主要犯罪事实，但基于自首制度的价值和立法本意，犯罪嫌疑人如果如实供述过迟，既影响其投案的价值，增加司法机关的办案负担，亦体现不出其认罪悔罪的态度，故将如实供述的截止时间限定在司法机关掌握其主要犯罪事实之前合乎情理与法理。由此，《自首解释》和《自首意见》为犯罪嫌疑人如实供述自己罪行设定了一个重要时间节点，即从案件侦破进度上要求在司法机关掌握其主要犯罪事实前。犯罪嫌疑人逾越该时间节点，即使再如实供述，亦不能认定为自首。

本案中，被告人许涛杀害前女友任某某后，删除了其电脑中存储的其冒充债主向任某某讨债，及散布任某某个人及家庭信息的重要电子数据，投案后又谎称和任某某因恋爱关系遭到父母反对和尚欠高额外债，生活倍感压力而相约自杀，其便按照任某某的意愿而将任某某掐死。该行为主观上掩盖了许涛真实的作案动机，客观上误导了侦查机关的侦查方向，以致侦查机关作出许涛和任某某系相约自杀的错误认定。在本案审查起诉期间，检察机关审查后认为案情蹊跷，经补查补正并退回补充侦查，在耗费大量司法资源的情况下才将真实案情查清。在事实证据面前，在司法机关已掌握其冒名讨债的情况下，许涛直到原审庭审时才承认其虚构网名、冒充债主向任某某讨债等事实。故许涛虽在一审判决前对冒充债主身份等事实予以供认，但系在公安机关、检察机关收集到相关证据、掌握其主要犯罪事实之后才交代，不符合如实供述自己罪行的时机条件。西安市中级人民法院原审判决、陕西省高级人民法院复核裁定将许涛在原审庭审中供认其在网上虚构“高利贷要账人员”威胁恐吓任某某等事实，作为认定其构成自首的理由之一并不适当。

综上，无论从供述内容还是供述时机来看，被告人许涛既无如实供述的意愿，又无如实供述的主动行为，而是在案发后将被害人扼颈致死、陈尸其家中的事实向司法机关作出了大幅度地推卸罪责的供述，故依法不应当认定许涛构成自首。

（撰稿：最高人民法院刑五庭　姜远亮　党　进
审编：最高人民法院刑五庭　方文军）

[第1259号]张杰、曲建宇等故意杀人案

——虽然现场指认同案犯,但对抓捕未起到实际作用的,不构成立功

【关键词】 立功 协助抓捕

一、基本案情

被告人张杰,女,1987年6月10日出生。2013年5月24日因涉嫌犯故意杀人罪被逮捕。

被告人王国兴,男,1973年10月10日出生。2013年5月24日因涉嫌犯故意杀人罪被逮捕。

被告人高长江,男,1990年11月22日出生。2013年5月24日因涉嫌犯故意杀人罪被逮捕。

被告人孟繁旭,男,1983年3月25日出生。2013年5月24日因涉嫌犯故意杀人罪被逮捕。

被告人曲建宇,男,1995年4月9日出生。2013年5月24日因涉嫌犯故意杀人罪被逮捕。

吉林省长春市人民检察院以被告人张杰、王国兴、高长江、孟繁旭、曲建宇犯故意杀人罪,向长春市中级人民法院提起公诉。

各被告人及其辩护人分别提出了辩解和辩护意见。其中,被告人曲建宇及其辩护人提出:曲建宇明知亲友报案而未离开现场,亦无拒捕行为,可视为自动投案,依法构成自首;曲建宇现场指认被告人张杰、王国兴,协助抓获被告人高长江、孟繁旭,属重大立功。

长春市中级人民法院经公开审理查明:被告人张杰与被害人杨立邦(男,殁年28岁)举行婚礼后同居,但未办理结婚登记手续。杨立邦吸食毒品,二人发生矛盾,张杰起意杀害杨立邦。被告人高长江、孟繁旭、曲建宇曾跟被告人王国兴学习汽车喷漆技术。2013年,张杰与王国兴相识后发生性关系。同年2月,张杰两次提出让王国兴帮忙杀害杨立邦,王国兴均未同意,并劝张杰通过法律途径解决。同年4月18日,张杰又提出让王国兴找人杀害杨立邦,王国兴同意,并纠集了高长江、孟繁旭、曲建宇,要求该三人帮忙教训杨立邦。当晚,王国兴驾车载张杰、高长江、孟繁旭、曲建宇来到张杰、杨立邦家楼下。张杰与王国兴商定,张杰先回家查看情况,再给王国兴发短信。王国兴要求高长江、孟繁旭、曲建宇作案时帮助按住杨立邦,该三人均未反对。次日零时许,张杰在家待杨立邦入睡后发短信给王国兴,王国兴等人上楼进入张杰、杨立邦家。王国兴持事先准备的金属管击打杨立邦头部,高长江、孟繁旭、曲建宇按照王国兴和张杰的要求按住杨立邦,张杰将陆眠宁药注入杨立邦体内,高长江、孟繁旭、曲建宇松手后,王国兴又持金属管击打杨立邦头部,致杨立邦颅脑损伤死亡。此后,王国兴让孟繁旭到楼下车内取袋子,曲建宇趁机逃离现场。因孟繁旭取来的袋子太小,张杰、王国兴、高长江、孟繁旭用棉被、电线等将杨立邦尸体包裹捆绑后抬到楼下,此时曲建宇带领亲友刘井海等人亦来到楼下,高长江、孟繁旭见状逃走。张杰、王国兴将杨立邦尸体放入王国兴驾驶的轿车内,欲驾车逃跑时车轮卡在路面,刘井海电话报警称有人打架受伤,曲建宇未离开现场。公安人员赶来后,曲建宇指认正在清理障碍准备逃走的张杰、王国兴涉案,公安人员遂将张杰、王国兴抓获。曲建宇归案后给高长江打电话,得知高长江在工作单位后,带领公安人员到高长江单位将其抓获。途中,曲建宇又将孟繁旭的工作单位告诉公安人员,公安人员到孟繁旭单位将其抓获。

长春市中级人民法院经审理认为,被告人张杰、王国兴、高长江、孟繁旭、曲建宇故意非法剥夺他人生命,其行为均已构成故意杀人罪。在共同犯罪中,张杰、王国兴系主犯,主观恶性深,社

会危害性大，但能如实供述主要犯罪事实，认罪悔罪，可酌情从轻处罚；高长江、孟繁旭、曲建宇系从犯，高长江、孟繁旭归案后认罪悔罪，可减轻处罚。曲建宇明知亲友报案而未离开现场，亦无拒捕行为，但其否认作案时曾按住被害人这一主要犯罪事实，依法不构成自首，但鉴于曲建宇作案后带领亲友回到现场，其亲友报案对及时侦破本案起到一定作用，对曲建宇量刑时可酌情考虑。虽然曲建宇在公安人员抓获张杰和王国兴时有指认行为，但综合分析当时被害人尸体在王国兴驾驶的轿车内，现场除张杰、王国兴、曲建宇及其亲友外并无他人等情况，曲建宇的指认行为对抓获张杰、王国兴不具有实际作用，不能认定为立功。曲建宇归案后给高长江打电话，得知高长江在单位，即带领公安人员到高长江单位将其抓获，该行为属于立功。曲建宇在带领公安人员抓捕高长江途中路过孟繁旭的单位时，将案发前知晓的孟繁旭的单位告诉公安人员，该行为系如实交代同案犯基本情况，不属于立功，但可酌情从轻处罚。鉴于曲建宇系从犯，有立功情节，且其亲友能及时报案，可对曲建宇免予刑事处罚。依照《中华人民共和国刑法》第二百三十二条，第二十六条第一款、第四款，第二十七条，第六十八条，第四十八条第一款，第五十七条第一款，第五十一条，第四十七条之规定，判决如下：

1. 被告人张杰犯故意杀人罪，判处死刑，缓期二年执行，剥夺政治权利终身。
2. 被告人王国兴犯故意杀人罪，判处死刑，缓期二年执行，剥夺政治权利终身。
3. 被告人高长江犯故意杀人罪，判处有期徒刑五年。
4. 被告人孟繁旭犯故意杀人罪，判处有期徒刑四年。
5. 被告人曲建宇犯故意杀人罪，免予刑事处罚。

宣判后，五被告人均未上诉，检察机关未抗诉。吉林省高级人民法院依法核准了对被告人张杰、王国兴分别以故意杀人罪判处死刑，缓期二年执行，剥夺政治权利终身的刑事判决。

二、主要问题

如何认定协助司法机关抓捕其他犯罪嫌疑人？如何判断协助行为对抓捕是否起到实际作用？

三、裁判理由

本案审理中的主要争议问题是，被告人曲建宇现场指认同案被告人张杰、王国兴的行为能否构成立功。对此有两种意见：一种意见认为，按照《最高人民法院关于处理自首和立功若干具体问题的意见》（法发〔2010〕60号，以下简称《自首立功意见》）关于当场指认、辨认其他犯罪嫌疑人（包括同案犯）属于“协助抓获其他犯罪嫌疑人”的规定，曲建宇的上述行为应构成立功。另一种意见则认为，在当时情形下，曲建宇的现场指认行为对公安机关抓获犯罪嫌疑人不具有实际作用，不宜认定立功。我们同意后一种意见，具体分析如下：

协助司法机关抓捕其他犯罪嫌疑人，是司法实践中最常见的立功类型之一。刑法第六十八条规定：“犯罪分子有揭发他人犯罪行为，查证属实的，或者提供重要线索，从而得以侦破其他案件等立功表现的，可以从轻或者减轻处罚；有重大立功表现的，可以减轻或者免除处罚。”鉴于刑法对“协助抓捕”等各种立功类型规定得相对原则，司法解释及其他规范性司法文件作了进一步明确。根据《最高人民法院关于处理自首和立功具体应用法律若干问题的解释》（法释〔1998〕8号）第五条的规定，犯罪分子到案后协助司法机关抓捕其他犯罪嫌疑人（包括同案犯）的，应当认定为有立功表现。《全国部分法院审理毒品犯罪案件工作座谈会纪要》（法〔2008〕324号，以下简称《大连会议纪要》）指出，“被告人在公安机关抓获同案犯过程中确实起到协助作用的，例如，经被告人现场指认、辨认抓获了同案犯；被告人带领公安人员抓获了同案犯；被告人提供了不为有关机关掌握或者有关机关按照正常工作程序无法掌握的同案犯藏匿的线索，有关机关据此抓获了同案犯；被告人交代了与同案犯的联系方式，又按要求与对方联络，积极协助公安机关抓获了同案犯等,属于协助司法机关抓获同案犯,应认定为立功”。《最高人民法院、最高人民检察院关于办理职务犯罪案件认定自首、立功等量刑情节若干问题的意见》(法发〔2009〕13号,以下简称《职务犯罪自首立功意见》)明确规定,协助行为对于抓捕犯罪嫌疑人要有实际作用,协助行为对于其他犯罪嫌疑人的抓捕不具有实际作用的,不能认定为立功表现。

在此基础上,《自首立功意见》对协助抓捕型立功作了更加详细的规定。按《自首立功意见》,典型的协助抓捕型立功有四种情形:一是诱捕,即“按照司法机关的安排,以打电话、发信息等方式将其他犯罪嫌疑人(包括同案犯)约至指定地点的”。常见的如公安机关将被告人抓获后,安排其打电话约同案犯到指定地点见面,进而将同案犯抓获。二是当场指认,即“按照司法机关的安排,当场指认、辨认其他犯罪嫌疑人(包括同案犯)的”。常见的如公安机关已经掌握了其他犯罪嫌疑人将在火车站乘车的线索,但火车站系开放空间,人来人往,遂安排被告人当场指认进而将其他犯罪嫌疑人抓获。三是带领抓捕,即“带领侦查人员抓获其他犯罪嫌疑人(包括同案犯)的”。如本案中曲建宇带领公安人员到高长江单位将其抓获。四是提供线索,即“提供司法机关尚未掌握的其他案件犯罪嫌疑人的联络方式、藏匿地址的”。需要注意的是,《自首立功意见》仅仅列举了四种典型形式,但法有限而情无穷,并不排除其他非典型形式也可构成协助抓捕型立功。例如,毒品上下家约定要定时联络“报平安”,公安机关抓获下家后,为免打草惊蛇,安排其打电话稳住上家,进而采取技术侦查手段将上家抓获的,虽然不属于将上家“约至指定地点”,但一般也可以认定为立功。

不论哪种形式的协助抓捕型立功,都必须符合以下三个条件:一是客观上有协助行为,这一点无须解释。需要注意的是,如果是通过提供各类抓捕线索进行协助,线索来源应当有正当性,不能是通过贿买、胁迫、违反监规等途径获取的线索。此外,也不能是犯罪前、犯罪中掌握或者使用的同案犯联络方式、藏匿地址,以及同案犯的基本情况(姓名、住址、体貌特征等)。如本案中曲建宇主动提供同案犯孟繁旭的工作单位,就属于如实交代同案犯基本情况,不构成立功。二是成功抓获其他犯罪嫌疑人。若未能抓获其他犯罪嫌疑人,不能认定为立功,即便被告人的配合诱捕、当场指认、带领抓捕、提供线索等协助行为准确到位,但因抓捕措施不力或者出现意外情况等原因而未能实际抓获的,不能认定为立功,但可酌情从轻处罚。三是协助行为确实起到实际作用。这一点是判断是否构成立功的关键,也往往容易产生分歧。有意见认为,可以根据协助作用的大小来区分一般立功和重大立功,作用小的可认定为一般立功,此观点没有法律依据。还有意见认为,协助作用是指“主导、关键性作用”,但是,即便从字面含义来理解,“协助”作用也不应限定为“主导”作用或者“关键”作用。从现有规范性文件来看,无论是刑法规定的“提供重要线索,从而得以侦破其他案件”,还是《大连会议纪要》规定的“确实起到协助作用”,抑或《职务犯罪自首立功意见》规定的“要有实际作用”,都强调协助行为必须起到实际作用,而非可有可无、无关紧要。换言之,如果没有被告人的协助,公安机关难以抓获其他犯罪嫌疑人,正是有了被告人的协助,公安机关才能顺利抓获。因此,对于协助行为,不仅要从形式上或者类型上进行把握,还要从实质上对协助作用的有无和大小进行“量”的把握,而不宜不加区分,简单援引相关规范性文件规定的协助行为类型一律认定为立功。协助行为没有实际作用的,不构成立功;协助行为起到实际作用的,可以构成立功,具体作用大小在确定从宽幅度时要有所考虑。

本案中,虽然曲建宇在公安人员抓获张杰和王国兴时有现场指认这一协助行为,但当时现场的情况是:曲建宇的亲友刘井海已电话报警,公安人员赶到现场时已有明确抓捕对象,当时系凌晨,现场除张杰、王国兴、曲建宇及曲建宇亲友外,并无他人,被害人的尸体在王国兴驾驶的轿车内,张杰和王国兴正在用铁锹清理障碍准备驾车逃走。在当时特定时空环境下,即便没有曲建宇的指认，公安人员也很容易辨识并抓获张杰、王国兴，因此，曲建宇的指认行为对抓获同案犯不具有实质作用，不宜认定有立功表现。

（撰稿：吉林省长春市中级人民法院　訾效云
最高人民法院刑一庭　孟　伟
审编：最高人民法院刑一庭　管应时）

[第 1282 号] 被告单位成都主导科技有限责任公司、被告人王黎单位行贿案

——“在被追诉前主动交待行贿行为”以及揭发他人犯罪行为构成立功的认定

【关键词】 单位行贿罪　在被追诉前主动交待行贿行为　立功

一、基本案情

被告单位成都主导科技有限责任公司（以下简称成都主导公司），住所地四川省成都市青羊区蛟龙工业港高新区 A 区 X 座。

被告人王黎，男，汉族，1959 年 10 月 7 日出生于安徽省阜阳市，大学文化，成都主导公司法定代表人、总经理，西南交通大学物理科学与技术学院院长、光电工程研究所所长。2012 年 9 月 14 日被监视居住，同年 10 月 30 日被逮捕。

郑州铁路运输检察院以被告单位成都主导公司、被告人王黎犯单位行贿罪，向郑州铁路运输法院提起公诉。

郑州铁路运输法院经公开审理查明：

2005 年年初，被告人王黎与时任铁道部运输指挥中心装备部车辆管理验收处副处长刘瑞扬（另案处理）相识后，为确保成都主导公司轮对故障动态检测系统设备在铁路第六次大提速中得到推广使用，和感谢刘瑞扬帮助其公司成为该产品的唯一供应商，自 2005 年年初至 2009 年年底，多次以劳务费等名义从公司提款，陆续给予刘瑞扬人民币（以下如无特别注明币种同）120 万元、欧元 10 万元（折合人民币 97.059 万元），共计价值 217.059 万元。2006 年，刘瑞扬利用其负责全国铁路车辆设备招投标的职务之便，使成都主导公司的轮对故障动态检测系统设备以 800 万元的单价进入高铁市场。2008 年 2 月，时任北京铁路局动车段工程建设指挥部指挥长的刘瑞扬代表北京动车段与成都主导公司签订了 2 套轮对故障动态检测系统的设备采购合同。案发后，侦查机关对成都主导公司 108 万元款项予以扣押。

另查明，郑州铁路运输检察院在收到上级检察机关指定管辖决定书后，于 2012 年 9 月 14 日对被告人王黎依法询问，王黎如实供述其行贿犯罪事实，郑州铁路运输检察院当日立案。同年 9 月 20 日，王黎主动揭发北京铁路局原动车段建设指挥部副指挥长戴伟跃收受其 15 万元现金和报销 2 万元机票等费用。根据该线索，河南省人民检察院郑州铁路运输分院反贪污贿赂局于 2013 年 3 月 3 日对戴伟跃涉嫌受贿犯罪立案侦查。经侦查查明，戴伟跃涉嫌受贿金额 150 余万元。

公诉机关认为，成都主导公司及其法定代表人王黎违反国家规定，采取向国家工作人员行贿的方式以谋取竞争优势，其行为构成单位行贿罪，提请依法判处。公诉人当庭提出，本案存在如

下量刑情节：被告人王黎在被追诉前主动交代犯罪事实，可以减轻处罚；王黎有重大立功表现，依法应当减轻处罚；王黎主动认罪，自愿坦白；单位主动退缴不当得利108万元；王黎行贿高于立案数额的10倍，数额巨大，可酌情从重处罚。综合被告单位、被告人的犯罪情节及被告人归案后的表现，建议对被告人王黎判处有期徒刑或者拘役六个月，或者判处缓刑；被告单位成都主导公司已主动退缴不当得利，判处罚金时可以依法减轻处罚。

被告单位成都主导公司及其辩护人对公诉机关指控成都主导公司向刘瑞扬行贿的事实不持异议。其辩护人提出，成都主导公司在竞争性谈判中获得的竞争优势和价格优势是其自有优势，该公司成为唯一供应商，并非完全由刘瑞扬帮助取得。成都主导公司受当时市场环境影响，主观恶性较小，造成的危害后果较轻、社会不良影响较小。据此，请求法院对王黎免予刑事处罚。

被告人王黎及其辩护人对公诉机关指控的事实和罪名不持异议。其辩护人提出，王黎系初犯，主观恶性较小，犯罪情节较轻，被追诉前主动交代单位行贿行为，且认罪悔罪，具有重大立功情节；王黎长期以来对社会作出积极贡献，是高铁领域不可多得的专家学者，建议对王黎免予刑事处罚。

郑州铁路运输法院认为，被告单位成都主导公司的行为构成单位行贿罪，同时应当追究被告人王黎的刑事责任。王黎不属于"在被追诉前主动交待行贿行为"，不具有立功情节，但认罪悔罪，积极配合退赃，依法可以从宽处罚。综合被告单位成都主导公司的犯罪事实、性质、对社会的危害程度以及上述情节，以单位行贿罪判处被告单位成都主导科技有限责任公司罚金人民币五百万元，判处被告人王黎有期徒刑三年。

二、主要问题

1. 如何认定单位行贿罪？

2. 如何认定"在被追诉前主动交待行贿行为"？

3. 如何把握揭发他人犯罪行为构成立功的认定要点？

三、裁判理由

在本案审理过程中，对被告人王黎是以行贿罪还是以单位行贿罪追究刑事责任、王黎是否属于"在被追诉前主动交待行贿行为"以及是否具有立功情节，均存在不同意见。下文围绕上述三个争议焦点展开论述。

（一）关于单位行贿罪的认定

本案中，关于应当追究被告人王黎单位行贿罪的刑事责任还是行贿罪的刑事责任，存在不同意见。

一种意见认为，被告人王黎的行为构成行贿罪。主要理由如下：一是本案犯意的提起、实施行贿过程以及最后完成行贿的，都是王黎。整个行贿行为没有经单位集体决定，虽然行贿款是单位的，但整体上属于形式上设立公司法人，实际上以个人意志运作的情形。二是王黎占有公司70%的股份，受益最大，王黎是权钱交易的一方主体，应当以行贿罪追究其刑事责任。

另一种意见认为，被告单位成都主导公司的行为构成单位行贿罪，应当追究被告人王黎单位行贿罪的刑事责任。主要理由如下：一是王黎作为成都主导公司的法定代表人，系为谋取单位利益，代表被告单位实施行贿行为，目的是确保公司产品进入高铁市场。二是本案所涉行贿款均来源于成都主导公司，且所谋取利益归属于被告单位。王黎作为法定代表人与铁路方洽谈，以公司名义签署合同，利益按股份比例通过年终分红的形式分配。三是被告单位成都主导公司于2000年设立，系依法设立的具有法人资格的有限责任公司，经营业务系向铁路部门供应多种产品，不属于有关司法解释规定的"个人为进行违法活动而设立公司实施犯罪和设立公司后以实施犯罪为主要活动”的情形。

我们赞同后一种意见，被告单位成都主导公司及被告人王黎构成单位行贿罪。主要理由是：

1. 本案符合单位行贿罪主体和对象特征。（1）主体适格。被告单位成都主导公司系依法设立的具有法人资格的有限责任公司，合同的签订均以被告单位名义，并且开具发票列入单位利润，排除了被告单位形式上设立公司法人，实际上以个人意志运作和获利的情况；成都主导公司2000年设立，成立以来向铁路部门供应多种产品，不属于“个人为进行违法活动而设立公司实施犯罪和设立公司后以实施犯罪为主要活动”的情形。（2）符合单位行贿犯罪对象的身份特征。在案证据证明，刘瑞扬在与王黎认识及交往期间均在铁道部、北京铁路局担任领导职务，在铁道部车辆管理验收处任职期间负责铁道车辆相关检修、检测、检修专用设备的技术评审、鉴定、选型和推广等方面工作，任北京铁路局动车段工程建设指挥部指挥长期间负责该单位全面工作，主管计财、技术装备部，具有国家工作人员身份。

2. 本案符合单位行贿罪的主、客观特征。（1）王黎作为被告单位法定代表人，主观上系为单位谋取利益而实施行贿行为。（2）王黎向刘瑞扬行贿，目的是确保单位产品形成市场竞争优势乃至垄断，无论被告单位产品本身是否具有实际竞争优势，只要属于为了通过行贿获取更多竞争优势，就应当认定为“谋取不正当利益”。（3）本案签订合同、收取货款、开具发票等活动均是以被告单位名义，王黎没有绕开单位私自经营产品和截留货款，其本人获取利益系根据单位经营情况，通过分红、奖金等形式从公司支取，虽然王黎占有大部分股份，收益最大，但是，在法律上自然人的人格与单位是不同的，即便是同一个公司，也不能将两个不同主体混用，从而否认单位行为的性质。

（二）关于“在被追诉前主动交待行贿行为”的认定

关于被告人王黎是否属于“在被追诉前主动交待行贿行为”的情形，能否适用刑法第三百九十条第二款的规定从宽处罚，主要形成两种意见：

一种意见认为，王黎属于“在被追诉前主动交待行贿行为”情形。（1）根据《最高人民法院、最高人民检察院关于办理行贿刑事案件具体应用法律若干问题的解释》（以下简称《行贿解释》）第十三条，认定是否属于“被追诉前”的节点在于检察机关对行贿人的行贿行为刑事立案，只要在立案前主动交代，就应认定为被追诉前主动交代。本案检察机关出具的侦破经过证明，办案机关系先询问后立案，王黎在接受询问时如实供述，属于被追诉前主动交代。（2）因行贿人主动交代行贿行为而破获受贿案件，也包括对在案证据的证明力加强的情形。如果行贿人不承认，受贿的事实可能依然难以认定。（3）只要检察机关对行贿人尚未立案查处，行贿人作为证人接受检察机关调查，承认向受贿人行贿的事实，就应当认定为“在被追诉前主动交待行贿行为”的情形。以《刑事审判参考》第787号案例袁钰行贿案为例，行贿人在纪检监察部门查处他人受贿案件时，主动交代（承认）向他人行贿的事实，被认定属于“在被追诉前主动交待行贿行为”的情形。本案中，根据检察机关出具的归案经过，侦查机关对王黎进行询问，王黎如实供述自己的行贿事实，虽然侦查机关当日对其立案，但检察机关对王黎正式立案是在王黎如实供述犯罪事实之后。因此，王黎属于“在被追诉前主动交待行贿行为”。

另一种意见认为，王黎不属于“在被追诉前主动交待行贿行为”，不应适用刑法第三百九十条第二款的规定。理由是：在检察机关已经掌握王黎向刘瑞扬行贿线索并指定管辖的情况下，王黎接受调查时供述上述事实不属于“在被追诉前主动交待行贿行为”情形。

我们赞同后一种意见。主要理由是：（1）据被告人王黎的供述，当时其知道有关部门在调查刘瑞扬，完全有条件主动向司法机关说明情况，却基于种种考虑没有主动投案，而是等到检察机关在接到上级指定管辖决定书后找其谈话时，才供述其向刘瑞扬行贿的事实，是被动接受调查而交代，不具有主动性。(2)尽管从检察机关出具的侦破经过来看，检察机关系在询问王黎后立案，但是本案系经最高人民检察院、河南省人民检察院、河南省人民检察院郑州铁路运输分院逐级指定管辖后，由郑州铁路运输检察院立案。根据《人民检察院刑事诉讼规则(试行)》第十八条的规定，郑州铁路运输检察院在接到上级检察机关指定管辖决定书后，就已具备立案条件，也应当依法立案，而不以犯罪嫌疑人是否到案作为立案的条件。(3)从《行贿解释》第七条第一款规定的立法原意分析，刑法规定被告人在被追诉前主动交代行贿事实可以减轻或者免除处罚，旨在通过行贿人的交代，获取更多证据，帮助破获相关受贿犯罪案件并推进案件进入司法审判。本案是先破获受贿案件，再根据线索侦破行贿案件。在王黎交代之前，刘瑞扬已供述了收受王黎贿赂的事实，检察机关已经掌握了刘瑞扬受贿和王黎代表单位实施行贿的犯罪事实。此种情况下若将其认定为“在被追诉前主动交待行贿行为”，对行贿人从宽处罚，有违立法本意。

(三)关于揭发他人犯罪行为构成立功的认定

关于被告人王黎是否构成立功，形成以下两种意见。

一种意见认为，王黎构成一般立功。理由是：(1)通过王黎的揭发行为，司法机关查明戴伟跃收受贿赂150余万元，有利于打击犯罪和节约司法资源，如不认定为立功，意味着对王黎的揭发行为没有作出法律评价，亦未体现激励政策导向。(2)王黎的行为符合《最高人民法院关于处理自首和立功具体应用法律若干问题的解释》第五条“提供侦破其他案件的重要线索，经查证属实”的规定。犯罪分子到案后有检举、揭发他人犯罪行为，经查证属实，应当认定为有立功表现。本案中，戴伟跃的受贿犯罪相对于王黎而言，属于他人犯罪行为，可以认定王黎具有立功表现。(3)戴伟跃犯罪数额为150万元，根据目前全国、河南省对受贿犯罪的判罚情况，一般不会被判处无期徒刑以上刑罚，而且戴伟跃案也不是在本省或者全国有较大影响的案件，故不宜认定王黎为重大立功，仅构成一般立功。

另一种意见认为，被告人王黎向戴伟跃的行贿行为，系王黎自己参与的对合犯罪，不构成立功。理由是：《行贿解释》第九条规定，行贿人揭发受贿人与其行贿无关的其他犯罪行为，查证属实，构成立功。根据该规定，构成立功必须具备两个条件：一是与自己的行贿行为无关；二是揭发与本人行贿行为无关的他人其他犯罪。本案中，王黎虽然到案后主动供述司法机关尚未掌握的自己其他行贿犯罪事实，但因该事实属于与其行贿犯罪事实关联的事实，故王黎的行为不构成立功。

我们赞同后一种意见。主要理由是：根据《行贿解释》第九条的规定，行贿人构成立功，必须是揭发受贿人与其行贿无关的其他犯罪事实。本案中，王黎系因行贿犯罪(向刘瑞扬行贿)归案后，又主动供述司法机关尚未掌握的本人其他行贿事实(向戴伟跃行贿)，该事实属于与其行贿在法律上、事实上有紧密关联的事实，而非揭发他人其他犯罪，故不应认定为立功。王黎如实供述自己行贿的犯罪事实，依法应当认定为坦白，可以从轻处罚。同时，需要注意的是，王黎虽然不具有立功情节，但王黎的主动交代行为在客观上为司法机关查明戴伟跃受贿案件起到了积极作用，在量刑时应予考虑。

此外，能否对被告人王黎适用缓刑也是本案讨论的重点之一。我们认为，本案不宜对王黎判处缓刑。理由如下：(1)王黎不属于追诉前主动供述，不构成立功，不具有法定减轻处罚情节；关于王黎的学术成就，难以认定为杰出贡献，不属于法定减轻情节。根据被告人的犯罪情节，在仅有从轻处罚情节的情况下，对其适用缓刑依据不足。(2)除了公诉机关指控的行贿数额外，对王黎于2010年送200万元现金、2012年报销30万元左右发票、2012年送10万元现金，刘瑞扬及王黎的相关笔录中均载明了相关事实，可见，王黎系多次向多人行贿，而公诉机关未予追诉。公诉机关指控的行贿数额明显少于实际数额，前后行贿的情形和性质类似，公诉机关以未牟取不正当利益作为不追诉的理由不够充分。根据刑事诉讼法不诉不理的原则，人民法院只能就公诉机关指控的事实进行裁判，但在量刑时可以酌情考虑。(3)在当前反腐败斗争形势依然严峻的情况下，为遏制腐败源头，深入贯彻打击行受贿并重的政策精神，在严厉打击受贿犯罪的同时，有必要加大对行贿犯罪的打击力度。本案行贿数额达数百万元，如果判处缓刑，社会效果不好。

综上，郑州铁路运输法院的判决定罪准确，量刑适当。

（撰稿：最高人民法院刑二庭　刘晓虎　许建华
审编：最高人民法院刑二庭　王晓东）

[第1303号]潘平盗窃案

——取保候审期间脱逃又主动投案并如实供述罪行的，不能认定为自首

【关键词】 取保候审　脱逃　自首

一、基本案情

被告人潘平，男，1993年6月10日出生，农民。2012年5月22日因涉嫌犯盗窃罪被取保候审，2014年3月4日被逮捕。

浙江省临安市人民检察院（现浙江省杭州市临安区人民检察院，下同）以被告人潘平犯盗窃罪，向浙江省临安市人民法院（现浙江省杭州市临安区人民法院，下同）提起公诉。

浙江省临安市人民法院经审理查明：

2012年5月9日至5月13日，被告人潘平伙同吴胜（已判刑）等人在浙江省杭州市余杭区、临安市青山湖街道，采用工具撬锁、搭线发车等手段盗窃作案3起，窃得摩托车4辆，共计价值人民币10 700元。

2012年5月13日，被告人潘平被公安机关抓获归案。因其需要就医治疗被取保候审。后潘平在取保候审期间脱逃，经公安机关多次传讯未到案，后于2014年3月4日向临安市公安局投案。

浙江省临安市人民法院认为，被告人潘平以非法占有为目的，采取秘密手段多次窃取公私财物，数额较大，其行为已构成盗窃罪。潘平在犯罪以后被采取取保候审强制措施期间逃跑，再向公安机关投案，不符合《刑法》关于自动投案的构成条件，不成立自首。潘平归案后能如实供述自己的罪行，依法予以从轻处罚。依照《中华人民共和国刑法》第二百六十四条、第二十五条第一款、第六十七条第三款、第五十二条、第五十三条、第六十四条之规定，以盗窃罪判处被告人潘平有期徒刑六个月，并处罚金人民币一千元。

宣判后，被告人潘平未提出上诉，公诉机关亦未抗诉，判决已发生法律效力。

二、主要问题

取保候审期间脱逃后又主动投案并如实供述罪行的，能否认定为自首？

三、裁判理由

取保候审期间脱逃后又主动投案并如实供述罪行的，能否认定为自首，关键是如何认定“自

动投案”情节,对此存在两种不同意见:

第一种意见认为,对该情形应认定为自动投案。主要理由有:一是犯罪嫌疑人归案是其本人自愿,符合自动投案的本质属性;二是犯罪嫌疑人归案兼具履行取保期间报到归案义务和自动投案的双重属性;三是不认定为自首,会断绝这类犯罪嫌疑人认罪悔过的自新之路,人为增大司法成本,与自首制度立法宗旨相悖。

第二种意见认为,对该情形应不应认定为自动投案。主要理由有:一是上述情形不符合《刑法》关于自动投案的构成要件,犯罪嫌疑人最初的归案情节已经将其自动投案予以否定,其自首的前提条件已经被阻断;二是与自首制度的价值相冲突,如果该情形被认定为自首并予以从轻或减轻处罚,将存在鼓励已经归案的犯罪嫌疑人为获得自首利益而脱逃的隐患。

我们同意第二种意见。理由是:

(一)犯罪嫌疑人被取保候审期间逃跑后又投案的,不符合《刑法》关于自动投案的成立条件

1. 犯罪嫌疑人在取保候审期间逃跑,逃避侦查,不具备成立自首情节要求的自动性

自动性不仅要求行为人出于本人的意志将自己的人身置于司法机关的控制之下接受审查、制裁,还意味着犯罪嫌疑人的投案应当只针对其犯罪行为本身,而不涉及对其他行为或情节的评价。首先,虽然1998年《最高人民法院关于处理自首和立功具体应用法律若干问题的解释》(以下简称《解释》)第一条规定,并非出于犯罪嫌疑人主动,而是经亲友规劝、陪同投案的;公安机关通知犯罪嫌疑人的亲友,或者亲友主动报案后,将犯罪嫌疑人送去投案的,也应当视为自动投案。但“陪首”和“送首”也是在犯罪嫌疑人同意或者默许接受司法机关制裁的情况下,才能成立。本案中,被告人在取保候审期间脱逃,表明其不愿意接受司法机关的制裁,不能体现其悔罪态度,不符合自首构成要件中“自动性”的要求。其次,《刑法》中的“自动投案”是具体而非抽象的判断,必须结合具体行为加以解释。本案中,被告人潘平的自动投案不完全是针对其盗窃犯罪行为,而是包括对其逃跑行为所产生后果的事后补救。如果犯罪嫌疑人不是在取保候审期间脱逃,而是在被公安机关羁押期间逃跑并构成脱逃罪的,那么其之后的投案可以评价为对脱逃罪构成自首。但对于之前的犯罪,则不再构成自首。

2. 逃跑后再次投案的,不符合成立自首所要求的自动投案

首先,《刑法》上的自动投案有时间限制。《刑法》第六十七条规定:“犯罪以后自动投案,如实供述自己的罪行的,是自首。”《解释》第一条第一项规定的“自动投案”,是指犯罪事实或者犯罪嫌疑人未被司法机关发觉,或者虽被发觉,但犯罪嫌疑人尚未受到讯问、未被采取强制措施时,主动、直接向公安机关、人民检察院或者人民法院投案。根据该规定,自动投案的时间应在犯罪以后、被采取强制措施之前。本案中,被告人潘平已经接受讯问并被采取强制措施,属于已经归案,此后再次潜逃,即使其又主动归案,只能被视为对不履行取保候审义务的弥补,并不符合自动投案的时间要求。

其次,自动投案与如实供述不同。是否如实供述,法律允许犯罪嫌疑人有所反复,但是否自动投案应是一次性判断,具有不可逆性。如果将犯罪以后已经归案又脱逃的状态等同于一直未归案,将会使自动投案的成立时间过于宽泛,认定标准随时可能发生变化,从而造成司法适用的混乱。

3. 认定被告人潘平不属于“自动投案”与《解释》的规定并不矛盾

有观点认为,根据《解释》第一条第二项中关于“犯罪后逃跑,在被通缉、追捕过程中,主动投案的,应当视为自动投案”的规定,犯罪嫌疑人归案后逃跑又投案的,也应当视为“自动投案”。我们认为,这种理解不当地扩大了自首的认定范围。上述规定针对的是犯罪后始终未被抓捕归案

的在逃犯罪人员主动投案的情形。所谓归案，是指犯罪嫌疑人被置于司法机关的控制之下，人身自由受到限制的情形。本案中，被告人潘平不属于“犯罪后逃跑”的情形，而是在被采取强制措施后逃跑，因而不适用《解释》中的此项规定。

（二）将取保候审期间逃跑后又投案的情形认定为“自动投案”，不符合自首制度的价值导向

虽然刑法实现保护法益机能的主要方式是依靠国家强制力主动打击犯罪，但犯罪嫌疑人主动归案、投案自首，能够节省有限的司法资源，减少社会不安定因素，因而无论从节约司法成本的角度还是从罪责刑相适应的角度，自首都具有重要的价值。

从节省司法成本的角度考察，被采取强制措施期间脱逃后又投案并没有节约司法资源，反而会耗费更多的司法资源。如果仅考虑逃跑之后再主动投案的行为对诉讼活动的影响，似乎在抓捕犯罪嫌疑人方面节约了司法资源，但不能机械地将逃跑行为和投案行为分割开，而应从整体上予以评判。本案中，公安机关自2012年5月13日抓获被告人潘平后，相继采取了刑事拘留、取保候审等强制措施。而潘平在取保候审期间脱逃，直至2014年3月4日才归案，导致诉讼活动停滞近两年。因此，从该案诉讼活动的整体上考察，不能认定被告人脱逃后又投案的行为节约了司法资源。

从罪责刑相适应的角度考察，犯罪以后主动投案，体现了犯罪嫌疑人主动接受审查裁判的意愿，反映其主观恶性和人身危险性相对降低，因而是从宽的处罚情节。被采取强制措施后没有逃跑又自觉接受刑事审判的，尚且不能认定为自首，而被告人潘平被采取强制措施后逃跑，即使其又主动投案，也至多是抵消其逃跑所反映的主观恶性大的情节，若再被认定为自首获得额外“奖励”，对没有逃跑的其他被告人而言显然不公，有违罪责刑相适应原则。

（三）将取保候审期间逃跑后又投案的情形认定为“自动投案”，与刑事诉讼法的相关规定不协调

取保候审是刑事诉讼法规定的五种刑事强制措施之一，其目的在于减少对犯罪嫌疑人或被告人人身自由限制的同时，控制犯罪嫌疑人或被告人，防止其逃避侦查、起诉和审判，保障司法活动顺利进行。犯罪嫌疑人在被取保候审期间应当遵守相关规定，保证随传随到。刑事诉讼法第七十一条规定了被取保候审人的义务及违反义务的法律后果。从刑法的实质评价分析，在取保候审期间逃跑，不仅表明犯罪嫌疑人对法律缺乏敬畏之心，也表明了其不愿接受法律制裁，主观恶性和人身危险性相对较大，属于量刑时从重的情节。如果认定脱逃后又投案的行为成立自首，可能会冲击刑事强制措施的权威性，不利于维护法律的统一，同时也会变相鼓励已被采取强制措施的犯罪嫌疑人，为获得“自首”这一法定从轻处罚情节而伺机先逃跑再投案，这显然有悖于刑事强制措施的立法目的。

当然，对于取保候审期间脱逃后又主动投案的情节，也有其积极价值，不认定该情形属于自动投案和自首，并不影响将其作为归案后如实供述、认罪态度较好等酌定从宽情节在量刑时予以考虑。司法机关综合评判犯罪嫌疑人脱逃和投案情节对量刑的不同影响后，完全可以做到罪责刑相适应，从而起到鼓励被采取强制措施期间脱逃的犯罪嫌疑人主动投案的作用。因此，本案中人民法院依法未认定被告人潘平的投案行为成立自首，但根据其归案后能够如实供述等情节，对其从轻处罚是正确的。

（撰稿：浙江省杭州市中级人民法院　吴献平
浙江省杭州市临安区人民法院　赵东东
审编：最高人民法院刑一庭　管应时）

[第1334号]余坤锋交通肇事案

——“自首认罪”案件如何理解和把握“证据确实、充分”的证明标准

【关键词】 自首认罪 证据确实充分

一、基本案情

被告人余坤锋,男,1992年6月14日出生。2014年8月29日被逮捕。

广东省高州市人民检察院以被告人余坤锋犯交通肇事罪,向高州市人民法院提起公诉,并提出被告人余坤锋具有自首情节。

被告人余坤锋对公诉机关的指控无异议。

高州市人民法院经审理查明:2014年8月17日零时,一辆车牌号为粤KEM626的小轿车从广东省茂名市往高州市方向行驶,在途经高州市石仔岭大转盘路段时,与从石鼓往高州方向由被害人朱鹏飞驾驶的二轮摩托车发生碰撞,造成两车损坏、朱鹏飞当场死亡的重大交通事故。事故发生后,粤KEM626小轿车司机弃车逃离现场。当天14时许,本案被告人余坤锋到交警部门投案自首,主动认罪。余坤锋供述称,2014年8月16日23时许,其到高州乐天大酒店一楼大厅找朋友余来桂玩,在一楼大厅喝咖啡时,余来桂刚好去卫生间,他从桌上拿走余来桂的车钥匙,到停车场开走余来桂的小车,开车返回乐天大酒店时,在石仔岭大转盘处撞上摩托车,他弃车逃离现场。当天上午,家人劝其自首,他在家人及朋友的陪同下到交警部门投案自首。交警部门认定,余坤锋应负事故的全部责任。

粤KEM626小轿车的所有人为茂名市车天下汽车租赁有限公司。2014年8月11日21时,公司将该车租给客户陈乐使用。

高州市人民法院认为,公诉机关指控被告人余坤锋犯交通肇事罪的证据中,除余坤锋的供述和指认笔录外,没有其他证据证实是余坤锋驾驶肇事车辆发生交通事故,余坤锋的供述与其他证据不能形成证据链和相互印证,本案证据证明的结论不具有唯一性,不能排除合理怀疑,公诉机关指控被告人余坤锋犯交通肇事罪事实不清,证据不足,指控的犯罪不能成立。据此,判决如下:

被告人余坤锋无罪。

宣判后,高州市人民检察院以原判认定余坤锋无罪错误为由,向茂名市中级人民法院提出抗诉,茂名市人民检察院审查后支持抗诉。

高州市人民检察院抗诉提出:原判认定被告人余坤锋无罪错误。主要理由是:被告人余坤锋投案自首,到案后如实供述了自己的犯罪行为;余坤锋对案发现场、作案车辆及车辆的内饰、碰撞部位等均作了准确指认,也从保管箱中准确找到肇事车辆的钥匙;交警部门的事故认定书认定余坤锋应负事故的全部责任。

茂名市人民检察院检察员出庭意见:原判错误,应予纠正。主要理由是:本案证据已形成完整证据链条,足以证实被告人余坤锋就是本案的肇事者。案发前,余坤锋所述取车环节得到证人陈乐与余来桂的证言印证;案发时,所述肇事环节与案发现场情况一致;案发后,所述回家商量投案自首环节得到其家人及邻居的证言印证。

被告人余坤锋提出:对公诉机关的抗诉书没有异议,承认自己犯交通肇事罪。其指定辩护人

提出：原公诉机关指控余坤锋犯交通肇事罪的证据没有形成证据链，不能相互印证，本案证据证明的结论不具有唯一性，不能排除合理怀疑。主要理由是：首先，在咖啡厅取走车钥匙的事实只有余坤锋的供述，并没有其他证据予以佐证。虽然余坤锋始终承认是其在2014年8月17日零时无证驾驶粤KEM626小轿车发生交通事故，致一人死亡，但其关于如何取车、在何处取车、因何缘故经过案发地点从而发生事故等情节的供述前后矛盾，疑点重重。一是余坤锋关于如何拿走肇事车辆钥匙的情节供述存在前后三次不一致的情况；二是余坤锋关于为何开走肇事车辆的动机供述存在前后矛盾的情况，其开走肇事车辆的动机仍不明确；三是证人余来桂、陈乐的证词与余坤锋的供述存在矛盾；四是余坤锋亲友的询问笔录属于传来证据，不能证明本案的客观事实。其次，余坤锋的指认笔录没有见证人的签名，且卷宗中没有对此的解释或说明，因此该指认笔录不能作为定案的根据。

广东省茂名市中级人民法院经审理认为，本案证实所谓"犯罪各环节"的证据，要么存在矛盾，要么不足。抗诉机关和支持抗诉机关至二审终结前，没有提供充分并足以排除存在矛盾的证据证实被告人余坤锋有犯罪行为。根据《刑事诉讼法》第五十三条第一款"对一切案件的判处都要重证据，重调查研究，不轻信口供"的规定，虽然余坤锋始终"认罪"，但本案没有任何能够将余坤锋与肇事现场或肇事现场车辆联系起来的客观性证据，也没有提取到其作为亲历者所知晓的隐蔽性证据；特别是在如何取得肇事车辆这一重要环节上，余坤锋的供述不但前后不一，亦与其他证人证言相互矛盾；而且，综观全案证据，余坤锋的供述亦存在诸多无法解释的不合常理之处。因此，对原审被告人余坤锋的有罪供述无法查证属实，其有罪供述的真实性存疑，全案证据尚未达到确实、充分的法定证明标准。据此，裁定如下：

驳回抗诉，维持原判。

二、主要问题

在"自首认罪"案件中，如何理解和把握"证据确实、充分"的证明标准？

三、裁判理由

（一）对被告人"自首认罪"案件依然应当坚持"事实清楚，证据确实、充分"的证明标准

在审判实务中，被告人"自首认罪"的案件，一般情况下，案件事实是清楚的，证据也是充分的。但是，审判实践表明，即使被告人"自首认罪"的案件，也存在出现冤假错案的风险。所以，在被告人"自首认罪"的案件中，如何坚持证据裁判原则，恪守法定证明标准，贯彻疑罪从无，无论在理论上还是在实践中都是一个值得研究的问题。

我们认为，被告人"自首认罪"，只是表明被告人对案件事实的主观态度，并不代表案件事实一定是清楚的，证据一定是充分的。对被告人"自首认罪"案件依然应当坚持"事实清楚，证据确实、充分"的证据裁判原则，其理由如下：

1. 重证据，不轻信口供是我国证据制度的重要特点

《刑事诉讼法》第五十三条第一款规定："对一切案件的判处都要重证据，重调查研究，不轻信口供。只有被告人供述，没有其他证据的，不能认定被告人有罪和处以刑罚；没有被告人供述，证据确实、充分的，可以认定被告人有罪和处以刑罚。"该条第二款规定："证据确实、充分，应当符合以下条件：（一）定罪量刑的事实都有证据证明；（二）据以定案的证据均经法定程序查证属实；（三）综合全案证据，对所认定事实已排除合理怀疑。"上述法律规定，体现了我国证据制度不轻信口供的特点。

2. 对被告人认罪的案件，依然严格贯彻证据裁判原则

这可以从我国关于刑事案件速裁程序的有关规定上得到印证。刑事案件速裁制度的基本前

提是被告人自愿认罪，包括被告人自首后认罪。对这类案件的证据标准，根据《全国人大常委会关于授权最高人民法院、最高人民检察院在部分地区开展刑事案件速裁程序试点工作的决定》（2014 年 6 月 27 日）和《最高人民法院、最高人民检察院、公安部、司法部关于在部分地区开展刑事案件速裁程序试点工作的办法》（法〔2014〕220 号，以下简称《试点办法》）的规定，适用刑事案件适用速裁程序，案件事实清楚、证据充分是必要条件，而不是只要被告人认罪就可适用刑事速裁程序。并且，《试点办法》第二条还特别规定，犯罪嫌疑人、被告人认罪但经审查认为可能不构成犯罪的，或者辩护人作无罪辩护的，不适用速裁程序。

3. 被告人认罪不代表案件事实清楚，证据充分

被告人与诉讼结果有切身的利害关系，基于各种目的，其口供可能反映案件的事实真相，也可能歪曲事实，制造假象。更为甚者，替人顶包或者屈打成招等情况下作出的认罪案件也偶有发现。实践证明，轻信、倚重被告人口供，是造成冤假错案的重要原因之一。因此，对于被告人的口供，决不能盲目地、轻易地认定；在运用被告人口供时，应当注重调查研究，将主要精力放在收集口供以外的其他证据上，用其他证据审查、核实被告人的口供。

（二）对被告人“自首认罪”案件的证据审查，依然应当恪守法定证明标准，对证据进行全局审查判断和综合运用

《刑事诉讼法》第五十三条第二款规定了“证据确实、充分”应当同时具备的三个条件。据此，证据在量上要求对定罪量刑的事实都有证据证明；在质上要求经过法定程序查证属实，据以定案的证据之间、证据与犯罪事实之间不存在矛盾或者矛盾得以合理排除，而根据证据认定犯罪事实的过程符合逻辑和经验法则，由证据得出的结论具有唯一性，才能达到确实、充分的证明标准。《刑事诉讼法》及相关司法解释对如何审查认定证据及如何对证据进行综合审查与运用作了详细规定。这些规定，既是对审查、运用证据的法定要求，也是审查、运用证据的基本方法。

本案中，虽然被告人“自首认罪”，也不能放松对证据的审查判断，而是要恪守法定证明标准，运用多种方法，对全案证据进行多层次、多角度、全方位的立体化审查判断，在审查判断的基础上进行综合分析，然后得出证据是否确实、充分的结论。

1. 在微观上，对单个证据的证据能力和证明力进行全面审查判断

对单个证据的审查判断是对全案证据审查判断的基础，是确保案件质量的首要环节。这个阶段主要是对单个证据的证据能力和证明力进行审查判断，通过审查将没有证据能力及证明力的证据予以排除。《最高人民法院关于适用〈中华人民共和国刑事诉讼法〉的解释》（以下简称《刑诉法解释》）对如何审查各类证据作了非常详尽的规定。实务中应当遵循这些规定审查证据。

就本案而言，一审、二审法院通过阅卷分析、实地调查、庭审中对出庭民警办案过程的询问、征求办案机关的上级机关审查意见等方法，发现本案有两份关键证据，即指认笔录、道路交通事故认定书存在问题，因没有证据能力或缺乏证明力，而不能作为定案根据。

第一，关于指认笔录。从《刑事诉讼法》第四十八条规定看，法定证据中并没有指认笔录这一证据分类。司法实践中的指认笔录，其实质属于辨认笔录。对于如何审查辨认笔录，《刑诉法解释》第九十条要求，对辨认笔录应当着重审查辨认的过程、方法，以及辨认笔录的制作是否符合有关规定，并列明了辨认笔录不得作为定案根据的六种情形：（1）辨认不是在侦查人员主持下进行的；（2）辨认前使辨认人见到辨认对象的；（3）辨认活动没有个别进行的；（4）辨认对象没有混杂在具有类似特征的其他对象中，或者供辨认的对象数量不符合规定的；（5）辨认中给辨认人明显暗示或者明显有指认嫌疑的；（6）违反有关规定，不能确认辨认笔录真实性的其他情形。就本案而言，除被告人供述外，指认笔录是本案能将余坤锋与肇事现场、肇事现场车辆联系起来的唯一

证据。然而，本案中公安、检察机关组织的指认却存在下列问题：(1)指认前指认人已经了解或见到指认对象。一是现场指认笔录。在侦查阶段，被告人并没有对现场进行辨认，而是在法院第一审的第一次开庭之后，侦查机关才作出指认现场笔录，也就是说，在本案中，一审开庭在前，现场指认在后。如此，在现场指认前，通过庭审举证、质证，被告人余坤锋已经全面了解事故现场情况。二是车辆指认笔录。车辆指认笔录除了存在“开庭在前，指认在后”的问题外，还存在见“实物在前，讯问在后”的情况。一般情况下，指认笔录都是侦查机关先讯问被告人，让被告人叙述被指认对象的基本情况，然后进行指认。但本案中，侦查机关先组织被告人余坤锋对肇事车辆进行指认，余坤锋在指认车辆过程中，通过没有玻璃的前窗完全可能看清楚肇事车辆撞击部位以及车内饰品的情况。但侦查机关却在此之后才对余坤锋进行有关肇事车内饰特征的讯问。因此，该讯问没有实质性的意义，对车辆内饰特征的指认笔录也没有实质性的意义。(2)对肇事车钥匙的指认存在瑕疵，车钥匙没有物证提取笔录，来源不清。(3)指认对象没有混杂在具有类似特征的其他对象中。在组织辨认时，侦查机关没有将指认对象肇事车钥匙混杂在具有类似特征的其他对象中。指认时，辨认对象中其他车钥匙都贴有一个明显的标签，唯独“肇事车钥匙”没有贴标签。(4)现场指认笔录所述部分内容不真实。现场指认笔录记载：“经民警带被告人余坤锋到案发地点进行指认，被告人余坤锋能准确指认两车碰撞的原始地点，与民警制作的现场图吻合。”经查，民警制作的原始现场图中并无两车碰撞原始地点的记载。(5)花坛撞击点的指认结果与现场勘查照片明显不符，不具同一性。余坤锋指认的花坛撞击点附近有一处排水口，而现场勘查照片中显示的花坛撞击点附近并没有排水口。经现场调查比对，两者距离达 10 多米远。(6)公安、检察机关组织的指认均无见证人。(7)检察机关组织的指认无指认笔录。由此，本案指认笔录存在的上述问题，违反了《刑诉法解释》第九十条的有关规定，故不能作为定案根据。

第二，关于道路交通事故认定书。该认定书认定余坤锋系肇事者，应负事故的全部责任。这是本案证明余坤锋是交通肇事者的直接证据。但是，根据办案民警陈伟兴、李络的出庭证言及茂名市公安局交通警察支队的复函，原审法院认为交警部门之所以认定余坤锋为肇事者，并非依据客观性证据和技术性证据，而主要是依据余坤锋的有罪供述及现场勘验笔录。本案仅仅根据余坤锋的有罪供述及无法确定是否与其具有关联性的现场勘验笔录，就认定余坤锋为交通肇事者，依据不充分。作出该认定书后，虽然公安、检察机关补查了大量证据，但补查后的证据却存在指认笔录制作不科学、不合法；余坤锋的供述内容前后说法不一、又与余来桂、陈乐的证言相互矛盾；现场指认的花坛撞击点与现场勘查照片无法吻合等诸多问题，而且这些证据矛盾亦无法得到排除或合理解释。因此，即使经补查，综合全案证据，道路交通事故认定书的认定依据依然没有得到补强，因而该认定书关于余坤锋为肇事者的结论，依据不充分，不能作为定案根据。

2. 在案件事实层面，对被告人所述“各犯罪环节”的证据进行全面审查判断

根据被告人余坤锋的供述，可以将整个案件的发展过程分为案发前“取车”环节、案发时“肇事”环节、案发后“自首”环节。为准确认定案件事实，法院采取纵横对比分析的方法，分别对每个环节的证据进行逐一审查判断。

第一，关于能否认定被告人余坤锋所述“取车”一节。

关于被告人余坤锋所述“取车”一节，在案证据不但相互矛盾，而且不合常理。余坤锋关于去乐天大酒店的理由、当时几人在场、谁将车钥匙放在桌面、谁去了卫生间、开车的动机等细节供述前后矛盾，说法不一，且与余来桂的证言不能吻合。此外，由于陈乐、余来桂与交通肇事的车辆存在关联，案发后两人又同时去向不明，直至二审阶段才现身，故陈乐、余来桂证言的可信度较低。因此，现有证据不足以证明余坤锋所述在乐天大酒店擅自开走他人车辆的事实。

第二,关于能否认定被告人余坤锋所述"肇事"一节。

根据法医学尸体检验鉴定报告、现场勘查笔录和现场图、证人梁兴有的证言等证据,虽然可以证实发生重大交通事故的事实,但却无法建立上述证据与被告人余坤锋之间的实质性联系,根据上述证据不能得出余坤锋就是肇事者的结论。此外,现场目击证人梁兴有证言与余坤锋供述相互矛盾。梁兴有证实,小车停下后从驾驶室冲下来一名男青年,片刻都没有停留,径直往乐天大酒店方向逃离事故现场,但余坤锋却供称车停止下来后,他还下车看了看车底有没有东西,然后往金山方向逃回家。另外,余坤锋指认的花坛撞击点与现场勘查照片中显示的花坛撞击点亦明显不符,相互矛盾。因此,关于余坤锋所述"肇事"一节,由于没有其他证据可以印证,在案证据又相互矛盾,也无法认定。

第三,关于能否认定被告人余坤锋所述"自首"一节。

关于被告人余坤锋所述"自首"环节,有证人杨秀华、余坤良、陈彩云、余焕杰、余碧霞、李络、陈伟兴等证言证明,与破案经过吻合,可以认定。但上述证据除能证明余坤锋对上述证人讲过自己"开车肇事"的事实外,并不能够证明余坤锋所讲的话就具有真实性,就是客观事实。

所谓千里之堤溃于蚁穴,定案的证据体系也是如此。虽然本案余坤锋所述"各犯罪环节"在形式上都有证据证实,但在案证据有数量无质量,又相互矛盾,其所述"各犯罪环节"中每个环节的证据都不确凿、不充分、不牢靠,检察机关所构筑的指控犯罪证据体系根基脆弱,存在错案的重大隐患与风险。

3. 在宏观上,综合全案证据,从主客观两个方面、正反两个维度对整个指控证据体系进行全面审查判断

在宏观上对全案证据进行综合审查判断,是法院最终形成定案结论的关键环节。对全案证据进行综合审查判断,要从主、客观两个方面、正、反两个维度展开。在客观上,运用印证方法审查判断全案证据与待证事实的内在联系,看能否形成闭合的完整证据链条,从正面对案件证明体系进行积极的构建;在主观上,运用排除合理怀疑方法审查判断在案证据的矛盾和疑点,看能否形成内心确信,从反面进行验证、证伪。

在客观上,本案证据存在先天缺陷、在案证据之间缺乏内在关联,无法形成有效印证。由于没有调取到案发当日乐天大酒店、被告人余坤锋所述行车轨迹的监控视频;没有调取到余坤锋、陈乐、余来桂、余坤良、杨秀华等人的通话记录;没有提取肇事车辆上的有关物品、痕迹、生物检材等物证;没有根据余坤锋的供述,提取到任何隐蔽性证据,致使本案缺乏将余坤锋与肇事现场或肇事现场车辆联系起来的客观性证据。除余坤锋的供述外,本案唯一能将余坤锋与肇事现场、肇事车辆联系起来的证据就是指认笔录。由于该笔录不能作为定案根据,故本案没有能够将余坤锋与肇事现场或肇事现场车辆联系起来的任何客观证据。

在主观上,本案不能排除合理怀疑,得出唯一结论,无法有效形成心证。本案证据之间,证据与案件事实之间存在众多矛盾,如在"取车"环节被告人余坤锋的供述反复不定,自相矛盾,其供述与余来桂的证言也不能印证;在"肇事"环节余坤锋的供述与现场目击证人的证言相互矛盾,其指认的花坛撞击点与现场勘查照片不符等。此外,本案还有诸多不合常理之处,如余坤锋始终说不清开车的动机、汽车档位的功能、当晚一起喝咖啡的朋友"阿庆"的具体身份信息;案发后,余坤锋半夜三更舍近求远地跑到别人家借手机,再回到自家打电话;案发后,本案肇事车辆关联人陈乐、余来桂又同时失踪;余坤锋始终否认案发后与当晚肇事车辆的实际控制人余来桂有过联系等。这些证据矛盾和疑点既无法排除,也不能作出合理解释。而证据矛盾和疑点正是审判实践中检验所认定事实是否已排除合理怀疑的切入口。排除合理怀疑的过程,就是心证形成的过程。

因此,综合全案证据,本案证据中矛盾、疑点与逻辑、经验法则相违背,不能排除合理怀疑,得出唯一的事实结论。

检察机关依法承担证明被告人有罪的举证责任,应当提供确凿、充分的证据来证明被告人有罪。本案中,对被告人余坤锋是否犯罪既不能证实,也不能证伪,属于"定放两难"的"疑罪"案件。而"疑罪"的存在,意味着检察机关提供的证据不足以认定犯罪行为系被告人实施。"疑罪"是检察机关未能实现证明责任的结果,其本身并不以被告人是否"认罪"为前提。所以,即使被告人"认罪",但如果其有罪供述的真实性缺乏保障,在案证据未能达到确实、充分标准,也不能认定被告人有罪。一审、二审法院依照证据规则依法判定余坤锋无罪是正确的,充分贯彻了疑罪从无的审判原则。

(撰稿:广东省茂名市中级人民法院　王　淼
审编:最高人民法院刑四庭　陆建红)

[第1365号]江彬、余志灵、陈浩保险诈骗、诈骗案
——带领侦查人员抓捕同案犯,但并未当场捕获的,能否认定有立功表现

【关键词】　诈骗罪　保险诈骗罪　立功　抓捕同案犯

一、基本案情

被告人江彬,男,1992年4月7日出生。2016年10月21日被逮捕。

被告人余志灵,男,1993年3月20日出生。2015年9月28日被取保候审。

被告人陈浩,男,1993年4月5日出生。2015年8月19日被刑事拘留,同年9月16日被取保候审。

浙江省衢州市柯城区人民检察院指控被告人江彬、余志灵犯诈骗罪,被告人江彬、陈浩犯保险诈骗罪,向柯城区人民法院提起公诉。

被告人江彬、余志灵、陈浩对起诉书指控的事实均无异议。江彬的辩护人提出,江彬在未被采取强制措施前,自动到公安机关接受传唤,属自首;主动提供线索帮助抓捕同案犯陈浩,虽未当场抓获,但符合带领侦查人员抓捕同案犯情形,属立功。

柯城区人民法院经审理查明:

(一)被告人江彬、余志灵诈骗部分

2013年3月至7月,被告人江彬分别驾驶浙H59895号东南菱帅轿车(被保险人系邵某某)、浙HZ6502号桑塔纳轿车(被保险人系陈浩),在浙江省衢州市柯城区巨化中央大道昌苑菜场附近等地,以驾车故意碰撞路边电线杆、指示牌石墩、护栏,制造轿车撞击电线杆、指示牌石墩、护栏的虚假事故等方式,由其本人或者指使被告人余志灵冒充车辆驾驶员并提供相关材料,分别向中国太平洋财产保险股份有限公司衢州中心支公司(以下简称太平洋财产保险公司)、中国人民财产保险股份有限公司衢州市分公司(以下简称人民财产保险公司)报案并定损理赔,骗得理赔金共计人民币22 130元(以下币种同)。

2014年12月1日12时许,被告人江彬驾驶浙H9330S号东南菱帅轿车(被保险人系陈浩)搭

载张文良、徐震南驾驶浙H0D343号丰田凯美瑞轿车至衢州市柯城区阳关水岸小区南侧道路，故意制造了两车刮擦的虚假事故，后江彬指使张文良冒充浙H9330S号东南菱帅轿车驾驶员并提供相关材料向太平洋财产保险公司报案并定损理赔，骗得理赔金4 830元。

（二）被告人江彬、陈浩保险诈骗部分

1. 2013年10月30日12时许，被告人江彬驾驶浙H1126R号名爵轿车（车辆实际所有人系江彬）至浙江省开化县长虹乡附近路段，故意制造了车辆碰撞路边山体的虚假事故，后提供相关材料向人民财产保险公司报案并定损理赔，骗得理赔金9 075元。

2. 2014年7月8日9时许，被告人江彬驾驶浙HAD237号马自达轿车（被保险人系陈浩、车辆实际所有人系江彬），行驶至320国道衢州市火车站至梅家村路段，故意制造车辆碰撞路边护栏的虚假事故，后江彬指使陈浩赶往现场，冒充该车驾驶员并提供相关材料向太平洋财产保险公司报案并定损理赔，骗得理赔金4 240元。

3. 2014年8月1日19时许，被告人江彬与陈浩为谋取非法利益，预谋故意制造保险事故实施诈骗。江彬驾驶浙HAD237号马自达轿车行驶至衢州市柯城区双港街道孙姜村老鹰潭路口，故意制造了车辆碰撞路边树墩的虚假事故，后陈浩冒充该车驾驶员并提供相关材料向太平洋财产保险公司报案并定损理赔，骗得理赔金6 200元。

4. 2015年4月25日12时许，被告人江彬与钟理锦为谋取非法利益，预谋故意制造保险事故实施诈骗。后钟理锦驾驶浙K30483号大众帕萨特轿车（车辆实际所有人系钟理锦），搭载江彬至浙江省开化县长虹乡附近路段，故意制造了车辆碰撞路边山体的虚假事故，后钟理锦提供相关材料向太平洋财产保险公司报案并定损理赔，骗得理赔金6 940元。

2015年8月18日，公安机关对被告人江彬抓捕未果后，以通知其领取他案退赔款为由将其传唤到案。江彬归案后主动提供了公安机关尚未掌握的同案犯陈浩的租住地，并带领公安机关前往该地址进行抓捕，虽未当场抓获，但公安机关根据其提供的线索于次日将陈浩抓获。

综上，被告人江彬单独或伙同被告人余志灵、陈浩等人以非法占有为目的，故意制造保险事故，骗取保险金。其中，被告人江彬参与诈骗金额为26 960元，参与保险诈骗金额为26 455元，被告人陈浩参与保险诈骗金额为10 440元，被告人余志灵参与诈骗金额为8 040元。江彬获得赃款50 375元，陈浩、余志灵未参与分赃。2015年9月16日，江彬退赔保险公司共计50 375元保险金。

柯城区人民法院认为：被告人江彬、余志灵以非法占有为目的，多次利用他人车辆制造保险事故，骗取保险金，数额较大，其行为均已构成诈骗罪；被告人江彬、陈浩以非法占有为目的，虚构事实、隐瞒真相，故意制造保险事故，骗取保险金，数额较大，其中江彬以故意造成保险事故方式骗取保险金三次以上，并具有其他严重情节，其行为均已构成保险诈骗罪。江彬一人犯数罪，应实行数罪并罚。江彬系在公安机关对其抓捕未果后，以通知其领取他案退赔款到案的，可见江彬不具有投案的自动性和主动性，不能认定为自首。本案部分属共同犯罪，江彬在共同犯罪中起主要作用，是主犯，应按其参与的全部犯罪处罚；余志灵、陈浩起次要、辅助作用，是从犯，应从轻处罚。江彬主动向公安机关提供同案犯的租住处，协助公安机关抓获同案犯，具有立功表现，可减轻处罚；江彬、余志灵、陈浩归案后如实供述自己的罪行，可从轻处罚；江彬已退赔全部赃款，可酌情从轻处罚。根据陈浩的犯罪情节、悔罪表现及社会危害程度等情况，陈浩符合缓刑的适用条件，可对其宣告缓刑。依照《中华人民共和国刑法》第二百六十六条，第一百九十八条第一款第（四）项，第二十五条第一款，第二十六条第一款、第四款，第二十七条，第六十七条第三款，第六十八条，第六十九条第一款、第三款，第七十二条第一款、第三款之规定，判决如下：

1. 被告人江彬犯保险诈骗罪,判处有期徒刑三年二个月,并处罚金人民币二万元;犯诈骗罪,判处有期徒刑十个月,并处罚金人民币五千元,决定执行有期徒刑三年四个月,并处罚金人民币二万五千元;

2. 被告人陈浩犯保险诈骗罪,判处有期徒刑一年,缓刑一年六个月,并处罚金人民币一万元;

3. 被告人余志灵犯诈骗罪,判处罚金人民币五千元。

一审宣判后,三被告人均未上诉。柯城区人民检察院提出抗诉称,江彬归案后供述同案犯陈浩的居住地等身份信息,并带领民警进行现场辨认,应属如实供述自己罪行的范畴,况在辨认当日并未抓获陈,次日才在陈住处将陈抓获,因此江的行为不能认定为立功。故一审判决认定江彬系立功,属适用法律错误,并导致量刑畸轻,应当依法改判。

衢州市中级人民法院经审理认为,被告人江彬带领公安机关指认同案犯的租住处,协助公安机关抓获同案犯,具有立功表现,可减轻处罚。原判认定事实和适用法律正确,量刑适当,审判程序合法。抗诉意见不予采纳。据此,依照《中华人民共和国刑事诉讼法》第二百二十五条第一款第(一)项之规定,裁定如下:

驳回抗诉,维持原判。

二、主要问题

(一)如何区分诈骗罪和保险诈骗罪?

(二)带领侦查人员抓捕同案犯,但当时并未捕获的能否认定有立功表现?

三、裁判理由

(一)诈骗罪和保险诈骗罪的区别问题

本案中,被告人江彬同样向保险公司骗取理赔金,但有的认定为诈骗罪,有的认定为保险诈骗罪。这涉及诈骗罪与保险诈骗罪的区别问题。保险诈骗罪是诈骗罪的一种,两者属于法条竞合的关系,一般应遵循特殊法优于一般法的原则。

诈骗罪与保险诈骗罪在犯罪主观方面均表现为有诈骗的故意,但两罪的客观表现不同。诈骗罪是指以非法占有为目的,采用虚构事实或隐瞒真相的方法,骗取数额较大的公私财物的行为。而保险诈骗罪则是指以非法获取保险金为目的,违反保险法规,采用虚构保险标的、保险事故或者制造保险事故等方法,向保险公司骗取保险金,数额较大的行为。即保险诈骗罪是定向的诈骗,没有诈骗罪侵害的范围广。

两罪的犯罪主体不同。诈骗罪的犯罪主体为一般主体,即任何达到刑事责任年龄,具有刑事责任能力的人即可;而保险诈骗罪的主体系特殊主体,只能是投保人、被保险人或受益人;保险事故的鉴定人、证明人、财产评估人若故意提供虚假的证明文件,为他人诈骗提供条件的,以保险诈骗的共犯论处。

本案中,根据查明的事实及在案证据,被告人江彬于2013年10月30日、2014年7月8日、2014年8月1日、2015年4月25日实施的诈骗行为,或者江彬系车辆的所有人即受益人,或者与江彬共同实施诈骗行为的钟理锦系车辆所有人即受益人,其主体符合保险诈骗罪的构成要件的主体特征,因而认定为保险诈骗罪。而除该4起以外的其他诈骗事实,因江彬等人均不是车辆的投保人、被保险人或受益人,故只能认定为诈骗罪。

(二)带领侦查人员抓捕同案犯,当场未抓获并不当然阻却立功的构成,应根据案情具体分析

本案在审理过程中,对于各被告人行为的定性争议不大。但对于被告人江彬归案后供述同案犯相关信息,又带领侦查人员抓捕同案犯,当时并未抓获的情形能否认定为有立功表现,存在两种不同观点:

第一种观点认为,被告人江彬归案后,供述同案犯的居住地等信息,并带领公安人员进行辨认,属如实供述自己罪行的范畴,而当时并未因此捕获同案犯,故江彬的行为不构成立功。

第二种观点认为,根据本案的具体情况,被告人江彬供述同案犯居住地信息不属如实供述自己罪行的范畴,况且江彬有带领侦查人员捕获同案犯的行为,是否当场捕获并不当然阻却立功的认定,江彬的行为应认定有立功表现。

我们同意第二种观点。已归案的犯罪分子协助司法机关抓捕其他犯罪嫌疑人(包括同案犯)的,能否认定有立功表现,关键在于如何理解行为人是否有协助抓捕行为以及协助行为对抓捕其他犯罪嫌疑人(包括同案犯)是否起决定性作用。本案中被告人江彬的行为构成立功,主要理由如下:

1. 应结合案件具体情况综合分析被告人的相关供述是否属于如实供述自己罪行的范畴

《最高人民法院关于处理自首和立功若干具体问题的意见》第五项关于"协助抓捕其他犯罪嫌疑人"的具体认定中规定:"犯罪分子提供同案犯姓名、住址、体貌特征等基本情况,或者提供犯罪前、犯罪中掌握、使用的同案犯联络方式、藏匿地址,司法机关据此抓捕同案犯的,不能认定为协助司法机关抓捕同案犯。"该项规定明确上述内容属于被告人如实供述的范畴,如果既认定被告人有如实供述这一法定的从轻处罚情节,再认定被告人具有立功情节,有重复评价之嫌。

本案中,三被告人实施的犯罪行为均在2015年5月之前,江彬于犯罪行为完成后在正常社会交往过程中知晓陈浩于同年6月搬到新的租住地点,可见陈浩的租住地与本案的犯罪行为之间没有关联性,那么江彬即便不向公安机关陈述陈浩新的租住地,亦能够把其伙同他人共同实施犯罪的行为说清楚,不影响司法机关对其如实供述情节的认定。江彬对同案犯陈浩租住地的陈述已超出了其应当如实供述的范畴。后公安机关借助江彬提供的信息及时抓获同案犯,江彬供述同案犯的住址信息,可以看作为公安机关捕获同案犯提供了重要线索。

2. 带领公安机关抓捕同案犯的行为与如实供述不能混同

最高人民法院在《全国部分法院审理毒品犯罪案件工作座谈会纪要》规定:"共同犯罪中同案犯的基本情况,包括同案犯姓名、住址、体貌特征、联络方式等信息,属于被告人应当供述的范围。公安机关根据被告人供述抓获同案犯的,不应认定其有立功表现。被告人在公安机关抓获同案犯过程中确实起到协助作用的,例如,经被告人现场指认、辨认抓获了同案犯;被告人带领公安人员抓获了同案犯等,属于协助司法机关抓获同案犯,应认定为立功。"

参照上述规定,本案中,被告人江彬带领侦查人员去同案犯的租住地进行现场指认,公安机关依据江彬的指认,最终在该租住处将同案犯陈浩抓获。江彬的带领行为客观上为公安机关顺利捕获同案犯起到很大的协助作用,因此,不能与如实供述相混同。

3. 未当场抓获不影响立功的认定

前述第一种观点认为,该案中被告人江彬带领侦查人员并没有将陈浩当场抓获,所以不构成立功。我们认为,相关司法解释中均只强调构成立功需有其他犯罪嫌疑人(包括同案犯)被抓获的实际结果,并没有规定带领侦查人员抓获其他犯罪嫌疑人(包括同案犯)的,需要当场抓获才构成立功。因此,是否当场抓获并不当然阻却立功的认定。具体到本案,江彬提供了公安机关未掌握的同案犯租住地这一重要线索,并带领侦查人员指认具体地点,其协助抓捕行为已经完成。侦查人员在掌握了以上信息后于次日直接到该地点将陈浩抓获,并未再付出时间和精力去排查,江彬在整个过程中所起的作用与带领侦查人员将陈浩当场抓获基本无异,江彬提供信息的行为与抓获同案犯陈浩的结果之间有因果关系,正是借助于江彬提供的信息,公安机关才得以及时抓获同案犯。如果一定要以是否当场抓获来确定立功与否,则侦查人员若在第二日将江彬从看守所提出，让江彬重复指认一遍，再将同案犯抓获，则江彬构成立功；若侦查人员自行前往抓获，江彬即不构成立功，这显然是不合理的。

4. 被告人的带领抓捕行为客观上节约了司法资源，符合立功制度的本质

本案中，被告人江彬对同案犯的租住地并不能说出具体门牌号，只能提供一个大概的方位，若公安机关通过具体排查、技术侦查或者其他途径抓获同案犯，就说明江彬仅是为抓捕提供方向，并未对抓捕同案犯起到真正的协助作用，不能认定为立功。但本案中，江彬除如实供述同案犯陈浩的租住地外，还有带领侦查人员到现场指认的行为。根据公安机关对抓捕过程出具的说明，侦查人员在当晚根据江彬现场指认确定陈浩的租住处后，因出租房内未亮灯，判断房内无人，未实施抓捕，并将江彬送回看守所。次日民警根据江彬前一天晚上的指认，以检查暂住证的名义敲开房门，核实陈浩身份后将其抓获。如果没有江彬的带领、指认行为，公安机关只能进行排查抓捕，势必消耗大量的人力物力。因而，江彬的协助抓捕行为客观上为公安机关顺利抓捕同案犯起到了关键作用，节约了司法资源，提高了办案效率，符合立功的本质特征，认定其构成立功符合立法本意。

综上，被告人江彬供述同案犯居住地信息不属应当如实供述自己罪行的范畴，一审、二审法院认定其带领侦查人员现场指认同案犯住处的行为构成立功是准确的。

（撰稿：浙江省衢州市中级人民法院　金朝文
浙江省衢州市龙游县人民法院　李萌欣
审编：最高人民法院刑四庭　陆建红）

十一、缓刑、减刑和假释

[第981号]刘某强奸案

——对未成年人与幼女正常交往过程中自愿发生性关系案件的政策把握与缓刑适用

【关键词】 奸淫幼女 自愿发生性关系 缓刑

一、基本案情

被告人刘某,男,1994年12月15日出生,学生。2011年4月20日因涉嫌犯强奸罪被逮捕。

江西省S县人民检察院以被告人刘某犯强奸罪,向S县人民法院提起公诉。

被告人刘某及其辩护人提出:刘某系未成年人,与被害人自愿发生性关系,情节较轻,归案后认罪态度好,有悔罪表现,请求从轻、减轻处罚。

S县人民法院经审理查明:被告人刘某与被害人赖某某(1997年5月10日出生)系S县某中学初三年级同学,自2010年上半年认识后成为男女朋友。2011年2月至4月4日期间,刘某在明知赖某某不满14周岁的情况下,仍多次与其发生性关系,之后被赖某某的父母发现报案而案发。

S县人民法院认为,被告人刘某明知被害人赖某某不满14周岁仍与其发生性关系,其行为已构成强奸罪,公诉机关指控的犯罪事实清楚,证据确实、充分,指控的罪名成立。刘某在犯罪时不满18周岁,系未成年人,依法应当从轻或者减轻处罚。且刘某在归案后如实供述罪行,认罪态度好,可以从轻处罚。刘某犯罪情节较轻,有悔罪表现,没有再犯罪危险,宣告缓刑对所居住社区没有重大不良影响,依法可以对其宣告缓刑。据此,S县人民法院依照《中华人民共和国刑法》第二百三十六条第一款、第二款,第十七条第三款,第六十七条第三款,第七十二条第一款,第七十三条第二款、第三款之规定,以被告人刘某犯强奸罪,判处有期徒刑二年六个月,缓刑三年。

一审宣判后,被告人没有提出上诉,检察机关亦未提出抗诉,判决已发生法律效力。

二、主要问题

1. 对未成年人与幼女正常交往过程中自愿发生性关系的案件,如何把握罪与非罪的界限?

2. 对奸淫幼女案件适用缓刑应当考虑哪些因素?

三、裁判理由

(一)对未成年人与幼女正常交往过程中自愿发生性关系的,在确定罪与非罪的界限时应当把握的原则和要素

未成年人保护法第三条规定:"未成年人享有生存权、发展权、受保护权、参与权等权利,国家根据未成年人身心发展特点给予特殊、优先保护,保障未成年人的合法权益不受侵犯。"从刑法第二百三十六条关于性犯罪的规定分析,对儿童的特殊、优先保护体现在,构成强奸罪,一般要求以暴力、胁迫或者其他手段对妇女进行奸淫,而奸淫不满14周岁的幼女的,不论是否采取强制手段实施,即不论幼女是否自愿,均以强奸论,并从重处罚。由此可见,在我国,14周岁是法律认可的幼女可以作出同意发生性行为决定的法定年龄界限。行为人与不满14周岁的幼女发生性关系,

即使幼女同意,也应当认定其同意无效,行为人的行为仍然构成强奸罪。由此带来的一个问题是,作为被害人的幼女与可能成为刑事被告人的未成年人,身心发育、认知能力均未成熟,均属于法律应予特殊保护的对象。对于已满14周岁的未成年人与幼女自愿发生性关系,是否均应按照刑法第二百三十六条第二款的规定以强奸论处,的确有深入探讨的必要。

最高人民法院在《1955年以来奸淫幼女案件检查总结》中曾明确指出:"对奸淫幼女的未成年犯,应从轻或减轻处理,情节轻微的可以免予刑事处分;对年幼无知的男童,不应追究刑事责任,但应责令他的家长或者监护人加以管教。"该份文件在总结部分地区法院办理此类案件的经验时进一步指出:"至于个别幼女虽未满14周岁,但身心发育早熟,确系自愿与人发生性行为的,法院对被告人酌情从轻或减轻处理,如果男方年龄也很轻,双方确系在恋爱中自愿发生性行为的,则不追究刑事责任。上述经验我们认为是适当的,各地法院可以根据具体情况参酌运用。"

《最高人民法院关于审理未成年人刑事案件具体应用法律若干问题的解释》(法释〔2006〕1号)第六条明确规定:"已满十四周岁不满十六周岁的人偶尔与幼女发生性行为,情节轻微、未造成严重后果的,不认为是犯罪。"2013年《最高人民法院、最高人民检察院、公安部、司法部关于依法惩治性侵害未成年人犯罪的意见》(以下简称《性侵意见》)第二十七条再次重申了上述原则。由此可见,司法机关在处理青少年之间自愿发生性关系问题上,一直坚持适度介入、慎重干预的刑事政策。

在适用《性侵意见》第二十七条的相关规定,对未成年人与幼女在正常交往过程中自愿发生性关系,在确定罪与非罪的界限时,应当注意把握以下三点:

其一,行为人一般应当处于已满14周岁不满16周岁的年龄阶段。之所以限定行为人为已满14周岁不满16周岁,而不是已满16周岁不满18周岁。主要考虑的是,基于特别保护不满14周岁幼女身心健康的立场,对与之自愿发生性关系不以犯罪论处的范围应当严格把握,不能放得过宽。而已满14周岁不满16周岁系刑法确定的相对负刑事责任年龄界限,故对不以犯罪论处的主体范围掌握在此年龄段较为妥当。当然,考虑司法实际情况的复杂性,并非已满16周岁的未成年人与幼女发生性关系的,就一律以强奸罪论处。如行为人不满16周岁时与已满13周岁不满14周岁的幼女在恋爱交往中自愿发生性关系,至行为人刚满16周岁时,二人仍然保持两性关系,后因幼女父母报案而案发。如果综合全案考察,我们认为,不宜机械地以16周岁为界限,对16周岁前的行为不以犯罪论处,而对刚满16周岁以后实施的行为即以强奸罪论处。但对于已满16周岁的未成年人实施类似行为的案件认定不构成强奸罪,相对于不满16周岁的人,在把握上应当更为严格。

其二,行为人应当是与年龄相当的幼女在正常交往、恋爱过程中基于幼女自愿而与之发生性关系。对于行为人使用暴力、胁迫或者诱骗等手段奸淫幼女的,即使其不满16周岁,对其也不宜排除在刑事处罚范围之外。对于不满16周岁的未成年人与幼女之间的年龄究竟相差几岁才能认定为双方年龄相当,各国规定不一。有的国家明确规定为3周岁,而有的国家则规定为4周岁或者5周岁。我国相关司法文件对此没有明确规定,主要由司法机关根据具体案件情况把握。鉴于在我国对此种不以强奸论处的男方年龄限定为已满14周岁不满16周岁,而幼女的年龄界限是14周岁,10周岁以下在民法上属于无行为能力人,加上《性侵意见》强调了对12周岁以下幼女更要特殊保护的精神,我们认为,此处适当的年龄差距限定在4周岁左右相对较为合理。举例而言,已满14周岁的男方与不满10周岁的幼女发生性关系,或者已满15周岁不满16周岁的男方与不满12周岁且双方年龄差距在4岁以上的幼女发生性关系,即使男方辩称系与幼女正常恋爱交往,一般也不宜适用《性侵意见》第二十七条的规定,对男方不以犯罪论处。值得强调的是,

《性侵意见》规定对不满12周岁的幼女实施性侵害的，应当一律认定行为人明知被害人系幼女，主要是为了解决主观明知的认定问题，并不是指所有行为人与不满12周岁的幼女发生性关系，都应当以强奸罪论处；对已满14周岁不满16周岁的行为人与不满12周岁的幼女在正常交往过程中自愿发生性关系，如果双方年龄差距不大，行为情节轻微的，也可以不以强奸论处。这一认定原则体现了对未成年人实行双向保护的政策精神。

其三，综合考察，未成年人与幼女发生性关系情节轻微、未造成严重后果。《性侵意见》的相关表述虽是"偶尔"发生性关系，但主要是为了与此前司法解释的规定保持一致，实践中并不能简单以次数论。也就是说，发生性关系的次数是判断行为情节是否轻微的其中一项因素，但并非决定性因素，决定性因素是行为人是否是与年龄相当的幼女在正常交往、恋爱过程中基于幼女自愿而与之发生性关系，如果是，一般可以认定为情节轻微。

值得注意的是，对于不满16周岁的行为人在与幼女正常交往恋爱过程中基于幼女自愿与其发生性关系致幼女怀孕引产、流产，单就后果来看，不能说不严重，但是否一律认为行为人的行为不属于"情节轻微、不以犯罪论处"，不宜一概而论。类似案件，如果双方确实存在正常恋爱交往关系，年龄差距也不大，如差距小于1周岁或者2周岁，司法机关判断对行为人是否以强奸罪论处，要特别慎重。对于双方成年亲属自行协商，被害人及其法定代理人不要求追究行为人刑事责任的，司法机关没有必要主动干预，启动司法程序。

本案中，被告人刘某与被害人赖某均系初中同学，二人产生早恋，时年刘某已满16周岁，明知赖某不满14周岁，仍多次与其发生了性关系，后因赖某父母发现报案而案发。相较于强行奸淫幼女，刘某所实施的行为虽不属十分严重，但从维护对幼女特殊保护的更高原则立场考虑，其已不属《最高人民法院关于审理未成年人刑事案件具体应用法律若干问题的解释》和《性侵意见》中对未成年行为人可不以强奸犯罪论处的情形。法院依法认定刘某构成强奸罪，对刑事政策的把握是准确的。

（二）对奸淫幼女案件适用缓刑应当考虑哪些因素

强奸、猥亵未成年人犯罪社会危害性大，《性侵意见》第二条明确规定："对于性侵害未成年人犯罪，应当依法从严惩治。"该条明确了办理此类案件应当坚持的总体政策基调。为了体现对强奸未成年人犯罪的依法严惩，并有效预防犯罪，《性侵意见》第二十八条进一步规定："对于强奸未成年人的成年犯罪分子判处刑罚时，一般不适用缓刑。"因此，对于奸淫幼女案件是否适用缓刑，应当把握如下两点：

其一，成年犯罪分子强奸幼女，包括强行与幼女发生性关系和基于幼女自愿与幼女发生性关系，一般情况下不适用缓刑，特殊情形例外。如对于自动中止强奸行为，地位、作用明显较小的从犯等具有法定从轻、减轻处罚情节，判处拘役、三年以下有期徒刑，同时符合刑法规定的"犯罪情节较轻；有悔罪表现；没有再犯罪的危险；宣告缓刑对所居住的社区没有重大不良影响"等缓刑适用条件的，在总体从严把握的前提下，也可以适用缓刑，以体现罪责刑相适应。

其二，关于未成年犯罪分子奸淫幼女案件是否适用缓刑。《最高人民法院关于审理未成年人刑事案件具体应用法律若干问题的解释》、《最高人民法院关于贯彻宽严相济刑事政策的若干意见》等一系列文件均规定了对未成年犯罪要坚持"教育为主，惩罚为辅"的原则和"教育、感化、挽救"的方针。而奸淫幼女、猥亵儿童等性侵害儿童犯罪，属于刑法规定的法定从重处罚情形，甚至有的还需要加重处罚。因此，这里就存在从宽与从严情节并存时如何把握量刑尺度的问题。对未成年人奸淫幼女案件，鉴于未成年人身心发育不成熟、易冲动、好奇心强、易受外界不良影响，同时也相对易教育、改造等特点，从严的幅度要明显有别于成年被告人，能够从宽处罚的要依法从宽。因此,奸淫幼女情节较轻,符合缓刑适用条件的,可以依法适用缓刑。在判断是否属于情节较轻时,要综合考虑是否使用暴力、胁迫等强制手段或者利诱、欺骗等不正当手段,对幼女身心健康是否造成严重伤害,案发后是否取得被害人及其亲属真诚谅解等因素。对于未成年人与年龄相当的幼女在正常交往恋爱过程中,因懵懂无知,一时冲动,自愿发生性关系,没有对幼女身心造成严重伤害的,如果构成强奸罪,确属情节较轻,有悔罪表现,没有再犯罪危险,宣告缓刑对所居住社区没有重大不良影响的,一般可以宣告缓刑。

本案中,被告人刘某与被害人赖某系同学,二人自 2010 年上半年即成为男女朋友,2011 年 2 月至 4 月间多次自愿发生性关系,刘某时年刚满 16 周岁(2 个月),赖某已满 13 周岁(差 3 个月满 14 周岁),二人均属懵懂少年。刘某所犯强奸罪情节较轻,且认罪态度好,有悔罪表现,没有再犯罪危险,宣告缓刑对所居住社区没有重大不良影响,故人民法院依法认定其构成强奸罪,同时宣告缓刑,较好把握了对未成年被告人和未成年被害人进行双向保护的刑事政策。

(撰稿:最高人民法院刑一庭　赵俊甫　高明黎
审编:最高人民法院刑一庭　冉　容)

[第 1003 号]谭永艮非法持有枪支案

——作为情节加重犯适用条件的"情节严重"与缓刑适用条件中的"犯罪情节较轻"在适用时是否相矛盾

【关键词】　情节加重犯　缓刑　犯罪情节较轻

一、基本案情

被告人谭永艮,男,1948 年 12 月 20 日出生。2013 年 9 月 16 日因涉嫌犯非法持有枪支罪被取保候审。

安徽省岳西县人民检察院以被告人谭永艮犯非法持有枪支罪,向岳西县人民法院提起公诉。

被告人谭永艮对公诉机关指控的犯罪事实无异议。其辩护人基于以下理由提请法庭对谭永艮减轻处罚并适用缓刑:谭永艮具有自首情节,庭审中具有认罪、悔罪表现;之前无前科劣迹,仅是由于法律意识淡薄才实施犯罪;谭永艮已 65 周岁,身患多种疾病,是生活在敬老院中的五保老人,对其适用缓刑不致再危害社会。

岳西县人民法院经公开审理查明:20 世纪 90 年代,被告人谭永艮为看护山场从同村村民王建来处借得土枪 1 支,一直保管,未办理持枪证。十余年前,谭永艮又从同村村民吴传炉处借来 1 支土枪保管至案发,也未办理持枪证。2012 年,谭永艮因年迈体弱住进当地敬老院,考虑自己长期不在家居住,2 支枪放在家中不安全,于是在 2013 年 4 月 1 日王建来到其家做客时,向王建来提出欲将两支枪存放至王建来住处,王建来表示同意。当日 20 时许,二人将枪支带至王建来住处。次日,岳西县公安局来榜派出所接群众举报称王建来私藏枪支,立即到王建来处调查,王建来及谭永艮主动交出 2 支土枪并如实供述了事实经过。经鉴定,谭永艮持有的 2 支土枪均是以火药为动力的自制火药枪,能有效发射,属于法律规定的枪支。2013 年 9 月 13 日,谭永艮接来榜派出所电话通知后主动投案。

岳西县人民法院认为,被告人谭永艮违反枪支管理规定,非法持有以火药为动力发射枪弹的非军用枪支2支，其行为构成非法持有枪支罪，且属情节严重。谭永艮借枪是为了看护山场，主观恶性不大，且未引起其他犯罪后果，在接受公安机关调查时即主动上交2支枪支，并主动投案，如实供述犯罪事实，系自首，依法可以减轻处罚。据此，依照《中华人民共和国刑法》第一百二十八条第一款、第六十七条第一款以及《最高人民法院关于审理非法制造、买卖、运输枪支、弹药、爆炸物等刑事案件具体应用法律若干问题的解释》第五条第二款第二项之规定，岳西县人民法院以被告人谭永艮犯非法持有枪支罪，判处有期徒刑一年。

一审宣判后，被告人谭永艮以原判量刑过重、应当适用缓刑为由向安庆市中级人民法院提起上诉。

安庆市中级人民法院经审理认为，上诉人谭永艮违反枪支管理规定，非法持有以火药为动力发射枪弹的非军用枪支2支，其行为构成非法持有枪支罪，且属情节严重。谭永艮借枪是为了看护山场，主观恶性不深，且未引起其他危害后果；在接受公安机关调查时即主动上交所有枪支，并主动投案，如实供述犯罪事实，系自首，依法可以从轻或者减轻处罚；在庭审中上诉人自愿认罪、悔罪，可以酌情从轻处罚。原判定罪准确，且对谭永艮减轻处罚并无不当。二审期间，上诉人谭永艮对其犯罪事实供认不讳，并表示自己年事已高，不会再危害社会；其所居住的敬老院及当地乡民政办均表示愿意对其进行监管和帮教，当地司法局建议对谭永艮进行社区矫正。综合谭永艮的具体犯罪事实、性质、情节和对社会的危害程度以及其悔罪态度，可以对其适用缓刑，相关上诉理由成立。据此，依照《中华人民共和国刑法》第一百二十八条第一款、第六十七条第一款、第七十二条、第七十三条，《最高人民法院关于审理非法制造、买卖、运输枪支、弹药、爆炸物等刑事案件具体应用法律若干问题的解释》第五条第二款第二项以及《中华人民共和国刑事诉讼法》第二百二十五条第一款第二项之规定，安庆市中级人民法院判决如下：

1. 撤销安徽省岳西县人民法院（2014）岳刑初字第00011号刑事判决；

2. 上诉人谭永艮犯非法持有枪支罪，判处有期徒刑一年，缓刑一年。

二、主要问题

作为情节加重犯适用条件的"情节严重"与缓刑适用条件中的"犯罪情节较轻"在适用时是否相矛盾？

三、裁判理由

刑法第一百二十八条第一款规定："违反枪支管理规定，非法持有、私藏枪支、弹药的，处三年以下有期徒刑、拘役或者管制；情节严重的，处三年以上七年以下有期徒刑。"可见，非法持有枪支案件中的"情节严重"属于情节加重犯。

关于缓刑的适用条件，1997年刑法规定："对于被判处拘役、三年以下有期徒刑的犯罪分子，根据犯罪分子的犯罪情节和悔罪表现，适用缓刑确实不致再危害社会的，可以宣告缓刑。"刑法修正案（八）对缓刑适用条件进行了如下修改："对于被判处拘役、三年以下有期徒刑的犯罪分子，同时符合下列条件的，可以宣告缓刑：（一）犯罪情节较轻；（二）有悔罪表现；（三）没有再犯罪的危险；（四）宣告缓刑对所居住社区没有重大不良影响。"因此，刑法修正案（八）施行后，"犯罪情节较轻"是适用缓刑的一个必要条件。

作为情节加重犯适用条件的"情节严重"是否与缓刑适用条件中的"犯罪情节较轻"在适用时相矛盾，实践中存在不同认识。本案审理过程中，就存在这一争议，对被告人谭永艮能否适用缓刑，主要形成两种意见：

一种意见认为，谭永艮非法持有以火药为动力发射枪弹的非军用枪支2支，依照《最高人民法院关于审理非法制造、买卖、运输枪支、弹药、爆炸物等刑事案件具体应用法律若干问题的解释》(以下简称《枪支弹药解释》)第五条第二款第二项之规定,谭永良非法持有枪支属于"情节严重"。而依照刑法第七十二条第一款之规定,"犯罪情节较轻"是缓刑适用的条件之一。因此,谭永良不符合缓刑适用条件。

另一种意见认为,虽然依照相关司法解释的规定,谭永良非法持有枪支属于"情节严重",但与刑法第七十二条第一款规定的缓刑适用条件并不矛盾,仍然可以对其适用缓刑。

我们同意后一种意见,具体理由如下:

(一)认定缓刑适用条件中的"犯罪情节较轻"与作为情节加重犯的"情节严重",在评价目的、参照标准和评价内容等方面有所不同

1. 二者评价目的和参照标准不同。情节加重犯中的"情节严重"是与该罪的基本构成相比较而言的,即以某个犯罪的基本构成特征作为参照,来认定某个犯罪行为在具备该罪基本构成特征的基础上,是否还具有更加严重的情节,从而决定对被告人是否适用加重法定刑,本质上属于量刑层面的问题,一般情况下,与刑罚的执行方式(即应判处实刑还是缓刑)关联不大。

而作为缓刑适用条件的"犯罪情节较轻",是一种能够综合反映犯罪分子所犯罪行的社会危害程度和主观恶性大小,并影响到刑罚执行方式的条件,是在确定行为人已构成犯罪并应判处刑罚和确定具体刑种、刑度基础上,对刑罚执行方式的评价,因此,有别于刑法分则规定的加重量刑情节。

为了避免对犯罪情节重复评价,即在量刑时已经考量犯罪情节的轻重,在决定刑罚执行方式时又二次评价上述量刑情节是否符合缓刑适用条件的"犯罪情节较轻",我们认为,宜将缓刑适用条件的"犯罪情节较轻"界定为立法的特别提示性规定。因为,"判处拘役、三年以下有期徒刑"是刑法总则第七十二条明确规定的缓刑适用的前置性要件,也可称为刑种、刑度要件,但符合这一要件的犯罪分子显然很多,并不是判处该刑罚的犯罪分子都可以适用缓刑,故第七十二条同时列举了四项条件以明确缓刑的适用范围,其中第一项条件即"犯罪情节较轻"。换言之,此处的"犯罪情节较轻"意在限制缓刑的适用,将一些虽然判处拘役、三年以下有期徒刑,但经整体评价社会危害性大、主观恶性深的罪犯排除在适用缓刑之外。

2. 二者评价内容不同。根据罪刑法定原则,作为情节加重犯的加重情节,应当由刑法或者司法解释明确规定,没有规定的,应当结合其他刑法渊源,根据案件具体情况,从贯彻罪责刑相适应的角度在个案中综合分析、慎重把握。从我国刑法分则来看,明确加重处罚情节的刑法条款大多采取逐项列举式规定。如刑法第二百三十六条对"二人以上轮奸""在公共场所当众强奸妇女"等加重情节的规定;又如刑法第二百六十三条对"入户抢劫""在公共交通工具上抢劫""持枪抢劫"等情节的规定。司法解释对加重处罚情节的明确也大多采取列举式规定。如《枪支弹药解释》第五条第二款对刑法第一百二十八条第一款规定的"情节严重"列举了五种情节,包括:(1)非法持有、私藏军用枪支2支以上的;(2)非法持有、私藏以火药为动力发射枪弹的非军用枪支2支以上或者以压缩气体等为动力的其他非军用枪支5支以上的;(3)非法持有、私藏军用子弹100发以上,气枪铅弹5 000发以上或者其他非军用子弹1 000发以上的;(4)非法持有、私藏手榴弹3枚以上的;(5)达到该条第一款规定的最低数量标准,并具有造成严重后果等其他恶劣情节的。上述条款侧重从枪支弹药性能、数量或者严重后果等犯罪客观方面,对非法持有枪支犯罪是否应当加重处罚逐一作出规定,这符合非法持有枪支罪主要是以非法持有状态体现其对公共安全潜在危害程度的本质特征。

评价犯罪分子是否符合缓刑适用条件的"犯罪情节较轻",要综合评价犯罪分子的主观和客观方面,既要考虑刑法分则或者司法解释规定的量刑情节,又要在评价犯罪行为本身情节轻重的

基础上，考察个案中是否还存在支撑对其选择较为轻缓的刑罚执行方式的特殊事实依据和理由。具体要从犯罪构成的四个方面进行把握：

（1）关于犯罪主体方面，即犯罪人的身体、精神状况及职业情况，是否系未成年人，是否精神健全，是否具有特殊身份等。通常情况下，未成年犯、老年犯及患有间歇性精神病的犯罪人，在罪行本身并不严重的情况下，可以考虑认定为犯罪情节较轻。而某些犯罪如果由特殊身份的人实施就具有较大的社会危害性，如利用教师身份实施猥亵儿童犯罪，即使只判处了拘役，也不宜认定为犯罪情节较轻。

（2）关于犯罪主观方面，包括主观罪过（故意或过失）、犯罪动机等。过失犯罪的行为人主观恶性相对较小，相对于故意犯罪可优先考虑认定为犯罪情节较轻。对出于义愤、防卫或者因为紧急避险以及为满足基本生活需求、抚养小孩、赡养老人等动机实施的犯罪，可以考虑认定为犯罪情节较轻，而对于一些动机卑劣的犯罪则不宜认定为犯罪情节较轻。

（3）关于犯罪客观方面，包括危害行为、危害结果及犯罪对象等方面。对于未造成严重后果、被害人身心受伤害较小或者取得被害人谅解的犯罪可以考虑认定为犯罪情节较轻。而对于犯罪手段残忍、被害人身心受到严重伤害、对老人和儿童等弱势群体实施的犯罪，则不宜认定为犯罪情节较轻。若犯罪后果未发生，或者已发生但在事后得到完全或者大部分弥补的，也可以认定为犯罪情节较轻，如预备犯、中止犯等。

（4）关于犯罪客体方面，刑法所要保护的法益越重要，对认定是否属于犯罪情节较轻，越要从严把握。例如，抢劫本身属于严重犯罪，具有持枪抢劫、入户抢劫等加重处罚情节的，即使同时具备其他从轻、减轻情节，整体上通常也不宜评价为犯罪情节较轻。相反，如果基本犯侵犯的法益不那么严重，那么，即使具备加重情节，在综合考量其他从轻情节、因素的情况下，也有可能评价为犯罪情节较轻。

值得注意的是，在判断被告人是否具备缓刑适用条件中的"犯罪情节较轻"时，对上述几个方面的因素不能孤立来看，也不能脱离社会一般公众的标准进行评价，这一点有别于量刑时对情节轻重的判断。对量刑情节的判断，要严格限定在法律和个案事实的框架内，而是否选择缓刑的刑罚执行方式，还要考虑一般公众的认知和刑事政策。例如，就具体的贪污受贿犯罪而言，情形、情节千差万别，既存在情节特别严重的个案，也存在情节较轻的个案，在量刑时需要区别对待。但即使从量刑意义上属情节较轻的贪污受贿犯罪，从社会公众和刑事政策的角度考量，认定"犯罪情节较轻"也需要从严掌握。再如，对于成年人实施奸淫、猥亵幼女犯罪的，根据2013年《最高人民法院、最高人民检察院、公安部、司法部关于依法惩治性侵害未成年人犯罪的意见》的规定，一般不适用缓刑，这是刑事政策的特殊考量，并不是说所有此类犯罪从量刑意义上都很严重并都应当判处三年以上有期徒刑，但显然，一般不能将其界定为符合缓刑条件的"犯罪情节较轻"。

通过上述比较可以看出，认定缓刑适用条件的"犯罪情节较轻"所考虑的因素通常比认定情节加重犯所考虑的因素更为广泛，不能认为情节加重犯就必然是一种具有严重社会危害性的犯罪行为，就必然不符合缓刑适用条件。特别是在非法持有枪支犯罪中，认定非法持有枪支犯罪是否"情节严重"，对照司法解释的列举式规定，标准十分清晰，对于应当判处实刑的案件来说，如何量刑不存在争议。但如果要判断对行为人应当判处实刑还是缓刑，只考虑司法解释列举的枪支性能和数量这些客观情节，显然会失之片面。行为人基于何种原因持有枪支，持有枪支时间长短，枪支流入社会或者被用于非法目的的可能性大小，以及是否具有未成年人、老年人、累犯等特殊身份等，均不同程度上影响到对该非法持有枪支犯罪行为社会危害性的判断。因此，虽然通常来说，具备加重情节的非法持有枪支犯罪，相对于只符合基本构成要件的犯罪，对公共安全的潜在危害更加严重，在是否适用缓刑时要更加慎重把握，但不排除在一些特殊个案中，存在其他可以被考虑为"犯罪情节较轻"的因素。如果经综合权衡，对被告人宣告缓刑要比判处实刑更有利于实现刑罚的目的和取得更好的法律、社会效果，也可以认定被告人符合刑法第七十二条第一款规定的缓刑适用条件。这样处理，对一些确实存在特殊情况的个案，可以避免出现如果严格依照司法解释列举的加重处罚情节对被告人升格法定刑，可能导致刑罚过于严苛而偏离罪责程度的极端情形发生。

（二）本案被告人符合缓刑适用条件

本案中，被告人谭永艮非法持有以火药为动力发射枪弹的非军用枪支2支，依照《枪支弹药解释》的规定，无疑属于非法持有枪支"情节严重"，依照刑法第一百二十八条第一款的规定，应当在三年以上七年以下加重法定刑幅度内量刑；同时，谭永艮又具有如下法定、酌定从宽处罚情节：（1）谭永艮在公安机关调查时主动上交枪支，后经公安机关通知主动到案，如实供述罪行，构成自首，依法可从轻、减轻处罚。（2）谭永艮是为了看护山场而先后从同村村民处借来2支土枪，保管时间已分别持续二十多年和十多年，枪支来源清楚、用途也很明确，其担心自己去敬老院生活后枪支放在家中不安全，将其转交给村民王建来保管，且其中一支"土枪"本来也属于王建来所有，由此反映出该枪支不会流入社会，客观危害相对较小。（3）从犯罪主体来看，谭永艮非法持有土枪主要是因为法制意识淡漠，且审判时年事已高，身患多种疾病，长年生活在敬老院中，没有再犯罪的危险，宣告缓刑对所居住社区没有重大不良影响。

综合考虑本案加重处罚量刑情节、法定和酌定从宽处罚情节，二审法院对被告人谭永艮减轻处罚，判处有期徒刑一年，同时根据本案特殊情况，认定谭永艮属于犯罪情节较轻；另鉴于谭永艮认罪、悔罪，没有再犯罪危险，所居住的敬老院及当地乡民政办均表示愿意对其进行监管和帮教，当地司法局建议对其进行社区矫正，符合缓刑适用条件，故对其依法改判并宣告缓刑是正确的。

（撰稿：安徽省安庆市中级人民法院　唐　毅　张　跃
审编：最高人民法院刑一庭　管应时）

[第1011号]朱林森等盗窃案

——罪犯在假释期间又犯新罪，数罪并罚时原减刑裁定如何处理

【关键词】　减刑　假释　新罪　数罪并罚

一、基本案情

上诉人（原审被告人）朱林森，男，1983年4月11日出生，无业。2013年7月16日因涉嫌犯盗窃罪被逮捕。

（原审被告人王信灯基本情况略）

江苏省无锡市南长区人民检察院以被告人王信灯、朱林森犯盗窃罪，向南长区人民法院提起公诉。

无锡市南长区人民法院经公开审理查明：

2013年6月21日凌晨，被告人王信灯、朱林森至无锡市南长区北水沟32号门口、五爱家园106号门口，由朱林森负责望风、王信灯用砖头砸开套锁后搭线的方法，分别窃得被害人杨维佳的

爱玛 TDR252Z 型电动自行车 1 辆(经评估价值人民币 2 027 元,以下币种同)、被害人徐军的新世纪 TDR1109Z 型电动自行车 1 辆(经评估价值 2 164 元)。同月 23 日凌晨,王信灯、朱林森至无锡市湖滨区上里东新村 41 号门口、46 号门口,采用上述方法分别窃得被害人蒋进的爱玛 TDR252Z－2 型电动自行车 1 辆(经评估价值 1 512 元)、被害人谢小瑞的新日 TDR55－10Z 型电动自行车 1 辆(经评估价值 1 708 元)。案发后,公安机关追回涉案电动自行车 4 辆并分别发还相应被害人。

另查明,江苏省苏州市虎丘区人民法院于 2007 年 9 月 25 日作出(2007)虎刑初字第 0358 号刑事判决,以盗窃罪判处朱林森有期徒刑十年(刑期自 2006 年 12 月 29 日起至 2016 年 12 月 28 日止),剥夺政治权利三年,并处罚金人民币一万元。交付执行后,江苏省常州市中级人民法院于 2010 年 4 月 9 日作出(2010)常刑执字第 3064 号刑事裁定,对罪犯朱林森减去有期徒刑二年,剥夺政治权利三年不变,并处罚金人民币一万元不变。常州市中级人民法院于 2013 年 4 月 15 日作出(2013)常刑执字第 2539 号刑事裁定,对罪犯朱林森予以假释,剥夺政治权利三年不变,并处罚金人民币一万元不变。2013 年 4 月 15 日,朱林森被假释,假释考验期限自 2013 年 4 月 15 日起至 2014 年 12 月 28 日止。2013 年 6 月 24 日,朱林森因本案被无锡市公安局南长分局决定行政拘留十五日。

无锡市南长区人民法院经认为,被告人王信灯、朱林森以非法占有为目的,结伙秘密窃取他人财物,数额较大,其行为均构成盗窃罪,依法均应处三年以下有期徒刑、拘役或者管制,并处或者单处罚金。王信灯在共同犯罪中起主要作用,是主犯,依法应当按照其所参与的全部犯罪处罚;朱林森在共同犯罪中起次要作用,是从犯,依法应当从轻处罚。王信灯曾因故意犯罪被判处有期徒刑,在刑罚执行完毕后,五年以内再故意犯应当判处有期徒刑以上刑罚之罪,是累犯,依法应当从重处罚。朱林森在假释考验期限内犯新罪,依法应当撤销假释,实行数罪并罚。王信灯虽未自动投案,但归案后如实供述自己的罪行,依法可以从轻处罚。朱林森在庭审中自愿认罪,酌情可以从轻处罚。

无锡市南长区人民检察院对被告人王信灯、朱林森的指控,事实清楚,证据确实、充分,指控的罪名正确,认定王信灯是主犯、累犯、归案后如实供述罪行,朱林森是从犯、在假释考验期内犯新罪的事实成立,法院予以采纳。朱林森被裁定减刑后刑罚执行完毕以前又犯新罪,对其进行数罪并罚时,经减刑裁定减去的有期徒刑二年不计入已经执行的刑期,故其前罪未执行完毕的刑罚为有期徒刑三年八个月十四日、剥夺政治权利三年、罚金人民币一万元。依照《中华人民共和国行政处罚法》第二十八条的规定,违法行为构成犯罪,人民法院判处拘役或者有期徒刑时,行政机关已经给予当事人行政拘留的,应当依法折抵相应的刑期。被告人朱林森因本案被执行的行政拘留的时间应当依法予以折抵刑期。

综合被告人王信灯、朱林森的犯罪情节和量刑情节,无锡市南长区人民法院认为公诉机关提出的判处王信灯有期徒刑一年至二年、并处罚金,判处朱林森有期徒刑八个月至一年六个月、并处罚金、撤销假释、实行数罪并罚的量刑建议适当,予以采纳。依照《中华人民共和国刑法》第二百六十四条,第二十五条第一款,第二十六条第一款、第四款,第二十七条,第六十五条第一款,第八十六条第一款,第七十一条,第六十九条,第六十七条第三款及《最高人民法院、最高人民检察院关于办理盗窃刑事案件适用法律若干问题的解释》第二条第一项之规定,无锡市南长区人民法院判决如下:

1. 被告人王信灯犯盗窃罪,判处有期徒刑一年五个月,并处罚金人民币二千元。

2. 撤销江苏省常州市中级人民法院 2013 年 4 月 15 日(2013)常刑执字第 2539 号对罪犯朱林森予以假释的刑事裁定。

3. 被告人朱林森犯盗窃罪，判处有期徒刑九个月，并处罚金人民币一千元。与2007年9月25日所判刑罚中未执行完毕的有期徒刑三年八个月十四日、剥夺政治权利三年、罚金人民币一万元实行并罚，决定执行有期徒刑四年一个月，剥夺政治权利三年，并处罚金人民币一万一千元。

一审宣判后，朱林森不服，向无锡市中级人民法院提出上诉。上诉人朱林森诉称，常州市中级人民法院于2010年4月9日作出(2010)常刑执字第3064号刑事裁定，对其减去有期徒刑二年。这次减刑应当计入已经执行的刑期，一审判决没有顾及这个事实，导致量刑过重。

在本案的二审审理过程中，上诉人朱林森申请撤回上诉。

无锡市中级人民法院经审理认为，原审判决认定上诉人朱林森及原审被告人王信灯犯盗窃罪的事实和适用法律正确，量刑适当，诉讼程序合法。上诉人朱林森在上诉期满后申请撤回上诉，意思表示真实，符合法律规定，应予准许。据此，依照《最高人民法院关于适用〈中华人民共和国刑事诉讼法〉的解释》第三百零五条第一款之规定，无锡市中级人民法院裁定准许上诉人朱林森撤回上诉。

二、主要问题

罪犯在假释期间又犯新罪，数罪并罚时原减刑裁定如何处理？

三、裁判理由

（一）罪犯在假释期间又犯新罪数罪并罚时原减刑裁定不计入已执行的刑期

一般而言，罪犯被人民法院判处刑罚交付执行后，根据其认罪、悔罪的态度和认罪服法、积极改造的表现，对于某些表现优良的罪犯，监狱管理部门一般都会向人民法院报送作为减刑、假释的候选人。人民法院经过审查，往往也会作出减刑或者假释的裁定。在这种情形下，罪犯被减刑、假释后又犯新罪或者判决宣告之前的漏罪被发现，先前的减刑、假释裁定如何处理，这是一个无法避免的实践问题。对此问题，最高人民法院2012年1月18日专门下发了《罪犯因漏罪、新罪数罪并罚时原减刑裁定应如何处理的意见》（以下《减刑处理意见》），其中规定"罪犯被裁定减刑后，因被发现漏罪或者又犯新罪而依法进行数罪并罚时，经减刑裁定减去的刑期不计入已经执行的刑期"。从上述司法解释性文件中，我们可以得知，罪犯只要是又犯新罪或者被发现还有漏罪尚未处理，需要进行数罪并罚时，先前裁定减去的刑期一律不计入已经执行的期限，也就是说先前的减刑裁定被"一笔勾销"，不管先前罪犯被减刑几次、被减去的刑期有多长。

另外，需要注意的是，对于上述司法解释性文件中的"罪犯被裁定减刑后，又犯新罪"的类型如何理解，应该结合刑罚执行的有关理论进行分析。对于"罪犯被裁定减刑后，又犯新罪"的解释，我们认为应当包括以下两种情形：一种情形是，罪犯被裁定减刑后，在继续服刑的监狱内"又犯新罪"；另一种情形是，罪犯被裁定减刑后，又因其他原因，如假释、保外就医等在社会上"又犯新罪"。结合刑罚执行的相关理论，可以认为，不管是哪一种情形，都属于"在原判刑罚的执行期间又犯新罪"。朱林森上诉一案就属于第二种情形。对于第二种情形，我们认为，假释是一种刑罚的执行方式，只有在假释期间遵守法定的义务，假释期限届满后，剩余的刑期才不予执行，假释在性质上是一种附条件的不执行。也就是说，只有假释期限届满，而且被假释的罪犯遵守相关规定，没有再犯新罪或者被发现尚存漏罪，那么原判刑罚就视为执行完毕。在原判刑罚视为执行完毕之后，"罪犯"（服刑完毕的罪犯应当视为普通的公民，"罪犯"的称谓应当限于人民法院宣判之后至服刑完毕之日）再犯新罪的，可能成立累犯，但是不可能再与已经执行完毕的犯罪进行数罪并罚的问题。在朱林森上诉一案中，上诉人朱林森尚在假释期间，假释期限尚未到期，因此假释期间的时间范围应该视为原判刑罚的执行期间。按照最高人民法院的规定，在刑罚的执行期间，又犯新罪的，应当数罪并罚，而且经减刑裁定减去的刑期不计入已经执行的刑期。

(二)后颁布施行的司法解释以及司法解释性文件对于先前发生的案件具有溯及力

在实体上,对于“罪犯在假释期间又犯新罪数罪并罚时原减刑裁定如何让处理”的问题,《减刑处理意见》作出了非常明确的规定。但是,在时间上,本案上诉人朱林森被依法减刑的时间发生在2010年4月9日,而《减刑处理意见》是在2012年1月18日颁布实施的。也就是说,后颁布的司法解释性文件能否适用于颁布之前的案件,涉及司法解释以及司法解释性文件的溯及力问题,也决定着包括朱林森案在内的所有发生在该司法解释性文件颁布之前的类似案件宣告刑刑期如何确定。对此问题,最高人民法院、最高人民检察院于2001年12月16日联合发布了《关于适用刑事司法解释时间效力问题的规定》(以下简称《时间效力规定》),对司法解释、司法解释性文件的溯及力问题进行了较为明确的规定。《时间效力规定》第二条规定:“对于司法解释实施前发生的行为,行为时没有相关司法解释,司法解释施行后尚未处理或者正在处理的案件,按照司法解释的规定办理。”第三条规定:“对于新的司法解释实施前发生的行为,行为时已经相关司法解释,依照行为时的司法解释办理,但适用新的司法解释对犯罪嫌疑人、被告人有利的,适用新的司法解释。”

对于本案所反映出来的问题——罪犯在假释期间又犯新罪数罪并罚时原减刑裁定如何处理,《减刑处理意见》发布之前并无相应的规定。因而,按照《时间效力规定》的规定,《减刑处理意见》在本案的运用中就具备溯及力,亦即上诉人朱林森先前被人民法院依法裁定减去的两年有期徒刑在数罪并罚时不应当计算在内。

(三)关于《减刑处理意见》区分“又犯新罪”与“发现漏罪”情形处理的理解

根据《减刑处理意见》的规定,“罪犯被裁定减刑后,因被发现漏罪或者又犯新罪而依法进行数罪并罚时,经减刑裁定减去的刑期不计入已经执行的刑期”。然而,在司法实践中,有观点认为,对于假释期间或者在监狱内服刑期间,因为漏罪或者有犯新罪的情形需要数罪并罚时,对于先前依法减去的刑罚是否一律不计入已经执行的刑期应当慎重和权衡。例如,某重刑犯被判处有期徒刑20年,由于在长时间的服刑过程中表现良好,被多次减刑,假设减去有期徒刑7年,但是当其服刑至第10年时,因为漏罪或者在监狱内又犯新罪(包括类似于本案“在假释期间又犯新罪”的情形),那么在数罪并罚时,是否按照上述两个司法解释(司法解释性文件)将其先前所有的减刑均作否定性处理,值得进一步研究。如果均作否定性处理则有违公正原理之嫌,毕竟对于罪犯作出的减刑裁定是人民法院根据其认罪悔罪、积极改造的具体表现作出的,在性质上带有奖励性质,这种奖励性质的减刑裁定针对的是罪犯在服刑期间的优良表现,而不是后来的又犯新罪或者发现漏罪的情形。如果忽视这个问题,则不符合公正的基本理念。

其实,《减刑处理意见》在解决“罪犯因漏罪、新罪数罪并罚时原减刑裁定应如何处理”时,其实是将“又犯新罪”与“发现漏罪”进行了明确的区分。对于“发现漏罪”的情形,原减刑裁定原则上也是遵从“不计入已执行期限”的规定,但是《减刑处理意见》第二条规定:“在此后对因漏罪数罪并罚的罪犯依法减刑,决定减刑的频次、幅度时,应当对其原经减刑裁定减去的刑期酌予考虑。”也就是说,罪犯因为被发现漏罪而数罪并罚时,虽然已经被裁定减刑的刑期不计入已执行的刑期,但是在实践操作中可以在数罪并罚之后的服刑期间获得一定程度的“返还”或者说是“偿还”,亦即《减刑处理意见》第二条规定的“酌予考虑”。当然,这种“返还”或者说是“偿还”并非具有法定的确定性,还是需要结合罪犯的表现情况而酌情考虑。而对于“又犯新罪”的情形,罪犯被数罪并罚时原减刑裁定当然不计算在已执行的刑期内,而且也享受不到在数罪并罚之后的服刑期间获得"返还"或者说是"偿还"的政策待遇。①

我们认为,上述区分,体现了相对公正的理念和我国刑罚的基本理论。这是因为,在对罪犯因被"发现漏罪"的情形数罪并罚时一律撤销原先的减刑裁定,确实有违反公正理念之嫌,但《减刑处理意见》第二条的规定已然弥补了这个缺陷。而在对罪犯"又犯新罪"的情形数罪并罚时一律撤销原先的减刑裁定,则不失道义和公正的基本认同,同时这也是我国刑罚理论的基本蕴涵。这是因为,罪犯在被裁定减刑后又犯新罪,则表明罪犯的人身危险性和社会危害性尚存,先前服刑改造和减刑奖励并未取得预期效果,因而在数罪并罚时撤销先前的减刑裁定不管是在刑罚理论角度还是在具体的司法实践角度均无不妥。②

（撰稿:江苏省无锡市中级人民法院　庄绪龙
审编:最高人民法院刑四庭　陆建红）

[第 1073 号]包武伟危险驾驶案

——被判处缓刑后在上诉期内又犯新罪的法律适用

【关键词】 缓刑　上诉期　新罪

一、基本案情

被告人包武伟,男,1968 年 1 月 18 日生,个体经商。2013 年 9 月 27 日因犯故意伤害罪被判处有期徒刑九个月,缓刑一年。同年 11 月 22 日因涉嫌犯危险驾驶罪被逮捕。

江苏省江阴市人民检察院以被告人包武伟犯危险驾驶罪向江阴市人民法院提起公诉。

被告人包武伟对起诉书指控的犯罪事实未提出异议,但辩称应当对所犯危险驾驶罪判处刑罚后,对其之前所犯故意伤害罪继续适用缓刑。

江阴市人民法院经审理查明:2013 年 3 月 24 日 21 时许,被告人包武伟在江阴市澄山路 600 号阿妹便民超市内与被害人苏才玉发生口角,即与苏才玉及其丈夫李建忠发生扭打,致两人轻伤。案发后,被告人包武伟赔偿两被害人人民币 90 000 元,并取得对方谅解。2013 年 9 月 27 日,被告人包武伟被江阴市人民法院以故意伤害罪判处有期徒刑九个月,缓刑一年。

2013 年 10 月 1 日 22 时许,被告人包武伟在前罪缓刑判决尚未生效时,醉酒后驾驶号牌为苏 BDM869 的小型轿车沿江阴市绮山路由南向北行驶至人民东路岔口地段左转弯处,车辆前部追尾撞击前方由沈晓炯驾驶,同向行驶的苏 BF9755 小型轿车尾部,后包武伟驾驶苏 BDM869 的小型轿车继续向前行驶,车辆前部又与沿天鹤路由北向南行驶的杨建华驾驶的苏 BDB720 小型轿车前部相撞,造成三车损坏的交通事故。经江阴市公安局物证鉴定室鉴定,包武伟血液中乙醇含量为 2.30mg/ml。经江阴市公安局交通巡逻警察大队认定,包武伟负此事故的全部责任。案发后,包武伟分别与被害人沈晓炯、杨建华就本案民事赔偿问题达成协议,已由包武伟赔偿沈晓炯

---

① 对于这种情形,并非完全否定了罪犯获得裁定减刑的可能,只是罪犯再次获得减刑裁定的奖励应该完全以其改造表现为基础,先前的减刑裁定相比"发现漏罪"被数罪并罚再减刑的情形,不具有参考意义。

② 当然,"又犯新罪"的情形比较复杂。在整体上,新罪的类型无外乎故意犯罪和过失犯罪。我们认为,对于罪犯在减刑裁定后又故意犯新罪的,在数罪并罚时应当一律撤销原减刑裁定;对于过失犯罪,在性质上,其法益侵害性远远大于对其非难可责性的程度,因而建议考虑适用"发现漏罪"的政策规定。

经济损失共计 11 931 元;赔偿杨建华经济损失 9 086 元,并补偿杨建华 10 000 元。

江阴市人民法院认为,被告人包武伟违反交通运输管理法规,在道路上醉酒驾驶机动车,因而发生交通事故,对公共安全具有一定危害,其行为已构成危险驾驶罪。鉴于其归案后如实供述自己的罪行,当庭自愿认罪,并赔偿被害人经济损失,予以从轻处罚。关于与前罪的并罚问题,就实质层面而言,包武伟在缓刑确定前又犯新罪,其主观恶性明显深于缓刑考验期内又犯新罪时的情形。我国相关法律虽未明确规定本案情形的处罚方式,但结合《中华人民共和国刑法》第七十七条关于缓刑撤销的规定及两种情形间危害性的比较,应当撤销包武伟的缓刑,与本罪数罪并罚。据此,判决如下:

1. 撤销本院(2013)澄刑初字第 1641 号刑事判决中对被告人包武伟宣告缓刑一年的执行部分。

2. 被告人包武伟犯危险驾驶罪,判处拘役四个月,并处罚金人民币 4 000 元;连同前罪判处的有期徒刑九个月,决定执行拘役四个月并有期徒刑九个月,并处罚金人民币 4 000 元。

一审宣判后,被告人包武伟未提出上诉,检察机关未提出抗诉,判决已发生法律效力。

二、主要问题

缓刑上诉期内又犯新罪的应如何适用法律?

三、裁判理由

刑法第七十七条规定了撤销缓刑的条件,结合第七十三条第三款关于缓刑考验期限的规定,可以得出如下结论:从判决确定之日始至缓刑考验期满之日止,行为人在此期间内又犯新罪抑或违反相关规定并达到情节严重的程度,再或者被发现判决宣告前还有漏罪时,应当被撤销缓刑。但对行为人在缓刑判决宣告后至生效前又犯新罪的情形应如何处理却不明晰,司法实践中有以下三种处理意见:第一种意见认为,此时应当启动审判监督程序,撤销原判刑罚,将前后两罪一并判决;第二种意见认为,此种情形不应撤销原判缓刑,而应在对行为人新犯之罪量刑时适当考虑旧罪因素,酌情从重处罚,并适用实刑;第三种意见认为,此种情形应当撤销缓刑,并实行数罪并罚。我们同意第三种意见,理由如下:

(一)行为人在缓刑判决生效前又犯新罪,不再符合缓刑的实质条件,应撤销缓刑后数罪并罚

缓刑制度能否充分发挥其功能,实现其价值,在很大程度上取决于整个运作机制之成败,其中关键在于是否正确把握缓刑适用的实质条件。缓刑适用的实质条件是缓刑适用的标准,是指据以判断对行为人不实际执行刑罚也不至于再危害社会或再犯罪的条件。我国刑法第七十二条第一款规定:"对于被判处拘役、三年以下有期徒刑的犯罪分子,同时符合下列条件的,可以宣告缓刑,对其中不满十八周岁的人、怀孕的妇女和已满七十五周岁的人,应当宣告缓刑:(一)犯罪情节较轻;(二)有悔罪表现;(三)没有再犯罪的危险;(四)宣告缓刑对所居住社区没有重大不良影响。"据此,是否可以适用缓刑的关键是看行为人是否具有社会危害性。

犯罪分子的悔罪表现是考量其行为社会危险性的主要因素之一,决定缓刑适用与否。司法实践中,悔罪表现的判断不仅要看行为人对于其所犯罪行有无痛心与追悔,更要看其有无改过自新的意愿与行动,如主动采取减少、弥补或者挽回其犯罪行为所造成的危害结果的措施,在内心深处深刻认识到所犯罪行的性质和危害,真诚的自我谴责、反省等。本案行为人在前案中故意伤害他人,造成两人轻伤,本应深刻反省犯罪行为,却在被判处缓刑后的第五天就醉酒驾驶,并在先撞击一辆小轿车尾部后继续行驶,又撞击另一辆小轿车前部,造成三车损坏的交通事故,足见行为人毫无悔过之意。

行为人没有再犯罪的危险是宣告缓刑所期待的重要目标宗旨。判定"没有再犯罪的危险"所

解决的问题实质是再犯预测问题，即行为人没有再犯罪的动机或可能性。再犯预测不能主观臆断，应当依据客观事实进行综合论证，即应当综合案件的各种情况和行为人的主客观因素，作一个整体性的观察与评价。行为人在原审判决尚未生效时又犯危险驾驶罪，说明其并未从前罪的刑罚中汲取教训，对法律心存藐视，不符合适用缓刑的条件。缓刑作为一种刑罚执行方式，当然具有刑罚的威慑和教育功能。缓刑虽然是"附条件地不执行原判刑罚"，但是行为人已经被实际追诉和被宣告了刑罚，被宣告的刑罚是否能够免除执行并不能当即最终确定。缓刑的适用如同给行为人带上一个"紧箍咒"，促使其自我约束和良好改造，避免收监执行成为现实。然而本案行为人在缓刑判决尚未生效时又犯新罪，足以说明初判缓刑已失去威慑和教育功能，应予以撤销以资补救。

（二）缓刑判决生效前又犯新罪时，不能启动刑事审判监督程序撤销缓刑判决

刑事审判监督程序是我国刑事诉讼法贯彻实事求是、有错必纠原则的一项重要程序，对于纠正生效裁判的错误，维护司法公正，保障当事人合法权益具有重要作用。换言之，刑事审判监督程序的目的在于纠正生效裁判的错误，在生效裁判没有错误或者裁判尚未发生效力但被告人又犯新罪的情况下，是不能适用审判监督程序而撤销的。

根据刑事诉讼法及《最高人民法院关于适用〈中华人民共和国刑事诉讼法〉的解释》（以下简称《解释》）的相关规定，刑事审判监督程序启动的情形有：（1）有新的证据证明原判决、裁定认定的事实确有错误，可能影响定罪量刑的；（2）据以定罪量刑的证据不确实、不充分、依法应当排除的；（3）证明案件事实的主要证据之间存在矛盾的；（4）主要事实依据被依法变更或者撤销的；（5）认定罪名错误的；（6）量刑明显不当的；（7）违反法律关于溯及力规定的；（8）违反法律规定的诉讼程序，可能影响公正裁判的；（9）审判人员在审理案件时有贪污受贿、徇私枉法、枉法裁判行为的。需要特别强调的是，《解释》第三百七十五条第三款规定，申诉不具有上述情形的，应当说服申诉人撤回申诉；对仍然坚持申诉的，应当书面通知驳回，即刑事审判监督程序的启动情形只有上述所列9项，没有扩大解释的空间。

综合分析上述刑事审判监督程序启动的各种情形，其适用要件必须是判决已经生效，且由于某些原因导致事实不清或者法律适用不当，才有必要启动审判监督程序。这与立法原意也是相契合的。全国人民代表大会常务委员会法制工作委员会编写的《中华人民共和国刑法释义》（2006年第3版）虽曾认为对行为人在上诉期内又犯罪的应当按照审判监督程序予以纠正，但再版时（2011年第5版）却删除了该段论述，其中含义不言自明。

本案中，被告人包武伟危险驾驶的行为发生于原审判决宣告后、生效前，因此不符合启动刑事审判监督程序的要件。

（三）缓刑判决生效前又犯新罪的，应参照适用刑法第七十七条

刑法第七十七条是撤销缓刑判决的唯一法律依据。该条规定了撤销缓刑的两个要件：一是时间要件，即缓刑考验期内或者判决宣告之前；二是事实要件，即新罪、漏罪或者有情节严重但尚不构成犯罪的违法行为。对于缓刑判决宣告后生效前又犯新罪的，适用哪条法律规定，在刑法上找不到直接依据。因为本案的情况虽然符合第七十七条规定的事实要件，但与时间要件并不吻合。我们认为，应当参照第七十七条的规定作出撤销缓刑的判决。理由主要是：本案情形符合撤销缓刑的实质要件。事实要件和时间要件相比较，事实要件是实质要件，是撤销缓刑的根本理由。如果没有事实要件，那么，撤销缓刑就没有了事实根据。而时间要件的意义在于，它只是事实要件必要的补充要件，即事实要件必须发生在时间要件的范围内。立法者在精心设计法条时所考虑的是，在缓刑判决还没宣告时还有其他罪没有判决的，就不具备适用缓刑的实质条件；在缓刑考验期限内犯新罪的，则说明缓刑已经失去威慑和教育功能。因此，出现上述情况的，都应

当撤销缓刑。但是,由于法律条文永远涵括不了现实,立法者所未能预料的是,在缓刑判决宣告后至确定前(本案所指的未生效缓刑判决上诉期内的情况),缓刑考验期限还未开始计算。这是第七十七条规定的时间要件上的一个漏洞,而现实中恰恰就有被告人在这个时间段内实施新的犯罪行为。既然如前所述不能通过再审程序撤销缓刑判决,而撤销缓刑判决却是符合第七十七条的本质精神的,那么,虽然第七十七条规定的时间要件没有明确包括本案的情况,缓刑判决仍然应当撤销。在这种情形下,只有参照适用第七十七条是比较科学的。需要明确的是,参照适用完全不同于传统刑法中的类推。类推指的是法条没有明文规定为犯罪,但行为具有社会危害性,因而比照最相类似的刑法条文确定行为构成犯罪。而参照适用第七十七条指的是,缓刑判决必须撤销,但又找不到撤销的直接条文依据。其前提是行为人的几个行为均构成犯罪且均需要判处刑罚。因此,适用第七十七条撤销缓刑,符合适用法律的正当性原则。

综上,行为人在缓刑判决确定前又犯新罪,不再符合"有悔罪表现"和"没有再犯罪的危险"这两项条件,且初判缓刑已失去威慑和教育功能,故应予以撤销。由于缓刑判决撤销后,行为人的原判刑罚尚未实际执行,故应当与新罪所判处的刑罚实行数罪并罚,江阴市人民法院撤销对被告人包武伟的缓刑判决,以危险驾驶罪判处其拘役四个月,并处罚金人民币 4 000 元,与前罪并罚,决定执行拘役四个月并有期徒刑九个月,并处罚金人民币 4 000 元是适当的。

(撰稿:江苏省无锡市中级人民法院　王星光　韩　锋
审编:最高人民法院刑四庭　陆建红)

[第 1094 号]沈鹏、朱鑫波掩饰、隐瞒犯罪所得案

——掩饰、隐瞒犯罪所得罪罪行较轻又具有自首情节的可适用缓刑

【关键词】　掩饰、隐瞒犯罪所得罪　自首　缓刑

一、基本案情

被告人沈鹏,男,1992 年 12 月 30 日出生。2012 年 1 月 10 日被逮捕。

被告人朱鑫波,男,1990 年 10 月 3 日出生。2012 年 3 月 7 日被逮捕。

湖南省慈利县人民检察院以被告人沈鹏、朱鑫波犯掩饰、隐瞒犯罪所得罪,向慈利县人民法院提起公诉。

慈利县人民法院经审理查明:

1. 2011 年 8 月 9 日 21 时许,同案犯朱震峰(已判刑)在慈利县溪口镇狮子凹,采用 T 字起套开点火开关的手段,将被害人朱超的一辆价值人民币 4 790 元的红色隆鑫牌男式摩托车盗走,后以人民币 1 000 元的价格将该车销赃给被告人沈鹏,沈鹏又以人民币 2 400 元转卖他人。

2. 2011 年 10 月 2 日,同案犯朱震峰在慈利县大世界幼儿园楼梯口,采取 T 字起套开点火开关的手段,将被害人唐光荣的一辆价值人民币 2 990 元的蓝色豪爵男式摩托车盗走,后通过被告人沈鹏介绍以人民币 1 350 元卖给他人。

3. 2011 年 10 月 10 日晚,同案犯朱震峰在慈利县零阳镇环城南路"邦伟门业"门前,采取 T 字起套开点火开关的手段,将被害人李国平的一辆价值人民币 2 200 元的红色南雅男式摩托车盗

走，后通过被告人朱鑫波介绍以人民币1 080元卖给他人。

4. 2011年10月13日15时许，同案犯朱震峰在慈利县明珠佳缘小区售楼部旁边巷子里，采取T字起套开点火开关的手段，将被害人向华东的一辆价值人民币4 320元的黑色宗申比亚乔125型男式摩托车盗走，后以人民币1 350元将摩托车销赃给被告人沈鹏，沈鹏以人民币2 050元卖给他人。

5. 2011年11月上旬的一天下午，同案犯朱震峰在慈利县零阳镇百家园小区，采取T字起套开点火开关的手段，将被害人戴名辉的一辆价值人民币2 950元的红色豪爵牌男式摩托车盗走，后通过被告人朱鑫波介绍以人民币1 250元卖给他人。

6. 2011年11月14日13时许，同案犯朱震峰在慈利县老皮鞋厂院内，采取T字起套开点火开关的手段，将被害人瞿九晴的一辆价值人民币4 650元的红色宗申比亚乔牌男式摩托车盗走，后通过被告人朱鑫波介绍以人民币1 200元转卖他人。

7. 2011年12月7日上午，同案犯朱震峰在慈利县零阳镇双岗居委会铁路桥下，采取T字起套开点火开关的手段，将被害人朱允亮的一辆价值人民币4 330元的红色圣火神型男式摩托车盗走，后通过被告人沈鹏以人民币1 480元的价格卖给他人。

综上，被告人沈鹏四次收购或者介绍他人收购所盗摩托车，价值共计人民币16 430元；被告人朱鑫波三次介绍他人收购所盗摩托车，价值共计人民币9 800元。2011年12月29日，沈鹏主动到张家界市永定区公安局官黎坪派出所投案，并如实供述了自己的犯罪事实。朱鑫波被抓获后能如实供述自己的犯罪事实。案发后上述被盗摩托车均已被追回并返还被害人。

慈利县人民法院认为，被告人沈鹏、朱鑫波收购或者介绍他人收购明知是盗窃的摩托车，其行为均已构成掩饰、隐瞒犯罪所得罪。被告人沈鹏主动投案，如实供述犯罪事实，具有自首情节，依法可以从轻处罚；被告人朱鑫波能如实供述犯罪事实，可依法从轻处罚。根据被告人沈鹏、朱鑫波的犯罪情节和悔罪表现，适用缓刑对居住地社区无重大不良影响，可以宣告缓刑。依照《中华人民共和国刑法》第三百一十二条第一款，第六十七条第一款、第三款，第七十二条第一款、第三款，第七十三条第二款、第三款，第五十二条、第五十三条的规定，判决如下：

1. 被告人沈鹏犯掩饰、隐瞒犯罪所得罪，判处有期徒刑一年，缓刑二年，并处罚金人民币一万元。

2. 被告人朱鑫波犯掩饰、隐瞒犯罪所得罪，判处有期徒刑六个月，缓刑一年，并处罚金人民币四千元。

一审宣判后，被告人沈鹏、朱鑫波均未提起上诉，检察机关没有抗诉，判决已发生法律效力。

二、主要问题

如何掌握掩饰、隐瞒犯罪所得、犯罪所得收益罪的从轻处罚条件？

三、裁判理由

本案审理中，对被告人沈鹏、朱鑫波的行为定性没有争议，但在量刑时能否适用缓刑，则有两种意见：

一种意见认为，被告人沈鹏、朱鑫波明知是赃物而介绍买卖和收购，该行为帮助盗窃行为人实现了获利目的，并妨害到司法机关的正常追诉活动，侵害了双重法益，应从严打击。被告人虽有自首及帮助追缴赃物行为，但不能适用缓刑。

另一种意见认为，掩饰、隐瞒犯罪所得的行为危害性小于上游犯罪，其刑期不能高于上游犯罪。沈鹏具有自首情节、朱鑫波归案后如实供述，主观恶性相对较小；公安机关根据被告人的供述追回被盗车辆返还被害人，被犯罪破坏的社会关系得以修复，适用缓刑不致再危害社会，故可以适用缓刑。

我们同意第二种意见，被告人沈鹏、朱鑫波掩饰、隐瞒犯罪所得的行为社会危害性不大，二人具有自首或坦白情节，公安机关根据二人供述追回赃物，依法可从轻处罚。

掩饰、隐瞒犯罪所得、犯罪所得收益罪，是指明知是犯罪所得及其产生的收益而予以窝藏、转移、收购、代为销售或以其他方法掩饰、隐瞒的行为。该罪以上游犯罪的犯罪所得及其收益为犯罪对象，上游犯罪是原生罪，本罪系派生罪，只有在上游犯罪成立的前提下才能讨论本罪的定罪量刑问题。从刑法评价角度来讲，上游犯罪是打击重点，打击下游犯罪的主要目的是切断上游犯罪的后续延伸，扫除司法追诉的障碍，以便及时有效地惩治上游犯罪，故在行为的社会危害性和行为人的主观恶性方面，下游犯罪均要小于上游犯罪，通常下游犯罪的刑期不能高于上游犯罪。另外，因上下游犯罪间具有事实状态上密切相关的联系，下游犯罪人通常不仅明知处理的对象系犯罪所得，而且还可能掌握上游犯罪人的犯罪过程，故从刑事政策角度来讲，对于主动自首、立功的下游犯罪人予以从轻处罚，有利于分化瓦解其与上游犯罪人形成的攻守联盟，从而获取重要证据，实现打击上游犯罪的目的，并能有效节约司法资源，降低诉讼成本，提高诉讼效率。

《最高人民法院关于审理掩饰、隐瞒犯罪所得、犯罪所得收益刑事案件适用法律若干问题的解释》（以下简称《解释》）基于刑法的谦抑性要求和实现有效追诉的目的，对于本罪的从宽处罚条件作出明确规定。《解释》第二条第一款规定："掩饰、隐瞒犯罪所得及其产生的收益行为符合本解释第一条的规定，认罪、悔罪并退赃、退赔，且具有下列情形之一的，可以认定为犯罪情节轻微，免予刑事处罚：（一）具有法定从宽处罚情节的；（二）为近亲属掩饰、隐瞒犯罪所得及其产生的收益，且系初犯、偶犯的；（三）有其他情节轻微情形的。"根据上述规定，对掩饰、隐瞒犯罪所得、犯罪所得收益行为适用免予刑事处罚必须同时具备两个条件：第一个条件是"行为人认罪、悔罪并退赃、退赔"，反映出行为人主观恶性较小，事后恢复性措施到位，挽回了被害人的损失，基本修复了被上游犯罪破坏的社会关系。第二个条件规定了三种情形，具体到本案就是具有法定从宽处罚情节，包括自首、立功、未成年人犯罪、犯罪中止、犯罪未遂、从犯等。当然，适用免予刑事处罚，只能针对本罪情节一般的行为，对于情节严重的行为，一般情况下不宜适用。

就本案而言，被告人沈鹏、朱鑫波明知是犯罪所得的赃物摩托车而予以介绍买卖和收购，其行为均已构成掩饰、隐瞒犯罪所得罪。沈鹏实施 4 起犯罪，涉案金额为 16 430 元，朱鑫波实施 3 起犯罪，涉案金额为 9 800 元，二人的罪行均属于本罪情节一般的行为。案发后，二人或积极主动投案，如实供述犯罪行为，构成自首；或被抓获后如实供述犯罪行为，构成坦白，均具有法定从轻处罚情节。二人在如实供述自己犯罪事实的同时，对于证实同案犯朱震峰的盗窃行为也有一定作用；此外，根据二人的供述，公安机关才能顺利将赃物追回并返还被害人，减少了被害人的损失。依据《解释》第二条第一款第一项的规定，对二人免予刑事处罚是完全可以的。尽管本案审判时《解释》尚未出台，但原审法院对二被告人判处缓刑的考虑与《解释》上述规定的出发点是一致的。

综上，在《解释》出台前，湖南省慈利县人民法院认定被告人沈鹏、朱鑫波的行为构成掩饰、隐瞒犯罪所得罪，并对二人判处缓刑是适当的。

（撰稿：最高人民法院刑四庭　杜军燕
审编：最高人民法院刑四庭　陆建红）

[第1266号]尹乐、李文颐非国家工作人员受贿案

——被告人在缓刑考验期内与行贿人达成贿赂合意，在缓刑执行期满后收取财物的，能否认定“在缓刑考验期内犯新罪”

【关键词】 缓刑考验期 新罪 数罪并罚

一、基本案情

被告人尹乐，男，1968年4月7日出生，原重庆红鼎实业发展有限责任公司总经理。2014年4月23日因涉嫌犯非国家工作人员受贿罪被逮捕。

被告人李文颐，男，1958年7月20日出生，原重庆红鼎实业发展有限责任公司副总经理。2014年4月23日因涉嫌犯非国家工作人员受贿罪被逮捕。

重庆市北碚区人民检察院以被告人尹乐、李文颐犯非国家工作人员受贿罪向北碚区人民法院提起公诉。

被告人尹乐、李文颐对起诉书指控的事实和罪名无异议。尹乐的辩护人提出：尹乐收到贿赂款的时间在2014年1月，不在缓刑考验期内，不应认定为尹乐在缓刑考验期内犯新罪，不应当撤销缓刑，实行数罪并罚；尹乐受贿的金额应为50万元，收受另外10万元是在警方已经掌握信息并进行了布控的情况下实施的，系警方以“警察圈套”的方式诱使被告人受贿，被告人在收到财物时即被抓获，已丧失对该10万元的处分权，不应认定为受贿金额。李文颐的辩护人亦提出不应将该10万元计入受贿金额的辩护意见。

重庆市北碚区人民法院公开审理查明：

2010年5月起，被告人尹乐、李文颐分别担任重庆红鼎实业发展有限责任公司（以下简称红鼎实业）总经理、副总经理职务。尹乐全面负责公司的开发建设及日常运营管理，李文颐负责公司的工程及合同预算。

2012年年初，红鼎实业在重庆市北碚区三溪口开发的红鼎高尔夫社区样板区一期2号地块项目需要安装中央空调，斯博瑞公司总经理程龙方欲承接该空调工程，找到被告人李文颐，李文颐考察斯博瑞公司产品后与被告人尹乐商定，将该空调工程交予斯博瑞公司承接，作为回报，程龙方需支付合同标的30%即140万元好处费，具体由李文颐出面向程龙方索要。2012年2月，李文颐与程龙方见面，李文颐允诺想办法将该工程确定给斯博瑞公司，并保证付款进度、验收支持，程龙方为得到该空调工程及以后能继续承接红鼎实业的工程，表示同意支付140万元好处费，双方同时谈好程龙方在拿到红鼎实业第一笔工程进度款后予以支付。同年2月29日，尹乐、李文颐通过变相执行招投标的形式，事先确定由斯博瑞公司中标。2012年3月28日，斯博瑞公司顺利与红鼎实业签订《红鼎高尔夫社区样板区一期2号地块中央空调工程合同》，合同总金额为5 738 900元。2013年年底，李文颐与程龙方再次见面，程龙方以人工费、材料费上涨以及资金困难等为由，要求降低好处费，双方通过协商，确定好处费为90万元，李文颐将此事向尹乐汇报，尹乐予以同意。之后，程龙方答应2014年春节前支付60万元，先付50万元，延后再支付10万元，李文颐将此事向尹乐汇报，尹乐也表示同意。2014年1月26日，程龙方安排其公司财务将50万元转入李文颐提供的事先由尹乐指定的署名张丽的平安银行重庆渝北支行账户。同日，尹乐从其招商银行重庆支行账户转账25万元到李文颐妻子的招商银行大连分行星海支行账户。

2014 年 3 月 17 日下午 5 时左右，被告人李文颐与程龙方在重庆市渝北区天来大酒店附近的“茶莊王”茶楼见面。程龙方将装有 10 万元现金的纸袋交予李文颐，李文颐清点后离开茶馆，准备驱车时被公安民警当场抓获。同日，被告人尹乐被公安机关拘传到案。

另查明：2009 年 6 月 4 日，山东省枣庄市中级人民法院依法作出（2009）枣刑二初字第 2 号刑事判决书，判决被告人尹乐犯受贿罪，判处有期徒刑三年，宣告缓刑四年。缓刑考验期为 2009 年 6 月 4 日至 2013 年 6 月 3 日。尹乐因前罪于 2007 年 12 月 1 日被刑事拘留，同年 12 月 14 日被逮捕，2009 年 6 月 4 日被释放。

重庆市北碚区人民法院认为，被告人尹乐在缓刑考验期内索贿，与行贿人程龙方对索贿、行贿的具体内容达成共识，属于事先有约定的事后受财，应当以实施索要行为的时间作为受贿的犯罪构成认定时间点，故尹乐所犯非国家工作人员受贿罪的成立时间在其缓刑考验期内。同时，尹乐和李文颐收受 10 万元贿赂款是双方约定的索取财物行为的最终贯彻，并非基于警察或他人的引诱或欺骗，该行为并非“警察圈套”。尹乐、李文颐身为公司工作人员，利用职务上的便利，为他人谋取利益，共同索取他人财物共计人民币 60 万元，其行为均已构成非国家工作人员受贿罪。公诉机关指控的罪名成立，尹乐在缓刑考验期内犯新罪，应当撤销缓刑，对新犯的罪作出判决，把前罪和后罪所判处的刑罚数罪并罚。依据《中华人民共和国刑法》第一百六十三条第一款、第七十七条第一款、第六十七条第三款、第六十一条、第六十四条、第五十九条之规定，判决如下：

1. 撤销山东省枣庄市中级人民法院（2009）枣刑二初字第 2 号刑事判决中对被告人尹乐“宣告缓刑四年”的部分。

2. 被告人尹乐犯非国家工作人员受贿罪，判处有期徒刑五年，并处没收财产人民币一万元，与前罪判处的有期徒刑三年并罚，决定执行有期徒刑六年六个月，并处没收财产人民币一万元。

3. 被告人李文颐犯非国家工作人员受贿罪，判处有期徒刑五年，并处没收财产人民币一万元。

4. 对公安机关扣押在案的赃款人民币 60 万元依法予以追缴。

一审宣判后，尹乐、李文颐不服，均提出上诉。

尹乐、李文颐及其辩护人提出，受贿金额中有 10 万元系在公安机关的控制下交付，系警方以“警察圈套”的方式诱使犯罪，不应认定。尹乐的辩护人同时提出，尹乐在缓刑期间与李文颐共谋索取他人财物的行为属犯意流露，不应受处罚，收受 50 万元的实行行为是在缓刑考验期之后，系在缓刑期满后重新犯罪，故不应撤销缓刑。

重庆市第一中级人民法院经开庭审理查明的事实、证据与一审相同。

重庆市第一中级人民法院审理认为，上诉人尹乐、李文颐身为非国有公司的总经理和副总经理，利用职务上的便利，为他人谋取利益，共同索取他人财物共计 60 万元，数额较大，其行为均构成非国家工作人员受贿罪。尹乐在缓刑考验期内与李文颐共谋，由李文颐向程龙方索要工程好处费，且双方就贿赂金额和给付时间达成合意，该索要的行为属于已经着手实施的犯罪行为，并非犯意流露，该犯罪行为从李文颐索要贿赂款起，到其收受贿赂款止，已经构成一个完整的、不可分割的犯罪整体，尹乐在缓刑考验期内犯新罪，应当撤销缓刑，对新犯的罪作出判决，把前罪和后罪所判处的刑罚，实行数罪并罚。关于收受余下的 10 万元属“警察圈套”的意见，该索贿犯意的提出、商谈数额以及交易的实施均由其本人积极主动实施，并非在警察的引诱下完成，不属于“警察圈套”。鉴于最高司法机关对非国家机关工作人员受贿罪的犯罪数额已作出新的司法解释规定，尹乐、李文颐的犯罪数额属于较大，故对原判认定其犯罪数额属于巨大予以纠正。据此，依照《中华人民共和国刑法》第一百六十三条第一款、第七十七条第一款和第二款、第七十五条、第二十五条第一款、第六十九条第一款、第六十七条第三款、第六十一条、第六十四条、第五十九条之规定，改判：上诉人尹乐犯非国家工作人员受贿罪，判处有期徒刑二年八个月，与前罪判处的有期徒刑三年并罚，决定执行有期徒刑四年；上诉人李文颐犯非国家工作人员受贿罪，判处有期徒刑二年三个月。

二、主要问题

1. 被告人尹乐在缓刑考验期内与行贿人就贿赂的有关事项达成合意，在缓刑执行期满后收受钱款的，能否认定为其在缓刑考验期内犯新罪并据此撤销缓刑，实行数罪并罚？

2. 被告人索贿被举报后，在警察布控的场所内收受贿赂并被现场抓获，该笔贿赂款应否计入受贿犯罪数额？

三、裁判理由

（一）被告人在缓刑考验期内与行贿人达成贿赂合意，在缓刑执行期满后收取财物的，可以认定"在缓刑考验期内犯新罪"

刑法第一百六十三条规定的非国家工作人员受贿罪，是指公司、企业或者其他单位的工作人员利用职务上的便利，索取他人财物或者非法收受他人财物，为他人谋取利益，数额较大的行为。鉴于非国家工作人员受贿罪与受贿罪除主体身份和侵犯法益种类不同外，其他的构成要件包括犯罪手段等均与受贿罪相同，故对该二罪合并为类罪予以讨论。

在司法实践中，非国家工作人员受贿罪和受贿罪有以下三种表现形式：第一，事先受贿，即在为行贿人谋取利益之前先行收受贿赂款，之后再利用职务便利为行贿人谋取利益；第二，受贿人收受贿赂款的时间与为行贿人谋取利益的时间同步，即收受贿赂的时间与为请托人谋取利益的时间差较短，基本处于同步状态；第三，行贿人与受贿人先约定好请托事项和贿赂款数额，受贿人收受贿赂款的时间晚于为行贿人谋取利益的时间点，该种情况没有明确的法律规定期限，有的受贿人在案发时尚未来得及收取贿赂款，有的受贿人甚至在退休后才收取贿赂款等。由于"为他人谋取利益"与"收受他人财物"之间可能存在分离，何种情况下成立犯罪，何种情况下尚不能构成，这在个案中就有了不同的认识。有的观点把受贿人实际收到贿赂款作为犯罪成立的必备要件，有的观点则认为受贿人为行贿人谋取利益并就贿赂达成合议即可构成等。这些观点争议的实质在于对非国家工作人员受贿罪和受贿罪的犯罪构成要件齐备的理解上存在分歧。故对此问题应在分析该二罪的罪质基础上来准确界定该二罪的犯罪构成要件。

我国理论界关于受贿罪的侵害法益（客体）通说观点为国家工作人员职务行为的廉洁性，同理，非国家工作人员受贿罪侵犯的法益则为公司、企业工作人员职务的廉洁性。从受贿罪和非国家工作人员受贿罪的法益分析，该二罪既然侵犯的法益为职务廉洁性，那么对该二罪就应以职务廉洁性是否现实性地受到了侵害作为构罪标准进行分析判断。对于受贿犯罪，因利用职务便利为他人谋取利益行为和收受贿赂之间具有因果关联关系，所以不论事前受贿抑或事后受贿，凡是达成了明确的贿赂合意，并就此合意实施了行为，包括为行贿人实施了为他人谋取利益的行为和收受财物行为之一的，其职务廉洁性就受到了侵害，就应认定构成了该二罪，这也是该二罪的罪质构成要件的核心。至于是否现实地收到了贿赂款物只影响评价犯罪是否既遂，并不影响犯罪要件的齐备。即，典型的受贿犯罪是指受贿人收受了行贿人财物并为行贿人谋取了利益，但在非典型的受贿犯罪中，犯罪的构成要件齐备具体包括以下几种情况：第一，在索贿型犯罪中，凡是行为人索取到了他人财物，不论是否为他人谋取利益均构成犯罪，即使行为人和被索取贿赂的一方没有就谋取利益事项进行商谈和承诺也不影响犯罪的成立；第二，在主动行贿型犯罪中，行贿人和受贿人就行贿财物内容达成明确合意后，受贿人为行贿人谋取了利益，但尚未收取到财物,或者收到了财物但尚未为行贿人谋取利益的,均构成受贿罪或非国家工作人员受贿罪。实践中,在尚未收取到贿赂款时即案发的一般可认定为犯罪未遂,并不影响对其行为认定为犯罪的评价。

由以上分析可见,在司法实践中应注意区分受贿罪和非国家工作人员受贿罪的犯罪构成要件与犯罪事实组成要素的不同性质,不应将两者混为一谈。犯罪构成要件一般指的是认定构成犯罪的基本要件,一般包括适格的主体、犯意、实施行为以及是否有阻却事由等,犯罪要件齐备后就应认定构成犯罪,而在构成犯罪的前提下,一些犯罪行为的事实构成要素一般仅影响判断是否属于犯罪特殊形态及对行为人的刑罚裁量,如是否属于犯罪未遂、犯罪中止,是否有从轻、减轻情节等,并不影响对其犯罪成立与否的认定。例如,甲利用职务便利为他人谋取了利益并商定了受贿金额,在未收到贿赂款时即被举报并案发,甲构成受贿罪的时间应为其与行贿人达成贿赂合意并利用职务便利为行贿人谋取利益的时间,尚未收到财物仅评价为未遂,但并不影响甲在该时间点构成受贿罪。

具体到本案,被告人尹乐与行贿人商谈并就收受贿赂的金额达成合意的时间是在其缓刑考验期内,其为行贿人利用职务便利谋取利益的行为时间也是在缓刑考验期内,虽然其收受贿赂款的时间是在其缓刑考验期满后,但其犯罪的成立时间点仍应认定是在缓刑考验期内,其事后收受索贿款的行为仅为贯彻其事先与行贿人达成的收买职务行为的合意,其为行贿人谋取利益的行为已经现实性地对职务廉洁性造成了侵害,故其行为已构成非国家工作人员受贿罪。在这里,被告人收受贿赂款的行为并非衡量其行为是否构罪的要件,而是犯罪构成的事实要素之一,仅对评价其行为既遂未遂有意义。故本案一审、二审认定被告人尹乐在缓刑考验期内犯罪,并据此撤销缓刑数罪并罚的处理是正确的。

(二)关于被告人在侦查人员的监控下收受10万元是否属于"侦查陷阱"的问题

本案中,被告人尹乐、李文颐上诉提出,受贿金额中有10万元系在公安机关的控制下交付,即以"警察圈套"的方式诱使犯罪,不应认定。

关于"侦查陷阱"或"警察圈套"的含义,一般是指侦查人员设置圈套,以实施某种行为有利可图为诱饵,暗示或诱使侦查对象暴露其犯罪意图并实施犯罪行为,待犯罪行为实施时或结果发生后,拘捕被诱惑者。① 侦查陷阱的基本特点是侦查人员主动、欺骗并且诱导他人实施"犯罪行为",而非行为人主动实施的犯罪行为,即,犯意的提起和行为的进展均是受侦查人员掌控并且诱惑、鼓动行为人实施。对于侦查陷阱,应视案件的不同情况判断是否构成犯罪和罪行轻重。2000年最高人民法院《全国法院审理毒品犯罪案件工作座谈会纪要》(以下简称《纪要》)曾规定,"犯意引诱"是指行为人本没有实施毒品犯罪的主观意图,而是在特情诱惑和促成下形成犯意,进而实施毒品犯罪。对这种情况的被告人,应当从轻处罚。但《纪要》仅明确了犯意引诱,没有对"侦查陷阱"或"警察圈套"进行进一步的区分规定,目前在司法实践中只有根据案件的具体情况结合刑法的基本理论对是否属于"侦查陷阱"进行分析判断并确定其罪责。

具体到本案,二被告人主动提出要求合同承包人需支付合同金额30%即140万元作为好处费,并要求对方在2014年春节前先支付50万元,延后再支付10万元,侦查人员是在二被告人准备接受贿赂款10万元时接到报案,布下监控并现场抓获了被告人,整个行为过程中并没有侦查人员的引诱、鼓动或欺骗,故二被告人收受10万元贿赂款的行为过程不属于"警察圈套"或"侦查陷阱",应属于侦查中的"控制下交付"。所谓"控制下交付",2000年通过的联合国《打击跨国有

---

① 龙宗智:《理论反对实践》,法律出版社2003年版,第186页。

组织犯罪公约》中规定:"控制下交付系指在主管当局知情并由其进行监测的情况下允许非法或可疑货物运出、通过或运入一国或多国的领土的一种做法,其目的在于侦查某项犯罪并辨认参与该项犯罪的人员。"①"控制下交付"的特点是"静观其变",手段仅包括采用技术手段沿途监控、派遣线人或侦查人员贴靠进行监控,或从内部策反成员进行监控。但犯罪计划和机会都是对象自己创造的,"控制下交付"本身并没有"诱惑"的成分,而仅仅是对其本来过程进行掌握而已。可见,它与"侦查陷阱"或"侦查诱惑"的不同在于前者体现为对犯罪过程的"监控性",不对犯罪进程有任何改变和介入,仅为防止犯罪结果的扩大和便利抓获犯罪嫌疑人与缴获赃物,对定罪量刑影响不大。后者则有"诱导性",即包括促使行为人的犯意产生、促成犯罪行为的进行等,侦查人员对犯意的产生和犯罪行为的进行有较大促成作用,但在"侦查陷阱"情况下是否构成犯罪和量刑仍需结合个案情况具体分析。

在本案中,因为索贿犯意的提出、商谈数额以及交易的实施均由二被告人积极主动实施,并没有侦查人员的引诱、鼓动或欺骗,不属于"警察圈套",侦查人员仅是在交付贿赂款时接到报案,进行布控并抓获被告人,抓获被告人时其行为已经完成。所以,被告人尹乐和李文颐的辩解意见不能成立,一审、二审判决、裁定的定性准确。

(撰稿:最高人民法院刑四庭　李剑弢
重庆市北碚区人民法院　邓海燕
审编:最高人民法院刑二庭　韩维中)

[第1300号]沈超故意杀人、抢劫案

——前罪符合犯罪记录封存条件,在假释考验期限内犯新罪应如何处理

【关键词】　犯罪记录封存　假释　新罪

一、基本案情

被告人沈超,男,1993年10月13日出生。2009年7月23日因犯故意伤害罪被判处有期徒刑二年,缓刑三年;2011年12月9日因犯抢劫罪(犯罪时未成年)被判处有期徒刑二年五个月,并处罚金人民币四千五百元,因系在缓刑考验期内犯罪,依法撤销前罪刑罚的缓刑部分,数罪并罚,决定执行有期徒刑四年,并处罚金人民币四千五百元,2014年1月17日被假释,假释考验期至2015年4月26日。2015年4月23日因本案被逮捕。

吉林省长春市人民检察院以被告人沈超犯故意杀人罪、抢劫罪,向长春市中级人民法院提起公诉。

长春市中级人民法院经审理查明:2014年7月12日至13日,被告人沈超于假释考验期限内,在吉林省长春市汽车经济技术开发区(以下简称汽开区)以独行的女性为抢劫目标,持刀抢劫三起,在实施抢劫后或实施抢劫过程中杀害或伤害被害人,劫得款物共计价值人民币(以下币种同)9 985元,并致一人死亡,一人重伤。2014年7月22日,沈超被抓获。具体事实如下:

① 陈光中主编:《21世纪域外刑事诉讼立法最新发展》,中国政法大学出版社2004年版,第2页。

2014 年 7 月 12 日 14 时许，被告人沈超尾随被害人周某某到汽开区 39 街区 716 栋 3 单元楼道内，持刀挟持周某某，劫得现金 30 元和三张银行卡，并逼迫周某某说出银行卡密码，因周某某向楼外跑并大声呼救，沈超追上后用刀刺周某某的胸部、肋部、臂部数刀，致周某某左肺静脉破裂导致失血死亡。沈超逃离现场后，于当日 15 时许使用周某某的银行卡在银行 ATM 机取款，因密码错误，取款未果。

2014 年 7 月 13 日 13 时许，在汽开区 47 街区综合市场附近，被告人沈超尾随被害人张某某至 46 街区 850 栋 5 单元楼道内，持刀挟持后刺张某某腰部一刀，劫得价值 6 334 元的黄金项链一条。经法医鉴定，张某某腹部外伤致右肾破裂及结膜系膜破裂并手术修补构成重伤二级；右手食指及中指皮肤裂伤构成轻微伤；腹部外伤致右肾破裂及结肠浆膜破裂修补术后，构成九级伤残。

2014 年 7 月 13 日 16 时许，在汽开区 50 街区综合市场附近，被告人沈超尾随被害人赵某某至 50 街区 21 栋 4 单元楼道内，持刀挟持赵某某后劫得现金 50 元和价值 3 571 元的黄金项链一条。

长春市中级人民法院认为，被告人沈超在劫得被害人周某某的财物后，因周某某逃跑并呼救，持刀刺周某某要害部位致其死亡，其行为构成故意杀人罪；沈超以非法占有为目的强行劫取被害人周某某、张某某、赵某某的财物，其行为构成抢劫罪；沈超在假释考验期内犯新罪，应当撤销假释，与新犯的罪数罪并罚。依照《中华人民共和国刑法》第二百三十二条，第二百六十三条第四项、第五项，第八十六条第一款，第七十一条，第六十九条，第五十七条第一款，第五十二条，第五十三条，第六十四条，第三十六条第一款及《中华人民共和国民法通则》第一百一十九条，《最高人民法院关于适用〈中华人民共和国刑事诉讼法〉的解释》第一百五十五条第一款、第二款之规定，判决如下：

1. 撤销吉林省辽源市中级人民法院(2014)辽刑执字第 114 号对被告人沈超予以假释的刑事裁定。

2. 被告人沈超犯故意杀人罪，判处死刑，剥夺政治权利终身；犯抢劫罪，判处有期徒刑十五年，并处罚金人民币三万元，与前罪尚未执行的刑期并罚，决定执行死刑，剥夺政治权利终身，并处罚金人民币三万元。

3. 被告人沈超违法所得的财物责令退赔。

4. 被告人沈超赔偿附带民事诉讼原告人张某某经济损失人民币34 000.23元。

一审宣判后，被告人沈超不服，向吉林省高级人民法院提出上诉。吉林省高级人民法院经审理，裁定驳回上诉，维持原判，并依法报送最高人民法院复核。

最高人民法院经复核，于 2016 年 5 月 31 日裁定核准被告人沈超死刑。

二、主要问题

前罪符合犯罪记录封存条件，在前罪假释考验期限内又犯新罪的，应否撤销假释，依法数罪并罚？

三、裁判理由

对于本案被告人沈超的前罪犯罪记录是否封存，存在两种意见：

第一种意见认为，被告人沈超的前罪犯罪记录应予封存。理由是：沈超犯前罪时系未成年人，被判处五年有期徒刑以下刑罚，符合犯罪记录封存条件，根据刑事诉讼法及相关司法解释、规范性文件的规定，犯罪记录被封存的，司法机关因办案需要依法进行查询后仍应对被封存犯罪记录的情况予以保密。在案件均应当公开宣判的情况下，如果撤销沈超前罪的假释并与其后罪被判处的刑罚并罚，必然会公开此前被封存的犯罪记录，这样就与司法机关查询犯罪记录后的保密义务相冲突，故按照法律规定沈超的犯罪记录应予封存，不应在判决中体现。

第二种意见认为，犯罪记录封存不等同于犯罪记录消灭，本案中被告人沈超的前罪犯罪记录不应封存，应对其撤销假释，依法数罪并罚。

我们同意第二种意见。主要理由是：

（一）犯罪记录封存并非犯罪记录消灭，并不排斥在封存后的刑事诉讼中对已封存的犯罪记录进行法律评价

2012年刑事诉讼法第二百七十五条规定了未成年人的犯罪记录封存制度。《最高人民法院、最高人民检察院、公安部、国家安全部、司法部关于建立犯罪人员犯罪记录制度的意见》以及立法机关相关立法说明都明确表示，我国建立未成年人犯罪记录封存制度是为了贯彻落实党和国家对违法犯罪未成年人的“教育、感化、挽救”方针和“教育为主、惩罚为辅”原则，消除“犯罪标签”对受过刑事处罚的未成年人在入伍、就业方面的影响，最终目的是帮助失足青少年回归社会。该制度的本质是“封存”而非“消灭”，因此，不能将“犯罪记录封存”等同于“犯罪记录消灭”，并进而禁止在此后的刑事诉讼中对犯罪记录进行法律评价。司法机关为办案需要可以使用已封存之犯罪记录也是实践中通行的做法。

刑法和刑事诉讼法制度在实践中相互影响。犯罪记录封存制度虽然规定在《刑事诉讼法》中，但相关刑法制度会影响对该制度的理解和适用。针对未成年人的犯罪记录封存制度，《刑法修正案（八）》也增加了相应内容，对累犯制度作出了相应调整。比如，在具体操作上，根据《公安机关办理刑事案件程序规定》第三百二十条第一款、《人民检察院刑事诉讼规则（试行）》第五百零三条和《人民检察院办理未成年人刑事案件的规定》第六十二条之规定，办案机关应当在收到人民法院生效判决后，对犯罪记录予以封存。而根据《刑法》相关规定，刑罚执行过程中可以对符合条件的罪犯进行减刑、假释，而犯罪记录是审理减刑、假释案件的基础事实，如果片面强调犯罪记录已封存，不得在裁判中使用就有可能导致符合条件的罪犯无法适用假释、减刑程序的情况。一项有利于罪犯的刑法制度（减刑、假释制度）却因为有利于罪犯的另一项刑事诉讼法制度（犯罪记录封存制度）的存在无法适用，从法理和情理上来讲都是不妥当的，司法机关应当根据实际情况有所取舍。我们认为，尽管犯罪记录已经封存，但在审理减刑、假释案件的诉讼中仍应对犯罪记录进行援引和评价。同理，罪犯假释期间违反《刑法》第八十六条第三款规定的，应撤销假释，收监执行未执行完毕的刑罚，在审理撤销假释案件过程中也可以对封存的犯罪记录进行援引和评价，这样才不至于因为未成年人的犯罪记录封存而架空《刑法》关于减刑、假释的规定。

犯罪记录封存制度是平衡社会公共利益与未成年犯罪人权益的一项举措，在理解和适用犯罪记录封存制度时，要注意平衡未成年犯罪人权益保护与惩罚犯罪及满足合理的社会防卫需要之间的关系，在权衡犯罪记录封存制度和相关刑法制度立法目的的基础上决定法律适用问题，不可片面强调“教育、感化、挽救”，也不可进行绝对的机械理解。除非法条有明确规定，如未成年人犯罪不构成累犯的规定，否则以犯罪记录封存为由而杜绝未成年人案件减刑、假释的适用，既违背了设立该制度的初衷，也不利于打击犯罪和保护未成年人权益。

（二）撤销假释数罪并罚的做法符合假释的制度功能

假释是对符合条件的犯罪分子附条件予以提前释放的一项刑法制度，附条件是指被假释的犯罪分子如果遵守相关规定，假释考验期满，就认为原判刑罚已经执行完毕。附条件释放很好地体现和实现了假释制度的特点和制度功能。倘若犯罪分子没有遵守相关规定，则应依法撤销假释，执行未执行完毕的刑罚或数罪并罚。未成年人在假释期内犯罪也不例外，这样才符合假释系附条件释放的立法本意，该观点也得到《最高人民法院、最高人民检察院、公安部、司法部关于进

一步加强社区矫正工作衔接配合管理的意见》第十九条的印证、支持,该条规定:"撤销缓刑、撤销假释裁定书或者对暂予监外执行罪犯收监执行决定书应当在居住地社区矫正机构教育场所公示。属于未成年或者犯罪的时候不满十八周岁被判处五年有期徒刑以下刑罚的社区服刑人员除外。"根据该规定,犯罪记录封存后,罪犯在缓刑、假释考验期内违反相关规定,法院在审理撤销缓刑、假释案件的诉讼中可以援引和评价并可在撤销缓刑、撤销假释裁定书体现被封存的犯罪记录,只是考虑到保密义务问题,不在居住地社区矫正机构教育场所公示撤销缓刑、撤销假释裁定书。

本案中,被告人沈超在假释考验期内犯新罪,对其撤销假释依法数罪并罚,属于依法惩罚犯罪的问题,一方面实现了假释制度的立法目的,另一方面也与犯罪记录封存制度促使罪犯更好地回归社会的立法初衷并不冲突。如果仍以需遵守保密义务为由而不撤销假释依法数罪并罚的话,则有将"教育、感化、挽救"方针异化为"纵容"之嫌,也使假释制度形同虚设,实不足取。

(三)从司法实践操作层面分析,如果不撤销假释依法数罪并罚,则无法顺利进行刑事诉讼活动

本案中,被告人沈超在假释期间犯新罪,面临两种刑罚的执行问题:一种是前罪未执行完毕的刑罚执行问题,另一种是后罪所判处的刑罚的执行问题。如果不撤销假释并依法数罪并罚,那么,如何执行这两种刑罚呢?第一种方案是先执行前罪未执行完毕的刑罚,执行完毕后再执行后罪所判处的刑罚;第二种方案是先执行后罪所判处的刑罚,执行完毕后再执行前罪未执行完毕的刑罚。但这两种方案均无法律依据,且被告人沈超后罪所判处的刑罚是死刑,第二种方案更不可行。而如果撤销假释依法数罪并罚,则通过数罪并罚制度一并解决了前罪未执行完毕的刑罚和后罪所判处刑罚的执行问题,亦无法律障碍。

综上,被告人沈超前罪被封存的犯罪记录是犯新罪后对其进行刑罚裁量的法定基础性事实,即使在刑事诉讼中对其援引和评价违反法律规定的保密义务,也应予以援引和评价。

(撰稿:长春市中级人民法院 訾效云 曲鹏程
审编:最高人民法院刑二庭 韩维中)

十二、时 效

[第945号]林捷波故意伤害案

——被害人在追诉期限内提出控告,公安机关应当立案而未立案的案件,是否受追诉时效的限制

【关键词】 控告 应当立案而未立案 追诉时效

一、基本案情

被告人林捷波,男,1969年1月5日出生。2013年1月10日因涉嫌故意伤害罪被逮捕。

广东省饶平县人民检察院以被告人林捷波犯故意伤害罪,向饶平县人民法院提起公诉。

被告人林捷波及其辩护人辩称:(1)本案已经超过追诉时效;(2)林捷波针对被害人黄泽填正在进行的行凶行为而采取的持刀阻止行为符合正当防卫具备的构成条件。

饶平县人民法院经审理查明:1998年5月10日3时许,被告人林捷波在饶平县钱东镇钱东车站附近其经营的冷饮摊,与到其冷饮摊消费的黄国勇等人因消费的收费问题发生纠纷,黄国勇掀翻桌子打碎桌上杯子和碟子,双方遂发生冲突。被害人黄泽填闻讯来到冷饮摊,后因与林捷波言语不和,继而引发双方推搡打架。林捷波从其冷饮摊内拿起一把水果刀,持刀砍中黄泽填的右小腿,致其受伤,后被在场群众劝止。案发后,林捷波即潜逃。黄泽填向公安机关报案,要求追究林捷波的刑事责任,但公安机关一直未予立案,黄泽填为此多次向有关部门上访、控告。2012年8月,公安机关对黄泽填进行司法鉴定,结论为黄泽填的伤情属轻伤,构成十级伤残。公安机关于同年9月10日立案,同年12月28日将林捷波抓获。

饶平县人民法院认为,被告人林捷波故意持械伤害他人身体,致一人轻伤,其行为构成故意伤害罪,应当依法惩处。依照《中华人民共和国刑法》第二百三十四条第一款、第八十八条第二款之规定,饶平县人民法院于2013年8月12日以被告人林捷波犯故意伤害罪,判处其有期徒刑一年二个月。

一审宣判后,被告人林捷波提出上诉,称其行为是正当防卫,一审以故意伤害罪追究其刑事责任是错误的。其辩护人提出:(1)本案已经超过刑事追诉时效;(2)林捷波针对被害人黄泽填正在进行的行凶行为而采取的持刀阻止行为,系正当防卫,故林捷波无罪;(3)黄泽填的伤情并未构成轻伤。

广东省潮州市中级人民法院经审理认为,原审判决认定的事实清楚,定罪准确,量刑适当,审判程序合法。依照《中华人民共和国刑事诉讼法》第二百二十五条第一款第(一)项之规定,潮州市中级人民法院于2013年12月19日裁定驳回上诉,维持原判。

二、主要问题

1. 如何理解和适用刑法第八十八条第二款中追诉时效延长的规定?

2. 刑法中追诉时效的规定是否具有溯及力?

三、裁判理由

（一）被害人在追诉时效内提出控告，人民法院、人民检察院、公安机关应当立案而不予立案，不受追诉时效的限制

本案案发于1998年5月10日，公安机关在案发后虽有对本案展开初查，但一直没有对被害人黄泽填的伤情进行鉴定，也没有立案。2012年8月29日，公安机关对黄泽填的伤情进行了鉴定并确定为轻伤，同年9月10日，公安机关决定对本案进行立案。此时距案发已逾14年之久。因此，本案在审理过程中对被告人林捷波的行为是否超过追诉期限，存在不同意见：

一种意见认为，本案于1998年5月10日发生后，公安机关没有及时对被害人黄泽填的伤情进行鉴定，并由此导致本案因黄泽填的伤情无法确定是否构成轻伤而无法确定本案是否属于应当立案的情形。公安机关于2012年8月29日经鉴定后确定黄泽填的伤情为轻伤，并于同年9月10日立案，但已超过5年的追诉时效，因此本案已超过追诉期限。

另一种意见认为，本案属于刑法第八十八条第二款规定的“被害人在追诉期限内提出控告，公安机关应当立案而不予立案”的情形，不受追诉时效的限制，因此应当追究被告人林捷波的刑事责任。

我们同意后一种意见。追诉时效是刑法规定的，对犯罪人进行刑事追诉的有效期限。超过法定追诉期限，司法机关或者有告诉权的人不再对犯罪人进行追诉，已经追诉的，应当撤销案件或者不起诉，或者终止审判。追诉时效完成，是刑罚请求权消灭的重要事由之一。根据刑法第八十八条、第八十九条的规定，追诉期限的计算有四种情况：（1）一般犯罪追诉期限的计算；（2）连续或继续犯罪追诉期限的计算；（3）追诉时效的延长；（4）追诉时效的中断。本案主要涉及追诉时效的延长。

关于追诉时效的延长，1979年刑法第七十七条只规定了一种情形，即“在人民法院、人民检察院、公安机关采取强制措施以后，逃避侦查或者审判的，不受追诉期限的限制”。1997年刑法修订时，第八十八条第一款对追诉时效延长制度进行了修改，即：“在人民检察院、公安机关、国家安全机关立案侦查或者在人民法院受理案件以后，逃避侦查或者审判的，不受追诉期限的限制。”并增加了一款，即第八十八条第二款：“被害人在追诉期限内提出控告，人民法院、人民检察院、公安机关应当立案而不予立案的，不受追诉期限的限制。”理论上一般认为，现行刑法在修订时之所以增加这一规定，从立法意图分析，主要是为了保证有罪必究，及时有效地保障被害人的合法权益。

刑法第八十八条第二款的适用，必须同时具备以下条件：

1. 被害人在追诉时效内提出控告

首先，这里的被害人不能狭义地理解为被害人本人，而应理解为包括被害人本人及其法定代理人、近亲属。因为现实中被害人可能会因本人身体原因或者受到强制、威吓而不能或者不敢提出控告，此时若不允许被害人的法定代理人或者近亲属代为控告，便与立法精神相悖，也不符合我国刑法增设该款保障被害人权益的目的。

其次，被害人必须在追诉期限内提出控告，该追诉期限是指刑法第八十七条所规定的期限，即“犯罪经过下列期限不再追诉：（一）法定最高刑为不满五年有期徒刑的，经过五年；（二）法定最高刑为五年以上不满十年有期徒刑的，经过十年；（三）法定最高刑为十年以上有期徒刑的，经过十五年；（四）法定最高刑为无期徒刑、死刑的，经过二十年。如果二十年以后认为必须追诉的，须报请最高人民检察院核准。”如果被害人没有在追诉期限内提出控告，即使其合法权益受到犯罪人侵害，也不能对犯罪人适用追诉时效的无限延长。

最后，刑事诉讼法第一百零八条第二款规定：“被害人对侵犯其人身、财产权利的犯罪事实或

者犯罪嫌疑人,有权向公安机关、人民检察院或者人民法院报案或者控告。”“报案”指任何单位和个人(不限于被害人)发现犯罪事实后,向有关司法机关报告,请求审查处理的行为,通常报案人在报案时不知道犯罪嫌疑人是谁。“控告”则一般指被害人或者其法定代理人、近亲属为了维护被害人的权益,向有关司法机关指控具体的犯罪嫌疑人及其犯罪事实,请求追究犯罪嫌疑人的刑事责任的行为。被害人进行控告的前提是必须知道具体的犯罪嫌疑人,如果被害人不知道犯罪嫌疑人是谁,而只是报案反映自己被侵害的事实的,则不能适用刑法第八十八条第二款的规定。

2. 人民法院、人民检察院、公安机关应当立案而不予立案

立案是刑事诉讼开始的第一个独立的诉讼阶段,对刑事诉讼案件的进行具有决定性意义。除公安机关、人民检察院自行发现或获取的材料是立案的材料来源外,报案、控告、举报和自首是司法机关立案材料中的主要来源。刑事诉讼法第一百一十条规定:“人民法院、人民检察院或者公安机关对于报案、控告、举报和自首的材料,应当按照管辖范围,迅速进行审查,认为有犯罪事实需要追究刑事责任的时候,应当立案;认为没有犯罪事实,或者犯罪事实显著轻微,不需要追究刑事责任的时候,不予立案,并且将不立案的原因通知控告人。控告人如果不服,可以申请复议。”根据本条规定,刑事立案必须具备两个条件:一是有犯罪事实发生,二是需要追究刑事责任。所谓“应当立案”,是指符合上述规定的立案条件;所谓“应当立案而不立案”,是指对符合立案条件的,并不具有“没有犯罪事实,或者犯罪事实显著轻微,不需要追究刑事责任的”不予立案情况,人民法院、人民检察院、公安机关却未予立案的情形。

司法实践中,对立案材料的审查,通常采用如下步骤和方法:首先,对材料所反映的事实进行审查。审查事实,首先要审查有无事件发生,然后审查已发生的事件是否属于犯罪案件。如果属于犯罪案件,还要审查是否需要追究行为人的法律责任,其中包括根据法律规定审查行为人有无不需要追究责任的法定情形。其次,对材料所反映的犯罪事实有无确凿的证据或证据线索进行审查或进行必要的调查。审查或调查证据,一般采用如下几种方法:一是向控告、检举的机关、团体或个人调阅与犯罪事实及犯罪人有关的材料;二是委托控告、检举单位对某些问题进行调查,对于重大、复杂的案件或线索,根据需要或可能,还可以商情其派员协助调查;三是派人到发案地进行个别访问或调查,对特殊案件在紧急情况下还可以采取必不可少的特殊调查措施。公、检、法对立案材料进行审查后,应当作出立案或者不立案两种决定。

人民法院、人民检察院、公安机关对控告人的控告进行审查后,必须给控告人一个明确的结果,要么立案,要么不予立案。决定不立案的,应将不立案的原因及时通知控告人,控告人如果不服,可以申请复议,有关司法机关应予复议,并将复议结果通知控告人。《公安机关办理刑事案件程序规定》(2012 年修订)和《人民检察院刑事诉讼规则》(试行)(2012 年修订)都要求制作《不立案通知书》。如果既没有立案,又迟迟不出具《不立案通知书》,不仅侵犯了控告人申请复议权,也影响到控告人行使其他救济权,而且如果属于应当立案而不立案的案件,还会导致对犯罪人追诉时效的延长。

在实践中,为了保证正确认定“应当立案而不予立案”的情形,必须对接受案件且有管辖权的机关作出相关要求,否则,容易破坏追诉时效制度,不能充分保护另一方的合法权利。应当在程序上和法律文书上有所规定,一方面证明被害人在法定期限内提出控告的事实存在,另一方面证明受案机关不予立案的事实存在。比如受案机关应保存受案记录,包括口述笔录,控告书副本、收文登记、受案登记、不予立案的决定书、复函、通知书等,既可防止受案机关不答复被害人,不作任何决定、消极拖延,同时也可防止个别人无理缠讼。至于被害人是以口头或者书面形式提出控告不应受到限制。无论采取哪种形式,接受控告的机关都要有记录,为防止个别机关推卸责任,

不做任何记载,控告人只要提供相关证据能够证明曾向某机关提出控告,控告行为就成立。

因此,只要被害人在追诉期限内提出控告的,遇有该立案而不予立案的情况,对犯罪人的追诉就不受刑法第八十七条规定的追诉期限的限制。在这种情形下,不管司法机关出于何种原因没有立案,不论行为人是否逃避侦查或者审判,不论经过多长时间,任何时候都可以对其进行追诉。即使被害人在追诉期限内的控告不符合管辖规定,也不妨碍追诉时效的延长。但其后的犯罪行为仍然受追诉期限的限制。例如,行为人的甲罪被被害人控告,应当立案而未立案,其后又犯了乙罪,先前的甲罪虽然不受追诉期限的限制,但后来的乙罪仍然受追诉期限的限制。

本案属于刑法第八十八条第二款规定的"被害人在追诉期限内提出控告,公安机关应当立案而不立案"的情形,不受诉讼时效的限制,一审、二审法院认为本案没有超过追诉期限是正确的。具体理由如下:

(1)被害人黄泽填及其亲属自 1998 年 5 月 10 日案发后即向公安机关报案,在追诉期限内多次向相关政法部门提出控告,并多次上访和信访,要求追究持刀伤人者林捷波的刑事责任。

(2)被害人黄泽填的伤情在 1998 年案发后已于 1999 年经医院诊断为:右小腿刀伤,右腓骨总神经完全离断,右腓骨小头骨折。公安机关本应对黄泽填的伤情进行鉴定并进行立案,但由于历史原因,而且原钱东派出所领导、干警人员多次调整、变动,致使当时未能及时对黄泽填的伤情进行鉴定。根据我国刑法规定,故意伤害罪必须经法医作出伤情鉴定并达到轻伤等级后,才能确定行为人的行为构成犯罪。由于对被害人的伤情进行鉴定系公安机关内部工作机制,是应不应当立案的一个必要环节,因此对于公安机关未及时进行伤情鉴定从而导致无法及时立案的后果,不能由被害人承担,并使被告人获利。本案中后来所做的伤情鉴定意见证实黄泽填的损伤程度属轻伤,被告人林捷波的行为已涉嫌刑事犯罪。

(3)公安机关在案发后虽没有及时立案并制作立案决定书随案附卷,但在案证据证实公安机关在案发后已及时展开实质性的调查工作,并已确定林捷波就是持刀伤害被害人黄泽填的犯罪嫌疑人。如公安机关在案发后的 1 个月内就已经对黄泽填和 8 个证人进行了调查取证,并制作询问笔录附卷,查清了林捷波持刀伤害黄泽填的事实;公安机关于 1999 年 10 月发出协查通报,要求饶平县公安局各单位一经发现故意伤害犯罪嫌疑人林捷波即予(刑事)拘留;饶平县公安局信访股于 1999 年 2 月 18 日在答复有关部门的信件中称案发后钱东派出所对所有参与者都进行传讯,经调查取证,拟依法追究持刀伤害他人的犯罪嫌疑人林捷波的刑事责任。

需要注意的是,由于本案案发当时有关规定尚不完善,缺乏有效的督促机制,导致因未及时进行伤情鉴定而迟迟不予立案。此后,随着相关规定的完善,伤害案件不立案问题得到了较好的解决。公安部于 2005 年颁布的《公安机关办理伤害案件规定》第十七条规定:"公安机关办理伤害案件,应当对人身损伤程度和用作证据的痕迹、物证、致伤工具等进行检验、鉴定。"第十八条规定:"公安机关受理伤害案件后,应当在 24 小时内开具伤情鉴定委托书,告知被害人到指定的鉴定机构进行伤情鉴定。"

(二)刑法中追诉时效的规定具有溯及力

1997 年刑法在 1979 年刑法基础上对追诉时效问题作了修改,此后我国接连出台了多个刑法修正案,但对于追诉时效未再作改动。刑事诉讼法于 2012 年修订时对立案部分(包括被害人控告方面)也没有进行任何修改。

由于本案发生于 1998 年,追诉时效的适用问题相对容易把握,但对于发生在 1997 年 9 月 30 日之前、诉讼延续到 1997 年刑法生效以后的案件,如何确定新旧刑法的适用则较为复杂。鉴于该问题比较重要,故在此顺便论及。

1997 年刑法第十二条规定:“中华人民共和国成立以后本法施行以前的行为,如果当时的法律不认为是犯罪的,适用当时的法律;如果当时的法律认为是犯罪的,依照本法总则第四章第八节的规定应当追诉的,按照当时的法律追究刑事责任,但是如果本法不认为是犯罪或者处刑较轻的,适用本法。”该条规定对定罪量刑适用的是有利于被告人的从旧兼从轻原则,但在旧法认为是犯罪的前提下,对追诉时效则适用的是从新原则,即在确定是否追诉时,应当适用 1997 年刑法总则第四章第八节的规定,而不适用 1979 年刑法的规定。关于适用刑法溯及力与追诉时效的先后顺序问题,如果 1979 年刑法没有认为行为无罪,那么应当先按照 1997 年刑法总则第四章第八节规定的追诉时效制度判断是否已过追诉时效,如果超过,则没有再进行判断的必要;如果仍在追诉时效内,再比较新旧刑法的轻重,适用从旧兼从轻的原则。

由于新旧刑法关于追诉时效存在不同规定,1997 年 9 月 25 日,最高人民法院颁布的《关于适用刑法时间效力规定若干问题的解释》(1997 年 10 月 1 日施行)第一条规定:“对于行为人 1997 年 9 月 30 日以前实施的犯罪行为,在人民检察院、公安机关、国家安全机关立案侦查或者在人民法院受理案件以后,行为人逃避侦查或者审判,超过追诉期限或者被害人在追诉期限内提出控告,人民法院、人民检察院、公安机关应当立案而不予立案,超过追诉期限的,是否追究行为人的刑事责任,适用修订前的刑法第七十七条的规定。”因该司法解释是从 1997 年刑法颁布之际的定位来论述的,对于其中“超过追诉时效的”这句话,应当理解为仅包括在 1997 年刑法颁布前已经超过追诉时效的情形。也就是说,对在此之前的行为超过追诉时效的,包括存在被害人控告而司法机关未予立案导致诉讼时效丧失,适用 1979 年刑法的规定;如果 1997 年刑法颁布之际尚未超过追诉时效则不适用该司法解释,即该法条未对此时尚未丧失追诉时效的情形进行规定的,应当适用 1997 年刑法的规定。

(撰稿:广东省潮州市中级人民法院　江　谨
最高人民法院刑一庭　高明黎
审编:最高人民法院刑一庭　冉　容)

[第 1062 号] 田某某重婚案

——已婚的被告人与他人建立事实婚姻关系后,又单方终止事实婚姻关系的,如何计算重婚犯罪行为的追诉期限

【关键词】 重婚罪　事实婚姻　追诉期限

一、基本案情

被告人田某某,男,1963 年 11 月 29 日出生,无业。因涉嫌犯重婚罪于 2012 年 3 月 21 日被刑事拘留,同年 4 月 1 日被取保候审。

北京市朝阳区人民检察院以被告人田某某犯重婚罪,向朝阳区人民法院提起公诉。

被告人田某某对公诉机关指控的罪名没有异议,但辩称其 2006 年年底即与杨某结束同居关系,2012 年 3 月 20 日杨某报案时已过了 5 年的追诉时效。

北京市朝阳区人民法院经不公开开庭审理查明:1988 年 1 月 18 日被告人田某某与董某某登记结婚。2004 年 4 月,田某某与杨某确定男女朋友关系并同居,同年 8 月,二人在天津市举办了

婚礼。后二人在北京市朝阳区购买了一套房产用于居住,并育有一子。2006年,田某某前往辽宁省大连市工作,且未告知杨某。2007年,杨某到大连市找到田某某,要求与田某某办理结婚登记,田某某表示不能与杨某结婚,并再次离开杨某。2008年年初,田某某回到董某某处生活;同年5月,在未通知杨某的情况下,田某某将登记在其名下的富东家园房产出售。2012年3月20日杨某找到田某某并报警,公安人员接报后将田某某抓获。

北京市朝阳区人民法院经审理认为,被告人田某某有配偶而与他人以夫妻名义共同生活,其行为构成重婚罪。关于田某某所提其重婚行为已过追诉时效的辩解,经查,田某某与杨某自2004年9月起以夫妻名义共同生活并育有一子,属于事实婚姻。田某某虽于2006年独自前往外地工作,但其离家后杨某多方寻找,二人的事实婚姻仍处于持续状态,并未解除。田某某于2008年年初才回到妻子董某某处生活,故认定2006年年底田某某的重婚行为并未终了,本案尚在追诉期限内,对田某某当庭的辩解,不予采纳。鉴于田某某对指控的基本犯罪事实能够如实供述,对其依法从轻处罚并适用缓刑。据此,依照《中华人民共和国刑法》第二百五十八条,第六十七条第三款,第六十一条,第七十二条第一款,第七十三条第二款、第三款之规定,朝阳区人民法院以被告人田某某犯重婚罪,判处有期徒刑十个月,缓刑一年。

一审宣判后,被告人田某某提出上诉,上诉理由同一审辩解意见。北京市第二中级人民法院经审理,裁定驳回田某某的上诉,维持原判。

二、主要问题

已婚的被告人与他人建立事实婚姻关系后,又单方终止事实婚姻关系的,如何计算重婚犯罪行为的追诉期限?

三、裁判理由

本案中,被告人田某某先与董某某登记结婚,在婚姻关系存续期间,又与杨某以夫妻名义共同生活,属于前法律婚、后事实婚的情形。田某某的行为构成重婚罪,对此并无争议。但是,对田某某的重婚行为是否已过追诉时效,存在不同认识:一种意见认为,重婚罪的法定最高刑为2年有期徒刑,根据刑法的有关规定,该罪的追诉期限为5年。田某某2006年即离开杨某,到外地工作、定居,应当从此时开始计算追诉期限,至2012年杨某报案时已超过5年,对被告人不应再追究刑事责任。另一种意见认为,2006年田某某离开杨某独自到外地工作,不能认定事实婚姻关系自此终止。至案发时被告人的重婚行为未超过追诉期限。我们同意第二种意见,具体分析如下:

(一)重婚罪属继续犯,其追诉期限应当从犯罪行为终了之日起计算

继续犯,又称持续犯,是指行为从着手实行到由于某种原因终止以前,一直处于持续状态的犯罪。从客观上讲,继续犯的犯罪行为与不法状态必须同时持续,即犯罪行为的持续导致不法状态的持续。从时间上讲,继续犯必须是在一定时间内不间断的持续存在,即行为从开始到结束没有间断。就重婚罪而言,重婚不法行为和不法状态自始至终同时存在,持续侵害一夫一妻制的婚姻制度,完全符合继续犯的特征,属于继续犯。重婚登记或者事实婚姻关系的确立只意味着重婚行为的开始而不是终了,不应把后婚婚姻关系的确立与以后的以夫妻名义共同生活行为割裂开来,而应当将二者视为完整统一的重婚行为,前者是后者开始的标志。刑法第八十九条规定,"追诉期限……犯罪行为有连续或者继续状态的,从犯罪行为终了之日起计算"。因此,重婚罪的追诉期限应当从重婚行为终了之日起计算。

(二)后婚系事实婚姻的,重婚行为是否终了,应当以一方作出解除事实婚姻关系的意思表示,且婚姻关系因该意思表示实质上得以解除为判断标准

后婚系登记结婚的,重婚行为终了的时间节点比较容易判断,一般以婚姻关系经法定程序解

除为准。但对于后婚系事实婚姻的,重婚行为终了的时间节点,则因个案案情复杂、多样,认定难度较大。我们认为,认定该类重婚行为是否终了应当着重考虑两个因素:一是行为人是否作出解除事实婚姻的意思表示;二是该意思表示实质上是否起到解除婚姻关系的作用。

事实重婚关系的解除一般要求行为人有相对明确的意思表示,包括以口头形式、书面形式通知对方解除婚姻关系,还包括以实际行动表明解除婚姻关系的意思。前者一般是指行为人通过口头或者书面直接向对方表示不再以夫妻名义共同生活等情形。后者一般是指行为人通过躲藏、更换联系方式、住址等方式拒绝与对方接触,对婚姻关系的继续持排斥态度的行为表现。后种意思表示方式较为隐晦,据此认定行为人表明解除婚姻关系意图须十分慎重。本案中,被告人田某某在未告知杨某的情况下,即离开二人在北京的共同居住地,前往外地工作,被杨某找到后其又再次不告而别,并将自己购买的用于二人共同生活的房屋出售。虽然从田某某离京以后的一系列行为可以推断出,其自离京起即打算解除与杨某的婚姻关系,此后也一直持此态度,但其离京时并未向杨某说明离京原因,当时其是否已决意解除事实婚姻关系没有有力证据证实。杨某到大连市找到田某某并要求办理结婚登记时,田某某表示不能与杨某结婚,并再次离开杨某,此时田某某不仅有了口头意思表示,且以实际行动表明了该意思。综合考虑本案具体情节,可认定2007年田某某在大连市拒绝与杨某办理结婚登记,并再次离开杨某时,向杨某表达了解除婚姻关系的意思。

但是,无论是法律婚姻还是事实婚姻,婚姻关系毕竟由男女双方结成,一方作出解除婚姻关系的意思表示,并不必然导致婚姻关系自此解除,另一方是否愿意维持婚姻关系,双方是否解决财产分割、子女抚养等重大问题等因素,在认定婚姻关系是否解除时也要予以考虑。后婚系事实婚姻的,行为人单方作出解除婚姻关系的意思表示后,如另一方对此予以认可,二人不再以夫妻名义共同生活,此种情况下即可认定事实婚姻关系自此解除,如有遗留的财产分割、子女抚养问题,可在日后通过民事纠纷解决渠道解决;如另一方对此不予认可,则说明双方对是否继续保持事实婚姻关系存在争议,从保护弱势群体、维护社会公序良俗的角度出发,应综合考虑夫妻双方的态度,财产分割、子女抚养等问题的解决情况等因素判断婚姻关系是否解除。本案中,被告人田某某与杨某举行婚礼后同居二年,共同购买了住房并育有一子,双方形成了较为紧密的事实婚姻关系。杨某在大连市找到离京的田某某后要求登记结婚,说明杨某仍愿意与田某某保持婚姻关系,田某某再次离开杨某时并未妥善解决财产分割、子女抚养等问题,二人的婚姻关系何去何从具有一定的不确定性。在此情况下,不能轻易认定二人的事实婚姻关系自2007年田某某在大连市再次离开杨某起解除,否则既不利于保护婚姻关系中的弱者、打击犯罪,也不符合社会公众对婚姻关系的一般认知。田某某于2008年秘密将购买的二人共同居住的房屋出售,并回到其妻子董某某处生活,自此时起其与杨某的事实婚姻关系已不可能继续存在,故可认定二人的事实婚姻关系自此解除,田某某的重婚行为实施终了。因此,被告人所犯重婚罪的追诉期限应自2008年起计算,至杨某报案时尚在追诉时效之内,一、二审法院对被告人以重婚罪定罪量刑是正确的。

（撰稿:北京市朝阳区人民法院　李　铁　张济坤
审编:最高人民法院刑五庭　马　岩）

[第1116号]张玉良、方俊强非法买卖枪支案

——对于发生在1997年10月1日以前的非法买卖枪支行为应当如何适用法律及该罪追诉时效的起算时间节点

【关键词】 非法买卖枪支罪 因果关系 追诉时效

一、基本案情

被告人张玉良,男,1963年9月19日出生。2013年7月30日被逮捕。

被告人方俊强,男,1970年9月27日出生。2013年7月30日被逮捕。

上海市人民检察院第二分院以被告人张玉良、方俊强犯非法买卖枪支罪,向上海市第二中级人民法院提起公诉。

上海市第二中级人民法院经公开审理查明:被告人张玉良与范杰明(另案被告人)系原上海混凝土制品六厂的同事,张玉良在单位食堂工作,范杰明任单位保卫科科长。被告人方俊强与张玉良系朋友。1997年前后,范杰明向张玉良提到组织单位民兵训练需要枪支,张玉良遂从方俊强处拿取一把猎枪借给范杰明试用。随后,范杰明以单位组织民兵训练为由,个人出资约人民币1万元通过张玉良购买该猎枪,张玉良将购枪款付给方俊强。2013年6月22日晚,范杰明使用该猎枪,在上海市浦东新区、宝山地区杀害5人并致3人重伤。同年6月24日,张玉良、方俊强到案,均如实供述自己的罪行。

上海市第二中级人民法院认为,被告人张玉良、方俊强非法买卖枪支的行为已过追诉时效期限,且不属于必须追诉的情形。公诉机关提出适用《最高人民法院关于办理非法制造、买卖、运输非军用枪支、弹药刑事案件适用法律问题的解释》第三条对二被告人定罪并在七年以上有期徒刑或者无期徒刑的幅度内量刑的主张,不予采纳。据此,依照《中华人民共和国刑法》第八十七条、《中华人民共和国刑事诉讼法》第十五条第二项和《最高人民法院关于适用〈中华人民共和国刑事诉讼法〉的解释》第二百四十一条第一款第八项之规定,裁定终止审理。

二、主要问题

1. 对于发生在1997年以前的非法买卖枪支行为应当如何适用法律?

2. 应当如何确定非法买卖枪支罪追诉时效的起算时间节点?

三、裁判理由

(一)对于发生在1997年10月1日以前的非法买卖枪支行为,应当适用1979年刑法和1995年《最高人民法院关于办理非法制造、买卖、运输非军用枪支、弹药刑事案件适用法律问题的解释》

本案中,现有证据可以认定被告人张玉良、方俊强非法买卖枪支的行为发生在1997年前后,但无法确认该行为发生于1997年10月1日之前还是之后。鉴于1997年刑法对非法买卖枪支罪设置的法定刑重于1979年刑法,根据刑法从旧兼从轻原则,应当适用1979年刑法和1995年《最高人民法院关于办理非法制造、买卖、运输非军用枪支、弹药刑事案件适用法律问题的解释》(以下简称《1995年解释》)。比较而言,1979年刑法和1997年刑法对非法买卖枪支罪犯罪构成要件的规定并无大的变化,但1997年刑法对该罪设定的法定刑更重;同时,2001年《最高人民法院关于审理非法制造、买卖、运输枪支、弹药、爆炸物等刑事案件具体应用法律若干问题的解释》(以下

简称《2001 年解释》)比《1995 年解释》规定的定量因素减少,犯罪构成要件由"制造非军用枪支一支或者买卖、运输二支以上"变成"非法制造、买卖、运输、邮寄、储存以火药为动力发射枪弹的非军用枪支一支以上或者以压缩气体等为动力的其他非军用枪支二支以上",对买卖、运输以火药为动力发射枪弹的非军用枪支的行为规定的入罪门槛降低,刑罚整体上更加严厉。

我国刑法中的犯罪概念同时包含定性和定量因素,具体犯罪大致可以分为三类:第一类是某种行为的社会危害性特别严重,只要实施该类行为即可构成该罪,无须考虑量的因素;第二类是刑法虽未规定该罪的定量因素,但考虑该罪的行为性质及对应的法定刑,需达到一定严重程度才构成犯罪;第三类是刑法直接规定该罪的定量因素,如情节严重或者明确的数量标准。对后两类犯罪中所要求的定量因素,一般通过司法解释的规定予以具体化。

非法买卖枪支罪属于上述第二种类型,虽然刑法并未明确规定该罪需要具备特定的定量因素,但鉴于该罪法定刑的严厉性,非法买卖枪支行为构成该罪,需要达到一定的严重程度,即具备一定的定量因素。司法解释对非法买卖枪支罪的定量因素作出了详细规定。依照 1979 年刑法及《1995 年解释》,非法买卖非军用枪支的行为构成非法买卖枪支罪,客观上需要买卖非军用枪支 2 支以上,或虽未达到该最低数量标准,但同时"具有其他情形",这里所谓的"其他情形",通常是指买卖枪支行为造成了严重后果,即他人利用所买卖的枪支实施了犯罪行为。

本案中,虽然被告人张玉良、方俊强出售的枪支仅有 1 支,但购买该枪的范杰明利用该枪杀害 5 人并致 3 人重伤,无疑属于"其他情形"。那么,在非法买卖枪支罪的客观构成要件中,对于行为人仅买卖 1 支枪支的情形,"其他情形"在客观构成要件中处于什么样的地位?是否要求被告人对这一要件持某种犯罪心理或者要求被告人的行为与他人使用枪支造成的严重后果之间存在因果关系?

我们认为,在行为人仅出售 1 支枪支的情况下,不具有"其他情形"的不构成犯罪。"其他情形"无疑是犯罪成立条件,但是,出售枪支的行为人对作为"其他情形"的严重后果无须存在故意或过失,其出售枪支的行为与购买枪支者利用枪支实施犯罪行为所造成的严重后果之间也不要求存在刑法上的因果关系。关于该问题,可参考学者提出的"客观超过要素"理论。① 所谓客观超过要素,属于犯罪成立客观要件,但这一要素的发生与否与行为人的主观心理甚至客观行为的联系并不大。例如,非法买卖枪支罪中,购买枪支的人利用枪支去实施何种行为,并不由出售枪支的人所决定。又如,丢失枪支不报罪,丢失枪支不及时报告的行为是否构成犯罪,取决于得到该枪支的人是否利用该枪支实施犯罪行为,但并不表明丢失枪支的人可以决定得到该枪支的人将会实施何种行为。

依照刑法规定,对于出售 1 支枪支的行为,如果购买枪支的人仅仅是收藏枪支,则出售枪支的行为不构成犯罪;但如果购买枪支的人利用该枪支实施杀人、抢劫或其他犯罪行为,则出售枪支的行为构成非法买卖枪支罪。泛泛而言,购买枪支的人无论利用该枪支实施何种行为,都不能说超出出售枪支的人主观上对后果的预料范围,但出售枪支的人主观上对可能发生的后果持何种心理态度,对非法买卖枪支罪的构成没有实际意义。同时,出售枪支行为与他人利用该枪支实施犯罪行为所造成的结果之间,也不存在刑法上的因果关系。

本案审理过程中,有意见认为,被告人张玉良、方俊强出售枪支的行为,与范杰明持该枪射杀、射伤多名无辜人员之间具有刑法上的因果关系,但属于偶然(间接)因果关系。我们认为,这种意见不能成立。理由是:认定刑法上的因果关系,目的在于确定行为人刑事责任的客观基础;

---

① 张明楷:《"客观的超过要素"概念之提倡》,载《法学研究》1999 年第 3 期。

换言之,并不是所有事实上的因果关系都具有刑法上的意义。进一步来讲,偶然因果关系(或者间接因果关系)属于事实认定,而刑法上的因果关系则属于规范评价,二者是既有联系又有区别的两个层面的问题。必然和偶然因果关系是从后果发生概率角度进行的区分,而直接和间接因果关系是从是否有介入因素进行的区分,达到一定概率的偶然因果关系也可以成为刑法上的因果关系,而存在介入因素的因果关系,则需要依据介入因素是从属于先前行为还是独立于先前行为来确定是否构成刑法上因果关系。可见,刑法上的因果关系存在与否,本质上不是事实问题,而是刑事政策评价问题。① 诚然,没有张玉良、方俊强的出售枪支行为,范杰明就不能使用该枪支实施犯罪行为,没有前者就没有后者,该出售枪支行为是范杰明实施后续犯罪行为的条件,但张玉良、方俊强的出售枪支行为与范杰明的后续犯罪行为后果之间并不存在刑法上的因果关系,因为两者之间存在一个独立的介入因素,即存在完全独立于出售枪支行为的范杰明本人的行为。仅从因果关系的层面上讲,出售枪支行为和购枪者利用枪支造成的犯罪后果之间的关系,与丢失枪支行为和捡拾枪支者持枪造成的犯罪后果之间的关系,并无二致。

综上,非法买卖枪支罪的犯罪构成要件可以表述如下:具有一般主体资格的行为人故意实施了买卖枪支行为,买卖枪支达 2 支以上,或者虽然仅买卖枪支 1 支,但具备其他情形,即造成严重后果。在第二种情况下,"严重后果"属于犯罪成立条件,但属于一种"客观超过要素",即行为人对这一严重后果主观上持何种心理态度并不具有刑法意义,也无须证明买卖枪支行为和该严重后果之间存在刑法上的因果关系。这一要素,是从行为的客观社会危害结果对发动刑罚权作出的限制。买卖枪支行为对社会安全造成潜在危险,但国家基于刑罚资源的有限性或其他考虑,并非对所有买卖枪支行为都予以刑事处罚,只在此种危险程度较高(买卖枪支达 2 支以上)或者此种危险已经具备现实危害结果(造成严重后果)的情形时才作为犯罪。

本案中,范杰明购买枪支后,时隔 16 年后使用该枪支实施严重犯罪,该后果仅仅是被告人张玉良、方俊强非法买卖枪支行为构成犯罪的要件中的客观超过要素,二被告人主观上对该后果无须具有故意或者过失,客观上与该后果也不存在刑法上的因果关系。简言之,范杰明使用该枪支实施的后续犯罪行为,仅仅是对二被告人发动刑罚权的一个客观条件。有意见认为,范杰明购买枪支后,时隔 16 年才使用该枪支实施后续犯罪,据此追究张玉良、方俊强出售枪支行为的刑事责任,可能有违社会公众对公正的认知观念,但该问题与犯罪成立与否无关,而是涉及追诉时效问题。

(二)非法买卖枪支罪的追诉时效应从犯罪行为完成之日起计算

本案中,尽管被告人张玉良、方俊强的行为已构成非法买卖枪支罪,但由于买卖枪支行为和范杰明利用该枪支实施后续犯罪之间间隔 16 年之久,对二被告人刑事责任的追究还牵涉到追诉时效问题。

1979 年刑法和 1997 年刑法对追诉时效的规定并无变化,即"追诉期限从犯罪之日起计算;犯罪行为有连续或者继续状态的,从犯罪行为终了之日起计算"。追诉期限的起算时间,取决于对"犯罪之日"的理解,对此存在不同观点:有意见认为是指犯罪行为完成之日,也有意见认为是指犯罪成立之日。对于犯罪是以结果作为构成要件且行为与结果之间存在时间间隔的情形,上述两个标准存在实质性的差异。

我们认为,基于立法原意及设立追诉时效制度的设立目的考虑,追诉时效应从犯罪行为完成之日起计算。首先,从法律用语来看,虽然前文采用"犯罪之日"的措辞,但后文明确指向"犯罪行

---

① 储槐植:《刑事一体化》,法律出版社 2004 年版,第 157 ~ 162 页。

为终了”，犯罪行为有连续状态的，也不排除可能以某种结果作为构成要件，对此种情形，追诉期限应当自犯罪行为终了之日起计算。其次，追诉时效消灭是行为的法律后果，行为的性质并不会因为时间的流逝而发生变化，只是基于自然法的观念认为行为人实施犯罪行为后，经过长时间一直遵纪守法，对其进行处罚已无必要。所以，从各国立法例来看，追诉时效从来不是绝对的制度，某些特别严重的犯罪不存在追诉时效。最后，从犯罪行为完成之日起计算追诉时效，符合追诉时效制度设立的目的。关于时效制度的设立目的，理论上有多种观点。“推测改善说”认为，既然行为人在犯罪后长时间没有再犯罪，可认为其已经改过自新，没有处刑与行刑的必要。“证据湮灭说”认为，犯罪证据因时间流逝而消灭，难以达到正确处理案件的目的。“准受刑说”认为，行为人犯罪后虽然没有受到刑事追究，但因长时期的逃避和恐惧所造成的痛苦也等同于执行刑罚。还有观点认为，随着时间流逝，社会对犯罪的规范感情已经得到缓和，无须再进行现实处罚。我们认为，追诉时效制度关注的是犯罪行为，考虑的是行为人在该次犯罪之后遵纪守法的表现，所以，对于追诉时效的计算而言，有意义的仅仅是行为人在犯罪后的表现，至于犯罪结果何时出现，并不影响诉讼时效的起算。

对非法买卖枪支罪而言，该罪的客观行为仅指行为人买卖枪支的交易行为，该交易行为宣告完成，则追诉时效开始计算。本案中，如前所述，司法解释有关非法买卖枪支罪所规定的“其他情形”仅仅属于客观超过要素，与行为人的主观心态无关，也非行为人可控状态，该要素虽然是犯罪成立条件之一，但与追诉时效的计算无关。

明确了追诉时效的起算时间节点后，接下来就需要计算行为的具体追诉时效期限，这是由行为应判处的法定刑所决定的。1979年刑法对非法买卖枪支罪规定了两个法定刑幅度，即“七年以下有期徒刑”和“情节严重的，处七年以上有期徒刑或者无期徒刑”。依照刑法相关规定，在第一个法定刑幅度内量刑，追诉期限为十年；在第二个法定刑幅度内量刑，追诉期限为二十年。本案的关键问题在于，能否认定二被告人的行为属于“情节严重”？

有观点认为，非法买卖枪支并造成1人伤亡后果的，就应当认定为《1995年解释》第二条第五项中规定的“其他情形”，并据此定罪处罚。本案中，另案被告人范杰明持张玉良、方俊强出售的枪支共造成5人死亡、3人重伤的后果，明显超过基本犯罪构成中的定量要素，超出的部分可以认定为《1995年解释》第三条规定的“其他严重情节”，并作为加重处罚的依据，这并不属于对同一情节的重复评价。

我们认为，《1995年解释》对非法买卖枪支罪所规定的“其他情形”，在性质上属于犯罪构成的客观要素，因此，无论范杰明利用购买的枪支实施了多么严重的危害行为，其行为只能作为一个整体被评价为“其他情形”，即作为犯罪成立的条件，而不能在作为入罪条件后，再次作为量刑情节进行评价，否则即违背“禁止重复评价”原则。相应地，《1995年解释》第三条规定的“具有其他严重情节”，应当是指已符合非法买卖枪支罪基本犯的构成条件，同时又具有其他情节。实际上，针对“其他情形”在定罪量刑中的地位，《2001年解释》已经作出明确规定，依照该解释，未达到构成本罪的最低数量标准，但具有造成严重后果等其他恶劣情节的可构成本罪，这种情况下“其他恶劣情节”是犯罪成立条件；达到最低数量标准，即买卖枪支的行为已经满足基本犯罪构成的前提下，“其他恶劣情节”则成为法定刑升格的条件。本案中，被告人张玉良、方俊强出售枪支给范杰明后，范杰明使用该枪支造成5人死亡、3人重伤的后果，应当被认定为《1995年解释》第二条所规定的“其他情形”，而不能再被认定为《1995年解释》第三条所规定的“其他严重情节”，据此，对二被告人应在七年以下有期徒刑的法定刑幅度内量刑，相应的追诉时效期限应为10年。

综上，本案中，被告人张玉良、方俊强的行为已经构成非法买卖枪支罪，应在七年以下有期徒刑的法定刑幅度内量刑,从二被告人的犯罪行为完成之日起计算追诉时效,该案的追诉时效应为10年,因现已超出追诉时效期限,故不应追究二被告人的刑事责任。

（撰稿:最高人民法院刑三庭　王亚凯
上海市第二中级人民法院　黄伯青
审编:最高人民法院刑三庭　罗国良）

[第1134号]沈某某滥用职权案

——滥用职权罪追诉时效期限的起算点应如何认定

【关键词】　滥用职权罪　追诉时效

一、基本案情

被告人沈某某,男,1952年9月21日出生。因涉嫌犯滥用职权罪于2012年12月26日被取保候审。

某县人民检察院以被告人沈某某犯滥用职权罪,向某县人民法院提起公诉。

被告人沈某某对指控的犯罪事实无异议,请求法庭对其从轻并免予刑事处罚。

某县人民法院经审理认为,被告人沈某某的行为属于犯罪已过追诉时效期限且不是必须追诉的情形,依照《中华人民共和国刑法》第三百九十七条第一款、第八十七条第一项,《中华人民共和国刑事诉讼法》第十五条第二项及《最高人民法院关于适用〈中华人民共和国刑事诉讼法〉若干问题的解释》第二百四十一条第一款第八项的规定,裁定本案终止审理。

一审宣判后,某县人民检察院提出抗诉。

某县人民检察院抗诉认为,一审认定事实确有错误。滥用职权罪系以危害结果为构成条件的渎职犯罪,其行为追诉时效期限应当从危害结果发生或者呈现后符合本罪构成要件之日起计算,并非以行为实施之日计算追诉时效期限。本案中,被告人沈某某滥用职权的行为虽然发生在2007年,但直至2011年9月在逃犯张某青在部队落网之日,其为被上网追逃的抢劫犯罪嫌疑人张某青"漂白"身份,致使其长期潜逃并以"合法"身份混入部队,造成恶劣社会影响的结果才得以发生并呈现,且随着该事件的曝光,在较大范围内弱化和降低了国家机关及其工作人员在人民群众中的执法威信,对党和国家形象造成不可避免的负面影响。上述危害结果属于《最高人民检察院关于渎职侵权犯罪案件立案标准的规定》中"严重损害国家声誉,或者造成恶劣社会影响"的具体体现,即沈某某滥用职权的行为是在2011年9月造成上述危害后果时才符合本罪构成要件的,依法应当从2011年9月起计算追诉时效期限。依法应追究沈某某的刑事责任。

某市人民检察院支持上述抗诉意见。

被告人沈某某及其辩护人对公诉机关的抗诉提出异议,认为本案在2007年10月24日沈某某签署同意更改户籍登记时危害结果已发生,同年11月18日,张某青通过征兵政审是最后一个危害后果,被告人的犯罪行为已超过追诉时效期限。本案的后果造成有多方面责任,不应由被告人一人承担。

某市中级人民法院经审理查明,罪犯张某青因涉嫌犯抢劫罪,于2007年9月20日被某县公安局上网追逃。同年10月,张某青的父亲张某某打算送其去当兵,因其未达到法定服兵役年龄,便以张某青户口簿在录入填报时有错为由，到村委会出具张某青出生日期录错的相关证明材料，后到公安机关办理申请更正张某青出生日期的有关事宜。同年10月24日，时任某县公安局城东派出所教导员的被告人沈某某在办理张某青的户口项目变更申请时，违反公安机关户政管理的有关规定，在张某青的《户口项目变更更正申请审批表》中“申请人签名”“监护人情况”“受理单位派出所承办人意见和签名”等项目欠缺填写，更改出生日期所必需的原始材料严重欠缺，审批程序手续不齐全的情况下，不按规定要求当事人提供张某青的《出生证》或其他有效的原始凭证，不调取张某青前入户的户籍信息档案对比核实，不派员或自行对申请人的情况进行调查核实，就直接办理审批同意张某青的变更户籍信息申请。

2007年10月29日，某县公安局户政股股长刘某某(另案处理)在审批张某青更改出生日期时，在审批手续不齐全的情况下，轻信所在派出所审核把关，同意张某青更改出生日期。同年11月2日，张某青的出生日期由1991年12月7日更改为1989年12月7日，身份证号码也相应变更，变更后的出生日期和身份证号码被重新录入户政管理系统，致使张某青原网上追逃的身份证号码在全国人口信息系统中无法找到，致使张某青抢劫的犯罪事实得不到及时的追究。

被告人沈某某在任某县公安局城东派出所教导员期间，负责所在辖区征兵政审工作。2007年11月18日，沈某某在办理张某青的征兵政审工作期间，没有认真执行公安部、总参谋部、总政治部颁发的《关于征兵政治审查组织实施工作的规定》的有关规定，在没有对张某青的情况进行调查核实的情况下，就在张某青的《应征公民政治审查表》上签署“张某青符合征兵政审条件”的审查意见，后又在张某青的《接兵干部走访调查表》上签署“该青年无违法违纪及不良行为”的意见，致使张某青于2007年12月1日政审合格并应征入伍，参加中国人民解放军部队，服役至2011年9月。2011年9月，某县公安机关在“清网”行动中，经进一步核查张某青的真实身份，将其从服役的部队抓获归案。2012年8月10日，某县人民法院以抢劫罪判处张某青有期徒刑一年十个月，并处罚金人民币二千元。

潮州市中级人民认为，被告人沈某某的行为已构成滥用职权罪，依照《中华人民共和国刑法》第三百九十七条第一款的规定，被告人应“处三年以下有期徒刑或者拘役”。依照《中华人民共和国刑法》第八十七条第一项的规定：“犯罪经过下列期限不再追诉：(一)法定最高刑为不满五年有期徒刑的，经过五年……”沈某某于2007年10月24日违法行使审批权，致张某青的出生时间和身份信息于2007年11月2日被重新录入户政管理系统，使其抢劫的犯罪事实得不到及时的追究。后又于11月18日在张某青的征兵政审工作中不负责任地出具张某青符合征兵政审条件和无违法违纪及不良行为的意见，致张某青于2007年12月1日应征入伍服兵役，至此犯罪结果发生，沈某某的行为符合滥用职权罪的构成要件，应认定为《中华人民共和国刑法》第八十九条第一款规定的“犯罪之日”，并由此时起算追诉时效，至2012年11月30日追诉期限届满。2012年12月26日检察机关对沈某某立案侦查时，已超过追诉时效。一审裁定认定事实清楚，适用法律正确，处理恰当，审判程序合法。抗诉机关的抗诉理由不能成立，不予支持。依照《中华人民共和国刑事诉讼法》第二百二十五条第一款第一项之规定，裁定驳回抗诉，维持原审裁定。

二、主要问题

滥用职权罪作为以危害结果为条件的渎职犯罪，应如何认定追诉时效期限的起算点？

三、裁判理由

近年来，在公安机关开展的“清网行动”中，不时发现一些被通缉人员通过公安机关有关人员的渎职行为，在户口登记过程中，违反规定办理身份证，从而“漂白”了身份，给通缉工作带来巨大困难。但是此类案件中，违规办理身份证的时间和“清网行动”中发现通缉犯的时间往往相距较长，如何把握渎职罪的追诉时效期限，成为疑难问题。根据刑法第八十九条第一款的规定，追诉期限从犯罪之日起计算；犯罪行为有连续或者继续状态的，从犯罪行为终了之日起计算。关于“犯罪之日”的含义，司法实践中存在“犯罪成立之日”“犯罪行为实施之日”“犯罪行为发生之日”“犯罪行为完成之日”“犯罪行为停止之日”等不同理解。本案在审理中，对于如何认定被告人沈某某滥用职权的追诉时效期限，以及是否已超过追诉时效期限的问题就存在两种不同意见：第一种意见，即公诉机关的意见是，滥用职权罪的追诉时效期限应当从危害结果发生或者呈现后，即符合构成要件之日起计算，并非以行为实施之日计算。本案中，沈某某滥用职权的行为虽然发生在2007年，但直至2011年9月在逃犯张某青在部队落网之日，沈某某滥用职权的行为才造成恶劣社会影响，从而符合滥用职权罪的构成要件，应当从2011年9月起计算追诉时效期限，本案没有超过追诉时效期限，应追究被告人的刑事责任。第二种意见，即一、二审法院的意见是，“犯罪之日”应当理解为犯罪成立之日，即犯罪行为符合全部构成要件之日。沈某某滥用职权行为的犯罪后果，在张某青更改身份证号码后于2007年12月1日应征入伍时已全部产生，沈某某的行为在当时已经符合滥用职权罪的犯罪构成要件，故追诉期限应从2007年12月1日起算，本案已超过五年的追诉时效期限。

我们同意一、二审法院的意见，具体理由如下：

（一）本案追诉期限应从沈某某滥用职权全部犯罪后果产生之日起算

依照刑法第三百九十七条第一款的规定，滥用职权罪属于结果犯，即除了有犯罪行为外，还应该致使公共财产、国家和人民利益遭受重大损失这一后果发生才构成犯罪。根据《最高人民法院、最高人民检察院关于办理渎职刑事案件适用法律若干问题的解释（一）》第六条的规定，以危害结果为条件的渎职犯罪的追诉期限，从危害结果发生之日起计算；数个危害结果的，从最后一个危害结果发生之日起计算。

首先，本案中需要明确被告人沈某某犯罪行为发生的时间。2007年10月24日，沈某某签署同意张某青变更户籍信息申请；同年10月29日，同案人刘某某审批同意更改；同年11月2日，公安网上系统审批同意更改，张某青出生时间由1991年12月7日更改为1989年12月7日，后身份证号码也作了相应更改。2007年11月18日，沈某某在张某青《应征公民政治审查表》上“常住户口所在地公安派出所审查意见”栏上签署意见，此时其犯罪行为已实施完毕。

其次，本案中需要明确被告人沈某某犯罪行为的危害结果发生时间。检察机关认为，2011年9月张某青被抓获时，沈某某渎职行为的危害后果才发生，追诉期限应从此时起算；而一、二审法院认为，县武装部出具张某青“政审合格”的意见，2007年12月1日张某青入伍之时，沈某某渎职行为的危害后果已经发生，追诉期限应从此时起算。我们同意后一种观点，司法实践当中，渎职犯罪的情况复杂，渎职行为造成损害后果的情形也较为复杂，有生命损害、健康损害、物质损害等，不同的损害后果，在认定发生时间上也不尽相同。就本案而言，沈某某滥用职权造成的后果有两个：一是因为张某青原来网上追逃的身份证号码在全国人口信息系统中无法找到，致使其抢劫的犯罪事实得不到及时的追究；二是张某青于2007年12月1日应征入伍，参加中国人民解放军部队。如果从“漂白”身份妨害司法机关及时追究张某青刑事责任的角度来看，沈某某渎职行为的危害后果从其违反规定为张某青更改户口登记，导致张某青身份证号码被更改时就已经开始产生，到张某青应征入伍时，沈某某渎职行为的危害后果已全部产生。因为从张某青入伍之日起，司法机关查处逃犯的难度大大增加，妨害了司法机关的追逃行动，从而危害社会的安全，此时的损害后果也可以理解为“其他致使公共财产、国家和人民利益遭受重大损失的情形”，因此，2007年12月1日张某青入伍时，沈某某渎职行为的危害后果已经产生，其滥用职权行为符合犯罪构成要件,构成滥用职权罪,追诉期限应从该日起算。

检察机关认为沈某某滥用职权行为的犯罪后果至2011年9月张某青被抓获时才发生,实际上是混淆了刑法理论中的继续犯和状态犯的概念。继续犯也称持续犯,是指作用于同一对象的一个犯罪行为从着手实行到行为终了,犯罪行为与不法状态在一定时间内同时处于不间断的持续状态的犯罪,如非法拘禁罪、窝藏罪等。继续犯有以下几个特征:第一,行为人出于一个故意,实施一个犯罪行为。第二,犯罪行为必须持续一定的时间。第三,犯罪行为与犯罪造成的不法状态同时继续,这是继续犯重要的特征。继续犯实施的犯罪行为往往一经实施,犯罪造成的不法状态即犯罪客体遭受侵害的状态就已经形成。犯罪行为的继续,也就意味着犯罪不法状态的继续。而状态犯,是指犯罪行为已经实施完毕,但犯罪行为所造成的不法状态仍在继续。状态犯的典型特征是属于构成要件的犯罪行为先行结束、不法状态单独继续着。继续犯与状态犯,虽然都有不法状态的继续,但两者的本质区别在于:继续犯的不法状态从犯罪实行时就已产生;而状态犯的不法状态产生于犯罪行为实行终了。继续犯是实行行为本身的持续,行为的持续导致不法状态也在持续,也即继续犯的行为对法益的侵犯在持续,行为的构成要件符合性在持续;而状态犯发生侵害结果后,行为的构成要件符合性没有持续,仅仅是犯罪的不法状态的继续。因此,刑法第八十九条规定,犯罪行为有连续或者继续状态的,追诉期限从犯罪行为终了之日起计算,这是刑法对连续犯和继续犯的追诉期限所做的特殊规定。

我们认为,滥用职权罪属于状态犯,而非继续犯。滥用职权罪的犯罪行为实行终了后产生不法状态,即侵害结果,此后,侵害结果虽然一直存在,但滥用职权行为本身已经实行终了,没有持续,因此,追诉期限仍应从滥用职权行为造成的侵害结果发生之日起算,而不能以侵害结果终了之日起算。本案中,被告人沈某某违法行使审批权,致张某青的出生日期和身份信息被重新录入户政管理系统,使其抢劫的犯罪事实得不到及时的追究。后又在张某青的征兵政审工作中不负责任地出具张某青符合征兵政审条件和无违法违纪及不良行为的意见,致张某青于2007年12月1日应征入伍服兵役等危害后果发生后。在危害后果持续期间,沈某某再没有实施其他滥用职权的行为,追诉期限应从2007年12月1日起算,之后张某青继续服兵役至2011年9月才被抓获归案,这期间是不法状态的持续,而不是犯罪行为的持续。

(二)本案属于超过追诉时效期限,应裁定中止审理

根据检察机关指控的情节,“沈某某违反公安机关户政管理制度,滥用职权,擅自办理审批他人更正出生日期业务,致使他人逃避刑事处罚,造成恶劣社会影响”,依照刑法第三百九十七条第一款的规定,被告人应“处三年以下有期徒刑或者拘役”。依照刑法第八十七条第一项的规定:“犯罪经过下列期限不再追诉:(一)法定最高刑为不满五年有期徒刑的,经过五年……”被告人沈某某犯滥用职权罪,于2007年12月1日起算追诉期限,至2012年11月30日追诉期限届满。2012年12月26日检察机关对沈某某立案侦查时,已超过追诉时效期限,且本案不是必须追诉的情形,根据刑事诉讼法的相关规定应裁定终止审理。

综上,一、二审法院从被告人沈某某滥用职权犯罪后果产生之日起算本案的追诉时效期限,据此认定本案已超过追诉时效期限,裁定终止审理是适当的。

(撰稿:潮州市中级人民法院　林钟彪　林伟桐
审编:最高人民法院刑四庭　陆建红)

[第1200号]袁明祥、王汉恩故意杀人案

——如何理解“被采取强制措施以后,逃避侦查或者审判的,不受追诉期限的限制”

【关键词】 强制措施 逃避侦查或者审判 追诉期限

一、基本案情

被告人袁明祥,男,1971年4月24日出生。1993年4月5日因涉嫌犯故意杀人罪被逮捕,1994年10月26日被取保候审,2015年8月17日因本案再次被取保候审。

被告人王汉恩,男,1971年11月7日出生。1993年4月2日因涉嫌犯故意杀人罪被批准逮捕,因潜逃直至2015年7月6日被公安机关抓获归案,同年7月16日被执行逮捕。

贵州省黔南布依族苗族自治州人民检察院于2016年4月18日以被告人袁明祥、王汉恩犯故意杀人罪向黔南布依族苗族自治州中级人民法院提起公诉。

黔南布依族苗族自治州中级人民法院经审理查明:

1993年3月4日晚,被告人袁明祥从父亲潘益群处获知,当日下午村民罗灿平(被害人,殁年22岁)携刀在其家门口徘徊。袁明祥认为罗灿平要报复自己,遂于当日21时许邀约被告人王汉恩打罗灿平,后二人各携带一把菜刀,在福泉市凤山镇牛角田村一油菜田中守候。当日23时许,罗灿平回家路过油菜田,袁明祥拦住罗灿平,二人发生争执扭打。袁明祥按倒罗灿平并骑压在罗身上,王汉恩随后用手殴打罗灿平,后又拿出携带的菜刀乱砍罗灿平头部、脖颈等部位。袁明祥发现罗灿平不再挣扎后,与王汉恩一起逃离现场。经鉴定,罗灿平系被锐器砍伤头、颈部,致右颈部总动脉破损而大失血死亡。

另查明:袁明祥1993年3月5日外逃至福泉市兴隆乡时被公安机关抓获,同年4月5日被逮捕。因同案犯在逃,案件事实无法查清,1994年10月26日袁明祥被取保候审。王汉恩作案后潜逃,1993年4月2日被批准逮捕。2015年7月6日,王汉恩被抓获归案。2015年8月17日,袁明祥被取保候审。

黔南布依族苗族自治州中级人民法院认为,被告人袁明祥被采取强制措施后没有逃避侦查、审判,其犯罪行为已过20年的追诉期限,如果公诉机关认为必须追诉,须报请最高人民检察院核准,而本案公诉机关并未履行此程序。据此,依照《中华人民共和国刑法》第十二条、第八十七条及《中华人民共和国刑事诉讼法》第十五条第一款第二项之规定,裁定对被告人袁明祥终止审理。被告人王汉恩持刀杀死被害人罗灿平的行为构成故意杀人罪,王汉恩在案发被批捕后逃避侦查和审判,其犯罪行为未过追诉期限,依照《中华人民共和国刑法》第十二条及1979年《中华人民共和国刑法》第一百三十二条、第二十二条、第二十四条、第六十三条之规定,以故意杀人罪判处被告人王汉恩有期徒刑十年。

宣判后,二被告人均服判,检察机关亦未提出抗诉,判决、裁定已发生法律效力。

二、主要问题

1. 如何理解1979年刑法所规定的不受追诉期限限制情形中的“被采取强制措施以后,逃避侦查或者审判”?

2. 对共同犯罪案件如何分别确定被告人的追诉期限?

三、裁判理由

本案中,被告人袁明祥、王汉恩1993年实施共同故意杀人犯罪后,袁明祥曾被采取强制措施,后因证据不足一直未得到依法审判;王汉恩负案潜逃20余年后被抓获归案。1979年和1997年颁布的刑法,对于犯罪追诉期限的规定基本相同,两者均规定被告人"逃避侦查或者审判"的,不受追诉期限限制。但对该例外情况的前提规定有所不同:1979年刑法规定为"采取强制措施以后";1997年刑法为"立案侦查或者人民法院受理案件以后",由此导致部分发生在1997年刑法颁布以前的案件,对犯罪是否超过追诉期限的问题出现不同认识。同时,对共同犯罪中部分被告人不受追诉期限限制的,是否引起其他被告人追诉期限的变化,刑法未明确规定,实践中认识不一。本案审理过程中,对二被告人故意杀人犯罪是否已超过追诉期限,存在不同意见:

第一种意见认为,袁明祥、王汉恩1993年3月4日犯罪,至2015年二被告人被采取强制措施追诉,已经超过20年的犯罪最长追诉期限,应裁定对二被告人终止审理。

第二种意见认为,袁明祥、王汉恩1993年3月4日犯罪后,侦查机关即立案侦查,二被告人的犯罪均未过追诉期限,应对二被告人继续审理。

第三种意见认为,袁明祥、王汉恩1993年3月4日实施犯罪,根据刑法从旧兼从轻的处罚原则及1997年《最高人民法院关于适用刑法时间效力规定若干问题的解释》(以下简称《刑法时间效力解释》)第一条之规定,对二被告人犯罪追诉期限的判断,应适用1979年刑法。据此,袁明祥犯罪后虽被采取逮捕、取保候审等强制措施,但未逃避侦查和审判,受追诉时效期限限制,袁明祥被起诉时已过20年追诉期限。根据1979年刑法第七十六条之规定,检察机关追诉袁明祥,须报请最高人民检察院核准。故根据《最高人民法院关于适用〈中华人民共和国刑事诉讼法〉的解释》第一百八十一条第一款第六项之规定,应裁定终止审理或者退回检察机关处理。王汉恩犯罪后,检察机关对王汉恩批准逮捕,因其潜逃未能执行,王汉恩的行为符合1979年刑法第七十七条规定的不受追诉期限限制的情形,对其应继续审理。

我们原则同意第三种意见。具体理由如下:

(一)判断追诉期限问题适用的法律依据

《刑法时间效力解释》第一条规定:"对于行为人1997年9月30日以前实施的犯罪行为,在人民检察院、公安机关、国家安全机关立案侦查或者在人民法院受理案件以后,行为人逃避侦查或者审判,超过追诉期限……是否追究行为人的刑事责任,适用修订前的刑法第七十七条的规定。"故对本案中被告人袁明祥、王汉恩的犯罪行为是否超过追诉期限,判断的法律依据应为1979年刑法第七十六条、第七十七条。

(二)袁明祥、王汉恩的犯罪行为是否超过追诉期限

本案袁明祥、王汉恩殴打罗灿平并致其死亡,涉及犯罪的法定最高刑为无期徒刑、死刑,根据1979年刑法第七十六条的规定,追诉时效期限为20年。本案从案发到二被告人被追诉,已经超过了20年。但同时根据1979年刑法第七十七条"在人民法院、人民检察院、公安机关采取强制措施以后,逃避侦查或者审判的,不受追诉期限的限制"的规定,袁明祥、王汉恩的行为若符合第七十七条规定的情形,则二人不受追诉期限限制。判断犯罪行为是否不受追诉期限的限制,需考虑两个方面:一是被告人是否曾被采取强制措施;二是在被采取强制措施之后,是否逃避侦查或者审判。袁明祥犯罪后虽被采取逮捕、取保候审等强制措施,但未逃避侦查和审判,不符合第七十七条规定的情形,应受追诉时效期限限制,袁明祥被起诉时已过20年追诉期限。

案发后,检察机关决定对王汉恩批准逮捕,但因王汉恩作案后潜逃,未能执行逮捕,则对王汉恩批准逮捕是否属于对王汉恩采取强制措施,即成为确认王汉恩的犯罪是否受追诉时效期限限制的

关键。1992年4月9日《最高人民检察院关于刑法第七十七条有关采取强制措施的规定应如何适用的批复》(高检发研字〔1992〕4号,以下简称《批复》)明确规定,刑法第七十七条所规定的不受追诉期限限制的情形,既适用于已经执行强制措施后逃避侦查或者审判的,也适用于人民法院、人民检察院、公安机关决定(批准)采取强制措施后,由于犯罪分子逃避而无法执行,以及犯罪分子在逃,经决定(批准)逮捕并发布通缉令后拒不到案的。人民检察院对符合上述情况的犯罪分子,应当依法追诉。因此,根据本案的具体情况,王汉恩所实施的故意杀人犯罪不受追诉时效限制,应当追诉。

值得注意的是,2002年2月25日《最高人民检察院关于废止部分司法解释和规范性文件的决定》废止了《批复》,有观点据此认为该批复已经失效,王汉恩被批捕不应视为已被采取强制措施,而由于王汉恩被抓获时距离实施犯罪已超过20年,也没有经最高人民检察院核准继续追诉,其犯罪行为的追诉期限已过。我们认为,废止《批复》的原因表述为"该批复中的相关内容已在刑法第八十八条、第八十九条中作出明确规定";刑法第八十八条规定,不受追诉期限限制的前提条件是"立案侦查或者人民法院受理案件以后","立案侦查以后"涵盖的情形范围显然宽于"被批准逮捕以后"。因此,该《批复》被废止是因内容已涵盖在刑法第八十八条的规定中,而非与现行刑法相悖,对其所明确的批准逮捕属于采取强制措施,应视为有权机关为明确特定法律适用问题而作出的权威解释。在没有其他法律法规对该问题作出相反规定的情况下,《批复》的精神仍可参照适用。故王汉恩在1993年犯罪后被批准逮捕,应视为被采取强制措施,王汉恩的行为符合1979年刑法第七十七条不受追诉期限限制的情形。

(三)对共同犯罪中部分被告人已过追诉期限的如何处理

对于共同犯罪中,部分被告人的追诉期限延长或中断,或者不受追诉期限限制,是否必然影响共同犯罪中其他被告人的追诉期限,法律没有明确规定。我们认为,应当对共同犯罪中各被告人的追诉时效分别评价判断,主要理由是:追诉时效是依照法律规定对犯罪分子追究刑事责任的有效期限,是解决某一犯罪行为经过一定的时限,是否还需要对犯罪分子起诉追究其刑事责任,设立时效制度的一项重要考虑是稳定既有的社会关系。追诉时效期限的长短,是根据犯罪分子所犯罪行对应的法定最高刑进行确定。是否受追诉期限限制,考察的是犯罪分子是否具有逃避侦查或者审判的情形,必然要求结合各被告人的具体情况进行个别化判断。本案中,袁明祥、王汉恩系共同犯罪,二人作案后,袁明祥未逃避侦查,而王汉恩在被批捕的情况下一直负案潜逃,故王汉恩犯罪不受追诉期限限制,不必然引起袁明祥也不受追诉期限的限制。

本案中,袁明祥的犯罪已过追诉期限,王汉恩不受追诉期限的限制,二被告人均被提起公诉,法院应当如何处理?我们认为,刑法对法定最高刑为有期徒刑的,规定了确定的追诉时效期限,超过了就不能再追诉;但对法定最高刑为无期徒刑、死刑的,除规定20年追诉时效期限外,还规定"如果二十年以后认为必须追诉的,须报请最高人民检察院核准"。就本案而言,袁明祥犯罪已经超过20年追诉时效期限,根据《最高人民法院关于适用〈中华人民共和国刑事诉讼法〉的解释》第一百八十一条第一款第六项以及《中华人民共和国刑事诉讼法》第十五条之规定,应裁定终止审理,或者若认为必须追诉,则退回检察机关,报请最高人民检察院核准后再依法起诉。在本案审理过程中,袁明祥、王汉恩就死亡赔偿问题与被害人亲属达成调解协议,取得一定程度的谅解;公诉机关亦未启动对袁明祥报请最高人民检察院核准追诉的程序,故法院依法裁定对袁明祥终止审理,对王汉恩依法定罪判刑,是合适的。

(撰稿:贵州省高级人民法院刑一庭　饶　星　杨雪梅
审编:最高人民法院刑一庭　管应时)

[第 1278 号] 张丽荣脱逃案

——死刑缓期执行期间犯脱逃罪的，追诉时效及死缓执行期间的计算问题

【关键词】 脱逃罪　死刑缓期执行　追诉时效

一、基本案情

被告人张丽荣，女，汉族，1964 年 3 月 9 日出生。1992 年 9 月 25 日因犯故意杀人罪被黑龙江省七台河市中级人民法院判处死刑，缓期二年执行，剥夺政治权利终身。2016 年 6 月 12 日因涉嫌犯脱逃罪被刑事拘留，同年 6 月 24 日被逮捕。

黑龙江省七台河市人民检察院以被告人张丽荣犯脱逃罪向七台河市中级人民法院提起公诉。

被告人张丽荣对公诉机关指控的犯罪事实及罪名无异议，但辩解其系临时起意脱逃。其辩护人提出，张丽荣自愿认罪，脱逃期间无违法犯罪行为，主观恶性不深，不属情节恶劣，建议对其从轻处罚。

七台河市中级人民法院经审理查明：1992 年 1 月 11 日，张丽荣因家庭矛盾与其婆婆安玉芳发生口角后用斧子将安玉芳砍死。七台河市中级人民法院于 1992 年 9 月 25 日以故意杀人罪判处其死刑，缓期二年执行。黑龙江省高级人民法院于 1993 年 4 月 14 日作出核准其死刑、缓期二年执行的裁定，并于同年 5 月 4 日送达。裁定送达生效后张丽荣尚未投监仍在看守所羁押。1993 年 9 月 8 日，张丽荣与其他犯人同到七台河市人民医院就医，张丽荣做完手术临时看押在医院一楼门厅处等待囚车，在值勤管教疏于防范的情况下脱逃，后公安机关组成抓捕组以张丽荣涉嫌犯故意杀人罪予以追逃。2005 年 11 月 4 日，七台河市公安局直属分局决定对张丽荣刑事拘留，并以涉嫌犯故意杀人罪对其上网通缉，2016 年 5 月，侦查机关获得其藏匿在广东省惠州市的线索，在当地公安机关配合下，于同年 5 月 25 日在惠州市××××公寓住处将其抓获。张丽荣对脱逃犯罪事实供认不讳。

七台河市中级人民法院认为，被告人张丽荣因犯故意杀人罪被判处死刑，缓期二年执行，判决已发生法律效力，在尚未投监羁押于看守所的死刑缓期执行期间，为逃避刑罚趁外出就医过程中管教疏于防范而脱逃，其行为构成脱逃罪。原判故意杀人罪系家庭矛盾引发犯罪，藏匿期间亦未发现有其他违法犯罪，再犯罪可能性和人身危险性不大。根据被告人张丽荣脱逃犯罪的事实、性质、情节及对社会的危害程度，依照《中华人民共和国刑法》第三百一十六条、第五十条第一款、第五十一条、第六十七条第三款、第六十九条、第七十一条的规定，以脱逃罪判处被告人张丽荣有期徒刑三年。与先前故意杀人罪判决所判处的死刑、缓期二年执行、剥夺政治权利终身的刑罚并罚，决定执行死刑，缓期二年执行，剥夺政治权利终身。

一审宣判后，被告人张丽荣服判不上诉。七台河市中级人民法院依法将本案报送黑龙江省高级人民法院复核。复核期间张丽荣的辩护人提出张丽荣坦白犯罪，在逃期间没有违法犯罪行为，社会危害性较小，可对其从轻处罚的辩护意见。

黑龙江省高级人民法院经审理认为，一审判决认定张丽荣犯脱逃罪的部分事实不清，裁定发回七台河市中级人民法院重审。

七台河市中级人民法院经重新审理认为，被告人张丽荣在死刑缓期执行期间，于 1993 年 9 月 8 日趁羁押机关组织外出就医时脱逃。张丽荣脱逃后，公安机关虽对其追逃，但至 2005 年 11 月 4 日才决定对张丽荣刑事拘留并上网通缉，已超过追诉时效期限。依照 1979 年《中华人民共和国刑法》第七十六条、2012 年《中华人民共和国刑事诉讼法》第十五条第二项、《最高人民法院关于适用〈中华人民共和国刑事诉讼法〉的解释》第二百四十一条第八项的规定，裁定本案终止审理。本案现已发生法律效力。

二、主要问题

1. 死刑缓期执行期间，被告人犯脱逃罪的时效应如何认定？

2. 脱逃罪因超过追诉时效裁定终止审理后，原死刑缓期执行期间如何计算？

三、裁判理由

本案在审理过程中，对被告人张丽荣犯脱逃罪的追诉时效问题存在争议：一种意见认为，被告人张丽荣因犯罪被逮捕后在看守所羁押，其在被采取强制措施的情况下脱逃，不受追诉期限的限制。被告人因在死缓考验期内犯新罪，应数罪并罚。另一种意见则认为，被告人张丽荣在死刑缓期执行期间，趁羁押场所司法工作人员不备而逃跑，其行为构成脱逃罪，但因没有对张丽荣正式立案侦查，亦未采取强制措施，其脱逃犯罪行为已超过追诉期限，不应追究刑事责任，其死刑缓期执行的期间不能重新计算，但其脱逃期间不能计入死刑缓期执行的期间。

我们同意后一种意见，理由如下：

（一）本案脱逃罪已经超过追诉期限

被告人张丽荣因犯故意杀人罪，被判处死刑，缓期二年执行，核准裁定送达后死刑缓期执行期间已经开始计算，其又故意犯罪，因张丽荣所犯脱逃罪法定最高刑为五年有期徒刑，追诉时效应为十年。张丽荣脱逃后，侦查机关没有及时针对其脱逃犯罪立案侦查和采取强制措施，直至 2005 年 11 月 4 日决定对张丽荣刑事拘留，并以其涉嫌犯故意杀人罪上网通缉。根据 1997 年 10 月 1 日起施行的《最高人民法院关于适用刑法时间效力规定若干问题的解释》第一条的规定，对于行为人 1997 年 9 月 30 日前实施的犯罪行为，在人民检察院、公安机关、国家安全机关立案侦查或者在人民法院受理案件以后，行为人逃避侦查或者审判，超过追诉期限或者被害人在追诉期限内提出控告，人民法院、人民检察院、公安机关应该立案而不立案，超过追诉期限的，是否追究行为人的刑事责任，适用修订前的刑法第七十七条的规定，即“在人民法院、人民检察院、公安机关采取强制措施以后，逃避侦查或者审判的，不受追诉期限的限制”。张丽荣犯脱逃罪的追诉期限为十年，公安机关在其脱逃犯罪后的十年内（1993 年 9 月 8 日至 2003 年 9 月 7 日）没有对张丽荣采取强制措施，其犯罪行为已超过追诉期限，不应再追诉，对公诉机关提出张丽荣犯脱逃罪的指控，应裁定终止审理。对于第一种意见将张丽荣因故意杀人犯罪被羁押解释为采取强制措施，我们认为该意见有扩大解释的问题。首先，前述“强制措施”应理解为人民法院、人民检察院、公安机关采取的拘留、逮捕等法定刑事强制措施，不能扩大解释为一切被限制人身自由的状态。张丽荣脱逃时虽被羁押，但被羁押的依据是前罪的生效判决，属于服刑而非被采取刑事强制措施。其次，如果该意见成立，那么所有脱逃案件将不存在追诉时效的问题，因为脱逃的前提就是被羁押，另外，对于脱逃的犯罪类型，主流的观点均认为其系状态犯而不是持续犯，张丽荣脱逃获得“自由”后即为犯罪既遂，后续表现为脱逃的状态。

（二）本案死刑缓期执行期间应连续计算，在逃期间应扣除

本案的另外一个难点就是被告人张丽荣死刑缓期执行期间如何计算。根据《中华人民共和国刑法修正案（九）》对 1997 年刑法第五十条第一款修改后的规定，即“判处死刑缓期执行的，在

死刑缓期执行期间……对于故意犯罪未执行死刑的,死刑缓期执行的期间重新计算”,如果认定张丽荣犯脱逃罪,将脱逃罪与前罪数罪并罚,判处死缓并核准后,重新执行不存在规范障碍。这是因为死缓执行期间又犯新罪,需要数罪并罚重新作出判决,如果判处死缓,则缓期执行期间当然应该重新计算。而本案的情况不同,因认定张丽荣脱逃罪已过追诉时效裁定终止审理,即表明刑法对张丽荣的此项犯罪已经不再追诉,不需要数罪并罚重新判决,故不能适用死刑缓期执行期间重新计算的规定。值得说明的是,因过追诉时效法院裁定终止审理即应当视其为无罪处理,不能理解为构成故意犯罪免予刑事处罚,我国的时效制度规定仅限于追诉时效,而不是行刑时效,任何人未经审判不得认定为有罪,本案裁定终止审理的情形不同于一审认定被告人有罪,二审期间因被告人死亡而裁定终止审理的情形,因后一种情形一审已经认定被告人有罪,二审期间的终止审理裁定有被告人构成犯罪但因被告人死亡而终止程序之意,对于二审期间经审查被告人无罪的必须宣告无罪而不得终止审理,两个终止审理的内涵和外延有所不同。简而言之,本案的终止审理是对犯罪不予追诉,不能适用关于犯新罪的重新计算死缓执行期间的规定。

按照刑法及刑事诉讼法的规定,对张丽荣的死刑缓期执行期间不能重新起算。2017年1月1日起施行的《最高人民法院关于办理减刑、假释案件具体应用法律的规定》亦仅规定了被判处死刑缓期执行的罪犯,在死刑缓期执行期内被发现漏罪的,依据刑法第七十条规定数罪并罚,决定执行死刑缓期执行的,死刑缓期执行期间自新判决确定之日起计算,已经执行的死刑缓期执行期间计入新判决的死刑缓期执行期间内。

对于本案,既不符合重新计算死刑缓期执行期间的规定,又不能依据漏罪的规定直接将已执行期间计入死刑缓期执行期间内,属于尚无明确规定的情形。我们认为,应坚持从旧兼从轻,从有利于被告人的原则出发,按照《刑法修正案(九)》规定的思路、目的,对张丽荣死刑缓期执行期间应连续计算,但其脱逃的期间必须予以扣除,并执行《最高人民法院关于办理减刑、假释案件具体应用法律的规定》第十二条,即死刑缓期执行罪犯在缓期执行期间不服从监管、抗拒改造,尚未构成犯罪的,在减为无期徒刑后再减刑时应当适当从严。

(撰稿:黑龙江省高级人民法院　于苗淼
审编:最高人民法院刑三庭　周　川　嵇晶晶)

[第1296号]林少钦受贿案

——新的司法解释降低受贿行为对应的法定刑幅度后,已经立案侦查并进入诉讼程序的受贿案件是否需要重新计算诉讼时效

【关键词】 受贿罪　从旧兼从轻　诉讼时效

一、基本案情

被告人林少钦,男,汉族,1955年6月17日出生,福建省三明市粮食局原局长、党组书记,2014年6月27日因涉嫌犯受贿罪被逮捕。

福建省三明市人民检察院以被告人林少钦犯受贿罪,向福建省三明市中级人民法院提起公诉。

被告人林少钦对公诉机关指控的事实和罪名不持异议,但辩称其系主动接受纪检部门的调

查。林少钦的辩护人提出，林少钦系主动投案，归案后能如实供述自己的犯罪事实，应当认定为自首；公诉机关指控林少钦利用职务便利为陈荣强谋取利益的依据不足；林少钦主观恶性小，案发后退出全部赃款，当庭自愿认罪，建议对其判处缓刑。

福建省三明市中级人民法院经审理查明：2000 年，福建省三明市农业局将该市红岩新村 37、38 幢住宅办公楼旧房改造项目对外公开招投标，招标条件是由开发商出资，农业局出土地后按建筑面积的一定比例分取建成房屋。陈荣强（另案处理）为承接该工程，托人介绍认识时任三明市农业局局长的林少钦后，多次宴请林少钦并表示希望林少钦在旧房改造项目的招投标上给予关照。在一次宴请席间，陈荣强问及三明市农业局对项目招标的最低要求，林少钦将单位内部掌握的两项基本要求透露给陈荣强，即返还给农业局建筑面积的比例至少要 42%，及办公楼一楼大堂面积要达到 100 平方米以上。尔后陈荣强即根据上述要求制作标书投标并中标，于 2000 年 5 月 31 日以挂靠的三明市建筑工程公司的名义与三明市农业局签订开发协议。后陈荣强得知林少钦要去美国公派考察，想借机送美元给林少钦以表感谢，可当其欲给林少钦送钱时，林少钦已结束考察回国。为在项目建设方面继续得到林少钦的支持，陈荣强决定仍兑换 1 万美元送给林少钦。2000 年年底的一天，陈荣强约林少钦在三明市工会大厦附近见面，将林少钦约至自己车上将 1 万美元送给林少钦。后林少钦将该 1 万美元找私人兑换成人民币 8 万元，用于家庭及个人日常开销。林少钦到案后，向三明市监察局退缴了人民币 83 000 元。

福建省三明市中级人民法院认为，被告人林少钦身为国家工作人员，利用职务便利，为他人谋取利益，非法收受他人财物，其行为构成受贿罪。林少钦具有坦白情节，且退出全部赃款，酌情予以从轻处罚。据此，依照《中华人民共和国刑法》第三百八十五条第一款、第三百八十六条、第三百八十三条第一款第二项、第六十七条第三款、第五十九条第一款、第六十四条之规定，于 2015 年 4 月 1 日以受贿罪判处林少钦有期徒刑五年，并处没收个人财产人民币二万元，退还的违法所得依法没收。

一审宣判后，林少钦不服，向福建省高级人民法院提出上诉。林少钦辩称原判认定其利用职便为陈荣强谋取利益及未认定自首情节有误，原判适用法律错误，一审违反法律规定的程序。林少钦的辩护人提出如下意见：本案认定林少钦构成受贿罪的证据不足，实体上应判决林少钦无罪；林少钦有自首、退赃和悔罪等法定情节；本案已过追诉时效，程序上应宣告林少钦无罪。

福建省高级人民法院经审理认为，根据刑法相关规定，追诉期限应依据司法机关立案侦查时的法律规定予以认定，对于在立案侦查时未过追诉时效且已进入诉讼程序的案件，在新的法律规定生效后应继续审理。上诉人林少钦利用职务便利，为陈荣强谋取利益，收受陈荣强 1 万美元的受贿行为发生在 2000 年年底，侦查机关于 2014 年 6 月对林少钦立案侦查，根据立案侦查时的法律规定，其追诉时效为十五年，故本案未超过追诉时效。林少钦身为国家工作人员，利用职务上的便利，为他人谋取利益，非法收受他人钱款 1 万美元，其行为已构成受贿罪。林少钦归案后如实供述自己的犯罪事实，属坦白，且退出全部赃款，酌情予以从轻处罚。原判认定事实清楚，证据充分，定罪准确，审判程序合法。因本案审理期间，《中华人民共和国刑法修正案（九）》及相关司法解释颁布施行，受贿罪的定罪量刑标准发生变化，二审依法予以改判。依照《中华人民共和国刑法》第十二条第一款、第三百八十五条第一款、第三百八十六条、第三百八十三条第一款第一项、第六十七条第三款、第六十四条，《最高人民法院、最高人民检察院关于办理贪污贿赂刑事案件适用法律若干问题的解释》第一条第一款、第十九条第一款以及《中华人民共和国刑事诉讼法》（2012 年修正）第二百二十五条第一款第二项的规定，福建省高级人民法院于 2017 年 3 月 15 日改判被告人林少钦犯受贿罪，判处有期徒刑一年十一个月，并处罚金人民币十万元。

二、主要问题

新生效的刑事实体法律规定降低了犯罪行为对应的法定刑幅度后,已经立案侦查并进入诉讼程序的追诉行为,是否还要按照新的法律规定重新计算追诉时效?

三、裁判理由

本案在审理过程中,对被告人林少钦收受陈荣强1万美元并为其谋取利益的受贿事实,没有异议。主要争议在于,林少钦的受贿行为发生在2000年年底,侦查机关于2014年6月11日立案侦查,一审法院于2015年4月1日作出一审判决,其后林少钦提出上诉。二审期间,《中华人民共和国刑法修正案(九)》[以下简称《刑法修正案(九)》]于2015年8月29日通过,自2015年11月1日起施行。在《刑法修正案(九)》施行之前,受贿1万美元的行为,应处五年以上有期徒刑,属于法定最高刑为十年以上有期徒刑的犯罪,追诉时效为十五年;在《刑法修正案(九)》施行并经《最高人民法院、最高人民检察院关于办理贪污贿赂刑事案件适用法律若干问题的解释》(2016年4月18日起施行,以下简称《贪污受贿司法解释》)明确幅度标准后,受贿1万美元的行为,应处三年以下有期徒刑或者拘役,并处罚金,属于法定最高刑为不满五年有期徒刑的犯罪,追诉时效为五年。就林少钦受贿1万美元是否超过追诉时效一节,审理过程中主要存在两种意见:

第一种意见认为,林少钦受贿1万美元的行为,已经超过追诉时效。主要理由是:不仅在对被告人定罪量刑的时候应当适用从旧兼从轻的原则,在计算被告人犯罪行为的追诉期限的时候,也应当适用从旧兼从轻原则,即按照对被告人有利的定罪量刑标准所确定的法定刑幅度来确定对应的追诉期限。如果在定罪量刑的时候,适用对被告人有利的新法,而在计算追诉期限的时候,却是按照对被告人不利的旧法确定的法定刑来计算追诉期限,不仅在司法解释和法律的适用上不统一,也没有完全贯彻从旧兼从轻的原则。故林少钦受贿行为的追诉期限为五年,本案已过追诉期限。

第二种意见认为,林少钦受贿1万美元的行为,没有超过追诉时效。主要理由是对于已立案的案件,即使在诉讼程序中新法降低了被告人犯罪行为定罪量刑的标准,案件也应当继续审理。

我们赞同上述第二种意见,理由是:

(一)追诉时效制度具有独立的程序价值,追诉行为开始后不再受追诉时效的限制

刑事诉讼法第二条规定:"中华人民共和国刑事诉讼法的任务,是保证准确、及时地查明犯罪事实,正确应用法律,惩罚犯罪分子,保障无罪的人不受刑事追究,教育公民自觉遵守法律,积极同犯罪行为作斗争,维护社会主义法制,尊重和保障人权,保护公民的人身权利、财产权利、民主权利和其他权利,保障社会主义建设事业的顺利进行。"惩罚犯罪和保障人权同等重要。追诉时效制度,正是体现了立法者在惩罚犯罪和保障人权、在追求公平正义与节约诉讼资源之间的平衡。所谓追诉时效,是指依照法律规定对犯罪分子追究刑事责任的期限,在追诉时效期限内,司法机关应当依法追究犯罪分子刑事责任;超过追诉时效,则不再追究其刑事责任。

追诉犯罪,意味着国家已经动用司法资源来打击犯罪,虽然追诉行为直接针对的是被告人,但社会公众及受害人等利益相关主体会对追诉行为产生信赖,这种信赖利益包括:一是国家准备作出或已经作出的追诉行为体现了国家打击犯罪的决心,享有独立的信赖利益;二是被害方依法提出追诉要求,享有程序法上的信赖利益;三是案发地群众、基层组织等社会公众,对追诉行为具有期待性,享有信赖利益;四是犯罪行为人亦享有信赖利益。正是基于此,刑法第八十七条第四项规定,对于法定最高刑为无期徒刑、死刑的,犯罪经过二十年不再追诉;如果二十年以后认为必须追诉的,须报请最高人民检察院核准。《最高人民检察院关于办理核准追诉案件若干问题的规定》第五条第三项规定,对于超过追诉期限,但不追诉会严重影响社会稳定或者产生其他严重后

果的,对犯罪嫌疑人应当追诉。

综上,追诉行为一旦开始就具有独立的程序价值。无论从保护社会公众的信赖利益,还是从节约有限的司法资源的角度分析,追诉行为一旦已经开始,通常整个刑事诉讼程序发生法律效力,便不再受追诉时效期限的限制,也无须根据新生效的法律重新计算追诉期限,这符合追诉时效制度设计的本意。

(二)以刑事立案作为追诉行为的起点符合我国法律规定

对于是以立案、起诉还是审判作为追诉期限的计算终点,世界各国立法有不同的规定,大致可归为三类:第一类是以侦查机关刑事立案为追诉期限的计算终点;第二类是以提起公诉为追诉期限的计算终点,如日本等;第三类是以一审判决为追诉期限的计算终点,如德国、意大利、瑞士等。

我国刑法第八十九条只规定了追诉期限开始计算的日期,却没有规定追诉期限停止计算的日期,但事实上,已经立案侦查并进入诉讼程序的追诉行为不再受追诉期限的限制,符合司法解释的规定,也是司法实践中一以贯之的做法。最高人民法院印发的《关于执行刑法中若干问题的初步经验总结》(1981 年 11 月)中提到:“根据刑法第七十八条的规定,追诉期限应当从犯罪构成之日起计算;如果犯罪行为有连续或者继续状态的,从犯罪行为终了之日起计算。在法定追诉期限内,自诉案件从自诉之日,公诉案件从采取强制措施之日都视为已被追诉,此后的侦查、起诉、审判时间不再受追诉期限的限制。”虽然该文件是立足于 1979 年刑法的规定,以采取强制措施之日作为公诉案件不受追诉期限限制的起点,但是明确了追诉行为的效力及于侦查、起诉、审判整个刑事诉讼程序。1982 年 8 月 19 日,最高人民检察院印发的《关于贪污罪追诉时效问题的复函》(已废止)指出:“检察机关决定立案时未过追诉期限的贪污犯罪,在立案以后的侦查、起诉或者判处时超过追诉期限的,不得认为是超过追诉时效的犯罪,应当继续依法追究。”这不仅明确规定了立案中止计算追诉期限的法律效力及于整个刑事诉讼程序,还明确规定及于“判处时”。2012 年 12 月 26 日最高人民法院、最高人民检察院公布的《关于办理行贿刑事案件具体应用法律若干问题的解释》明确规定刑法第三百九十条第二款规定的“被追诉前”,是指检察机关对行贿人的行贿行为刑事立案前,再次明确指出立案是判定刑事追诉行为开始的标志性诉讼活动。

司法实践中有一种观点认为,应对刑法第八十八条第一款进行反向解释,即只要犯罪嫌疑人、被告人没有逃避侦查或审判,追诉期限就不能停止计算,而应当继续计算至审判终结之日;而且在新的立法或司法解释降低犯罪行为对应的法定刑幅度后,追诉期限也应当适用刑法第八十七条的规定相应地缩短。

我们认为,这种理解是片面的。刑法第八十八条第一款规定,在人民检察院、公安机关、国家安全机关立案侦查或者在人民法院受理案件以后,逃避侦查或者审判的,不受追诉期限的限制。该条明确了限制追诉期限的情形,除非有法律明确规定的情形,否则以立案为标志的追诉行为受到追诉期限的限制。本案中,被告人林少钦没有逃避侦查的行为,《刑法修正案(九)》颁行期间该案也已经进入审判的二审上诉程序,林少钦也没有逃避审判的行为,再加上本案不属于由被害人提出控告的案件,所以不属于刑法第八十八条规定的范围。

(三)已经立案侦查并进入诉讼程序的追诉行为不再受追诉期限的限制,没有违反有利于被告人的原则

有利于被告人原则,自罗马法开始便构成程序与实体兼顾的一条综合性的刑事法律原则。我国刑事诉讼法规定,认定事实要排除合理怀疑,证据存疑时应作出有利于被告人的认定;刑法规定在定罪量刑时应当适用行为时的法律,但同时应当兼顾“从轻”原则,上述规定都是有利于被

告人原则的具体体现。

需要明确的是,有利于被告人的原则在定罪量刑规则和追诉时效规则中保护的法益并不相同:同样的具体行为,新的刑事实体法降低了旧法对应罪名的入罪条件、法定刑,在不认为是犯罪时,实质是立法者对具体行为侵害法益的可能性及其行为的刑事可罚性有了新的减轻评价,行为人应根据新法享有评价利益。而刑事程序法则不同,追诉行为发动或者不发动,涉及国家、被害人、社会公众和犯罪行为人四类主体的信赖利益,不可能通过牺牲国家追诉行为的信赖利益、社会公众的信赖利益和被害人要求依法追诉的信赖利益来保障犯罪行为人这一项信赖利益。否则,有利于被告人原则变成了"仅利于被告人的原则",这样的解释结论显然与平衡惩治犯罪和保障人权的刑事程序法功能定位是不相符的。

正是基于上述考虑,《最高人民法院关于被告人林少钦受贿请示一案的答复》(〔2016〕最高法刑他5934号)指出,"追诉时效是依照法律规定对犯罪分子追究刑事责任的期限,在追诉时效期限内,司法机关应当依法追究犯罪分子刑事责任。对于法院正在审理的贪污贿赂案件,应当依据司法机关立案侦查时的法律规定认定追诉时效。依据立案侦查时的法律规定未过时效,且已经进入诉讼程序的案件,在新的法律规定生效后应当继续审理。"

我们认为,该答复虽然是针对个案审理所作出的,不属于《最高人民法院关于司法解释工作的规定》第六条所规定的"解释""规定""批复""决定"四种司法解释的形式之一,但是该答复进一步明确了对已经立案侦查并进入诉讼程序的追诉行为不受追诉期限的限制,符合司法解释的规定,对实践中明确追诉时效计算规则具有一定的独立意义,体现了有利于被告人原则在指导追诉时效规则和定罪量刑规则适用上应有的区别,对明确具体法律规定的含义和适用,以及其他类似案件的办理都同样具有指导意义。

(撰稿:福建省三明市人民检察院　谢俊翔
福建省三明市中级人民法院　徐　浩
福建省三明市人民检察院　余欣雯
审编:最高人民法院刑二庭　韩维中)

刑事立法、司法规范

一、综　合

中华人民共和国刑法修正案（十）

（2017 年 11 月 4 日第十二届全国人民代表大会常务委员会第三十次会议通过）

为了惩治侮辱国歌的犯罪行为，切实维护国歌奏唱、使用的严肃性和国家尊严，在刑法第二百九十九条中增加一款作为第二款，将该条修改为：

“在公共场合，故意以焚烧、毁损、涂划、玷污、践踏等方式侮辱中华人民共和国国旗、国徽的，处三年以下有期徒刑、拘役、管制或者剥夺政治权利。

“在公共场合，故意篡改中华人民共和国国歌歌词、曲谱，以歪曲、贬损方式奏唱国歌，或者以其他方式侮辱国歌，情节严重的，依照前款的规定处罚。”

本修正案自公布之日起施行。

全国人民代表大会常务委员会
关于废止有关劳动教养法律规定的决定

（2013 年 12 月 28 日第十二届全国人民代表大会常务委员会第六次会议通过　自 2013 年 12 月 28 日起施行）

第十二届全国人民代表大会常务委员会第六次会议决定：

一、废止 1957 年 8 月 1 日第一届全国人民代表大会常务委员会第七十八次会议通过的《全国人民代表大会常务委员会批准国务院关于劳动教养问题的决定的决议》及《国务院关于劳动教养问题的决定》。

二、废止 1979 年 11 月 29 日第五届全国人民代表大会常务委员会第十二次会议通过的《全国人民代表大会常务委员会批准国务院关于劳动教养的补充规定的决议》及《国务院关于劳动教养的补充规定》。

三、在劳动教养制度废止前，依法作出的劳动教养决定有效；劳动教养制度废止后，对正在被依法执行劳动教养的人员，解除劳动教养，剩余期限不再执行。

本决定自公布之日起施行。

最高人民法院
关于废止部分司法解释和司法解释性质文件(第十一批)的决定

(2014年12月30日最高人民法院审判委员会第1639次会议通过 2015年1月12日公布 自2015年1月19日起施行 法释〔2015〕2号)

为适应形势发展变化,保证国家法律统一正确适用,根据经第十一届全国人民代表大会第五次会议《关于修改中华人民共和国刑事诉讼法的决定》第二次修正的《中华人民共和国刑事诉讼法》的规定,结合审判工作实际,最高人民法院对单独发布的有关刑事诉讼的司法解释和司法解释性质文件进行了清理。现决定废止11件司法解释和司法解释性质文件。废止的司法解释和司法解释性质文件从本决定施行之日起不再适用,但过去依据或参照下列司法解释和司法解释性质文件对有关案件作出的判决、裁定仍然有效。

最高人民法院决定废止的部分司法解释和司法解释性质文件目录(第十一批)

序号	司法解释和司法解释性质文件名称	发文日期、文号	废止理由
1	最高人民法院关于如何理解刑事诉讼法第二百一十三条中"交付执行的人民法院"问题的批复	2000年1月3日 法释〔2000〕2号	已被《最高人民法院关于适用〈中华人民共和国刑事诉讼法〉的解释》的相关内容代替
2	最高人民法院研究室关于如何理解刑事诉讼法第一百七十条第(三)项规定的案件范围问题的答复	2000年7月25日 法研〔2000〕63号	已被《最高人民法院关于适用〈中华人民共和国刑事诉讼法〉的解释》修改
3	最高人民法院关于审理刑事附带民事诉讼案件有关问题的批复	2000年12月1日 法释〔2000〕40号	已被《最高人民法院关于适用〈中华人民共和国刑事诉讼法〉的解释》修改
4	最高人民法院关于刑事附带民事诉讼范围问题的规定	2000年12月13日 法释〔2000〕47号	已被《最高人民法院关于适用〈中华人民共和国刑事诉讼法〉的解释》及相关规定修改
5	最高人民法院关于审理未成年人刑事案件的若干规定	2001年4月4日 法释〔2001〕9号	已被刑事诉讼法及《最高人民法院关于适用〈中华人民共和国刑事诉讼法〉的解释》修改
6	最高人民法院关于人民法院是否受理刑事案件被害人提起精神损害赔偿民事诉讼问题的批复	2002年7月15日 法释〔2002〕17号	已被《最高人民法院关于适用〈中华人民共和国刑事诉讼法〉的解释》的相关内容代替
7	最高人民法院关于复核死刑案件若干问题的规定	2007年2月27日 法释〔2007〕4号	已被《最高人民法院关于适用〈中华人民共和国刑事诉讼法〉的解释》的相关内容代替

续表

序号	司法解释和司法解释性质文件名称	发文日期、文号	废止理由
8	最高人民法院关于适用新的《执行死刑命令》样式的通知	2007年8月21日 法发〔2007〕27号	已被新的《执行死刑命令》样式代替
9	最高人民法院关于适用停止执行死刑程序有关问题的规定	2008年12月15日 法释〔2008〕16号	已被《最高人民法院关于适用〈中华人民共和国刑事诉讼法〉的解释》的相关内容代替
10	最高人民法院关于财产刑执行问题的若干规定	2010年2月10日 法释〔2010〕4号	已被《最高人民法院关于刑事裁判涉财产部分执行的若干规定》代替
11	最高人民法院关于印发《人民法院量刑指导意见(试行)》通知	2010年9月13日 法发〔2010〕36号	已被《最高人民法院关于实施量刑规范化工作的通知》代替

最高人民法院
关于《中华人民共和国刑法修正案(九)》时间效力问题的解释(节录)

(2015年10月19日最高人民法院审判委员会第1664次会议通过　2015年10月29日公布　自2015年11月1日起施行　法释〔2015〕19号)

为正确适用《中华人民共和国刑法修正案(九)》,根据《中华人民共和国刑法》第十二条规定,现就人民法院2015年11月1日以后审理的刑事案件,具体适用修正前后刑法的有关问题规定如下:

第一条　对于2015年10月31日以前因利用职业便利实施犯罪,或者实施违背职业要求的特定义务的犯罪的,不适用修正后刑法第三十七条之一第一款的规定。其他法律、行政法规另有规定的,从其规定。

第二条　对于被判处死刑缓期执行的犯罪分子,在死刑缓期执行期间,且在2015年10月31日以前故意犯罪的,适用修正后刑法第五十条第一款的规定。

第三条　对于2015年10月31日以前一人犯数罪,数罪中有判处有期徒刑和拘役,有期徒刑和管制,或者拘役和管制,予以数罪并罚的,适用修正后刑法第六十九条第二款的规定。

第八条　对于2015年10月31日以前实施贪污、受贿行为,罪行极其严重,根据修正前刑法判处死刑缓期执行不能体现罪刑相适应原则,而根据修正后刑法判处死刑缓期执行同时决定在其死刑缓期执行二年期满依法减为无期徒刑后,终身监禁,不得减刑、假释可以罚当其罪的,适用修正后刑法第三百八十三条第四款的规定。根据修正前刑法判处死刑缓期执行足以罚当其罪的,不适用修正后刑法第三百八十三条第四款的规定。

第九条　本解释自2015年11月1日起施行。

最高人民法院
印发《〈关于案例指导工作的规定〉实施细则》的通知

(法〔2015〕130 号)

本院各审判业务单位;各省、自治区、直辖市高级人民法院,解放军军事法院,新疆维吾尔自治区高级人民法院生产建设兵团分院:

《〈最高人民法院关于案例指导工作的规定〉实施细则》已于 2015 年 4 月 27 日由最高人民法院审判委员会第 1649 次会议讨论通过,现印发给你们,请认真遵照执行。执行中遇到问题,请及时报告我院。

最高人民法院
2015 年 5 月 13 日

《最高人民法院关于案例指导工作的规定》实施细则

第一条 为了具体实施《最高人民法院关于案例指导工作的规定》,加强、规范和促进案例指导工作,充分发挥指导性案例对审判工作的指导作用,统一法律适用标准,维护司法公正,制定本实施细则。

第二条 指导性案例应当是裁判已经发生法律效力,认定事实清楚,适用法律正确,裁判说理充分,法律效果和社会效果良好,对审理类似案件具有普遍指导意义的案例。

第三条 指导性案例由标题、关键词、裁判要点、相关法条、基本案情、裁判结果、裁判理由以及包括生效裁判审判人员姓名的附注等组成。指导性案例体例的具体要求另行规定。

第四条 最高人民法院案例指导工作办公室(以下简称案例指导办公室)负责指导性案例的征集、遴选、审查、发布、研究和编纂,以及对全国法院案例指导工作的协调和指导等工作。

最高人民法院各审判业务单位负责指导性案例的推荐、审查等工作,并指定专人负责联络工作。

各高级人民法院负责辖区内指导性案例的推荐、调研、监督等工作。各高级人民法院向最高人民法院推荐的备选指导性案例,应当经审判委员会讨论决定或经审判委员会过半数委员审核同意。

中级人民法院、基层人民法院应当通过高级人民法院推荐备选指导性案例,并指定专人负责案例指导工作。

第五条 人大代表、政协委员、人民陪审员、专家学者、律师,以及其他关心人民法院审判、执行工作的社会各界人士,对于符合指导性案例条件的案例,可以向作出生效裁判的原审人民法院推荐,也可以向案例指导办公室提出推荐建议。

案例指导工作专家委员会委员对于符合指导性案例条件的案例,可以向案例指导办公室提出推荐建议。

第六条 最高人民法院各审判业务单位、高级人民法院向案例指导办公室推荐备选指导性案例,应当提交下列材料:

(一)《指导性案例推荐表》;

（二）按照规定体例编写的案例文本及其编选说明；

（三）相关裁判文书。

以上材料需要纸质版一式三份，并附电子版。

推荐法院可以提交案件审理报告、相关新闻报道及研究资料等。

第七条 案例指导办公室认为有必要进一步研究的备选指导性案例，可以征求相关国家机关、部门、社会组织以及案例指导工作专家委员会委员、专家学者的意见。

第八条 备选指导性案例由案例指导办公室按照程序报送审核。经最高人民法院审判委员会讨论通过的指导性案例，印发各高级人民法院，并在《最高人民法院公报》《人民法院报》和最高人民法院网站上公布。

第九条 各级人民法院正在审理的案件，在基本案情和法律适用方面，与最高人民法院发布的指导性案例相类似的，应当参照相关指导性案例的裁判要点作出裁判。

第十条 各级人民法院审理类似案件参照指导性案例的，应当将指导性案例作为裁判理由引述，但不作为裁判依据引用。

第十一条 在办理案件过程中，案件承办人员应当查询相关指导性案例。在裁判文书中引述相关指导性案例的，应在裁判理由部分引述指导性案例的编号和裁判要点。

公诉机关、案件当事人及其辩护人、诉讼代理人引述指导性案例作为控（诉）辩理由的，案件承办人员应当在裁判理由中回应是否参照了该指导性案例并说明理由。

第十二条 指导性案例有下列情形之一的，不再具有指导作用：

（一）与新的法律、行政法规或者司法解释相冲突的；

（二）为新的指导性案例所取代的。

第十三条 最高人民法院建立指导性案例纸质档案与电子信息库，为指导性案例的参照适用、查询、检索和编纂提供保障。

第十四条 各级人民法院对于案例指导工作中做出突出成绩的单位和个人，应当依照《中华人民共和国法官法》等规定给予奖励。

第十五条 本实施细则自印发之日起施行。

最高人民法院
关于人民法院办理接收在台湾地区服刑的大陆居民回大陆服刑案件的规定

（2015 年 6 月 2 日最高人民法院审判委员会第 1653 次会议通过　2016 年 4 月 27 日公布　自 2016 年 5 月 1 日起施行　法释〔2016〕11 号）

为落实《海峡两岸共同打击犯罪及司法互助协议》，保障接收在台湾地区服刑的大陆居民回大陆服刑工作顺利进行，根据《中华人民共和国刑法》《中华人民共和国刑事诉讼法》等有关法律，制定本规定。

第一条 人民法院办理接收在台湾地区服刑的大陆居民（以下简称被判刑人）回大陆服刑案件（以下简称接收被判刑人案件），应当遵循一个中国原则，遵守国家法律的基本原则，秉持人道和互惠原则，不得违反社会公共利益。

第二条 接收被判刑人案件由最高人民法院指定的中级人民法院管辖。

第三条 申请机关向人民法院申请接收被判刑人回大陆服刑，应当同时提交以下材料：

（一）申请机关制作的接收被判刑人申请书，其中应当载明：

1. 台湾地区法院认定的被判刑人实施的犯罪行为及判决依据的具体条文内容；

2. 该行为在大陆依据刑法也构成犯罪、相应的刑法条文、罪名及该行为未进入大陆刑事诉讼程序的说明；

3. 建议转换的具体刑罚；

4. 其他需要说明的事项。

（二）被判刑人系大陆居民的身份证明；

（三）台湾地区法院对被判刑人定罪处刑的裁判文书、生效证明和执行文书；

（四）被判刑人或其法定代理人申请或者同意回大陆服刑的书面意见，且法定代理人与被判刑人的意思表示一致；

（五）被判刑人或其法定代理人所作的关于被判刑人在台湾地区接受公正审判的权利已获得保障的书面声明；

（六）两岸有关业务主管部门均同意被判刑人回大陆服刑的书面意见；

（七）台湾地区业务主管部门出具的有关刑罚执行情况的说明，包括被判刑人交付执行前的羁押期、已服刑期、剩余刑期，被判刑人服刑期间的表现、退赃退赔情况，被判刑人的健康状况、疾病与治疗情况；

（八）根据案件具体情况需要提交的其他材料。

申请机关提交材料齐全的，人民法院应当在七日内立案。提交材料不全的，应当通知申请机关在十五日内补送，至迟不能超过两个月；逾期未补送的，不予立案，并于七日内书面告知申请机关。

第四条 人民法院应当组成合议庭审理接收被判刑人案件。

第五条 人民法院应当在立案后一个月内就是否准予接收被判刑人作出裁定，情况复杂、特殊的，可以延长一个月。

人民法院裁定准予接收的，应当依据台湾地区法院判决认定的事实并参考其所定罪名，根据刑法就相同或者最相似犯罪行为规定的法定刑，按照下列原则对台湾地区法院确定的无期徒刑或者有期徒刑予以转换：

（一）原判处刑罚未超过刑法规定的最高刑，包括原判处刑罚低于刑法规定的最低刑的，以原判处刑罚作为转换后的刑罚；

（二）原判处刑罚超过刑法规定的最高刑的，以刑法规定的最高刑作为转换后的刑罚；

（三）转换后的刑罚不附加适用剥夺政治权利。

前款所称的最高刑，如台湾地区法院认定的事实依据刑法应当认定为一个犯罪的，是指刑法对该犯罪规定的最高刑；如应当认定为多个犯罪的，是指刑法对数罪并罚规定的最高刑。

对人民法院立案前，台湾地区有关业务主管部门对被判刑人在服刑期间作出的减轻刑罚决定，人民法院应当一并予以转换，并就最终应当执行的刑罚作出裁定。

第六条 被判刑人被接收回大陆服刑前被实际羁押的期间，应当以一日折抵转换后的刑期一日。

第七条 被判刑人被接收回大陆前已在台湾地区被假释或保外就医的，或者被判刑人或其法定代理人在申请或者同意回大陆服刑的书面意见中同时申请暂予监外执行的，人民法院应当根据刑法、刑事诉讼法的规定一并审查，并作出是否假释或者暂予监外执行的决定。

第八条 人民法院作出裁定后，应当在七日内送达申请机关。裁定一经送达，立即生效。

第九条 被判刑人回大陆服刑后，有关减刑、假释、暂予监外执行、赦免等事项，适用刑法、刑事诉讼法及相关司法解释的规定。

第十条 被判刑人回大陆服刑后，对其在台湾地区已被判处刑罚的行为，人民法院不再审理。

第十一条 本规定自2016年5月1日起施行。

最高人民法院
关于废止部分司法解释和司法解释性质文件（第十二批）的决定

（2017年5月8日最高人民法院审判委员会第1716次会议通过 2017年9月22日公布 自2017年10月1日起施行 法释〔2017〕17号）

为适应形势发展变化，保证国家法律统一正确适用，根据经第十二届全国人民代表大会常务委员会第十一次会议《关于修改中华人民共和国行政诉讼法的决定》修改的《中华人民共和国行政诉讼法》的规定，结合审判工作实际，最高人民法院对1988年至2013年期间单独发布的有关行政诉讼的司法解释和司法解释性质文件进行了清理。现决定废止15件司法解释和司法解释性质文件。废止的司法解释和司法解释性质文件从本决定施行之日起不再适用，但过去依据或参照下列司法解释和司法解释性质文件对有关案件作出的判决、裁定仍然有效。当事人对废止决定公布前的行政行为不服，在决定公布后提起行政诉讼或者进入再审程序的，除相关司法解释和司法解释性质文件与当时有效的法律相抵触外，人民法院可依据相关司法解释和司法解释性质文件作出裁判。

最高人民法院决定废止的部分司法解释和司法解释性质文件目录（第十二批）

序号	司法解释和司法解释性质文件名称	发文日期、文号	废止理由
1	最高人民法院关于药品行政案件管辖问题的答复	1992年1月2日 法行复〔1992〕1号	与《中华人民共和国药品管理法》相冲突
2	最高人民法院关于人民法院审理行政案件对地方性法规的规定与法律和行政法规不一致的应当执行法律和行政法规的复函（节录）	1993年3月11日 法函〔1993〕16号	与《中华人民共和国渔业法》相冲突
3	最高人民法院行政审判庭对广东省高院（1997）粤高法行请字第3号请示问题的答复	1998年2月18日 〔1998〕行他字第4号	收容审查制度已废止，答复不再适用
4	最高人民法院行政审判庭关于对雇工引起草原火灾的，可否追究雇主的连带经济责任的答复	1998年7月7日 〔1998〕法行字第4号	其解释的《草原防火条例》相关内容已修改，答复不再适用
5	最高人民法院关于人民法院是否受理乡政府申请执行农民承担村提留、乡统筹决定案件的复函	1998年11月16日 法函〔1998〕117号	情况已变化，实际已失效
6	最高人民法院行政审判庭关于人民法院受理劳动教养行政案件是否需要复议前置问题的答复	1998年11月19日 〔1997〕法行字第27号	劳动教养制度已废止，答复不再适用

续表

序号	司法解释和司法解释性质文件名称	发文日期、文号	废止理由
7	最高人民法院行政审判庭对《关于审理公证行政案件中适用法规问题的请示》的答复	1999年8月16日 法行〔1999〕4号	与《中华人民共和国公证法》相冲突
8	最高人民法院行政审判庭关于人民法院审理劳动教养行政案件是否遵循《刑事诉讼法》确立的基本原则的请示的答复	1999年10月18日 〔1998〕法行字第16号	劳动教养制度已废止,答复不再适用
9	最高人民法院对福建省高级人民法院《关于福建省地方税务局稽查分局是否具有行政主体资格的请示报告》的答复意见	1999年10月21日 行他〔1999〕25号	与《中华人民共和国税收征收管理法》《中华人民共和国税收征收管理法实施细则》相冲突
10	最高人民法院行政审判庭关于胡家兴与胡家华土地权属纠纷申诉案的请示报告的答复	2000年1月24日 行他〔1999〕10号	已被《最高人民关于执行〈中华人民共和国行政诉讼法〉若干问题的解释》吸收
11	最高人民法院行政审判庭关于对保险公司不正当竞争行为如何确定监督检查主体的答复	2000年4月19日 法行〔2000〕1号	已被《最高人民法院关于审理涉及保险公司不正当竞争行为的行政处罚案件时如何确定行政主体问题的复函》代替
12	最高人民法院行政审判庭关于人民法院在审理劳动教养行政案件时就有关实体问题能否进行审查的电话答复	2000年12月11日 行他〔2000〕第12号	劳动教养制度已废止,答复不再适用
13	最高人民法院行政审判庭关于《外商投资企业清算办法》适用中有关清算问题请示的答复	2000年12月31日 〔2000〕行他字第23号	已被《中华人民共和国公司法》的相关内容代替
14	最高人民法院关于能否对仅有一次盗窃行为的公民实施劳动教养问题的答复	2005年7月21日 〔2005〕行他字第8号	劳动教养制度已废止,答复不再适用
15	最高人民法院关于车辆挂靠其他单位经营车辆实际所有人聘用的司机工作中伤亡能否认定为工伤问题的答复	2007年12月3日 〔2006〕行他字第17号	已被《最高人民法院关于审理工伤保险行政案件若干问题的规定》吸收

最高人民法院
关于充分发挥审判职能作用为企业家创新创业营造良好法治环境的通知

(2017年12月29日　法〔2018〕1号)

各省、自治区、直辖市高级人民法院,解放军军事法院,新疆维吾尔自治区高级人民法院生产建设兵团分院:

2017年9月8日,中共中央、国务院印发《关于营造企业家健康成长环境弘扬优秀企业家精神更好发挥企业家作用的意见》(以下简称《意见》),这是推进供给侧结构性改革、实施创新发展战略、促进经济持续平稳健康发展的重要举措。为深入贯彻党的十九大精神和《意见》的要求，充分发挥审判职能作用，依法平等保护企业家合法权益，为企业家创新创业营造良好法治环境，现通知如下。

一、深刻认识依法平等保护企业家合法权益的重大意义。企业家是经济活动的重要主体。改革开放以来，一大批优秀企业家在市场竞争中迅速成长，为积累社会财富、创造就业岗位、促进经济社会发展、增强综合国力做出了重要贡献。人民法院充分发挥审判职能作用，依法平等保护企业家合法权益，为企业家创新创业营造良好法治环境，对于增强企业家人身及财产财富安全感，稳定社会预期，使企业家安心经营、放心投资、专心创业，充分发挥企业家在建设现代化经济体系、促进经济持续平稳健康发展中的作用具有重大意义。

二、依法保护企业家的人身自由和财产权利。严格执行刑事法律和司法解释，坚决防止利用刑事手段干预经济纠纷。坚持罪刑法定原则，对企业家在生产、经营、融资活动中的创新创业行为，只要不违反刑事法律的规定，不得以犯罪论处。严格非法经营罪、合同诈骗罪的构成要件，防止随意扩大适用。对于在合同签订、履行过程中产生的民事争议，如无确实充分的证据证明符合犯罪构成的，不得作为刑事案件处理。严格区分企业家违法所得和合法财产，没有充分证据证明为违法所得的，不得判决追缴或者责令退赔。严格区分企业家个人财产和企业法人财产，在处理企业犯罪时不得牵连企业家个人合法财产和家庭成员财产。

三、依法保护诚实守信企业家的合法权益。妥善认定政府与企业签订的合同效力，对有关政府违反承诺，特别是仅因政府换届、领导人员更替等原因违约、毁约的，依法支持企业的合理诉求。妥善审理因政府规划调整、政策变化引发的民商事、行政纠纷案件，对于确因政府规划调整、政策变化导致当事人签订的民商事合同不能履行的，依法支持当事人解除合同的请求。对于当事人请求返还已经支付的国有主体使用权出让金、投资款、租金或者承担损害赔偿责任的，依法予以支持。对企业家财产被征收征用的，要综合运用多种方式进行公平合理的补偿。

四、依法保护企业家的知识产权。完善符合知识产权案件特点的诉讼证据规则，着力破解知识产权权利人“举证难”问题。推进知识产权民事、刑事、行政案件审判三合一，增强知识产权司法保护的整体效能。建立以知识产权市场价值为指引，补偿为主、惩罚为辅的侵权损害司法认定机制，提高知识产权侵权赔偿标准。探索建立知识产权惩罚性赔偿制度，着力解决实践中存在的侵权成本低、企业家维权成本高的问题。坚持依法维护劳动者合法权益与促进企业生存发展并重的原则，依法保护用人单位的商业秘密等合法权益。

五、依法保护企业家的自主经营权。加强金融审判工作，促进金融服务实体经济。对商业银行、典当公司、小额贷款公司等金融机构以不合理收费变相收取高息的，参照民间借贷利率标准处理，降低企业融资成本。加强破产案件审理，对于暂时经营困难但是适应市场需要具有发展潜力和经营价值的企业，综合运用重整、和解等手段，促进生产要素的优化组合和企业转型升级。对违法违规向企业收费或者以各种监督检查的名义非法干预企业自主经营权的，依法予以纠正。严格依法采取财产保全、行为保全等强制措施，防止当事人恶意利用保全手段，侵害企业正常生产经营。对资金暂时周转困难、尚有经营发展前景的负债企业，慎用冻结、划拨流动资金等手段。加强对虚假诉讼和恶意诉讼的审查力度，对于恶意利用诉讼打击竞争企业，破坏企业家信誉的，要区分情况依法处理。

六、努力实现企业家的胜诉权益。综合运用各种强制执行措施，加快企业债权实现。强化对失信被执行人的信用惩戒力度，推动完善让失信主体“一处失信、处处受限”的信用惩戒大格局。同时，营造鼓励创新、宽容失败的社会氛围。对已经履行生效裁判文书义务或者申请人滥用失信被执行人名单的,要及时恢复企业家信用。对经营失败无偿债能力但无故意规避执行情形的企业家,要及时从失信被执行人名单中删除。

七、切实纠正涉企业家产权冤错案件。进一步加大涉企业家产权冤错案件的甄别纠正工作力度,对于涉企业家产权错案冤案,要依法及时再审,尽快纠正。准确适用国家赔偿法,及时启动国家赔偿程序,公正高效审理涉及企业家的国家赔偿案件,加大赔偿决定执行力度,依法保障企业家的合法权益。

八、不断完善保障企业家合法权益的司法政策。进一步加快"智慧法院"建设,充分利用信息技术,深入调研涉企业家案件的审判执行疑难问题,及时总结审判经验,健全裁判规则。加大制定司法解释、发布指导性案例工作力度,统一司法尺度和裁判标准。在制定有关司法政策、司法解释过程中要充分听取企业家的意见、建议。

九、推动形成依法保障企业家合法权益的良好社会氛围。进一步通过公开开庭等生动直观的形式,大力宣传党和国家依法平等保护企业家合法权益弘扬优秀企业家精神的方针政策。持续强化以案释法工作,及时公布一批依法保护企业家合法权益的典型案例和好做法、好经验,推动形成企业家健康成长良好法治环境和社会氛围。

十、增强企业家依法维护权益、依法经营的意识。加大对企业家的法治宣传和培训力度,提高企业家依法维护自身合法权益的意识和能力。依法打击破坏市场秩序、不正当竞争等违法行为,积极引导企业家在经营活动中遵纪守法、诚实守信、公平竞争、恪尽责任,弘扬优秀企业家精神。

各级人民法院要加强组织领导,制定工作方案,切实将依法保障企业家合法权益的工作落到实处。在审判执行工作中遇到新情况新问题的,请及时层报最高人民法院。

最高人民检察院
关于废止部分司法解释和司法解释性质文件的决定

(2015年6月1日最高人民检察院第十二届检察委员会第三十六次会议通过 2015年6月3日公布 自2015年6月12日起施行 高检发释字〔2015〕3号)

为适应形势发展变化,保证国家法律统一正确实施,最高人民检察院对2014年年底以前单独和联合其他单位制发的司法解释和司法解释性质文件进行了清理。现决定:

一、对最高人民检察院单独制发的12件司法解释和司法解释性质文件予以废止。

二、经征得有关单位同意,对最高人民检察院与有关单位联合制发的1件司法解释性质文件予以废止。

决定废止的单独制发的司法解释和司法解释性质文件目录(12件)

序号	司法解释和司法解释性质文件名称	发文日期及文号	废止理由
1	最高人民检察院关于受监管机关正式聘用或委托履行监管职务的人员能否成为体罚虐待人犯罪和私放罪犯罪主体的批复	1994年1月10日 高检发研字〔1994〕1号	1997年刑法第248条、第400条明确规定了虐待被监管人罪、私放在押人员罪;2002年12月全国人大常委会《关于〈中华人民共和国刑法〉第九章渎职罪主体适用问题的解释》对渎职罪主体有明确规定。

续表

序号	司法解释和司法解释性质文件名称	发文日期及文号	废止理由
2	最高人民检察院关于认真做好贪污贿赂等大案要案案犯潜逃、脱逃备案工作的通知	1994年5月11日 高检发贪检字〔1994〕37号	贪污贿赂等犯罪嫌疑人的情况已由检察机关专门部门负责统计，该文件不再适用。
3	最高人民检察院关于事先与犯罪分子有通谋，事后对赃物予以窝藏或者代为销售或者收买的，应如何适用法律的问题的批复	1995年2月13日 高检发研字〔1995〕2号	《刑法修正案（六）》已明确规定掩饰、隐瞒犯罪所得、犯罪所得收益罪。
4	最高人民检察院关于印发检察机关贯彻刑诉法若干问题的意见的通知	1996年12月31日 高检发研字〔1997〕1号	根据2012年修改后的刑事诉讼法修订的《人民检察院刑事诉讼规则（试行）》已有明确规定。
5	最高人民检察院关于如何适用刑事诉讼法第二百二十二条的批复	1998年11月26日 高检发释字〔1998〕7号	根据2012年修改后的刑事诉讼法修订的《人民检察院刑事诉讼规则（试行）》已有明确规定。
6	最高人民检察院关于修改《人民检察院刑事诉讼规则（试行）》第四百零五条和第四百零七条的通知	1999年9月21日 高检发研字〔1999〕9号	根据2012年修改后的刑事诉讼法修订的《人民检察院刑事诉讼规则（试行）》已有明确规定。
7	最高人民检察院关于印发《关于人民检察院保障律师在刑事诉讼中依法执业的规定》的通知	2004年2月10日 高检发〔2004〕3号	已被2014年12月《最高人民检察院关于依法保障律师执业权利的规定》废止。
8	最高人民检察院关于人民检察院办理直接受理立案侦查案件实行内部制约的若干规定	2004年6月24日 高检发〔2004〕12号	根据2012年修改后的刑事诉讼法修订的《人民检察院刑事诉讼规则（试行）》已有明确规定。
9	最高人民检察院关于调整人民检察院直接受理案件侦查分工的通知	2004年9月23日 高检发〔2004〕21号	已被2009年9月《最高人民检察院关于完善抗诉工作与职务犯罪侦查工作内部监督制约机制的规定》代替。
10	最高人民检察院关于印发《关于省级以下人民检察院对直接受理侦查案件作撤销案件、不起诉决定报上一级人民检察院批准的规定（试行）》的通知	2005年9月29日 高检发办字〔2005〕15号	已被2010年12月《最高人民检察院关于实行人民监督员制度的规定》和2012年11月《人民检察院刑事诉讼规则（试行）》代替。
11	人民检察院直接受理侦查案件立案、逮捕实行备案审查的规定（试行）	2005年11月10日 高检发办字〔2005〕23号	根据2012年修改后的刑事诉讼法修订的《人民检察院刑事诉讼规则（试行）》已有明确规定。

续表

序号	司法解释和司法解释性质文件名称	发文日期及文号	废止理由
12	最高人民检察院关于审查批准逮捕外国犯罪嫌疑人的规定	2007 年 1 月 31 日 高检发侦监字〔2007〕5 号	根据 2012 年修改后的刑事诉讼法修订的《人民检察院刑事诉讼规则（试行）》已有明确规定。

决定废止的与有关单位联合制发的司法解释性质文件目录（1 件）

序号	司法解释性质文件名称	发文日期及文号	废止理由
1	最高人民检察院、公安部关于印发《最高人民检察院、公安部关于审查逮捕阶段讯问犯罪嫌疑人的规定》的通知	2010 年 8 月 31 日 高检会〔2010〕6 号	2012 年修改后的刑事诉讼法已有明确规定。

二、犯罪和刑事责任

最高人民法院　最高人民检察院　公安部　司法部
印发《关于依法惩治性侵害未成年人犯罪的意见》的通知

（法发〔2013〕12号）

各省、自治区、直辖市高级人民法院、人民检察院、公安厅（局）、司法厅（局），军事法院、军事检察院，新疆维吾尔自治区高级人民法院生产建设兵团分院，新疆生产建设兵团人民检察院、公安局、司法局：

为依法惩治性侵害未成年人犯罪，加大对未成年人合法权益的司法保护，现将《最高人民法院、最高人民检察院、公安部、司法部关于依法惩治性侵害未成年人犯罪的意见》印发给你们，请认真贯彻执行。

2013年10月23日

关于依法惩治性侵害未成年人犯罪的意见

为依法惩治性侵害未成年人犯罪，保护未成年人合法权益，根据刑法、刑事诉讼法和未成年人保护法等法律和司法解释的规定，结合司法实践经验，制定本意见。

一、基本要求

1. 本意见所称性侵害未成年人犯罪，包括刑法第二百三十六条、第二百三十七条、第三百五十八条、第三百五十九条、第三百六十条第二款规定的针对未成年人实施的强奸罪，强制猥亵、侮辱妇女罪，猥亵儿童罪，组织卖淫罪，强迫卖淫罪，引诱、容留、介绍卖淫罪，引诱幼女卖淫罪，嫖宿幼女罪等。

2. 对于性侵害未成年人犯罪，应当依法从严惩治。

3. 办理性侵害未成年人犯罪案件，应当充分考虑未成年被害人身心发育尚未成熟、易受伤害等特点，贯彻特殊、优先保护原则，切实保障未成年人的合法权益。

4. 对于未成年人实施性侵害未成年人犯罪的，应当坚持双向保护原则，在依法保护未成年被害人的合法权益时，也要依法保护未成年犯罪嫌疑人、未成年被告人的合法权益。

5. 办理性侵害未成年人犯罪案件，对于涉及未成年被害人、未成年犯罪嫌疑人和未成年被告人的身份信息及可能推断出其身份信息的资料和涉及性侵害的细节等内容，审判人员、检察人员、侦查人员、律师及其他诉讼参与人应当予以保密。

对外公开的诉讼文书，不得披露未成年被害人的身份信息及可能推断出其身份信息的其他资料，对性侵害的事实注意以适当的方式叙述。

6. 性侵害未成年人犯罪案件，应当由熟悉未成年人身心特点的审判人员、检察人员、侦查人员办理，未成年被害人系女性的，应当有女性工作人员参与。

人民法院、人民检察院、公安机关设有办理未成年人刑事案件专门工作机构或者专门工作小组的，可以优先由专门工作机构或者专门工作小组办理性侵害未成年人犯罪案件。

7. 各级人民法院、人民检察院、公安机关和司法行政机关应当加强与民政、教育、妇联、共青团等部门及未成年人保护组织的联系和协作，共同做好性侵害未成年人犯罪预防和未成年被害人的心理安抚、疏导工作，从有利于未成年人身心健康的角度，对其给予必要的帮助。

8. 上级人民法院、人民检察院、公安机关和司法行政机关应当加强对下指导和业务培训。各级人民法院、人民检察院、公安机关和司法行政机关要增强对未成年人予以特殊、优先保护的司法理念，完善工作机制，提高办案能力和水平。

二、办案程序要求

9. 对未成年人负有监护、教育、训练、救助、看护、医疗等特殊职责的人员（以下简称负有特殊职责的人员）以及其他公民和单位，发现未成年人受到性侵害的，有权利也有义务向公安机关、人民检察院、人民法院报案或者举报。

10. 公安机关接到未成年人被性侵害的报案、控告、举报，应当及时受理，迅速进行审查。经审查，符合立案条件的，应当立即立案侦查。

公安机关发现可能有未成年人被性侵害或者接报相关线索的，无论案件是否属于本单位管辖，都应当及时采取制止违法犯罪行为、保护被害人、保护现场等紧急措施，必要时，应当通报有关部门对被害人予以临时安置、救助。

11. 人民检察院认为公安机关应当立案侦查而不立案侦查的，或者被害人及其法定代理人、对未成年人负有特殊职责的人员据此向人民检察院提出异议的，人民检察院应当要求公安机关说明不立案的理由。人民检察院认为不立案理由不成立的，应当通知公安机关立案，公安机关接到通知后应当立案。

12. 公安机关侦查未成年人被性侵害案件，应当依照法定程序，及时、全面收集固定证据。及时对性侵害犯罪现场进行勘查，对未成年被害人、犯罪嫌疑人进行人身检查，提取体液、毛发、被害人和犯罪嫌疑人指甲内的残留物等生物样本，指纹、足迹、鞋印等痕迹，衣物、纽扣等物品；及时提取住宿登记表等书证，现场监控录像等视听资料；及时收集被害人陈述、证人证言和犯罪嫌疑人供述等证据。

13. 办案人员到未成年被害人及其亲属、未成年证人所在学校、单位、居住地调查取证的，应当避免驾驶警车、穿着制服或者采取其他可能暴露被害人身份、影响被害人名誉、隐私的方式。

14. 询问未成年被害人，审判人员、检察人员、侦查人员和律师应当坚持不伤害原则，选择未成年人住所或者其他让未成年人心理上感到安全的场所进行，并通知其法定代理人到场。无法通知、法定代理人不能到场或者法定代理人是性侵害犯罪嫌疑人、被告人的，也可以通知未成年被害人的其他成年亲属或者所在学校、居住地基层组织、未成年人保护组织的代表等有关人员到场，并将相关情况记录在案。

询问未成年被害人，应当考虑其身心特点，采取和缓的方式进行。对与性侵害犯罪有关的事实应当进行全面询问，以一次询问为原则，尽可能避免反复询问。

15. 人民法院、人民检察院办理性侵害未成年人案件，应当及时告知未成年被害人及其法定代理人或者近亲属有权委托诉讼代理人，并告知其如果经济困难，可以向法律援助机构申请法律援助。对需要申请法律援助的，应当帮助其申请法律援助。法律援助机构应当及时指派熟悉未成年人身心特点的律师为其提供法律帮助。

16. 人民法院、人民检察院、公安机关办理性侵害未成年人犯罪案件，除有碍案件办理的情形外，应当将案件进展情况、案件处理结果及时告知被害人及其法定代理人，并对有关情况予以说明。

17. 人民法院确定性侵害未成年人犯罪案件开庭日期后，应当将开庭的时间、地点通知未成年被害人及其法定代理人。未成年被害人的法定代理人可以陪同或者代表未成年被害人参加法庭审理，陈述意见，法定代理人是性侵害犯罪被告人的除外。

18. 人民法院开庭审理性侵害未成年人犯罪案件，未成年被害人、证人确有必要出庭的，应当根据案件情况采取不暴露外貌、真实声音等保护措施。有条件的，可以采取视频等方式播放未成年人的陈述、证言，播放视频亦应采取保护措施。

三、准确适用法律

19. 知道或者应当知道对方是不满十四周岁的幼女，而实施奸淫等性侵害行为的，应当认定行为人“明知”对方是幼女。

对于不满十二周岁的被害人实施奸淫等性侵害行为的，应当认定行为人“明知”对方是幼女。

对于已满十二周岁不满十四周岁的被害人，从其身体发育状况、言谈举止、衣着特征、生活作息规律等观察可能是幼女，而实施奸淫等性侵害行为的，应当认定行为人“明知”对方是幼女。

20. 以金钱财物等方式引诱幼女与自己发生性关系的；知道或者应当知道幼女被他人强迫卖淫而仍与其发生性关系的，均以强奸罪论处。

21. 对幼女负有特殊职责的人员与幼女发生性关系的，以强奸罪论处。

对已满十四周岁的未成年女性负有特殊职责的人员，利用其优势地位或者被害人孤立无援的境地，迫使未成年被害人就范，而与其发生性关系的，以强奸罪定罪处罚。

22. 实施猥亵儿童犯罪，造成儿童轻伤以上后果，同时符合刑法第二百三十四条或者第二百三十二条的规定，构成故意伤害罪、故意杀人罪的，依照处罚较重的规定定罪处罚。

对已满十四周岁的未成年男性实施猥亵，造成被害人轻伤以上后果，符合刑法第二百三十四条或者第二百三十二条规定的，以故意伤害罪或者故意杀人罪定罪处罚。

23. 在校园、游泳馆、儿童游乐场等公共场所对未成年人实施强奸、猥亵犯罪，只要有其他多人在场，不论在场人员是否实际看到，均可以依照刑法第二百三十六条第三款、第二百三十七条的规定，认定为在公共场所“当众”强奸妇女，强制猥亵、侮辱妇女，猥亵儿童。

24. 介绍、帮助他人奸淫幼女、猥亵儿童的，以强奸罪、猥亵儿童罪的共犯论处。

25. 针对未成年人实施强奸、猥亵犯罪的，应当从重处罚，具有下列情形之一的，更要依法从严惩处：

（1）对未成年人负有特殊职责的人员、与未成年人有共同家庭生活关系的人员、国家工作人员或者冒充国家工作人员，实施强奸、猥亵犯罪的；

（2）进入未成年人住所、学生集体宿舍实施强奸、猥亵犯罪的；

（3）采取暴力、胁迫、麻醉等强制手段实施奸淫幼女、猥亵儿童犯罪的；

（4）对不满十二周岁的儿童、农村留守儿童、严重残疾或者精神智力发育迟滞的未成年人，实施强奸、猥亵犯罪的；

（5）猥亵多名未成年人，或者多次实施强奸、猥亵犯罪的；

（6）造成未成年被害人轻伤、怀孕、感染性病等后果的；

（7）有强奸、猥亵犯罪前科劣迹的。

26. 组织、强迫、引诱、容留、介绍未成年人卖淫构成犯罪的，应当从重处罚。强迫幼女卖淫、引诱幼女卖淫的，应当分别按照刑法第三百五十八条第一款第（二）项、第三百五十九条第二款的规定定罪处罚。

对未成年人负有特殊职责的人员、与未成年人有共同家庭生活关系的人员、国家工作人员，实施组织、强迫、引诱、容留、介绍未成年人卖淫等性侵害犯罪的，更要依法从严惩处。

27. 已满十四周岁不满十六周岁的人偶尔与幼女发生性关系，情节轻微、未造成严重后果的，不认为是犯罪。

四、其他事项

28. 对于强奸未成年人的成年犯罪分子判处刑罚时，一般不适用缓刑。

对于性侵害未成年人的犯罪分子确定是否适用缓刑，人民法院、人民检察院可以委托犯罪分子居住地的社区矫正机构，就对其宣告缓刑对所居住社区是否有重大不良影响进行调查。受委托的社区矫正机构应当及时组织调查，在规定的期限内将调查评估意见提交委托机关。

对于判处刑罚同时宣告缓刑的，可以根据犯罪情况，同时宣告禁止令，禁止犯罪分子在缓刑考验期内从事与未成年人有关的工作、活动，禁止其进入中小学校区、幼儿园园区及其他未成年人集中的场所，确因本人就学、居住等原因，经执行机关批准的除外。

29. 外国人在我国领域内实施强奸、猥亵未成年人等犯罪的，应当依法判处，在判处刑罚时，可以独立适用或者附加适用驱逐出境。对于尚不构成犯罪但构成违反治安管理行为的，或者因实施性侵害未成年人犯罪不适宜在中国境内继续停留居留的，公安机关可以依法适用限期出境或者驱逐出境。

30. 对于判决已生效的强奸、猥亵未成年人犯罪案件，人民法院在依法保护被害人隐私的前提下，可以在互联网公布相关裁判文书，未成年人犯罪的除外。

31. 对于未成年人因被性侵害而造成的人身损害，为进行康复治疗所支付的医疗费、护理费、交通费、误工费等合理费用，未成年被害人及其法定代理人、近亲属提出赔偿请求的，人民法院依法予以支持。

32. 未成年人在幼儿园、学校或者其他教育机构学习、生活期间被性侵害而造成人身损害，被害人及其法定代理人、近亲属据此向人民法院起诉要求上述单位承担赔偿责任的，人民法院依法予以支持。

33. 未成年人受到监护人性侵害，其他具有监护资格的人员、民政部门等有关单位和组织向人民法院提出申请，要求撤销监护人资格，另行指定监护人的，人民法院依法予以支持。

34. 对未成年被害人因性侵害犯罪而造成人身损害，不能及时获得有效赔偿，生活困难的，各级人民法院、人民检察院、公安机关可会同有关部门，优先考虑予以司法救助。

《关于依法惩治性侵害未成年人犯罪的意见》的理解与适用

□周　峰　薛淑兰　赵俊甫　肖　凤

2013 年 10 月 24 日，最高人民法院、最高人民检察院、公安部、司法部联合发布了《关于依法惩治性侵害未成年人犯罪的意见》（法发〔2013〕12 号，以下简称《意见》），就办理性侵害未成年人犯罪案件提出了总体要求，并就法律适用和政策把握中的突出问题提出了具体意见。这对于依法惩治性侵害未成年人犯罪，加大对未成年人合法权益的司法保护力度，具有重要的指导意义。为便于正确理解和适用本《意见》，现就《意见》的制定背景和过程、制定原则及主要内容予以说明。

一、制定《意见》的背景和过程

未成年人是祖国的未来、民族的希望。据统计，截至 2012 年年底，我国 18 岁以下的未成年人有 3 亿多，其中 14 岁以下的儿童有 2 亿多。依法保护未成年人特别是儿童健康安全成长，免受违法犯罪侵害，涉及亿万家庭的幸福和谐，事关社会稳定和国家未来发展。改革开放以来，我国保护未成年人权益的法律体系日臻健全，司法保护力度不断增强，未成年人权益保护工作取得积极进展。但是，未成年人身心发育尚不成熟，易受犯罪侵害，特别是遭受性侵害现象突出，这也是当前世界各国共同面临的严峻问题。在我国，近年来，对未成年人实施奸淫、猥亵，诱骗、组织、强迫未成年少女卖淫等违法犯罪活动时有发生，虽然在整个刑事犯罪案件中所占比例不高，但是这些犯罪给未成年人身心健康造成严重伤害，在社会上造成极为恶劣的影响，人民群众反映十分强烈。

今年年初，最高人民法院就侵犯未成年人权益犯罪，重点是性侵害未成年人犯罪，成立调研课题组，向全国各级法院征集近年来审结的性侵害未成年人犯罪典型案例300多件及调研报告数十篇，先后在江苏、浙江、福建、青海、吉林、北京等地进行专题调研，召开研讨会，听取全国人大法工委、最高人民检察院、公安部、司法部、民政部、共青团中央、全国妇联、部分省市法院、检察机关、公安机关及有关未成年人保护组织的意见，全面收集了解情况，包括其他国家和地区惩治性侵害犯罪及保护未成年人权益的有益经验和举措，对法律政策适用等方面存在的问题进行了系统梳理。经与最高人民检察院、公安部、司法部共同深入研究，于8月中旬起草了《意见》初稿。后将《意见》提交专家论证讨论，并多次征求中央各政法部门的意见，根据反馈意见，几经综合研究，反复修改，形成了《意见》(送审稿)，分别经过最高人民法院、最高人民检察院、公安部、司法部相关工作程序，通过了本《意见》。

二、制定《意见》的基本原则

总体而言，《意见》的制定贯彻了如下两项基本原则：

1. 突出体现对性侵害犯罪分子的依法严惩。《意见》强化了公安机关及时立案和收集、固定证据职责，重点明确了奸淫幼女等性侵害犯罪的认定原则；对于形式上存在一定金钱财物往来，但本质上为奸淫幼女的行为，明确要求以强奸罪定罪处罚；对于承担教育、监护等特殊职责的人员强奸、猥亵未成年人，进入未成年人住所、学生集体宿舍实施强奸、猥亵，奸淫、猥亵农村留守儿童，以及有性犯罪前科劣迹的行为人再次实施性侵害等严重情形，规定更要从严惩处；对于强奸未成年人的成年犯罪分子，要求一般不得适用缓刑。意见为保护未成年人权益架起一道不容任何不法犯罪分子触碰、逾越的高压线。

2. 突出体现对未成年被害人的特殊、优先保护。《意见》共34条，用近一半的篇幅，从办案工作要求、避免对被害人造成“二次伤害”、为被害人提供法律援助、加大民事赔偿和司法救助力度等10余个方面，为未成年被害人提供最大限度的司法关怀与呵护。

三、对《意见》主要内容的说明

《意见》分四个部分共34条，着重从依法严惩性侵害犯罪、加大对未成年被害人的保护力度两个主要方面，提出了具体意见。

(一)关于立案

实践中，不报案或者报案不及时是导致性侵害未成年人犯罪案件难以及早进入司法程序的主要原因之一。因此，根据刑事诉讼法关于普通公民和单位报案、举报的有关规定，《意见》第九条明确，对未成年人负有监护、教育、训练、救助、看护、医疗等特殊职责的人员(以下简称负有特殊职责的人员)以及其他公民和单位，发现未成年人受到性侵害的，有权利也有义务向有关机关报案或者举报。该条规定旨在突出与未成年人接触密切的人员与机构对发现性侵害事实的报案义务，以使此类案件尽早进入司法程序。《意见》没有规定不报案的法律后果，但对于教师、监护人等负有特殊职责的人员或单位应报案而不报案，造成严重后果的，依据相关行政、民事等法律法规，仍有可能承担相应的行政责任和民事赔偿责任，《意见》的规定具有重要宣示导向作用。

立案是启动刑事诉讼程序的首要环节，立案条件掌握的宽与严，直接关系到对性侵害未成年人的犯罪能否及时进行有效惩治。根据《中华人民共和国刑事诉讼法》（以下简称刑事诉讼法）的规定，公安机关立案的条件是“发现有犯罪事实、需要追究刑事责任”，但实践中对于如何把握“发现有犯罪事实”这个条件，易产生不同认识。性侵害未成年人犯罪案件，犯罪方式大多隐蔽，以犯罪嫌疑人、被告人供述与被害人陈述即“一对一”证据居多，未成年被害人由于年幼，有时不敢报案或者无法报案，且一些案件报案不及时，部分证据灭失，对于是否符合立案条件，可能会出现争议。考虑此种情况，《意见》在第九至十一条着重明确了侦查立案问题，目的就是使性侵害未成年人的罪行在第一时间内得到制止和揭露，避免给未成年被害人造成更大的伤害。

《意见》第十条进一步重申和强调了公安机关接到相关报案、控告、举报及时审查、立案的职责，特别是明确规定，公安机关发现可能有未成年人被性侵害或者接报相关线索的，无论对案件是否有管辖权，都应当及时采取制止违法犯罪行为、保护被害人、保护现场等紧急措施，必要时，应当通报有关部门，如民政部门，对未成年被害人予以临时安置、救助。在我国，当前对未成年被害人尚缺少系统的临时庇护、救助机制的情况下，此规定对于解决那些监护人不明确或者直接受到监护人性侵害、不宜继续留在监护人身边的被害人的临时救助等问题，具有现实意义。为防止有案不立现象发生，《意见》第十一条进一步强调了检察机关对公安机关的立案监督职责。其中，除刑事诉讼法第一百一十一条规定的被害人有权申请检察机关进行立案监督外，首次明确了被害人的法定代理人及负有特殊职责的人员也有权申请检察机关进行立案监督，这既符合刑事诉讼法规定立案监督制度的立法精神，也有利于加大对未成年被害人的保护力度。

需要指出的是，在调研过程中，有意见提出，考虑遭受性侵害关系未成年被害人及其亲属名誉隐私，从情理分析，如相关人员主动报案、控告，那么存在犯罪事实的可能性就很大，不能对刑事诉讼法规定的“有犯罪事实发生”的立案条件做过于苛刻的理解，要求必须达到证据确实、充分，才予立案，建议对此类报案、举报、控告，一经提出，公安机关应当立即立案。经研究，考虑到性侵害案件报案、举报、控告情形的复杂性，并与刑事诉讼法的规定保持一致，最终未采纳该种意见。但在办案实践中，对于未成年被害人或者其法定代理人等关系密切人员就未成年人遭到性侵害报案、控告的，公安机关不宜仅以只有被害人陈述，其他证据不足为由不予立案，而应当迅速受理，对有关线索进行初查，调取补充证据，及时决定是否立案，杜绝“不破不立”现象发生。

（二）关于奸淫幼女等性侵害犯罪中主观明知的认定

奸淫幼女、引诱幼女卖淫、嫖宿幼女等性侵害犯罪，是否以行为人明知被害人系幼女为构成犯罪的必要要件，各国规定存在差异。总体而言，英美法系国家针对此类犯罪大多规定了严格责任，即行为人不得以不知被害人系幼女作为无罪的抗辩事由，或者在少数情况下，只有其误认幼女年龄存在真实的、合理的理由时，才可以作为抗辩事由。大陆法系国家，大多排斥严格责任的存在，“明知”被害人系幼女，一般是构成相应性侵害犯罪的明示或默示要件，例如，俄罗斯刑法典即以明示的方式将明知幼女的年龄作为奸淫幼女犯罪的必要要件，但对于认定可构成明知的条件，掌握上一般相对比较宽松。

我国刑法实践及理论通说均坚持罪过责任原则，认为奸淫幼女等性侵害犯罪，“明知”被害人年龄是默示的犯罪构成必要要件。在司法实践中，相关规范性文件亦坚持此种立场。例如，2001年《最高人民检察院关于构成嫖宿幼女罪主观上是否需要具备明知要件的解释》规定：“行为人知道被害人是或者可能是不满14周岁幼女而嫖宿的……以嫖宿幼女罪追究刑事责任。”这一解释表明，嫖宿幼女构成犯罪，需以“明知”为前提。

需要指出的是，对幼女进行特殊保护是世界各国的基本共识。以强奸罪为例，根据我国刑法规定和司法实践，奸淫不满14周岁的幼女构成强奸罪，不要求采取强制手段实施，而对于使用暴力、胁迫或者其他强制手段与不满14周岁的幼女发生性关系的，无论是否“明知”被害人为幼女，都要以强奸罪论处。实践中，有些犯罪嫌疑人、被告人未使用暴力、胁迫或者其他强制手段与幼女发生性关系，而以各种理由辩解是与幼女正常交往，不明知被害人是幼女，给审查认定案件事实造成一定困难。因此，必须明确，只有在采取非强制手段与幼女发生性关系的案件中，如何认定“是否明知被害人为幼女”才会成为需要解决的问题。

《意见》第十九条第一款首先明确，知道或者应当知道对方是不满14周岁的幼女，而实施奸淫等性侵害行为的，应当认定行为人“明知”对方是幼女，这是认定奸淫幼女等性侵害犯罪主观明知问题的总原则。此外，该条第二款、第三款以幼女年龄是否达到12周岁为标准，对如何认定“明知”，分别予以指导和规范。

其中，第二款规定，对于不满12周岁的被害人实施奸淫等性侵害行为的，应当认定行为人“明知”对方是幼女。也就是说，即使被害人身体发育、言谈举止等呈早熟特征，行为人亦辩称其误认被害人已满14周岁，也不应采信其辩解。如此规定主要考虑：经过对大量审结案例进行统计分析，并广泛征求各方意见，12周岁以下幼女基本都处在接受小学教育阶段，社会关系简单，外在幼女特征相对较为明显；即使极个别幼女身体发育早于同龄人，但一般人从其言谈举止、生活作息规律等其他方面通常也足以观察其可能是幼女，而且从对幼女进行特殊保护的立场考虑，也不应存在争议。故《意见》将对不满12周岁的被害人实施奸淫等性侵害行为，规定为“应当”认定行为人“明知”对方是幼女。

考虑到已满12周岁不满14周岁年龄段的幼女，其身心发育特点与已满14周岁的未成年少女较为接近，《意见》第十九条第三款规定，从被害人身体发育状况、言谈举止、衣着特征、生活作息规律等观察可能是幼女，而实施奸淫等性侵害行为的，也应当认定行为人“明知”对方是幼女。需要指出的是，《意见》虽然区分幼女是否已满12周岁，对明知问题予以分别规定，但绝不是厚此薄彼，弱化对已满12周岁幼女的保护力度。第二款、第三款两款均属于对“明知”认定问题的规范指引，不同的是，第二款属于绝对确定的指引，第三款属于相对确定的指引。主要是考虑到司法实践情况的复杂性，不排除存在一般人、行为人根本不可能判断出接近12至14周岁年龄段中的某些被害人是否是幼女的特殊情形存在。换言之，对于已满12周岁的幼女实施奸淫等性侵害行为的，如无极其特殊的例外情况，一般均应当认定行为人明知被害人是幼女。这里的极其特殊的例外情况，具体可从以下三个方面把握：

一是必须确有证据或者合理依据证明行为人根本不可能知道被害人是幼女；二是行为人已经足够谨慎行事，仍然对幼女年龄产生了误认，即使其他正常人处在行为人的场合，也难以避免这种错误判断；三是客观上被害人身体发育状况、言谈举止、衣着、生活作息规律等特征确实明显更像已满14周岁。例如，与发育较早、貌似成人、虚报年龄的已满12周岁不满14周岁的幼女，在谈恋爱和正常交往过程中，双方自愿发生了性行为，确有证据证实行为人不可能知道对方是幼女的，才可以采纳其不明知的辩解，但应特别严格掌握。相反，如果行为人采取引诱、欺骗等方式，或者根本不考虑被害人是否是幼女，而甘冒风险对被害人进行奸淫等性侵害的，一般都应当认定行为人明知被害人是幼女，以实现对幼女的特殊保护，堵塞惩治犯罪的漏洞。

另外需要指出的是，对于已满14周岁不满16周岁的男少年与幼女在正常恋爱交往过程中自愿发生性关系的，如果行为人提出不明知被害人系幼女的辩解，是否采纳其辩解，固然应考虑青少年认知、辨识能力有别于成年人的一面，但同样也应当严格把握，一般不宜以行为人不明知幼女年龄为由，认定其不构成犯罪，对于确属情节轻微，未造成严重后果的，可根据《意见》第二十七条的规定，从政策把握的角度做非罪化处理。

（三）关于形似钱色交易而实为奸淫幼女行为的性质认定

根据我国刑法规定，幼女可以自愿作出性承诺的法定年龄界限为14周岁。也就是说，与不满14周岁的幼女发生性关系，即使幼女“自愿”，刑法也否定其“自愿”的效力，不免除行为人与幼女发生性关系所应当承担的罪责，行为人为此支付金钱财物亦不例外。1991年全国人大常委会通过《关于严禁卖淫嫖娼的决定》，在决定第五条第二款规定：“嫖宿不满十四周岁的幼女的，依照刑法关于强奸罪的规定处罚。”1997年刑法修改时，分别在第二百三十六条第二款规定，“奸淫不满十四周岁的幼女的，以强奸论，从重处罚”；在第三百六十条第二款规定，“嫖宿不满14周岁的幼女的，处五年以上有期徒刑，并处罚金”。由此，与不满十四周岁的幼女发生性关系，在现行法律框架下，存在既可定强奸罪也可定嫖宿幼女罪的问题，区分的标准，根据刑法理论和实务部门的主流观点，即被害幼女是否已主动自愿从事卖淫活动：是，则构成嫖宿幼女罪；不是，则构成强奸罪。

在起草意见过程中，课题组对各级法院近几年来审结的嫖宿幼女犯罪案件进行了初步统计分析。从数据来看，每年此类案件数量不大，即数十件左右，判处五年以上有期徒刑的重刑率在60%以上，法院适用法律总体上是准确和得当的。但考虑此类犯罪发生的隐蔽性，是否有些案件未暴露、未进入司法程序，尚无数据资料证实。课题组广泛听取了团委、妇联和有关部门的意见，普遍反映在既定法律规范框架下，有必要明确嫖宿幼女罪与强奸罪的界限，以指导执法和司法机关准确适用法律，同时回应社会公众所担忧的有些行为人可能以嫖宿为借口逃避承担强奸罪罪责的可能，并震慑性侵害幼女的不法犯罪分子。

根据广泛调研论证，不能以是否给付金钱财物作为区分嫖宿幼女罪与强奸罪的界限。实践中，一些性侵害幼女的行为只是形式上具有钱色交易的外衣，其实质仍是一种奸淫行为，对此类行为的法律评价必须透过现象看清其奸淫幼女的行为本质。鉴于此，《意见》第二十条规定：“以金钱财物等方式引诱幼女与自己发生性关系的；知道或者应当知道幼女被他人强迫卖淫而仍与其发生性关系的，均以强奸罪论处。”在前一种情形中，金钱财物等方式的引诱只是行为人达到奸淫幼女目的的手段，应当认定行为人具有奸淫幼女的故意；在后一种情形中，行为人实际利用了他人的强迫行为所造成的被害幼女非自愿状态而进行奸淫，均与嫖宿幼女罪的本质有异。《意见》针对上述两种情形，明确以强奸罪论处，有利于避免产生不必要的争议。

（四）关于负有特殊职责的人员性侵害未成年人行为性质的认定

监护人、教师、医生、保姆等人员或者与幼女相熟，或者具有了解幼女真实年龄的条件，同时对幼女又负有不同于普通公民的特殊职责，对于此类人员与幼女发生性关系，即使其提出未采取暴力、胁迫等非法手段，主观上不明知被害人为幼女的辩解，司法机关也不应采纳，概因此种情形属于不证自明的事实。有鉴于此，《意见》第二十一条第一款作出了特别规定。

我国刑法对不满14周岁的幼女确立了特殊保护原则。实践中，已满14周岁的未成年少女虽然比幼女的认知、判断能力有所增强，但其身心发育尚未完全成熟，在日常生活、学习和物质条件方面对监护人、教师等负有特殊职责的人员，存在一定的服从、依赖关系，容易在非自愿状态下受到性侵害。有时行为人对此类被害人实施相对于成年被害人而言可能仅是轻微程度的胁迫，即可使未成年被害人不敢反抗、不能反抗，进而达到奸淫目的，对于此类行为，能否认定为强奸罪，实践中存在不同认识。参考最高人民法院、最高人民检察院、公安部1984年发布的《关于当前办理强奸案件中具体应用法律的若干问题的解答》（已失效）的指导精神及相关规定，《意见》第二十一条第二款进一步明确，“对已满十四周岁的未成年女性负有特殊职责的人员，利用其优势地位或者被害人孤立无援的境地，迫使未成年被害人就范，而与其发生性关系的，以强奸罪定罪处罚”。考察域外立法，德国、意大利、俄罗斯、英国、美国以及我国台湾地区均有类似的规定，均体现了对该年龄段未成年少女进行特殊保护的司法理念。

在适用该第二款时应当注意：对于强制手段和程度的认定，应充分考虑未成年被害人身心脆弱，及与特殊职责人员之间存在特殊关系，易受伤害等情况，与针对成年人实施的强制性侵害行为有所区分。其中，所谓“利用优势地位”进行奸淫，是指行为人与未成年被害人之间具有监护、教育、训练、看护、救助、医疗等特殊关系，且行为人故意利用这种特殊关系，以使未成年被害人的生活条件、受教育或训练的机会、接受救助或医疗等方面可能受到影响的方式，对被害人施加压力，使其不得不容忍行为人对其进行奸淫。例如，养（生）父以虐待、克扣生活费迫使养（生）女容忍其奸淫。所谓利用未成年人“孤立无援的境地”进行奸淫，是指由于各种原因，未成年被害人处于不得不依赖于上述特殊职责人员的资助、抚育、照顾和救助等状况，而行为人有意利用此种状况，迫使被害人容忍其奸淫行为。例如，对处于身患严重疾病、流落街头需要接受救助等境地的未成年被害人进行奸淫。

（五）关于“在公共场所当众实施强奸、猥亵、侮辱”加重处罚情节的认定

我国刑法规定，猥亵儿童的，在五年以下有期徒刑或者拘役的量刑幅度内从重处罚，聚众或者在公共场所当众实施的，在五年以上有期徒刑的量刑幅度内从重处罚。奸淫幼女，在不具有刑法规定的法定加重情节的情况下，以强奸罪在三年以上十年以下有期徒刑的量刑幅度内从重处罚，在公共场所当众实施的，应处十年以上有期徒刑、无期徒刑或者死刑。是否认定为在公共场所当众实施性侵害犯罪，关系到加重处罚情节的适用，影响重大。公共场所当众实施性侵害犯罪，仅从文义理解，一般是指在车站、码头、街道及其他不特定人员可以随意进出、使用的场所，当着其他在场人员的面实施性侵害，但这属于对“公共场所”和“当众”的最狭义理解。

调研发现，在一些校园性侵害案件中，个别小学教师在教室内诸多学生在场的情况下借职务之便，以辅导功课、安排任务等名义，将其中部分年幼学生叫到教室某个角落，利用讲台、课桌等物体遮挡，对被害人进行猥亵甚至奸淫，罪行令人发指。对于“教室”这一既供多数人使用但同时又相对封闭的特殊场所，可否理解为“公共场所”，以及是否要求其他在场人员实际看到猥亵、奸淫行为，才能认定为“在公共场所当众猥亵、强奸”，实践中存在一定争议。根据教室（校园）的“涉众性”和“供多数人使用”的功能特征，以及“公共场所”“当众”概念在广义上理解可能包括的含义，并考虑此类犯罪的严重社会危害性，《意见》第二十三条对“公共场所”和“当众”的含义进行了明确，规定在校园、游泳馆、儿童游乐场等公共场所对未成年人实施强奸、猥亵犯罪，只要有其他多人在场，不论在场人员是否实际看到，均可以认定为在公共场所“当众”强奸妇女，强制猥亵、侮辱妇女，猥亵儿童。在适用该条规定时应注意：认定为“当众”实施性侵害犯罪虽不要求其他在场的多人实际看到，但基于“当众”概念的一般含义及具有“当众”情节处罚的严厉性，从空间上来讲，其他在场的多人一般要在行为人实施犯罪地点视力所及的范围之内，也就是说，性侵害行为处于其他在场人员随时可能发现、可以发现的状态。

（六）关于七种从重从严处罚情节的认定

我国刑法第二百三十六条、第二百三十七条明确规定，奸淫幼女，猥亵儿童的，从重处罚，对于强奸已满十四周岁未成年少女的，人民法院在审判实践中一般也酌定从重处罚。《意见》第二十五条从特殊身份犯罪主体、特定犯罪场所、危害性大的犯罪手段及行为、特别弱势犯罪对象、相对严重犯罪后果、被告人有性侵前科劣迹等方面，对一些酌定从严处罚情节，通过规范性文件的形式首次予以明确，以指导各级司法机关在办理性侵害未成年人犯罪案件，选择从重处罚时，更

加体现依法严惩。例如,奸淫幼女一人一次,根据刑法规定,应在三年以上十年以下有期徒刑幅度内从重处罚,如果根据量刑规范化意见,可能判处四年或者五年有期徒刑,那么,对于具有《意见》第二十五条所列情形之一,如进入学生集体宿舍强奸的,则可判处高于四年或五年有期徒刑的刑罚,也就是在从重的基础上更加体现从严惩处。

1. 监护人、教师、教练、救助人、保姆、医生等对未成年人负有特殊职责的人员,与未成年人有共同家庭生活关系的人员,例如随单身或离异母亲生活的未成年人,其母亲的同居男友对其实施性侵害犯罪,严重挑战社会伦理道德底线;同时,该类人员具有接触未成年人的便利条件,实施性侵害行为更为隐蔽,一般人难以发现,持续时间通常更长,未成年被害人更难以抗拒和向有关部门揭露,社会危害更大。因此,应当依法严惩。国家工作人员理应做模范守法的典范和保护未成年人的表率,而极少数国家工作人员性侵害未成年人,与普通公民实施性侵害相比,社会影响更为恶劣,也应当依法严惩。冒充国家工作人员强奸、猥亵未成年人,易在社会造成不良影响,亦应严惩。

2. 未成年人的住所、学生集体宿舍,是未成年人生活起居的主要场所,也是未成年人最应感到心理安全的场所。进入上述场所实施强奸、猥亵犯罪,严重冲击被害人的心理安全感,甚至在一定范围内造成社会恐慌,危害性大,应当严惩。从其他国家和地区立法例来看,如我国台湾地区"刑法"规定,违反被害人意愿性交者,构成普通强制性交罪,处三年以上十年以下有期徒刑,侵入住宅或有人居住的建筑物、船舰或隐匿其内实施的,构成加重强制性交罪,处七年以上有期徒刑,亦体现出对在特殊场所实施性侵害犯罪的严惩。

3.《意见》规定,对不满12周岁的儿童、农村留守儿童、严重残疾或者精神智力发育迟滞的未成年人,实施强奸、猥亵,从严惩处,是考虑到上述被害人均属于弱势人群中的底层,更易受犯罪侵害,且危害后果更严重。需要指出的是,被害人特别年幼,在从重程度的把握上可酌情予以考虑。

4. 奸淫幼女、猥亵儿童,构成犯罪,不要求采取暴力、胁迫、麻醉等强制手段实施,但如行为人采取上述强制手段的,对被害人伤害更大,故应从严惩处。

5. 根据刑法第二百三十六条第三款的规定,强奸妇女、奸淫幼女多人的,属加重处罚情节。对同一名被害人多次强奸或者奸淫的,如何体现"从严"惩处,实践中存在争议。起草《意见》过程中,有意见提出,可将其解释为该条第三款规定的"强奸妇女、奸淫幼女情节恶劣",从而适用加重处罚条款。从刑法条文来看,未将强奸、奸淫"多次"与"多人"并列规定,说明立法乃有意有所区别,即前者系针对同一名被害人实施,侵害客体单一,强奸、奸淫3次以上的社会危害性尚达不到应判处十年以上有期徒刑的严重程度。故《意见》将多次强奸明确为从重处罚情节,针对未成年人实施的,量刑时进一步体现从严。另外,刑法第二百三十七条仅规定了"聚众或者在公共场所当众"实施猥亵、侮辱的加重处罚情节,对于量刑时应予考虑的从重处罚情节未作规定。故《意见》结合司法实践经验,将猥亵多人、多次猥亵这两种多发、常见同时也是危害性更大的情形,明确为从重处罚情节。

6. 造成未成年被害人轻伤、怀孕、感染性病,不属于刑法第二百三十六条第三款第五项规定的"其他严重后果"加重处罚情节,但因对未成年被害人身心伤害大,故量刑时也要体现从严。其中,对造成未成年人怀孕,是否规定为加重处罚情节,起草《意见》阶段,存在不同意见。调研发现,各地法院理解掌握标准不一。经反复研究,强奸造成未成年人怀孕,会给被害人造成很大身心创伤,但怀孕系强奸的附随后果,且发现怀孕的阶段及采取干预措施的不同,对被害人身心伤害大小存在很大差异,如将怀孕解释为"其他严重后果",未免失之于绝对,与刑法所列举的应当判处十年以上有期徒刑的五种法定情形的严重性程度有别。故将造成未成年被害人怀孕这一情节本身作为从重处罚情节掌握，更妥当一些。但也不排除多次造成未成年被害人怀孕、流产，或者同时具有“特殊职责人员采取强制手段实施”等其他从重处罚情节的，在综合考虑的基础上认定为刑法第二百三十六条第三款第一项规定的“强奸妇女、奸淫幼女情节恶劣”，从而加重处罚。

7. 有强奸、猥亵犯罪前科劣迹，又实施强奸、猥亵未成年人犯罪，前后两种行为均属性侵害不法犯罪，反映行为人主观恶性深、人身危险性大，应当从严惩处。

需要指出的是，调研过程中，有意见提出，建议列举具体情形，将刑法第二百三十六条第三款第一项规定的“强奸妇女、奸淫幼女情节恶劣”予以明确化。考虑到司法实践的复杂性，未采纳该种意见。鉴于《意见》第二十五条从犯罪主体、犯罪对象、犯罪地点、犯罪手段、犯罪后果等诸多方面对强奸未成年人犯罪的从重处罚情节作了明确，实践中，可以综合考虑上述所列某几项情形，认定强奸行为是否属于“情节恶劣”。

（七）关于组织、强迫未成年人卖淫等犯罪的从重从严处罚

针对组织、强迫、引诱、容留、介绍未成年人少女卖淫等犯罪，《意见》第二十六条要求从重处罚。也就是说，只要被组织、强迫、引诱、容留、介绍的对象中包括未成年人的，都要从重处罚。强迫幼女卖淫的，则要按照刑法第三百五十八条的规定，对行为人以强迫卖淫罪，判处十年以上有期徒刑或者无期徒刑，并处罚金或者没收财产，情节特别严重的，判处无期徒刑，直至判处死刑，并处没收财产；引诱幼女卖淫的，根据刑法第三百五十九条第二款的规定，判处五年以上有期徒刑，并处罚金。负有特殊职责的人员、与未成年人有共同家庭生活关系的人员、国家工作人员实施组织、强迫、引诱、容留、介绍未成年人卖淫、嫖宿幼女等性侵害犯罪的，更要依法从严惩处，理由不再赘述。

（八）关于依法从严控制缓刑适用

强奸未成年人社会危害性大，为体现对此类犯罪的依法严惩，并有效预防犯罪，同时考虑对符合缓刑适用条件的未成年犯罪分子依法从宽，更好进行挽救、教育、改造，《意见》第二十八条要求，对此类案件的成年犯罪分子，一般不适用缓刑。鉴于不同性质的性侵害犯罪危害性大小存在差异，故《意见》只对强奸未成年人犯罪作了规定，但限制适用缓刑这一精神对于组织、强迫未成年人卖淫，严重的猥亵儿童等性侵害犯罪，同样是适用的。

需要指出的是，对强奸未成年人的成年犯罪分子一般不适用缓刑，是总体要求，但并不绝对排除适用缓刑的可能。例如，对于自动中止强奸行为，地位、作用明显较小的从犯等具有法定从轻、减轻处罚情节，判处拘役、三年以下有期徒刑，同时符合刑法规定的“犯罪情节较轻、有悔罪表现、没有再犯罪危险，宣告缓刑对所居住的社区没有重大不良影响”等条件的，在总体上从严把握的前提下，也可以适用缓刑，以体现罪刑相适应。

对于认定是否符合缓刑适用条件，《意见》规定了社区矫正机构调查的前置程序，并规定宣告缓刑的同时视情对犯罪人宣告禁止令，体现了从严适用缓刑和对特定犯罪人群加强特殊预防的精神。

（九）关于未成年人实施性侵害未成年人案件的政策把握

鉴于当前部分性侵害未成年人违法犯罪呈现低龄化特点，《意见》第四条规定，对于未成年人实施性侵害未成年人犯罪的，应当坚持双向保护原则，在依法保护未成年被害人的合法权益时，也要依法保护未成年犯罪嫌疑人、未成年被告人的合法权益。另外，《意见》第二十七条规定，已满14周岁不满16周岁的人偶尔与幼女发生性关系，情节轻微、未造成严重后果的，不认为是犯罪。该条系对2006年《最高人民法院关于审理未成年人刑事案件具体应用法律若干问题的解释》相关规定的重申，主要考虑，《意见》强调依法从严惩处性侵害未成年人犯罪，但不能忽视对未

成年被告人所具有的法定、酌定从宽情节的应有考量，尤其是对于已满 14 周岁不满 16 周岁的男少年，与年龄相当的幼女在正常交往、恋爱过程中自愿发生性关系，情节轻微、未造成严重后果的，不宜作为犯罪处理。此处表述虽是“偶尔”发生性关系，但主要是为了与此前司法解释的规定保持一致，实践中并不能简单以次数论，双方是否自愿、情节是否轻微、是否造成严重后果，是罪与非罪的关键，应严格把握。需要指出的是，对情节轻微及后果严重性的判断，应综合考虑行为人与幼女是否存在正常交往、恋爱关系，及对于幼女的身心影响等因素予以认定；对于行为人采取利诱、欺骗等卑劣方式与幼女发生性关系的，一般不宜认定为“情节轻微”。

上述规定亦是对我国司法机关处理青少年之间自愿发生性关系问题一贯所采取的刑事政策的延续。例如，最高人民法院 1957 年在《1955 年以来奸淫幼女案件检查总结》中曾明确指出：至于个别幼女虽未满 14 周岁，但身心发育早熟，确系自愿与人发生性行为的，法院对被告人酌情从轻或减轻处理。如果男方年龄也很轻，双方确系在恋爱中自愿发生性行为的，则不追究刑事责任。此后多项司法解释或者司法政策文件亦一直采取这一立场，即在处理青少年与幼女自愿发生性关系问题上，坚持适度介入、慎重干预的刑事政策。

从域外立法来看，对发生在未成年人之间的性侵害案件，处理上也大多采取相对较为宽松的政策。例如，意大利刑法规定：除采取暴力、胁迫等强制手段外，未成年人同不满 13 周岁的未成年人发生性关系的，如果相互间的年龄差距不超过 3 年，不予处罚。美国一些司法管辖区将未成年被告人与未成年被害人的年龄差距大小，作为认定被告人构成不同严重等级性侵害犯罪的考量因素。这些对我们处理此类未成年人性侵害未成年人犯罪案件，把握是否属于“情节轻微”，具有参考价值。

（十）关于对未成年被害人的民事赔偿和司法救助

《意见》构建三重保护网络，确保未成年被害人得到必要的经济赔偿和救助：

一是明确了被告人应当承担的民事赔偿责任范围。《意见》第三十一条规定，对于未成年人因被性侵害而造成的人身损害，为进行康复治疗所支付的医疗费、护理费、交通费、误工费等合理费用，未成年被害人及其法定代理人、近亲属提出赔偿请求的，人民法院依法予以支持。其中，康复治疗费用包括进行身体医治和精神诊治所支出的费用。性侵害未成年人犯罪，对被害人最大的伤害往往是精神和心理上的伤害，被害人到医院进行精神康复治疗所支付的医疗费，不同于精神抚慰金，该部分医疗费用，被害人提出赔偿请求并提供相应证据的，如医院病历、收费凭证等，人民法院依法予以支持。

二是明确了相关机构的赔偿责任。考虑到有些性侵害案件发生在校园或者幼儿辅导培训机构，为了保障被害人损失得到有效弥补，《意见》第三十二条规定，未成年人在幼儿园、学校或者其他教育机构学习、生活期间被性侵害而造成人身损害，被害人及其法定代理人、近亲属据此向人民法院起诉要求上述单位承担赔偿责任的，人民法院依法予以支持。其中，涉及两种情况：其一是未成年人遭到上述单位工作人员性侵害；其二是遭到上述单位以外的人员性侵害。侵权责任法根据上述不同情形，就相关单位是否尽到教育、管理职责规定了不同的举证责任，及不同性质的赔偿责任，人民法院审理案件时，应注意准确区分和适用。此外，《意见》通过对上述单位民事赔偿责任的归责，也可在一定程度上督促相关单位对未成年人履行好教育、管理职责，预防、减少性侵害事件的发生。

三是明确了对未成年被害人优先予以司法救助。《意见》第三十四条要求对未成年被害人因性侵害犯罪而造成人身损害，不能及时获得有效赔偿，生活困难的，优先予以司法救助，进一步体现了对未成年被害人的特殊经济救助。

需要附带指出的是，根据《意见》的规定，未成年人受到监护人性侵害，其他具有监护资格的人员和单位向法院提出申请，要求撤销监护人资格，另行指定监护人的，法院应当在刑事案件审结后，根据民事诉讼法所规定的特别程序审理撤销、变更监护资格诉讼请求。

（十一）关于未成年被害人隐私权利保护和裁判文书网上公布

《意见》对于办理性侵害未成年人犯罪案件的隐私保护问题作了规定。对外公开的诉讼文书，不得披露未成年被害人的身份信息及可能推断出其身份信息的其他资料，对性侵害的事实注意以适当的方式叙述。其中，需要特别强调的是裁判文书的撰写。调研中发现，有些性侵害案件的裁判文书，在犯罪事实表述、证人证言、被害人陈述、被告人供述的援引、列举方面，不问是否确有必要，事无巨细，记载了大量性侵害的细节，有损裁判文书的严肃性，且公开后，给未成年被害人造成一定伤害，影响被害人及其家庭的正常生活，产生了不良社会影响，应当切实引起注意，并加以改进。

为震慑性侵害犯罪分子，并确保公众对身边潜在的具有性侵害劣迹人员的知情权，加强犯罪特殊预防，当前世界主要国家和地区，如美国、英国、日本和我国香港特别行政区、我国台湾地区均通过法案或者单行法律法规，确立了对具有性侵前科的罪犯进行信息登记、公告、追踪识别等制度。

调研过程中，曾有意见提出创设类似性侵罪犯信息公告制度，但考虑《意见》系指导办案的规范性文件，而公告性侵害罪犯信息涉及对公民权利的限制及公告后对特殊人员的监督管理等一系列问题，故未作规定。但根据有关方面建议，《意见》规定在确保被害人隐私的前提下，人民法院可以在互联网公布已审结生效的强奸、猥亵未成年人犯罪案件的裁判文书。在适用时应当注意，必须确保被害人隐私不被泄露，公布裁判文书前，应当对被害人姓名、住址、就学、工作场所等信息及可能推断出其真实身份的其他信息进行相应技术处理；如果进行技术处理仍无法确保被害人隐私不被泄露，或者确有其他不宜公布的特殊情形的，就不应当公布裁判文书。对于未成年人实施性侵害的案件的裁判文书，从最大限度教育、挽救未成年犯罪人的角度考虑，依法不予公布。

（十二）关于未成年被害人诉讼参与权利的保障

《意见》强化了司法机关对案件处理进展的告知义务及人民法院、人民检察院帮助未成年被害人申请法律援助的义务。

根据《最高人民法院关于适用〈中华人民共和国刑事诉讼法〉的解释》（以下简称《刑事诉讼法解释》）第一百八十六条第三款的规定：“不公开审理的案件，任何人不得旁听，但法律另有规定的除外。”性侵害未成年人犯罪案件，因涉及被害人隐私，属于不公开审理的范围，实践中，对于未成年被害人及其法定代理人未提起附带民事诉讼，其近亲属或者法定代理人是否可以参加法庭审理，存在不同认识。

刑事诉讼法第一百八十二条第三款规定，人民法院应当通知开庭的对象包括人民检察院，当事人，辩护人、诉讼代理人、证人、鉴定人和翻译人员。法定代理人既不属于当事人，也非诉讼代理人，故对法定代理人出庭问题，认识不一。但刑事诉讼法第二百七十条规定，对于未成年人刑事案件，在讯问和审判时，应当通知未成年被告人的法定代理人到场；询问未成年被害人、证人，适用该规定。另，《刑事诉讼法解释》在公诉案件一审程序进一步明确、细化了通知被害人的法定代理人出庭及参与法庭调查等问题。故《意见》规定，法定代理人可以在被害人不愿或者因其他原因不能出庭时，代表被害人出庭陈述意见，从而保障未成年被害人的意愿在司法审判中得到充分的尊重和表达。人民法院在办理此类案件时，应当切实保护未成年被害人及其法定代理人参与诉讼尤其是参加法庭审理的权利。

另外,需要附带指出和强调的是,虽然刑事诉讼法第一百九十六条未规定判决书的送达范围包括法定代理人,但《刑事诉讼法解释》第二百四十七条规定,判决书应当送达法定代理人。人民法院在审理性侵害未成年人犯罪案件时,对此应予重视。

(作者单位:最高人民法院刑一庭)

人民检察院办理未成年人刑事案件的规定

(2002年3月25日最高人民检察院第九届检察委员会第一百零五次会议通过　2006年12月28日最高人民检察院第十届检察委员会第六十八次会议第一次修订　2013年12月19日最高人民检察院第十二届检察委员会第十四次会议第二次修订　2013年12月27日公布并施行　高检发研字〔2013〕7号)

第一章　总　　则

第一条　为了切实保障未成年犯罪嫌疑人、被告人和未成年罪犯的合法权益,正确履行检察职责,根据《中华人民共和国刑法》、《中华人民共和国刑事诉讼法》、《中华人民共和国未成年人保护法》、《中华人民共和国预防未成年人犯罪法》、《人民检察院刑事诉讼规则(试行)》等有关规定,结合人民检察院办理未成年人刑事案件工作实际,制定本规定。

第二条　人民检察院办理未成年人刑事案件,实行教育、感化、挽救的方针,坚持教育为主、惩罚为辅和特殊保护的原则。在严格遵守法律规定的前提下,按照最有利于未成年人和适合未成年人身心特点的方式进行,充分保障未成年人合法权益。

第三条　人民检察院办理未成年人刑事案件,应当保障未成年人依法行使其诉讼权利,保障未成年人得到法律帮助。

第四条　人民检察院办理未成年人刑事案件,应当在依照法定程序和保证办案质量的前提下,快速办理,减少刑事诉讼对未成年人的不利影响。

第五条　人民检察院办理未成年人刑事案件,应当依法保护涉案未成年人的名誉,尊重其人格尊严,不得公开或者传播涉案未成年人的姓名、住所、照片、图像及可能推断出该未成年人的资料。

人民检察院办理刑事案件,应当依法保护未成年被害人、证人以及其他与案件有关的未成年人的合法权益。

第六条　人民检察院办理未成年人刑事案件,应当加强与公安机关、人民法院以及司法行政机关的联系,注意工作各环节的衔接和配合,共同做好对涉案未成年人的教育、感化、挽救工作。

人民检察院应当加强同政府有关部门、共青团、妇联、工会等人民团体,学校、基层组织以及未成年人保护组织的联系和配合,加强对违法犯罪的未成年人的教育和挽救,共同做好未成年人犯罪预防工作。

第七条　人民检察院办理未成年人刑事案件,发现有关单位或者部门在预防未成年人违法犯罪等方面制度不落实、不健全,存在管理漏洞的,可以采取检察建议等方式向有关单位或者部门提出预防违法犯罪的意见和建议。

第八条　省级、地市级人民检察院和未成年人刑事案件较多的基层人民检察院,应当设立独立的未成年人刑事检察机构。地市级人民检察院也可以根据当地实际，指定一个基层人民检察院设立独立机构，统一办理辖区范围内的未成年人刑事案件；条件暂不具备的，应当成立专门办案组或者指定专人办理。对于专门办案组或者专人，应当保证其集中精力办理未成年人刑事案件，研究未成年人犯罪规律，落实对涉案未成年人的帮教措施等工作。

各级人民检察院应当选任经过专门培训，熟悉未成年人身心特点，具有犯罪学、社会学、心理学、教育学等方面知识的检察人员承办未成年人刑事案件，并加强对办案人员的培训和指导。

第九条 人民检察院根据情况可以对未成年犯罪嫌疑人的成长经历、犯罪原因、监护教育等情况进行调查，并制作社会调查报告，作为办案和教育的参考。

人民检察院开展社会调查，可以委托有关组织和机构进行。开展社会调查应当尊重和保护未成年人名誉，避免向不知情人员泄露未成年犯罪嫌疑人的涉罪信息。

人民检察院应当对公安机关移送的社会调查报告进行审查，必要时可以进行补充调查。

提起公诉的案件，社会调查报告应当随案移送人民法院。

第十条 人民检察院办理未成年人刑事案件，可以应犯罪嫌疑人家属、被害人及其家属的要求，告知其审查逮捕、审查起诉的进展情况，并对有关情况予以说明和解释。

第十一条 人民检察院受理案件后，应当向未成年犯罪嫌疑人及其法定代理人了解其委托辩护人的情况，并告知其有权委托辩护人。

未成年犯罪嫌疑人没有委托辩护人的，人民检察院应当书面通知法律援助机构指派律师为其提供辩护。

第十二条 人民检察院办理未成年人刑事案件，应当注重矛盾化解，认真听取被害人的意见，做好释法说理工作。对于符合和解条件的，要发挥检调对接平台作用，积极促使双方当事人达成和解。

人民检察院应当充分维护未成年被害人的合法权益。对于符合条件的被害人，应当及时启动刑事被害人救助程序，对其进行救助。对于未成年被害人，可以适当放宽救助条件、扩大救助的案件范围。

人民检察院根据需要，可以对未成年犯罪嫌疑人、未成年被害人进行心理疏导。必要时，经未成年犯罪嫌疑人及其法定代理人同意，可以对未成年犯罪嫌疑人进行心理测评。

在办理未成年人刑事案件时，人民检察院应当加强办案风险评估预警工作，主动采取适当措施，积极回应和引导社会舆论，有效防范执法办案风险。

第二章 未成年人刑事案件的审查逮捕

第十三条 人民检察院办理未成年犯罪嫌疑人审查逮捕案件，应当根据未成年犯罪嫌疑人涉嫌犯罪的事实、主观恶性、有无监护与社会帮教条件等，综合衡量其社会危险性，严格限制适用逮捕措施，可捕可不捕的不捕。

第十四条 审查逮捕未成年犯罪嫌疑人，应当重点审查其是否已满十四、十六、十八周岁。

对犯罪嫌疑人实际年龄难以判断，影响对该犯罪嫌疑人是否应当负刑事责任认定的，应当不批准逮捕。需要补充侦查的，同时通知公安机关。

第十五条 审查逮捕未成年犯罪嫌疑人，应当审查公安机关依法提供的证据和社会调查报告等材料。公安机关没有提供社会调查报告的，人民检察院根据案件情况可以要求公安机关提供，也可以自行或者委托有关组织和机构进行调查。

第十六条 审查逮捕未成年犯罪嫌疑人，应当注意是否有被胁迫、引诱的情节，是否存在成年人教唆犯罪、传授犯罪方法或者利用未成年人实施犯罪的情况。

第十七条 人民检察院办理未成年犯罪嫌疑人审查逮捕案件,应当讯问未成年犯罪嫌疑人,听取辩护律师的意见,并制作笔录附卷。

讯问未成年犯罪嫌疑人,应当根据该未成年人的特点和案件情况,制定详细的讯问提纲,采取适宜该未成年人的方式进行,讯问用语应当准确易懂。

讯问未成年犯罪嫌疑人,应当告知其依法享有的诉讼权利,告知其如实供述案件事实的法律规定和意义,核实其是否有自首、立功、坦白等情节,听取其有罪的供述或者无罪、罪轻的辩解。

讯问未成年犯罪嫌疑人,应当通知其法定代理人到场,告知法定代理人依法享有的诉讼权利和应当履行的义务。无法通知、法定代理人不能到场或者法定代理人是共犯的,也可以通知未成年犯罪嫌疑人的其他成年亲属,所在学校、单位或者居住地的村民委员会、居民委员会、未成年人保护组织的代表等合适成年人到场,并将有关情况记录在案。到场的法定代理人可以代为行使未成年犯罪嫌疑人的诉讼权利,行使时不得侵犯未成年犯罪嫌疑人的合法权益。

未成年犯罪嫌疑人明确拒绝法定代理人以外的合适成年人到场,人民检察院可以准许,但应当另行通知其他合适成年人到场。

到场的法定代理人或者其他人员认为办案人员在讯问中侵犯未成年犯罪嫌疑人合法权益的,可以提出意见。讯问笔录应当交由到场的法定代理人或者其他人员阅读或者向其宣读,并由其在笔录上签字、盖章或者捺指印确认。

讯问女性未成年犯罪嫌疑人,应当有女性检察人员参加。

询问未成年被害人、证人,适用本条第四款至第七款的规定。

第十八条 讯问未成年犯罪嫌疑人一般不得使用械具。对于确有人身危险性,必须使用械具的,在现实危险消除后,应当立即停止使用。

第十九条 对于罪行较轻,具备有效监护条件或者社会帮教措施,没有社会危险性或者社会危险性较小,不逮捕不致妨害诉讼正常进行的未成年犯罪嫌疑人,应当不批准逮捕。

对于罪行比较严重,但主观恶性不大,有悔罪表现,具备有效监护条件或者社会帮教措施,具有下列情形之一,不逮捕不致妨害诉讼正常进行的未成年犯罪嫌疑人,可以不批准逮捕:

(一)初次犯罪、过失犯罪的;

(二)犯罪预备、中止、未遂的;

(三)有自首或者立功表现的;

(四)犯罪后如实交待罪行,真诚悔罪,积极退赃,尽力减少和赔偿损失,被害人谅解的;

(五)不属于共同犯罪的主犯或者集团犯罪中的首要分子的;

(六)属于已满十四周岁不满十六周岁的未成年人或者系在校学生的;

(七)其他可以不批准逮捕的情形。

对于不予批准逮捕的案件,应当说明理由,连同案卷材料送达公安机关执行。需要补充侦查的,应当同时通知公安机关。必要时可以向被害方作说明解释。

第二十条 适用本规定第十九条的规定,在作出不批准逮捕决定前,应当审查其监护情况,参考其法定代理人、学校、居住地公安派出所及居民委员会、村民委员会的意见,并在审查逮捕意见书中对未成年犯罪嫌疑人是否具备有效监护条件或者社会帮教措施进行具体说明。

第二十一条 对未成年犯罪嫌疑人作出批准逮捕决定后,应当依法进行羁押必要性审查。对不需要继续羁押的,应当及时建议予以释放或者变更强制措施。

第三章 未成年人刑事案件的审查起诉与出庭支持公诉

第一节 审 查

第二十二条 人民检察院审查起诉未成年人刑事案件，自收到移送审查起诉的案件材料之日起三日以内，应当告知被害人及其法定代理人或者其近亲属、附带民事诉讼的当事人及其法定代理人有权委托诉讼代理人。

对未成年被害人或者其法定代理人提出聘请律师意向，但因经济困难或者其他原因没有委托诉讼代理人的，应当帮助其申请法律援助。

未成年犯罪嫌疑人被羁押的，人民检察院应当审查是否有必要继续羁押。对不需要继续羁押的，应当予以释放或者变更强制措施。

审查起诉未成年犯罪嫌疑人，应当听取其父母或者其他法定代理人、辩护人、被害人及其法定代理人的意见。

第二十三条 人民检察院审查起诉未成年人刑事案件，应当讯问未成年犯罪嫌疑人。讯问未成年犯罪嫌疑人适用本规定第十七条、第十八条的规定。

第二十四条 移送审查起诉的案件具备以下条件之一，且其法定代理人、近亲属等与本案无牵连的，经公安机关同意，检察人员可以安排在押的未成年犯罪嫌疑人与其法定代理人、近亲属等进行会见、通话：

（一）案件事实已基本查清，主要证据确实、充分，安排会见、通话不会影响诉讼活动正常进行；

（二）未成年犯罪嫌疑人有认罪、悔罪表现，或者虽尚未认罪、悔罪，但通过会见、通话有可能促使其转化，或者通过会见、通话有利于社会、家庭稳定；

（三）未成年犯罪嫌疑人的法定代理人、近亲属对其犯罪原因、社会危害性以及后果有一定的认识，并能配合司法机关进行教育。

第二十五条 在押的未成年犯罪嫌疑人同其法定代理人、近亲属等进行会见、通话时，检察人员应当告知其会见、通话不得有串供或者其他妨碍诉讼的内容。会见、通话时检察人员可以在场。会见、通话结束后，检察人员应当将有关内容及时整理并记录在案。

第二节 不 起 诉

第二十六条 对于犯罪情节轻微，具有下列情形之一，依照刑法规定不需要判处刑罚或者免除刑罚的未成年犯罪嫌疑人，一般应当依法作出不起诉决定：

（一）被胁迫参与犯罪的；

（二）犯罪预备、中止、未遂的；

（三）在共同犯罪中起次要或者辅助作用的；

（四）系又聋又哑的人或者盲人的；

（五）因防卫过当或者紧急避险过当构成犯罪的；

（六）有自首或者立功表现的；

（七）其他依照刑法规定不需要判处刑罚或者免除刑罚的情形。

第二十七条 对于未成年人实施的轻伤害案件、初次犯罪、过失犯罪、犯罪未遂的案件以及被诱骗或者被教唆实施的犯罪案件等，情节轻微，犯罪嫌疑人确有悔罪表现，当事人双方自愿就民事赔偿达成协议并切实履行或者经被害人同意并提供有效担保，符合刑法第三十七条规定的，人民检察院可以依照刑事诉讼法第一百七十三条第二款的规定作出不起诉决定，并可以根据案件的不同情况，予以训诫或者责令具结悔过、赔礼道歉、赔偿损失，或者由主管部门予以行政处罚。

第二十八条 不起诉决定书应当向被不起诉的未成年人及其法定代理人宣布，并阐明不起诉的理由和法律依据。

不起诉决定书应当送达公安机关，被不起诉的未成年人及其法定代理人、辩护人，被害人或者其近亲属及其诉讼代理人。

送达时，应当告知被害人或者其近亲属及其诉讼代理人，如果对不起诉决定不服，可以自收到不起诉决定书后七日以内向上一级人民检察院申诉，也可以不经申诉，直接向人民法院起诉；告知被不起诉的未成年人及其法定代理人，如果对不起诉决定不服，可以自收到不起诉决定书后七日以内向人民检察院申诉。

第三节 附条件不起诉

第二十九条 对于犯罪时已满十四周岁不满十八周岁的未成年人，同时符合下列条件的，人民检察院可以作出附条件不起诉决定：

（一）涉嫌刑法分则第四章、第五章、第六章规定的犯罪；

（二）根据具体犯罪事实、情节，可能被判处一年有期徒刑以下刑罚；

（三）犯罪事实清楚，证据确实、充分，符合起诉条件；

（四）具有悔罪表现。

第三十条 人民检察院在作出附条件不起诉的决定以前，应当听取公安机关、被害人、未成年犯罪嫌疑人的法定代理人、辩护人的意见，并制作笔录附卷。被害人是未成年人的，还应当听取被害人的法定代理人、诉讼代理人的意见。

第三十一条 公安机关或者被害人对附条件不起诉有异议或争议较大的案件，人民检察院可以召集侦查人员、被害人及其法定代理人、诉讼代理人、未成年犯罪嫌疑人及其法定代理人、辩护人举行不公开听证会，充分听取各方的意见和理由。

对于决定附条件不起诉可能激化矛盾或者引发不稳定因素的，人民检察院应当慎重适用。

第三十二条 适用附条件不起诉的审查意见，应当由办案人员在审查起诉期限届满十五日前提出，并根据案件的具体情况拟定考验期限和考察方案，连同案件审查报告、社会调查报告等，经部门负责人审核，报检察长或者检察委员会决定。

第三十三条 人民检察院作出附条件不起诉的决定后，应当制作附条件不起诉决定书，并在三日以内送达公安机关、被害人或者其近亲属及其诉讼代理人、未成年犯罪嫌疑人及其法定代理人、辩护人。

送达时，应当告知被害人或者其近亲属及其诉讼代理人，如果对附条件不起诉决定不服，可以自收到附条件不起诉决定书后七日以内向上一级人民检察院申诉。

人民检察院应当当面向未成年犯罪嫌疑人及其法定代理人宣布附条件不起诉决定，告知考验期限、在考验期内应当遵守的规定和违反规定应负的法律责任，以及可以对附条件不起诉决定提出异议，并制作笔录附卷。

第三十四条 未成年犯罪嫌疑人在押的，作出附条件不起诉决定后，人民检察院应当作出释放或者变更强制措施的决定。

第三十五条 公安机关认为附条件不起诉决定有错误，要求复议的，人民检察院未成年人刑事检察机构应当另行指定检察人员进行审查并提出审查意见，经部门负责人审核，报请检察长或者检察委员会决定。

人民检察院应当在收到要求复议意见书后的三十日以内作出复议决定，通知公安机关。

第三十六条 上一级人民检察院收到公安机关对附条件不起诉决定提请复核的意见书后，应当交由未成年人刑事检察机构办理。未成年人刑事检察机构应当指定检察人员进行审查并提出审查意见，经部门负责人审核，报请检察长或者检察委员会决定。

上一级人民检察院应当在收到提请复核意见书后的三十日以内作出决定，制作复核决定书送交提请复核的公安机关和下级人民检察院。经复核改变下级人民检察院附条件不起诉决定的，应当撤销下级人民检察院作出的附条件不起诉决定，交由下级人民检察院执行。

第三十七条 被害人不服附条件不起诉决定，在收到附条件不起诉决定书后七日以内申诉的，由作出附条件不起诉决定的人民检察院的上一级人民检察院未成年人刑事检察机构立案复查。

被害人向作出附条件不起诉决定的人民检察院提出申诉的，作出决定的人民检察院应当将申诉材料连同案卷一并报送上一级人民检察院受理。

被害人不服附条件不起诉决定，在收到附条件不起诉决定书七日后提出申诉的，由作出附条件不起诉决定的人民检察院未成年人刑事检察机构另行指定检察人员审查后决定是否立案复查。

未成年人刑事检察机构复查后应当提出复查意见，报请检察长决定。

复查决定书应当送达被害人、被附条件不起诉的未成年犯罪嫌疑人及其法定代理人和作出附条件不起诉决定的人民检察院。

上级人民检察院经复查作出起诉决定的，应当撤销下级人民检察院的附条件不起诉决定，由下级人民检察院提起公诉，并将复查决定抄送移送审查起诉的公安机关。

第三十八条 未成年犯罪嫌疑人及其法定代理人对人民检察院决定附条件不起诉有异议的，人民检察院应当作出起诉的决定。

第三十九条 人民检察院在作出附条件不起诉决定后，应当在十日内将附条件不起诉决定书报上级人民检察院主管部门备案。

上级人民检察院认为下级人民检察院作出的附条件不起诉决定不适当的，应当及时撤销下级人民检察院作出的附条件不起诉决定，下级人民检察院应当执行。

第四十条 人民检察院决定附条件不起诉的，应当确定考验期。考验期为六个月以上一年以下，从人民检察院作出附条件不起诉的决定之日起计算。考验期不计入案件审查起诉期限。

考验期的长短应当与未成年犯罪嫌疑人所犯罪行的轻重、主观恶性的大小和人身危险性的大小、一贯表现及帮教条件等相适应，根据未成年犯罪嫌疑人在考验期的表现，可以在法定期限范围内适当缩短或者延长。

第四十一条 被附条件不起诉的未成年犯罪嫌疑人，应当遵守下列规定：

（一）遵守法律法规，服从监督；

（二）按照考察机关的规定报告自己的活动情况；

（三）离开所居住的市、县或者迁居，应当报经考察机关批准；

（四）按照考察机关的要求接受矫治和教育。

第四十二条 人民检察院可以要求被附条件不起诉的未成年犯罪嫌疑人接受下列矫治和教育：

（一）完成戒瘾治疗、心理辅导或者其他适当的处遇措施；

（二）向社区或者公益团体提供公益劳动；

（三）不得进入特定场所，与特定的人员会见或者通信，从事特定的活动；

（四）向被害人赔偿损失、赔礼道歉等；

（五）接受相关教育；

（六）遵守其他保护被害人安全以及预防再犯的禁止性规定。

第四十三条 在附条件不起诉的考验期内，人民检察院应当对被附条件不起诉的未成年犯罪嫌疑人进行监督考察。未成年犯罪嫌疑人的监护人应当对未成年犯罪嫌疑人加强管教，配合人民检察院做好监督考察工作。

人民检察院可以会同未成年犯罪嫌疑人的监护人、所在学校、单位、居住地的村民委员会、居民委员会、未成年人保护组织等的有关人员定期对未成年犯罪嫌疑人进行考察、教育，实施跟踪帮教。

第四十四条 未成年犯罪嫌疑人经批准离开所居住的市、县或者迁居，作出附条件不起诉决定的人民检察院可以要求迁入地的人民检察院协助进行考察，并将考察结果函告作出附条件不起诉决定的人民检察院。

第四十五条 考验期届满，办案人员应当制作附条件不起诉考察意见书，提出起诉或者不起诉的意见，经部门负责人审核，报请检察长决定。

人民检察院应当在审查起诉期限内作出起诉或者不起诉的决定。

作出附条件不起诉决定的案件，审查起诉期限自人民检察院作出附条件不起诉决定之日起中止计算，自考验期限届满之日起或者人民检察院作出撤销附条件不起诉决定之日起恢复计算。

第四十六条 被附条件不起诉的未成年犯罪嫌疑人，在考验期内有下列情形之一的，人民检察院应当撤销附条件不起诉的决定，提起公诉：

（一）实施新的犯罪的；

（二）发现决定附条件不起诉以前还有其他犯罪需要追诉的；

（三）违反治安管理规定，造成严重后果，或者多次违反治安管理规定的；

（四）违反考察机关有关附条件不起诉的监督管理规定，造成严重后果，或者多次违反考察机关有关附条件不起诉的监督管理规定的。

第四十七条 对于未成年犯罪嫌疑人在考验期内实施新的犯罪或者在决定附条件不起诉以前还有其他犯罪需要追诉的，人民检察院应当移送侦查机关立案侦查。

第四十八条 被附条件不起诉的未成年犯罪嫌疑人，在考验期内没有本规定第四十六条规定的情形，考验期满的，人民检察院应当作出不起诉的决定。

第四十九条 对于附条件不起诉的案件，不起诉决定宣布后六个月内，办案人员可以对被不起诉的未成年人进行回访，巩固帮教效果，并做好相关记录。

第五十条 对人民检察院依照刑事诉讼法第一百七十三条第二款规定作出的不起诉决定和经附条件不起诉考验期满不起诉的，在向被不起诉的未成年人及其法定代理人宣布不起诉决定书时，应当充分阐明不起诉的理由和法律依据，并结合社会调查，围绕犯罪行为对被害人、对本人及家庭、对社会等造成的危害，导致犯罪行为发生的原因及应当吸取的教训等，对被不起诉的未成年人开展必要的教育。如果侦查人员、合适成年人、辩护人、社工等参加有利于教育被不起诉未成年人的，经被不起诉的未成年人及其法定代理人同意，可以邀请他们参加，但要严格控制参与人范围。

对于犯罪事实清楚，但因未达刑事责任年龄不起诉、年龄证据存疑而不起诉的未成年犯罪嫌疑人，参照上述规定举行不起诉宣布教育仪式。

第四节 提起公诉

第五十一条 人民检察院审查未成年人与成年人共同犯罪案件，一般应当将未成年人与成年人分案起诉。但是具有下列情形之一的，可以不分案起诉：

（一）未成年人系犯罪集团的组织者或者其他共同犯罪中的主犯的；

（二）案件重大、疑难、复杂，分案起诉可能妨碍案件审理的；

（三）涉及刑事附带民事诉讼，分案起诉妨碍附带民事诉讼部分审理的；

（四）具有其他不宜分案起诉情形的。

对分案起诉至同一人民法院的未成年人与成年人共同犯罪案件，由未成年人刑事检察机构一并办理更为适宜的，经检察长决定，可以由未成年人刑事检察机构一并办理。

分案起诉的未成年人与成年人共同犯罪案件，由不同机构分别办理的，应当相互了解案件情况，提出量刑建议时，注意全案的量刑平衡。

第五十二条 对于分案起诉的未成年人与成年人共同犯罪案件，一般应当同时移送人民法院。对于需要补充侦查的，如果补充侦查事项不涉及未成年犯罪嫌疑人所参与的犯罪事实，不影响对未成年犯罪嫌疑人提起公诉的，应当对未成年犯罪嫌疑人先予提起公诉。

第五十三条 对于分案起诉的未成年人与成年人共同犯罪案件，在审查起诉过程中可以根据全案情况制作一个审结报告，起诉书以及出庭预案等应当分别制作。

第五十四条 人民检察院对未成年人与成年人共同犯罪案件分别提起公诉后，在诉讼过程中出现不宜分案起诉情形的，可以建议人民法院并案审理。

第五十五条 对于符合适用简易程序审理条件的未成年人刑事案件，人民检察院应当在提起公诉时向人民法院提出适用简易程序审理的建议。

第五十六条 对提起公诉的未成年人刑事案件，应当认真做好下列出席法庭的准备工作：

（一）掌握未成年被告人的心理状态，并对其进行接受审判的教育，必要时，可以再次讯问被告人；

（二）与未成年被告人的法定代理人、合适成年人、辩护人交换意见，共同做好教育、感化工作；

（三）进一步熟悉案情，深入研究本案的有关法律政策问题，根据案件性质，结合社会调查情况，拟定讯问提纲、询问被害人、证人、鉴定人提纲、举证提纲、答辩提纲、公诉意见书和针对未成年被告人进行法制教育的书面材料。

第五十七条 公诉人出席未成年人刑事审判法庭，应当遵守公诉人出庭行为规范要求，发言时应当语调温和，并注意用语文明、准确，通俗易懂。

公诉人一般不提请未成年证人、被害人出庭作证。确有必要出庭作证的，应当建议人民法院采取相应的保护措施。

第五十八条 在法庭审理过程中，公诉人的讯问、询问、辩论等活动，应当注意未成年人的身心特点。对于未成年被告人情绪严重不稳定，不宜继续接受审判的，公诉人可以建议法庭休庭。

第五十九条 对于具有下列情形之一，依法可能判处拘役、三年以下有期徒刑，有悔罪表现，宣告缓刑对所居住社区没有重大不良影响，具备有效监护条件或者社会帮教措施、适用缓刑确实不致再危害社会的未成年被告人，人民检察院应当建议人民法院适用缓刑：

（一）犯罪情节较轻，未造成严重后果的；

（二）主观恶性不大的初犯或者胁从犯、从犯；

（三）被害人同意和解或者被害人有明显过错的；

（四）其他可以适用缓刑的情节。

建议宣告缓刑，可以根据犯罪情况，同时建议禁止未成年被告人在缓刑考验期限内从事特定活动，进入特定区域、场所，接触特定的人。

人民检察院提出对未成年被告人适用缓刑建议的，应当将未成年被告人能够获得有效监护、帮教的书面材料于判决前移送人民法院。

第六十条 公诉人在依法指控犯罪的同时，要剖析未成年被告人犯罪的原因、社会危害性，适时进行法制教育，促使其深刻反省，吸取教训。

第六十一条 人民检察院派员出席未成年人刑事案件二审法庭适用本节的相关规定。

第六十二条 犯罪的时候不满十八周岁，被判处五年有期徒刑以下刑罚的，人民检察院应当在收到人民法院生效判决后，对犯罪记录予以封存。

对于二审案件，上级人民检察院封存犯罪记录时，应当通知下级人民检察院对相关犯罪记录予以封存。

第六十三条 人民检察院应当将拟封存的未成年人犯罪记录、卷宗等相关材料装订成册，加密保存，不予公开，并建立专门的未成年人犯罪档案库，执行严格的保管制度。

第六十四条 除司法机关为办案需要或者有关单位根据国家规定进行查询的以外，人民检察院不得向任何单位和个人提供封存的犯罪记录，并不得提供未成年人有犯罪记录的证明。

司法机关或者有关单位需要查询犯罪记录的，应当向封存犯罪记录的人民检察院提出书面申请，人民检察院应当在七日以内作出是否许可的决定。

第六十五条 对被封存犯罪记录的未成年人，符合下列条件之一的，应当对其犯罪记录解除封存：

（一）实施新的犯罪，且新罪与封存记录之罪数罪并罚后被决定执行五年有期徒刑以上刑罚的；

（二）发现漏罪，且漏罪与封存记录之罪数罪并罚后被决定执行五年有期徒刑以上刑罚的。

第六十六条 人民检察院对未成年犯罪嫌疑人作出不起诉决定后，应当对相关记录予以封存。具体程序参照本规定第六十二条至第六十五条规定办理。

第四章　未成年人刑事案件的法律监督

第六十七条 人民检察院审查批准逮捕、审查起诉未成年犯罪嫌疑人，应当同时依法监督侦查活动是否合法，发现有下列违法行为的，应当提出纠正意见；构成犯罪的，依法追究刑事责任：

（一）违法对未成年犯罪嫌疑人采取强制措施或者采取强制措施不当的；

（二）未依法实行对未成年犯罪嫌疑人与成年犯罪嫌疑人分别关押、管理的；

（三）对未成年犯罪嫌疑人采取刑事拘留、逮捕措施后，在法定时限内未进行讯问，或者未通知其家属的；

（四）讯问未成年犯罪嫌疑人或者询问未成年被害人、证人时，未依法通知其法定代理人或者合适成年人到场的；

（五）讯问或者询问女性未成年人时，没有女性检察人员参加；

（六）未依法告知未成年犯罪嫌疑人有权委托辩护人的；

（七）未依法通知法律援助机构指派律师为未成年犯罪嫌疑人提供辩护的；

（八）对未成年犯罪嫌疑人威胁、体罚、侮辱人格、游行示众，或者刑讯逼供、指供、诱供的；

（九）利用未成年人认知能力低而故意制造冤、假、错案的；

（十）对未成年被害人、证人以暴力、威胁、诱骗等非法手段收集证据或者侵害未成年被害人、证人的人格尊严及隐私权等合法权益的；

（十一）违反羁押和办案期限规定的；

（十二）已作出不批准逮捕、不起诉决定，公安机关不立即释放犯罪嫌疑人的；

（十三）在侦查中有其他侵害未成年人合法权益行为的。

第六十八条 对依法不应当公开审理的未成年人刑事案件公开审理的，人民检察院应当在开庭前提出纠正意见。

公诉人出庭支持公诉时，发现法庭审判有下列违反法律规定的诉讼程序的情形之一的，应当在休庭后及时向本院检察长报告，由人民检察院向人民法院提出纠正意见：

（一）开庭或者宣告判决时未通知未成年被告人的法定代理人到庭的；

（二）人民法院没有给聋、哑或者不通晓当地通用的语言文字的未成年被告人聘请或者指定翻译人员的；

（三）未成年被告人在审判时没有辩护人的；对未成年被告人及其法定代理人依照法律和有关规定拒绝辩护人为其辩护，合议庭未另行通知法律援助机构指派律师的；

（四）法庭未告知未成年被告人及其法定代理人依法享有的申请回避、辩护、提出新的证据、申请重新鉴定或者勘验、最后陈述、提出上诉等诉讼权利的；

（五）其他违反法律规定的诉讼程序的情形。

第六十九条 人民检察院发现有关机关对未成年人犯罪记录应当封存而未封存的，不应当允许查询而允许查询的或者不应当提供犯罪记录而提供的，应当依法提出纠正意见。

第七十条 人民检察院依法对未成年犯管教所实行驻所检察。在刑罚执行监督中，发现关押成年罪犯的监狱收押未成年罪犯的，未成年犯管教所违法收押成年罪犯的，或者对年满十八周岁时余刑在二年以上的罪犯留在未成年犯管教所执行剩余刑期的，应当依法提出纠正意见。

第七十一条 人民检察院在看守所检察中，发现没有对未成年犯罪嫌疑人、被告人与成年犯罪嫌疑人、被告人分别关押、管理或者对未成年犯留所执行刑罚的，应当依法提出纠正意见。

第七十二条 人民检察院应当加强对未成年犯管教所、看守所监管未成年罪犯活动的监督，依法保障未成年罪犯的合法权益，维护监管改造秩序和教学、劳动、生活秩序。

人民检察院配合未成年犯管教所、看守所加强对未成年罪犯的政治、法律、文化教育，促进依法、科学、文明监管。

第七十三条 人民检察院依法对未成年人的社区矫正进行监督，发现有下列情形之一的，应当依法向公安机关、人民法院、监狱、社区矫正机构等有关部门提出纠正意见：

（一）没有将未成年人的社区矫正与成年人分开进行的；

（二）对实行社区矫正的未成年人脱管、漏管或者没有落实帮教措施的；

（三）没有对未成年社区矫正人员给予身份保护，其矫正宣告公开进行，矫正档案未进行保密，公开或者传播其姓名、住所、照片等可能推断出该未成年人的其他资料以及矫正资料等情形的；

（四）未成年社区矫正人员的矫正小组没有熟悉青少年成长特点的人员参加的；

（五）没有针对未成年人的年龄、心理特点和身心发育需要等特殊情况采取相应的监督管理和教育矫正措施的；

（六）其他违法情形。

第七十四条 人民检察院依法对未成年犯的减刑、假释、暂予监外执行等活动实行监督。对符合减刑、假释、暂予监外执行法定条件的，应当建议执行机关向人民法院、监狱管理机关或者公安机关提请；发现提请或者裁定、决定不当的，应当依法提出纠正意见；对徇私舞弊减刑、假释、暂予监外执行等构成犯罪的，依法追究刑事责任。

第五章 未成年人案件的刑事申诉检察

第七十五条 人民检察院依法受理未成年人及其法定代理人提出的刑事申诉案件和国家赔偿案件。

人民检察院对未成年人刑事申诉案件和国家赔偿案件，应当指定专人及时办理。

第七十六条 人民检察院复查未成年人刑事申诉案件，应当直接听取未成年人及其法定代理人的陈述或者辩解，认真审核、查证与案件有关的证据和线索，查清案件事实，依法作出处理。

案件复查终结作出处理决定后，应当向未成年人及其法定代理人当面送达法律文书，做好释法说理和教育工作。

第七十七条 对已复查纠正的未成年人刑事申诉案件，应当配合有关部门做好善后工作。

第七十八条 人民检察院办理未成年人国家赔偿案件，应当充分听取未成年人及其法定代理人的意见，对于依法应当赔偿的案件，应当及时作出和执行赔偿决定。

第六章 附 则

第七十九条 本规定所称未成年人刑事案件，是指犯罪嫌疑人、被告人实施涉嫌犯罪行为时已满十四周岁、未满十八周岁的刑事案件，但在有关未成年人诉讼权利和体现对未成年人程序上特殊保护的条文中所称的未成年人，是指在诉讼过程中未满十八周岁的人。犯罪嫌疑人实施涉嫌犯罪行为时未满十八周岁，在诉讼过程中已满十八周岁的，人民检察院可以根据案件的具体情况适用本规定。

第八十条 实施犯罪行为的年龄，一律按公历的年、月、日计算。从周岁生日的第二天起，为已满××周岁。

第八十一条 未成年人刑事案件的法律文书和工作文书，应当注明未成年人的出生年月日、法定代理人或者到场的合适成年人、辩护人基本情况。

对未成年犯罪嫌疑人、被告人、未成年罪犯的有关情况和办案人员开展教育感化工作的情况，应当记录在卷，随案移送。

第八十二条 本规定由最高人民检察院负责解释。

第八十三条 本规定自发布之日起施行，最高人民检察院2007年1月9日发布的《人民检察院办理未成年人刑事案件的规定》同时废止。

教育部　公安部　共青团中央　全国妇联
关于做好预防少年儿童遭受性侵工作的意见

（教基一〔2013〕8号）

各省、自治区、直辖市教育厅（教委）、公安厅（局）、团委、妇联，新疆生产建设兵团教育局、公安局、团委、妇联：

近年来，在党中央、国务院的正确领导下，在各级党委政府及教育、公安、共青团、妇联等有关部门的共同努力下，少年儿童保护工作取得积极进展，少年儿童安全事故数量和非正常死亡人数逐年下降。但是，少年儿童保护工作也出现了一些新情况、新问题，亟待加以研究解决，如寄宿制学校增多导致学校日常安全管理难度加大，留守儿童由于缺乏父母监管容易出现安全问题，社会不良风气影响少年儿童身心发展，特别是今年以来媒体集中曝光的个别地方出现的少年儿童被性侵犯案件，引发社会各界高度关注。为切实预防性侵犯少年儿童案件的发生，进一步加强少年儿童保护工作，确保教育系统和谐稳定，现提出以下意见。

一、科学做好预防性侵犯教育。各地教育部门、共青团、妇联组织要通过课堂教学、讲座、班队会、主题活动、编发手册等多种形式开展性知识教育、预防性侵犯教育，提高师生、家长对性侵犯犯罪的认识。广泛宣传“家长保护儿童须知”及“儿童保护须知”，教育学生特别是女学生提高自我保护意识和能力，了解预防性侵犯的知识，知晓什么是性侵犯，遭遇性侵犯后如何寻求他人帮助。教育学生特别是女学生提高警觉，外出时尽量结伴而行，离家时一定要告诉父母返回时间、和谁在一起、联系方式等，牢记父母电话及报警电话。要运用各类媒体普及有关知识，有条件的地方可设立学生保护热线和网站。

二、定期开展隐患摸底排查。各地教育部门要定期组织力量对中小学校进行拉网式排查，全面检查学校日常安全管理制度是否存在漏洞，重点检查教职工、学生是否有异常情况，特别是要关注班级内学生尤其是女学生有无学习成绩突然下滑、精神恍惚、无故旷课等异常表现及产生的原因。要加强对边远地区、山区学校、教学点的排查，切实做到县不漏校，校不漏人。对排查中发现的安全隐患要及时整改，发现的性侵犯事件线索和苗头要认真核实，涉及违法犯罪的要及时报警并报告上级部门。

三、全面落实日常管理制度。各地教育部门要坚持“谁主管、谁负责，谁开办、谁负责”的原则，落实中小学校长作为校园内部安全管理和学生保护第一责任人的责任。要指导学校建立低年级学生上下学接送交接制度，不得将晚离校学生交与无关人员。健全学生请假、销假制度，严禁学生私自离校。加强人防、物防和技防建设，完善重点时段和关键部位的安全监管。严格落实值班、巡查制度，加强校园周边治安综合治理。严格实行外来人员、车辆登记制度和内部人员、车辆出入证制度。

四、从严管理女生宿舍。各地教育部门和寄宿制学校要对所有女生宿舍实行“封闭式”管理，尚未实现“封闭式”管理的要抓紧时间改善宿舍条件。女生宿舍原则上应聘用女性管理人员。未经宿管人员许可，所有男性，包括老师和家长，一律不得进入女生宿舍。宿舍管理人员发现有可疑人员在女生宿舍周围游荡，要立即向学校报告并采取相应防范措施。学生临时有事离校回家必须向学校请假并电话告知家长，经宿舍管理人员同意并登记后方可离校。做好学生夜间点名工作，发现有无故夜不归宿者要及时报告。

五、切实加强教职员工管理。各地教育部门要把好入口关，落实对校长、教师和职工从业资格有关规定，加强对临时聘用人员的准入资质审查，坚决清理和杜绝不合格人员进入学校工作岗位，严禁聘用受到剥夺政治权利或者故意犯罪受到刑事处罚人员、有精神病史人员担任教职员工。要将师德教育、法制教育纳入教职员工培训内容及考核范围，加强考核和评价，落实管理职责。要加强对教职员工的品行考核，对品行不良、侮辱学生、影响恶劣的，由县级以上教育行政部门撤销其教师资格。要关注教职员工队伍心理状况及工作状况，加强心理辅导，防止个别教职员工出现极端心理问题，及时预防个别教职员工出现的不良行为。

六、密切保持家校联系。各地教育部门、妇联组织要通过开展家访、召开家长会、举办家长学校等方式，提醒家长尽量多安排时间和孩子相处交流，切实履行对孩子的监护责任，特别要做好学生离校后的监管看护教育工作。要让家长了解必要的性知识和预防性侵犯知识，并通过适当方式向孩子进行讲解。学校要同家庭随时保持联系，特别要关注留守儿童家庭，及时掌握孩子情况，特别是发现孩子有异常表现时，家校双方要及时沟通，深入了解孩子表现情况，共同分析异常原因，及时采取应对措施。学校家长委员会、家长学校要与社区家长学校密切联系，构筑学校、家庭、社区有效衔接的保护网络。

七、妥善处置中小学生性侵犯事件。各地教育部门要建立中小学生性侵犯案件及时报告制度，一旦发现学生在学校内遭受性侵犯，学校或家长要立即报警并彼此告知，同时学校要及时向上级教育主管部门报告，报告时相关人员有义务保护未成年人合法权益，严格保护学生隐私，防止泄露有关学生个人及其家庭的信息，避免再次伤害。教育部门和学校要与共青团、妇联、家庭和医院等积极配合，向被性侵犯的学生及其家人提供帮助，及时开展相应的心理辅导和家庭支持，帮助他们尽快走出心理阴影。被性侵犯的学生有转学需求的，教育部门和学校应予以安排。对性侵学生者，各地要依法严惩，决不姑息。

八、努力营造良好社会环境和舆论氛围。各地教育部门、公安机关要分析学校及周边安全形势，掌握治安乱点和突出问题，大力整治学校及周边安全隐患。各地公安机关要重点排查民办学校、城乡接合部学校、寄宿制学校内部及周边的安全隐患，严厉打击对少年儿童性侵犯的违法犯罪活动。要加强校园周边巡逻防控，防止发生社会人员性侵犯在校女学生案件。各地教育部门要协调有关部门进一步加强对学生保护工作的正面宣传引导，防止媒体过度渲染报道性侵犯学生案件，营造全社会共同关心、关爱学生健康成长的良好氛围。

九、积极构建长效机制。各地教育部门要将预防性侵犯教育作为安全教育的重要内容，在开学后、放假前等重点时段集中开展，纳入对新上岗教职工和新入学学生的培训教育中。共青团组织要将预防性侵犯教育作为青少年自护教育活动的重要方面，依托各地12355青少年服务台，开设自护教育热线，组织专业社工、公益律师、志愿者开展有针对性的自护教育、心理辅导和法律咨询。妇联组织要将预防性侵犯教育纳入女童尤其是农村留守流动女童家庭教育指导服务重点内容，维护女童合法权益。要加强协同配合，努力构建教育、公安、共青团、妇联、家庭、社会六位一体的保护中小学生工作机制，做到安全监管全覆盖。

二〇一三年九月三日

儿童权利公约（节录）

(1991年12月29日第七届全国人民代表大会常务委员会第二十三次会议决定:批准1989年11月20日由第四十四届联合国大会通过的《儿童权利公约》)

序　　言

回顾联合国在《世界人权宣言》中宣布:儿童有权享受特别照料和协助。

深信家庭作为社会的基本单元,作为家庭所有成员、特别是儿童的成长和幸福的自然环境,应获得必要的保护和协助,以充分负起它在社会上的责任。

确认为了充分而和谐地发展其个性,应让儿童在家庭环境里,在幸福、亲爱和谅解的气氛中成长。

考虑到应充分培养儿童可在社会上独立生活,并在《联合国宪章》宣布的理想的精神下,特别是在和平、尊严、宽容、自由、平等和团结的精神下,抚养他们成长。

铭记如《儿童权利宣言》所示:"儿童因身心尚未成熟,在其出生以前和以后均需要特殊的保护和照料,包括法律上的适当保护"。

第 一 部 分

第一条

为本公约之目的,儿童系指18岁以下的任何人,除非对其适用之法律规定成年年龄低于18岁。

第三条

1. 关于儿童的一切行动,不论是由公私社会福利机构、法院、行政当局或立法机构执行,均应以儿童的最大利益为一种首要考虑。

第四条

缔约国应采取一切适当的立法、行政和其他措施以实现本公约所确认的权利。关于经济、社会及文化权利,缔约国应根据其现有资源所允许的最大限度并视需要在国际合作范围内采取此类措施。

第五条

缔约国应尊重父母或于适用时尊重当地习俗认定的大家庭或社会成员、法定监护人或其他对儿童负有法律责任的人以下的责任、权利和义务,以符合儿童不同阶段接受能力的方式适当指导和指引儿童行使本公约所确认的权利。

第十九条

1. 缔约国应采取一切适当的立法、行政、社会和教育措施,保护儿童在受父母、法定监护人或其他任何负责照管儿童的人的照料时,不致受到任何形式的身心摧残、伤害或凌辱,忽视或照料不周,虐待或剥削,包括性侵犯。

2. 这类保护性措施应酌情包括采取有效程序以建立社会方案,向儿童和负责照管儿童的人提供必要的支助,采取其他预防形式,查明、报告、查询、调查、处理和追究前述的虐待儿童事件,以及在适当时进行司法干预。

第三十二条

1. 缔约国确认儿童有权受到保护,以免受经济剥削和从事任何可能妨碍或影响儿童教育或有害儿童健康或身体、心理、精神、道德或社会发展的工作。

2. 缔约国应采取立法、行政、社会和教育措施确保本条得到执行。为此目的,并鉴于其他国际文书的有关规定,缔约国尤应:

(1)规定受雇的最低年龄;

(2)规定有关工作时间和条件的适当规则;

(3)规定适当的惩罚或其他制裁措施以确保本条得到有效执行。

第三十三条

缔约国应采取一切适当措施,包括立法、行政、社会和教育措施,保护儿童不至非法使用有关国际条约中界定的麻醉药品和精神药物,并防止利用儿童从事非法生产和贩运此类药物。

第三十四条

缔约国承担保护儿童免遭一切形式的色情剥削和性侵犯之害,为此目的,缔约国尤应采取一切适当的国家、双边和多边措施,以防止:

(1)引诱或强迫儿童从事任何非法的性生活;

(2)利用儿童卖淫或从事其他非法的性行为;

(3)利用儿童进行淫秽表演和充当淫秽题材。

《儿童权利公约》关于买卖儿童、儿童卖淫和儿童色情制品问题的任择议定书(节录)

(2002年8月29日第九届全国人民代表大会常务委员会第二十九次会议决定:批准于2000年5月25日经联合国大会通过、同年9月6日我国政府签署的《〈儿童权利公约〉关于买卖儿童、儿童卖淫和儿童色情制品问题的任择议定书》)

本议定书各缔约国:

深切关注仍然广泛存在着特别容易侵害儿童的性旅游,因为它直接助长了买卖儿童、儿童卖淫和儿童色情制品,

认识到一些尤其脆弱的群体,其中包括女童受到了性剥削的极大危险,而且女童在遭受性剥削的群体中占有很大的比例,

认为应采用一种全面的方法来消除引发性因素,其中包括发展不足、贫困、经济失衡、社会经济结构不公平、家庭瘫痪、缺乏教育、城市——农村移徙、性别歧视、不负责任的成人性行为、有害的传统作法、武装冲突和贩卖儿童,从而有助于消除买卖儿童、儿童卖淫和儿童色情制品,

认为需要努力提高公众意识,以减少消费者对买卖儿童、儿童卖淫和儿童色情制品的需求,并还认为需要加强各方的全球合作以及在国家一级改善执法行动的重要性,

充分重视各国人民保护儿童和促进儿童协调发展的传统及文化价值的重要性,

兹商定如下:

第一条

缔约国应根据本议定书的规定,禁止买卖儿童、儿童卖淫和儿童色情制品。

第二条

为了本议定书的目的：

(1)买卖儿童系指任何人或群体为了报酬或出于其他考虑将儿童转让给另一个人的任何行为或交易；

(2)儿童卖淫系指为了报酬或出于任何其他形式的考虑而在性活动中利用儿童；

(3)儿童色情制品系指以任何方式表现儿童正在进行真实或模拟的直露的性活动或主要为取得性满足而以任何方式表现儿童身体的一部分的制品。

第三条

一、每一缔约国应确保下列行为和活动按照其刑事法或刑法起码将被定为犯罪行为，而不论这些行为是在国内还是在国际上犯下的，也不论是个人还是有组织地犯下的：

(一)根据第二条确定的买卖儿童的定义：

1. 为下述目的以任何方式提供、送交或接受儿童：

(1)对儿童进行性剥削；

(2)为获取利润而转让儿童器官；

(3)使用儿童从事强迫性劳动。

2. 作为中间人以不正当方式诱惑同意，以达到用违反适用的有关收养的国际法律文书的方式收养儿童的目的；

(二)主动表示愿意提供、获取、诱使或提供儿童，进行第二条所指的儿童卖淫活动；

(三)为了上述目的生产、发售、传播、进口、出口、主动提供、销售或拥有第二条所指的儿童色情制品。

二、在不影响缔约国的国内法规定的情况下，上述规定应适用于采取任何这些行为的企图和对任何这些行为的协助或参与。

三、每一缔约国应规定这些罪行将按照其严重程度受到相应惩罚。

四、在不违反其国内法规定的情况下，每一缔约国应采取适当措施确定法人对本条第一款中规定的罪行的责任。在不影响缔约国的法律原则的情况下，可将法人的这一责任定为刑事、民事或行政责任。

五、缔约国应采取一切适当的法律和行政措施，确保参与儿童收养的所有人均按照适用的国际法律文书行事。

第四条

一、当第三条第一款所列罪行在其领土上或在该国注册的船只或飞机上犯下时，每一缔约国均应采取必要的措施，确立它对这些罪行的管辖权。

二、每一缔约国可在下列情况下采取必要的措施，确立它对第三条第一款所列罪行的管辖权：

(一)当嫌疑人为该国国民或为在该国领土上拥有其惯常住址者时；

(二)当受害者为该国国民时。

三、当嫌疑人身在该国领土上而且该国因罪行系由该国国民所犯而不将他引渡至另一个缔约国时，每一缔约国也应采取必要的措施确立它对上述罪行的管辖权。

四、本议定书不排除根据国内法行使的任何刑事管辖权。

第五条

一、应当认为第三条第一款所列各项罪行已作为可引渡的罪行列入缔约国之间现有的任何引渡条约,而且应根据各缔约国之间后来缔结的每一项引渡条约所确定的条件将这些罪行作为可引渡罪行列入这些条约之中。

二、凡以订有条约为引渡条件的缔约国在接到未与其缔结任何引渡条约的另一个缔约国提出的引渡请求时,可将本议定书视为就这些罪行进行引渡的法律依据。引渡应当符合被请求国法律规定的条件。

三、凡不以订有条约作为引渡条件的缔约国应根据被请求国法律规定的条件将这类罪行视为在它们之间可进行引渡的罪行。

四、为了在缔约国之间进行引渡的目的,此类罪行不仅应当被当作是在它们发生的地点所犯下的罪行,而且应被当作是在必须根据第四条确立其管辖权的国家领土上犯下的罪行。

五、如果就第三条第一款所列的一项罪行提出了引渡要求,而被请求的缔约国基于罪犯的国籍不引渡或不愿意引渡,则该国应当采取适当措施将此案提交其主管当局进行起诉。

第六条

一、在对第三条第一款所列罪行进行调查或提起刑事或引渡程序时,各缔约国应当相互给予最大程度的协助。其中包括协助获取它们拥有的对进行这种程序所必要的证据。

二、各缔约国应当根据它们之间可能已存在的任何司法互助条约或其他安排履行它们在本条第一款之下承担的义务。在不存在这类条约或安排的情况下,各缔约国应根据其国内法提供互助。

第七条

各缔约国应根据其国内法的规定:

(一)采取措施,规定视情况扣押和没收:

1. 用于进行或方便进行本议定书所列犯罪的材料、资产和其他工具等物品;

2. 从这些犯罪中获得的收益。

(二)执行另一个缔约国提出的扣押或没收(一)1 小段中所列物品或收益的请求;

(三)采取措施临时性关闭或彻底关闭用于进行这种犯罪的场所。

第八条

一、各缔约国应当采取适当措施,在刑事司法程序的各个阶段保护本议定书所禁止的行为的儿童受害者的权益,特别应当:

(一)承认儿童受害者的脆弱性并对程序进行修改,从而承认他们的特别需求,其中包括他们作为证人的特别需求;

(二)向儿童受害者介绍其权利、其作用和司法程序的范围、时间和进度以及对其案件的处置;

(三)应按照国家法律的程序规则允许在影响到儿童受害者的个人利益的司法程序中提出和审议儿童受害者的意见、需求和问题;

(四)在整个司法程序中向儿童受害者提供适当的支助服务;

(五)适当保护儿童受害者的隐私和身份,并根据国家立法采取措施,避免错误发布可能导致泄露儿童受害者身份的消息;

(六)在适当情况下确保儿童受害者及其家庭和证人的安全,使他们不受恐吓和报复;

(七)避免在处理案件和执行向儿童受害者提供赔偿的命令或法令方面出现不必要的延误。

二、缔约国应当确保受害者实际年龄不详不会妨碍开展刑事调查,其中包括旨在查明受害者年龄的调查。

三、各缔约国应当确保刑事司法系统在处理作为本议定书所列罪行受害者的儿童时应以儿童的最佳利益为重。

四、各缔约国应当采取措施确保对从事照顾本议定书所禁止的罪行的儿童受害者的人员进行适当的培训，特别是法律和心理培训。

五、各缔约国应在适当情况下采取措施，保护从事预防和/或保护和帮助这种罪行的受害者康复的人士和/或组织的安全和完整。

六、本议定书的任何规定均不应解释为妨碍或违背被告人享有公平和公正审判的权利。

第九条

一、各缔约国应通过或加强、执行和宣传旨在预防本议定书所列各项罪行的法律、行政措施、社会政策和方案。应当特别重视保护特别容易遭受这些做法伤害的儿童。

二、各缔约国应当通过各种恰当手段对本议定书所列各项罪行的预防措施以及这些罪行的有害影响进行宣传、教育和培训，从而增进包括儿童在内的广大公众的认识。各缔约国在履行它们在本条款下的义务时应当鼓励社区、特别是儿童和儿童受害者参与包括在国际一级开展的这类宣传、教育和培训方案。

三、各缔约国应当采取一切可行的措施，以确保向这些罪行的受害者提供一切适当的援助，其中包括使他们完全重新融入社会并使他们身心得到完全康复。

四、各缔约国应当确保本议定书所列罪行的所有儿童受害者均有权提起适当法律程序，在不受歧视的情况下要求那些必须负法律责任者作出损害赔偿。

五、各缔约国应当采取适当措施，有效禁止生产和传播宣传本议定书所列的各项罪行的材料。

第十条

一、各缔约国应采取一切必要的步骤，通过旨在预防、侦查、调查、起诉和惩治涉及买卖儿童、儿童卖淫、儿童色情制品和狎童旅游行为的责任者的多边、区域和双边安排加强国际合作。各缔约国还应促进其当局与国家和国际非政府组织和国际组织的国际合作与协调。

二、各缔约国应当促进国际合作，协助儿童受害者实现身心康复、重新融入社会和重返家园。

三、各缔约国应当促进加强国际合作，消除贫困和发展不足等促使儿童易受买卖儿童、儿童卖淫、儿童色情制品和狎童旅游等行为之害的根源。

四、能够采取下述行动的缔约国应当通过现有的多边、区域、双边或其他方案提供财政、技术或其他援助。

【编者按】

针对儿童的性犯罪对儿童的安全和福祉造成严重破坏，也是对儿童权利的严重侵犯，近年来在国际范围内引起广泛关注，如何通过国际公约和国内法律加强对针对儿童性犯罪的预防和打击是其中讨论的焦点之一。2007 年，欧洲委员会（以下简称欧委会）制定了《儿童保护——防止儿童性剥削和性侵害公约》。该公约是欧委会将不同形式的儿童性侵犯列入刑罚制裁范围的第一个法律文件，于 2007 年 10 月 25 日在西班牙兰萨罗特由欧委会的成员国、参与协定制定的非成员国和欧盟公开签署，目前欧委会 47 个成员国中的 39 个已经签署了公约。为帮助读者了解国际惩治预防性侵害儿童犯罪的最新立法动态，本专集特收录该公约文本，以供参考。

儿童保护——防止儿童性剥削和性侵害公约(节录)

第一章 宗旨、不歧视原则和相关定义

第一条 宗旨

a. 预防并打击一切形式的儿童性剥削与性侵害;

b. 保护性剥削与性侵害受害儿童的权益;

c. 加强国家以及国际层面上在防止儿童性剥削与性侵害方面的合作。

第二条 不歧视原则

各国在实施本公约时,尤其是在受害儿童权益的保护方面,应确保不因其性别、种族、肤色、语言、宗教、政见、国籍、社会出身、少数民族族裔、财产多寡、出生、性取向、健康状况、是否残疾和其他状况对受害儿童有任何形式的歧视。

第三条 定义

在本公约中

d. "儿童"系指 18 岁以下的任何人;

e. "儿童性剥削与性侵害"指本公约第 18 和 23 条中提及的情形;

f. "受害儿童"指所有受到性剥削和性侵害的儿童。

第二章 预防性措施

第四条 原则

各国应采取必要的立法或其他措施,保护儿童免受一切形式的性剥削与性侵害。

第五条 儿童领域工作人员的招募、培训和意识提升

1. 各国应采取必要的立法或其他措施,鼓励在教育、卫生、社会保障、司法、执法,以及体育、文化和娱乐等领域经常与儿童接触的工作人员树立与儿童保护和儿童权利相关的意识。

2. 各国应采取必要的立法或其他措施,确保本条第 1 款所述人员在防止儿童性剥削与性侵害方面有充分的知识基础,能够发现此类行为,且能够意识到第十二条第 1 款中提到的可能性。

3. 各国应采取必要的立法或其他措施,在遵循国内法规的前提下,确保在录用在工作中须经常接触儿童的专业人员时,保证相关候选人未有儿童性剥削或性侵害等犯罪史。

第六条 儿童教育

各国应采取必要的立法或其他措施,确保儿童在小学和中学阶段能够接受与其能力发展相符的相关教育,了解性剥削与性侵害的相关风险和自我保护的方法。家长应与学校合作,在适当时对儿童进行生理知识普及,并给予儿童特别关注,避免通信技术等外界影响给儿童带来的相关风险。

第七条 预防性干预项目和措施

如有任何人担心自己有可能实施本公约所述罪行,各国应确保在适当情况下为其提供预防性干预项目,或制定措施评估并预防其实施犯罪的风险。

第八条 与公众相关的措施

1. 各国应提倡或开展宣传活动,促进公众进一步了解儿童性剥削和性侵害这一现象,并学习

相关预防措施。

2. 各国应采取必要的立法或其他措施,防止或禁止散布宣扬本公约所述罪行相关的资料。

第九条　鼓励儿童、非公共领域、媒体及公民社会的参与

1. 各国应根据儿童的能力发展情况,鼓励其参与与打击儿童性剥削和性侵害相关的国家政策、项目的制定与实施。

2. 各国应鼓励私营部门,特别是通信技术产业、旅游业、银行金融业,以及公民社会积极参与保护儿童免受性剥削与性侵害相关法规的完善与实施,并通过行业自律和共同监管确保行业内相关规范。

3. 各国应在尊重媒体独立和新闻自由的同时,鼓励媒体针对儿童性剥削和性侵犯各方面相关内容传播恰当的信息。

4. 各国应鼓励公民社会积极筹资,包括在适当的情况下设立项目基金,致力于保护儿童免受性剥削与性侵害。

第三章　各部门间相互协调并设立/指派专门机构

第十条　国内协调与合作的相关措施

1. 各国应采取必要措施,确保在国家和地方层面负责保护儿童、防止和打击儿童性剥削与性侵害的机构,尤其是教育、卫生、社会服务以及执法和司法部门之间有着良好的沟通与协作。

2. 各国应采取必要的立法或其他措施设立或指定:

a. 负责促进与保护儿童权利、独立且具有管辖权的国家或地方机关,并确保为其分配特定资源和明确的职责;

b. 负责收集数据、联络沟通的国家、地方机构及与公民社会合作机构,在尊重个人信息保护规定的同时,观察并评估与儿童性剥削与性侵害的现象。

3. 各国应鼓励国家主管机关、公民社会与私营部门之间进行合作,以更好地防止并打击儿童性剥削与性侵害。

第四章　保护性措施与受害儿童援助

第十一条　原则

1. 各国应建立起有效社会项目、通过多部门通力合作,为受害儿童、受害儿童亲属及其看护人提供必要的支持。

2. 各国应采取必要的立法或其他措施,确保在受害儿童年龄尚未确定,且有理由相信其仍为儿童的情况下,在等待确认其具体年龄期间,为其提供保护和援助。

第十二条　关于疑似性剥削和性侵害案件的报告

1. 各国应采取必要的立法或其他措施,确保在工作中与儿童经常接触的专业人员,在有正当理由相信儿童受到性剥削或性侵害的情况下,其向儿童保护主管机关进行报告的行为不受限于在该专业领域实施的相关国内法保密原则。

2. 各国应采取必要的立法或其他措施,鼓励任何人在知获或非恶意地怀疑他人对儿童实施性剥削与性侵害的事实时,应向相关主管机关进行报告。

第十三条　热线电话

各国应采取必要的立法或其他措施,鼓励并支持相关信息渠道的设立,如开通热线电话或网络热线等,为致电人提供服务与建议,必要时可为其保密,或允许致电者匿名。

第十四条　受害儿童援助

1. 各国应采取必要的立法或其他措施为受害儿童提供短期和长期的援助，以帮助他们恢复身体和精神健康。在采取本条中列出的措施时，须靠考虑到儿童的意见、需求和关注点。

2. 各国应在国内法规允许的范围内，与非政府机构、其他相关机构或公民社会机构共同合作为受害儿童提供援助。

3. 若儿童的家长或看护人涉嫌性剥削或性侵害这名儿童，则在第十一条第1款中提到的干预措施应包括：

——考虑禁止嫌犯与受害儿童生活在同一环境；

——考虑将受害儿童迁出他/她目前居住的家庭环境。迁出的具体安排和时间长短须考虑儿童的最佳利益作出决定。

4. 各国应采取必要的立法或其他措施，确保与受害儿童的亲友在适当的情况下能够得到治疗援助，尤其是应急心理护理。

第五章　干预项目或措施

第十五条　一般原则

1. 各国应遵循其国内法相关内容，确保或促进为第十六条第1和第2款中所述人员提供有效干预项目或措施，以预防针对儿童的重复性暴力犯罪，或降低相关风险。应遵循其国内法相关内容，确保有关人员在案件审理过程中的任何时间，不论其在押与否，都能够接受此类项目或措施的干预服务。

2. 各国应遵循其国内法相关内容，确保或促进相关主管机关，尤其是卫生、社会服务以及司法机关之间建立起良好的伙伴或合作关系，以共同负责跟进第十六条第1和第2款中所述人员的情况。

3. 各国应遵循其国内法相关内容，对第十六条第1和第2款中所述人员进行评估，判断其危险程度及累犯的风险，以提供最为恰当的干预项目或措施。

4. 各国应遵循其国内法相关内容，就所采取干预项目或措施的有效性进行评估。

第十六条　干预项目或措施的接受对象

1. 各国应遵循其国内法相关内容，针对因实施本公约所述任何罪行而被刑事诉讼的人员，在不损害或违反被告权利、满足公平公正的审判要求、尤其是尊重无罪推定原则的前提下，确保其能够获得第十五条第1款所述项目或措施提供的干预服务。

2. 各国应遵循其国内法相关内容，确保被判定犯有本公约所述任何罪行的人员，能够获得第十五条第1款所述项目或措施提供的干预服务。

3. 各国应遵循其国内法相关内容，确保为实施性犯罪行为的未成年人，包括未满刑事责任年龄的未成年人制订适应其发展需要的干预项目或措施，或对现有项目或措施进行修改，以帮助克服其性行为方面的问题。

第十七条　信息提供与知情同意

1. 各国应遵循其国内法相关内容，在向第十六条所述人员提出采取干预项目或措施时，确保其完全了解实施干预的原因，并得到其对项目或措施的完全知情同意。

2. 各国应遵循其国内法相关内容，确保第十六条所述人员有权拒绝干预项目或措施，且在相关人员被判定有罪的情况下，确保其了解拒绝干预有可能导致的后果。

第六章 实体刑法

第十八条 性侵害

1. 各国应采取必要的立法或其他措施，以确保以下故意实施的行为罪刑化：

a. 与根据相关国内法规定，与尚未达到最低合法性交年龄的儿童发生性行为；

b. 与儿童发生性行为，并含有以下情节：

——采取任何形式的胁迫、强迫、或恐吓；

——包括在家庭内部发生的，利用信任、权威或对儿童的影响力实施的性侵害；

——利用儿童的弱势地位，尤其是利用儿童心理或生理缺陷，或其依赖他人的境地，对其实施的性侵害。

2. 就上述第1款而言，各国应确定儿童发生性行为的最低合法年龄。

3. 第十八条第1款a项意图并不在于管理未成年人之间自愿发生的性行为。

第十九条 与儿童卖淫有关的犯罪

1. 各国应采取必要的立法或其他措施，以确保以下故意实施的行为罪刑化：

a. 招募儿童卖淫，或致使儿童参与卖淫；

b. 胁迫儿童卖淫，或从中受益，或为此类目的对儿童进行其他方式的性剥削；

c. 与卖淫儿童进行性交易；

2. 关于本条中提到的"儿童卖淫"，应包括有金钱或其他形式的报酬给付、或承诺给付报酬与儿童发生的性行为。不论酬劳的给付对象是这名儿童还是第三方，此类行为都构成儿童卖淫。

第二十条 与儿童色情有关的犯罪

1. 各国应采取必要的立法或其他措施，以确保以下故意实施的行为罪刑化：

a. 生产儿童色情物品；

b. 提供或为他人提供获取儿童色情物品的便利；

c. 发布或传播儿童色情物品；

d. 为自己或他人获取儿童色情物品；

e. 持有儿童色情物品；

f. 通过信息和通讯技术有意识地上网观看儿童色情内容。

2. 关于本条中提到的"儿童色情物品（内容）"，应包括一切含有儿童参与或貌似参与露骨性行为的，或以促进性欲为目的儿童性器官的视觉表达。

3. 关于上一条生产与持有儿童色情物品第1款a至e项的全部或部分内容，下列情况可保留不适用相关罪刑的权利：

——相关色情物品仅含有虚拟合成且现实不存在的儿童形象；

——相关色情物品涉及的儿童年龄已达到第十八条第2款中年龄范围，且相关内容的生产与持有经由这些儿童的同意并仅为他们自己私用。

4. 关于第1款f项的全部或部分内容，各国可保留不适用相关罪刑的权利。

第二十一条 与参与拍摄儿童色情表演相关的犯罪

1. 各国应采取必要的立法或其他措施，以确保以下故意实施的行为罪刑化：

a. 招募儿童、或致使儿童参与色情表演；

b. 胁迫儿童参与色情表演，或从中受益，或为此类目的对儿童进行其他方式的性剥削；

c. 有意识地参加观看有儿童参与的色情表演。

2. 关于本条第1款c项的全部或部分内容，各国可保留不适用相关罪刑的权利。

第二十二条　腐化儿童罪

各国应采取必要的立法或其他措施，确保以下故意实施的行为罪刑化：故意致使未满第十八条第2款中年龄限制的儿童观看性侵害或性行为，即使该儿童并未实际参与这些行为。

第二十三条　以色情为目的引诱儿童

各国应采取必要的立法或其他措施，确保以下故意实施的行为罪刑化：成人通过信息通讯技术与未满第十八条第2款中年龄限制的儿童建立联系，并以第十八条第1款a项或第二十条第1款a项中的行为为目的，采取实际行动与儿童会面。

第二十四条　协助、教唆与意图犯罪

1. 各国应采取必要的立法或其他措施，确保对本公约所述任何罪行进行的协助和教唆亦被认定为犯罪行为。

2. 各国应采取必要的立法或其他措施，确保意图实施本公约中所述任何罪行亦被认定为犯罪行为。

3. 关于第二十条第1款b、e及f项，第二十一条第1款c项，第二十二条和第二十三条中的意图犯罪行为，各国可保留不适用相关罪刑的权利。

第二十五条　司法管辖范围

1. 各国应采取必要的立法或其他措施，确保在下列情况下，针对本公约所述罪行行使司法管辖权：

a. 罪行发生在该国国境内；或

b. 罪行发生在悬挂该国国旗的船只上；或

c. 罪行发生已根据该国法律注册的飞机上；或

d. 罪犯为该国公民；或

e. 罪犯为该国长期居民。

2. 各国应努力采取立法或其他措施就对该国公民或长期居民实施的本公约所述犯罪行为建立起司法管辖权。

3. 各国应在签署，或批准、接受、核准或加入时向欧洲议会秘书长致宣言，宣布该国保留适用或在特别情况下部分适用本条第1款e项中的司法管辖权规定的权利。

4. 针对本公约第十八条、十九条、二十条第1款a项及二十一条第1款a和b项所述罪行，各国应采取必要的立法或其他措施，以确保相关行为在实施地被罪刑化时，本条第1款d项应具有至少同等重要的司法管辖权。

5. 针对本公约第十八条、十九条、二十条第1款a项和二十一条所述罪行，各国应采取必要的立法或相关措施，以确保在需要受害儿童提出报告、或需要犯罪实施地相关机构出具控罪书才可实施诉讼的情况下，本条第1款d项应具有至少同等重要的司法管辖权。

6. 各国应采取必要的立法或相关措施，针对本公约所述罪行建立起司法管辖权，以保证在其国境内且因国籍原因未被引渡的嫌犯仍得到审理。

7. 当超过一国对本公约所述的任一罪行宣布具有司法管辖权时，相关各国应在适当情况下进行协商，以确定诉讼该罪行的最为适用的司法管辖权。

8. 在不影响国际法规一般规范的前提下，本公约不排除某国依据其国内法规行使其刑事司法管辖权。

第二十六条　企业责任

1. 各国应采取必要的立法或其他措施，确保在法人组织中处于领导地位的某自然人犯有本公约所述罪行、且该法人组织从中获益的情况下，如该自然人符合下列情况，则该法人组织应承当相应的法律责任：

a. 该自然人拥有该法人组织的代表权；

b. 该自然人拥有该代表法人组织做决定的权力；

g. 该自然人能在该法人组织中行使一定管理的权力。

2. 除本条第 1 款中所述情形，各国应采取必要的立法或其他措施，确保在以下情况中，法人组织亦承担相应法律责任：符合本条第 1 款所述情况的自然人疏于监管，致使其他自然人可能以该法人组织的名义实施本公约所述的任一罪行，且该法人组织可能从中获益。

3. 可基于该国法律原则判定相关法人组织应当承担的刑事、民事或行政责任。

4. 相关法人组织的责任判定应避免影响犯有相关罪行自然人的刑事责任判定。

第二十七条　制裁与措施

1. 各国应采取必要的立法或其他措施，确保本公约所述罪行应根据其严重程度，得到有效、适度且具警戒性的制裁。这些制裁手段可包括剥夺人身自由的惩罚，直至引渡。

2. 各国应采取必要的立法或其他措施，确保对本公约所述罪行负有法律责任的法人组织应得到有效、适度且具警戒性的制裁。这些制裁手段可包括处以非刑事罚金和其他措施，具体包括：

a. 剥夺享受公利或援助的权利；

b. 临时或永久地取消参与商业活动的资格；

c. 强制给予司法监督；

d. 下达停业清算司法令。

3. 各国应采取必要的立法或其他措施以：

a. 对以下物品处以扣押与没收：

——用以实施本公约所述罪行，或为相关罪行实施提供便利的物品、文件等其他工具；

——相关犯罪所得收益或其他价值。

b. 在不影响善意第三方权益的前提下，临时或永久地关闭实施本公约所述罪行的场所；或临时或永久地禁止相关罪犯从事与儿童有关的职业或志愿活动。

4. 各国可采取与罪犯有关的相关措施，例如剥夺罪名成立人员的抚养权或对其实施监督或监管。

5. 各国可将没收的犯罪收益与财产用以设立特别基金，为针对本公约所述罪行开展的预防工作提供资金，并为相关受害人提供援助支持。

第二十八条　可加重罪刑的情况

如若下列情形不属于所控罪行的构成条件，则各国应采取必要的立法或其他措施，确保在量刑时依据国内相关法规，将下列情形纳入加重罪刑的考虑中：

a. 该罪行严重损害了受害儿童的心理或身体健康；

b. 在该罪行发生前或发生过程中伴有施虐或严重暴力行为；

c. 罪行受害对象处于极端弱势地位；

d. 罪犯是受害儿童的家庭成员、与受害儿童共同居住者或滥用其对该儿童的权威；

e. 该罪行由数人共同实施；

f. 该罪行由有组织的犯罪团伙实施;

g. 该罪犯之前曾有过此类犯罪前科。

第二十九条　以往定罪

各国应采取必要的立法或其他措施,尽可能在量刑时考虑该罪犯此前在其他国家由于本公约中所述罪行曾受到过的终审判决。

第七章　调查、诉讼及程序法

第三十条　原则

1. 各国应采取必要的立法或其他措施,确保在案件的调查和刑事审理过程中,对儿童的利益给予尊重和最大化保护。

2. 各国应对受害儿童采取保护性措施,确保案件的调查和刑事审理过程不会进一步加重对儿童造成的创伤,并适时在刑事司法程序后为其提供援助支持。

3. 各国应确保案件的调查和刑事审理始终被视为优先,且不得有任何无正当理由的延误。

4. 遵循《欧洲保障人权和基本自由公约(欧洲人权公约)》第六条内容,各国应确保本章措施不会对被告利益以及公正而不偏袒的审判要求产生影响。

5. 遵循各国国内法规基本原则,各国应采取必要的立法或其他措施:

——在适当时允许开展卧底行动的可能性,以确保本公约所述罪行相关案件的有效调查与诉讼;

——允许相关单位或调查机构通过分析儿童色情物品内容等技术手段,如分析利用信息通讯技术传播或获得的图片或影音文件等,确认第二十条所述罪行的受害儿童。

第三十一条　一般儿童保护措施

1. 各国应采取必要的立法或其他措施,在案件调查和刑事审理过程中保护受害儿童权利,包括考虑到他们作为证人的特殊需要,尤其应做到以下几点:

a. 告知受害儿童他们的权益及可以获得的服务;并在他们不抗拒接受此类信息的情况下,告知其指控的案件跟进信息、相关罪名、调查及审理的大致进展、需要他们承担的职责,以及案件的最终结果;

b. 如被指控或罪名已成立的罪犯被暂时或永久性释放,确保将此信息告知受害儿童及其家人,或至少在其有可能面临危险的情况下告知此信息;

c. 在遵循国内法规既定程序的前提下,使受害儿童能够发出自己的声音、提供证据,并依照其意愿选择直接或间接表达其观点、需求和担忧,且这些内容能够被充分考虑;

d. 为受害儿童提供适当的援助服务,使他们的权益得以充分体现并得到重视;

e. 遵循国内法规,采取相关措施禁止散播可能透露受害儿童身份的信息,以确保受害儿童的隐私、身份和形象得到保护;

f. 保护受害儿童及其家人与证人的人身安全,使其免受恐吓、报复或重复受害;

g. 尽量避免受害儿童与罪犯在法庭和执法机构场所内的接触,除非主管机构考虑到儿童利益最大化作出其他判断,或在调查和审理过程中无法避免此类接触。

2. 各国应确保受害儿童从与主管机构进行第一次接触起,便能够获得与司法及行政审理过程相关的信息。

3. 若受害儿童有可能作为刑事审理中的当事人,各国应确保其能够得到法律援助,且在正当情况下应无偿提供法律援助。

4. 当依据国内法规，受害儿童有可能作为刑事审理中的当事人，且履行其父母职责的人士由于利益冲突不得在刑事审理中为受害儿童进行代理的情况下，各国应采取措施使相关司法机关能够为其指定特别代理人。

5. 各国应遵循国内法规采取必要的立法或其他措施，在本公约所述罪行的刑事审理过程中，在得到相关受害儿童同意的前提下，使相关团体、基金会、协会或其他政府或非政府组织能够为受害儿童提供协助与支持。

6. 各国应确保在告知受害儿童本条内容提及的相关信息时，须特别考虑受害儿童的年龄、智力成熟程度，使用儿童能够理解的语言进行沟通。

第三十二条　开始审理

各国应采取必要的立法或其他措施，确保本公约所述罪行的案件调查与诉讼不得仅根据受害儿童的报告或指控。也就是说，即使在相关儿童撤回他/她的指控后，也应保证案件的审理有可能继续。

第三十三条　法定时效

各国应采取必要的立法或其他措施，确保第十八条、第十九条第 1 款 a 和 b 项以及第二十条第 1 款 a 和 b 项所述罪行审理的法定时效应足够充分，使受害儿童在达到法定承认年龄后，案件仍能进行有效审理。

第三十四条　案件调查

1. 各国应尽可能采取必要措施，确保负责案件调查的人员、单位和机构拥有打击性剥削和性侵害的专长，或相关人员接受过此方面的培训。相关单位和机构应得到充足的资金支持。

2. 各国应采取必要的立法或其他措施，确保案件的调查不因受害儿童的具体年龄等不确定因素受到阻止。

第三十五条　对儿童进行询问

1. 各国应采取必要的立法或其他措施，确保以下几点：

a. 在向主管机关汇报相关事实后，对相关儿童的询问不应有任何无正当理由的延误；

b. 对相关儿童的询问应在专为此类目的而设或改造的场所进行；

c. 负责询问相关儿童的人员应为接受过此类培训的专业人士；

d. 在可能且适当的情况下，应由同一人进行对这名儿童的所有询问；

e. 只要能够满足相关刑事审理的需求，应尽量减少对相关儿童的询问次数；

f. 对相关儿童进行询问时，可以由其法定代理人在场陪伴，或在适当的情况下，由该儿童指定一名成年人在场陪伴，有理由认为这名成年人不应在场的情况除外。

2. 各国应采取必要的立法或其他措施，确保对受害儿童的所有询问以及适当情况下对儿童证人进行的询问进行录像，且这些询问录像能够依据国内法规在法庭审理时作为证据出示。

3. 确保在受害儿童年龄尚未确定、且有理由相信其仍为儿童的情况下，在等待确认其具体年龄期间，仍应采取本条第 1 款和第 2 款中的措施。

第三十六条　刑事法庭审理

1. 各国应采取必要的立法或其他措施，在对法律职业自治相关条例表示尊重的前提下，确保参与审理的所有人员，特别是法官、公诉人和律师，能够获得儿童权益、性剥削与性侵害相关培训。

2. 各国应采取必要的立法或其他措施，在遵循国内法规的前提下，确保以下几点：

a. 法官可以要求相关听证不向公众开放；

b. 对受害儿童的听证可允许受害儿童不必实际出席，而通过适当的通讯技术进行。

第八章 数据的记录与存储

第三十七条 记录并存储国内罪名成立的性罪犯名单

1. 为对本公约所述罪行进行预防和提出诉讼，各国应采取必要的立法或其他措施，遵循个人资料保护等相关国内法规，收集并存储本公约所述罪行罪名成立相关罪犯的身份及 DNA 等信息。

2. 各国应在签署，或批准、接受、核准或加入时将各国负责本条第 1 款信息收集机构的名称和地址告知欧洲议会秘书长。

3. 各国应采取必要的立法或其他措施，遵循相关国内法规和国际文书，确保本条第 1 款提及的信息能够由主管机构传输给他国相关机构。

第九章 国 际 合 作

第三十八条 国际间合作的一般原则与措施

1. 各国应遵循本公约条款，通过采用相关且可行的国际及区域文书，以统一或互惠互利的立法和国内法规为基础达成一致，在最大可能的范围内进行相互合作，以达到以下目标：

a. 防止并打击儿童性剥削与性侵害；

b. 保护受害者，并为其提供援助；

c. 就本公约所述罪行进行侦查和诉讼。

2. 各国应采取必要的立法或其他措施，确保在其领土遭受本公约所述罪行的非本国居民能够向其居住国主管机关提起诉讼。

3. 如有依据某条约与其他缔约国就刑事案件相互提供法律支持或引渡合作的国家，在接收到其他非缔约国寻求法律支持或引渡的请求时，应以本公约为法律基础，就本公约所述罪行提供法律支持或引渡合作。

4. 在适当的情况下，各国应努力将防止和打击儿童性剥削与性侵害纳入为他国提供的援助发展项目内容中。

最高人民法院
指导案例第 18 批第 93 号：于欢故意伤害案

（最高人民法院审判委员会讨论通过 2018 年 6 月 20 日发布）

【关键词】 刑事 故意伤害罪 非法限制人身自由 正当防卫 防卫过当

［裁判要点］

1. 对正在进行的非法限制他人人身自由的行为，应当认定为刑法第二十条第一款规定的“不法侵害”，可以进行正当防卫。

2. 对非法限制他人人身自由并伴有侮辱、轻微殴打的行为，不应当认定为刑法第二十条第三款规定的“严重危及人身安全的暴力犯罪”。

3. 判断防卫是否过当，应当综合考虑不法侵害的性质、手段、强度、危害程度，以及防卫行为的性质、时机、手段、强度、所处环境和损害后果等情节。对非法限制他人人身自由并伴有侮辱、轻微殴打，且并不十分紧迫的不法侵害，进行防卫致人死亡重伤的，应当认定为刑法第二十条第二款规定的“明显超过必要限度造成重大损害”。

4. 防卫过当案件，如系因被害人实施严重贬损他人人格尊严或者亵渎人伦的不法侵害引发的，量刑时对此应予充分考虑，以确保司法裁判既经得起法律检验，也符合社会公平正义观念。

［相关法条］

《中华人民共和国刑法》第二十条

［基本案情］

被告人于欢的母亲苏某在山东省冠县工业园区经营山东源大工贸有限公司（以下简称源大公司），于欢系该公司员工。2014 年 7 月 28 日，苏某及其丈夫于某 1 向吴某、赵某 1 借款 100 万元，双方口头约定月息 10%。至 2015 年 10 月 20 日，苏某共计还款 154 万元。其间，吴某、赵某 1 因苏某还款不及时，曾指使被害人郭某 1 等人采取在源大公司车棚内驻扎、在办公楼前支锅做饭等方式催债。2015 年 11 月 1 日，苏某、于某 1 再向吴某、赵某 1 借款 35 万元。其中 10 万元，双方口头约定月息 10%；另外 25 万元，通过签订房屋买卖合同，用于某 1 名下的一套住房作为抵押，双方约定如逾期还款，则将该住房过户给赵某 1。2015 年 11 月 2 日至 2016 年 1 月 6 日，苏某共计向赵某 1 还款 29.8 万元。吴某、赵某 1 认为该 29.8 万元属于偿还第一笔 100 万元借款的利息，而苏某夫妇认为是用于偿还第二笔借款。吴某、赵某 1 多次催促苏某夫妇继续还款或办理住房过户手续，但苏某夫妇未再还款，也未办理住房过户。

2016 年 4 月 1 日，赵某 1 与被害人杜某 2、郭某 1 等人将于某 1 上述住房的门锁更换并强行入住，苏某报警。赵某 1 出示房屋买卖合同，民警调解后离去。同月 13 日上午，吴某、赵某 1 与杜某 2、郭某 1、杜某 7 等人将上述住房内的物品搬出，苏某报警。民警处警时，吴某称系房屋买卖纠纷，民警告知双方协商或通过诉讼解决。民警离开后，吴某责骂苏某，并将苏某头部按入坐便器接近水面位置。当日下午，赵某 1 等人将上述住房内物品搬至源大公司门口。其间，苏某、于某 1 多次拨打市长热线求助。当晚，于某 1 通过他人调解，与吴某达成口头协议，约定次日将住房过户给赵某 1，此后再付 30 万元，借款本金及利息即全部结清。

4 月 14 日，于某 1、苏某未去办理住房过户手续。当日 16 时许，赵某 1 纠集郭某 2、郭某 1、苗某、张某 3 到源大公司讨债。为找到于某 1、苏某，郭某 1 报警称源大公司私刻财务章。民警到达源大公司后，苏某与赵某 1 等人因还款纠纷发生争吵。民警告知双方协商解决或到法院起诉后离开。李某 3 接赵某 1 电话后，伙同么某、张某 2 和被害人严某、程某到达源大公司。赵某 1 等人先后在办公楼前呼喊，在财务室内、餐厅外盯守，在办公楼门厅外烧烤、饮酒，催促苏某还款。其间，赵某 1、苗某离开。20 时许，杜某 2、杜某 7 赶到源大公司，与李某 3 等人一起饮酒。20 时 48 分，苏某按郭某 1 要求到办公楼一楼接待室，于欢及公司员工张某 1、马某陪同。21 时 53 分，杜某 2 等人进入接待室讨债，将苏某、于欢的手机收走放在办公桌上。杜某 2 用污秽言语辱骂苏某、于欢及其家人，将烟头弹到苏某胸前衣服上，将裤子退至大腿处裸露下体，朝坐在沙发上的苏某等人左右转动身体。在马某、李某 3 劝阻下，杜某 2 穿好裤子，又脱下于欢的鞋让苏某闻，被苏某打掉。杜某 2 还用手拍打于欢面颊，其他讨债人员实施了揪抓于欢头发或按压于欢肩部不准其起身等行为。22 时 7 分，公司员工刘某打电话报警。22 时 17 分，民警朱某带领辅警宋某、郭某 3 到达源大公司接待室了解情况，苏某和于欢指认杜某 2 殴打于欢，杜某 2 等人否认并称系讨债。22 时 22 分，朱某警告双方不能打架，然后带领辅警到院内寻找报警人，并给值班民警徐某打电话通报警情。于欢、苏某想随民警离开接待室，杜某 2 等人阻拦，并强迫于欢坐下，于欢拒绝。杜某 2

等人卡于欢颈部,将于欢推拉至接待室东南角。于欢持刃长15.3厘米的单刃尖刀,警告杜某2等人不要靠近。杜某2出言挑衅并逼近于欢,于欢遂捅刺杜某2腹部一刀,又捅刺围逼在其身边的程某胸部、严某腹部、郭某1背部各一刀。22时26分,辅警闻声返回接待室。经辅警连续责令,于欢交出尖刀。杜某2等四人受伤后,被杜某7等人驾车送至冠县人民医院救治。次日2时18分,杜某2经抢救无效,因腹部损伤造成肝固有动脉裂伤及肝右叶创伤导致失血性休克死亡。严某、郭某1的损伤均构成重伤二级,程某的损伤构成轻伤二级。

［**裁判结果**］

山东省聊城市中级人民法院于2017年2月17日作出(2016)鲁15刑初33号刑事附带民事判决,认定被告人于欢犯故意伤害罪,判处无期徒刑,剥夺政治权利终身,并赔偿附带民事原告人经济损失。

宣判后,被告人于欢及部分原审附带民事诉讼原告人不服,分别提出上诉。山东省高级人民法院经审理于2017年6月23日作出(2017)鲁刑终151号刑事附带民事判决:驳回附带民事上诉,维持原判附带民事部分;撤销原判刑事部分,以故意伤害罪改判于欢有期徒刑五年。

［**裁判理由**］

法院生效裁判认为:被告人于欢持刀捅刺杜某2等四人,属于制止正在进行的不法侵害,其行为具有防卫性质;其防卫行为造成一人死亡、二人重伤、一人轻伤的严重后果,明显超过必要限度造成重大损害,构成故意伤害罪,依法应负刑事责任。鉴于于欢的行为属于防卫过当,于欢归案后如实供述主要罪行,且被害方有以恶劣手段侮辱于欢之母的严重过错等情节,对于欢依法应当减轻处罚。原判认定于欢犯故意伤害罪正确,审判程序合法,但认定事实不全面,部分刑事判项适用法律错误,量刑过重,遂依法改判于欢有期徒刑五年。

本案在法律适用方面的争议焦点主要有两个方面:一是于欢的捅刺行为性质,即是否具有防卫性、是否属于特殊防卫、是否属于防卫过当;二是如何定罪处罚。

一、关于于欢的捅刺行为性质

《中华人民共和国刑法》(以下简称《刑法》)第二十条第一款规定:"为了使国家、公共利益、本人或者他人的人身、财产和其他权利免受正在进行的不法侵害,而采取的制止不法侵害的行为,对不法侵害人造成损害的,属于正当防卫,不负刑事责任。"由此可见,成立正当防卫必须同时具备以下五项条件:一是防卫起因,不法侵害现实存在。不法侵害是指违背法律的侵袭和损害,既包括犯罪行为,又包括一般违法行为;既包括侵害人身权利的行为,又包括侵犯财产及其他权利的行为。二是防卫时间,不法侵害正在进行。正在进行是指不法侵害已经开始并且尚未结束的这段时期。对尚未开始或已经结束的不法侵害,不能进行防卫,否则即是防卫不适时。三是防卫对象,即针对不法侵害者本人。正当防卫的对象只能是不法侵害人本人,不能对不法侵害人之外的人实施防卫行为。在共同实施不法侵害的场合,共同侵害具有整体性,可对每一个共同侵害人进行正当防卫。四是防卫意图,出于制止不法侵害的目的,有防卫认识和意志。五是防卫限度,尚未明显超过必要限度造成重大损害。这就是说正当防卫的成立条件包括客观条件、主观条件和限度条件。客观条件和主观条件是定性条件,确定了正当防卫"正"的性质和前提条件,不符合这些条件的不是正当防卫;限度条件是定量条件,确定了正当防卫"当"的要求和合理限度,不符合该条件的虽然仍有防卫性质,但不是正当防卫,属于防卫过当。防卫过当行为具有防卫的前提条件和制止不法侵害的目的,只是在制止不法侵害过程中,没有合理控制防卫行为的强度,明显超过正当防卫必要限度,并造成不应有的重大损害后果,从而转化为有害于社会的违法犯罪行为。根据本案认定的事实、证据和我国刑法有关规定,于欢的捅刺行为虽然具有防卫性,但属于防卫过当。

首先，于欢的捅刺行为具有防卫性。案发当时杜某2等人对于欢、苏某持续实施着限制人身自由的非法拘禁行为，并伴有侮辱人格和对于欢推搡、拍打等行为；民警到达现场后，于欢和苏某想随民警走出接待室时，杜某2等人阻止二人离开，并对于欢实施推拉、围堵等行为，在于欢持刀警告时仍出言挑衅并逼近，实施正当防卫所要求的不法侵害客观存在并正在进行；于欢是在人身自由受到违法侵害、人身安全面临现实威胁的情况下持刀捅刺，且捅刺的对象都是在其警告后仍向其靠近围逼的人。因此，可以认定其是为了使本人和其母亲的人身权利免受正在进行的不法侵害，而采取的制止不法侵害行为，具备正当防卫的客观和主观条件，具有防卫性质。

其次，于欢的捅刺行为不属于特殊防卫。《刑法》第二十条第三款规定："对正在进行行凶、杀人、抢劫、强奸、绑架以及其他严重危及人身安全的暴力犯罪，采取防卫行为，造成不法侵害人伤亡的，不属于防卫过当，不负刑事责任。"根据这一规定，特殊防卫的适用前提条件是存在严重危及本人或他人人身安全的暴力犯罪。本案中，虽然杜某2等人对于欢母子实施了非法限制人身自由、侮辱、轻微殴打等人身侵害行为，但这些不法侵害不是严重危及人身安全的暴力犯罪。其一，杜某2等人实施的非法限制人身自由、侮辱等不法侵害行为，虽然侵犯了于欢母子的人身自由、人格尊严等合法权益，但并不具有严重危及于欢母子人身安全的性质。其二，杜某2等人按肩膀、推拉等强制或者殴打行为，虽然让于欢母子的人身安全、身体健康权遭受了侵害，但这种不法侵害只是轻微的暴力侵犯，既不是针对生命权的不法侵害，又不是发生严重侵害于欢母子身体健康权的情形，因而不属于严重危及人身安全的暴力犯罪。其三，苏某、于某1系主动通过他人协调、担保，向吴某借贷，自愿接受吴某所提10%的月息。既不存在苏某、于某1被强迫向吴某高息借贷的事实，又不存在吴某强迫苏某、于某1借贷的事实，与司法解释以借贷为名采用暴力、胁迫手段获取他人财物以抢劫罪论处的规定明显不符。可见杜某2等人实施的多种不法侵害行为，符合可以实施一般防卫行为的前提条件，但不具备实施特殊防卫的前提条件，故于欢的捅刺行为不属于特殊防卫。

最后，于欢的捅刺行为属于防卫过当。《刑法》第二十条第二款规定："正当防卫明显超过必要限度造成重大损害的，应当负刑事责任，但是应当减轻或者免除处罚。"由此可见，防卫过当是在具备正当防卫客观和主观前提条件下，防卫反击明显超越必要限度，并造成致人重伤或死亡的过当结果。认定防卫是否"明显超过必要限度"，应当从不法侵害的性质、手段、强度、危害程度，以及防卫行为的性质、时机、手段、强度、所处环境和损害后果等方面综合分析判定。本案中，杜某2一方虽然人数较多，但其实施不法侵害的意图是给苏某夫妇施加压力以催讨债务，在催债过程中未携带、使用任何器械；在民警朱某等进入接待室前，杜某2一方对于欢母子实施的是非法限制人身自由、侮辱和对于欢拍打面颊、揪抓头发等行为，其目的仍是逼迫苏某夫妇尽快还款；在民警进入接待室时，双方没有发生激烈对峙和肢体冲突，当民警警告不能打架后，杜某2一方并无打架的言行；在民警走出接待室寻找报警人期间，于欢和讨债人员均可透过接待室玻璃清晰看见停在院内的警车警灯闪烁，应当知道民警并未离开；在于欢持刀警告不要逼过来时，杜某2等人虽有出言挑衅并向于欢围逼的行为，但并未实施强烈的攻击行为。因此，于欢面临的不法侵害并不紧迫和严重，而其却持刃长15.3厘米的单刃尖刀连续捅刺四人，致一人死亡、二人重伤、一人轻伤，且其中一人系被背后捅伤，故应当认定于欢的防卫行为明显超过必要限度造成重大损害，属于防卫过当。

二、关于定罪量刑

首先，关于定罪。本案中，于欢连续捅刺四人，但捅刺对象都是当时围逼在其身边的人，未对离其较远的其他不法侵害人进行捅刺，对不法侵害人每人捅刺一刀，未对同一不法侵害人连续捅刺。可见，于欢的目的在于制止不法侵害并离开接待室，在案证据不能证实其具有追求或放任致人死亡危害结果发生的故意，故于欢的行为不构成故意杀人罪，但他为了追求防卫效果的实现，对致多人伤亡的过当结果的发生持听之任之的态度，已构成防卫过当情形下的故意伤害罪。认定于欢的行为构成故意伤害罪，既是严格司法的要求，又符合人民群众的公平正义观念。

其次，关于量刑。《刑法》第二十条第二款规定："正当防卫明显超过必要限度造成重大损害的，应当负刑事责任，但是应当减轻或者免除处罚。"综合考虑本案防卫权益的性质、防卫方法、防卫强度、防卫起因、损害后果、过当程度、所处环境等情节，对于欢应当减轻处罚。

被害方对引发本案具有严重过错。本案案发前，吴某、赵某1指使杜某2等人实施过侮辱苏某、干扰源大公司生产经营等逼债行为，苏某多次报警，吴某等人的不法逼债行为并未收敛。案发当日，杜某2等人对于欢、苏某实施非法限制人身自由、侮辱及对于欢间有推搡、拍打、卡颈部等行为，于欢及其母亲苏某连日来多次遭受催逼、骚扰、侮辱，导致于欢实施防卫行为时难免带有恐惧、愤怒等因素。尤其是杜某2裸露下体侮辱苏某对引发本案有重大过错。案发当日，杜某2当着于欢之面公然以裸露下体的方式侮辱其母亲苏某。虽然距于欢实施防卫行为已间隔约二十分钟，但于欢捅刺杜某2等人时难免带有报复杜某2辱母的情绪，故杜某2裸露下体侮辱苏某的行为是引发本案的重要因素，在刑罚裁量上应当作为对于欢有利的情节重点考虑。

杜某2的辱母行为严重违法、亵渎人伦，应当受到惩罚和谴责，但于欢在民警尚在现场调查，警车仍在现场闪烁警灯的情形下，为离开接待室摆脱围堵而持刀连续捅刺四人，致一人死亡、二人重伤、一人轻伤，且其中一重伤者系于欢从背部捅刺，损害后果严重，且除杜某2以外，其他三人并未实施侮辱于欢母亲的行为，其防卫行为造成损害远远大于其保护的合法权益，防卫明显过当。于欢及其母亲的人身自由和人格尊严应当受到法律保护，但于欢的防卫行为明显超过必要限度并造成多人伤亡严重后果，超出法律所容许的限度，依法也应当承担刑事责任。

根据我国刑法规定，故意伤害致人死亡的，处十年以上有期徒刑、无期徒刑或者死刑；防卫过当的，应当减轻或者免除处罚。如上所述，于欢的防卫行为明显超过必要限度造成重大伤亡后果，减轻处罚依法应当在三至十年有期徒刑的法定刑幅度内量刑。鉴于于欢归案后如实供述主要罪行，且被害方有以恶劣手段侮辱于欢之母的严重过错等可以从轻处罚情节，综合考虑于欢犯罪的事实、性质、情节和危害后果，遂判处于欢有期徒刑五年。

（生效裁判审判人员：吴靖、刘振会、王文兴）

三、单位犯罪

全国人民代表大会常务委员会
关于《中华人民共和国刑法》第三十条的解释

（2014 年 4 月 24 日第十二届全国人民代表大会常务委员会第八次会议通过）

全国人民代表大会常务委员会根据司法实践中遇到的情况，讨论了刑法第三十条的含义及公司、企业、事业单位、机关、团体等单位实施刑法规定的危害社会的行为，法律未规定追究单位的刑事责任的，如何适用刑法有关规定的问题，解释如下：

公司、企业、事业单位、机关、团体等单位实施刑法规定的危害社会的行为，刑法分则和其他法律未规定追究单位的刑事责任的，对组织、策划、实施该危害社会行为的人依法追究刑事责任。

现予公告。

四、刑　罚

最高人民法院　最高人民检察院　公安部　司法部
关于印发《关于进一步加强社区矫正工作衔接配合管理的意见》的通知

各省、自治区、直辖市高级人民法院、人民检察院、公安厅(局)、司法厅(局),新疆维吾尔自治区高级人民法院生产建设兵团分院、新疆生产建设兵团人民检察院、公安局、司法局、监狱管理局:

为进一步加强社区矫正工作衔接配合,确保社区矫正依法适用、规范运行,提高社区矫正实效,最高人民法院、最高人民检察院、公安部、司法部联合制定了《关于进一步加强社区矫正工作衔接配合管理的意见》。现予印发,请认真贯彻执行。对执行中遇到的问题,请分别及时报告最高人民法院、最高人民检察院、公安部、司法部。

最高人民法院
最高人民检察院
公安部
司法部
2016年8月30日

关于进一步加强社区矫正工作衔接配合管理的意见

为进一步加强社区矫正工作衔接配合,确保社区矫正依法适用、规范运行,根据刑法、刑事诉讼法以及最高人民法院、最高人民检察院、公安部、司法部《社区矫正实施办法》等有关规定,结合工作实际,制定本意见。

一、加强社区矫正适用前的衔接配合管理

1. 人民法院、人民检察院、公安机关、监狱对拟适用或者提请适用社区矫正的被告人、犯罪嫌疑人或者罪犯,需要调查其对所居住社区影响的,可以委托其居住地县级司法行政机关调查评估。对罪犯提请假释的,应当委托其居住地县级司法行政机关调查评估。对拟适用社区矫正的被告人或者罪犯,裁定或者决定机关应当核实其居住地。

委托调查评估时,委托机关应当发出调查评估委托函,并附下列材料:

(1)人民法院委托时,应当附带起诉书或者自诉状;

(2)人民检察院委托时,应当附带起诉意见书;

(3)看守所、监狱委托时,应当附带判决书、裁定书、执行通知书、减刑裁定书复印件以及罪犯在服刑期间表现情况材料。

2. 调查评估委托函应当包括犯罪嫌疑人、被告人、罪犯及其家属等有关人员的姓名、住址、联系方式、案由以及委托机关的联系人、联系方式等内容。

调查评估委托函不得通过案件当事人、法定代理人、诉讼代理人或者其他利害关系人转交居住地县级司法行政机关。

3. 居住地县级司法行政机关应当自收到调查评估委托函及所附材料之日起10个工作日内

完成调查评估，提交评估意见。对于适用刑事案件速裁程序的，居住地县级司法行政机关应当在5个工作日内完成调查评估，提交评估意见。评估意见同时抄送居住地县级人民检察院。

需要延长调查评估时限的，居住地县级司法行政机关应当与委托机关协商，并在协商确定的期限内完成调查评估。

调查评估意见应当客观公正反映被告人、犯罪嫌疑人、罪犯适用社区矫正对其所居住社区的影响。委托机关应当认真审查调查评估意见，作为依法适用或者提请适用社区矫正的参考。

4. 人民法院在作出暂予监外执行决定前征求人民检察院意见时，应当附罪犯的病情诊断、妊娠检查或者生活不能自理的鉴别意见等有关材料。

二、加强对社区服刑人员交付接收的衔接配合管理

5. 对于被判处管制、宣告缓刑、假释的罪犯，人民法院、看守所、监狱应当书面告知其到居住地县级司法行政机关报到的时间期限以及逾期报到的后果，并在规定期限内将有关法律文书送达居住地县级司法行政机关，同时抄送居住地县级人民检察院和公安机关。

社区服刑人员前来报到时，居住地县级司法行政机关未收到法律文书或者法律文书不齐全，可以先记录在案，并通知人民法院、监狱或者看守所在5日内送达或者补齐法律文书。

6. 人民法院决定暂予监外执行或者公安机关、监狱管理机关批准暂予监外执行的，交付时应当将罪犯的病情诊断、妊娠检查或者生活不能自理的鉴别意见等有关材料复印件一并送达居住地县级司法行政机关。

7. 人民法院、公安机关、司法行政机关在社区服刑人员交付接收工作中衔接脱节，或者社区服刑人员逃避监管、未按规定时间期限报到，造成没有及时执行社区矫正的，属于漏管。

8. 居住地社区矫正机构发现社区服刑人员漏管，应当及时组织查找，并由居住地县级司法行政机关通知有关人民法院、公安机关、监狱、居住地县级人民检察院。

社区服刑人员逃避监管、不按规定时间期限报到导致漏管的，居住地县级司法行政机关应当给予警告；符合收监执行条件的，依法提出撤销缓刑、撤销假释或者对暂予监外执行收监执行的建议。

9. 人民检察院应当加强对社区矫正交付接收中有关机关履职情况的监督，发现有下列情形之一的，依法提出纠正意见：

（1）人民法院、公安机关、监狱未依法送达交付执行法律文书，或者未向社区服刑人员履行法定告知义务；

（2）居住地县级司法行政机关依法应当接收社区服刑人员而未接收；

（3）社区服刑人员未在规定时间期限报到，居住地社区矫正机构未及时组织查找；

（4）人民法院决定暂予监外执行，未通知居住地社区矫正机构与有关公安机关，致使未办理交接手续；

（5）公安机关、监狱管理机关批准罪犯暂予监外执行，罪犯服刑的看守所、监狱未按规定与居住地社区矫正机构办理交接手续；

（6）其他未履行法定交付接收职责的情形。

三、加强对社区服刑人员监督管理的衔接配合

10. 社区服刑人员在社区矫正期间脱离居住地社区矫正机构的监督管理下落不明，或者虽能查找到其下落但拒绝接受监督管理的，属于脱管。

11. 居住地社区矫正机构发现社区服刑人员脱管，应当及时采取联系本人、其家属亲友，走访有关单位和人员等方式组织追查，做好记录，并由县级司法行政机关视情形依法给予警告、提请治安管理处罚、提请撤销缓刑、撤销假释或者对暂予监外执行的提请收监执行。

12. 人民检察院应当加强对社区矫正监督管理活动的监督，发现有下列情形之一的，依法提出纠正意见：

（1）社区服刑人员报到后，居住地县级司法行政机关未向社区服刑人员履行法定告知义务，致使其未按照有关规定接受监督管理；

（2）居住地社区矫正机构违反规定批准社区服刑人员离开所居住的市、县，或者违反人民法院禁止令的内容批准社区服刑人员进入特定区域或者场所；

（3）居住地县级司法行政机关对违反社区矫正规定的社区服刑人员，未依法给予警告、提请治安管理处罚；

（4）其他未履行法定监督管理职责的情形。

13. 司法行政机关应当会同人民法院、人民检察院、公安机关健全完善联席会议制度、情况通报制度，每月通报核对社区服刑人员人数变动、漏管脱管等数据信息，及时协调解决工作中出现的问题。

14. 司法行政机关应当建立完善社区服刑人员的信息交换平台，推动与人民法院、人民检察院、公安机关互联互通，利用网络及时准确传输交换有关法律文书，根据需要查询社区服刑人员脱管漏管、被治安管理处罚、犯罪等情况，共享社区矫正工作动态信息，实现网上办案、网上监管、网上监督。对社区服刑人员采用电子定位方式实施监督，应当采用相应技术，防止发生人机分离，提高监督管理的有效性和安全性。

15. 社区服刑人员被依法决定行政拘留、司法拘留、收容教育、强制隔离戒毒等或者因涉嫌犯新罪、发现判决宣告前还有其他罪没有判决被采取强制措施的，决定机关应当自作出决定之日起3日内将有关情况通知居住地县级司法行政机关和居住地县级人民检察院。

四、加强对社区服刑人员收监执行的衔接配合管理

16. 社区服刑人员符合收监执行条件的，居住地社区矫正机构应当及时按照规定，向原裁判人民法院或者公安机关、监狱管理机关送达撤销缓刑、撤销假释建议书或者对暂予监外执行的收监执行建议书并附相关证明材料。人民法院、公安机关、监狱管理机关应当在规定期限内依法作出裁定或者决定，并将法律文书送达居住地县级司法行政机关，同时抄送居住地县级人民检察院、公安机关。

17. 社区服刑人员因违反监督管理规定被依法撤销缓刑、撤销假释或者暂予监外执行被决定收监执行的，应当本着就近、便利、安全的原则，送交其居住地所属的省（区、市）的看守所、监狱执行刑罚。

18. 社区服刑人员被裁定撤销缓刑的，居住地社区矫正机构应当向看守所、监狱移交撤销缓刑裁定书和执行通知书、撤销缓刑建议书以及原判决书、裁定书和执行通知书、起诉书副本、结案登记表以及社区矫正期间表现情况等文书材料。

社区服刑人员被裁定撤销假释的，居住地社区矫正机构应当向看守所、监狱移交撤销假释裁定书和执行通知书，撤销假释建议书、社区矫正期间表现情况材料，原判决书、裁定书和执行通知书、起诉书副本、结案登记表复印件等文书材料。罪犯收监后，居住地社区矫正机构通知罪犯原服刑看守所、监狱将罪犯假释前的档案材料移交撤销假释后的服刑看守所、监狱。

暂予监外执行社区服刑人员被人民法院决定收监执行的，居住地社区矫正机构应当向看守所、监狱移交收监执行决定书和执行通知书以及原判决书、裁定书和执行通知书、起诉书副本、结案登记表、社区矫正期间表现等文书材料。

暂予监外执行社区服刑人员被公安机关、监狱管理机关决定收监执行的，居住地社区矫正机构应当向看守所、监狱移交社区服刑人员在接受矫正期间的表现情况等文书材料。

19. 撤销缓刑、撤销假释裁定书或者对暂予监外执行罪犯收监执行决定书应当在居住地社区矫正机构教育场所公示。属于未成年或者犯罪的时候不满十八周岁被判处五年有期徒刑以下刑罚的社区服刑人员除外。

20. 被裁定、决定收监执行的社区服刑人员在逃的，居住地社区矫正机构应当在收到人民法院、公安机关、监狱管理机关的裁定、决定后，立即通知居住地县级公安机关，由其负责实施追捕。

撤销缓刑、撤销假释裁定书和对暂予监外执行罪犯收监执行决定书，可以作为公安机关网上追逃依据。公安机关根据案情决定是否实施网上追逃。

21. 社区服刑人员被行政拘留、司法拘留、收容教育、强制隔离戒毒等行政处罚或者强制措施期间，人民法院、公安机关、监狱管理机关依法作出对其撤销缓刑、撤销假释的裁定或者收监执行决定的，居住地社区矫正机构应当将人民法院、公安机关、监狱管理机关的裁定书、决定书送交作出上述决定的机关，由有关部门依法收监执行刑罚。

22. 人民检察院应当加强对社区矫正收监执行活动的监督，发现有下列情形之一的，依法提出纠正意见：

（1）居住地县级司法行政机关未依法向人民法院、公安机关、监狱管理机关提出撤销缓刑、撤销假释建议或者对暂予监外执行的收监执行建议；

（2）人民法院、公安机关、监狱管理机关未依法作出裁定、决定，或者未依法送达；

（3）居住地县级司法行政机关、公安机关未依法将罪犯送交看守所、监狱，或者未依法移交被收监执行罪犯的文书材料；

（4）看守所、监狱未依法收监执行；

（5）公安机关未依法协助送交收监执行罪犯，或者未依法对在逃的收监执行罪犯实施追捕；

（6）其他违反收监执行规定的情形。

23. 对社区服刑人员实行社区矫正，本意见未明确的程序和事项，按照有关法律法规以及最高人民法院、最高人民检察院、公安部、司法部《社区矫正实施办法》，最高人民法院、最高人民检察院、公安部、司法部、国家卫生计生委《暂予监外执行规定》等执行。

24. 本意见自发布之日起施行。

2016 年 9 月 22 日

五、量 刑

最高人民法院
关于常见犯罪的量刑指导意见(节录)

(2013年12月23日 法发〔2013〕14号 自2014年1月1日起施行)

四、常见犯罪的量刑

(十四)掩饰、隐瞒犯罪所得、犯罪所得收益罪

1. 构成掩饰、隐瞒犯罪所得、犯罪所得收益罪的,可以根据下列不同情形在相应的幅度内确定量刑起点:

(1)犯罪情节一般的,可以在一年以下有期徒刑、拘役幅度内确定量刑起点。

(2)情节严重的,可以在三年至四年有期徒刑幅度内确定量刑起点。

2. 在量刑起点的基础上,可以根据犯罪数额等其他影响犯罪构成的犯罪事实增加刑罚量,确定基准刑。

最高人民法院
关于实施修订后的《关于常见犯罪的量刑指导意见》的通知

(法发〔2017〕7号)

各省、自治区、直辖市高级人民法院,解放军军事法院,新疆维吾尔自治区高级人民法院生产建设兵团分院:

最高人民法院《关于常见犯罪的量刑指导意见》从2014年起在全国中级、基层法院正式实施。各高级人民法院高度重视,积极稳妥组织实施,取得良好效果。我院在总结实践经验的基础上,对量刑指导意见作了进一步修改、完善。现印发修订后的《关于常见犯罪的量刑指导意见》(以下简称《量刑指导意见》),并从2017年4月1日起实施。现将有关事项通知如下:

(一)认真修改实施细则。《量刑指导意见》进一步完善量刑方法,明确"以定性分析为主,定量分析为辅"的量刑方法;进一步修改完善常见量刑情节的适用和个罪的量刑规范。各高级人民法院要认真学习领会,在总结经验的基础上,结合新出台的刑事法律、司法解释、业务指导文件和审判实际,对照修改完善实施细则,保证实施细则依法有据,符合罪责刑相适应原则,符合量刑实际,具有可操作性。实施细则经审判委员会讨论通过后实施,并于4月底前报最高人民法院备案。

(二)全面深入组织实施。量刑规范化工作是一项长期的工作。各级人民法院要以这次修改《量刑指导意见》和实施细则为契机,认真总结经验,全面深入推进量刑规范化工作,将十五种常见犯罪全部纳入规范范围,所有中级、基层法院全面实施到位。要结合审判实际,主动对接以审判为中心的刑事诉讼制度改革、认罪认罚从宽制度改革和刑事速裁程序改革,建立完善量刑规范化长效工作机制,促进量刑规范化工作制度化、常态化,努力让人民群众在每一个司法案件中感

受到公平正义。

（三）切实加强培训指导。《量刑指导意见》对量刑方法等内容作了重要修改，各地法院要结合工作实际，加强对中级、基层法院办案法官特别是新任法官的业务培训，保证《量刑指导意见》及实施细则的正确实施。在量刑过程中，定性分析始终处于主导地位，应在定性分析的基础上进行定量分析，依法确定量刑起点、基准刑和宣告刑，保证罪责刑相适应。上级法院要切实加强调研指导，对实施过程中出现的新情况新问题，及时加以研究解决，不断总结提高。实施中遇到的重大疑难问题，要及时层报最高人民法院，保证量刑规范化工作持续、深入发展。

最高人民法院

2017年3月9日

关于常见犯罪的量刑指导意见

为进一步规范刑罚裁量权，落实宽严相济刑事政策，增强量刑的公开性，实现量刑公正，根据刑法和刑事司法解释等有关规定，结合审判实践，制定本指导意见。

一、量刑的指导原则

1. 量刑应当以事实为根据，以法律为准绳，根据犯罪的事实、性质、情节和对于社会的危害程度，决定判处的刑罚。

2. 量刑既要考虑被告人所犯罪行的轻重，又要考虑被告人应负刑事责任的大小，做到罪责刑相适应，实现惩罚和预防犯罪的目的。

3. 量刑应当贯彻宽严相济的刑事政策，做到该宽则宽，当严则严，宽严相济，罚当其罪，确保裁判法律效果和社会效果的统一。

4. 量刑要客观、全面把握不同时期不同地区的经济社会发展和治安形势的变化，确保刑法任务的实现；对于同一地区同一时期、案情相似的案件，所判处的刑罚应当基本均衡。

二、量刑的基本方法

量刑时，应以定性分析为主，定量分析为辅，依次确定量刑起点、基准刑和宣告刑。

1. 量刑步骤

（1）根据基本犯罪构成事实在相应的法定刑幅度内确定量刑起点。

（2）根据其他影响犯罪构成的犯罪数额、犯罪次数、犯罪后果等犯罪事实，在量刑起点的基础上增加刑罚量确定基准刑。

（3）根据量刑情节调节基准刑，并综合考虑全案情况，依法确定宣告刑。

2. 调节基准刑的方法

（1）具有单个量刑情节的，根据量刑情节的调节比例直接调节基准刑。

（2）具有多个量刑情节的，一般根据各个量刑情节的调节比例，采用同向相加、逆向相减的方法调节基准刑；具有未成年人犯罪、老年人犯罪、限制行为能力的精神病人犯罪、又聋又哑的人或者盲人犯罪，防卫过当、避险过当、犯罪预备、犯罪未遂、犯罪中止，从犯、胁从犯和教唆犯等量刑情节的，先适用该量刑情节对基准刑进行调节，在此基础上，再适用其他量刑情节进行调节。

（3）被告人犯数罪，同时具有适用于各个罪的立功、累犯等量刑情节的，先适用该量刑情节调节个罪的基准刑，确定个罪所应判处的刑罚，再依法实行数罪并罚，决定执行的刑罚。

3. 确定宣告刑的方法

（1）量刑情节对基准刑的调节结果在法定刑幅度内，且罪责刑相适应的，可以直接确定为宣告刑；如果具有应当减轻处罚情节的，应依法在法定最低刑以下确定宣告刑。

（2）量刑情节对基准刑的调节结果在法定最低刑以下，具有法定减轻处罚情节，且罪责刑相适应的，可以直接确定为宣告刑；只有从轻处罚情节的，可以依法确定法定最低刑为宣告刑；但是根据案件的特殊情况，经最高人民法院核准，也可以在法定刑以下判处刑罚。

（3）量刑情节对基准刑的调节结果在法定最高刑以上的，可以依法确定法定最高刑为宣告刑。

（4）综合考虑全案情况，独任审判员或合议庭可以在20%的幅度内对调节结果进行调整，确定宣告刑。当调节后的结果仍不符合罪责刑相适应原则的，应提交审判委员会讨论，依法确定宣告刑。

（5）综合全案犯罪事实和量刑情节，依法应当判处无期徒刑以上刑罚、管制或者单处附加刑、缓刑、免刑的，应当依法适用。

三、常见量刑情节的适用

量刑时要充分考虑各种法定和酌定量刑情节，根据案件的全部犯罪事实以及量刑情节的不同情形，依法确定量刑情节的适用及其调节比例。对严重暴力犯罪、毒品犯罪等严重危害社会治安犯罪，在确定从宽的幅度时，应当从严掌握；对犯罪情节较轻的犯罪，应当充分体现从宽。具体确定各个量刑情节的调节比例时，应当综合平衡调节幅度与实际增减刑罚量的关系，确保罪责刑相适应。

1.对于未成年人犯罪，应当综合考虑未成年人对犯罪的认识能力、实施犯罪行为的动机和目的、犯罪时的年龄、是否初犯、偶犯、悔罪表现、个人成长经历和一贯表现等情况，予以从宽处罚。

（1）已满十四周岁不满十六周岁的未成年人犯罪，减少基准刑的30%—60%；

（2）已满十六周岁不满十八周岁的未成年人犯罪，减少基准刑的10%—50%。

2.对于未遂犯，综合考虑犯罪行为的实行程度、造成损害的大小、犯罪未得逞的原因等情况，可以比照既遂犯减少基准刑的50%以下。

3.对于从犯，应当综合考虑其在共同犯罪中的地位、作用等情况，予以从宽处罚，减少基准刑的20%—50%；犯罪较轻的，减少基准刑的50%以上或者依法免除处罚。

4.对于自首情节，综合考虑自首的动机、时间、方式、罪行轻重、如实供述罪行的程度以及悔罪表现等情况，可以减少基准刑的40%以下；犯罪较轻的，可以减少基准刑的40%以上或者依法免除处罚。恶意利用自首规避法律制裁等不足以从宽处罚的除外。

5.对于坦白情节，综合考虑如实供述罪行的阶段、程度、罪行轻重以及悔罪程度等情况，确定从宽的幅度。

（1）如实供述自己罪行的，可以减少基准刑的20%以下；

（2）如实供述司法机关尚未掌握的同种较重罪行的，可以减少基准刑的10%—30%；

（3）因如实供述自己罪行，避免特别严重后果发生的，可以减少基准刑的30%—50%。

6.对于当庭自愿认罪的，根据犯罪的性质、罪行的轻重、认罪程度以及悔罪表现等情况，可以减少基准刑的10%以下。依法认定自首、坦白的除外。

7.对于立功情节，综合考虑立功的大小、次数、内容、来源、效果以及罪行轻重等情况，确定从宽的幅度。

（1）一般立功的，可以减少基准刑的20%以下；

（2）重大立功的，可以减少基准刑的20%—50%；犯罪较轻的，减少基准刑的50%以上或者依法免除处罚。

8. 对于退赃、退赔的，综合考虑犯罪性质，退赃、退赔行为对损害结果所能弥补的程度，退赃、退赔的数额及主动程度等情况，可以减少基准刑的30%以下；其中抢劫等严重危害社会治安犯罪的应从严掌握。

9. 对于积极赔偿被害人经济损失并取得谅解的，综合考虑犯罪性质、赔偿数额、赔偿能力以及认罪、悔罪程度等情况，可以减少基准刑的40%以下；积极赔偿但没有取得谅解的，可以减少基准刑的30%以下；尽管没有赔偿，但取得谅解的，可以减少基准刑的20%以下。其中抢劫、强奸等严重危害社会治安犯罪的应从严掌握。

10. 对于当事人根据刑事诉讼法第二百七十七条达成刑事和解协议的，综合考虑犯罪性质、赔偿数额、赔礼道歉以及真诚悔罪等情况，可以减少基准刑的50%以下；犯罪较轻的，可以减少基准刑的50%以上或者依法免除处罚。

11. 对于累犯，应当综合考虑前后罪的性质、刑罚执行完毕或赦免以后至再犯罪时间的长短以及前后罪罪行轻重等情况，增加基准刑的10%—40%，一般不少于3个月。

12. 对于有前科的，综合考虑前科的性质、时间间隔长短、次数、处罚轻重等情况，可以增加基准刑的10%以下。前科犯罪为过失犯罪和未成年人犯罪的除外。

13. 对于犯罪对象为未成年人、老年人、残疾人、孕妇等弱势人员的，综合考虑犯罪的性质、犯罪的严重程度等情况，可以增加基准刑的20%以下。

14. 对于在重大自然灾害、预防、控制突发传染病疫情等灾害期间故意犯罪的，根据案件的具体情况，可以增加基准刑的20%以下。

四、常见犯罪的量刑

（一）交通肇事罪

1. 构成交通肇事罪的，可以根据下列不同情形在相应的幅度内确定量刑起点：

（1）致人重伤、死亡或者使公私财产遭受重大损失的，可以在二年以下有期徒刑、拘役幅度内确定量刑起点。

（2）交通运输肇事后逃逸或者有其他特别恶劣情节的，可以在三年至五年有期徒刑幅度内确定量刑起点。

（3）因逃逸致一人死亡的，可以在七年至十年有期徒刑幅度内确定量刑起点。

2. 在量刑起点的基础上，可以根据事故责任、致人重伤、死亡的人数或者财产损失的数额以及逃逸等其他影响犯罪构成的犯罪事实增加刑罚量，确定基准刑。

（二）故意伤害罪

1. 构成故意伤害罪的，可以根据下列不同情形在相应的幅度内确定量刑起点：

（1）故意伤害致一人轻伤的，可以在二年以下有期徒刑、拘役幅度内确定量刑起点。

（2）故意伤害致一人重伤的，可以在三年至五年有期徒刑幅度内确定量刑起点。

（3）以特别残忍手段故意伤害致一人重伤，造成六级严重残疾的，可以在十年至十三年有期徒刑幅度内确定量刑起点。依法应当判处无期徒刑以上刑罚的除外。

2. 在量刑起点的基础上，可以根据伤害后果、伤残等级、手段残忍程度等其他影响犯罪构成的犯罪事实增加刑罚量，确定基准刑。

故意伤害致人轻伤的，伤残程度可在确定量刑起点时考虑，或者作为调节基准刑的量刑情节。

（三）强奸罪

1. 构成强奸罪的，可以根据下列不同情形在相应的幅度内确定量刑起点：

(1)强奸妇女一人的,可以在三年至六年有期徒刑幅度内确定量刑起点。

奸淫幼女一人的,可以在四年至七年有期徒刑幅度内确定量刑起点。

(2)有下列情形之一的,可以在十年至十三年有期徒刑幅度内确定量刑起点:强奸妇女、奸淫幼女情节恶劣的;强奸妇女、奸淫幼女三人的;在公共场所当众强奸妇女的;二人以上轮奸妇女的;强奸致被害人重伤或者造成其他严重后果的。依法应当判处无期徒刑以上刑罚的除外。

2. 在量刑起点的基础上,可以根据强奸妇女、奸淫幼女情节恶劣程度、强奸人数、致人伤害后果等其他影响犯罪构成的犯罪事实增加刑罚量,确定基准刑。

强奸多人多次的,以强奸人数作为增加刑罚量的事实,强奸次数作为调节基准刑的量刑情节。

(四)非法拘禁罪

1. 构成非法拘禁罪的,可以根据下列不同情形在相应的幅度内确定量刑起点:

(1)犯罪情节一般的,可以在一年以下有期徒刑、拘役幅度内确定量刑起点。

(2)致一人重伤的,可以在三年至五年有期徒刑幅度内确定量刑起点。

(3)致一人死亡的,可以在十年至十三年有期徒刑幅度内确定量刑起点。

2. 在量刑起点的基础上,可以根据非法拘禁人数、拘禁时间、致人伤亡后果等其他影响犯罪构成的犯罪事实增加刑罚量,确定基准刑。

非法拘禁多人多次的,以非法拘禁人数作为增加刑罚量的事实,非法拘禁次数作为调节基准刑的量刑情节。

3. 有下列情节之一的,可以增加基准刑的10%—20%:

(1)具有殴打、侮辱情节的;

(2)国家机关工作人员利用职权非法扣押、拘禁他人的。

(五)抢劫罪

1. 构成抢劫罪的,可以根据下列不同情形在相应的幅度内确定量刑起点:

(1)抢劫一次的,可以在三年至六年有期徒刑幅度内确定量刑起点。

(2)有下列情形之一的,可以在十年至十三年有期徒刑幅度内确定量刑起点:入户抢劫的;在公共交通工具上抢劫的;抢劫银行或者其他金融机构的;抢劫三次或者抢劫数额达到数额巨大起点的;抢劫致一人重伤的;冒充军警人员抢劫的;持枪抢劫的;抢劫军用物资或者抢险、救灾、救济物资的。依法应当判处无期徒刑以上刑罚的除外。

2. 在量刑起点的基础上,可以根据抢劫情节严重程度、抢劫次数、数额、致人伤害后果等其他影响犯罪构成的犯罪事实增加刑罚量,确定基准刑。

(六)盗窃罪

1. 构成盗窃罪的,可以根据下列不同情形在相应的幅度内确定量刑起点:

(1)达到数额较大起点的,两年内三次盗窃的,入户盗窃的,携带凶器盗窃的,或者扒窃的,可以在一年以下有期徒刑、拘役幅度内确定量刑起点。

(2)达到数额巨大起点或者有其他严重情节的,可以在三年至四年有期徒刑幅度内确定量刑起点。

(3)达到数额特别巨大起点或者有其他特别严重情节的,可以在十年至十二年有期徒刑幅度内确定量刑起点。依法应当判处无期徒刑的除外。

2. 在量刑起点的基础上,可以根据盗窃数额、次数、手段等其他影响犯罪构成的犯罪事实增加刑罚量,确定基准刑。

多次盗窃，数额达到较大以上的，以盗窃数额确定量刑起点，盗窃次数可作为调节基准刑的量刑情节；数额未达到较大的，以盗窃次数确定量刑起点，超过三次的次数作为增加刑罚量的事实。

（七）诈骗罪

1. 构成诈骗罪的，可以根据下列不同情形在相应的幅度内确定量刑起点：

（1）达到数额较大起点的，可以在一年以下有期徒刑、拘役幅度内确定量刑起点。

（2）达到数额巨大起点或者有其他严重情节的，可以在三年至四年有期徒刑幅度内确定量刑起点。

（3）达到数额特别巨大起点或者有其他特别严重情节的，可以在十年至十二年有期徒刑幅度内确定量刑起点。依法应当判处无期徒刑的除外。

2. 在量刑起点的基础上，可以根据诈骗数额等其他影响犯罪构成的犯罪事实增加刑罚量，确定基准刑。

（八）抢夺罪

1. 构成抢夺罪的，可以根据下列不同情形在相应的幅度内确定量刑起点：

（1）达到数额较大起点或者两年内三次抢夺的，可以在一年以下有期徒刑、拘役幅度内确定量刑起点。

（2）达到数额巨大起点或者有其他严重情节的，可以在三年至五年有期徒刑幅度内确定量刑起点。

（3）达到数额特别巨大起点或者有其他特别严重情节的，可以在十年至十二年有期徒刑幅度内确定量刑起点。依法应当判处无期徒刑的除外。

2. 在量刑起点的基础上，可以根据抢夺数额、次数等其他影响犯罪构成的犯罪事实增加刑罚量，确定基准刑。

多次抢夺，数额达到较大以上的，以抢夺数额确定量刑起点，抢夺次数可作为调节基准刑的量刑情节；数额未达到较大的，以抢夺次数确定量刑起点，超过三次的次数作为增加刑罚量的事实。

（九）职务侵占罪

1. 构成职务侵占罪的，可以根据下列不同情形在相应的幅度内确定量刑起点：

（1）达到数额较大起点的，可以在二年以下有期徒刑、拘役幅度内确定量刑起点。

（2）达到数额巨大起点的，可以在五年至六年有期徒刑幅度内确定量刑起点。

2. 在量刑起点的基础上，可以根据职务侵占数额等其他影响犯罪构成的犯罪事实增加刑罚量，确定基准刑。

（十）敲诈勒索罪

1. 构成敲诈勒索罪的，可以根据下列不同情形在相应的幅度内确定量刑起点：

（1）达到数额较大起点的，或者两年内三次敲诈勒索的，可以在一年以下有期徒刑、拘役幅度内确定量刑起点。

（2）达到数额巨大起点或者有其他严重情节的，可以在三年至五年有期徒刑幅度内确定量刑起点。

（3）达到数额特别巨大起点或者有其他特别严重情节的，可以在十年至十二年有期徒刑幅度内确定量刑起点。

2. 在量刑起点的基础上，可以根据敲诈勒索数额、次数、犯罪情节严重程度等其他影响犯罪构成的犯罪事实增加刑罚量，确定基准刑。

多次敲诈勒索，数额达到较大以上的，以敲诈勒索数额确定量刑起点，敲诈勒索次数可作为调节基准刑的量刑情节；数额未达到较大的，以敲诈勒索次数确定量刑起点，超过三次的次数作为增加刑罚量的事实。

（十一）妨害公务罪

1. 构成妨害公务罪的，可以在二年以下有期徒刑、拘役幅度内确定量刑起点。

2. 在量刑起点的基础上，可以根据妨害公务造成的后果、犯罪情节严重程度等其他影响犯罪构成的犯罪事实增加刑罚量，确定基准刑。

3. 暴力袭击正在依法执行职务的人民警察的，可以增加基准刑的10%—30%。

（十二）聚众斗殴罪

1. 构成聚众斗殴罪的，可以根据下列不同情形在相应的幅度内确定量刑起点：

（1）犯罪情节一般的，可以在二年以下有期徒刑、拘役幅度内确定量刑起点。

（2）有下列情形之一的，可以在三年至五年有期徒刑幅度内确定量刑起点：聚众斗殴三次的；聚众斗殴人数多，规模大，社会影响恶劣的；在公共场所或者交通要道聚众斗殴，造成社会秩序严重混乱的；持械聚众斗殴的。

2. 在量刑起点的基础上，可以根据聚众斗殴人数、次数、手段严重程度等其他影响犯罪构成的犯罪事实增加刑罚量，确定基准刑。

（十三）寻衅滋事罪

1. 构成寻衅滋事罪的，可以根据下列不同情形在相应的幅度内确定量刑起点：

（1）寻衅滋事一次的，可以在三年以下有期徒刑、拘役幅度内确定量刑起点。

（2）纠集他人三次寻衅滋事（每次都构成犯罪），严重破坏社会秩序的，可以在五年至七年有期徒刑幅度内确定量刑起点。

2. 在量刑起点的基础上，可以根据寻衅滋事次数、伤害后果、强拿硬要他人财物或任意损毁、占用公私财物数额等其他影响犯罪构成的犯罪事实增加刑罚量，确定基准刑。

（十四）掩饰、隐瞒犯罪所得、犯罪所得收益罪

1. 构成掩饰、隐瞒犯罪所得、犯罪所得收益罪的，可以根据下列不同情形在相应的幅度内确定量刑起点：

（1）犯罪情节一般的，可以在一年以下有期徒刑、拘役幅度内确定量刑起点。

（2）情节严重的，可以在三年至四年有期徒刑幅度内确定量刑起点。

2. 在量刑起点的基础上，可以根据犯罪数额等其他影响犯罪构成的犯罪事实增加刑罚量，确定基准刑。

（十五）走私、贩卖、运输、制造毒品罪

1. 构成走私、贩卖、运输、制造毒品罪的，可以根据下列不同情形在相应的幅度内确定量刑起点：

（1）走私、贩卖、运输、制造鸦片一千克，海洛因、甲基苯丙胺五十克或者其他毒品数量达到数量大起点的，量刑起点为十五年有期徒刑。依法应当判处无期徒刑以上刑罚的除外。

（2）走私、贩卖、运输、制造鸦片二百克，海洛因、甲基苯丙胺十克或者其他毒品数量达到数量较大起点的，可以在七年至八年有期徒刑幅度内确定量刑起点。

（3）走私、贩卖、运输、制造鸦片不满二百克，海洛因、甲基苯丙胺不满十克或者其他少量毒品的，可以在三年以下有期徒刑、拘役幅度内确定量刑起点；情节严重的，可以在三年至四年有期徒

刑幅度内确定量刑起点。

2. 在量刑起点的基础上，可以根据毒品犯罪次数、人次、毒品数量等其他影响犯罪构成的犯罪事实增加刑罚量，确定基准刑。

3. 有下列情节之一的，可以增加基准刑的10%—30%：

(1)利用、教唆未成年人走私、贩卖、运输、制造毒品的；

(2)向未成年人出售毒品的；

(3)毒品再犯。

4. 有下列情节之一的，可以减少基准刑的30%以下：

(1)受雇运输毒品的；

(2)毒品含量明显偏低的；

(3)存在数量引诱情形的。

五、附则

1. 本指导意见规范上列十五种犯罪判处有期徒刑、拘役的案件。其他判处有期徒刑、拘役的案件，可以参照量刑的指导原则、基本方法和常见量刑情节的适用规范量刑。

2. 各高级人民法院应当结合当地实际制定实施细则。

3. 本指导意见自2017年4月1日起实施。

4. 相关刑法条文：

第一百三十三条 【交通肇事罪】违反交通运输管理法规，因而发生重大事故，致人重伤、死亡或者使公私财产遭受重大损失的，处三年以下有期徒刑或者拘役；交通运输肇事后逃逸或者有其他特别恶劣情节的，处三年以上七年以下有期徒刑；因逃逸致人死亡的，处七年以上有期徒刑。

第二百三十四条 【故意伤害罪】故意伤害他人身体的，处三年以下有期徒刑、拘役或者管制。

犯前款罪，致人重伤的，处三年以上十年以下有期徒刑；致人死亡或者以特别残忍手段致人重伤造成严重残疾的，处十年以上有期徒刑、无期徒刑或者死刑。本法另有规定的，依照规定。

第二百三十六条 【强奸罪】以暴力、胁迫或者其他手段强奸妇女的，处三年以上十年以下有期徒刑。

奸淫不满十四周岁的幼女的，以强奸论，从重处罚。

强奸妇女、奸淫幼女，有下列情形之一的，处十年以上有期徒刑、无期徒刑或者死刑：

(一)强奸妇女、奸淫幼女情节恶劣的；

(二)强奸妇女、奸淫幼女多人的；

(三)在公共场所当众强奸妇女的；

(四)二人以上轮奸的；

(五)致使被害人重伤、死亡或者造成其他严重后果的。

第二百三十八条 【非法拘禁罪】非法拘禁他人或者以其他方法非法剥夺他人人身自由的，处三年以下有期徒刑、拘役、管制或者剥夺政治权利。具有殴打、侮辱情节的，从重处罚。

犯前款罪，致人重伤的，处三年以上十年以下有期徒刑；致人死亡的，处十年以上有期徒刑。使用暴力致人伤残、死亡的，依照本法第二百三十四条、第二百三十二条的规定定罪处罚。

为索取债务非法扣押、拘禁他人的，依照前两款的规定处罚。

国家机关工作人员利用职权犯前三款罪的，依照前三款的规定从重处罚。

第二百六十三条 【抢劫罪】以暴力、胁迫或者其他方法抢劫公私财物的，处三年以上十年以下有期徒刑，并处罚金；有下列情形之一的，处十年以上有期徒刑、无期徒刑或者死刑，并处罚金或者没收财产：

（一）入户抢劫的；

（二）在公共交通工具上抢劫的；

（三）抢劫银行或者其他金融机构的；

（四）多次抢劫或者抢劫数额巨大的；

（五）抢劫致人重伤、死亡的；

（六）冒充军警人员抢劫的；

（七）持枪抢劫的；

（八）抢劫军用物资或者抢险、救灾、救济物资的。

第二百六十四条 【盗窃罪】盗窃公私财物，数额较大的，或者多次盗窃、入户盗窃、携带凶器盗窃、扒窃的，处三年以下有期徒刑、拘役或者管制，并处或者单处罚金；数额巨大或者有其他严重情节的，处三年以上十年以下有期徒刑，并处罚金；数额特别巨大或者有其他特别严重情节的，处十年以上有期徒刑或者无期徒刑，并处罚金或者没收财产。

第二百六十六条 【诈骗罪】诈骗公私财物，数额较大的，处三年以下有期徒刑、拘役或者管制，并处或者单处罚金；数额巨大或者有其他严重情节的，处三年以上十年以下有期徒刑，并处罚金；数额特别巨大或者有其他特别严重情节的，处十年以上有期徒刑或者无期徒刑，并处罚金或者没收财产。本法另有规定的，依照规定。

第二百六十七条 【抢夺罪】抢夺公私财物，数额较大的，或者多次抢夺的，处三年以下有期徒刑、拘役或者管制，并处或者单处罚金；数额巨大或者有其他严重情节的，处三年以上十年以下有期徒刑，并处罚金；数额特别巨大或者有其他特别严重情节的，处十年以上有期徒刑或者无期徒刑，并处罚金或者没收财产。

第二百七十一条 【职务侵占罪】公司、企业或者其他单位的人员，利用职务上的便利，将本单位财物非法占为己有，数额较大的，处五年以下有期徒刑或者拘役；数额巨大的，处五年以上有期徒刑，可以并处没收财产。

第二百七十四条 【敲诈勒索罪】敲诈勒索公私财物，数额较大或者多次敲诈勒索的，处三年以下有期徒刑、拘役或者管制，并处或者单处罚金；数额巨大或者有其他严重情节的，处三年以上十年以下有期徒刑，并处罚金；数额特别巨大或者有其他特别严重情节的，处十年以上有期徒刑，并处罚金。

第二百七十七条 【妨害公务罪】以暴力、威胁方法阻碍国家机关工作人员依法执行职务的，处三年以下有期徒刑、拘役、管制或者罚金。

以暴力、威胁方法阻碍全国人民代表大会和地方各级人民代表大会代表依法执行代表职务的，依照前款的规定处罚。

在自然灾害和突发事件中，以暴力、威胁方法阻碍红十字会工作人员依法履行职责的，依照第一款的规定处罚。

故意阻碍国家安全机关、公安机关依法执行国家安全工作任务，未使用暴力、威胁方法，造成严重后果的，依照第一款的规定处罚。

暴力袭击正在依法执行职务的人民警察的，依照第一款的规定从重处罚。

第二百九十二条 【聚众斗殴罪】聚众斗殴的，对首要分子和其他积极参加的，处三年以下有期徒刑、拘役或者管制；有下列情形之一的，对首要分子和其他积极参加的，处三年以上十年以下有期徒刑：

（一）多次聚众斗殴的；

（二）聚众斗殴人数多，规模大，社会影响恶劣的；

（三）在公共场所或者交通要道聚众斗殴，造成社会秩序严重混乱的；

（四）持械聚众斗殴的。

第二百九十三条 【寻衅滋事罪】有下列寻衅滋事行为之一，破坏社会秩序的，处五年以下有期徒刑、拘役或者管制：

（一）随意殴打他人，情节恶劣的；

（二）追逐、拦截、辱骂、恐吓他人，情节恶劣的；

（三）强拿硬要或者任意损毁、占用公私财物，情节严重的；

（四）在公共场所起哄闹事，造成公共场所秩序严重混乱的。

纠集他人多次实施前款行为，严重破坏社会秩序的，处五年以上十年以下有期徒刑，可以并处罚金。

第三百一十二条 【掩饰、隐瞒犯罪所得、犯罪所得收益罪】明知是犯罪所得及其产生的收益而予以窝藏、转移、收购、代为销售或者以其他方法掩饰、隐瞒的，处三年以下有期徒刑、拘役或者管制，并处或者单处罚金；情节严重的，处三年以上七年以下有期徒刑，并处罚金。

第三百四十七条 【走私、贩卖、运输、制造毒品罪】走私、贩卖、运输、制造毒品，无论数量多少，都应当追究刑事责任，予以刑事处罚。

走私、贩卖、运输、制造毒品，有下列情形之一的，处十五年有期徒刑、无期徒刑或者死刑，并处没收财产：

（一）走私、贩卖、运输、制造鸦片一千克以上、海洛因或者甲基苯丙胺五十克以上或者其他毒品数量大的；

（二）走私、贩卖、运输、制造毒品集团的首要分子；

（三）武装掩护走私、贩卖、运输、制造毒品的；

（四）以暴力抗拒检查、拘留、逮捕，情节严重的；

（五）参与有组织的国际贩毒活动的。

走私、贩卖、运输、制造鸦片二百克以上不满一千克、海洛因或者甲基苯丙胺十克以上不满五十克或者其他毒品数量较大的，处七年以上有期徒刑，并处罚金。

走私、贩卖、运输、制造鸦片不满二百克、海洛因或者甲基苯丙胺不满十克或者其他少量毒品的，处三年以下有期徒刑、拘役或者管制，并处罚金；情节严重的，处三年以上七年以下有期徒刑，并处罚金。

单位犯第二款、第三款、第四款罪的，对单位判处罚金，并对其直接负责的主管人员和其他直接责任人员，依照各该款的规定处罚。

利用、教唆未成年人走私、贩卖、运输、制造毒品，或者向未成年人出售毒品的，从重处罚。

对多次走私、贩卖、运输、制造毒品，未经处理的，毒品数量累计计算。

六、数罪并罚

全国人大常委会法制工作委员会

关于对被告人在罚金刑执行完毕前又犯新罪的罚金应否与未执行完毕的罚金适用数罪并罚问题的答复意见

(法工办复〔2017〕2 号)

最高人民检察院办公厅:

你厅《关于对被告人在罚金刑执行完毕前又犯新罪的罚金应否与未执行完毕的罚金适用数罪并罚问题征求意见的函》(高检办字〔2017〕281 号)收悉。经研究,答复如下:

刑法第七十一条中的"刑罚执行完毕以前"应是指主刑执行完毕以前。如果被告人主刑已执行完毕,只是罚金尚未执行完毕的,根据刑法第五十三条的规定,人民法院在任何时候发现有可以执行的财产,应当随时追缴。因此,被告人前罪主刑已执行完毕,罚金尚未执行完毕的,应当由人民法院继续执行尚未执行完毕的罚金,不必与新罪判处的罚金数罪并罚。

特此函复。

全国人大常委会法工委办公室

2017 年 11 月 26 日

七、缓　刑

最高人民法院　最高人民检察院　公安部　司法部
关于对因犯罪在大陆受审的台湾居民依法适用缓刑实行社区矫正有关问题的意见

（法发〔2016〕33号）

为维护因犯罪在大陆受审的台湾居民的合法权益，保障缓刑的依法适用和执行，根据《中华人民共和国刑法》《中华人民共和国刑事诉讼法》和《社区矫正实施办法》等有关规定，结合工作实际，制定本意见。

第一条　对因犯罪被判处拘役、三年以下有期徒刑的台湾居民，如果其犯罪情节较轻、有悔罪表现、没有再犯罪的危险且宣告缓刑对所居住社区没有重大不良影响的，人民法院可以宣告缓刑，对其中不满十八周岁的人、怀孕的妇女和已满七十五周岁的人，应当宣告缓刑。

第二条　人民检察院建议对被告人宣告缓刑的，应当说明依据和理由。

被告人及其法定代理人、辩护人提出宣告缓刑的请求，应当说明理由，必要时需提交经过台湾地区公证机关公证的被告人在台湾地区无犯罪记录证明等相关材料。

第三条　公安机关、人民检察院、人民法院需要委托司法行政机关调查评估宣告缓刑对社区影响的，可以委托犯罪嫌疑人、被告人在大陆居住地的县级司法行政机关，也可以委托适合协助社区矫正的下列单位或者人员所在地的县级司法行政机关：

（一）犯罪嫌疑人、被告人在大陆的工作单位或者就读学校；

（二）台湾同胞投资企业协会、台湾同胞投资企业；

（三）其他愿意且有能力协助社区矫正的单位或者人员。

已经建立涉台社区矫正专门机构的地方，可以委托该机构所在地的县级司法行政机关调查评估。

根据前两款规定仍无法确定接受委托的调查评估机关的，可以委托办理案件的公安机关、人民检察院、人民法院所在地的县级司法行政机关。

第四条　司法行政机关收到委托后，一般应当在十个工作日内向委托机关提交调查评估报告；对提交调查评估报告的时间另有规定的，从其规定。

司法行政机关开展调查评估，可以请当地台湾同胞投资企业协会、台湾同胞投资企业以及犯罪嫌疑人、被告人在大陆的监护人、亲友等协助提供有关材料。

第五条　人民法院对被告人宣告缓刑时，应当核实其居住地或者本意见第三条规定的有关单位、人员所在地，书面告知被告人应当自判决、裁定生效后十日内到社区矫正执行地的县级司法行政机关报到，以及逾期报到的法律后果。

缓刑判决、裁定生效后，人民法院应当在十日内将判决书、裁定书、执行通知书等法律文书送达社区矫正执行地的县级司法行政机关，同时抄送该地县级人民检察院和公安机关。

第六条　对被告人宣告缓刑的，人民法院应当及时作出不准出境决定书，同时依照有关规定办理边控手续。

实施边控的期限为缓刑考验期限。

第七条 对缓刑犯的社区矫正，由其在大陆居住地的司法行政机关负责指导管理、组织实施；在大陆没有居住地的，由本意见第三条规定的有关司法行政机关负责。

第八条 为缓刑犯确定的社区矫正小组可以吸收下列人员参与：

（一）当地台湾同胞投资企业协会、台湾同胞投资企业的代表；

（二）在大陆居住或者工作的台湾同胞；

（三）缓刑犯在大陆的亲友；

（四）其他愿意且有能力参与社区矫正工作的人员。

第九条 根据社区矫正需要，司法行政机关可以会同相关部门，协调台湾同胞投资企业协会、台湾同胞投资企业等，为缓刑犯提供工作岗位、技能培训等帮助。

第十条 对于符合条件的缓刑犯，可以依据《海峡两岸共同打击犯罪及司法互助协议》，移交台湾地区执行。

第十一条 对因犯罪在大陆受审、执行刑罚的台湾居民判处管制、裁定假释、决定或者批准暂予监外执行，实行社区矫正的，可以参照适用本意见的有关规定。

第十二条 本意见自 2017 年 1 月 1 日起施行。

最高人民法院
最高人民检察院
公安部
司法部
2016 年 7 月 26 日

八、减刑、假释

最高人民法院
关于减刑、假释案件审理程序的规定

（2014年4月10日最高人民法院审判委员会第1611次会议通过　2014年4月23日公布　自2014年6月1日起施行　法释〔2014〕5号）

为进一步规范减刑、假释案件的审理程序，确保减刑、假释案件审理的合法、公正，根据《中华人民共和国刑法》《中华人民共和国刑事诉讼法》有关规定，结合减刑、假释案件审理工作实际，制定本规定。

第一条　对减刑、假释案件，应当按照下列情形分别处理：

（一）对被判处死刑缓期执行的罪犯的减刑，由罪犯服刑地的高级人民法院在收到同级监狱管理机关审核同意的减刑建议书后一个月内作出裁定；

（二）对被判处无期徒刑的罪犯的减刑、假释，由罪犯服刑地的高级人民法院在收到同级监狱管理机关审核同意的减刑、假释建议书后一个月内作出裁定，案情复杂或者情况特殊的，可以延长一个月；

（三）对被判处有期徒刑和被减为有期徒刑的罪犯的减刑、假释，由罪犯服刑地的中级人民法院在收到执行机关提出的减刑、假释建议书后一个月内作出裁定，案情复杂或者情况特殊的，可以延长一个月；

（四）对被判处拘役、管制的罪犯的减刑，由罪犯服刑地中级人民法院在收到同级执行机关审核同意的减刑、假释建议书后一个月内作出裁定。

对暂予监外执行罪犯的减刑，应当根据情况，分别适用前款的有关规定。

第二条　人民法院受理减刑、假释案件，应当审查执行机关移送的下列材料：

（一）减刑或者假释建议书；

（二）终审法院裁判文书、执行通知书、历次减刑裁定书的复印件；

（三）罪犯确有悔改或者立功、重大立功表现的具体事实的书面证明材料；

（四）罪犯评审鉴定表、奖惩审批表等；

（五）其他根据案件审理需要应予移送的材料。

报请假释的，应当附有社区矫正机构或者基层组织关于罪犯假释后对所居住社区影响的调查评估报告。

人民检察院对报请减刑、假释案件提出检察意见的，执行机关应当一并移送受理减刑、假释案件的人民法院。

经审查，材料齐备的，应当立案；材料不齐的，应当通知执行机关在三日内补送，逾期未补送的，不予立案。

第三条　人民法院审理减刑、假释案件，应当在立案后五日内将执行机关报请减刑、假释的建议书等材料依法向社会公示。

公示内容应当包括罪犯的个人情况、原判认定的罪名和刑期、罪犯历次减刑情况、执行机关的建议及依据。

公示应当写明公示期限和提出意见的方式。公示期限为五日。

第四条 人民法院审理减刑、假释案件,应当依法由审判员或者由审判员和人民陪审员组成合议庭进行。

第五条 人民法院审理减刑、假释案件,除应当审查罪犯在执行期间的一贯表现外,还应当综合考虑犯罪的具体情节、原判刑罚情况、财产刑执行情况、附带民事裁判履行情况、罪犯退赃退赔等情况。

人民法院审理假释案件,除应当审查第一款所列情形外,还应当综合考虑罪犯的年龄、身体状况、性格特征、假释后生活来源以及监管条件等影响再犯罪的因素。

执行机关以罪犯有立功表现或重大立功表现为由提出减刑的,应当审查立功或重大立功表现是否属实。涉及发明创造、技术革新或者其他贡献的,应当审查该成果是否系罪犯在执行期间独立完成,并经有关主管机关确认。

第六条 人民法院审理减刑、假释案件,可以采取开庭审理或者书面审理的方式。但下列减刑、假释案件,应当开庭审理:

(一)因罪犯有重大立功表现报请减刑的;

(二)报请减刑的起始时间、间隔时间或者减刑幅度不符合司法解释一般规定的;

(三)公示期间收到不同意见的;

(四)人民检察院有异议的;

(五)被报请减刑、假释罪犯系职务犯罪罪犯,组织(领导、参加、包庇、纵容)黑社会性质组织犯罪罪犯,破坏金融管理秩序和金融诈骗犯罪罪犯及其他在社会上有重大影响或社会关注度高的;

(六)人民法院认为其他应当开庭审理的。

第七条 人民法院开庭审理减刑、假释案件,应当通知人民检察院、执行机关及被报请减刑、假释罪犯参加庭审。

人民法院根据需要,可以通知证明罪犯确有悔改表现或者立功、重大立功表现的证人,公示期间提出不同意见的人,以及鉴定人、翻译人员等其他人员参加庭审。

第八条 开庭审理应当在罪犯刑罚执行场所或者人民法院确定的场所进行。有条件的人民法院可以采取视频开庭的方式进行。

在社区执行刑罚的罪犯因重大立功被报请减刑的,可以在罪犯服刑地或者居住地开庭审理。

第九条 人民法院对于决定开庭审理的减刑、假释案件,应当在开庭三日前将开庭的时间、地点通知人民检察院、执行机关、被报请减刑、假释罪犯和有必要参加庭审的其他人员,并于开庭三日前进行公告。

第十条 减刑、假释案件的开庭审理由审判长主持,应当按照以下程序进行:

(一)审判长宣布开庭,核实被报请减刑、假释罪犯的基本情况;

(二)审判长宣布合议庭组成人员、检察人员、执行机关代表及其他庭审参加人;

(三)执行机关代表宣读减刑、假释建议书,并说明主要理由;

(四)检察人员发表检察意见;

(五)法庭对被报请减刑、假释罪犯确有悔改表现或立功表现、重大立功表现的事实以及其他影响减刑、假释的情况进行调查核实;

(六)被报请减刑、假释罪犯作最后陈述;

(七)审判长对庭审情况进行总结并宣布休庭评议。

第十一条 庭审过程中,合议庭人员对报请理由有疑问的,可以向被报请减刑、假释罪犯、证人、执行机关代表、检察人员提问。

庭审过程中,检察人员对报请理由有疑问的,在经审判长许可后,可以出示证据,申请证人到庭,向被报请减刑、假释罪犯及证人提问并发表意见。被报请减刑、假释罪犯对报请理由有疑问的,在经审判长许可后,可以出示证据,申请证人到庭,向证人提问并发表意见。

第十二条 庭审过程中,合议庭对证据有疑问需要进行调查核实,或者检察人员、执行机关代表提出申请的,可以宣布休庭。

第十三条 人民法院开庭审理减刑、假释案件,能够当庭宣判的应当当庭宣判;不能当庭宣判的,可以择期宣判。

第十四条 人民法院书面审理减刑、假释案件,可以就被报请减刑、假释罪犯是否符合减刑、假释条件进行调查核实或听取有关方面意见。

第十五条 人民法院书面审理减刑案件,可以提讯被报请减刑罪犯;书面审理假释案件,应当提讯被报请假释罪犯。

第十六条 人民法院审理减刑、假释案件,应当按照下列情形分别处理:

(一)被报请减刑、假释罪犯符合法律规定的减刑、假释条件的,作出予以减刑、假释的裁定;

(二)被报请减刑的罪犯符合法律规定的减刑条件,但执行机关报请的减刑幅度不适当的,对减刑幅度作出相应调整后作出予以减刑的裁定;

(三)被报请减刑、假释罪犯不符合法律规定的减刑、假释条件的,作出不予减刑、假释的裁定。

在人民法院作出减刑、假释裁定前,执行机关书面申请撤回减刑、假释建议的,是否准许,由人民法院决定。

第十七条 减刑、假释裁定书应当写明罪犯原判和历次减刑情况,确有悔改表现或者立功、重大立功表现的事实和理由,以及减刑、假释的法律依据。

裁定减刑的,应当注明刑期的起止时间;裁定假释的,应当注明假释考验期的起止时间。

裁定调整减刑幅度或者不予减刑、假释的,应当在裁定书中说明理由。

第十八条 人民法院作出减刑、假释裁定后,应当在七日内送达报请减刑、假释的执行机关、同级人民检察院以及罪犯本人。作出假释裁定的,还应当送达社区矫正机构或者基层组织。

第十九条 减刑、假释裁定书应当通过互联网依法向社会公布。

第二十条 人民检察院认为人民法院减刑、假释裁定不当,在法定期限内提出书面纠正意见的,人民法院应当在收到纠正意见后另行组成合议庭审理,并在一个月内作出裁定。

第二十一条 人民法院发现本院已经生效的减刑、假释裁定确有错误的,应当依法重新组成合议庭进行审理并作出裁定;上级人民法院发现下级人民法院已经生效的减刑、假释裁定确有错误的,应当指令下级人民法院另行组成合议庭审理,也可以自行依法组成合议庭进行审理并作出裁定。

第二十二条 最高人民法院以前发布的司法解释和规范性文件,与本规定不一致的,以本规定为准。

《关于减刑、假释案件审理程序的规定》的理解与适用

□罗智勇　仇晓敏

2014 年 4 月 23 日,最高人民法院公布了《关于减刑、假释案件审理程序的规定》(以下简称《程序规定》),这是继 2012 年《最高人民法院关于办理减刑、假释案件具体应用法律若干问题的

规定》(以下简称《2012年规定》)之后,针对减刑、假释案件办理而出台的又一专门性司法解释,受到社会各界的广泛关注。现就《程序规定》制定的背景、起草思路及主要内容等介绍如下:

一、《程序规定》制定的背景

减刑、假释作为刑罚变更执行的重要措施,是我国刑法、刑事诉讼法等法律所规定的重要制度,对于激励罪犯积极改造,促进罪犯回归、融入社会,具有非常重要的意义。但减刑、假释的适用,必须以保障刑罚目的实现为前提,不能成为罪犯恶意逃避刑罚执行的途径。减刑、假释工作的开展,应在实现刑罚目的和激励罪犯改造之间保持最佳的平衡。

减刑、假释案件的审理,与普通刑事案件存在较大差异,这类案件由刑罚执行机关直接向法院报请,罪犯本人无权申请,人民法院审理案件实行一裁终结,不存在上诉或抗诉而引发二审一说,审理过程中各方之间的对抗、诘问程度亦不甚强烈。关于减刑、假释案件的审理程序,刑法、刑事诉讼法中有一些原则性规定。《2012年规定》及《最高人民法院关于适用〈中华人民共和国刑事诉讼法〉的解释》(以下简称《刑诉法解释》)中虽各有一些操作性规定,但均显零星、分散,且对于减刑、假释案件的审理组织、审理对象、开庭审理和书面审理要求等重要问题均缺乏明确、具体规定,从而影响到实践中的认识统一和规范适用,使得减刑、假释案件办理总是摆脱不了行政性审批的影子,即使案件开庭审理,也往往形式意义大于实质意义,亟须从制度上予以完善。

近年来,媒体相继报道了张海"假立功"减刑等数起违纪违法办理减刑、假释案件的典型案例,引起社会的高度关注。社会各界对减刑、假释案件审理透明度不高、实质性审查不严等问题反映强烈,有关"暗箱操作"的质疑也不少。推动建立公开、规范的减刑、假释案件审理程序,让司法在阳光下运行,一直是最高人民法院推动减刑、假释制度改革的重要内容。为了防止司法腐败,有效提升司法公信力,在最高人民法院推动下,一些地方法院试行听证或开庭审理方式办理减刑、假释案件,收效良好。2010年2月8日,最高人民法院在《关于贯彻宽严相济刑事政策的若干意见》中明确提出,对减刑、假释案件应采取书面审理和开庭审理相结合的方式进行。其后的多次会议和文件中,又重申了对于部分影响重大和社会关注度高的减刑、假释案件应采取开庭审理方式审理的要求。《2012年规定》中明确规定六类案件应当开庭审理。各地法院高度重视并积极配合,多数高级人民法院制定出开庭审理的操作性规定、规范或者意见,积累了不少成功经验,但对于开庭审理的具体操作尚存在做法不相同、效果不理想等问题,书面审理的程序也不完全统一,既不利于减刑、假释工作的进一步科学发展,也不能完全满足人民群众对于该项工作的新要求、新期待。因此,制定完善、统一的减刑、假释案件审理程序已是势在必行。

2014年1月21日,中央政法委印发了《关于严格规范减刑、假释、暂予监外执行切实防止司法腐败的意见》(以下简称中央政法委《意见》),对严格减刑、假释案件办理程序提出了很多新的更高要求。3月14日,最高人民法院副院长景汉朝在全国法院减刑、假释、暂予监外执行工作视频会议上提出"五个一律"的工作要求,即"凡是减刑、假释、暂予监外执行案件一律在立案后将减刑、假释建议书或者暂予监外执行申请书等材料依法向社会公示;凡是职务犯罪、黑社会性质组织犯罪和金融犯罪罪犯减刑、假释案件,一律依法公开开庭审理;凡是职务犯罪、黑社会性质组织犯罪和金融犯罪罪犯减刑、假释案件的公开开庭一律邀请人大代表、政协委员或有关方面代表旁听;凡是减刑、假释、暂予监外执行案件的裁判文书一律在中国裁判文书网依法公布;凡是法院工作人员在办理减刑、假释、暂予监外执行案件中有违纪违法行为甚至构成犯罪的,一律依法从重追究责任。"旨在以自我加压的形式,推动该项工作向一个更高层面发展。

为细化法律并完善司法解释规定,统一、规范减刑、假释案件审理程序,落实中央政法委《意见》精神,强化司法公开,以公开促公正,切实防止司法腐败,最高人民法院在认真总结各地法院审理减刑、假释案件实践经验基础上,经过反复调研论证和广泛征求意见,制定了该《程序规定》,自2014年6月1日起施行。

二、《程序规定》起草的基本思路

在起草《程序规定》过程中,主要遵从以下思路:

(一)必须强化案件审理的公开透明

人民群众对减刑、假释案件的质疑,固然与个别案件违背法律规定办理有关,但很大程度上源于减刑、假释审理程序的不甚透明,神秘莫测,容易给人们留下想象与猜测的空间,即便结果没有什么问题,也不能使人心悦诚服。而且,违规违法的减刑、假释案件,也大都与程序封闭紧密相连,如果程序公开,一切在阳关下运行,能接受各方监督制约,"暗箱操作"就没有空间,司法腐败就无处藏身。因此,《程序规定》从多处突出公开原则,意图以公开促公正,倒逼办案人员严格执法,保障案件审理最大限度地受到社会公众的监督。如《程序规定》推行审前公示、审理过程公开、审后文书公布,意在让社会公众事前知道该案,事中参与或者观看,事后了解结果;提倡人民陪审员参与组成合议庭,旨在拓宽民众参与渠道,去除司法神秘主义弊端;要求必须将开庭审理的时间、地点进行公告,并可通知公示期间提出不同意见的人参加庭审,目的是便于民众旁听,保护知情人提出意见的机会和积极性,确保监督的广泛性和有效性。

(二)实行开庭审理和书面审理相结合

据统计,近几年来全国法院每年审理减刑、假释案件均在60万件以上。其中,2013年达到655 866件,占当年度人民法院审结案件总数的5.07%。而从审判力量看,大多法院审理减刑、假释案件的法官仅有二三人、有的甚至只有一人,且这些法官有的还须承担其他审判工作。面对减刑、假释案件审理中案多人少的突出矛盾,要求所有减刑、假释案件一律实行开庭审理既不符合实际,也无必要。因此,根据司法实践,现阶段宜对人民群众反映较为强烈、社会关注度较高、司法实践中也容易出现问题的减刑、假释案件予以开庭审理,其他案件则可酌情书面审理。

(三)审理程序与一、二审刑事审判程序相区别

减刑、假释案件庭审程序是与刑事案件一、二审程序存在差异的特殊程序。因为刑事案件的一、二审程序,所要解决的是被告人之行为是否构成犯罪以及在构成犯罪的前提下如何承担刑事责任的问题。在这样的程序中,存在明确的控辩双方,且双方的对抗非常明显,诉讼目标存在较大差距甚至完全对立,控方提起诉讼的目的是为了追求一种对被告人不利的结果。而减刑、假释审理程序所要解决的则是罪犯在服刑期间的表现是否达到了法定减刑、假释的条件以及有无必要对其减刑、假释的问题。行使报请职能的是刑罚执行机关,而非罪犯本人,报请的目的是为了求得一个对罪犯有利的结果,检察机关参加庭审主要是履行监督职能。这意味着在减刑、假释程序中很难形成刑事案件一、二审程序中所存在的激烈对抗局面。且这类案件实行一审终审,审理程序终结后不存在上诉、抗诉问题。因此,《程序规定》设定的减刑、假释案件庭审程序在以下方面与刑事一、二审程序存在不同:没有明确划分法庭调查、法庭辩论和最后陈述等阶段;没有如审判程序那样进行严格的交叉询问程序,也不必遵循严格的证据调查规则;不存在辩护人、法定代理人参加诉讼问题;检察机关参与庭审程序主要是立足于履行法律监督职责等。

(四)必须强化对案件的实质性审理

长期以来,不断有人批评人民法院对于减刑、假释案件的审理不仅行政性色彩浓厚,而且形式主义明显,以致被称为"橡皮图章"。对此,《程序规定》着力从以下方面强化案件的实质审理:一是规定对于减刑、假释案件的审理范围除应审查罪犯在执行期间的一贯表现外,还要审查罪犯的原判情况,财产刑执行和附带民事裁判履行情况、退赃退赔情况;二是规定对于开庭审理的案

件，人民法院根据需要可通知证明罪犯确有悔改表现或者立功、重大立功表现的证人，公示期间提出不同意见的人等参加庭审，且主要参与人员均可就证据疑问进行发问并发表意见，从而防止庭审沦为走过场；三是对于书面审理的减刑、假释案件，应考虑提讯被报请罪犯以听取意见以及就被提请减刑、假释罪犯是否符合减刑、假释条件进行调查核实或听取有关方面意见。从而确保案件审理的实质性和独立性，彰显人民法院裁判的公正性和权威性。

三、《程序规定》的主要内容

《程序规定》共22个条文。除考虑其作为一个专门程序性司法解释的完整性以及适用便利而吸收了《刑诉法解释》和《2012年规定》中的部分规定外，《程序规定》紧紧抓住减刑、假释案件办理的各关键节点，着力强化审理公开、实质审查，明确相关人员的职责、责任，核心是坚持阳关司法，以公开促公正，以透明保廉洁，让司法腐败无处藏身，让"暗箱操作"没有空间。具体来说，《程序规定》呈现出以下亮点：

（一）规定减刑、假释案件一律在立案后5日内依法向社会公示

此前的《2012年规定》中，已经确立了减刑、假释案件的公示制度，但原规定存在以下不足：一是公示范围主要为罪犯服刑场所，不仅受众范围有限，而且与执行机关的报请前公示存在一定程度的重合，公示的作用、效果不是十分理想；二是未明确公示的具体时间，实践中有的在立案之后、合议庭评议之前公示，有的则在作出裁定后公示，做法不尽统一；三是未规定公示的具体期限。针对上述问题，《程序规定》第三条规定："人民法院审理减刑、假释案件，应当在立案后五日内将执行机关报请减刑、假释的建议书等材料依法向社会公示"，"公示时间为五日"。所谓向社会公示，原则上就是要通过互联网进行公示，从而使案件一到法院就处于社会公众的监督之下。

（二）明确了审理减刑、假释案件的合议庭成员可以是人民陪审员

我国刑法规定了人民法院应当依法组成合议庭审理减刑、假释案件，但对合议庭如何组成未作规定，刑事诉讼法中也未对此明确。《程序规定》着眼于减刑、假释案件需要民众参与监督的特点，明确规定"人民法院审理减刑、假释案件，应当依法由审判员或者由审判员和人民陪审员组成合议庭进行。"从而明确了人民陪审员可以作为合议庭人员参与减刑、假释案件的审理，有利于人民陪审员代表社会公众更深入了解和参与减刑、假释案件的审理过程，并对案件审理进行监督，拓宽了公众的参与渠道，确保减刑、假释案件审理程序更加公开、透明。

（三）明确了审理减刑、假释案件不仅应审查罪犯执行期间的表现，而且要综合考虑其犯罪情节、原判刑罚、再犯罪危险等情况

减刑、假释是在罪犯已被判处刑罚并执行了一定时间之后的刑罚变更措施，在决定是否减刑、假释以及减刑、假释的具体幅度时，对于罪犯在刑罚执行期间的表现当然必须考虑，但并非唯一因素，必须根据罪犯的不同情况综合进行考量，才能使相关决定建立在科学、合理的基础之上。如果不顾罪犯的不同情况而简单地依据其刑罚执行期间的表现一裁了之，就难以实现减刑、假释的价值功能。

正因如此，《程序规定》第五条规定，人民法院审理减刑、假释案件，除应当审查罪犯在执行期间的一贯表现外，还应当综合考虑犯罪的具体情节、原判刑罚情况、财产刑执行情况、附带民事裁判履行情况、罪犯退赃退赔等情况。同时规定，人民法院审理假释案件，除应当审查前款所列情形外，还应综合考虑罪犯的年龄、身体状况、性格特征、假释后生活来源以及监管条件等影响再犯罪的因素。并且，特别针对实践中不时出现的假立功问题作出专门规定，即"执行机关以罪犯有立功表现或重大立功表现为由提出减刑的，应当审查立功或重大立功表现是否属实。涉及发明创造、技术革新或者其他贡献的，应当审查该成果是否是罪犯在刑罚执行期间独立完成，并经有

关主管机关确认。”

（四）进一步明确了包括职务犯罪、涉黑犯罪、金融犯罪罪犯在内的六类减刑、假释案件必须开庭审理

对减刑、假释案件实行开庭审理，有利于人民群众的参与和监督，增强人民群众对司法的信任，同时也便于人民法院在审理减刑、假释案件时听取来自监狱、罪犯及同监区罪犯等多方面的意见，最大限度地实现案件审理的公平、公正。《程序规定》第六条选取了现阶段人民群众反映较为强烈、社会关注度较高、司法实践中也容易出现问题的六类案件要求必须采用开庭的方式进行审理，具体包括：(1)因罪犯有重大立功表现提请减刑的；(2)报请减刑的起始时间、间隔时间或者减刑幅度不符合司法解释一般规定的；(3)公示期间收到不同意见的；(4)人民检察院有异议的；(5)被报请减刑、假释罪犯系职务犯罪罪犯，组织(领导、参加、包庇、纵容)黑社会性质组织犯罪罪犯，破坏金融管理秩序和金融诈骗犯罪罪犯及其他在社会上有重大影响或社会关注度高的；(6)人民法院认为有开庭审理必要的。从而在《2012 年规定》的基础上，进一步明确和扩大了必须开庭审理的案件范围。

（五）进一步规范了减刑、假释案件开庭审理的参与人员、场所及步骤等事项

在庭审参与人员范围上，《程序规定》第七条除明确要求必须通知“人民检察院、执行机关及被提请减刑、假释罪犯参加庭审”外，还规定可以根据需要通知证明罪犯确有悔改表现或者立功、重大立功表现的证人，公示期间提出不同意见的人，以及鉴定人、翻译人员等其他人员参加庭审；第八条根据减刑、假释案件本身的特点，对开庭审理的场所进行了规定，即“应当在罪犯刑罚执行场所或者人民法院确定的场所进行。有条件的人民法院可以采取视频开庭的方式进行”；第十、十一、十二条设计了符合减刑、假释案件自身特点的运行步骤，不再分为法庭调查、法庭辩论等几个阶段，并明确了合议庭成员及各庭审参加人的提问、举证、质证等权利；第十三条对能够当庭宣判的应当当庭宣判提出了要求。

（六）针对目前书面审理减刑、假释案件中实质性审查不足问题作出专门规定

为保障书面审理减刑、假释案件时也能对案件进行实质审查，确保案件审理质量，《程序规定》专设二条对书面审理进行规定：一是规定合议庭人员可以就被报请减刑、假释罪犯是否符合减刑、假释条件进行调查核实或者听取有关方面意见；二是强调书面审理减刑案件可以提讯被报请减刑罪犯，书面审理假释案件应当提讯被报请假释罪犯。从而避免书面审理减刑、假释案件时，既不对相关材料进行调查核实，也不提讯被报请减刑、假释的罪犯，仅仅根据刑罚执行机关提供的材料便作出是否减刑、假释的裁定情况出现。

（七）进一步规范了减刑、假释案件的处理形式和裁判文书的内容

《程序规定》改变了以往不同意减刑、假释时可以用“决定”形式进行处置或者将案件退回的做法，规定对不予减刑、假释的，应以裁定的形式作出，以体现人民法院文书的严肃性。同时，明确了减刑、假释裁定书的具体内容，并强调“裁定调整减刑幅度或者不予减刑、假释的，应当在裁定书中说明理由”，以体现裁判文书的说理性。

（八）明确规定减刑、假释裁定书应当通过互联网向社会公布

减刑、假释裁定书是人民法院裁判文书的重要组成部分，通过互联网公布减刑、假释裁定书是人民法院裁判文书公开的重要内容。《程序规定》第十九条规定：“减刑、假释裁定书，应当通过互联网依法向社会公布。”该规定与案件公示、公开开庭一道，构成了减刑、假释案件办理过程的“三公”，即案件受理后公示、案件审理时公开、案件裁判后公布，贯穿案件办理的全过程，使整个案件办理过程都能透明、公开，确保社会公众的知情权、监督权。

四、其他有关问题

（一）必须严格执行《程序规定》

《程序规定》的制定，是最高人民法院正确分析当前减刑、假释工作客观实际，积极回应人民群众关切，践行司法公开，以公开促公正，努力提升司法公信力的重要举措。《程序规定》内容新、标准高、要求严，让人耳目一新、信心倍增。然而，无论制度如何科学完美，必须在实践中得到执行，方能显示其威力，发挥其作用。各级人民法院及全体刑事法官，特别是从事减刑、假释审判工作的法官，都应当认真学习《程序规定》的各项规定，深刻领会《程序规定》的内容和精神，从保障法律正确实施、确保刑罚目的得以实现、维护司法公正和司法权威的高度，正确认识严格规范减刑、假释工作重要性。必须深刻认识目前的减刑、假释工作，虽然整体来说是好的，但确实还存在着标准把握不是十分严格、审理程序不是十分透明、适用对象不是十分平衡等问题。甚至还存在违纪违法办理减刑、假释案件的现象。最高人民法院出台《程序规定》，就是要以一种科学、规范的程序，让减刑、假释案件以一种"看得见的方式"来实现正义，保障减刑、假释案件办理切实依法、公正，坚决杜绝减刑、假释工作中的"暗箱操作"和司法腐败现象发生。

（二）正确处理好《程序规定》与"五个一律"的关系

《程序规定》和"五个一律"都是从程序方面对减刑、假释案件办理设置硬性要求。其中，《程序规定》是司法解释，能够作为减刑、假释案件审理的依据，其目的是解决减刑、假释案件的审理既有据可循，又符合法律的相关规定问题，以保障减刑假释、案件审理规范、有序、合法。"五个一律"是工作要求，是针对减刑、假释、暂予监外执行程序运行中的关键节点而向全国法院提出的工作守则和执行性要求，在强调坚持阳光司法的同时，体现了人民法院以最坚决的意志、最坚决的行动，扫除司法领域腐败现象，坚决清除害群之马的坚强决心。所以，二者的总体目标是完全一致的。当然，"五个一律"本身不是司法解释，不能作为案件审理的法律依据。正因为如此，最高人民法院在认真总结司法实践的基础上，制定出台了《程序规定》，并在《程序规定》中吸收了"五个一律"的部分内容。而《程序规定》作为司法解释，又难以对法院工作人员的违纪违法甚至构成犯罪如何追究责任进行规定，"五个一律"正好对此作出了弥补。因此，《程序规定》和"五个一律"工作要求一脉相承，各具特色，在规制减刑、假释案件审理程序，治理减刑、假释制度运行过程中的司法腐败相互补充，相互配合，共同发挥作用。

（三）正确处理好《程序规定》与《2012年规定》的关系

2012年元月，最高人民法院在对1997年《最高人民法院关于减刑、假释案件具体应用法律若干问题的规定》进行修改的基础上，重新进行公布。该司法解释主要是关于刑罚执行多长时间可以开始减刑（即减刑起始时间）、一次减刑最多可以减多少（即减刑幅度）、相隔多长时间才能再减（即减刑间隔）以及减刑、假释的条件等方面的规定，因而被称为"实体性司法解释"。《程序规定》是关于减刑、假释案件如何立案、如何公示、如何开庭审理、如何书面审理、如何送达等具体程序的规定，故被称为"程序性司法解释"。

正如刑事诉讼法与刑法之间的关系一样，《程序规定》与《2012年规定》相互依存、相互配合，从而从程序与实体两方面共同保障减刑、假释案件办理的合法、公正。当然，由于《2012年规定》公布时，并无专门的减刑、假释程序性司法解释，因而实践需要在《2012年规定》中设置了部分关于减刑、假释案件审理的程序性规定，随着这些规定已被《程序规定》吸收，在下次对《2012年规定》进行修改时，可以不再包含这些程序性规定，使之成为一个纯实体性的司法解释。

（作者单位：最高人民法院审判监督庭）

最高人民法院
关于办理减刑、假释案件具体应用法律的规定

(2016 年 9 月 19 日最高人民法院审判委员会第 1693 次会议通过　2016 年 11 月 14 日公布　自 2017 年 1 月 1 日起施行　法释〔2016〕23 号)

为确保依法公正办理减刑、假释案件,依据《中华人民共和国刑法》《中华人民共和国刑事诉讼法》《中华人民共和国监狱法》和其他法律规定,结合司法实践,制定本规定。

第一条　减刑、假释是激励罪犯改造的刑罚制度,减刑、假释的适用应当贯彻宽严相济刑事政策,最大限度地发挥刑罚的功能,实现刑罚的目的。

第二条　对于罪犯符合刑法第七十八条第一款规定“可以减刑”条件的案件,在办理时应当综合考察罪犯犯罪的性质和具体情节、社会危害程度、原判刑罚及生效裁判中财产性判项的履行情况、交付执行后的一贯表现等因素。

第三条　“确有悔改表现”是指同时具备以下条件:

(一)认罪悔罪;

(二)遵守法律法规及监规,接受教育改造;

(三)积极参加思想、文化、职业技术教育;

(四)积极参加劳动,努力完成劳动任务。

对职务犯罪、破坏金融管理秩序和金融诈骗犯罪、组织(领导、参加、包庇、纵容)黑社会性质组织犯罪等罪犯,不积极退赃、协助追缴赃款赃物、赔偿损失,或者服刑期间利用个人影响力和社会关系等不正当手段意图获得减刑、假释的,不认定其“确有悔改表现”。

罪犯在刑罚执行期间的申诉权利应当依法保护,对其正当申诉不能不加分析地认为是不认罪悔罪。

第四条　具有下列情形之一的,可以认定为有“立功表现”:

(一)阻止他人实施犯罪活动的;

(二)检举、揭发监狱内外犯罪活动,或者提供重要的破案线索,经查证属实的;

(三)协助司法机关抓捕其他犯罪嫌疑人的;

(四)在生产、科研中进行技术革新,成绩突出的;

(五)在抗御自然灾害或者排除重大事故中,表现积极的;

(六)对国家和社会有其他较大贡献的。

第(四)项、第(六)项中的技术革新或者其他较大贡献应当由罪犯在刑罚执行期间独立或者为主完成,并经省级主管部门确认。

第五条　具有下列情形之一的,应当认定为有“重大立功表现”:

(一)阻止他人实施重大犯罪活动的;

(二)检举监狱内外重大犯罪活动,经查证属实的;

(三)协助司法机关抓捕其他重大犯罪嫌疑人的;

(四)有发明创造或者重大技术革新的;

(五)在日常生产、生活中舍己救人的;

(六)在抗御自然灾害或者排除重大事故中,有突出表现的;

（七）对国家和社会有其他重大贡献的。

第（四）项中的发明创造或者重大技术革新应当是罪犯在刑罚执行期间独立或者为主完成并经国家主管部门确认的发明专利，且不包括实用新型专利和外观设计专利；第（七）项中的其他重大贡献应当由罪犯在刑罚执行期间独立或者为主完成，并经国家主管部门确认。

第六条 被判处有期徒刑的罪犯减刑起始时间为：不满五年有期徒刑的，应当执行一年以上方可减刑；五年以上不满十年有期徒刑的，应当执行一年六个月以上方可减刑；十年以上有期徒刑的，应当执行二年以上方可减刑。有期徒刑减刑的起始时间自判决执行之日起计算。

确有悔改表现或者有立功表现的，一次减刑不超过九个月有期徒刑；确有悔改表现并有立功表现的，一次减刑不超过一年有期徒刑；有重大立功表现的，一次减刑不超过一年六个月有期徒刑；确有悔改表现并有重大立功表现的，一次减刑不超过二年有期徒刑。

被判处不满十年有期徒刑的罪犯，两次减刑间隔时间不得少于一年；被判处十年以上有期徒刑的罪犯，两次减刑间隔时间不得少于一年六个月。减刑间隔时间不得低于上次减刑减去的刑期。

罪犯有重大立功表现的，可以不受上述减刑起始时间和间隔时间的限制。

第七条 对符合减刑条件的职务犯罪罪犯，破坏金融管理秩序和金融诈骗犯罪罪犯，组织、领导、参加、包庇、纵容黑社会性质组织犯罪罪犯，危害国家安全犯罪罪犯，恐怖活动犯罪罪犯，毒品犯罪集团的首要分子及毒品再犯，累犯，确有履行能力而不履行或者不全部履行生效裁判中财产性判项的罪犯，被判处十年以下有期徒刑的，执行二年以上方可减刑，减刑幅度应当比照本规定第六条从严掌握，一次减刑不超过一年有期徒刑，两次减刑之间应当间隔一年以上。

对被判处十年以上有期徒刑的前款罪犯，以及因故意杀人、强奸、抢劫、绑架、放火、爆炸、投放危险物质或者有组织的暴力性犯罪被判处十年以上有期徒刑的罪犯，数罪并罚且其中两罪以上被判处十年以上有期徒刑的罪犯，执行二年以上方可减刑，减刑幅度应当比照本规定第六条从严掌握，一次减刑不超过一年有期徒刑，两次减刑之间应当间隔一年六个月以上。

罪犯有重大立功表现的，可以不受上述减刑起始时间和间隔时间的限制。

第八条 被判处无期徒刑的罪犯在刑罚执行期间，符合减刑条件的，执行二年以上，可以减刑。减刑幅度为：确有悔改表现或者有立功表现的，可以减为二十二年有期徒刑；确有悔改表现并有立功表现的，可以减为二十一年以上二十二年以下有期徒刑；有重大立功表现的，可以减为二十年以上二十一年以下有期徒刑；确有悔改表现并有重大立功表现的，可以减为十九年以上二十年以下有期徒刑。无期徒刑罪犯减为有期徒刑后再减刑时，减刑幅度依照本规定第六条的规定执行。两次减刑间隔时间不得少于二年。

罪犯有重大立功表现的，可以不受上述减刑起始时间和间隔时间的限制。

第九条 对被判处无期徒刑的职务犯罪罪犯，破坏金融管理秩序和金融诈骗犯罪罪犯，组织、领导、参加、包庇、纵容黑社会性质组织犯罪罪犯，危害国家安全犯罪罪犯，恐怖活动犯罪罪犯，毒品犯罪集团的首要分子及毒品再犯，累犯以及因故意杀人、强奸、抢劫、绑架、放火、爆炸、投放危险物质或者有组织的暴力性犯罪的罪犯，确有履行能力而不履行或者不全部履行生效裁判中财产性判项的罪犯，数罪并罚被判处无期徒刑的罪犯，符合减刑条件的，执行三年以上方可减刑，减刑幅度应当比照本规定第八条从严掌握，减刑后的刑期最低不得少于二十年有期徒刑；减为有期徒刑后再减刑时，减刑幅度比照本规定第六条从严掌握，一次不超过一年有期徒刑，两次减刑之间应当间隔二年以上。

罪犯有重大立功表现的，可以不受上述减刑起始时间和间隔时间的限制。

第十条 被判处死刑缓期执行的罪犯减为无期徒刑后，符合减刑条件的，执行三年以上方可减刑。减刑幅度为：确有悔改表现或者有立功表现的，可以减为二十五年有期徒刑；确有悔改表现并有立功表现的，可以减为二十四年以上二十五年以下有期徒刑；有重大立功表现的，可以减为二十三年以上二十四年以下有期徒刑；确有悔改表现并有重大立功表现的，可以减为二十二年以上二十三年以下有期徒刑。

被判处死刑缓期执行的罪犯减为有期徒刑后再减刑时，比照本规定第八条的规定办理。

第十一条 对被判处死刑缓期执行的职务犯罪罪犯，破坏金融管理秩序和金融诈骗犯罪罪犯，组织、领导、参加、包庇、纵容黑社会性质组织犯罪罪犯，危害国家安全犯罪罪犯，恐怖活动犯罪罪犯，毒品犯罪集团的首要分子及毒品再犯，累犯以及因故意杀人、强奸、抢劫、绑架、放火、爆炸、投放危险物质或者有组织的暴力性犯罪的罪犯，确有履行能力而不履行或者不全部履行生效裁判中财产性判项的罪犯，数罪并罚被判处死刑缓期执行的罪犯，减为无期徒刑后，符合减刑条件的，执行三年以上方可减刑，一般减为二十五年有期徒刑，有立功表现或者重大立功表现的，可以比照本规定第十条减为二十三年以上二十五年以下有期徒刑；减为有期徒刑后再减刑时，减刑幅度比照本规定第六条从严掌握，一次不超过一年有期徒刑，两次减刑之间应当间隔二年以上。

第十二条 被判处死刑缓期执行的罪犯经过一次或者几次减刑后，其实际执行的刑期不得少于十五年，死刑缓期执行期间不包括在内。

死刑缓期执行罪犯在缓期执行期间不服从监管、抗拒改造，尚未构成犯罪的，在减为无期徒刑后再减刑时应当适当从严。

第十三条 被限制减刑的死刑缓期执行罪犯，减为无期徒刑后，符合减刑条件的，执行五年以上方可减刑。减刑间隔时间和减刑幅度依照本规定第十一条的规定执行。

第十四条 被限制减刑的死刑缓期执行罪犯，减为有期徒刑后再减刑时，一次减刑不超过六个月有期徒刑，两次减刑间隔时间不得少于二年。有重大立功表现的，间隔时间可以适当缩短，但一次减刑不超过一年有期徒刑。

第十五条 对被判处终身监禁的罪犯，在死刑缓期执行期满依法减为无期徒刑的裁定中，应当明确终身监禁，不得再减刑或者假释。

第十六条 被判处管制、拘役的罪犯，以及判决生效后剩余刑期不满二年有期徒刑的罪犯，符合减刑条件的，可以酌情减刑，减刑起始时间可以适当缩短，但实际执行的刑期不得少于原判刑期的二分之一。

第十七条 被判处有期徒刑罪犯减刑时，对附加剥夺政治权利的期限可以酌减。酌减后剥夺政治权利的期限，不得少于一年。

被判处死刑缓期执行、无期徒刑的罪犯减为有期徒刑时，应当将附加剥夺政治权利的期限减为七年以上十年以下，经过一次或者几次减刑后，最终剥夺政治权利的期限不得少于三年。

第十八条 被判处拘役或者三年以下有期徒刑，并宣告缓刑的罪犯，一般不适用减刑。

前款规定的罪犯在缓刑考验期内有重大立功表现的，可以参照刑法第七十八条的规定予以减刑，同时应当依法缩减其缓刑考验期。缩减后，拘役的缓刑考验期限不得少于二个月，有期徒刑的缓刑考验期限不得少于一年。

第十九条 对在报请减刑前的服刑期间不满十八周岁，且所犯罪行不属于刑法第八十一条第二款规定情形的罪犯，认罪悔罪，遵守法律法规及监规，积极参加学习、劳动，应当视为确有悔改表现。

对上述罪犯减刑时，减刑幅度可以适当放宽，或者减刑起始时间、间隔时间可以适当缩短，但放宽的幅度和缩短的时间不得超过本规定中相应幅度、时间的三分之一。

第二十条 老年罪犯、患严重疾病罪犯或者身体残疾罪犯减刑时,应当主要考察其认罪悔罪的实际表现。

对基本丧失劳动能力,生活难以自理的上述罪犯减刑时,减刑幅度可以适当放宽,或者减刑起始时间、间隔时间可以适当缩短,但放宽的幅度和缩短的时间不得超过本规定中相应幅度、时间的三分之一。

第二十一条 被判处有期徒刑、无期徒刑的罪犯在刑罚执行期间又故意犯罪,新罪被判处有期徒刑的,自新罪判决确定之日起三年内不予减刑;新罪被判处无期徒刑的,自新罪判决确定之日起四年内不予减刑。

罪犯在死刑缓期执行期间又故意犯罪,未被执行死刑的,死刑缓期执行的期间重新计算,减为无期徒刑后,五年内不予减刑。

被判处死刑缓期执行罪犯减刑后,在刑罚执行期间又故意犯罪的,依照第一款规定处理。

第二十二条 办理假释案件,认定“没有再犯罪的危险”,除符合刑法第八十一条规定的情形外,还应当根据犯罪的具体情节、原判刑罚情况,在刑罚执行中的一贯表现,罪犯的年龄、身体状况、性格特征,假释后生活来源以及监管条件等因素综合考虑。

第二十三条 被判处有期徒刑的罪犯假释时,执行原判刑期二分之一的时间,应当从判决执行之日起计算,判决执行以前先行羁押的,羁押一日折抵刑期一日。

被判处无期徒刑的罪犯假释时,刑法中关于实际执行刑期不得少于十三年的时间,应当从判决生效之日起计算。判决生效以前先行羁押的时间不予折抵。

被判处死刑缓期执行的罪犯减为无期徒刑或者有期徒刑后,实际执行十五年以上,方可假释,该实际执行时间应当从死刑缓期执行期满之日起计算。死刑缓期执行期间不包括在内,判决确定以前先行羁押的时间不予折抵。

第二十四条 刑法第八十一条第一款规定的“特殊情况”,是指有国家政治、国防、外交等方面特殊需要的情况。

第二十五条 对累犯以及因故意杀人、强奸、抢劫、绑架、放火、爆炸、投放危险物质或者有组织的暴力性犯罪被判处十年以上有期徒刑、无期徒刑的罪犯,不得假释。

因前款情形和犯罪被判处死刑缓期执行的罪犯,被减为无期徒刑、有期徒刑后,也不得假释。

第二十六条 对下列罪犯适用假释时可以依法从宽掌握:

(一)过失犯罪的罪犯、中止犯罪的罪犯、被胁迫参加犯罪的罪犯;

(二)因防卫过当或者紧急避险过当而被判处有期徒刑以上刑罚的罪犯;

(三)犯罪时未满十八周岁的罪犯;

(四)基本丧失劳动能力、生活难以自理,假释后生活确有着落的老年罪犯、患严重疾病罪犯或者身体残疾罪犯;

(五)服刑期间改造表现特别突出的罪犯;

(六)具有其他可以从宽假释情形的罪犯。

罪犯既符合法定减刑条件,又符合法定假释条件的,可以优先适用假释。

第二十七条 对于生效裁判中有财产性判项,罪犯确有履行能力而不履行或者不全部履行的,不予假释。

第二十八条 罪犯减刑后又假释的,间隔时间不得少于一年;对一次减去一年以上有期徒刑后,决定假释的,间隔时间不得少于一年六个月。

罪犯减刑后余刑不足二年，决定假释的，可以适当缩短间隔时间。

第二十九条 罪犯在假释考验期内违反法律、行政法规或者国务院有关部门关于假释的监督管理规定的，作出假释裁定的人民法院，应当在收到报请机关或者检察机关撤销假释建议书后及时审查，作出是否撤销假释的裁定，并送达报请机关，同时抄送人民检察院、公安机关和原刑罚执行机关。

罪犯在逃的，撤销假释裁定书可以作为对罪犯进行追捕的依据。

第三十条 依照刑法第八十六条规定被撤销假释的罪犯，一般不得再假释。但依照该条第二款被撤销假释的罪犯，如果罪犯对漏罪曾作如实供述但原判未予认定，或者漏罪系其自首，符合假释条件的，可以再假释。

被撤销假释的罪犯，收监后符合减刑条件的，可以减刑，但减刑起始时间自收监之日起计算。

第三十一条 年满八十周岁、身患疾病或者生活难以自理、没有再犯罪危险的罪犯，既符合减刑条件，又符合假释条件的，优先适用假释；不符合假释条件的，参照本规定第二十条有关的规定从宽处理。

第三十二条 人民法院按照审判监督程序重新审理的案件，裁定维持原判决、裁定的，原减刑、假释裁定继续有效。

再审裁判改变原判决、裁定的，原减刑、假释裁定自动失效，执行机关应当及时报请有管辖权的人民法院重新作出是否减刑、假释的裁定。重新作出减刑裁定时，不受本规定有关减刑起始时间、间隔时间和减刑幅度的限制。重新裁定时应综合考虑各方面因素，减刑幅度不得超过原裁定减去的刑期总和。

再审改判为死刑缓期执行或者无期徒刑的，在新判决减为有期徒刑之时，原判决已经实际执行的刑期一并扣减。

再审裁判宣告无罪的，原减刑、假释裁定自动失效。

第三十三条 罪犯被裁定减刑后，刑罚执行期间因故意犯罪而数罪并罚时，经减刑裁定减去的刑期不计入已经执行的刑期。原判死刑缓期执行减为无期徒刑、有期徒刑，或者无期徒刑减为有期徒刑的裁定继续有效。

第三十四条 罪犯被裁定减刑后，刑罚执行期间因发现漏罪而数罪并罚的，原减刑裁定自动失效。如漏罪系罪犯主动交代的，对其原减去的刑期，由执行机关报请有管辖权的人民法院重新作出减刑裁定，予以确认；如漏罪系有关机关发现或者他人检举揭发的，由执行机关报请有管辖权的人民法院，在原减刑裁定减去的刑期总和之内，酌情重新裁定。

第三十五条 被判处死刑缓期执行的罪犯，在死刑缓期执行期内被发现漏罪，依据刑法第七十条规定数罪并罚，决定执行死刑缓期执行的，死刑缓期执行期间自新判决确定之日起计算，已经执行的死刑缓期执行期间计入新判决的死刑缓期执行期间内，但漏罪被判处死刑缓期执行的除外。

第三十六条 被判处死刑缓期执行的罪犯，在死刑缓期执行期满后被发现漏罪，依据刑法第七十条规定数罪并罚，决定执行死刑缓期执行的，交付执行时对罪犯实际执行无期徒刑，死缓考验期不再执行，但漏罪被判处死刑缓期执行的除外。

在无期徒刑减为有期徒刑时，前罪死刑缓期执行减为无期徒刑之日起至新判决生效之日止已经实际执行的刑期，应当计算在减刑裁定决定执行的刑期以内。

原减刑裁定减去的刑期依照本规定第三十四条处理。

第三十七条 被判处无期徒刑的罪犯在减为有期徒刑后因发现漏罪，依据刑法第七十条规定数罪并罚,决定执行无期徒刑的,前罪无期徒刑生效之日起至新判决生效之日止已经实际执行的刑期,应当在新判决的无期徒刑减为有期徒刑时,在减刑裁定决定执行的刑期内扣减。

无期徒刑罪犯减为有期徒刑后因发现漏罪判处三年有期徒刑以下刑罚,数罪并罚决定执行无期徒刑的,在新判决生效后执行一年以上,符合减刑条件的,可以减为有期徒刑,减刑幅度依照本规定第八条、第九条的规定执行。

原减刑裁定减去的刑期依照本规定第三十四条处理。

第三十八条 人民法院作出的刑事判决、裁定发生法律效力后,在依照刑事诉讼法第二百五十三条、第二百五十四条的规定将罪犯交付执行刑罚时,如果生效裁判中有财产性判项,人民法院应当将反映财产性判项执行、履行情况的有关材料一并随案移送刑罚执行机关。罪犯在服刑期间本人履行或者其亲属代为履行生效裁判中财产性判项的,应当及时向刑罚执行机关报告。刑罚执行机关报请减刑时应随案移送以上材料。

人民法院办理减刑、假释案件时,可以向原一审人民法院核实罪犯履行财产性判项的情况。原一审人民法院应当出具相关证明。

刑罚执行期间,负责办理减刑、假释案件的人民法院可以协助原一审人民法院执行生效裁判中的财产性判项。

第三十九条 本规定所称"老年罪犯",是指报请减刑、假释时年满六十五周岁的罪犯。

本规定所称"患严重疾病罪犯",是指因患有重病,久治不愈,而不能正常生活、学习、劳动的罪犯。

本规定所称"身体残疾罪犯",是指因身体有肢体或者器官残缺、功能不全或者丧失功能,而基本丧失生活、学习、劳动能力的罪犯,但是罪犯犯罪后自伤致残的除外。

对刑罚执行机关提供的证明罪犯患有严重疾病或者有身体残疾的证明文件,人民法院应当审查,必要时可以委托有关单位重新诊断、鉴定。

第四十条 本规定所称"判决执行之日",是指罪犯实际送交刑罚执行机关之日。

本规定所称"减刑间隔时间",是指前一次减刑裁定送达之日起至本次减刑报请之日止的期间。

第四十一条 本规定所称"财产性判项"是指判决罪犯承担的附带民事赔偿义务判项,以及追缴、责令退赔、罚金、没收财产等判项。

第四十二条 本规定自2017年1月1日起施行。以前发布的司法解释与本规定不一致的,以本规定为准。

九、时　效

最高人民法院
关于被告人林少钦受贿请示一案的答复

(〔2016〕最高法刑他5934号)

福建省高级人民法院:

你院闽高法〔2016〕250号《关于立案追诉后因法律司法解释修改导致追诉时效发生变化的案件法律适用问题的请示》收悉。经研究,答复如下:

追诉时效是依照法律规定对犯罪分子追究刑事责任的期限,在追诉时效期限内,司法机关应当依法追究犯罪分子刑事责任。对于法院正在审理的贪污贿赂案件,应当依据司法机关立案侦查时的法律规定认定追诉时效。依据立案侦查时的法律规定未过时效,且已经进入诉讼程序的案件,在新的法律规定生效后应当继续审理。

此复。

二〇一七年二月十三日

刑事政策

2013 年中国人权白皮书

前言

2013 年，在实现中华民族伟大复兴中国梦的征程上，中国人权事业又取得了新进展。

这一年里，中国共产党和中国政府坚持从本国国情和实际出发，以促进社会公平正义、增进人民福祉为出发点和落脚点，全面深化改革，推动经济社会文化各项事业的发展，保证人民平等参与、平等发展权利，让发展成果更多、更公平地惠及全体人民。中国的发展进步，使每个中国人都得到发展自我和服务社会的机会，都享有人生出彩和梦想成真的机会。中国的人权事业正在向更好更高的目标迈进。

2013 年，中国人权事业在以下若干方面取得的成就备受瞩目：

——人民生活水平稳步提高，城乡居民衣食住行条件不断改善，基本公共服务均等化进一步推进，人民的生存权和发展权得到了更好的保障。

——世界上规模最大的社会保障体系初步形成，城乡居民特别是困难群体的基本生活更有保障，生活更有尊严。

——民主法制建设进一步加强，首次实现城乡按相同人口比例选举全国人大代表。加强对权力的约束，严惩贪污腐败，建设廉洁政治迈出重要步伐。

——协商民主制度化持续推进，基层直接民主健康发展，公民依法有序实现民主权利形式更加多样，国家政治生活的民主化水平进一步提高。

——国家治理体系和治理能力现代化建设取得新进展，权力运行更加规范，政务信息更加公开，公众言论自由的权利得到保障。

——废止劳动教养制度，多措并举防范冤假错案，遏制刑讯逼供，保障食品药品安全，遏制重特大安全事故，公民人身自由与生命健康权利更有保障。

——国家对少数民族继续实施倾斜性政策，少数民族依法享有和行使各项权利。西藏、新疆等民族自治地区经济社会各项事业发展步伐加快，人权保障事业全方位推进。

——残疾人事业发展进入新阶段，残疾人基本公共服务体系更加完善，各项权利得到有效保障，残疾人平等参与社会生活的条件进一步改善。

——加快生态文明制度建设，加大资金投入和生态环境保护力度，依法惩治环境侵权犯罪，努力建设美丽中国。

人权事业永无止境。在人权问题上没有最好，只有更好。中国人权事业发展取得的进步有目共睹，任何一个客观理性的观察者，都会得出公正的结论。同时，中国是一个发展中大国，发展中不平衡、不协调、不可持续的问题还比较突出。在中国，实现更高水平的人权保障，仍需做出更大的努力。实践证明，只有坚持走中国特色社会主义道路，中国人权事业才会有更好的发展，全体中国人民才能实现更加全面的发展。

一、发展权利

2013 年，中国经济运行稳中向好，发展成果更多地惠及全体人民，广大群众的物质文化需要得到更好的满足,中国人民的发展权利得到更加充分的保障。

人民生活水平持续提高。2013 年,中国国内生产总值保持了 7.7% 的较快增长。全年农村居民人均纯收入 8 896 元,扣除价格因素,实际增长 9.3%;城镇居民人均可支配收入 26 955 元,扣除价格因素,实际增长 7.0%;居民消费价格涨幅保持在 2.6% 的低水平。全国粮食产量达到 60 193.5 万吨;民用汽车保有量达到 13 741 万辆;固定电话用户 26 699 万户,移动电话用户新增 11 696 万户,达到 122 911 万户。国内游客 32.6 亿人次,比上年增长 10.3%;国内居民出境 9 819 万人次,增长 18.0%,其中因私出境 9 197 万人次,增长 19.3%。

多渠道扩大就业。在就业压力大的情况下,中国坚持实施就业优先战略,将稳增长、保就业作为经济运行合理区间的下限,在发展的基础上创造更多和更高质量的就业机会。注重发展吸纳就业能力强的劳动密集型产业、中小企业、民营企业、服务业。2013 年城镇新增就业 1 310 万人,比 2012 年多增 44 万人。城镇登记失业率保持在 4.1% 的较低水平。加强技能培训,全国开展政府补贴性职业培训 2 049 万人次,其中,就业技能培训 1227.5 万人次,创业培训 208.2 万人次,岗位技能提升培训 548.7 万人次,其他培训 64.6 万人次。城镇登记失业人员培训 398 万人。帮助农村劳动力稳定转移就业,全年共组织农民工专场招聘 2 万多场,培训农民工 938.4 万人次。更加关注以高校毕业生为重点的青年就业,通过加强就业指导服务,开展校园招聘活动,实施"离校未就业高校毕业生就业促进计划"等措施,促进高校毕业生多渠道、多形式就业和创业。

劳动者权利得到切实保障。2013 年,全国有 27 个省(区、市)提高了最低工资标准,平均提高幅度为 17%。外出农民工月平均收入 2 609 元,比 2012 年增加 319 元。全国基层工会组织和职工维权机构继续保持较快发展。截至 2013 年,各地乡镇街道劳动争议调解组织组建率达 60%,同比增加 10 个百分点;劳动人事争议仲裁委员会组建率达 91.6%;全国劳动人事争议仲裁院建院率为 72.7%,同比增加约 20 个百分点。截至 2013 年,全国共有基层工会组织 277 万个,比 2012 年增长 4%;全国签订有效集体合同 129.8 万份,比 2012 年增长 6%,覆盖 364 万家企业 1.6 亿职工,分别比 2012 年增长 18% 和 9%。加大帮扶困难职工工作力度,773.9 万人次困难职工得到帮助。

保障性安居工程建设不断推进。2013 年,中央财政下达 2 003 亿元补助资金,支持各地加快保障性住房建设和棚户区改造,完善配套基础设施建设。全年新开工建设保障性住房和棚户区改造住房 660 万套,基本建成 540 万套。截至 2013 年,全国累计解决了 3 600 多万户城镇家庭的住房困难。地级以上城市均制定了外来务工人员申请住房保障的条件、程序和轮候规则,住房保障制度由仅覆盖城镇户籍家庭扩展到覆盖全部常住人口。继续推进农村危房改造,全年改造农村危房 266 万户。

农村扶贫开发扎实推进。2013 年,国务院发布了《关于创新机制扎实推进农村扶贫开发工作的意见》。中央财政投入专项扶贫资金 394 亿元,比上年增加了 62 亿元。2013 年全国农村共有 1 650万人脱贫。国家扶贫开发工作重点县农村居民人均纯收入 5 389 元,比上年增加 787 元,扣除价格因素,实际增长 13.8%,增幅继续高于全国平均水平。

基层贫困地区教育保障力度加大。2013 年全国公共财政教育支出 21 877 亿元,增长 3%,对农村贫困地区予以重点倾斜。2013 年,中央财政安排营养膳食补助资金 190 亿元(含地方试点奖补资金 22.18 亿元),食堂建设专项资金近 100 亿元。截至 2013 年,共有 3 245 万农村义务教育学生享受营养补助政策,其中:全国 22 个省份的 699 个集中连片特困县(包括新疆兵团 19 个团场)开展了国家试点,覆盖学校 9.59 万所,受益学生 3 200 万人;19 个省份的 529 个县开展了地方试点,覆盖学校 3.98 万所,受益学生 1 002 万人。中央下达农村义务教育薄弱学校改造计划资金

100亿元，重点支持中西部农村地区、民族地区、贫困地区改善薄弱学校办学条件。中央财政安排资金165亿元，支持和引导地方扩大学前教育资源，鼓励地方建立学前教育资助制度，帮助家庭经济困难儿童、孤儿和残疾儿童接受普惠性学前教育；安排普通高中国家助学金46.47亿元，资助家庭经济困难学生近500万人；所有农村学生、城市涉农专业和家庭经济困难学生均享受中职免学费政策，一、二年级在校涉农专业学生和非涉农专业家庭经济困难学生享受国家助学金。30个省（区、市）向社会公布了进城务工人员随迁子女在当地参加高考的实施方案，12个省市开始解决随迁子女在当地参加高考问题。

公民享受更加优质、均等的文化服务。继续实施《全国地市级公共文化设施建设规划》，开展创建国家公共服务体系示范区（项目）工作，中央和各地投入创建的财政资金超过180亿元。截至2013年，文化信息资源共享工程已建成1个国家中心，33个省级分中心，2 843个市县支中心，29 555个乡镇（街道）基层服务点，60.2万个行政村（社区）基层服务点，部分省（区、市）村级覆盖范围已延伸到自然村；已建设公共电子阅览室42 654个，其中乡镇27 706个，街道2 282个，社区12 666个。2013年，全国公共图书馆共发放借书证2 877万个，比上年增加393万个；总流通人次49 232万人次，比上年增加5 795万人次。2013年，全国群众文化机构共组织开展各类活动128.84万场次，服务人次43 431万人次。国家通过实施广播电视村村通户户通、全国文化信息资源共享、农家书屋、农村电影公益放映、乡镇综合文化站建设等一系列重大文化惠民工程，将公共文化资源直接输送到基层。2013年，全国公共财政文化体育与传媒支出2 519.56亿元，比上年增长11.1%。2013年，中央财政用于公共文化服务体系建设的资金达170亿元，比上年增加16亿元，增长10.55%。在资金支出时切实贯彻落实增量经费主要用于基层、农村的规定，并向老少边穷地区倾斜。基本公共文化服务均等化取得进展。

二、社会保障权利

随着全面建成小康社会的加快推进，近年来中国的社会保障水平不断提高。2013年，中国社会保障事业快速发展，保障内容持续增加，保障范围不断扩大，在经济发展水平还不是很高的情况下，初步建立了世界上规模最大的符合现阶段中国社会实际的社会保障体系。

2012年，实现全国新型农村社会养老保险和城镇居民社会养老保险制度全覆盖。截至2013年，全国城乡居民参保人数达到49 750万人，比2012年增加1 381万人；全国城镇职工基本养老保险参保人数为32 218万人，比2012年增加1 791万人。2013年，企业退休人员月人均基本养老金水平继续调整，调整水平按2012年企业退休人员月人均基本养老金的10%左右确定，达到近1 900元，并对具有高级职称的企业退休科技人员、基本养老金相对偏低的人员等进行适当倾斜。2014年2月，国务院发布《关于建立统一的城乡居民基本养老保险制度的意见》，将新型农村社会养老保险和城镇居民社会养老保险两项制度合并实施，在全国范围内建立统一的城乡居民基本养老保险制度。

建立和完善医疗保险制度，保障城乡居民医疗权利。目前，中国已基本建立全民医疗保险体系，且保障水平在不断提升。参加城镇职工医疗保险、城镇居民医疗保险和新型农村合作医疗的人数超过13亿人，参保率达到90%以上。截至2013年，参加城镇居民基本医疗保险人数达到29 906万人。政府对城镇居民医疗保险的补助标准逐年提高，从2007年的人均40元提高到2013年的280元，政策范围内住院费用报销比例提高到70%左右，基层最高支付限额达到当地居民年人均可支配收入的6倍左右。新型农村合作医疗制度自建立以来，迅速覆盖了全体农民。2007年参加新农合的人数为7.3亿人，参合率为85.7%；截至2013年，人数达到8.02亿人，参合率上升至99%。政府对新农合的财政补助逐年增加，人均筹资水平不断提高。2013年，新农合的人均筹资水平提高到340元左右，其中各级财政补助标准提高到280元，政策范围内住院费用报销比例保持在75%左右，最高支付限额和门诊医药费用报销比例进一步提高。2013年，参合农民共计受益13.2亿人次，同比增长14.9%；新农合大病保障受益人次达137万人，实际报销比例达到70%左右。

城乡居民大病保险试点进展顺利，重特大疾病保障机制开始建立，减轻了城乡居民大病医疗费用负担。2012年，国家发改委等6部门联合印发《关于开展城乡居民大病保险工作的指导意见》，全国已有28个省份启动实施了大病保险试点工作，8个省份全面推开。2013年，肺癌、胃癌等20种重大疾病全部纳入大病保障范畴。儿童苯丙酮尿症和尿道下裂被纳入新农合大病保障，新农合保障的重大疾病已达22种。

失业保险、工伤保险和生育保险稳步发展，对于参保人维持稳定的生活水准、获得医疗救治和生育保障等发挥了越来越大的作用。2013年年末，全国参加失业保险人数为16 417万人，比上年末增加1 192万人；全国工伤保险参保人数达到19 917万人，比上年增加907万人，其中参加工伤保险的农民工7 263万人，增加84万人。全国生育保险参保人数16 392万人，比上年年底增加963万人。2013年有417万人享受了不同期限的失业保险待遇，年末有197万人领取失业保险金，月人均领取失业保险金水平为759元，比上年增加60.3元，增长8.5%。

最低生活保障制度进一步完善。截至2013年，全国城市低保对象2 061.3万人，平均保障标准为373元/人·月，月人均获得补助252元，2013年累计支出保障资金724.2亿元，分别比2012年增长13.8%、1.3%和7.4%。截至2013年，全国农村低保对象5 382.1万人，占农业人口的6.1%；平均保障标准为2 434元/人·年，月人均获得补助111元，2013年累计支出保障资金841.9亿元，分别比2012年增长18.7%、2.9%和17.3%。截至2013年，全国农村五保供养对象538.2万人，平均供养标准为集中供养4 685元/人·年、分散供养3 499元/人·年，2013年累计支出五保供养资金161.6亿元，分别2012年增长15.4%、16.3%、11.5%。

对因遭受自然灾害、失去劳动能力或因其他原因陷入生活困境的社会成员实施社会救助，维持其最低生活水准，是社会保障权利的最后一道防护线和安全网。截至2013年，全国26个省份制定完善了临时救助政策。2013年，全国共实施临时救助3 937万户次。医疗救助惠及群体进一步扩大，救助对象从城乡低保对象、五保对象逐步向低收入重病患者、重度残疾人和低收入家庭老年人等特殊困难群体拓展。2013年累计支出医疗救助资金257.6亿元，救助2 639万人次。

三、民主权利

中国宪法规定中华人民共和国的一切权力属于人民。在中国，人民依照宪法和法律规定，通过各种途径和方式行使民主选举、民主决策、民主管理、民主监督权利。2013年，首次实行城乡按相同人口比例选举全国人大代表，协商民主广泛多层制度化发展有力推进，作为直接行使民主权利重要方式的基层民主健康发展，惩治腐败、建设廉洁政治的力度加大，公民有序参与公共事务民主管理的形式更加丰富。

2013年，中国落实选举法规定的人人平等原则，正式全面实行城乡按相同人口比例选举全国人大代表。坚持地区平等原则，同级行政区域的法律地位平等，不论人口多少，在国家最高权力机关中均有一定数量的代表，地区基本名额数相同，选举第十二届全国人大代表的地区基本名额数为8名。坚持民族平等原则，在全国人大常委会确认的2 987名有效当选代表中，少数民族代表409名，占代表总数的13.69%，全国55个少数民族都有本民族的代表。第十二届全国人大女代表比例为23.4%，比上届提高2.07个百分点。基层代表数量增加，农民工代表数量倍增，党政领导干部代表数量减少。在第十二届全国人大代表中，来自一线工人农民的代表人数比上届增加5.18%，党政领导干部代表人数比上届减少6.93%。

人大积极推进民主立法，增强法律的可执行性、可操作性。2013年3月至2014年3月，全国人大常委会审议了15件法律和有关法律问题的决定草案，通过了其中的10件，修改了消费者权益保护法等21部法律，新制定了旅游法、特种设备安全法等法律。全国人大常委会探索法律出台前评估工作，完善公布法律草案征求意见机制，在向社会公布法律草案一次审议稿的基础上，明确法律草案二次审议稿也要向社会全文公布，广泛征求各方面的补充意见和建议。健全公众意见采纳情况反馈机制，积极回应社会关切。全国人大及其常委会在立法过程中广泛采取诸如座谈会、网络征求意见、调查研究、列席、公民讨论、媒体讨论等形式广泛听取公民意见。2013年3月至2014年1月间，共有5 728人次对相关法律草案提出45 121条意见。以环境保护法修正案草案为例，草案初审稿向社会公布征求意见时收到11 748条意见，二审稿公布后收到2 434条网上意见和48封来信。每次公布草案征求意见结束后，全国人大常委会均对重要法律草案的意见整理汇总情况及时向社会作出反馈。

进一步畅通拓宽权利救济渠道，积极回应群众利益诉求，尊重并保障民意。国家着力解决信访突出问题，强调从源头上预防和减少信访问题发生，健全公开透明的诉求表达和办理方式，突出领导干部接访下访重点，完善联合接访运行方式。全力打造"阳光信访"，推进网上信访信息综合平台建设，推动信访事项办理过程和结果全面公开，努力实现信访事项可查询、可跟踪、可督办、可评价。全面放开网上投诉受理内容，互联网逐步成为政府了解社情民意的新窗口。

建设廉洁政治是民主制度有效运行的前提。2013年，中国共产党和中国政府进一步加大反腐败工作力度，坚持用制度管权管事管人，让人民监督权力，让权力在阳光下运行。国务院机构改革全面启动，中央政府全年下放取消审批事项416项。针对一些领域腐败问题多发的现象，中共中央印发《建立健全惩治和预防腐败体系2013—2017年工作规划》。2013年，全国各级纪检监察机关共接受信访举报1 950 374件(次)，其中检举控告类1 220 191件(次)；立案172 532件，结案173 186件，处分182 038人。全国各级检察机关全年共立案侦查各类职务犯罪案件37 551件51 306人，同比分别上升9.4%和8.4%。突出查办大案要案，立案侦查贪污、贿赂、挪用公款100万元以上的案件2 581件，涉嫌犯罪的县处级以上国家工作人员2 871人，其中厅局级253人、省部级8人。各级法院充分发挥刑事审判在惩治腐败中的职能作用，加大对贪污贿赂等犯罪的打击力度，审结包括国家工作人员贪污贿赂、渎职侵权犯罪案件2.9万件，判处罪犯3.1万人。

在中国，社会主义协商民主是人民民主权利实现的重要形式。社会主义协商民主不仅关注最终的决策结果，也关注决策过程中的广泛参与，不仅强调对多数人意见的尊重，也强调少数人意见的充分表达和权利的维护，拓宽了民主的广度，从而在最大程度上实现人民民主。2013年，中国加快构建程序合理、环节完整的协商民主体系，不断拓宽国家政权机关、政协组织、党派团体、基层组织、社会组织的协商渠道，深入开展立法协商、行政协商、民主协商、参政协商、社会协商。以这些具体协商形式为平台，就经济社会发展重大问题和涉及群众切身利益的实际问题在全社会进行广泛协商，增进和达成共识。作为协商民主的重要渠道，中国人民政治协商会议积极推进协商民主建设，创新以专题为内容、以界别为纽带、以专委会为依托、以座谈为方法的协商形式，积极开展专题协商、界别协商、对口协商、提案办理协商，推动协商活动的多样化，约请有关部门负责人直接听取意见，推动建言献策成果的转化。人民政协每年在协商议题、协商形式、活动组织等方面作出明确安排；继承和创新"双周协商座谈会"制度，分别就宏观经济形势、建筑产业化、维护职工群众切身利益、深化科技体制改革、加强汽车尾气治理等议题举办双周协商座谈会。

基层民主依法有序推进，公民选举、基层自治等权利的保障得到进一步强化。2013年，《中华人民共和国村民委员会选举规程》发布实施，进一步明确和细化了村委会换届选举的各项程序和要求。无记名投票、公开计票全面实行，秘密写票处普遍设置，竞职演讲、治村演说广泛推行。全国98%的村制定了村规民约和村民自治章程，群众参与村务决策管理的水平大幅提升。截至2013年，全国城镇普遍进行了7轮以上的社区居民委员会换届选举。社区中业主管理委员会等社会组织和志愿者组织在社区自我民主管理中发挥越来越大的作用。

四、言论自由权利

中国政府致力于促进和保护本国人民的言论自由。言论自由是中国宪法规定的一项公民基本权利。在中国，公民可以在宪法和法律允许的范围内自由表达自己的见解和意愿，发表研究、创作成果。随着经济社会的发展，公众实现言论自由的手段日益丰富，获取信息的需求得到更好满足，言论自由空间不断扩大，言论自由权利不断发展。

公民实现言论自由的途径和手段日益丰富。2013年，中国出版各类报纸482亿份，各类期刊33亿册，图书79亿册(张)；有线电视用户为2.29亿户，有线数字电视用户为1.72亿户；广播节目综合人口覆盖率为97.8%；电视节目综合人口覆盖率为98.4%。近年来，中国各种新闻传播媒介更加重视联系群众、面向实际生活，发挥舆论监督作用。公众通过新闻传播媒介自由地发表意见，提出批评建议，讨论国家和社会的各种问题。

互联网成为公民表达意见和发表言论的重要渠道之一。20年来，中国投入大量资金建设互联网基础设施，建起了覆盖全国、惠及全民的互联网基础设施，促进了互联网的普及和应用。中国互联网发展与普及水平居发展中国家前列。2013年，国家继续加大对信息基础设施建设的政策支持和资金投入力度，普及推广卫星通讯、光纤通信、计算机网络等技术。实施"宽带中国"战略，首次将宽带网络作为新时期国家经济社会发展的战略性公共基础设施。截至2013年年底，中国网民规模达6.18亿人，互联网普及率为45.8%；域名总数为1 844万个，网站总数为320万个，网页数量为1 500亿个；论坛/BBS的用户数量为1.2亿人，博客和个人空间用户数量为4.37亿人，社交网站用户数量为2.78亿人，网络文学用户数为2.74亿人，网络视频用户数量为4.28亿人，微博用户数量为2.81亿人，即时通信用户数量为5.32亿人；手机即时通信用户为4.31亿人，手机微博用户达到1.96亿人。截至2013年年底，中国提供互联网教育信息服务的网站有5 820个，提供互联网新闻信息服务的网站有703个，提供互联网文化产品服务的网站有783个，提供互联网视听节目服务的网站有282个，提供互联网出版服务的网站有292个，提供互联网电子公告信息服务的网站有2 010个。

有效保障信息获取是言论自由实现的前提。在中国，公众可以通过多种渠道获取需要的信息。权力运行的公开化、规范化，立法公开、政务公开和司法公开等制度的进一步完善，使政务信息有效供给状况持续改善。全国人大及其常委会就重要法律草案公开征求意见，地方人大实行立法旁听，并通过人大官方网站等媒体，对通过的法律及时作出权威解读，使各方面准确理解立法的背景、目的和法律的原则、内容。国务院重点推进行政审批、财政预决算、保障性住房、食品药品安全、征地拆迁等领域的信息公开。新闻发言人制度进一步规范化。2013年，国务院新闻办公室围绕党和国家重要会议、重大决策和重点工作，组织新闻发布会50多场；各部门、各地区召开新闻发布会、吹风会2 100多场。越来越多的地方和部门主要负责人走上新闻发布前台，积极回应社会关注，及时准确发布有关信息。

最高人民法院发布《关于推进司法公开三大平台建设的若干意见》和《关于人民法院在互联网公布裁判文书的规定》，全面推进审判流程公开、裁判文书公开、执行信息公开三大平台建设，增进公众对司法裁判的知情了解。中国法院庭审直播网建成，各级法院全年直播案件庭审4.5

万次。济南市中级人民法院通过微博全程直播薄熙来案庭审情况,受到广泛、积极关注。各类互联网信息服务网站为公众有效获取信息提供服务的水平大大提高。

中国社会存在广泛的言论自由。学术领域的探索和讨论,涵盖政治、社会、文化等各个方面。在宪法和法律的范围内,公众都可以对各种政治问题进行自由的讨论。政府的重要政策都会在事前和事后得到广泛讨论,各方面立场的意见都能充分表达。互联网的普及和完善,极大地扩展了言论自由空间。公众可以通过网络论坛、网络新闻、博客/个人空间、社交网站、网络文学、网络视频、微博、即时通信等多种互联网平台发表言论。每时每刻都有海量言论被网民发表出来。据统计,中国网民每天发布和转发微博信息达2.5亿条,每天发送微信等即时通信工具信息超过200亿条。根据对新浪微博和腾讯微信等7家网站所发帖文的统计,在2013年网民关注的20大热点事件中,前12位的帖文都超过了200万条,其中排第一位的帖文数量超过4 500万条。网民言论关注的范围十分广泛,涵盖了司法案件、民生问题、个人权益保护、医患纠纷、反腐败等各方面。

言论自由的有效实现为公众监督政府提供了保证。人们可以通过新闻媒体、互联网等各种渠道反映社会问题,对各级政府的工作提出批评和建议,对公务人员的行为进行监督。中国地方政府网站普遍设立了市长信箱、县长信箱等,接受民众的来信。中央纪检监察机构和最高人民法院、最高人民检察院等开设了举报网站,便于公众反映问题。公众对政府工作提出的建议和批评,受到各级政府的高度关注,成为政府改进工作和决策的重要参考。

五、人身权利

生命健康权、人身自由权、人格尊严权等人身权利的保护状况,是衡量一个国家人权保护水平的最重要的标尺之一。2013年,中国废止劳动教养制度,采取专项行动打击拐卖犯罪、查找解救被拐妇女儿童,依法惩处严重侵害公民人身权利的犯罪,完善冤假错案防止、纠正机制,多措并举保障犯罪嫌疑人、被告人和被羁押人的人身权利,加大安全生产、食品药品等重点领域执法力度,公民人身权利得到切实保障。

在中国,实行了50多年的劳动教养制度在特定条件下为维护社会治安秩序、确保社会稳定、教育挽救违法人员发挥了积极作用。随着治安管理处罚法、禁毒法等法律的施行和刑法的不断完善,以及相关法律的有机衔接,劳动教养制度的作用逐渐被取代,劳动教养措施的使用逐年减少。自2013年3月起,各地基本停止使用劳动教养。2013年12月28日全国人大常委会通过废止有关劳动教养法律规定的决定,废止了劳动教养制度;并对正在被依法执行劳动教养的人员,解除劳动教养,剩余期限不再执行。

妇女儿童的人身权利得到有效保障。国家制定实施《中国反对拐卖人口行动计划(2013—2020年)》。2013年,全国共侦破拐卖妇女案件5 126起、拐卖儿童案件2 765起;利用全国公安机关打拐DNA信息系统为631名儿童找到亲生父母。制定依法惩治性侵害未成年人犯罪的意见,严厉打击性侵幼女、校园性侵等犯罪行为,起诉拐卖妇女儿童犯罪嫌疑人2 395人。

精神障碍患者人身自由等权利得到特别保护。精神卫生法于2013年5月1日开始实施,精神障碍的住院治疗实行自愿原则和尽可能限制非自愿医疗原则,禁止利用约束、隔离等保护性医疗措施惩罚精神障碍患者,医疗机构不得强迫精神障碍患者从事生产劳动。

依法惩处严重影响人民群众安全感、侵害公民人身权利的犯罪。2013年,全国各级检察机关批准逮捕严重暴力犯罪、黑恶势力犯罪、多发性侵财犯罪、毒品犯罪嫌疑人500 055人,提起公诉580 485人。各级人民法院全年审结杀人、抢劫、绑架、爆炸、强奸、拐卖妇女儿童、黑社会性质组织犯罪等案件25万件,判处罪犯32.5万人。

防止和纠正冤假错案的措施进一步加强。2013 年，公安部发布《关于进一步加强和改进刑事执法办案工作，切实防止发生冤假错案的通知》等文件，深化错案预防制度机制建设，加强对执法办案全方位、全过程、即时性监督，从源头上防止冤假错案的发生。最高人民检察院发布《关于切实履行检察职能，防止和纠正冤假错案的若干意见》，健全检察环节错案发现、纠正、防范和责任追究机制；严把事实关、证据关、程序关和法律适用关，对侦查机关不应当立案而立案的，督促撤案 25 211 件；对滥用强制措施、违法取证、刑讯逼供等侦查活动违法情形，提出纠正意见 72 370 件次；对证据不足和不构成犯罪的，决定不批捕 100 157 人、不起诉 16 427 人。保障犯罪嫌疑人诉讼权利和律师执业权利，监督纠正指定居所监视居住不当 606 件，监督纠正阻碍辩护人行使诉讼权利案件 2 153 件。加强羁押必要性审查，对不需要继续羁押的 23 894 名犯罪嫌疑人建议释放或者变更强制措施。注重保障被羁押人员合法权益，监督纠正刑罚执行和监管活动中的违法情形 42 873件次；督促清理久押不决案件，监督纠正超期羁押 432 人次。最高人民法院发布关于适用刑事诉讼法的司法解释共 548 条，这是新中国成立以来条文最多的司法解释。非法证据排除、上诉不加刑等保护当事人各项诉讼权利的原则得以细化落实。2013 年 10 月 9 日，最高人民法院发布了《关于建立健全防范刑事冤假错案工作机制的意见》，坚持疑罪从无原则，规定对定罪证据不足的案件，应当依法宣告被告人无罪；采用刑讯逼供等非法方法收集的供述，应当排除；未在规定的办案场所讯问取得的供述，未依法对讯问进行全程录音录像取得的供述，以及不能排除以非法方法取得的供述，应当予以排除。确保无罪的人不受刑事追究。全年各级法院依法宣告 825 名被告人无罪，并对在申诉中发现的冤假错案，依法予以再审改判。

犯罪嫌疑人、被告人和被羁押者的人身权利得到更好保障。2013 年，公安部制定《公安机关执法办案场所办案区使用管理规定》，规范办案区的使用和管理，严格实行讯问、询问过程录音录像制度；实施新的《看守所建设标准》，深入推行看守所医疗卫生社会化，要求所有看守所都要向社会开放，提高执法工作透明度。人民检察院按照“全面、全程、全部”原则，进一步完善了同步录音录像制度，切实保障犯罪嫌疑人的合法权利。

针对生产生活领域存在的威胁人民群众生命与健康安全的因素，国家加大了相关工作力度。立法部门针对人身安全领域的突出问题完善了相关法律。全国人大常委会制定了特种设备安全法，重点强化了特种设备生产安装、经营使用、维护保养、检验检测等全过程监管，确立了特种设备身份管理制度、质量责任追溯制度、产品召回和报废制度等，依法加强特种设备安全监管，保护人民群众生命财产权。执法部门持续强化全国重点行业领域安全排查治理工作，全年共排查治理隐患 681.5 万项，整改率 97.9%。加大事故查处和挂牌督办力度，查处重特大事故 44 起，结案周期同比缩短 109 天，并及时公布事故调查报告。检察机关同步介入重特大事故调查，立案侦查火灾、矿难等事故背后的失职渎职、受贿等职务犯罪案件 1 066 人。国家高度重视食品药品安全，制定实施有关司法解释，依法惩处危害食品药品安全犯罪。各级检察机关全年起诉制售有毒有害食品、制售假药劣药等犯罪嫌疑人 10 540 人，最高人民检察院对 785 起危害食品药品安全犯罪案件挂牌督办。各级法院审结相关案件 2 082 件，判处罪犯 2 647 人。

六、少数民族权利

中国从宪法、法律和制度等多个层面确立了各民族一律平等、共同管理国家事务的原则，同时又尊重各民族的差异和特点，从各个方面保障少数民族在政治、经济、文化、语言及风俗习惯、宗教信仰等方面的平等权利。2013 年，中国少数民族和民族地区各项事业不断取得新成绩、新发展，各少数民族充分享有并有效行使各项基本权利。

少数民族的政治权利得到充分保障。各少数民族聚居的地方实行民族区域自治制度，享有广泛的自治权利，包括立法权、对国家有关法律法规的变通执行权、使用民族语言文字的权利、人事管理权、财政管理权和自主发展文化教育权等。民族区域自治的特色和优势在新疆维吾尔自治区表现尤为突出。新疆是以维吾尔族为主体的民族自治地方，是全国唯一的三级（区、州、县）自治地方俱全的自治区。在维吾尔族以外的新疆其他少数民族聚居地区，有哈萨克、回、柯尔克孜、蒙古4个民族的5个自治州，以及哈萨克、回、蒙古、塔吉克、锡伯5个民族的6个自治县，还有42个民族乡。新疆维吾尔自治区各级自治机关根据本地实际制定并实施自治法规、地方性法规和具有法律效力的决议，依法保障民族自治地方的自治权利。

全国55个少数民族都有本民族的全国人大代表和全国政协委员。155个民族自治地方的人民代表大会常务委员会中，均有实行区域自治的民族的公民担任主任或者副主任；民族自治地方政府的主席、州长、县长（旗长），均由实行区域自治的民族的公民担任。西藏自治区历届人民代表大会常务委员会主任和人民政府主席均由藏族公民担任。藏族和其他少数民族的人大代表始终在全区各级人大代表中占有绝对多数。在西藏，经过直接和间接选举产生的现任34 244名四级人大代表中，藏族和其他少数民族代表31 901名，占93%以上。在全区干部队伍中，藏族和其他少数民族占82.05%，其中县乡两级领导班子中，藏族和其他少数民族占80.06%。

少数民族经济社会权利得到充分保障。国家对少数民族和民族地区经济社会发展投入力度继续加大，少数民族和民族地区的经济社会发展取得显著成效。2013年，在均衡性转移支付向民族地区倾斜的基础上，中央财政安排民族地区转移支付464亿元，比2012年增长10.5%。国家对内蒙古、广西、西藏、宁夏、新疆5个自治区和贵州、云南、青海3个少数民族人口较多省份的扶贫投入大幅提高，中央财政扶贫资金投入166.05亿元，占全国总投入的43.76%，资金总量比2012年增加了16.8%。2013年，国家深入贯彻落实“十二五”扶持人口较少民族发展、兴边富民行动和少数民族事业3个国家级专项规划，继续加大对少数民族和民族地区的专项扶持力度，安排扶持人口较少民族发展专项资金14.5亿元、兴边富民行动专项资金27.9亿元、少数民族特色村寨保护专项资金4亿元，分别比2012年增长13.1%、50%和53.8%。2013年，西藏自治区生产总值（GDP）达807.67亿元，比上年增长12.5%；农牧民人均纯收入达到6 578元，比上年增长15%，连续11年保持两位数以上的增长；城镇居民人均可支配收入达20 023元，比上年增长11.1%。2013年，新疆维吾尔自治区生产总值（GDP）8 510亿元，比上年增长11.1%；人均地区生产总值37 847元，增长9.7%。2013年，新疆农村居民人均纯收入7 296元，比上年增长14.1%；城镇居民人均可支配收入19 874元，比上年增长10.9%。城镇人均家庭总收入22 388元，比上年增长10.9%，比1978年增长69.5倍。2013年，西藏农牧民人均居住面积为30.51平方米，城镇居民人均居住面积为42.81平方米，各项民生事业显著改善。特别是，连续8年累计投资273.57亿元的农牧民安居工程全面完成，全区46.03万户、230万农牧民住上了安全适用的房屋，农牧民生产生活条件得到历史性改善。水、电、路、讯、气、广播电视、邮政等农村综合配套设施建设加快推进，乡镇通邮率、乡镇通公路率和行政村通公路率分别达到94.6%、99.7%和97.4%。墨脱公路全线通车，结束了全国最后一个县不通公路的历史。川藏联网工程开工建设。青藏铁路客运量219.9万人次、货运量405.2万吨，航空旅客运输273万人次。

少数民族文化和民族地区文化繁荣发展。截至2013年，全国建立民族文字图书出版社32家，民族语言文字类音像电子出版单位13家，编辑出版民族文字期刊222种、民族文字报纸99种、民族文字图书9 429种。民族自治地方有广播电台73座，节目441套，民族语言节目100个；电视台90座，节目489套，民族语言节目100个；各类文化机构50 834个，其中图书馆653个，文化馆784个，文化站8 153个，博物馆385个。少数民族传统文化得到保护。国家设立贵州省黔东南民族文化生态保护实验区,有效推进民族地区非物质文化遗产的整体性保护。继续加强对少数民族传统医药的保护和发展。支持民族医药老专家建立传承工作室,扶持建立藏、蒙、壮、回4个民族医学术流派传承工作室。实施民族医药文献整理和适宜技术筛选推广项目,涵盖11个省区,涉及29个民族,并完成了150部重要民族医药文献的整理工作,筛选了140项民族医药特色诊疗技术。截至2013年,全国民族医院达到199所。

新疆各少数民族享有宗教信仰自由的权利,民族风俗习惯受到充分尊重。根据宪法和民族区域自治法,新疆维吾尔自治区制定了《新疆维吾尔自治区宗教事务管理条例》和《新疆维吾尔自治区宗教活动场所管理暂行规则》、《新疆维吾尔自治区宗教职业人员管理暂行规定》、《新疆维吾尔自治区宗教活动管理暂行规定》等政府规章,保护正常的宗教活动,维护宗教团体和信教公民的合法权益。新疆少数民族信众有权在宗教活动场所内以及自己家里依法举行各种正常的宗教活动,不受任何干涉。新疆现有10个少数民族普遍信仰伊斯兰教,人口1 370多万人,有伊斯兰教清真寺约2.4万座,教职人员2.9万多人。此外,新疆还有佛教信众12万人,场所53个,教职人员326人;基督教信众近6万人,教职人员374人;天主教信众约6 000人,场所20个,教职人员25人;东正教信众约1 000人,场所3个,教职人员2人;道教信众300多人,场所1个。新疆已出版发行了维吾尔、汉、哈萨克、柯尔克孜等文字的《古兰经》、《布哈里圣训实录精华》、《古兰经》注释、《卧尔兹选编》等宗教经典、宗教书籍。国家和自治区各级政府还制定了一系列政策、法规,尊重和照顾少数民族饮食、衣饰、年节、婚姻、丧葬等方面的习俗。自治区政府每年对少数民族生活必需的肉食和副食品的生产和供应作出专项安排,保证各民族特需食品的生产和供应,并对10个普遍信仰伊斯兰教的民族予以特别照顾。在新疆,每年的肉孜节和古尔邦节,信仰伊斯兰教的各族人民都可以享受节日假期。

西藏文化遗产得到有效保护,宗教和传统风俗习惯得到尊重。西藏现有各类文物点4 277处,布达拉宫、罗布林卡、大昭寺被列入世界文化遗产名录,拉萨、日喀则、江孜被列为国家级历史文化名城,西藏博物馆被列为国家一级博物馆。西藏现有国家级非物质文化遗产名录76个,自治区级323项,市级76项,县级814项。国家级非遗代表性传承人68名,自治区级227名,民间藏戏队117支。其中,格萨尔、藏戏于2009年入选《人类非物质文化遗产代表作名录》。国家积极保护和发展藏民族医药,西藏现有藏医医疗机构19所,在50多所县医院设有藏医科,藏医服务网络基本覆盖全区。国家尊重和保障西藏各族人民按照自己的传统风俗习惯生活和进行社会活动的权利,尊重和保障他们按照自己的意愿进行正常的宗教信奉、祭祀活动以及参加重大的宗教和民间节日活动的自由。西藏现有各类宗教活动场所1 787座,住寺僧尼4.6万余人,活佛358名。寺庙学经、辩经、晋升学位、受戒、灌顶、修行等传统宗教活动正常进行,每逢重大宗教节日都循例举行各种活动。活佛转世作为藏传佛教特有的传承方式得到国家的尊重。民主改革以来,已有60余名新转世活佛按照历史定制与宗教仪轨得到批准认定。信教群众家中普遍设有经堂或佛龛,转经、朝佛、请寺庙僧尼做法事等宗教活动正常进行。西藏自治区及其7个地市均设有佛教协会,中国佛教协会西藏分会办有佛学院、印经院和藏文会刊《西藏佛教》。寺院的壁画、雕刻、塑像、唐卡、经卷、法器、佛龛等宗教文化载体,得到保护和修缮。大量宗教文献典籍得到抢救、整理、出版。各寺庙的传统印经院得到继承和发展,现有木如寺印经院、布达拉宫印经院等大型传统印经院近60家,年印经卷6.3万种,民间经书销售摊点20家。

少数民族享有使用和发展本民族语言文字的权利。国家切实保障少数民族语言文字在行政司法、新闻出版、广播影视、文化教育等各领域的合法使用,在普通高等学校招生入学考试中可以使用少数民族语言文字答卷。中央人民广播电台和地方广播电台每天用21种少数民族语言进行播音,边境地区民族语广播电视的覆盖率进一步提高。国家在民族地区推行双语教学。截至2013年,全国共有1万多所学校使用21个民族的29种文字开展双语教学。全国现有民族高等院校15所,在校生约24万人。继续在高校招生中对民族地区给予倾斜,坚持对少数民族学生在高考时适当降分或加分和同等条件优先录取的原则,并对人口较少民族的考生给予一定的特殊照顾。

藏语文学习使用受到法律保护。西藏自治区各级人民代表大会通过的决议、法规,各级人民政府及所属部门发布的正式文件和公告都使用藏、汉两种文字。在司法诉讼程序中,对藏族诉讼参与人都使用藏语文审理案件,法律文书也使用藏文。各单位的公章、证件、表格、信封、信笺、稿纸、标识以及机关、厂矿、学校、车站、机场、商店、宾馆、餐馆、剧场、旅游景点、体育场馆、图书馆等的标牌和街道、交通路标等,均使用藏、汉两种文字。西藏共有14种藏文杂志、10种藏文报纸。西藏人民广播电台开办有42个藏语(包括康巴语)节目、栏目,藏语新闻综合频率每天播音达21小时,康巴语广播频率每天播音18小时,西藏电视台藏语卫视24小时播出节目。2013年,西藏自治区出版藏文书籍780种,印数达431万册。通过互联网和手机等藏语文平台,浏览阅读、收听、收看国内外新闻和各类资讯,成为众多藏语文用户日常生活的一部分。

新疆有13个世居民族,共使用10种语言和文字。自治区及各自治州、自治县机关执行公务时,同时使用自治民族和汉语两种语言文字。新闻、出版、广播、电影、电视等都广泛使用少数民族语言文字。《新疆日报》用维吾尔、汉、哈萨克、蒙古4种文字发行。新疆电视台用维吾尔、汉、哈萨克、蒙古4种语言播放节目。新疆人民出版社用维吾尔、汉、哈萨克、蒙古、柯尔克孜、锡伯6种文字出版各类图书。新疆各出版社出版的图书与音像制品中使用少数民族语文的占到70%以上。2013年译制少数民族语故事片100部,译制影视剧5 975集,拍摄少数民族题材影视剧4部。

七、残疾人权利

中国有残疾人约8 500万人。2013年,中国按照残疾人保障法、《中国残疾人事业"十二五"发展纲要》和《农村残疾人扶贫开发纲要(2011—2020年)》等,依法、有计划地发展残疾人事业。同时,认真履行《残疾人权利公约》,积极落实第三个亚太残疾人十年(2013—2022)"仁川战略",推动残疾人事业与经济、社会协调发展,残疾人权利保障的规范化水平进一步提升。

残疾人康复工作有序开展。按照残疾人"人人享有康复服务"的原则,完善残疾人康复工作机制。推动残疾人康复机构与医疗机构加强合作,构建分工协作、功能互补的三级康复医疗体系。制定《0-6岁儿童残疾筛查工作规范(试行)》,将残疾儿童康复端口前移,建立0-6岁儿童残疾早期筛查、早期诊断、早期治疗、早期康复的工作机制。深化社区康复,推动康复进社区、服务到家庭,重点支持2 862个社区康复示范站建设。注重家长学校建设,2013年已开展家长学校工作的残疾人康复机构达1 131个。实施康复人才培养"百千万工程"。2013年全国共培训各级各类管理和专业技术人员25.6万人,其中康复管理人员2.5万人,康复业务人员5.5万人,社区康复协调员17.7万人。

实施一批重点康复工程。截至2013年,开展社区康复服务的市辖区累计达到901个,县(市)累计达到2 014个。2013年,新增169万残疾人接受社区康复服务,746.8万残疾人得到不同程度康复。其中,完成白内障复明手术74.6万例,为3.2万名聋儿提供听力语言康复训练,为15.3万名智力残疾儿童、脑瘫儿童和孤独症儿童提供机构、社区和家庭指导训练。组织实施贫困肢体残疾儿童矫治手术6 721例,麻风畸残矫治手术418例。584万名精神病患者接受综合防治康复服务,46.9万名贫困精神病患者获得医疗救助。为残疾人提供辅助器具128.3万件,其中,国家彩票公益金项目为贫困残疾人免费提供32.9万件。

健全残疾人教育保障机制，促进残疾人就业。完善残疾人教育体系，重点解决实名未入学残疾儿童的就学问题，制定《特殊教育提升计划(2014—2016 年)》，扩大义务教育普及，因地制宜发展残疾儿童学前教育，加快发展以职业教育为主的残疾人高中阶段教育，推进残疾人高等教育，加大财政投入力度，加强教师队伍建设，深化课程教学改革。继续实施《特殊教育学校建设规划(二期)》，全年投入中央专项资金 8 亿元，支持 27 所特殊教育师范院校和残疾人中、高等学校建设。投入中央特教专项补助经费 5 500 万元，重点支持中西部地区 10 个省的薄弱特殊教育学校建设。实施残疾人事业专项彩票公益金助学项目，为 1 万余人次家庭经济困难残疾儿童享受普惠性学前教育提供资助，为全国 23 所中高等特教院校改善办学条件，并加强残疾学生实训基地建设。全国有 7 538 名残疾人被普通高等院校录取。制定《关于促进残疾人按比例就业的意见》，加大残疾人职业技能培训和岗位开发力度。全年城镇新增残疾人就业 36.9 万人，实名培训 48 万人；农村 85.6 万残疾人接受实用技术培训。鼓励和扶持福利企业发展，促进残疾人就业和平等融入社会。截至 2013 年，全国共有福利企业 1.8 万个，集中安置 54.2 万名残疾人就业。

残疾人社会保障水平进一步提升。扩大残疾人社会福利范围，适当提高社会福利水平。截至 2013 年，全国已有 628 万城乡残疾人纳入最低生活保障范围，参加城乡居民养老保险的残疾人分别达到 401.4 万人和 1 638.3 万人，94.4 万名残疾人接受托养服务。探索建立贫困残疾人生活补助和重度残疾人护理补贴制度。15 个省(区、市)建立了贫困残疾人生活补贴制度，8 个省(区、市)建立了重度残疾人护理补贴制度，享受补贴的残疾人超过 600 万人。

残疾人扶贫开发力度加大。把残疾人的扶贫开发纳入相关规划，在落实扶贫政策和实施扶贫措施中同等条件下优先支持残疾人，加大支持力度。将贫困残疾人纳入贫困监测整体工作，建立集中连片特困地区残疾人扶贫开发工作统计汇总制度。加强农业行业助残扶贫工作，促进农村残疾人增收。对残疾人农业生产技术服务、创办农民专业合作社给予支持，加强农村残疾人农业生产与经营管理技能的培训，支持农村残疾人家庭购置和使用农机，加快改善农村残疾人家庭生活燃气环境，提高优惠补贴。优先支持农村贫困残疾人家庭危房改造，完成贫困残疾人家庭危房改造数量占年度总任务的比例，高于农村贫困残疾人家庭存量危房占存量危房总数的比例。实施《2013 年贫困地区新生儿疾病筛查项目方案》，在 21 个省(区、市)14 个国家集中连片特殊困难地区的 200 个县，对农村户籍的 49 万例新生儿开展苯丙酮尿症、先天性甲状腺功能减低症和听力障碍患儿筛查工作，并实施康复救助。2013 年，农村共有 120.6 万残疾人脱贫，为 12.2 万户农村残疾人家庭实施了危房改造。

加快推进无障碍建设与改造。贯彻实施《无障碍环境建设条例》，城乡无障碍环境建设深入开展。2013 年，共为 13.6 万户贫困残疾人家庭进行无障碍改造，为 65.7 万残疾人发放了残疾人机动轮椅车燃油补贴。落实方便残疾人出行规定，中国民航局研究修订《残疾人航空运输办法(试行)》，中国铁路总公司在所有列车均设置残疾人专座。全年安排 4.8 万张残疾人火车专票，改造生产 1 268 节无障碍车厢。各市、县全面开展无障碍环境建设。按照《网站设计无障碍技术要求》，对 117 家部委和省政府等网站开展无障碍专项评估，部分网站已按照标准开展了网站无障碍建设。推进信息无障碍辅助器具研发，开展盲用辅助系统、读屏软件等无障碍相关标准的研究制定。启动“美丽中国——2013 中国政务信息无障碍公益行动”，对政府各部门政务网站进行无障碍改造，开展城市信息无障碍体系建设。

八、环境权利

2013 年，中国针对高速发展带来的环境和生态问题，继续大力推进生态文明建设，不断建立健全环境保护制度体系，增强环境治理和生态保护力度，以解决损害群众健康的突出环境问题为重点，严肃查处惩戒污染环境的违法和犯罪行为，保障人民享有良好环境的权利。

生态环境保护的规划和机制进一步完善。国家制定和实施《化学品环境风险防控“十二五”规划》、《大气污染防治行动计划》、《京津冀及周边地区落实大气污染防治行动计划实施细则》、《京津冀及周边地区重污染天气监测预警方案》、《华北平原地下水污染防治工作方案》、《关于加强国家重点生态功能区环境保护和管理的意见》、《实行最严格水资源管理制度考核办法》、《关于加快推进水生态文明建设工作的意见》等一系列环境保护文件。发布国家环保标准 135 项，使现行有效国家环保标准达 1 499 项。

国家环境保护部与 31 个省（区、市）签订了大气污染防治目标责任书。推进环保重点城市和环保模范城市 PM2.5 监测点建设。2013 年完成西部大开发战略环境影响评估，启动中部地区发展战略环境影响评估。对重点控制区火电、钢铁、石化、水泥、有色、化工六大行业以及燃煤锅炉项目执行大气污染物特别排放限值。环保部、保监会联合制定了《关于开展环境污染强制责任保险试点工作的指导意见》，规定涉重金属企业、按地方有关规定已被纳入投保范围的企业、其他高环境风险企业 3 类企业必须强制投保社会环境污染强制责任险。启动第二批 10 个省（区）环境功能区划编制试点，在内蒙古、江西、广西和湖北 4 省（区）开展生态红线划定技术试点。建立全国大气污染防治部际协调机制、长三角区域和京津冀及周边地区大气污染防治协作机制。水资源管理责任与考核制度进一步推进和落实。建立最严格水资源管理制度考核组，31 个省（区、市）建立行政首长负责制，“三条红线”考核指标分解工作基本完成。启动《水资源保护规划》编制，完成重要江河湖泊水功能区纳污能力核定，提出了分阶段限排方案。

生态环境保护投入进一步加大。2013 年全国财政节能环保投入 3 383 亿元，同比增长 14.2%。制定实施《国家环境监管能力建设“十二五”规划》。开展水质较好湖泊生态环境保护试点，中央投入资金 16 亿元。国务院审议通过了《水质较好湖泊生态环境保护总体规划（2013—2020 年）》。国家重点生态功能区转移支付资金达 423 亿元，范围扩大到 492 个县。中央财政投入 25 亿元用于重金属污染治理，首批投入 50 亿元大气污染防治专项资金支持北京、天津、河北、山西、山东、内蒙古六省（区、市）治理大气污染，投入 60 亿元专项资金支持农村环境综合整治。

环境保护措施进一步加强。2013 年，全国新建国家级自然保护区 21 处，已有海南、黑龙江、安徽等 16 个省（区）开展生态省（区）建设，1 000 多个市（县）开展生态市（县）建设，建成国家级生态市（县）55 个、国家级生态乡镇 2 986 个。在全国 46 个城市（区）启动水生态文明城市建设。全国城市园林绿地面积达到 2 367 842 公顷，绿化覆盖率达 39.59%，人均公园绿地面积达 12.26 平方米。在第一批 74 个城市 496 个监测点位实时发布细颗粒物（PM2.5）等六项污染物监测数据的同时，完成第二批 116 个城市开展细颗粒物（PM2.5）等污染物监测点位的建设任务，并开始实时发布监测数据。深化重点流域水污染防治。加强流域水资源保护，启动国家水资源监控能力建设项目，建设取用水户、水功能区、省界断面共 1.4 万个国控监测点，对全国 175 个重要饮用水水源地实现在线监测，使全国 70% 以上的许可取用水量、80% 以上的重要水功能区、重要省际河流省界断面水质情况得到有效监测。制定《水功能区管理办法》，强化分级分类监管。七大水系的 577 个水质监测断面中，Ⅰ－Ⅲ类水质断面占 66.7%，劣Ⅴ类占 10.8%，分别比 2012 年上升 2.6 个百分点，下降 1.5 个百分点。

以大气污染防治为重点，大力推进工程减排。2013 年以来，中国中东部地区多次出现大范围雾霾天气，引起全社会广泛关注。2013 年 9 月，国务院发布《大气污染防治行动计划》，提出减少污染物排放、推进产业结构优化升级、加快企业技术改造、调整能源结构、严格节能环保准入等 35 项具体措施，建立区域污染联防联控机制，妥善应对重污染天气，动员全社会力量参与大气保护行动,大力开展大气污染防治工作,治理雾霾。2013 年,全国 3 400 万千瓦现役火电机组脱硫设施实施增容改造,燃煤电厂脱硫机组比例超过 90%;新增脱硝机组 2.05 亿千瓦,脱硝机组比例占全国火电总装机容量的 50%;2.03 亿千瓦现役火电机组拆除脱硫设施的烟气旁路,无烟气旁路运行的脱硫机组占全国火电总装机容量的 46%;5.7 亿吨水泥熟料产能新建脱硝设施,已实施脱硝的水泥熟料产能占全国总产能的 50%。2013 年,化学需氧量、氨氮、二氧化硫、氮氧化物四项主要污染物分别同比下降 2.93%、3.14%、3.48%、4.72%,其中氮氧化物排放量首次降至 2010 年减排基数以下。2013 年全国新增城镇(含建制镇、工业园区)污水日处理能力 1 194 万吨,全国设市城市生活垃圾无害化处理率达到 84.8%。

开展环保专项检查,打击环境污染犯罪。2013 年,全国共出动执法人员 183 万余人(次),检查企业 71 万余家(次),查处环境违法问题 6 499 件,挂牌督办 1 523 件。对 2012 年度重金属规划实施情况考核不合格省份 16 个地市实行环评限批。新处置铬渣 30 余万吨,基本实现铬渣当年产生当年利用处置完毕。阻止 17 批次固体废物非法入境。2013 年 1 月 1 日实施的修订后的民事诉讼法确立了环境公益诉讼制度,明确规定对环境污染、侵害众多消费者合法权益等损害社会公共利益的行为,法律规定的机关和有关组织可以向人民法院提起诉讼。2013 年 6 月,最高人民法院、最高人民检察院发布《关于办理环境污染刑事案件适用法律若干问题的解释》,从严打击环境污染犯罪,并对环境监管部门的"监管失职罪"规定了追加处罚措施。2013 年,全国公安机关共立案侦查环境污染案件 779 起,抓获犯罪嫌疑人 1 265 名。全国各级检察院起诉重大环境污染事故、非法采矿、盗伐滥伐林木等犯罪嫌疑人 20 969 人,在环境监管、污染治理、生态修复工程建设等领域查办职务犯罪 1 290 人,并通过督促起诉、检察建议等方式推动相关部门依法履行对环境资源的监管职责。全国各级人民法院共受理环境污染犯罪案件 134 件,审结 104 件,依法追究刑事责任 139 人。最高人民法院还通报了紫金矿业集团紫金山金铜矿重大环境污染事故案、云南阳宗海重大环境污染事故案、重庆云光化工有限公司污染环境案以及胡文标、丁月生投放危险物质污染环境犯罪等典型案件。

九、人权领域的对外交流与合作

2013 年,中国积极开展国际人权交流与合作,在联合国人权机构中发挥建设性作用,推动国际人权事业健康发展。

积极参与联合国多边人权会议。中国代表团出席了联合国第 68 届联大第三委员会、非政府组织委员会相关会议,参加了人权理事会第 22 至 24 次会议,人权理事会国别人权审查工作组第 15 至 17 次会议,在相关会议中,中国发挥建设性作用,积极表达人权政策主张,参与有关人权议题的审议和讨论。

通过第二轮国别人权审查。2013 年 10 月,中国在日内瓦顺利通过联合国人权理事会第二轮国别人权审查。137 个国家在会上发言,大多数国家充分肯定中国人权事业成就,支持中国根据本国国情进一步促进和保护人权。对各国在审议过程中提出的意见和建议,中国本着开放、认真的态度给予积极回应,接受建议 204 条,占建议总数的 81%,涉及减贫、教育、司法等 20 多个领域。2014 年 3 月 20 日,中国接受第二轮国别人权审查报告获得联合国人权理事会核可。

高度重视国际人权条约履约工作。中国已加入包括《经济、社会及文化权利国际公约》在内的 26 项国际人权公约。2013 年,中国向联合国禁止酷刑委员会提交了履行《禁止酷刑和其他残忍、不人道或有辱人格的待遇或处罚公约》第六次履约报告。中国执行《儿童权利公约》第三、四次合并报告和执行《〈儿童权利公约〉关于儿童卷入武装冲突问题的任择议定书》首次报告顺利通过联合国儿童权利委员会审议。

积极参与联合国人权机制工作。2013年11月12日,中国以176票高票当选2014年至2016年联合国人权理事会成员国。继续支持联合国人权事务高级专员办公室工作,承诺2014年至2017年中国对联合国人权高专办的捐款将提升至80万美元。接待联合国人权理事会"法律和实践中对妇女的歧视问题工作组"访华。积极参与和推动联大加强和增进人权条约机构体系有效运作政府间进程,参与数轮多边非正式磋商和专题讨论,就改善人权条约机构体系阐述中国立场和主张。中国的人权专家还分别当选联合国人权理事会咨询委员会和联合国禁止酷刑委员会委员。

通过人权对话与交流增进了解。中国与俄罗斯、巴基斯坦进行了人权交流与磋商,开展了中美、中欧、中德等人权对话。与美国举行中美法律专家交流,与澳大利亚开展人权技术合作,接待欧盟人权事务特别代表访华。派团出席了第13届亚欧非正式人权研讨会。中国人权研究会和中国人权发展基金会联合主办了第六届"北京人权论坛",论坛以"建设可持续的人权发展环境"为主题,围绕"法治与人权"、"社会建设与人权"、"区域安全与人权"等进行了广泛深入的讨论。

中国将一如既往地与国际社会一道,为促进国际人权事业的健康发展做出不懈努力。

论疑罪从无

疑罪从无是司法机关认定刑事案件待证事实应当遵循的重要证据法则,是现代法治国家处理刑事疑案的普遍做法,亦为我国刑事诉讼法所明文确认。何为疑罪?通常而言,疑罪是指已有相当证据证明被告人有重大犯罪嫌疑,但全案证据尚未达到确实、充分的程度,尚不能确认被告人就是真正的罪犯。疑罪从无,就是在刑事司法中出现这种既不能排除犯罪嫌疑又不能证明有罪的两难情况下,从法律上推定为无罪的一种处理方式。古今中外,关于疑罪的处理有一个认识不断变化的过程,而且多有波折,即使在当代西方法治发达国家,疑罪从无规则亦未能完全贯彻到全部疑案处理中去。我国现行刑事诉讼法确立了疑罪从无规则,在实践中也发挥了一定作用,但由于认识尚未完全统一、观念未能彻底转变,加之配套制度不够健全,司法实践中还存在着"疑罪从有"、"疑罪从轻"、"疑罪从挂"等现象,不仅造成个案的处理不公,而且严重影响到刑事司法的整体公正,个中缘由颇为复杂。因此,即使在刑事法治取得前所未有进步的今天,我们仍有必要对疑罪从无问题进行认真研究,以期促进全社会特别是公安、司法机关及其人员进一步统一思想、增进共识,共同致力于维护刑事司法公正,促进法治文明进步。

一、疑罪从无的历史溯源

自从人类历史上出现了诉讼这种纠纷解决的方式伊始,事实真伪不明案件如何处理一直是困扰裁判者的一个难题。从认识规律来看,司法办案中出现疑案是客观存在的,因为已然发生的案件事实并不尽然地给人们留下充足的证据,而留下的证据也并不尽然地能够为人们所发现和收集;况且,越是强化证据规则和法治意识,办案要求就越高,出现疑案的可能性就越大。在神示裁判时期,自然不会存在疑案的纠结;进入证据裁判时代后,面对疑案该如何处理?有罪?抑或无罪?在有罪和无罪之间这个模糊地带,还有一条道路可供选择:这就是倾向于认定有罪但从轻处理。

从历史发展来看,疑罪的处理大致经历了一个从有、从轻到从无的发展过程。疑罪从无的思想渊源是古罗马法规定的"有疑,为被告人之利益",亦即通常所说的"有利被告"原则。关于疑罪的处理,我国古代文献有不少记载:《尚书·大禹谟》有"罪疑惟轻、功疑惟重"、"与其杀不辜,宁失不经”的理论;《礼记·王制》有“疑狱,汜与众共之。众疑,赦之”的记载;《尚书·吕刑》有“五刑之疑有赦,五罚之疑有赦,其审克之”的记载。概言之,我国古代对疑罪有从无和从有两种处理方式:从无即对疑罪按无罪处理;从有又分为从实(罪疑时按有罪处理)、从轻(罪疑时认定为有罪,但减轻处罚)、从赎(罪疑时按照有罪处理,但可以金钱赎罪)三种情况。[①]“罪疑惟轻”虽然带有明显的时代局限性,但它的确蕴含了有利被告原则的合理因素。其后,古人提出的“众疑赦之”、“刑疑有赦”,显然比“罪疑惟轻”又前进了一步。由此看来,古代罗马法与中国古代法在处理疑罪问题上是不谋而合的,即都适用“有利被告”原则。其实,这也是历史发展的必然。

疑罪从无来源于早期的无罪推定。伴随着人类社会的不断发展,西方新兴资产阶级基于“天赋人权”的观念,在批判以肉刑和有罪推定为主要内容的中世纪司法专横的基础上,逐渐形成了无罪推定的思想。18世纪末19世纪初,无罪推定逐步成为刑事诉讼的基本原则,并被视为衡量一国刑事司法文明与法治化程度的重要标志。最早在理论上对无罪推定原则作出完整表述的是意大利刑法学家贝卡利亚(1738—1794)。1789年法国的《人权宣言》又首次在法律上确立了无罪推定原则。1948年联合国大会通过的《世界人权宣言》第十一条第一款规定,为在世界范围内贯彻这一原则提供了法律依据。从无罪推定原则的内涵一般可以引申出以下证据规则:(1)在刑事诉讼中,证明被告人有罪的责任由控诉方承担,被告人不负证明自己无罪的义务;(2)被告人有权拒绝陈述,不能强迫被告人自证其罪,也不能以其沉默作为有罪的根据;(3)在对被告人是否有罪或罪行轻重有怀疑时,应当从有利被告人的方面做出解释。[②] 这就说明,无罪推定原则是由一系列体现现代刑事司法理念的规则构建起来的,其中就涵盖了“有利被告”原则。可以说,无罪推定原则的产生,是“有利被告”原则历史发展的合乎逻辑的结果。而疑罪从无则是刑事诉讼尊重客观规律、体现司法文明、落实人权保障的重要规则,是由无罪推定原则引申出来的一条金科玉律。

我国对无罪推定的态度经历了一个曲折的发展过程。但历史已经再三明白无误地告诉我们:在刑事司法领域,不搞无罪推定,就难免不搞有罪推定;不搞疑罪从无,就难免不搞疑罪从有;任何形式的疑罪从轻、疑罪从挂,实质上都是疑罪从有。20世纪50年代中期,我国法学界对无罪推定原则先后进行了三次大的争鸣;1996年我国刑事诉讼法修改时吸收了无罪推定原则的基本精神。该法第十二条规定“未经人民法院依法判决,对任何人都不得确定有罪”;第一百六十二条则规定“证据不足,不能认定被告人有罪的,应当作出证据不足、指控的犯罪不能成立的无罪判决”。2012年修改后的刑事诉讼法继续保留了这两项规定,同时明确规定了控方应当承担举证责任,增加规定了不得强迫自证其罪原则,从而更加全面、准确地体现了无罪推定原则的基本要求。但从过去十几年的司法实践看,尽管我国刑事诉讼制度已经在很多方面吸收了无罪推定原则的内涵及其引申规则,但有罪推定的思想在一些司法人员头脑中依然是根深蒂固的,“疑罪从轻”、“疑罪从挂”的现象还不同程度地存在,纠问式的办案思维并未得到根本改变,犯罪嫌疑人、被告人在诉讼中的主体地位仍不够稳固,其人格尊严和法定权利难以得到应有的尊重和保护。

可见,没有疑罪从无的意识和观念,与无罪推定相关的诉讼程序和制度不可能在真正意义上建立起来,即使完整建立起来也难以转化为实际行动。当然,要实现真正意义上的疑罪从无也不是一朝一夕所能完成的,重要的是要朝着这个方向一直坚持走下去。在这个过程中,我们既要从

---

① 宋英辉:《刑事案件事实认定中的几个问题》,载《政法论坛》1991年第1期。

② 《树立现代刑事司法观念是正确实施刑事诉讼法的必由之路》,载《人民司法》2012年第11期。

历史的角度去审视,做到以史为鉴,明辨利害;又要强化理论阐述,让疑罪从无理论日臻完善;还要反思实践做法,权衡利弊得失,最终要让人们明白,在面对疑案时实行疑罪从无可能是唯一正确而又明智的选择。

二、疑罪从无的理论逻辑

疑罪从无源于历史上的"有利被告"原则,但其之所以能够在各国成为一项普遍遵循的重要司法规则,关键是其与现代民主、法治、人权等价值理念的契合。

(一)疑罪从无是人权保障理念的内在要求

尊重和保障人权是现代社会的基本价值追求,是民主法治的核心标志。伴随着2004年"尊重和保障人权"载入宪法,我国经济社会发展各领域日益重视人权保障工作,刑事司法领域落实人权保障的制度和观念亦取得显著进步。2012年修改后的刑事诉讼法将"尊重和保障人权"写入刑事诉讼法的基本任务,这是其自2004年载入宪法以来首次被写入基本法律。从一定意义上讲,刑事程序法律的精神就在于在惩罚犯罪的过程中强化人权保障,人权保障水平是衡量刑事诉讼程序和证据制度是否正当的重要考量因素。① 任何时候,我们绝不能为了打击犯罪而忽视被追诉者的人权保障,绝不能以牺牲对人权的保障为代价片面追求惩罚犯罪,甚至导致错判无辜,出现冤假错案。当然,刑事诉讼的基本功能毕竟是要追诉并惩罚犯罪,匡扶公平正义,否则其本源价值将难以体现出来。因此,对犯罪进行惩治是必须的。我们主张加强对人权的保障,固然要强调努力为人的自由全面发展创造条件,但也不能无原则地放松对犯罪的追究,所以进行刑事诉讼,必须正确处理好惩罚犯罪与保障人权的关系,在保障人权的前提下全力追究犯罪。

从追诉犯罪而言,疑罪从无可能是一种无奈的选择,但它的确是反思以肉刑为代表的野蛮追诉和以武断为标志的司法专横的产物。它与人权保障有着天然的联系,是刑事诉讼中尊重和保障人权的内在要求。在人权保障理念之下,如果根据案内证据无法排除疑点,则应按照有利于被告人的原则处理。对于疑案如果任由主观意愿恣意为之,或者为了获取证据搞刑讯逼供,或者久押不决、疑罪从挂,或者留有余地、疑罪从轻,这都将为严重侵犯人权甚至制造冤假错案埋下祸根。司法实践证明,在刑事诉讼中落实人权保障的要求,落实宪法关于公民自由权利的规定,就应当坚定不移地贯彻疑罪从无规则,任何形式的疑罪从挂、疑罪从轻都是疑罪从有思想在作祟,必须坚决予以摒弃,否则等待我们的必将是一桩又一桩让法律人感到耻辱的冤假错案。

(二)疑罪从无是秩序和自由的价值选择

美国法学家哈罗德·J.伯尔曼认为,良好的秩序是一切的基础。秩序和自由都是法所追求的基本价值目标。正确处理好秩序与自由的关系,对于在确保社会稳定的前提下最大限度地增添社会创造力至关重要。在经济社会快速发展的今天,在有能力、有信心对国家和社会进行有效管理的情况下,司法应当对人的自由全面发展、对人的尊严和权利给予更多关怀。为消除社会不稳定因素,依法制裁破坏社会秩序的违法犯罪是必要的,否则将无法保障国家利益、社会公共利益以及公民个人权益不受侵犯,无法维护国家和社会安全,也无法实现法的秩序价值。但在法治背景下,追求对犯罪的控制时并不可以为所欲为,毫无节制,底线是必须尊重和保障人权,以实现秩序和自由价值的平衡。我们不仅要关注犯罪是否得到追究,而且要关注一旦判错对无辜者造成的危害,并且要充分认识到,忽视对自由价值的追求和保障,正是导致这种错误的根源之一。"怀疑应该导致宣告无罪。因为,损毁一个无辜者的名誉,或者监禁一个无罪的人,要比释放一个

① 《中国刑事证据制度改革与发展需要处理好的几个关系》,载《中国法学》2011年第3期。

罪犯更使人百倍地不安。"[①]与此同时,我们还要看到,犯罪已经对社会秩序产生了破坏,如果在罪疑的情况下仍然坚持定罪科刑,一旦冤枉了无辜,势必对秩序形成"二次加害",产生新的受害人,累积起来对于社会整体秩序所产生的负面影响是巨大的。

在刑事诉讼中不枉不纵是一种理想状态,但这种理想并不总是能够照进现实。长期以来,我国刑事诉讼理论中占主导地位的是不枉不纵观念,甚至将其视为判断刑事司法制度优劣的标准。"这种观念看似不偏不倚,但在司法实践中却极易滑向宁枉勿纵、重刑主义、重打击轻保护、重实体轻程序的法律文化传统,导致司法实践中不可能有'不枉'与'不纵'的简单并重"。[②] 疑罪从无并不是针对理想诉讼状态而确立的一种诉讼制度。[③] 疑罪从无的最大风险就是有可能放纵犯罪,而疑罪从有的最大恶果就是有可能出现冤假错案。应当说,两种结果都是我们不愿意看到的,但在必须做出抉择的时候,就要权衡哪种结果对社会秩序的破坏更大。在法治发展进步的今天,"宁枉勿纵"肯定是不合时宜的,为此,我们应当转换一下思路,这就是"宁可错放,也不可错判"。[④] 从语义上说,"错放"是指对被告人按照疑罪从无释放后,根据新的事实、证据重新追诉,或者虽未重新追诉但客观上仍可能就是罪犯的情形,并不是说"放"的本身错了,在证据不足的情形下实行疑罪从无无疑是正确的;而"错判"则是指将无辜者错误判为有罪。主张"宁可错放,也不可错判"绝非是要放弃对秩序价值的追求,甚至可以说这是一种更深层意义上的秩序、价值追求。惩罚犯罪是维护和修复社会秩序的需要,而保障无辜者不被冤枉是在一种更高层面上维护良好的社会秩序,疑罪从无就是在这个层面上体现了对社会秩序的追求和保障。如果允许国家司法机关在证据存有疑问的情况下仍然可以将人入罪,那么很可能就会出现司法权力的滥用和专横,如此情况下,岂不人人自危?在这种情况下,谁能保障社会上的无辜者不被错误追诉、不被冤枉入罪?所以说,一项好的制度并不能保证百分之百地做到不放掉一个坏人,但应当百分之百地保证不冤枉一个好人。因此,即使实行疑罪从无可能导致放掉一个坏人,我们也不能因噎废食地轻易否定该项制度。事实上,任何一项制度的确立和实施都不可能是没有任何代价的。在新的时代条件下,为防范冤假错案的发生,刑事司法人员必须树立起疑罪从无的观念,彻底抛弃或多或少残存的有罪推定思想,将保障无罪的人不受刑事追究确立为刑事诉讼不可逾越的一条红线,依法保护公民的正当权利,维护司法文明和理性的社会秩序。在出现了疑案的情形时,应当严格依据证明标准,坚持疑罪从无,"本着宁纵勿枉的精神,对定罪事实不清、证据不足而未达到法定证明标准的案件依法作出无罪判决,而不得疑罪从有,搞留有余地的判决"。[⑤] 在具体方法上,根据所处的诉讼阶段,可以因案而异,宣判无罪、撤回起诉、撤销案件都不失为落实疑罪从无的具体方式,最终目的都是要让全社会感受到疑罪从无带来的公平正义,感受到社会的安定有序。

(三)疑罪从无是司法民主理念的必然要求

司法民主是人民民主在司法领域的具体体现。根据司法民主的要求,司法活动必须充分吸收诉讼当事人和人民群众参与诉讼进程,必须尊重与保障诉讼当事人和其他诉讼参与人的各项合法权益。作为法治国家的一项基本原则,司法民主就是要使司法过程最大限度地实现公开化、透明化,要让人民群众能够以看得见的方式来实现正义;就是要确保公民的知情权、参与权、表达

---

① [法]勒内·弗洛里奥:《错案》,赵淑美、张洪竹译,法律出版社2013年版,第225页。

② 熊秋红:《冤案防范与权利保障》,载《法学论坛》2010年第4期。

③ 张建伟:《证据法要义》,北京大学出版社2009年版,第56页。

④ 《我们应当如何防范冤假错案》,载《人民法院报》2013年5月6日第2版。

⑤ 卞建林、张璐:《刑事证明标准的理解与适用》,2013年7月20日第四届证据理论与科学国际研讨会论文。

权，进而实现对司法工作的有效监督。基于此，在刑事诉讼中，司法民主最重要的是以公开透明的诉讼程序，最大限度地保障被告人的诉讼权利，从根本上改善被告人在诉讼中的法律地位。在现代刑事诉讼程序中，被告人是诉讼的主体，是作为诉讼权利和义务主体参与诉讼活动的，从任何意义上讲，他都不能成为诉讼的客体。因此，在诉讼中对被告人予以任何罪犯的认知和处遇，都会被认为是实行有罪推定的结果。实行无罪推定、疑罪从无，有助于防止可能出现的错误追诉和对被告人合法权益的非法侵犯。

此外，我们还应当认识到，充分保障被告人诉讼权利有助于保证专门机关正确处理案件。被告人是刑事诉讼的中心人物，没有被告人就没有刑事诉讼。被告人与诉讼的结局有着最为直接的利害关系，如果被指控的犯罪得到证实，他就可能成为科刑的对象，受到法律的惩罚。① 因此，被告人在参与诉讼活动中，从积极防御的角度提出的看法和意见，有利于弥补办案人员认识上的不足和局限，避免"偏听偏信"。在尊重和保障被告人各项诉讼权利的基础上，如果仍然出现疑案的情形，则应遵循疑罪从无的要求作出裁判，使案件得到公正处理，让民众在看得见的诉讼程序中感受到公平正义。当事实真伪不明之时，法律决不可模棱两可，而必须给出一个确定的、唯一的"交代"，唯有如此才能体现法律的预设性和确定性。

（四）疑罪从无是程序法治原则的重要体现

法谚有云：程序是法治和恣意而治的分水岭。诉讼不仅应当追求结果公正，同时也应追求过程公正。"理想的正义是形式要素和实体要素之和"。② 在刑事诉讼中，实体公正和程序公正二者缺一不可，实现裁判的实体公正必须经过一系列公正的程序。众所周知，法治首先表现为规则之治，没有程序保障的法治是不完整的，但程序规则本身应当体现法治的精神，亦即实现程序法治。程序法治原则的核心就是规范和制约公权力，尊重和保障人权。刑事诉讼事关公民的生命、自由和财产，必须要按照程序法治原则的要求，建构正当的诉讼程序。在程序法治观念和制度下，反对刑讯逼供、反对违法取证都是应有之义，刑事司法人员必须遵循法定程序，严格依法办案，对违反法定程序的行为要承担相应后果，给予必要的制裁；严重的程序违法不仅要追究有关人员的责任，还可能导致诉讼不能继续进行、相关证据被依法排除，进而产生证据不足、指控的犯罪不能成立、被告人被宣告无罪的后果。

2012 年修改后的刑事诉讼法从立案、侦查到起诉、审判等诸多方面均强化了程序法治原则方面的要求：刑事诉讼法第一百七十一条明确规定，人民检察院在审查起诉阶段，对于二次补充侦查的案件，仍然认为证据不足，不符合起诉条件的，应当作出不起诉的决定。这就从根本上改变了原来"可以"不起诉的规定，为疑案筑起了一道有效的"拦截"程序，体现了疑罪从无的要求。再如，非法证据排除制度的确立，为疑案处理提供了制度依据，否则，对于非法取得的证据，用之则留下隐患，弃之则又会有各种各样的担忧。设计再好的程序制度和规则，如果没有一定制裁性后果加以约束，最多只能算作是一种建议和忠告。疑罪从无无疑是能够使程序法治原则落到实处的最重要保障。在刑事诉讼中，通过严格的程序规范，从侦查、起诉进入到审判环节，如果最后由于举证不能或因非法证据被排除，导致指控的事实证据不足，任何迁就性、妥协性的裁判都必定会使法律"颜面扫地"，唯有坚持疑罪从无方能彰显程序法治之魅力。

三、疑罪从无的实践理性

毋庸置疑，从国家设立刑事司法体系的角度来看，查清事实真相对于任何案件来说都是最佳

---

① 《法学精要》，华艺出版社 1995 年版，第 189 页。

② ［美］戈尔丁：《法律哲学》，齐海滨译，三联书店 1987 年版，第 237 页。

结果，但同时疑案又是客观存在的。在司法实践中，无论是侦查、公诉机关还是审判机关，主观上当然都不希望出现疑案，然而，受制于各种现实的、客观的因素，疑案在一定条件下又不可避免地会出现，疑罪从无就是处理疑案的一种技术性手段和方式。

（一）疑罪从无是遵循认识规律的必然结果

我国证据法坚持以辩证唯物主义认识论为指导，将认识论的基本原理与诉讼证据运用的特殊规律结合起来，形成了诉讼认识论，并将其作为证据法的基础理论。① 辩证唯物主义认为，以实践为基础的认识活动，是主体对客体的能动的反映活动，承认人通过实践能够正确反映客观实际，认识客观事物。② 但人类的认识是有限性与无限性的统一，一方面，人类能够正确认识无限发展着的客观世界；另一方面，客观世界在时间和空间上都是无限的，人们已获得的正确认识通常只是对整个客观世界一个部分、一个层次、一个方面、一个发展阶段的认识。因此，人们总是在实践的基础上不断扩展、深化认识，把认识向前推移，进而无限接近客观世界。具体到刑事司法实践，办案人员在诉讼中查明案件真相，准确认定犯罪事实和犯罪人，在一定条件下是能够实现的，办案人员能够通过证据去基本再现案件事实，查明案件事实真相。在这个过程中，“证据成为认识主体——办案人员与认识客体——案件事实之间不可或缺的桥梁。”③站在历史的角度看，从神明裁判到证据裁判，是从非理性到理性、从愚昧到科学的进步。在现代诉讼中，裁判必须建立在诉讼证据的基础之上，对于诉讼中事实的认定，应依据有关的证据作出，没有证据则不得认定事实，此乃证据裁判原则之要义。

然而，在特定时空条件下，办案人员的诉讼认识活动除了受到认知能力和水平等限制外，还会受到证据掌握状况、诉讼期限、运行程序和规则、司法执法环境等方面的制约，毕竟刑事案件中的事实认定并非总是黑白分明的，有时会出现“灰色地带”，即无法准确判定被告人究竟是有罪还是无罪的状况。④ 犯罪事实本是一件发生在过去的历史事件，在现有科技条件下，我们尚无法实现真正意义上的“穿越”，难以实现时空回溯、全然重现，仅能借由犯罪发生时遗留下来的证据“碎片”进行“拼接”“组合”，尽最大努力还原案件本来面目。但同时，恰恰由于要依靠收集来的证据对事实进行认定，在实践中，受制于上述各种限制性条件，有些案件客观上就是破不了、抓不到、诉不了、判不了。对于这样的情况，我们必须要正视并找到正确的出路。如果不顾现实，盲目地要求“限期破案”“命案必破”“诉必有罪”，不切实际地下达破案率、有罪率等不科学、不合理的考评指标，必定会使办案人员承受诸多有形或无形的压力。因此，有关主管部门明确要求健全、完善执法办案考评标准，不提不切实际的口号和工作要求，“严禁各地下达刑事拘留数、发案数、破案数等不科学、不合理的考评指标，这些考评指标可能导致民警受压力而刑讯逼供、办错案、办假案。”⑤虽然“限期破案”“命案必破”等提法的初衷是好的，是为了严厉打击犯罪以增强群众的安全感，但实践中的不当做法和客观上的危害后果告诉我们，刑事诉讼认识活动还是应当尊重认识规律和司法规律，否则，不规范的司法行为会成为一种普遍存在，导致案件质量经不起事实、法律和时间的检验。

因此，在刑事司法实践中，我们既要坚持以辩证唯物主义认识论为指导，坚信事实真相是可知的，是可以被认识的，但同时我们也要清醒地看到，人对于事实的认识是有局限性的，在特定条

---

① 陈光中主编：《证据法学》，法律出版社2011年版，第82页。

② 《马克思主义哲学》编写组：《马克思主义哲学》，高等教育出版社2009年版，第254页。

③ 陈光中等：《诉讼真实与证明标准改革》，载《政法论坛》2009年第2期。

④ 何家弘：《刑事错判证明标准的名案解析》，载《中国法学》2012年第1期。

⑤ 周斌、蒋皓：《政法机关集体发声主动纠正冤假错案》，载《法制日报》2013年7月11日第5版。

件下有些事实真相尚难以全面揭示。所以,无论是查清事实后判决有罪或者无罪,还是出现了疑案作出无罪处理,都是遵循认识规律的必然结果,在这一点上二者并无本质的区别。

(二)疑罪从无是全面落实刑事诉讼目的的重要方式

任何社会活动都有一定的目的,刑事诉讼活动也不例外。通常而言,刑事诉讼目的是国家进行刑事诉讼活动所要达到的理想结果,是一切刑事诉讼活动的起点和终点。日本学者田口守一就认为,诉讼目的是复合性的、具有阶段性的立体结构。① 刑事诉讼目的对证据制度的影响是直接的。如果刑事诉讼只是为了惩罚犯罪,那么为达到这个目的,程序规则和证据制度便要完全为其服务,各项具体制度也只能围绕惩罚犯罪来设计和安排。而一味地以惩罚犯罪为目的,就难免会出现为追究犯罪而不择手段的功利化倾向,于是就很容易导致制度上的错位。比如,为了获取口供而刑讯逼供,否定和排斥辩护权等。"惩治犯罪和保障人权是刑事诉讼目的不可分割的两个方面,片面地注重一面而忽略另一面,必然违背刑事诉讼法的根本宗旨。"②我国刑事证据制度的改革与发展必须要坚持惩罚犯罪与保障人权并重。

疑罪从无不仅是人权保障理念的内在要求,而且也是实践中完整落实刑事诉讼目的的重要方法,否则,即便我们的观念多么完美、制度多么良善,但到了实践中都会成为一纸空文。在面对疑案,面对可能侵犯无辜者人权的情况下,要实现惩罚犯罪的目标,如果不"另辟蹊径",着眼于查找真正的罪犯,却盯住存疑的所谓被告人不放,不仅会冤枉好人,而且会导致真正的罪犯逍遥法外,何谈全面实现刑事诉讼目的? 因此,我们只有理性、冷静地反思、审视全案,用疑罪从无的方法及时将诉讼各方从疑案中解脱出来,才有可能使惩罚犯罪和保障人权的目的得到平衡实现。

屡屡出现的冤假错案不断告诫我们,我国刑事诉讼还存在着为了惩罚犯罪而无视和突破原则底线的做法。惩罚犯罪一旦成为或者在事实上成为刑事诉讼的唯一目的,那么在刑事诉讼中贯彻人权保障原则就会不可避免地遇到巨大阻力,像疑罪从无这样已经成为共识的理念就会无法"落地"而沦为摆设。刑事司法人员应当正确认识到:证据确实充分条件下的有罪判决、无罪宣告以及有罪指控、存疑时的疑罪从无,都是刑事案件经过公正审判后的正常处理方式,都能从不同方面推动实现刑事诉讼的目的,绝不可以认为,诉讼的进行非要法院最终作出有罪判决才是实现了"案结事了"。

(三)疑罪从无是应对司法资源有限性的客观需要

公正是司法的固有品质,而迅速、及时审判既是刑事被告人的一项诉讼权利,又是公正审判的一项国际公认的标准,很难想象一个无休止的久押不决、久审不判的案件,最后的裁判达到了公正审判的司法效益。③ 其实,在任何国家,司法资源都是有限的。这一点,在证明资源上表现得尤为突出。"探求不可逆的历史事实,受到价值理性的主观性限制,也受到事实反映性程度的客观限制,用于证明的资源十分有限,因此,事实证明的需要与证明资源有限性的矛盾,是证据法中的根本矛盾。"④正因为如此,证明资源的有限性,已成为研究证据法不可忽视的基本规律和出发点。⑤ 刑事诉讼运行的成本很高,因而许多国家都在法律上为诉讼的各个环节确定了一定的期限,目的就在于防止案件久拖不决,过度耗费司法资源。相对于疑罪从无,疑罪从有会无限度地增加诉讼各方的投入,而且事后一旦被证实无罪,国家赔偿等善后工作的投入更是不可估量。由

---

① [日]田口守一:《刑事诉讼的目的》,张凌、于秀峰译,中国政法大学出版社 2010 年版,第 41 页。

② 樊崇义主编:《刑事诉讼法实施问题与对策研究》,中国人民公安大学出版社 2001 年版,第 8 页。

③ 樊崇义:《迈向理性刑事诉讼法学》,中国人民公安大学出版社 2008 年版,第 475 页。

④ 龙宗智:《证据法的理念、制度与方法》,法律出版社 2008 年版,第 3 页。

⑤ 龙宗智:《两个证据规定的规范与执行若干问题研究》,载《中国法学》2010 年第 6 期。

此可见，实行疑罪从无，有助于及时将司法资源从疑案状态中转移出来，从而避免继续无谓地投入更多没有效益的成本。

有的人可能会说，不能为了追求降低司法成本而放松对犯罪的打击。但事实上，对于实行疑罪从无的被告人，如果有新的事实、新的证据证明其是真正的犯罪人，并不受一事不再理规则的约束，是可以重新启动诉讼程序并追究其刑事责任的。从这个意义上说，收回拳头是为了更加准确地出击。我们主张疑罪从无，是为了从“模棱两可”的“泥潭”中及时解脱出来，是为了更加有力地打击真正的罪犯。因为让真正的罪犯逍遥法外，这才是最大的打击不力和最大的司法不公。不按照疑罪从无规则去处理，搞不恰当的“留有余地”，势必会使可能的罪犯逃脱制裁，将来即使能够纠正也会增大追究成本；如果按照疑罪从挂处理，久押不决，在人、财、物等各方面只会增添更大的负担。权衡再三，疑罪从无是司法资源有限条件下处理疑案的不二选择。

（四）疑罪从无是规范司法权行使的现实要求

任何权力都必须受到规范和制约，权力不加约束和监督就会犹如脱缰野马一样无法控制，司法权也不例外。司法权的规范只有一般号召是远远不够的，必须形成一系列的制度机制加以约束。在刑事实体法上，最重要的是要落实好罪刑法定原则，对被告人的任何不利选择都必须做到于法有据；在刑事程序法上，最重要的是要落实好“有利被告”的精神和疑罪从无的规则，确保专门机关的权力在程序法治的轨道上有序运行。疑罪从无对司法权的规制是通过两个方面来发挥作用的，包括防止权力的怠用和滥用。根据疑罪从无的要求，每一个专门机关都应当依法履行法律赋予的职权和责任，所办理的案件必须做到事实清楚、证据确实充分，绝不可基于部门利益或者其他法外因素的考虑，怠于行使权力，将明显“存疑”的案件“推给”后面的机关。从另一个方面来看，既然法律明文规定了疑罪从无，那么根据此要求，在发现所办案件存疑时，相应的专门机关就应当依法作出“从无”的处理，包括撤销案件、不起诉、无罪判决等。对疑案作出任何形式的“从有”处理，都是一种权力的滥用，势必严重侵害被告人的合法权益。

在刑事诉讼中，司法权滥用最为突出的表现就是刑讯逼供，有的办案机关在未掌握有力的客观证据时，往往是倾向依赖刑讯寻找突破口，这是一种非常危险的做法。正如意大利著名刑法学者贝卡利亚所指出的，想让痛苦成为真相的“试金石”，似乎不幸者的筋骨和皮肉中蕴藏着检验真相的尺度，刑讯能保证使强壮的罪犯获得释放，并使软弱的无辜者被定罪和处罚，这就是那臆想的真相尺度造成的致命弊端。① 刑讯逼供是有罪推定和疑罪从有的孪生兄弟，是刑事司法权滥用的结果，不仅严重侵害当事人的合法权利，而且会导致冤假错案的发生。一段时期以来，针对不断发生的冤假错案问题，中央各政法主管部门积极研究出台相关政策措施，不断加强和改进执法办案工作，在及时依法纠错的同时，尽最大努力防范冤假错案。公安部日前下发了《关于进一步加强和改进刑事执法办案工作切实防止发生冤假错案的通知》，要求各地公安机关健全、完善执法制度和办案标准，从源头上防范冤假错案，还特别强调“今后凡是被法院判决无罪的案件，各地公安机关都要逐案解剖、点评、通报。建立冤假错案责任终身追究机制，对有故意或重大过失的执法办案人员，依法追究责任。”②这显然是一个好的动向，也是我国刑事诉讼由过去的侦查中心主义向审判中心主义转变的一个不可忽视的重要信号。当疑案情形出现时，就是要通过一个又一个案件的撤销、不起诉、宣告无罪，逐步引导和规范侦查、起诉、审判各环节的追诉活动，使刑罚权的使用真正规范起来，切实避免任何形式的滥用。监督制约机制的建立，既能够有效防止滥用

① ［意］切萨雷·贝卡利亚：《论犯罪与刑罚》，黄风译，北京大学出版社 2008 年版，第 37 页。

② 周斌、蒋皓：《政法机关集体发声主动纠正冤假错案》，载《法制日报》2013 年 7 月 11 日第 5 版。

权力，又能够为不愿意滥用权力的办案人员提供一种制度保障。制度的刚性约束本身也能够起到一种潜移默化的效果，这就是会使越来越多的办案人员形成依法行使刑罚权的良好习惯，在追求实体正义的同时，更加注重坚持依法办案，致力于追求和维护程序正义。

（五）疑罪从无是防范冤假错案的唯一选择

面对现实中的两难境地，在刑事诉讼各阶段坚决贯彻疑罪从无，可以说是防范冤假错案的唯一选择。证明的目的是发现和揭示案件真相。然而，正如前文所言，由于主客观方面存在的种种原因，并非每一次证明活动都能达到这个目的。对于那些"虚实之证等，是非之理均"，既不能充分证明，又不能排除合理怀疑而达到内心确信的所谓"疑案"如何处理，这是任何诉讼制度都要碰到的难题。对于疑案，仅从概念上讲不枉不纵并不能解决实际问题，因为到了诉讼中，特别是司法审判这一最后阶段，无论是追求"不错放"还是"不错判"都是两难的选择。客观地说，"错放"抑或"错判"都背离了我们追求的目标，但"两害相权取其轻"，我们宁可放掉可能的坏人，也不能冤枉真正的无辜。培根有言：一次不公的判断比多次不平的举动为祸犹烈。因为这些不平的举动不过弄脏了水流，而不公的判断则把水源败坏了。①

有人主张，对疑案既不搞疑罪从有，也不搞疑罪从无，要讲实事求是。然而，疑案之所以成为疑案，就是因为事情不实。既无"实事"，何以"求是"？所以，在疑案的处置上只讲实事求是恐怕是解决不了问题的。有的地方正是在实事求是的口号下对案件搞起了疑罪从挂，出现了久押不决的问题，这类案件虽然为数不多，但危害却不容小觑，而且这种做法对法治和人权的危害尤甚，实质上就是搞有罪推定。从相继暴露出来的几起冤假错案看，大多数案件当时就发现了疑点，有的疑点还很大，关键是没有下决心作出从无的处置，采取了疑罪从轻，最终经不起检验，损害了法治的尊严和权威。这些冤假错案被发现并得到纠正，有的是因为真凶归案，有的是因为"亡者"归来，导致原来存在的疑点成为现实。这样一种低概率的纠错，从一个侧面说明了在我们的刑事司法中，不搞疑罪从无，会存在多么大的不确定性风险。

活生生的冤假错案一再告诫我们，在现代法治条件下，对疑案采取从无处理，虽不是最佳的选择，但也的确是唯一可取的办法。因为既然是疑案，那么无论做何选择，必定是有利有弊的。古今中外的司法实践已经证明，疑罪从无总体来说是利大于弊的，尽管有关疑罪从无的争论从未停止，但其仍然在披荆斩棘中艰难前行。刑事法治的发展离不开疑罪从无的确立和实施，可以说，疑罪从无是一国刑事法治文明程度的"晴雨表"。缺失疑罪从无，很可能就会产生多米诺骨牌效应，影响整个刑事法治的正常运行。因而，无论现实存在多大的阻力和困难，我们对疑罪从无的理念和规则都要坚定不移地加以贯彻。

四、疑罪从无的实现路径

如前文所述，正因为疑罪从无既具有深厚的历史渊源，又符合司法的理论逻辑和实践理性，因而，这一曾经备受争议的司法规则已为世界各国所接受和推崇。尽管在古今中外的刑事司法中，疑罪从无似乎都难以完全实现，但从有效保障人权、惩罚真正罪犯、促进司法文明的角度来说，这应当是我们努力追求的目标。为实现这个目标，我们必须建构起适用于刑事诉讼各个阶段的疑罪从无思想和规则体系，使疑案出现时能够自动转入"疑罪从无"的运行轨道，不能排除合理怀疑则应作"从无"处理，能够排除合理怀疑则转入正常轨道运行并定罪量刑。为此，我们至少应当从以下几个方面着手，使疑罪从无规则能够无缝嵌入刑事诉讼各环节、全过程：

---

① 培根：《论司法》，载《培根论说文集》，水天同译，商务印书馆1983年版，第193页。

（一）思想上牢固树立疑罪从无观念

思想是行动的先导，没有思想观念指引的行动是盲动的，而没有正确思想观念指引的行动则可能是恣意的。制度的效能是否能充分发挥出来，往往要仰赖与制度相匹配的观念。“作为一个国家，在错误观念没有得到改变之前来修正我们的制度是非常艰难的。然而，改变了相关的错误观念后，我们能够大幅减少冤案，并在这一过程中创造一个更加安全的国家”。① 正确观念可以转化为建设性的行动，反之，错误观念一旦形成，带来的只能是非建设性甚至破坏性的行动，即使有好的制度也往往会被架空，更谈不上创新和完善。因此，改革必须以观念更新为前提，以制度创新为基础，这是所有改革的基本路径。在刑事司法发展进程中，我们通常比较注重制度建设，观念的更新则总是跟不上节拍，这是导致不少好的改革措施达不到预期效果的症结所在。树立疑罪从无观念，关键在于对这一观念要有正确的认知。要避免两个误区：一是将疑罪从无视为司法工作的“绊脚石”，认为其是专门为保护被告人所设立的规则，不利于司法机关查办案件；二是将疑罪从无作为司法懈怠的“挡箭牌”，只要发现案件有疑问就索性按照无罪处理。前者对疑罪从无持消极抵触态度，而后者则恣意扩大了疑罪从无的适用范围而导致滥用。两种错误观念都是对疑罪从无规则的误读。

疑罪从无是无罪推定原则的重要内容，是人权保障的必然要求，但同时也是司法人员摆脱面对疑案必须做出处理决定这一窘境的有效方法，是防范冤假错案的唯一选择。但是，疑罪从无是有其特有内涵的，不能随意作限缩或扩张性解释，“疑罪从无”不等于“疑问从无”。正如前文所述，疑罪是指已有相当的证据证明被告人有重大犯罪嫌疑，但全案证据尚未达到确实、充分的程度，尚不能确认被告人就是真正的罪犯，在这种情况下的“疑罪”才能“从无”。排斥疑罪从无，就只能是搞疑罪从有，容易导致侵犯被告人人权，滋生冤假错案；而滥用疑罪从无，就会导致司法权力的懈怠，进而放纵犯罪，不利于有效维护被害方权益和社会公共秩序，因而这两种错误观念在实践中都是有害的。因此，树立疑罪从无观念，就必须对疑罪从无的适用情形有一个准确的理解。

虽然我国刑事诉讼法没有对何为“疑罪”作出明确的界定，但是对何为“证据确实充分”进行了明确规范。现行刑事诉讼法第五十三条明确规定，“证据确实、充分”应当符合以下条件：（一）定罪量刑的事实都有证据证明；（二）据以定案的证据均经法定程序查证属实；（三）综合全案证据，对所认定事实已排除合理怀疑。最高人民法院《关于适用〈中华人民共和国刑事诉讼法〉的解释》第六十四条第二款再次重申：“认定被告人有罪和对被告人从重处罚，应当适用证据确实、充分的证明标准。”中央政法委近日出台了关于切实防止冤假错案的指导意见，明确要求“对于定罪证据不足的案件，应当坚持疑罪从无原则，依法宣告被告人无罪，不能降格作出‘留有余地’的判决。对于定罪确实、充分，但影响量刑的证据存在疑点的案件，应当在量刑时作出有利于被告人的处理。”②上述这些规定符合“有利被告”原则的精神，也从不同侧面体现了疑罪从无的要求。疑罪从无适用于所有刑事案件，但不是每一个刑事案件都可能遇到，只有出现疑案时才会真正适用。疑案主要系因“全案证据尚未达到确实充分的程度”所致，在此情形下，审判机关只能依据证明标准作出“从无”裁判。诚如学者所言，罪疑唯有利于被告原则并非个别证据认知之原

---

① ［美］吉姆·佩特罗、南希·佩特罗：《冤案何以发生：导致冤假错案的八大司法迷信》，苑宁宁等译，北京大学出版社2012年版，第83页。

② 蒋皓：《中央政法委出台意见要求：严格遵守法律程序制度坚守防止冤假错案底线》，载《法制日报》2013年8月12日第1版。

则，而系针对现存证据已为证明力之评价后，仍无法获致有罪确信，而仍存有合理怀疑时，支持犯罪事实判断之原则。实行疑罪从无，必须要严格依照法律规定精神来理解和贯彻落实，任何主观臆断和曲解都将给司法实践带来危害，并反过来危及疑罪从无规则的落实。综观我国现阶段的司法实践，落实疑罪从无，尚须从以下几个方面进一步作出努力：

1. 公、检、法机关及其办案人员应将落实疑罪从无视为义不容辞的责任

对于从事刑事司法工作的公检法机关办案人员而言，无论是担任刑事警察、检察官还是法官，都是刑事司法体系的主体，在维护刑事司法公正方面担负着共同的责任，在取证、举证、质证、认证各司法证明环节都发挥着重要的作用。对于证明目标而言，侦查、起诉、审判都要以法律规定的“证明标准”为准绳，符合者则立案、起诉、定罪，不符合者则应按照疑罪从无的要求处理。如果抱持不正确的司法政绩观，认为案件不破、不立、不起诉、不入罪就是无能，即使发现有疑问也将错就错，甚至通过各种方式给后面的诉讼环节施压，冤假错案一旦铸成，就会对司法公正造成极大的伤害。树立疑罪从无的观念，必须突破部门本位主义的樊篱，以公平、正义作为共同的履职目标和价值追求，所有的诉讼行为都应朝着证明和查清事实方向努力，无论是有利还是不利于被告人的证据都应该完整地进入案卷，在程序流转过程中将涉及定罪、量刑的所有证据移交至下一环节，这对于确保案件质量非常重要；尤其是对被告人有利的证据绝不能“藏着掖着”，为使指控成立而故意隐瞒。在具体案件中，如果控方不披露无罪或罪轻等有利于被告人的证据，那么被告人及其辩护人甚至法官都很难知道并拥有这些证据，在这样的背景下，强调侦控方的客观性义务，注重办案人员的职业操守尤为重要。

2. 共同营造疑罪从无的良好社会氛围

众所周知，无论有多么崇高的法治理想，如果没有良好的社会氛围也是难以实现的。法治关乎每一个人，疑罪从无的贯彻落实也与每一个人息息相关，或者是现实相关，或者潜在相联。因此，社会各界关注司法不仅仅要热情主动，而且应当理性客观。从现实情况看，司法机关面对一个疑案，往往是“从有”易，“从无”难。一个刑事案件特别是命案发生后，方方面面都很关注，特别是被害方，要求尽快破案、严惩罪犯的呼声往往很强烈，而且很容易得到民众的同情与支持，这是可以理解的。但这种来自媒体和民众的呼声会给办案机关及其人员带来巨大压力，有一些冤假错案就是在这样的舆论环境下形成的。我们必须明确地告知社会各界，司法机关追诉的必须是真正的罪犯，而认定犯罪靠的是事实和证据；由于证据原因可能短期内甚至可预见的未来都无法缉获真凶、追究刑责，司法机关只能按照疑罪从无规则处理。事实上，“无辜之人为他人的罪行赎罪并不能令犯罪的受害者感到多么欣慰，因为硬币的两面性意味着真正有罪之人逃脱了司法制裁”。① 因此，全社会特别是犯罪的被害方都需要有一个正确的心态来看待疑罪从无这个问题。司法界要通过一个又一个案件的审判、法学界要通过一篇又一篇文章的阐释，努力引导全社会树立起无罪推定的观念，让疑罪从无真正深入人心，只有这样，我们才能共同为坚守公正司法的底线创造宽松、理性的社会环境。

疑罪从无是个专业性很强的法律问题，要获得社会各界的理解与支持，就必须对疑罪从无作必要的“推介”。我们不仅要告知民众什么叫疑罪从无，当出现疑案时为什么要实行疑罪从无，如何实现疑罪从无，而且还要澄清“从无”并不代表对于疑案就此收手，亦不代表对已经发生的犯罪永远“从无”。为了消除疑虑，就需要释明疑罪从无的后续措施：一是疑罪从无并不意味着放弃对

① ［美］吉姆·佩特罗、南希·佩特罗：《冤案何以发生：导致冤假错案的八大司法迷信》，苑宁宁等译，北京大学出版社2012年版，第322页。

犯罪的追究；二是宣告无罪一般情况下意味着真正的罪犯没有归案，侦查机关将会继续缉拿；三是如果有新的事实和证据，证明放掉的人就是真正的罪犯，仍然可以将其绳之以法。总之，要通过社会各界的共同努力、良性互动，为司法机关公正办案营造良好的司法环境，为疑案处理提供有利条件。

3. 合理把握，防止走极端，把本应定罪的案件当成疑案处理

在司法实践中，适用疑罪从无规则，既要防止理解偏差，又要注意矫枉过正。疑罪从无并非不顾具体案情一律适用的通行规则，而是在直接影响被告人有罪认定的事实不清、证据不足时的一种特殊处理方式。对于一般案件中的那些细枝末节和不影响关键性事实的疑点，是不能随意适用疑罪从无规定的，否则会让人"草木皆兵"、无所适从。同时，我们在强调思想上要树立疑罪从无观念时也要看到，古今中外任何国家、任何司法制度之下，都难以做到完全杜绝冤假错案。美国大法官安东尼·斯卡利亚在谈及本国的冤案时表示，被判处重罪的无辜的人所占比率近三百分之一，精确地说即0.27%，拥有一个刑事惩罚制度，前提是接受一些人被错误惩罚的可能性。① 这就是说，我们在追求疑罪从无目标的同时，对极少数案件，由于种种原因未能做到疑罪从无也要有一定的容忍度，做到鼓励正确，宽容错误，否则将会束缚办案人员的手脚，使疑罪从无走向另一个极端——只要有疑点就不敢下判，这无疑可能会放纵犯罪，且与我们积极倡导疑罪从无的初衷是相悖的。

（二）强化控、辩、审三方的相互制约

诉讼模式所要解决的是"控诉、辩护、审判三方在刑事诉讼中的地位及其相互间的关系"问题。② 综观各国的诉讼模式，以大陆法系的职权主义诉讼模式和英美法系的当事人主义诉讼模式较为典型。总体上看，我国目前实行的是一种既偏重于职权主义又具有对抗制因素的"混合型"诉讼模式，它在一定程度上吸收了两种诉讼模式的优点。③ 在这样的诉讼模式之下，就控、审而言，公、检、法机关是"分工负责、互相配合、互相制约"的关系；就控、辩而言，则是平等对抗的关系，控方指控犯罪，同时承担客观性义务，辩方进行积极的诉讼防御；就整个控、辩、审而言，是"等腰三角形"结构下的一场"对话"。这样的安排本身并无问题，特别是伴随着刑事诉讼法的不断完善，辩方的各项权利保障逐步强化，诉讼各方都有"用武之地"。当然，这毕竟是应然状态，实际情况往往复杂得多，比较突出的问题是，在许多案件中，由于种种原因，辩护律师尚难以实现有效辩护，这对破除疑案谜团和保障被告人人权显然是不利的。

1. 强化专门机关之间的相互制约

做好刑事司法工作，靠法院一家单打独斗是行不通的，公、检、法机关必须在依法履职的基础上加强互相配合，这有利于形成工作合力，发挥制度优势，以提高刑事司法的整体水平。但更重要的还是要加强互相制约，因为"分工负责"的目的绝对不是为了更好地配合，而是为了更加有效地相互制约，否则就没有分工的必要。当下，有的专门机关在具体办案中过分强调配合而忽视制约是不足取的，强化制约可以更加有效地规范司法证明和程序运行之各环节，有利于规范公权力的依法行使和对私权利的有效保护。司法实践中很多问题的出现，例如冤假错案暴露出来的问题，多少都与专门机关无原则的配合、无有效的制约有关，致使错误没有得以及时发现和有效

---

① ［美］吉姆·佩特罗、南希·佩特罗：《冤案何以发生：导致冤假错案的八大司法迷信》，苑宁宁等译，北京大学出版社2012年版，第146~147页。

② 陈光中、徐静村主编：《刑事诉讼法学》，中国政法大学出版社2002年版，第38页。

③ 《中国刑事证据制度改革与发展需要处理好的几个关系》，载《中国法学》2011年第3期。

预防。

2. 在控、辩平等基础上充分调动辩方积极性

在任何现代刑事诉讼模式下，控、辩、审三方都不可缺少，否则就无法形成一个完整意义的诉讼结构。1996年以来，我国刑事诉讼法历经两次大的修改，在诉讼结构上基本形成了法官主导下的诉、辩对抗机制。从理论上讲，在法庭上，诉、辩双方处于完全平等地位，而诉、辩的平等对抗有助于查明案件的事实真相。但在实践中，这种理想局面还远未形成。笔者认为：(1)应当正确看待和履行控方的客观性义务。造成控、辩双方不平等的因素很多，其中很重要的一点可能就是公诉人的控诉和法律监督双重身份，并造成双重职能的交叉、混合行使。这种权力结构，是我国检察制度的特色之一，其优越性自不待言，但在犯罪指控过程中，公诉机关应当正确区分两种身份和两种职能：公诉人作为控方主要是以"一造当事人"的身份参与和进行刑事诉讼的，其法律监督者的身份不应影响到控、辩双方的平等，否则就不是真正意义上的现代诉讼。因此，在我国刑事诉讼结构中职权主义色彩还占据一定分量的现实条件下，强调检察机关的客观性义务确有必要，关键是要合理地进行制度设计并切实加以落实，使失衡的控、辩关系趋于平等。(2)应当充分尊重和保护辩方的辩护权。在程序设计上，法庭调查和辩论，一般都是围绕指控的事实来展开，加上庭前的阅卷过程，这在客观上容易使法庭主持者先入为主，比较重视控方的证据和理由，而轻视辩方的证据和理由，从而弱化了辩方辩护权的积极行使。更有甚者，当辩护律师收集的证据与专门机关收集的证据不一致时，法庭有时不认真进行调查核实，有的甚至简单地认为律师是在"引诱证人作伪证"，有的律师会见被告人或证人后，会见对象一旦翻供或改变证言，律师就可能会被怀疑"作了手脚"。要破解这些难题，根本之点就是要正确认识设立刑事辩护制度的意义和作用，充分尊重和保障被告人及其辩护人的辩护权利，让攻防双方机会均等，让诉、辩对抗成为现实。从制度设计初衷来说，"律师不是政府机关的傀儡，不是程序正当化的帮衬，他为提供被告实质、真正的保护而存在。"①在刑事诉讼中，保障被告人的辩护权，就应当保障辩护律师的法定权利，通过增强辩方的实力，减弱与控方力量对比的悬殊程度，力求达到实质上的控、辩平等。(3)充分运用好权力制衡措施。"辩护人作为平等的控、辩双方的一方，对公诉人也应有一定的制衡。即在公诉人滥用监督权，力图借助监督者的身份行使控诉职能时，应请求审判人员保护其诉讼权利。"②在出现这种情形时，法官不仅应当依申请，而且应当积极行使主持庭审的职权，对诉讼活动的正常运行进行必要的指挥和引导，对控、辩双方的行为予以必要的规范和约束。

3. 发挥好庭审的应有功能和作用

司法的最终裁判性质，要求在刑事诉讼中必须贯彻审判中心主义和庭审中心主义，发挥好法庭审判的应有功能和作用。"在审判程序中，法院负有恰当地控制程序进行以及根据证据调查和辩论结果作出正确的终局裁决的双重任务。"③法庭审判的核心环节是法庭调查和法庭辩论，其基本功能就是法院通过庭审的方式，在公诉人、当事人及其他诉讼参与人的参加下，调查核实证据，查清案件事实，正确适用法律，依法确定被告人是否有罪、应否科处刑罚以及处以何种刑罚。法庭审判的"直接目的是确定起诉事实是否存在并确定被告人应否以及怎样承担刑事责任，其核心在于通过控、辩双方的平等参与和法官中立主持，查明案件事实，正确适用法律，确保对案件作

---

① 王兆鹏：《辩护权与诘问权》，台北，台湾元照出版有限公司2007年版，第95页。

② 李心鉴：《刑事诉讼构造论》，中国政法大学出版社1992年版，第260页。

③ [日]松尾浩也：《日本刑事诉讼法》(下卷)，丁相顺、张凌译，中国人民大学出版社2005年版，第308页。

出公正裁判。”①可以说，法庭审判是公正司法各项要求体现最为集中的环节，是发现疑点、消除争议、查清真相的最好场合。法庭审判最需要做到的是“兼听则明”，最需要防止的是“偏信则暗”，特别是要防止庭审“走过场”，将侦查、起诉中带有明显追诉倾向的意见毫无障碍地转化为法院的有罪判决。为此，我们必须逐步落实好直接言词原则、辩论原则、集中审理原则的各项要求，让庭审参与各方充分提出证据、发表意见，并使证据和意见实质性发挥作用。在庭审中，要充分发挥举证、质证环节作用，让证明力弱的证据“软肋”充分显露，促使控、辩双方正确评估司法证明形势，清楚了解自己举证是否充分、质证是否到位；让证据能力缺失的证据无所遁形，对采用非法方法收集的言词证据应当依法予以排除，对违反法定程序收集的物证、书证，可能严重影响司法公正的，也应当要求予以补正或者作出合理解释，否则亦应考虑依法排除。

庭审中心主义的本质要求是追求法庭审判的实质化而力戒形式化。鉴于庭审所要解决的根本问题是案件的事实与证据问题，而解决这类问题，并不因为审级提高而变得更为容易，相反，可能因为审级越高、所需时间越长而离事实真相越远。因此，理想的庭审中心主义应当是一审中心主义。“从杜培武、佘祥林、赵作海案件的审判情况来看，第一审法院的开庭审判几乎是流于形式的，第一审法院根本不可能发挥纠正错误、防止误判的作用。由于公诉方主导了整个第一审程序，法庭普遍奉行案卷笔录中心主义，对于案件事实的调查都采取了宣读、出示案卷笔录的方式，法庭上几乎没有任何证人、鉴定人、被害人出庭作证，也几乎从来没有侦查人员对其侦查程序的合法性出庭作证。”②1996 年刑事诉讼法修改时，为了解决当时审判实践中比较突出的“先定后审”、“先入为主”、庭审流于形式等问题，庭前审查由实体性审查改为主要是程序性审查，这在一定程度上强化了庭审的作用，减少了法官的主观预断，但实践效果并不好，“主要是法官在庭前对大部分案卷材料并不熟悉，不了解案件主要争议的问题，难以更好地主持、把握庭审活动，而且由于检察机关不在庭前移送全部案卷材料，辩护律师也无法通过到法院阅卷了解全案证据，特别是对被告人有利的证据”。③ 基于各方面的考虑，2012 年刑事诉讼法修订时完善了提起公诉时的案卷移送制度，恢复了全案卷宗移送制度。不过我们也要注意到问题的另一面，即全案移送制度是有利有弊的，正如有的学者提示的那样，尽管现在的法官素质、司法能力等方面较之十多年前已经有了很大提高，但全案卷宗移送制度的弊端和缺陷并不会因时间而消逝，因为法官预先了解案情和诉讼证据，容易产生先入为主的见解，形成预断，可能影响法官作出公正的裁判。④ 因此，在刑事诉讼法恢复了全案卷宗移送制度后，人民法院应当提醒法官不能因为通过庭前阅卷知悉全案情况而形成审前预断，特别是要注意防止抱着对被告人负有罪责的预判和偏见进行庭审，从而弱化庭审的功能作用。在坚持全案卷宗移送制度的前提下，如何逐步推进庭审的实质化，并进而逐步形成以审判和庭审为中心的刑事司法制度，是各级人民法院和广大刑事法官需要直面、研究并解决的重大课题。

在研究解决上述课题的过程中，有一个现实的问题需要引起我们的重视，这就是如何对待庭审中被告人的“翻供”。被告人“翻供”，即否认庭审之前的供述，是法庭审理中的一种常见现象。从我们发现的一些冤假错案看，几乎每个案件的被告人在进入起诉特别是审判环节后都曾经“翻供”否认犯罪，但几乎都未引起办案人员的足够重视，在最后一刻错失发现、核实疑点的机会，最

---

① 樊崇义主编：《刑事诉讼法学》，中国政法大学出版社 2012 年版，第 480 页。
② 陈瑞华：《留有余地的判决——一种值得反思的司法裁判方式》，载《法学论坛》2010 年第 4 期。
③ 王尚新、李寿伟主编：《〈关于修改刑事诉讼法的决定〉释解与适用》，人民法院出版社 2012 年版，第 175 页。
④ 陈光中主编：《〈中华人民共和国刑事诉讼法〉修改条文释义与点评》，人民法院出版社 2012 年版，第 250 页。

终酿成冤假错案。可见,在庭审中客观、审慎对待被告人的翻供是必要的。对于被告人的当庭"翻供",法官首先必须学会倾听,既不要轻易肯定,也不能简单否定,而是要结合全案证据仔细甄别,认真核查,绝不放过任何可能发现问题的蛛丝马迹,进而做出合理的判断。

(三)用疑罪从无倒逼专门机关提升办案能力

落实疑罪从无的要求,对存疑的犯罪嫌疑人、被告人依法不批捕、不起诉或者判决无罪,这本身并不是刑事诉讼所刻意追求的结果,但这样的处理方式不仅有助于保障人权,而且还有助于提升专门机关的办案能力和水平,起到"四两拨千斤"之效,使更多的案件得到公正处理,使案件质量获得更加有效的保证。

1. 坚持以审判为中心

刑事诉讼包括立案、侦查、起诉、审判、执行阶段,而审判无疑是整个刑事诉讼的中心环节。刑事诉讼法第十二条规定,未经人民法院依法判决,对任何人都不得确定有罪。从立法上明确了审判是决定被告人是否有罪的关键阶段,这在理论上一般称为"审判中心主义"。审判中心主义是近现代国家刑事诉讼中普遍认同的一项基本原则,指审判(尤其是第一审法庭审判)是决定国家对特定的个人有无刑罚权以及刑罚权范围的最重要阶段,未经审判,任何人不得被认为是罪犯,更不得被迫承受罪犯的待遇。不仅英美法系继续坚持审判中心主义,即使是传统上侦查、预审地位较高的大陆法系国家,其刑事诉讼制度发展趋势也是不断加强审判的中心地位。① 根据审判中心主义要求,刑事诉讼各环节都要以审判为中心,围绕审判中事实认定、法律适用的标准和要求进行指控和辩护。但依据现行法律规定,刑事诉讼"分段包干式"的流水作业现象客观存在,审判对侦查、起诉的制约手段有限,只能借由最终处理结果来完成制约任务。因此,从长远来看,建立以审判为中心的现代刑事司法体系,既是推进法治国家建设的客观必然,又是提升刑事司法整体质量的现实要求。

2. 强化证据裁判意识

在刑事诉讼中认定被告人有罪和处以刑罚,必须以证据为根据,没有证据或证据不足则不能作出有罪裁判。或者可以说,不能证明被告人有罪,就等于证明他无罪。(1)对于侦查机关而言,立案、拘留、提请批捕、移送审查起诉,每个环节都要依凭证据说话,没有证据或证据不足就不能强行为之。(2)对于检察机关而言,决定批捕、起诉都要立足于证据,没有证据而轻易为之,势必为后面的错误打开"方便之门"。(3)对于审判机关而言,要确保定罪、量刑都有事实和证据作为依据,案件事实清楚,证据确实充分的自当依法定罪、量刑,对于一些不影响定罪、量刑的细枝末节问题可不深究,但是如果综合全案证据仍不能形成内心确信,对认定有罪仍存有疑问时,就应当下决心按照疑罪从无处理。

3. 提升司法证明能力

办案能力就是专门机关及其办案人员在现代司法理念的指导下,运用一定经验和技巧,查明事实、明确是非、化解纠纷、追究犯罪的能力。在刑事诉讼中,证据乃诉讼之核心,正义之基础,认定被告人有罪和处以刑罚必须立足于证据。因此,在刑事案件中提升办案能力,最重要的是提升司法证明能力,具体包括取证、举证、质证、认证的能力和水平。

对于疑案,按照疑罪从无规则作出处理,能够使无辜者不受刑事追究,权利得到保护,虽然许多时候出现疑案是由于客观条件和因素所致,但并不意味着司法证明主体就没有努力改进的空间。客观而言,"办案人员是人不是神,人的认识是有局限的。但是,办案人员必须以法治的思

---

① 孙长永:《审判中心主义及其对刑事程序的影响》,载《现代法学》1999 年第 4 期。

维，严格执行法定的程序收集和审查证据，用程序来保障案件的质量。"①(1)就侦查机关而言，在司法证明活动中，重点承担收集与固定证据的任务，必须坚持依照法律程序办案，着力规范取证行为，确保合法取证，同时应将工作重点放在客观证据的收集上，努力提升科技应用水平，充分发挥科技手段在发现和固定证据、提升办案质量中的重要作用；要进一步强化侦查中的人权保护意识，切实保障犯罪嫌疑人不被强迫自证其罪、有权申请律师辩护以及对违法追诉进行申诉、控告等法定权利。(2)就公诉机关而言，其司法证明工作应当围绕有效履行举证责任来展开，要充分认识到举证不能即必定导致疑罪从无的后果，因此，公诉机关应当着力提升证明指控犯罪事实的能力，同时应当本着客观性义务，关注有利于被告人的证据，在具体操作中，要通过强化侦查监督方式促进提升侦查的质量，使真正的犯罪嫌疑人、被告人受到应有惩罚，同时避免无辜者被不当追究。(3)就审判机关而言，在司法证明活动中的责任是要本着中立、公正的立场，对控、辩双方的呈堂证供进行全面的审查判断，客观真实并符合证据法则的应依法采信，确认为非法证据的应依法排除。在综合审查判断全案证据后，不能得出被告人有罪的唯一结论的，应当按照疑罪从无的规则作出处理结论。疑罪从无所形成的这种倒逼机制，有助于司法机关"在法定程序的约束下选择理性的替代方法去发现案件的真相"②，从而整体提升司法机关的证明能力和办案水平。

(四)人民法院应勇担落实疑罪从无的重任

我国宪法明文规定，人民法院依照法律规定独立行使审判权，不受行政机关、社会团体和个人的干涉。审判权是宪法明确赋予人民法院的生杀予夺之权，既不能任意消减，也不可随意让渡。刑事审判作为刑事诉讼的中心环节，承担着最后把关的责任，因此，在贯彻落实疑罪从无规则问题上，人民法院自然是责无旁贷的。

1. 坚守司法中立

司法中立原则是现代程序法的基本原则，是"程序的基础"。③ 司法中立原则要求法官与案件事实和当事人没有利害关系，与当事人之间应当保持同等的距离，对案件应当保持超然和客观的态度；坚持以事实为根据、以法律为准绳，公正无私、不偏不倚、居中裁判。联合国《公民权利和政治权利国际公约》第十四条第一项规定："在判定对任何人提出的任何刑事指控或确定他在一件诉讼案中的权利和义务时，人人有资格由一个依法设立的合格的、独立的和无偏倚的法庭进行公正的和公开的审讯。"落实这一要求，关键在于合理调适控、辩、审三方的诉讼法律关系，保障法院居中公正裁判。应当说，1996 年、2012 年我国刑事诉讼法的两次修订，一定程度上削弱了职权主义特别是纠问式审判方式的影响，使司法的中立地位有所强化。但在司法实践中，由于受到思维定势和传统习惯的影响，法官的中立意识还有待进一步增强，司法的中立地位和裁判的权威还需要各有关方面和社会各界来共同培育和维护。

2. 实行审判公开

公开透明是现代司法的固有品质和基本特征。司法公正应当以看得见的方式来实现，没有公开透明的诉讼过程，即使司法机关自认为公正，也难以形成令人信服的司法结果。"公开审判是刑事诉讼中被告人的一项重要权利，为国际人权法和各国刑事诉讼法所确认。"④我国宪法和三大诉讼法都对公开审判作出了明确规定，近些年来，人民法院在公开审判方面推出了不少举

---

① 樊崇义、夏红：《实体真实与人权保障》，2013 年 7 月 20 日第四届证据理论与科学国际研讨会论文。

② 张建伟：《司法竞技主义——英美诉讼传统与中国庭审方式》，北京大学出版社 2005 年版，第 193 页。

③ 季卫东：《程序比较论》，载《比较法研究》1993 年第 1 期。

④ 杨宇冠：《死刑案件公开审判问题研究》，载《中国法学》2008 年第 3 期。

措，也取得了一些进展，但实践的效果还不尽如人意。刑事诉讼公开审判的要义，是任何一项刑事追诉都应当接受一个独立、公正的法庭进行审判，包括在法庭上公开进行控诉和辩护，公开进行举证、质证和认证，公开进行交叉询问和核实证据，公开判决的理由和结果，除法律另有规定外，审判的过程要面向社会公开并保障公众旁听庭审的权利。从实践上看，社会公众对司法公正的质疑，无不与审判的过程或结果不够公开透明有关。因此，消除疑虑最好的办法就是公开。越是疑难复杂案件的审判，特别是对那些需要按照疑罪从无规则处理的案件，越要落实好审判公开原则，以确保庭审举证、质证、认证以及心证形成等全过程充分公开，进而充分保障当事人和社会公众的知情权、参与权、表达权、监督权，促进司法公正、提升司法公信。

3. 做到权责统一

权责统一是现代法治的重要标志，其基本要求就是有权必有责、用权受监督、失职要问责、违法要追究。权责统一是权力与生俱来的本质要求，可以说没有无责任的权力，也没有无权力的责任，有权力就应当承担责任，没有相应权力就不应当被要求承当更多的法外之责。就刑事司法权而言，在权责统一问题上，既存在权大于责、导致权力滥用的问题，又存在权能不足、怠于行使权力的问题。在新的历史时期，作为审判机关的人民法院所面临的主要矛盾，是人民群众日益增长的司法需求与司法能力不足的矛盾，而司法能力的高低，是以司法权能的大小为基础的。我国司法权能的不足，不仅表现为权力配置上的不够合理和科学，而且表现为权力运行上的公信力和权威性不高。人民法院行使的司法审判权不是决策权，也不是管理权，而是一种判断权和话语权，其主要任务就是判断是非曲直，解决矛盾纠纷，调节利益关系，维护合法权益。疑罪从无本质上就是根据无罪推定原则所作出的一种司法判断，如果司法缺失公信和权威，疑罪从无也就无从实现。为此，人民法院为有效履行宪法和法律赋予的职责，确保依法独立、公正行使审判权，切实担负起最后把关的责任，就必须围绕提升司法公信力和司法权威的目标，深化司法改革，合理配置司法审判权并确保审判权力的运行得到有效的监督，在实行疑罪从无规则方面，最终也必须实现权责的统一。

（五）健全疑罪从无相关的配套制度

任何一项具体的制度要想取得良好的实施效果，离不开完备的制度体系予以配套保障，否则在实践中就有可能落空。疑罪从无是个系统工程，它与现代刑事司法理念、原则和制度融为一体，其离不开人权保障、司法民主、程序法治等理念的支撑，与无罪推定、不强迫自证其罪、非法证据排除等原则和规则也密切相关，并且深为诉讼模式、诉讼目的、证明责任、证明标准等所影响和决定。贯彻疑罪从无，单纯地“就事论事”难以达到预期的目的，必须进一步完善与其相关的诉讼程序、具体的证据规则和证据制度体系。

1. 健全相关诉讼程序

疑罪从无涉及方方面面，既是程序法上的制度安排，体现了程序正义的各项要求，又关乎实体法上的功能选择，为疑案的实体处理提供具体路径。贯彻疑罪从无规则，在刑事诉讼的几个主要环节都必须完善相应的制度：（1）在侦查环节，重点要完善预审制度。根据刑事诉讼法第一百一十四条的规定，我国侦查程序应由侦查与预审两个阶段组成，1997 年公安机关推行刑侦体制改革，实行“侦审一体化”，预审程序名存实亡。“侦审一体化”可能有助于提升侦查效率，加大对犯罪的打击力度，但也在一定程度上削弱了预审程序在监督侦查、核实证据、保障人权等方面功能作用的发挥。有学者在对部分冤假错案进行分析后认为，原因之一是，预审程序撤销后，侦查工作中出现了现场勘查欠精细周密、应做化验鉴定的未做、应调查的未调查或不细致等问题。① 由此可见,相对独立的预审程序,对保障侦查活动严格依法进行,提高办案质量、防范冤假错案是有积极作用的。在刑事法治发展取得长足进步的今天,似应重新审视预审制度的功能作用,并在总结实践经验的基础上进一步健全完善该项制度,为疑罪从无规则的实施增添一道制度保障。(2)在公诉环节,就贯彻疑罪从无规则而言,需要进一步强化检察机关的客观性义务,可以说这对于处于弱势地位的被告人是最为重要的"补偿性措施"。作为国家法律监督机关的人民检察院应当以维护公平正义为己任,而强化客观性义务有助于检察机关更加严格、理性、公正、文明执法。"检察官的客观性义务决定了检察官在刑事诉讼法上并非单纯的'一造当事人',单纯的一造当事人与他造当事人对立,并无为对造当事人利益奔命的'权'或'益'。检察官在刑事诉讼法上,与法官同为客观法律准则及实体真实正义的忠实公仆,'毋纵'之外还要'毋冤','除暴'之外还要'安良',并非也不该是片面追求攻击被告的狂热分子。"②客观性义务决定了控方的职责不仅仅是追诉犯罪,而且在于追求客观公正的裁判,因此,对有利于被告人的证据也必须予以充分关注。实践证明,这对于落实疑罪从无规则、防范冤假错案是十分必要的。(3)在审判环节,贯彻疑罪从无规则,最重要的是按照庭审实质化的要求,落实直接言词原则,充分发挥控、辩双方交叉询问在质证中的独特作用。在现代刑事诉讼中,交叉询问被认为是发现真相的最佳利器,在这方面我们的司法实践还存在较大的差距,需要作出不懈的努力。

2. 完善具体的证据规则

2010年"两个证据规定"③的出台、2012年刑事诉讼法及其司法解释的相继修订,使我国的刑事证据规则进一步健全,但从立法和司法实践层面看,不完善的问题仍然是客观存在的。例如,刑事诉讼法第五十条虽然增加规定了"不得强迫任何人证实自己有罪",但第一百一十八条仍保留了饱受诟病的"应当如实回答"的规定,尽管由于种种原因,我们对此尚不能求全责备,但这样的规定不能不让人对不得强迫自证其罪规定的实施效果产生怀疑。又如,修改后的刑事诉讼法第五十四条至第五十八条和"两个证据规定"确立了非法证据排除制度,强化了对证据合法性的审查,这项制度对落实疑罪从无至关重要,但实践效果并不尽如人意,原因之一是缺少"排非"的程序细则,使这一制度缺乏可操作性。再如,修改后的刑事诉讼法第一百八十七条、第一百八十八条完善了证人、鉴定人出庭作证制度。长期以来,证人、鉴定人等不出庭成为常态,"案卷笔录中心主义"大行其道,公、检、法三机关之间的"流水作业"导致法庭审判的虚化和空洞化。④ 现行立法明确了证人、鉴定人出庭的范围,增加了强制证人到庭及处罚的规定,这无疑是进步的,若能落到实处,对于查明案件事实特别是排除案件疑点、促进相互印证具有重要意义。但从实践情况看,证人和鉴定人出庭作证的具体证据规则还有待进一步完善,否则将会影响整个庭审实质化的进程,疑罪从无规则的功能作用也会大打折扣。

3. 构建完备的证据制度体系

笔者曾撰文提出,刑事证据制度的构建必须遵循刑事证据三原则,即无罪推定原则、证据裁判原则和程序法治原则。⑤ 这三项原则业已成为现代刑事证据乃至整个刑事诉讼制度的基石。

---

① 于树斌:《关于健全完善我国预审制度的思考》,载《江苏警官学院学报》2007年第4期。

② 林钰雄:《检察官论》,学林文化事业有限公司1999年版,第31页。

③ 2010年6月,最高人民法院、最高人民检察院、公安部、国家安全部和司法部联合制定的《关于办理死刑案件审查判断证据若干问题的规定》和《关于办理刑事案件排除非法证据若干问题的规定》。

④ 熊秋红:《刑事证据制度发展中的阶段性进步》,载《证据科学》2010年第5期。

⑤ 《中国刑事证据制度改革发展的路径选择》,载《清华法学》2011年第5期。

要落实疑罪从无各项要求，除了要完善有关诉讼程序和具体证据规则之外，从根本上讲，必须要有完备的证据制度体系予以保障，而只有在上述三原则的指导下，才能建立起取证、举证、质证和认证相互衔接、内在统一的证据制度体系。尽管各国证据制度建设中都会充分考虑本国经济、政治、文化等方面的实际情况，但基于证据在事实认定方面功能的共通性，相互学习、相互借鉴实为必要。因此，我们既要立足中国国情，认真总结经验，又要全面考察、积极借鉴域外证据制度的发展成果，包括英美法系的证据法典、大陆法系诉讼法典中的证据制度以及国际公约中的证据规则，本着立足当前、着眼长远、循序渐进、适度超前的原则，努力构建起具有中国特色和国际领先地位的科学、合理、务实、可行的证据制度体系。

（作者单位：最高人民法院）

充分发挥审判职能作用　切实加强未成年人权益司法保护

□黄尔梅

（2014 年 1 月 20 日）

同志们：

大家上午好！非常高兴受邀参加今天的研讨会，借此机会谈一谈人民法院在未成年人司法保护方面取得的成就、存在的问题和今后的工作方向。

1984 年 10 月，上海市长宁区法院正式成立未成年人刑事案件合议庭。2006 年以来最高人民法院在 49 个中级人民法院试点开展未成年人案件综合审判庭工作，少年法庭受理案件的范围从单纯刑事案件发展到同时受理涉及未成年人权益保护的民事、行政案件。截至目前，全国法院共设有各种类型的少年法庭 2 300 余个，有专职或兼职少年法庭法官 7 400 余人。少年法庭工作被人民群众称赞为“特殊的希望工程”，为树立人民法院公正高效权威的司法形象，为树立我国司法保障人权的良好国际形象，发挥了积极的作用。

人民法院少年审判工作取得令人瞩目的成就。多年来，人民法院依法公正高效地审判了大量未成年人刑事案件和涉及未成年人权益保护的民事、行政案件，教育挽救了一大批失足未成年人，有力保障了涉案未成年人的合法权益。经过少年法庭教育矫治的未成年罪犯绝大多数都能悔罪服判、积极改造，重返社会后多数都成了自食其力的守法公民。在社会各界的共同努力下，未成年人犯罪预防和教育、感化、挽救工作取得明显成效。据统计，2008 年至 2013 年，未成年犯罪人数连续下降，在犯罪总人数中所占比例也连续下降。2002 年至 2013 年间，未成年罪犯的重新犯罪率基本控制在 2% 左右，大大低于整体的重新犯罪率。

人民法院积极探索适合未成年人案件特点的审理、执行方式，健全完善少年审判工作制度和机制。2012 年修订的刑事诉讼法第一次专章规定了未成年人刑事案件诉讼程序，最高人民法院司法解释对法律条文进行了细化，增强了具体性、可操作性。2010 年 7 月最高人民法院出台《关于进一步加强少年法庭工作的意见》，对少年法庭工作进行全面总结、推进。

刑事审判方面，坚持“寓教于审”制度，注重对未成年被告人的法庭教育；实行社会调查报告制度，对未成年被告人进行庭前社会调查，使少年审判工作更具针对性和科学性；推行“圆桌审判”方式，营造宽松的庭审氛围，使未成年被告人更容易接受裁判惩处；引入“心理干预机制”，加强对未成年当事人的心理矫正和疏导，为法院裁判提供科学参考，为判后有针对性地矫治提供客观依据;落实“宽严相济”刑事政策,积极探索“刑事和解”的途径,对符合适用非监禁刑条件的,依法适用非监禁刑;建立健全帮教工作机制,协助未成年犯管教所和社区矫正部门做好帮教工作。

民事、行政审判方面,拓展未成年人民事和行政案件审判途径,创造性地提出“积极、优先、亲和、关怀”的司法理念,在审判方式上引入、创建“社会观护员”和“诉讼教育引导”等制度,由社会观护员庭前对未成年人情况进行调查,形成报告提交法庭,庭后对判决执行进行跟踪监督,对权益受到侵害的未成年人提供必要帮助;设立未成年人民事案件立案、审理、执行相互衔接的“绿色通道”,促使未成年人尽快回归正常生活。

未成年被害人司法保护进一步强化。近年来,我国保护未成年人权益的法律体系日益健全,司法保护力度不断增强,未成年人权益保护工作取得积极进展。但是,未成年人身心发育尚不成熟,没有自我保护能力,易受犯罪侵害,特别是遭受性侵害的现象时有发生,给未成年人身心健康造成严重伤害,在社会上造成了极为恶劣的影响,人民群众反映强烈。

最高人民法院将依法从严惩治性侵害未成年人犯罪作为专项工作,充分发挥刑事审判职能,切实强化对未成年人的司法保护力度。通过研究制定司法政策文件、举办业务培训等多种形式,指导各级人民法院深入贯彻依法严惩犯罪和保护未成年人合法权益的刑事政策。例如,2010 年最高人民法院与最高人民检察院、公安部、司法部联合发布《关于依法惩治拐卖妇女儿童犯罪的意见》,去年 10 月又联合发布《关于依法惩治性侵害未成年人犯罪的意见》,对办理此类案件提出了明确、具体的指导意见,积极回应了人民群众的关切,受到社会好评。

在今后的工作中,最高人民法院希望与中央综治委、全国人大法工委、团中央和在座的各家单位,共同推动以下几个方面的工作。

一是完善未成年刑事被害人救助制度。2009 年,中央八部委联合下发《关于开展刑事被害人救助工作的若干意见》,几年来,刑事被害人救助工作取得了良好的成效。司法实践中,未成年被害人作为更为弱势的一个群体,正处于生长发育、学习知识、走向成熟的关键阶段,如果在遭受犯罪行为侵害后不能及时得到物质补偿、精神安抚和妥善安置,生活学习上更容易陷入困境,其未来的人生也容易受到严重不良影响。因此,对他们的救助尤为重要,尤为迫切。希望中央综治委协调各有关部门特别是政府部门,在推动完善刑事被害人救助制度的基础上,争取做到未成年被害人的及时救助、优先救助,适当提高救助标准,促进未成年被害人尽快回归正常的生活学习。

二是推动失足未成年人帮教基地工作开展。随着城市化进程的加速发展,一些大中城市外来务工人员子女犯罪率居高不下,但由于外地户籍未成年人往往缺乏帮教和监管条件,对他们适用非监禁刑的比例较低,有时会出现“同案不同判”的现象,不利于他们的教育改造。为解决这一难题,许多地方积极探索了建立非监禁刑未成年人帮教基地,为缺乏监护条件的未成年犯提供帮教和监护的条件,取得了明显成效。最高人民法院少年法庭指导小组调研了部分省市失足未成年人帮教基地的工作情况,认为失足未成年人帮教工作有利于促进失足未成年人顺利回归社会,是一件很有意义的事情,也是一项社会系统工程,需要各有关单位和团体组织的积极参与。希望由中央综治委预防青少年违法犯罪专项组牵头,联合公检法司、关工委、妇联等单位和团体组织,共同推动这项工作的开展。

三是构建未成年人监护行政监督与司法裁判对接机制。近期发生的监护人严重侵害未成年人权益的热点事件,如南京饿死女童案件,广州亲生母亲长达七八年虐待亲生女儿致死案件等,都说明我国未成年人保护工作特别是监护监督方面,存在较为严重的缺失。为加强困境未成年人的权益保障,民政部已会同最高人民法院、公安部进行了调研和论证,拟于今年出台指导性意见，建立未成年人监护行政监督干预与司法裁判衔接工作机制。希望立法机关和大家给予我们更多的支持和帮助。在诉讼程序上也存在需要研究的问题，被害人是未成年人，侵害行为尚未造成特别严重后果的，是否只能作为自诉案件；如果侵害者又是未成年人的法定代理人或者近亲属的，由谁来提起诉讼，谁来保护未成年人的合法权益，在这个问题上是有空缺的，应当进一步调查研究。

四是当前惩治性侵害未成年人犯罪工作还存在一些亟待我们正视的问题。集中体现在：性侵害未成年人犯罪社会关注度高，易成为影响社会稳定的敏感案件。近几年，发生和曝光了一系列性侵害未成年人的恶性犯罪。鉴于未成年人几乎没有自我保护的意识和能力，以及性犯罪具有高度的隐蔽性，此类犯罪应引起有关职能部门高度重视，有关惩治性侵害犯罪与保护未成年人权益的法律法规还存在不够明确、可操作性不强等问题。此外，性侵害未成年人犯罪成因复杂，有效治理涉及教育、预防、打击、矫治、保护、宣传等诸多方面的工作，而我国目前在一些治理环节上仍存在短板。例如，家庭、学校、社会对未成年人的保护网络尚存在真空地带，对特殊性侵人员进行身心矫治、刑满释放后予以重点管控等预防、监督机制不够健全；保护未成年人权益的职责分散在不同政府部门，缺少强有力的专门性未成年人保护行政机构来推动综合治理性侵害的举措得到落实，等等。

未成年人保护工作应当切实并始终贯彻特殊、优先保护理念，统筹考虑涉及未成年人权益保护的法律法规，对一些滞后于当前实际的相关法律规定及时进行修改完善；从长远考虑，设立统一、专门的未成年人保护机构，以此建立起以行政保护为主导并能够与家庭、学校、社会和司法保护相衔接的未成年权益保护机制，切实有效防范和制止包括性侵害在内的一切侵犯未成年人权益犯罪，形成保护未成年人权益的合力。

以习近平新时代中国特色社会主义思想为指南精心做好刑事大要案审判工作

□裴显鼎*

党的十八大以来，以习近平同志为核心的党中央顺应时代发展和民心所向，全面加强和改善党的领导，团结带领全党全国各族人民迎难而上、开拓进取、同心协力、砥砺前行，改革开放和社会主义现代化建设都取得了举世瞩目的历史性成就，国家经济、科技、国防实力及综合国力都获得了显著提升。中华民族实现了从站起来、富起来到强起来的历史性飞跃，中华儿女从未像现在这样为自己的国家感到骄傲和自豪，我们比历史上任何时期都更接近、更有信心和能力实现中华民族伟大复兴的目标。

党的十九大确立并载入党章的习近平新时代中国特色社会主义思想，是党和人民实践经验和集体智慧的结晶，也是全党全国人民今后必须遵循的行动指南。在步入新时代的历史征程中，学习贯彻党的十九大精神是当前全国各级人民法院的首要政治任务。习近平新时代中国特色社会主义思想内涵十分丰富，最重要、最核心的内容就是“八个明确”，包括总目标、总任务、总体布局、战略布局和发展方向、发展方式、发展动力、战略步骤、外部条件、政治保证。从“八个明确”到新时代中国特色社会主义基本方略的“十四个坚持”，都是对我们党治国理政重大方针、重大原则

---

* 最高人民法院审判委员会副部级专职委员。

的最新概括，是实现中华民族伟大复兴的“路线图”和“方法论”。我们必须结合工作实际，毫不动摇地坚持，不折不扣地落实。

人民法院作为国家审判机关，执法办案始终是第一要务。刑事审判的基本使命是惩罚犯罪和保障人权。最高人民法院在刑事审判工作中的职能作用，除了宏观指导、制定刑事政策和司法解释以外，主要应该体现在对大要案的审判和指导中。刑事大要案包括重大案件、敏感案件、疑难案件。重大案件即各界广泛关注、社会影响大的案件。敏感案件即可能或已经引起社会炒作的案件。疑难案件即立法和司法解释规定不明确，司法实践中争议较大的案件。只有抓住大要案审判这个“牛鼻子”，才能带动刑事审判整体水平的提高，才能努力实现“让人民群众在每一个司法案件中感受到公平正义”的目标。

刑事大要案的审判既要严格依法进行，又要密切回应社会各界和人民大众的关注，力求每一个大要案的审判都能经得住历史的检验，并取得良好的社会效果。长期以来，人民法院在审判和指导刑事大要案方面形成了一套行之有效的做法，需要认真梳理总结并将其进一步规范化和制度化。

以习近平新时代中国特色社会主义思想为指南精心做好刑事大要案审判工作，要着重抓好以下几个方面：

一、坚持总体国家安全观，审理好危害国家安全案件和暴恐案件

习近平新时代中国特色社会主义思想要求，坚持总体国家安全观，坚持国家利益至上，以政治安全为根本。十九大报告还提出，严密防范和坚决打击各种渗透颠覆破坏活动、暴力恐怖活动、民族分裂活动、宗教极端活动。

党的十八大以来，人民法院严惩危害国家安全犯罪，依法审结了一批间谍、煽动颠覆国家政权等危害国家安全犯罪案件，加大对煽动分裂国家犯罪的惩处力度；严惩暴力恐怖犯罪，依法审结天安门“10·28”案、昆明火车站“3·01”案等暴恐案件，“两高一部”出台《关于办理暴力恐怖和宗教极端刑事案件适用法律若干问题的意见》，加大对组织、领导、参加恐怖组织，传播暴力恐怖音视频等犯罪的惩处力度，有力维护了国家安全。

当前，境内外敌对势力频繁插手我人民内部矛盾和社会热点问题，企图达到颠覆我国家政权的目的。世界并不太平，暴恐犯罪活动时有发生。暴力恐怖势力、民族分裂势力、宗教极端势力“三股势力”往往与境外各种势力相互勾连，千方百计地制造实施捣乱破坏活动，我们面临的反恐维稳任务十分繁重，切不可掉以轻心。

政法机关作为党和人民的“刀把子”，维护国家安全是刑事审判的重中之重，恐怖犯罪活动是国际社会的公害、全人类的公敌，没有国家安全，其他一切都无从谈起。因此，我们务必把依法严惩危害国家安全犯罪和暴恐犯罪当作头等大事抓好。一是要坚持宽严相济刑事政策，该严则严，始终保持对危害国家安全的犯罪采取高压态势，对“三股势力”等危害国家安全犯罪和暴恐犯罪予以坚决从严惩处，打掉犯罪分子的嚣张气焰，震慑境内外敌对势力。二是要严格依法办事，运用政治智慧和法律智慧，准确把握罪与非罪的界限，把思想认识问题与刑事犯罪有效区别开来。三是要注意掌握政策，讲究工作策略，坚持孤立、打击少数，团结教育、挽救大多数原则。四是要健全反恐怖法律体系。按照十九大报告“加强国家安全法治保障”的要求，积极参与推动制定和修改相关法律法规。

二、坚持以人民为中心，审理好危害社会安全和人民生命财产安全案件

十九大报告作出“中国特色社会主义进入新时代，我国社会主要矛盾已经转化为人民日益增长的美好生活需要和不平衡不充分的发展之间的矛盾”的重大政治判断。习近平新时代中国特色社会主义思想要求，坚持以人民为中心，人民是历史的创造者，必须把人民对美好生活的向往作为奋斗目标。

人民法院历来高度重视审理危害社会安全和人民生命财产安全的刑事案件，尤其是死刑案件及其他严重危害社会安全和人民安全的敏感案件。死刑复核权收回最高人民法院统一行使十年来，人民法院在保留并慎重适用死刑、严格控制死刑适用方面取得了显著成绩，形成了一套比较成熟的机制，积累了不少成功经验，应该继续总结完善。近年来，人民法院审理了聂树斌案等民众高度关注的、于欢案等涉及“法理情”的敏感刑事案件，尤其值得认真总结经验教训，供今后审判工作借鉴。于欢案经历了从一审判处无期徒刑到二审改判有期徒刑五年，一审法院对防卫情节的未予认定引发舆论热议，而二审法院基于常理常情的改判则赢得社会赞誉。山东省高级人民法院对于欢案二审庭审、宣判都采取微博直播方式，开庭对“辱母”这一关键情节的举证质证进行了详细呈现，宣判后及时公开了二审判决书，还公布了警方执法记录仪录像，这些好的做法密切回应了舆论关注，取得了良好社会效果。

社会主要矛盾的变化对人民法院工作赋予了新使命，人民对安全的需求和对美好生活的向往对刑事审判工作提出了新要求，需要我们积极应对新变化。一是要在严格司法的同时反对机械执法。法、理、情相统一是中华法系的优良司法传统，天理、国法、人情深深扎根于民众心中，在具体个案的审理过程中，必须努力探求和实现法、理、情的有机统一。二是要在审理敏感刑事案件时，加强风险评估，提前制定工作预案，及时公开信息，适当回应敏感点。一审法院要未雨绸缪，下好“先手棋”，尽可能在宣判前妥善处置，防止引起炒作。二审法院要勇于担当，及时“补好位”，通过公开公正的审判让人信服，实现案结事了。三是要坚持司法的群众路线，对于敏感刑事案件，要按照“三同步”原则，拓宽司法公开的内容，丰富司法公开的形式，让敏感刑事案件的审理成为“全民法治公开课”，通过全民法治共享进行普法教育，提高全民族的法治意识和认识水平。

三、坚持全面从严治党，审理好职务犯罪案件

习近平新时代中国特色社会主义思想要求，坚持全面从严治党，以零容忍态度惩治腐败。十九大报告还指出，人民群众最痛恨腐败现象，腐败是我们党面临的最大威胁。五年来，不敢腐的目标初步实现，不能腐的笼子越扎越牢，不想腐的堤坝正在构筑，反腐败斗争压倒性态势已经形成并巩固发展。但是，反腐败斗争形势依然严峻复杂，巩固压倒性态势、夺取压倒性胜利的决心必须坚如磐石。

党的十八大以来，人民法院在职务犯罪审判工作方面取得了显著成绩，依法审理并使周永康、薄熙来、郭伯雄、令计划、苏荣等一大批腐败分子受到法律制裁；“两高”出台《关于办理贪污贿赂刑事案件适用法律若干问题的解释》等司法解释和规范性文件，全面提升惩治腐败的法治化水平；“两高”出台《关于适用犯罪嫌疑人、被告人逃匿、死亡案件违法所得没收程序若干问题的规定》，相关人民法院依法审理“红色通缉令”人员杨秀珠、王国强等案件，积极参与海外追逃追赃工作，依法审理任润厚受贿、贪污、巨额财产来源不明违法所得没收申请案，开创没收死亡官员腐败所得的先例；完善对职务犯罪罪犯减刑、假释、暂予监外执行工作机制，圆满完成了国家和人民交办的审判任务。

为了坚决贯彻十九大反腐败决策部署，人民法院要始终把职务犯罪审判工作作为重大政治任务，摆在突出位置抓紧抓好。一是要继续加强对职务犯罪大要案审判指导工作，对今后陆续交付审判的其他职务犯罪大要案，必须精心组织指导，确保实现政治效果、法律效果和社会效果的有机统一，圆满完成国家和人民交办的审判任务。二是要做好配合国家监察体制改革工作，着力解决监察体制改革后侦查、起诉、审判部门职能分工新问题，推进国家监察体制改革与司法审判的有机衔接。三是要在继续“打老虎”的同时，聚焦群众身边腐败问题，兼顾“拍蝇”“打虎”“猎狐”三项内容，绝不放过“小官巨贪”。四是要继续依法审理好“红色通缉令”人员犯罪案件，对外逃腐败分子虽远必惩，紧盯重点国家，聚焦重点个案，继续深化反腐败国际追逃追赃司法合作，努力做到“人赃俱获、罪罚兼备”。五是要不断提高职务犯罪量刑规范化水平，加大对行贿犯罪的惩治力度，就职务犯罪的立法完善适时提出建议。

四、坚持推动构建人类命运共同体、坚持“一国两制”和推进祖国统一，审理好涉外、涉侨、涉港澳台刑事案件

习近平新时代中国特色社会主义思想要求，坚持“一国两制”和推进祖国统一，保持香港、澳门长期繁荣稳定，推动两岸同胞共同反对一切分裂国家的活动；坚持推动构建人类命运共同体，始终做世界和平的建设者、全球发展的贡献者、国际秩序的维护者。

依法审理涉外、涉侨、涉港澳台刑事案件，一是要加强大局观，明确“外事无小事”，在依法惩处犯罪分子的同时，妥善处理好与涉案国家或地区的关系，坚持依法办事和维护外交大局的有机统一。二是要坚持司法主权原则，严格遵守刑法、刑事诉讼法及相关文件规定，严格遵守涉外刑事案件的审理程序，尊重并落实《维也纳领事关系公约》规定的外国使领馆官员会见、探视本国被告人、旁听案件审判等事项的领事权利，切实保障外国籍被告人的合法权益。三是要遵守有关国际条约，认真履行我国缔结或参加的国际条约规定的义务，当国内法或有关规定与国际条约发生冲突时，不得以国内法或有关规定为由简单拒绝履行我国所承担的国际条约所规定的义务。四是要注意量刑适当，对涉外、涉侨、涉港澳台地区刑事案件中被告人的量刑，尤其是外国人犯罪的死刑适用，既要考虑其犯罪情节、危害后果和有关法律规定，还要考虑被告人所在国家或地区的政治、经济、法律、社会背景等，注意体现刑罚个别化。五是要加强刑事司法协助工作，积极参与引渡条约、刑事司法协助条约和移管被判刑人条约法律文本的谈判和审查工作。

五、坚持全面深化改革，深入推进以审判为中心的诉讼制度改革

习近平新时代中国特色社会主义思想要求，坚持全面依法治国，全面依法治国是中国特色社会主义的本质要求和重要保障。十九大报告还提出成立中央全面依法治国领导小组，加强对法治中国建设的统一领导。

深入推进以审判为中心诉讼制度改革，是对刑事司法职权的优化配置。一是要注意以审判为中心不是让法院“唱独角戏”，不能否定各办案机关之间的协作配合，办理刑事大要案尤其需要加强在分工负责基础上的协作配合，人民法院必须加强与公安机关、检察机关、纪检监察、司法行政等相关部门和诉讼各方的沟通配合。二是要切实推进庭审实质化，沟通配合并不意味着放弃职责，要通过法庭审判的程序公正实现案件裁判的实体公正，切实防范冤假错案发生。三是要实现司法证明实质化，落实关键证人、鉴定人、侦查人员出庭作证制度，严格实行非法证据排除规则，完善举证、质证、认证规则，确保侦查、审查起诉的案件事实证据经得起法律检验，诉讼证据出示在法庭、案件事实查明在法庭。四是要实现控辩对抗实质化，完善庭前会议制度，完善法庭辩论规则，依法保障被告人的辩护权，确保诉辩意见充分发表在法庭。五是要实现依法裁判实质化，全面贯彻证据裁判原则，强化庭审公开和裁判说理，逐步提高当庭宣判率，确保裁判结果形成在法庭。

六、坚持全面依法治国，全面落实司法责任制改革

习近平新时代中国特色社会主义思想要求，坚持全面深化改革，不断推进国家治理体系和治理能力现代化。十九大报告再次宣示，要深化司法体制综合配套改革，全面落实司法责任制。

党的十八大以来，以司法责任制为核心的司法体制改革深入推进，司法改革的范围之广、力度之大、程度之深前所未有。通过深化司法改革，审判质量、效率和司法公信力明显提高，公正高效权威的社会主义司法制度正在逐步健全完善。

在刑事大要案审判中全面落实司法责任制，一是要配强刑事大要案的审判力量，各级人民法院要科学配置法官员额，将政治坚定、业务精通、作风优良的精兵强将配备到刑事大要案审理过程中，院、庭长要落实“入额必办案”的要求，勇于负责、敢于担当，带头审理重大疑难复杂案件。二是要妥善处理好刑事大要案审判中“放权与放心”的关系，考虑到刑事大要案大都为社会所广泛关注，往往并非某个法官个人就能完全审理好，因而不能将审判权简单地一放了之，要充分发挥合议庭和审委会的职能作用，“放权不是去监督管理、取消个案审批不等于取消司法监督”，要确保管理监督不缺位、权力行使必留痕、失职渎职要担责。三是要建立科学的法官工资制度，完善刑事法官业绩评价机制，为员额法官配齐配强法官助理、书记员，有效激发法官工作积极性。四是要充分发挥法官权益保障委员会的作用，完善司法人员依法履职保障机制，切实维护办理暴恐刑事大要案法官及其家属的人身财产安全。

“征程万里风正劲，重任千钧再奋蹄。”新征程上，刑事大案要案的审判工作任务将会更加繁重，形势将会更为严峻，各级人民法院只有坚持以习近平新时代中国特色社会主义思想为指导，进一步加强刑事大案要案审判工作的组织领导，才能为实现新目标提供坚实的刑事法治保障。

在全国法院依法惩处妨害疫情防控犯罪工作会议上的讲话(节选)

□李少平*

(2020年3月6日)

今天，我们召开全国法院依法惩处妨害疫情防控犯罪工作会议，主要任务是，深入学习贯彻习近平总书记关于疫情防控工作的重要指示精神和党中央决策部署，认真落实中央政法委和最高人民法院党组具体工作部署，全面、正确执行《最高人民法院、最高人民检察院、公安部、司法部关于依法惩治妨害新型冠状病毒感染肺炎疫情防控违法犯罪的意见》(以下简称“两高两部意见”)，充分发挥刑事审判职能作用，为统筹推进新冠肺炎疫情防控和经济社会发展工作提供有力的司法服务和保障。

下面，我讲四点意见。

一、深入学习贯彻习近平总书记重要指示精神，切实把思想和行动统一到党中央决策部署上来

新冠肺炎疫情发生以来，以习近平同志为核心的党中央高度重视疫情防控工作，习近平总书记亲自部署、亲自指挥，多次作出重要指示、主持重要会议、发表重要讲话，对做好疫情防控工作作出全面部署，为打赢疫情防控人民战争、总体战、阻击战指明了前进方向、提供了根本遵循。2月5日，习近平总书记在中央全面依法治国委员会第三次会议上强调，疫情防控越是到最吃劲的时候，越要坚持依法防控，在法治轨道上统筹推进各项防控工作，保障疫情防控工作顺利开展。2月23日，习近平总书记出席统筹推进新冠肺炎疫情防控和经济社会发展工作部署会议并发表重要讲话，全面总结疫情防控工作，明确提出统筹推进疫情防控和经济社会发展工作的总体要求、目前的形势、重点任务和重大举措。习近平总书记强调，要坚决打好湖北保卫战、武汉保卫

* 最高人民法院党组成员、副院长。

战，全力做好北京疫情防控工作，强调要切实维护社会稳定，落实分区分级精准复工复产，统筹推进疫情防控和经济社会发展工作。习近平总书记指出，疫情防控期间采取一些严格的管控措施是完全必要的，到了现在这个阶段，除湖北和武汉等疫情防控任务重的地区外，要注意把握好度，尽量采取对群众生产生活影响小、带来不便少的措施。3 月 4 日，习近平总书记主持中央政治局常委会会议并发表重要讲话，指出，经过全国上下艰苦努力，当前已初步呈现疫情防控形势持续向好、生产生活秩序加快恢复的态势，必须深入贯彻落实统筹推进疫情防控和经济社会发展工作部署会议精神，加快建立同疫情防控相适应的经济社会运行秩序，完善相关举措，巩固和拓展这一来之不易的良好势头，力争全国经济社会发展早日全面步入正常轨道，为实现决胜全面建成小康社会、决战脱贫攻坚目标任务创造条件。

习近平总书记重要讲话高屋建瓴、内涵丰富，深刻分析疫情形势，对统筹推进疫情防控和经济社会发展工作、推进依法防控提出明确要求，思想性、指导性、针对性强，对人民法院依法审理妨害疫情防控刑事案件指明了方向、提供了遵循。最高人民法院党组书记、院长周强同志多次主持召开党组会议、疫情防控领导小组会议进行传达学习，研究贯彻落实的具体措施。一段时间以来，最高人民法院多次下发指导意见和通知，对相关工作作出了一系列安排。各级人民法院要深入学习贯彻习近平总书记重要讲话精神，增强“四个意识”、坚定“四个自信”、做到“两个维护”，全面贯彻坚定信心、同舟共济、科学防治、精准施策的总要求，切实把思想和行动统一到党中央决策部署上来，按照最高人民法院党组部署要求，充分发挥刑事审判职能作用，为统筹推进疫情防控和经济社会发展提供有力司法服务和保障。

二、认真总结疫情发生以来人民法院惩治妨害疫情防控犯罪工作情况及取得的成效

疫情发生以来，各级人民法院认真贯彻习近平总书记关于疫情防控工作的一系列重要指示精神和党中央决策部署，按照最高人民法院部署要求，充分发挥刑事审判职能作用，依法及时、从严惩处一批抗拒疫情防控措施、暴力伤医、制假售假、哄抬物价、诈骗、造谣传谣、破坏野生动物资源等妨害疫情防控的犯罪，有力维护了人民群众生命健康和社会大局稳定。截至 3 月 4 日，全国各地法院一审受理妨害疫情防控刑事案件 1 177 件 1 462 人，审结 598 件 677 人，其中 59.30% 采取视频开庭。从案由来看，适用罪名相对集中，其中诈骗罪占 37.70%，妨害公务罪占 24.40%，二者合计占 62.10%。从量刑来看，量刑超过三年有期徒刑的占 11.80%。从地区来看，案件较多的省份有广东、陕西、江苏、浙江、安徽、云南。

前一阶段开展的主要工作有：

一是加强审判指导。最高人民法院牵头会同最高人民检察院、公安部、司法部及时研究制定“两高两部意见”，会同国家卫生健康委员会、最高人民检察院和公安部发布《关于做好新型冠状病毒肺炎疫情防控期间保障医务人员安全维护良好医疗秩序的通知》，为依法及时严惩妨害疫情防控犯罪提供法律指引。最高人民法院、最高人民检察院（以下简称“两高”）研究室负责人就妨害疫情防控犯罪案件法律适用答记者问，对司法实践集中反映的问题予以明确，有效指导各地法院依法办理此类案件。最高人民法院成立工作专班，协调对下指导、新闻宣传等工作。各地法院健全完善工作机制，统筹指导，强化上下联动、部门协调。处于疫情防控主战场、最前线的湖北省高级人民法院，成立刑事审判指导小组，对全省涉疫情案件加强监督指导。山西省高级人民法院协调建立政法部门案件信息实时通报和会商机制。浙江省高级人民法院成立审判研究小组，及时研究相关法律适用问题，确保案件依法稳妥处理。

二是坚持依法严惩。各地法院严格贯彻“两高两部意见”，依法严惩扰乱医疗秩序、防疫秩序、市场秩序、社会秩序等犯罪行为，切实保障人民群众生命安全和身体健康，坚决维护国家政治安全和社会大局稳定，并结合本地实际，出台指导意见，细化办案标准，统一定罪量刑尺度。湖北法院坚持总体从严，突出打击重点，严格依法办案，确保案件质效。江苏省高级人民法院发布审理指南，对41个罪名细化事实证据和定罪量刑标准，统一裁判尺度。

三是优化审理程序。各地法院合理调配审判资源，对认罪认罚案件和符合速裁程序、简易程序适用条件的案件，开辟绿色通道，依法快审快结。同时，严格遵循法定程序，依法保障当事人各项诉讼权利，坚决防止一味求快导致程序瑕疵。北京市高级人民法院要求积极适用认罪认罚从宽制度，对符合条件的案件依法适用速裁程序、简易程序快速审理。广东省高级人民法院要求依法保障被告人诉讼权利和律师辩护权，按照刑事辩护全覆盖的要求，对没有委托辩护人的被告人，通知法律援助机构指派律师提供辩护。

四是完善办案机制。各地法院依托智慧法院建设成果，在确保公正、符合保密和防疫要求的前提下，通过电话、视频、微信等方式完成卷宗流转、文书送达、指定辩护、开庭审理等工作，最大限度减少了人员接触和聚集，做到防疫与审判两不误。北京、河南、浙江等地法院，利用"云间互联网庭审系统"、政法大数据协同平台等办案系统，依法为律师会见在押被告人提供便利。

五是加强法治宣传。各地法院运用官网、微信、微博等平台，以案释法，弘扬主旋律，传播正能量，为疫情防控营造良好的舆论氛围和法治环境。湖北、黑龙江、安徽、山东、广东等高级人民法院发布多个典型案例。江苏南通港闸区、陕西西安长安区、四川南充顺庆区法院选取当地首例妨害疫情防控案件进行庭审直播，1 000余万网民在线观看，给全社会上了一堂生动的依法防疫"公开课"。

总体来看，疫情发生以来，各地法院提高政治站位，充分发挥刑事审判职能作用，依法及时严惩一批妨害疫情防控犯罪，实现政治效果、法律效果和社会效果有机统一，为保障疫情防控工作顺利开展、维护人民群众生命健康和社会大局稳定提供了有力的刑事司法保障，彰显了人民法院的责任担当，值得充分肯定。

在看到成绩的同时，我们也要清醒看到，有的案件还存在司法尺度不一、政策把握不准、裁判说理不到位、审判质效有待提升等问题，一些工作还有待改进。我们要对照党中央、中央政法委和最高人民法院党组各项要求，查找差距不足，完善工作举措，进一步做好疫情防控期间的刑事审判工作，不断提高刑事司法能力和水平，更好地服务疫情防控和经济社会发展大局。

三、充分发挥刑事审判职能作用，依法惩处妨害疫情防控犯罪

打击妨害疫情防控犯罪，人民法院承担着重要的职责任务。相信同志们都看了2月28日、3月5日《人民法院报》新闻稿及近期的《最高人民法院简报》。周强院长主持召开党组会议时两次专门强调要加强审判工作指导，严把案件事实关、证据关、程序关、法律适用关，依法保障被告人、辩护人和其他诉讼参与人诉讼权利，确保严格公正文明司法。我们要认真贯彻落实周强院长讲话要求，依法审理妨害疫情防控犯罪案件，确保定罪公正、量刑公正、程序公正，确保每一起案件经得起法律和历史的检验。

一要坚持严字当头，积极服务疫情防控工作大局。此次疫情，是中华人民共和国成立以来在我国发生的传播速度最快、感染范围最广、防控难度最大的一次重大突发公共卫生事件。疫情形势变化快，防控工作任务重，给刑事审判工作带来许多新问题、新挑战，而且时间紧、任务重。各地法院要充分认识到，打击妨害疫情防控犯罪，维护社会正常秩序，是打赢疫情防控总体战的重要组成部分。要立足疫情防控总体态势，充分发挥刑事审判职能作用，把依法惩处妨害疫情防控犯罪作为当前刑事审判工作的中心任务抓紧抓好，该出手时就要果断出手，该重判的就要坚决重判，发挥震慑作用，切实保障疫情防控工作有序开展，有力保护人民群众生命安全和身体健康，坚决维护国家政治安全和社会大局稳定。

二要坚持依法办案，统一裁判尺度。各地法院要严格执行刑法、相关司法解释和“两高两部意见”，正确适用法律，准确定罪量刑，依法妥善审理相关案件，既要与其他政法机关加强配合协调，更要坚持严格依法办案。要坚持罪刑法定，在全面查清案件事实的基础上，根据被告人的主观罪过、客观行为和危害后果，准确把握罪与非罪、违法与犯罪、此罪与彼罪的界限，坚持以事实为根据、以法律为准绳，既不随意“拔高”，也不人为“降格”，坚守法律底线。针对前一段司法实践中较为突出的法律适用问题，如妨害公务罪犯罪对象的范围如何把握，制售伪劣一次性使用医用口罩如何定罪，囤积居奇、哄抬物价认定为非法经营罪如何把握界限等，“两高”研究室负责人就妨害疫情防控犯罪案件法律适用答记者问已经作出明确解答，希望各地认真学习、严格执行。

目前，各高级人民法院基本上都已经单独或者会同其他政法部门，就依法严惩妨害疫情防控犯罪出台了政策性文件，这对于统一司法尺度、指导司法实践、做好当地相关刑事案件审判工作起到了积极作用。各高级人民法院要对已出台的政策性文件进行一次系统梳理，确保与“两高两部意见”相协调、相一致，确保法律适用统一。

三要突出重点，精准打击妨害疫情防控犯罪。疫情防控要精准施策，做好疫情防控期间的刑事审判工作，同样也要精准施策，不能简单地“一把尺子量到底”。要根据防控形势及发展变化，因地制宜，因时制宜，聚焦打击锋芒，突出打击重点。周强院长 2019 年在七刑会上突出强调，要精准适用刑罚，体现区别对待、轻重有别，聚焦重点、精准发力。这一要求，对于妥善审理妨害疫情防控犯罪案件，具有重要指导意义，要结合审判工作实际进一步抓好落实。

要区分案件性质。对于直接严重妨害疫情防控、给疫情扩散带来巨大风险、给人民群众生命健康造成巨大威胁、给社会造成恐慌、给大局稳定造成严重破坏的案件，要旗帜鲜明地依法严惩，绝不姑息。如确诊病人恶意传播病毒的，暴力伤医的，制售伪劣医用器材的，以及其他直接严重妨害疫情防控、人民群众深恶痛绝、严重危害社会治安的案件，该重判的要重到位，彰显人民法院维护人民群众生命健康安全和社会大局稳定的立场和决心。同时也要注意到，疫情防控前期，为快速阻断疫情传播蔓延，各地采取了严格的交通管控措施，这是必要的，但在执行过程中一些地方出现了过头行为，中央已经及时督促各地予以纠正。对于由此引发的刑事案件，以及其他情节一般、事出有因、社会反映不大的案件，要充分考虑人民群众的公平正义观念，平衡国法、天理、人情，依法妥善处理，刑罚要保持一定的谦抑性，对疫情防控没有重大影响、未造成严重后果，不是必须给予刑事处罚的，要尽量缩小打击面，给行政处罚留足空间，即使要给予刑罚处罚也可以酌情依法从轻。

要区分各地疫情防控形势。由于各地面临的疫情形势和防控任务差异较大，人民法院在案件审理中也要充分考虑各地分区分级差异化防控任务，同样的行为在疫情风险等级不同的地区，其危害性是不一样的，案件审判中要有所体现。对湖北、北京等重点地区及其他高风险地区的妨害疫情防控案件，总体上要坚持依法从严惩处。疫情低风险地区要充分考虑本地疫情防控实际情况和案件具体情节，实事求是，做到罪责刑相适应，避免政策把握粗放化、简单化。

四要严格遵守法定程序，依法保障诉讼权利。要严格落实《刑事诉讼法》及司法解释规定，依法保障被告人及其他诉讼参与人的各项诉讼权利，为符合条件的被告人提供法律帮助或者指定辩护人，依法保障辩护律师阅卷权，充分听取辩护意见，确保程序公正和实体公正相统一。目前已审结的妨害疫情防控案件，多数是被告人认罪认罚，通过速裁程序或者简易程序审理，实现“快立、快审、快判”，这对及时惩治相关犯罪、保障疫情防控顺利开展起到积极作用，也是对社会公众的一轮普法教育。需要强调的是，适用速裁程序或者简易程序，必须严格依照法律规定，不符合适用条件的，必须通过普通程序审理。对于被告人认罪认罚并签署具结书的案件，要依法审查认罪认罚是否自愿、是否知悉认罪认罚的法律后果，是否得到值班律师帮助，量刑建议是否适当，等等。要严格执行案件审理期限规定，依法扣除、延长审限或者延期审理，必要时及时对被告人变更强制措施。

五要确保办案质量，实现"三个效果"有机统一。审理妨害疫情防控犯罪案件，时效性强，很多案件案情简单明了，各地依法快审快结，适应形势需要，这是完全正确的。同时也要注意，案件的审理绝不能一味求快，放松质量把关。要严把案件事实证据关，坚决贯彻证据裁判原则，确保裁判经得起法律和历史的检验。要严把裁判文书关。此类案件往往社会关注度高，要增强敏锐性和风险意识，从疫情、案情等多方面，准确预判社会关注点，案件事实认定要客观全面、求精求准，裁判说理也要求精求准。即便是适用速裁程序，裁判文书也要把事实叙述清楚，该说的法理、事理、情理要说到位，让公众理解、认同裁判结果，实现案件审理的政治效果、法律效果和社会效果有机统一。裁判文书质量高低，直接影响到裁判效果好坏，一定要防止文书表述不准确、说理不到位甚至出现低级错误。

四、健全工作机制，统筹做好相关工作

一要加强审判指导。前一段审结的案件，真正疑难、复杂、有分量的案件还不算太多，许多案件还在侦查取证、审查起诉阶段，下一步会逐步进入审判程序。各地法院要组织骨干力量，投入精兵强将，做好监督指导和案件办理工作，在办要案、处急事、破难题中受考验、长才干、出实效。各高级人民法院要坚决落实守土有责、守土担责、守土尽责要求，加强监督指导，全面、准确、及时掌握辖区案件态势和审判工作存在的问题、困难，做到底数清、情况明，特别是对于在本地有重大影响的疑难复杂案件，要提前预判，做到心中有数。

二要加强沟通协调。各地法院要在当地党委政法委统一领导下，加强与公安机关、检察机关的沟通协调，建立信息共享和会商机制，共同研究当前疫情防控形势下相关案件的政策把握等问题，促进办案理念和执法司法尺度统一。要充分考虑看守所严防输入性风险的疫情防控要求，研究提出可行性方案，加强沟通协调，尽量减少对审判工作的影响。要区分案件轻重缓急，对于时效性较强的涉疫情等案件，应当在确保安全的前提下，优先考虑，重点安排，依法及时审判。

三要统筹做好疫情防控和刑事审判工作。各地法院要认真落实党中央关于分区分级精准复工复产的决策部署，按照当地党委、政府制定的分区分级差异化防控策略，统筹抓好疫情防控和刑事审判工作。要注重办案安全，加强自身防护，减少人员聚集和流动。要充分运用信息化和智慧法院建设成果，推进网上办公、网上办案，具备条件的地区可采用远程视频方式听取辩护律师意见、讯问被告人、宣告判决，对适用速裁程序、简易程序的案件，可采取远程视频方式开庭审理，并引导公众通过网络直播等方式旁听庭审，切实保护当事人、诉讼参与人、旁听群众、法院干警的身体健康和安全，严防发生聚集性疫情风险。

同志们，依法服务保障疫情防控和经济社会发展大局，人民法院和广大干警承担着重要职责使命。我们要深入学习贯彻习近平总书记关于疫情防控的一系列重要指示精神和党中央决策部署，发扬斗争精神，切实肩负起责任，充分发挥刑事审判职能作用，依法惩治妨害疫情防控犯罪，坚决保护人民群众生命健康安全，全力维护国家政治安全和社会大局稳定，为全面打赢疫情防控人民战争、总体战、阻击战，实现决胜全面建成小康社会、决战脱贫攻坚目标任务提供有力的刑事司法服务和保障。

刑事判决说理实务问题探讨*

——以裁判文书制作规范化为视角

□北京市第二中级人民法院课题组

【编者按】

写好裁判文书是当前刑事审判中的一项重要工作，也是顺应司法改革，体现司法公开、公正的具体要求。北京市第二中级人民法院根据本院刑事审判工作情况，并结合近年来公布的刑事"大要案"文书，就刑事一审裁判文书说理的要素、顺序、方法、技巧等问题作了较为系统的梳理和分析，对于提高刑事裁判文书撰写质量具有一定借鉴意义。本期予以刊登，供读者参考。

裁判文书说理是一个历久弥新的课题。最高人民法院于2014年1月下发的《关于人民法院在互联网公布裁判文书的规定》实施后，如何在符合裁判文书样式及制作规范的前提下，最大限度增强裁判文书的说理性，是当前亟待破解的难题，更是本轮司法改革的一项重要任务。本课题主要结合一审刑事判决书制作实务，就裁判文书规范化视角下的刑事判决说理问题作初步探讨。

一、刑事判决说理部分的顺序

传统的刑事裁判文书说理部分主要包括定罪、量刑、对控辩意见的评判、法律依据及涉案物品处理五部分。其中，法条引用和涉案物品处理部分在判决书中的顺序较为固定，但定罪、量刑及对控辩意见的评判部分在判决书中如何排序，实践中做法不一，主要有以下三种：

第一种做法是，首先，对辩方意见进行评判，即将该部分内容放在确认证据之后、"本院认为"之前；其次，对被告人进行定罪评价；再次，阐明公诉机关的指控是否成立；最后再对被告人的量刑进行阐述分析。如"薄熙来受贿、贪污、滥用职权案"（以下简称"薄熙来案"）的一审判决书就采用了这种写法。这种写法的优点是条理清楚，层次分明，能够清晰反映判决对辩方意见的评判。但这种表述顺序没有将辩方意见与公诉机关的指控意见放在同等位置考虑，似乎没有很好地体现控辩平等的刑事诉讼理念。

第二种做法是，将对控辩意见的评判均放在"本院认为"部分，即首先对被告人的定罪进行分析，然后阐明公诉机关指控的犯罪是否成立，接着再对辩方意见进行评判，最后对被告人的量刑进行分析。这种写法的优点是将控辩意见放在同等位置考虑，体现了控辩平等的理念，但容易造成"本院认为"部分过于臃肿，影响判决的层次性和阅读效果。

第三种做法在第一种做法的基础上进行了微调，即在第一种做法总体顺序不变的基础上，将法院对不予采纳的辩解或辩护意见评判放在确认证据之后、"本院认为"之前，但将法院予以采纳的辩解及辩护意见放在"本院认为"部分予以概括阐述，并根据所采纳的意见的具体内容分别置于"本院认为"部分的定罪分析或量刑分析之后，一般概括表述为"本院认为……（被告人构成

---

* 本调研报告系北京市第二中级人民法院裁判文书制作规范化调研课题之子课题"裁判文书说理规范化"的阶段性成果。课题负责人：北京市第二中级人民法院副院长崔杨；子课题组成员：刑二庭副庭长陈胜涛、少年庭法官刘立杰；执笔人：刘立杰。

××罪，公诉机关的指控成立）被告人具有××量刑情节，被告人及其辩护人所提相关辩解及辩护意见本院酌予采纳”。如“上海教师公寓大火案”“商务部郭京毅受贿案”的一审判决书即采用的这种写法。这种写法的优点是，既能一定程度地体现控辩平等，又不至于使“本院认为”部分过于臃肿，同时避免对采纳的辩护意见进行重复分析；不足之处是，将采纳和不采纳的辩解、辩护意见分割开了，在“本院认为”前后分别阐述，没有保持被告人辩解及辩护人辩护意见的完整性、连续性。

综上，上述三种做法各有所长，但总体而言，第一种做法比较适合于多被告人或者法律关系较为复杂，控辩意见争议较大，辩方意见较多的案件；第二种做法比较适合于被告人人数不多，案情或法律关系相对简单，控辩意见争议不大，辩方意见相对较少的案件；第三种做法介于上述两种类型之间，是一种折中的处理方法。

二、刑事判决中的定性分析

（一）定罪表述

1. 自然人犯罪定罪的表述

首先，从宏观上看，认定公诉机关指控的罪名主要有两种写法：

第一种写法直接用刑法分则规定的罪状去表述被告人实施了××行为，已构成××罪，同时阐明公诉机关指控被告人实施犯罪行为的事实清楚，证据确实、充分，指控罪名成立。如“亿霖木业非法经营案”（一审）、“许霆盗窃重审案”（以下简称“许霆案”）等。

第二种写法直接用刑法分则规定的罪状去表述被告人的行为，然后认定其行为构成××罪，同时阐明公诉机关指控被告人实施犯罪行为的事实清楚，证据确实、充分，指控罪名成立。如“薄熙来案”，“刘志军受贿、滥用职权案”（以下简称“刘志军案”）等均采用这种写法。

目前，采取第二种写法的占多数。关于“犯罪”的本质虽然在理论界一直存在“行为人说”和“行为说”的争论，且“被告人实施××行为，构成××罪”的表述在语法上并无明显不当，但根据我国刑法第十三条“一切……危害社会的行为，依照法律应当受刑罚处罚的，都是犯罪”之规定，采用第二种写法更符合我国刑法精神。

其次，从微观上看，上述第二种写法还可以细分为三类：

第一类是直接将刑法条文或司法解释的规定作为定罪分析的内容，基本不结合案情进行定罪分析，如“刘志军案”“薄熙来案”对贪污罪和滥用职权罪的认定都采用了这种写法。从北京市第二中级人民法院随机抽样的近200份一审刑事判决中，采用这种写法的超过了1/3。

第二类是根据刑法及司法解释的相关规定，概括写明被告人实施犯罪行为的手段、方法、侵害的对象、客体等内容，并在此基础上认定被告人的行为构成××罪。如“药家鑫故意杀人案”（以下简称“药家鑫案”）、“薄熙来案”中对受贿罪的认定等。北京市第二中级人民法院的抽样文书中约有一半采用了这种写法。

第三类是结合全案证据、事实和具体案情对被告人构成犯罪的主、客观方面进行全面、详细的分析论证，并在此基础上认定被告人的行为构成某种犯罪。如“李某某等人强奸案”的一审判决书。第二中级人民法院的抽样文书中采用此类写法的非常少，不到10%。

如果从裁判文书说理的角度分析，第一类写法比较简洁，但没有充分体现说理和个案特点；第三类写法最能体现文书的说理水平，但需要对案件的事实和法律语言进行全方位的把握，具有一定难度；第二类写法折中了第一类和第三类写法，既保证了裁判文书的规范性，又体现了裁判文书的个性化内容，增强了说理效果。因此，在现有条件下，建议尽可能采取第二类写法，同时在一些疑难、复杂的案件中可采用第三类写法以增强裁判文书的说理。

最后，在定罪分析中，应避免使用与犯罪构成要件无关的“无视国家法律”“遇事不能冷静处理”等“套话”，在具体表述时应以构成要件事实为依据，以有关法律规定为准绳。

2. 单位犯罪及其责任人员定罪的表述

单位犯罪案件的定罪分析与自然人犯罪案件相比具有一定的特殊性，除应当根据查证属实的事实、证据和法律规定，论证公诉机关指控的单位犯罪是否成立、构成何罪外，还要重点分析被告单位直接负责的主管人员、其他直接责任人员的行为是否构成犯罪，构成什么犯罪，是实行“单罚制”还是“双罚制”。除此之外，单位犯罪与自然人犯罪的表述方法基本相同，不再赘述。

（二）改变公诉机关指控的表述

1. 变更罪名的表述

司法实践中，指控的罪名与法院审理认定的罪名不一致的情形大体包括以下四类：一是指控重罪名，法院认定为轻罪名；二是指控轻罪名，法院认定为重罪名；三是指控数罪名，法院只认定构成其中的部分罪名；四是指控单个罪名，法院认定为构成包括指控罪名在内的数罪名。对上述情形，法院在保障控辩双方充分行使控诉权和辩护权的前提下，在判决书中应重点围绕变更指控罪名的理由进行分析。根据案件的具体情况，一般可从以下几个角度展开分析：

（1）围绕行为人的主观罪过阐述罪名变更的原因，例如，为索债非法剥夺他人人身自由以获取财物的是绑架还是非法拘禁等。

（2）围绕行为主体的刑法性质阐述罪名变更的原因，例如，企业改制中被告的身份是否为国家工作人员等。

（3）围绕行为对象的刑法性质阐述罪名变更的原因，例如，借记卡是存单（金融凭证）还是信用卡等。

（4）围绕行为本身的刑法性质阐述罪名变更的原因，例如，裸聊行为的定性、正当防卫的认定等。

（5）围绕行为所侵犯的客体（或法益）及定罪原则阐述罪名变更的原因，例如，盗窃电缆同时危害公共安全的行为是认定为盗窃罪还是破坏电力设备罪等。

在“本院认为”部分具体表述时，一般写为：“被告人×××实施了××行为……（根据查明的事实、证据和有关法律规定，结合上述角度，全面分析论证），其行为符合××罪的构成要件，应认定为××罪。公诉机关指控×××的犯罪事实清楚，证据确实、充分，应予支持，但指控××罪名不当（或证据不足），应予纠正（或指控的犯罪不能成立）。”例如《刑事审判参考》2004 年第 5 辑中“祝久平以危险方法危害公共安全案”判决书就是这样分析的：“被告人祝久平在行驶的公交车上，无理纠缠并殴打正在驾驶公交车的司机，并与司机争夺公交车的变速杆，导致行驶中的公交车失控，虽然只发生撞断路边通讯电线杆、公交车受损、部分乘客受伤、全部直接经济损失近万元的后果，但已足以危及不特定多数人的生命健康及其他重大财产的公共安全，其行为符合以危险方法危害公共安全罪的构成要件。公诉机关指控祝久平的犯罪事实清楚，证据确实、充分，应予支持，但指控的罪名（寻衅滋事罪——笔者注）不当，应予纠正……”

2. 未全部认定指控事实的表述

法庭经审理认为公诉机关指控被告人所犯罪名成立，但认为公诉机关指控被告人犯罪的某些情节、数额或后果不能成立的，除需要通过对证据的分析予以说明外，还要对控辩双方的有关意见进行有针对性的评判，在此基础上，再通过“本院认为”部分予以确认，一般应表述为：“公诉机关指控被告人犯××罪的定性准确，指控罪名成立，但指控其××方面的事实不清，证据不足，不能予以认定。”实践中，有的表述为：“公诉机关指控被告人犯××罪的事实清楚，证据确实、充分，唯在认定的部分数额上有误。”这样表述就存在几个问题：一是认定数额有误算不算“指控犯××罪的事实清楚”，如果不算，那么判决就有自相矛盾之嫌；二是未指明认定哪部分数额有误，误差多少，说理不充分。建议将上述判决修改为：“公诉机关指控被告人犯××罪的定性准确，指控罪名成立，但指控其犯罪的数额为××有误，本院依法认定为×××。”

（三）无罪判决的表述

与有罪判决相比，无罪判决的说理“似易而难”。看似容易，是因为有罪判决的证明标准是排除一切合理怀疑，而无罪判决恰好相反，只要对公诉机关指控的犯罪事实或提供的证据链中的关键环节提出合理怀疑，就能否定公诉机关的指控。因此，与有罪判决重在说明被告人的行为应符合犯罪构成要件，且犯罪的事实清楚，证据确实、充分不同，无罪判决的说理应侧重围绕事实是否清楚，证据是否符合“三性”进行分析，并最终得出事实不清或证据不足，不能认定被告人构成犯罪的结论。但实际上无罪判决说理比较困难，是因为无罪判决中涉及的诸多事实和证据问题，往往是建立在公安、检察机关前期较为严密的调查取证基础之上的，要想质疑甚至推翻公安、检察机关的侦查、指控结论，不但要靠丝丝入扣的逻辑分析，更以对案件事实细节的精准把握和对全部案件事实的综合掌控为前提，且这一前提是建立在撰写裁判文书之外的、更为耗费时间和精力的、对事实和证据进行全方位调查基础之上的。如“念斌案”的无罪判决书，似乎并没有哪一部分专门进行说理，但在列举公诉机关指控构成犯罪的每一个构成要件事实和每一份证据时，对事实的疑点、证据的来源、获取时间、具体内容、关联性、矛盾点等都进行了全面的展示和分析，从而使判决书关于“原判认定致死原因为氟乙酸盐鼠药中毒依据不足，认定投毒方式依据不属实，毒物来源依据不充分……全案证据达不到确实、充分的证明标准”的无罪结论水到渠成、得以服众。

当然，还有一部分无罪案件的事实和证据并不存在任何问题，但因审判机关与检察机关在罪与非罪的一些关键问题上存在认识差异，从而导致法院判决被告人无罪。对于此类案件，判决应重点围绕行为的性质、行为的刑事违法性、社会危害性大小等问题展开说理。

以上对无罪的分析可具体表述为“……公诉机关指控被告人犯××罪的证据尚未达到确实、充分的程度，指控被告人犯××罪事实不清，证据不足，指控不能成立”或“……被告人的××行为不构成犯罪，公诉机关的指控不能成立”。

三、刑事判决书中的量刑分析

以往的判决中，我们往往对定罪分析较为重视，对量刑问题或者没有分析，只有结论；或者一带而过，蜻蜓点水。这种做法已不能满足当事人的要求，更无法适应网上公布裁判文书的现实需要。因此，应当进一步强化文书对量刑的分析和说理。

（一）最大限度地将刑法第六十一条的规定予以量化

我国刑法第六十一条规定：“对于犯罪分子决定刑罚的时候，应当根据犯罪的事实、犯罪的性质、情节和对于社会的危害程度，依照本法的有关规定判处。”因此，在量刑分析过程中应阐明与上述规定内容相关的各种具体情节，即通过对刑法第六十一条的量化展开，增强量刑分析的效果，提高裁判文书的说理性。例如，某强奸案中，判决书在量刑分析中首先写道：“……被告人的行为系轮奸，给被害人身心造成伤害，性质恶劣，社会危害性大……”其次又结合被告人在共同犯罪中的具体情节进行详细分析：“……被告人孙某系五名被告人中唯一的成年人，在共同犯罪中作用仅次于王某，属于主要暴力行为实施者，且暴力行为对被害人伤害较大，主观恶性较深。鉴于其在庭审结束前，表示尊重辩护人的有罪辩护意见，有一定悔过认识，量刑时可酌予考虑……”通过结合案情对刑法第六十一条展开分析，不但保证了量刑分析的全面性，而且也框定了量刑分析的基本范围和层次，可以有效弥补以往量刑分析缺乏针对性、力度不够的缺憾。

（二）对法定量刑情节的分析应注重规范化和匹配性

规范化指的是法官在分析法定量刑情节时要忠实于刑法、司法解释以及法理，尽量使用贴近原法律条文或司法解释的表述，不能完全按个人的理解去阐述法定量刑情节，更不能自己造情节，尤其是对于数额较大、数额巨大、数额特别巨大，情节严重、情节特别严重，以及从轻、减轻、从重等法定情节的表述要准确、严谨。如《最高人民法院关于处理自首和立功若干具体问题的意见》规定："犯罪嫌疑人……明知他人报案而在现场等待，抓捕时无拒捕行为，供认犯罪事实的"，应视为自动投案。对于该情节，有的判决表述为："被告人作案后明知他人报案而在现场等待，到案后能如实供述所犯罪行，依法应认定为自首。"这样表述漏掉了"抓捕时无拒捕行为"这一认定被告人是否属于自动投案的关键情节，人为放宽了自首的认定条件，没有做到规范表述。

匹配性是指法官在分析法定量刑情节时应特别注意法律规定与具体案情的有机结合，要有意识将案件的有关事实匹配到法定量刑情节的要件中去，这样不但能够增强裁判文书的说理，还能有效避免判决书千人一面的现象。例如，"药家鑫案"关于自首情节表述为："被告人药家鑫在公安机关未对其采取任何强制措施的情况下，于作案后第四日在父母的陪同下到公安机关投案（将投案的时间、陪同人员等具体事实与法律规定结合起来分析——笔者注），并如实供述了犯罪事实，其行为具备了自首的构成要件，依法属于自首。"

（三）对酌定量刑情节的分析应避免随意化和机械化

酌定量刑情节虽然不是刑法明文规定的量刑情节，但其对量刑仍然具有重要影响。司法实践中常见的酌定量刑情节主要有犯罪的手段、犯罪的时空及环境条件、犯罪对象、犯罪后果、犯罪动机、认罪悔罪态度、前科劣迹等。与法定量刑情节相比，酌定量刑情节往往具有多样性、随意性、具体性等特点，且与案件事实结合程度较高，不容易进行规范。鉴于酌定量刑情节的上述特点，判决中对酌定量刑情节的认定和分析应坚持合理、合法的原则，并应注重有关情节与案件的关联性，避免酌定量刑情节分析认定的随意扩大化，具体可结合上述分类及《最高人民法院关于常见犯罪的量刑指导意见》中规定的情节予以分析，对超出上述范围的酌定量刑情节，不论是认定还是反驳，均应由合议庭讨论把关，防止因个人认识不全面而引发不必要的争议。如 2009 年网络上热炒的某法院判决认定被告人系"临时性强奸案"，就存在随意认定酌定量刑情节的问题。

此外，还应特别注意结合具体案件来分析认定酌定量刑情节，避免机械套用，努力增强案件事实与酌定量刑情节认定的匹配性。例如，初犯、偶犯作为的酌定的从轻处罚情节，通常适用于未成年人犯罪或情节较轻、社会危害不大的犯罪，对杀人、抢劫、强奸等严重刑事犯罪一般不宜适用。如果不考虑具体案件的性质、情节等因素，直接将上述酌定量刑情节拿来套用，就容易引发争议。

（四）多被告、多罪名、多情节案件的量刑分析

首先，案件涉及多个罪名时，主罪的犯罪构成应表述在前，次罪表述在后，但量刑情节放在哪里表述做法不一：一种方法是分开表述，即在第一个罪名的犯罪构成表述完之后，紧接着分析表述该罪的量刑情节，然后再表述第二个罪名的犯罪构成和量刑情节，以此类推；另一种方法是集中表述，即先集中表述几个罪名的犯罪构成，然后再集中表述这几个罪名的量刑情节。总体而言，第一种方法比较适合单人犯多罪名的案件，第二种表述方法则较适合多人多罪名的案件。

其次，量刑情节的表述应该遵循先法定后酌定的原则，即如果存在多个量刑情节，应先分析从犯、自首、立功、累犯等法定量刑情节，然后再对认罪态度、积极赔偿、前科劣迹等酌定量刑情节进行分析。

最后，案件有多名被告人的，其量刑情节应当按照被告人所犯罪行从重到轻依次表述。

（五）特殊情节的量刑分析

1. 死刑案件的分析表述

刑法第四十八条规定，“死刑只适用于罪行极其严重的犯罪分子”。因此，死刑案件中，除应叙明法定、酌定量刑情节外，还应阐明被告人所犯罪行极其严重这一情节，至于表述的内容和形式可根据案件的具体情况进行适当调整，甚至可以将相关表述放到对辩方意见进行评判的内容当中，但应避免使用“罪大恶极”“不杀不足以平民愤”等批判性语言。

2. 法定刑以下减轻处罚的分析表述

根据刑法第六十三条第二款的规定：“犯罪分子虽然不具有本法规定的减轻处罚情节，但是根据案件的特殊情况，经最高人民法院核准，也可以在法定刑以下判处刑罚。”因此，对于符合上述条件，报请最高人民法院核准的案件，在说理部分应重点围绕案件存在特殊情况进行分析。如“许霆案”中最高人民法院的判决是这样分析的：“……许霆盗窃金融机构，数额特别巨大，本应判处无期徒刑以上刑罚。但考虑到许霆是在发现自动柜员机发生故障的情况下临时起意盗窃，其行为具有一定的偶然性，与有预谋、有准备盗窃金融机构的犯罪相比，主观恶性相对较小；许霆趁自动柜员机发生故障之机，采用输入指令取款的方法窃取款项，与采取破坏手段盗取钱财相比，犯罪情节相对较轻，对许霆可适用刑法第六十三条第二款的规定，在法定刑以下判处刑罚……”再如，北京某中级人民法院一份故意伤害罪的文书分析得也很到位：“……鉴于本案被害人的直接死因系因患冠状动脉粥样硬化性心脏病，急性心肌梗塞死亡，外伤和情绪激动是其冠心病发作的诱发因素之一，故被告人不应对被害人的死亡结果承担全部的刑事和民事责任。被告人归案后均能如实供述犯罪事实，认罪悔罪，其亲属积极赔偿被害人家属的经济损失，综合考量上述情节，被告人没有减轻处罚的法定情节，但依据刑法罪责刑相适应的基本原则，可……依照《中华人民共和国刑法》第六十三条第二款的规定，对其在法定刑以下判处刑罚。”

四、对辩方意见的概述与评判

（一）对辩方意见的概述

总体而言，判决书对被告人及其辩护人辩解、辩护意见的概述应当遵循全面、准确、精练的原则，对控辩双方一视同仁，这其中应注意四个方面的问题：

一是概述的目的。概述辩方意见的目的主要有两个：一个是全面、准确、真实地反映庭审情况，以充分体现控辩式审理的特点；另一个是为以后分析论证辩方意见时进行铺垫。

二是概述的依据。概述辩方意见的依据主要有两个，即辩护词和庭审笔录，应将二者结合起来分析，不能只看其一。

三是概述的顺序。对辩方意见概述的顺序，一般应与公诉机关的指控相互对应，首先概述辩方针对指控的犯罪事实、证据进行抗辩的意见，其次概述辩方针对指控的犯罪情节进行抗辩的意见，最后概述辩方提出的有关定罪量刑方面的意见。对于指控多被告人实施多种或多起犯罪的案件，一般应按照先主犯后从犯、先主罪后次罪的顺序概述辩方意见。

四是概述的内容和方法。这个问题可谓见仁见智，总的原则是既要全面、不能遗漏，又要准确、不宜啰唆；既要概述对事实证据的意见，也要概述定罪量刑的意见；既要概述被告人对犯罪事实予以供认的情况，也要概述不予供述、予以辩解的情况。一般而言，对认定事实、证据、罪名、罪责及适用法律等方面的意见必须反映，对不影响定罪量刑的枝节问题可不予概述。如果被告人的辩解和辩护意见内容一致的，可以一体表述、一起分析。具体表述方法为：“被告人及其辩护人对公诉机关的指控，均提出以下辩解和辩护意见……”；如果辩护人还有其他辩护意见的，可另起一段表述为："除上述意见外，被告人的辩护人还提出以下辩护意见……"

从具体操作的层面，我们试着归纳了概述辩方意见的五种方法：

1. 无罪意见重分析

刑事诉讼最基础的问题就是认定被告人的行为是否构成犯罪，因此，在归纳概括辩解及辩护意见时，罪与非罪的问题是首先要关注的问题。如果辩方认为被告人的行为不构成犯罪，那么在归纳其意见时，应重点对关键证据和有关犯罪构成的意见进行归纳，对其他意见可简要概括。例如某强奸案判决书将辩护人对事实认定、罪与非罪所提出的数十页辩护意见概述为以下四点："第一，是否存在非法证据……；第二，五名被告人与被害人是否发生了性关系……；第三，被告人是否对被害人实施过暴力……；第四，被告人与被害人发生性关系，是否违背被害人的意愿。"

2. 定性意见重罪名

如果辩方对被告人构成犯罪没有异议，但认为公诉机关指控的罪名不当，则应侧重概述辩方所提罪名及其理由，如果案件事实比较清楚，法律关系也比较简单，则可以简要归纳甚至不必归纳辩方要求变更罪名的具体理由。例如"方舟子遇袭案"的判决书对有关罪名之争的概括就非常精练。

3. 法定情节重实质

实践中，不管被告人实际上是否具有法定从轻、减轻或免除处罚的量刑情节，出于辩护策略与技巧上的需要，被告人及其辩护人往往不直接依照法律规定对有关量刑情节进行分析，他们经常将某些学术观点、个人理解与案件的局部事实杂糅在一起，"婉转"地向法庭提出被告人具有法定的从轻、减轻或免除处罚情节。有鉴于此，我们在归纳概括有关辩解及辩护意见时应进行必要的过滤，对于涉及法定量刑情节的辩护意见，原则上只提炼与法定情节实质要件相匹配的部分。如果经过筛选没有发现相匹配的内容，那么仅归纳辩护人的结论意见即可。例如在某共同抢劫案件中，辩护人提出，虽然被告人乙在抢劫案发现场，并在被害人身上翻找钱物，但乙没有直接殴打被害人，亦未曾使用言语威胁；被害人所受轻伤是被告人甲殴打所致，被告人乙在共同犯罪中的作用相对较小，应当依法认定乙为从犯。这里辩护人通过对案件事实的片面描述，展示了乙的作用相对较小，并据此认定乙为从犯。在对上述辩护意见进行归纳时，首先应当通过"从犯"的法定构成要件进行筛选。法律规定在共同犯罪中起"次要或辅助作用"的才能认定为从犯，但辩护人对此只字未提，我们发现除了"从犯"这两个字以外，从犯的要件中并没有与辩护意见相匹配的内容，故依上文所述的方法，仅归纳上述辩护意见的结论即可，具体可表述为"乙的辩护人提出乙在共同犯罪中作用相对较小，属于从犯"。反之，如果辩护人的辩护意见中涉及的内容与法定量刑情节的实质要件存在对应的关系，那么对相互对应的部分应当予以概括归纳。例如一起学生故意杀人案中辩护人提出："被告人丙在操场作案后，明确听到有人报警，其在老师的陪同下到校医室包扎伤口，并没有要逃跑的意思。其到医务室虽是为了疗伤，但根据其伤情较轻的情况可以推知其内心具有等待并接受公安机关处理的意思，其到案后能够如实供述自己所犯罪行，也证明了这一点，故被告人丙符合自首的构成要件，应当认定为自首。"因上述事实中部分内容与自首的成立要件存在匹配关系，故概括时应全面体现其情节特征，具体可表述为："辩护人提出被告人丙明知他人报案，且未主动离开学校，到案后如实供述罪行，应当认定为自首。"当然，这里面还涉及对辩方意见"化繁为简"进行概括的问题，具体可参照上述方法，在此不赘述。

4. 酌定情节重"理性"

这里的"理性"主要指对酌定量刑情节的概括应符合法理、事理和情理，具体可分为三类区别对待：

第一类是较为常见的酌定量刑情节，如认罪态度较好、积极赔偿、获得谅解、前科劣迹等，这类酌定量刑情节在审判中经常遇到，且不少已被《最高人民法院关于常见犯罪的量刑指导意见》所确认，基本不存在争议，直接表述即可。

第二类是不常见的酌定量刑情节，如被告人属激情犯罪、受家庭环境影响、曾对国家和社会做出过重要贡献等。上述辩护意见，有的与定罪量刑没有直接关系，有的虽有一定联系，但不宜直接原文引述，故应结合案件的具体情况有选择、有技巧地归纳概括。其中，对于明显与案件事实及量刑无关的辩解及辩护意见，可以直接过滤，不再归纳，例如故意杀人案件中被告人提出其家庭环境不好导致其脾气暴躁而杀人的辩护意见一般就不必归纳。对虽与案件事实及量刑有一定关系，但在提法上存在争议的辩护意见，可以进行适当转换后（应当尽可能与辩护人沟通）予以概括归纳。例如对于辩护人提出的被告人属于激情杀人的辩护意见，考虑到此概念在刑法学、犯罪学界均存在一定争议，在判决中便不宜直接引用，可根据具体案情及辩护人对该问题的解释，将“激情犯罪”转化表述为“出于义愤实施犯罪”、“被害人有过错”或者“被害人具有一定责任”等，否则不但可能影响文书的说理，而且容易引发争议或媒体炒作。2012 年某法院在一起因争抢停车位而引发的开车撞人案件中认定被告人系“激情杀人”而从轻处罚，引发被害人家属不满，进而被网络热炒。

第三类是被告人及其辩护人提出的比较特殊或者违背常理的案件情节，如有的辩护人提出被害人穿着暴露是诱发被告人实施性犯罪的原因，建议法院据此对被告人酌情从轻处罚；有的被告人提出因为升学失利而发泄情绪才实施抢劫，并非为了劫取财物，不具有非法占有的目的。对于此类辩护意见，应当以不在文书中体现为原则，以在文书中归纳为例外，即对于其中明显违背法理、事理、情理的辩解及辩护意见，一般不反映到判决中，即使根据案件具体情况需要有所反映，也应将相关辩护意见进行高度的概括，不宜直接引用。如上述辩解和辩护意见可以概括为“辩护人提出不良的外部环境是导致其走上犯罪道路的原因，据此请求法院对其从轻处罚”。同时，对于一些争议较大或者需要在判决中表明立场的特殊酌定量刑情节，应当根据具体案情以及行为的社会危害性、行为人的主观恶性，并结合社会风俗、伦理习惯、司法判例等诸多因素予以综合考量。

此外，对辩护意见的归纳概括还应保持前后一致，避免出现事实部分归纳的辩护意见与理由部分评判的辩护意见不一致、不对应的情况。

（二）对证据的分析认证

严格讲，对证据的分析认证应属于裁判文书事实部分的内容，但考虑到司法实践中的一些传统做法，证据分析问题也涉及部分说理内容，故在此一并探讨。根据刑事诉讼法及其司法解释，审判人员应当依照法定程序收集、审查、核实、认定证据，裁判文书应当阐明对证据是否采纳的理由。至于具体如何阐述理由，并无一定之规，应当结合具体案件和控辩双方提交的证据综合分析评判：

第一，对证据真实性的分析认证，应主要围绕来源的可靠性和内容的可信度两个角度，并结合其他证据进行分析。例如在“薄熙来案”中，薄熙来及其辩护人提出：“证人薄谷开来有精神障碍，其作证能力存疑，且其全部证言均形成于死刑缓期执行考验期内，可能是在某种特殊的压力下或者为了自身立功减刑而作出，影响其证言的真实性。”判决书是这样进行分析的：“经查，薄谷开来故意杀人案中经生效判决确认的司法鉴定意见书载明，薄谷开来在 2011 年 11 月 13 日实施杀人犯罪时辨认能力完整，控制能力削弱，鉴定诊断为精神活性物质所致精神障碍，具有完全刑事责任能力。本案审理过程中，经法庭核实，薄谷开来因犯故意杀人罪于 2012 年 3 月被羁押后，已无接触精神活性物质的条件。薄谷开来在证言中对于相关事实表述清晰、条理分明，当庭播放的薄谷开来作证录音录像亦显示，薄谷开来对办案人员的询问有明确的认知，语言流畅，表情自然，情绪稳定，其证言与在案其他证据能够相互印证，足以确认其具有作证能力且证言真实。”

第二，对证据的关联性分析认证，应主要围绕单个证据与待证事实的关联程度以及各证据之间关联程度展开。前者主要指在时间、地点和内容方面与案件事实接近的程度，后者主要指针对同一待证事实的多个证据能否相互印证、是否存在矛盾。例如某强奸案中，针对辩方提供的用以证明××酒吧人员及被害人存在介绍卖淫、组织卖淫等行为的部分证据，判决认为：“被告人的辩护人当庭出示经公证的手机短信、网络图片等有关证据材料，不足以认定被害人存在卖淫意图，且部分证据材料与本案基本事实无实质关联，不影响本案行为性质的认定，本院均不予确认。”

第三，对证据合法性的分析认证，应主要围绕证据的形式、主体、收集手段、程序以及内容是否符合法律规定展开。例如上述强奸案中，针对辩护人提出的非法证据排除申请，法院经审查认为：“各被告人在侦查阶段的供述均有同步录像证明，且未成年被告人供述时均有法定代理人或成年亲属在场并签字确认，侦查机关取证程序合法，不存在《最高人民法院关于适用〈中华人民共和国刑事诉讼法〉的解释》第九十五条规定的‘使用肉刑或者变相肉刑，或者采用其他使被告人在肉体上或者精神上遭受剧烈疼痛或者痛苦的方法，迫使被告人违背意愿供述的’刑讯逼供等非法取证的情况。至于侦查人员在讯问过程中引述法条、讲解政策、概括陈述、澄清事实等语句，不属于逼供、诱供……”

此外，对于辩方提出排除非法证据的，如果控方不能提供确实、充分的证据证明证据收集的合法性，或者不能排除存在以非法方法收集证据的情形，而控方又坚持作为合法证据予以使用的，法庭经专门的调查程序后，应依法排除相关证据，并在判决中阐述排除上述证据的理由。如果庭审过程中，辩方提出排除非法证据的申请后，控方主动撤回有关证据，或者控方提供了确实、充分的证据证明证据收集的合法性，辩方对此不持异议的，判决书对此可不再表述。

（三）对辩方意见的评判

对辩方意见的评判，是判决书说理部分的“文眼”，也是评价一份判决书说理是否充分的标尺，故该部分需要多花精力思考、斟酌。虽然该部分是裁判文书个性化的重要体现，但仍应遵循一定的评判原则：

一是评判的顺序性。在判决中对辩方意见的评判亦应遵循一定的顺序，原则上应该按照先程序、后实体，先证据、后事实，先定罪、后量刑的基本顺序进行评判。之所以将证据、程序等问题放在前面评判，是为了首先说明审判程序的合法性，以及证据的客观性、合法性等问题，为之后对定罪量刑的评判奠定基础。此外，对辩方有关量刑意见的评判也应遵循先法定情节、后酌定情节的基本顺序。

二是评判的层次性。被告人的辩解和辩护意见较多时，要在归纳后针对观点分层次分析：第一点辩解和辩护意见是什么，分析并说明是否采纳后，再说第二点，依此类推。如果将辩解和辩护意见都写完以后再分析，会显得层次不清。具体操作时，既可以将辩方意见合并同类项后分类进行评判，也可以针对辩方的每一项意见逐条展开评价。

三是评判的规范性。一方面指对辩方意见进行评判时用语要规范，应使用法言法语；另一方面指反驳或支持辩方意见的时候，应有效运用法律、司法解释和刑法理论知识，使说理有法可依，有据可查。

四是评判的针对性。即对辩方的意见评判时应直指要害，是事实证据的问题就分析事实证据，是法律定性的问题就阐明法律依据，不能“环顾左右而言他”。这方面可以借鉴“薄熙来案”

判决对薄熙来及其辩护人所提薄熙来对薄谷开来收受徐明钱款用于购买国外别墅一事不知情的反驳意见。

五是评判的具体性。即评判分析辩方意见要做到具体、透彻，善于用每一个事实和证据说话，而不是不分情况，仅用“无事实及法律依据”“没有证据证明”等套话简单概括。

六是评判的全面性。对辩方意见的评判不等于“批判”，应坚持评判的客观性、全面性，不能只写反驳理由和意见，而不写采纳的理由和意见，正反两方面的意见评判均应做到有理有据，以理服人。如“假华南虎案”中对辩护人所提“假华南虎事件造成的极坏社会影响不是被告人所致，不应作为量刑情节考虑”的辩护意见，陕西省旬阳县人民法院说理就非常全面，该判决认为：“被告人为实施诈骗而拍摄假虎照的行为是假华南虎事件发生的起因。但是，在信息传播日益迅捷、公众对新闻事件的讨论日益广泛的条件下，要求作为普通公民的被告人对其拍摄假虎照的行为作出全面预测，的确超出了被告人的认识能力；该案造成的不良影响是多方面因素形成的，亦超出了被告人的控制能力。故……对辩护人此节辩护意见予以采纳。”

五、裁判文书中法律条文的引用

（一）法条引用方法

对于一人犯数罪的案件，应当逐罪引用法律等的相关条款；共同犯罪的案件，是应当逐人分别引用对每个被告人适用的法律条款，还是应当综合引用对整个案件都适用的法律条款，做法不一。

最高人民法院办公厅于 2001 年制发的《关于实施〈法院刑事诉讼文书样式〉若干问题的解答》对此问题的答复是：为了充分体现对被告人适用法律条文的准确性和增强援引法律条文的针对性，在共同犯罪案件中，对共同犯罪的各被告人所适用的法律条款，应当逐人分别引用。而北京市高级人民法院于 2005 年下发的《关于规范判决书援引法律等有关问题的指导意见》则规定：共同犯罪的，既可以集中引用法律等的相关条款，也可以逐人逐罪引用法律等的相关条款。目前多数法院均采取集中综合引用的方法，近十年来《刑事审判参考》选登的优秀裁判文书，也几乎全部采用的是集中综合引用的方法，故在具体操作时可考虑参照上述做法执行。

（二）法条引用内容与顺序

第一，引用法条应当准确完整地写明法律文件的名称、条款序号，说理时需要引用具体条文的，应当整条引用。

第二，法条引用的顺序为法律、法律解释、司法解释。具体引用时还应遵循以下基本原则：先引用分则有关定罪和量刑的条款，后引用总则有关从轻、减轻、免除处罚或者从重处罚的条款；先引用有关适用主刑的条款，后引用有关运用附加刑和其他刑事处罚条款；先引用关于刑事法律的条款，再引用关于附带民事的条款。若某种犯罪需援引法定刑（即要援引其他条款的法定刑处罚），则本条条文在先，并依据本条规定，相应的他罪条文在后；若存在实体法与程序法共同引用时，一般先引用实体法，后引用程序法。

第三，关于引用刑法总则条文的顺序，目前做法不一。有的按照刑法总则条文的先后顺序引用，如“李某某等人强奸案”；有的则按照犯罪构成形态、量刑依据、量刑情节、刑罚方法、刑罚种类、扣押物品处理依据等顺序引用，如“薄熙来案”。相比较而言，第一种做法便于对照检索，有利于避免漏引法条，适合被告人较多的案件；第二种引用方法逻辑性比较清楚，但容易漏引法条，比较适合于被告人较少的案件。

（三）判决书后附法律条文的问题

在裁判文书后附法律条文，是近年来一些地方法院增强裁判文书说理性的一项创新举措，尤其在涉外案件判决书后附法律条文,取得了较好法律效果和社会效果。多数人认为,上述做法方便了当事人查看裁判依据,理解裁判理由,有助于向社会传播法律知识和司法理念,同时在一定程度上还可以避免漏引法条。但也有部分人认为,上述做法没有必要,当事人可以根据判决书自行查找相关法律规定,且这样做增加了法院的工作量,也容易导致裁判文书"臃肿"的问题。我们认为,在裁判文书后附法律条文,积极作用更为明显,利大于弊。

六、涉案物品处理及其表述

第一,对涉案物品的处理是否需要在"本院认为"部分概括表述,目前存在不同认识。部分同志认为,判决主文中已经详细列明了涉案物品的处理方式,为避免重复,在"本院认为"部分可不再阐述。我们认为,对该问题不应一概而论,应当根据涉案物品的情况具体问题具体分析:如果涉案物品中有存在权属争议、涉及其他法律关系或者其他需要特别说明的情况的,就应当在"本院认为"部分加以说明;如果不涉上述问题,在判决主文中直接写明即可,可不必再在"本院认为"中表述。

第二,根据刑法第六十四条的规定,涉案物品应按照下列方式处理:(1)犯罪分子违法所得的一切财物,应当予以追缴或者责令退赔;(2)对被害人的合法财产,应当及时返还;(3)违禁品和供犯罪所用的本人财物,应当予以没收。因此,对扣押物品进行处理的方式应规范表述为继续"追缴""责令退赔"或依法"返还""没收",应当避免使用"销毁""赔偿"等不规范用语。

第三,如果涉案物品中有用于折抵附带民事赔偿款、罚金、没收财产等用途的,应当予以特别说明。

第四,涉案物品与本案无关但已列入清单的,应当退回查封、扣押、冻结机关依法处理,在判决书中可表述为"××财物退回××机关(或单位)依法处理"。

第五,对涉案物品未随案移送的,实践中大致有三种处理方式:第一种是根据起诉书后面所附的扣押物品清单依法作出处理,且不注明涉案物品未移送的情况,之后再催促检察机关尽快移送涉案财物;第二种是根据起诉书后面所附的扣押物品清单依法作出处理,并同时注明涉案财物目前由××机关查封、扣押或冻结;第三种做法仅判决涉案物品由查封、扣押或冻结机关依法处理,但不说明具体的处理方式。笔者认为,上述三种做法均有不妥之处。根据《最高人民法院关于适用〈中华人民共和国刑事诉讼法〉的解释》第三百六十五条的规定:"对查封、扣押、冻结的财物及其孳息,应当在判决书中写明名称、金额、数量、存放地点及其处理方式等……涉案财物未随案移送的,应当在判决书中写明,并写明由查封、扣押、冻结机关负责处理。"由于判决是涉案物品处理的唯一依据,所以即使涉案物品未移送,在判决书中仍应写明涉案物品的处理方式,但应注明未移送的情况,同时写明由查封、扣押、冻结机关负责处理。

综上,裁判文书作为司法裁判的最终"产品",与其他"产品"最大的区别在于不仅要保证"质量",使正义得以实现,而且还应以人们看得见、看得懂、能接受的方式将裁判的过程和理由呈现出来,充分发挥司法定分止争、化解矛盾、一般预防、行为指引等功能,通过一个个案件的公开审理、公正裁判和充分说理,培养公民的法治信仰,树立司法权威,切实让人民群众在每一个司法案件中都感受到公平正义。

(作者单位:北京市第二中级人民法院)

北京市高级人民法院
关于审理涉众型经济犯罪案件座谈会综述

□北京市高级人民法院课题组 *

为进一步加强对集资诈骗,非法吸收公众存款,组织、领导传销活动等涉众型经济犯罪案件的审判工作,北京市高级人民法院于2014年召开了三级法院审理涉众型经济犯罪案件工作座谈会。座谈会交流了北京市三级法院审理涉众型经济犯罪案件工作的情况和经验,讨论了近年来涉众型经济犯罪案件审理中存在的若干问题,并对部分达成了共识。现对本次会议的讨论情况综述如下:

一、审理涉众型经济犯罪案件需要把握的基本原则

近年来,非法集资,组织、领导传销活动等案件大量发生。该类案件具有涉案人员众多、犯罪手段具有经营性、涉案人员进行投资而遭受财产损失、容易引发集体上访影响社会稳定的共同特征;涉及的罪名广泛,具体包括集资诈骗,非法吸收公众存款,合同诈骗,组织、领导传销活动,非法经营,擅自发行股票、公司、企业债券罪等罪名。该类犯罪不仅严重破坏社会主义市场经济秩序,破坏金融管理秩序,造成被害人、投资人(以下简称涉案人员)巨额财产损失,而且案件引发涉案人员频繁集体表达诉求(以下简称集体上访),对社会稳定产生较大影响。从全国范围内看,目前,涉众型经济犯罪形势严峻复杂,案件高发并持续增长,重大、特大涉众型经济犯罪案件不断出现,跨区域案件特点突出,涉案金额越来越大;犯罪方式日趋公司化、专业化、规模化、网络化,犯罪手段不断翻新,犯罪行为不断向新兴经济领域、监管相对薄弱、群众鉴别、防范能力相对薄弱经济领域蔓延;犯罪分子作案后转移、隐匿财产,导致赃款追缴困难;受骗群众人数越来越大,范围也越来越广,群众损失金额越来越大,接处集体上访挤占大量司法资源。依法惩治涉众型经济犯罪依然是人民法院刑事审判工作一项长期而艰巨的任务。

座谈会认为,加大对涉众型经济犯罪案件的审判力度,依法严厉惩治各类涉众型经济犯罪活动,加大案件追赃减损工作力度,做好涉案人员集体上访的化解和防控工作,对于发挥刑罚的预防犯罪功能、维护市场经济秩序、保障群众合法财产权利、维护社会稳定、纠正群众的错误投资理念、树立群众的法治观念,意义重大。处理好涉众型经济犯罪案件,需要着重把握好以下几个原则:

(一)准确把握宽严相济刑事政策

《最高人民法院关于贯彻宽严相济刑事政策的若干意见》指出,"要根据经济社会的发展和治安形势的变化,尤其要根据犯罪情况的变化,在法律规定的范围内,适时调整从宽和从严的对象、范围和力度。要全面、客观把握不同时期不同地区的经济社会状况和社会治安形势,充分考虑人民群众的安全感以及惩治犯罪的实际需要,注重从严打击严重危害国家安全、社会治安和人民群众利益的犯罪"。在涉众型经济犯罪案件裁判过程中,相对于其他社会危害程度相对较低的刑事犯罪案件而言,在运用宽严相济刑事政策时,应当适度体现从严的一面,体现对涉众型经济犯罪

---

* 该综述系北京市高级人民法院承担的最高人民法院2013年司法调研重大课题《关于涉众型经济犯罪案件疑难问题的调研》调研成果的一部分。课题主持人:北京市高级人民法院副院长孙力;课题组成员:北京市高级人民法院刑二庭庭长朱军、审判长罗鹏飞,北京市第二中级人民法院刑二庭庭长谭劲松,北京市朝阳区人民法院刑一庭庭长臧德胜。

案件从严惩处的政策精神。具体而言：

1. 对于在涉众型经济犯罪案件中起决策、组织、指挥作用或者其他主要作用的，在量刑上要坚决依法从严处理。

2. 在根据量刑规范化要求确定刑罚过程中，除积极退赃、退赔外，一般情况下，在根据基本犯罪构成事实之外的其他犯罪事实增加刑罚量调节基准刑，以及在适用从重量刑情节调节基准刑时，应当在规定幅度内确定相对较高的比例；在适用从宽量刑情节调节基准刑时，应当在规定的幅度内确定相对较低的比例。

3. 严格把握缓刑、单处罚金或者定罪免刑的适用条件。除具有全部退缴非法所得、积极配合调查、积极提供赃款物线索、揭发其他被告人犯罪事实或者协助抓捕同案犯等认罪、悔罪表现外，一般不得适用缓刑、单处罚金或者定罪免刑。

4. 从严把握减轻处罚的适用条件。对于具有自首、立功等依法可以减轻处罚的，应当结合积极退赃、退赔等表现，按照量刑规范化的要求，决定是否减轻处罚。对于决定减轻处罚的，应当在法定刑以下减一档判处刑罚。

（二）案件处理要有利于维护社会稳定

党的十八届四中全会提出："构建维护群众利益具有重大作用的制度体系，建立健全社会矛盾预警机制、利益表达机制、协商沟通机制、救济救助机制，畅通群众利益协调、权益保障法律渠道，把信访纳入法治化轨道，保障合理合法诉求依照法律规定和程序能得到合理合法的结果"。审理涉众型经济犯罪案件，不仅要做到严格依法办案，最大限度地挽回被害人损失，实现案件裁判的法律效果，也要做好案件的息诉罢访和矛盾化解工作，稳妥处理好案件引发的集体上访，在法律范围内最大限度地消减案件引发的影响社会稳定的因素。具体要求有：

1. 要做好案件审理过程中的集体上访接处工作，将集体上访接处与案件的审理结合起来，既要做好案件审理过程中集体上访的化解与防范，避免不必要的涉案人员集体上访，防止无序集体上访，又要确保案件的依法准确处理和及时审结。要结合涉众型经济犯罪案件审判工作的特点和规律，借鉴案件接访工作的成功经验，形成接处集体上访的有效机制。

2. 要通过案件的依法审理和裁判，强化赃款物追缴，加大退赔工作力度，最大限度地为被害人挽回经济损失。

（三）推动多部门协调合作

涉众型经济犯罪案件的依法裁判和矛盾化解，需要法院刑事审判庭与法院内部其他部门之间的配合，审判机关之间的配合，审判机关与检察机关、公安机关之间的配合。特别是随着涉众型经济犯罪案件中跨省份特点不断凸显，分地管辖的司法机关在处理同一案件过程中的协调合作尤为重要。对于案件中涉及的刑民交叉、刑行交叉问题的处理，需要不同审判部门、辖区内法院之间的协同处理。对于分地管辖的案件，需要异地审判机关做好案件审理进度、案件裁判结果、涉案赃款物处理之间的协同。做好集体上访接处及维稳善后工作，需要做好法院刑事审判庭与其他部门之间的协同，做好法院与检察机关、公安机关之间的协同。

二、涉众型经济犯罪案件法律问题的处理

座谈会重点讨论了审理涉众型经济犯罪案件中遇到的法律问题，并形成了一致意见。具体如下：

（一）关于涉众型经济犯罪案件审理中的实体问题

1. 关于被害人的认定

涉众型经济犯罪案件中，涉案人员是否认定为被害人，涉及是否通过判决发还或者责令退赔挽回涉案人员因犯罪行为遭受的财产损失的问题。座谈会认为,对于涉众型经济犯罪案件中被害人的认定,原则上应当以涉案人员是否因为犯罪行为直接遭受经济损失为标准。对于因犯罪行为直接遭受经济损失的,应当认定为被害人,反之则不予认定。具体而言:

(1)传销类刑事案件。传销类案件中的参与传销人员不能认定为被害人。因为参与传销行为本身为法律所禁止,即使因传销行为导致财产被骗,对被骗财物也应当依法没收。即使按照《最高人民法院、最高人民检察院、公安部关于办理组织领导传销活动刑事案件适用法律若干问题的意见》的规定,对传销犯罪按照集资诈骗罪处理的,对于参与传销人员也不能认定为被害人。

(2)非法集资类刑事案件。对于以集资诈骗、非法吸收公众存款等罪名判处的非法集资类刑事案件,一般应当认定涉案人员为被害人。但是对于实践中出现的非法集资手段与传销模式相结合的刑事案件,通过在案证据,能够证明涉案人员成为传销组织的会员、发展下线、按照传销组织的计酬模式提成,应当认定其行为系参与传销行为,其因参与传销行为遭受的财产损失,不予保护;对于其他没有参与传销的涉案人员,遭受财产损失的,应当认定为被害人。

(3)非法经营类刑事案件。对于传销以外的非法经营类刑事案件,涉案人员因被告人的非法经营行为直接遭受经济损失的,应当认定为被害人。

2. 关于犯罪活动参与人的处理

涉众型经济犯罪案件中,部分犯罪活动的参与人,在参与犯罪活动之前或者在参与犯罪活动的同时,因进行投资遭受经济损失。对于这部分人的处理,需要把握以下几点:

(1)关于刑事责任的追究。在涉众型经济犯罪案件审理过程中,坚持宽严相济,重点突出从严,但不能因此降低入罪标准。要突出惩治重点,避免"打击面"的不当扩大。对于因投资导致损失较大为挽回损失参与犯罪活动,且参与时间较短,参与程度较低,所起作用确实较小的,可以认定为犯罪情节显著轻微,危害不大,不以犯罪论处。对于因被诱骗、找工作参与犯罪活动,且参与时间较短,参与程度较低,所起作用确实较小的,一般也不以犯罪论处。

(2)关于因投资遭受财产损失行为的处理。对于参与犯罪活动同时因投资遭受财产损失的被告人,应当加以区分。对于其参与的犯罪活动,依法追究刑事责任,其犯罪数额应当根据其参与犯罪活动部分事实的数额认定,不应包括其自身的投资数额。

3. 关于违法所得的追缴

审判实践中,部分犯罪活动参与人,由于犯罪情节显著轻微不认为犯罪或者由于其犯罪行为未达到定罪标准,未被追究刑事责任。对于其获取的违法所得,应当视为被追究刑事责任的被告人,依照刑法第六十四条的规定,予以追缴。

4. 关于退赃和退赔

审理涉众型经济犯罪案件,要通过宽严相济刑事政策的准确运用,鼓励被告人积极退缴违法所得,赔偿损失,最大限度地挽回被害人经济损失。

在具体案件中,应当结合通过追缴、退赔尚未能挽回的损失数额大小、被告人退赃、退赔的数额大小以及占损失数额的比例等因素,认定被告人的主动退赃表现。对于退赃、退赔表现突出、挽回被害人经济损失作用明显的,应当给予较大幅度的从轻处罚;同时具有自首、立功等可以减轻处罚情节的,应当予以减轻处罚。对于退赃、退赔表现特别突出、挽回被害人经济损失作用特别明显的,可以减轻到下一法定刑幅度的最低法定刑;符合缓刑适用条件的,可以宣告缓刑。

生效判决尚有继续追缴、责令退赔的财产执行内容尚未执行完毕的,在刑罚执行期间对被告人进行减刑、假释,应当结合其退赃、退赔表现认定是否确有悔改表现。对于拒不退赃、退赔的,一般情况下不得认定其确有悔改表现。

(二)关于涉众型经济犯罪案件审理中的程序问题

1. 关于被害人的诉讼权利

审理被害人众多的涉众型经济犯罪案件,既要依法保障被害人充分行使诉讼权利,也要保证审判活动的顺利进行。被害人在涉众型经济犯罪案件审理过程中的诉讼权利,集中体现在旁听案件庭审、意见和诉求表达、了解案件审理进度、知悉裁判结果、请求检察院提起抗诉等方面。一般情况下,涉众型经济犯罪案件的被害人不参与庭审活动。

(1)旁听案件庭审。对于被害人集体要求参与或者旁听涉众型经济案件庭审活动的,庭审前由被害人推选5到10名代表旁听案件庭审。法院也可以根据自身的办案条件,除采取推选被害人代表旁听庭审的方式以外,还可以采取视频播放、轮流旁听等方式保障被害人的旁听权。

庭审结束后,法院应当指派主审法官或者其他合议庭成员向未能旁听的被害人就案件庭审情况进行通报,要求被害人代表配合做好通报工作,向未在庭审当天到法院了解庭审情况的被害人转达庭审活动的有关情况。

(2)意见和诉求表达。法院应当通过要求公诉机关随案移送有关被害人在侦查阶段和审查起诉阶段所提意见和诉求方面的材料、对被害人进行庭外调查谈话、接收被害人提交的书面材料等途径,在庭审外主动了解被害人对案件事实、证据的意见,及时掌握公诉机关遗漏的被害人投资、损失等与犯罪有关的事实,发现有关被告人违法所得及涉案款物去向方面的线索。应当充分听取被害人的诉求,及时掌握被害人的有关动态,全面掌握影响案件准确稳妥处理的各方面因素。

(3)裁判文书送达。对于被害人众多的涉众型经济犯罪案件,法院应当采取被害人代表旁听、向被害人代表送达裁判文书、将裁判文书网上公开等方式,告知被害人裁判结果。宣判后,法院应当指派主审法官或者其他合议庭成员向未能旁听的被害人告知裁判结果,做好裁判结果释明工作。可以要求被害人代表向未在宣判当天到法院了解情况的被害人转达裁判结果。

(4)对于被害人以外的其他涉案人员集体要求旁听案件庭审、向法院表达意见和诉求、了解案件审理进度、知悉裁判结果的,参照上述规定处理。

2. 涉案款物的处置

(1)关于"不宜长期保存的物品"的理解。为避免在案财物价值大幅度贬损,除容易腐烂、变质的物品等不宜长期保存的物品外,对于以下在案查封、扣押、冻结的涉案财物,也应视为"不宜长期保存的物品",应当及时予以变价,将变价款留存:随着时间推移价值必然贬损的物品,如在案扣押的汽车、船只等财物;依靠专业技能进行管理的财物,如在案扣押的动物;市场价格波动较大的财物或财产性权利,如房产以及股票、基金等理财产品;地域特色较强的财物,如地方烟、酒。

(2)关于发还预留。法院对涉众型经济犯罪案件作出生效裁判后,公诉机关就同一案件中遗漏的被害人事实部分另行起诉的,或者法院在开展发还工作前了解到同一案件尚有遗漏的被害人的,为了避免已作出的生效裁判发还工作过分迟延,避免引发新的不稳定因素,可以先行就生效裁判认定的被害人开展发还工作,但是应当在查明遗漏的被害人人数及损失金额基础上,按照同一比例预留应予发还遗漏被害人的财产份额。

3. 关于跨区域案件的协调

根据《最高人民法院、最高人民检察院、公安部关于办理非法集资刑事案件适用法律若干问题的意见》的要求,"跨区域非法集资刑事案件,在查清犯罪事实的基础上,可以由不同地区的公安机关、人民检察院、人民法院分别处理","对于分别处理的跨区域非法集资刑事案件,应当按照统一制定的方案处置涉案财物”。审理好跨区域涉众型经济犯罪案件，需要注意以下几个问题：

(1)案件处理进度。为确保跨区域涉众型经济犯罪案件事实的准确认定、整个案件的准确处理以及对被害人权益的同等保护，不同法院之间要通过共同的上级人民法院、处置非法集资部际联席会议办公室进行协调，在同一跨区域案件的审判、执行进度上做到同步或者大致同步。

(2)案件事实、证据的认定及裁判结果。受理同一跨区域案件的不同法院审理的案件事实之间相互关联，认定的犯罪事实及影响量刑的事实之间不能存在冲突。认定犯罪事实及影响量刑的事实、证据之间不能存在矛盾。对于共同采信的证据，证据原件所在法院应当在核对无误后，向其他法院协助提供加盖法院公章的证据复印件。受理同一跨区域案件的不同法院，对于认定的犯罪行为，除依据刑法及司法解释的规定判决不同的罪名外，在定性上不应出现不同的结论。对于同一跨区域案件的被告人，不同法院根据认定的犯罪事实及影响量刑的事实，结合被告人在整个案件中的地位、作用，均衡量刑。

(3)案款发还。审理同一跨区域涉众型经济犯罪案件，要确保不同案件中的被害人合法权益得到同等的保护。不同法院之间就各个判决认定的被害人数、损失金额及在案的财产进行汇总，经对发还财产、被害人名单及发还比例确认后，方能开展案款的发还工作，做到案款发还工作的协同处理。

4. 关于司法救助

涉众型经济犯罪案件审理过程中，对于因犯罪行为遭受财产损失导致生活困难的被害人，可以根据《中共中央政法委员会、财政部、最高人民法院、最高人民检察院、公安部、司法部关于建立完善国家司法救助制度的意见(试行)》的规定，予以司法救助。

对于在案款发还前已经获得司法救助的被害人，在案款发还时，应当将其已获取的司法救助金额先行扣除。

(三)关于涉众型经济犯罪案件的矛盾化解

审理涉众型经济犯罪案件，不仅要做到依法裁判，还要做好案件中的矛盾化解工作，确保涉众型经济犯罪案件审判服务全面推进依法治国工作大局。

1. 化解矛盾要依法进行

(1)对于被害人遭受的经济损失，应当通过法院判决予以挽回。对于在案查封、扣押、冻结的财产不足以全部挽回被害人经济损失的，应当执行判决中的继续追缴、责令退赔，不能由国家机关出资对被害人损失进行代为赔偿。对于因犯罪行为遭受经济损失导致生活困难的，依法予以司法救助。

(2)涉案人员集体表达诉求，应当遵守法律规定，不得采取围堵、冲击法院、堵路等手段，扰乱司法机关以及其他国家机关的正常工作秩序，扰乱社会秩序。对于采取呼喊口号、拉横幅、围堵、冲击法院、堵路等方式集体表达诉求的，严重影响法院正常工作秩序的，应当根据治安管理处罚法给予行政处罚；构成犯罪的，依法追究刑事责任。

2. 健全案件引发矛盾的预防化解机制

(1)健全集体访预警机制、信息共享机制，主动了解涉案人员意见和诉求，做好接处集体访工作预案。案件起诉到法院后，及时了解案件侦查阶段、起诉阶段涉案人员集体访的有关情况，做到刑事审判庭、立案部门、法警队等法院内部工作部门之间的联动，加强与公安机关之间的协调，根据案件涉案人员的具体情况，周密制定集体访接处工作预案。

(2)形成以承办人负责、审判长、庭长参与的接处模式。对于案件审理过程中涉案人员集体到案件受理法院表达诉求的，案件承办人与书记员两人负责接处。必要时，合议庭审判长、业务庭庭长一并参与接处。接处集体访时，由来院涉案人员推选3至5名代表进行逐一接待。

(3)及时对诉求进行答复，主动告知案件审理进度。对于涉案人员提出的意见和有关诉求，合议庭研究后，在不泄露审判秘密的前提下，及时将研究结果答复涉案人员代表。对于开庭、宣判、延期审理等重要诉讼事项，主动告知涉案人员代表，消减涉案人员对法院审判工作的误解。

(4)约访涉案人员代表。对于涉案人员在重大活动、重大节日期间集体上访的，应当在重大活动、重大节日前，主动与涉案人员沟通、联系，约访涉案人员代表，掌握涉案人员意见、诉求变化情况，消减涉案人员对立情绪，避免重大活动、重大节日期间集体上访的发生。

(5)宣判后释明裁判结果。法院宣判后，应当在向涉案人员代表送达裁判文书、告知来院涉案人员裁判结果的同时，一并做好裁判结果和依据的释明工作，避免因涉案人员对法院裁判不理解而引发新的集体上访。

（作者单位：北京市高级人民法院）

财产刑量刑规范化问题研究报告

——以江苏法院经济犯罪案件为样本

□江苏省高级人民法院刑二庭*

前　言

现代刑罚体系由生命刑、自由刑、财产刑和资格刑组成，其中财产刑是指以剥夺财产为内容的刑罚。财产刑的广泛适用，是现代刑罚制度改革的重要标志。据有关资料表明，20世纪以来，世界上许多国家都把扩大财产刑的适用作为刑罚制度改革的重中之重。尤其是1950年第一次国际刑法和刑务会议和1960年第二次联合国防止犯罪与改善罪犯处遇会议召开之后，多适用财产刑，少适用自由刑，减轻国家财政负担，剥夺犯罪分子继续实施犯罪的资本，从客观上防止重新犯罪，已成为大多数国家立法机关的共识，成为一种世界性的发展趋势。

我国1997年刑法修改后，涉及罚金适用的条款由修改前的85条上升为182条375处，充分体现了我国财产刑适用的广泛性，而对1997年刑法的历次修改，又数次扩大了财产刑的适用范围。回顾刑法修改20年来，财产刑在人民法院审理刑事案件中发挥了重要的作用，对依法惩治贪利型犯罪，剥夺犯罪分子的再犯能力，震慑潜在的犯罪分子和预防犯罪都起到了积极的作用。但不容忽视的是，人民法院在适用刑罚时，仍然存在一定程度的重自由刑、轻财产刑的现象，加之自由裁量空间过大，财产刑量刑不适当、不均衡以及执行率低下等问题广受诟病，直接影响了刑罚执行的效果和人民法院司法公信力。

在刑事司法活动的整个运作过程中，财产刑的裁量是连接财产刑刑事立法和财产刑执行的必不可少的重要环节，起到了承制刑于先、启行刑于后的重要作用。因此，理论和实务界一直致力于财产刑量刑规范化的研究，力求指导司法实践，促进规范司法，实现公平正义。当前，对财产刑量刑规范化的研究成果主要体现在两方面：

---

* 课题组成员：周继业、蔡绍刚、毕晓红、孙晋琪、陈劲草、邹钢。

1. 关于财产刑适用及执行相关问题研究

该类研究较多地关注财产刑的刑法价值、立法配置、适用和执行难点，对财产刑量刑规范的专门研究较少。形成的规范有2000年12月19日实施的《最高人民法院关于适用财产刑若干问题的规定》，而该规定已被2014年11月6日施行的《最高人民法院关于刑事裁判涉财产部分执行的若干规定》替代。前者包含了财产刑裁量的部分内容，但仅有短短11条，规定较为原则；后者主要规范财产刑判后执行环节的工作，对财产刑量刑尚不构成系统、完整的指导。对此，江苏省高级人民法院曾出台《关于适用与执行财产刑若干问题的意见》（江苏省高级人民法院审判委员会2006年11月23日第51次会议讨论通过），可视为对最高司法机关规范的进一步细化，但与其后形成的自由刑量刑规范相比，具体性和可操作性仍有欠缺，相关条文也需要根据法律、司法解释的变化有所增减。

2. 关于量刑规范化问题的研究

理论和实务界于2003年即展开了量刑规范化的探索，近年来，这些探索取得了丰硕的成果，最高司法机关出台了有关规范量刑标准及程序的指导意见，在量刑规范化之必要性方面达成了共识，初步形成了实体与程序并重的量刑规范制度体系。同时，在我国刑法学界，也对量刑规范化问题进行了更为深入的研究和讨论。但无论是研究论述还是现行的《最高人民法院关于实施量刑规范化工作的通知》（已废止）、《最高人民法院关于常见犯罪的量刑指导意见》及部分省市制定的相关实施细则，都缺少对财产刑裁量的具体指导规则，即使有部分规定也较为笼统，对具体个案的财产刑裁量仍缺乏可操作性。

本课题致力于对财产刑量刑规范化进行一定程度的系统性研究，通过理论探究和实证分析，找准财产刑在立法完善、适用原则和裁量规则等方面的症结，进而为制定具有可操作性的量刑指导意见提供参考。

一、江苏法院近三年经济犯罪案件财产刑适用情况分析

为了便于研究，课题组以江苏法院近三年审理的经济犯罪案件（含破坏社会主义市场经济秩序罪、侵犯财产罪、贪污贿赂罪，下同）中财产刑裁量为样本进行分析，主要考虑是：其一，在刑法全部468个罪名中可判处财产刑的共有207个，而其中120个为经济犯罪罪名，占比达到57.9%，而所有经济犯罪中可适用财产刑的比例达到93.02%；其二，经济犯罪多为贪利型犯罪，且不少犯罪行为以一定经济基础为实施前提，对经济犯罪适用财产刑能更好地体现刑罚惩罚和预防的双重功能，因此规范经济犯罪量刑能更多地体现财产刑的适用价值；其三，经济犯罪的犯罪构成要件与财产刑适用的理论基础的关系更为密切，在经济犯罪中，被告人非法获利、犯罪金额以及造成的经济损失等犯罪情节，与确定财产刑具有密不可分的关系，而案件具体情况较为复杂，财产刑裁量标准绝非唯犯罪数额那么简单，因而更容易引发现实和法律的冲突。

（一）财产刑适用的基本特点

1. 财产刑适用比例总体平稳

近三年，江苏法院审结生效的经济犯罪案件中，对罪犯适用财产刑的比例大致维持在90%（见图1）。2015年，江苏各级法院共审结生效各类经济犯罪案件25 338件，34 421人（含单位，下同），其中判处财产刑的案件为31 858人，财产刑适用比例由2014年的89.20%小幅上升到2015年的93.07%，主要原因在于《刑法修正案（九）》实施后，刑法增加了部分罪名的财产刑适用。

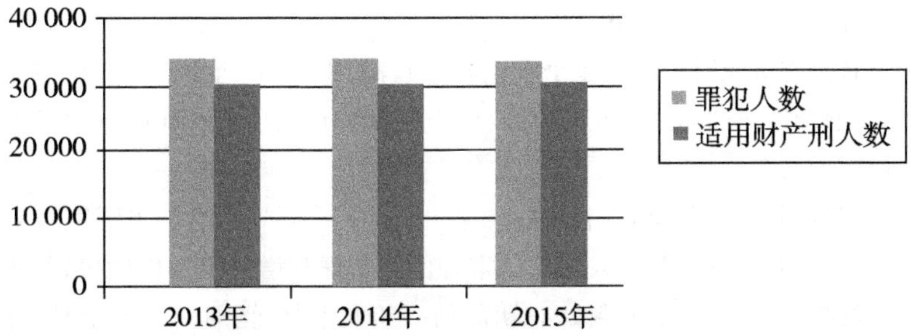

图1 2013～2015年江苏法院经济犯罪案件适用财产刑情况

2. 人均适用财产刑数额年度、地区之间存在差异

2015年判处罚金刑的30 408名被告人共计判处罚金11.9亿元，人均判处罚金3.91万元，而2013年人均判处罚金为2.94万元、2014年人均判处罚金为4.42万元；同时，地区之间也存在差异，我们选取2015年三个地区（苏南、苏中、苏北各一）数据如下（见表1）：

表1 2015年无锡、南通、徐州三地区罚金刑判处情况对照表

地区	判处罚金罪犯人数（人）	罚金总额（万元）	人均罚金额（万元）
无锡	4 049	3 044.8	0.75
南通	2 292	5 836.27	2.55
徐州	3 316	14 619.95	4.41

上述数据存在差异的原因与各年度经济犯罪案件类型存在关联，尤其是走私普通货物、非法吸收公众存款等高案值案件年度数量、地区差异，直接影响财产刑总额走势，如徐州地区2015年度审结生效的非法吸收公众存款罪案件数为99件，而无锡地区仅为22件，前者为后者的4.5倍。

3. 单处罚金与短期自由刑相比比例偏低

总体来看，对犯罪情节较轻的经济犯罪，适用单处罚金刑的比例仍然较低。2015年江苏法院审结生效的经济犯罪中，适用单处罚金的犯罪分子为2 703人（含单位），而同时期判处三年以下有期徒刑、拘役（包括适用缓刑）、管制刑罚的为26 079人，二者比例为1∶9.65；从个罪来看，如故意毁坏财物罪这一典型的轻罪名，2015年判处单处罚金人数为79人，仅占全部476名罪犯的16.6%，而判处监禁刑的则有140人。

4. 财产刑裁量总体严格依法适用

从2008年开始，江苏省高级人民法院以贯彻落实《最高人民法院关于适用财产刑若干问题的规定》以及本省《关于适用与执行财产刑若干问题的意见》为契机，先后数次在全省范围开展了财产刑适用的专项评查活动，查找存在问题、提出整改方向，促进了全省法院财产刑适用的规范化建设。近年来，财产刑裁量总体质量较好，未出现超过法定幅度范围判罚的错案。2015年全省法院二审改判财产刑量刑的经济犯罪案件共计28件，均为二审查明案件事实（如犯罪数额、量刑事实）发生变化，与主刑相适应一并改判，而非因财产刑量刑存在畸轻畸重而改判。对法、检存在分歧的个别案件，例如，法律规定应当以违法所得的倍比关系判处罚金，但被告人尚未取得违法所得，一审法院酌情判处一定罚金，检察院以财产刑适用法律错误提出抗诉，后经逐级请示最高人民法院，认为依法判处罚金符合法律规定，二审予以维持。

（二）财产刑量刑存在失范的情况

虽然总体上看全省法院财产刑裁量个案正确率较高，但这种“正确”尚停留在罪刑法定原则层面，而放在罪责刑相适应的司法正义更高层面来看，我们认为仍然存在以下适用失范问题：

1. 财产刑量刑不均衡

一是个案之间量刑不平衡。具体表现在罪名相同、犯罪情节相当的不同案件被告人之间财产刑差异过大。例如，苏州市姑苏区人民法院审理的诸某虚开增值税专用发票案，被告人犯罪数额为 15.4 万元，具有自首情节，主刑判处有期徒刑一年九个月，缓刑一年九个月，并处罚金 3 万元；而该地区张家港市人民法院审理的俞某虚开增值税专用发票案，被告人犯罪数额为 11.3 万元，具有自首情节，主刑判处有期徒刑二年，缓刑三年，并处罚金却达到 10 万元。二是地区之间量刑不平衡。例如，我们随机抽取苏州地区 2015 年判处的 10 件合同诈骗案件，犯罪数额合计 682.8 万元，判处罚金合计 27.8 万元，二者倍比关系为 24.56∶1；而盐城地区 2015 年判处的 11 件合同诈骗案件，犯罪数额合计 1 146.9 万元，判处罚金合计 140 万元，二者倍比关系为 8.2∶1。三是主刑与财产刑量刑不平衡。如同为侵财型犯罪，有的主刑宣告刑为三年以下，但罚金数额数十万元；有的主刑宣告刑为十年以上，但罚金数额为数万元或以下，主刑和附加刑不匹配，社会效果不好。

2. 财产刑量刑不适当

总体上看，各级法院对限额罚金的适用较为适当，但对无限额罚金刑或者没收财产刑量刑标准难以把握，有时不能体现罪责刑相一致原则。例如，在个别共同犯罪案件中，各被告人共同实施非法销售行为或共同非法获利达到一定数额，对每个被告人均判处销售金额近两倍的罚金，使得全案罚金总额超出犯罪金额数倍，明显量刑过重。又如，在一起涉及十多人的生产、销售新型“地沟油”犯罪案件中，我们发现存在以下量刑不适当的问题：一是因为没有合适的诉讼代表人，公诉机关未起诉单位，故无法对单位适用罚金刑，由于销售金额特别巨大，且依照司法解释一般应处销售金额两倍罚金，于是高额罚金直接判由公司的数名“两责人员”承担，而实际上公司资产已被侦查机关查封扣押，单位应当承担的刑事责任转由个人承担不够妥当；二是“两责人员”中部分人员系公司雇用的工作人员，工资收入并不高，但由于全案情节特别严重被判处十年以上有期徒刑，也同时被判罚了数十万元罚金刑，明显罚不当罪；三是对十多名涉及买卖购销环节上的被告人，没有综合考量各被告人的非法获利及缴纳罚金能力，直接按照主刑的轻重对罚金刑进行递减估堆，虽然形式上做到了与主刑相适应，但缺乏实质正义。

3. 财产刑量刑不规范

在调研中各地普遍反映，很多法官对选择适用的财产刑是否附加适用把握不准，有的采取一律适用的简单做法，有的则凭个人喜好随意判罚。据统计，2015 年全省法院判处五年以上有期徒刑的 111 名职务侵占罪被告人中，有 38 人未并处没收财产刑，显然不利于对这一贪利性犯罪的打击。此外，还存在对罚金刑与没收财产刑的选择适用上存在理解上的偏差，对刑法所规定的从重、从轻、减轻处罚情节在财产刑量刑时常常被忽视等不规范现象。有些案件确定财产刑数额脱离了对犯罪情节的考量，直接以实际扣押的财产为参照，扣押到大额财产的就多判，有时甚至顶格判，导致量刑失衡。例如，被告人苏某受贿一案，一审指控被告人受贿 24 万美元、贪污人民币 1 700余万元，侦查机关扣押了被告人多处房产，一审未认定构成贪污罪，以被告人苏某犯受贿罪，判处有期徒刑十一年并处没收财产人民币达到 400 万元；被告人不服提起上诉，二审认为一审判决财产刑过重，改判并处没收财产人民币 200 万元。

二、财产刑量刑失范的原因分析

导致财产刑量刑失衡的原因很多，例如，在立法方面，我国财产刑裁量制度的相关立法规定仍然较少，且略显粗疏；在司法实践方面，司法机关对在财产刑裁量过程中出现的一些问题并未达成共识，而刑法赋予财产刑裁量较之于自由刑更大的自由裁量权；在刑法学理论研究方面，我国刑法学界对财产刑裁量方面的研究并不深入，尚有许多理论上的疑难问题需要解决。具体而言，我们认为影响和制约财产刑量刑规范化的原因主要存在于以下三个层面：

（一）立法层面

"法官面对个案，会发现法律有三种情况：这就是明确的法律，模糊的法律和法律的空缺结构。"①我们认为，现行刑法对财产刑适用的规定是明确且清晰的，但在结构的合理性和刑格的可操作性上存在一定不足：

1. 刑法中财产刑的裁量原则存在缺陷

1997 年刑法第五十二条把"犯罪情节"作为罚金刑的量刑原则，而没有将"犯罪分子的经济状况"作为量刑原则。这导致罚金刑适用过于注重刑法的平等原则，却以形式上的平等掩盖了实质上的不平等，缺乏应有的灵活性，难以达到刑罚的目的。《最高人民法院关于适用财产刑若干问题的规定》第二条规定，人民法院应当根据犯罪情节，如违法所得数额、造成损失的大小等，并综合考虑犯罪分子缴纳罚金的能力，依法判处罚金。该规定看似解决了这一问题，但对如何判断"犯罪分子缴纳罚金的能力"、如何"综合考虑"并未作出进一步明确规定，且该原则对没收财产刑是否适用也不明确，造成实践中的两个极端：审判人员或怠于调查"犯罪分子缴纳罚金的能力"，对财产刑一律实行简单机械裁量，造成财产刑"空判"；或完全以被告人预交或办案机关扣缴的财产作为财产刑裁量依据，而忽视犯罪情节对财产刑的影响，造成轻罪重判、重罪轻判。

2. 刑法中有关财产刑的条文规定过于粗疏、简单，部分标准不尽合理

一是相对于主刑而言，财产刑刑格不具体，幅度太宽。我国刑法规定了单科罚金制、并科罚金制、选科罚金制和复合罚金制四种形式。罚金刑的适用形式多样，具有很大的弹性，相当多是可以适用而不是应当适用，但可罚性标准缺乏。二是除刑法分则中有一部分条款以及司法解释对具体适用罚金刑的数额幅度、计算标准等作了明确规定外，仍有相当一部分罪名罚金刑没有具体的量刑标准，属于无限额罚金制模式，如何确定罚金刑只能由法官参照《最高人民法院关于适用财产刑若干问题的规定》自由裁量，裁量空间过大。三是部分罪名财产刑配置不尽合理，例如，信用卡诈骗罪的罚金刑起点就是 2 万元，有的案件犯罪数额是刚刚入罪（5 000 元），主刑在几个月左右，但罚金刑最低为 2 万元，量刑有失均衡；又如，伪造货币罪司法解释确定罚金下限起点为 5 万元明显过高，金融诈骗罪一节中多数罪名的罚金数额限定在 50 万元以下，也与经济发展水平不适应。四是刑法明确了没收财产刑的可以是罪犯的全部财产，也可以是罪犯的部分财产，但将其作为一种量刑标准过于简单，理解"全部"没收不是难事，但"部分"没收的把握的确很难。99% 与 1% 同属于部分没收，但如此宽泛的标准势必为法官在办案过程中滥用自由裁量权留下极大的空间。

3. 刑法没有规定罚金刑易科制度，单处罚金刑适用困难

易科罚金制度，是指在刑法中规定受短期自由刑宣告者，在一定的情况下变更科处为罚金刑。目前，罚金刑是各国刑法普遍适用的一种短期自由刑替代手段。我国刑法虽有 59 个条文规定了单处罚金选科制度，但很难说是立法者基于罚金刑对于短期自由刑的功能替代的认识而设。

---

① 陈金钊：《法治与法律方法》，山东人民出版社 2003 年版，第 209 页。

出于对刑罚需要一定威慑力以及罚金刑能否得到有效执行的考虑，短期自由刑往往是法官优先考虑适用的刑种，而罚金刑仅在被告人执行监禁刑出现困难时才予以考虑，这使得较轻的贪利性及侵财性犯罪的刑罚执行效果产生了本末倒置的现象。

（二）制度层面

1. 财产刑量刑程序虚化

从2010年10月1日起，全国法院全面推行量刑规范化改革，试行《人民法院量刑指导意见（试行）》（已废止）和“两高三部”联合发布的《关于规范量刑程序若干问题的意见（试行）》两个文件。后者围绕庭审活动，分别规定了控辩双方参与量刑程序，提出量刑意见，充分地体现量刑公开、公正的原则。其对量刑程序的设计和规范详细、具体，面向实际，易于操作，充分地体现了程序法定原则，更凸显了程序的价值。经过几年的贯彻实施，量刑庭审程序日臻完善，已成为量刑规范化改革以来取得的重要成果。但不可否认的是，目前的量刑程序基本都是围绕主刑展开，而财产刑往往被控辩审三方忽视。在整个诉讼活动中，针对财产刑，普遍存在公诉机关不求刑，被告人、辩护人不辩论，法院判决不说理的“三不”现象，使量刑程序的价值无法在财产刑裁量上得以体现。

2. 缺少财产状况判前调查配套制度

财产刑量刑需要以被告人经济状况为依据，尤其是判处没收财产刑的前提是明确罪犯的个人财产状况。但是侦查机关在侦查阶段以查清犯罪嫌疑人的犯罪事实为重心，很少调查被告人的财产状况，而在目前的办案压力下法官也不可能掌握被告人的财产状况，区分被告人个人财产与家庭共同财产难度较大，且往往会出现犯罪嫌疑人及其家属转移个人财产的现象，因此，法官在判处没收个人部分财产时多有无法确定数额和难以交付执行的双重顾虑。为此，法官在法律规定可以选择的情况下，多以罚金刑代替没收财产刑，难免造成重罪轻判的现象。

3. 财产刑执行制度不够完善

《最高人民法院关于刑事裁判涉财产部分执行的若干规定》虽然已于2014年11月6日施行，但其涉及财产刑执行的规定不多且不够详细具体，有些规定可操作性不强，例如其规定“人民法院刑事审判中可能判处被告人财产刑、责令退赔的，刑事审判部门应当依法对被告人的财产状况进行调查”，但至今尚未出台配套的调查制度，且基层刑庭缺少财产调查的人力、物力保障，对该条规定普遍存在抵触情绪；从财产刑判后执行的实际效果来看，尽管财产刑执行到位率近年来呈上升趋势，①但由于公、检、法三机关之间以及刑事审判部门与执行部门之间的衔接机制不够完善，财产刑执行不到的“空判”现象仍然普遍存在，降低了刑事法官在审判活动中对财产刑裁量工作的专注度。

（三）司法实践层面

在法律需要保持一定稳定性的前提下，司法活动对财产刑裁量的规范性、公正性就起到了决定性的关键作用，但目前看来，实践层面还存在诸多掣肘因素：

1. 法官的司法理念存在偏差

调研中从各地反映的情况来看，有不少法官对财产刑的重要性认识不够，在一定程度上存在重视主刑的裁量而忽视附加刑包括罚金刑的裁量的习惯和传统，即使对罪行轻微、符合单处罚金刑案件的被告人，量刑时选择刑种时首先考虑的仍是自由刑，罚金刑是量刑时次要考虑的刑种。甚至不少法官心中存在以下不当心态：一类是认为，除了判前预缴罚金的外，其余大多最后都是

---

① 江苏法院2015年度财产刑申请标的为184 562万元，执行到位115 117万元，到位率为62.37%。

空判,判多判少没有实际意义,财产刑仅有宣示作用;另一类是认为,附带民事诉讼都需要根据被告人实际情况进行判罚,不宜适用民事赔偿标准,那么财产刑判罚就没必要那么精确,只要不超过法定幅度就行了。因此实践中即使同一法官作出的判决,也难免出现财产刑忽轻忽重的现象。

2. 法官的个体差异对财产刑裁量存在影响

不同的法官由于学识、人生经历、性格的差异,对于罚金刑的裁量在价值取向、评价根据和评价角度上存在差异,难免出现个案之间量刑失衡的现象。调研中我们对全省 238 名一线刑事法官发放了调查问卷,旨在了解法官对财产刑裁量的认识因素、心理因素、情感因素等主观因素偏好,其中选取部分问题的调查情况如下(见表 2):

表 2 财产刑适用调查问卷统计表

问　题	选项内容	选择比例
判处财产刑时,除了犯罪情节外,是否应考虑被告人的财产状况?	A. 应该	73.11%
	B. 不应该	26.89%
在判处财产刑的时候,应否对经济条件较差的被告人财产刑数额有所减少?	A. 应当	7.14%
	B. 适当考虑	75.63%
	C. 不应当	17.23%
对于刑法中没收部分财产的具体数额,实际判罚时,通常会基于哪个因素确定没收部分财产数额?	A. 扣押的财产数额	26.18%
	B. 预缴罚金数额	20.59%
	C. 以往判决中的惯例	53.23%
被告人及其家属事先缴纳财产刑保证金,是否会增加罚金刑数额,而在主刑上予以从宽考虑?	A. 是	16.39%
	B. 多数情况下会	32.77%
	C. 很少或者没有	50.42%
是否会因为同情被害人,对被告人判罚财产刑时予以从重?	A. 是	6.30%
	B. 多数情况下会	18.49%
	C. 很少或者没有	75.21%

从表 2 可以看出,对有法律明确规定的一般性量刑情节或者符合一般性朴素情感的量刑因素,在财产刑裁量时如何考量法官们虽有分歧,但能够形成多数意见,具有普遍适用的基础,但对于法律未作出清晰解释或者实践中未形成共识的因素,如何在量刑时予以考量则莫衷一是,甚至出现截然相反的意见,直接导致量刑的个案差异。

3. 量刑情节的运用缺乏规则指引

"量刑情节是影响量刑轻重的因素,它在量刑过程中具有举足轻重的地位,既是决定宣告刑的依据,又是突破法定刑的根据,同时又决定法官自由裁量度的大小。"①刑法中自首、立功、坦白等法定从宽情节及累犯等法定从严情节对被告人刑罚裁量作用重大,但实践中主要体现在主刑的裁量上,而对于罚金刑等附加刑的裁量影响缺乏量刑规则制定,酌定量刑情节更是无从体现。由于我国刑事诉讼活动围绕量刑情节大多只定性不定量,如同种量刑情节的影响力大小、数个量

① 杨志斌:《中英量刑问题比较研究》,知识产权出版社 2009 年版,第 111 页。

刑情节与单个情节的比较等，理论和实践中均无成熟观点，法官在对被告人裁量财产刑时不能系统地分析各种量刑情节，无法从本质上确定财产刑的量与度，造成裁量时随意性较大。

三、财产刑量刑规范化的必要性和可行性

（一）财产刑适用一般原则是量刑规范化的理论基础

任何制度的设计都需要内核的支撑。我们认为，要推行财产刑的量刑规范化，首先要明确财产刑适用的一般原则，把原则贯穿到量刑制度设计的目标、要求和方法中去，才能保证我们的探索和实践不偏离法治的轨道、不突破法律的框架，符合实体正义和程序正义的要求。

1. 罪责刑相适应原则的要求

财产刑适用中的罪责刑相适应原则，是指财产刑判处的轻重，应当与犯罪个人或犯罪单位所犯罪行和承担的刑事责任相适应，这是实现刑罚目的的基本要求。在司法实践中贯彻财产刑罪责刑相适应原则，需要我们提高对财产刑适用重要性的认识，把财产刑的裁量置于与主刑裁量同等重要的地位，在具体裁量财产刑时关注个案之间的均衡性、无限额罚金数额的合理性、与主刑之间的关系以及不同犯罪形态、共同犯罪中主从犯区分对财产刑轻重的影响等问题，防止量刑上的畸轻畸重。

2. 罪责自负原则的要求

任何以支付财产方式所实现的责任，在理论上和实践中都属于一种可转移、可代偿的责任。①就没收财产刑的适用而言，由于家庭成员财产一般并未分开，很可能导致罪犯家庭成员所有的财产也被没收，有违刑法的罪责自负原则。这是财产刑自身的弊端。因此，在财产刑适用中努力避免株连无辜是贯彻罪刑法定原则的自然延伸。这要求我们在涉及适用财产刑案件查处的每个环节都要做到以事实为根据、以法律为准绳，深入调查研究，做到事实清楚，证据确实、充分。比如，在共同犯罪中，要查清各被告人共同故意的范围，避免将实行过限被告人的罪责错定到其他被告人身上；在单位犯罪中，要查清直接负责的主管人员和其他直接责任人员范围，避免将一般员工作为财产刑适用的对象；对需要适用没收财产刑的被告人，一定要事先做好财产状况调查和析产工作，避免判处超过被告人财产范围的刑罚导致其家庭成员个人财产受到损害。

3. 人道主义原则的要求

刑罚的创制和适用应当彰显人性，即“人所具有的正常情感和理性”。因此，财产刑适用中同样具有人道主义要求，即财产刑的适用应当遵从人性，尊重和满足人的基本要求，不得因财产刑的适用而给他人造成不必要的物质上的困难、基本物质生存条件的无法满足或者给他人造成不必要的经济损失。《最高人民法院关于适用财产刑若干问题的规定》在规定对可并科没收财产或者罚金刑时如何选择以及确定罚金刑数额时均提到要考虑犯罪分子的财产状况和实际缴纳能力，就是这一原则的直接体现。实践中，我们要提高对财产刑人道主义价值的认识，在裁量财产刑时认真考虑被告人的财产状况或经济承受能力，细化财产刑适用中的人道性规定，如财产刑减免的程序性规定，在对被告人家庭财产的执行中尽可能保留对其他家庭成员生产、生活必要财产的完整性等。

（二）自由裁量与量刑规则的辩证统一是量刑规范化的价值基础

首先，财产刑自由裁量具有正当性。有学者认为，罚金刑量刑偏差的主要原因是刑法赋予财产刑裁量较之于自由刑更大的自由裁量权，同时缺少有效的监督制约机制，所以导致判决畸轻畸重的现象发生，甚至可能造成法官以刑代罚的倾向。我们认为，裁量的本义即指主体有一定的自

---

① 冯亚东：《罪刑关系的反思与重构——兼谈罚金刑在中国现阶段之适用》，载《中国社会科学》2006年第5期。

由来安排取舍,作出决断。在法律无法作出精确规定的情况下,法官的自由裁量权对司法正义的实现显得尤为重要。法官的自由裁量权是法官运用法律能力的体现,避免了刑罚裁量中的机械思维。

其次,财产刑的自由裁量有规则的自由。自由裁量不是随意裁量,它是有据可循的法律思维活动。“量刑情节是影响量刑轻重的因素,它在量刑过程中具有举足轻重的地位,既是决定宣告刑的依据,又是突破法定刑的根据,同时又决定法官自由裁量度的大小。”①随着我国司法体制改革的不断深入推进,一大批具备现代刑事法律思维和专业素养的员额法官承担着刑事审判职责,完全有能力对各种影响财产刑适用的量刑要素进行法理分析和综合考量,实现财产刑的量刑公正。

最后,量刑规范化是自由裁量权的内在要求。不可否认的是,现实中不少法官还对财产刑的自由裁量存在理解上的偏差。有人认为,在法律没有明确规定的情形下,如何量刑都在法官权限范围之内,只要不是畸轻畸重,都合乎法律规定。有些法官在案件审理中迫于现实的压力,机械地适用法律而不敢或不愿行使自由裁量权。因此,为财产刑量刑制定规则,并非限制或剥夺法官的自由裁量权,恰恰是对法官自由裁量方法进行指引,改变过去财产刑量刑估堆、机械适用或简单加减等不正确方法。

(三)财产刑立法和司法实践是量刑规范化的现实基础

虽然财产刑立法存在缺漏,理论和实践对财产刑裁量规则的关注度亦不够,但财产刑量刑规范化在制度设计上仍有较为良好的空间基础。

首先,刑罚理论上具有可行性。影响罚金刑裁量的情节可以量化。“对于一个具体的量刑情节来说,其表明刑事责任大小的程度,即影响从重从轻处罚的程度,都可以进行定量分析。”②比如,罚金刑具有财产刑的匿名性、可分性、可量定性、可弥补性等特点,既方便司法裁量,使罪刑更为精确,又便于执行,且可根据情势变更适当予以调整。

其次,现行刑法已经对财产刑的适用规定了基本或相对确定的范围和标准,为财产刑的进一步分格和细化奠定了基础,提供了依据。最高人民法院虽没有在量刑指导意见中明确财产刑的裁量规则,但在不同场合表达了对财产刑量刑进行规范的要求和观点。例如,最高人民法院在对量刑规范化相关问题的问答中,不仅将财产刑等附加刑纳入量刑规范化逐步探索完善的目标,而且允许各地法院在自身条件许可的情况下,与检察机关配合,在量刑建议中探索对附加刑的规范化尝试。

最后,各地法院的审判实践已有良好的经验可循。江苏省高级人民法院虽尚未制定财产刑量刑的指导意见,但2006年制定的《关于适用与执行财产刑若干问题的意见》,尽管只有短短25条,就已经涵盖了财产刑适用的一般规定、具体适用和执行等多方面内容,总体上贯彻了财产刑适用的基本原则,在较长一段时期内指导了全省法院财产刑量刑的规范化运行,有些观点甚至具有较强的超前意识。③ 而对于财产刑量刑规范化的实质性探索,在江苏省泰州市姜堰区(原姜堰

① 杨志斌:《中英量刑问题比较研究》,知识产权出版社2009年版,第111页。

② 马克昌主编:《刑罚通论》,武汉大学出版社2002年版,第311页。

③ 如该意见第七条规定:“行为时的法律和审判时法律的主刑和附加刑互有轻重时,应当以主刑较轻的法律作为最终适用的法律。如果主刑较轻的法律规定‘并处’财产刑,而主刑较重的法律没有规定财产刑或者规定‘可以并处’财产刑的,应当判决并处财产刑……”《刑法修正案(九)》增加了贪污贿赂犯罪的罚金刑,但自由刑较修改前的法律为轻,从相关司法解释的精神来看,适用新法主刑较轻,虽加重了被告人的财产刑处罚,但不违反从旧兼从轻原则。

市）人民法院2011年制定的《财产刑量刑指导意见》中得以体现，该意见不仅规定了财产刑裁量的总体原则和方法，还对5个常见罪名的财产刑量刑起点以及与主刑的配置方法作了探索性规定。

四、财产刑量刑规范化的实现路径

（一）确立财产刑个案裁量的一般规则

在司法实践中，法官对财产刑的裁量需要完成三方面的工作：决定是否对被告人适用财产刑，分析适用何种财产刑、如何适用财产刑和确定适用多大数额的财产刑。因此，财产刑的裁量过程可以分成是否适用财产刑和确定财产刑的数额两个方面。对此，我们可以分阶段讨论财产刑个案裁量的一般规则。

1. 关于可罚性财产刑选择适用的原则和标准

《最高人民法院关于适用财产刑若干问题的规定》第一条规定，刑法规定"可以并处"没收财产或者罚金的犯罪，人民法院应当根据案件具体情况及犯罪分子的财产状况，决定是否适用财产刑。因此，对选科财产刑是否适用，法官享有自由裁量权。如何确定是否适用财产刑，我们认为，应当以财产刑适用的一般原则为指导，从犯罪情节、犯罪分子的经济状况和财产刑的执行效果三个方面予以综合把握。

（1）单处罚金的选择适用问题。对于刑法规定可以选择单独适用罚金刑的犯罪，单处罚金，应当符合犯罪情节较轻、被告人具有缴纳罚金的能力以及判处罚金便于执行三个条件，倘若被告人不符合后两个条件，如因不具有执行罚金刑的能力而不宜适用罚金刑的，可以采取对其判处管制或拘役并宣告缓刑等非监禁刑的变通方式予以处理，同样可以做到罚当其罪。

（2）可以并处财产刑的选择适用问题。对于得并科财产刑的罪名，刑法中主要分为三类情况：第一类是危害国家安全犯罪，均可并处没收财产；第二类是部分职务犯罪的第二量刑档，在刑法修正案（九）之后，仅剩非国家工作人员受贿罪、职务侵占罪；第三类是金融诈骗犯罪中的集资诈骗罪、票据诈骗罪、金融凭证诈骗罪以及信用证诈骗罪，在单位触犯上述罪名时，除对单位判处罚金，对单位中的"两责人员"得并处罚金（如具有升档量刑情节的，则必并处罚金）。此外，还有寻衅滋事罪、参加黑社会性质组织罪等罪也涉及得并科罚金的裁量。对这些罪名我们认为原则上要尽可能对犯罪分子适用财产刑，只有在犯罪分子确实没有财产可供执行时，才可以考虑不对其判处财产刑。具体而言，可考虑以下因素：一是曾因经济犯罪构成累犯的，或具有经济犯罪前科的；以经济犯罪为主要生活来源的；未退赃、退赔的；犯罪对象为未成年人、老年人、残疾人、孕妇等弱势群体的。即使这些人员不具备即时执行财产刑的能力，也应当适用财产刑，以彰显刑法对其主观恶性的惩罚。二是对未成年人犯罪的、已满75周岁的人犯罪的、因生活所迫而初次犯罪的，以及被告人案发后积极退赃、退赔并认罪、悔罪，同时取得被害人谅解的，一般可不适用财产刑，以体现刑罚的人道主义原则。

2. 财产刑适用中刑种、幅度的裁量标准

在财产刑的个案裁量中，如何选择适用财产刑的种类以及决定财产刑的具体数额，与贯彻罪责刑相适应原则具有最为直接和紧密的联系。

（1）关于刑种适用选择的问题。在刑法规定的经济犯罪罪名中，共计有36个罪名规定了"并处罚金或者没收财产"，除新修改的贪污罪、受贿罪外，相应的主刑最低起点为"七年以上有期徒刑"。如何选择财产刑刑种法律并未明确规定，实践中有不同的理解：一种观点认为应当与主刑相配套，对主刑有有期徒刑、无期徒刑、死刑多个刑种的，仅有主刑判处十年以上有期徒刑时才适用没收财产刑；另一种观点认为应当根据被告人的犯罪情节和经济状况来确定适用何种财产刑，而与主刑并无关系。我们认为，没收财产刑相对于罚金刑而言是一种较重的刑罚，如在范围上可以超出罚金刑的金钱范畴而延伸到被告人的其他财物，在执行方式上为当下一次性没收，不同于罚金可分期缴纳甚至减免。因此，应当结合犯罪情节、主刑的轻重、罚金刑和没收财产刑的特点等因素综合确定对被告人适用何种财产刑。如果被告人实施犯罪的社会危害性较小，其人身危险性也较小，对其判处的主刑较轻，且对其适用罚金刑符合罚金刑特点的，应当对其并科罚金刑；反之，则应当适用没收财产刑。同时，没收部分财产的判决数额原则上应当高于罚金刑判罚数额，当判处罚金刑数额已达法律规定的上限，但仍然难以罚当其罪时，应当判处没收部分财产。

（2）关于没收全部财产与部分财产的选择问题。我国刑法规定，没收财产是没收犯罪分子个人所有财产的一部或者全部。在司法实践中，对犯罪行为人一律判处没收全部财产显然不符合罪刑相适应原则。我们认为，适用没收个人全部财产的刑罚应当坚持个别化原则，因为对于被判处没收全部财产的行为人，无异于宣布了其在经济上的“死刑”，而没收财产的目的不仅在于惩罚，还在于预防，所以在罪刑法定原则的前提下，还应该充分考量案件的具体情况以及所造成的社会危害程度等多种因素。在通常情况下，对犯罪人所判的主刑是无期徒刑或者死刑的，可以没收犯罪人的全部财产；对犯罪人所判的主刑是低于无期徒刑的自由刑的，则可以没收犯罪人的部分财产。对于人身危险性较小的犯罪人，如初犯或偶犯，由于其再犯的可能性较小，可以考虑没收其部分财产；对于人身危险性较大的犯罪分子，如累犯，即使对其不判处无期徒刑或者死刑，为了剥夺其再次犯罪的资本、遏制其再犯，也可以考虑没收其全部财产。

（3）关于如何综合考虑犯罪情节和被告人缴纳财产刑能力的问题。确定罚金刑或者没收财产刑的具体数额是财产刑裁量中的关键问题。我们认为，在制定个罪量刑指导意见或者在法官具体确定财产刑数额时，应当把握以下几项原则：一是财产刑数额应当在法律规定的幅度范围内；二是在主刑相当的情况下，对贪利型犯罪一般应当判处比非贪利型犯罪更重的财产刑；三是财产刑数额应当高于对同类违法行为适用行政罚款的数额，在选科财产刑罪名中，罚金数额应当低于没收财产数额，针对个人单处罚金的数额应当低于并处罚金的数额；四是财产刑的数额一般不得超出被告人实际所有的财产，但被告人所有的财产低于法定最低财产刑限额的除外。

（4）关于量刑情节对财产刑裁量的影响问题。在财产刑具体裁量过程中，量刑情节往往为我们所忽略。我们认为，无论是法定量刑情节，还是酌定量刑情节，无论是罪前情节、罪中情节还是罪后情节，其均对主刑和附加刑产生一定程度的影响，在财产刑裁量过程中应予考量。在实践中，对从轻、从重、免处情节，因为不涉及刑档、刑种的变化，如何适用争议不大，但减轻处罚情节如何体现在财产刑上争议较大。首先，对并科限额罚金或倍比罚金的罪名减轻处罚后能否突破法定下限，我们认为，对不同刑档设定了不同罚金限额的罪名，加重犯减轻处罚后理应在下一量刑档确定的罚金限额内判罚；而对于不同刑档但罚金限额相同的罪名，如伪造货币罪，其基本犯和加重犯的罚金下限均为 5 万元，仅有基本犯具有减轻处罚情节时，才可以在法定罚金限额以下判处罚金；对于基本犯和加重犯均规定了相同倍比关系的罪名，也仅有基本犯具有减轻处罚情节时，才可以在法定倍比确定的数额之下判处罚金。其次，对并科无限额罚金的罪名，我省《关于适用与执行财产刑若干问题的意见》规定：“法律没有明确规定罚金数额标准的，对于有销售金额、违法所得等犯罪数额的犯罪，一般应当在一千元以上犯罪数额的二倍以下判处罚金；对于没有犯罪数额的犯罪，应当在一千元以上十万元以下判处罚金。”因此，实践当中我们应当在合理运用自由裁量权的基础上，对这些罪名的基本犯、加重犯确定一个大致的罚金范围或倍比关系，然后再根据是否具有减轻情节确定减少罚金处罚的幅度，但一般不得低于 1 000 元（未成年人不得低于 500 元）。

3. 实现财产刑适用均衡性应当注意的两个问题

量刑均衡与量刑适当是一对孪生兄弟，通过正确的量刑理念、量刑原则和量刑方法解决财产刑量刑适当问题以后，很大程度上就可以解决诸如附加刑与主刑适用的平衡、单处罚金与并处罚金适用标准平衡等个案内在平衡问题，也能够在一段时期、一定区域内实现量刑均衡。我们认为，在财产刑个案裁量中还有以下两个问题值得关注：

（1）关于共同犯罪中财产刑的适用。一是在审理共同犯罪案件中，部分涉案人员超过共同故意实施的其他涉及财产刑适用的犯罪的，只能由实施涉及财产刑适用的犯罪的这部分人员承担相应的刑事责任，接受财产刑处罚。二是严格控制罚金刑总额，在共同犯罪案件中，对各共同犯罪人（单位）判处罚金的总额，一般不应超过刑法及司法解释规定的罚金数额的最高限额，对适用无限额罚金的共同犯罪，一般不超过犯罪数额的两倍，但对单个自然人或者单位罚金的数额不得低于法律、司法解释规定的最低限额。三是对各被告人不能简单按照主刑的轻重确定罚金数额的递增递减，应当结合各被告人非法获利的主观恶性、获利大小、对造成经济损失的作用大小对其判处适当的财产刑，例如，对于介绍虚开增值税发票但未谋取个人利益的行为，不宜判处过重的财产刑。

（2）关于单位犯罪中财产刑的适用。一是应当严格依照刑法的规定将财产刑施加于单位及其直接负责的主管人员和其他直接责任人员，必须严格审查涉案单位成员的行为同危害后果之间的关系，如果属于刑法上的间接因果关系而非直接因果关系，则不属于直接责任，不能承担单位犯罪的刑事责任。二是在某种犯罪既可以由自然人实施也可以由单位实施的情况下，如果刑法规定对单位犯罪实行双罚制且对“两责人员”按照自然人犯罪的规定处罚，但刑法对该自然人犯罪未规定财产刑的，则不能对“两责人员”适用财产刑。三是对实行双罚制的单位犯罪，公诉机关仅起诉自然人的，如果刑法对“两责人员”的罚则不包含财产刑，不能把本应单位承担的财产刑责任转嫁到“两责人员”身上；如果对“两责人员”的罚则也包含财产刑，但有证据证明被告人并未从单位犯罪的非法获利中获得直接且多数利益的，也不宜对被告人判处数额过高的财产刑。

（二）完善财产刑量刑规范化的制度保障

1. 建立财产刑求刑制度

财产刑量刑未能纳入庭审程序，很大程度上在于公诉机关没有将财产刑作为一项诉求提出，使财产刑的裁量成为审判者一方的“独角戏”。我们认为，财产刑是一种刑罚，其判处必须基于求刑权的行使，因此，探索建立财产刑求刑权制度符合刑罚理论的要求，同时具有现实基础。首先，追诉机关拥有求刑权，建立财产刑追诉机关求刑权制度，是追诉机关求刑权的当然要求。其次，追诉机关拥有侦查权，可以侦查犯罪事实，并可以保全犯罪证据，从而查明犯罪分子的财产状况，对于财产刑的裁量来说其本身就是一种证据；同时，在侦查活动中及时保全犯罪嫌疑人的财产也是量刑的要求，是追诉权完整的体现。在现阶段已较为成熟的量刑建议制度中，追诉机关既请求定罪，又提出具体的量刑建议，如果能加上财产刑的量刑建议，可视为对完整追诉权的必然要求和正当行使，必将推动财产刑量刑制度建设的实质化进程。

2. 完善犯罪嫌疑人、被告人财产状况调查制度

财产刑在适用过程中出现困难的一个重要原因就是司法机关对犯罪人的财产状况掌握不清。由于没有建立先期调查制度，特别是法律没有明确赋予法院对可能被定罪的被告人进行财产调查的职权，导致实践中法院对被告人的财产状况常常是一无所知，其有限的信息基本上全部来自对被告人的询问以及公安、检察机关侦查之后移送的材料，或者目光仅限于已查封、扣押或

冻结的被告人财产，无法正确地根据被告人的经济状况以及缴纳罚金的能力确定财产刑数额。因此，建立对犯罪嫌疑人、被告人财产情况的调查制度，是正确裁量财产刑、顺利执行财产刑的基本保证。为此，公、检、法三机关应密切配合，相互监督，处理好犯罪嫌疑人、被告人财产状况的调查问题。在法律、司法解释尚无明确规定的情况下，可由省一级公、检、法机关会商出台相关意见，明确财产调查的职责机关、程序、措施等内容，并力求在较短时间内实现立法上的完善。我们认为，当前财产状况调查应当主要由侦查机关在侦查犯罪事实时同步进行。特别是在经济犯罪中，侦查机关在侦查犯罪事实时不可避免地要查询犯罪嫌疑人的银行账户等财产信息，同时在侦查阶段即可介入财产调查，有利于防止犯罪嫌疑人转移财产，节约司法资源。

3. 完善以审判为中心的财产刑量刑庭审程序

量刑规范化改革的目的就是规范裁量权，将财产刑量刑纳入法庭审理程序，推行财产刑量刑过程的公开、透明，是实现财产刑量刑规范化的应有之义。一是建立和完善财产刑的法庭调查和辩论程序，即对可能判处财产刑的案件，在审理中建立相对独立的量刑调查和辩论程序，将调查和辩论的重点确定为影响和决定财产刑裁量的从宽、从严的各种量刑情节。庭审中法官可以要求控辩双方对于财产刑量刑的依据进行举证、质证和辩论。合议庭或独任法官根据控辩双方在法庭调查、辩论中对于影响财产刑量刑的各种量刑情节加以认证，然后按照量刑规范化细则中确定的各种量刑情节从宽、从严的幅度、百分比等加以计算，最终确定具体财产刑数额。二是加强裁判文书的财产刑量刑说理，即要求法官在判决书中载明判决理由，对财产刑量刑的事实和证据进行充分论证，对证据的真伪、采信与否、量刑的理由作出逐一分析，说明为什么对犯罪人判处财产刑，载明对犯罪人判处刑罚的思维过程和理论依据。通过财产刑量刑庭审程序的完善、引导和督促侦查、起诉机关认真负责地调查、收集与财产刑量刑情节有关的证据，为财产刑量刑规范化打下良好的事实基础。

4. 加强财产刑裁量与执行的衔接

刑罚目的的最终实现在于公正的裁量和有效的执行，二者相辅相成、缺一不可。因此，在财产刑的裁量过程中要尽可能为将来的执行创造良好的条件。一是建立严格的财产先行扣押或预缴制度。对主要犯罪事实清楚，证据确实、充分的犯罪嫌疑人，在掌握其财产状况的情况下，可依法予以先行扣押。在被告人有意愿、有能力预缴财产刑的情况下，允许其提供财产刑执行的相关保证金，并作为认罪、悔罪的具体表现在量刑时酌情考虑。二是完善裁判文书财产刑执行表述。改变习惯中机械适用定期一次性缴纳罚金的方式，在对被告人缴纳能力调查清楚的基础上，分别作出短期一次性缴纳、较长期一次性缴纳以及分期缴纳的判决。对没收财产的范围、财产状况、没收方式尽可能清晰表述，以便于执行机关执行。

（三）探索财产刑量刑规范化的具体方法

《最高人民法院关于常见犯罪的量刑指导意见》以及我省的实施细则为常见犯罪制定了较为完善的量刑规则和方法，对我们设计财产刑量刑规范提供了很好的借鉴。总体上说，财产刑的裁量可以采取“确定财产刑法定刑幅度—确定个罪财产刑量刑基准—确定个案财产刑基准刑—根据量刑情节调节，确定财产刑拟定宣告刑—综合确定财产刑宣告刑”的量刑步骤。

1. 确定基准刑

各罪财产刑的基准刑，是指不考虑从重从轻量刑情节，仅根据具体犯罪行为的社会危害程度，通过设定一定的标准确定的财产刑数额。财产刑量刑基准应当由各地法院通过制定量刑细则的方式予以细化，以便于实践操作。财产刑量刑基准的设定主要应当考虑到以下几种因素：(1)法定财产刑幅度。量刑基准应当在法定刑幅度以内，不得突破法定刑的上下限。(2)犯罪类型。不同犯罪类型中，特别是是否为贪利性犯罪，财产刑刑罚设置的目的不尽相同，量刑基准的高低也应有所区别。(3)各地区经济发展状况。作为一种刑罚手段，财产刑应当具有可执行性，不同地区经济发展水平不同，居民收入水平、财产状况存在差异，应当允许财产刑量刑标准存在一定区别。

2. 制定量刑步骤

鉴于刑法对没收财产规定了没收部分财产和没收全部财产两种方式，对罚金刑规定了无限额罚金制、限额罚金制、倍比罚金制三种方式，在规范量刑步骤过程中，可以区分不同情形做不同规定：(1)对部分没收财产、适用倍比罚金制的犯罪，采取"规定统一量刑基准，根据犯罪数额确定个案基准刑—根据量刑情节调节基准刑，确定拟定宣告刑—确定宣告刑"的量刑方法。(2)对上述限额罚金制和无限额罚金制财产刑，则简化量刑步骤，直接以主刑拟定宣告刑比对一定的标准，得出财产刑拟定宣告刑，再行使一定的自由裁量权，确定财产刑宣告刑的量刑方法。① 采取上述步骤进行量刑需要注意的两点是：(1)量刑结果应当表现为整数，以体现刑事判决结果的严肃性，同时也有利于执行；(2)对刑法规定了罚金刑上下限的，罚金刑宣告刑不得突破法定限额。为防止多个量刑情节导致量刑结果过低或归零，可设置从轻、减轻情节对基准刑减少后必须维持在一个最低比例之上。

3. 保留自由裁量的空间

法官永远是刑罚裁量的主体，要实现具体案件中的个别正义，要求法官在审理案件时要充分发挥自己的才智，运用专业知识和专业思维，弥补法律的缺陷，填补法律的漏洞，实现个案的公平正义。因此，规范法官自由裁量权并非对法官权力的剥夺，在财产刑量刑过程中，同样需要考虑个案的具体情况、被告人的经济状况，作出既符合量刑规范化又符合刑罚个别化的判决结果。例如，《姜堰市人民法院财产刑量刑指导意见》规定："合议庭(独任庭)在拟定财产刑宣告刑的基础上可行使10%以内的自由裁量权，审判长联席会、分管院长可分别再行使10%的自由裁量权，量刑结果仍不能体现刑法价值的，报请院长或审判委员会决定。"我们在财产刑量刑制度设计时，必须给法官自由裁量留出必要的空间。

结　语

"法律面前人人平等"是我国法律适用上的一项基本原则，但由于每个人拥有的财产具有不平等性，不像生命、自由那样为每个人普遍、平等地拥有，所以剥夺公民财产的财产刑难以做到形式上的绝对平等，而应着重考虑实质上的相对平等。通过对财产刑量刑活动经验的不断总结，将财产刑的量刑要素、量刑规则和量刑方法置于刑罚裁量基本原则之下考量，以期形成制度化成果，促使法官这一量刑主体发挥最大的主观能动性，依法、正确、科学地行使自由裁量权，是实现财产刑量刑正义的必由之路。

---

① 例如，《姜堰市人民法院财产刑量刑指导意见》第三条规定：(1)刑法规定可以没收部分财产的，按照下列标准确定财产刑基准刑：犯罪所得数额在10万元以下的，财产刑基准刑为犯罪所得数额的1.5倍；犯罪所得数额在10万元以上30万元以下的，财产刑基准刑以15万元为基数，10万元以上的部分按1倍加处；犯罪所得数额在30万元以上的，财产刑基准刑以35万元为基数，30万元以上的部分按70%加处。(2)根据个案中的量刑情节调节基准刑，确定个案财产刑拟定宣告刑。(3)综合考虑全案情况，依法确定个案财产刑宣告刑。

产权刑事司法保护问题研究

□江苏省高级人民法院刑二庭*

前　言

党的十八大以来,中央高度重视产权保护和企业家权益保护工作。党的十八届三中、四中、五中全会提出明确要求,强调保护各种所有制经济产权和合法利益,健全以公平为核心原则的产权保护制度,推进产权保护法治化。党的十九大报告指出:"经济体制改革必须以完善产权制度和要素市场化配置为重点,实现产权有效激励、要素自由流动、价格反映灵活、竞争公平有序、企业优胜劣汰。"2016 年 11 月 27 日,中共中央、国务院《关于完善产权保护制度依法保护产权的意见》(以下简称《保护产权意见》)公布,明确了产权保护的全面、平等、依法以及共同参与、标本兼治等原则,是我国首次以中央文件形式强调产权保护,可以看作产权保护的顶层设计,具有里程碑的意义。2017 年 9 月 25 日中共中央、国务院公布的《关于营造企业家健康成长环境弘扬优秀企业家精神更好发挥企业家作用的意见》(以下简称《企业家意见》),则是中华人民共和国成立以来,中央首次以专门文件的方式明确企业家精神的地位和价值,意义重大。《企业家意见》再次明确提出要全面落实党中央、国务院关于完善产权保护制度依法保护产权的意见,也就是要依法保护企业家的财产权。最高人民法院于 2016 年 11 月 28 日出台了《关于充分发挥审判职能作用切实加强产权司法保护的意见》(法发〔2016〕27 号,以下简称《产权司法保护意见》)、《关于依法妥善处理历史形成的产权案件工作实施意见》(法发〔2016〕28 号,以下简称《处理产权案件实施意见》)加强产权司法保护和妥善处理历史产权案件的相关意见,对如何发挥司法职能加强产权司法保护提出了很多务实举措。2018 年 1 月,最高人民法院下又发了《关于充分发挥审判职能作用为企业家创新创业营造良好法治环境的通知》(法〔2018〕1 号),再次强调了切实纠正涉企业家产权冤错案件、不断完善保障企业家合法权益的司法政策等工作要求。

2018 年 5 月 31 日,最高人民法院对物美超市创始人张文中诈骗、单位行贿、挪用资金一案再审作出了无罪判决,这是改革开放以来罕见的重大涉产权经济案件改判无罪,体现了我国加强产权和企业家权益保护的坚强决心,对于我国司法机关进一步推进产权的刑法保护具有非常重要的意义。对此媒体的评价是"正义可能迟到,但绝不会缺席",这是对司法机关勇于纠错的充分肯定。这也再次提醒我们,司法机关在产权保护方面要更加重视非公有制企业涉经济犯罪案件的处理,避免公权力不当侵害企业产权的现象发生,才能进一步营造企业家健康成长的环境、发挥作用的空间,进一步增强企业家的人身和财产财富安全感,使广大企业家能够安心经营、放心投资、专心创业。

未来五年,江苏肩负全面建成小康社会的重大历史使命。娄勤俭书记在十三届全国人大一次会议江苏代表团媒体开放会上强调:"江苏的企业家是从改革开放中、在市场竞争中成长起来的,企业家群体本身对高质量发展有动力、有能力。""强化人才支撑,激发企业、科技人员、高技能人员的积极性、创造性,特别是对企业家积极性的保护和支持。"为进一步找准刑事司法在保护产权和企业家权益方面的职能定位和路径,调研组总结了江苏近三年来经济犯罪案件审理情况,按照以问题为导向的原则,与法学专家、公安机关、检察机关、中基层法院民刑审判部门法官以及刑辩律师广泛座谈研讨,从更新理念、把握政策、厘清思路、完善机制等角度研究加强产权刑事司法

---

* 课题组成员:周继业、毕晓红、孙晋琪、陈劲草、邹钢、徐磊、周光旭、骆大洲。

保护的理论基础和实现路径,在此基础上形成调研报告。

一、当前产权刑事司法保护现状及问题分析

(一)现状与问题

近年来,江苏司法机关认真贯彻中央、省委和最高司法机关部署,严格适用法律和司法解释的规定,充分发挥司法活动对市场行为的规范、引领和保障作用,依法严厉打击各类侵犯产权犯罪,平等保护市场主体尤其是民营企业的生产、经营、融资等行为,在加大产权平等全面依法保护的同时,还依法妥善处理了一批历史形成的产权案件。但受历史条件、司法观念等因素的影响,一些地方、一些领域在一定程度上仍然存在对产权保护不够重视、不够公平、不够全面的问题。

1. 对经济违法违规行为入罪标准把握不严格

近年来,随着民间资本市场不合规融资行为和食品、药品安全等涉民生问题日益突出,社会关注度越来越高,刑事司法往往成为社会治理的"急先锋",出现轻预防、重打击的苗头,一个突出表现就是企业尤其是民营企业涉经济犯罪增多。近三年江苏法院一审审结经济犯罪案件中(含破坏社会主义市场经济罪、侵犯财产罪和贪污贿赂罪,下同)追究刑事责任的被告单位共1 915家,除单位受贿等案件为国有单位外,绝大多数为民营企业。其中2015年、2016年分别为475家、495家,2017年激增到945家,比2015年增长98.95%。从案由来看,以2016年经济犯罪生效判决为例,犯虚开增值税专用发票罪的被告单位数量最多,为308家,占被告单位总数的64.84%,其次分别为非法吸收公众存款罪43家、拒不支付劳动报酬罪25家、走私普通货物罪20家,上述四类罪名合计占比达到83.37%(见图1)。上述数据反映出民营企业在市场经营中的税务、融资、劳资领域存在较大的刑事法律风险,企业通过"打擦边球"不规范经营灰色地带被逐步挤压,落入刑事违法的"黑色陷阱"。严格执法固然是必要的,但一些地方存在对经济违法违规行为未经研判即草率以刑事犯罪处理。比如,在前两年社会热炒的"毒豆芽"事件中,江苏法院面对集中侦查、起诉的大批相关案件,最终在最高人民法院指导下,认为认定相关添加剂为有毒、有害物质证据不足,建议检察机关撤回该类案件20余件。还有一些地方将食品安全中限制添加、控制残留的标准定得过低,在查处案件时动辄入刑,这就使得合法行为与犯罪行为之间留给行政查处的空间太小,忽略了刑法上社会危害性严重程度的入罪要求,客观上造成"两法衔接"异变为"以刑代行"。

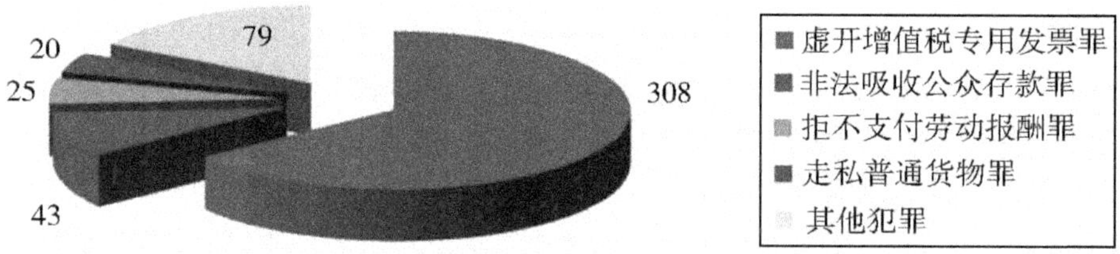

图1　2016年各类经济犯罪被告单位数量分布情况

2. 经济犯罪定罪量刑标准认识不统一

在一些涉产权经济犯罪司法个案中,对经济违法行为入刑的标准,经济纠纷和经济犯罪的性质区分,上下级司法机关之间、不同司法机关之间还存在不同认识。比如,近三年江苏法院判决宣告无罪的涉嫌经济犯罪被告人共22人,而同时期检察机关撤回起诉的此类案件达到158件。①

① 江苏法院2016年一审审结的4 285件破坏社会主义市场经济秩序公诉案件,检察机关撤回起诉37件,占0.863%,而同期各类刑事公诉案件一审撤诉率为0.223%;2016年二审审结的579件该类案件中,依法改判、发回重审114件,占19.7%,远高于同期各类刑事案件11.2%的二审发改率。

此外，一些经济犯罪案件中存在地区之间裁判标准不统一、量刑不平衡现象，财产刑判罚随意性则更大，如对常州、南通、扬州、淮安、连云港五个地区的 2017 年 1 月至 10 月审结生效的经济犯罪案件进行了抽查，以合同诈骗犯罪为例，常州地区财产刑判罚较轻，犯罪数额与财产刑倍比关系仅为 10.47∶1，扬州地区财产刑判罚较重，犯罪数额与财产刑倍比关系高达 1.51∶1，二者相差近 7 倍。反映在个案上则更为明显，如徐州某公司非法吸收公众存款 1.8 亿余元，因构成自首减轻处罚，单位仅判处罚金 10 万元，而涟水某公司非法吸收公众存款 3 912 万元，构成坦白从轻处罚，单位判处罚金 100 万元，量刑缺乏尺度且不够平衡。

3. 不规范采取刑事强制措施现象仍有发生

相比于国有企业，民营经济实体的市场生存能力更加脆弱，企业涉经济犯罪中承担刑事责任的“直接负责的主管人员”“其他直接责任人员”大多为法定代表人或实际负责人，这些被告人总体刑罚适用较为宽缓。据统计，2016 年江苏法院审理涉经济犯罪的 475 家单位中“两责人员”共计 513 人，其中适用缓刑、单处罚金以及免予刑事处罚的共计 366 人，占比达到 77.05%。而同时期经济犯罪全部被告人上述情况比例为 30.42%（见图 2）。与之不相匹配的是，尽管企业涉经济犯罪中绝大多数被告人所获刑罚较轻，但羁押率仍然较高，有些案件久拖不决，企业主被长期羁押。再者，侦查机关查封、扣押的财产范围往往较大，对企业正常经营所需的必要财产保护重视不够，企业资产长期被查封、冻结，事实上造成涉案企业陷于困顿甚至破产歇业。如南通中院审理的曹某甲、曹某乙虚报注册资本、骗取贷款、合同诈骗、职务侵占案，被告人被羁押后，其所经营的企业正常经营受到影响，因贷款不能及时偿还被多家银行提起民事诉讼，该案历时三年半，最终在上级法院的指导下，经与检察机关沟通以撤诉结案，但三年多的刑事诉讼程序对该企业已造成不可挽回的经济损失。

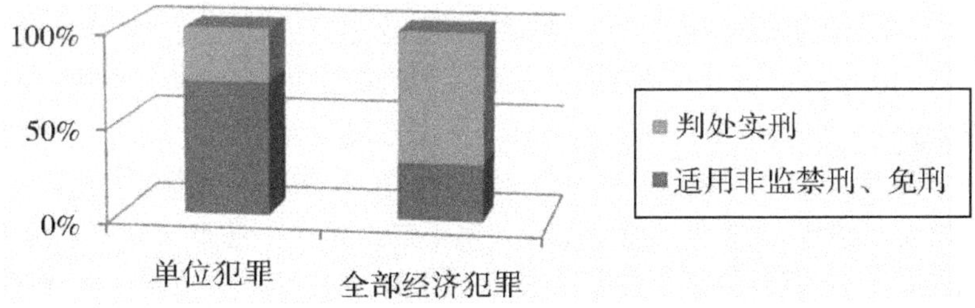

图 2　2016 年单位犯罪缓、免刑适用比例对比情况

4. 刑事涉案财物认定与处置机制不完善

涉案财物处置涉及公检法等多个部门和环节，实践中缺乏统一认识和操作标准，常常造成涉案财物处置上的混乱。首先，涉案财物管理制度不健全，缺少关于保管物品同一性规则的具体规定。在很多情况下，清单难以准确、细致地记载被扣押财物的各项特征；缺少对被控制的涉案财物的保值、增值的关注，实践中贵重财物常常因为保管条件有限而失去其原本价值。其次，涉案财物的认定与处理缺乏必要的程序保障。刑事涉案财物的认定尚未纳入庭审调查和辩论程序，被告人、被害人以及案外第三人缺少对其合法财产处分提出主张的渠道，而在执行阶段再提出异议时，刑事判决既判力将对查清涉案财物权属造成不小的阻力。最后，涉案财物处置的行政化色彩严重。一些经济犯罪案件在人民法院审判之前，涉案财物权属尚未查明的情况下，侦查机关即予以实质性处理，这不仅有违司法最终裁决原则，而且即使审判中发现错误，对合法产权人造成的侵害也难以救济。比如，在一些跨地域涉众型经济犯罪案件中，对当地集资参与人损失先行发还导致不同被害人最终得到救济的程度严重失衡，有违按比例退赔的公平原则。

（二）原因分析

存在上述问题的原因是多方面的，总的来说有立法、理念和能力三个层面。

1. 刑事立法存在缺陷

从近二十年刑事立法不断修改完善的过程来看，我国《刑法》对经济违法犯罪行为的制裁体现了对经济社会发展保护产权需求的回应，但同时又受旧有的“重制裁、轻保护”刑事立法理念的影响以及立法技术所限，在对产权的全面、平等保护方面还存在不容忽视的“弱项”：

一是“二元化”立法模式弱化了对非公有制产权保护。我国刑事立法体现了对不同所有制产权的差别保护。比如，刑法分则第三章非法经营同类营业罪，为亲友非法牟利罪，签订履行合同失职被骗罪，徇私舞弊造成破产、亏损罪，徇私舞弊低价折股、出售国有资产罪等罪名，均将犯罪主体限定为国有公司、企业相关人员，对于针对非公有制公司、企业实施的同样性质的危害行为，却没有将其规定为犯罪。在对利用职务便利侵占、挪用企业财产等犯罪行为的定罪处罚方面，也存在重保护公有制经济主体权益，轻保护非公有制经济主体权益的问题。

二是立法滞后造成法律适用认识不统一。随着互联网等科学技术的发展以及经济体制的变革，经济违法犯罪行为从内容到形式日益复杂多样。但立法具有滞后性，并且由于立法技术的限制，不可能将罪状一一列举，大量条文在犯罪手段、情节、后果等方面使用了“其他”一词概括，如《刑法》第一百七十五条之一的骗取贷款、票据承兑、金融票证罪规定了“其他金融机构”的概念，实践中对小额贷款公司等民间融资机构是否属于“其他金融机构”产生了不同认识和判例；而部分罪名则设置了所谓“兜底条款”，其中以《刑法》第二百二十五条非法经营罪第（四）项规定最为引人关注。近年来“两高”不断出台相关司法解释，规定了二十余种“其他严重扰乱市场秩序的非法经营行为”，但实践中仍有大量解释之外的情形被认定有罪，引起广泛争议。

三是刑事、行政立法责任要素不统一。经济犯罪刑法规范中存在大量空白罪状，这种开放型犯罪构成要件要求法官在适用这些条款时要到相关的行政法律、经济法律中去寻找行为特征来确定这些要素。而不同的部门法对经济违法行为的衡量尺度并不一致，如果简单套用行政法律法规的概念去解释刑法上的行为性质，往往造成《刑法》对经济违法行为过度介入。如《刑法》第二百二十八条规定非法转让、倒卖土地使用权罪属于空白罪状，“违反土地管理规定”是前置条件，而“土地管理规定”广泛涉及多部法律、行政法规，存在诸多禁止性强制规定，是否仅违反其中某项即构成刑法意义上的“违反土地管理规定”，实践中存在分歧。①

2. 司法理念存在误区

近年来，随着以审判为中心刑事诉讼制度改革的不断推进和刑事司法队伍的不断加强，保护人权、无罪推定等先进司法理念在刑事司法活动中得以贯彻和落实，但旧有的观念和行事模式仍对司法理念的转变造成一定阻碍，主要表现在：

一是平等保护的意识不强。受计划经济时代国有财产神圣不可侵犯思想的影响，司法机关对市场主体刑事司法保护的态度因受害方所有制性质不同存在较大区别，这种偏向在受到地方保护主义影响的情况下更为突出。如正兴集团、袁某某合同诈骗案，该案受损失一方为著名国有

---

① 如刘某非法转让土地使用权一案中，刘某转让土地时不符合《城市房地产管理法》规定的“按照出让合同约定进行投资开发，属于房屋建设工程的，完成开发投资总额的百分之二十五以上”，检察机关认为该行为违反土地管理规定，一审、二审法院则认为，转让的土地未达到25%以上的投资，属于合同标的物的瑕疵，并不直接影响土地使用权转让合同的效力，该条规定不是认定土地使用权转让合同效力的法律强制性规定，故对刘某行为的违法性没有确认。

企业,侦查、起诉阶段即经地方党委政府多次协调,在二审法院以证据不足发回重审的情况下,一审仍再次作出有罪判决,后经二审依法改判无罪。

二是有罪推定思想仍然存在。受"侦查中心主义"的长期影响,有罪推定、疑罪从轻等思维模式在刑事司法领域仍然存在,刑事案件一旦启动,在认定被告人有罪方面公、检、法三机关之间显得"配合有余而制约不足",甚至大量因证据不足无法定罪的案件以检察院撤回起诉而不是宣告无罪结案;刑事强制措施的适用也主要从保障侦查活动顺利推进出发,为了便于讯问、防止串供、转移资产等,同时囿于取保候审执行机制的不完善,刑事案件批捕率仍然相对较高,对犯罪行为较轻、人身危险性较小的经济犯罪嫌疑人是否取保候审,有些甚至以是否可能判处缓刑作为评判标准,这显然不符合刑事强制措施规定的立法原意,也会给当事人造成"未审先定"的印象。

三是存在"三重三轻"工作惯性。刑事司法历来有政权"刀把子"的形象比喻,司法功利主义思想的存在强化了刑事打击作为社会治理"终极武器"的重要性,因此,司法机关长期以来形成的"重打击、轻保护,重实体、轻程序,重人身、轻财产"的工作惯性短期内难以遏止。比如,在对待行业不规范经营的普遍性问题上,抓一片、打击一串现象时有发生;在个案处理中,将家庭、单位一窝端,对涉案财产过度查封的问题较为突出。尤其是在各类"专项整治"期间,司法机关在"联合执法""重点打击"思想的主导下,对经济违法违规行为的罪与非罪界限把握不准确、不严谨,导致少部分不应受到刑事追究的案件起诉到法院。在起诉、审理阶段,控、辩、审三方对被告人的定罪量刑关注较多,对涉案财物查扣是否适当以及被告人、案外人的合法财产利益关注较少,庭审中缺乏必要的法庭调查和辩论程序,即使发现侦查机关查扣财物不当,法院也多采用模糊表述的方式在法律文书中一笔带过。此外,办案人员的程序公正、司法效率意识不强,对隐形超审限和超期羁押现象重视程度不够,办案期限延长随意性较大,有些案件经多次退查仍久拖不决。

3. 司法能力仍有欠缺

徒法不足以自行,司法队伍的能力如果不能与社会经济发展相适应,就难以为产权保护提供高水平的司法保障。现阶段,在保护产权方面刑事司法人员仍存在以下两方面能力欠缺:

一是对法律以外的新技术、新知识掌握不足。涉产权经济犯罪案件中罪与非罪界分、犯罪数额认定、涉案财物权属认定,均涉及大量的公司治理、金融、财会等方面的专业知识;经济犯罪中的行政犯又涉及诸多行政违法行为的技术性指标认定和性质界定问题,如何为"有毒、有害的非食品原料"、何为"非法出版物"等;而侵犯知识产权犯罪案件中更是需要对专利技术和商业秘密等无形财产权作出准确认定。尽管有司法鉴定和行政认定作为判定依据,但由于刑事司法人员普遍不具有相应专业背景,也缺乏系统的学习和培训,诉讼中对相关鉴定意见、行政确认意见产生争议时,难以及时对证据效力作出准确、权威的判定。

二是综合运用民刑裁判思维和证据规则的能力不强。大量的涉产权经济犯罪牵涉刑事、民事多重法律关系,属于典型的"民刑交叉"案件,但因长期从事单一部门法领域实践,刑事司法人员秉持的裁判理念迥异于民事法官,在个人利益与公共利益发生冲突时,往往以公共利益优先,证据体系的构建主要依赖于侦查机关对证据的收集,适用的是"排除合理怀疑"的证明标准,且局限于公、检、法三机关的关系,思维判断的中立性相对民事司法人员较弱,容易造成对涉及经济犯罪的民事法律关系判断不准、民事责任区分不清等问题,给依法公正处置产权纠纷带来困难,甚至出现刑、民裁判相矛盾的现象。

二、加强产权刑事司法保护的理念和基本原则

(一)树立"谦抑、审慎、善意"的司法理念

针对当前如何发挥政法机关职能,正确处理好各类产权纠纷问题,平等、全面、依法保护产

权，孟建柱同志在2017年年初召开的中央政法工作会议上提出，新形势下，衡量执法办案水平高低，不仅要看是否依法查处违法犯罪行为，而且要看是否促进经济社会发展，强调要在严格依法办事前提下，树立"谦抑、审慎、善意"的理念。这为司法机关处理产权纠纷案件提供了理念、方向和原则上的指引。

1.谦抑是刑事司法活动的发展趋势

《刑法》是保障法，刑事责任是最严厉的法律责任。尤其是在鼓励创业、保护创新的时代背景下，如果市场主体创新经营不规范就认定为犯罪，不加甄别就予以刑事追究，势必会阻碍企业创新，窒息经济活力。因此，在产权保护过程中，应当秉持刑法的谦抑性，对通过民事、行政法律手段就能妥善处理的经济案件，不使用刑事强制手段，努力以较小成本取得较好效果。要以发展的眼光客观看待和依法妥善处理改革开放以来各类企业，特别是民营企业经营发展过程中存在的不规范问题，严格遵循罪刑法定、疑罪从无、从旧兼从轻等原则，依法公正处理。对虽属违法违规、但不构成犯罪，或者罪与非罪不清的，应当宣告无罪。对在生产、经营、融资等活动中的经济行为，除法律、行政法规明确禁止的，不应以犯罪论处。对涉案企业和人员，应当综合考虑行为性质、危害程度以及配合诉讼的态度等情况，依法慎重决定是否适用刑事强制措施，尤其是对企业的经营者和高级管理人员要慎用限制人身自由的刑事强制措施，最大限度维护企业正常经营发展。对于涉案企业和人员正在投入生产运营或者正在用于科技创新、产品研发的设备、资金和技术资料等，能够采取非强制性措施即可达到保障诉讼目的的，不使用强制性措施。

2.审慎是司法中立性的必然要求

我国古代法治思想即强调"慎刑"，要求司法审慎，不可剑走偏锋，伤及无辜。尤其是人民法院作为审判机关，更需要秉持中立原则，坚持各种所有制经济权利平等、机会平等、规则平等，对各类产权主体的诉讼地位和法律适用一视同仁，平等保护公有制经济和非公有制经济财产权。要在事实认定和证据采信上采取谨慎的态度，做到兼听则明，准确运用证据裁判标准区分罪与非罪、罪轻罪重，对法律规定严重滞后于经济社会发展现状的行为谨慎入罪，不得不入罪的尽量作轻刑化处理，使公权力的介入对社会经济活动的影响降到最低。严格经济纠纷与经济犯罪界限，充分考虑非公有制经济特点，依法区分正当融资与非法集资、合同纠纷与合同诈骗、民营企业参与国有企业兼并重组中涉及的经济纠纷与恶意侵占国有资产等的界限，准确把握经济违法行为入刑标准，防止利用刑事手段干预经济纠纷。对于新类型知识产权等纠纷，既要惩治严重侵犯知识产权的犯罪行为，又要严格知识产权刑法保护的边界，明晰知识产权保护的司法审查标准，提高知识产权司法保护的整体效能。

3.善意是实现司法目的的重要保证

刑事司法活动如果仅仅关注犯罪人的定罪量刑，而不关注利益受损方的救济和市场秩序衡平的恢复，则无法实现刑事司法活动惩罚犯罪和保障人权相统一的目的。这要求司法机关在刑事司法活动引入善意的恢复性司法的理念，围绕市场主体尤其是非公有制经济主体的特点开展司法活动，在法律许可的范围内最大限度减小公权力的强制性对产权价值的影响，使刑事诉讼的经济效益实现最大化。对确实需要查封、扣押、冻结财产的，要严格依法进行，在处置时遵循比例原则，防止超标、超范围，最大限度减少对企业正常生产经营的不利影响；对已经查封、扣押、冻结的涉案财产，要严格区分违法所得与合法财产，对违法所得依法予以追缴，对合法财产依法尽快返还。对依法需责令关闭的企业外，在条件允许的情况下可以为企业预留必要的流动资金和往来账户。对非法占有、处置、毁坏经济主体财产的，应当及时追缴发还被害人或责令退赔。对犯罪分子逃匿或者已经死亡的，应当依法适用违法所得没收程序，及时为经济主体挽回损失。

（二）坚持平等、全面、依法的产权保护原则

中央《保护产权意见》指出，要推进产权保护法治化，在事关产权保护的立法、执法、司法、守法等各方面各环节体现法治理念，坚持平等保护、全面保护、依法保护的原则。平等、全面、依法保护原则的提出，重点解决的是实践中在法律制度和法律实施层面对产权保护不平等、不全面、不依法的突出问题。平等、全面、依法保护原则是否真正落实到位，直接关系到产权保护能否取得实效。

1.平等保护应侧重加强对非公有制产权的保护

实践中的问题是对产权保护存在不平等，主要体现在对非公有制产权保护的弱化。受长期以来计划经济时代国有财产神圣不可侵犯思想的影响，往往对市场受侵害主体的保护态度因受害方所有制性质不同而有所不同，对国有企业涉及经济纠纷的案件，动辄以经济犯罪追究相对方责任；而当非公有制主体的财产遭受非法占有、挪用时，却往往不以犯罪论处，只按民事纠纷立案，甚至不了了之。因此，平等保护要求健全以公平为核心原则的产权保护制度，对各类产权主体的法律地位和法律适用一视同仁，确保公有制经济和非公有制经济财产权均不可侵犯。具体到刑事司法活动中，司法活动应当高度关注对非公有制经济主体产权的侵害犯罪、谨慎对待非公有制主体涉及经济犯罪的定罪量刑、努力挽回经济犯罪中受损的非公有制经济利益，才能逐步扭转对非公有制主体不平等保护现象，使刑法对非公有制经济的保护力度与之在国民经济中的地位相匹配。

2.全面保护应当体现对保护对象和救济渠道的全面理解

随着移动存储、云计算、数据挖掘、搜索引擎和移动支付等数字技术的广泛运用，互联网领域产权的无形性特征日益明显，产权保护的各类法益日益广泛，在这一过程中容易引发产权保护的新情况新问题。实践中，产权归属不明确，各类侵犯产权的违法犯罪行为时有发生，有些领域还存在利用公权力侵犯私有产权的违法犯罪行为，这些问题的存在迫切需要强化对产权的全面保护。因此，全面保护要求既要保护物权、债权、股权，也要保护知识产权及其他各种无形财产权，通过制裁各类侵犯产权的违法犯罪行为，特别是利用公权力侵犯私有产权的违法犯罪行为，来提升产权司法保护的全面性。同时，产权的司法保护是一个交叉学科问题，不仅需要制裁各类侵犯产权的违法犯罪行为，更需要在处理涉产权纠纷过程中，厘清大量民事、行政法律关系以及专业技术规则与刑法上犯罪构成之间的界限，综合运用刑事、民事、行政、执行等手段依法明确产权归属，在权力救济手段以及违法制裁手段上作出正确选择。

3.依法保护应当从实际出发追寻立法本意

依法保护要求不断完善社会主义市场经济法律制度，强化法律实施，确保有法可依、有法必依。实践中，法律规范不可能将各类经济犯罪罪状一一列举，《刑法》中部分经济犯罪罪名设置了"兜底条款"，部分《刑法》规范中存在空白罪状。当司法人员遇到法律概念不清晰、界限不明确，要结合各个时期经济发展的形势和政策，准确把握立法精神，对立法作出适当的解释、对司法解释作出正确的理解和适用。尤其是经济违规、违法行为与经济犯罪之间的界限较为模糊，对一些刑法上的概念、用语的解释不能当然依据其他部门法作简单的文意解释，应当在运用适当的解释规则的前提下，对刑法用语作出符合刑法立法目的的实质解释，这样才能使经济犯罪构成达到追究刑事责任所需的社会危害性并与之相适应，避免因相关概念理解过于宽泛导致刑法打击泛化，造成公权力对产权的侵害。

三、加强产权刑事司法保护的实现路径

（一）准确把握经济违法与经济犯罪的界限

对违反经济法规行为运用《刑法》惩罚自古有之，进入现代社会，国家对经济的干预更为频

繁,《刑法》介入经济生活的范围也日益扩大。1997年《刑法》的十个修正案不仅增加了八个破坏社会主义市场经济秩序犯罪罪名,还对若干罪名犯罪构成作了实质性修改,进一步扩大了打击经济违法行为的范围。"刑罚是一把'双刃剑',用之不当,则反受其害",如果刑罚手段不当介入经济领域,不仅是对市场经济正常运行的侵扰,在一些个案中更是对产权的直接剥夺,导致产权主体合法权益严重受损。因此,正确把握产权纠纷刑事司法政策,明晰《刑法》对经济活动的介入程度,对于实现产权的有效保护尤为重要。

1. 正确看待市场经济中的不规范经营行为

2017年2月17日,内蒙古自治区巴彦淖尔市中级人民法院对最高人民法院指令再审的王力军非法经营案公开宣判,依法撤销原审判决,改判王力军无罪。至此,引发社会舆论广泛关注的"王力军收购玉米获罪案"被依法纠正。此案再次凸显了关于非法经营兜底条款适用的争议。非法经营作为经济犯罪行政犯"口袋罪"的现象,历来为理论和实务界所诟病,有人甚至将之比喻为民营企业家的"原罪"。我们认为,通过个案裁判对兜底条款的概念范围作出清晰界分,是发挥《刑法》对市场主体指引功能的重要途径,在此过程中必须坚持经济犯罪行政犯的二次违法性判断标准,①才能避免对《刑法》作不当的扩大化解释。具体而言,对行政法明确对不同行为规定了不同法律后果,没有规定追究刑事责任的,一般不得解释为《刑法》中"兜底条款"所涉内容。因此,最高人民法院在谈到指令"玉米案"再审的理由时明确指出,《刑法》第二百二十五条第(四)项是在前三项明确列举的基础上所规定的一个"兜底性条款",在司法实践中适用应特别慎重。"相关行为需有法律、司法解释的明确规定",才能作为犯罪来处理。也就是说,必须有法律、司法解释的明确规定,才能适用该"兜底条款"。② 实践中,对超出司法解释明示规定范围之外的情形能否入罪,必须层报最高人民法院决定;最高人民法院在对兜底条款进行解释时,也应当以相关行为的社会危害性与明示条款相当为入罪原则,避免因一时、一地的社会治理需要而将《刑法》作为随意使用的工具,削弱其作为最严厉制裁手段的权威性。

2. 坚持对经济犯罪主客观相统一的认定标准

据统计,在江苏法院近三年审结的1 032件合同诈骗一审案件中,被告人当庭认罪的案件仅300件左右。司法认定的难点在于,在侵占、诈骗类经济犯罪中,非法占有故意属于当事人的主观心态,在其否认以非法占有为目的时,只能根据相关法律和司法解释,从其外部客观行为推定其主观故意。如张文中案虽涉及多个罪名,但以诈骗罪为主体,前后司法裁判对"非法占有"主观故意的认定大相径庭,其证明难度可见一斑。我们认为,主观目的虽系心理状态,但必然会通过一系列客观行为表现出来,区分民事欺诈和诈骗犯罪,要坚持主客观相统一的原则,结合案情具体分析,从以下几个方面把握:(1)客观是否实施欺诈行为;(2)行为人是否具备履行合同的能力以及履行合同的实际行为;(3)行为人如何处理所获得的定金、预付款和货物、货款等财物;(4)行为人事后承担违约责任的态度。这里尤其需要注意的是:其一,以非法占有为目的的欺诈,应当以永久排除对方当事人对财产的所有权为意图,而欺诈行为并非都是以非法占有为目的,比如,编造理由借以创造履行合同的条件等;其二,在非法占有目的支配下的合同诈骗犯罪行为一般具备上述多个环节的客观表象,对合同纠纷中仅具备某一环节特征,比如采取逃匿的方式逃避履行合同义务的,认定构成合同诈骗要持谨慎态度。

---

① 按照大陆法系观点,行政犯应当具有二次违法性,即同一行为既违反了《刑法》,又违反了行政法中关于前置的规定,并且违反《刑法》与违反行政法前置规定两者间存在梯次性。

② 刘昌松:《"玉米案"再审意义重大》,载《光明日报》2017年1月4日,第2版。

3. 坚持对行政犯社会危害性评价独立性原则

一种行为同时侵犯行政法和《刑法》所调节的社会关系时，对其是否运用刑事手段制裁，应当以该行为是否具备实质社会危害性作为评判标准。实践中存在一种错误倾向，即过分关注程序性违法而忽视了行为是否具有实质危害性，在生产、销售伪劣产品、非法经营等“口袋罪”认定问题中尤为明显。很多个案罪与非罪的争议问题，实质是侦查、起诉机关没有对行为的实质危害性作出鉴定和认定，而以程序的不合法推定存在实质危害性。比如，将未经检验检疫的走私牛肉简单等同为“检验检疫不合格的肉类”，以销售不符合安全标准的食品罪予以追诉。我们认为，行政法和《刑法》都以追求良性的经济秩序为目标，但行政法是管理法，注重行为的程序性，而《刑法》是犯罪法，应当更注重行为的实质危害性，这也是刑事司法谦抑性的应有之义。因此，对于法律、司法解释、行政法规没有规定的，地方司法机关不应突破法律、行政法规的内容出台涉及规格、含量等影响入罪的数额标准。对于因为法律和司法解释的滞后导致罪刑不相适应的具体个案，司法实践应当在量刑时体现对《刑法》对社会危害性的客观评价，依法对此类行为从宽处理，如仍不能做到罪刑相适应，应依法报请最高人民法院在法定刑以下判处刑罚。

（二）严格规范涉案财产认定标准和处置程序

刑事涉案财产处置看似程序问题，实质为实体问题。即使对犯罪行为能够准确定罪量刑，但如果涉案财产处置不当，可能会使被害人权利得不到及时全面救济，甚至会造成公权力对合法产权的直接侵害。因此，《产权司法保护意见》提出要“严格规范涉案财产的处置，依法维护涉案企业和人员的合法权益”。实践中，刑事涉案财物的先期查封、扣押、冻结大多处于侦查阶段，但对已查扣在案的涉案财物如何处置以及继续追缴、责令退赔范围的确定则是法院的责任。最高人民法院于 2014 年 10 月 30 日公布了《最高人民法院关于刑事裁判涉财产部分执行的若干规定》，进一步规范了刑事裁判涉财产部分的执行，以维护刑罚的严肃性和当事人合法权益。调研发现，当前基层法院反映在刑事涉案财产处置方面的问题，更多的是刑事裁判与涉案财物执行如何衔接的问题，也就是说，涉案财物执行需要高质量的裁判作为前提和依据。对此，我们认为应当从以下几方面审慎认定与处置刑事涉案财物。

1. 准确把握涉案财物的范围

按照刑法罪责自负原则的要求，对涉案财物的处置也应做到权属清晰、罪责相当。《产权司法保护意见》提出，对股东、企业经营管理者等自然人违法，在处置其个人财产时不任意牵连企业法人财产；对企业违法，在处置企业法人财产时不任意牵连股东、企业经营管理者个人合法财产。要严格区分违法所得和合法财产，区分涉案人员个人财产和家庭成员财产，在处置违法所得时不牵连合法财产。要做到上述几个“严格区分”，关键是要对实践中容易产生产权争议的“违法所得及其孳息、供犯罪所用的犯罪分子本人财物”作出正确理解。

首先，违法所得是指犯罪分子通过违法犯罪行为所直接或者间接取得的财物，包括直接违法所得（赃款赃物）和间接违法所得（通过犯罪所得所产生的收益，主要是孳息）。实践中争议较大的是：（1）犯罪分子通过犯罪获得交易机会，进而在合法交易中获得的经济利益是否属于违法所得；（2）犯罪分子将少量违法所得用于合法投资和经营活动获得的巨大收益，是否都属于违法所得的孳息。我们认为，其一，直接违法所得应当以犯罪行为直接指向并紧密相连的财产及财产性利益为限。比如，通过贿赂获得交易机会，那么通过正当竞争应当付出的市场成本可认定为直接获利，当市场成本难以计算或者不足以体现“任何犯罪分子不得从犯罪中获利”的正义原则时，可以考虑将犯罪行为给国家、社会或者他人造成的损失列为追缴或退赔的范围，而不宜将获取交易机会后的全部获利笼统认定为“违法所得”；其二，间接违法所得应当包括犯罪所得自身产生的孳息或者用于其他违法活动获得的收益,但用于投资、置业产生的收益不能简单一律认定为违法所得,应将其限制在由赃款赃物直接产生的范围内(如投资股票、购买房产等)。如果行为人将犯罪所得投入正常的生产经营,生产经营活动不仅仅是资金的投入,还包括其他资源投入,此种情况下的收益主要也不是由犯罪所得直接产生,不能轻易归纳为犯罪所得收益。①

其次,犯罪分子供犯罪所用的本人财物,在自然犯中较容易理解,而在经济犯罪中,特别是私营企业作为犯罪主体的单位犯罪中,因为其行为涉及多个经济活动领域或流通环节,很容易被办案机关作扩大化理解。如在一起合同诈骗案件中,被告单位经营范围包括成品油的仓储、运输和销售,同时兼营汽车租赁,指控犯罪事实行为,该公司利用承包为其他公司油料仓储、中转油料业务的便利,违反合同约定自行购入低标号的燃料油掺杂在0#柴油中配送到湖南、湖北等地,非法骗取被害单位0#柴油计26 283.57吨另行销售,获利差价697.59万元,由于指控生产、销售伪劣产品罪证据不足,法院最终以合同诈骗罪定罪处罚。但公安机关不仅查封被告单位购入的价值1.3亿元的燃料油,还扣押用于汽车租赁经营的90辆汽车,最终法院在判决中载明"在案扣押的车辆90辆,由公安机关依法处理"。我们认为这是不妥当的,"供犯罪所用的本人财物"应当严格限定为犯罪分子进行犯罪活动而使用的属于其个人所有的钱款和物品,对单位也不例外。当犯罪主体的正当经济活动与犯罪行为存在交叉的情形下"供犯罪所用的本人财物"的范围,应按照罪刑相适应原则作限缩解释,实践中应当结合该物品与犯罪行为之间是否存在经常性、密切的联系,该财物与犯罪形成的关联程度以及财物的价值与犯罪情节的轻重关系确定涉案财物范围,防止超范围查扣对合法产权的不当侵害。

2. 加强涉案财物的认定与处置程序保障

根据司法最终裁决原则,所有涉及个人自由、财产、隐私甚至生命的事项,不论是属于程序性的还是实体性的,都必须由司法机关通过亲自听审或者聆讯作出裁判。② 因此,加强涉案财物认定与处置的司法程序保障尤为重要。

一是建立涉案财物司法审查机制。逐步改变现行的由侦查主体自身决定查封、冻结、扣押刑事涉案财物的制度,由第三方进行较为客观、中立的审查。在现阶段,结合我国的国情和司法体制现状,我们认为可考虑先由检察机关对财产强制措施进行审查,最终过渡由法院予以审查。

二是探索建立管理涉案财物工作平台。先行搭建涉案财物信息平台,通过信息共享,对涉案财物查封、扣押措施的合法性以及涉案财物移交是否顺畅、处置是否得当相互进行监督。有条件的地区试点建立跨部门涉案财物管理平台,在财政部门设立刑事涉案款专户,依托社会专业机构对涉案物品进行分类保管。对重大涉众型犯罪可实行跨区域专案管理模式,避免地方保护主义造成涉案财物处置不公,引发新的社会矛盾。

三是完善刑事涉案财物处理庭审程序或听证程序。事关有争议的实体权利的处理,一般应赋予对抗双方相应的程序权利,给予双方当事人充分参与、举证、质证、辩论和陈述的机会,可考虑在庭审中增设涉案财物处理程序,或单独设立涉案财物处理听证程序,切实解决实践中存在的"重人身,轻财产"问题。在程序设计上可参照犯罪嫌疑人、被告人逃匿、死亡违法所得没收特别程序的要求,确保权利人能够全面、充分参与到诉讼程序中。通过实体审查,由人民法院在判决文书中阐明对涉案财物的处理意见和理由,对超范围查扣以及与案件无关的他人合法财物,明确予以返还,倒逼侦查机关做好涉案财物的查扣工作,促使控辩双方更加重视涉案财物的处理,共

---

① 孙国祥:《刑事诉讼涉案财物处理若干问题研究》,载《人民检察》2015年第9期。

② 陈瑞华:《刑事诉讼的前沿问题》,中国人民大学出版社2000年版,第225页。

同推动刑事涉案财物处置的规范化与制度化。

3. 完善刑事涉案财物处置的救济制度

建立刑事涉案财物处理救济制度是正当程序原则的要求。针对当前涉案财物处理中存在的问题,我们认为应该从以下几方面着手加以完善。

一是要给予利害关系人充分的救济机会。司法机关制作的涉案财物处理法律文书,均应送达与涉案财物处理有关的利害关系人,同时,必须赋予当事人及利害关系人对涉案财物强制性措施和实体处分裁决的复议权和上诉权。在犯罪嫌疑人、被告人针对追缴没收的依据和程序不服的,应赋予其至少一次由不同机关审查、复议的权利。

二是要建立相应的通知制度和退还保证制度。为了确保刑事涉案财物处理不会对善意第三人的权益造成损害,可考虑建立相应的通知制度和退还保证制度。如果主管机关认为或者发现存在与被没收或返还的物品有直接利益关系或者有可能提出权利主张的人员,则应当在没收或返还前向上述人员发出通知,并且为其规定一定的异议期。这种异议既可向处置有关物品的司法机关提出,也可直接向有管辖权的人民法院提出。同时,可建立退还保证制度,即在先行返还前要求请求方提供书面保证或者提供物的担保,以保障在不当发还的情况下能够追回相关涉案款物。

三是要加强刑事涉案财物处理的监督。检察机关应将追缴没收作为法律监督的一项内容,对与案件无关或者与犯罪的社会危害性严重不相称的没收行为,通过抗诉的方式进行监督。明确不当追缴违法所得责任追究制度和国家赔偿制度,对于财产处理确有错误的,应当通过审判监督程序或执行回转程序加以纠正,同时根据具体情形,对相关人员追究刑事责任、行政责任和民事责任等。由于我国《刑法》第三百一十四条规定的非法处置查封、扣押、冻结的财产罪的犯罪主体为司法人员,建议修改现行《刑事诉讼法》第二百四十五条第五款中“司法工作人员”的规定,使得追究公安机关工作人员非法处置涉案财物的刑事责任时也可以适用该条文。

(三)充分发挥司法程序在产权保护方面的价值

刑事司法的功能不仅在于惩罚,还在于控制、预防犯罪,修复因犯罪受损的社会关系,当国家强制力不得不介入社会经济活动时,如何尽量避免公权力对产权的侵害,仅仅做到准确定罪、公正量刑是不够的。本着善意司法的理念优化各类诉讼制度,在现有法律框架内有所改革和创新,更能凸显刑事诉讼对保护产权的程序价值。

1. 依法慎用刑事强制措施

《产权司法保护意见》提出:“对涉案企业和人员,应当综合考虑行为性质、危害程度以及配合诉讼的态度等情况,依法慎重决定是否适用强制措施和查封、扣押、冻结措施。”最高人民检察院《关于充分履行检察职能加强产权司法保护的意见》更是进一步详细规定了:“对于涉嫌犯罪的各类产权主体主动配合调查,认罪态度好,犯罪情节较轻,且没有社会危险性的,一律不采取拘留、逮捕、指定居所监视居住等强制措施。”我们认为,在产权刑事司法保护的视野下强调慎用强制措施,必须从以下两方面着手:

一是要认真审查刑事强制措施的必要性和合理性。当前,以审判为中心的刑事诉讼制度改革正在深入推进,以审判为中心的刑事诉讼体系要求侦查活动全程贯穿无罪推定理念。有学者提出,应当借鉴西方法治国家的经验和做法设立刑事强制措施的司法审查制度,除法定紧急情况下公安机关可采取强制措施外,对涉及公民基本权利的拘留、逮捕、搜查、扣押、监听等强制性措施的批准及适用必须经由法院审查并授权,被采取强制措施的犯罪嫌疑人有权向法院提出申请,审查羁押或其他强制性侦查行为的合法性。我们认为,在我国现有法律框架内,由检察机关负责侦查阶段刑事强制措施的司法审查更为实际，而进入案件审理阶段，法院也应当依照法律规定对刑事强制措施的合法性、必要性作出实质审查，对已被逮捕的被告人，符合取保候审、监视居住条件的，应当变更强制措施。

二是要从有利于保护产权出发，慎用刑事强制措施。与国有企业不同，民营企业往往是企业家一人支撑，企业负责人被查后，可能面临银行催贷款、家庭财产纠纷、企业运转失效倒闭、大批员工下岗等问题。尤其是一些民营企业只是涉嫌经济行政犯，在尚有正常生产经营能力的情况下，刑事强制措施带来的负面效应更为明显。在加大产权尤其是非公有制经济保护力度的时代背景下，在刑事司法中贯彻落实宽严相济刑事政策，要求对各种产权主体应慎用强制措施。司法实践中，无论是侦查、起诉还是审判机关，应当综合考虑行为性质、危害程度以及配合诉讼的态度等情况，依法慎重决定对涉案企业和人员是否适用强制措施和查封、扣押、冻结措施。对于涉嫌犯罪的各类产权主体主动配合调查，认罪态度好，犯罪情节较轻，除存在被告人逃跑、串供、重新犯罪等具有人身危险性或者可能影响刑事诉讼正常进行的情形外，一般不采取拘留、逮捕、指定居所监视居住等强制措施。

2. 拓展刑事和解制度的适用范围

刑事和解是一种以协商合作形式恢复原有秩序的案件解决方式，它是指刑事诉讼中，加害人以认罪、赔偿、道歉等形式与被害人达成和解后，国家专门机关对加害人不追究刑事责任、免除处罚或者从轻处罚的一种制度。① 2012年《刑事诉讼法》修订专章规定“当事人和解的公诉案件诉讼程序”，表明我国已正式建立了刑事和解制度，其中规定：“下列公诉案件，犯罪嫌疑人、被告人真诚悔罪，通过向被害人赔偿损失、赔礼道歉等方式获得被害人谅解，被害人自愿和解的，双方当事人可以和解：(一)因民间纠纷引起，涉嫌刑法分则第四章、第五章规定的犯罪案件，可能判处三年有期徒刑以下刑罚的；(二)除渎职犯罪以外的可能判处七年有期徒刑以下刑罚的过失犯罪案件。”我们认为，涉产权纠纷刑事案件可以成为刑事和解制度适用的新领域，其理由和价值在于：从纠纷起因来看，各类侵犯产权的刑事案件本质上具有经济纠纷的属性；从理论基础看，加害人和被害人是案件的原始当事人，对于纠纷具有直接的利害关系，理应承认其一定程度的实质参与权；从实践经验来看，国家一定程度上将此类案件初始决定权保留在被害人手中，比如，公安机关对合同诈骗犯罪的立案基本来源于被害人的报案，被害人申请撤案往往能够中断刑事侦查程序；从被害恢复的需求来看，刑事追赃、退赔的范围有限，推行刑事和解，有利于促使被告人足额赔偿被害人损失以换取谅解。因此，可以在《刑法》分则第三章的部分罪名中，有选择地拓宽刑事和解制度的适用范围，如非法吸收公众存款罪、合同诈骗罪以及侵犯知识产权犯罪等，通过案件当事人对受损产权关系的自愿修复，充分体现刑事和解制度对产权保护的恢复性司法价值。

3. 提高涉产权刑事案件的审执效率

2016年9月3日，全国人大常委会授权最高人民法院、最高人民检察院在全国18个城市开展刑事案件认罪认罚从宽制度试点工作，对犯罪嫌疑人、刑事被告人自愿如实供述自己的罪行，对指控的犯罪事实没有异议，同意人民检察院量刑建议并签署具结书的案件，可以依法从宽处理。同时，先期在上述18个城市开展的刑事案件速裁程序试点工作，按照新的试点办法继续试行。2016年11月16日，最高人民法院、最高人民检察院、公安部、国家安全部、司法部印发了《关于在部分地区开展刑事案件认罪认罚从宽制度试点工作的办法》，其中第八条规定“办理认罪认罚案件，应当听取被害人及其代理人意见，并将犯罪嫌疑人、被告人是否与被害人达成和解协议

① 陈光中、葛琳：《刑事和解初探》，载《中国法学》2006年第5期。

或者赔偿被害人损失，取得被害人谅解，作为量刑的重要考虑因素”。体现了恢复性司法理念在保护被害人权益和改造犯罪人之间建立起新的结合点。在程序上，属于基层法院所管辖的可能判处3年以下有期徒刑的案件，被告人认罪认罚的可以适用速裁程序进行审判，对“适用速裁程序审理案件，人民法院一般应当在十日内审结；对可能判处的有期徒刑超过一年的，可以延长至十五日”。对涉产权纠纷的刑事案件，要积极探索推行简便快速审理程序，有条件的适用速裁程序快速处理，不仅可以及时补偿受害人损失，还可以使涉案民营企业的财产状态、经营手段迅速摆脱不确定局面，积极开展生产自救，避免因案件久拖不决造成企业关闭破产。同时，对涉产权尤其是民营企业涉案的刑事案件，人民法院要强化审限监管，严格审限延长、扣除、中止等情形的审批，不断提高审限内结案率，切实防止因诉讼拖延影响企业生产经营。

4. 完善民刑交叉案件的处置流程

经济犯罪往往和经济纠纷交织，如非法集资犯罪案件往往伴随大量的民间借贷、担保合同纠纷案件，合同诈骗、贷款诈骗、信用卡诈骗等诈骗类犯罪多以合同不能履行为表象，但纠纷处理模式不同必然会造成法律后果的迥异。如基于相同或者类似的民间借贷形成债务纠纷，通过民事诉讼不仅可以得到本金的法律保护，还可以行使利息以及其他违约金的求偿权，但通过刑事诉讼处理的经济犯罪案件中，被害人仅仅能够得到本金范围内的退赔，因此，厘清民刑交叉案件中的法律关系，直接关系财产权利救济的公平性。我们认为，对法律适用难度较大的涉产权民刑交叉案件，要根据民刑法律事实关系区分适用不同的处理模式：对刑事、民事法律事实并非基于同一客观事实产生，二者各自独立但又相互牵连的“法律事实牵连型”民刑交叉案件，除非出现“一案的审理必须以另一案的审理结果为依据”的情形，原则上应实行“民刑并行”；对刑事、民事法律事实是基于同一客观事实产生的“法律事实竞合型”民刑交叉案件，相关案件事实的查明对民刑案件的处理均有关键性作用，为避免民事诉讼在事实认定上出现偏差，原则上应当“先刑后民”。当然，如果出现以刑事诉讼恶意阻止民事诉讼或者长期不能审结的现象时，就不应再机械执行“先刑后民”，而应允许被害人单独提起民事诉讼，及时获得司法救济。

（四）依法纠正涉产权纠纷刑事冤错案件

中央《保护产权意见》提出“坚持有错必纠，抓紧甄别纠正一批社会反映强烈的产权纠纷申诉案件”。这是中央加强产权保护决策部署的重要内容和重大举措，是人民法院肩负的一项重大而紧迫的政治任务。刑事司法职能不仅在于惩罚犯罪保护被害人利益，还必须体现防范和纠正冤假错案的审判监督功能。因此，最高人民法院发布的《处理产权案件实施意见》，明确提出对于改革开放以来作出的涉及重大财产处置的产权纠纷以及民营企业和投资人违法犯罪的生效裁判，当事人、案外人提出申诉的，人民法院要及时审查，认真甄别；确有错误的，坚决依法纠正。我们认为，依法纠错是体现产权司法保护全面原则的重要方面，各级人民法院要按照《处理产权案件实施意见》的要求，坚持实事求是、平等保护、依法纠错、纠防结合的原则，发挥审判监督司法救济、倒逼防错和统一法律适用功能，实现对产权错案冤案的甄别和纠正。

1. 树立纠正冤错案件的勇气和担当

2017年年底，最高人民法院决定对原审被告人张文中诈骗、单位行贿、挪用资金案，原审被告人顾雏军虚报注册资本、违规披露、不披露重要信息、挪用资金案等三起重大涉产权案件启动再审，这是贯彻中央全面依法治国方略和中央关于产权保护意见的重大举措。作为地方司法机关，要不折不扣贯彻落实中央《保护产权意见》和最高人民法院《处理产权案件实施意见》，确实纠正产权保护冤假错案，必须始终坚持敢于担当的勇气和精神。要不断改进司法作风，解决纠错过程中的“立案难”“审理难”“改正难”等体制机制问题，对确属事实不清、证据不足、适用法律错误等产权冤假错案，依法必须立即纠正，并依法赔偿当事人的损失。要通过依法纠错并倒查追责，真正从制度源头上预防和减少冤假错案的发生。

2. 准确把握甄别纠正的司法政策

在审查经济犯罪申诉案件和审理再审案件中，要准确把握罪与非罪的法律界限，准确把握经济违法行为入刑标准，坚决纠正将经济纠纷当作犯罪处理的错误裁判，对定罪证据不足的案件，应当坚持疑罪从无原则，依法宣告被告人无罪，不得降格作出"留有余地"的判决。同时，审查改革开放以来民营企业因不规范经营被刑事处理的案件，要以当时当地的客观事实为基本根据，以辩证和发展的眼光看待问题，严格遵循法不溯及既往、罪刑法定、疑罪从无、从旧兼从轻等法律适用原则，公正处理案件。①

3. 严格遵守审判监督诉讼程序

司法人员要学会换位思考，站在当事人的角度审视和看待问题，充分尊重、依法保障当事人的申请权、申诉权、知情权、陈述权、辩护辩论权和处分权。要围绕以庭审为中心的原则强化案件审理机制，遵循审判公开、直接言词证据和证据裁判原则，不能因为案件"时过境迁"而降低证据标准。要通过一批产权冤假错案的真正纠正、剖析和示范，使人民群众真正感受到法治的公平与正义，增强对自己财产财富的安全感与获得感。

（五）加强产权保护的刑事立法和司法解释工作

从立法上加强市场经济主体刑法平等保护，是市场经济的内在要求，也是落实《宪法》保护产权规定，实现《刑法》与其他部门法衔接，构建完善的产权保护法律制度的客观要求。针对刑事立法中存在的问题，我们从以下几方面提出完善立法及司法解释的建议。

1. 修正法律条文，消除二元化立法对产权保护的不平等性

加大对非公有财产的刑法保护力度是刑事立法工作的紧迫任务。从产权保护的全面性出发，应当扩大侵犯产权犯罪主体范围。如删去妨害公司、企业管理秩序罪中"国有公司、企业"的限定，改为"公司、企业"，把非法经营同类营业罪，为亲友非法牟利罪，签订履行合同失职被骗罪，国有公司、企业、事业单位人员失职罪，国有公司、企业、事业单位人员滥用职权罪，徇私舞弊低价折股、出售国有资产罪等罪名的犯罪主体扩大到所有经济组织中的工作人员，并将徇私舞弊低价折股、出售国有资产罪的罪名修改为徇私舞弊低价折股、出售公司资产罪，将背信损害上市公司利益罪的主体扩大到一般公司、企业的相关人员。从产权保护的平等性出发，可逐步统一市场经济领域职务犯罪罪名。如修改《刑法》总则关于国家工作人员范围的规定，不再设"准国家工作人员"概念，解决当前司法实践中对职务、经济犯罪主体认定混乱的状况；对经济领域发生的性质相同的犯罪行为统一罪名，避免因法律适用不同造成量刑上的不均衡，但可以规定对国有经济主体中的工作人员在量刑上从重处罚。当然，在修改立法加大《刑法》对侵害产权行为打击力度的同时，仍然要遵循刑法的谦抑性原则，要审慎评价该行为的社会危害性是否达到需要动用刑事手段制裁的程度，维持刑法对经济生活的适度介入。

2. 完善责任体系，实现刑事立法和行政立法的有效衔接

针对我国经济刑法的不稳定性，有观点提出用"集中与分散"相结合的刑事立法模式来规制经济违法行为，也就是在将经济违法行为进行清理与划分的基础上，将一部分较为常见的、相对

---

① 如张文中案裁判理由认为，物美集团在申报国债技改项目和使用国债技改贴息资金方面虽然存在一些不规范的行为，但原审被告人张文中等并无骗取国债贴息资金的故意和行为，不符合诈骗罪的构成要件。因此，原判认定张文中、张伟春的行为构成诈骗罪，认定事实和适用法律错误，依法应予纠正。

稳定的经济违法行为集中规定在《刑法》专章中，而将非典型的或变动相对较大的犯罪分散到相关经济法规范之中。① 我们认为，从长远看变更立法模式是一条良策，而在当下，如果在经济行政法律规范中针对行政违法行为同时构成犯罪问题，增加横向的、与《刑法》相联系的规定则更为实际，这样可以使行政法律责任与刑事法律责任更紧密衔接，不仅避免各类部门法在纵向上自成体系，但横向上难成系统的局面，而且也弥补了《刑法》修改滞后性存在的缺陷，对经济违法犯罪行为的规制更加周密。需要注意的是，通过上述方式加强两法衔接应当坚持立法的明确性原则，即刑法规范对行政犯罪的概念、构成要件及处罚措施应作明晰而确定的规定，同时行政法规范中的刑事责任条款也应具有指向性和明确性。比如，对于引述性条款，可将条文设置如下："构成犯罪的，依照《中华人民共和国刑法》第×条规定追究刑事责任。"只有在《刑法》与行政法对同一规制对象法律责任要素作出明确清晰规定的基础上，才能对经济违法行为的责任名称、行为定量、侵害法益、主观方面在行政违法和刑事犯罪之间进行准确划分和衔接，确保《刑法》对经济违法行为介入的谦抑性。

3. 遵循立法本意，充分发挥司法解释的法律完善功能

任何法律都难免存在立法缺陷，司法解释通过法律条文含义的阐明和对现实法律问题的解决，揭示立法意图，弥补法律缺陷和空白，是司法实践中完善现行法律的一种特殊手段。近年来，最高司法机关高度重视经济犯罪案件处理中法律规范与现实生活脱节、定罪量刑争议较大的现象，先后就刑民交叉、涉税犯罪、非法经营犯罪、金融诈骗犯罪等相关法律适用问题进行广泛调研，起草相关司法解释并征求意见。我们期待最高司法机关尽快就相关问题形成统一的司法观点，通过对刑民交叉案件处理规则的确立，厘清产权纠纷与侵害产权犯罪中责任承担的主体、方式以及范围，确保产权受损一方得到充分、及时的救济；通过对非法经营等"口袋罪"的规制范围作出符合立法目的、与行政法律法规相衔接的解释，确保刑事司法对经济活动的适度介入，保护市场主体创新经营的积极性；通过对经济犯罪定罪量刑标准的统一设置，确保刑法的打击力度与经济社会发展水平相适应，此罪与彼罪之间相平衡，使各类市场主体能够在一个公平、安定、有序的法治环境中从事经济活动。

结　语

对合法产权的保护和对非法利益的剥夺，是刑法调节社会关系，维护市场公平竞争秩序的重要内容，营造公平竞争诚信经营的市场环境，依法维护企业家合法权益，是司法机关义不容辞的责任。各级司法机关应当通过个案正义的实现，充分发挥司法对市场经济的引领、规范和保障作用，通过打击侵犯产权犯罪行为、维护契约自由和市场诚信等手段，加大对产权的保护力度，切实增强企业家财产安全感，为推进民营企业发展营造更加公平公正的法治环境。

---

① 龙兴盛：《经济违法行为刑事制裁介入度研究》，法律出版社2015年版，第225页。

回顾与展望:中国刑法立法四十年

□陈兴良*

1978年对于当代中国来说,是值得铭记的一个年份。这一年12月,在中国共产党的历史上具有转折意义的十一届三中全会在北京召开,它宣告我国进入了改革开放的新时期。十一届三中全会公报第五条庄严宣告:“为了保障人民民主,必须加强社会主义法制,使民主制度化、法律化,使这种制度和法律具有稳定性、连续性和极大的权威,做到有法可依,有法必依,执法必严,违法必究。”健全社会主义民主和加强社会主义法制这一任务的提出和确立,表明党的社会治理模式的重大改变,这就是以法治取代人治。值得注意的是,当时未采用“法治”一词,而是采用“法制”一词,到了十多年以后才正式出现“法治”一词,并把建设社会主义法治国家载入宪法。三中全会把加强社会主义法制放在与健全社会主义民主同等重要的地位,表明中国共产党从革命党向执政党的转变。由此,法治建设成为主旋律,而1979年7月1日刑法、刑事诉讼法等7部法律的通过,标志着我国法治建设的扬帆起航。时至今日,40年过去了。回望我国刑法走过的艰难历程,令人感慨万分。

一、刑法立法的进程启动

刑法是治国安邦的基本法之一,对于惩治犯罪和保障犯罪人权具有十分重要的意义。刑法是最古老的法律之一,因为随着人类的进化,国家的产生,人类生活以有组织的制度性安排代替了原始野蛮的丛林生活状态。在这种情况下,国家对违反共同生活规则的个人行使具有公共性质的惩罚权,而建立在恃强凌弱基础之上的自力救济或者团体制裁退出了历史舞台。在相当长的一个历史时期,刑法都是维护社会秩序、保障公民权利的不可或缺的基本法律。然而,从1949年中华人民共和国成立一直到1979年颁布刑法,这30年刑法处于空白状态,这是古今中外所罕见的。

当然,这个时期虽然没有刑法,并不等于没有任何规范性治理,社会也并没有完全处在混乱状态。这种规范性治理主要依赖于政策,对此,我国学者武树臣将其称为“政策法”,他指出:所谓“政策法”,是指这样一种不稳定的法律实践状态,即在管理国家和社会生活的过程中,重视党和国家的政策,相对轻视法律的职能;视政策为灵魂,以法律为政策的表现形式和辅助手段;以政策为最高的行为准则以法律为次要的行为准则;当法律与政策发生矛盾与冲突时,则完全依政策办事;在执法的过程中还要参照一系列政策。由于政策是党的领导机关所创制的,又是靠党和国家的各级干部来施行的,因此,在实践中形成了“人”的作用高于“法”的普遍见解。这种“政策法”的治理,实际上可以分为以下三种不同的情形:第一是以政策填补法律空白。在诸多领域,当时并没有制定法律,在这种情况下,政策具有弥补立法空白的功能。第二是以政策代替法律。在某些领域虽然存在法律,但如果认为法律不合时宜,就以政策代替法律。第三是以政策指导司法活动。对于已经有法律规范的领域,法律规范的适用应当以政策为指导。由此可见,在特定的历史

---

* 北京大学法学院教授。

时期,政策在社会治理中发挥了主要作用。

在刑事领域也是如此。当时我国没有制定刑法,但颁布了若干单行刑法,如《中华人民共和国惩治反革命条例》(1951 年)、《中华人民共和国妨害国家货币治罪暂行条例》(1951 年)和《中华人民共和国惩治贪污条例》(1952 年)。这些单行刑法只是就某个特定领域的犯罪进行规制,具有专门法的性质。反而是那些普通刑事犯罪,如杀人、放火、强奸、抢劫等,缺乏应有的刑法规范。在进入“文化大革命”运动以后,政治治理甚至直接代替了政策治理,社会处在一种“无法无天”的状态。在这种情况下,正如高铭暄教授所说:“办案主要靠政策。”政策虽然也具有一定的规范特征,但它与政治的关联性更加密切,而与法律存在相当程度的疏离与背反。例如,政策的变动性和原则性,相对于法律的稳定性和规则性来说,在性质上完全不同。可以说,政策更多地与人治相联系,而只有法律才能成为法治的载体。

现在我们已经很难想象在没有刑法的情况下,司法机关是如何认定犯罪的。也就是说,认定犯罪的根据究竟是什么?对此,我们从当时出版的刑法教科书中可以发现一些线索。例如,在论及犯罪的法律特征时,1957 年出版的《刑法总则讲义》指出:“什么样的危害社会的行为应当受到刑罚处罚,是由我国刑法来规定的。只有当危害社会的行为得到刑法的确认的时候,才能被认为是犯罪行为。在我们国家里,行为的社会危害性和违法性是统一的。因此,犯罪一方面是危害社会的行为,同时也是违反刑法的行为。在这里必须指出的是:不能把违法行为仅只理解为违反刑事立法,在法律还不完备的情况下,党和国家的有关决议、决定、命令、指示和政策,也是认定是否犯罪的根据。”在没有刑法的情况下,上述这段论述的前半段在社会危害性与违法性统一的意义上定义犯罪,不能不说是虚幻的。该刑法教科书出版于 1957 年,当时没有人预见到刑法直至 22 年以后的 1979 年才颁布。而上述这段论述的后半段才是在没有刑法的情况下认定犯罪依据的实际状态,即以政策作为认定犯罪的根据。当然,在认定犯罪中起到主要作用的还有逐渐累积的司法实践经验,如最高人民法院的指导意见或者经验总结等。例如,1976 年发行的《刑事政策讲义》指出:“精神病人(主要是指患精神分裂症等)在其由于患精神病而丧失认识和控制自己希望的能力的情况下,可能发生杀人、伤害、破坏公私财物、呼喊反动口号等情况。对于这种人,是否能作为犯罪者依法判刑,我国法律上未作明确规定。但是,最高人民法院 1955 年对河北省高级人民法院的批复中,曾对这个问题提出以下意见:‘精神病人在不能辨认或者不能控制自己希望的时候实行对于社会有危险性的行为,不负刑事责任。’过去,在审判实践中,基本上也是这样做的。”在此,最高人民法院的批复实际上起到了法律的作用。此外,在刑法没有颁布的情况下,刑罚种类也是缺乏规范根据的,因而出现了各种混乱状态。我国学者在论及这段历史时指出:“由于当时还没有统一的刑法典来规定刑罚体系,各地人民法院使用的刑罚名称很不一致,有的是同种异名,有的是同名异种。据 1956 年最高人民法院根据 5 500 余个刑事判决的统计,使用的刑罚名称有 132 个之多。在这种情况下,1956 年最高人民法院对刑事案件的罪名、刑种进行了研究总结,把各地使用过的刑种加以整理,初步归纳为 10 种刑罚方法:(1)死刑;(2)无期徒刑;(3)有期徒刑;(4)劳役;(5)管制;(6)逐出国境;(7)剥夺政治权利;(8)没收财产;(9)罚金;(10)公开训诫。它对我国现行刑法实施以前统一各地人民法院的刑罚方法起到了重要作用。”由此可见,在没有颁布刑法的特殊背景下,我国司法机关实际上起到了制定法律规则和适用法律规则的双重职责,这在一定意义上可以说是一种规则自足型的司法。

1976 年 10 月粉碎“四人帮”,宣告“文化大革命”运动以失败而结束,至此我国进入了一个缓慢的恢复期。随着对“文化大革命”的“无法无天”的混乱状态深刻反思,以及广大干部群众遭受的切肤之痛,执政党的社会治理思路发生了重大转变,由此,立法工作提上了议事日程。

二、1979年刑法：急就章

我国第一部刑法虽然是1979年颁布的，但其立法准备起始于1978年，至于刑法草案则可以追溯到1950年。从1950年到1963年，刑法已经起草了33稿。之后，刑法起草工作长期处于停滞状态，1978年才旧事重提。1978年对宪法进行了修改，同时也提及其他法律的立法工作。受中共中央的委托，叶剑英在1978年3月召开的第五届全国人民代表大会第一次会议上所作的《关于修改宪法的报告》中指出："我们还要依据新宪法，修改和制定各种法律、法令和各方面的工作条例、规章制度。"宪法的修改可以说是刑法制定的序幕，刑法立法工作由此启动。

高铭暄教授在谈及当时刑法起草工作时指出："1979年2月中旬，全国人大常委会法制委员会宣告成立，在彭真同志的主持下，从3月中旬开始，抓紧进行立法工作。刑法典草案以第33稿为基础，结合新情况、新经验和新问题，征求了中央有关部门的意见，作了较大的修改。先后拟了三个稿子。第二个稿子于5月29日获得中共中央政治局原则通过，接着又在法制委员会全体会议和第五届全国人大常委会第八次会议上进行审议，之后提交第五届全国人民代表大会第二次会议审议，审议中又作了一些修改和补充，最后于7月1日获得一致通过。7月6日正式公布，并规定自1980年1月1日起施行。"从高铭暄教授的描述中可以看到，从1979年3月启动刑法立法，到1979年7月1日正式通过，前后只有4个月的时间。虽然在此期间对第33稿进行了修改，形成了第34、35、36稿，最后提交大会通过的刑法是第37稿，几乎是每月一稿。在这个意义上，将1979年刑法称为急就章，并不过分。

1979年6月7日彭真副委员长在第五届全国人大常委会第八次会议上所作的《关于刑法(草案)、刑事诉讼法(草案)的说明》(以下简称《说明》)和1979年6月26日在第五届全国人民代表大会第二次会议上所作的《关于七个法律草案的说明》(以下简称《说明(二)》)，1979年刑法对1963年刑法第33稿主要作了如下修改。

(一)关于刑法指导思想

1963年刑法草案第33稿的第一章章名是"刑法的任务和适用范围"，其中第一条规定："中华人民共和国刑法，以宪法为根据。依照严格区分敌我矛盾性质的犯罪和人民内部矛盾性质的犯罪的原则和惩办与宽大相结合的政策制定。"在此，区分敌我矛盾性质的犯罪和人民内部矛盾性质的犯罪的原则是毛泽东区分两类不同性质的矛盾这一思想在刑法中的具体落实。1979年刑法第一章的章名修改为"刑法的指导思想、任务和适用范围"，增加了刑法指导思想的内容，体现在第一条中，表述为"以马克思列宁主义毛泽东思想为指针"，并删去了区分两类不同性质的犯罪的内容。这种将政治指导思想写入刑法的做法前所未见，我国其他部门法中也极为罕见。值得注意的是，在1997年刑法修订中，删去了以上具有明显政治意识形态色彩的内容，修改为："为了惩罚犯罪，保护人民，根据宪法，结合我国同犯罪作斗争的具体经验及实际情况，制定本法。"这一修改表明，刑法指导思想载入刑法文本，只是在"文化大革命"刚刚结束的时候，基于政治正确的思维定式的反映。

(二)关于保护公民私人财产

彭真副委员长在《说明》中强调了刑法对公民个人所有的合法财产的保护。从第33稿和1979年刑法对此的规定来看，后者只是对前者规定的具体化，并没有实质内容的增补。例如，第33稿第八十九条规定："本法所说的公民所有的合法财产是指下列财产：(一)公民个人或者家庭所有的生活资料；(二)依法归个人所有或者家庭所有的生产资料。"1979年刑法第八十二条规定："本法所说的公民私人所有的合法财产是指下列财产：(一)公民的合法收入、储蓄、房屋和其他生活资料；(二)依法归个人、家庭所有或者使用的自留地、自留畜、自留树等生产资料。"以上两个条文的规定都是将公民个人的合法财产界定为生活资料和生产资料,只不过 1979 年刑法进行了列举而已,并没有根本不同。

(三)关于增加禁止性条款

彭真副委员长在《说明(二)》中指出:“在‘文化大革命’中,由于林彪、‘四人帮’大搞刑讯逼供、打砸抢、非法拘禁和诬陷、迫害,造成了大批冤案、假案、错案,后果极为严重。因此,在刑法中规定了‘严禁’这些罪行是符合群众愿望的,也是完全必要的。”在 1979 年刑法中,增加了数个严禁的条款,主要是:(1)第一百三十一条规定,“保护公民的人身权利、民主权利和其他权利,不受任何人、任何机关非法侵犯。违法侵犯情节严重的,对直接责任人员予以刑事处分”;(2)第一百三十六条规定,“严禁刑讯逼供”;(3)第一百三十七条规定,“严禁聚众‘打砸抢’”;(4)第一百四十三条规定,“禁止非法拘禁他人,或者以其他方法非法剥夺他人人身自由”;(5)第一百五十八条规定,“严禁任何人利用任何手段扰乱社会秩序”。这些条款虽然具有其现实意义,但并不符合刑法立法的科学规律,正确的立法方式是应当将这些禁止的内容转化为具体犯罪的构成要件,以罪状的形式加以表述。在 1997 年刑法修订时,1979 年刑法第一百三十一条宣言式的禁止条款被删去。其他严禁的规定也被修改,例如,对 1979 年刑法第一百四十三条,最高人民法院刑法修改小组提出,司法实践表明,该条规定在适用过程中存在问题,对罪状的表述不规范。在刑法分则具体规定犯罪与刑罚的条文中,使用“禁止……违反……”的文字表述形式是不符合立法语言应当科学、规范的要求的,也与刑法分则条文的体例不相协调。

(四)关于死刑罪名

相较于第 33 稿的规定,1979 年刑法减少了死刑罪名。对此,彭真副委员长在《说明(二)》论及死刑时指出:“我国现在还不能也不应废除死刑,但应当尽量减少使用。早在 1951 年,中共中央和毛泽东同志就再三提出要尽量减少死刑。现在,建国将近三十年,特别在粉碎‘四人帮’以后,全国形势日益安定,因此刑法(草案)减少了判处死刑的条款。”1979 年刑法规定了 28 个死刑罪名,相对来说是比较少的。当然,在 1979 年刑法实施后不久,我国立法机关在严打的背景下,开始大规模地增加死刑罪名。此是后话,将在下文论及。

从以上这四个方面来看,1979 年刑法对 1963 年刑法草案第 33 稿的修改还是较为有限的,绝大部分内容都承袭了刑法草案第 33 稿的规定。刑法草案第 33 稿成稿至 1979 年,已经过去了 16 年。在这 16 年间,虽然发生了“文化大革命”这样具有重大社会影响的政治运动,但从经济和社会这两个层面来看,没有根本性的变化。这也决定了在没有其他选择的情况下,16 年前的刑法草案还具有其可采用性。而且,由于刑法制定的时间紧迫,因此,1979 年刑法在这样一种背景下仓促出台。其中,临时添加进刑法的某些内容,被后来的事实证明是没有生命力的。

三、1979 年刑法的修改补充:24 个单行刑法

我国 1979 年刑法是 1980 年 1 月 1 日正式生效的。如前所述,这部刑法是在较短时间内对 1963 年刑法草案第 33 稿进行删改以后形成的。从一定意义上说,1979 年刑法存在先天不足。当然,更主要的是,自 20 世纪 80 年代初期开始,我国进入了一个改革开放的时代,犯罪形势发生了重大的变化,尤其是在经济领域的体制改革,经济关系与经济格局已经从单一的计划经济体制向市场经济体制转换,因而 1979 年刑法已经明显不能适应社会治理和经济发展的客观要求。正是在这种背景下,我国司法进入了严打的刑事周期。我国学者在论述 1983 年严打的背景时指出:“中国自 1976 年至 1983 年严打以前,各种刑事犯罪大量滋长,发展迅猛,其中,杀人、抢劫、强奸、爆炸等严重犯罪对人民群众的生命和财产安全构成了极大威胁,特别是大量出现的流氓团伙犯罪、街头犯罪,光天化日之下肆无忌惮、为非作歹、残害无辜,对社会治安造成了严重的危害。犯罪浪潮滚滚而来,形成了新中国历史上的第三次犯罪高潮,也是结束'文化大革命'后的第一次犯罪高潮。这次犯罪高峰与当时动荡的社会局势纠缠在一起,互相激荡和催化,对社会稳定已经造成严重的破坏,使社会整体性地陷入了非正常状态,如果任其发展,必将对整个国家和社会的安全构成极大的威胁。犯罪已经严重到了非解决不可的程度。"就是在这种犯罪猖獗、治安形势严重恶化的背景下,在1979年刑法实施不久,我国就展开了严打的立法与司法活动。严打对我国的刑法立法和刑法司法都造成了重大影响,除了1983年严打以外,我国还在1996年、2001年发动了两次严打。可以说,严打贯穿了1979年刑法和1997年刑法。1979年刑法的修改补充,正是在1983年严打的背景下展开的。

(一)严打背景下的刑法修改补充

严打虽然是从1983年正式开始,以1983年9月2日全国人大常委会发布的《关于严惩严重危害社会治安的犯罪分子的决定》(以下简称《决定》)为标志,但前兆出现在1981年。这就是1981年6月10日第五届全国人民代表大会常务委员会第十九次会议通过的《关于死刑案件核准问题的决定》(以下简称《决定(二)》)。关于死刑案件的核准权问题,刑法草案第33稿第四十七条第二款规定:"死刑案件由最高人民法院判决或者报请最高人民法院核准。"而且,在当时的司法实践中,死刑案件的核准权也由最高人民法院行使。但在"文化大革命"运动中,"砸烂公检法"以后,死刑案件的核准制度也受到冲击。因此,在1979年刑法制定时,彭真副委员长在《说明(二)》中指出:"为了贯彻少杀的方针和力求避免发生不可挽救的冤案、假案、错案,这次恢复了死刑一律由最高人民法院判决或者核准的规定。"因此,1979年刑法第四十三条第二款明确规定:"死刑除依法由最高人民法院判决的以外,都应当报请最高人民法院核准。"但在1979年刑法生效1年以后,1981年6月10日全国人大常委会就通过了下放部分犯罪死刑核准权的规定。《决定(二)》指出,为了及时打击现行的杀人、抢劫、强奸、爆炸、放火等严重破坏社会治安的犯罪分子,在1982年至1983年内,对犯有杀人、抢劫、强奸、爆炸、放火、投毒、决水和破坏交通、电力等设备的罪行,由省、自治区、直辖市高级人民法院终审判处死刑的,或者中级人民法院一审判处死刑,被告人不上诉,经高级人民法院核准的,以及高级人民法院一审判处死刑,被告人不上诉的,都不必报最高人民法院核准。这是1979年刑法实施后第一次对刑法的修改。《决定(二)》对死刑核准权的下放虽然以3年为限,但事实上,此后一直到1997年,这部分死刑案件的核准权也没有被收回来。因此,该决定所规定的3年之限也就成为一纸具文。此后,最高人民法院又陆续将毒品案件的死刑核准权下放,最高人民法院自己行使核准权的死刑案件范围越来越小。

在通过上述《决定(二)》的同一天,全国人大常委会还通过了《关于处理逃跑或者重新犯罪的劳改犯和劳教人员的决定》(以下简称《决定(三)》)。《决定(三)》规定:"劳教人员解除教养后三年内犯罪、逃跑后五年内犯罪的,从重处罚,并且注销本人城市户口,期满后除确实改造好的以外,一律留场就业,不得回原大中城市……劳改犯逃跑的,除按原判刑期执行外,加处五年以下有期徒刑;以暴力、威胁方法逃跑的,加处二年以上七年以下有期徒刑。劳改犯逃跑后又犯罪的,从重或者加重处罚;刑满释放后又犯罪的,从重处罚。刑满后一律留场就业,不得回原大中城市。"以上规定对劳教人员、劳改人员逃跑或者重新犯罪的,规定了十分严厉的处罚措施,包括刑罚和保安处分,体现了对两劳人员严惩不贷的政策。

时隔不到一年,1982年3月8日全国人大常委会又通过并颁布了《关于严惩严重破坏经济的罪犯的决定》(以下简称《决定(四)》)。《决定(四)》在论及制定背景时指出:"鉴于当前走私、套汇、投机倒把牟取暴利、盗窃公共财物、盗卖珍贵文物和索贿受贿等经济犯罪活动猖獗,对国家社会主义建设事业和人民利益危害严重,为了坚决打击这些犯罪活动,严厉惩处这些犯罪分子和参与、包庇或者纵容这些犯罪活动的国家工作人员，有必要对《中华人民共和国刑法》的一些条款作相应的补充和修改。”从《决定(四)》的具体内容来看，主要还是提高了某些经济犯罪的法定刑，尤其是将走私、套汇、投机倒把罪、盗窃罪、贩毒罪、盗运珍贵文物出口罪、受贿罪的法定最高刑提高到死刑，从而开启了增设死刑的立法进程。

1983 年 9 月 2 日全国人大常委会通过并颁布的《决定》，是严打的标志性立法。《决定》对六类严重危害社会治安的犯罪设立了死刑：(1)流氓罪；(2)故意伤害罪；(3)拐卖人口罪；(4)非法制造、买卖、运输或者盗窃、抢夺枪支、弹药、爆炸物罪；(5)组织反动会道门，利用封建迷信，进行反革命活动罪；(6)引诱、容留、强迫妇女卖淫罪。由此可见，《决定》也是以增设死刑，加重对严重危害社会治安的犯罪的刑罚惩治力度为内容的，体现了严厉打击的政策精神。尤其值得注意的是，在上述《决定》通过的大会上，时任全国人大常委会秘书长、法制委员会副主任的王汉斌同志在《关于修改“人民法院组织法”、“人民检察院组织法”的决定和“关于严惩严重危害社会治安的犯罪分子的决定”等几个法律案的说明》(以下简称《说明(三)》)中谈到了对刑法的修改补充问题，指出：“‘刑法’公布已经四年多，实践中发现有的规定不够完善，有的规定由于情况的发展变化，已经不能适应或者不能完全适应，需要修改、补充。去年全国人大常委会已经通过了关于严惩严重破坏经济的罪犯的决定，这次主要对当前需要严惩的几种严重危害社会治安的罪犯做出修改补充决定。今后还需要进一步研究修改补充。”这是立法机关负责人首次谈及对 1979 年刑法的修改补充的话题，此时距离刑法的正式实施正好 4 年。就是在这样一种严打的背景下，开启了对 1979 年刑法修改、补充的大幕。

(二)普通刑事犯罪的修改补充

对 1979 年刑法的修改补充主要采取了单行刑法的方式，立法机关先后颁布了 24 个决定或者补充规定。在这些决定或者补充规定中，涉及普通刑事犯罪的主要有：(1)1988 年 9 月 5 日发布的《关于惩治泄露国家秘密犯罪的补充规定》；(2)1988 年 11 月 8 日发布的《关于惩治捕杀国家重点保护的珍贵、濒危野生动物犯罪的补充规定》；(3)1990 年 6 月 28 日发布的《关于惩治侮辱中华人民共和国国旗国徽罪的决定》；(4)1990 年 12 月 28 日发布的《关于惩治走私、制作、贩卖、传播淫秽物品的犯罪分子的决定》；(5)1990 年 12 月 28 日发布的《关于禁毒的决定》；(6)1991年 6 月 29 日发布的《关于惩治盗掘古文化遗址古墓葬犯罪的补充规定》；(7)1991 年 9 月 4 日发布的《关于严惩拐卖、绑架妇女、儿童的犯罪分子的决定》；(8)1991 年 9 月 4 日发布的《关于严禁卖淫嫖娼的决定》；(9)1992 年 12 月 28 日发布的《关于惩治劫持航空器犯罪分子的决定》；(10)1994 年 3 月 5 日发布的《关于严惩组织、运送他人偷越国(边)境犯罪的补充规定》。以上全国人大常委会的决定或者补充规定主要涉及对 1979 年刑法中普通刑事犯罪的修改和补充。其中，有些是对刑法已有规定但已过时的内容的修改，有些是对刑法没有规定但需要规定的内容的补充。

普通刑事犯罪主要是指危害社会治安的犯罪，从修改补充的内容来看，主要是淫秽物品犯罪，毒品犯罪，拐卖、绑架妇女、儿童犯罪，卖淫嫖娼犯罪和组织、运送他人偷越国(边)境犯罪。这些犯罪在 1979 年刑法颁布之前极少发生，或者根本就不存在，是随着改革开放而出现的犯罪类型。以妨害国(边)境管理犯罪为例，在改革开放之前，我国的国门处于紧闭的状态，除了公务出入境以外，公民个人只有极为个别的探亲等出入境的情况。除了在 20 世纪 70 年代毗邻香港、澳门地区的公民因向往港澳地区的富裕生活而偷渡以外，其他地区偷渡现象还是较少的。因此，在 1979 年刑法中，只规定了偷越国(边)境罪和组织、运送他人偷越国(边)境罪，而且法定刑较低。其中，偷越国(边)境罪的法定最高刑只有一年，组织、运送他人偷越国(边)境罪的法定最高刑是五年。改革开放以后,国门逐渐打开,公民出国探亲、留学、旅游等情况大量增加,以至于出现了出国潮。其中大部分公民都是合法出境,但同时也出现了非法偷渡的现象,尤其是在蛇头组织下的大规模偷渡,对我国出入境管理秩序造成了破坏。据有关部门统计,1988 年前的 10 年间,全国边防部门共查获偷渡人员 58 000 余名,而 1990 年全国边防部门查获偷渡人员 13 000 余名,1992 年查获偷渡人员 20 000 余名,平均每年查获案件数增加 14.6%,查获偷渡人数增加 16.8%。上述偷渡活动不仅严重破坏了国家的出入境管理秩序,而且也直接损害了我国的国际声誉和对外形象,造成了极坏的影响。从以上查获偷渡案件和偷渡人员数量的增长情况来看,确实是触目惊心的。显然,1979 年刑法对妨害国(边)境管理犯罪的规定不能适应惩治偷渡犯罪的需要。为此,中共中央于 1993 年 8 月在北京召开了反偷渡工作座谈会。会议指出,为了维护中国改革开放和经济发展的大局、巩固和提高中国的国际威望、保障和发展经济建设的成果,必须下大决心,尽快从根本上制止偷渡活动。会议要求一切有关部门严格把关、堵塞各种漏洞、严厉打击偷渡活动的组织者;对蛇头要依法从重判处,有的要根据其罪行实行数罪并罚,处以重刑直至死刑。在这一背景下,全国人大常委会于 1994 年 3 月 5 日通过了《关于严惩组织、运送他人偷越国(边)境犯罪的补充规定》(以下简称《补充规定(一)》),为惩治偷渡犯罪提供了法律根据。《补充规定(一)》对已有的犯罪提高了法定刑,将偷越国(边)境罪的法定最高刑从一年提高到二年,将组织、运送他人偷越国(边)境罪分立为两个独立的罪名,将这两种犯罪的法定最高刑从五年提高到死刑,并且对死刑适用的情节作了具体规定,即对被组织人有杀害、伤害、强奸、拐卖等犯罪行为,或者对检查人员有杀害、伤害等犯罪行为的,可以依照法律规定判处死刑。在运送他人偷越国(边)境中造成被运送人重伤、死亡,或者以暴力、威胁方法抗拒检查的,处七年以上有期徒刑,并处罚金。对被运送人有杀害、伤害、强奸、拐卖等犯罪行为,或者对检查人员有杀害、伤害等犯罪行为的,可以依照法律规定判处死刑。此外,《补充规定(一)》还设立了相关罪名,包括骗取出境证件罪,提供伪造、变造的出入境证件罪,倒卖出入境证件罪,非法办理出入境证件罪,放行偷越国(边)境的人员罪等。通过以上修改,完善了对妨害国(边)境管理秩序犯罪的立法,也为 1997 年《刑法》的修订创造了条件。

(三)经济犯罪的修改补充

除了对普通刑事犯罪的修改补充以外,单行刑法还对经济犯罪作了大量的修改补充。相较于普通刑事犯罪,1979 年刑法对经济犯罪的规定更是欠缺。因为 1979 年刑法是在计划经济体制下制定的,就关于经济犯罪的规定而言,可以说 1979 年刑法是一部保护计划经济的法律。1979 年刑法关于经济犯罪的规定,主要集中在刑法分则第三章破坏社会主义经济秩序罪当中,共计 15 个条文,规定了 13 个罪名。这些罪名涉及海关、市场管理、税收、货币、有价证券、车船票、商标、自然资源等内容,法定刑较轻。其中,最为突出的是关于投机倒把罪的规定:"违反金融、外汇、金银、工商管理法规,投机倒把,情节严重的,处三年以下有期徒刑或者拘役,可以并处、单处罚金或者没收财产。"这一规定采取了空白罪状的方式,而在金融、外汇、金银、工商实行严格管制的计划经济之下,投机倒把罪就是维护这种管制的有效法律工具。例如,根据 1981 年国务院发布的《关于加强市场管理打击投机倒把和走私活动的指示》,当时的投机倒把行为包括坐地转手批发、黑市经纪、买空卖空、转包渔利等市场经济条件下被认为是正当的经济行为。随着市场经济的发展,投机倒把行为的内容也不断发生变化,这主要是通过司法解释的修改而完成的。我国学者指出:"在党的十一届三中全会以前,多年被禁止的私商长途贩运活动,在三中全会以后由于放宽政策变为合法的了。1981 年国务院《关于加强市场管理打击投机倒把和走私活动的指示》中,列举了十二种投机倒把活动的表现形式。但是,今天有些情况又发生了变化,几年前的规定又有些被突破,不能适用了。例如,原来说转包渔利是投机倒把,现在认为,承包转包是经济改革的一个内容,不能笼统说转包渔利是投机倒把。过去认为买空卖空是投机倒把行为,现在看来也不能一概而论。因为,现在国家允许期货交易,这里就有一定的买空卖空的性质,然而这是有利于搞活经济的交易方式。”由此可见,1979 年刑法关于经济犯罪的规定随着经济体制改革、市场经济的发展,很快就不能适应惩治犯罪的需要。

正是在这一背景下,全国人大常委会以单行刑法的方式对经济犯罪作了较大幅度的修改补充。在 24 个单行刑法中,涉及经济犯罪的主要有:(1)1988 年1 月 21 日发布的《关于惩治贪污贿赂罪的补充规定》;(2)1988 年 1 月 21 日发布的《关于惩治走私罪的补充规定》;(3)1992 年 9 月 4 日发布的《关于惩治偷税、抗税犯罪的补充规定》;(4)1993 年 2 月 22 日发布的《关于惩治假冒注册商标犯罪的补充规定》;(5)1993 年 7 月 2 日发布的《关于惩治生产、销售伪劣商品犯罪的决定》;(6)1994 年 7 月 5 日发布的《关于惩治侵犯著作权的犯罪的决定》;(7)1995 年 2 月 28 日发布的《关于惩治违反公司法的犯罪的决定》;(8)1995 年 6 月 30 日发布的《关于惩治破坏金融秩序犯罪的决定》;(9)1995 年 10 月 30 日发布的《关于惩治虚开、伪造和非法出售增值税专用发票犯罪的决定》。以上单行刑法分为补充规定和决定两种形式。其中,补充规定是对 1979 年刑法中原有罪名的修改补充,如《关于惩治贪污贿赂罪的补充规定》。在 1979 年刑法中本来就已有关于贪污贿赂罪的规定,该单行刑法对此作了修改,同时又补充规定了相关罪名,如挪用公款罪等。而决定是对 1979 年刑法中原来没有规定的内容所作的补充规定,如《关于惩治虚开、伪造和非法出售增值税专用发票犯罪的决定》。虚开增值税专用发票的犯罪是随着 1994 年我国税制改革新出现的犯罪。增值税专用发票使用以后,在现实生活中出现了大量虚开增值税专用发票骗取国家税款的案件(税案)。这些税案的涉案金额动辄数亿,数十亿,甚至上百亿,在这种情况下,全国人大常委会颁布了《关于惩治虚开、伪造和非法出售增值税专用发票犯罪的决定》,设立了虚开增值税专用发票罪等罪名,并且规定了死刑。当然,考虑到该罪具有诈骗罪的性质,实际上是对特殊的诈骗罪规定死刑。

经济犯罪与经济体制改革具有重大的关联性,经济犯罪的罪名存废与新旧体制的转换是密切相关的。随着我国从计划经济向市场经济的转型,经济犯罪的形式与内容也发生了翻天覆地的变化,尤其是随着各种新型的经济形态的出现,如公司、证券、期货、知识产权、金融凭证等,随之出现了公司犯罪、证券犯罪、期货犯罪、知识产权犯罪、金融票证犯罪等各种新型的经济犯罪形态。而单行刑法的及时颁布弥补了 1979 年刑法的不足,为惩治新型经济犯罪提供了明确的法律根据。

(四)单行刑法修订方式的反思

采用单行刑法对 1979 年刑法进行修改补充,这是立法机关当时的一种选择。当然,除了单行刑法以外,立法机关还在附属刑法中以照应性或者类推立法的方式对刑法某些内容进行了补充规定。例如,玩忽职守罪是 1979 年刑法规定的一个渎职犯罪的罪名,但该罪名具有一定的口袋罪的性质,其内容缺乏明确性。在这种情况下,全国人大常委会在有关经济、行政法律中对某些具体的玩忽职守行为规定参照或者比照 1979 年刑法的玩忽职守罪定罪量刑,以此起到立法补充的作用。例如,1985 年 9 月 6 日发布的《中华人民共和国计量法》(以下简称《计量法》)第二十九条规定:“违反本法规定,制造、修理、销售的计量器具不合格,造成人身伤亡或者重大财产损失的,比照《刑法》第一百八十七条的规定,对个人或者单位直接责任人员追究刑事责任。”这里的刑法第一百八十七条的规定就是关于玩忽职守罪的规定,对此,《计量法》以“比照”的立法类推方式,规定对该种行为以玩忽职守罪论处。因此,附属刑法在对 1979 年刑法的发展完善方面也发挥了一定的作用。当然,囿于附属刑法本身的局限性,它在对 1979 年刑法修改方面发挥的作用还是有限的,而单行刑法则发挥了主要的作用。

单行刑法对刑法典的修改方式虽然具有一定的合理性,但其也存在与刑法典的疏离性,由此引发了单行刑法与刑法典之间的紧张关系。这种紧张关系主要表现为单行刑法存在于刑法典之外,两者之间形成刑法规范的"两张皮"现象,由此导致单行刑法对刑法典内容的切割与架空。

从刑法形式上看,单行刑法是与刑法典和附属刑法并存的三种刑法规范的载体。其中,刑法典是集中规定犯罪与刑罚的法律,而单行刑法是对犯罪与刑罚的特别规定或者例外规定,附属刑法则是栖身于其他法律中的刑法规范。因此,刑法典是刑法规范的基本载体,单行刑法只是那些不便于放置在刑法典中的刑法规范的存在形式,通常表现为特别刑法,对刑法典起到补充作用。附属刑法则是在其他法律中附带地对那些具有专业性或者专门性的刑法规范加以规定。当然,在某些情况下,单行刑法也具有对刑法典的修改补充功能,但这是例外情形。如果按照以上标准处理刑法典、单行刑法和附属刑法之间的关系,那么则可以保持三者之间的关系合理。但在我国,对 1979 年刑法广泛地采取了以单行刑法作为修改补充的方式,在刑法典之外创设了大量刑法规范。从立法形式上看,大量单行刑法在刑法典之外的积存,形成对刑法典的侵蚀与破坏。

从刑法内容上看,如前所述,单行刑法对刑法典的修改补充分为两种情形:第一种是对刑法典的补充,采取决定的方式;第二种是对刑法典的修改,采取补充规定的方式。如果决定规定的内容对于刑法典来说是全新的内容,那么与刑法原有的规定之间并不存在重合或者冲突。例如,《关于惩治侵犯著作权的犯罪的决定》增设了侵犯著作权罪和销售侵权复制品罪,这两个罪名是 1979 年刑法中所没有的。新罪的设立对于惩治侵犯著作权的犯罪起到了重要作用,对于刑法也是一种补充,就其内容而言,并不存在与 1979 年刑法的抵牾。而补充规定的内容则与 1979 年刑法有着一定的关联,在一定程度上取代了原刑法的内容。例如,《关于惩治偷税、抗税犯罪的补充规定》(以下简称《补充规定(二)》)是对税收犯罪的规定,在 1979 年刑法中,原来规定了偷税罪和抗税罪两个罪名,《补充规定(二)》对这两个罪名的内容作了修改,同时又增设了骗取国家出口退税罪。就骗取国家出口退税罪而言,因为 1979 年刑法中没有这个罪名,因此,在《补充规定(二)》颁布以后,应当按照该规定定罪量刑,这当然是没有问题的。而《补充规定(二)》对偷税罪和抗税罪进行了修改,基于新法优于旧法的法律适用原则,在《补充规定(二)》颁布以后,对于偷税罪和抗税罪都应当按照《补充规定(二)》定罪量刑,而 1979 年刑法关于偷税罪和抗税罪的规定实际上失效了。从这个意义上说,单行刑法的大量颁布必然架空 1979 年刑法,使其部分内容作废。

作为一种刑法的立法方式,单行刑法具有其存在的根据与边界,只有妥当地运用才能合理地发挥其功能。如果广泛地动用对刑法典修改补充的方式,则会产生负面的效果。可以说,正是单行刑法对 1979 年《刑法》不断修改补充所累积的处于刑法典之外的刑法规范的大量增加,推动了对 1979 年刑法全面修改的进程。

四、1997 年刑法:十年磨一剑

1979 年刑法从 1980 年 1 月 1 日生效到 1997 年 10 月 1 日被 1997 年刑法所取代,前后存续了 17 年零 9 个月。与那些存续了百年甚至数百年的刑法典相比,1979 年刑法可谓短命。当然,这也不完全是 1979 年刑法本身的问题,而是社会剧烈变动所造成的后果。根据有关资料,早在 1982 年,立法机关就决定要修改刑法,1988 年提出了初步修改方案。如果以 1988 年作为刑法修改正式启动的时间,那么到 1997 年刑法修改完成,正好是 10 年。从这个意义上说,我国刑法的修改可谓十年磨一剑。

（一）刑法修订的过程

我国学者把刑法修订分为三个阶段：第一阶段，酝酿准备阶段；第二阶段，修订草案起草阶段；第三阶段，立法机关的审议阶段。

1. 酝酿准备阶段

如前所述，早在1982年，也就是1979年刑法生效的第三年，我国立法机关就已经有了修改刑法的计划。但刑法修订的正式启动还要追溯到1988年。因为，在这一年第七届全国人大常委会将刑法修改正式列入立法计划。此后，全国人大常委会法制工作委员会经过大量的调查研究拟出了修改意见，并形成了1988年12月25日《中华人民共和国刑法（修改稿）》。1989年5月，全国人大法律委员会和法制工作委员会对刑法修改问题进行了讨论。后来由于种种原因，刑法修改工作被搁置。直至1993年第八届全国人大常委会再次将修改刑法列入立法规划。为修改刑法，全国人大常委会法制工作委员会组织了刑法修改小组，并且委托中国人民大学法学院刑法专业修改刑法总则。在接受该项委托任务后，中国人民大学法学院刑法专业成立了刑法总则修改小组，我亦参与其中。刑法修改小组从1993年12月到1994年9月，进行了为期10个月的较为集中的研讨和起草工作，其间集会数次，先后起草了刑法总则的一个大纲和四个稿本。在该刑法总则草案中，对原刑法总则的规定作了较大幅度的修改，尤其是吸收了刑法学界的理论研究成果。例如，我撰写的共同犯罪、罪数、正当行为等节，与1979年刑法存在相当大的差异。后来，由于刑法修改的指导思想改变为能不改的不改，非改不可的才改，刑法总则的修改幅度甚小，因而学者的草案并未被吸收。

2. 修订草案起草阶段

刑法修订草案的正式起草是在1996年，这一年完成了我国刑事诉讼法的修改，全国人大常委会法制工作委员会转而将立法工作重心转向刑法修改。1996年6月在过去准备的基础上，全国人大常委会法制工作委员会草拟出了刑法修订草案，并召开座谈会和广泛征求意见，要求各单位就刑法修改中的以下十个问题提出意见：(1)是否明确规定罪刑法定原则的问题；(2)我国公民在境外犯罪适用刑法的范围问题；(3)如何强化对公民正当防卫权利的保护问题；(4)刑种的调整与适用的问题；(5)如何强化对累犯的打击，是否增加加重处罚原则的问题；(6)是否专章或者专节规定保安处分和劳动教养是否纳入保安处分制度的问题；(7)如何确立单位犯罪的刑事责任的问题；(8)增设新罪名的问题；(9)分则条文的具体化，包括投机倒把罪、流氓罪和玩忽职守罪三个口袋罪是否分解和如何分解问题，罪与非罪、重罪与轻罪如何区分的问题；(10)死刑的适用范围问题。围绕上述问题，全国人大常委会法制工作委员会分别邀请了中央有关单位和学者进行了专题讨论，最终形成了正式的《中华人民共和国刑法（修订草案）》，提交立法机关进行审议。

3. 立法机关的审议阶段

我国法律草案需要经过三读才能通过，《中华人民共和国刑法（修订草案）》首先提交给1996年12月下旬召开的第八届全国人大常委会第二十三次会议进行初步审议；此后，又对修订草案中涉及的重大、有争议的问题组织高层次协调会议进行讨论，形成了《中华人民共和国刑法（修订草案）（修改稿）》，提交给1997年2月19日召开的第八届全国人大常委会第二十四次会议进行第二次审议。按照立法程序，刑法修订草案（修改稿）经全国人大常委会两次审议后，于1997年3月1日将《中华人民共和国刑法（修订草案）》提交第八届全国人大第五次会议审议。1997年3月14日，第八届全国人大第五次会议表决通过了《中华人民共和国刑法（修订草案）》，由此完成了长达十年的刑法修改活动，标志着1997年刑法正式诞生。

（二）刑法的体例修订

在刑法的修改过程中，立法机关力图制定一部统一的、比较完备的刑法典。1997 年 3 月 6 日，王汉斌副委员长在第八届全国人民代表大会第五次会议上所作的《关于〈中华人民共和国刑法（修订草案）〉的说明》中指出，这次修订刑法，要制定一部统一的、比较完备的刑法典。制定一部统一的、比较完备的刑法典，是继 1996 年 3 月全国人大通过修改刑事诉讼法以后，进一步完善我国刑事法律制度和司法制度的重大步骤，对于进一步实行依法治国，建设社会主义法治国家，具有重要意义。因此，如何调整刑法分则的框架结构是一个争议较大的问题。1979 年刑法将罪名分为八类，因此，刑法分则由八章组成，属于大章制的立法体例。随着 24 个单行刑法的颁布，我国刑法中的罪名越来越多，八章的篇幅难以容纳。在这种情况下，如何设置刑法分则的框架结构，是一个值得重视的问题，换言之，即刑法分则是否改为小章制的问题。因此，大章制与小章制之争，就成为一个刑法修改中的焦点问题。

小章制与大章制不只是罪名的排列问题，也涉及犯罪分类的标准问题，因此，其不仅仅是一个立法技术问题。这个问题之所以提出与单行刑法的大量新罪增设相关。小章制是将单行刑法独立作为一章纳入刑法分则的体系之中，如此，则既保留了单行刑法的相对完整性，又扩大了刑法分则的框架结构，并且与大陆法系各国刑法的分则立法体例接轨。应该说，这是一种较好的选择。大章制则体现了刑法分则体例的延续性，在罪名大量增加的情况下，将相关内容以章下设节的方式融入各大章之中。例如，刑法分则第三章下设八节，刑法分则第六章下设九节，以此容纳单行刑法增加的罪名。最终，立法机关采纳了大章制。尽管大章制在各章的条文数量上不协调，章下设节的第三章和第六章，在其内容上显得有些臃肿，但大章制还是基本上解决了刑法分则框架结构的调整问题。

（三）刑法的内容修订

在刑法的修改过程中，还涉及对刑法中一些重大问题的修订。如前所述，这些问题共有十个，其中，最为重要的是以下三个。

1. 罪刑法定问题

罪刑法定原则是在刑法修改过程中刑法学界争论较为激烈的一个问题，但对于立法机关来说，这并不是一个太难的选择。确实，1979 年刑法规定了类推制度，但在参与立法的相关人员的观念中，还是认为我们的立法是倾向于罪刑法定主义的。例如，时任全国人大常委会法制工作委员会副主任陶西晋同志指出，过去“四人帮”横行霸道，无法无天，以言代法，搞得乱七八糟十多年，现在要彻底拨乱反正，肃清流毒，所以强调一下罪刑法定是很有必要的。只是因为我们国家大，情况复杂，法定罪行不宜规定得过细、过死，所以采取必要的类推。由于 1979 年刑法对类推作了严格限制，并且要报经最高人民法院核准，因此，在司法实践中类推定罪的案件数量十分有限。在刑法修改过程中，立法机关秉承了以上思路，主张废除类推，规定罪刑法定原则。时任全国人大常委会副委员长王汉斌同志 1996 年 12 月 24 日在《关于〈中华人民共和国刑法（修订草案）〉的说明》中指出，这次修订，刑法分则的条文从原来的 103 条增加到 281 条，对各种犯罪进一步作了明确、具体的规定。事实上，1979 年刑法虽然规定了类推，但是实际办案中使用的很少，现在已有必要也有条件取消类推的规定。因此，草案明确规定了罪刑法定原则。由此可见，罪刑法定原则入法并不是突然的决定，而是有其一定立法思想传承的。

2. 死刑问题

死刑问题在刑法修改中是一个争议较大的问题。应该说，1979 年刑法只规定了 28 个死刑罪名，是一部较为轻缓的刑法。然而，从 1983 年开始的严打，立法机关通过单行刑法的方式不断增加死刑罪名。直至1997年刑法修订之时,我国刑法中的死刑罪名已经达到75个。与此同时,随着我国刑法学界死刑问题研究的深入,尤其是了解废除死刑的国际性趋势后,刑法学者主张对我国刑法中死刑进行限制的呼声越来越高。例如,1996年11月5日至10日召开的中国法学会刑法学研究会年会上对刑法修改问题进行了专门讨论,其中就涉及死刑问题。在讨论中,绝大多数同志认为,应减少和限制死刑的适用,删除不必要的死刑条文和罪名。此外,还提出明确死刑适用条件,完善死缓制度,将死刑复核权收回最高人民法院统一行使。最终,立法机关对死刑还是采取了既不增加也不减少的态度,维持死刑罪名的现状,只是作了个别的调整,将死刑罪名保持在68个。

3. 口袋罪问题

在1979年刑法中存在三个口袋罪,这就是投机倒把罪、流氓罪和玩忽职守罪。口袋罪的特征是采取了空白罪状或者兜底式条款的规定方式,使其行为和其他构成要件要素处于一种开放的状态。口袋罪是典型的立法粗疏的表现,因此,在刑法修改中也是立法机关着力解决的问题。在1979年制定刑法时,采取的是宜粗不宜细的立法指导思想。刑法修改中对条文是规定得粗一些还是细一些的问题进行了讨论,达成的共识是:我国刑法分则对犯罪、处刑的规定比较原则,不便于适用,因此,应当尽量改得细一些。特别是对多发性的犯罪,如盗窃罪、投机倒把罪等,原刑法太简单,适用中任意性很大,应当具体化。基于以上指导思想,在刑法修改中,对三个口袋罪分别作了以下不同的处理:(1)废除投机倒把罪的罪名,将其中非法倒卖行为规定为非法经营罪;(2)废除流氓罪的罪名,将较为定型的行为分解为四个罪名,即侮辱、猥亵妇女罪,聚众淫乱罪,聚众斗殴罪,寻衅滋事罪;(3)保留玩忽职守罪的罪名,将十几年来民事、经济、行政法律中依照、比照玩忽职守罪追究刑事责任的条文改为刑法的具体条款。经过以上修改,基本上解决了三个口袋罪的问题。但从目前司法实践的情况来看,非法经营罪和寻衅滋事罪再次沦为口袋罪,这对罪刑法定原则是严峻的挑战。

五、1997年刑法的修改补充:10个刑法修正案

1997年刑法的诞生是立法机关和参与立法的其他部门以及刑法学者共同努力的结果。相较于1979年刑法,修订后的刑法更为完整和完善,并为我国刑法在将来数十年的发展预留了空间。至此,我国的刑法立法进入一个后刑法典的时代。

(一)修正案的刑法修改方式的确立

1997年刑法的颁布标志着我国刑法立法取得了重大成果,它为司法活动提供了规范根据。当然,立法绝不是可以停滞的,因为社会生活是不断发展的,犯罪现象是不断变动的。就在1997年刑法生效一年多时间,突发亚洲金融危机,在外汇领域出现了大量的违法犯罪现象。事实上,在以往计划经济体制下,我国实行严格的外汇管制,随着经济体制改革,对外汇管理体制也进行了改革。因此,在刑法修改的时候,取消了套汇罪,只保留了逃汇罪。但在亚洲金融危机中,骗购外汇、非法截留外汇、转移和买卖外汇的活动十分猖獗,发案量急剧增加。为了有力地打击骗购外汇、逃汇、非法买卖外汇的违法犯罪行为,1998年12月29日第九届全国人大常委会第六次会议通过了《关于惩治骗购外汇、逃汇和非法买卖外汇犯罪的决定》。该决定增设了骗购外汇罪,同时对逃汇罪的主体作了修改,并提高了法定刑,此外,还对非法买卖外汇行为的定罪问题作了规定。

值得注意的是,立法机关对刑法采取决定的方式进行修改补充,属于单行刑法,这实际上是延续了1997年刑法修订之前的习惯。在刑法修改的时候,立法机关强调要制定一部统一的刑法典,但刑法修订完成不过一年,其完整的框架结构就被决定打破,这是十分遗憾的。如果按照这个立法思路往前走，必然会重蹈1979年刑法的覆辙，即在刑法典之外，淤积着大量单行刑法，由此形成对刑法典的冲击。果真如此，刑法修改的希望就会落空。

好在单行刑法的修改方式很快就被修正案的修改方式所取代。在我国立法中，最早采取修正案方式对法律进行修改补充的是宪法。而修正案立法方式最为成功的还是刑法的修改补充。论及采用修正案的立法方式对刑法进行修订，还具有一定的偶然性。1999年6月，国务院在第九届全国人大常委会第十次会议上提出了《关于惩治违反会计法犯罪的决定（草案）》和《关于惩治期货犯罪的决定（草案）》。全国人大常委会法律委员会在审议后指出，鉴于现行刑法中对大多数做假账构成犯罪的行为已有不少规定，如再制定一个惩治违反会计法犯罪的决定，困难很多；《关于惩治期货犯罪的决定（草案）》中规定的犯罪行为，许多与刑法中已有规定的证券犯罪行为相类似。一些委员、部门和专家提出，考虑到刑法的统一和执行的方便，不宜再单独搞两个决定，认为采取修改刑法的方式比较合适。同时，根据惩治犯罪的需要，对刑法中有关国有公司、企业工作人员严重不负责任、滥用职权方面的犯罪也需要扩大规定。因此，法律委员会建议将上述三项内容合并规定为《中华人民共和国刑法修正案》。10月18日委员长会议同意采用修正案方式修改刑法。至此，我国正式确立了通过修正案的方式对刑法进行修改补充。全国人大常委会法制工作委员会的郎胜在论及我国修正案的刑法修改方式时指出，在修改刑法的立法形式上，从采用决定、补充规定这种制定单行刑法或者附属刑法的形式对刑法进行修改，过渡到采用刑法修正案修改刑法，从而使刑法更便于引用和今后的编纂。郎胜认为，立法机关在立法形式上进行积极探索，有所创新，取得了巨大进展。此言不虚。

（二）刑法总则的修改补充

从1999年开始，我国先后颁布了10个刑法修正案。其中，《中华人民共和国刑法修正案（八）》（以下简称《刑法修正案（八）》）和《中华人民共和国刑法修正案（九）》（以下简称《刑法修正案（九）》）对刑法修改补充的幅度最大，相当于一次小规模的刑法修订。在通常情况下，刑法总则是相对稳定的，除非进行正式的刑法修改，一般都不会对总则进行修订。但《刑法修正案（八）》和《刑法修正案（九）》则涉及对刑法总则规范较为重大的修改。就修改的内容而言，我认为主要是对刑罚结构进行了调整。这种调整表现为减少死刑和加重生刑这两个方面。

减少死刑主要是废除了部分死刑罪名，其中，《刑法修正案（八）》废除了13个死刑罪名，《刑法修正案（九）》又废除了9个死刑罪名。虽然这些废除的死刑罪名大多是很少适用的，但其宣示意义不容小觑。这是在1983年严打开始大规模增加死刑罪名以后，第一次减少死刑罪名。

加重生刑主要是指提高死缓和无期徒刑的实际执行期限，加大这两种刑罚的惩治力度，尤其是死缓，通过限制减刑和设置终身监禁的方法，延长了实际执行期限。例如，根据《刑法修正案（八）》规定的限制减刑制度，对被判处死刑缓期执行的累犯以及因故意杀人、强奸、抢劫、绑架、放火、爆炸、投放危险物质或者有组织的暴力性犯罪被判处死刑缓期执行的犯罪分子，人民法院根据犯罪情节等情况可以同时决定对其限制减刑。人民法院对适用限制减刑的死刑缓期执行的犯罪分子，缓期执行期满后依法减为无期徒刑的，减刑后实际执行的刑期不能少于二十五年，缓期执行期满后依法减为二十五年有期徒刑的，不能少于二十年。而《刑法修正案（九）》对贪污罪和受贿罪规定终身监禁制度，则使这两种犯罪的死缓的实际执行期限达到无期的程度。应当指出，终身监禁虽然规定在刑法分则条文中，但其内容是对死缓执行方法的规定，因而在性质上属于刑法总则规范。经过以上修改，我国刑法中的死缓根据执行方法的不同，可以区分为三种情形：第一是普通的死缓；第二是限制减刑的死缓；第三是终身监禁的死缓。我国刑法加重生刑的目的并不是单纯地提高处罚的严厉性，而是为减少死刑的适用创造条件。

（三）刑法分则的修改补充

刑法修正案对刑法分则的修改表现为修改旧罪和增设新罪这两方面，其中以增设新罪为主。修改旧罪是指对原有罪名的构成要件进行修改，通常是由此而扩张犯罪的外延。而增设新罪是指根据惩治犯罪的实际需要，设置新罪，使更多的行为入刑。增设新罪可以分为两种情形：第一是随着劳动教养制度的废除，某些以往按照劳动教养处罚的违法行为丧失了处罚根据。在这种情况下，除了对某些犯罪通过司法解释的方法降低入罪门槛以外，还需要设立某些轻罪。第二是随着社会的发展出现了大量新型犯罪，需要在刑法中加以规定，如网络犯罪、侵犯公民个人信息犯罪、考试作弊犯罪等。新设罪名对于完善我国刑法分则的罪名体系具有重要意义。有些罪名新增以后，又对其罪作了补充。例如，《刑法修正案（八）》增设危险驾驶罪，规定了追逐竞驶和醉酒驾驶机动车这两种行为方式，而《刑法修正案（九）》又增加了从事校车业务或者旅客运输，严重超过额定乘员载客，或者严重超过规定时速行驶的和违反危险化学品安全管理规定运输危险化学品，危及公共安全这两种行为方式，从而扩大了危险驾驶罪的罪体范围。

六、结语

从1979年刑法颁布到现在，近四十年过去了，即使是1997年刑法修订至今也已经过去了二十年。前后两个二十年是我国刑法立法迅猛发展的时期，其间的变化可以说是翻天覆地的：我国刑法经历了从无法可依到有法可依的巨大转变，并且通过刑法的不断修改而日趋完善。

刑法立法四十年的历史表明，刑法是社会治理的主要手段。刑法具有双重性：一方面刑法是打击犯罪的有效工具，其载明犯罪行为以及应当受到的刑罚处罚，对于犯罪分子具有一定的威慑力。司法机关根据刑法规定认定犯罪和惩治犯罪，因而使其在打击犯罪中发挥重要作用。另一方面刑法又是保障公民不受非法追诉的法律武器，其具有对刑罚权的限制机能。只有刑法明文规定的行为，才能依照法律规定定罪处罚；对于刑法没有明文规定的行为，不得定罪处罚，这是罪刑法定原则的含义，它勘定了司法机关惩治犯罪活动的边界，这对于公民来说是一种法律保障。因此，在一个没有刑法的社会，惩治犯罪的国家活动也就缺乏规范限制，公民权利也就不能得到有效保障。从1979年刑法的类推到1997年刑法的罪刑法定，这是我国刑法的历史性进步，对此应当充分肯定。当然，我国刑法立法无论是形式还是内容，都还存在需要完善之处。

从刑法规定的外在形式上说，目前这种统一刑法典的立法体例能够维系多久，是一个值得观察的问题。以刑法典的方式将所有犯罪囊括其中，这当然具有便利性；而且，随着修正案的刑法修改方式的确立，能够通过这种方式保持刑法典的体例不变，而又使刑法规范内容得以更新。然而，随着刑法不断修改，增补的罪名日积月累越来越大，刑法典规模越来越大，总有难以容纳之时。根据各国刑法立法的经验，一般都将刑法分为刑法典、单行刑法和附属刑法三部分。其中，刑法典规定普通犯罪，这里的普通犯罪是指对公民日常生活具有直接影响的犯罪。而单行刑法规定特殊犯罪，具有特别法的性质。至于附属刑法则规定与普通公民关系不大、具有专业或者职业性质的犯罪，这些犯罪即使规定在民事、行政或者经济法律中，也不会影响对这些犯罪的定罪处罚。以上三种刑法形式以集中与分散的方式各自独立存在，而单行刑法和附属刑法又都受刑法总则一般原则和制度的制约，由此形成具有内在联系的刑法体系。对于我国刑法来说，目前这种统一刑法典的方式如果能够维系当然可以继续保留，如果将来立法突破了目前的刑法框架结构，则另外开辟单行刑法和附属刑法的形式，也不失为一种合理的选择。

从刑法规范的价值内容上说，我国刑法在犯罪规定和刑罚设置这两个方面都还存在较大的调整空间。就犯罪规定而言，目前我国刑法中的犯罪圈较小，因此在将来很长一个时期，立法上的犯罪化是刑法立法的主旋律。当然，犯罪圈内部的结构还需要进行适当的调整，尤其是应当通过增设轻罪,建立轻罪体系。就刑罚结构而言,目前还存在失调之处。死刑罪名仍然需要大幅度减少,而生刑内部的轻重也需要进行调整。只有这样,才能建立起合理的刑罚体系。

刑民交叉案件程序与实体处理规则

□陈兴良*

刑民交叉案件无论对于刑事司法还是民事司法来说,都是相当疑难的一类案件。这种疑难性表现为刑事法律关系和民事法律关系相互交织,因而容易发生错误判断,即将民事性质的案件错误认定为刑事犯罪,或者相反,将刑事犯罪错误认定为民事行为(包括合法的民事行为和民事不法行为),其结果是导致罪与非罪界限的混淆。因此,正确区分刑事法律关系和民事法律关系,对于刑民交叉案件的司法处理具有重要意义。以下,笔者从程序和实体两个方面对刑民交叉案件的司法处理进行分析:

一、刑民交叉案件的程序处理

刑民交叉案件涉及程序和实体两个维度。从诉讼法的角度来说,刑民交叉案件的处理主要是指案件的管辖问题。

1. 先刑后民原则的反思。最高人民法院、最高人民检察院、公安部于1985年8月19日联合发出的《关于及时查处在经济纠纷案件中发现的经济犯罪的通知》(已失效)指出:"各级人民法院在审理经济纠纷案件中,如发现有经济犯罪,应按照1979年12月15日最高人民法院、最高人民检察院、公安部《关于执行刑事诉讼法规定的案件管辖范围的通知》,将经济犯罪的有关材料分别移送给有管辖权的公安机关或检察机关侦查、起诉,公安机关或检察机关均应及时予以受理。"这个规定确立了所谓先刑后民原则,对于解决刑民交叉案件的管辖问题具有指导意义。然而,在司法实践中出现对此的反向适用,这就是对于人民法院正在审理的民事案件,公安机关或者其他侦查机关以涉嫌犯罪为由,要求人民法院移送,中止民事案件的审理。应当说,这种做法本身没有错,问题在于:如果滥用先刑后民原则,就会为侦查机关,主要是指公安机关插手经济纠纷提供便利。目前在我国司法实践中,先刑后民原则被滥用的乱象确实存在。这些司法乱象的发生,除了司法机关的地方保护主义观念以外,还与当事人对司法权的恶意利用有着重大关系。对于那些本来应当通过民事程序解决的经济纠纷,当事人放弃民事诉权,而要求公安机关插手经济纠纷,以维护自己利益的最大化。这些都是法治社会不可接受的。因此,对于先刑后民原则应当严格限制适用,不可滥用。

2. 刑民并列原则的补充。在司法实践中,不能将先刑后民原则绝对化。笔者认为,只有刑事法律关系和民事法律关系存在竞合的案件中,才能适用先刑后民原则。如果刑事法律关系和民事法律关系存在牵连关系的,则不能适用先刑后民原则,而是刑民并立,各自进行审理。对此,1998年4月21日《最高人民法院关于在审理经济纠纷案件中涉及经济犯罪嫌疑若干问题的规定》第十条规定:"人民法院在审理经济纠纷案件中,发现与本案有牵连,但与本案不是同一法律关系的经济犯罪嫌疑线索、材料,应将犯罪嫌疑线索、材料移送有关公安机关或检察机关查处,经济纠纷案件继续审理。"这一司法解释明确了处理刑民交叉案件须区分同一法律关系和不同法律关系这两种情形。所谓同一法律关系,是指竞合关系。在这种案件中,刑民难以两立:如果构成

---

* 北京大学法学院教授。

犯罪,则否定民事法律关系;如果成立民事法律关系,则否定犯罪。对于此类案件,应当采用先刑后民原则。所谓不同法律关系,是指牵连关系。在存在牵连关系的刑民交叉案件中,刑事犯罪与民事法律关系并行不悖,同时成立。对此,不能采用先刑后民原则,而是将刑事法律关系与民事法律关系进行剥离,分别处理。从某种意义上说,刑民并列原则是对先刑后民原则的必要补充。

二、刑民交叉案件的实体认定

刑民交叉案件在实体性质上的认定,属于刑法范畴。如果说,刑民交叉案件的程序问题主要涉及司法管辖问题,那么,刑民交叉案件的实体问题涉及罪与非罪的区分,直接关系当事人的各种权利,因而更为重要也更为复杂。

1.假性竞合。在刑民交叉案件中,存在某种假性竞合的案件类型。这里所谓假性竞合,是指从形式上看,似乎存在民事法律关系,但实质上是以民事法律关系掩盖犯罪,因此应当排除民事法律关系而构成犯罪。这种情形,最为典型的是"套路贷"案件。就"套路贷"的实质来说,是贷款陷阱,即以民间借贷的名义骗取他人财物,因而"套路贷"的主罪是诈骗罪(主要是合同诈骗罪),而为非法占有他人财物,其手段行为涉及其他罪名。2019年4月9日最高人民法院、最高人民检察院、公安部、司法部发布《关于办理"套路贷"刑事案件若干问题的意见》,该司法解释明确揭示了"套路贷"的特征:(1)制造民间借贷假象;(2)制造资金走账流水等虚假给付事实;(3)故意制造违约或者肆意认定违约;(4)恶意垒高借款金额;(5)软硬兼施"索债"。根据司法解释规定,对于"套路贷"案件一般以诈骗罪定罪处罚;对于在实施"套路贷"过程中多种手段并用,构成诈骗、敲诈勒索、非法拘禁、虚假诉讼、寻衅滋事、强迫交易、抢劫、绑架等多种犯罪的,应当根据具体案件事实,区分不同情况,依照《刑法》及有关司法解释的规定数罪并罚或者择一重处。笔者认为,凡是构成"套路贷"的案件,必然首先构成诈骗罪,至于其他伴随的犯罪则可有可无、可多可少。在"套路贷"案件中,从表面上看,似乎是借贷关系,行为人往往利用民间借贷以掩盖诈骗犯罪的实质。对"套路贷"案件的处理,必须揭开民间借贷的假性面纱,还其诈骗罪的实质。

2.真实竞合。在刑民交叉案件中,存在真实竞合案件。在真实竞合的情况下,到底是认定为犯罪还是认定为民事法律关系,这是一个较为疑难的法理问题。例如,在非法转让、倒卖土地使用权案件中,公司股东采取转让股权的方式转让土地使用权的,是否构成本罪,这是在司法实践中长期存在争议的一个问题。从形式上看,由于股权的转让,公司股东发生变更,土地利益随之发生变化。因此,土地使用权似乎发生了转移。这种转让公司股权的行为,在《公司法》上是完全合法的,如果在《刑法》上认定为犯罪,就会导致刑民之间的对立。笔者认为,对于这种通过转让公司股权的方式实质上转让土地使用权的行为,不能刺破股权转让的面纱而认定为非法转让、倒卖土地使用权罪。因为在通过转让公司股权的方式实质上转让土地使用权的情况下,虽然从经济上发生了土地使用权利益的流转,但法律上发生流转的是公司的股权,而土地使用权并未变更,土地使用权仍然归属于同一公司所有。公司股东转让股权的行为,在《公司法》上是完全合法的。如果把这种在民事上是合法的行为认定为刑事犯罪,必然造成各个部门法之间的矛盾和冲突。这里涉及刑法教义学中的法秩序统一原理。所谓法秩序统一原理,是指各个部门法在合法化事由上具有统一的根据。在一个部门法中合法的行为,不得在另一个部门法中认定为违法。否则,就会造成法秩序内部的逻辑混乱。我们必须认识到,入罪须有法律规定,出罪无须法律规定,这是完全符合罪刑法定原则的。因为罪刑法定原则是限制入罪,但并不限制出罪。在法秩序统一原理的指引下,处理刑民关系的时候,要看某一行为在民事上是否合法。如果民事上是合法的,则可以排除犯罪的成立。

刑民交叉案件的诉讼问题

□纪格非*

对于刑民交叉案件的诉讼问题,笔者认为主要涉及两个方面:一是刑事判决在民事诉讼中的效力问题;二是刑民交叉案件的审理顺序问题。这两个问题是密切相关的。其中,第一个问题是解决第二个问题的前提和基础。

一、刑事判决在民事诉讼中的效力

近年来,刑事判决在民事诉讼中预决力的问题受到了司法界的关注。究其原因,主要在于现有规则的固有不足及理论研究的滞后,导致无法应对实践中出现的日益繁杂的问题。对刑事判决证明标准的不精确理解、对判决统一性的过度追求及司法人员的风险规避意识、当事人推翻生效刑事判决的事实认定结论的可能性较低、民事案件的审理法院对先前生效刑事判决的事实认定结论的正确性进行审查的途径与手段相对匮乏等原因综合导致了我国刑事判决预决力的扩张。针对由此造成的判决效力作用的主体范围无限扩大、刑事判决在民事诉讼中的优越地位不断强化等现实问题,可尝试通过完善我国刑事判决在民事诉讼中预决力规则予以解决。

(一)区分判决主文与判决理由效力

赋予刑事判决主文的绝对效力。刑事判决的主文是对被告人是否犯有某种罪行以及应当承担何种刑事责任的认定,是法院对刑事案件进行审理后得出的结论性判定,也是刑事判决书中最重要的部分。因此,对于判决书的主文所认定的定罪与量刑的事实,应当受到所有人的尊重,赋予其对世效力。从比较法的角度看,对于刑事判决的定罪事实或其他重要事实赋予较高程度的拘束力也是多数国家通常的做法。对于判决主文中认定的事实的效力,还有必要将这些事实区分为确定性事实和非确定性事实。在民事诉讼中,具有既判力的刑事裁判中认定的事实必须是经我国法院制作的生效的刑事判决书中认定的、确定性的、必要的、具有刑事性质的事实。在判决理由中,作为定罪基础的事实对参与刑事诉讼程序的当事人具有绝对的法律效力,刑事诉讼程序的当事人不得在后诉的程序中主张相反的事实。所谓基础性事实,是指对于审理刑事案件的法官判断是否构成犯罪以及所涉罪名具有决定性影响的事实。此类事实一般指犯罪构成的要件事实。基础性事实作为定罪依据,其证明标准较高,因此证明结果的可靠性比较有保障,而且,定罪事实直接关系被告人是否有罪以及涉及的罪名,其稳定性必须有所保障。对于刑事判决理由中认定的非基础性事实,由于此类事实的认定标准无法达到"排除合理怀疑"的程度,因此此类事实不应当被赋予免证的法律效力。由于不具有免证的效力,所以民事案件中对此类事实的证明责任并不会因为该事实经过刑事判决认定而发生转移,当事人仍应对该事实的存在承担证明责任。当然,也允许民事诉讼中的当事人将刑事判决书对于该事实的认定作为一种"有说服力"的证据使用,以证明其主张。

(二)限缩刑事判决预决力的主体范围

刑事判决的主文对于罪名和刑罚的确定具有对世效力,任何人不能作出矛盾的主张。对于判决理由部分涉及基础事实的内容,按照程序公正的一般理论,判决应当对参与程序的当事人发生拘束力。因此,参与程序的当事人不得在事后提出与前诉事实认定结论矛盾的主张。在刑事

---

* 中国政法大学教授。

诉讼中,参与过程序的主体,包括人民检察院、被告人、自诉人及被害人应当受到刑事判决事实认定结论的拘束。不得在后诉中提出与前诉判决事实认定结论矛盾的主张,没有参与刑事诉讼程序的民事诉讼的当事人则无须受到先前判决的拘束。

(三)维护民事审判之独立性与专业性

维护民事审判权的独立性,充分尊重民事法律规范的专业性,应当成为我们设计刑事判决预决力规则时充分考量的问题。一般而言,在以下几种情况下,应当允许审理民事案件的法官对刑事判决中认定的事实作出重新评估与认定:其一,刑事立法与民事立法对某些事实评价的标准及法律术语的含义不同。在这种情况下,应当充分尊重民事法律的独立性以及民事审判机关的独立性。其二,审理民事案件的法官在重新评估被害人的过错的基础上,确定侵权人的责任大小与范围。被害人过错是民事诉讼中必须查明的核心事实,对于最终的判决结果至关重要,不仅如此,审理民事案件的法官还需要对被害人的过错与损害的发生、损害的范围之间的因果关系作出比较精确的评估,从而确定加害人的责任程度与责任范围。因此,对于刑事判决中的受害人过错,应当允许审理民事案件的法官在民事诉讼中重新予以认定。其三,审理民事案件的法官在特定情况下对侵权行为的损害结果与因果关系重新作出认定。原因在于刑法与民法对于因果关系的关注重点与界定方法存在许多差异,刑事判决与民事判决中对因果关系和损害结果的认定有可能出现不一致的情况。

二、刑民交叉案件的审理顺序

在清楚地界定了刑事判决在民事诉讼中的效力后,刑民交叉案件的审理顺序问题的解决思路也将变得清晰。《民事诉讼法》关于诉讼中止的规定已经提示了刑事案件优先审理的根本性条件——刑事案件有优先审理的"必要"。如果使刑民案件发生关联的事实属于必须通过刑事诉讼程序认定的基础性事实,通常是指犯罪主体的事实、关于犯罪构成要件的事实时,刑事案件就具备优先审理的必要。相反,刑事案件就不具有优先审理的必要。所谓"必要性",主要有以下三种情形。

第一,权利请求上的必要性。即如果民事案件当事人以刑事犯罪事实作为支持其诉讼请求所依据的事实,此时,是否存在犯罪事实只能由刑事司法机关通过刑事诉讼程序认定,这多发生在受犯罪行为侵害的被害人要求加害人给予物质赔偿的情况下。在不属于被害人要求刑事被告人给予物质赔偿的民事案件中,也可能存在民事请求权以确定犯罪事实为基础的情况,如《继承法》第七条、《保险法》第四十五条所规定的情形。

第二,民事案件涉及的责任人或责任方式需要经过刑事诉讼程序确定的,在此种情形下,应当采用刑事优先的审理方式。比如,根据《侵权责任法》第五十二条的规定,因盗窃、抢劫、抢夺机动车发生交通事故时,盗窃人、抢劫人或者抢夺人是责任主体。盗窃、抢劫、抢夺事实是否存在,涉及行为人的刑事责任,必须通过刑事诉讼程序加以认定。因此,对于此种类型的案件,刑事程序应优先进行。

第三,证据方面的必要。在刑民交叉案件中,某些证据可能同时被用于民事诉讼程序和刑事诉讼程序。由于侦查和审查起诉程序中证据不公开,因此可能会出现在民事案件的审理过程中,法院认定案件事实所需要的证据同时是刑事案件中的证据,且在侦查或公诉机关的掌握下,后者基于保密的要求,不能将证据提交民事诉讼程序。此时,如依据举证责任分配规则要求当事人承担败诉风险,显然有失公允。因此,民事审判部门可以裁定中止民事诉讼程序,待刑事案件审结后再启动民事案件的审理。

刑民交叉案件的范围、类型及处理原则

□黄祥青*

刑民交叉案件的法律适用问题,是司法实践中长期关注、迄今仍需深入研讨的议题。推进此项适法统一,既要清晰树立不同部门法之间整体协调裁判的司法理念,也要潜心研究实际问题,摒弃仅以观念思辨代替务实研讨的清谈之气,以切实解决现实争议问题。

一、刑民交叉案件的定义和范围

研讨问题,首先应当界定讨论范围。如果各自针对不同对象展开议论,势必各说各话,难以达成研讨目的和共识。关于刑民交叉案件的定义和范围,目前的主流观点认为:刑事、民事案件涉及"同一事实"的,属于刑民交叉案件,原则上应当纳入刑事诉讼程序一并处理。所谓"同一事实",是指行为主体、行为客体或对象,以及行为表现三者均相同的情形;如果其中之一发生变化的,则属于"不同事实",应当分别作为刑事案件与民事案件独立审判。

从实际情况看,刑事与民事案件并非只有"事实完全竞合"一种交叉形态。在事实部分竞合,或者彼此存在主从、隶属等牵连关系时,同样产生刑民法律关系需要整体考量、刑民诉讼程序需要协调推进的必要性。典型适例如行为人诱骗他人担保实施贷款诈骗罪的情况,尽管行为对象分别为银行和担保人,行为表现是骗取担保和诈骗贷款两种不同内容的欺诈,但两个行为之间呈现犯罪手段与目的的关系,共同造成银行钱款被非法占有的危害结果,前后构成一个完整的犯罪行为过程。倘若人为地将银行与保证人之间的所谓"担保行为"从贷款诈骗的基本事实中分离出来,单纯作为一般的民事案件进行审理与裁判,可能产生的事实偏差或归责欠当,则是不难想象的。即令在一人犯数罪的场合,如果有的罪行涉及人身损害赔偿等民事诉讼,一般也倾向于刑事、民事案件协调推进,尽力达成"以刑促民"或"以民济刑"的综合审判效果。一言以蔽之,在刑事、民事案件并非"同一事实"的特定场合,整体协调裁判仍然十分必要。

在司法实践中,也有人对刑民交叉案件作广义的理解,即将经济纠纷涉嫌刑事犯罪如何准确区分、妥善处理问题一并纳入研讨范围。严格来说,这一议题并不涉及刑民两种法律事实交叉并存、如何避免矛盾或冲突裁判的问题;其实质是如何准确掌握经济犯罪的界限,重点在于切实贯彻刑法谦抑原则,审慎把握涉民间借贷、合同股权纠纷、非法经营等案件的犯罪构成要件及成罪标准,以及从严掌握相应的证据规格。前者关注犯罪构成要件及证据的正当、充实性,后者重视刑民两种法律事实、规范在裁判上的协调一致性。二者各有侧重,适宜分别研究。倘若杂糅一团,笼统讨论"先刑后民"或"先民后刑"的合理性,结论很可能是南辕北辙,因为原本就不是一类争议问题。本文立足于狭义范畴展开相关讨论。

基于此,刑民交叉案件,是指一个完整的案件事实过程所包含的当事人合法权益,通常需要经由分别提起刑事和民事两种诉讼才能给予充分保护或救济的案件。具体包括三个要点:

其一,刑民交叉案件通常形成于一个案件的完整事实过程之中,包括案件发生、发展、结果及其后续处置的全程。一个案件既可以是单一犯罪,也可能是数罪合并追诉的情况,如数个盗窃或故意伤害罪一并追究,均涉及财物损失的赔偿问题就是适例。其中的多个法律事实之间或同根并生,或因果相连,或后续延展,但都是一个完整案件事实不可或缺的组成部分,也是刑民交叉案

* 上海市第一中级人民法院院长。

件发生的范围所在。

其二，刑事与民事两种法律事实交叉并存、紧密关联。刑民法律事实既可因行为主体多元而形成，如不负刑事责任的未成年人参与共同伤害犯罪，其监护人代为承担民事赔偿责任就是其中的典型案例；也可因复合行为而产生，如行为人以高息揽存等方式诱骗他人赴指定银行存款，在开户过程中利用存款人的轻信，钻银行工作人员审核把关不严的空子，擅自开通网上电子银行业务并截留数码介质“U盾”，嗣后使用“U盾”盗划他人存款资金的行为即是适例；还可因犯罪行为而引发，如行为人犯交通肇事罪而触发保险公司对被害人的人身伤亡理赔责任等。可见，刑民法律事实发生的成因具有多样复杂性，但交叉并存于一个自然的案件事实过程之中，乃是基本特征。

其三，刑事与民事两种法律责任具有交互性和整体性，共同构成一个完整案件法律责任大小的评判依据。尽管刑事责任居于主导地位，但民事责任具有补充、调节作用，二者并非完全独立。于是，刑民诉讼程序的启动、推进也相应具有关联性，需要彼此协调、相互照应，唯有如此才能达成既充分保护救济合法权益，又依法合理追究法律责任的司法目的。

二、刑民交叉案件的类型与规范目的

合理分类是有效规制的重要方法。问题越是复杂，越需要找准分类标准，适时条分缕析，以利透视问题本质，提出有针对性的解决办法。梳理典型争议案件，切入因果关系视角检视，刑民交叉案件大致可以分为三种类型：

一是一个行为造成两种以上的损害结果，分别需要提起刑事和民事两种诉讼予以保护救济。例如，一个故意伤害犯罪，既造成他人人身伤害后果，又导致被害人因治疗等事由产生财物损失，通常需要提起刑事附带民事诉讼或单独提起民事诉讼一并实施刑民两种救济，此乃事实竞合或“一因多果”的典型。

二是多个行为或事由共同酿成一个损害结果，但行为人之间并无共犯关系，而是应当分别承担相应的刑事与民事责任。譬如，单位职员利用职务或工作条件上的便利，或者冒用单位名义实施个人诈骗犯罪，所属单位因存在管理疏漏等过错而承担替代赔偿责任；以及学生在校期间遭到不法侵害，学校因未尽到管理责任而承担补充赔偿责任等，均属事实牵连或“多因一果”的适例。

三是犯罪行为或其后续处置行为直接引发民事纠纷，使刑事、民事诉讼相继发生。如犯罪人将违法犯罪所得（如赃款赃物等）用于消费挥霍或归还债务，进而引发财物所有人与实际占有人之间的善意取得之争，以及前述交通肇事犯罪引起保险理赔之诉等，皆可视为事实延展或“因犯罪而继发民事诉讼”的类型。

就一般经验而言，在案件数量上，“一因多果”与“多因一果”类案件占据刑民交叉案件的绝大部分，“因犯罪而继发民事诉讼”类案件相对较少。在刑民关系上，“一因多果”类案件多属侵犯人身犯罪一并引发财物损失，此时，民事诉讼具有衍生性和附带性。“多因一果”类案件大多属于侵财犯罪，刑事犯罪往往是主因，民事案件多因牵涉次因或条件而产生，具有补充性或依附性。在法律责任上，“一因多果”类案件的责任主体比较单一（当然不排除复杂的共犯情形），民事责任上的争议主要在于合适范围，如人身侵害犯罪中是否应当判决伤残赔偿金或死亡赔偿金等。“多因一果”类案件大多只造成财产损害，犯罪作为主因理当承担退赔主责，次因或条件按常规只能依过错大小承担补充责任。但有无例外替代承担主责或连带责任的情形？正是由于责任主体的多元性和责任类型的多样性，导致此类案件成为实践中争议多发的地带。相形之下，“因犯罪而继发民事诉讼”类案件的民事责任具有一定的独立性，其与具体的犯罪构成事实没有太大的关联度，故单独评价多无大碍。

究竟各类刑民交叉案件如何妥处？尽管道理并非深奥，但多年以来，刑事或民事裁判的习惯思维或惯性不时显现巨大魔力，以致各家只顾规则自洽，彼此强调多有龃龉。因此，专门明确解决刑民交叉案件的靶向目标依然十分必要。

法谚云："有损害必有救济。"将充分救济受损法益作为司法裁判的优先选项，应该无甚异议。与此相对应，对于被告人的科刑追责，应当做到依法有据、责罚相当，这也是司法公正的题中之义。再者，实体裁判必须依据程序法有序展开，当属法治要义。因此，刑民诉讼理当适时跟进，既防冒进也忌延宕，以达成最佳救济效果。确定以上三维目标指向，立足三类案情表现，具体处理方法则如六辔在手，余下当可轻车便行。

三、刑民交叉案件的处理原则

依据法律价值的统一性和司法裁判的目的性，审判刑民交叉案件，有必要遵循三项处理原则：

1.整体协调裁判原则。即"有关联就须讲协调"。无论是事实认定，还是法律归责，均应将刑民两个部分作为整体观察考量，作出相互照应、彼此相宜的认定与裁判。

从实际情况看，由于缺失整体协调裁判观念，在事实认定方面，刑民法律事实很容易发生以下三方面的问题：

一是形式与实质认定明显冲突背离。即当行为人以合法的经济活动之名行侵财犯罪之实时，倘若民事诉讼仅就作为犯罪手段的所谓"经济活动纠纷"进行审理，则极易产生案情表象与事实真相的严重背反。如前述刑事判决认定担保和贷款两份合同都是行为人诈骗银行钱款的"犯罪工具或手段"，而单独进行的民事诉讼却判决两份合同或其中的担保合同仍然合法有效，应当继续履行，此乃刑民判决就同一事实作出冲突裁判的典型例子。

二是事实认定止于表浅或失于片面。即在有些新类型、疑难复杂犯罪中，离开了刑事诉讼对于案件事实的完整查证，相关民事诉讼很难查清案件事实与法律责任。如前述以高息揽存为诱饵盗划被害人银行账户内钱款的案件，刑事判决通常会详细查证诈骗犯是仅冒充银行工作人员利用客户接待室实施骗术，还是银行柜台工作人员也存在审核把关不严的过错等作案细节，细节不同，银行与存款人各自的过错程度也不同。但在民事诉讼中，被害人大多只描述自己的钱款存入银行却莫名遭遇损害的简单过程，对于诈骗犯如何施展骗术或银行工作人员如何陷入过失等案件详情，要么一概不知，要么刻意回避，以免言语之间暴露自身的轻率或疏失。很显见，仅仅依据原被告双方的陈述和举证，民事判决对于两造之间的债权债务纠纷及其法律责任大小，很难作出完整、准确的认定。

三是对于同一事实各依所持作出不同认定。即由于刑事与民事证明标准的不同，对于同一事实可能很自然地出现两种裁判结论。如在不少经济犯罪案件中，刑事判决可能因为证据充实性的原因而扣减部分犯罪数额；而在被害人另行起诉被告人所在单位代位承担赔偿责任的民事诉讼中，相关损失数额则有可能获得支持或认可。

至此，不难看出，刑民法律事实可由多种原因形成认定上的脱节或抵牾。但比较而言，刑事认定通常更能接近事实本真或实质正义。树立整体协调裁判观念，确定相关民事认定应以刑事判决为依据或相衔接的一般原则，上述三方面的问题即可迎刃而解。

在法律归责方面，实践中暴露的主要问题是刑事与民事责任的分裂脱节问题。例如，刑事附带民事判决故意杀人案中的死亡赔偿金不属于物质损失范畴而不予支持，而另行起诉的民事判决却全额支持被害人家属的相关诉请；以及刑事案件已经在进行追赃挽损，民事诉讼又就同一损害结果另行判决全额赔偿。诸如此类情形，或许单就刑事或民事一角来看，均可谓言之有理、持之有据，但就整个案件的裁判结果来说，不仅凸显刑民法律责任的直观冲突，有损司法的严肃性和权威性，而且造成司法过度保护或苛责被告的明显不公，亦背离司法的公正性和目的性。

无论是“一因多果”还是“多因一果”类案件，均涉及法律责任的适当分配，可以是刑民法律责任之间的有效互动，如被告人积极赔偿取得被害人谅解而可适度减轻刑事责任；也可以是民事责任在各个责任主体之间的合理分担，如民事责任可能表现为连带责任、按份责任或补充责任等不同形态。但归根结底，刑民法律责任既要从个体上体现原因力大小与责任轻重的匹配性，也要从整体上体现法律责任与损害结果的均衡性。唯有整体协调，刑民法律责任才能相得益彰、落地生根。

2. 充分合理救济原则。即对于当事人遭遇损害的合法权益，既要依法给予充分保护或救济，又要慎守畛域、遵循填平和过错责任原则，保持合理限度。对此，实践中经常关注三个问题：

其一，对于涉犯罪的合同，如何处理其效力？实践中不少同志主张“合同并不当然无效”，主要基于两条理由：一是为了充分保护守约方的合法权益，可将涉犯罪的合同认定为可撤销合同，是否撤销作有效或无效处理，交由守约方在规定期限内自主决定，以保证其充分行使选择权，实现守信重诺的可期待利益。二是刑事判决只能追偿被害人的财产本金损失，只有确认合同效力，才能让被告人承担赔偿违约金等合同责任。

这里相应涉及两个问题：一是追究被告人侵财犯罪的刑事责任，能否保护被害人的合法财产权利？二是是否只有通过认定合同有效，才能最大限度地保护被害人的财产利益？

从实践情况看，既然行为人涉嫌合同诈骗等犯罪已经受到刑事追究，被害人受损的财产权益就必然经由刑事追赃、责令退赔等强制措施得到国家强制力的有力保护，并不存在刑法只保护国家和社会公共利益的问题。刑法作为保障法，无疑已将国家、社会和公民的合法权益完整纳入保护范围，实施更为严格的保护。那么，是否存在刑法仍有保护不足，需要通过确认合同有效、经由民事诉讼予以进一步救济？这里不妨设想两种情形：

如果刑事被告人与民事被告同一，刑事追赃不足，民事救济难道还有其他发挥空间？假如被告人具有退赔能力，通过刑罚推动被告人积极退赔、取得被害人谅解之道，同样可以达到让被害人受损权益得到更好修复的“双赢”目的，也就是说，在诉讼对象相同的场合，民事诉讼就没有展开的余地。

如果被害人另辟蹊径、针对担保人等非共犯主体提起民事诉讼，在法律上完全可行，但此时必须解决与刑事追赃就同一损害结果进行重复保护和过度救济的问题。因为侵权、违约责任的基本遵循都是填平原则，重复保护和过度救济显然均不足取。况且，在前述利用担保人实施的贷款诈骗案件中，担保人与被害人同处受骗被害人的地位，都有责任依过错程度分担财产损失。倘若在两个平等主体之间，径直判决一方对另一方承担全部赔偿责任，则意味着对另一方实施特别保护，其事实依据何在？次因或条件能够承担主责或全责？显然在法律上值得深入思考、审慎斟酌。

事实上，对于刑事追赃不足的部分，完全可以由被害人就实际损失对担保人提起损害赔偿之诉，如此既可对被害人体现填平原则，不致重复过度保护；又可切实追究担保人在“多因一果”的侵权损害中理应承担的过错责任，实现法律的公平公正性。换言之，认定涉犯罪的合同仍然合法有效，既有法律逻辑上的悖论，也有实际操作中的困扰，其并无必要。

其二，在刑民交叉案件中，如何掌握民事诉讼的合理范围？从现行法律规定看，《刑事诉讼法》及相关司法解释从案件类型和财物损失范围两个维度，对附带民事诉讼的审理范围作了明确限定，即被害人因人身权利受到犯罪侵犯或者财物被犯罪分子毁坏而遭受物质损失的，有权提起刑事附带民事诉讼。从法律解释论上说，一般认为犯罪给被害人造成的财产性利益损害是多方面的，但基于现实考量，相关法律只支持被告人赔偿“直接损失”。从司法实践情况看，在总体遵循现行法律规定的前提下，也有适度扩大民事诉讼审判范围的呼声及个案裁判，如有的判决将伤残赔偿金、死亡赔偿金纳入侵犯人身犯罪的民事赔偿范围；有的判决支持强奸案件的被害人提起精神损害赔偿之诉等。

归纳各方考量，主要强调的理由有三点：一是尽管刑事诉讼已经对于被告人的犯罪行为判处刑罚，但不能以此代替对于被害人遭受实际损害的民事权利进行充分救济。二是受刑被告人大多不具有巨额赔偿能力，仅仅基于被害人需求下判可能造成普遍执行困难，失去政策层面的平衡。三是刑事附带民事诉讼不宜纳入繁复的民事救济内容，否则势必拖累刑事诉讼进程，有悖程序设计的初衷。

毋庸赘言，上述意见取向不尽相同，但皆有合理可取之处。重点在于如何缩短、平衡应然方向与实然条件之间的差距。此外，还有一点应予特别关注：任何人不能因为违法犯罪行为而获利的至理铁律。以往较多的是从违法犯罪者角度予以阐释，其实于被害人角度亦当如是。否则，不足以防范故意制造犯罪陷阱而使自己从中获利的法律漏洞。无论是侵权法律责任坚持填平原则，还是刑事司法惯例追究直接损失，应该都可在此找到注脚。有鉴于此，可否按如下思路界定刑附民以及单独提起民事诉讼的审理范围：

对于严重侵犯他人人身权利的犯罪，可依判处刑罚的轻重决定相关民事诉讼的范围。具体来说，对于被判处无期徒刑以上刑罚的侵犯人身权利犯罪，基于惩罚的相当性和实操的可能性，不宜再行支持伤残赔偿金或死亡赔偿金的诉请。而对于判处有期徒刑及其以下刑罚的同类犯罪，则以裁判支持为宜，以满足公民观念上对于付出身体伤残或生命代价的公平心理需求。至于轻罪支持“两金”赔偿而重罪相反的“倒挂现象”，可由刑事与民事法律责任的整体协调性予以周延诠释。

对于利用经济合同等方式实施的侵财犯罪，不宜将违约金等合同项下的可期待利益纳入民事诉讼范围。就常识而言，合法利益应当源于正当行为。在侵权犯罪中主张合法的经营利益或利润，难免本质上有违事理，且有陷入“不排除犯罪中也有利可图”的道德旋涡或行为导向风险。从客观事实看，对于绝大多数经济犯罪，被害人能够全身而退已实属不易。倘若设定获利预期，可能只会落得重温古训：行有不得，反求诸己。

对于其他犯罪涉及的民事诉讼，宜严格按照“直接损失”掌握审理范围。其中不妨把握三个要点：首先是合法性，即作为司法保护的对象，直接损失一定要具有合法属性。其次是因果性，即被害人的财产利益损失，必须是侵权行为造成的，具有直接的因果关系（当然不排除多因一果的情形）。最后是实然性或必然性，即财物损失必须是已然或必然会发生的。举一例说明：被害人在一娱乐场所从事异性陪侍服务，其间遭遇多次强迫卖淫。其能否提起附带民事诉讼要求赔偿误工损失等费用？很显见，要求赔偿误工损失费应以已经从事正当合法职业为前提，如果只是或然性或可能性，则因不具实然性而难以认定为直接损失。

其三，对于犯罪人将赃款赃物用于还债、转让的，能否继续予以追缴？近年来，有关司法解释性文件以第三人是否“善意取得”为标准，规定了刑事追赃的限度。实践中不少案件的刑事追赃进程，也因第三人主张系善意取得而被迫止步。我们认为，只要赃款赃物去向明确、脉络清晰的，原则上应当一追到底。简要理由有三点：第一，债权人主张债权，不能以损害他人的合法财产权利为代价。第二，继续追缴赃款赃物，并不影响债权人行使债权。第三，对于刑事被害人的财产权利给予一定程度的特别保护，既可避免其二度受伤，同时也是刑法作为保障法彰显其权威性的必要或必需措施。至于规范性文件所规定的“善意取得”情形,应当进行严格界定。只有确实经过公开、透明的市场交易程序完成的买卖行为,才能认定为“除外情形”,可以阻却刑事追赃,以保证市场交易秩序的安全性和稳定性。

3. 诉讼经济便民原则。即刑事、民事诉讼程序的启动与推进,既要瞄准实现司法目的,也要贯彻诉讼经济、便民原则,尽力使用最少的司法资源,达到最佳的保护救济效果。根据司法实践经验及上述案件分类情况,有关刑民诉讼程序可分如下三种情况处理:

第一,对于一个行为造成多个损害结果的,可以同时或相继启动刑事与民事诉讼;但具体民事责任大小,一般还是有赖于刑事诉讼先行查明的案件事实。但是,如果犯罪嫌疑人潜逃致使刑事诉讼程序中止的,或者被害人急需医疗救治等费用,民事诉讼的被告承担连带赔偿责任的,可以先行推进民事诉讼,以充分保障被害人的合法权益得到及时救济。至于犯罪嫌疑人在民事诉讼中享有的举证权与答辩权等,皆可因其逃逸行为而被视为放弃;共同侵权人先行承担连带责任后的责任分担问题,可在刑事诉讼查明各自行为及其责任后,作为内部问题另行解决。

第二,对于多个行为造成一个损害结果的,原则上只能启动一个诉讼程序予以救济,不宜针对不同对象同时推进刑事与民事诉讼,进行并行救济。如前述诱骗担保诈骗案,只有银行财产被骗一个损害结果,在已经展开刑事追诉的情况下,就没有必要同时推进民事诉讼。只有针对刑事救济的不足部分,适宜推进民事诉讼、展开补充救济,以避免重复过度救济的弊端。但是,如果被害人认为有必要针对侵权行为关联人先行提起民事诉讼、仅仅申请财产保全的,应当予以准许。待刑事诉讼查明案件基本事实及其责任以后,再行推进相关民事诉讼。

第三,对于“因犯罪而继发民事诉讼”类案件,可以并行或先行推进民事诉讼。因此类民事诉讼仅以犯罪结果事实为归责依据,对于犯罪行为事实具有相对的独立性,故及时推进有利于维护当事人权益。综上所述,对于刑民交叉案件,相关诉讼程序的启动与推进应以“先刑后民”为原则,以“刑民并行”或“先民后刑”为补充或例外。

完善刑民交叉案件办理机制的思考

□于同志 *

在刑民交叉案件的实际办理中,疑难争议问题较多。但概括起来看,有两大基本问题:一是刑事程序和民事程序的操作顺序如何把握,两者孰先孰后,能否并行不悖;二是刑事或者民事判决作出后的既判力问题,也即先行作出的刑事判决或民事判决,对民事部分或刑事部分处理的效力。就此谈一些个人认识。

一、关于刑民程序孰先孰后问题

从现行有关司法文件规定,刑民交叉案件的办理采取“先刑后民”是一个大原则。这个原则早在 20 世纪 80 年代便基本确立。例如,1985 年最高人民法院、最高人民检察院、公安部发布的《关于及时查处在经济纠纷案件中发现的经济犯罪的通知》(已失效)、1985 年最高人民法院发布的《关于审理经济纠纷案件必须严肃执法的通知》以及 1987 年最高人民法院、最高人民检察院、公安部发布的《关于在审理经济纠纷案件中发现经济犯罪必须及时移送的通知》(已失效)等文件,均采取了“先刑后民”的立场。在其后的司法文件中,除个别认为“可视案件实际情况刑民并

---

* 最高人民法院刑二庭审判长。

行”外,绝大多数是在强调“先刑后民”。在2019年7月召开的全国法院民商事审判工作会议上,刘贵祥专委的总结讲话也明确指出:“刑民交叉案件的一个基本规则是:刑事案件与民事案件涉及‘同一事实’的,原则上应通过刑事诉讼方式解决。”

值得注意的是,在“先刑后民”机制之下,有关司法文件对民事案件处理方式的规定,前后并不完全一致。1998年最高人民法院的《关于在审理经济纠纷案件中涉及经济犯罪嫌疑若干问题的规定》、2014年最高人民法院、最高人民检察院、公安部发布的《关于办理非法集资刑事案件适用法律若干问题的意见》、2015年最高人民法院发布的《关于审理民间借贷案件适用法律若干问题的规定》等规定的处理方式是“驳回起诉或者不予受理”,而1997年最高人民法院发布的《关于审理存单纠纷案件的若干规定》规定的是“中止审理”。刘贵祥专委在全国法院民商事审判工作会议上的讲话中认为:“人民法院在审理民商事案件过程中,发现民商事案件涉及的事实同时涉及刑事犯罪的,应当及时将犯罪线索和有关材料移送侦查机关,侦查机关作出立案决定的,应当裁定驳回起诉;侦查机关不及时立案的,应当及时报请当地党委政法委协调处理。”由此,这里就有了几种不同的处理方式:(1)驳回起诉;(2)不予受理;(3)中止审理等。从司法实践看,个案的处理也很不一致,而上述处理方式之间的差异性在法律上还是很大的。

不仅针对民事案件的处理方式不统一,在“刑民交叉”案件的判断标准上彼此也有差异。《关于在审理经济纠纷案件中涉及经济犯罪嫌疑若干问题的规定》是以“同一法律事实”“同一法律关系”作为区分标准。而《关于办理非法集资刑事案件适用法律若干问题的意见》《关于审理民间借贷案件适用法律若干问题的规定》采取的是“同一事实”的判断标准。刘贵祥专委的讲话也是明确支持“同一事实”标准,并提出:“鉴于民事诉讼与刑事诉讼具有不同的职能与程序,分开审理是基本原则,因此要从行为主体、相对人以及行为本身三个方面认定是否属于‘同一事实’”。具体来说,从行为实施主体的角度看,“同一事实”指的是同一主体实施的行为,不同主体实施的行为不属于同一事实;从法律关系的角度看,刑事案件的受害人同时也是民事法律关系的相对人的,可以认定为“同一事实”;从要件事实的角度看,只有民事案件争议的事实,同时也是构成刑事犯罪的要件事实的情况下,才属于“同一事实”。上述判断标准比较清晰,易于操作。但同时也应当看到,按照上述标准把握,“刑民交叉”案件的范围又是比较狭窄的。从实践看,刑民交叉案件范围如何把握其实是一个有较大认识分歧的问题,而这又是合理建构刑民交叉案件办理机制的一个至关重要的问题。

除了上述的“同一事实”“同一法律事实”“同一法律关系”等含义不尽相同的认定标准外,在“刑民交叉”的判断上,《关于审理存单纠纷案件的若干规定》还提出了“民事案件是否必须以刑事案件的审理为前提”的标准。但在总体上看,“先刑后民”是一个大原则,“同一事实”是一个原则性的判断标准。从实际看,“先刑后民”确实有其简便、易操作的优势,因为在刑事优先的情况下,可以借助国家公权力机关强大的事实调查能力,来弥补一些当事人自行诉讼时在举证能力方面的不足,从而更好地查清案件事实,推动案件客观公正的处理。但是,我们也应当看到,既然“先刑后民”只是一个原则性的法则,就不能过于机械地、绝对地理解,否则就容易出现问题。事实上,“先刑后民”的程序便利性也并非绝对的,一些情况下,“先刑后民”也可能造成一种程序上的非便利和不公正。比如,在犯罪嫌疑人潜逃而长期无法归案时,如果刑事案件的处理迟迟不能有结果,那么受害人的权利就会因为“先刑后民”原则而无法得到及时救济。此外,“先刑后民”还可能被某些人恶意利用,成为干涉民事案件或者寻求自身不法利益的“挡箭牌”。比如,利用“先刑后民”原则将正在进行的民事或经济纠纷案件中止,已成为地方保护主义干预经济纠纷的一个重要借口。

从我们办理的经济犯罪案件看，即便是“同一事实”，在发生刑民交叉的情况下，也不宜搞“一刀切”。比如，对于违反市场准入型的犯罪，典型的是非法经营行为，行为人的市场准入资格有问题，可能涉及非法经营犯罪，但因此产生的相关民事行为并不必然是非法的、无效的，如果同时存在民事诉讼和刑事追诉的话，“民刑并行”甚至“先民后刑”，并不是完全不可行，这样也有利于在打击犯罪的同时，及时维护民事相对人的合理权利、利益。但对于涉及诈骗、侵占类犯罪，按照举重明轻的原理，相关民事侵权、欺诈的理解和判断，可能要充分考虑刑事的认定，故此类案件按照“先刑后民”的思路处理更合理。

所以，笔者认为，无论是执法办案还是制定司法文件，都不宜不分情况地搞“一刀切”。在处理刑民交叉案件时，我们必须明确一个基本立场，那就是要选择更利于保护当事人合法权利、更为公正有效解决问题的思路与机制。与其在“同一事实”的判断上纠缠不清，进而在决定是否适用“先刑后民”机制上举棋不定，不如立足于更佳保护当事人利益的立场，按照实事求是的原则来处理刑民交叉案件。

具体来说，就是按照《民事诉讼法》第一百五十条第一款第五项关于“本案必须以另一案的审理结果为依据，而另一案尚未审结的，应该中止审理”的规定，根据刑民交叉案件中刑、民诉讼发生的时间顺序，以及两者之间的审理是否存在依存关系，来确定刑事诉讼和民事诉讼的受理和审理：(1)当刑民交叉案件引起的民事诉讼与刑事诉讼的处理不会产生矛盾，两者也不存在相互依赖关系的，可以“刑民并行”，各自分别进行或者并案审理。(2)当刑民交叉案件引发的民事诉讼和刑事诉讼可能发生冲突，民事诉讼的进行需要以刑事诉讼的结果为前提时，应当“先刑后民”。(3)当刑民交叉案件引发的刑事诉讼需要以民事诉讼的结果为前提时，则应当“先民后刑”。

笔者认为，上述办理机制，相较于机械地坚持“先刑后民”原则，更能兼顾实践的复杂情况，更有利于案件及时、公平地处理。令人欣喜的是，最新的司法文件已在作出调整。例如，《全国法院民商事审判工作会议纪要》第一百二十一条规定，同一当事人因不同事实分别发生民商事纠纷和涉及刑事犯罪，或者涉及刑事犯罪的事实与民商事案件虽有关联但不是同一事实的，民商事案件与刑事案件应当分别审理。有下列情形之一的，应当分别审理：(1)主合同的债务人涉及刑事犯罪或者生效裁判认定其构成犯罪，债权人请求担保人承担民事责任的；(2)以法人、非法人组织或者他人名义订立合同的行为涉及刑事犯罪或者刑事裁判认定行为人构成犯罪，合同相对人请求该法人、非法人组织或者他人承受合同后果的；(3)法人或者非法人组织的法定代表人、负责人或者其他工作人员的职务行为涉及刑事犯罪或者刑事裁判认定其构成犯罪，受害人请求该法人或者非法人组织承担民事责任的；(4)侵权行为人涉及刑事犯罪或者刑事裁判认定行为人构成犯罪，被保险人、受益人或者其他赔偿权利人请求保险人支付保险金的；(5)受害人(当事人)请求涉及刑事犯罪的行为人之外的其他主体承担民事责任的。

二、关于在先判决的既判力问题

在处理刑民交叉案件上，应当明确一个基本立场：刑事诉讼和民事诉讼的差异性是天然的，但是一旦刑事或者民事判决作出来，我们应当充分尊重判决结果，不能轻易地以刑事否定民事或者以民事否定刑事。事实上，刑事判决和民事判决之间也不存在法律地位及效力孰高孰低的问题，都是人民法院作出的判决，都应当予以尊重、一体执行。在先判决的既判力方面涉及不少具体问题，在此主要谈谈受害人经济损失的救济问题。

根据1998年《最高人民法院关于在审理经济纠纷案件中涉及经济犯罪嫌疑若干问题的规定》第八条的规定，涉嫌经济犯罪案件受害人要想维护自己民事权利，可以选择提起刑事附带民事诉讼，或者待刑事诉讼处理以后单独进行民事诉讼。但根据其后颁行的《最高人民法院关于刑事附带民事诉讼范围问题的规定》(已失效)的规定,因人身权利受到犯罪侵害而遭受物质损失或者财物被犯罪分子毁坏而遭受物质损失的,可以提起附带民事诉讼。而对于经济犯罪引起的损害赔偿问题,则不能通过刑事附带民事诉讼受偿,而只能由受害人在人民法院依法追缴或责令退赔,且仍不能弥补损失的情况下,才能另行提起民事诉讼。在相关规定不尽一致的情况下,这里有以下两个问题需要重点关注:

1. 民事判决已经判处赔偿损失,但尚未执行或执行不能,刑事案件要不要再判被告人退赔?

实践中,有观点认为,因为民事判决没有得到执行,所以在刑事诉讼时不应考虑民事案件的处理情况,而应一并就查明的刑事涉案金额作出退赔或追缴处理。这实际上就用刑事判决来替代民事判决,按照前述所明确的司法立场,此做法需要反思。赔偿损失的民事判决已经作出,意味着受害人的诉求已经得到了司法救济,应无须再予刑事判决退缴。至于民事判决的执行问题,只是实际操作层面的问题,要受到很多客观因素的制约,但不会改变受害人的财产损失已经得到法院生效判决保障的事实。更何况,即便刑事判决退赔或追缴,一样可能存在执行不能的问题。

笔者认为,在实际操作中,对受害人关于诉讼方式的选择权应给予尊重,一旦其选择通过民事诉讼解决,则刑事诉讼应慎重启动。这也是避免一些民事当事人滥用刑事诉讼、"以刑促民"等的有力举措。一些人可能担心民事判决不当问题,这个问题其实在刑事判决中同样存在;并且,当事人权利的实现包括民事判决和执行两个环节,对判决中的一些问题,还可以通过执行领域中的裁判来调控。

2. 刑事判决追缴或退赔后是否还能提起民事诉讼?

按照2000年《最高人民法院关于刑事附带民事诉讼范围问题的规定》(已失效)的规定,被害人在人民法院依法追缴或者责令退赔仍不能弥补损失的,是可以另行提起民事诉讼的。但从实际看,刑事判决涉及追缴或退赔的,整体的执行情况还不够理想(这里有多方面的原因)。故有观点认为,在刑事判决虽然涉及追赃但受害人未获全部退赔的情况下,应当允许受害人另行提起民事诉讼。某些地方人民法院在实践中,为让受害人能顺利进行民事立案还推出了给其开具未获全部退赃证明的做法。如果按照前述的司法立场,笔者理解原则上不应当再允许当事人另行提起民事诉讼。特别是,对于刑事判决中有明确的退赔数额及退赔责任主体、权利主体的情况下,如果仅因为被告人没有偿付能力而无法执行,此时受害人应当直接向法院申请强制执行,而不应当允许其就同一损失再向法院提起民事诉讼,因为就该损失主张,人民法院已经作出了司法确认、保障,再行起诉只会浪费司法资源和当事人成本。当然,执行部门要重视对刑事判决的执行,不应在刑事执行与民事执行上搞"区别对待",尤其不能故意设置门槛将一些刑事判项的执行人为地排除在外。

笔者认为,刑民交叉案件的办理机制是一个颇具实务性的话题,实际办案中应当注意树立三个观念:一是整体的观念,要全面地看待案件事实,特别是对同时涉及刑事诉讼和民事诉讼的案件,应当整体地看问题,不能各扫门前雪,就事论事,片面处理。二是融合的观念,民事和刑事之间要多交流,善于互借思路,比如对直接涉及合同效力的问题,刑事法官要多倾听民事法官的意见,而对于犯罪与否的问题,民事法官则要多倾听刑事法官的意见。三是协调的观念,刑事诉讼与民事诉讼之间的差异性天然存在,在目前的制度框架下两者很难达成完全一致,但应当强调在原则性问题上的协调统一,不能彼此之间南辕北辙、相互否定。比如,不能刑事上已认定为犯罪了,民事上仍然认定相关合同有效。

刑民交叉案件的有关疑难问题探讨

□梁　健*

刑民交叉案件的问题很多，也很复杂。结合司法实践中存在的刑民交叉案件的难点问题，本文主要谈三个问题：

一、民事法官在审理民事案件中发现犯罪线索难的问题

民事法官和刑事法官办案的很多理念不一样，民事法官审查案件重视形式证据，刑事法官审查案件重视实质，在办理刑民交叉案件过程中，形式证据往往完备无缺，因此民事法官要主动发现涉嫌犯罪难。如果能够在民刑交叉案件的相关规定中就发现涉嫌犯罪的路径，作一个提示性的规定可能会起到实质性的指引作用。

1. 民事法官要重视实质审查。从刑事司法实践看，民刑交叉案件主要集中在套路贷、虚假诉讼、非法吸存、集资诈骗、高利转贷以及人身伤害引发的刑事附带民事案件中。这些领域是刑民交叉案件高发地带。涉及刑事犯罪的案件，在民事案件的审理过程中，往往以民间借贷纠纷表现出来的，原告手中都有借贷合同或借据，从形式上审查发现问题难。但被告往往会提出抗辩，称贷款合同或者借条虚假或者借条系被胁迫情况下出具，或者借条上的借款已经部分或者全部归还。基于实践中的复杂情况，我们就要提示民事法官在审理民间借贷纠纷案件时，对借贷合同、借据等的审查不能仅仅限于形式审查，还要进行实质审查，要加强对借贷合同、借据形成原因，包括借款时间、地点、借贷资金来源、借款用途、出借目的及相关证人证言等进行认真核查，仔细调查借贷合同是否真实以及是否存在与以合同形式掩盖非法目的等涉嫌犯罪的问题。

2. 发现涉案犯罪线索，及时移送公安机关处理。如果我们审查发现了相关犯罪的线索，就应当就相关犯罪线索移交公安机关处理。如果该相关犯罪的线索与正在审理的民事案件存在紧密关联的，那么人民法院应当驳回起诉或者中止审理。目前就浙江情况来看，很多基层法院在这一方面做得很好，审理法院对于借贷纠纷是否涉嫌“套路贷”等相关犯罪警觉心已经非常高了，由于民事法官对审理借贷纠纷中原告是否涉嫌犯罪以及执行法官在民事执行过程中对申请执行人是否存在诉讼过程中涉嫌犯罪的警觉心高，一旦发现犯罪线索就马上移送公安机关处理，因此一批“套路贷”相关犯罪得以查处，民间借贷趋向正常，随之而来相关法院民间借贷案件呈现断崖式下降。

3. 总结经验，作出指引。有的基层人民法院总结了一套发现涉嫌犯罪线索的办法，就如何从看案卷、听诉辩、重调查着手，就犯罪线索的判断、发现、移送及与公安机关的衔接等进行了很好的经验总结。有些法院、检察院已经从大数据统计着手，建立了职业借贷人名录、诉讼失信人名录，对借贷案件的当事人进行大数据检索，统计在法院作为原告提起诉讼的案件数量、案由等数据，从而发现了一些民事案件的当事人涉嫌犯罪的情况。虽然《民事诉讼法》及相关司法解释也规定应该怎么做，但是相关规定过于抽象，民事法官很难操作，因此如果能在刑民交叉案件的规定中作出相关的提示，一定会大有裨益。

二、违法犯罪所得的界定问题

违法犯罪所得与传统的赃款赃物的概念不完全一致。传统的赃款赃物通常指直接通过违法

---

* 浙江省高级人民法院刑一庭副庭长。

犯罪手段获得的款物。违法犯罪所得不一定都通过违法犯罪手段获得，如黑社会性质组织通过形式上合法的手段获取的钱财也属于违法所得。笔者认为，违法犯罪所得应该与赃款赃物的概念相一致。但即使理解上不完全一致，也没有大的关系，关键是违法犯罪所得应该如何界定的问题。

首先，要从理论上厘清，不能把将违法犯罪所得局限于通过违法犯罪手段获取的传统上属于赃款赃物的概念，应该并且必须作一个合理的扩张性解释。2018 年《关于办理黑恶势力犯罪案件若干问题的指导意见》（以下简称《指导意见》）第七条规定，在组织的形成、发展过程中通过有组织地以投资、控股、参股、合伙等合法的生产、经营活动获取经济利益的，应当认定为有组织地通过违法犯罪活动或者其他手段获取经济利益。实践中，黑社会性质组织往往通过开办公司企业等方式"以商养黑""以黑护商"，无论其财产是通过非法手段聚敛，还是通过合法的方式获取，只要将其中部分或全部用于违法犯罪活动或者维系犯罪组织的生存、发展，即可认定其财产为违法所得，即违法所得不限于行为特征中的违法犯罪以及不正当行为直接获取的财产。黑恶势力不仅会通过违法犯罪活动攫取经济利益，而且往往通过开办公司企业等表面"合法"的方式获取经济利益。在认定涉案企业的资产属性时不能被表面现象所迷惑，不能简单地认为这些企业资产是合法财产，而必须揭开公司面纱予以认真审查甄别。

其次，在违法所得的证明标准上，采用"高度盖然性"作为违法所得的证明标准，而不宜适用"证据确实、充分"的证明标准。第一，认定涉案财产系违法所得还是合法所得，通常情况下并不会对被告人的量刑发生实质性影响，而只是针对被告人因犯罪行为而获取的财产的处理，本质上是对财产所有权的确认。故违法所得的证明标准无须采用"证据确实、充分"的证明标准。第二，采用"高度盖然性"标准更能解决实际问题。在判断涉案财物到底是违法所得还是合法财产时，如果采用"证据确实、充分"的证明标准，有时无法得出确切结论，涉案财产难以处置；如果采用"高度盖然性"的证明标准就能得出明确结论，对涉案财产就能作出处置。第三，采用"高度盖然性"的证明标准有相关依据。《指导意见》第三十条规定，黑社会性质组织犯罪嫌疑人、被告人逃匿，在通缉一年后不能到案，或者犯罪嫌疑人、被告人死亡的，应当依照法定程序没收其违法所得。《关于被告人逃匿、死亡案件违法所得没收程序若干问题的规定》第十七条规定，申请没收的财产具有高度可能属于违法所得及其他涉案财产的，应当认定为违法所得及其他涉案财产。因此，在黑恶势力犯罪案件违法所得的证明标准上只要达到"高度可能"即可，而无须达到"证据确实、充分"的证明标准。第四，"高度盖然性"的证明标准并不低。很多国家将违法所得没收规定为民事诉讼程序。其中，对于证明没收的财产与犯罪事实的关联性，美国、英国、加拿大、澳大利亚等国家均采用"优势证据"的证明标准。这些国家用自身的经验和做法证明了优势证据标准用于违法所得界定的可行性和合理性，也为我们认定违法所得采用"高度盖然性"证明标准提供了参考经验。事实上，"高度盖然性"的证明标准比"优势证据"的证明标准要高。

三、违法所得认定程序路径问题

首先，要构建相对独立的资产调查程序。《最高人民法院关于适用〈中华人民共和国刑事诉讼法〉的解释》第三百六十四条规定，法庭审理过程中，对查封、扣押、冻结的财物及其孳息，应当调查其权属情况。为此，侦查机关应当全面调查黑恶案件资产状况，为检察机关就涉案资产提出具体的处理意见打牢基础。司法实践中，特别要注意对代持股份的调查和审计评估。侦查前期就要对各个涉案或关联企业的股东出资、来源、分红等情况进行专项审计，及时固定证据。对涉案资产要进行审计评估，方能确定资产来源、性质、权属以及价值大小。对于黑恶案件已经审结但资产没有调查清楚的，侦查机关或者资产处置小组必须补充调查清楚。

其次,要构建相对独立的举证质证程序。《关于办理黑恶势力刑事案件中财产处置若干问题的意见》第十一条、第十三条规定,人民检察院在提起公诉时,对涉案资产的相关证据应当列出清单,特别是证明涉案财物系违法所得或犯罪工具的证据材料要一并移送法院,对采取措施的涉案财产提出处理意见建议,在法庭审理时应当对证明黑恶势力犯罪涉案财产情况进行举证质证。否则,被告人或者辩护人因事先不知道处理意见而无法进行针对性的辩护和提出意见。对于已经审结的黑恶案件,侦查机关或者资产处置小组对涉案财产查证后,检察机关应当将涉案资产查证情况和处置意见告知被告人及其委托的代理人,听取意见。

最后,要经过充分的辩论程序。法庭或者资产处置小组应当保持中立,在充分听取检察机关和被告人、辩护人、代理人的意见后,依法作出裁判和决定。涉案财产处置事关被告人以及其他相关人合法权益,因此,法庭应保持中立,听取各方意见。法庭在刑事判决中应对涉案财产作出处理并阐明理由。资产处置小组提请法庭对涉案财产作出裁定时,法庭作出的裁定应当阐明详细的处置理由。

防控新冠疫情,刑法须担重任

□刘志伟*

17 年前非典型肺炎(以下简称"非典")给国人造成的伤痛尚未忘却,新型冠状病毒肺炎(以下简称新冠肺炎)疫情今又发生,危害甚大、损失甚巨。大疫当前,正值全党全军全国人民众志成城、共克时艰之危难时,却有一些人,或拒绝采取防控措施甚至恶意传播病毒,或暴力伤医、扰乱医疗秩序,或制售伪劣疫情防控物品、药品,或囤积居奇、哄抬物价,或造谣传谣、蛊惑人心,或滥用职权、懈怠值守甚至非法占有、挪用疫情防控款物等,不一而足,严重妨害疫情防控工作的顺利进行,甚至造成疫情扩大传播,给国家利益、人民生命健康造成极为严重的损失。对于上述种种恶行,必须用足用好刑法,严厉惩治,为打赢新冠肺炎疫情防控战提供有力的法治保障。

为此,最高人民法院、最高人民检察院、公安部、司法部在全面、系统总结 2003 年最高人民法院、最高人民检察院联合发布的《关于办理妨害预防、控制突发传染病疫情等灾害的刑事案件具体应用法律若干问题的解释》(以下简称《解释》)适用情况的基础上,结合当前新冠肺炎疫情防控中出现的各种违法犯罪的实际情况,及时制定、发布了《关于依法惩治妨害新型冠状病毒感染肺炎疫情防控违法犯罪的意见》(以下简称《意见》),对如何运用刑法严惩各种妨害疫情防控的犯罪及相关问题作了比较全面、细致的规定。我们相信,《意见》的及时出台和贯彻执行,必将在新冠肺炎疫情防控工作中发挥不可替代的重要作用。

一、全面规定犯罪类型,强化刑法警示

刑法的一个显著特点在于明确规定各类犯罪及行为人应承担的刑罚后果,其重要作用之一在于告诉人们什么样的行为是犯罪及实施犯罪应承担什么样的刑罚后果,以此规范人们的行为、对人们进行警示。因而刑法对犯罪及其刑罚规定得越明确、越细致,就越能发挥刑法的规范、警示作用。尽管包括妨害疫情防控犯罪在内各类犯罪行为,我国刑法中早已有比较详细、明确的规定,而且也早已通过各种形式予以昭告,但客观而言,一部刑法字数近十万,罪名近五百,普通大众未必都全面、准确了解,甚至不少人可能对其中的很多规定闻所未闻。因而为切实发挥刑法的

---

* 北京师范大学刑事法律科学研究院副院长、教授、博士生导师,中国刑法学研究会秘书长,中国法学会案例法学研究会副会长。

规范、警示作用,针对特殊事件、在特殊时期,采用一定方式集中宣示相关刑法的规定,就非常必要。为此,《意见》分九个类型明确规定了疫情防控期间已经出现和可能出现的妨害疫情防控的35种行为、33种犯罪,关于这些犯罪的规定涵盖疫情防控的方方面面,全面详尽、具体明确。要特别指出的是,《意见》并没有机械照搬刑法的相关规定,而是紧密结合妨害疫情防控的具体情形,明确规定了何种妨害疫情防控的行为应构成何种犯罪。如《意见》规定,"已经确诊的新型冠状病毒感染肺炎病人、病原携带者,拒绝隔离治疗或者隔离期未满擅自脱离隔离治疗,并进入公共场所或者公共交通工具的;新型冠状病毒感染肺炎疑似病人拒绝隔离治疗或者隔离期未满擅自脱离隔离治疗,并进入公共场所或者公共交通工具,造成新型冠状病毒传播的""危害公共安全的,依照刑法第一百一十四条、第一百一十五条第一款的规定,以以危险方法危害公共安全罪定罪处罚";《意见》还规定:"在疫情防控期间,故意伤害医务人员造成轻伤以上的严重后果,或者对医务人员实施撕扯防护装备、吐口水等行为,致使医务人员感染新型冠状病毒的,依照刑法第二百三十四条的规定,以故意伤害罪定罪处罚。"这种规定方式直观、准确、针对性强,能够切实充分发挥刑法的规范、警示作用,对减少妨害疫情防控的违法犯罪必将产生重要的影响。

二、精确犯罪成立标准,纠正实践误偏

罪刑法定原则首先要求刑法的规定尤其是对犯罪的规定必须明确、具体,不易产生误解、歧义,而不能抽象概括、语义不明、含混不清,否则就会模糊罪与非罪、此罪与彼罪之间的界限,造成惩罚无辜、处罚过当或者放纵犯罪的严重后果。就传染病疫情防控期间的犯罪情况而言,拒绝采取隔离措施造成传染病传播或者传播危险的情况很多,但是否都一概构成以危险方法危害公共安全罪呢?

最高人民法院、最高人民检察院在2003年"非典"防控期间发布的《解释》第一条规定:"故意传播突发传染病病原体,危害公共安全的,依照刑法第一百一十四条、第一百一十五条第一款的规定,按照以危险方法危害公共安全罪定罪处罚。"显然,该条对故意传播突发传染病病原体构成的以危险方法危害公共安全罪的罪状规定得比较抽象、笼统,不易准确把握犯罪的成立标准。应当说,该条规定是当前司法机关处理拒绝采取隔离措施造成传染病传播或者传播危险案件的重要依据,与此同时,其间的隐患也已经出现。我们注意到,媒体报道的19例按以危险方法危害公共安全罪立案侦查的案件中,有不少是行为人仅有在疫区武汉工作或旅行的经历,未按规定报告、隔离,之后本人被确诊新冠肺炎,并造成他人被传染新冠肺炎或新冠肺炎传播危险。对于这种情况,行为人在出现新冠肺炎或疑似新冠肺炎症状之前,只是明知自己系来自疫区,连自身有可能携带新冠肺炎病原体也未必有认知,更谈不上对造成危害公共安全后果的希望或者放任。仅凭此种明知即认定其具有危害公共安全的故意并按以危险方法危害公共安全罪定罪处罚,显然不妥。因此,《意见》对故意传播突发传染病病原体构成的以危险方法危害公共安全罪的构成要件进行了明确、准确的界定,即规定,"故意传播新型冠状病毒感染肺炎病原体,具有下列情形之一,危害公共安全的,依照刑法第一百一十四条、第一百一十五条第一款的规定,以以危险方法危害公共安全罪定罪处罚:1.已经确诊的新型冠状病毒感染肺炎病人、病原携带者,拒绝隔离治疗或者隔离期未满擅自脱离隔离治疗,并进入公共场所或者公共交通工具的;2.新型冠状病毒感染肺炎疑似病人拒绝隔离治疗或者隔离期未满擅自脱离隔离治疗,并进入公共场所或者公共交通工具,造成新型冠状病毒传播的"。该条相较以前的规定,第一种情形增设了三个必须同时具备的构成要素:(1)行为人必须是已经确诊的新冠肺炎病人、病原携带者;(2)行为人拒绝隔离治疗或者隔离期未满擅自脱离隔离治疗;(3)行为人进入公共场所或者公共交通工具。第二种情形增设了四个必须同时具备的构成要素:(1)行为人必须是新冠肺炎疑似病人;(2)行为人拒绝隔离治疗或者隔离期未满擅自脱离隔离治疗;(3)行为人进入公共场所或者公共交通工具;(4)行为人的行为造成新型冠状病毒传播。《意见》的上述规定保障了案件的定性准确、不枉不纵。

造谣、传谣也是疫情防控期间发生较多的一类情况,《意见》为保证准确认定和处理编造、故意传播虚假信息罪,特意规定,“对于因轻信而传播虚假信息,危害不大的,不以犯罪论处”。有助于纠正和避免当前实践中把一些因轻信、误信而通过微信、微博等媒体传播虚假信息行为当作犯罪处理的不当做法。

三、确立从严特殊政策,保障惩治力度

当前正值疫情肆虐、形势危急,举全国之力抗击新冠肺炎疫情之际,竟然有人逆流而动,实施各种妨害疫情防控的违法犯罪行为,无异于火上浇油、落井下石。急症用猛药,攻坚出重拳。对于这些妨害疫情防控的犯罪行为应当实行从严惩处的特殊刑事政策,给予严厉的刑罚制裁。这些行为严重妨害了疫情防控工作顺利进行,甚至造成疫情不能及时防控,客观上具有严重的社会危害性,而且这些行为人明知疫情肆虐、防控艰难,仍出于各种不良动机实施妨害疫情防控犯罪行为,表明其主观恶性和人身危险性极大,因而对这些行为人从重给予严厉惩处,是具有充分根据的。鉴于此,《意见》在规定了妨害疫情防控的九类33种犯罪之后规定,“对于在疫情防控期间实施有关违法犯罪的,要作为从重情节予以考量,依法体现从严的政策要求,有力惩治震慑违法犯罪,维护法律权威,维护社会秩序,维护人民群众生命安全和身体健康”。这意味着,只要是在本次新冠肺炎疫情防控期间实施《意见》规定的33种妨害疫情防控的犯罪行为,人民法院在对犯罪分子裁量刑罚时,都必须把其在疫情防控期间犯罪作为从重处罚的情节,对犯罪分子判处较重的刑罚。这一规定的贯彻执行,将对严惩妨害疫情防控的犯罪分子、震慑潜在的有妨害疫情防控之欲的人员发挥重要的警示作用。

也许有人会质疑《意见》这一规定的合理性,会指出2003年最高人民法院、最高人民检察院在“非典”期间发布的《解释》中,就没有对故意传播传染病病原体构成的以危险方法危害公共安全罪,挪用用于预防、控制突发传染病疫情等灾害的救灾、优抚、救济等款物构成的挪用特定款物罪等犯罪规定从重处罚,而且这些犯罪正是由于其对象的特定性才成立的,因而不应再从重处罚。我们认为,正如前文所述,只要是在疫情防控期间实施妨害疫情防控的犯罪,无论是行为及其后果的客观危害,还是行为人的主观恶性和人身危险性,都具有从重处罚的充分根据。具体就故意传播新冠肺炎病原体构成的以危险方法危害公共安全罪来说,固然行为人是因故意传播新冠肺炎病原体这种特定的物质才构成犯罪的,但在疫情防控期传播与在非疫情防控期传播,造成的危害有着显著的差异。在疫情防控期,本来用于防控疫情的资源就很紧张、医护人员也很短缺,而故意传播新冠肺炎病原体的行为导致疫情扩大,使本来就严峻的防控局面更加严峻,而在非疫情防控期,即使实施同样行为,由于有充足的资源和医护人员,所以防控工作就比较容易,犯罪行为造成的危害也相对要小得多;再者是否在疫情防控期实施故意传播新冠肺炎病原体,行为人的主观恶性和人身危险性也有较大的差别。因而完全有必要对在疫情防控期故意传播新冠肺炎病原体构成的以危险方法危害公共安全罪从重处罚。

具体就挪用用于预防、控制突发传染病疫情的款物构成的挪用特定款物罪来说,固然行为人因挪用的是用于预防、控制突发传染病疫情的款物这种特定物才构成犯罪的,但在疫情防控期挪用与在非疫情防控期挪用,造成的危害有显著差异。在疫情防控期,本来用于防控疫情的款物就比较紧张,因而挪用防控疫情的款物,会使急需该类款物的单位和人员因缺乏防控疫情的款物而造成疫情无法防控。而在非疫情防控期,即使实施同样的行为,也由于有比较充裕的该类款物,所以挪用行为造成的危害相对要小;而且在疫情防控期实施挪用行为比在非疫情防控期实施挪用行为，前者行为人的主观恶性和人身危险性比后者要大。因而对在疫情防控期实施的挪用用于预防、控制疫情的款物构成的挪用特定款物罪从重处罚具有充分的根据。

当然，对在疫情防控期间实施的妨害疫情防控的犯罪实行从重处罚的特殊政策并不意味着抛开对宽严相济基本刑事政策的贯彻，事实上，这一特殊从严政策正是宽严相济基本刑事政策中"严"的一面的体现，而且在司法实践中对于那些自首、坦白、偶犯等具有从宽情节的犯罪分子，仍然应该体现"宽"的一面，酌情给予从宽处理。

拒绝执行防疫措施行为刑法定性应注意的问题

□刘宪权*

时下，全国各地已经陆续出现了部分新型冠状病毒肺炎（以下简称新冠肺炎）疫情患者或疑似病例拒绝执行防疫措施的情形，而一些司法机关也将此类拒绝执行防疫措施的行为认定为以危险方法危害公共安全罪。笔者认为，理论与实践中，应对此类行为的定罪量刑加以充分研究，避免对法条和罪名的误读。

一、准确理解《意见》与《解释》之关系

为依法应对此次新冠肺炎疫情所引发的社会治安问题，2020 年 2 月 6 日最高人民法院、最高人民检察院、公安部、司法部联合颁布《关于依法惩治妨害新型冠状病毒感染肺炎疫情防控违法犯罪的意见》（以下简称《意见》）。应该看到，在《意见》出台之前，实践中存在 2003 年 5 月 13 日最高人民法院、最高人民检察院发布的《关于办理妨害预防、控制突发传染病疫情等灾害的刑事案件具体应用法律若干问题的解释》（以下简称《解释》）和 2008 年最高人民检察院、公安部发布的《关于公安机关管辖的刑事案件立案追诉标准的规定（一）》两个规定。其中《意见》和《解释》均对妨害传染病防治犯罪活动的刑法适用疑难问题作了明确的规定。对于拒绝执行防疫措施过失造成传染病传播的行为，《意见》以妨害传染病防治罪认定，而《解释》以过失以危险方法危害公共安全罪认定。笔者认为，《意见》与《解释》在对一些妨害疫情防控犯罪行为的定性上看似存在矛盾与冲突，实则不然。

《解释》之所以对拒绝执行防疫措施过失造成传染病传播的行为以过失以危险方法危害公共安全罪认定，是因为修订前的《传染病防治法》并无"按甲类管理的传染病"的相关规定，故而当时妨害传染病防治罪所针对的传染病仅限于甲类传染病而不包括按甲类管理的传染病。之后，总结 2003 年"非典"疫情的防控经验和基于日常传染病防治管理的需要，卫生行政部门对一些严重的乙类传染病或是不明原因的传染病在防控措施上进一步增强。《传染病防治法》也于 2004 年经过修订，在原有传染病类型的基础上增加了"按甲类管理的传染病"的规定，即对乙类传染病中传染性非典型肺炎、炭疽中的肺炭疽、人感染高致病性禽流感，以及对国务院卫生行政部门根据需要报经国务院批准公布实施的其他乙类传染病和突发原因不明的传染病，采取甲类传染病的防控措施。2008 年最高人民检察院、公安部发布的《关于公安机关管辖的刑事案件立案追诉标准的规定（一）》第四十九条根据《传染病防治法》的上述修订内容，将"按照甲类管理的传染病"纳入妨害传染病防治罪的范畴。至此，妨害传染病防治罪所针对的传染病不仅包括甲类传染病，也包括按照甲类管理的传染病。新冠肺炎虽然不属于甲类传染病，但属于按照甲类管理的传染

---

* 华东政法大学教授，博士生导师，中国刑法学研究会副会长。

病。就此而言,《意见》对于拒绝执行防疫措施过失造成传染病传播的行为以妨害传染病防治罪认定的规定是完全正确的,而在当前新冠肺炎疫情防控工作中严格适用《意见》规定并无不当。

二、限定适用以危险方法危害公共安全罪

一般情况下,在突发传染病疫情的防控过程中,行为人故意引起传染病传播或者有传播严重危险的情况是比较少见的。就此而言,对于将拒绝执行防疫措施的行为认定为以危险方法危害公共安全罪应当持谨慎、严格的态度,除非拒绝执行防疫措施的行为人出于报复社会、发泄不满等动机,希望造成传染病传播的后果,否则一般不应当认定为以危险方法危害公共安全罪。有人认为,只要行为人对传染病传播的后果是放任的,在导致传染病传播后果的情况下,即可认定为以危险方法危害公共安全罪。笔者认为,很多情况下,抗拒防疫措施的行为人对于导致传染病传播后果往往是不明知的;也有很多情况下,行为人即使明知但往往都是持"轻信能够避免"的心理态度,即其对于造成传染病传播后果也是排斥、否定的。试想,明知自己疑似新冠肺炎却拒绝执行防疫措施仍然访亲问友的行为人,其对于亲友感染病毒难道不是排斥、否定的?因此,拒绝执行防疫措施行为中除极少数具有直接故意罪过外,很难存在放任传染病传播后果的间接故意罪过。

实际上,《意见》也佐证了笔者的观点。《意见》明确了两种拒绝执行防疫措施行为可以认定为以危险方法危害公共安全罪:一是已经确诊的新冠肺炎病人、病原携带者,拒绝隔离治疗或者隔离期未满擅自脱离隔离治疗,并进入公共场所或者公共交通工具,故意传播新型冠状病毒;二是新冠肺炎疑似病人拒绝隔离治疗或者隔离期未满擅自脱离隔离治疗,并进入公共场所或者公共交通工具,故意传播新型冠状病毒。需要注意的是,《意见》是从行为人客观上是否被确诊、是否因疑似被隔离治疗,以及是否进入公共区域等方面,严格限定以危险方法危害公共安全罪的认定范围。《意见》在罗列上述客观方面表现的前面,着重加了"故意传播新型冠状病毒感染肺炎病原体"的要求,对行为人主观上作了特别严格的限定。根据《意见》这一具有十分明确排他性质的规定,对于不属于上述两种情形的拒绝疫情防控措施行为,均不能认定为以危险方法危害公共安全罪。

三、准确界分妨害传染病防治罪和过失以危险方法危害公共安全罪

通说认为,妨害传染病防治罪的主观罪过系过失。尽管时下理论上也有人主张这是一个混合罪过甚至是故意的犯罪,但是,笔者认为,该种观点实际上是将故意犯罪的"故意"与一般行为的"故意"相混淆,或将对违法违规的"明知故犯",想当然地认为是故意犯罪。事实上,从法定刑的规定看,妨害传染病防治罪的法定最高刑仅为七年有期徒刑。如果行为人严重危害传染病防治秩序并导致疫情发生或加剧结果的行为系故意的话,显然不可能规定如此轻的法定刑。另外,妨害传染病防治罪系过失犯罪实际上也已经得到《意见》的佐证。

相较于妨害传染病防治罪,过失以危险方法危害公共安全罪在主观方面同为过失,在客观方面同样可能造成传染病传播或者有传播严重危险,在法定刑的设置上也与妨害传染病防治罪几乎完全相同。厘清两罪的界限成为时下亟待解决的疑难问题。

笔者认为,两罪的区别首先表现为犯罪主体的不同。妨害传染病防治罪的犯罪主体除包括刑法第三百三十条第一款前三项规定的具有防疫职责之特殊主体外,还包括第(四)项规定的拒绝执行预防措施的一般主体;而过失以危险方法危害公共安全罪的犯罪主体只能是一般主体。当两罪在犯罪主体上出现重合时,行为发生场合的不同则是区分两罪的关键所在。妨害传染病防治罪主要发生于"疫情防控期间",而过失以危险方法危害公共安全罪主要发生于"日常生活"中。这是基于两罪所侵害的客体不同而决定的,妨害传染病防治罪侵害的客体主要是传染病防控管理秩序，过失以危险方法危害公共安全罪侵害的客体则主要是公共安全。任何在疫情防控期间拒绝执行防疫措施的行为势必对传染病的防控管理秩序造成破坏。因此，在疫情防控期间，过失导致传染病传播或者有传播严重危险的拒绝执行防疫措施行为应以妨害传染病防治罪认定。

实际上，现行刑法中以“场合”作为罪名区分标准的现象并不鲜见，典型的如失火罪、重大责任事故罪和玩忽职守罪，同样是过失导致火灾后果，行为发生在“日常生活”中构成失火罪，行为发生在“生产作业”中则构成重大责任事故罪，行为发生于“行政管理”中则构成玩忽职守罪。与此相同，过失造成传染病传播或者有传播严重风险，行为发生在“日常生活”中构成过失以危险方法危害公共安全罪，行为发生在“疫情防控期间”则构成妨害传染病防治罪。正因如此，《意见》对于此次新冠肺炎疫情期间发生的拒绝执行防疫措施行为明确规定，除两种特定情形以以危险方法危害公共安全罪认定外，其他情形均以妨害传染病防治罪认定。

四、谨防混淆行为人“故意”和“过失”的主观罪过

刑法理论上认为，故意和过失最主要的区别在于行为人对危害结果的发生是否持否定的态度。时下，实践中存在将两者主观罪过加以混淆的现象。

笔者认为，故意犯罪中的“故意”是相对危害结果而并非相对行为的态度而言。拒绝执行疫情防控措施的行为人对于自己的行为肯定是在自己意识、意志支配之下“故意”实施的，但行为人对于引起传染病传播或者有传染严重危险的后果一般均是持否定态度的。

同时需要指出的是，刑法中大多数过失犯罪，特别是重大事故类的过失犯罪，行为人对“违法违规”主观上通常是“明知故犯”的，但这并不影响我们对行为人过失主观罪过的认定。正因如此，笔者认为，在防控疫情的过程中，我们不能因为行为人主观上对疫情防控措施的“明知故犯”，而简单地认为行为人对危害结果就是持故意态度。

正因如此，依笔者之见，对时下大多数拒绝执行防疫措施的行为，应以妨害传染病防治罪定性，谨慎适用以危险方法危害公共安全罪这一罪名。

传染病防治失职罪研究

□谢望原* 吴光侠**

由于立法粗疏简单和社会情况复杂多样，我国现行刑法规定的传染病防治失职罪在刑法理论上和司法实践中出现了诸多令人疑惑的问题。鉴于2003年非典型肺炎（atypical pneumonia，世界卫生组织称之为Severe acuterespiratory Syndrome 即 SARS，以下简称“非典”）疫情突发，对人民群众的生命与健康构成严重威胁，而我国刑法理论界与实务部门对涉及传染病方面犯罪的刑法对策研究明显不足，为了给当前打击与防范涉及类似“非典”传染病方面的犯罪提供理论支持，本文以“非典”为例，对传染病防治失职罪的相关理论与司法实务问题进行专题研究。

一、传染病防治失职罪的立法演进

我国传染病防治立法，经历了一个不断发展完善的过程。随着1954年9月中华人民共和国第一部《宪法》的公布实施，我国的法制建设进入了初步创建和发展时期。1955年7月，经国务院批准，卫生部发布了第一个《传染病管理办法》，并于1956年和1957年先后加以补充，这为后来

---

* 中国人民大学刑法学教授，博士生导师。

** 最高人民法院审判管理办公室党务廉政专员。

的立法工作提供了宝贵的历史资料与实践经验。1979 年 7 月 1 日，第五届全国人民代表大会第二次会议通过了中华人民共和国第一部刑法。该刑法在第六章(妨害社会管理秩序罪)第一百七十八条中，规定了妨害国境卫生检疫罪，在第一百八十七条规定了国家工作人员玩忽职守罪，但是并没有特别规定其他妨害传染病防治的具体犯罪。

1989 年 2 月 21 日，第七届全国人民代表大会常务委员会第六次会议通过的《中华人民共和国传染病防治法》第三十九条专门规定，有关人员“玩忽职守，造成传染病传播或者流行，情节严重、构成犯罪的”，依照 1979 年刑法第一百八十七条的玩忽职守罪追究刑事责任。这一行政法规中的附属刑法，为后来刑法修订单独设立传染病防治失职罪奠定了基础。1991 年 10 月 4 日，国务院批准了《传染病防治法实施办法》，该行政法规细化了政府卫生行政部门、卫生防疫、医疗保健机构中有关人员传染病防治的有关责任，并对有关用语的含义进行了解释。鉴于玩忽职守罪的规定仍然过于笼统，不利于打击与防范医疗卫生领域的渎职犯罪，故 1997 年 3 月 14 日第八届全国人民代表大会第五次会议修订并于 10 月 1 日起施行的现行刑法吸收和总结了历史经验，专门在第四百零九条明确规定了传染病防治失职罪，“从事传染病防治的政府卫生工作人员严重不负责任，导致传染病传播或流行，情节严重的，处三年以下有期徒刑或者拘役”。这一规定是我国刑法第一次把有关人员在防治传染病方面的失职行为正式纳入刑法调控范围。

二、传染病防治失职罪构成辨析

我国学者对传染病防治失职罪定义的理解较为统一，即本罪是指从事传染病防治的政府卫生行政部门工作人员严重不负责任，导致传染病传播或者流行，情节严重的行为。但是，在传染病防治失职罪的构成问题上，理论界却存在分歧。根据我国法律的规定以及刑法基本理论，我们认为本罪具有侵害客体的单一性、客观行为的失职性、犯罪主体的身份性、主观心态的过失性四个方面的要件构成特征：

(一)侵害客体的单一性

关于本罪侵犯的客体，我国刑法理论界认识不尽一致，主要有以下三种观点：第一种观点认为，本罪侵犯的客体是国家关于传染病防治的管理制度。这是我国刑法学中的传统观点。第二种观点认为，是从事传染病防治的政府卫生行政部门工作人员的职务勤政性或职权行为的正当性，也可以认为是国家对传染病防治工作的正常监督管理活动。第三种观点认为，本罪侵犯的客体是国家机关的正常活动。这种观点实际上把渎职罪的同类客体当成了本罪的直接客体，难以反映本罪的独特犯罪性质，无法使本罪与其他渎职罪区别开来。上述观点的共同特点，就是认为本罪侵害的客体乃是单一客体。我们虽然赞同本罪侵犯的是单一客体，但认为本罪侵犯的单一客体不是上述各种观点所说的“管理制度”或“管理活动”，而是国家对“非典”等传染病防治的行政管理权。理由如下：

其一，马克思在《关于反对盗窃林木法案的辩论》中曾经指出，“犯罪行为的实质并不在于侵害了作为某种物质的林木，而在于侵害了林木的国家神经——所有权本身”。这就是说犯罪客体的实质在于“国家神经”——某一具体的权能，如所有权、人身权、安全权、管理权等。马克思的这一精辟论断，不仅适用于盗窃林木的犯罪，也可以而且应当适用于其他犯罪。因此，本罪侵害的客体也应当是国家对“非典”等传染病防治的管理权。

其二，从词义上来分析，管理制度与管理活动相对称，有一项管理制度，就会有一项管理活动。管理制度是管理活动正常进行的静态规范体系，管理活动则是依照此制度为达到某种管理目的而采取的动态行动。管理权的存在是制定管理制度的根据，管理制度的确立又是进行管理活动的前提。没有管理权，就没有相应的管理制度，更谈不上依此制度进行管理活动了。由此可见，管理权是管理制度和活动的内在根据，而管理制度和活动则是管理权的外部体现。因为管理制度和活动本身不是社会关系，只不过是社会关系的不同外在体现，所以当然就没有资格成为我国刑法所保护而为犯罪行为所侵犯的社会关系即犯罪客体了。

其三，从犯罪客体的实质方面考察，犯罪客体作为刑法保护与调整而被犯罪行为所侵犯的社会关系，它当然也是一种法律关系（刑事法律关系的重要内容）。在这一特定法律关系中，其主体即参与刑事法律关系的当事人，乃是国家与犯罪人。其中，国家是特定的权利主体，具有按照自己意志对社会政治、经济、文教卫生等的统治管理权，具有对整个社会进行定向控制和管理的职能；犯罪人则是不特定的义务主体（尽管他在刑事法律关系中依法享有相应权利）。犯罪行为是行为人进行犯罪活动的实践，正是通过犯罪行为，才使国家与犯罪人形成了一种特殊的实体社会关系，亦即刑事法律关系。在这一实体社会关系中，犯罪人的行为妨害了国家管理职能的正常行使，侵犯了作为“国家神经”的统治管理权。诚然这种管理权要通过管理制度的制定、管理活动的进行表现出来，但后二者是管理权的外在表现，它们与管理权的关系是现象与本质的关系，管理权是它们的本质所在。我们对犯罪客体的认识应当遵循辩证唯物主义认识论的要求，透过管理制度和活动这些外部现象，抓住其内部深藏的实质，即管理权。

（二）客观行为的失职性

关于本罪的客观方面，学界一般引述刑法中罪状的规定，认为在客观方面表现为工作严重不负责任，导致传染病传播或者流行，情节严重的行为。有的学者则认为，本罪的客观方面表现为具有严重不负责任的行为和造成传染病传播或者流行的严重后果两个特点。我们认为，可在前述学术见解的基础上，结合《传染病防治法》规定，把本罪客观方面概括为两个方面：首先，行为人工作中有违反传染病防治法规定的严重不负责任的行为。工作严重不负责任，可表现为拒绝履行职责、放弃职责、未尽职责、擅离职守等。这说明行为人有违反职责的非法行为，这是构成本罪的前提行为条件，也正好说明本罪属于行政犯。其次，行为人之不法行为导致了传染病传播或者流行的后果，这是构成本罪的关键条件，也正好说明了本罪是结果犯。对此，详述如下：

1. 行为人在其职务工作中实施了违反《传染病防治法》规定的严重不负责任的行为。不难理解，本罪是因违反行政法规而被刑法规定为犯罪的行政犯，它与作为行政法的《传染病防治法》之间存有一种从属关系，其客观行为的具体方式规定在《传染病防治法》中。行为人构成本罪以违反有关行政法为前提。行政违法性的有无和程度，往往是界定本罪罪与非罪的标志。这可从作为行政法的《传染病防治法》中得到印证。例如，《传染病防治法》第三十九条规定，行为人“玩忽职守，造成传染病传播或者流行，情节严重、构成犯罪的”，依照刑法规定追究刑事责任。《国内交通卫生检疫条例》第十五条在规定了行政处罚、行政处分后进一步规定，违反该法“情节严重，引起检疫传染病传播或者有传播严重危险，构成犯罪的，依法追究刑事责任”。这些规定表明，超出行政处罚范围的传染病防治失职行为应由刑法调整。如果行为人行政违法达到情节严重，引起传染病传播的，则由量变发生质变，由行政违法变成了刑事犯罪。也就是说，本罪中的“违反传染病防治法的规定”与传染病防治方面行政法的规定体现出一种关联性的层次衔接。传染病防治失职罪的行政从属性，主要表现在两个方面：

（1）概念上的行政从属性。就本罪而言，刑法中涉及的专业性概念和有关术语的解释应当以作为行政法的《传染病防治法》的规定为依据。如传染病“暴发”指在一个局部地区短期内突然发生多例同一种传染病病人；“疫区”指传染病在人群中暴发或者流行，其病原体向周围传播时可能波及的地区；“卫生处理”指消毒、杀虫、灭鼠等卫生措施以及隔离、留验、就地检验等医学措施；“隔离”指将染疫人收留在指定的处所，限制其活动并进行治疗，直到消除传染病传播的危险；“留验”指将染疫嫌疑人收留在指定的处所进行诊察和检验。

(2)违法性要件的行政从属性。即传染病防治失职罪的客观行为方式及程度应当依照行政法的规定界定。根据刑法和作为行政法的传染病防治法律、法规的规定，本罪在具体行为方式上表现为，行为人实施了下列工作中违反传染病防治规定，严重不负责任、不履行或不正确履行法定职责情形之一的行为：对发生“非典”等传染病疫情的地区或“非典”等传染病病人、病原携带者、疑似传染病病人，未按照预防、控制疫情工作规范的要求做好防疫、检疫、隔离、防护、救治等工作，或者采取的防控措施不当；隐瞒、缓报、谎报或授意、指使、强令他人瞒、缓、谎报疫情；拒不执行传染病疫情应急处理指挥机构的决定、命令；对传染病的预防、治疗、监测、控制和疫情管理措施不进行监督检查，或监督、检查不认真；不按规定责令被检查单位或个人限期改进“非典”等传染病防治管理工作；不依法对违反传染病防治法的单位或个人给予行政处罚，等等。

2. 导致了传染病传播或流行的后果。所谓导致传染病传播或流行，是指在一定范围内导致传染病防治法所规定的甲类、乙类、丙类传染病疫情的发生。传染病指由于致病性微生物，如细菌、病毒、立克次体、寄生虫等侵入人体，能使人体健康受到某种损害甚至危及生命的、可以通过各种不同途径直接或间接传播，造成人群中发病或流行的一种疾病。根据《传染病防治法》第三条的规定，传染病分为甲、乙、丙三类。甲类传染病是传染性强、传播途径易实现、传播速度快、人群普遍易感的烈性传染病，包括鼠疫和霍乱。这是我国《国内交通卫生检疫条例》确定的检疫传染病，也是国际检疫传染病，一经发现，必须立即向世界卫生组织通报。乙类传染病是与甲类比较，传染性、传播途径、速度、易感人群次之的传染病，包括病毒性肝炎、细菌性和阿米巴性痢疾、伤寒和副伤寒、艾滋病、淋病、梅毒、脊髓灰质炎、麻疹、百日咳、白喉、流行性脑脊髓膜炎、猩红热、流行性出血热、狂犬病、钩端螺旋体病、布鲁氏菌病、炭疽、流行性和地方性斑疹伤寒、流行性乙型脑炎、黑热病、疟疾、登革热。丙类传染病是根据其可能发生和流行的范围，通过确定疾病监测区和实验室进行监测管理的传染病，包括肺结核、血吸虫病、丝虫病、包虫病、麻风病、流行性感冒、流行性腮腺炎、风疹、新生儿破伤风、急性出血性结膜炎，除霍乱、痢疾、伤寒和副伤寒以外的感染性腹泻病。根据情况，国务院可以增加或减少甲类传染病病种，卫生部可以增加或减少乙类、丙类传染病病种，并予公布。所谓传播，是指传染病在一定范围内扩散，使不特定多数人感染上传染病，实际上已经造成了传染病传播的后果。流行指一个地区某种传染病发病率显著超过该病历年的一般发病率水平。

(三)犯罪主体的身份性

本罪属于身份犯，即只有具有政府卫生行政机关工作人员身份、从事传染病防治公务之身份的人员，才能成为本罪主体。根据 1989 年通过的《传染病防治法》的有关规定，受国务院卫生行政部门委托的其他有关部门卫生主管机构和各级各类卫生防疫机构内执行卫生行政部门或其他有关部门卫生主管机构交付的传染病监督管理任务的传染病管理监督员，以及各级各类医疗保健机构中负责检查本单位及责任地段的传染病防治管理工作的传染病管理检查员，也可以成为本罪的主体。但是，1997 年修改刑法时，专设渎职罪一章，将本章的犯罪主体由国家工作人员修改为国家机关工作人员，缩小了主体范围。近年来，随着我国机构改革和行政处罚法的施行，在司法实践中遇到了一些新情况：一是法律授权规定，某些非国家机关的组织在某些领域行使行政管理职权；二是在机构改革中，有的将原来的国家机关调整为事业单位，但仍然保留其行使某些行政管理职能；三是有的国家机关将自己行使的职权依法规或规章委托给一些组织行使；四是有的国家机关根据工作需要聘用了一部分国家机关以外的人员从事公务。

鉴于这些情况，本着“权利与义务相统一，行政职权与承担责任相平衡”的原则，全国人民代表大会常务委员会于2002年12月28日作出《关于〈中华人民共和国刑法〉第九章渎职罪主体适用问题的解释》。根据这一立法解释和《最高人民法院、最高人民检察院关于办理妨害预防、控制突发传染病疫情等灾害的刑事案件具体应用法律若干问题的解释》,从事传染病防治的政府卫生行政部门的工作人员,或者在受政府卫生行政部门委托代表政府卫生行政部门行使职权的组织中从事公务的人员,或者虽未列入政府卫生行政部门人员编制,但在政府卫生行政部门从事公务的人员,都可以成为本罪的主体。根据卫生部新近发布的《传染性非典型肺炎防治管理办法》,县级以上卫生行政部门、各级疾病预防控制机构、各级各类医疗机构分别承担责任范围内"非典"的监督管理、监测管理、防治管理工作。凡在这些部门或机构中从事公务的人员,均可以成为本罪的主体。

(四)主观心态的过失性

关于本罪的主观罪过,学术界主要有两种不同认识:第一种观点认为只能是过失,行为人对导致传染病传播或流行这一危害结果出自过失,但行为人对工作中违反《传染病防治法》规定,严重不负责任的行为可能是故意。第二种观点认为一般是过失,但也不排除间接故意的存在。我们认为,本罪的主观罪过只能是过失,即行为人应当知道自己严重不负责任的行为可能会导致传染病传播或流行,但疏忽大意而没有预见,或虽已预见可能会发生,但凭借自己的知识或经验而轻信可以避免,以致发生传染病传播或流行的危害后果。其主要理由有以下几点:

1. 在1997年刑法修订前,由于附属刑法的规定,对故意行为也可比照玩忽职守罪论处。但因修订后的刑法增设了滥用职权罪,已将某些故意的渎职行为单独设罪,就不能再认为本罪还可由间接故意构成了。

2. 从立法沿革来看,本罪是从一般的玩忽职守罪中分化而来的,而玩忽职守罪仅由过失构成,且国家最高司法机关确定的本罪罪名中就有"失职"这一概念,这无疑更加突出了本罪的过失属性。

3. 从本罪较轻的法定刑来看,其最高法定刑为三年有期徒刑,与绝大多数过失犯罪的法定刑基本相一致,所以将其主观罪过理解为过失符合立法原意。

4. 罪责刑相适应原则是我国刑事立法和司法必须遵守的基本原则,当客观危害类似、主观罪过不同时,对罪责较轻的犯罪总是规定较轻的法定刑。例如,故意传播恶性传染病、危害不特定多数人的健康甚至生命,其危害性与放火、爆炸、投放危险物质等危险方法危害公共安全的犯罪并无二致。因此,《最高人民法院、最高人民检察院关于办理妨害预防、控制突发传染病疫情等灾害的刑事案件具体应用法律若干问题的解释》第一条规定,故意传播突发传染病病原体,危害公共安全的,按照以危险方法危害公共安全罪定罪处罚,极端情况下可对行为人判处死刑;而本罪在客观上完全可能与故意传播突发传染病病原体行为造成相同严重的危害后果,但极端情况下对行为也只能判处三年有期徒刑。二者的法定刑相差如此之大,这只能说明本罪的主观罪责较轻,立法与司法上均是将本罪作为过失犯罪看待的。

5. 本罪与交通肇事罪有类似之处,二者都是违反行政法规达到刑罚处罚程度而被刑法规定为犯罪的行政犯。违反《传染病防治法》的行为一般属于行政违法行为,只有后果严重时,才能发生质变成为刑事违法行为,也就是说造成严重危害后果是由行政违法转化为刑事违法的关键,因此,应根据行为人对危害结果(引起传染病传播或流行)的认识和态度,而不能以其对危害行为本身(工作中违反《传染病防治法》规定,严重不负责任的行为)的认识和态度来确定罪过的性质。本罪中行为人对违反传染病防治法规有时可能是故意的,但行为人对其危害结果则存有疏忽大意或过于自信的过失。如果行为人工作中严重不负责任,放任不管,存有间接故意,以致传染病传播或流行的，则应以滥用职权罪处罚。当然，如果“非典”等传染病人，在明知自己患有传染病的情况下而拒绝隔离治疗或隔离期未满擅自逃离，故意引起“非典”等传染病传播，给不特定的多人或有传播严重危险，危害公共安全的，则可以危险方法危害公共安全罪处罚，而不再构成本罪。

三、传染病防治失职罪的相邻界限

在明确了本罪上述四个方面的构成特征的基础上，要准确认定本罪，还要注意把握罪与非罪、此罪与彼罪和一罪与数罪的界限。

（一）传染病防治失职罪与非罪的界限

本罪在区分罪与非罪的界限时，应注意以下两个问题：

1. 正确认定情节是否严重，是区分罪与非罪的关键。本罪属于情节犯，情节是否严重是区分罪与非罪的重要界限。根据最高人民检察院 1999 年 9 月 16 日施行的《关于人民检察院直接受理立案侦查案件立案标准的规定（试行）》和前述最高人民法院、最高人民检察院 2003 年 5 月 15 日发布施行的相关司法解释，行为人有上述工作中违反传染病防治法规定，严重不负责任的行为，并具有下列情形之一的，属于情节严重，应以犯罪论：（1）导致甲类传染病传播的；（2）导致乙、丙类传染病流行的；（3）因传染病传播或流行，造成人员死亡或残疾的；（4）因传染病传播或流行，严重影响正常的生产、生活秩序的；（5）造成传染范围扩大或者疫情加重的；（6）具有其他严重情节的。

2. 要正确区分罪与非罪，还必须认真区分本罪与一般工作失误的界限。就本罪而言，一般工作失误，是指从事传染病防治公务的人员，在工作过程中出于善意的举动但因无心之失而造成损失的行为。由于二者主观上都有过错，客观上都会造成损失，因此较易于混淆。二者的区别主要在于：第一，就主观而言，区别工作失误与主观过失，关键看行为人主观上是否能预见或已预见到自己的行为可能导致传染病传播或流行的结果。如果主观上行为人不能预见危害结果的发生，即使发生传染病传播或流行的结果，也只能认定为意外事件；反之，则存在主观过失。同时还应注意，一般就主观态度而言，工作失误行为人往往认真履行自己的职责义务，只是积极工作中发生了意想不到的情况而出现了失误；而本罪的失职则表现为消极、懈怠、马虎草率、漫不经心、敷衍塞责等严重不负责任，或者拒绝履行职责、放弃职责、不尽职责、擅离职守，其主观上有明显的犯罪过失。第二，就客观而言，区分二者的关键还要看行为人是否有违反职责的行为，要认真考察传染病传播或流行结果的发生是否与其违反职责规定的行为有刑法因果关系以及因果作用力的大小。如果不具有刑法因果关系，或者因果作用力不大，则属工作失误；反之，则属本罪的失职。第三，从引起传染病传播或流行危害结果的原因看，工作失误的原因是由于制度不完善，一些具体政策界限不清，管理上存在弊端，以及工作人员文化业务素质较差，缺乏工作经验，因而计划不周、措施不当、方法不对，以致在积极工作中发生错误。而本罪失职的原因则是违反行政法规、工作规章和纪律，有章不循、有法不依、有令不行、有禁不止、当为而不为或不当为而为，工作极端不负责任，致使发生传染病传播或流行的危害后果。

（二）本罪与妨害传染病防治罪的界限

妨害传染病防治罪，指违反传染病防治法规定，导致甲类传染病传播或有传播严重危险的行为。二者存有相似之处，这就是二者都违反了《传染病防治法》的规定，都可能造成传染病传播的危害结果，主观罪过也都是过失等。但是二者有着明显区别：一是主体不同。后者的主体是一般主体，不仅包括自然人也包括单位，他们往往是传染病防治人员的工作对象；本罪的主体则是特殊主体，只限于负有传染病防治职责的工作人员，单位不是该罪的主体。二是行为方式不同，后罪的行为人实施了刑法第三百三十条规定的四项行为之一，违反了《传染病防治法》规定的预防和控制传染病的义务，而本罪的行为人违背传染病防治法规定的防治、监督、监测管理职责，具有渎职性。有时从事传染病防治监管工作的人员也可能成为后者的主体，区分二者的关键在于行为人违背的是单纯的预防和控制传染病义务，还是对传染病进行防治、监管的职责。如果是前者，则构成妨害传染病防治罪；如果是后者，则构成传染病防治失职罪。三是危害结果不同。后罪造成的危害结果既包括引起甲类传染病传播的实害结果，也包括引起其传播的严重危险结果；本罪造成的危害结果是导致传染病传播或流行且情节严重，只有实害结果一种，不包括危险结果，但传染病的种类既包括甲类传染病，也包括乙类、丙类传染病。四是侵害的客体不同。本罪侵害的客体是国家关于传染病防治的管理制度；而传染病防治失职罪则是国家对传染病防治工作进行监督管理的行政权力。

（三）本罪与妨害国境卫生检疫罪的界限

妨害国境卫生检疫罪，指违反国境卫生检疫规定，引起检疫传染病传播或者有传播严重危险的行为。二者都是违反传染病预防、检查方面的法规，都因过失引起了传染病的传播。但二者在违反的法规、犯罪主体、传染病的范围方面明显不同。本罪是工作中违反《传染病防治法》规定失职的行为，而妨害国境卫生检疫罪则是违反国境卫生检疫规定，逃避对其人身、物品检查的行为。本罪的主体是特殊主体，且一般只能是中国公民；而后罪是一般主体，单位、自然人，中国和外国公民，只要是进出境人员以及有货物进出境的单位和个人都可以成为犯罪主体。本罪引起传染病的类型没有限制，而妨害国境卫生检疫罪引起危险的对象是检疫传染病，范围比本罪小，仅包括甲类传染病以及国务院确定并公布的其他传染病。

（四）本罪与玩忽职守罪的界限

二者都是过失渎职犯罪，都可能造成传染病传播或流行结果，但是在犯罪主体、适用范围上不同。根据《传染病防治法》等有关规定，负有组织、协调、指挥、灾害调查、控制、医疗救治、信息传递、交通运输、物资保障等职责的国家机关人员以及各级政府主管负责人，在预防、控制"非典"等突发传染病疫情工作中玩忽职守的，应以玩忽职守罪定罪处罚。从适用范围看，本罪适用范围小于玩忽职守罪。本罪实际上是一种特殊种类的玩忽职守罪，与刑法第三百九十七条玩忽职守罪之间存在法条竞合关系。在处理国家机关工作人员玩忽职守犯罪中应遵循以下标准：从行为人实施的行为具体内容和行为人具体身份着手，考察这种玩忽职守行为是否符合本罪的特别规定，如符合则应以本罪定罪；如果行为人玩忽职守行为不符合本罪的构成，则应考虑以玩忽职守罪定罪。另外，如果国有公司、企业、事业单位的工作人员，在预防、控制"非典"等突发传染病疫情工作中，由于严重不负责任，造成国有公司、企业破产或严重损失，致使国家利益遭受重大损失的，虽不构成本罪，但可以国有公司、企业、事业单位人员失职罪定罪处罚。

（五）传染病防治失职罪的一罪与数罪问题

传染病防治失职罪在实践中，可能与传染病菌种、毒种扩散罪，采集、供应血液、制作、供应血液制品事故罪，医疗事故罪，重大环境污染事故罪，动植物检疫失职罪等发生法规竞合。如从事传染病防治的医疗单位人员，工作中严重不负责任，将含有传染病病原体的废物排放到大气或水体，引起了传染病传播，也造成了重大环境污染，则其一行为同时触犯传染病防治失职罪和重大环境污染事故罪的规定。在这种情况下，应根据刑法理论，对于法规竞合采取特别法优于普通法、重法优于轻法的法律适用原则，以一个罪对行为人予以定罪量刑，而不构成数罪，不能适用数罪并罚的规定。

四、传染病防治失职罪的立法完善

毋庸讳言，我国有关防治传染病失职罪的现行刑事立法还过于粗疏简单，不利于运用刑法武器同此类犯罪作斗争。我们注意到，有关国家的刑事立法在此方面规定的较为完善，值得我们学习借鉴。总结其立法经验，大致可归纳为以下几点：

1. 罪过规定一目了然。如1996年修订后的《瑞士联邦刑法典》第二百三十一条（传播疾病罪）明确指出："1. 故意传播危险的、可传染的人类疾病，处1个月以上5年以下监禁。2. 行为人过失为上述行为的，处监禁或罚金。"又如《新加坡共和国刑法典》第二百六十九条规定："非法地或者过失地实施了是且其明知或有理由相信是可能会传染任何危及生命的疾病的任何作为的，处……"此种立法用语明确界定了这一类犯罪的罪过形式，司法实践中不致产生歧义，十分便于定罪量刑。

2. 罪状描述层次分明。如现行《俄罗斯刑法典》第二百三十六条关于"违反防疫规则"的犯罪就明确指出："一、违反卫生防疫规则，过失造成多人患病或中毒的，处……二、上述行为过失致人死亡的。处……"又如《意大利刑法典》分别以第四百三十八条（疫病犯罪）和第四百五十二条（损害公众健康的过失犯罪）规定了卫生防疫方面犯罪的故意犯罪与过失犯罪的罪状形式。这些国家的刑事立法关于此类犯罪的罪状表述富有逻辑，从而增强了刑法适用的可操作性。

3. 处罚层次规定分明。仍以上述《俄罗斯刑法典》第二百三十六条为例。该条根据犯罪引起的不同危害后果，将违反卫生规则罪分为两个处罚档次：在一般情况下，对本罪"处数额为最低劳动报酬的100倍至200倍或被判刑人1个月至2个月的工资或其他收入的罚金，或处3年以下剥夺担任一定职务或从事某种活动的权利，或处3年以下的限制自由，或处2年以下的剥夺自由"；而在结果加重犯的情况下，则对行为人处"5年以下限制自由或相同期限的剥夺自由"。

上述国家刑法典关于卫生防疫方面犯罪的立法优点，正是我国刑法第四百零九条的不足。为了更加有效地发挥刑法在打击与防范防治传染病失职罪中的积极功能，我们认为有必要对刑法第四百零九条予以立法完善。其基本设想是：

第一，应当在罪状表述中阐明"过失"犯罪的主观要件规定。众所周知，犯罪构成是定罪的依据，而犯罪构成的规定是否明确合理，事关罪刑法定原则的贯彻与刑法社会保护机能以及人权保障机能实现等重大理论问题。如前分析，本罪属于过失犯罪，但刑法条款却没有明确载明本罪属于"过失"犯罪，这有悖于刑法第十五条第二款关于过失犯罪的总则性要求，有违罪刑法定原则之明确性精神，司法实践中也易引发人们认识上的分歧，从而不利于准确定罪量刑。

第二，应当增设甲类传染病的过失危险犯。传统刑法理论认为，过失犯只限于发生严重危害后果的情况，过失行为仅造成某种危险状态的，不认为是犯罪。但是，随着科技的发展和人类活动的复杂化，过失行为可能造成的损害大量增加。为适应实践的需要，国外一些学者提出，法律应当规定过失的危险犯，并为瑞士、德国等越来越多的国家或地区所采纳。我国刑法也在分则第六章（危害公共卫生罪一节）第三百三十条、第三百三十二条、第三百三十四条所规定的三种犯罪中设立了过失危险犯。因此，鉴于甲类传染病传染性极强，对公共卫生安全存在严重潜在的危险这一情况，应当摒弃传统过失犯罪无危险状态的陈旧观念，将传染病防治失职行为中的过失危险行为适度犯罪化，从而展示现代刑法的价值理念，充分发挥刑法功效。同时，我国刑法第三百三十条规定了妨害传染病防治罪的过失危险犯，对一般公民工作、生产、生活中的行为过失引起甲类传染病传播严重危险的，予以处罚，而对从事传染病防治特定公务人员工作中的业务过失，其危害性往往大于前者，却可不受处罚，这似有违罪责刑相适应的原则要求。

第三，应当在罪状中进一步叙明本罪属于行政犯的构成特征。如前所述，本罪是行政犯，工作中违反《传染病防治法》规定的职责也是其客观方面的重要特点，有必要明确载明。这样既可以使行为人明确自己肩负的职责，起到法律规范的教育引导作用，从而预防和减少犯罪，也便于刑法与行政法规中的附属刑法规范协调一致,避免二者之间的龃龉,而且从立法技术上看,也有利于保持刑法条文的稳定性和概括性,可以适应附属刑法规范的发展变化。

第四,应当明确界定本罪的主体范围。现行刑法第四百零九条将本罪的主体限定为"从事传染病防治的政府卫生行政部门的工作人员",不仅与相关立法解释和有关行政法规定不相协调统一,而且不符合客观实际情况,有放纵犯罪之虞。根据全国人民代表大会常务委员会有关渎职罪主体的立法解释和相关行政法规的规定,应进一步明确本罪的主体范围,可将其表述为:从事传染病防治的政府卫生行政部门的工作人员和其他依法从事传染病防治公务的人员。

第五,应当增设本罪的结果加重犯。参考刑法第三百三十条妨害传染病防治罪、第三百九十七条玩忽职守罪的规定,根据司法实践中出现的实际情况,有必要增加规定本罪的结果加重犯,并适当提高造成特别严重后果的结果加重犯的刑罚量。我们认为,考虑到我国刑法关于过失犯罪的加重处罚一般在三年到七年的徒刑,因而也可对本罪的结果加重犯规定此一量刑幅度,以实现相似过失犯罪法定刑的平衡与统一。

第六,应当增设剥夺政治权利和罚金作为附加刑。鉴于本罪是公务人员职务犯罪,正是由于其失职,才造成传染病传播的危害后果,针对其渎职或失职行为,为充分发挥刑罚的预防犯罪功能,应当增加剥夺政治权利作为附加刑。同时,为适应刑罚人道主义和谦抑主义的时代要求,顺应刑罚轻缓化发展趋势,对传染病防治失职这一业务过失犯罪,应当增加罚金刑,在可能的情况下对本罪犯罪人单处罚金刑,从而尽量避免短期自由刑可能带来的弊端,充分发挥罚金刑的积极刑罚效能。

综合上述分析,并参照妨害传染病防治罪、玩忽职守罪的立法规定,我们建议对刑法第四百零九条作如下修订:从事传染病防治的政府卫生行政部门的工作人员或者其他依法从事传染病防治公务的人员,工作中违反《传染病防治法》规定,严重不负责任,过失导致传染病传播,情节严重的,或者足以导致甲类传染病传播严重危险的,处三年以下有期徒刑或者拘役,并处或者单处罚金或者剥夺政治权利;造成特别严重后果的,处三年以上七年以下有期徒刑,并处罚金或者剥夺政治权利。

以危险方法危害公共安全罪在抗击疫情期间的理解与适用

□金泽刚* 孙 鉴**

一、"两高两部"出台惩治妨害疫情防控违法犯罪的《意见》蕴含着丰富的刑法理论价值

在全国人民持续奋战,抗击新型冠状病毒肺炎(以下简称新冠肺炎)疫情之际,2020年2月6日,最高人民法院、最高人民检察院、公安部、司法部(以下简称两高两部)联合印发《关于依法惩治妨害新型冠状病毒感染肺炎疫情防控违法犯罪的意见》(以下简称《意见》),提出了依法惩治妨害疫情防控违法犯罪的十大方面解释性意见。

《意见》充分体现了司法机关和司法工作必须始终将人民群众的生命安全和身体健康放在第一位,坚决把疫情防控作为当前压倒一切的头等大事,用足用好法律规定,依法及时、从严惩治妨害疫情防控的各类违法犯罪,为坚决打赢疫情防控阻击战提供有力法治保障。

从体系和内容来看,《意见》是对刑法、《传染病防治法》以及2003年《最高人民法院、最高人

---

* 同济大学法学院教授,博士生导师。
** 同济大学马克思主义学院博士生。

民检察院关于办理妨害预防、控制突发传染病疫情等灾害的刑事案件具体应用法律若干问题的解释》(以下简称2003年《解释》)的补充,对现阶段治理妨害疫情防控违法犯罪有着直接现实的指导意义。具体而言,其价值突出体现在以下两个方面:一方面,是统一罪名的适用标准,准确适用法律。罪刑法定是刑法的基本原则,社会公众需要被告知何种行为是犯罪、该行为应当受到怎样的刑罚制裁。《意见》详细列举了疫情防控工作中可能出现的九类犯罪行为(第十类为违法行为及其相应的行政处罚),结合刑法条文,明确规定了各类行为分别构成何种犯罪,为司法机关公平、公正地适用刑法奠定了方向和基础。另一方面,是对司法实践中的部分现象进行纠偏。尽管从严打击是此次疫情治理工作中的重要原则,但是从严必须在法律的限度内适用、执行。从此前媒体公开的各地以危险方法危害公共安全罪立案的案件来看,有不少行为人仅有武汉的旅游或途经史,其在尚未被医疗诊断的情况下出入了公共场所,造成了他人被传播新冠病毒的危险,即被公安机关立案。在教义学角度上,此类行为人自认为自己没有被新冠病毒感染,也非故意传播病毒使他人存在染毒的危险,不可能构成刑法第一百一十四条规定的以危险方法危害公共安全罪。故而,此次《意见》对各类涉疫犯罪的适用进行明确规定,以避免司法实践中破坏既有法律规定的乱象,严格落实罪刑法定原则。

从重点来看,在《意见》涉及的九类涉疫犯罪中,无论是《意见》本身的顺序编排,还是社会公开的案件报道,抑或专家学者的争论焦点,无疑非以危险方法危害公共安全罪莫属。从条文上看,《意见》指出,“故意传播新型冠状病毒感染肺炎病原体,具有下列情形之一,危害公共安全的,依照刑法第一百一十四条、第一百一十五条第一款的规定,以以危险方法危害公共安全罪定罪处罚:1. 已经确诊的新型冠状病毒感染肺炎病人、病原携带者,拒绝隔离治疗或者隔离期未满擅自脱离隔离治疗,并进入公共场所或者公共交通工具的;2. 新型冠状病毒感染肺炎疑似病人拒绝隔离治疗或者隔离期未满擅自脱离隔离治疗,并进入公共场所或者公共交通工具,造成新型冠状病毒传播的”。

如作拆分,一方面,行为人在主观方面须为故意。其中,故意分为直接故意与间接故意。从目前案例上看,直接故意的案例报道甚微(如极少数确诊或疑似病人在公共场所故意涂抹口水、吐沫),大多为间接故意,即对自身的行为和病毒的传播持放任、漠不关心的态度。另一方面,行为人的客观行为须符合相应的特征。其中,对于已确诊的感染者,行为表现为拒绝隔离治疗或擅自脱离隔离治疗并进入公共场所或公共交通工具中(无须造成他人实际感染的后果)。对于疑似病人,除需同时满足上述两项条件外,还需造成了新冠病毒传播的实际后果。

为此,我们认为,此次《意见》中对以危险方法危害公共安全罪的规定表现出三大亮点:其一,打破了传统刑法理论对于以危险方法危害公共安全罪仅属(具体)危险犯的归类,对于疑似病人构成前述罪名的,还需实际造成新冠病毒传播的后果。其二,阻断了刑法第一百一十五条第二款过失以危险方法危害公共安全罪的适用空间。《意见》将以危险方法危害公共安全罪的罪过形态限定为故意,同时规定,“其他拒绝执行卫生防疫机构依照传染病防治法提出的防控措施,引起新型冠状病毒传播或者有传播严重危险的,依照刑法第三百三十条的规定,以妨害传染病防治罪定罪处罚”。换言之,对于抗拒、妨害疫情防控措施的感染者和疑似病人,除构成以危险方法危害公共安全罪外,均以妨害传染病防治罪定罪处罚,这种拟制导致了过失以危险方法危害公共安全罪被排除适用。其三,扩大了刑法对于妨害传染病防治罪的适用范围。刑法第三百三十条明确将妨害传染病防治罪限定在“引起甲类传染病传播或者有严重传播危险的”范围内,而根据《传染病防治法》,甲类传染病仅限鼠疫和霍乱,此次新冠病毒属于乙类传染病(虽按甲类进行防治)。因此,原本妨害传染病防治罪并无适用空间。然而,无论是疫情的严重性还是广泛性,新冠肺炎疫情均不亚于甲类传染病，故而《意见》将其拟制为甲类传染病，为妨害传染病防治罪的适用扫清障碍。这一举措很可能会影响未来《传染病防治法》的修订与完善。

二、新冠肺炎疫情传播的复杂性和未知性造成适用以危险方法危害公共安全罪产生争议与难点

以危险方法危害公共安全罪长期以来一直是我国刑法学界口诛笔伐的“口袋罪”之一。质言之，该罪的构成要件过于开放，“以其他方法”缺乏必要的形式限定，导致在刑事司法中不断扩张甚至可能滥用。以致有学者认为，“如何遏制口袋罪司法适用的强烈冲动，成为捍卫我国刑法中的罪刑法定原则的一个重大问题”。体现在此次疫情的犯罪治理上，关于以危险方法危害公共安全罪的适用问题也成为不少学者的“炮轰”对象。例如，有学者认为，疫情之下以危险方法危害公共安全罪的适用需要慎重，定罪会对当事人带来污名化，能不适用尽量不适用，应多考虑治安处罚等行政措施。还有学者认为，对于未确诊的疑似病人全部以以危险方法危害公共安全罪定罪不妥，会导致量刑过重，应当考虑其罪过上出于过失的可能性。总结来看，持“否定说”的观点可以归纳为以下几点：(1)刑法第一百一十四条以危险方法危害公共安全罪中的“其他危险方法”，应当限定在与放火、决水、爆炸、投毒等具有方法相当性的行为之中，而仅仅抗拒防疫措施尚不具有这种相当性；(2)“危害公共安全”是指让不特定群体的生命健康或财产安全陷入危险之中，如果行为人均居住在固定住所，未与不特定的大多数人接触，就不应认定危及公共安全；(3)疫情期间随意扩张适用以危险方法危害公共安全罪，与刑法的谦抑性相悖。

不过，对于疫情期间妨害防疫措施能否适用以危险方法危害公共安全罪，多数学者持肯定的态度。例如，北师大的刘志伟教授认为，疫情期间传播病毒和非疫情期间传播，造成的危害具有显著差异，行为人具有更恶劣的主观恶性和人身危险性，因此《意见》对以危险方法危害公共安全罪的适用不仅正确，更应坚持从重处罚。笔者认为，疫情期间严重抗拒、妨害防疫措施可以构成以危险方法危害公共安全罪。首先，应当看到此次疫情的严重性，其已成为数十年来我国最严重的突发事件，多地甚至启动“战时状态”应急预案，全民“抗疫”刻不容缓。而作为呼吸道传播疾病，疫情的扩大和恶化主要通过人员流动实现，因此抗拒躲避隔离治疗、出入公共场所会直接造成其他公众感染甚至死亡的危险，其在手段的相当性上绝对不亚于放火、决水与爆炸等形式。其次，对“公共安全”的不特定性不能作僵化理解。就目前公开的医学研究而言，新冠病毒至少可以通过飞沫、粪便等多种途径传播，不能以行为人仅和亲友接触就否定其间接感染其他不特定人员的可能性。例如，行为人抗拒隔离治疗回家途中，即便路径之地暂无他人，但其唾液、喷嚏的残留物完全可能导致后续经过人员的感染。最后，刑法的谦抑性与疫情期间从严打击这类违法犯罪并不矛盾，相反，这正是我国宽严相济的刑事政策的体现。一方面，“严”是因为抗拒、妨害行为既对疫情的防控工作制造了严重阻碍，又对人民群众的生命健康产生了客观威胁，更对公共安全、社会稳定造成了重大损害风险，还会浪费大量的社会资源，无论主观恶性还是客观危害均十分明显。另一方面，对于不符合犯罪构成的行为及时排除(如未被确诊或宣布疑似的病人出入公共场所至多处以治安处罚)，对于具有坦白、自首等情节的犯罪分子酌情从宽，这才是宽严相济的真实要义。

诚然，以危险方法危害公共安全罪存在适用空间，但并不意味着《意见》的各类规制均无疏漏。囿于时间限制，两高两部制定的《意见》旨在尽快统一各地执法标准，为疫情防控提供必要的法治保障。但在具体细节层面，《意见》仍存在不明之处，司法适用时应当注意：

一是关于“公共场所”的认定。《意见》指出，构成以危险方法危害公共安全罪，必须“进入公共场所或者公共交通工具”。问题在于，进入公共场所是否等于危害公共安全？危害公共安全的判断是基于场所还是基于人员？一方面，从疫情暴发的时间点看，其高峰期正值过年期间，部分公共场所及商铺已经关闭，加之疫情防控的需要，原来的商场、图书馆等地几乎空无一人。那么，抗拒隔离治疗的确诊患者进入无人商场的，以以危险方法危害公共安全罪定罪处罚是否合适？另一方面，虽非传统意义上的公共场所，但因聚集性活动导致人员过多的，是否属于《意见》中的“公共场所”？可以考虑将人员聚集性场所单独加以规定，以强调其公共场所属性。

二是关于犯罪主体的范围。《意见》将以危险方法危害公共安全罪的主体限定在“已经确诊的新型冠状病毒感染肺炎病人、病原携带者”和“新型冠状病毒肺炎疑似病人”，即“确诊患者”和“疑似病人”两类。然而，其一，据报道，2020 年 2 月 12 日湖北省新冠病毒感染诊断标准发生变化(其他省份不变)，除原核酸检测以确诊新冠肺炎外，增加了临床诊断即 CT 检查(门槛更低)辅助确诊，以致湖北省单日新增确诊病例 14 840 例，这便导致了湖北与其他省份对新冠肺炎确诊标准的不一。换言之，《意见》中的“已经确诊”是指经核酸检测确诊的病人还是仅为 CT 确诊即可，这也变相导致了不同省份对于以危险方法危害公共安全罪的认定门槛可能不同。其二，“疑似病人”的标准尚待明确。对于出现发热、咳嗽等疑似新冠肺炎症状，暂未赴医院诊断者，出入公开场所的，是否属于《意见》中的“疑似病人”？从初衷上看，《意见》出台意欲对各地以危险方法危害公共安全罪的扩张适用作出一定的限制，故设定了“已经确诊”的主体要件。因此，笔者认为，“疑似病人”同样应当限制于被医院宣布为疑似病例、计入全国疫情数据统计的病人。其三，与确诊患者密切接触人员或有疫区居住史者是否应当纳入此罪的犯罪主体之中。从《意见》规定看，密切接触者和疫区居住史者的抗拒、传播行为应当一律以妨害传染病防治罪论处。我们认为，不应一概否定密切接触者和有疫区居住史者适用前罪的空间，当行为人明知他人感染且自己已经出现类似发病症状时，仍然出入公共场所，并实际造成他人感染的，应当结合事实情况来判断行为人是否有危害公共安全的故意，进而选择合适的罪名。

三是关于犯罪的主观要件。除以危险方法危害公共安全罪外，刑法第一百一十五条第二款还规定有过失以危险方法危害公共安全罪。质言之，行为人危害公共安全的罪过，既可能出于故意，亦可能出于过失。但如前文所述，此次《意见》在明确了以危险方法危害公共安全罪的故意要件外，基本排除了过失以危险方法危害公共安全罪的适用空间，统一以妨害传染病防治罪代之。

三、在疫情防控期间仍然要依据刑法的基本理论理解并适用以危险方法危害公共安全罪

当前，疫情的防控正进入关键阶段，对各类涉疫犯罪的惩治需秉持“严”字当头，时刻绷紧法律红线，以保障人民群众的生命健康与财产安全。特殊时期实行严厉的刑事政策无疑是必要的，但也要协调好政策与法律的平衡关系，政策不能逾越法律底线，更不能取代法律。罪刑法定仍然是定罪量刑的基本原则。司法实践中适用以危险方法危害公共安全罪时，尤其应当注意以下几个方面：

首先，适用以危险方法危害公共安全罪与其他罪名的关系。尽管《意见》对疫情防控中的九类罪名的适用已经作出了较为明确的规定，但具体适用中应切忌生搬硬套，仍要充分考察行为人的主客观方面，科学把握罪与非罪、此罪与彼罪的界限：(1)对于已经确诊的行为人，拒接或擅自脱离隔离治疗，故意出入公共场所的，危及公共安全的，应当构成以危险方法危害公共安全罪；(2)对于经医疗机构诊断为疑似病例者，拒接或擅自脱离隔离治疗，故意出入公共场所，对病毒传播持放任态度，也客观造成了病毒传播的，仍应以以危险方法危害公共安全罪定罪处罚；(3)疑似病人拒绝或擅自脱离隔离治疗，但出入公共场所时佩戴口罩等防护用品，未主动与不特定群体接触时，即便客观上造成了他人感染，也不能一律认为其主观上持间接故意，应保留过失形态的可能性，对此仍应坚持具体案件具体分析。

其次,关于本罪的危害行为形式,应当包括作为与不作为两种形式。就刑法第一百一十四条所列举的放火罪、决水罪、爆炸罪和投放危险物质罪而言,放火、决水、爆炸和投放危险物质当然只能以作为的形式实施。但抗拒疫情防控以危害公共安全却可以呈现出不作为的形式。不作为并不是行为人没有任何身体上的物理活动,而是对作为义务的违反,即应当履行某一义务而未履行。根据《传染病防治法》第十二条的规定,疫情防控中,任何单位和个人都有接受疾病预防控制机构、医疗机构有关传染病的调查、检验、采集样本、隔离治疗等预防、控制措施的义务。因此,抗拒隔离治疗当然可以以不作为的形式作出。另外,与非法侵入住宅罪类似,“进入公共场所”同样可以表现为不作为,即原本处于公共场所之中的确诊患者、疑似病人仍然停留其中、拒绝离开。

最后,关于本罪的犯罪停止形态。刑法通说认为,以危险方法危害公共安全罪属具体危险犯,不以对法益产生实际的侵害作为构成要件要素,只要对不特定公众的安全产生现实的危险就属于既遂。然而,如前文所述,《意见》依据疫病主体的不同,规定了两种危害行为类型:一类是已经确诊的新冠肺炎病人、病原携带者,拒绝隔离治疗或者隔离期未满擅自脱离隔离治疗,并进入公共场所或者公共交通工具的,对于这种情形,一旦犯罪主体拒绝隔离治疗或者隔离期未满擅自脱离隔离治疗,意图进入公共场所或者公共交通工具,却被及时制止而未成的,不排除适用本罪未遂犯定罪处罚。另一类是新冠肺炎疑似病人拒绝隔离治疗或擅自脱离隔离治疗,并进入公共场所或者公共交通工具,造成新型冠状病毒传播的。问题是,对这类必须造成实害的危害公共安全的犯罪,若未实际造成病毒传播的结果,是以妨害传染病防治罪论处,还是以以危险方法危害公共安全罪的未遂论处呢?可能有观点认为,如果我们强调对公共卫生管理秩序的维护,即应将该行为认定为妨害传染病防治罪;如果我们强调对公众生命健康的保护,即应将该行为认定为以危险方法危害公共安全罪的未遂。笔者则认为,依据《意见》的规定,对于疑似病人,构成以危险方法危害公共安全罪,必须以进入公共场所或者公共交通工具,且造成新型冠状病毒传播为条件。“造成新型冠状病毒传播”之结果是该类型的危害公共安全罪成立的必要条件,如未造成病毒传播结果的,则不能构成本罪。所以,该类型犯罪基本不存在未遂犯的可能。

疫情期间“暴力伤医”行为危害及其惩治

□姜　涛*

疫情作为一场突发性的灾害,不仅对社会生活、经济发展带来重大影响,而且对刑法的适用、刑法的调整提出了新挑战。自新型冠状病毒肺炎疫情发生以来,“暴力伤医”行为也有发生,这不是单纯的医患矛盾,而是涉及刑法问题。只有正确认识疫情防控期间“暴力伤医”行为侵害的法益,加大对疫情防控期间“暴力伤医”行为的刑法打击力度,才能确保奋战在防控一线的医护人员安心放心,也才能构筑更为安全、有效的疫情防控防线。

一、疫情防控期间“暴力伤医”行为严重危及疫情防控秩序

刑法不应该忽视世界变迁,而必须整合这些变迁及其理念,若与此背道而驰,那么刑法将会自缚手脚,将无力应对这类有正当管制需求的社会情状。疫情防控期间的“暴力伤医”行为,除涉及人身法益外,还涉及疫情防控秩序,需要把疫情防控秩序纳入个罪的法益保护体系之中。疫情防控秩序,是指由于突然发生特大疫情的复杂变化,需要综合保障信息公开、医疗物资供应、医务

* 南京师范大学法学院副院长,教授,中国法治现代化研究院法治发展战略研究所所长。

人员人身安全等秩序而形成的新兴法益。在疫情防控的特殊时期，疫情防控秩序往往是疫情控制效果的保障，而医生的人身安全事关疫情防控秩序，暴力伤害医生，在造成医护人员人身伤害的同时，也会附带性严重扰乱疫情防控秩序，如造成医疗秩序混乱、医护人员不足、援助医生短缺等，或者说，在疫情防控特殊时期的“暴力伤医”行为除了侵害人身法益之外，还会侵犯其他法益（疫情防控秩序）。这种对疫情防控秩序的扰乱，就是对“暴力伤医”行为加重处罚的现实依据和法理依据。

刑法及司法解释对此也有体现。刑法不少个罪条文均有情节加重犯的明确规定，如强奸罪中对“致使被害人重伤、死亡或者造成其他严重后果的”法定刑升格，拐卖妇女、儿童罪中对“造成被拐卖的妇女、儿童或者其亲属重伤、死亡或者其他严重后果的”法定刑升格等，体现了对某些犯罪行为引起附随效果的从重处罚。再如，抢劫罪中对“抢劫军用物资或者抢险、救灾、救济物资的”法定刑升格，则体现了针对特定对象犯罪的加重处罚。此外，2003 年 5 月 15 日实施的《最高人民法院、最高人民检察院关于办理妨害预防、控制突发传染病疫情等灾害的刑事案件具体应用法律若干问题的解释》规定，在预防、控制突发传染病疫情等灾害期间，对所涉疫情的抢劫罪、诈骗罪、寻衅滋事罪、非法行医罪、非法经营罪、销售不符合标准的医用器材罪、贪污罪、侵占罪、挪用公款罪、挪用资金罪等均需“依法从重处罚”。表面上在于威慑潜在的犯罪人，更好地维护疫情防控秩序，其实质上则体现了对疫情防控秩序的维护，因为任何不利于疫情防控的犯罪，如生产不符合标准的医疗器材、贪污救灾款、暴力伤医等，都有可能带来疫情防控的失败。

在这种意义上说，疫情防控秩序成为疫情防控期间的新兴法益，刑法需要对此予以回应，一方面需要增加暴行罪等刑法没有涉及的新罪名，另一方面也需要对刑法已有罪名保护法益进行再审视，借助其他犯罪的加重量刑，以更有效地保护该法益。

二、刑法应当如何合理应对疫情防控期间“暴力伤医”行为

疫情防控期间“暴力伤医”行为突破了刑法底线，必须受到法律严惩。归纳而言，刑法如何从严从重规制疫情防控期间“暴力伤医”行为，大致有面向司法的对策与面向立法的对策区分。

（一）面向司法的对策

其一，根据个罪构成要件正确适用罪名。依照刑法相关规定，对“暴力伤医”者高悬“达摩克利斯之剑”，应成为预防“暴力伤医”行为的首选，但需要依据个罪构成要件进行具体分析。“暴力伤医”行为涉及罪名包括故意杀人罪、故意伤害罪、寻衅滋事罪、侮辱罪等个罪，每个具体罪名均有自身的构成要件，需要根据“暴力伤医”行为的手段、方式、后果等具体判断，其中，造成医护人员死亡的，涉嫌故意杀人罪或故意伤害罪（致人死亡）；造成医护人员轻伤以上危害结果的，涉嫌故意伤害罪或故意杀人罪（未遂）；随意殴打医生的，涉嫌寻衅滋事罪；以暴力方式对医护人员实施侮辱的，涉嫌侮辱罪。

其二，对疫情防控期间的“暴力伤医”行为依法从重处罚。从重处罚意味着在法定刑幅度内选择较重刑罚或较长刑期。就现行刑法规定而言，累犯等属于法定从重处罚情节，特殊时期针对特殊人员实施犯罪，则属于酌定从重处罚情节。对疫情防控期间的“暴力伤医”行为依法从重处罚，并不有违“法无明文规定不处罚”的要求，而是罪责刑相适应原则的体现，因为在疫情防控的特殊时期，参与疫情防控的医生的人身安全，事关疫情防控的成败，“暴力伤医”行为不仅影响医生的人身安全，而且妨害疫情防控秩序，具有从重处罚的基础。当然，从重处罚，不是不顾案件的具体情况一味从重、变相地提高量刑幅度搞加重处罚。

其三，对未达到轻伤标准的故意伤害行为，符合刑法规定的，可按照故意伤害罪的未完成形态追究刑事责任。在侵犯人身权利犯罪处于罪与非罪之临界点时，司法机关必须考虑到这类行为侵害的是刑法保护的最重要法益——人身法益，且这种对人身法益的侵害连带危及疫情防控秩序，因而应当在入罪标准上强化一种扩大解释。以故意伤害罪未遂为例，对于故意伤害这种严重侵害人身权利的犯罪来说，行为人出于重伤或轻伤的目的实施犯罪，完全可能存在因为意志以外的原因而未完成的情况，比如，患者出于伤害的目的实施伤害行为，被医生或其他患者合力控制无法继续犯罪的，则属于典型的故意伤害罪未遂形态。当然，不是所有和医生之间的暴力冲突，都可以认定为故意伤害罪未遂，也要根据是否具有伤害目的、行为暴力程度等因素进行综合判断。

（二）面向立法的对策

“暴力伤医”行为的频繁发生，亦暴露出刑法罪名的某些不足。针对疫情防控期间的暴力伤医行为，只是由于伤害结果没有达到轻伤标准，而只能由公安机关进行治安处罚，未充分体现对暴力行为的打击以及对人身的特别保护。刑法的任务与目的是保护法益，刑法干预权的界限必须来自刑法的社会任务，刑事立法应该对刑法保护的特别重要法益进行重点保护，并以严密法网和严厉刑度的方式对此予以体现。人身法益就是特别重要法益，即相较于其他法益（尤其是财产性的利益），人身法益有较高的位阶。笔者认为，“暴力伤医”之所以一再发生，一定程度上是因为刑法对伤医者的暴力没有设置更为合理的安全防护网。在人身法益的有效保护方面，刑法固然并不是唯一的手段，但因其最为严厉，也是不可或缺的法治资源，因此，就“暴力伤医”行为的刑法应对而言，以刑法修正案形式增设暴行罪十分必要，即将以殴打或其他暴行侵犯他人身体的行为纳入刑法的评价视野，作为刑法中的轻罪。这既是严密法网的体现，也是刑法保护特别重要法益的政策选择。

法律乃公共意志的体现，急需特别法。面对突如其来的重大疫情的防控，“暴力伤医”行为涉及人身法益、疫情防控秩序法益，因此，在罪与非罪临界点争议时，适当强化一种入罪解释，在对具体个罪量刑时，适当加重处罚，当然，在未来，立法方面尚需考虑增设暴行罪。唯有如此，刑法才能为国家疫情防控的有序开展保驾护航。

传染病突发事件治理的法律原则

□孟　涛*

最近暴发的新型冠状病毒肺炎（以下简称新冠肺炎）疫情，对我国的正常秩序产生了很大的冲击，也是对我国治理体系和治理能力的一次大考。法治是治理的一部分，也面临着严峻的考验。在历史上，突发事件一直是法治的最大“敌人”之一。法治的建立，必须驯服突发事件。“紧急状态无法律”的古老格言，在现代法治国家是无效的。治理突发事件，首先要了解突发事件的特点，然后才能“对症下药”，通过法律的方式进行规范调整。

人类社会的突发事件有很多，战争、内乱、自然灾害、传染病、经济危机等都是典型的表现。突发事件有三个起源：人为、自然、人为+自然。战争、内乱、恐怖袭击都是人为的突发事件；地震、台风、洪水等是自然的突发事件；矿难、传染病往往具有自然和人为的共同因素。例如传染病最初的宿主可能是动物，然后传染到了某个人，如果防护不力就会传染给更多的人。人为的突发事件曾是最主要的突发事件，也是非常法律调整的重心，如今这类突发事件已经大体上被法律驯

* 中国人民大学法学院副教授，国家发展与战略研究院研究员。

服。对于后两类突发事件,科技是人类不可或缺的应对手段,然而,科技的运用要受到法律的调整,如何充分发挥科技专家和科学技术的作用,是调整这两类突发事件的非常法律的必要组成部分。所有的突发事件都有两大特点:一是不确定性,二是危害性。不确定性,主要是指突发事件的“突发性”,人们无法预测或难以预测此类事件什么时候发生,有些突发事件还具备更多的不确定性,例如SARS病毒和本次的新型冠状病毒。危害性表现在此类事件能够给个人和社会带来伤害,例如生命被剥夺,财产受损失,等等。突发事件的这两大特点,恰恰与法治的可预期性和权利保障相对立。

针对突发事件的不确定性,法治要求遵循三个主要原则:首先是效率原则。及早识别突发事件、迅速采取响应措施、尽快结束非常状态。效率就是“与时间赛跑”、与不确定性赛跑,尽可能控制不确定性。为了实现高效治理,法治进而要求遵循另外两个原则,即信息畅通原则和紧急授权原则。信息在突发事件治理中非常重要,人们掌握的信息越多,对于突发事件的了解也就越多,治理突发事件的把握也就越大。紧急授权原则,要求赋予第一线的治理者充足的紧急权力,承担减缓或消除突发事件的直接职责,二线三线和其他后方的人员主要承担保障和协调的工作;常规的科层制组织形态也应该随之调整,以适应瞬息万变的突发状况。第一线的治理者具体包括哪些机构和个人,依赖于突发事件的特殊状况,一般而言,行政机构和军事机构往往是主要的一线治理者;在传染病突发事件中,医疗机构和疾病预防控制机构成为一线治理主体。之所以这样分工,是因为第一线的机构和工作人员掌握的信息最早、最多,需尊重他们的判断和选择。

针对突发事件的危害性,法治原则主要包括预防原则、必要原则(不是常态法律中的必要原则)和比例原则。预防原则要求采取各种有效措施,防止危害的发生和扩大,“防患于未然”是非常法律的最高境界。必要原则早在中世纪时期就出现,主张非常时期允许权宜行事,要求采取各种必要方式以降低或消除危害,如隔离等强制措施。突发事件危害的是人的生命和社会秩序,这些是人类社会的基础载体。在非常时期,政府和社会的中心工作是处理突发事件,因为突发事件“牵一发而动全身”。常态下丰富多彩的人类行为就因此而变得单调,有利于突发事件处理的行为会得到允许,“特事特办”,例如各种“应急绿色通道”;不利于突发事件处理的行为会被限制、禁止或遭受处罚,例如当前各地不允许多人聚会、乘坐公共交通工具要戴口罩。必要措施不等于完全免责,应该符合比例原则(狭义上的比例原则),也就是紧急权力采取的必要措施与其所达到的目的之间必须相称、不能过分。这就要求紧急权力也应受到监督,该问责的就问责。此外,突发事件还会在经济、社会等领域造成危害,例如常态下签订的合同无法履行,这就要适用不可抗力等法律原则。上述法律原则建立在人类长期抗击各类突发事件的经验教训的基础上,同样也适用于传染病突发事件。传染病突发事件的发展可以分为三个阶段:预防、处置和善后。对于此次新冠肺炎疫情而言,给我们的教训是,要重视预防原则,重视信息的畅通和公开,采取高效措施。对于传染病突发事件,预防原则所要求采取的措施比较多,例如动物防疫、公共卫生设施、预防接种、物资储备、监测和预警,等等。新冠肺炎疫情暴发以后,我国传染病突发事件预防的短板一下子暴露出来:防治传染病的物资储备严重不足,湖北等地众多医院公开向社会发布求助公告,医疗防护物资短缺成了防疫工作的焦点、难点、痛点;中小城市和广大农村公共设施的薄弱也不同程度地显现出来。

我国现在正处于防治的第二阶段,也是疫情防控最紧要的关头。习近平总书记指出,“疫情防控正处于关键时期,坚持依法科学有序防控至关重要”。“疫情防控越是到最吃劲的时候,越要坚持依法防控,在法治轨道上统筹推进各项防控工作。”效率原则、信息畅通原则、紧急授权原则、预防原则、必要原则和比例原则,在当前应该同等重视,立法、执法、司法、守法各环节都要发力。

从当前的情况来看,我们不仅要吸取上一阶段的教训,严格遵循预防原则、信息畅通原则和效率原则,也要协调其他原则之间的关系。目前,紧急授权和各种紧急措施最受重视,各种封锁措施层出不穷,这个时候就要特别坚持必要原则和比例原则,对各种紧急措施进行评估,不必要的过分措施应该及时取消。疫情不严重的地方,应该适时调整应急响应的级别。监测、隔离、治疗,是当前政府处置疫情工作的关键。抓住这个关键环节,同时有序开放社会和市场,是当前这个阶段的基本任务。

实务探讨

错案防范与司法问责刍议*

□胡云腾

错案是公正司法的伤疤，它的存在与司法的历史一样悠久，或许还与“法”的变形有点关系。我国古代的“灋”字并非指成文的法律，而是古人把公正司法铸入“灋”这个象形文字中。其中“氵”代表司法的公道公平，“廌”代表法官的刚正不阿，“去”代表没有道理的当事人就让他走人。因此可以说，法最初起源于司法活动而不是条文。但是，后来为什么“廌”没有了呢，据笔者推测，极有可能是这位廌兄办错了案子，人们让他走人了。

笔者上述的推测虽然近于戏说，但可以肯定的是，对错案的追究问责从司法的神明裁判转为官吏裁判以后即应运而生。在我国历史和法律典籍中，就有许多关于错案追究问责的规定和记载，且由于长期实行罪刑擅断和司法专横制度，对错案的追究往往也非常严厉甚至实行株连。我国古代就有司法官员错把别人的儿子杀了以后，主动把自己的儿子杀掉抵命从而被传为公正司法榜样的实例，清末发生的杨乃武与小白菜冤案，受到株连的官吏更达数百人。从一定意义上讲，严厉的错案或冤狱追责制度，是封建司法专横专断的重要组成部分。

进入资产阶级民主法治时代以后，随着司法独立原则的确立和以陪审制为标志的司法民主制度的实行，以及刑事诉讼法等法律规定的司法正当程序的实施，司法权力由专横变为专门，由专断变为分散，定罪量刑机制则由简单转向复杂，参与司法活动的主体也由极少数人转变为一大群人，加之人们感到法官也是人，也可能犯错误。所以，错案追究和司法问责也变得理性而谨慎。在这种指导思想下，出现了错案并不必然与问责挂钩、纠正错案与惩罚司法官员分别进行的制度。这种制度运行到当下，许多国家的司法中不仅产生了错案纠正难，而且产生了司法问责更难的尴尬现象，这也许是资产阶级司法制度的设计者们始料不及的。

中华人民共和国成立以后，由于很长一段时期没有建立规范的司法制度，加之多次政治运动特别是“文化大革命”的干扰与破坏，形成了冤假错案虽然频频发生，但是纠正冤假错案和司法问责却无从谈起的奇怪现象。直到党的十一届三中全会以后，才纠正了大批冤假错案并对少数人进行了处罚，但错案追究和司法问责并未形成制度。1979 年我国第一部刑法颁布，这部法律规定了渎职罪和刑讯逼供罪等犯罪，这才在国家法律中正式确立了与刑事审判工作有关的错案追究和司法问责制度。

进入 20 世纪 80、90 年代，随着民事诉讼法、行政诉讼法的相继颁行，司法审判进入刑事诉讼、民事诉讼和行政诉讼三驾马车时代，刑事错案、民事错案和行政错案也伴随发生，错案追究和司法问责进入新的时代。为解决这些问题，一些中基层法院积极探索，陆续出台了错案追究和司法问责规定。1998 年，最高人民法院也出台了关于追究法官违法违纪审判责任的规定。从法院的角度看，错案追究和司法问责制度进入明确化和规范化时期。

正如其他国家一些司法原则和制度的确立往往与个案相伴而生一样，我国的错案追究与司

---

* 本文首发于《中国法律评论》2014 年第 2 期。

法问责制度的发展完善，也与一些错案的暴露密切相关。新旧世纪之交发现的云南杜培武案和湖北佘祥林案，继而发现的河南赵作海案，特别是2013年纠正的浙江张氏叔侄案和安徽于英生案等，不仅引发了全社会对错案追究和司法问责机制的高度关注，也引起了中央政法部门的高度重视。2013年，中央政法委出台了关于切实防止冤假错案的规定，最高人民法院、最高人民检察院和公安部也相继发布了贯彻落实中政委文件、防范和追究冤假错案相关责任人法律责任的规范性文件。此外，最高人民法院还出台了《关于切实践行司法为民大力加强公正司法不断提高司法公信力的意见》。这些文件鉴于错案发生的复杂原因和错案对公正司法及公民权利危害的严重性，指出了从制度上预防错案的极端重要性，明确了法官、检察官、人民警察在职责范围内对办案质量终身负责的新要求，以及防范错案必须坚持依法履职严格司法，必须重视落实诉讼程序和证据裁判原则，必须把司法权力关进制度的笼子里等基本要求。不仅体现了我国错案追究和司法问责制度取得里程碑式的进步，而且在世界各国的相关做法中也独具特色。笔者坚信，这些规定对于避免和减少错案，有效解决错案追究难和司法追责难，都具有十分重要的意义。

如何具体贯彻落实上述有关错案防范、纠正和责任追究的规定，笔者不揣浅陋，提出以下个人看法，仅供参考讨论。

一要深刻认识错案的严重危害性。我们必须清醒地认识到，冤假错案是对社会公平正义的极大伤害，是司法工作的致命伤，是危害司法公信和司法权威的灾星。必须认识到，冤假错案不仅冤枉了无辜的好人，而且放纵了真正的坏人，是错上加错。改革开放以来，虽然暴露出来的冤假错案为数不多，且多为特定时期的陈年旧案，但它们的危害和连锁反应却不容低估。正如人们指出的，它们严重动摇人民群众对司法的信任，严重侵犯当事人的人权，严重伤害司法的公正、公信和权威，严重败坏人民司法的形象，严重干扰法律的正确实施，严重遮蔽了我国司法执法办案绝大多数情况是正确公正的事实。因此，必须旗帜鲜明地把防范冤假错案置于更为重要的位置，坚持预防为先、惩防并举，既要依法及时纠正错案，也要依法依规及时问责，从思想上不断提高防范冤假错案重要性的认识。

二要建立科学公正的错案评价体系，明确错案的认定标准。有司法活动就有可能有错案，有办好案的人就可能有办错案的人，人非圣贤，孰能无过？发生了错案，也是司法规律使然，不容回避。从实践中看，司法活动的不同环节、不同的司法人员以及基于不同的主客观原因，都会发生不同的错案。因此，我们要根据诉讼活动的特点，构建科学的错案评价体系和评价标准。在刑事诉讼中，从错案产生的阶段来划分，可分为侦查阶段错案、起诉阶段错案和审判阶段错案。从三大诉讼活动看，错案可分为刑事错案、民事错案、行政错案和执行错案等，其中刑事错案危害性最大，往往决定或影响当事人生命、健康、自由，而且一旦发生，难以挽救，所以更受社会关注。就刑事错案而言，认定事实不清或适用法律不当，导致罪与非罪认定错误的，混淆罪名的，漏判或多判罪名的，判处刑罚畸轻畸重的等，都属于错案。就民事案件而言，因审判人员不负责任，错列、漏列必须参加诉讼当事人导致错误裁判的，认定事实不清或适用法律不当导致错误裁判的，原判对第三人或案外人的合法权益造成损害的，超越诉讼请求作出裁判引发不良社会影响的，未对诉讼请求作出裁判且不能另诉解决或无法通过其他途径补救、经调解当事人不能达成协议的，原审调解严重违反自愿原则或调解协议内容违反法律法规效力性、强制性规定，严重损害国家、集体或者其他人的合法权益的等，都属于错案。对于行政案件，遗漏必须参加诉讼的第三人以及对与原判有关的诉讼请求未予裁判又无法通过其他途径补救，导致当事人的合法权益受到实际损害的，认定事实不清或适用法律法规错误，导致对被诉行政行为合法性的认定或判断错误的，以及判决方式发生实质性错误且对当事人的合法权益造成实际损害的等，都属于错案。

就审判阶段的错案而言，从错误的内容划分，可分为实体性错案与程序性错案，实体性错案就是指案件在法律实体上出了错误，如刑事案件的被告人无罪被判为有罪、此罪被判为彼罪、轻罪重判或重罪轻判等。程序性错案是指在刑事诉讼过程中，违反刑事诉讼法规定，侵犯当事人的诉讼权利，如该立案的没有立案，不该逮捕的被逮捕，不该起诉的被起诉，违法对财产采取强制措施等。无论是实体性错案还是程序性错案都可能给当事人造成生命、自由、财产的损害，伤害群众对司法的信赖，都要高度重视坚决避免。当然，实体性错案的危害一般比程序性危害更大，这种划分对分清错案的原因和进一步问责，具有重要意义。

从错案产生的原因来划分，还可分为主观性错案和客观性错案。主观性错案是指在案件处理过程中，基于司法人员的主观故意或者过失，违反实体法或程序法的规定，导致当事人权利受到严重侵犯的案件。客观性错案是指在诉讼过程中，司法人员没有故意或者过失，而是因为法律规定的模糊或缺失，证据本身的灭失，技术手段落后或者刑事鉴定技术的低下，没有足够的证据或者没有做出正确的鉴定结论等原因而产生的错案。对主观性错案要追究相关人员的法律责任，对客观性错案一般不能追究相关人员的法律责任。当然，就人民法院而言，对于客观性原因导致的错案，也不能一推了之，也要认真总结经验教训，不断完善相关制度机制，在今后的审判工作中尽量避免。

由刑事证明标准的层次性所决定，错案的标准还可以相应划分为：错案纠正标准、国家赔偿标准、错案追究标准三个层次。从坚持实事求是、有错必纠原则出发，凡是有错误的案件都应当纠正，无论是实体错误，还是程序错误。从当事人权利保护的角度，只要是错案给当事人造成了损害，符合国家赔偿的标准，就应当启动国家赔偿程序予以赔偿。从权责统一角度看，对于故意或过失违法审判造成错案的，必须追究相关审判人员的责任，包括刑事责任、行政纪律责任等。

三要健全和完善错案的发现、分析和问责的机制和程序。基于错案也是对司法个案的一种评判，同时考虑到我国司法主体的多元性，因而应当根据实际情况建立相应的司法错案的发现机制和发现责任。从刑事诉讼看，无论是哪个机关、哪个环节，都有发现并纠正司法错案的责任。从法院来看，立案、分案、审案、核案、签案和执行等各个环节，都有发现错案的义务和责任，尤其要重视申诉程序、审判监督程序和再审程序等环节对于发现错案的重要作用。因为这些程序既有可能及时主动发现错案，也能够在日常的工作活动中发现错案。为了保障相关程序有效发挥错案发现的重要作用，还有必要进一步完善我国现行的申诉制度、审批监督制度、再审制度，从而既为当事人提供一个畅通的救济途径，也为错案的发现和认定提供有效手段。

错案责任的承担应坚持“谁出错、谁负责”的原则，保障责任落实到人。属于侦查阶段的，由侦查人员承担相应的责任，属于公诉阶段的，由公诉人员承担相应的责任；属于故意造成的，有关人员要承担故意制造错案的责任，属于过失造成的，有关人员承担过失错案的责任。司法人员既无故意亦无过失的，不承担责任。由于错案的造成往往多因一果，因此还有错案共同责任的认定问题：属于共同故意或多个过失共同造成错案的，涉案人员应当共同承担责任并分清责任大小。此外，错案还有事实认定错案与法律适用错案之分，也要区分不同情形承担相应责任等。就法院而言，独任制审判错案的责任，应当由独任审判员一人对审判阶段的错误负全部责任，如果独任审判员意见正确，案件经审判委员会讨论后改变了审判员的正确意见，导致错案发生的，独任审判员只对没有改变的案件事实和法律适用负责，审判委员会成员要对其改变的事实认定和法律适用负责。关于合议庭错案责任的认定，情形相对复杂。简单地讲，合议庭独立裁判造成的错案，由合议庭成员共同承担责任，但审判长或主审法官应负较大的责任，合议庭成员中表示不同意见的不负责任；关于审判委员会讨论决定的案件造成错案的责任划分，应当区别情形处理：审判委员会讨论后改变合议庭的事实认定和法律适用意见造成的错案，由参加讨论的审判委员会委员共同负责任，主持人负主要责任，持不同意见的免负责任，合议庭不负责任；审判委员会讨论后维持合议庭的事实认定和法律适用意见造成的错案，由合议庭和参加讨论的审判委员会委员共同负责，但合议庭对事实认定负主要责任，审判委员会对法律适用负主要责任，持不同意见的免负责任；如果合议庭对基本事实未查清，承办人对必要证据不汇报，从而导致审判委员会作出错误裁决的，合议庭和案件承办人应当负主要责任，与会失察的审判委员会委员负次要责任。

此外，法院阶段的刑事错案问责，还有一审、二审、再审错案责任的认定与划分问题。其中，一审造成的事实认定和法律适用错案，往往与审判阶段以前的诉讼程序密切相关，如果系由其他司法人员、当事人和有关诉讼参与人的故意或过失行为造成的事实认定错误，审判人员要负审判把关不严的主要责任，有关人员应当根据其行为与错案的因果关系强弱程度承担相应的责任；如果二审审判把关不严造成一错再错的，由原审法院和二审法院共同负责，但二审法院负主要责任；对于一审审判正确二审法院改判造成错案的，应当由二审法院有关人员负全部责任；对于再审造成的错案，由再审的有关人员负责；对于上级法院指令或批复下级法院重新审判造成的错案，由负责指令或批复再审的上级法院承担责任。需要说明的是，实践中发生的错案形形色色，如何确定责任还需深入研究和细化，这里探讨的只是一些倾向性的思路，并不能作为实际操作应用的具体标准。

四要建立健全防范错案的工作机制。对于如何防范冤假错案，最高人民法院领导曾经做过论述和强调，既要充分认识冤假错案的严重危害性，又要充分认识冤假错案发生的现实可能性，必须依靠法律程序防范冤假错案，必须充分发挥辩护律师在防范冤假错案上的重要作用，必须充分借用科技的力量防范冤假错案，必须依靠社会有关方面支持共同防范冤假错案，以及必须紧紧依靠党的领导切实做好防范冤假错案的工作等。

建立健全防范刑事冤假错案的工作机制和相关制度，必须从以下几个方面着手。首先，必须树立信守审判工作原则，始终坚持刑事诉讼基本原则、尊重和保障人权原则、依法独立行使审判权原则、程序公正原则、审判公开原则以及证据裁判原则等。其次，必须严格执行程序证据规定，始终坚持用证据说话，按程序办事，及时堵塞程序漏洞，完善证据审查机制。证据未经当庭出示、辨认、质证等法庭调查程序查证属实，不得作为定案的根据。依法应当出庭作证的证人没有正当理由拒绝出庭或者出庭后拒绝作证，其庭前证言真实性无法确认的，不得作为定案的根据。对于定罪证据不足的案件，应当坚持疑证不用和疑罪从无原则，依法宣告被告人无罪，不得降格作出"留有余地"的判决。再次，必须认真履行案件审查把关职责，完善审判管理和办案责任制。第一审法院要发挥优势，切实履行查明案件事实真相的法定职责，不为错案留下任何客观隐患，独任审判员特别是合议庭成员，要共同对案件事实真相负责，承办法官要作为办案质量第一责任人，院、庭长要依法履行审核把关职责，不能当"签字先生"，共同确保一审裁判认定的法律真实符合客观真实。第二审人民法院要切实履行纠错把关职能，坚持做到对事实不清、证据不足的裁判，坚决发回第一审人民法院重新审判，不得不负责任地放过一审法院的问题判决。最后，要建立健全监督制约机制。重视与其他诉讼活动的相互配合和相互制约，发现其他机关办案隐患的，要及时向有关机关提出司法建议，提醒其改进工作、完善制度。要严格依照法定程序和职责办理案件，审判人员不得参与公安机关、人民检察院联合办案；要发挥提讯的作用，认真听取被告人的辩解，切实保障辩护人会见、阅卷、调查取证等辩护权利，对辩护人申请调取可能证明被告人无罪、罪轻的证据，应当准许，高度重视辩护律师的意见和要求，充分发挥律师的独特作用。对于重大、疑难、复杂案件，可以邀请人大代表、政协委员、基层群众代表等旁听观审；对确有冤错可能的控告和申诉,应当依法及时认真复查;原判决、裁定确有错误的,应当依法及时纠正等。

五要正确把握司法错案问责追责的尺度。一段时期以来,鉴于冤假错案的严重危害性和广泛的社会影响性,一些人提出了对司法错案应当终身追责问责的观点,告别法院出台了对办案人员终身追责问责的规定,有关部门也出台了办案机关和办案人员对错案终身负责的意见。对此,社会上也出现了不同的声音,一些司法人员也有不同看法。如何看待这个有争议的问题,笔者的看法是,应当高度关注这个问题,认真研究这个问题,坚持实事求是、一切从实际出发对待可能涉及的其他问题。

第一,要正确把握终身负责追责的价值取向。通过建立终身问责追责制度,加大对司法机关和司法人员的问责追责力度,切实防范冤假错案发生,及时纠正已经发现的冤假错案,这种主观意图是好的,价值取向是正确的,从司法的政治性和社会效果的角度看,是得人心合民意的,因而也是值得探索和尝试的。

第二,要深入研究终身问责追责的法律性。我国刑事诉讼法、刑法和相关法律,对严重违反程序和法律办案的行为,有许多明确的规定,这些规定是司法追责问责的刚性规定,必须执行,不得违反。例如,对于司法人员实施的刑讯逼供行为,刑法对该罪的刑事责任规定的十分明确,包括行为人承担何种刑事责任,在多长的期限内可以被追诉,过了多长的追诉时效就不得追诉等。需要研究的是,如果一个司法人员犯了刑讯逼供罪,依法已经超过了追诉时效,不应当追究刑事责任,但按照终身追责问责的规定,还必须加以追究,这就产生了究竟是执行刑法、刑事诉讼法还是执行有关规定的问题,从严格执法的角度讲,答案是不言自明的。因此,如何协调终身追究与刑法、刑事诉讼法的关系,还需要研究。

第三,要深入研究对司法责任终身追究与其他渎职责任不终身追究的统一性。司法人员办错案件的责任,也属于国家工作人员渎职责任之一种,我国刑法中除了规定司法人员违法办案的刑事责任以外,还规定了其他国家工作人员渎职犯罪的刑事责任。如刑法第四百一十一条规定,海关工作人员徇私舞弊、放纵走私,情节特别严重的,处 5 年以上有期徒刑。刑法第三百九十九条规定,司法工作人员徇私枉法、殉情枉法,对明知是无罪的人而使他受追诉、对明知是无罪的人而故意包庇不使他受追诉,情节特别严重的,处 10 年以上有期徒刑。这两个罪的最高刑都是 15 年有期徒刑,法律规定的追诉时效都是 15 年。假如一个海关工作人员犯放纵走私罪情节特别严重,过了 15 年的追诉时效后不再追诉,而一个司法工作人员犯徇私枉法罪情节特别严重,过了 15 年的追诉期限后按照终身追究的规定还继续追究,那如何保证刑法的统一实施,如何让被追究的司法人员感到公平正义?这就值得深入研究。

第四,要深入研究终身追究刑事责任与终身追究纪律责任的协调性。有人可能会说,追究司法人员的刑事责任,还是要按照刑法的规定,不能搞终身追究。但对于故意或过失办错了刑事案子、民事案子和行政案子,同时又不构成刑事追究的,才终身追究。对此,有人可能也会持异议:既然办错案子、情节严重、构成犯罪的都不搞终身追究,那么,只对不构成刑事追究的办案人员搞终身追究,这样做是否会有失公平,是否会在客观上起到办严重错案的不终身追究,办轻微错案的反而不终身追究的不良后果?也值得深入研究。

第五,要深入研究终身追究的现实可行性。司法人员办错案件后,有的会及时发现,但更多的是不能及时发现。从实践中看,有的是几年后发现,有的是十几年后甚至几十年后发现。此时,办案人员有的可能升迁,有的可能调动到其他部门,有的可能退休回家,有的还可能垂垂老矣甚至寿终正寝。如何落实对他们的终身追究,如何让他们实际承担终身追究的责任等,都将有一系列不小的难题。笔者认为,如果一个制度实施后实际上无法操作,这将会带来很多弊端,也难以实现制度制定者的初衷,因此,对这些问题要加以认真研究。

第六,要深入研究实现终身追究司法责任的有效性。前已指出,笔者对司法责任终身追究的价值取向是肯定的,且认为这个问题是值得研究的,所以提出了几个值得深入研究探讨的问题。鉴于这些问题都是难题,笔者也不想只为难别人,而是想尝试提点建设性的解决意见。我想,解决司法错案责任追究问题,可以换个思路,不能吊死在终身追究还是不终身追究这棵树上。可行的办法是:根据错案的隐蔽性和严重性,适时修改我国刑法和有关纪律规定中有关违法违纪犯罪行为法律责任追究的时效规定,明确规定错案追究的时效期限从发现错案之日起计算,而不是从司法人员违法违纪犯罪行为终了之日起计算。如果按照发现错案的时间计算追究违法违纪犯罪法律责任的期限,这既能督促有关部门及时查处追究办案人员的司法责任,又不违背法律、法理和情理,更能得到社会各界的支持和认同,同时也化解了是否还要终身追究司法人员责任的各种争议。

(作者单位:最高人民法院)

少年抢劫、抢夺、寻衅滋事等罪名之辨析

□张　华

一、问题的提出

中国青少年犯罪研究会在全国18个省市抽样调查发现,少年犯罪中抢劫和盗窃罪占总数的60%～80%,①两者轮流排在各类犯罪第一位和第二位。② 实践中,少年实施轻微暴力获取少量财物的行为往往均被以抢劫罪名定罪,从而导致少年抢劫罪案一直处在高位运行,容易给决策者造成判断偏差。然而,少年抢劫犯罪真有如此严重吗?

我们选取2006年最高人民法院出台《关于审理未成年人刑事案件具体应用法律若干问题的解释》(以下简称《2006年未成年人司法解释》)后上海市第二中级人民法院(以下简称二中院)所辖法院5个年度内判决的少年抢劫案件为样本。通过研究发现,这一阶段判决少年抢劫案777件1392人,③占各类少年刑事案件总数26.2%,和同期盗窃案1233件相加,与中国青少年犯罪研究会的统计数据一致,而同期与抢劫罪名相近的抢夺案129件、敲诈勒索案43件、寻衅滋事案170件,寻衅滋事案件中,以"强拿硬要"认定的仅7件。

从罪犯基本情况看:(1)少年暴力行为主体以男性为主。(2)主体年龄多为16～18岁,但限制刑事责任年龄的占了总人数的近1/3。对这一年龄段的少年而言,由于刑法第十七条第二款仅规定对包括抢劫在内的八种犯罪行为处罚,除此之外不承担刑事责任,如果实施劫财暴力的程度轻微,则直接涉及罪与非罪的问题。(3)主体身份多为社会人员,在校学生所占比例不大,但仍应引起重视。(4)文化程度偏低,多为初中及以下,少年暴力与文化程度具有相关性。(5)罪犯以非沪籍人员为主。(6)被侵害对象多为不特定社会成员,说明少年侵害的对象无选择性。

---

① 本文所称的少年为已满14周岁未满18周岁的未成年人。

② 操学诚:《对我国未成年人犯罪动向的分析》,载上海市长宁区人民检察院、华东政法大学青少年犯罪研究所、上海市法学会未成年人法研究会:《社会管理创新与检察机关预防未成年人犯罪理论研讨会论文集》2010年4月9日印制。

③ 此处件数为判决的案件数,下同。

从案件基本特点分析:(1)案件多发地段在社区以及周边。案件发生地点呈多元化,反映出少年事先对作案地点、环境等条件往往不加考虑和选择。(2)犯罪手段上以言语威胁和使用刀具、棍棒等器械方式大体相当。(3)暴力程度较轻微。上述2459起抢劫(即抢劫次数,非案件数)造成受害人轻微伤124人、轻伤56人、重伤4人,死亡的1人系一起17岁少年由盗窃转化为抢劫杀人案的被害人,其余均没有造成人身伤害。相当多的少年暴力并未达到足以危及他人生命或健康的程度,是否认定为抢劫性质有待商榷。(4)从被劫财物数额来看,被劫财物数额不大,一般为数百元,多则两三千元,最少的为5元;财物种类最多的是手机还有各类银行卡、交通卡、摩托车、电瓶车、游戏机、金饰品等。(5)抢劫次数为偶尔一次的占68%。(6)大多为团伙作案,占95%,其中,成年人与少年共同犯罪的461起,占团伙作案35%,判决区分主从关系的93件,占成年人与少年共同犯罪的20%。团伙作案依然是少年暴力的一大特点。

从案件判决情况分析:(1)案件罪名变更率为零。在判决的全部少年抢劫案件中,检察机关起诉抢劫罪名,法院依法判决少年抢劫罪成立,罪名变更率为零,结合前述相关数据及以下案例分析,个别案件是否认定抢劫罪名值得研究,但遗憾的是,统计中未发现由抢劫罪变更为寻衅滋事或敲诈勒索等罪名的案例。(2)上述已判决的少年抢劫罪犯中,被判处有期徒刑三年以上的195人,具有各种从轻减轻条件,被减轻判处有期徒刑三年以下的1022人,其中,判处一年有期徒刑以下的550人,另判处拘役的119人、免予刑事处罚56人。(3)适用缓刑比例不高。上述已判决的少年抢劫罪犯中,适用缓刑的365人,占26%。在适用缓刑的365人中,沪籍少年共291人,占80%。

再就若干起典型案例分析:

【案例1】 15岁的小C于2009年11月9日19时许,在上海市某绿地附近,脚踹被害人身体,抢得挎包一只,内有现金人民币(以下币种同)30元及价值970元手机。赃物已被追缴。

法院以抢劫罪判处小C有期徒刑一年六个月,罚金一千元。

【案例2】 刚14岁零11天的小B于2008年11月5日晚6时许,与小A、小K携带小割刀至上海市某新村小花园处,由小A抢得一被害人价值80元MP3播放机。当晚7时许,三人将一9岁被害人带至某新村空地处,以轻微暴力,抢得价值530元游戏机。案发后,小B有立功表现。

法院以抢劫罪判处小B有期徒刑一年,罚金一千元。

【案例3】 刚15岁的小D与小X等人,于2008年2月2日晚,携带木棍等至上海市某地7号桥附近,拦下骑车途经该处的被害人,以持棍殴打、言语威胁、搜身等方式,抢得现金30元等。

法院以抢劫罪判处小D有期徒刑一年三个月,罚金一千元。

【案例4】 2007年10月11日,16岁的G某伙同他人,在上海市某路见一学生单行,上前对其拳打脚踢,抢得人民币80元。

法院以抢劫罪对G某免予刑事处罚。

【案例5】 2007年暑期某日晚,17岁的小E、16岁的小R在上海市某大学宿舍区篮球场内拦下小K,言语威胁抢得手机一部,后小E销赃后花用。2007年12月某日下午,小E、小R、17岁的小Q等人在某技工学校门口,对小M夹头颈、打耳光,将其拖至某车站,小R搜包得手机一部,销赃花用。小E案发后自首。诉讼中,小E法定代理人认为本案被告人的行为应当认定构成寻衅滋事罪。

法院以抢劫罪分别判处小E、小R有期徒刑并宣告缓刑;小Q拘役并宣告缓刑。

【案例6】 2009年6月30日上午,16岁的W某、Z某伙同"小飞"至上海市某文化宫游戏机房,以欠钱为由,向在该房内打游戏的被害人索要钱财,遭拒绝后,三人拳打脚踢,其间,"小飞"让被害人交出现金20元。被害人伤势构成轻微伤。

案发后,公安机关以抢劫罪立案侦查,检察机关改由寻衅滋事罪批准逮捕并提起公诉,法院据此判决。

二、少年抢劫、抢夺、寻衅滋事等行为性质的区分

(一)抢劫、抢夺与寻衅滋事行为特征存在差异

在少年犯罪案件中,研究暴力、胁迫的程度对甄别和区分抢劫、抢夺、寻衅滋事行为具有积极的现实意义。实践中,采用轻微暴力劫取财物行为很容易与寻衅滋事犯罪中的强拿硬要相混淆。在一般刑法意义上,抢劫、抢夺和寻衅滋事行为的区分在于:抢劫是指以暴力、胁迫或者其他方法抢劫公私财物的行为。抢夺是乘人不备,强行夺取数额较大财物之行为,而强行夺取并不排除含有一定程度的暴力,有观点称之为"强力",以区别抢劫罪的暴力,通常直接针对所要夺取的财物,有时也会伤及人身。寻衅滋事是在公共场所肆意挑衅,起哄捣乱,进行破坏骚扰,侵犯公共秩序。其中,以蛮不讲理手段强行索要市场、商店商品以及他人财物,或者随心所欲损坏公私财物的行为,即可归为"强拿硬要或者任意损毁、占用公私财物"性质,可以依照治安管理处罚法进行处理,但尚属行政违法行为,不构成犯罪;如果情节严重,则构成寻衅滋事罪。可见,我国没有从立法上明确界定抢劫罪的暴力程度,以致司法实务中对少年轻微暴力劫财行为处罚时,会产生抢劫、抢夺抑或寻衅滋事罪名适用上的混淆。实践中,部分法院对抢劫犯罪的认定在认识上存在一定偏差,只要认定行为人实施了暴力,不管暴力程度,都简单地一律认定为抢劫罪。这种定罪观点片面认为,抢夺有数额要求而抢劫没有,对于进入诉讼被指控抢劫罪名的,即使存疑,也作"消化"结案,不恰当地增加了抢劫罪的定罪案件数量,造成了少年抢劫案定罪率的虚高。5年来,上海市二中院辖区法院针对指控抢劫的罪名变更率为零,足以说明该问题。

显然,抢劫比抢夺危害性大得多,处罚也重得多。以轻微无损于健康的暴力夺取财物,其危害性达不到抢劫暴力那样严重的程度,而与普通抢夺罪无大差别,故不宜以抢劫罪论处。本次调研发现,已作抢劫罪判决的案件绝大部分未造成人身伤害。尽管刑法没有规定抢劫暴力的下限,但是,对暴力只作形式理解,根本不考虑其对人身权利侵犯的程度和其他情节是不妥当的。实践中,我们首先应当着眼于暴力、胁迫本身的客观性质,要考虑其强度、样态以及工具、时间、场所,考虑行为人的人数、年龄、性别等,同时也要考虑被害人的人数、年龄、性别、性格等,然后以一般人为标准综合判断暴力、胁迫是否达到足以压制对方反抗的程度,达不到该程度的,就不应认定为抢劫,而可以考虑认定为抢夺或者寻衅滋事。

寻衅滋事罪的强拿硬要等方式,其主要目的不在于非法占有公私财物,而在于寻求精神刺激,且常发生在大庭广众之下的公共场所,手段在强度上比抢劫暴力方法弱,一般不实施抢劫所要求的严重侵犯人身权利的方法和立即以实施暴力为内容的胁迫方法以及与暴力方法强度相当的其他方法。行为人还常通过滞留在现场炫耀武力、逞强耍威来达到追求精神刺激的目的。① 根据刑法第十三条的规定,某些情节显著轻微危害不大的行为,如偶尔恶作剧式的抢劫,行为有节制,数额极其有限,强索少量财物,抢吃少量食品等属于违法行为,尚不构成抢劫罪。②

(二)少年暴力的特质有别于成年人

实践中,少年实施数量较多、较常见的案件,发生在校园周边或者校内,年龄大的欺负年龄小

---

① 最高人民法院刑事审判第二庭编:《经济犯罪审判指导与参考》2003年第3卷(总第3卷),人民法院出版社2004年版,第27~31页。

② 周道鸾、张军主编:《刑法罪名精释》(第3版),人民法院出版社2008年版,第496页。

的，高年级学生欺负低年级学生，强拿硬要、强索财物。这类案件情况较为复杂，其中，相当一部分少年出于欺负弱小、称王称霸或者戏弄其他少年等目的向低年级同学强行索要随身携带的用品或者少量钱物；也有的少年使用暴力或者威胁的情节较轻微，例如，仅是推搡、打一拳或者踢一脚的，这类强索案件的社会危害性一般小于成年人实施的抢劫犯罪，即使极个别案件暴力程度重于成年人的，也因为是少年，其人身危险性相对要小于成年人。

从犯罪学角度分析，成年人的人身危险性有一个长期形成过程，危险性会逐渐人格化，这可以追溯到他们的少年时期。从某种意义上说，这种危险性人格是成年犯罪人内在的、固化了的人身特征。一旦转变为这种性态，便会导致其某种持久的、坚定的犯罪倾向，对犯罪生成起着积极、能动的促进作用。而处在心理和生理成长阶段的少年人格特征尚不完整、不定型，这一时期即使有人身危险性，也只是模糊的、初期的犯罪可能性，并不是定型化、人格化的犯罪倾向性。少年在人格形成阶段遭遇的成长缺失和障碍一般都来自监护、教育、生活环境等方面各种不利于少年正常成长发育的因素。在此作用下导致的人格异化，从实质上讲是少年成长权利受到损害。① 正因如此，我们认为，在少年犯罪中不宜过分强调“人身危险性”。人身危险性是对少年犯罪后的人身评价，是通过事实上的犯罪证实的一种性格倾向。然而，与成年人相比，未成年人可塑性大，因此人身危险性认定的不可预知性要高于成年人。成人社会中，人们对自己行为选择是趋利避害的，而少年被看作是从生物人向社会人过渡的一个人生阶段，在此阶段中少年的行为选择是非理性的，少年犯罪大多具有无明确预谋和不计后果等特征，因缺乏足够的认知而无法在行动前对自己行为进行趋利避害的理智计算，也没有条件预测到后果中蕴含的风险和危机。

同时，从少年暴力的特质分析，我们认为，少年暴力与人类普遍存在的成人暴力相比，更具有本能的和自发的倾向，社会化不足和不良都会使这一特定人群更难以控制自身的攻击性冲动，更易于把内心因压力或者挫折而形成的愤怒情绪外化为攻击行动，也更难以预见到自己的攻击行动可能造成的危害后果，包括对社会秩序、社会环境、被害人以及双方家庭的危害后果，当然也包括对施暴者本人造成的危害。调查发现，少年暴力大多集中在十七八岁这一年龄段，这是青春期危机的一种暂时性过渡现象，这种侵犯性在青春期的发生频率要普遍高于青春期前后的发展阶段，以至于在青春期后出现急剧衰减，大多数的孩子自身都有能力大幅度减少攻击行为的可能性，而采取理性与和平的方式解决彼此的纠纷，这是良性社会化的结果。

在犯罪学研究中，我们还发现少年暴力中存在特有的“主体身份重合”现象，即在施暴少年出现之后，同一主体具有施暴者和受害者双重身份。如前所述，从社会化理论来讲，少年成为施暴者是社会环境所造成的后果。大量实证研究表明，犯罪少年具有不良社会化的经历。如在校园勒索、抢劫案件中可看到，违法少年大多是在幼年曾受过他人勒索抢劫的孩子，他们的侵害活动与其先前受害经历有较高相关性。少年在遭受暴力侵害的过程中，眼中见到的和他们头脑里意识到的是有力量的人可以侵害没有力量的，力量加野蛮使侵害者获得尊严，而没有力量和文明使他们自身失去尊严、受到伤害。这一后果还可延续到他们成年以后可能实施虐待妻儿、抢劫钱财等更为严重的暴力行为。此处是把施暴少年也看作是施暴的被害人，施暴者同样具有受害性②。少年作为独立的权利主体，在受暴力侵害后得到权利保护是易于理解的，但在实施暴力、造成社会危害后果之后，其权利依然将得到保护。“主体身份重合”要求社会在少年保护上贯彻全方位保护的理念，从而成为少年保护中最有特色、最为引人注目的一个现象。

---

① 衣家奇：《危险性与被害性：未成年犯罪人人身特征分析》，载《青少年犯罪问题》2009 年第 5 期。

② 佟丽华：《校园暴力以及对策研究》，载《未成年人法学（学校保护卷）》，法律出版社 2007 年版，第 81 页。

（三）相关司法解释体现了区别对待的政策精神

最高人民法院于1995年出台的《关于办理未成年人刑事案件适用法律的若干问题的解释》（以下简称《1995年未成年人解释》）第二条规定，已满14岁不满16岁的人出于以大欺小，以强凌弱，使用语言威胁或者使用轻微暴力强行索要其他未成年人的生活、学习用品或者钱财的，可以不认为是犯罪。多年实践证明，对虽然实施了一定危害行为，但情节轻微的部分少年不予定罪，而采取教育挽救等其他方法，完全可以达到使其改过自新的目的，也有利于家庭和社会的稳定。2006年，最高人民法院废止了《1995年未成年人解释》，颁布《关于审理未成年人刑事案件具体应用法律若干问题的解释》（以下简称《2006年未成年人解释》）将上述规定分列于第七条、第八条两个条文。其中，第七条对未成年人强索行为何种情况下属于刑法第十三条规定的“情节显著轻微危害不大”作了解释，规定已满14周岁不满16周岁年龄段的人使用轻微暴力强行索要其他未成年人随身携带的生活、学习用品或者钱财数量不大，且未造成被害人轻微伤以上或者不敢正常到校学习、生活等危害后果的，不认为是犯罪。该条第二款还规定：“已满十六周岁不满十八周岁的人具有前款规定情形的，一般也不认为是犯罪。”由于该条明确规定如有上述情形，即不认为犯罪，从而厘清了《1995年未成年人解释》中“可以不认为是犯罪”的模棱两可。

《2006年未成年人解释》第八条对少年抢劫犯罪与寻衅滋事罪作了界分。根据该条规定，出于以大欺小，以强凌弱或者寻求精神刺激，随意殴打其他未成年人、多次对其他未成年人强拿硬要或者任意损毁公私财物，扰乱学校及其他公共场所秩序，情节严重的，以寻衅滋事罪定罪处罚。

此外，最高人民法院2005年出台的《关于审理抢劫、抢夺刑事案件适用法律若干问题的意见》（以下简称《两抢意见》）再次明确，对于未成年人使用或者威胁使用轻微暴力强抢少量财物的行为，一般不宜以抢劫罪定罪处罚，其行为特征符合寻衅滋事罪特征的，可以寻衅滋事罪定罪处罚。

以下结合前述案例6进行分析：李某等人以欠钱为借口，先向他人索要钱财遭拒绝，然后拳打脚踢，虽有轻微暴力，但此种暴力与抢劫暴力区别在于有所节制，程度较弱，只以获取少量财物为目的，属于寻衅滋事犯罪中的“随意殴打、强拿硬要”，尚不构成抢劫犯罪中的暴力或以暴力相威胁。因为抢劫暴力不仅针对财物，且还直接指向人身的健康或安全，有时有预谋，有时临时起意，暴力程度以获取财物为必要，常有过之而无不及，人身致害可能性大于财物。可见，少年在这类犯罪中以寻衅、敲诈、抢夺的居多。

三、对策研究及建议

通过上述分析，可以把少年强索行为界定为以大欺小、以多欺少、以强凌弱，采取语言威胁或暴力手段，用强拿、硬要、假借、敲诈、勒索等方法，公开非法获取他人财物的行为。正是因为强索行为方式比较广泛，从轻微到严重的方式不等，才造成刑法适用上可能进入抢劫、抢夺、寻衅滋事等罪名的评价范围，①引起司法实践中法律适用的不统一。

（一）处理此类案件应当把握的几个原则

1. 对犯罪的少年处罚应做到罪责刑一致及与少年利益相称，即“相称原则”，并应把少年福祉作为主导因素。我国批准加入的《联合国少年司法最低限度标准规则》（又称“北京规则”）规定，“主管当局采取的反应不仅应当与犯罪的情况和严重性相称，而且应当与少年情况和需要以及社会的需要相称”；“在考虑少年的案件时，应把其福祉作为主导因素”。该规则同时建议，不仅应当根据违法行为的严重程度而且也应根据本人的情况来对少年犯做出反应。罪犯个人的

---

① 田相夏、姚建龙：《未成年人“强索类”案件疑难问题与破解》，载《青少年犯罪问题》2011年第3期。

情况，如社会地位、家庭情况、罪行造成的危害或影响个人情况的因素，应对做出相称的反应产生影响，如考虑到罪犯为赔偿受害人而做出的努力，或注意到其愿意重新做人过有益生活的表示。

2. 宽宥原则。宽宥原则体现在双向保护的另一方面，即对少年罪犯的保护，这一原则是基于少年犯罪人的责任年龄和能力不完备及事后较易接受教育感化的特点而确立的，反映了罪责刑一致原则及少年司法的最终目的和要求。同时，在宽严相济刑事政策背景下，还可从定罪和量刑两方面考虑，即在具体适用时提倡“可轻罪不重罪，可轻刑不重刑”，并做到宽容而不纵容。

3. 非监禁处遇原则。非监禁处遇是把监禁当作是社会对少年犯罪所做的最后反应。20 世纪 60 年代初，《最高人民法院、最高人民检察院、公安部关于对少年儿童一般犯罪不予逮捕判刑的联合通知》指出：“少年儿童犯罪的人，还没有刑法观念，判刑与否对他们作用不大。”《2006 年未成年人解释》第十一条规定，对符合管制、缓刑、单处罚金或者免予刑事处罚适用条件的未成年罪犯，应当适用管制、缓刑、单处罚金或者免予刑事处罚。2010 年 2 月 8 日，最高人民法院下发的《关于贯彻宽严相济刑事政策的若干意见》较好地重申和阐释了对未成年犯罪人的从宽原则，并分别不同情形对未成年人犯罪的处理作出了更为具体的规定，更具实际可操作性。刑法修正案(八)第十一条对前述司法解释及执法意见予以吸纳，规定对符合缓刑适用条件的未成年犯罪分子应当宣告缓刑，说明最高人民法院等实务部门多年以来一贯倡导的对轻罪少年适用非监禁处遇终于得到了立法的确认。

(二)综合考虑各种因素准确判断少年强索案件的性质

1. 查明犯罪动因。由于少年辨认能力和控制能力还不成熟，从而导致少年暴力动因存在特殊性，他们实施强索行为更多的是盲目逞强、虚荣心等不成熟的心理状态在作祟，另外较少事先预谋，常常是受到某种因素诱发或一时感情冲动而突然犯罪。只有少数惯犯或连续作案的才有预谋性，多数在作案前犯意并不明显，其人身危险性不大，主观恶性也较小。实践中，根据主观动机和心理的不同，可将少年强索行为区分为追求物质和精神满足两种形式，前者为获取财物，往往伴随着故意或放任对被害者身体权利的伤害，即使这样，其主观直接动机仍为获取财物，但如暴力程度及伤害后果严重的，可以抢劫性质论处；后者动机起因较单纯和随意，主观并非追求财物，劫取财物、破坏社会秩序只是满足其不成熟心理的手段，可以寻衅滋事性质论处。由于青少年处于生理和心理生长发育期，大多数少年强索行为更多的是为了填补空虚的心灵，获得精神上的慰藉，一定程度上反映其主观恶性程度并不严重。

2. 甄别暴力程度。少年强索行为往往夹杂着暴力，在暴力程度上，多数少年以拳打脚踢或威胁打人方法索要钱财；有时在被害人难以制服时就地取材，使用砖头、木棍等器具作案，也有些会使用随身携带的小刀等威胁被侵害的对象。在伤害程度上，大多数对被害人未造成任何身体损伤，少数造成皮肤挫伤，或个别导致轻微伤、轻伤等后果。① 我们认为，实践中对一些暴力轻微或不明显、抢劫特征不完整的少年强索类案件，依照刑法谦抑原则认定抢夺、寻衅滋事或敲诈勒索等相对轻罪，同样能起到教育、挽救的效果。

3. 把握发案时间、地点及团伙等特点。少年强索行为由于其游戏性的心理，无预谋是其重要的一般行为特征，作案往往不考虑时间、地点等条件对自己是否有利，而是不加选择，其强拿硬要行为多发生在公共场合，在众目睽睽之下进行。其中，学生之间的强索行为一般发生校园周围或校园合理辐射区，时间多发生在课间和学生上学放学回家的途中。这些特征有别于明显带有主

---

① 田相夏、姚建龙：《未成年人“强索类”案件疑难问题与破解》，载《青少年犯罪问题》2011 年第 3 期。

观恶意的成年人犯罪。

同时，正因为年龄、认知能力等原因，少年暴力的团伙化是其一大特点，调查发现少年团伙比例为95%就是例证，但这有别于成人社会有组织的犯罪结构和模式。就成年人而言，因其对自己的行为结果有明确认知，往往犯意坚决，团伙成员配合紧密，社会危害极大。实践中，对于少年与成年人实施强索他人财物的共同犯罪如何处理是少年司法的一大难点，即是否可以认定成年被告人构成抢劫，而对同案未成年被告人适用《2006年未成年人解释》等"不以犯罪论处或者以寻衅滋事罪论处"的规定。我们认为，此问题较为复杂，可结合其中占支配地位的主体身份、各共犯角色、所起作用，对共同犯罪的整体行为进行考察，判断其情节是否轻微可不以犯罪论处，以及行为性质是符合抢劫罪还是寻衅滋事罪。就当前而言，少年司法分流措施为解决这一难题提供了可能：其一，尽可能司法分流，除个别少年为主犯以及罪责难以区分等原因外，在诉讼阶段，一般应当分案起诉和审判，对少年罪犯适用少年诉讼特别程序，罪名的适用和量刑可轻于同案的成年人。其二，尽可能区分案件的主从关系。本次调研发现，在与成年人的共同犯罪中区分主从关系的仅占20%。一般来说，大多数少年在共同犯罪中的地位、作用相对成年人为次要，少年是主犯的为个例。依法分案审理，既可避免少年夹杂其中被参照成年人标准从轻、减轻处罚而丧失得到最大限度"教育、感化、挽救"的机会，同时，也可在罪责刑一致原则下，使各同案人定罪量刑整体平衡，以避免在沟通不良情形下造成定罪量刑的失衡。当然，因该问题关系到分别定罪与共同犯罪理论的协调，尚存争议，我们所提意见仅供参考。

总之，对于少年强索案件，我们应当依照《2006年未成年人解释》和《两抢意见》等规定的精神，综合考虑各种事实、情节，慎重判断是否构成犯罪。对于确有必要予以刑事处罚的，首先，要考虑是否构成相对较轻的寻衅滋事罪或者抢夺罪等罪名；其次，对于劫财动机明确、手段或者危害后果严重，符合抢劫罪构成的，按照"教育为主、惩罚为辅"的原则，依法定罪，合理确定量刑幅度，做到刑罚与罪责相适应。对部分非罪或者非重罪的强索案件予以司法分流，改变少年抢劫、抢夺、寻衅滋事等定罪的倒挂现象，使其回归到相对合理区间。

（作者单位：上海市第二中级人民法院）

共同犯罪人之间相互窝藏、包庇的，是否以窝藏、包庇罪定罪处罚

□陆建红

刑法第三百一十条第一款规定："明知是犯罪的人而为其提供隐藏处所、财物，帮助其逃匿或者作假证明包庇的，处三年以下有期徒刑、拘役或者管制；情节严重的，处三年以上十年以下有期徒刑。"司法实践中，对于本犯以外的人对本犯实施窝藏、包庇行为的，以窝藏、包庇罪定罪处罚，没有异议；但对于共同犯罪人之间，在共同犯罪行为完成后，相互实施窝藏、包庇行为的，是否以窝藏、包庇罪定罪处罚，存在不同意见。例如，某甲与某乙有矛盾，甲雇用丙杀害乙。事后，为防止事情败露，甲给丙人民币5万元现金，让丙逃离。对甲丙两人以故意杀人犯罪共犯处理，没有不同意见。但对甲提供资助，帮助丙逃跑的行为，是否以窝藏罪处理，主要存在两种意见：一种意见认为，应当以窝藏罪处理。理由是：甲丙在共同犯罪行为（杀害乙）实行终了既遂后，两人之间的共犯合意已经结束。甲资助丙的行为单独构成窝藏罪。至于是否追究窝藏罪的刑事责任，可以根据窝藏的具体情节予以确定。甲窝藏的是杀人犯罪分子，应当以窝藏罪定罪处罚。另一种意见认为，甲的窝藏行为虽然触犯了刑法规定，具有一定社会危害性，但该行为已经被

其共同故意杀人行为所吸收，不具有期待可能性，也即属于事后不可罚行为，不应另以窝藏罪定罪处罚。

我们同意后一种意见。具体理由如下：

一、共同犯罪人之间相互窝藏、包庇的，被其共犯行为吸收，不具有期待可能性，属于事后不可罚行为

期待可能性理论最先由德国学者提出，逐渐为世界大多数国家的学者所接受。期待可能性是指根据具体情况，有可能期待行为人不实施违法行为而实施其他适法行为。期待可能性理论认为，如果不能期待行为人实施其他适法行为，就不能对其进行非难，即不能追究刑事责任。理论界对期待可能性理论尚有不少争论，但缺乏期待可能性作为责任阻却事由，已基本成为刑法理论界的共识。

先从个人单独犯罪定罪处罚原理进行分析。个人单独犯罪，无论犯罪性质如何，法律上都不能指望行为人实施犯罪后即自首，交出犯罪所得等，而只能通过设立自首、坦白等制度，鼓励犯罪分子自首、坦白、退赃等。如果犯罪分子逃跑、处分犯罪所得的，无论是从法律规定上还是实践中的做法，都不可能对其另行定罪处罚。因为此类行为缺乏期待可能性，缺乏可罚性。同时，由于窝藏人与窝藏物的行为性质实际是一样的，因此，下文将引用窝藏物的案例作进一步说明。刑法第三百一十条规定的窝藏罪与第三百一十二条规定的掩饰、隐瞒犯罪所得、犯罪所得收益罪，其犯罪构成的基本要素除对象不同外，其他都是相同的。如盗窃犯罪分子将盗窃所得隐藏或者使用，都是处理赃款的行为。如果盗窃犯罪分子以外的人实施掩饰、隐瞒行为，则依法构成掩饰、隐瞒犯罪所得罪；但盗窃犯罪分子本人实施掩饰、隐瞒行为，从其性质来说，依然属于共罚的事后行为，即属于事后不可罚行为（即不能独立定罪的事后行为）。所谓共罚的事后行为，其实质属于吸收的一罪（即数个不同的行为，一行为吸收其他行为，仅成立吸收行为一个罪名的犯罪），是指在状态犯的场合，利用该犯罪行为的结果的行为，如果孤立地看，符合其他犯罪的犯罪构成，具有可罚性，但由于被综合评价在该状态犯中，故没有必要另行认定为其他犯罪。

再从共同犯罪原理进行分析。刑法作出共同犯罪的规定，实际上是基于将共同犯罪人作为一个整体，视同于一个人犯罪；基于共同的犯罪故意内容，视同于一个人的犯罪故意。在此基础上，根据各参与人的行为对法益侵害（危险）结果所起的作用不同，责任程度与范围不同，而确定了区别处罚原则，即刑法分别对主犯、从犯、胁从犯规定了不同的处罚原则，同时对教唆犯作出了特别规定。因此，共同犯罪人之间的联系是非常密切的，应当视为一个整体。只要其中一个单独的个体被查获，其他人都面临被查获的可能。因而要求共同犯罪人互相之间不实施窝藏、包庇行为，不具有期待可能性。共同犯罪人互相之间实施窝藏、包庇行为，应当视为对本人犯罪事实的隐瞒，不再另行定罪处罚。

二、窝藏、包庇犯罪的主体，应当是本犯以外的人，当窝藏、包庇主体是本犯时，不具有窝藏、包庇罪的主体资格

窝藏、包庇犯罪属于理论界所讲的“加入犯”，而不是本犯。加入犯指的是在本犯的犯罪行为实行终了后，在本犯实施犯罪后续行为时加入从而触犯刑法而构成犯罪。如果加入犯与本犯事先通谋或者事中加入而不是事后加入的，则成为共同犯罪人。共同犯罪人是基于犯罪主体在犯罪过程中的关系而成立的，主观上必须有共同的犯罪故意，客观上必须有共同的犯罪行为。对共同犯罪人以他们所实施的共同犯罪行为和在共同犯罪中的作用来定罪处罚，而不以窝藏、包庇罪定罪处罚。因此，刑法第三百一十条第二款规定，犯窝藏、包庇罪，事前有通谋的，以共同犯罪论处。此中原理是：(1)事前通谋，表明共同故意产生于本犯犯罪行为实施前，窝藏、包庇者虽然仅实施窝藏、包庇行为,但属于共同犯罪行为的组成部分。(2)事中知道共同犯罪行为而以窝藏、包庇的形式参加到共同犯罪的,共同犯罪的故意产生于共同犯罪的过程中,窝藏、包庇行为仍然是共同犯罪行为的组成部分,在共同犯罪过程中介入,其共同故意仍然成立。(3)共同犯罪行为实施终了后,仅实施窝藏、包庇行为的,因不具有共同犯罪的故意而只能以窝藏、包庇罪定罪处罚。(4)共同犯罪人之间互相窝藏、包庇的,由于相互之间对本犯具有共同的故意内容,因此,不具有窝藏、包庇罪的主体资格。共同犯罪行为实施终了后加入犯仅实施窝藏、包庇行为的与共同犯罪主体之间互相窝藏、包庇行为具有明显区别:(1)从犯罪主体上看,前者是共同犯罪本犯以外的人即加入犯,而后者是本犯。(2)从主观上看,前者主体与本犯没有共同犯罪的意思联络,而后者具有共同犯罪的意思联络。是否具有共同犯罪意思联络,是区别窝藏、包庇罪与共犯的重要标志。(3)从客观上看,窝藏、包庇的行为人没有共同犯罪故意行为,如果在客观上已经参与了本犯,则构成共同犯罪。

三、从刑法条文的内在逻辑结构分析,共同犯罪人不属于窝藏、包庇罪的犯罪主体

法律条文所包含的内在逻辑,是我们理解和适用法律时必须掌握的,也是立法者在立法时对每个文字之所以这样表述而不是那样表述的内在原因。刑法第三百一十条第一款采用的表述是"明知是犯罪的人","明知"当然只能对本犯以外的犯罪人而言。对本犯而言,规定"明知"毫无意义。因为本人实施犯罪,自然是明知的,刑法没有必要采用"明知"的表述。另外,从"帮助其逃匿"等用语分析,也是指犯罪的人以外的人,而不是犯罪的人本人。明确这一点有助于明晰该条文中本犯与窝藏、包庇罪行为人的界限。可见,划清本犯的犯罪与窝藏、包庇罪的界限,关键是对加入犯行为性质的把握,即加入犯是否与本犯具有共同犯罪的意思联络。如果没有事前通谋、事中介入而仅实施窝藏、包庇行为,以窝藏、包庇罪定罪处罚;如果具有事前通谋、事中介入情节的,则以共同犯罪论处。本犯的共同犯罪人在事后实施窝藏、包庇行为,不能单独认定窝藏、包庇罪,否则,与刑法条文的内在逻辑明显不相符。

(作者单位:最高人民法院刑四庭)

两岸累犯制度之比较研究

□李宇先*

累犯制度是刑法规定的对犯罪人刑罚裁量中一种从重处罚的刑罚制度,同时也是重要的法定从重处罚情节。有观点认为,对于累犯的特别处遇,从古代罗马法时代就被承认,特别是自19世纪以来,由于累犯数量的激增,欧洲各国根据各自的刑事政策而将累犯作为一般的刑罚加重事由,在刑事立法中加以规定,以至今日。① 中国累犯制度的起源,理论界一般认为,最早的累犯立法出自《尚书·舜典》"怙终贼刑"一词。② 朱熹解释为:"怙谓有恃,终谓再犯,若人有如此而入于当宥之法则亦不宥以流,而必刑之也。"③即如果有人再犯,即使犯了可以宽宥的罪也不能宽宥,而应当惩治。海峡两岸的刑法承接中西古代法律传统,均设有累犯制度的规定。但是,由于政治

---

* 湖南省高级人民法院审判委员会委员、审判员,全国审判业务专家。

① 马克昌:《比较刑法原理——外国刑法学总论》,武汉大学出版社2002年版,第901页。

② 陈兴良:《刑法适用总论》(下卷),法律出版社1999年版,第409页。

③ [宋]朱熹:《答郑景望》,载[清]李光地等辑:《御纂朱子全书》(江西书局本),卷三十三。

制度、法律文化、法律传统的不同，两岸累犯制度也存在较大的差异，特别是随着两岸民众交往日益增多，两岸民众在对岸的犯罪行为也随之增加，这样就不可避免地涉及两岸司法人员如何针对两岸民众在两岸犯罪时有关累犯适用的问题。笔者在此就两岸累犯制度进行一番比较，提出解决两岸累犯制度冲突的方法。

一、两岸刑法累犯构成的比较

综观世界各国各地区刑法所规定的累犯制度，无外乎普通累犯制度、特别累犯制度和混合累犯制度这三种。① (1)普通累犯制度。《中华人民共和国刑法》(以下简称大陆刑法)第六十五条规定："被判处有期徒刑以上刑罚的犯罪分子，刑罚执行完毕或者赦免以后，在五年以内再犯应当判处有期徒刑以上刑罚之罪的，是累犯，应当从重处罚，但是过失犯罪和不满十八周岁的人犯罪的除外。前款规定的期限，对于被假释的犯罪分子，从假释期满之日起计算。"(2)特别累犯制度。大陆刑法第六十六条规定："危害国家安全犯罪、恐怖活动犯罪、黑社会性质的组织犯罪的犯罪分子，在刑罚执行完毕或者赦免以后，在任何时候再犯上述任一类罪的，都以累犯论处。"(3)混合累犯制度，是一种兼采普通累犯制度与特别累犯制度的累犯制度。凡再犯一般不同性质之罪为普通累犯；再犯同一性质之罪或者某种特定罪为必要条件的，是特别累犯。因此，大陆刑法规定的累犯制度是混合累犯制度。采取混合累犯制度的国家往往对普通累犯与特别累犯的构成要件和处罚原则规定不同，但是都强调对特别累犯的从严处理。②

我国台湾地区"刑法"第四十七条规定："受徒刑之执行完毕，或一部之执行而赦免后，五年以内故意再犯有期徒刑以上之罪者，为累犯，加重本刑至二分之一。第九十八条第二项关于因强制工作而免其刑之执行者，于受强制工作处分之执行完毕或一部之执行而免除后，五年以内故意再犯有期徒刑以上之罪者，以累犯论。"第九十八条第二项的规定包括："施用毒品成瘾者，于刑之执行前令入相当处所，施以禁戒"；"因酗酒而犯罪，足认其已酗酒成瘾并有再犯之虞者，于刑之执行前，令入相当处所，施以禁戒"；"有犯罪之习惯或因游荡或懒惰成习而犯罪者，于刑之执行前，令入劳动场所，强制工作"；犯传染花柳病、麻风病罪者，"得令入相当处所，强制治疗。前项处分于刑之执行前为之，其期间至治愈时为止"。因上述情况宣告的保安处分，于处分执行完毕或者一部执行而免除后，认为没有执行刑的必要者，法院应当免除其刑罚的全部或者一部的执行，实际上相当于刑罚已经执行完毕或者一部分执行后因赦免而免除了刑罚。因此，台湾地区"刑法"规定的累犯制度是普通累犯制度。所谓普通累犯制度是指法律不区别犯罪的种类，凡是曾受过刑事处分的人，在一定条件下再次犯罪的，均构成累犯，应当加重其刑罚。这种累犯又叫非同类累犯，即不以相同类型的犯罪为必要条件。③

就大陆刑法与台湾地区"刑法"关于普通累犯构成要件的规定相比较而言，相同之处表现在：都规定前科后罪(前案后案)的间隔期为5年；都规定前科(前案)是被宣告缓刑者，不构成累犯的前科(前案)；都规定前科(前案)如因假释期满者，仍然构成累犯的前科(前案)；都规定后罪(后案)都必须是故意再犯应当判处有期徒刑以上刑罚的罪。④ 而不同之处，则相差较大。大陆刑法规定，累犯的前科后罪都必须是故意犯罪，将前科后罪中的过失犯罪排除在累犯制度之外，并且将未满18周岁的人犯罪排除在累犯制度之外。而台湾地区"刑法"规定，前案只要"受徒刑之执

---

① 马克昌：《刑罚通论》，武汉大学出版社2001年版，第407～409页。

② 陈兴良：《刑法适用总论》(下卷)，法律出版社1999年版，第417页。

③ 高格：《比较刑法学》，长春出版社1991年版，第290页。

④ 大陆刑法理论界一般表述为"前科后罪"，台湾地区刑法理论界一般表述为"前案后案"。

行完毕，或一部之执行而赦免后”，没有将过失犯罪排除在前案之外，而且前案还包括因保安处分而免除刑罚执行的。而所称徒刑，是指有期或者无期徒刑，不包括拘役、罚金、因罚金而易服劳役；所称曾受（徒刑）执行，包括“实际执行（徒刑）”以及“视为执行（徒刑）”，后者即为各该法条所称“以已执行（徒刑）论”的情形。① 最典型的是前案受徒刑之宣告但是易科罚金者，由于缴纳罚金完毕后其所受宣告之徒刑，“以已执行论”，这样，其前案仍然构成累犯的前案。我国台湾地区在2005年修订“刑法”时，对于累犯加重的立法理由，是这样解释的：“累犯之加重，系因犯罪行为人之刑罚反应力薄弱，需再延长其矫正期间，以助其重返社会，并兼顾社会防卫之效果。”对于为什么必须是故意再犯才认定为累犯的立法理由，是这样解释的：“犯罪行为人之再犯，系出于故意者，固有适用累犯加重规定之必要；惟若过失再犯者因难据以确认其刑罚反应力薄弱故宜以劝导改善等方式，促其提高注意力以避免再犯，而不宜遽行加重其刑”，对累犯“限制以故意再犯者为限，方成立累犯。”

就特别累犯而言，由于台湾地区“刑法”没有特别累犯制度的规定，固无从进行比较。大陆刑法第六十六条规定的是危害国家安全犯罪、恐怖活动犯罪、黑社会性质的组织犯罪累犯。危害国家安全犯罪、恐怖活动犯罪、黑社会性质的组织犯罪累犯的构成要件包括：前科应当是危害国家安全犯罪、恐怖活动犯罪、黑社会性质的组织犯罪之一种，后罪则是危害国家安全犯罪、恐怖活动犯罪、黑社会性质的组织犯罪中的“任一类罪”；对前科、后罪没有刑度上的要求，只要构成其中一罪即可；对前科、后罪之间没有时间间隔的要求，无论前科、后罪间隔多久。大陆刑法第三百五十六条规定的是毒品再犯，毒品再犯的构成要件包括：前科所犯的罪必须是走私、贩卖、运输、制造毒品罪，非法持有毒品罪；后罪再犯的罪必须是刑法第六章第七节所规定的罪，即包括走私、贩卖、运输、制造罪，非法持有毒品罪，包庇毒品犯罪分子罪，窝藏、转移、隐瞒毒品、毒赃罪，非法生产，买卖、运输制毒物品、走私制毒物品罪，非法种植毒品原植物罪，非法买卖、运输、携带、持有毒品原植物种子、幼苗罪，引诱、教唆、欺骗他人吸毒罪，强迫他人吸毒罪，容留他人吸毒罪，非法提供麻醉药品、精神药品罪；对前科、后罪没有刑度上的要求，只要构成上面所说的罪即可；对前科、后罪之间没有时间间隔的要求，无论前科、后罪间隔多久。毒品再犯，究其实质而言，也是一种累犯性质的制度，只是规定在刑法分则之中而已。因此，也有观点认为，应当将毒品再犯当成特别累犯来处理，规定在总则当中，以便与危害国家安全犯罪、恐怖活动犯罪、黑社会性质的组织犯罪累犯的规定相统一。而在分则中规定，在很大程度上淡化甚至模糊了特别累犯的性质，容易引起理论上的混乱。②

台湾地区“刑法”第四十九条还规定：“累犯之规定，于前所犯罪在外国法院受裁判者，不适用之。”即前案所犯的罪如果是台湾地区以外的法院裁判确定的，即使在刑罚执行完毕或者赦免后5年以内故意再犯应当判处有期徒刑以上的罪，仍然不构成累犯，明确排斥外国刑事裁判在台湾地区的适用，不承认台湾地区以外的刑事裁判效力对其的拘束力，其理由就是台湾地区“刑法”第九条的规定。③ 台湾地区“刑法”于2005年修订前的规定是：“累犯之规定，于前所犯罪依军法或外国法院受裁判者，不适用之。”即前案受军法审判构成犯罪的，即使在刑罚执行完毕或者赦免后5年以内故意再犯应当判处有期徒刑以上的罪，仍然不构成累犯。台湾地区“刑法”于2005年修订

---

① 林钰雄：《新刑法总则》，中国人民大学出版社2009年版，第495页。

② 陈兴良：《刑法适用总论》（下卷），法律出版社1999年版，第437页。

③ 蔡墩铭：《刑法概要》（修订4版），台北，三民书局2006年版，第67页。台湾地区“刑法”第9条规定：“同一行为虽经外国确定裁判，仍得依本法处断。但在外国已受刑之全部或一部执行者，得免其刑之全部或一部之执行。”

时将“依军法”的规定删除，其立法理由是：“1999年10月2日公布修正之军事审判法，有关第三审上诉程序，依上诉原因，分别由司法机关之‘最高法院’或者高等法院审理，依本条自应适用累犯加重之规定；反观依军法受裁判者，则排除累犯适用之规定，则将发生同一案件视被告是否提起第三审上诉，而发生是否适用累犯加重规定之歧异结果，实有未妥，爰将关于‘依军法’受裁判者不适用累犯之规定删除，以求司法、军事审判程序中，适用法律一致。”经过这样一修改，就将“依军法”裁判而形成的前案，也成为构成累犯的前案。而大陆刑法则没有这些规定，对于被外国法院裁判确定的故意犯罪构不构成累犯的前科问题没有明确，不过在人民法院的审判实践中，尚没有发现前科是外国法院裁判确定的而在大陆构成累犯的案决。这实质上也是不承认外国的刑事裁判的效力对大陆的拘束力，其理由就是大陆刑法第十条的规定。① 相比较而言，台湾地区“刑法”的规定更加明确一些，有法律依据，将来大陆刑法进行修订时，也可以考虑借鉴这一规定，在刑法中加以明确。

二、两岸累犯的法律后果的比较

两岸刑法对构成累犯的处遇是不相同的，也即累犯的法律后果是不相同的。

（一）关于判决时构成累犯时如何处理的问题

大陆刑法规定，无论是普通累犯还是特别累犯，只要在判决时构成累犯的，就应当从重处罚。所谓对累犯从重处罚，是指在法定刑范围内，对具有累犯身份的犯罪分子，比不具有累犯身份的犯罪分子适用较重的刑种或者较长的刑期。也就是说，对累犯只能在法定刑的限度以内判处，不能超过法定刑的上限，也不是说一定要正好是法定刑的上限。而我们所说的法定刑的限度，是指某一犯罪的法定刑的刑种及其量刑幅度。如果具有两种以上刑种的，应当首先根据犯罪事实确定刑种，然后再考虑在这一刑种的限度内从重。在只有一个刑种的情况下，如果只有一个罪刑单位，法定刑的限度是单一的量刑幅度。在具有两个或者两个以上的罪刑单位的情况下，法定刑的限度就是复数。在这种情况下，就应当根据犯罪事实确定量刑幅度，然后再在这一幅度之内考虑从重。② 而台湾地区“刑法”规定，在判决时构成累犯的，加重本刑至二分之一。即最多只能加重本刑至二分之一，但是这只是最高度的规定，并没有最低度的限制。司法机关在本刑二分之一以下范围内，如何加重，是有着自由裁量的权利，不能因为仅加重本刑十分之一，而没有加重至二分之一，而再予减轻二分之一为不当。有期徒刑的加重，其最高度及最低度同加重之，因此，累犯加重是在法定刑的范围内加重其刑。但是，有期徒刑虽然经过加重，也不能超过有期徒刑20年的最高限度，这是由于一罪的有期徒刑这一刑种的最高限度为20年。在累犯与数罪并罚竞合的时候，应当先就各罪依照累犯的规定加重，再按数罪并罚的原则处理，确定其宣告刑、执行刑，③最高不得超过有期徒刑30年。两相比较，在关于判决时构成累犯时如何处理的问题上，台湾地区“刑法”规定的对累犯刑期的裁量比较科学，可操作性强，宣告刑比较确定。特别是在数罪并罚的情况下，如何计算刑期，台湾地区刑法理论界的观点比较明确。而大陆刑法则只有一句，仅简单的规定“从重处罚”，且从重的程度并不明确。

（二）关于裁判后发觉被告人是累犯如何处理的问题

台湾地区“刑法”第四十八条规定：“裁判确定后，发觉为累犯者，依前条之规定更定其刑。但

① 我国刑法第十条规定：“凡在中华人民共和国领域外犯罪，依照本法应当负刑事责任的，虽然经过外国审判，仍然可以依照本法追究，但是在外国已经受过刑罚处罚的，可以免除或者减轻处罚。”

② 陈兴良：《刑法疏议》，中国人民公安大学出版社1997年版，第161页。

③ 蔡墩铭：《刑法总论》（修订5版·最新法规），台北，三民书局2004年版，第358～359页。

刑之执行完毕或赦免后发觉者,不在此限。”即被告人因故意犯罪被判处了有期徒刑以上刑罚,裁判被确定后,如果又发觉被告人构成累犯,那么,仍然应当按累犯的规定对被告人重新判决,加重本刑至二分之一。但是,如果发觉被告人是累犯的时候,刑罚已经执行完毕或者被赦免,那么就不再按累犯处理,不再加重本刑至二分之一。① 这是因为这一规定设立的基础是因为加重的幅度是明确的。按照台湾地区“刑事诉讼法”第四百七十七条的规定,(对此类累犯)更定其刑的程序,依法应当由该案犯罪事实最后判决的法院检察官,声请法院裁定加重,而在大陆如果出现了裁判后再发觉被告人是累犯的情况时,一般就不再处理,因为从重处罚并没有确定的幅度,无从再从重。即使从重,那也是按审判监督程序来处理,而从重到什么程度则没有办法确定。相比较之下,在裁判后发觉被告人是累犯如何处理的问题上,大陆刑法无力处罚,而台湾地区“刑法”更为有利于对累犯的处罚。

(三)关于累犯是否适用缓刑的问题

根据大陆刑法第七十四条的规定,对于累犯,不适用缓刑,即无论是普通累犯还是危害国家安全犯罪、恐怖活动犯罪、黑社会性质的组织犯罪累犯,行为人只要构成累犯,就排除了缓刑的适用。但是,对毒品再犯,大陆刑法没有明确规定不得适用缓刑。因此,对毒品再犯适用缓刑没有法律上的障碍。而台湾地区“刑法”的规定则有很大的不同。台湾地区“刑法”第七十四条第二款规定,“前因故意犯罪受有期徒刑以上刑之宣告,执行完毕或赦免后,五年以内未曾因故意犯罪受有期徒刑以上刑之宣告者”且“受二年以下有期徒刑、拘役或罚金之宣告,而有下列情形之一,认以暂不执行为适当者,得宣告二年以上五年以下之缓刑”。这句话的意思粗看去,好似对于累犯排除了缓刑的适用,因为台湾地区“刑法”规定的累犯构成要件要求再犯的后案是故意犯罪。但是,由于台湾地区刑法实务界对“五年以内未曾因故意犯罪受有期徒刑以上刑之宣告”有不同的解读。台湾地区“最高法院”刑事庭的法官们认为,“按‘刑法’第七十四条第二款所称‘五年以内’未曾受有期徒刑以上刑罚之宣告。系指后案宣示判决的时间,而非指后案犯罪之时间;即后案‘宣示’既已逾前案有期徒刑执行完毕或赦免后五年以上,虽后案为累犯,但累犯成立之要件与宣告缓刑之前提要件(即‘刑法’第四十七条第一款、第二款所示之情形)本不相同,且法律亦无限制累犯不得宣告缓刑之规定。故成立累犯者,若符合缓刑之前提要件,经审酌后,认其所宣告之刑以暂不执行为适当者,仍非不得宣告缓刑”。② 这一会议的决议的理解就是条文所指“五年以内”是指后案宣示判决的时间而不是后案犯罪的时间。因此,后案宣示判决时既已逾前案有期徒刑执行完毕或者赦免后5年以上,虽然后案构成累犯,仍然可以宣告缓刑。同时台湾地区“刑法”并没有明确规定累犯不得适用缓刑。相比较之下,在累犯是否适用缓刑的问题上,大陆刑法对累犯的处罚更为严厉,是绝对排除对累犯(毒品再犯除外)适用缓刑;而台湾地区“刑法”对累犯的处罚相对宽松,是相对排除对累犯适用缓刑。

(四)关于累犯的假释问题

根据大陆刑法第八十一条的规定,对于累犯,不得假释。无论是普通累犯还是特别累犯,明确将累犯排除在可以假释的范围之外。但是,对毒品再犯,大陆刑法没有规定不得假释。因此,对毒品再犯可以假释没有法律上的障碍。而台湾地区“刑法”第七十七条规定,受徒刑之执行而有悛悔实据者,无期徒刑逾25年,有期徒刑逾二分之一、累犯逾三分之二,由监狱报请“法务部”,得许假释出狱。也就是说,被判处有期徒刑的累犯,如果悛悔实据的,实际执行刑期超过了宣告刑

---

① 蔡墩铭:《刑法总论》(修订5版·最新法规),台北,三民书局2004年版,第359页。

② 我国台湾地区“最高法院”2003年度第18次刑事庭会议决议。

的三分之二,即可以办理假释手续。但是,下列情形的累犯,不得假释:"犯最轻本刑五年以上有期徒刑之罪之累犯,于假释期间,受徒刑之执行完毕,或一部之执行而赦免后,五年以内故意再犯最轻本刑为五年以上有期徒刑之罪者。"也就是说,本刑在5年以上有期徒刑的累犯在假释期考验期间,徒刑已经执行完毕,或者一部分执行而赦免后,再次犯罪构成最轻本刑为5年以上有期徒刑的累犯,就不得再假释了。即对一而再、再而三再犯重罪的,因其主观恶性、人身危险性大,刑罚的教育功能已经无效,放之社会可能会再次危害社会,故不得假释,对累犯假释是有条件的假释。其立法理由是:"对于屡犯重罪之受刑人,因其对刑罚痛苦之感受度低,尤其犯最轻本刑五年以上重罪累犯之受刑人,其已依第一项规定(执行逾三分之二)获假释之待遇,犹不知悔悟,于:(1)假释期间;(2)徒刑执行完毕或赦免后五年内再犯最轻本刑五年以上之罪,显见刑罚教化功能对其已无效益,为社会之安全,酌采前开美国'三振法案'①之精神,限制此类受刑人假释只机会应有其必要性。"两相比较,在对待累犯是否能假释的问题上,大陆刑法对累犯的处罚更为严厉,是将累犯绝对排除在可以假释的范围之外;而台湾地区"刑法"则是累犯可以假释,但是也做了对累犯相对排除适用假释的规定。大陆刑法虽然规定对累犯不得假释,但是,大陆刑法设置了台湾地区"刑法"所没有的减刑制度,这一制度没有限制对累犯的适用,也就是说,累犯在刑罚执行期间如果表现好,确有悔改表现或者有立功表现的,可以通过减刑的程序提前得到释放,弥补了对累犯不得假释的制度缺陷。

从两岸累犯制度的上述比较来看,两岸累犯制度存在不少的差异,在两岸共同打击犯罪的合作中,两岸司法界应当通过沟通和交流,努力解决累犯制度中的冲突问题。

(作者单位:湖南省高级人民法院)

主刑减轻情况下附加刑适用的思考

□肖艺苑*

减轻处罚是我国刑罚裁量中从宽处罚的一种情形,也是宽严相济刑事政策的重要体现,在刑罚的具体运用中占有重要的位置。我国刑法对可以或者应当减轻处罚的几种量刑情节作了具体规定,但具体应用层面,尤其是主刑减轻的情况下如何适用附加刑,存在实体法上的空缺与实务操作上的争议,值得研究思考。

一、减轻处罚时附加刑适用问题的提出

刑法修正案(八)出台以前,我国刑法规定,具有减轻处罚情节的,应当在法定刑以下判处刑罚,但未就减轻处罚的幅度进行限制,这赋予了法官过大的自由裁量权。2011年刑法修正案(八)颁布实施,将刑法第六十三条第一款修改为:"犯罪分子具有本法规定的减轻处罚情节的,应当在法定刑以下判处刑罚;本法规定有数个量刑幅度的,应当在法定量刑幅度的下一个量刑幅度内判处刑罚。"这对限制司法实践中无限制的减轻处罚具有积极意义,为多年以来关于是否可以进行跨幅度减轻处罚的争论明确了答案。但主刑减轻后,附加刑是否也应当一并减轻,仍然没有明确的法律规定。

我国刑法规定的主刑包括管制、拘役、有期徒刑、无期徒刑、死刑五种,附加刑包括罚金、剥夺

---

① 美国"三振法案",是指对于三犯之重刑犯罪者(felony)采取终身监禁不得假释(life sentence without parole)。

* 浙江省台州市椒江区人民法院法官助理、法律硕士。

政治权利、没收财产三种。另外,刑法第三十五条单独规定了驱逐出境,未将其纳入上述任何一种种类当中,分则也没有任何条款再行规定是否可以适用,所以学界对驱逐出境的性质多有争论,有主刑说、附加刑说、强制措施说、行政处罚说等。笔者在下文中将重点分析论述减轻处罚中涉附加刑适用的两个问题:(1)主刑减轻时附加刑是否应当一并减轻。(2)附加刑减轻时如何具体适用。

二、主刑减轻时附加刑一并减轻之探讨

传统观念中,减轻处罚只涉及对主刑的适用,附加刑不在考虑范围内,理由有二:一是附加刑在很多情况下为可以并处,或者与主刑之间选择适用,具有减轻处罚情节的罪犯,本来就没有必要判处附加刑,自然不存在是否需要减轻处罚的问题;二是现行刑法规定了三种附加刑,其中罚金和没收财产都是根据犯罪的性质、情节等案件具体情况决定和适用的,判处的数额也与财产型、职务型犯罪的涉案金额或者被告人的财产状况相适应,主刑已经减轻的情况下不应当再减轻财产刑造成量刑上的畸轻。剥夺政治权利虽然有期限,但对其适用刑法有明文规定,也不能适用减轻处罚。刑法学者韩忠谟就指出:"一般认为,减轻处罚仅仅是指主刑的减轻,不包括附加刑。"①

另一种观点认为,刑法没有规定减轻处罚是否应当适用于附加刑,没有规定就是没有否定。"主刑是对犯罪适用的主要刑罚方法;附加刑,又称从刑,是补充主刑适用的刑罚方法。"②主刑、附加刑呈现一种整体状态,附加刑应当随着主刑的减轻而当然地减轻,以保持该整体内部的一致性和协调性。上海法院量刑指南中就提道:"主刑被依法减轻时,附加刑原则上应当一并减轻,但适用原法定刑幅度中的附加刑实际上对被告人有利的除外。"③笔者所在的浙江省台州市,市中级人民法院下发的《关于规范罚金刑适用若干问题的指导意见》中也规定:"刑法对某一种犯罪规定有多个量刑幅度的,因具备减轻情节对被告人在主刑上适用减轻处罚的,罚金刑也应当予以减轻,并在与主刑相对应的幅度内确定。"

笔者同意第二种观点。一方面,这是坚持罪刑法定原则的要求。根据刑法第六十三条的规定,减轻处罚是指在法定刑以下判处刑罚,法定刑是指刑法分则中针对具体犯罪所规定的应当适用的刑罚。我国刑法分则中的大多数罪名有多个量刑幅度,分别针对不同的犯罪情节进行规定,同时并处的附加刑也有数个幅度与主刑相对应。只要一个罪名设置了附加刑,该刑罚自然就囊括于法定刑范畴之内,减轻法定刑也就应当对主刑与附加刑一并适用。另一方面,这也符合罪刑相适应的原则。刑罚的轻重取决于犯罪的社会危害性、犯罪分子的主观恶性、人身危险性大小等,减轻处罚情节的存在表明了上述因素一定程度的降低,为了与之相适应,所配置的刑罚量也要相对减少。主刑与附加刑的变化都能反映刑罚的轻重浮动,当主刑减轻时,将附加刑调节至同样的幅度进行减轻是应有之义。

总的来说,主刑与附加刑相互补充,构成一个完整而科学的刑罚体系,二者都有轻重顺序的排列,体现立法对具体犯罪行为的客观危害性与主观恶性的判断。附加刑与主刑不应该割裂开来讨论,而应在量刑时进行全面考量,这一观点在实践中也有所体现。2007年至2008年间的许霆案轰动全国,依照当时的刑法规定,盗窃金融机构,数额特别巨大的需适用盗窃罪中最高一档的量刑幅度,处无期徒刑或者死刑,并处没收财产,原审许霆被判处无期徒刑,并处没收财产。重

① 韩忠谟:《刑法原理》,中国政法大学出版社2002年版,第299页。

② 高铭暄、马克昌:《刑法学》,北京大学出版社2007年版。

③ 姚瑶:《浅谈减轻处罚的具体适用问题》,载《湖北函授大学学报》2009年第22卷第1期。

审过程中,该案逐级报请最高人民法院核准,对许霆予以减轻处罚,判处有期徒刑五年,并处罚金二万元,主刑与附加刑得到了一并减轻,且均发生了刑种的变更。

三、减轻处罚中附加刑具体适用的思路

(一)罚金刑的减轻

罚金刑是财产刑的一种,也是我国刑法中适用罪名最多,范围最广的附加刑。《最高人民法院关于适用财产刑若干问题的规定》对罚金的最低数额作了限定,即成年人不得少于 1 000 元,未成年人不能少于 500 元。罚金的配置方式包括并处、选处、单处,计算方式包括比例制、倍数制等,其减轻适用不存在法律障碍,应当与主刑具有同步性,减轻至下一个量刑幅度进行判罚。需要注意的是,某些分则条文对同一罪名的两个量刑幅度关于罚金刑的规定基本一致,如刑法第一百九十四条金融票据诈骗罪的数额巨大与数额特别巨大,罚金均为 5 万元以上 50 万元以下,这是立法者基于罪责刑相适应原则的考虑而作出的特别规定。从特别巨大减至巨大这一量刑幅度时继续适用同样的罚金数额标准,尽管看似未进行幅度调整,实际上主刑、附加刑均已适用下一档量刑标准,且会在数额上予以体现,因此无须单独就罚金刑再行跳格适用。

(二)没收财产的减轻

对没收财产的减轻处罚,依然应当遵从附加刑随主刑变化而变化的原则,把握相同的调整幅度。较低法定刑幅度没有规定没收财产或者罚金的附加刑,减轻处罚时也应当不予宣告;下一量刑幅度未规定没收财产仅规定了罚金的,减轻处罚时应当进行刑种变更,将没收财产变更为罚金刑。有学者认为,没收财产是一次性执行完毕的财产刑,且限于被执行人现有财产范围之内,而罚金的数额依具体情况而定,"对于不能全部缴纳罚金的,人民法院在任何时候发现被执行人有可以执行的财产,应当随时追缴",因此没收财产可能比罚金更轻。这一顾虑不无道理,故前述的上海法院量刑指南以但书形式进行了限制,即"适用原法定刑幅度中的附加刑实际上对被告人有利的除外"。笔者认为,秉持主刑与附加刑相协调的原则,二者应当共同减轻至同一幅度,没收财产变更为罚金时,仅需依具体情况进行考量,使最后判处的罚金数额不超过没收财产之数额即可。

(三)剥夺政治权利的减轻

剥夺政治权利属于资格刑,需严格依据刑法之规定进行适用,其轻重程度类似于自由刑,表现在刑期的长短上,在减轻处罚时可以就刑期进行调整。剥夺政治权利无法与罚金及没收财产进行轻重之比较,排除了相互间刑种转换的可能。在刑期计算上,主刑为羁押刑的,自主刑执行完毕之日起计算;主刑为管制刑的,剥夺政治权利与之同时计算、同时执行。因此,当主刑由羁押刑减轻为管制,且同时均需附加剥夺政治权利时,裁判者应当注意附加刑刑期计算上的差异,避免出现"主刑减轻,附加刑加重"的情况。

在量刑规范化建设进一步深化的背景之下,主刑与附加刑之判处,均需更加科学、合理、规范,这也是现代法治文明的要求。笔者就刑法中减轻处罚时附加刑适用问题进行了分析并提出处理建议,以供理论研究探讨与实践操作参考。但基于罪刑法定原则,一些探索不能在司法个案的刑罚裁量中随意突破,仍需立法上的完善以提供实体法支撑,从而引领司法实践走出困境。

略谈最新司法解释中贪污受贿犯罪的定罪量刑标准

□赵秉志*

一、刑法修正案(九)的相关修改

进一步完善反腐败刑法规范是《中华人民共和国刑法修正案(九)》(以下简称《刑法修正案(九)》)修法的重点之一,而合理调整贪污受贿犯罪定罪量刑标准的模式则是其中的一大亮点。鉴于1997年刑法对贪污受贿犯罪定罪量刑规定单一的具体数额标准的种种弊端(如难以全面而适时地反映案件的社会危害程度,不能充分贯彻罪责刑相适应原则等),根据各方面的意见和建议,《刑法修正案(九)》实事求是地对此作了合理调整,将贪污受贿犯罪原来的单一依据具体数额进行定罪量刑的模式,修改为"概括数额+情节"的定罪量刑模式,即原则上规定"数额较大或者情节较重""数额巨大或者情节严重""数额特别巨大或者情节特别严重"三种由轻到重的犯罪情况,相应规定了三档法定刑;并规定数额特别巨大且使国家和人民利益遭受特别重大损失的,处无期徒刑或者死刑。

为了维护国家司法的统一性和公正性,《刑法修正案(九)》所确定的"概括数额+情节"的贪污受贿犯罪的定罪量刑标准必须由依法享有司法解释权的国家最高司法机关(最高人民法院和最高人民检察院,以下简称"两高")以司法解释的形式予以具体规定。"两高"经过一段时间的认真调查研究和听取各方面的意见,制定通过了《关于办理贪污贿赂刑事案件适用法律若干问题的解释》(以下简称《解释》)。《解释》在《刑法修正案(九)》相关规范的基础上,科学合理地设定了贪污受贿犯罪定罪量刑的具体数额和情节标准,很好地贯彻了《刑法修正案(九)》的相关修法精神暨司法公正、罪责刑相适应原则的要求。

二、关于数额标准的解读

贪污受贿犯罪是贪利型职务犯罪,犯罪数额是其社会危害程度的基本决定因素。因而《刑法修正案(九)》关于贪污受贿犯罪定罪量刑标准的设定,还是以犯罪数额为首要的模式,只是改"具体的数额模式"为"概括的数额模式",以维护刑法立法的稳定性和适应性,并授权最高司法机关可以动态地、科学合理地设置某一时期的具体数额标准。《解释》则将经《刑法修正案(九)》修改的刑法第三百三十八条、第三百八十六条贪污罪、受贿罪由轻到重三种罪状(数额)及其对应的法定刑档次确定为:贪污或者受贿数额在3万元以上不满20万元的为"数额较大",适用"三年以下有期徒刑或者拘役,并处罚金"的法定刑幅度(《解释》第一条第一款);贪污或者受贿数额在20万元以上不满300万元的为"数额巨大",适用"三年以上十年以下有期徒刑,并处罚金或者没收财产"的法定刑幅度(《解释》第二条第一款);贪污或者受贿数额在300万元以上的为"数额特别巨大",适用"十年以上有期徒刑、无期徒刑或者死刑,并处罚金或者没收财产"的法定刑幅度(《解释》第三条第一款)。《解释》关于数额模式的规定即其所确定的贪污受贿犯罪定罪量刑的数额标准,涉及以下三个问题:

其一,数额标准应采用什么模式规定?从理论与实践的结合上考虑,对于贪污受贿犯罪的数额标准采用何种模式规定,大体上有三种模式选择:一是数额幅度模式。即由"两高"制定司法解释规定贪污受贿犯罪定罪量刑的数额幅度,同时授权省级司法机关在司法解释规定的数额幅度

---

* 中国法学会刑法学研究会会长、北京师范大学法学院教授。

内,根据本地区经济发展水平并考虑当地犯罪状况,确定本地区执行的具体数额标准并报“两高”备案。如“两高”对盗窃罪、诈骗罪等侵犯财产犯罪的具体数额确定即采用了此种模式。二是不同类型的地区数额分立模式。即由“两高”将全国各省区按其经济发展状况划分为三类或四类地区,并对几类地区分别确定不同的数额。以上两种模式可以说都是因地而异的数额标准,相比之下,第一种模式的差异是因省区而异,各省区自行确定数额;而第二种模式是不同类型地区间有所差异且其数额标准是由“两高”具体确定的。这两种模式的优点是考虑了不同地区经济发展状况对贪污受贿犯罪数额所体现的社会危害程度的不同影响;其主要弊端是造成司法的不统一,并给犯罪行为跨省区案件的指定管辖和定罪量刑带来困难。三是统一数额模式。即由“两高”以司法解释在全国范围内规定统一的贪污受贿犯罪定罪量刑的数额标准。这是《解释》所采取的模式。此种模式的优点,一是维护了司法的统一性;二是对跨省区案件的定罪量刑采取统一标准维护了司法的公平公正,也增强了司法的可操作性。其弊端是未能体现不同地区经济发展状况之差异。相比之下,可以说第三种模式的利大于弊,因为司法的统一与公正是现代刑事司法尤为重要的生命线。因此,对《解释》所采取的统一数额模式应予以肯定和支持,并且可以在司法实践中予以检验和完善。

其二,怎样确定贪污受贿犯罪的起刑点数额?即“数额较大”的标准应怎样掌握?1988 年《全国人大常委会关于惩治贪污罪贿赂罪的补充规定》对贪污罪、受贿罪设置的起刑点是 2 000 元,1997 年刑法将这一起刑点提高至 5 000 元,《刑法修正案(九)》在立法上取消此一起刑点具体数额的规定,而改为“数额较大”的概括规定,并将“数额较大”的确定标准交由最高司法机关以司法解释来明确。那么,对贪污受贿犯罪“数额较大”的标准应怎样掌握?原来的 5 000 元起刑点是应维持不变还是要有所提高?若需要提高,其提高幅度应有多大?对此问题大体上有三种主张:第一种观点主张 5 000 元的起刑点不宜提高,甚至还应有所降低。认为这是严惩腐败犯罪的要求,是契合中央对腐败行为“零容忍”的反腐政策的,也是符合严厉反腐败的社会舆情和民众呼声的。第二种观点主张此一起刑点应适当提高,但不宜提得太高,如可以将“数额较大”的起刑点提高至 1 万元。第三种观点主张对此起刑点即“数额较大”的标准应予以明显的提高,如可以提高到 3 万元。“两高”的《解释》采纳了上述第三种观点,将这一起刑点提高至 3 万元。我认为《解释》此一规定是正确的抉择,因为对贪腐行为的“零容忍”绝不等于对贪污受贿犯罪要实行刑事犯罪门槛的“零起点”。我国刑法对犯罪行为之规制一贯坚持“质与量”相统一的思想,并以行为的社会危害程度大小来作为区分犯罪行为与一般违法行为的界限。在当前反腐败的大潮中,中央也旗帜鲜明地提出要把党纪政纪挺在刑事追究的前面,即对贪污受贿行为在定罪量刑之前,要有党纪政纪处分可以独立发挥作用的空间。再者,贪腐行为的社会危害程度是一个变量,它会随着社会经济的发展状况而相应地变化。自 1997 年刑法规定贪污受贿犯罪 5 000 元起刑点迄今,我国经济社会的发展变化巨大,人均 GDP 自 1997 年至 2014 年增长了约 6.25 倍,而适用了近 20 年的贪污受贿犯罪 5 000 元的起刑点却仍未变化,已严重不符合当初设定这一起刑点时所掌握的社会危害程度,因而适当提高这一起刑点数额乃势在必行,而且提高幅度太小也不解决问题。据介绍,《解释》将此起刑点数额由原来的 5 000 元提高至 3 万元,这也是符合近年来司法实践中予以刑事追诉的贪污受贿犯罪案件的实际情况的。而从实际出发、实事求是,历来是我国刑事法治所注意贯彻的重要理念。

其三,怎样确定贪污受贿犯罪“数额巨大”“数额特别巨大”的标准?《解释》结合对既往司法实践的考察和相关立法精神,将贪污受贿犯罪“数额巨大”的标准确定为满 20 万元,将其“数额特别巨大”的标准确定为满 300 万元。其主要考虑是要适当拉开不同量刑档次的级差,以更好地贯彻罪责刑相适应原则下的区别对待。我认为《解释》这一改动是正确的，是值得充分肯定的。在刑法修正案（九）之前，刑法第三百八十三条、第三百八十六条关于贪污受贿犯罪第二档次（对应现在的“数额巨大”）的数额规定是 5 万元，法定刑为五年以上有期徒刑；第三档次（对应现在的“数额特别巨大”）的数额规定是 10 万元，法定刑为十年以上有期徒刑或者无期徒刑。其主要问题有二：一是在起刑点数额（“数额较大”）过低的基础上，刑法中对“数额巨大”“数额特别巨大”的具体数额设置也均过低，严重脱离当前经济社会背景下数额反映的社会危害性程度的真实情况，导致罚过其罪，与配置的重刑显然不协调。二是数额与刑罚相对应的量刑区间狭窄，轻重罪刑之间缺乏科学合理的幅度和梯次之分。这不但表现在从第一档次起刑点的 5 000 元（对应一年以上七年以下有期徒刑）到第二档次的 5 万元（对应五年以上有期徒刑），再到第三档次的 10 万元（对应十年以上有期徒刑或者无期徒刑）之间总共仅有 9.5 万元的数额差距，而法定刑就从一年有期徒刑上升到十年以上有期徒刑或者无期徒刑，导致数额差距空间较小而刑罚轻重差距过大；而且犯罪数额在 5 000 元到 10 万元之间的，实践中的量刑也大体上是按照 1 万元判刑一年掌握，看似公平，实则显属轻罪重罚。其问题更突出地表现在第三档次（即 10 万元以上判处十年以上有期徒刑或者无期徒刑）的罪刑关系上，在此档次，只要不属于“情节特别严重的，处死刑”的情况，则贪污受贿数额满 10 万元与不满 10 万元的案件在量刑上轻重差别巨大，而贪污受贿数额 10 万元、几十万元的案件与数百万元、数千万元的案件在量刑上却差别不大（其量刑区间仅为十年至十五年有期徒刑、无期徒刑），导致这一档次在实践中长期存在罪刑失衡、重刑集聚的不合理现象。以上这些弊端严重违背了我国刑事法治中社会危害性理论的基本原理和罪责刑相适应原则的要求，严重有损现代刑事法治的公平正义理念。因而相当一个时期以来，各方面要求合理调整和适当提高贪污受贿犯罪加重刑罚的第二档次、第三档次之数额标准的呼声很高，这也正是刑法修正案（九）将其更改为概括性的“数额巨大”“数额特别巨大”的立法本意所在。此次我国最高司法机关在《解释》中将属于第二量刑档次的“数额巨大”标准提高至满 20 万元，将属于第三量刑档次的“数额特别巨大”标准提高至满 300 万元，较过去的相应数额标准有了较大幅度的提高，其数额标准的确定是建立在对我国当下经济社会状况及贪污受贿数额的社会危害程度认真调研把握之基础上的，是符合目前我国社会罪刑关系实际的。如此设置，给三年以上十年以下有期徒刑的适用以及十年有期徒刑以上刑罚的适用都留下了尽可能大的犯罪数额对应空间，有利于从根本上解决司法实践中长期存在的贪污受贿犯罪之量刑罪刑失衡、重刑集聚的问题，从而较好地贯彻了罪责刑相适应的刑法基本原则。

三、关于情节标准的解读

在 1997 年刑法中，贪污受贿犯罪的定罪量刑以具体数额为基本模式，“情节”只是其补充因素。《刑法修正案（九）》改变了既往刑法中单纯计赃论罪论罚的具体数额的基本模式，而代之以“数额 + 情节”（或者说“数额或情节”）的模式，即将“情节较重”与“数额较大”并列，将“情节严重”与“数额巨大”并列，将“情节特别严重”与“数额特别巨大”并列，相应规定了三档法定刑。也就是说，由《刑法修正案（九）》第四十四条的语义来看，国家立法机关显然是把“情节”作为与“数额”并列的贪污受贿犯罪之定罪量刑标准看待的，即贪污受贿犯罪之定罪量刑有两个标准，一为数额标准，二为情节标准，二者并列而相互区别、相互独立，具备其中之一即可。但是，“两高”的《解释》一方面规定了独立的数额标准；另一方面却没有规定完全独立于数额的情节标准，而是将情节与相对较低的数额（大体上减半）相结合而规定了“数额 + 情节”模式的标准。此种模式与数额模式的三个档次相对应，区分为三档罪刑规范：（1）贪污受贿数额在 1 万元以上不满 3 万元，同时具有《解释》所列举的严重情节之一的，即认定为法条规定的“其他较重情节”，与“数额较大”(单纯的数额在3万元以上不满20万元)一样适用第一档次的法定刑;(2)贪污受贿数额在10万元以上不满20万元,同时具有《解释》所列举的严重情节之一的,即认定为法条规定的“其他严重情节”,与“数额巨大”(单纯的数额在20万元以上不满300万元)一样适用第二档次的法定刑;(3)贪污受贿数额在150万元以上不满300万元,同时具有《解释》所列举的严重情节之一的,即认定为法条规定的“其他特别严重情节”,与“数额特别巨大”(单纯的数额在300万元以上)一样适用第三档次的法定刑。针对“两高”《解释》将《刑法修正案(九)》所规定的独立于数额的情节标准改造成“数额+情节”模式,应当探讨和明确以下几点:

其一,为什么要将情节标准改造成“数额+情节”标准?在《刑法修正案(九)》的修法过程中,鉴于过去单纯数额标准的弊端,一种意见反对将数额作为贪污受贿犯罪的主要定罪量刑标准,主张应以脱离数额的情节作为其定罪量刑的标准,规定“情节较重、情节严重、情节特别严重”三种情形及相应的三档法定刑。国家立法机关经研究没有采纳单纯的情节标准之主张,也没有维持既往的单纯具体数额标准之模式,而是采取了将数额与情节并列、“数额+情节”标准的模式。而最高司法机关的《解释》又在数额标准之外的情节标准中加入了数额因素,将情节与数额挂钩,使情节标准实际上成为“情节+数额”的模式。这主要是基于两点考虑:一是犯罪数额在贪污受贿犯罪危害程度的衡量中具有基础性的作用,对此类贪利性职务犯罪之定罪量刑虽不能一概地单纯考虑数额,但也往往离不开对犯罪数额的考量,这也是罪责刑相适应原则的要求和体现;二是完全脱离数额的其他情节之严重程度往往难以量化和准确把握,若仅根据其他情节决定刑罚裁量可能会出现数额较小而判刑过重的罪刑失衡现象,也容易给量刑的随意性留下空间。我认为最高司法机关这两点考虑是值得充分肯定的,即是准确地把握了数额与其他情节对贪污受贿犯罪之危害程度影响的辩证关系,也是借鉴了以往我国最高司法机关在侵犯财产类犯罪之司法解释中的成功经验,因此,应当予以认同和支持。当然,将来若能对立法上关于情节标准独立于数额之规定作适当修改,使情节标准从立法上来看也有容纳一定数额因素的空间,以使立法与司法合理协调,则效果会更好。

其二,关于情节标准与数额标准的关系问题。按照《刑法修正案(九)》的相关规范和“两高”《解释》第一条至第三条的规定,可以说,我国当前对贪污受贿犯罪的定罪量刑标准是采用了“两套标准”“三个档次”(三个罪刑单位)。“两套标准”之一为数额标准,这也是贪污受贿犯罪基本的定罪量刑模式,区分为“数额较大”(满3万元不满20万元)、“数额巨大”(满20万元不满300万元)、“数额特别巨大”(300万元以上)三个档次并配置由轻到重的三档法定刑;“两套标准”之二为情节标准,更确切地讲应为“情节+数额”标准,区分为“其他较重情节”(满1万元不满3万元,同时具备《解释》所列严重情节的)、“其他严重情节”(满10万元不满20万元,同时具备《解释》所列严重情节的)、“其他特别严重情节”(150万元以上不满300万元,同时具备《解释》所列严重情节的)三个档次,并与符合数额标准者一样分别适用三档法定刑。由此可见,贪污受贿犯罪定罪量刑的数额标准与情节标准(“情节+数额”标准)是并行不悖的、彼此独立的两套标准:没有《解释》所列举的严重情节者即不适用情节标准而适用数额标准;具有《解释》所列举的严重情节者适用情节标准(“情节+数额”标准),此时的数额要求要依照《解释》之规定有所降低,原则上是减半掌握。“两高”《解释》对《刑法修正案(九)》所确定的贪污受贿犯罪定罪量刑之概括数额标准的具体化,以及对其情节标准进行的“情节+数额”改造和具体化,使这两种标准形成互补关系且均明确、具体而具备可操作性,这是值得充分肯定的。

其三,关于贪污受贿犯罪“严重情节”的抉择。在“数额+情节”模式下,大体上减半掌握数额标准,从而使数额外的其他情节成为影响贪污受贿犯罪定罪量刑的重要因素。为使情节因素正确而充分地发挥其对贪污受贿犯罪定罪量刑的作用,“两高”《解释》以能够真正体现犯罪特点并对贪污受贿犯罪定罪量刑有重要意义为标准,认真选择了若干严重情节加以规定。具体而言,对贪污罪规定的严重情节有六项:(1)贪污救灾、抢险、防汛、优抚、扶贫、移民、救济、防疫、社会捐助等特定款物的;(2)曾因贪污、受贿、挪用公款受过党纪、行政处分的;(3)曾因故意犯罪受过刑事追究的;(4)赃款赃物用于非法活动的;(5)拒不交待赃款赃物去向或者拒不配合追缴工作,致使无法追缴的;(6)造成恶劣影响或者其他严重后果的。(《解释》第一条第二款)这些情形从犯罪对象、犯罪行为、行为人主观恶性和人身危险性、认罪悔罪态度和危害后果等方面说明了社会危害性较大,因而被合理地确定为影响贪污罪定罪量刑的因素。对受贿罪规定的严重情节分为两类:第一类是上述贪污罪第二项至第六项规定的五种情节。第二类是仅适用于受贿罪的另外三种情节:(1)多次索贿的;(2)为他人谋取不正当利益,致使公共财产、国家和人民利益遭受损失的;(3)为他人谋取职务提拔、调整的。这三种情节是针对受贿罪特点而设立的,而且对受贿案件的危害程度或行为人的主观恶性程度有显著影响。第一项“多次索贿”表明了行为了主观恶性较大,第二项“贪赃枉法”又造成损害后果明显具有更重的社会危害性,第三项组织、人事类腐败危害性质和程度都十分严重,因而将这三项情形规定为受贿案件的严重情节是合乎法理与情理的。上述适用于受贿罪的情节,总计有八种。总之,《解释》所规定的贪污罪、受贿罪的这些严重情节,都是从我国相关的司法实践中总结出来的,并具有相应的理论根据。当然,对《解释》所规定的这些严重情节,还可以通过司法实践予以检验和进一步完善。

四、结语

以上着重围绕“两高”《解释》关于贪污受贿犯罪定罪量刑标准,对其“数额标准”和“情节标准”进行了粗浅的探讨。但对于本属贪污受贿犯罪定罪量刑范畴的特重大案件的死刑和终身监禁的适用问题(《解释》第四条),由于本文篇幅所限,尚未能论述。

综上所述,我认为,“两高”《解释》关于贪污受贿犯罪定罪量刑标准之规定,贯彻宽严相济的基本刑事政策、完善反腐败法治的修法精神以及罪责刑相适应的刑法基本原则,并注意规范的科学性、合理性和可操作性,是一个极其重要的司法解释文件。其付诸实施必将切实促进我国的刑事司法实践。我们应当认真学习、研究《解释》的精神与规范。

贪污受贿犯罪数额的合理调整

□陈兴良*

《中华人民共和国刑法修正案(九)》颁布以后,对于贪污受贿罪的刑法修订亟待进行司法解释。最高人民法院和最高人民检察院在制定《关于办理贪污贿赂刑事案件适用法律若干问题的解释》(以下简称《解释》)过程中,如何对决定贪污受贿犯罪定罪与量刑的数额标准进行规定,无疑是一个最为重要的问题,也是一个艰难的选择。因为这不仅涉及贪污受贿犯罪的定罪量刑标准的把握,同时还牵动了其他相关职务犯罪的数额标准,需要极其慎重对待。具体言之,这里涉及两个问题:一是定罪数额的确定,二是量刑数额的确定。

所谓定罪数额,也就是数额较大的数额。定罪数额涉及贪污受贿犯罪的犯罪圈,即刑罚处罚范围问题。原刑法第三百八十三条将一般情况下贪污受贿犯罪的定罪数额确定为5 000元。这

* 北京大学法学院教授。

个定罪数额在1997年刑法修订时也许是合适的，因为在1988年《全国人大常委会关于惩治贪污罪贿赂罪的补充规定》中规定的贪污受贿犯罪的定罪数额是2 000元，从1988年到1997年，只不过9年时间，贪污受贿犯罪的数额已经提高了一倍还要多。但从1997年到2016年，已经将近20年时间，仍然维持5 000元的定罪数额，确实已经落后于社会发展。这也正是在刑法中具体规定犯罪数额所带来的弊端，即不能随着时间的推移而保持法律的稳定性。事实上，早在十多年前，这个数额标准在某些经济发达地区就已经难以执行。那么，这次《解释》对贪污受贿犯罪的定罪数额究竟如何设定数额标准呢？一定程度的提高这是必然的，只不过是提高的程度如何把握的问题。对此，还是存在意见分歧。有意见认为，应该一步到位地将贪污受贿犯罪的定罪数额提高到5万元。对于不满5万元的，只有情节较重的，才追究刑事责任。没有达到情节较重程度的，可以进行党纪政纪处分。还有意见认为，贪污受贿犯罪的定罪数额关系到惩治腐败犯罪的力度，存在一个社会公众的接受程度问题，还要考虑与其他财产犯罪的衔接，不能提高幅度太大。应当先做较小幅度的调整，在将来条件具备以后，再通过司法解释的方法进行调整。在以上两种意见中，应该说第一种意见是较为符合目前司法实践状态的。因为现在贪污受贿5万元以下的案件，进入司法程序的已经较为少见，大多数消化在司法程序之外，以党纪政纪的处分结案。但从社会公众的接受程度和与其他财产犯罪的衔接来说，第二种意见更为可取。

现在《解释》规定的贪污受贿犯罪的“数额较大”标准是3万元，并且在具有其他较重情节的情况下，数额标准下探到1万元。换言之，《解释》确定的贪污受贿罪的定罪数额标准是1万元和3万元。就1万元这个数额而言，与贪污受贿犯罪数额5 000元的原标准，以及与其他财产犯罪的数额标准还是能够保持一定的衔接与对应，显得较为稳妥。如果仅从《解释》规定的数额来看，从5 000元到3万元，似乎存在较大幅度的提高，但考虑到在司法实践中贪污受贿5万元以下而被追究刑事责任的案件已经较少，这种定罪数额的调整对于贪污受贿犯罪的实际惩治其实不会发生太大的影响。也就是说，贪污受贿犯罪的犯罪圈并不会骤然缩小。

所谓量刑数额，也就是“数额巨大”和“数额特别巨大”的数额。不同于定罪数额，量刑数额是法定刑提升或者加重的数额。如果数额达到一定程度，则导致法定刑升格，即适用更重的法定刑幅度。从这个意义上来说，量刑数额关系到刑罚资源在一个犯罪中的配置。如果这种刑罚资源配置不合理，同样也会带来消极影响。在1997年刑法中，贪污受贿犯罪的量刑数额分别规定为5 000元以上不满5万元处一年以上七年以下、5万元以上不满10万元处五年以上十年以下、10万元以上处十年以上这三个档次。在这三个档次中，最遭诟病的是10万元以上处十年以上的规定。根据10万元处十年以上的规定，10万元以下的贪污受贿犯罪，基本上是1万元一年有期徒刑。但10万元以上的贪污受贿犯罪，在司法实践中可能会达到10万元一年有期徒刑，在某些情况下，甚至是百万元一年。例如，贪污受贿500万元而被判处十五年有期徒刑的案例也是极为常见的。在这种情况下，就形成了贪污受贿10万元以下和贪污受贿10万元以上的刑罚处罚的不平衡与不合理。这次《解释》将贪污受贿罪的“数额巨大”标准调整为20万元，“数额特别巨大”标准调整为300万元。即贪污受贿数额达到20万元以上不满300万元的，处三年以上十年以下有期徒刑；贪污受贿数额达到300万元以上的，处十年以上有期徒刑，是合理而必要的。

其实，完全以数额作为定罪量刑的标准，是存在缺陷的，因为数额并不是评价犯罪的唯一标准。对于贪污受贿犯罪也是如此。以受贿罪为例，其危害性更多地体现在权钱交易过程中，对于国家利益和人民利益所造成的严重危害。同时，即使是以数额衡量，对于同一个犯罪也无法做到刑罚与数额的完全对应。例如，根据《解释》对贪污受贿犯罪规定的数额标准，当贪污受贿3万元以上不满20万元时，对应的刑罚是三年以下有期徒刑。因此，平均5万元对应一年有期徒刑。

当贪污受贿数额在20万元以上300万元以下时,对应的刑罚是三年以上十年以下有期徒刑。因此,平均40万元对应一年有期徒刑。假如以2 000万元作为判处无期徒刑的标准,那么,当贪污受贿数额在300万元以上2 000万元以下时,平均300万元对应一年有期徒刑。如此计算,5万元对应一年,40万元对应一年和300万元对应一年,显然是难以达至平衡的。从表象来看,这种规定似乎有利于重罪而不利于轻罪,数额越小处罚越重;数额越大处罚越轻。对这种现象的合理解释,也许就在于当刑罚的严厉性到达一定程度时,刑罚的区分度就逐渐降低。刑法上的合理性是相对的,例如,杀死1人判处死刑,杀死10人同样也只能判处死刑。在这种情况下,杀死1人与杀死10人的法律评价无法再进行区分。以数额作为定罪量刑的标准,同样存在这个问题。也正因如此,《解释》在规定数额标准的同时,对情节在量刑中的作用予以了特别强调。

在贪污受贿犯罪的定罪量刑数额标准上,还有一个值得思考的问题,就是确定数额标准的根据问题。这里所说的确定数额标准的根据,是指对于贪污受贿犯罪的"数额较大"规定为3万元,"数额巨大"规定为20万元,"数额特别巨大"规定为300万元的决定性因素,尤其是是否存在实证性的事实依据。从现在的刑罚规定来看,对于贪污受贿犯罪和其他财产犯罪,在罪刑单位的设置上,一般都分为"数额较大""数额巨大"和"数额特别巨大"这三个档次,与之对应的法定刑幅度是三年以下、三年以上十年以下和十年以上有期徒刑。也就是说,各种财物性犯罪,包括经济犯罪和财产犯罪,以及具有财物性的贪污受贿犯罪,都分为较轻犯罪、较重犯罪和特别严重犯罪三个层次。与之对应,法定刑也相应地分为三年以下、三年以上十年以下和十年以上三个幅度。那么,如何根据一定的数额将三个层次的犯罪加以切分呢?我认为,较为合理的做法是根据某种犯罪的实际状况并结合相关犯罪的量刑平衡以及刑事打击策略等确定一个相对合理的案件量刑分布比例。比如,较轻犯罪占到15%左右,较重犯罪占到30%左右,特别严重犯罪占到20%左右。据此,就可以根据前推十年在一定区域范围内同种犯罪案件的实际数据,按照以上比例进行换算确定出三种数额标准。假如10万件贪污罪案件,根据数额大小进行排列,贪污3万元以上20万元以下的案件是5万件;贪污20万元以上300万元以下的案件是3万件;贪污300万元以上的案件是2万件。在这种情况下,将"数额较大"的标准确定为3万元以上20万元以下;将"数额巨大"的标准确定为20万元以上300万元以下;将"数额特别巨大"的标准确定为300万元以上,就可以将贪污案件按照一定的比例较为均衡合理地配置在不同的量刑区间。这个数额标准在实行了若干年以后,当以上三个层次的犯罪之间的比例发生重大变动时,就应当对数额标准进行适当的调整,而调整的根据仍然是实际案件的分布与比例。调整的结果既可能是数额标准的下移,也可能是数额标准的上调,这将主要取决于案件变动的实际状况。在这种情况下,只有刑罚分配的比例是人为确定的,因此也是可以根据犯罪形势和打击需要进行检讨的。而具体数额标准就不是主观设定的,而是基于既定的刑罚分配比例根据案件的实际分布情况计算出来的。

贪污受贿犯罪定罪量刑数额的规定是一项政策性较强的工作,数额标准设置过高,则不利于对贪污受贿犯罪的惩治;反之,数额标准调整不到位,则又会出现量刑不合理的现象。目前的《解释》在多方征求意见的基础上,确定了这个数额标准,我认为是符合实际的,具有较强的可操作性,值得肯定。

依法从严惩治贪污贿赂犯罪

——解读《关于办理贪污贿赂刑事案件适用法律若干问题的解释》

□阮齐林*

自《中华人民共和国刑法修正案(九)》(以下简称《刑法修正案(九)》)对贪污贿赂犯罪的定罪量刑标准作出重大立法修正之后,最高人民法院、最高人民检察院将如何解释修正后的刑法条文,令人关注。近日,《最高人民法院、最高人民检察院关于办理贪污贿赂刑事案件适用法律若干问题的解释》(以下简称《解释》)终于出台,拜读之后,发现该解释既有提高定罪量刑数额标准适应客观实际需要的一面,更有依法从严惩处贪污贿赂等腐败犯罪的一面。体现如下:

一、贪污受贿入罪的数额标准压得很低

在具备"一定情节"的条件下,贪污受贿1万元即构成犯罪,应予追究刑事责任。这"一定情节"具有两个特点:其一,相当广泛,《解释》第一条对贪污罪列举规定了五种情节并且还规定有"造成恶劣影响或其他严重后果"的兜底情节;对受贿罪则列举规定了八项情节,其中包括"造成恶劣影响或其他严重后果"的兜底情节。其二,具体明确,《解释》对贪污受贿1万元应予定罪判刑的"一定情节"列举得具体明确,便于操作,这将促进司法机关严格执行贪污受贿1万元的入罪标准,增加"老虎苍蝇一起打"的实效。

之所以说1万元的入罪标准是"压得很低",主要有两个缘由:第一,1997年刑法第三百八十三条对贪污贿赂犯罪的入罪标准定在5 000元,时至今日已近20年,经济发展、收入和物价水平与20年前已经不可同日而语,国民经济生产总值已经增长了6倍多,而具备一定情节的入罪标准仅仅提高1倍,不可不谓"压得很低"。第二,由于经济社会的巨大发展变化,原来5 000元的入罪标准在司法实践中已很难执行,即使低于3万元被追诉的,主要是因为其他犯罪案件被牵连出来的,且多被判处免予刑事处罚。而《解释》规定在具有"一定情节"时1万元即可立案侦查追究刑事责任,的确压得很低。通常情况下,即使不具有"一定情节"的以3万元为定罪起点,参考近些年实践操作情况,也算是较低的入罪标准。此外,贪污、受贿没有达到1万元并有其他严重情节的或没有达到3万元的,仍可给予党纪政纪处分。

刑法规范人的行为、惩戒威慑其他人的效果在于其必至性,即违法必究,对于贪官而言即使小贪也会遭到检控、定罪、判刑,将有效破除侥幸心理,取得良好预防效果。对于国家工作人员而言,一旦被追诉,其政治、职业生涯即告终结,这种刑罚之外的效果也是令国家工作人员十分畏惧的。通过压低入罪标准,有助于强化"莫伸手,伸手必被捉"的戒律。

二、对贪污罪、受贿罪构成要件作扩大解释,更易于检察机关成功起诉贪污贿赂犯罪,更有利于法院适用刑法有关条款定罪判刑

一是《解释》第十二条不仅继续坚持以往司法解释将贿赂犯罪中的"财物"扩张到"财产性利益",而且进行了更进一步的归类细分:"财产性利益包括可以折算为货币的物质利益如房屋装修、债务免除等,以及需要支付货币的其他利益如会员服务、旅游等。"《解释》首次明确财产性利益包括可以折算为货币的物质利益和需要支付货币才能获得的其他利益两种,尤其是对后一种利益的明确,将有效解决案件中常见的两种情况:一种是请托人购买后转送给国家工作人员消

* 中国政法大学刑事司法学院刑法研究所所长、教授。

费；另一种是请托人将在社会上作为商品销售的自有利益免费提供给国家工作人员消费。对贿赂物范围的扩张解释和细化分类，将有助于对贿赂案件的定罪判刑。

二是《解释》第十三条对于受贿犯罪“为他人谋取利益”要件的认定，在坚持以往司法实践做法的基础上作了进一步的扩张解释。刑法第三百八十五条规定成立受贿罪的必备要件之一是“为他人谋取利益”，也即利用职务上便利为请托人“办事”。而有些贿赂案件被告人是否具备“为他人谋取利益”要件，认定起来相当困难，如以下情形，如何证实有“为他人谋取利益”的行为或具备“为他人谋取利益”的要件？

1. 国家工作人员收受请托人财物后没有任何表示，或者不是国家工作人员本人收下而是由其特定关系人收下的，无从知道国家工作人员有何表示。

2. 国家工作人员收受请托人财物后没有为请托人“办事”的实际行动，且事情也没有办成。

3. 请托人给予财物时没有言明和提及请托事项。例如，逢年过节、红白喜事给予国家工作人员财物，貌似“人情往来”，没有提及请托事项的。

4. 利用职务便利先办事后收财即“事后受贿”的。

5. 国家工作人员利用职务上的便利为请托人谋取利益前后多次收受请托人财物，看不出每笔收受财物与办事之间存在关联。

针对以上“为他人谋取利益”认定的难点，《解释》第十三条规定：“具有下列情形之一的，应当认定‘为他人谋取利益’，构成犯罪的，应当依照刑法关于受贿犯罪的规定定罪处罚：（一）实际或者承诺为他人谋取利益的；（二）明知他人有具体请托事项的；（三）履职时未被请托，但事后基于该履职事由收受他人财物的。国家工作人员索取、收受具有上下级关系的下属或者具有行政管理关系的被管理人员的财物价值三万元以上，可能影响职权行使的，认为承诺为他人谋取利益。”《解释》第十五条第一款规定：“国家工作人员利用职务上的便利为请托人谋取利益前后多次收受请托人财物，受请托之前收受的财物数额在一万元以上的，应当一并计入受贿数额。”这些规定直击司法实践中常见的认定受贿犯罪的疑难之处，将会有效提高指控受贿犯罪的成功率、扩大成功指控受贿犯罪的范围，同时还能有效节省司法资源，成为从严惩处受贿犯罪的利器。大凡业内人士更看重这类解释在便利认定受贿犯罪、计算犯罪金额方面的作用。

三、明确、统一了某些疑难问题的认定标准，有利于对贪污受贿案件的定罪处罚

贪污、受贿案件中，被告人往往以贪污或受贿的钱款用于单位公务支出或社会捐赠或救灾扶贫为理由，辩解自己不构成犯罪，司法实务中对此也有不同认识。对此，《解释》第十六条第一款指出：“国家工作人员出于贪污、受贿的故意，非法占有公共财物、收受他人财物之后，将赃款赃物用于单位公务支出或者社会捐赠的，不影响贪污罪、受贿罪的认定，但量刑时可以酌情考虑。”这一规定将为司法人员驳回被告人这类辩解提供明确的依据。此外，国家工作人员利用职务便利为请托人谋取利益，配偶、子女、情人等特定关系人收受请托人财物，国家工作人员知道后不置可否，甚至辩解说已经要求他们自行退还请托人的，究竟仅认定收受财物的特定关系人成立利用影响力受贿罪还是认定国家工作人员构成受贿罪？这也是司法实务中常见的难题。对此，《解释》第十六条第二款指出：“特定关系人索取、收受他人财物，国家工作人员知道后未退还或者上交的，应当认定国家工作人员具有受贿故意。”这等于说，特定关系人收受了请托人财物，只要具备：国家工作人员主观上“知道”；并且从事后来看，该财物“未退还或者上交”这两个条件，即可认定有受贿故意，也即认定国家工作人员构成受贿罪。被告人辩称以为他们已经“退还”请托人了，甚至辩称已经要求他们“退还”请托人的，根据《解释》的规定就不能成立，不必予以理会了。

四、加强对“买官卖官”官场腐败的打击力度

通过贿赂买官卖官的行为严重违反党的组织纪律，严重破坏政治生态，可能导致区域性腐败、系统性腐败，其危害性可谓官场腐败之最。对此《解释》多处规定有关“买官卖官”贿赂行为属于“严重情节”，或者作为降低入罪数额标准的条件，如《解释》第一条第三款第三项规定，“为他人谋取职务提拔、调整”受贿数额较大的标准为1万元以上；或者作为降低加重量刑数额标准的条件，如第二条第三款规定，为他人谋取职务提拔、调整，“受贿数额在十万元以上不满二十万元的”，依法判处三年以上十年以下有期徒刑，并处罚金或者没收财产；第三条第三款规定，为他人谋取职务提拔、调整，“受贿数额在一百五十万元以上不满三百万元的”，依法判处十年以上有期徒刑、无期徒刑或者死刑，并处罚金或者没收财产。第七条第二款第二项、第八条第一款第二项和第九条第一款第二项规定：“通过行贿谋取职务提拔、调整的”，行贿数额1万元以上即可达到入罪标准；行贿数额在50万元以上不满100万元的，应当认定为行贿“情节严重”；行贿数额在250万元以上不满500万元，应当认定为“情节特别严重”。这些规定充分体现依法严惩“买官卖官”贿赂犯罪，有利于厉行整肃腐败风气。

五、加大对贪污贿赂犯罪分子财产剥夺的力度，在加大没收、追缴贪污贿赂犯罪所得的基础上，还规定远重于其他犯罪的罚金刑

《解释》第十八条规定：“贪污贿赂犯罪分子违法所得的一切财物，应当依照刑法第六十四条的规定予以追缴或者责令退赔，对被害人的合法财产应当及时返还。对尚未追缴到案或者尚未足额退赔的违法所得，应当继续追缴或者责令退赔。”在此没收、追缴全部违法所得基础上，《解释》第十九条第一款规定：“对贪污罪、受贿罪判处三年以下有期徒刑或者拘役的，应当并处十万元以上五十万元以下罚金；判处三年以上十年以下有期徒刑的，应当并处二十万元以上犯罪数额二倍以下的罚金或者没收财产；判处十年以上有期徒刑或者无期徒刑的，应当并处五十万元以上犯罪数额二倍以下的罚金或者没收财产。”需要特别指出，这是在没收、追缴贪污受贿全部违法所得基础上加处的罚金或没收财产，这些罚金或没收财产是针对犯罪人合法收入、合法财产的罚没。国家工作人员合法收入主要来源于薪金，经过第一遍贪污贿赂违法犯罪所得的没收、追缴，再经过第二遍合法财产的罚没，加上对贪污受贿罪犯一般要剥夺公职和剥夺正常退休的养老待遇，对贪污受贿犯罪分子实行这三重经济剥夺，可以说是极其严厉的处罚，充分体现了加大经济处罚力度的政策要求，对于有效惩治和预防腐败这类贪利型犯罪将发挥重要的震慑作用。

六、对于《刑法修正案(九)》专门针对贪污受贿犯罪分子的“死缓后终身监禁”的制度，作出严格的执行规定

《解释》指出：对被判处“死缓期满后终身监禁”的罪犯，在裁判的同时一并决定“减为无期徒刑后，终身监禁，不得减刑、假释”。这等于是确认被判处“死缓期满后终身监禁”的罪犯，在死刑缓期二年执行期满后将受到绝对“终身监禁”，不论其终身监禁期间服刑表现如何，即使有立功表现也不能豁免“终身监禁”。这种死缓，就替代死刑(立即执行)而言，具有人道主义的一面；不过，这种绝对“终身监禁”的刑罚也有过于严厉的一面。刑罚的主要目的是预防犯罪，教育改造罪犯使之重新回归社会，而这种绝对“终身监禁”不给罪犯改过自新回归社会的机会和希望，似乎过于重视刑罚惩罚、威慑的目的，过于轻视刑罚教育、改造罪犯的目的，是不是存在片面性？即使对于贪污受贿犯罪分子，也应当教育改造、给出路。建议将来选择适当时机稍微缓和一下该刚性“终身监禁”的规定，给罪犯改过自新回归社会的希望。

七、严惩受贿(贪赃)“枉法”行为

这体现在两个方面：其一，将受贿“为他人谋取不正当利益，致使公共财产、国家和人民利益遭受损失”作为降低入罪或加重刑罚数额标准的情节,《解释》规定具有该情节,受贿数额较大起点标准为1万元;受贿数额巨大起点标准为10万元;受贿数额特别巨大起点标准为150万元。其二,厉行数罪并罚,《解释》第十七条规定,国家工作人员利用职务上的便利,收受他人财物,为他人谋取利益,同时构成受贿罪和渎职犯罪,原则上应当以受贿罪和渎职犯罪数罪并罚。以往的学说和实务认为,国家工作人员利用职务便利收受财物为他人谋取利益而渎职的,具有牵连关系因而不必数罪并罚。近几年,有关司法解释逐渐主张应当数罪并罚。《解释》第十七条则进一步确认应当数罪并罚,而不问是否存在牵连关系。

八、严格控制行贿犯罪宽大情节的适用

刑法第三百九十条第二款规定:“行贿人在被追诉前主动交待行贿行为的,可以从轻或者减轻处罚。其中,犯罪较轻的,对侦破重大案件起关键作用的,或者有重大立功表现的,可以减轻或者免除处罚。”《解释》第十四条对该款中“情节较轻”“对侦破重大案件起关键作用”作出了限制解释,严格控制行贿罪从轻、减轻处罚的适用。

总之,《解释》一方面根据社会经济发展水平适当上调贪污贿赂犯罪的定罪量刑数额标准,使之回归合理;另一方面在入罪标准、构成要件解释、刑罚适用等全方位贯彻依法从严惩治贪污贿赂犯罪刑事政策。

刑法修正案(九)对贪污贿赂犯罪的立法完善

□黄太云*

2015年8月29日第十二届全国人大常委会第十六次会议审议通过了《中华人民共和国刑法修正案(九)》(以下简称《刑法修正案(九)》),根据近年来反腐斗争和司法实践中出现的新情况、新问题,对刑法贪污贿赂犯罪的相关条文进行了修改完善,就近年来社会公众关注,司法机关、法学专家热烈讨论的应否对贪污贿赂犯罪的数额标准进行修改、如何修改等问题给予了明确回答。本文试就《刑法修正案(九)》有关贪污贿赂犯罪新增条文和对刑法原相关条文进行实质性修改的立法背景,相关部门和法律专家在草案研究修改过程中提出的重要修改完善的意见和建议,以及在法律适用中应当注意的一些问题等,对《刑法修正案(九)》的相关条文进行介绍和解读。

一、关于修改贪污罪、受贿罪的量刑数额标准

1979年刑法对贪污受贿犯罪没有规定具体数额标准。1988年,全国人大常委会根据当时惩治贪污贿赂犯罪的实际需要和司法机关的要求,对定罪入刑规定了2 000元的数额标准。1997年修订刑法,数额标准调整为5 000元,并沿用至《刑法修正案(九)》修改前。

最高人民法院早在2011年制定《中华人民共和国刑法修正案(八)》(以下简称《刑法修正案(八)》)时就曾建议,这些年也一直提出,应当对1997年刑法规定的贪污罪、受贿罪的量刑数额标准进行修改,其主要理由:一是刑法规定贪污罪和受贿罪5 000元为起刑点已经滞后于经济社会发展水平。与1997年相比,我国的城镇居民和农村人口收入已增加了6倍多,人民币的实际购买力也发生了很大变化。司法实践中有些地方对贪污罪、受贿罪入罪标准的具体掌握已远高于刑法规定。二是贪污罪、受贿罪的数额标准未能体现罪刑相适应原则。(1)根据刑法规定,贪污、受贿5万元以上10万元以下的,判处五年以上有期徒刑,最高可至无期徒刑;贪污、受贿10万元

* 天津大学法学院教授、刑事法律研究中心主任。原系中央政法委政法研究所所长。

以上的，判处十年以上有期徒刑、无期徒刑，直至死刑。实践中普遍反映5万元、10万元两个量刑节点明显过低，且没有拉开必要的级差，贪污受贿上千万元、几百万元与十几万元的量刑差别不大，导致不少犯罪数额相差悬殊的案件在量刑上难以拉开档次，不能充分体现罪责相适应原则，严重影响了一些案件裁判的社会效果。(2)主要基于数额标准的法定刑配置模式，未能充分体现其他情节在量刑中的作用，特别是在受贿案件中尤其明显。(3)贪污罪、受贿罪适用相同的处罚标准，未能充分体现两者社会危害性方面的实质不同。贪污罪侵犯的是公共财产的所有权，贪污数额的大小基本反映了社会危害性，但受贿罪侵害的是国家工作人员职务行为的廉洁性，它的社会危害性不仅表现为受贿数额的大小，更体现在受贿后给国家利益造成的损失。有的受贿数额不大，但给国家造成的损失却特别巨大，单以受贿数额大小决定刑罚无法反映出行为的社会危害性。三是对贪污罪、受贿罪这种利益驱动型的犯罪，罚金刑规定缺失，不利于从经济上惩罚该类犯罪。建议从立法上予以完善：一是取消刑法对贪污罪、受贿罪定罪处罚标准的数额规定，具体的定罪处罚标准交由最高人民法院、最高人民检察院制定司法解释解决。二是拆分贪污罪、受贿罪的定罪处罚标准，针对贪污罪、受贿罪的不同特点分别确定定罪处罚情节，为数额之外的其他情节在量刑中的充分考量留下空间。三是增设罚金刑，以此加大经济惩罚力度。起草《刑法修正案(八)》时由于当时各方对此问题意见分歧较大，因此，虽然对贪污贿赂犯罪数额标准的修改问题进行过讨论，但最终还是没有纳入草案。在起草《刑法修正案(九)》时，最高人民法院又提出贪贿犯罪数额标准的修改问题，得到各方大多数意见的赞同，列入了草案。

从近些年惩治腐败犯罪的司法实践来看，司法机关、法律专家对刑法规定上存在的一些问题看法基本一致。例如，刑法规定的贪污贿赂数额标准虽然明确具体，但此类犯罪情节差别很大，情况复杂，单纯考虑数额，难以全面反映具体个罪的社会危害性。同时，数额规定过死，有时难以根据案件的不同情况做到罪刑相适应，导致实际适用中有些案件失之于严，量刑不统一。在世界上绝大多数国家废除或者严格限制死刑适用的背景下，对贪污贿赂这类非暴力犯罪规定死刑，在实践中有时成为外逃贪官在外国寻求庇护的理由，阻碍了从国外对贪官的引渡，实际上不利于对贪官的惩处。立法机关根据各方面的意见，并与最高人民法院、最高人民检察院等有关部门反复研究，拟不再对贪污罪、受贿罪规定具体数额，只采用“数额加情节”方式原则规定三档刑罚，最高刑仍到死刑。

在草案向全国征求意见过程中，有的部门提出，贪污受贿犯罪定罪量刑标准问题既是立法、司法问题，也是政治问题、社会问题。为保证反腐败斗争力度，对定罪数额、量刑标准的修改应特别慎重，建议仍维持1997年刑法规定的5 000元定罪起点数额不变，同时调整不同档次的量刑标准，并增加拘役、管制和罚金刑以及预防性措施的适用。其主要理由：一是为体现对国家工作人员利用职务犯罪从重处罚的立法精神，加大对腐败犯罪的惩处力度，有必要在立法上仍保留1997年刑法规定的贪污受贿犯罪定罪起点5 000元不变。根据刑法第三百八十二条的规定，贪污罪是“国家工作人员利用职务上的便利，侵吞、窃取、骗取或者以其他手段非法占有公共财物”的行为，这在行为特点上与盗窃、诈骗没有本质不同，差别仅在于犯罪人有无国家工作人员身份而已。在贪污、盗窃、诈骗三罪的起刑数额标准已经有较大差距的背景下，如再提高贪污贿赂犯罪定罪量刑数额标准，社会恐难接受。二是由刑法规定贪污受贿犯罪定罪量刑具体数额标准，相比较司法解释，更有利于树立国家法治权威，提高法律执行力。三是为实现对腐败犯罪处罚的罪刑均衡，有必要充分运用罚金刑、预防性措施等规定，对于犯罪数额较小、情节较轻的犯罪可以适用较轻的自由刑，并处或者单处罚金，同时可适用关于禁止从事相关职业的预防性措施，以消除其再实施腐败犯罪的可能。

立法机关和有关部门在对各方意见认真研究后，决定将刑法第三百八十三条修改为："对犯贪污罪的，根据情节轻重，分别依照下列规定处罚：

（一）贪污数额较大或者有其他较重情节的，处三年以下有期徒刑或者拘役，并处罚金。

（二）贪污数额巨大或者有其他严重情节的，处三年以上十年以下有期徒刑，并处罚金或者没收财产。

（三）贪污数额特别巨大或者有其他特别严重情节的，处十年以上有期徒刑或者无期徒刑，并处罚金或者没收财产；数额特别巨大，并使国家和人民利益遭受特别重大损失的，处无期徒刑或者死刑，并处没收财产。

对多次贪污未经处理的，按照累计贪污数额处罚。

犯第一款罪，在提起公诉前如实供述自己罪行、真诚悔罪、积极退赃，避免、减少损害结果的发生，有第一项规定情形的，可以从轻、减轻或者免除处罚；有第二项、第三项规定情形的，可以从轻处罚。

犯第一款罪，有第三项规定情形被判处死刑缓期执行的，人民法院根据犯罪情节等情况可以同时决定在其死刑缓期执行二年期满依法减为无期徒刑后，终身监禁，不得减刑、假释。"

《刑法修正案（九）》对贪污罪、受贿罪定罪量刑标准作了如下修改完善：

1. 取消了对贪污罪、受贿罪的具体量刑数额标准，取而代之的是原则性规定"数额较大或者有其他较重情节""数额巨大或者有其他严重情节""数额特别巨大或者有其他特别严重情节"三种量刑情节，并相应规定三档刑罚，最高刑仍到死刑。

2. 在刑罚上增加了罚金刑，以加大对犯罪的惩处力度。

3. 对贪污贿赂犯罪增加了从宽处理的特别条款。《刑法修正案（九）》在刑法第三百八十三条增加了第三款，"犯第一款罪，在提起公诉前如实供述自己罪行、真诚悔罪、积极退赃，避免、减少损害结果的发生，有第一项规定情形的，可以从轻、减轻或者免除处罚；有第二项、第三项规定情形的，可以从轻处罚"，以更好体现宽严相济的刑事政策。

当然，对贪污贿赂犯罪从宽处理的特别条款，在研究过程中也并非没有不同意见。在向全国征求意见过程中，一些地方、部门和单位建议删除本款规定，其主要理由：一是该规定突破了现行法律对坦白从宽的规定。我国刑法第六十七条规定了自首制度，对于犯罪后自动投案或者被采取强制措施后，如实供述司法机关还未掌握的本人其他罪行的犯罪分子，可以从轻或者减轻处罚；其中，犯罪较轻的，可以免除处罚。为在法律上体现坦白从宽的刑事政策，2011 年 2 月 25 日全国人大常委会制定颁布的《刑法修正案（八）》在刑法第六十七条中专门增加了一款："犯罪嫌疑人虽不具有前两款规定的自首情节，但是如实供述自己罪行的，可以从轻处罚；因其如实供述自己罪行，避免特别严重后果发生的，可以减轻处罚。"即对犯罪后坦白者在一般情况下从轻处罚，特殊情况下最多只能减轻处罚。犯贪污罪、受贿罪的，如在"提起公诉前"如实供述自己罪行，充其量只能算是坦白，而本条新增第三款规定对贪污受贿犯罪的坦白者可以免除处罚，对其宽大的程度居然与自首一样，将会打破我国刑法原有的对自首、坦白处罚的协调和平衡。二是从宽处理的特别条款不应仅限于贪污受贿犯罪。对犯罪后从宽处理的情形在刑法总则中已有规定，它适用于所有犯罪。而本条只针对贪污受贿犯罪作从宽处理的特别规定，对盗窃、诈骗等普通刑事犯罪则不能一体适用，难以取得公众理解，也不符合依法严惩贪污贿赂犯罪的精神。三是规定在"提起公诉前"意味着案件早已侦查终结，检察院审查起诉也即将结束，此时才有如实供述等情形而可从宽处罚，很不利于职务犯罪案件的查办，也没有节省司法资源。有的建议改为"在侦查阶段"如实坦白、认罪悔罪的可以从宽处罚。

4. 规定了对贪污受贿罪犯的死刑替代措施。《刑法修正案(九)》在本条增加了一款规定:"犯第一款罪,有第三项规定情形被判处死刑缓期执行的,人民法院根据犯罪情节等情况可以同时决定在其死刑缓期执行二年期满依法减为无期徒刑后,终身监禁,不得减刑、假释。"这里需要特别指出的是,这里的"终身监禁"不是单独的刑种,而是对犯贪污罪、受贿罪罪行极其严重,本该判处死刑立即执行的罪犯判处死刑缓期二年执行,考验期满减为无期徒刑后的特殊刑罚执行方法,即便有立功等情形,也不得减刑、假释,在监狱里服刑一直到死。这相对于判处死刑立即执行来说,不仅体现了人道的精神,而且并没有减轻对社会公众切齿痛恨的贪官的惩处力度,也使对非暴力犯罪严格限制适用死刑的观念比较容易地为社会逐渐接受。

还应指出的一点是,并非所有贪污受贿犯罪被判处死刑缓期执行的,都应终身监禁,不得减刑、假释。是否有必要,由人民法院根据犯罪情节等情况决定,所以法律规定"可以"而非"应当"。本条的"同时决定"是指法院在作出"死刑缓期执行"判决的同时决定死缓期满减为无期徒刑后终身监禁,而非"在其死刑缓期执行二年期满依法减为无期徒刑后"再决定终身监禁。

5. "终身监禁"是否适用于《刑法修正案(九)》正式实施前的贪污受贿罪犯?对于这个问题,最高人民法院2015年10月29日发布的《关于〈中华人民共和国刑法修正案(九)〉时间效力问题的解释》(法释〔2015〕19号)作出了明确规定:"对于2015年10月31日以前实施贪污、受贿行为,罪行极其严重,根据修正前刑法判处死刑缓期执行不能体现罪刑相适应原则,而根据修正后刑法判处死刑缓期执行同时决定在其死刑缓期执行二年期满依法减为无期徒刑后,终身监禁,不得减刑、假释可以罚当其罪的,适用修正后刑法第三百八十三条第四款的规定。根据修正前刑法判处死刑缓期执行足以罚当其罪的,不适用修正后刑法第三百八十三条第四款的规定。"这个司法解释体现了立法精神。我们可以清楚地看出,判处死缓的同时决定死缓期满减为无期后,终身监禁,不得减刑、假释的制度,作为一项死刑替代措施,是可以适用于2015年10月31日以前实施的贪污、受贿行为,数额特别巨大,并使国家和人民利益遭受特别重大损失,仅适用死缓还不足以罚当其罪,本应判处死刑立即执行的贪污受贿罪犯的。

二、修改完善行贿罪,加大处罚力度

刑法原第三百九十条规定:"对犯行贿罪的,处五年以下有期徒刑或者拘役;因行贿谋取不正当利益,情节严重的,或者使国家利益遭受重大损失的,处五年以上十年以下有期徒刑;情节特别严重的,处十年以上有期徒刑或者无期徒刑,可以并处没收财产。行贿人在被追诉前主动交待行贿行为的,可以减轻处罚或者免除处罚。"

近些年人民法院、人民检察院普遍反映:关于对行贿犯罪的惩治,司法实践中存在以下问题:

1. 大量行贿案件未被追诉。从人民法院五年的统计数据来看,行贿犯罪案件(包括行贿罪、对单位行贿罪、单位行贿罪、对非国家工作人员行贿罪,下同)收案数仅为受贿犯罪案件(包括受贿罪、单位受贿罪、利用影响力受贿罪、非国家工作人员受贿罪,下同)的24%,行贿犯罪案件的生效判决人数仅为受贿犯罪案件的26%。绝大多数行贿犯罪根本就未进入刑事诉讼程序。2008年至2011年全国法院共受理受贿犯罪案件36 766件,而行贿犯罪案件只有6 942件,约为受贿犯罪案件数的18.88%。

2. 严惩行贿犯罪面临诸多法律障碍。一是刑法要求为谋取"不正当利益"行贿的,才构成行贿罪。尽管最高人民法院、最高人民检察院自1999年以来先后三次对"不正当利益"作出解释,但实践中司法机关反映,由于判断"正当"与否的行政规范缺失,"不正当利益"在个案认定中仍存在困难。二是刑法规定"行贿人在被追诉主动交待行贿行为的,可以减轻处罚或者免除处罚"的"免责条款",给原本就不甚严密的"渔网"撕开了一个大口子,实践中大量的行贿案件无须进入司法程序即得以消化，进入司法程序的行贿犯罪案件缓刑、免予刑事处罚的适用率居高不下，均与该规定直接相关。现在很多行贿人腐蚀了一批人，作证以后就免除处罚，然后再去腐蚀新提拔上来的领导，由此不断恶性循环下去，难以达到预防和惩戒犯罪的目的。三是单位行贿罪和对单位行贿罪均只有一个量刑档，法定最高刑分别为五年和三年，较易达到适用缓刑、免予刑事处罚的条件，且这两种犯罪的危害性与行贿罪并没有显著区别，现有的法定刑设置不能充分评价这类犯罪行为的危害性。四是刑法对行贿犯罪没有设置罚金刑；在对单位行贿罪中，个人对单位行贿的，也没有设置任何的财产刑；在对非国家工作人员行贿罪中，刑法只规定了对行贿数额巨大的并处罚金，对行贿数额较大的则未作规定。财产刑缺失，导致犯罪成本过低，不利于对行贿犯罪的打击和预防。

《刑法修正案（九）》将刑法第三百九十条修改为："对犯行贿罪的，处五年以下有期徒刑或者拘役，并处罚金；因行贿谋取不正当利益，情节严重的，或者使国家利益遭受重大损失的，处五年以上十年以下有期徒刑，并处罚金；情节特别严重的，或者使国家利益遭受特别重大损失的，处十年以上有期徒刑或者无期徒刑，并处罚金或者没收财产。

行贿人在被追诉前主动交待行贿行为的，可以从轻或者减轻处罚。其中，犯罪较轻的，对侦破重大案件起关键作用的，或者有重大立功表现的，可以减轻或者免除处罚。"

《刑法修正案（九）》对行贿罪主要作了以下修改：

1. 对行贿犯罪人从轻、减轻或免除处罚的限制条件分别作出更加严格的规定。原条文规定："行贿人在被追诉前主动交待行贿行为的，可以减轻处罚或者免除处罚。"而修改后的条文规定："行贿人在被追诉前主动交待行贿行为的，可以从轻或者减轻处罚。其中，犯罪较轻的，对侦破重大案件起关键作用的，或者有重大立功表现的，可以减轻或者免除处罚。"

在常委会审议过程中，对行贿罪应否设置"免除处罚"情节，一直是本条修改的焦点问题。有意见认为，上述修改加大了对行贿罪的处罚力度，这在一定程度上对行贿人是一个震慑，有利于从源头上减少行贿受贿犯罪的发生。还有意见认为，上述修改中还有"免除处罚"条款，对行贿人的处罚力度仍然不够，会造成行贿人怀有侥幸心理，建议删除对行贿罪"免除处罚"的规定。

在草案向全国征求意见的过程中，有些地方、部门和基层人民检察院则担心：这一修改会大大增加对受贿等职务犯罪的侦办难度。行贿者的证词对指控受贿犯罪至关重要，如果对行贿者打击过于严厉，很容易让行贿者和受贿者形成利益共同体，给查处腐败犯罪造成困难。如果对行贿人不设免刑条款，案发前，行贿人还会不会主动检举受贿犯罪？案发后，行贿人还能不能积极配合查处受贿事实？从而给受贿案件定案带来很大难度。查办贿赂案件时，办案人员一般从行贿人这里打开"缺口"。如果行贿人说了还被判重刑，谁还敢说？不给出路有可能会促使行贿人与受贿人达成攻守同盟，不利于打击腐败犯罪，建议保留对行贿人免于处罚的政策性规定，以鼓励行贿人提供公职人员受贿犯罪的线索和证据，有利于腐败案件的查办。

有的部门对条文中行贿人特别从宽处理的时间点卡在"被追诉前主动交待行贿行为"提出不同意见。认为"被追诉前"，是指检察机关对行贿人的行贿行为刑事立案前，主动交待的时间太晚，不应给予特别从宽处罚。从实践情况来看，多数行贿人是在接受纪检部门调查后或"双规"期间被动交待其行贿行为，对这类行贿人，只要其在进入司法程序后仍能如实供述的，只应按坦白认定，不应给予特别从宽，如均要适用从宽处罚，既违背了刑法第三百九十条规定的本意，也是造成对行贿犯罪打击不力的重要原因。鉴于此，建议将"被追诉前"修改为"被查处前"，或者删除"被追诉前"的表述，适用该款规定，唯一的判断标准就是行为人是否主动交待。将来可通过司法解释进一步明确，在纪检监察机关立案后才交待的，不能认定为"主动交待"。但立法机关没有采纳这个意见。

2. 对行贿罪的处罚增加了罚金刑。

三、新增"对有影响力的人行贿罪"

2009年,根据反腐中出现的新情况和《联合国反腐败公约》的要求,《中华人民共和国刑法修正案(七)》在刑法第三百八十八条之一规定了"利用影响力受贿罪",将"国家工作人员的近亲属或者其他与该国家工作人员关系密切的人,通过该国家工作人员职务上的行为,或者利用该国家工作人员职权或者地位形成的便利条件,通过其他国家工作人员职务上的行为,为请托人谋取不正当利益,索取请托人财物或者收受请托人财物"的行为,规定为犯罪。对于向国家工作人员的近亲属或者其他与该国家工作人员关系密切的人的行贿行为,是否要追究刑事责任以及如何追究,由于存在不同认识,所以对向上述人员行贿未作规定。

自党的十八大以来,以习近平同志为核心的党中央强力反腐,"老虎苍蝇一起打",得到全国人民的衷心拥护。为贯彻党中央反腐败工作部署,进一步健全惩治和预防腐败的体系建设,严密法网,加大对腐败犯罪的惩治力度。向在职或者离职的国家工作人员的近亲属或者其他与其关系密切的人行贿的问题成为反腐关注的热点问题之一。一些地方、部门和专家指出,一些单位和个人为谋取不正当利益,在国家防止腐败的惩防体系建设日趋完善,对公职人员的权力监督制约力度加大之后,把行贿目标又转向公职人员的近亲属或者与其关系密切的人、离职的公职人员或者其近亲属和与其关系密切的人,大肆行贿,败坏了党风、政风,造成恶劣影响,社会危害性严重,应当将此类行为规定为犯罪,予以惩处,并应规定单位犯罪。

《刑法修正案(九)》在刑法第三百九十条后增加一条,作为第三百九十条之一规定:"为谋取不正当利益,向国家工作人员的近亲属或者其他与该国家工作人员关系密切的人,或者向离职的国家工作人员或者其近亲属以及其他与其关系密切的人行贿的,处三年以下有期徒刑或者拘役,并处罚金;情节严重的,或者使国家利益遭受重大损失的,处三年以上七年以下有期徒刑,并处罚金;情节特别严重的,或者使国家利益遭受特别重大损失的,处七年以上十年以下有期徒刑,并处罚金。

单位犯前款罪的,对单位判处罚金,并对其直接负责的主管人员和其他直接责任人员,处三年以下有期徒刑或者拘役,并处罚金。"

根据最高人民法院、最高人民检察院2015年10月30日发布的《关于执行〈中华人民共和国刑法〉确定罪名的补充规定(六)》的规定,新增本条的罪名为"对有影响力的人行贿罪"。本条所谓"有影响力的人"包括以下五种人:国家工作人员的近亲属、其他与该国家工作人员关系密切的人、离职的国家工作人员、离职的国家工作人员的近亲属及其他与离职的国家工作人员关系密切的人。

四、对贪污贿赂犯罪的刑罚普遍增加罚金刑

我国刑法原来对贪污贿赂犯罪被判处刑罚的犯罪分子只规定了没收财产,没有罚金刑。实践证明,从经济上摧垮犯罪分子赖以再犯罪的物质基础,不仅可以弥补生命刑和自由刑的不足,也能够起到更现实的惩罚和教育作用,使刑罚真正做到"罚当其罪"。因此,扩大对于犯罪分子的罚金刑的适用范围,成为《刑法修正案(九)》的一个显著特点。据统计,《刑法修正案(九)》新增条文和对原条文的修改,共增加规定罚金刑53处(包括并处罚金或可以并处罚金),增加规定没收财产5条(包括并处没收财产或可以并处没收财产)。具体来讲,涉及腐败犯罪的处罚,除前面已作介绍的贪污罪、受贿罪、行贿罪、对有影响力的人行贿罪在刑罚上普遍增加规定罚金刑外,又在第三百九十一条对单位行贿罪、第三百九十二条介绍贿赂罪、第三百九十三条单位行贿罪以及

第一百六十四条对非国家工作人员行贿罪中也增加了罚金刑,这必将对严厉惩治贪腐犯罪发挥更加积极的作用。

准确实现立法意图　为法治反腐奠定基础

□周光权*

最高人民法院、最高人民检察院发布的《关于办理贪污贿赂刑事案件适用法律问题的解释》对贪污、受贿、行贿、挪用公款等犯罪的定罪标准、刑罚适用等问题作出了详尽规定,对于指导地方各级司法机关办案,统一法律适用标准,解决实务难题具有重要意义。我认为,这一解释准确实现了立法意图,从而为法治反腐打下了坚实基础。

司法解释完整理解、准确实现了立法意图。一是落实了《中华人民共和国〈刑法修正案(九)〉》(以下简称《刑法修正案(九)》)关于贪污受贿犯罪处理上数额和情节并重的立法意图。我国1997年刑法对贪污受贿犯罪的定罪数额规定得相当具体,当时的考虑是从严惩处贪污贿赂犯罪,且尽量为司法提供明确、统一的标准,防止相同数额在不同地方、不同案件中量刑差异太大。但是,这一规定在实务中也出现了不少问题。因为自由刑最高为十五年,10万元以上判刑十年以上的规定,使实务上对达到一定数额的贪污受贿行为难以在量刑上拉开差距,被判处十年以上有期徒刑的罪犯"扎堆",与罪刑相适应原则有所抵触;立法上定性又定量使司法自由裁量权行使的余地极其有限,与司法规律未必相符;从最终处罚效果上来看,等于是将原本应当重罚的贪污受贿犯罪与普通的侵犯财产犯罪混同。为此,《刑法修正案(九)》对贪污受贿犯罪的量刑标准采用"数额加情节"的方式,不单纯考虑犯罪数额,而是同时兼顾犯罪情节,这就能够较为全面地反映个案中贪污受贿行为的社会危害性,能够尽量减少实践中贪污受贿十万元、数十万元和上百万元甚至上千万元的案件判处刑期差别不大的现象,能够合理拉开有关犯罪的量刑档次,有利于惩治贪腐犯罪和实现量刑均衡。"两高"这次作出的司法解释准确理解了立法精神,破除了贪污受贿犯罪定罪量刑上的"唯数额论",对于犯罪数额虽未达到较大(3万元)、巨大(20万元)或者特别巨大(300万元)标准,但是,行为人如果具有其他较重情节、其他严重情节或者其他特别严重情节的,也应判处对应档次的刑罚。司法解释循此思路分别明确规定了影响定罪或法定刑升格的贪污受贿犯罪情节,完整准确地理解了立法精神。二是对终身监禁的适用限制与立法主旨相一致,即将其作为贪污受贿犯罪的死刑执行措施看待,不适用于因犯有贪污罪、受贿罪原本就应该判处死缓的人,从而能够有效防止终身监禁的不当适用;同时规定终身监禁的裁定必须在裁判的同时就作出,且一经作出就必须无条件执行,又强化了执行刚性。三是受贿与行贿打击并重,对行贿犯罪从宽处罚尤其是免除处罚的情形进行了明确且严格的限制。《刑法修正案(九)》规定:"行贿人在被追诉前主动交待行贿行为的,可以从轻或者减轻处罚。其中,犯罪较轻的,对侦破重大案件起关键作用的,或者有重大立功表现的,可以减轻或者免除处罚。"这一规定的基本考虑是通过严厉惩处行贿犯罪来切断受贿者的"经济来源"但又适度留有余地,因此,对行贿者免除处罚的范围就必须限定在较小的范围内。为此,"两高"司法解释明确将这里的"犯罪较轻"规定为,根据行贿犯罪的事实、情节,可能被判处三年有期徒刑以下刑罚的情形;"重大案件",是指根据犯罪行为的事实、情节,已经或者可能被判处十年以上刑罚,或者案件在本省、自治区、直辖

---

* 清华大学法学院教授、全国人大法律委员会委员。

市或者全国范围内有较大影响的情形;“对侦破重大案件起关键作用”,则仅包括主动交待办案机关未掌握的重大案件线索的,或主动交待的犯罪线索不属于重大案件,但该线索对于重大案件侦破有重要作用的等四种情形。如此解释,行贿犯罪的从宽处罚将更加严格,行贿犯罪案件的查办将更加严肃。

司法解释将实务上反腐败的做法和经验成文化、制度化,为法治反腐提供了坚实基础。一是对各种贪污贿赂犯罪的定罪量刑标准分别作出规定,使实践中绝大多数贪污贿赂犯罪的处理均有章可循,且有关解释规定尽可能明确,对定罪以及法定刑升格情形的描述没有使用以往司法解释中出现的“其他情形”“其他情节”等概括性、抽象性的表述,能够有效防止司法上处理案件时因人而异、因地而异。这既赋予了司法上的自由裁量权,又能够避免司法恣意,有助于法治反腐局面的逐步形成。二是犯罪认定标准和违纪行为的判断标准“无缝衔接”。为落实党纪严于国法,“把纪律挺在前面”的反腐要求,将有限的司法资源“好钢用在刀刃上”,做到刑事处罚与党纪政纪处分的有序衔接,解释在总结以往司法实践经验的基础上确定了贪污贿赂等犯罪的通常定罪起点,同时明确规定贪污受贿数额虽低于通常标准,但具有特殊情节的,也应当追究刑事责任。如此解释,使原则性和灵活性有机结合,同时也使刑事处罚和党纪政纪处分之间的衔接更为合理。三是尽可能堵塞处罚漏洞。在以往的司法实务中,对收受财产性利益能否定罪,事后受贿或收受下属财物时如何认定为他人谋取利益,被告人辩解贪污受贿款项用于公务支出时如何处理,以及国家工作人员在知晓特定关系人收受财物后不退回或上交的如何定罪等问题,都一直存在争议,这次的解释没有回避前述司法难题,结合当前反腐败斗争的新情况、新特点,直面反腐斗争形势的复杂性,对上述问题的定性都作出了明确回应,这为消除争议、防止被告人诡辩、严密法网提供了依据。只要这些规定在今后的司法实务中能够被准确适用,腐败分子要想成为“漏网之鱼”就难乎其难。

贪污受贿犯罪如何适用死刑

□林　维*

《中华人民共和国刑法修正案(九)》(以下简称《刑法修正案(九)》)对贪污受贿犯罪作了较大修正,其中对于贪污罪、受贿罪的量刑标准作出了重大调整,尤其是对两罪的死刑适用作出了重要修正。基于刑事立法的上述调整,《最高人民法院、最高人民检察院关于办理贪污贿赂刑事案件适用法律若干问题的解释》(以下简称《贪污贿赂解释》)也适时作出了合理调整,对于实务上如何正确适用死刑具有重要意义。

一

贪污受贿犯罪的死刑适用标准存在一个变迁的过程。1979 年刑法第一百五十五条规定,犯贪污罪,数额巨大、情节严重的,处五年以上有期徒刑;情节特别严重的,处无期徒刑或者死刑。而根据刑法第一百八十五条的规定,犯受贿罪,处五年以下有期徒刑;致使国家或者公民利益遭受严重损失的,处五年以上有期徒刑。显然,两罪的法定刑存在巨大差异。这一差异在 1988 年《全国人大常委会关于惩治贪污罪贿赂罪的补充规定》中得到了适度平衡。针对死刑的适用,该规定第二条规定,个人贪污数额在 5 万元以上的,处十年以上有期徒刑或者无期徒刑,可以并处

* 中国青年政治学院法学院教授。

没收财产；情节特别严重的，处死刑，并处没收财产。同时该规定第五条规定，对犯受贿罪的，根据受贿所得数额及其情节，依照前述第二条的规定处罚；受贿数额在1万元以上，使国家利益或者集体利益遭受重大损失的，处无期徒刑或者死刑，并处没收财产。不过，上述规定显然对贪污罪和受贿罪的死刑适用在基本统一标准之外，又根据受贿罪的特点，对其中部分行为采取了不同的数额标准和情节标准，应当讲这一规定符合贪污罪和受贿罪的不同特点，而对死刑的裁量标准进行了区别的规定。1997年修订刑法时，根据当时的社会经济发展状况以及司法实践情况，为了维护法律的严肃性和可执行性，对于上述规定做了调整，刑法第三百八十三条第一款第一项规定，对犯贪污罪、受贿罪，数额在10万元以上的，处十年以上有期徒刑或者无期徒刑，可以并处没收财产；情节特别严重的，处死刑，并处没收财产。按照这一规定，贪污罪、受贿罪的死刑标准开始统一。

相对明确的数额标准能够避免司法适用的随意性，减少司法自由裁量的空间，防止司法擅断，但是在死刑的适用上，仍然不能唯数额论。由于贪污受贿犯罪的具体情况极为复杂，情节差别巨大，单纯按照数额解决死刑适用问题，难以全面反映每个案件的法益侵害。在特定案件中，贪污受贿的数额同具体行为的法益侵害性无法简单画上等号。有的案件中，贪污数额固然特别巨大，但是也可能未能达到刑法第四十八条所规定的罪行极其严重的死刑适用程度；相反，有的贪污受贿的数额虽然并未像个别案件那么惊人，但是其情节可能更为严重，因而反而更有可能适用死刑。因此，1997年刑法对于贪污受贿犯罪的死刑适用前提是情节特别严重，实际上也考虑到了数额以外的其他情节在死刑裁量中的重要意义，或者说充分考虑到了数额和其他情节在整个案件的死刑适用中的综合判断功能。这是这一规定的价值所在。但是也必须指出，由于大量的贪污受贿犯罪的涉案金额远远超过当时所确定的标准，因此死刑裁量的前提数额标准就很容易达到，而所谓情节特别严重，由于其表述过于模糊，解释论上实际上也可以将数额包括在内，因此，在数额特别巨大的场合，即使其他情节并不特别严重，也仍然仅仅因为数额特别巨大而存在死刑适用的可能。这样一来，"情节特别严重"的综合判断功能就被实际消解。

另外，按照该条规定，贪污受贿犯罪情节特别严重，就面临绝对死刑的裁量。因此，这一条文在其表面上来看就是一个较低的加重数额起点标准和绝对死刑的结合。毋庸置疑的是，这样一种规范结构在其量刑上已经造成罪刑不均衡的结果；在死刑适用问题上并不符合对非暴力犯罪尽可能限制死刑的政策，而这一政策是刑事立法在若干修正案中所一直予以坚持的；而在其事实上也完全同现行实务中在较长一段时间内判处死刑案例的罕见性相矛盾。因此，《刑法修正案（九）》将这一规定修改为，贪污受贿"数额特别巨大或者有其他特别严重情节的，处十年以上有期徒刑或者无期徒刑，并处罚金或者没收财产；数额特别巨大，并使国家和人民利益遭受特别重大损失的，处无期徒刑或者死刑，并处没收财产"。

正是基于这样一种立法演变的背景及其所反映的政策导向，对于贪污受贿犯罪的死刑适用问题，依据上述刑法修正案，《贪污贿赂解释》作出了更符合实际、适用更受限制但又对贪污受贿犯罪更具有威慑作用的死刑司法政策。

依据该解释第三条的规定，贪污或者受贿数额在300万元以上，应当认定为刑法第三百八十三条第一款规定的"数额特别巨大"；而按照刑法第三百八十三条第一款第三项的规定，只有符合数额特别巨大这一要件，同时使国家和人民利益遭受特别重大损失的，处无期徒刑或者死刑，并处没收财产。显然，在立法机关仍然继续保留贪污受贿犯罪死刑的前提下，《贪污贿赂解释》对适用死刑的最低数额进行了实事求是的提升，这一最低数额标准至少在其形式上更加符合司法实际，充分顺应了立法机关限制死刑的理念和立场。同时，在理论上，与修正前刑法不同，数额特别巨大而又具有特别严重情节的贪污受贿犯罪,死刑并非绝对适用的刑罚,而成为与无期徒刑相并列的选择刑种。这就意味着,在单纯具备数额特别巨大或者仅仅具备其他严重情节的场合,不能考虑死刑适用的可能性。而在数额特别巨大同时使国家和人民利益遭受特别重大损失的,才具备死刑适用的可能。但即使在这样的场合,在量刑时应当优先考虑无期徒刑的适用,只有在无期徒刑不能充分反映行为的危害程度,因此不能实现罪刑均衡时,才应当考虑适用死刑。

如前所述,在立法上,数额特别巨大并非适用死刑的决定性条件,只有同时具备"使国家和人民利益遭受特别重大损失"的情形,才可能适用无期徒刑或者死刑。不过,为了明确对无期徒刑的适用和死刑的适用加以区分,《贪污贿赂解释》第四条第一款,则更加限制性地规定:"贪污、受贿数额特别巨大,犯罪情节特别严重、社会影响特别恶劣、给国家和人民利益造成特别重大损失的,可以判处死刑。"这一规定意味着:如果贪污受贿数额特别巨大,给国家和人民利益遭受特别重大损失,但是并不同时属于犯罪情节特别严重、社会影响特别恶劣的,仍然应当优先考虑适用无期徒刑而非死刑。只有在上述数额、犯罪情节、社会影响以及损失四个方面均符合的情形下,才有可能使用死刑,否则只能适用无期徒刑。这样一种解释结论,实际是对刑法第三百八十三条的无期徒刑和死刑的适用提供了极为清晰的区别判断标准,进一步减少了贪污受贿犯罪中适用死刑的可能性。

但即便是在符合前述四个条件的前提下,死刑的适用仍然需要更为综合的判断,也仍然属于裁量性质、选择适用,而并非绝对死刑。例如,根据刑法第三百八十三条第三款的规定,即使符合上述数额特别巨大并使国家和人民利益遭受特别重大损失的要件,但在提起公诉前如实供述自己罪行、真诚悔罪、积极退赃,避免、减少损害结果的发生,也仍然可以从轻处罚。因此,《贪污贿赂解释》第四条第二款规定,符合贪污受贿数额特别巨大,犯罪情节特别严重、社会影响特别恶劣、给国家和人民利益造成特别重大损失,但具有自首、立功,如实供述自己罪行、真诚悔罪、积极退赃,或者避免、减少损害结果的发生等情节,因此不属于必须立即执行的情形,可以判处死刑缓期二年执行。这一规定极其鲜明地顺应了立法机关对于经济犯罪更大程度地限制死刑的立场。

与此相关,同样需要进一步明确的是:刑法第三百八十三条第一款第三项中的"数额特别巨大"是否属于一个单一、确定的标准?即适用十年以上有期徒刑或者无期徒刑中的"数额特别巨大"和适用无期徒刑或者死刑的"数额特别巨大"是否具有一致性?按照《贪污贿赂罪解释》第三条第二款、第三款的规定,贪污或者受贿数额在150万元以上不满300万元的,具有该解释第一条第二款及第三款所规定的情形之一,虽然在其数额上并不属于特别巨大的最低标准,但因此可以认定属于"其他特别严重情节",处十年以上有期徒刑或者无期徒刑,并处罚金或者没收财产。不过,由于贪污受贿数额在150万元以上不满300万元的情形,其数额本身并未达到特别巨大,仅仅因为具备了其他特别严重情节而得以适用该法定刑幅度,因此针对这一幅度的数额(150万~300万元),无论其另外是否具有犯罪情节特别严重、社会影响特别恶劣、给国家和人民利益造成特别重大损失的条件,也均不可以判处死刑。所谓的具有本解释第一条第二款、第三款的情形的,也只是适当降低适用该法定刑幅度(十年以上有期徒刑或者无期徒刑)的数额标准,而不能降低死刑的适用标准。

二

刑法第三百八十三条第四款规定,犯贪污罪、受贿罪,被判处死刑缓期执行的,人民法院根据犯罪情节等情况可以同时决定在其死刑缓期二年期满依法减为无期徒刑后,终身监禁,不得减刑、假释。对于上述规定,有必要厘清的问题包括:

（一）终身监禁的严格适用

在当前贪污受贿犯罪死刑适用较为罕见的前提下，死刑缓期二年执行几乎是罪行特别严重的贪污罪、受贿罪的最高刑。例如，从1991年至2015年8月，在我国法院对省部级以上高官因受贿罪判处死刑的28起案件中，仅有4起被判处死刑立即执行，其余24起均被判处死缓；而在2010年，我国共有12名省部级官员因受贿被判刑，其中8人被判处死缓。显然，除了极其个别的案例外，司法实务的数据表明，死缓已经成为贪污受贿犯罪死刑适用的主要措施。但是死缓罪犯在减为无期徒刑或者有期徒刑之后，通过减刑、假释，犯罪分子并不需要实际在监狱内终身服刑。而《刑法修正案（九）》的这一规定意味着无期徒刑的实质化或者终身化，考虑到目前贪污受贿犯罪的刑罚实际，这一规定是针对职务腐败犯罪采取了更为严厉的惩罚措施。

不过，考虑到终身监禁的严厉性，其适用仍然需要高度的谨慎。《贪污贿赂解释》第四条第二款规定，符合贪污受贿数额特别巨大，犯罪情节特别严重、社会影响特别恶劣、给国家和人民利益造成特别重大损失，但具有自首、立功，如实供述自己罪行、真诚悔罪、积极退赃，或者避免、减少损害结果的发生等情节，不属于必须立即执行的情形，可以判处死刑缓期二年执行。其第三款规定，符合第一款规定情形的，根据犯罪情节等情况可以判处死刑缓期二年执行的，同时裁判决定在其死刑缓期二年期满依法减为无期徒刑后，终身监禁，不得减刑、假释。表面上，该解释第四条第三款的规定同刑法第三百八十三条第四款的规定并无实质差异，似乎仅仅是其同义的反复，并不具有任何明确、界分的作用。但是，该解释第四条第二款、第三款的排列顺序表明：即使在不判处死刑立即执行的场合，法官在考虑判处死刑缓期二年执行时，应当首先考虑适用单纯的死刑缓期二年执行，而并不是将附裁终身监禁的死刑缓期二年执行作为首选。换言之，并不是所有贪污受贿犯罪被判处死刑缓期二年执行的都要终身监禁，应由人民法院根据其所实施犯罪的具体情节等情况综合考虑。只有在死缓不能充分评价行为人的刑事责任时，才能另外附加裁判终身监禁。也即，此种终身监禁的严厉性介于一般死缓与死刑立即执行之间，其适用同样需要严格控制。

（二）终身监禁与刑法第五十条的关系

按照刑法第三百八十三条以及上述《贪污受贿罪解释》第四条第三款的规定，终身监禁的判处是在对贪污受贿犯罪判处死刑缓期二年执行的同时，而非死刑缓期二年执行届满需要明确减刑的同时。不过，刑法第五十条规定，判处死刑缓期执行的，在死刑缓期执行期间，如果没有故意犯罪，二年期满以后，减为无期徒刑；如果确有重大立功表现，二年期满以后，减为二十五年有期徒刑。也就是说，死缓减刑的后果分为两种：或者减为无期徒刑，或者减为二十五年有期徒刑。因此，必须明确的是：在判处贪污受贿罪犯死缓并判处不得减刑、假释的终身监禁时，对这两种类型的死缓减刑均应作出限制还是如刑法第三百八十三条所言，仅仅针对死刑缓期二年执行期满依法减为无期徒刑的情形？换言之，判处死刑缓期二年执行同时附加判处终身监禁的罪犯，是否仍然可以基于死缓执行期间的重大立功事实而在死缓执行二年期满之后，减为二十五年有期徒刑？对此，刑法理论界有不同的解读，实务部门的倾向性意见是：被判处死刑缓期二年执行的犯罪分子在死刑缓期执行二年期满依法减为无期徒刑后，如被人民法院决定终身监禁的，则依法不能减刑、假释。

据此，贪污受贿犯罪中有关终身监禁的规定，已经被实务部门理解为排斥了死缓减为二十五年有期徒刑的可能性。

贪污贿赂刑事司法解释具体问题解读

本文对《最高人民法院、最高人民检察院关于办理贪污贿赂刑事案件适用法律若干问题的解释》(以下简称《解释》)有关具体问题提供解读意见,以便于司法实务界参考、就教。

一、《解释》所使用的“贪污贿赂犯罪”概念是指哪些犯罪

《解释》除了标题使用了“贪污贿赂刑事案件”的概念外,文本中三次出现了“贪污贿赂犯罪”一词。《解释》所谓的“贪污贿赂犯罪”是指刑法分则第八章规定的贪污贿赂罪,是刑法上的一类犯罪。可是,该解释实际上又不仅仅诠释刑法分则第八章的犯罪,还规定其他章节的犯罪。比如,《解释》第十一条规定了职务侵占罪、非国家工作人员受贿罪、对非国家工作人员行贿罪、挪用资金罪的定罪量刑标准,这些罪名就不是贪污贿赂罪所能包含的,而是刑法分则第三章第三节(妨害对公司、企业的管理秩序罪)和第五章(侵犯财产罪)规定的犯罪。最高人民法院审判委员会于2016年3月28日下午讨论本解释,注意到了这个问题。有委员提出建议,可否在《解释》标题的“贪污贿赂”一词之后加个“等”字?经过讨论,最后决定不加这个“等”字,理由是:尽管《解释》主旨逻辑本意上兼涉其他犯罪,但在题目中加个“等”字可能降低文字的通顺程度。从原则上来讲,解释题目和条文中使用的“贪污贿赂犯罪”是指刑法分则第八章规定的贪污贿赂罪。《解释》同时规定了其他犯罪的定罪量刑标准,而职务侵占等其他犯罪不属于“贪污贿赂犯罪”的范畴,理论上可以统称为“其他职务犯罪”。

与此问题相联系,有审判人员提出,《解释》第十八条、第十九条第二款规定的“贪污贿赂犯罪”既然不包括职务侵占、挪用资金等其他职务犯罪,那么该两个条款规定的原则是否适用于其他职务犯罪案件?对此,需要具体分析。《解释》第十八条是关于违法所得的追缴和退赔的原则性规定,是对刑法第六十四条的具体落实。该条虽然是以“贪污贿赂犯罪分子”为对象进行规定的,但其原则适用于刑法上所有可能产生违法所得的经济犯罪、财产犯罪和职务犯罪。《解释》第十九条第二款是关于罚金刑判罚标准的规定,适用于贪污罪、受贿罪以外的“其他贪污贿赂犯罪”,如利用影响力受贿罪、行贿罪等;但不适用于其他职务犯罪,如刑法第一百六十四条规定的对非国家工作人员行贿罪。当然,在办理对非国家工作人员行贿犯罪案件时,参考《解释》第十九条第二款规定的罚金刑判罚标准,也是完全可以的。

二、《解释》规定了几种具体犯罪的定罪量刑标准

《解释》共有20条,规定了贪污贿赂犯罪及其他职务犯罪(包含10种具体犯罪)的定罪量刑标准。《解释》第一条至第三条规定的是贪污罪和贿赂罪的定罪量刑标准,第五条、第六条是关于挪用公款罪的定罪量刑标准,第七条、第八条、第九条规定的是行贿罪的定罪量刑标准,第十条规定的是利用影响力受贿罪和对有影响力的人行贿罪的定罪量刑标准,第十一条规定了非国家工作人员受贿罪、职务侵占罪、挪用资金罪、对非国家工作人员行贿罪的定罪量刑标准。第十一条规定的4个罪名,严格来说不属于贪污贿赂犯罪。

三、如何理解贪污贿赂犯罪定罪量刑标准的“数额加情节”

“数额加情节”是《中华人民共和国刑法修正案(九)》(以下简称《刑法修正案(九)》)对一段时间以来司法实践的总结和肯定,也是最重要的修改规定之一,因此也就成为《解释》最重要的规定内容。《解释》既要讲清楚数额标准,还要讲清楚情节标准,并且使两者有机统一。例如,根据《解释》第一条的规定,受贿1万元以上不满3万元的,本来是没有达到定罪的数额标准的,但是如果受贿行为有其他较重情节,如把赃款用于非法活动,即构成犯罪。这就叫“数额加情节”。

“数额加情节”主要表现在两个方面：一是入罪时的“数额加情节”，指认定犯罪是否成立时不仅考虑数额因素，而且考虑相关情节。这种情况下，单纯考虑数额不能满足定罪的条件，必须兼顾相关从严处罚情节才能入罪。此种情况，理论上可以称之为“特别入罪”。二是量刑时的“数额加情节”，主要指选择量刑档次时不仅考虑数额因素，还要考虑相关情节，即属于升档量刑时的“数额加情节”，理论上可以称之为“特别升档量刑。”

四、《解释》提高贪污贿赂犯罪的定罪量刑数额标准，是否符合党和国家关于从严惩治腐败的精神

无疑，笔者对于这个问题的回答是肯定的。《解释》颁布后，一些经济相对落后地区的同行朋友提出质疑说，这个司法解释规定的起刑点太高了，贪污、受贿3万元以上的才追诉，意味着有很多贪污、受贿行为因为数额较小而无法打击。这样做是不是轻纵腐败犯罪？事实上，《解释》第一条至第三条规定贪污罪、受贿罪的起刑点一般是3万元，但在特殊情况下1万元也是可以追诉的。我们回顾一下，1997年刑法规定贪污罪、受贿罪的起刑点数额是多少呢？一般情况下是5 000元。如此来说，此次司法解释把贪污罪、受贿罪的起刑点提高了6倍。相比之下，提高的幅度是不是过大？“两高”于2016年4月18日召开的新闻发布会重点回答了这个问题。道理很简单：今天的人民币3万元的购买力比不上1997年的5 000元！根据有关部门统计，我国人均GDP自1997年至2014年增长了约6.25倍。GDP是国家公布的，我们制定司法解释时，应当参考相关部门的统计数据来判断我国的经济发展状况，以便进一步判断一定数额的贪污贿赂犯罪行为的社会危害性大小。1997年，你如果拥有3万元，可以考虑在北京某个地段购买一套也许面积不大的二手房。但在2016年，你想花3万元在那里买1平方米都很困难。所以有位学者写了一篇文章提出，“与其说贪官的命更值钱了，还不如说是钱不值钱了”。我觉得，贪污贿赂犯罪的数额标准，多年以前就该调整了，只是到了制定刑法修正案（九）的时候，立法机关才下决心对此予以修正。提高贪污贿赂犯罪定罪量刑的数额标准，是与我国社会发展的实际相适应的。我们不能认为提高数额标准就背离了党和国家关于从严惩治腐败的精神。

五、《解释》为什么不采取“幅度数额”的规定方式

在《解释》起草过程中，有专家建议：对贪污贿赂犯罪，也可以像以往司法解释对于盗窃罪的规定一样，实行“幅度数额”。比如，可以设置1万元到5万元之间的数额幅度，让地方高级人民法院在此幅度内选择适合于本地的标准报最高人民法院备案。例如，黑龙江省可以选1万元开始追诉，广东省可以选5万元。经过论证，我们认为这样做是不合适的。对于盗窃、诈骗犯罪可以这样规定，但对贪污贿赂犯罪不能这样做。惩治贪污贿赂犯罪属于反腐败工作，反腐败又属于吏治范畴，应当规定一个统一的适用于全国的标准。吏治如果不统一，就会乱套，因为干部是流动的，有时甚至是全国统一调配的。这个跟打击盗窃、诈骗犯罪不是一回事。更应考虑的是，如果我们制定“幅度数额”标准，就会给我们的职务犯罪审判工作带来极大的麻烦。这是因为，贪污贿赂犯罪异地指定管辖的很多，北京的贪官指定到山东去审，山西的贪官指定到江苏去审，江苏的贪官指定到浙江去审，是经常发生的。一旦不同省区市的数额标准规定得不一样，那么贪官们会纷纷提出申请希望指定到广东去审，这样岂不生乱?！专家们继续建议说，可以按照犯罪地的数额标准来量刑，而不管在什么地方审判。其实这样想下去问题就更复杂了，因为贪污贿赂犯罪案件的犯罪地很多，有些省部级贪官的受贿犯罪事实有数十项之多，他们在全国不同地方任过职，所以他们收受贿赂的地点分散在全国各地，那怎么按照犯罪地的数额标准来量刑呢？所以不能搞不同地区不同的标准。

六、《解释》对贪污贿赂犯罪及职务侵占等其他职务犯罪的定罪量刑数额标准提高后，相比之下，盗窃、诈骗等侵犯财产犯罪的起刑点是不是偏低了

《解释》将贪污罪和受贿罪的起刑点从5 000元提高到3万元，并将这两种犯罪判处十年以上有期徒刑的数额起点的从过去的10万元提高到300万元。按照《解释》第十一条的规定，非国家工作人员受贿罪和职务侵占罪的定罪量刑数额标准按照贪污罪、受贿罪的2倍执行。也就是说，职务侵占罪和非国家工作人员受贿罪的起刑点是6万元。如果仅从货币的数量来看，上述犯罪的定罪数额标准的确是大大地提高了。这样就引出一个问题：贪污罪、受贿罪、非国家工作人员受贿罪、职务侵占罪与盗窃罪、诈骗罪等其他犯罪相比，是不是定罪量刑标准不平衡了？我个人认为，确实存在不平衡的问题。上文已经述及，因为国家货币的购买力下降了，因而职务犯罪的定罪量刑数额标准需要提高。那么，难道盗窃、诈骗犯罪分子手里的货币这些年来没有贬值吗？同样在贬值。从这个意义上来说，盗窃罪、诈骗罪的定罪量刑数额标准也需要适当调整，但要循序渐进。

不平衡的问题怎么解决呢？是不是要把盗窃罪、诈骗罪的定罪数额标准提高到与贪污罪、受贿罪、职务侵占罪一样高？我觉得这是不可能也是没有必要的，因为这是两类不同性质的犯罪，社会危害性也有所不同。

七、最高司法机关有无对财产犯罪的定罪标准作出相应调整的计划

关于《解释》规定的职务犯罪数额标准与盗窃罪、诈骗罪等财产犯罪的数额标准的不平衡问题，在最高人民法院审判委员会讨论《解释》时，委员们研究了这个问题。会上，有的委员提出，对盗窃等其他犯罪的数额标准应当进行通盘研究，并借鉴境外的立法实践，必要时进行适当调整。2016年4月18日上午，最高人民法院负责人在电视电话会议上指出，要深入研究对类似犯罪定罪量刑标准及刑罚体系调整完善问题，加强调查研究，积极提出立法、修法建议。

八、在“数额加情节”的立法背景下，如果只有部分贪污受贿数额所对应的行为符合“其他较重情节”“其他严重情节”或者“其他特别严重情节”的情形的，能否按照相关从严情节入罪或者升档量刑

例如，某被告人受贿240万元，但是其中一笔100万元是因为帮助行贿人职务提拔而收受的，这种情况是否可以认定为《解释》第三条第三款规定的“其他特别严重情节”？问题的关键是240万元中只有100万元与从严处罚情节相挂钩，是否可以判处十年以上有期徒刑？

对于上述问题，需要明确的是：一是贪污受贿数额所对应的行为符合“其他较重情节”“其他严重情节”或者“其他特别严重情节”情形的部分，不要求达到总额的50%，即可以考虑特别入罪或者升档量刑。二是与从严处罚情节相对应的数额必须达到一定的量（比率不能过低），才可以考虑特别入罪或者升档量刑。三是在办理具体案件时，应当综合全案具体情况，权衡各种情节，从而决定是否特别入罪或者升档量刑。

对于部分数额具备升档情节的案件，有的审判人员提出，只要这部分数额不到《解释》规定的标准，如第三条第三款规定的150万元，就不能适用上一个量刑档次。我觉得这种理解不甚妥当。对于只有部分数额相对应的事实符合升档情节的案件，不要求该部分数额必须达到相应数额幅度的低限，如前面所举总额240万元的例子中，不应要求这部分具备升档情节对应的数额达到150万元，即可按照上一量刑档次处罚。但是，为了兼顾合理性，对于这部分数额比例过低的案件，可以不认定具有升档的量刑情节。至于多少比例才能算比例够高，交由司法工作人员针对个案作出具体裁量。上述案例，有100万元属于从严处罚情节，可以考虑升档量刑。假定240万元中只有10万元即1/24涉及从严情节，那么此案判十年以上就不大合适。

九、怎样理解《解释》第一条第二款第一项规定的“救灾、抢险、防汛、优抚、扶贫、移民、救济、防疫、社会捐助等特定款物”的“等”

这里的“等”表示等外的意思,即除了救灾、抢险、防汛、优抚、扶贫、移民、救济、防疫、社会捐助以外的其他特定款物。关于其他特定款物的认定,应当注意:一是考虑某种未予明确的款物是否可以认定为特定款物时,必须注重研究相关行政法律、法规和规章的规定,以便确认这种款项与救灾、抢险、防汛、优抚、扶贫、移民、救济、防疫、社会捐助款项是否具有相同的性质。二是近几年来中央或地方政府出台的一些惠农政策,包括农村一事一议的工程补贴款、沼气太阳能水窖建设补贴款、生态保护补贴款、危房改造补助金、泥草房改造补贴、农机补贴、粮食直补款、“普九”化债专项资金、退耕还林补偿款、拆迁补偿款等,是否可以认定为特定款项,应当结合相关行政法律、法规和规章的规定具体分析,不能一概而论。三是对于性质存在争议的款物,认定为特定款物时,应当特别慎重。

十、怎样理解“曾因贪污、受贿、挪用公款受过党纪、行政处分”

《解释》第一条第二款第二项规定“曾因贪污、受贿、挪用公款受过党纪、行政处分的”,属于贪污犯罪的“其他较重情节”之一。首先,需要明确的是,这里所指的党纪、行政处分的原因仅限于贪污、受贿、挪用公款三种行为,而不包括其他情形。其次,所谓党纪处分,是指依照《中国共产党纪律处分条例》对违反党的纪律的党员或者党组织所作的处分,包括警告、严重警告、撤销党内职务、留党察看、开除党籍等五种。所谓行政处分,是指国家机关、企业、事业单位依照《中华人民共和国公务员法》《行政机关公务员处分条例》《中华人民共和国行政监察法》等法律、法规,对所属国家工作人员的违法失职行为的一种惩戒。行政处分有警告、记过、记大过、降级、撤职、开除等六种。行政处分是一种内部行政行为,不同于行政处罚。

有的审判人员提出,本次贪污、受贿行为实施以前曾因贪污、受贿行为已经受过党纪、政纪处分的,在认定本次贪污、受贿数额时,是否应当累计计算?笔者认为不应当累计,理由是:以前的行为已经受过党纪、政纪处分,而不是“未经处理”,但应属于不思悔改的从重情节。

十一、怎样理解“曾因故意犯罪受过刑事追究的”

《解释》第一条第二款第三项规定“曾因故意犯罪受过刑事追究的”,系一种从严情节。有同行写文章指出,这一规定令人费解,理由是:根据《中华人民共和国公务员法》第二十四条关于“曾因犯罪受过刑事处罚的”“曾被开除公职的”不得录用为公务员的规定和党纪严于国法的政策,难以想象“曾因故意犯罪受过刑事追究”,即使因撤案、不起诉而未受过刑事处罚,一般也会被党纪、政纪处理乃至开除公职,虽然可能存在少数“曾因故意犯罪受过刑事追究”但保留国家工作人员身份的,但在实践中确实罕见。因此,解释将“曾因故意犯罪受过刑事追究”规定为从重情节,可能在实践难有适用机会。

我觉得,上述论者知其一未知其二。《解释》第一条第二款第三项的规定是特别有所指的。相关部门提供的资料显示,全国有大量因故意犯罪被判缓刑、免刑的人并未被清除出国家工作人员队伍。这还不包括国有公司、企业、事业单位中大量曾经被判处刑罚的人。从刑法关于犯罪主体的规定来看,国有公司、企业、事业单位中,以及非国有公司、企业、事业单位中,曾经有故意犯罪前科的人,仍然有许多实施贪污、受贿犯罪的机会——这些人出现在具体案件中可能是“受委派从事公务的人”。另外,由于管理跟不上,目前尚有服刑人员党籍未被开除的现象。发现这些现象后,有关部门曾要求司法机关加强执法力度,注重部门之间的协调配合,予以妥善解决。

这里需要指出,“刑事追究”不同于“刑事处罚”。前者包括免予刑事处罚,后者不包括。此外,“刑事追究”还包括检察机关依据刑事诉讼法第一百七十三条第二款对于“犯罪情节轻微”案件所作的“相对不起诉”，但不包括“绝对不起诉”和“事实不清不起诉”。

十二、怎样理解“赃款赃物用于非法活动的”

“赃款赃物用于非法活动”的认定，不要求赃款赃物大部分用于非法活动，即不要求用于非法活动的比例达到50%。但是，用于非法活动的比例过低的，可以不认定具备该种从严处罚情节。实践中，可以根据个案的具体情况进行合理裁量。

十三、怎样理解“多次索贿”

《解释》第一条第三款第一项规定的“多次索贿”，是指3次以上索贿。这一点没有争议，争议的是次数的计算问题。首先，“多次索贿”是否应当把未遂的情形计入次数？笔者认为，回答应当是肯定的，即多次索贿未遂的部分也应当计入索贿次数。例如，国家工作人员向3个人索贿，其中1人给了他2万元，另外两个人拒绝给付贿赂，那也应当认定该国家工作人员的行为符合“多次索贿”的情形。之所以这样解释，是因为索贿是一种恶劣的依法应当从重处罚的受贿行为方式，必须从严把握。

其次，“多次索贿”的对象，是1个人还是包括多人？这个问题比较复杂，我觉得，如果1次索贿对象是1个人，那当然就是1次；如果是多人，那就得看具体情况：如果在一个场合，因为同一个事由，同时向多人发出索贿的信息，且被索贿的多人相互知悉，那可以认定为一个整体的被索取对象，可以认定为1次索贿；如果是因为不同的事由在同一场所分别向不同的人索贿，那么认定为1次索贿恐怕就不合理。当然这是特例，这种案子实践中不大可能发生。这里讨论的是关于什么叫“一次索贿”的问题，应当具体问题具体分析。这就像过去我们办理抢劫案件是如何认定“多次抢劫”一样，只能具体个案具体分析认定。

十四、怎样理解“为他人谋取职务提拔、调整”

“为他人谋取职务提拔、调整”属于“为他人谋取利益”的一种表现形式。问题是，“为他人谋取职务提拔、调整”是否可以包括“承诺、实施、实现”三个阶段中任何一个阶段的行为？我认为回答是肯定的。这里值得一提的是2003年11月13日最高人民法院发布的“重庆会议纪要”，即《全国法院审理经济犯罪案件工作座谈会纪要》。该纪要把受贿罪的构成要件“为他人谋取利益”解释为包括承诺、实施、实现三个阶段的行为，只要是符合其中任何一个阶段的行为，就认为具备这个构成要件。也就是说，明知他人有具体的请托事项而收受他人财物的，就应当认为具有为他人谋取利益的故意，就可以构成受贿犯罪了。这实际上是把受贿罪所要求具备的“为他人谋取利益”要件解释为“主观要件”了。那么，“为他人谋取职务提拔、调整”是不是也可以作为“主观要件”来理解呢？答案也是肯定的。“为他人谋取职务提拔、调整”是“为他人谋取利益”的一种表现，所以在认定这种行为是否构成“为他人谋取利益”时，适用的标准跟一般的“为他人谋取利益”应当是一样的。

有的审判人员提出，这里的“调整”一词比较费解。“调整”是不是包括平级调动？我认为应当包括，否则就没有必要在“提拔”之外加上“调整”一词。通常，这种“调整”是指调到一个较好的岗位上工作，这样才存在“跑官、要官”的必要。

十五、如何把握终身监禁的法律性质

终身监禁不是一种独立的刑种，是死缓减为无期徒刑后的一种刑罚执行措施，为严格控制死刑立即执行的适用提供了重要的制度支持。

《解释》只是规定了终身监禁的适用原则，而没有规定具体的适用条件。终身监禁是《刑法修正案（九）》新设立的，而且它针对的就是两个罪——贪污罪、贿赂罪。终身监禁是介于死刑和死缓之间的一种中间措施。《刑法修正案（九）》生效后，死刑的执行方式由两种变成三种了。第一种是死刑立即执行;第二种就是终身监禁,即决定死缓时宣告了终身监禁;第三种是普通的死缓。那么目前存在争议的是,立法者究竟是想对过去那些判处死刑立即执行的人都决定终身监禁呢?还是把那些过去判处死缓但罪行比较重的人刑罚拔高,对其决定终身监禁呢?对此,立法、实务和学界的意见比较一致,认为一些过去判死刑立即执行的人,特别是判处死刑立即执行偏重,不判又失轻的人现在可以适用终身监禁。可以预见,由于终身监禁的适用,今后贪污贿赂犯罪适用死刑立即执行的标准会更加严格。

十六、被决定终身监禁的罪犯,有重大立功的能否得到减刑

这个问题的本意是:被决定终身监禁的罪犯,是不是真的终身被关押?关于这个问题,最高人民法院负责人在2016年4月18日电视电话会议上的讲话中明确指出,因贪污受贿犯罪判处终身监禁的,不受总则条文的制约,就是说死缓期间即使有重大立功,也不能减为有期徒刑。由于《刑法修正案(九)》明确规定"终身监禁,不得减刑、假释",因此即使在死刑缓期执行期间有重大立功表现,也不得减为二十五年有期徒刑。所以最高人民法院刑二庭裴显鼎庭长在新闻发布会上说的"牢底坐穿",我觉得是符合立法本意的。如果认为终身监禁决定后在死刑缓期执行期间有重大立功表现的就可以减为二十五年有期徒刑,不再执行终身监禁,那终身监禁制度就形同虚设了。那么,如果在死刑缓期执行期间,发生了故意犯罪呢?那还要执行终身监禁吗?这的确是个问题,但这个问题与能否减刑的问题是不同的。这种情况不是《刑法修正案(九)》所规定的"不得减刑"的范围,而是属于"加刑"。所以如果发生故意犯罪,可以改为死刑立即执行,然后报请最高人民法院核准。当然,是否核准是另一个问题。

十七、实施职务侵占和非国家工作人员受贿行为的,是否存在数额减半入罪的情形

关于这个问题,回答是否定的,理由是:职务侵占和非国家工作人员受贿这两个罪名不是刑法分则第八章里的罪名,而是第五章、第三章里的,刑法没有对这些罪名规定"数额加情节"。《解释》第十一条第一款规定,职务侵占罪的"数额较大"按照贪污罪"数额较大"的2倍执行,即以6万元为起刑点。例如,某公司职员实施职务侵占行为,数额是4万元,但他有从重情节,即把赃款用于非法活动,那么该行为是不是构成职务侵占罪呢?答案是不构成。因为刑法规定的职务侵占罪的条款没有得到修正,立法机关未将它设计为"数额加情节"。

十八、如何把握挪用资金罪的定罪量刑标准

《解释》第十一条第二款规定了挪用资金罪的定罪量刑标准。由于条文表述过于简略,可能导致误解。需要注意的要点有:

1. 挪用资金"数额较大"的标准是10万元,挪用资金"进行非法活动"的起刑点是6万元。

2. 挪用资金的"数额巨大"不能与挪用公款的"数额巨大"相比较,而应当与挪用公款的"情节严重"相比较。挪用资金的"数额巨大",一般情况是以400万元为标准,进行非法活动的"数额巨大"是以200万元为标准。

3. 挪用资金"数额较大不退还"与挪用公款中的"情节严重不退还"相比较,一般以200万元为标准,进行非法活动的以100万元为标准。

十九、如何把握单位对非国家工作人员行贿行为的入罪标准

刑法第一百六十四条第一款规定了对非国家工作人员行贿罪,同时该条第三款规定"单位犯前两款罪的,对单位判处罚金,并对其直接负责的主管人员和其他直接责任人员,依照第一款的规定处罚"。这意味着刑法没有把"单位对非国家工作人员行贿罪"规定为独立罪名。但是,单位对非国家工作人员行贿行为的入罪标准是需要明确的。《解释》未对单位对非国家工作人员行贿行为的入罪数额标准作出规定,对此,可以参照2010年颁布的《最高人民检察院、公安部关于公安机关管辖的刑事案件立案追诉标准的规定(二)》第十一条的规定执行,即单位对非国家工作人员行贿行为起刑点为20万元。

二十、对于《解释》没有规定定罪量刑具体数额标准的其他职务犯罪,如何定罪处罚

《解释》总共规定了10个罪名的定罪量刑标准,包括贪污罪、受贿罪、挪用公款罪、行贿罪、利用影响力受贿罪、对有影响力的人行贿罪、非国家工作人员受贿罪、职务侵占罪、挪用资金罪、对非国家工作人员行贿罪。除此以外,刑法中还有10个罪名属于职务犯罪的范畴,《解释》没有涉及,包括单位受贿罪、对单位行贿罪、介绍贿赂罪、单位行贿罪、巨额财产来源不明罪、隐瞒境外存款罪、私分国有资产罪、私分罚没款物罪、挪用特定款物罪以及对外国公职人员、国际公共组织官员行贿罪。笔者认为,《解释》未对单位行贿罪、对单位行贿罪、单位受贿罪、隐瞒境外存款罪的量刑幅度作出规定,主要是因为这几个罪名只有一个量刑幅度,且已有追诉标准,故无须另行规定。

有审判人员提出:单位受贿、对单位行贿、单位行贿、巨额财产来源不明、隐瞒境外存款、私分国有资产、私分罚没财物这几个罪名,虽然《解释》没有涉及,但入罪数额标准是否也应相应提高?否则会出现一些量刑上的不均衡?这个问题有一定的复杂性,不能一概而论。应当根据不同的罪名,考察过去相关规定包括追诉标准规定的数额标准分别予以妥善处理——有的罪名可以适当调整,也有的罪名按过去追诉标准办理就可以。分述如下:一是单位行贿罪,过去有追诉标准规定,一般情节的从20万元开始追诉;具有特殊情节的,10万元至20万元也可以追诉。我看这个标准其实就已经够高了,不应该再往上调整。也就是说,对于单位行贿罪,应当继续沿用原来标准。二是单位受贿罪,追诉标准是10万元以上,我个人觉得也已经够高了。对于此罪,应当继续沿用原来标准。三是对单位行贿罪,过去的追诉标准规定得非常详细。如个人对单位行贿的,标准是10万元以上;单位对单位行贿的,标准是20万元以上,这些现在都可以继续执行。四是还有其他罪名,如介绍贿赂罪、挪用特定款物罪,过去的追诉标准似乎规定得有点低,有待今后解决。这些案件不多,可以由地方法院自行把握。还有巨额财产来源不明罪,过去的标准是以30万元为起刑点,其实没有意义。隐瞒境外存款不报罪、私分国有资产罪、私分罚没财物罪等,都可以具体案件具体分析。也有些罪名,据统计部门透露,好像迄今为止没有起诉到法院过,如对外国公职人员、国际公共组织官员行贿罪。这样的罪名,几乎也没有遇到过,所以暂时不必确定定罪量刑标准。

二十一、如何理解“事后受贿”情形下的“为他人谋取利益”要件

《解释》第十三条第一款规定了“为他人谋取利益”的三种表现形式,其中第三种形式是“履职时未被请托,但是事后基于该履职事由收受他人财物的”,这可以叫作“事后受贿”。在这种情形下,只要行为人实施了收受他人财物的行为,就应当认定为具备了“为他人谋取利益”的要件。过去的司法解释都没有对“事后受贿”作出明确规定,但2000年7月13日下发的《最高人民法院关于国家工作人员利用职务上的便利为他人谋取利益离退休后收受财物行为如何处理问题的批复》(以下简称《批复》)规定了国家工作人员离职以后收受他人财物的是否构成受贿罪的问题。根据《批复》的规定,必须在离职前双方有约定才可以定罪。那么,如果是离职以后出现《解释》规定的“事后受贿”情形,是否适用2000年7月13日下发的《批复》?我认为应当适用。《解释》第十三条第一款第三项的规定不是对上述批复的突破。事实上无法突破,因为职务丧失,构成受贿犯罪的条件就发生变化。上述问题,最高人民法院审判委员会在讨论《解释》时有过研究。有委员提出,《解释》规定的“事后受贿”,是否包括退休以后?事后到多少年才叫事后?20年以后给付财物的怎么办呢?我们认为,20年以后给付财物的案件可能无法认定因果关系,等到国家工作人员退休以后向其贿送财物的,如果事先没有约定,不宜按贿赂犯罪来认定。从办案实践来看,“世界上没有无缘无故的爱,也没有无缘无故的恨”,没有人向国家工作人员贿送财物是因为喜欢他,而是因为他手中有权,向他行贿的都是求他办事,这是铁的规律。因此,《解释》关于事后受贿的规定并不是对《批复》的否定,《批复》仍然有效。

二十二、怎样划分人情往来、感情投资与受贿的界限

通常认为,人情往来是指人们之间的感情联络。人情,就是人的感情,即所谓的“人之常情”。人情往来具有互动、双向的特征。在任何社会里,都不大可能将人情往来作为犯罪来处理。以人情往来为名、行贿赂之实的现象是很常见的,必须纳入刑法打击的视野。司法实务中,对于超出人情往来的部分行为,符合贿赂犯罪的构成要件的,一般按犯罪处理。

感情投资是指以增进感情为目的而进行的物质投入。感情投资与人情往来不同,具有单向性。感情投资如果发生在具有上下级关系的国家工作人员之间,或者具有行政管理关系的双方之间,数额超过一定范围的,则可能具备贿赂的性质。当然,有的数额微小的感情投资,不应当是刑法关注的对象。《解释》第十三条第二款规定了这个问题的处理原则。我个人认为,就受贿犯罪构成要件的认定而言,《解释》中最重要的内容,就是第十三条第二款。该款规定:“国家工作人员索取、收受具有上下级关系的下属或者具有行政管理关系的被管理人的财物价值三万元以上,可能影响职权行使的,视为承诺为他人谋取利益。”

首先,这里的3万元,是指单笔3万元还是累计3万元?这个问题在《解释》制定过程中就有过讨论,结论是可以累计。那么,累计是针对一个下属或者被管理人员,还是不同的下属或者被管理人员呢?我个人的观点是,不能一概而论。对于那种涉及人数众多,分散到某个送礼人那里数额会很小,按受贿认定会显得很不合理,设定3万元这个数额界限也就没有意义了。3万元这个数额界限的意义在于,这是个“超出人情往来”的数额,应当认定为贿赂。因而从另一个角度来说,那种针对不同相对人的累计极易混淆人情往来、感情投资与受贿之间的分界。比如说,国家工作人员的管理相对人有十几个,在该国家工作人员女儿出嫁时每个人给他送了3 000元的红包,总额超过3万元,但是确实没有具体的请托事项,只是双方具有行政管理关系,这个例子如果按受贿罪处理一定是有问题的,混淆了人情往来与受贿罪的界限。我觉得,这个案例作为违纪处理比较妥当,也能够体现“把党纪挺在前面”的精神。当然,如果遇到一些特例,即便把3万元的数额分散到不同的相对人,也能排除人情往来的可能性,则不妨累计。因此,法有限,情无穷,具体认定可以留得个案解决。

其次,《解释》第十五条第二款规定:“国家工作人员利用职务上的便利为请托人谋取利益前后多次收受请托人财物,受请托之前收受的财物数额在一万元以上的,应当一并计入受贿数额。”这里的“一万元”是否指单笔数额?我认为不仅限于单笔数额,即可以累计。在这一款规定中,不存在需要针对不同行贿人所送财物进行数额累计的问题。

最后,如何理解“可能影响职权行使”这一用语?据我理解,“可能影响职权行使”的本意就是“超出人情往来的范围”,或者已经不是通常意义上的“感情投资”。当然,就我个人的认识而言,很难想象下属向上司送钱送物,或者行政管理相对人向国家工作人员送钱送物而不会影响到职权行使。

二十三、如何认定“特定关系人”收受贿赂

“特定关系人”是2007年7月8日下发的《最高人民法院、最高人民检察院关于办理受贿刑事案件适用法律若干问题的意见》创造性使用的一个概念。所谓“特定关系人”,是指国家工作人员的近亲属、情人以及其他有共同利益关系的人。《解释》第十六条第二款规定:“特定关系人索取、收受他人财物,国家工作人员知道后未退还或者上交的,应当认定国家工作人员具有受贿故意。”这个“知道”的时间点是否包含离职或退休后的情况?我认为,“知道”的时间不应该包括离职以后的时间,它限于在职时间。如果是离职以后,职务之便不存在了,那应受到原来的相关司法解释即2000年《批复》的约束。有同行提出质疑,认为《解释》第十六条第二款的规定违背刑法理论上的主客观相统一、罪责自负原则。他们认为,特定关系人收受财物,要求国家工作人员办事,后者办事时并不知前者收受财物,办完事后才知道,若对国家工作人员定受贿罪,对特定关系人是否定受贿共犯,而不是利用影响力受贿罪?对行贿人是不是也是定行贿?我觉得这一规定不违背主客观相统一、罪责自负原则。相反,这是《解释》的亮点之一。这一规定突破了一直强调的事先通谋。以前很多重大案件都这样掌握了,如薄熙来案。薄熙来案的判决书已经在网络上公布,其中有一段关于犯罪事实的叙述:"2001年7月9日,薄谷开来用其收受徐明给予的购房资金2 318 604欧元(折合人民币16 249 709元)购买了位于法国尼斯地区戛纳市松树大道7号的枫丹·圣乔治别墅。2002年8月,薄谷开来在沈阳家中将徐明出资在法国购买别墅事宜告知了被告人薄熙来。"这是薄案中数额最大的一项犯罪事实,法院已经认定薄熙来的行为构成受贿罪。此外,如果对国家工作人员认定受贿罪,那特定关系人是不是要定共犯,利用影响力受贿罪就不能定了?行贿人是定行贿罪还是定对有影响力的人行贿罪。这些问题要具体案件具体分析,要看相关行为人主观上是怎么认识的。

二十四、怎样对贪污罪、受贿罪适用罚金刑

对贪污罪、受贿罪适用罚金的判罚标准,是《解释》第十九条规定的。第十九条包含两款,第一款规定:对贪污罪、受贿罪判处三年以下有期徒刑或者拘役的,罚金就是10万元以上50万元以下;如果主刑是三年到十年的,就应该并处20万元以上犯罪数额2倍以下罚金或者没收财产;如果主刑在十年以上,就应当并处50万元以上犯罪数额2倍以下的罚金或者没收财产。第二款规定了其他贪污贿赂犯罪的罚金判罚标准,规定为10万元以上犯罪数额2倍以下。这一规定引出以下一些问题:

第一,《解释》规定罚金数额最低为10万元,那么,如有自首、立功等减轻处罚情节的,能否将罚金减至10万元以下?我认为,具体案件中无论有多少个减轻处罚情节,都不能把罚金减到不满10万元。从理论上来说,主刑减轻处罚时,附加刑包括罚金也可以减轻处罚,但是无论一个案件有几个减轻处罚情节,主刑只能减到三年以下有期徒刑,这种情况下,罚金最低就是10万元。也就是说,三年以下有期徒刑或者拘役的主刑,所对应的罚金数额就是10万元以上50万元以下。这是司法解释的硬性规定,不能违反。这样理解,是为了落实中央关于从严适用财产刑,不让犯罪分子从经济上占便宜的精神。

第二,共同贪污、共同受贿犯罪案件中,罚金数额是否可以低于10万元?也就是说,共同犯罪案件中,罚金的数额是不是几个共同犯罪人加起来达到10万元就可以?就共同贪污、共同受贿犯罪而言,根据《解释》第十九条的表述,不能对某个共同犯罪人判处10万元以下罚金,因为该条是按照每个共同犯罪人所判处的主刑来规定罚金刑的判罚标准的,即便每个共同犯罪人的主刑判处三年以下有期徒刑或者拘役,但罚金刑也得在10万元以上。

二十五、二审法院加判罚金刑的做法是否影响上诉不加刑原则的适用

一审适用《刑法修正案(九)》修正以前的刑法对被告人判处有期徒刑但没有判处罚金的受贿案件,二审适用修正后的刑法,如果判处罚金,是否违背上诉不加刑原则?经研究,倾向性意见认为,应当整体评价上诉不加刑原则的具体运用:如果自由刑维持不变——当然这样的案件一定少见——则不应加判罚金,这种情况是适用《刑法修正案(九)》修正以前的刑法;如果二审对一审判处的主刑改轻,则可以加判罚金刑。这里关系到对上诉不加刑的理解问题。在适用上诉不加刑原则之前,二审法院首先要选择对上诉人的行为适用的法律。通常情况下,选择新法对上诉人有利。当然,选择了新法而新法规定并处罚金,二审法官选择不判罚金,是不是可以?我觉得,如果判了罚金就违反上诉不加刑原则，那二审法官可以不判罚金。这样就引出了上诉不加刑原则的“加刑”的理解问题。经过研究，像我刚才举的那种主刑改轻的例子，多数人认为判了罚金也不违反上诉不加刑原则，即二审加判罚金10万元不违反上诉不加刑原则。是否加刑的问题要从总体上考虑，要从被告人的整体利益来考虑，不能仅仅考虑主刑、附加刑其中一项刑罚。而且，刑事诉讼法及相关司法解释没有规定绝对禁止二审加判附加刑，就是没有这个禁止性条款。这样做不违背《最高人民法院关于适用〈中华人民共和国刑事诉讼法〉的解释》第三百二十五条第一款第七项以及2008年最高人民法院下发的有关批复的精神。

二十六、如何处理《解释》颁布以后部分案件的追诉时效问题

刑法第八十七条、第八十八条、第八十九条明确规定了追诉时效期限的长短及其计算规则。根据刑法规定，法定最高刑不满五年有期徒刑的，追诉时效期限为五年。“不满五年”其实指的是三年以下。根据《解释》的规定，贪污罪、受贿罪的第一个量刑档次是有期徒刑三年以下或者拘役的，即无从严情节犯罪数额20万元以下的这个档次，追诉时效就是五年。问题是，贪污受贿犯罪的法定刑调整后，有的案件按照当时的量刑标准是没有过追诉时效的，但是按照《解释》规定的标准，就过了追诉时效期限了。那么这个计算追诉时效的量刑幅度是以旧标准为准还是以新标准为准呢？例如，被告人2006年贪污15万元，2014年被移送司法机关立案侦查，那么2006年到2014年之间不满十年但超过了五年。如果按照旧标准，15万元在过去是要被判十年有期徒刑以上的，它的时效期限是十五年，所以肯定是没有超过的。但是被告人2015年被提起公诉，一审法院2015年11月开庭审理。根据《解释》的规定，贪污15万元，没有从严处罚情节的只能判处三年以下有期徒刑了。这样，追诉时效期限就是五年了，此案在立案侦查时已经超过五年的期限，是否已经过了追诉时效期限呢？这里首先需要说明的是，什么是“追诉”？理论界对此一直是有争议的，后来“两高”在2012年制定了《关于办理行贿刑事案件具体应用法律若干问题的解释》（以下简称《行贿解释》）第十三条规定了什么叫“被追诉前”，所谓“被追诉前”就是“刑事立案前”。从这个时候开始，审判人员的思想就统一了，把“刑事立案”理解为“追诉”的时间节点。

我认为，追诉时效是依照法律规定对犯罪分子追究刑事责任的期限，对于法院正在审理的贪污贿赂案件，应当依据司法机关立案侦查时的法律规定认定追诉时效。在上述案例中，该贪污行为在2014年就已经被刑事立案了，而且在被刑事立案的时候根据当时的标准是没过追诉期限的，因而在《解释》出台后不能认为过了追诉时效期限而直接适用刑事诉讼法第十五条的规定，对案件终止审理。对于立案侦查时依据法律规定未过时效的案件，如果案件已经进入诉讼程序，在新的法律规定生效后应当继续审理。

二十七、如何处理《解释》相关规定引起的重复评价问题

这里有三个关于重复评价的问题需要说明。

第一，《解释》规定的相关入罪情节能不能同时作为量刑情节予以评价？比如，《解释》第一条第二款第三项规定的“曾因故意犯罪受过刑事追究的”是一种特别入罪情节。举个例子，某人过去因为故意犯罪被追究过刑事责任，现在又贪污公款2万元；又假定他的前罪较重，构成累犯。那么在审判其新犯的贪污罪时，能不能对他评价成累犯？该被告人贪污数额只有2万元，“曾因故意犯罪受过刑事追究”这个情节如果不作为一个特别入罪情节来评价的话，本案不构成贪污罪。如果把它作为一个特别入罪情节来评价，能不能还对他评价成累犯？这就是我们面临的重复评价问题。我认为，这个例子虽然存在重复评价，但这种重复评价是可以接受的。这个例子中的重复评价，一头是入罪情节，另一头是量刑情节，反映出主观犯意的严重性，应当分别有所体现，因而在决定特别入罪的同时可以认定为累犯。

第二,《解释》第十七条规定了数罪并罚,但《解释》第一条第三款第二项也规定了"为他人谋取不正当利益,致使公共财产、国家和人民利益遭受损失的"是一种提档量刑情节。因此,同时构成渎职罪的,能否进行数罪并罚?这个问题争议很大,迄今为止对于这个问题没有达成一致意见。我个人的观点是,在两头都涉及入罪的情况下,如果一头是特别入罪或者升档量刑的,要避免重复评价。尤其是有些案件对同一个情节评价了三次,我觉得很有问题。例如,在一个地方发生了一个数额不大的受贿案件,一般情况下因为数额没有达到定罪标准不应追究刑事责任,但是被告人为他人谋取的是不正当利益,造成恶劣的社会影响,又被追究滥用职权的刑事责任。那么这一头追究受贿,那一头追究滥用职权,一个情节用了两次,问题是这个滥用职权还不是一般的滥用职权,这个叫作徇私舞弊型滥用职权,因为被告人为他人谋取不正当利益被认定为徇私舞弊。这样一来,一个情节被重复评价三次,属于严重的重复评价。原则上,如果两头都是定罪情节的,应当择一重罪处罚,从而避免重复评价。但也有意见认为,根据《解释》第十七条的规定,这种情况都是实行数罪并罚的,而不管有没有重复评价。依我看,禁止重复评价是刑法理论上的一个通行的,即大家普遍接受的原则,我们制定司法解释时不能随意违背。能避免的还是应当避免,实在不能避免的应当在量刑时进行合理考虑。原则性的问题还是不能突破,所以我的想法是,当发生《解释》第一条第三款第二项规定的情形而触犯渎职罪名时,由于关乎特别入罪的严格把控,可以不适用《解释》第十七条的数罪并罚原则,即只定一个罪,择一个重罪来定就行了。

第三,如何理解贪污贿赂犯罪适用缓刑、免予刑事处罚的条件?这里讨论的其实也是关于重复评价的问题。例如,某国家工作人员受贿 1 万元以上不满 3 万元,具备解释所列八种"其他较重情节"之一入罪的,如果该情节与 2012 年下发的《最高人民法院、最高人民检察院关于办理职务犯罪案件严格适用缓刑、免予刑事处罚若干问题的意见》规定的不得适用缓刑情节部分重合,能否适用缓刑?在这种情况下,如果以该情节为由不许判处缓免刑,是不是属于重复评价?对此,有不同意见:一种意见认为,同一个情节作为入罪情节的同时,又作为不得判处缓刑或者免刑条件的,不涉及重复评价,因为这是两个不同性质的评价。另一种意见认为,这里存在重复评价的问题,因为同一个情节既被用作入罪的情节,又被用作量刑情节,即评价为禁止判处缓刑或者免刑的情节。我个人倾向于同意后一种意见。这里需要说明的是,尽管对于是否系重复评价的问题存在争议,但不影响具体案件的处理。因为 2012 年的该意见只是规定"一般不得判处缓刑",并不是一种硬性规定。

二十八、《解释》颁布后如何理解从旧兼从轻原则

从表面上来看,这似乎也是如何判处罚金刑的问题,但实际上是个法律适用问题,即从旧兼从轻原则的适用问题。例如,某被告人在《刑法修正案(九)》实施之前犯行贿罪,行贿数额为 200 万元,按照《行贿解释》,应当认定为"情节特别严重"处以十年以上有期徒刑;按最新的《解释》,应当认定为"情节严重",处刑五年至十年有期徒刑。现在假定这个案件在《解释》颁布前已经一审宣判了,一审判了十年有期徒刑,肯定没有处罚金,那个时候《刑法修正案(九)》还没有出台。但是到二审判的时候,能否按照刚才的思路把上诉人把主刑减下来,然后加判罚金?如果这么判的话,就判错了这个案件。这个道理很复杂:《刑法修正案(九)》对于受贿罪和行贿罪作了不同的修正,前者修改了整个定罪量刑标准,后者只是加上了罚金刑,对主刑并未改动,因而对于具体案件而言适用法律的思路是不同的。我认为此案应当适用《刑法修正案(九)》修正前的刑法,同时适用新的司法解释,即认定"情节严重",处刑五年至十年有期徒刑,同时不判处罚金,这是不矛盾的。这里需要着重说明的是,在适用修正前的刑法的前提下为什么可以适用新的司法解释呢?这是因为,新的司法解释不仅是对《刑法修正案(九)》修正后的刑法条款的诠释,也是对《刑法修正案(九)》没有修正的条款的诠释,并且是对《刑法修正案(九)》所没有触及的那些犯罪构成要件的重新解释,同时也是对2013年生效的《行贿解释》的修改。关于行贿罪,我们在过去的司法解释中规定了"情节严重",现在又用新的解释把它修改了,《行贿解释》规定100万元是"情节特别严重"的标准,现在500万元才达到"情节特别严重"标准。不过,刑法上一直沿用"情节严重"一词,刑法本身并未修改。所以,适用修正前的刑法和适用新的司法解释并不矛盾。

黑社会性质组织犯罪涉案财物处置的问题与对策

□朱和庆

财产权是公民基本人权的重要组成部分,是公民享有自由权、平等权和人格尊严的物质保障。在现代法治国家,对涉案财物的处置,①包括查封、扣押、冻结财物等均极为审慎,且须遵循正当的法律程序。我国宪法也明确规定"公民的合法的私有财产不受侵犯"。在刑事诉讼中,对涉案财物的处置是公检法等机关的重要职责之一,既攸关当事人及案外利害关系人的合法权益和切身利益,也是刑事诉讼顺利进行的必然要求。若涉案财物处置不当,不仅难以起到有效打击犯罪、剥夺犯罪分子再犯能力的积极作用,甚至有可能发生公权力侵吞公民合法财产的风险,从而偏离法治轨道,激化社会矛盾。黑社会性质组织犯罪涉案财物处置是当前刑事审判中最为棘手、争议最大的难题之一。一方面,成立黑社会性质组织必须具备"有组织地通过违法犯罪活动或者其他手段获取经济利益,具有一定的经济实力,以支持该组织的活动"的经济特征;另一方面,黑社会性质组织涉案财物来源多元,形态多样,涉案财物规模大,动辄上千万元、数亿元,这在客观上也增加了审判阶段处置涉案财物的难度。

2012年刑事诉讼法修改前,仅有刑法第六十四条、1996年刑事诉讼法第一百九十八条及相关司法解释对涉案财物的处置作了简单概括规定。由于法律规定不完善及涉案财物处置体制、机制问题没有厘清、理顺,导致了司法实践中对涉案财物的处置十分混乱,个别法院刑事判决对涉案财物没有作出处理或者处理不明确,导致对涉案财物难以执行。2012年刑事诉讼法第二百三十四条增加了人民法院应当对查封、扣押、冻结的财物及其孳息作出处理的规定,《最高人民法院关于适用〈中华人民共和国刑事诉讼法〉的解释》(以下简称《刑事诉讼法解释》)第十六章对涉案财物处置问题予以了细化,解决了实践中的部分难题。但鉴于黑社会性质组织犯罪形态的特殊性及涉案财物的复杂性,上述规定在执行时仍显不足,审判实践中对黑社会性质组织犯罪涉案财物处置还面临许多困惑和难题。

一、黑社会性质组织犯罪涉案财物处置面临的困难和挑战

(一)刑法规定的黑社会性质组织"涉黑财产"认定标准过于原则、指导性不强

我国刑法第六十四条对犯罪物品的处理作了原则规定:"犯罪分子违法所得的一切财物,应当予以追缴或者责令退赔;对被害人的合法财产,应当及时返还;违禁品和供犯罪所用的本人财物,

① 有观点认为,涉案财物包括作为犯罪之物、作为证据之物和作为保全之物,在种类上既包括实物形态也包括非实物形态。具体来讲,涉案财物不但包括已经查控在案的财物,还包括尚未查控在案、需要继续追缴的违法所得等;不但包括在案件形成过程中就已存在的、能够证明案件事实的财物,还包括查控在案的、成为财产刑或退赔责任执行标的的被告人的合法财产;不但包括与刑事案件有关并应当依法予以追缴、没收、责令退赔的财物,还包括应当依法返还被害人和利害关系人(案外人)的财物。参见福建省厦门市中级人民法院刑二庭课题组:《刑事涉案财物处理程序问题研究》,载《法律适用》2014年第9期。

应当予以没收。没收的财物和罚金,一律上缴国库,不得挪用和自行处理。”实践中对涉案财物的返还或者退赔不存在大的争议,但对于违法所得财物或者供犯罪所用的本人财物的追缴或者没收,则存在较大争议,实践操作也较为混乱。关于“涉黑财产”的认定,2009年下发的《最高人民法院、最高人民检察院、公安部办理黑社会性质组织犯罪案件座谈会纪要》(以下简称2009年《纪要》)规定:“无论其财产是通过非法手段聚敛,还是通过合法的方式获取,只要将其中部分或全部用于违法犯罪活动或者维系犯罪组织的生存、发展即可。”但实践中该规定也不易操作。如被告人先后成立多家公司,资产数亿元,能够认定用于违法犯罪活动或者维系犯罪组织生存、发展的费用却不足100万元,在认定该组织是否系黑社会性质组织时,其经济规模应按照其全部资产计算,还是按照实际用于违法犯罪活动或者维系犯罪组织生存、发展的费用计算,实践中存在争议。此外,如果组织成员多数为该公司员工,公司在工作中提供的正常工资、奖金、福利、慰问金等能否认定为2009年《纪要》中规定的“用于违法犯罪活动或者维系犯罪组织的生存、发展”实践中也存在不同认识。

(二)侦查机关对“涉黑财产”来源、权属、性质等取证较不到位

黑社会性质组织犯罪案件被告人数多、犯罪事实多、波及面广,法律关系复杂,侦查工作量大。侦查机关不仅要及时抓捕犯罪嫌疑人,做到“一网打尽”,还要深挖“保护伞”,分路收集定案证据,客观上弱化了对查封、扣押、冻结涉案财物来源、权属、性质的调查取证。加之侦查机关仍普遍存在重定罪证据的倾向,往往从犯罪构成方面收集证据,将侦查重点确定在个罪认定以及相关犯罪组织是否成立黑社会性质组织上,对黑社会性质组织的财物及其收益方面的证据并不注重收集,即使予以收集,实践中也很难对涉黑组织及其成员的每一笔财产均做到有证据认定其来源、权属、性质。加之当前“涉黑财产”呈现出财产主体多元化、资产状况多样化、所涉法律关系复杂化的特点,导致一些涉黑案件中非法获取的财产利益没有及时予以追缴、没收、扣押,或者对追缴、没收、扣押的财物没有进行分门别类地登记造册,没有做好相关的提取扣押记录或保管登记,致使审判阶段很难依据现有证据具体查清涉案财物的来源、权属、性质等,给法院处置涉案财物和适用财产刑带来一定的困难。如果采取直接认定法,即有直接证据证实属于“涉黑财产”的予以认定,反之则不认定,这很容易限缩“涉黑财产”的范围,使得一些本来应认定为“涉黑财产”的部分因缺乏直接证据而难以认定,无法彻底铲除黑社会性质组织的经济基础;如果采取排除法,即排除属于组织成员的合法财产,其余都认定为“涉黑财产”,这在一定程度上又扩大了认定范围,有损害公民合法财产权利之虞。

(三)涉黑财产的财产性质难以认定

攫取经济利益、扩充经济实力,既是黑社会性质组织有组织地实施违法犯罪活动的主要目标,也是其坐大成势、称霸一方、实现非法控制并向黑社会组织发展过渡的物质基础,还是法院依法认定黑社会性质组织并依法处置“涉黑财产”的前提条件。从有组织犯罪发展形态来看,黑社会性质组织初期往往靠暴力起家,以抢劫、绑架、“看场子”(提供非法保护)、收取“保护费”、代人讨债、敲诈勒索等方式完成原始积累,待到发展到一定阶段,特别是在一定地区和行业形成非法控制或重大影响以后,则更多地采取非暴力犯罪,通过金融犯罪、组织卖淫、开设赌场、走私等方式获取经济利益,或以形式上的合法经营为掩护,广泛涉足房地产、矿产等高利润行业,并以多种手段排挤、打击竞争对手,获得垄断地位,走“以黑护商”“以商养黑”的道路。黑社会性质组织从成立到案发被查获,短则数月,长则达数十年,其间其所获得的一系列经济利益是否全部应当认定为“涉黑财产”,或者在什么情况下属于组织成员的合法所得,难以得到合理区分。尤其是当黑社会性质组织经济实力达到一定程度和规模后,还会以开办公司、企业等方式作为掩护,造成一种“来源合法、手段正当”的假象,增加了对黑社会性质组织经济实力和规模的认定难度,也为其

后认定和处置"涉黑财产"增加了障碍。

从世界范围来看,包括黑社会性质组织犯罪在内的有组织犯罪均面临类似的犯罪组织的非法利益与组织成员的合法利益混合的问题。"在实践中,犯罪收益的形态往往是不断变化的,而且经常表现为可替代物。例如,某一账户中的资金,既可能是由犯罪分子存入的,也可能是由企业合法发放的薪金,但是,这些资金一旦混合在一起即难以区分。"①针对这一难题,虽然2009年《纪要》明确了"黑社会性质组织及其成员通过犯罪活动聚敛的财物及其收益,是指在黑社会性质组织的形成、发展过程中,该组织及组织成员通过违法犯罪活动或其他不正当手段聚敛的全部财物、财产性权益及其孳息、收益",但由于近年来黑社会性质组织的运作模式呈现出新变化,开始出现以"正当权利"为支持,以"合法实业"为载体,以非法运营为本质的运作模式,带有违法性的"黑色经济"因素的比重有所下降。此类组织的财产,既有违法所得,又有合法所得。一些组织成员为了隐匿、"漂白"犯罪所得,有意将合法利益与非法利益相互流动,例如通过合伙、入股、并购等公司经营手段有意将非法所得与其他公司、企业或者个人合法财产混合,导致审判中难以准确区分涉黑财产与组织成员合法财产、组织成员家属财产以及公司、企业合法财产。此外,从纵向上看,由于黑社会性质组织的形成需要一个过程,其成立前或成立之初的资产尚未支撑其犯罪活动,甚至该组织成立后也有相当一部分收入是合法经营所得,如何从巨额涉案财物中甄别出这部分合法财产在实践中存在很大争议,给司法机关处置涉案财物增加了极大难度。某种意义上讲,准确区分涉案财物来源、性质和权属的难度,甚至远大于查办黑社会性质组织犯罪案件本身。

(四)黑社会性质组织涉案财物的处置机制仍需进一步完善

2012年刑事诉讼法修改了查封、扣押、冻结财物的处理规定,如增加"制作清单、随案移送"制度,并规定"人民法院作出的判决,应当对查封、扣押、冻结的财物及其孳息作出处理",等等,有助于防止涉案财物未经审判即被随意处置的现象出现,具有积极意义。但也要看到,我国对刑事诉讼涉案财物的处置机制仍不完善,不能满足以审判为中心的刑事诉讼制度改革的要求。

1. 缺乏一个相对独立的涉案财物处理程序

黑社会性质组织涉案财物种类繁多,如组织成员的轿车、房产、游艇、股票、各类珍贵古玩字画等,均可能是犯罪所得及其收益。上述财物是否均系涉案财物,组织成员名下账户内的资金及其他非涉案人员账户名下的资金是否均系违法所得或者组织成员转移的资金等,均需通过法庭调查逐一查清并作出处理。但我国刑事诉讼法尚没有关于涉案财物处理程序的规定,法庭对涉案财物来源、权属、性质的调查完全依附于对案件事实、证据等的调查,没有作为一个相对独立的环节凸显出来。在法庭调查阶段,审判实践中基本上不对涉案财物处置的事实进行专门调查,即便有进行调查,大多数也都是以附带的形式展开,既未要求公诉机关出示证据证明涉案财物的权属与案件的关联情况,也未对调查涉案财物属性时应当达到什么样的证明标准作出明确。在法庭辩论阶段,合议庭也较少组织控辩双方、被害人等诉讼参与人针对涉案财物处置发表相关辩论意见,导致相关涉案财物的权属难以查清。②

2. 涉案财物的审前返还制度存在局限,制约了审判阶段对涉案财物的处置

涉案财物返还涉及公安机关、检察机关、法院之间的职责分工。审前返还虽有助于及时弥补被害人等的损失,恢复因犯罪所遭受侵害的社会关系,但因缺乏司法审查,仅有侦查机关作出处

---

① 《澳大利亚2002年犯罪收益追缴法》,张磊等译,中国政法大学出版社2008年版,第5页。

② 参见福建省厦门市中级人民法院刑二庭课题组:《刑事涉案财物处理程序问题研究》,载《法律适用》2014年第9期。

断，弊端也十分明显。刑事诉讼法解释第三百六十条明确规定公安机关、检察机关可以在审判前返还财物，即“对被害人的合法财产，权属明确的，应当依法及时返还”。2015年1月，中共中央办公厅、国务院办公厅印发了《关于进一步规范刑事诉讼涉案财物处置工作的意见》（以下简称“两办”《意见》）又对此予以强化，规定“对权属明确的被害人合法财产，凡返还不损害其他被害人或者利害关系人的利益、不影响诉讼正常进行的，公安机关、国家安全机关、人民检察院、人民法院都应当及时返还”。我们认为，这一制度的初衷如上文所述应予以充分肯定，但在操作层面，何谓“权属明确的被害人合法财产”？谁来判断是否权属明确？没有进入审判阶段又如何认定审前返还不损害其他被害人或者利害关系人的利益、不影响诉讼正常进行？这就导致刑事诉讼涉案财物处置主体多元，由公安机关等在审前返还财物正当性不足，处置程序不清，审前返还缺乏监督，错误返还后难以进行救济等一系列不利于案件公正处理和公民、法人合法财产权益保护的问题。

如前文所述，黑社会性质组织犯罪手段多样化及其自身的经济特征决定了涉案财物来源、权属、性质甄别特别困难。如审前返还被害人及其他利害关系人，有可能造成原本应予罚没的财物，因没有查清而返还被害人或者案外利害关系人，致使国家利益遭受损失。实践中，一些黑社会性质组织成员拥有股份的企业财产和家庭财产在侦查阶段已被处置，之后才经法院审查，如果认定其不属于“涉黑财产”，则意味着此前侦查机关的先行处置行为已造成合法财产的巨大损失，侵犯了公民合法财产权，实践中类似情况引发上访的现象也时有发生。出现这类问题时，如果法院还将上述财产认定为“涉黑财产”并予以追缴、罚没，则等同于为侦查机关的先行处置行为“背书”，有违公正裁判，后患无穷。

3. 涉案财物的先行拍卖、变卖程序仍需完善

《最高人民法院、最高人民检察院、公安部、国家安全部、司法部、全国人大常委会法制工作委员会关于实施刑事诉讼法若干问题的规定》及《刑事诉讼法解释》对刑事诉讼涉案财物的先行拍卖、变卖程序均作了具体规定，即审判期间，权利人申请出卖被扣押、冻结的债券、股票、基金份额等财产，人民法院经审查，认为不损害国家利益、被害人利益，不影响诉讼正常进行的，以及扣押、冻结的汇票、本票、支票有效期即将届满的，可以在判决、裁定生效前依法出卖。但依据上述规定，实践中可拍卖、变卖的财物范围十分有限，仅限于被扣押、冻结的“债券、股票、基金份额”等财产以及“汇票、本票、支票”等有价证券。黑社会性质组织犯罪案件办案周期长，涉案财物多，涉案财物的价值随着市场波动而变化，一些涉案物品折旧很快，如果仅依据上述规定的财物范围先行拍卖、变卖的，则大部分涉案物品难以保值。实践中已经出现查封、扣押的涉案豪华车辆等物品因扣押时间过长导致价值大幅度贬值等现象，造成国家或者当事人、案外利害关系人等的财产损失。

二、黑社会性质组织犯罪涉案财物处置的基本思路

为进一步规范刑事诉讼涉案财物的处置工作，“两办”《意见》提出要健全处置涉案财物的程序、制度和机制，规范涉案财物查封、扣押、冻结程序，建立办案部门与保管部门、办案人员与保管人员相互制约制度，规范涉案财物保管制度，探索建立跨部门的地方涉案财物集中管理信息平台，完善涉案财物先行处置程序，审前返还程序，明确利害关系人诉讼权利，完善权利救济机制，健全责任追究机制，着力解决涉案财物“保管不规范、移送不顺畅、信息不透明、处置不及时、救济不到位”等刑事诉讼涉案财物处置工作存在的“通病”和“老大难”问题。其后，公安部修订《公安机关涉案财物管理若干规定》、最高人民检察院制定《人民检察院刑事诉讼涉案财物管理规定》，结合部门职责对“两办”《意见》作了细化规定。上述规定对法院处置涉案财物提供了指引和参照，具有积极意义。但考虑到法院对涉案财物处置具有终局性，法院对涉案财物的处置，一方面建立在公安机关、检察机关的调查取证及起诉、举证基础上；另一方面法院的裁判结果又为公安

机关、人民检察院判后处置涉案财物提供了依据。因此,法院对涉案财物的处置,特别是对黑社会性质组织案件涉案财物的处置应特别审慎,笔者认为,应坚持以下几个基本思路。

(一)全面审查黑社会性质组织涉案财物的来源、权属、性质等基本情况

黑社会性质组织犯罪涉案财物多种多样,根据我国现行涉案财物处置机制,侦查机关应当把作为证据使用的实物,包括作为物证的货币、有价证券等随案移送,但对于其他大量的财物则仅移送财物清单。2012 年刑事诉讼法增加了"制作清单、随案移送"制度,即侦查阶段对查封、扣押、冻结的犯罪嫌疑人、被告人的财物及其孳息,不仅要履行妥善保管的职责,还应当列出清单,根据诉讼程序的进展,将清单随案移送,这有助于后续办案机关准确了解和掌握涉案财物的种类、数量,便于监督,维护犯罪嫌疑人、辩护人的合法权益。当前,侦查机关在移送案件时基本做到移送涉案财物清单,但法院在调查涉案财物来源、权属、性质时,仅有涉案财物清单难以查清上述事实,如一辆车是否系涉案车辆,一笔银行账户资金是否系非法所得,需要在案其他证据予以证实,否则对涉案财物进行处置便成一笔"糊涂账"。

实践中,一些黑社会性质组织的领导者、组织者同时也是公司、企业的负责人,一旦黑社会性质组织性质被证成,不但其犯罪组织成员的经济利益将被全部罚没,其公司、企业中未参与黑社会性质组织犯罪员工的合法权利也难免受到影响。我们认为,在此情况下,既要查清涉案财物种类、数量,该组织的经济来源、经济实力规模和组织成员所获得利益的情况,又要查清敛财的目的、方式、手段,对组织财产的分配、使用情况及用途等,从而对涉案财物作出准确认定并依法处置。这也同时要求公安机关、检察机关在侦查环节、审查起诉环节认真审查涉案财物的来源、性质,明确区分参加黑社会性质组织犯罪分子的个人财产和涉黑公司、企业资产情况、产权情况,并对相关证据进行收集、固定,及时采取扣押、冻结、查封等措施,保障涉案财物处置能够顺利进行。

(二)准确认定黑社会性质组织的成立时间是查清"涉黑财产"的前提

黑社会性质组织的成立时间是认定"涉黑财产"的起始点。组织成立前的财产,包括组织成员及相关经济实体的财产,除非其后用于组织犯罪的,否则应认定为组织成员及相关经济实体的合法财产,依法应予保护。2009 年《纪要》规定,"在黑社会性质组织的形成、发展过程中,该组织及组织成员通过违法犯罪活动或其他不正当手段聚敛的全部财物、财产性权益及其孳息、收益",属于黑社会性质组织及其成员通过犯罪活动聚敛的财物及其收益。但黑社会性质犯罪组织的成立时间在具体个案中并不太容易认定。从犯罪构成角度,当一个犯罪集团具备刑法所规定的黑社会性质组织的"四个特征"时,即属于黑社会性质组织,但一个犯罪团伙最终演变为黑社会性质组织,一般都经历了从小到大,从特征不明显到特征明显的发展、壮大过程。在黑社会性质组织成立过程中一般没有明确的同时具备"四个特征"的时间节点,这就增加了认定的难度。笔者认为,审判时,可以将涉案犯罪组织举行成立仪式或者确立核心利益、强势地位的时间作为审查判断黑社会性质组织形成时间的依据。如果没有前述标志性事件的,也可以将部分组织成员为维护、扩大组织势力、影响、利益而首次实施有组织的犯罪活动的时间作为审查判断依据。在认定了黑社会性质组织成立时间节点后,该组织及其组织成员通过违法犯罪活动或其他不正当手段聚敛的全部财物、财产性权益及其孳息、收益,即属于"涉黑财产",应予以追缴、没收。

需要补充说明的是,在黑社会性质组织成立之前,行为人通过实施犯罪活动或者其他违法活动而获取的财物,属非法所得,依据刑法等的相关规定,仍应予以追缴、没收,只不过该部分涉案财物不再认定为"涉黑财产"而已。

(三)厘清黑社会性质组织"涉案财物"的范围,依法保护合法财产

2009 年《纪要》虽然规定了黑社会性质组织成立后,该组织及其组织成员通过违法犯罪活动

或其他不正当手段聚敛的全部财物、财产性权益及其孳息、收益属于“涉黑财产”，但当黑社会性质组织采取公司化方式运作，或者组织成员通过其他途径获得的合法财产又与“涉黑财产”混合后，我国相关立法及司法解释、《纪要》等并未对此类案件中涉案财物的处置作进一步明确规定，导致实践中有些案件对合法财产与涉黑财产界限难以清晰界定。笔者认为，组织者、领导者及组织成员的私人财产，如房产，如果不是通过违法犯罪活动获取，或者通过合法方式获取后没有用于犯罪活动或维系组织生存、发展的，则不能追缴、没收。

黑社会性质组织的涉案财物中以下几类应予追缴、没收：(1)有组织地通过违法犯罪活动或其他不正当手段聚敛的资产；(2)通过合法的生产、经营活动获取的资产中实际用于支持该组织生存、发展和实施违法犯罪活动的部分；(3)组织成员以及其他单位、个人为支持黑社会性质组织生存、发展以及实施违法犯罪活动而资助或提供的财产。对于“涉黑财产”与个人合法财产混合后难以区分的，笔者认为，应借鉴我国已经加入的《联合国打击跨国有组织犯罪公约》的相关规定予以处置。按照该公约第二条的规定，“犯罪所得”系指直接或间接地通过犯罪而产生或获得的任何财产。同时，第十二条规定，如果犯罪所得已经部分或全部转变或转化为其他财产，则应对此类财产适用该条所述的辨认、追查、冻结或扣押措施，以便最终予以没收。如果犯罪所得已与从合法来源获得的财产相混合，则应在不影响冻结权或扣押权的情况下没收这类财产，没收价值可达混合于其中的犯罪所得的估计价值。对于来自犯罪所得、来自犯罪所得转变或转化而成的财产或已与犯罪所得混合的财产所产生的收入或其他利益，也应适用该条所述措施，其方式和程度与处置犯罪所得相同。

(四)完善黑社会性质组织犯罪涉案财物处置机制

1. 改革完善涉案财物的审前返还制度

依据“两办”《意见》的规定，对于权属清楚，且不影响犯罪嫌疑人或者其他利害关系人权益的案件，可直接由公安、检察机关返还被害人。对权属是否清楚，公安、检察机关应该严格审查，错误返还的，检察机关应当进行监督并提出纠正意见。对于犯罪嫌疑人或者其他利害关系人对涉案财物提出权属异议的，即使不作为证据使用，公安、检察机关亦应当查明存在争议财产的来源、性质，并随案移送，公安、检察机关不得直接返还。法院经庭审查证，对异议财物权属作出裁判，依法应该返还被害人或者利害关系人的，判决返还；依法应该追缴或者罚没的，则判决予以追缴或者罚没。

2. 进一步扩大涉案财物的先行拍卖、变卖种类、范围

为了实现涉案财物保值增值，实现“物尽其用”，维护公民的合法财产权益，在遵循正当程序原则的前提下，笔者建议适当扩大先行处理的涉案财物范围。(1)对于势必折旧、贬值且容易毁损、灭失的财物，如机器设备、汽车船舶等动产，可以视为“不易长期保存的物品”，在征得权利人同意的情况下，可以先行变卖、拍卖等。(2)对于未必贬值且不易毁损的财物，如公司股份、知识产权、土地房产、金银珠宝等，非经权利人申请，不得先行变卖、拍卖、处理等。只有经权利人申请，并经审查，不会损害当事人及其他利害关系人利益，不会影响诉讼正常进行的，才可以先行处理。

3. 建立相对独立的涉案财物处理程序

有学者建议，“庭审中，应当将犯罪资产的处置纳入庭审内容，允许控辩双方对被扣财产的性质，查封、扣押行为的合法性、必要性及合理性等进行调查、讯问、举证及辩论，最后由合议庭评议后统一作出裁定”。[1] 笔者认为，鉴于涉案财物处置在黑社会性质组织犯罪案件审判中的重要性，可以参照量刑规范化改革内容，将涉案财物处置纳入庭审程序，建立相对独立的财物处理程

---

[1] 李林：《黑社会性质组织犯罪司法认定研究》，法律出版社2013年版，第168页。

序。首先，检察机关提起公诉时，应将已采取强制措施的财物品种、数量、位置等情况列出清单，移送法院，且要移送证明涉案财物系违法所得或者犯罪工具的证据材料，并在起诉书中列明涉案财物的处理意见。其次，法院原则上应当在刑事判决中一并对涉案财物作出处理并阐明理由。但是，涉案财物种类繁多、数量巨大，难以在审限内查清权属关系并作出处理的，为了防止刑事案件审判的过分拖延，可以先作出定罪量刑的判决，而后再由同一审判组织对涉案财物作出处理。

关于黑社会性质组织组织特征的若干问题

□罗高鹏

依法及时、有效地打击黑社会性质组织犯罪是司法机关的一项重要任务，在审判过程中如何准确认定黑社会性质组织是要面对的重要问题。刑法修正案（八）对黑社会性质组织的"四个特征"作出明确规定，也就是黑社会性质组织应当具有组织特征、经济特征、行为特征及危害性特征。在司法实践中，有些黑社会性质组织的四个特征并非都特别明显，在具体认定时便会产生困惑，尤其是黑社会性质组织的组织形式在实践中多种多样，在司法审判中既要做到不把一些普通集团犯罪"拔高"认定为黑社会性质组织，又要做到不将已经具有一定规模但组织形式隐蔽性较高的黑社会性质组织"降格"处理，确实存在很大困难。本文从对黑社会性质组织"组织特征"的立法规定出发，拟对司法实践中"组织特征"的理解和把握方面存在的问题和困惑做出回应。

一、黑社会性质组织组织特征的立法规定

黑社会性质组织的组织特征，从立法角度是指"形成较稳定的犯罪组织，人数较多，有明确的组织者、领导者，骨干成员基本固定"。在司法实践中对于黑社会性质组织的组织特征的理解和把握，至少应当包括以下几个方面：第一，在形式上，应当具有一定的组织结构，即各成员之间以一定的方式聚合、组织内的部门以一定方式排列。影响聚合和排列方式的因素有成员、部门在组织内的角色、职能分工和权利层级等。组织成员、部门聚合、排列在一起各司其职，使整个组织协调、运转。第二，从黑社会性质组织的立法特征来看，黑社会性质组织应当具有一定的组织目标，即获取经济利益。黑社会性质组织从成立到运作的整个过程都围绕着"有组织地通过违法犯罪活动或者其他手段获取经济利益，具有一定的经济实力，以支持该组织的活动"这一组织目标，各个成员的加入也都是为了通过组织的合力来实现这一组织目标。不断获取经济利益的目标，不仅仅是黑社会性质组织成立和扩大的目的，也是促使其不断犯罪的内在根源。第三，在组织规模上，黑社会性质组织不同于一般的共同犯罪或犯罪集团，应当具有一定规模，而规模的大小不仅仅简单取决于成员的数量，也取决于组织的经济实力、活动的区域及行业等相关因素。第四，从组织过程来看，黑社会性质组织具有一定的规章制度并全员遵循。黑社会性质组织一般都有成文或者不成文的，但得到普遍遵守的"帮规"、纪律，并通过这种规章制度、行为规范控制组织成员的行为，从而落实组织决策，确保组织的运行。

二、黑社会性质组织组织特征的表现形式

黑社会性质组织的组织形式在实践中有不同的表现方式，不同的黑社会性质组织在组织方式、聚合方式上表现不尽相同，结合司法实践中处理的涉黑案件，大致可以将其组织结构分为以下几种：紧密型结构、半紧密型结构和松散型结构，而划分的依据就在于组织者、领导者、骨干成员和一般成员的关系是否稳定、紧密。组织者、领导者、骨干成员与一般成员保持稳定关系，且之间具有严密的组织结构，分工明确的，属于紧密型结构；组织者、领导者、骨干成员与一般成员关系相对稳定，骨干成员的分工相对明确，但组织内部层级划分不是很明确、一般成员之间的职责

划分不是很明确的，属于半紧密型结构；组织者、领导者明确、骨干成员相对稳定，但一般成员之间没有明确的等级划分和职责分工，且时常发生变动，实施某一具体犯罪时经常是靠骨干成员随机召集、网罗闲散人员的，属于松散型结构。

紧密型结构是最典型的黑社会性质组织形态，它具有紧密、复杂的等级结构，组织中的各层结构都有固定成员和相对固定的职能分工，组织内部具有严格的约束制度如“帮规”。有些组织的“帮规”是明确的、成文的，甚至在组织内部三令五申；还有些组织的“帮规”是约定俗成的或者并未明确声明，但在组织内部众所周知，并严格执行。例如，吉林省长春市以梁旭东为首的黑社会性质组织，该犯罪组织体系严密、等级分明，形成金字塔形状，塔尖为“老大”，中间是“分舵”，再往下是“领班”，在塔基的是一般成员。该组织纪律森严，明确规定下级有事必须报告，对组织要“绝对忠诚，不允许中途退出”，如违反“帮规”，轻则剁掉手指，重则打断腿。又如，福建省三明市王凤庆等人涉黑案中，以王凤庆为首的各被告人通过有组织地实施敲诈勒索、开设赌场、非法采矿、组织妇女卖淫等违法犯罪行为获取非法利益，并通过分发股份、发放工资、提供吃喝玩乐、为被关押的组织成员交纳生活费等方式笼络组织成员。该组织并没有制定明文的规章制度，但王凤庆通过日常管理和有组织地实施一系列违法犯罪活动，逐步形成了“不该问的不问、不该说的不说、不能吸毒、遇到事情大家一起上”等一套约定俗成和普遍认同的组织纪律。在实施具体犯罪行为时，一般成员即使开始不知道要实施何种行为以及为何实施，也都会无条件地服从。

半紧密型结构没有紧密型结构那样严格的等级，但组织者、领导者具有绝对的权威，骨干成员具有相对固定性，一般成员也有相对明确的分工。例如，吉林省长春市马殿军等人涉黑案中，被告人马殿军利用其父马长龙担任长春市西新经济技术开发区前程村书记、村主任的身份，以其家庭经营的采石厂为依托，通过纠集刑满释放人员、社会闲散人员，以赌博、敲诈勒索等手段敛财，获取非法经济利益，逐步形成了以马殿军为组织者、领导者，人数较多的黑社会性质组织。该组织成员均服从马殿军的领导，马殿军将部分组织成员安排到采石厂工作，并配备车辆、支付工资；在该组织成员实施违法犯罪行为后论功行赏，帮助其手下逃避法律制裁，甚至给予免费毒品等奖励，笼络组织成员为其积极效力。该组织在前程村及周边地区实施故意杀人、故意伤害、寻衅滋事、敲诈勒索、赌博等多种违法犯罪行为，称霸一方，欺压群众，在村民中形成威慑力，严重破坏了当地的经济、生活秩序。在这个组织中，具有组织者、领导者、骨干成员和一般成员的层级划分，在成员和犯罪的具体分工上也有明确性，但这种结构并非呈现严格的金字塔形状，组织内部虽有众所周知的活动规约，但达不到“帮规戒律”的严厉程度。

松散型结构仍然具有明确的组织者、领导者，骨干成员也相对固定性，但其他成员在等级上基本不作区分，有时仅仅是针对实施某种犯罪的需要，由骨干成员临时召集多人组合起来进行犯罪活动。例如，吉林省长春市于长江等人黑社会性质组织案，于长江、于长海勾结黄国明等人，利用掌握公交线路经营权和管理权的便利条件，采用暴力、威胁等手段强行垄断公交线路、聚敛钱财。于长江、于长海是黑社会性质组织的组织者、领导者，黄国明等人是该组织相对固定的骨干成员，当需要执行具体“任务”时，组织者、领导者或者骨干成员往往会临时召集、网罗社会闲散人员组合起来进行违法犯罪活动，实施完毕后随即散去。这些人并不参加该组织日常运营或者分工，也不完全受组织规则的约束，并不属于组织的内部成员。

紧密型结构、半紧密型结构、松散型结构，是实践中黑社会性质组织组织特征的三种表现形式。实践中，有些黑社会性质组织的结构是松散型，具有很大的迷惑性，审判过程中被告人往往会以组织结构松散、没有“严格的等级、帮规”等为由提出不构成黑社会性质组织的辩解，这就要求审判者必须把握黑社会性质组织的本质，严格依据法律规定来判断组织特征是否存在、是否达到法定标准。笔者认为，这个标准就是要形成较稳定的、具有一定规模犯罪组织，有明确的组织者、领导者，骨干成员基本固定。至于一般成员与组织者、领导者，一般成员与骨干成员的组合形式及紧密程度并不足以对组织特征的认定产生决定性的影响。

三、黑社会性质组织组织特征的司法认定

实践中，对于黑社会性质组织组织特征的把握往往存在较大争议，有些案件虽然涉案人数较多，但是组织结构、层级关系并不明显，骨干成员和一般参加者之间的界限并不清晰；还有些案件组织内部成员较为固定，成员之间也具有较为密切的联系甚至具有一定的组织架构，但是这种联系是基于亲属间的固有关系或者基于公司、企业等合法形式下的组织架构而形成的。这些情形在具体认定时存在争议，要区分情况，既不能一概认定，也不能一概不予认定。在司法实践中，认定黑社会性质组织的组织特征，至少要从以下几个方面把握。

（一）坚持法定标准

如前所述，在判断是否具有黑社会性质组织的组织特征时，要紧紧围绕人数是否较多，组织是否稳定，组织者、领导者是否明确，骨干成员是否基本固定这几个法定要素。组织的稳定性，最为重要的衡量标准就是黑社会性质组织形成、发展时间的长短。实践中，有些黑社会性质组织存在长达十余年，但目前对于黑社会性质组织的形成、发展时间并没有法定的认定标准，鉴于黑社会性质组织并不是松散的临时聚合体，而是较长时间在一定地域或者行业内从事犯罪活动的稳定组织，笔者认为，考虑到刑法等未对黑社会性质组织的存续时间提出明确要求，实践中不宜简单作“一刀切”的规定。但考虑到黑社会性质组织是一种较为固定的犯罪组织，犯罪组织存续时间明显过短的，通常也不具备该组织特征。在组织的构成上，黑社会性质组织的成员包括了组织者、领导者和积极参加者、一般参加者（其他参加者）等三类，积极参加者之中又有一部分属于直接听命于组织者、领导者的骨干成员。审判时只要“组织者、领导者明确，骨干成员固定”即可，对于一般参加者是否固定则没有法定要求，因为在松散型组织结构中，一般参加者流动性较大，且往往只是负责从事黑社会性质组织的某一类犯罪（如开设赌场、组织卖淫等），或者为组织活动提供某种支持，而其他许多具体的违法犯罪则要依靠临时纠集或者临时雇佣社会人员来实施。这种看似外围成员松散的结构并不一定会减损违法犯罪的组织化程度或犯罪能力，只要组织者、领导者明确，骨干成员基本固定，人数较多（一般不少于10人）等法定要素具备，且组织者、领导者与骨干成员之间联系紧密，并具有足够的召集、调动、指挥能力，就不能因为仅仅因为一般成员（其他参加者）时进时出而否定组织特征的存在。至于黑社会性质组织的“组织纪律和活动规约”，即传统意义上理解的“帮规”，在司法实践中应当对其作适当的扩大解释。从本质上看，所谓的“帮规”就是组织成员日常遵循的组织纪律或者活动规约，不一定是成文的，也不一定是十分明确的，只要是用以明确组织内部人员管理、职责分工、行为规范、利益分配、行动准则等事项的成文或不成文的规定、约定，均可认定为黑社会性质组织的组织纪律、活动规约。

实践中，有些犯罪团伙虽然也披有“组织”的外衣，却不符合黑社会性质组织的组织特征。例如，王某甲等人“涉黑”案，检察机关指控及一审法院审理后认定：王某甲等人为从大学城的基建、土方、沙石工程中牟取非法利益，在利用不法手段当选当地村支书、主任后，纠集相关人员实施了一系列违法犯罪活动，形成了一个以王某甲及其弟弟王某乙为组织者、领导者，以李某、张某等人为骨干成员和积极参加者的黑社会性质组织。二审法院经审理后查明，该案虽然涉案人数较多，相关被告人也确实共同实施了多起违法犯罪行为，但该案被告人之间尚未形成严密的、行动统一的帮派组织，各被告人之间缺乏紧密的联系。无论是承包工程，还是实施违法犯罪活动，并不是基于统一的组织目标，涉案人员往往各为其利、各行其是。该案中的许多违法犯罪活动系临时纠集社会人员实施，团伙成员之间不具有紧密稳定的组织结构和明显的管理与被管理关系。检察机关指控及一审法院认定王某甲在竞选村委会主任时指使两名同案被告人威胁原村支书，并利用涉案的部分团伙成员进行拉票；经二审审理查明，王某甲与被其利用来拉票的人员之间并没有形成一种长期的、相对稳定的关系。检察机关指控及一审法院认定王某甲担任村主任后，承包挖土山工程的李某打伤村民，王某甲出面调解并垫付部分医疗费，这种行为系利用村委会主任、支部书记身份为组织成员违法犯罪提供保护；经二审审理查明，李某打伤人后，被害人向公安机关报案并到村委会要求解决，王某甲等村干部进行调解后双方达成和解，被害人亦把王某甲垫付的医疗费返还，王某甲作为村干部有调处本村纠纷之责，其调处行为不能定性为利用村干部身份为组织成员违法犯罪提供保护。另查明，李某、张某虽各自纠集人员实施了违法犯罪活动，但并无证据证实李某、张某是固定听命于王某甲、王某乙的骨干成员，也无证据证明王某甲、王某乙长期居于幕后操纵、指挥李某、张某等人实施违法犯罪活动，因此，二审法院对王某甲等人组织、领导、参加黑社会性质组织罪未予认定。综上，不能简单地因为涉案被告人数较多、被告人之间曾经多次共同实施违法犯罪活动或有其他合作，就认为已具备黑社会性质组织的组织特征，在审理过程中要紧紧把握立法原意及具体规定，既不能“拔高”认定，又不能放纵对黑社会性质组织犯罪的打击。

（二）司法认定中的证据运用：组织特征的证据收集与认定

在实践中认定黑社会性质组织犯罪“组织特征”相关证据时，往往存在以下问题：第一，黑社会性质组织犯罪案件在审理过程中经常出现补强相关证据的情况，一些案件在侦查环节该收集的证据没有收集固定，在审判阶段再要补查时已经时过境迁，证据无法再补充上来，导致案件最终带伤认定或者难以认定。第二，在收集黑社会性质组织的相关证据时，除了具体犯罪行为的证据需要收集固定，还要收集认定构成黑社会性质组织的相关证据，即该组织具有“组织性、经济性、暴力性、危害性”四个法定特征的证据，避免顾此失彼。实践中，侦查机关往往对收集个罪证据比较重视，但在固定构成黑社会性质组织的证据上有所忽略，导致在审理过程中对黑社会性质组织犯罪罪名认定困难，甚至最终只能作为故意伤害、绑架、非法经营等普通刑事案件处理，这无疑不利于打击黑社会性质组织及相关犯罪。第三，黑社会性质组织犯罪案件的被告人、涉案事实以及证据数量往往较多，取证难度大、工作量大，侦查机关在收集证据时往往只重口供而忽视其他证据种类，导致认定黑社会性质组织特征时的证据主要建立在口供的基础上，有的被告人对作案事实始终供述，却否认其行为与黑社会性质组织的关系。若仅通过口供来判断组织关系和结构，证据相对薄弱，降低整个案件的证明标准，增加了认定和打击黑社会性质组织犯罪的难度。

之所以出现前述证据收集与固定上的问题，一方面是一些侦查人员、审判人员对“组织特征”的理解有误区，往往认为组织性就是黑社会性质组织的结构，是静态的，而没有充分考虑具体犯罪活动和组织结构之间的辩证关系；另一方面黑社会性质组织犯罪往往涉案人员众多，取证难度本身就大，加之现在黑社会性质组织犯罪集团的反侦查能力日益增强，组织者、领导者往往不直接实施具体犯罪行为，黑社会性质组织的涉案成员乃至骨干成员往往不是同时到案，这就给“组织特征”相关证据的收集造成了巨大的障碍。除了这些因素外，侦查阶段、起诉阶段以及审判阶段证明标准的不同也给最终固定与认定黑社会性质组织的证据带来问题。

认定黑社会性质组织的组织特征，一是要从组织本身的结构去认定，这主要包括了组织成员的人数、成员内部的层级、成员日常遵循的纪律、规约等事实；二是要从犯罪的组织性去认定，认定犯罪的组织性，就离不开对反应“经济性、暴力性、危害性”特征的证据收集与认定。第一个层面的证据相对容易固定，主要是确定组织内部的领导者、组织者、积极参加者和一般参加者，在犯罪活动中谁直接领导了犯罪的实施、谁是具体实施者。第二个层面的证据则需要综合判断，首先要收集黑社会性质组织实施具体犯罪行为的证据；其次要收集不同成员在具体犯罪中具有何种地位、发挥何种作用的证据，用来进一步固定黑社会性质组织的结构及相关组织特征。

在具体证据种类的收集与认定上，对于黑社会性质组织的领导者、组织者，首先要看其关于该组织实施具体犯罪行为前关于策划、组织、领导该犯罪行为的言词证据，然后和具体犯罪实施者及组织其他成员之间的言词证据对照审查。对于具体实施犯罪的组织成员言辞证据的审查，则重点在其关于具体犯罪的手段和方式上，如在具体行为过程中是否有犯罪的故意，是否使用暴力、威胁手段，该行为构成何种犯罪，以确定组织者和具体实施者之间的罪责刑分配。黑社会性质组织犯罪的相关证据中，言词证据是非常重要的一种，因为在黑社会性质组织经常实施的几类具体犯罪（如故意伤害、寻衅滋事、敲诈勒索等）中，被害人往往能够作证，只要被告人作出相应供述，在认定这个犯罪事实时其他证据形式的证据固定就显得不那么重要了。这就导致实践中往往出现笔者前段所述的问题，即在认定黑社会性质组织特征时证据形式过于单一，往往是靠被告人口供认定，而相关被告人一旦翻供，整个证据链条都被破坏。因此，在收集或者补查相关证据时，除了言词证据之外，还要综合其他证据形式，包括：物证，如组织实施具体犯罪的工具、报酬；书证，如关于组织成员内部分工的记录、组织日常运营的账单、财物登记单、组织日常管理记录等；相关言词证据，如群众控告、目击证人的证言，被害人的陈述等；当然影像资料等视频形式的证据在证明力上往往更强。在具体案件中要加强对被告人供述以外的证据的收集和固定，从而得以全面、准确地认定黑社会性质组织的组织特征。

（三）司法认定中的刑事政策：区别对待组织的不同成员

黑社会性质组织成员往往人数众多，在司法处理过程中区别对待不仅仅是罪刑法定原则的要求，也是刑事政策和司法处理技巧的要求，即对黑社会性质组织在严厉打击的同时要注重区别对待，分化瓦解黑社会性质组织。

首先，要严格把握黑社会性质组织的立法特征。如前所述，在具体认定时，要防止将一般共同犯罪认定为黑社会性质组织犯罪，防止将普通犯罪集团或者一般恶势力犯罪按照黑社会性质组织犯罪认定，防止将与黑社会性质组织有关的人员都认定为组织成员，防止将黑社会性质组织成员的单独犯罪认定为该组织的犯罪。其次，依法从重处罚的同时要区别对待不同参加者。众所周知，黑社会性质组织犯罪不同于一般的犯罪，具有更大的社会危害性，对其从重处罚是首要的刑事政策，不论在个罪处罚时、数罪并罚时都要体现从重处罚，在主刑及附加刑的适用上亦要体现从重处罚。审理过程中对于黑社会性质组织的组织者、领导者和积极参加者以酌定情节从轻处罚应非常严格，对罪恶深重的不予考虑，对于因自首和重大立功而减轻处罚的首要分子在从宽处理时幅度亦不宜过大，一般不适用缓刑。当然，为了分化瓦解黑社会性质组织，在处理过程中要区分开组织者、领导者和一般参加者。对于那些在组织中地位低下、所起作用较小、犯罪情节较轻的一般参加者，要适当予以从宽，对于符合缓刑或免于刑事处罚适用条件的仍然可以适用缓刑或者免于刑事处罚，这样处理能够使一般参加者的从轻处罚和黑社会性质组织的组织者、领导者及积极参加者的从重处罚形成鲜明对比，既有利于挽救犯罪人，促使其悔过自新、早日回归社会，又有利于分化瓦解黑社会性质组织。

在实践中，对于黑社会性质组织的组织者、领导者的认定比较容易把握，但在司法处理中对于组织的骨干、积极参加者和一般参加者的区分有时比较模糊。积极参加者并非在所有具体犯罪中都直接参加并发挥主要作用，在区分这些成员作用的时候不仅要看其在具体犯罪中的作用，更要放在整个黑社会性质组织的架构中，结合其加入组织时间的长短、在组织中的地位、和其他组织成员关系的紧密程度、参加具体犯罪活动的次数、在具体犯罪中的作用等综合因素来考量、综合判断。司法实践中,有时将被临时网罗来的、仅仅在个别犯罪活动中表现得比较积极的一般参加者定性为黑社会性质组织的积极参加者,将仅仅参加了一两次犯罪活动、在犯罪活动中发挥主要作用的参加者定性为黑社会性质组织的骨干,这样就直接导致对被告人的量刑不当。在准确界定各成员在组织中的地位的前提下,要将组织者、领导者、骨干成员、积极参加者和一般参加者的量刑科学区分,对于该从重处罚的领导者、组织者要一律从重,而对于该从轻处罚的一般参加者要依法适用从轻处罚情节,在审理黑社会性质组织犯罪时真正实现法律效果和社会效果的有机统一。

黑社会性质组织危害性特征的司法认定

□陈佳佳　刘邦明　胡渡渝

黑社会性质组织是普通共同犯罪、集团犯罪在市场经济条件下演变、发展而生成的更高层次的共同犯罪形态。当前,黑社会性质组织犯罪活跃、多发,已成为严重威胁国家政权稳定、危害人民群众生命财产安全的严重刑事犯罪,其社会危害性远远超过故意杀人、放火、绑架、强奸等普通暴力犯罪。不断深化“打黑除恶”专项斗争,是当前及今后相当长的时间内我国刑事政策的重点方向。危害性特征是黑社会性质组织的本质特征,准确把握这一特征,是正确认定黑社会性质组织,依法惩治黑社会性质组织犯罪的关键。本文拟根据法律和司法解释的规定,结合审判实践,对黑社会性质组织危害性特征的认定作粗浅论述。

一、黑社会性质组织的“四个特征”及其逻辑关系

(一)黑社会性质组织的“四个特征”

根据刑法第二百九十四条的规定,黑社会性质组织必须具备四个特征:

一是组织特征。黑社会性质组织应具备人数较多,有较稳定的组织结构和相对明确的组织层级、组织分工的特征。例如,有的黑社会性质组织为了非法控制特定区域内的特定行业,以利益诱惑、江湖义气等方式纠集多人从事违法犯罪活动。为加强对组织成员的领导、管理和控制,组织者、领导者“任命”一部分积极参加者对其他组织成员进行指挥、调度,按管理级别发放工资、奖金,甚至制定层层请示汇报、下级必须听从上级、听从命令、不得迟到旷工、违反纪律扣工资或开除等纪律。

二是经济特征。黑社会性质组织通过有组织地从事合法或非法活动获取经济利益,用以豢养组织成员、维护组织稳定或壮大组织势力。黑社会性质组织形成之初大多通过抢劫、抢夺、寻衅滋事、敲诈勒索等暴力特征明显的违法犯罪活动获取非法利益,但随着黑社会性质组织的成熟壮大,其获利方式也随之向组织卖淫、开设赌场、非法干预民间纠纷、经济纠纷等违法犯罪活动转变。但无论以何种方式获取的非法利益,均为组织所用,而非单纯在组织成员间进行分配。

三是行为特征。黑社会性质组织通常会以暴力或以暴力相威胁为手段,多次实施多种不同性质的违法犯罪活动,维护组织利益、扩大组织实力。没有违法犯罪行为,就没有黑社会性质组织。审判实践中,黑社会性质组织的行为特征既可以表现为寻衅滋事、强迫交易、故意伤害等直接使用暴力或以暴力相威胁的违法犯罪活动,也可以表现为利用组织业已形成的强势地位非法介入工程招投标、任意插手民间纠纷、强行染指高利润行业等行为,或者煽动、组织群体性活动,扰乱社会秩序、交通秩序甚至冲击国家机关等行为。

四是危害性特征。黑社会性质组织通过违法犯罪活动,对一定区域或行业形成非法控制或重大影响,严重破坏经济、社会生活秩序。例如,犯罪组织以暴力、威胁或者其他手段,阻断同类产品进入流通领域或强迫消费者购买其提供的产品、服务,打压同类生产、经营活动中的竞争者,

迫使竞争对手退出市场，从而对特定行业形成非法控制。

（二）黑社会性质组织“四个特征”之间的逻辑关系

黑社会性质组织本就是有机统一的整体，各个特征之间、各特征与黑社会性质组织这个整体之间都具有不可分割的紧密联系。根据系统论的基本观点，任何系统是由各要素组成的有机整体，而非各要素机械组合或简单相加而成，系统整体具有各要素在孤立状态下所没有的性质、功能，正所谓“整体大于部分之和”。系统各要素之间相互依存、相互关联，构成不可分割的整体。要素一旦脱离整体，就失去作为要素的功能。组织特征、经济特征、行为特征及危害性特征与黑社会性质组织之间是要素与整体之间的关系，四个特征相辅相成，缺一不可。

1. 组织特征、经济特征和行为特征是黑社会性质组织的基本特征

首先，人是黑社会性质组织最基本的元素，组织特征是将相当数量的组织成员按照一定的组织结构联系起来，进行分工合作，使独立的个人行为得以整合为黑社会性质组织的行为对外发生作用，以获取经济利益，从事违法犯罪活动，故黑社会性质组织不能欠缺组织特征。

其次，攫取经济利益、具备经济实力，不仅是黑社会性质组织实施具体违法犯罪行为的主要目的，也是其维持组织日常开销、从事违法犯罪活动，进而非法控制社会的物质基础。因此，经济特征是黑社会性质组织的基本特征。

再次，没有犯罪行为，就不可能形成黑社会性质组织，使用暴力、威胁或者其他手段，有组织地多次实施违法犯罪行为是黑社会性质组织的应有之义。行为特征之于黑社会性质组织，犹如树木之于森林，二者之间的关系不证自明，行为特征也是黑社会性质组织的基本特征。

最后，组织特征、经济特征与行为特征，相互依存、共生共荣，共同构成黑社会性质组织的基本特征，三者中“你中有我，我中有你”相互交织、相互作用。多次有组织的违法犯罪行为能够增强组织的犯罪能力、扩大组织的影响、增强非法控制能力，以便更多地攫取包括合法利益在内的经济利益；而扩充经济实力反过来又能够使组织招募、纠集更多组织成员，扩大组织规模，巩固组织结构，为组织实施的违法犯罪行为提供经济支持，强化组织的行为特征。

2. 危害性特征是黑社会性质组织其他三个特征相互影响，相互作用，共同促生的本质特征

组织特征、经济特征及行为特征在相互交织、相互作用中，逐渐融合、发展，“迸发”出新的能量与破坏力，逐渐具备与合法社会相对抗的能力，形成危害性特征。可见，危害性特征是其他特征相互作用时逐渐生成的“新元素”。然而，危害性特征不是其他特征的简单累加或机械组合，其他特征相互融合时逐渐内化于危害性特征，成为危害性特征的有机组成部分。同时，根据辩证法的基本原理，整体主导、统率部分，部分服从、服务于整体，危害性特征居于支配地位，对其他特征具有制约作用。无论其组织的结构如何复杂、严密，无论其经济实力如何雄厚，亦无论其实施了多么严重的犯罪，若该组织未能对特定区域或行业形成非法控制或重大影响，就绝不能认定为黑社会性质组织。因此，危害性特征是黑社会性质组织区别于普通犯罪集团和其他犯罪组织的唯一特征，是黑社会性质组织的本质特征。

二、危害性特征的司法认定

（一）欠缺组织特征、经济特征或行为特征均不能认定具备危害性特征

1. 组织特征是危害性特征的物质载体

参与犯罪的人数直接决定犯罪行为危害性的深度与广度，寥寥三五人共同实施犯罪虽然可能造成严重后果，或者形成轰动效应，但显然无力与合法社会相对抗；较稳定的组织结构、对明确的层级和组织分工能够将分散的组织成员及其违法犯罪行为整合为统一协调的有组织犯罪，从而增强犯罪能力，加大犯罪行为的社会危害性。没有组织特征，就没有承载危害性特征的物质载

体。有个别判例虽然认定的黑社会性质组织成员多达数十人,但是各行为人之间实际并未形成组织层级、组织分工等结构性特征,行为人之间也不存在稳定的支配或领导关系,仅仅为追求短期利益,临时纠合起来实施犯罪活动,犯罪目的一旦实现,各行为人之间便无实质性联系。我们认为,出现这类案件的根本原因在于没有充分认识危害性特征的生成、存在须以组织特征为物质载体,需要相当数量的行为人在一定的组织结构下分工合作实施违法犯罪行为。

2. 经济特征是危害性特征的保障条件

危害性特征的本质就是公开或半公开地与合法社会相对抗,而在与合法社会较量、争夺控制权的过程中,需要笼络、招募组织成员,扩大组织规模,提升组织实力,增强违法犯罪能力,这些都离不开经济上的支持。因此,经济特征是形成危害性特征的物质基础,经济利益也是黑社会性质组织必然追求的目标之一。没有相应的经济实力作为基础,就不可能形成危害性特征。在某些基层政权组织或群众自治性组织较涣散的地区,行为人以架空具有公共管理职能的组织的方式,非法行使治安、卫生、市政管理等行政管理权,对普通群众滥施罚款;伪造文件,用集体或国家财产为组织者、领导者、主要成员发放奖金,侵占集体资产;利用组织成员在各级党政机关及其职能部门、基层群众自治组织中担任领导职务等便利,直接侵吞国家划拨的专项资金等,虽然违法犯罪行为以村委会等基层群众自治组织的名义实施,但其实质仍然是犯罪组织有组织地攫取经济利益的具体表现。司法实践中,此类黑社会性质组织的经济特征具有较强的隐蔽性,并不十分典型,但只要其将非法所得用于犯罪组织或组织犯罪活动,均应当认定为具备经济特征。

3. 行为特征是危害性特征的行为基础

危害性特征中对特定区域或行业的非法控制、重大影响正是借助一系列多样化的有组织的违法犯罪活动才得以实现,否则非法控制将与合法控制混为一谈。而社会公众也正是借由具体违法犯罪行为这"一角",才逐渐认识黑社会性质组织的危害性特征这座"冰山"。行为特征是危害性特征的外在表现形式,没有行为特征,就不存在所谓危害性特征。司法实践中,有的犯罪组织专门从事盗窃、抢夺或抢劫等侵财性犯罪,虽然该类犯罪组织也可能造成严重后果,但其行为表现形式较单一,触犯的罪名较少,对法律所保护的社会关系的侵害面较窄,不足以对社会形成非法控制,因而不能认定其具备黑社会性质组织的行为特征。

(二)同时具备组织特征、经济特征和行为特征,仍不足以直接认定具备危害性特征

当犯罪组织同时具备组织特征、经济特征及行为特征后,是否必然会催生危害性特征呢?我们认为,答案应当是否定的。这是因为,组织特征等其他特征在犯罪组织中相互发生作用时,可能因为作用力方向不同或者其他主客观原因,彼此间没有相互融合,没有形成对社会的非法控制或者带有控制性色彩的重大影响,从而无法生成危害性特征。以传销犯罪集团为例,传销组织以控制"下线"的方式获取非法利益,获利多少与"下线"人数成正比例关系,因此其成员人数、组织结构较之于黑社会性质组织往往有过之而无不及,涉案犯罪数额亦特别巨大,在实施传销犯罪的同时也伴随有非法拘禁、敲诈勒索、诈骗等暴力或非暴力性的违法犯罪活动。但传销组织实施犯罪的直接目的与最终目的都是攫取非法经济利益,并不追求对经济、社会生活秩序的非法控制,故完备的组织结构与伴生的其他犯罪只是为攫取非法利益服务,其组织结构、非法获利与违法犯罪行为之间并没有发生相互融合,没有生成危害性特征,不能称其为黑社会性质组织。再以恐怖组织为例,其组织结构、经济实力、行为方式与黑社会性质组织极为相似,但是恐怖组织利用严密的内部组织结构、强大的经济实力实施严重暴力犯罪的根本目的是制造社会恐怖,实现某些特定的政治意图或宗教目的,与黑社会性质组织旨在对特定区域或行业进行非法控制,从中攫取非法利益,以对抗合法社会管理制度的主观目的相去甚远。

（三）组织特征、经济特征与行为特征之间相互渗透、相互融合，才共同催生出危害性特征

犯罪组织招募、纠集多人，形成较稳定的组织层次和组织分工，共同实施违法犯罪行为的根本目的不局限于实现组织成员的个人利益，更是为维护组织稳定、发展，最终实现对特定区域或行业的非法控制；犯罪组织攫取经济利益、扩充经济实力，以及实施违法犯罪行为的终极目标都是非法控制社会。可见，组织特征、经济特征与行为特征在基层政权组织涣散甚至异化、公共管理机制缺位以及封建帮会等亚文化泛滥的客观环境中，以“非法控制社会”这一最终目的为导向，相互作用、相互融合，才能生成危害性特征。实践中，某些犯罪组织以家族血缘关系为纽带，组建企业从事生产经营活动。虽然企业成立之初合法经营，但随着企业的发展壮大，其逐渐认识到通过垄断市场的方式可以更容易地获取巨额经济利益，于是陆续纠集、雇佣多人采用暴力、威胁等手段强买强卖、强迫交易，不断扩大其垄断经营范围。在这一过程中，企业经营者多借助原有的企业管理形式将众多被纠集者、被雇佣者分层管理，按照被纠集者、被雇佣者的个体特点对其进行分工，并制定了相应的组织纪律以约束这些人员的行为，组织特征逐渐形成，出现了以合法企业管理模式“掩护”非法组织特征的情形；而犯罪组织在以垄断、控制市场为目的实施的违法犯罪活动中聚敛巨额利益，用于支付违法犯罪成本、贿赂相关具有行政、司法权力的国家工作人员，帮助组织及其成员逃避法律打击，进一步巩固了其在行业内的垄断、控制地位，逐渐形成黑社会性质组织。

（四）危害性特征直接表现为“在一定区域或者行业内，形成非法控制或者重大影响”

1.“一定区域”的司法认定

我们认为，“一定区域”是一定的空间范围和一定的社会功能的结合体。空间范围是社会功能的自然物质载体，社会功能是空间范围的社会精神属性。这样的区域既包括一定数量的自然人共同居住、生活的区域，如乡镇、街道、较大的村庄等，也包括承载一定生产、经营或社会公共服务功能的区域，如矿山、工地、市场、车站、码头等。在具体司法认定中，应当根据一定空间范围内的人口数量、流量、经济规模等综合评判，认定“一定区域”要符合社会公众的一般认识和理解，不能仅从字面上机械解读。如果涉案犯罪组织控制和影响仅限于一座酒店、一处娱乐会所等空间范围有限的场所或者人口数量、流量、经济规模较小的其他区域，一般不能认定为对“一定区域”的控制和影响。以市场为例，在我国现有的经济状况下，市场的大小、经济规模、影响的人口数量等各项因素可能存在巨大差异。例如，为某小区提供日常生活需要的小型农贸市场中的“菜霸”虽然对该市场形成了非法控制，但因其承载的社会功能单一，涉及的人口数量有限，且经济规模较小，故不能认定为黑社会性质组织；而对常住人口规模较大的居民社区，或者各类企事业单位较多，经济发展水平较高的乡镇、街道而言，涉案犯罪组织如果通过有组织地对肉类经营户或其他事关民生的生活物资经营者实施强迫交易、故意伤害等违法犯罪活动，逐渐对该区肉类或其他生活物资交易市场形成非法控制与垄断，因这类犯罪组织非法控制的区域内的人口数量、流量、经济规模较大，应当认定为黑社会性质组织非法控制的“区域”。

2.“一定行业”的司法认定

牟取非法利益是黑社会性质组织的重要犯罪目的，因此有相当一部分黑社会性质组织形成于一定的行业之中，大多是在以非法手段打击同业竞争对手过程中逐渐对特定行业形成非法控制或重大影响的。

我们认为，“一定行业”是指一定区域内存在的同类生产、经营活动，突出行业的同类性，重在强调经营者之间相互存在竞争关系的生产、经营活动。例如，在某些矿产资源丰富的地区，个人私自违法采煤的情况比较突出，相互之间难免存在竞争与冲突，某些犯罪组织为了垄断或控制该地区内的小煤窑行业，便采用暴力、威胁等手段低价强行收购、合并或者吞并该地区的小煤窑企

业，从而对当地小煤窑的煤炭销售形成非法控制，严重破坏当地经济、社会生活秩序。在这种情况下，就可以认定该地区的小煤窑行业属于黑社会性质组织犯罪危害性特征所要求的“一定行业”。在社会生活中，黄、赌、毒等非法行业同样涉及生产、流通、交换、消费等一个或多个市场环节。以色情业为例，卖淫者与嫖娼者之间本质上是一种消费与服务行为，会产生金钱的交易与流通，在一定程度上也受市场规律的支配，而组织卖淫者则以收取“管理费”的形式获取非法利益。从查获的具体案件来看，组织卖淫者可以从中获取上千万的非法利润，因此为了攫取巨额经济利益，非法的色情行业、赌博行业以及制贩毒品行业也可以为黑社会性质组织所控制。

3. 非法控制或重大影响的具体表现形式

在审判实践经验及理论研究成果的基础上，我们认为，黑社会性质组织犯罪的危害性特征主要表现为以下几种情形：

（1）涉案犯罪组织对在一定区域内生活或者在一定行业内从事生产、经营的群众形成心理强制、威慑，致使多名合法利益遭受犯罪或者严重违法活动侵害的群众不敢通过正当途经维护权益。例如，涉案犯罪组织针对特定乡镇的普通居民，实施了一系列故意伤害、强迫交易或者敲诈勒索等违法犯罪行为，严重侵犯了人民群众的合法利益，但由于该犯罪组织已经在该区域内确立了其强势地位，树立起了淫威，致使合法权益遭受侵犯的群众不敢通过报警、诉讼等合法手段维护自己的合法权益。

（2）涉案犯罪组织对一定行业的生产、经营形成垄断，或者对涉及一定行业的准入、退出、经营、竞争等经济活动形成重要影响，可以操控、左右、决定与一定行业相关的准入、退出、经营、竞争等经济活动；对与一定行业相关的准入、经营、竞争等经营活动具有较大的干预和影响能力，或者具有在该行业内占有较大市场份额、通过违法犯罪活动或以其他不正当手段在该行业敛财数额巨大，或者给该行业内从事生产、经营活动的其他单位、组织、个人造成巨额经济损失。根据司法实践的具体情况，我们认为，“敛财数额巨大”可以掌握在20万元至50万元之间，而“造成巨额经济损失”则可以掌握在100万元以上。例如，有的涉案犯罪组织以非法手段垄断或控制特定的客货营运线路，作为其聚敛非法经济利益的主要手段。在这一过程中，黑社会性质组织以暴力为后盾，不容许其他合法经营者从事该特定线路客货运输业务，若其他合法经营者不听“劝阻”，黑社会性质组织便以暴力、威胁或滋扰等方式妨害他人的合法经营活动，最终形成由黑社会性质组织决定谁能参与该特定线路营运活动的结果。

（3）涉案犯罪组织插手民间纠纷、经济纠纷，在插手过程中致人重伤或致多人轻伤，或者通过违法犯罪活动或以其他不正当手段敛财数额巨大、造成巨额经济损失、多次引发群体性事件或引发大规模群体性事件等。以插手民间纠纷、经济纠纷为例，有的黑社会性质组织随着自身经济实力增强，在一定的区域或者行业内逐步确立强势地位，使用暴力的频率也随之降低，于是便以“第三人”的身份“居中”对他人因土地使用权、水源使用权发生的民间纠纷，或者在日常经营活动中发生的经济纠纷进行所谓“调停”或“调解”，但其调解往往是以从中牟利为目的，不具有公正性，大多偏袒其中一方，而致使另一方蒙受损失。为了维护非法权威，涉案犯罪组织一旦调解、调停不成，就会露出本来面目，暴力相向，甚至引发恶性刑事案件，造成致人重伤或者致多人轻伤的结果。

（4）涉案犯罪组织多次干扰、破坏国家机关、行业管理部门以及村委会、居委会等基层群众自治组织的工作秩序，或者致使上述单位、组织的职能不能正常行使。其具体行为方式多种多样，包括以拉拢、收买、威胁等手段多次得到国家工作人员包庇或纵容，或者多次对前述单位、组织中正常履行职务的工作人员进行打击、报复等情形。我们认为，随着黑社会性质组织的组织结构日臻严密、经济实力日益壮大、违法犯罪能力不断增强，必然向公权力提出挑战。例如，有的黑社会性质组织以公司结构形式为掩护，对一定的行业进行垄断经营，在相关行业管理部门正常履行管理职责时，便以行业管理部门侵犯其合法经营权、侵害公司员工利益为借口，组织多人围堵行业管理部门的办公地点，严重扰乱工作秩序。

（5）涉案犯罪组织利用组织的势力、影响，使组织成员获取政治地位，如当选各级人大代表、政协委员、在各级党政机关及其职能部门、基层群众自治组织中担任具有组织、领导、监督、管理职权的职务。黑社会性质组织成熟、壮大到一定程度后，为了更好地维护其非法利益，便会寻求政治地位上的突破，往往以合法的政治外衣庇护、扩充非法获利，从而严重危及正常的社会秩序。这也是危害性特征的常见表现。

三、正确处理危害性特征与“打早打小”的关系

（一）“打准打实”是惩治黑社会性质组织犯罪的法律标准

1.“打准打实”是罪刑法定原则的基本要求

罪刑法定是我国刑法的基本原则。在惩治黑社会性质组织犯罪中坚持罪刑法定原则，就是要坚持“打准打实”，严格按照黑社会性质组织犯罪的构成要件认定罪与非罪，这既是刑事司法的底线，也是公平正义的底线。最高人民法院一贯强调，认定黑社会性质组织应当坚持“打准打实”的法律适用标准，本着实事求是的态度，根据查明的犯罪事实认定犯罪，判处刑罚。只有在齐备黑社会性质组织“四个特征”的情况下，才能认定为黑社会性质组织犯罪；对不符合黑社会性质组织认定标准的，应当根据案件事实依照刑法中的相关条款处理，从而把法律规定落到实处，严格坚持依法办案原则。

2.“打准打实”的审判标准

在审判实践当中，必须严格黑社会性质组织犯罪的认定标准，逐一审查公诉机关指控的犯罪组织的组织特征、经济特征、行为特征、危害性特征，坚持个别判断与综合认定相结合的工作方法。所谓个别判断，就是要分别判断是否具备组织特征、经济特征、行为特征，只有在同时具备这三个基本特征的前提下，被指控的犯罪组织才有可能认定为黑社会性质组织。所谓综合认定，就是在指控的犯罪组织同时具备组织特征、经济特征、行为特征的前提下，还要进一步考察这些特征之间的关系，各个特征是孤立存在、互不关联，还是相互影响、相互支持、相互渗透，从而滋生出危害性特征，在一定区域或者行业形成非法控制或者重大影响。这种非法控制或者重大影响仍需充分的证据、事实予以支撑。只有在同时具备“四个特征”，尤其是具备危害性特征的情形下，才能认定构成黑社会性质组织犯罪。

（二）“打早打小”是惩治黑社会性质组织犯罪的政策要求

1.“打早打小”的基本含义

“打早打小”，是指在黑社会性质组织的形成、发展过程中，应当依照法律规定对有可能发展为黑社会性质组织但尚未齐备“四个特征”的犯罪集团、“恶势力”团伙及早打击，绝不能允许其坐大成势。这里的及早打击，是指根据犯罪集团、恶势力团伙的具体行为的性质、事实和社会危害程度依法打击，构成什么罪，就以什么罪名定罪处刑，而不能理解为对尚处于低级形态的犯罪组织不加区分地一律按照黑社会性质组织处理。

2.“打早打小”的实践要求

“打早打小”的核心要义在于，对于可能坐大成势发展为黑社会性质组织的犯罪集团、“恶势力”团伙不能因为其尚不具备黑社会性质组织的全部构成要件而瞻前顾后、畏首畏尾，而应当将防线前移，果断出手，坚决打击，将黑社会性质组织消灭在萌芽状态，最大限度维护社会稳定，保护人民群众生命财产安全和生产、生活环境。例如，审判实践中，一些以黄、赌、毒等非法行业为主要活动领域的犯罪集团,通过长期开设赌场、组织卖淫等活动聚敛了巨额违法所得,并将违法所得用于支付员工工资、扩大经营规模,看似经济特征非常典型,然而其并未排挤竞争对手的经营活动,也未对相关的非法行业进行非法控制或形成重大影响,虽然不能以该组织违法所得数额巨大、经济特征突出为由,将其认定为黑社会性质组织,但仍应透过具体违法犯罪活动,深刻认识这类犯罪集团的社会危害性,对其从事的涉黄、涉赌或涉毒犯罪以组织卖淫、强迫卖淫、介绍卖淫、容留卖淫、聚众赌博、开设赌场、贩卖毒品、运输毒品、非法持有毒品、强迫他人吸毒、容留他人吸毒或者非法经营等罪名予以惩治。

(三)惩治黑社会性质组织犯罪既要坚持"打准打实",又要坚持"打早打小"

1."打准打实"与"打早打小"的关系

依法惩治黑社会性质组织犯罪,"打准打实"是法律标准,"打早打小"是政策要求,二者相互配合、相互补充,共同构筑严密的刑事法网,既治标,又治本。"打准打实"强调坚持罪刑法定原则,认定黑社会性质组织犯罪要严格标准,对于未齐备"四个特征"的犯罪集团不能拔高认定为黑社会性质组织。"打早打小"强调对黑社会性质组织要防线前移,不能坐等带有黑社会性质组织的某些基本要素,但严格按照法律标准尚不能认定为黑社会性质组织的犯罪集团坐大成势,要敢于果断出手,充分运用刑法武器,依法予以惩治。

2.正确贯彻"打准打实"和"打早打小"

首先,要坚持法律标准,准确认定黑社会性质组织犯罪。只有对齐备"四个特征"的犯罪集团才能认定为黑社会性质组织。不能以涉案犯罪组织的组织特征、经济特征或行为特征突出、典型为由,忽略对其他特征的考察判断,直接认定为黑社会性质组织,尤其是不能忽略对危害性特征的考察判断。例如,有些涉案犯罪组织自立"名号",有明确的组织者、领导者,组织成员稳定,组织纪律严格,通过实施敲诈勒索等违法犯罪活动获取了经济利益,但在案证据显示,该犯罪组织经济实力薄弱,犯罪能力有限,对经济、社会生活秩序的破坏力甚小,根本不具备认定黑社会性质组织必需的危害性特征,故不能以其组织特征突出为由,将其认定为黑社会性质组织。

其次,要正确适用政策,对于可能发展为黑社会性质组织的犯罪集团在萌芽阶段就要及时惩治,防患于未然。对于虽然并不齐备黑社会性质组织的全部要件,但具备一些基本特征,呈现出向黑社会性质组织发展趋势的犯罪集团,应当旗帜鲜明地依法惩治,虽然不构成黑社会性质组织犯罪,但这些犯罪集团的具体行为构成其他犯罪的,要用好用足刑法武器,依法惩治。

如何认定诈骗罪的非法占有目的

□虞伟华*

诈骗罪是指以非法占有为目的,采用虚构事实、隐瞒真相的方法骗取他人财物,数额较大的行为。诈骗罪与其他采用欺骗手段实施的犯罪以及民事欺诈行为的根本区别在于有无非法占有目的。而诈骗罪非法占有目的的认定是审判实务中的一个难点。本文拟对此作粗浅探讨。

一、常见诈骗案件中的非法占有目的认定

非法占有目的属于人的主观意识范畴,难以被人们直接感知和把握。但是,一个人的主观意识会通过其言行表现出来。因此,判断诈骗案件被告人有无非法占有目的,一是要看被告人供

* 浙江省高级人民法院刑二庭法官。

述,二是要看被告人实施的客观行为。但被告人供述具有易变性,供述是否可信,仍要看供述与客观行为是否相符。因此,被告人有无非法占有目的,归根结底要根据其客观行为进行判断。

那么,根据哪些行为可以认定被告人具有非法占有目的呢？我们先对几类常见诈骗案件进行考察。

最典型的诈骗案件是针对陌生人的诈骗。20世纪八九十年代常见的丢钱分钱、卖假“金元宝”、易拉罐中奖等街头诈骗,近年较为多发的电信网络诈骗,都是针对陌生人的诈骗。在这类案件中,被害人不知道犯罪分子的姓名、住址,犯罪分子一旦骗得被害人财物就逃之夭夭,切断与被害人的联系,非法占有目的非常明显。对这类案件的非法占有目的判断,在实践中不会产生争议。

在熟人之间也可能出现诈骗,较为常见的是以借贷为名实施的诈骗。在这类案件中,被告人取得“借款”的方式与民间借贷没有差别,但是,从被告人取得“借款”后的行为表现可以判断其具有非法占有目的。被告人或者居无定所,取得“借款”后即携款逃匿,躲避被害人催债;或者将“借款”转移、隐匿,拒不返还;或者将“借款”用于赌博、挥霍等,致使款项无法返还。

1996年发布的《最高人民法院关于审理诈骗案件具体应用法律的若干问题的解释》对合同诈骗案件中如何认定非法占有目的作了规定:“行为人具有下列情形之一的,应认定其行为属于以非法占有为目的,利用经济合同进行诈骗:(一)明知没有履行合同的能力或者有效的担保,采取下列欺骗手段与他人签订合同,骗取财物数额较大并造成较大损失的:1.虚构主体;2.冒用他人名义;3.使用伪造、变造或者无效的单据、介绍信、印章或者其他证明文件的;4.隐瞒真相,使用明知不能兑现的票据或者其他结算凭证作为合同履行担保的;5.隐瞒真相,使用明知不符合担保条件的抵押物、债权文书等作为合同履行担保的;6.使用其他欺骗手段使对方交付款、物的;(二)合同签订后携带对方当事人交付的货物、货款、预付款或者定金、保证金等担保合同履行的财产逃跑的;(三)挥霍对方当事人交付的货物、货款、预付款或者定金、保证金等担保合同履行的财产,致使上述款物无法返还的;(四)使用对方当事人交付的货物、货款、预付款或者定金、保证金等担保合同履行的财产进行违法犯罪活动,致使上述款物无法返还的;(五)隐匿合同货物、货款、预付款或者定金、保证金等担保合同履行的财产,拒不返还的;(六)合同签订后,以支付部分货款,开始履行合同为诱饵,骗取全部货物后,在合同规定的期限内或者双方另行约定的付款期限内,无正当理由拒不支付其余货款的。”这些规定详尽地列举了合同诈骗案件中常见的足以认定为具有非法占有目的的情形,对实践具有重要指导意义。

最高人民法院于2001年印发的《全国法院审理金融犯罪案件工作座谈会纪要》对金融诈骗案件中如何认定非法占有目的作了归纳总结:“根据司法实践,对于行为人通过诈骗的方法非法获取资金,造成数额较大资金不能归还,并具有下列情形之一的,可以认定为具有非法占有的目的:(1)明知没有归还能力而大量骗取资金的;(2)非法获取资金后逃跑的;(3)肆意挥霍骗取资金的;(4)使用骗取的资金进行违法犯罪活动的;(5)抽逃、转移资金、隐匿财产,以逃避返还资金的;(6)隐匿、销毁账目,或者搞假破产、假倒闭,以逃避返还资金的;(7)其他非法占有资金、拒不返还的行为。但是,在处理具体案件的时候,对于有证据证明行为人不具有非法占有目的的,不能单纯以财产不能归还就按金融诈骗罪处罚。”这虽然是针对金融诈骗罪的归纳,对于其他诈骗犯罪中非法占有目的的判断也有重要意义。

2010年发布的《最高人民法院关于审理非法集资刑事案件具体应用法律若干问题的解释》对集资诈骗案件中如何认定非法占有目的作了规定:“使用诈骗方法非法集资,具有下列情形之一的,可以认定为‘以非法占有为目的’:(一)集资后不用于生产经营活动或者用于生产经营活动与筹集资金规模明显不成比例,致使集资款不能返还的;(二)肆意挥霍集资款,致使集资款不能返还的;(三)携带集资款逃匿的;(四)将集资款用于违法犯罪活动的;(五)抽逃、转移资金、隐匿财产,逃避返还资金的;(六)隐匿、销毁账目,或者搞假破产、假倒闭,逃避返还资金的;(七)拒不交代资金去向,逃避返还资金的;(八)其他可以认定非法占有目的的情形。”

从上述列举的情形来看,认定诈骗案件被告人具有非法占有目的,不仅要求证明被告人有非法占有他人财物的行为,还要证明被告人有逃避返还骗取的财物的行为,即被告人为被害人追回被骗财物设置障碍,使得被害人无法通过民事救济途径追回被骗的财物。前述冒用他人名义、携款逃匿、挥霍骗取的资金等,都是逃避返还骗取的财物的行为表现。因此,非法占有并逃避返还骗取的财物,是认定诈骗案件非法占有目的的总标准。掌握了这一标准,就能对形形色色的案件中被告人有无非法占有目的作出正确判断。

二、诈骗罪非法占有目的的认定的若干争议问题解析

1. 明知经营亏损而借入资金能否认定为具有非法占有目的

实践中经常有被告人因经营亏损而借入资金,后继续亏损造成资金无法返还而被认定为诈骗的案例。笔者认为,这样认定并不正确。在企业经营亏损的情况下借入资金,试图改善经营状况,获取更多的利润,扭亏为盈,是多数经营者的惯常思维。这种行为本身不具有任何犯罪意图,没有社会危害性可言,将其定性为诈骗有违公平正义。要求经营者在经营亏损的情况下不作任何努力,坐以待毙,显然也是强人所难。在经营亏损的情况下借入资金继续经营的情况在经济生活中非常普遍,其中也不乏成功的事例。我国法律、司法解释没有规定这种情形可以认定为具有非法占有目的,显然不是立法者的疏漏,而是经过慎重考虑,认为不宜将这种行为入罪。将这种行为定性为诈骗,显然不利于鼓励企业创业创新,对经济的发展不利。

如果经营者在经营亏损的情况下借入资金并携款逃匿,或将款项隐匿、挥霍,则可以认定为诈骗。但是,这种情形认定为具有非法占有目的,是因为行为人携款逃匿或将款项隐匿、挥霍,而不是因为其在经营亏损的情况下借入资金。

2. 借后债还前债能否认定为具有非法占有目的

有观点认为,在背负巨额债务无力偿还的情况下借后债还前债,最终必定导致资金链断裂,使得款项无法归还,应认定行为人对后来借入的款项有非法占有目的,构成诈骗。

笔者认为上述观点有失片面。借后债还前债是否构成诈骗,不能一概而论,应具体情况具体分析:

(1)在企业生产经营过程中出现资金周转困难,经营者采用借后债还前债的方式维持生产经营,则说明经营者仍在为偿还债务而努力,一般不宜认定为具有非法占有目的。

(2)企业的生产经营状况已严重恶化,经营难以维持,明显无力清偿债务,经营者采用虚构投资项目等欺骗手段大量借入资金,用于归还以前所欠的债务,则属于“明知没有归还能力而大量骗取资金”的情形,可以认定为具有非法占有目的。

(3)民事纠纷的债务人因背负债务无力清偿而被催债或被法院强制执行,向亲友或放贷者借入资金用于清偿债务,未采用虚构借款用途等欺骗手段的,则出借方应当知道借出的资金可能无法收回,系出于帮助亲友或牟取高利的动机而自甘冒险,不能认定借款人诈骗。

综上,借后债还前债一般不能成为认定具有非法占有目的的充分理由。

3. 签订、履行合同收取对方交付的货物、预付款、服务费用后不履行合同或不切实履行合同能否认定为具有非法占有目的

在经济生活中,经常出现合同的一方当事人收取对方交付的财物后却不履行合同的情况,如赊欠货物不付货款、收取预付货款后不交付货物。还有的合同当事人收取对方支付的高额费用

后，却不能提供与收取的费用价值相当的产品或服务，如推销保健品的商家收取客户的高额费用后却只提供一些低价值的保健品甚至伪劣产品，美容院让客户花数万元办美容卡却只提供劣质的服务。

上述情形能否认定为具有非法占有目的，构成合同诈骗罪，应结合合同诈骗罪的刑法条文进行分析。

刑法第二百二十四条规定："有下列情形之一，以非法占有为目的，在签订、履行合同过程中，骗取对方当事人财物，数额较大的，处三年以下有期徒刑或者拘役，并处或者单处罚金；数额巨大或者有其他严重情节的，处三年以上十年以下有期徒刑，并处罚金；数额特别巨大或者有其他特别严重情节的，处十年以上有期徒刑或者无期徒刑，并处罚金或者没收财产：（一）以虚构的单位或者冒用他人名义签订合同的；（二）以伪造、变造、作废的票据或者其他虚假的产权证明担保的；（三）没有实际履约能力，以先履行小额合同或者部分履行合同的方法，诱骗对方当事人继续签订和履行合同的；（四）收受对方当事人给付的货物、货款、预付款或者担保财产后逃匿的；（五）以其他方法骗取对方当事人财物的。"

认定某一行为是否构成合同诈骗罪，首先要看该行为是否符合刑法第二百二十四条第（一）项至第（四）项规定的情形。不符合前四项的，再考虑是否属于第（五）项规定的"以其他方法骗取对方当事人财物的"情形。根据同类解释的规定，第（五）项规定的情形应当与前四项规定的情形性质相当。在前四项情形中，行为人不仅采用欺骗手段非法占有了他人财物，还有逃避返还财物的行为。因此，第（五）项规定的情形也应当是采用欺骗方法非法占有并逃避返还财物的行为。如果合同当事人取得他人财物后不履行或不完全履行合同，但没有虚构主体、冒用他人名义、提供虚假担保、携款逃匿、挥霍赃款等逃避返还财物的行为，则不符合刑法第二百二十四条规定的任一情形，不应认定为合同诈骗罪。

4.在交易过程中夸大其词甚至欺骗，抬高商品、服务的价格能否认定为具有非法占有目的

在市场交易过程中漫天要价是很常见的现象，如某幅赝品字画，价值仅数千元，某商店却声称是真迹，以数万元的价格卖出。这种行为能否认定为具有非法占有目的？

笔者认为，只要买方知道商店的地址，交易后商店仍正常营业，则买方可以存在重大误解或交易显失公平为由在法定期限内主张撤销买卖合同，要求对方返还价款。如买方不主张权利，则商店可以占有字画价款，一般不能认定为具有非法占有目的。因此，这种情形可以认定为民事欺诈，字画买卖合同可撤销。这种情形也不符合刑法、司法解释规定的能够认定为"具有非法占有目的"的情形，不应认定为诈骗罪。

5.在交易过程中将低价值商品作为高价值商品销售能否认定为具有非法占有目的

有刑法教材认为，甲将装着砖头的电视机纸箱冒充彩色电视机出卖给他人的，成立诈骗罪；同样，乙将黑白电视机冒充彩色电视机出卖给他人的，也成立诈骗罪。

笔者不完全赞同上述观点。将砖头冒充彩色电视机卖给他人，显然具有非法占有目的；在现实生活中，行为人必定会采用化名、携款潜逃等手段逃避追赃，认定为"具有非法占有目的"通常无障碍。而将黑白电视机冒充彩色电视机出卖给他人，如果出卖方在交易之后并未实施携款潜逃等逃避返还财物的行为，则买受方可以通过民事途径主张权利，一般不宜认定出卖方具有非法占有目的，将这种行为定性为诈骗罪也没有法律依据。如果出卖方将黑白电视机冒充彩色电视机出卖给他人后逃匿，则可以认定出卖方对黑白电视机与彩色电视机之间的差价款具有非法占有目的，可以定性为诈骗；但这种情形在现实生活中几乎不会发生，出卖方肯定会用价值更低廉的物品代替黑白电视机以降低犯罪成本，故讨论"将黑白电视机冒充彩色电视机"的情形并无多

少实际意义。

6. 在拆迁安置过程中弄虚作假骗取拆迁补偿利益能否认定为具有非法占有目的

近年出现了多起将在拆迁安置过程中弄虚作假骗取拆迁补偿利益的行为定性为诈骗的案例。也有观点认为,不具备购买经济适用房的条件,利用虚假资料骗购经济适用房的,成立诈骗罪;数额可按经济适用房与商品房的差价计算。

笔者认为上述观点并不准确。首先,将骗取拆迁安置利益、经济适用房认定为诈骗没有法律依据。刑法、司法解释都没有明确这种情形可以认定为"具有非法占有目的",这种情形与骗取财物后逃匿、挥霍赃款等可以认定"具有非法占有目的"的情形也有很大差别。其次,即使采用了欺骗手段,安置对象与安置方签订的拆迁安置合同、经济适用房买卖合同也不是非法的、绝对无效的。安置方在发现安置对象采用欺骗手段获取利益后,也不是必然地收回安置房屋、经济适用房。安置对象基于拆迁安置合同、经济适用房买卖合同而取得安置利益或经济适用房,难以认定为刑法上的非法占有。再次,安置对象通常有固定的住所和家庭财产,即使存在安置方应当追回安置财产的情形,仍可以通过民事的、行政的手段加以解决,一般也无必要将之作为诈骗罪予以刑事追究。最后,骗取拆迁安置利益、经济适用房的行为通常是在特定的情境之下诱发的,实施这些行为的人大多是普通民众,其主观恶性、人身危险性与真正的诈骗犯罪分子有很大差别,大多数人也难以意识到这种行为属于诈骗犯罪。此外,如果将此类行为作为诈骗犯罪予以打击,影响面较大,刑事追赃和巨额财产刑也将使涉案家庭的合法财产遭受严重损失。因此,不宜轻易将骗取拆迁安置利益、经济适用房的行为定性为诈骗。

7. 在从事农业经营开发中弄虚作假领取国家农业补贴能否认定为具有非法占有目的

随着国家对"三农"支持力度的加大,不少地方出现了骗取国家农业补贴的案件。对这类案件的处理,应当准确把握政策精神,严格区分诈骗犯罪与农业补贴申报中不规范操作行为的界限,避免刑事打击扩大化。既要规范国家支持农业资金的管理和使用,又要保护农业经营开发企业的合法权益,真正把国家的支农、惠农政策落到实处。

笔者认为,司法实践中一般可按照以下标准掌握:(1)不从事农业经营开发,或者所从事的农业经营开发项目不属于享受国家农业补贴的项目,而采用伪造材料的方法骗取国家农业补贴,达到定罪数额标准的,可考虑认定诈骗罪。(2)从事可享受国家补贴的农业经营开发项目,但达不到政策规定的应享受补贴条件,而弄虚作假申领国家农业补贴,全部或主要用于农业经营开发的,属于农业补贴申报中的违规行为,不应当以诈骗罪定性。对违规获取的农业补贴,有关部门可予以收回,或责令经营者增加投入,达到享受补贴的条件。(3)具备享受国家农业补贴的条件,但申报的材料中部分内容不实,获得国家农业补贴的,不构成诈骗罪。

在这类案件中,农业经营开发企业是否符合有关政策规定的享受补贴条件,应由执行政策的有关部门作出解释,不宜由司法机关自行解释。

8. "一物二卖"能否认定为具有非法占有目的

"一物二卖"不能一律认定为具有非法占有目的。如果"一物二卖"后,行为人将所得款项转移、隐匿、挥霍或携款潜逃,拒不返还的,则应认定为具有非法占有目的,构成诈骗。如果"一物二卖"后,行为人没有逃避承担民事责任的行为,则属于民事纠纷,不宜以诈骗罪论处。

三、认定诈骗罪非法占有目的应注意的几个问题

1. 准确把握刑法和司法解释规定的精神

刑法第二百二十四条规定了合同诈骗罪的四种常见表现形式,还把"以其他方法骗取对方当事人财物的"作为兜底条款。需要注意的是,不能把这四种常见表现形式直接等同于具有非法占有目的。详言之,第(一)项不能理解为:以虚构的单位或者冒用他人名义签订合同,就能推定为具有非法占有目的,构成合同诈骗罪。该项的完整意思是:以非法占有为目的,以虚构的单位或者冒用他人名义签订合同,骗取对方当事人财物,数额较大的,构成合同诈骗罪。同样,第(二)(三)(四)项也不能简单地理解为:具有"以伪造、变造、作废的票据或者其他虚假的产权证明担保的",或者"没有实际履约能力,以先履行小额合同或者部分履行合同的方法,诱骗对方当事人继续签订和履行合同的",或者"收受对方当事人给付的货物、货款、预付款或者担保财产后逃匿的"情形,就可推定为具有非法占有目的,构成合同诈骗罪。实践中也可以找出大量以虚构的单位或者冒用他人名义签订合同,或提供虚假担保,或收取对方当事人交付的财物后逃匿,却不具有非法占有目的的案例。

刑法第一百九十三条规定:"有下列情形之一,以非法占有为目的,诈骗银行或者其他金融机构的贷款,数额较大的,处五年以下有期徒刑或者拘役,并处二万元以上二十万元以下罚金;数额巨大或者有其他严重情节的,处五年以上十年以下有期徒刑,并处五万元以上五十万元以下罚金;数额特别巨大或者有其他特别严重情节的,处十年以上有期徒刑或者无期徒刑,并处五万元以上五十万元以下罚金或者没收财产:(一)编造引进资金、项目等虚假理由的;(二)使用虚假的经济合同的;(三)使用虚假的证明文件的;(四)使用虚假的产权证明作担保或者超出抵押物价值重复担保的;(五)以其他方法诈骗贷款的。"该条规定的构成贷款诈骗罪的四种常见情形也不是判定非法占有目的的根本标准。不能认为具有编造引进资金、项目等虚假理由等情形,就足以推定具有非法占有目的。不具有非法占有目的,而采用前述欺骗手段骗取贷款的,并不构成贷款诈骗罪,而可能构成骗取贷款罪。

刑法第一百九十六条第二款规定:"前款所称恶意透支,是指持卡人以非法占有为目的,超过规定限额或者规定期限透支,并且经发卡银行催收后仍不归还的行为。"该款不能理解为:超过规定限额或者规定期限透支,并且经发卡银行催收后仍不归还的,就能推定为具有非法占有目的。

《最高人民法院、最高人民检察院关于办理妨害信用卡管理刑事案件具体应用法律若干问题的解释》第六条第一款规定:"持卡人以非法占有为目的,超过规定限额或者规定期限透支,并且经发卡银行两次催收后超过3个月仍不归还的,应当认定为刑法第一百九十六条规定的'恶意透支'。"该款不应理解为:持卡人超过规定限额或者规定期限透支,并且经发卡银行两次催收后超过三个月仍不归还的,就能推定为具有非法占有目的。在实践中,有的司法机关只要信用卡持卡人透支,经两次催收后超过3个月不归还,就以信用卡诈骗罪追究持卡人的刑事责任,这种做法是欠妥的。

对恶意透支型信用卡诈骗罪的认定,必须审查行为人是否具有非法占有目的。认定非法占有目的的依据就是《最高人民法院、最高人民检察院关于办理妨害信用卡管理刑事案件具体应用法律若干问题的解释》第六条第二款的规定:"有以下情形之一的,应当认定为刑法第一百九十六条第二款规定的'以非法占有为目的':(一)明知没有还款能力而大量透支,无法归还的;(二)肆意挥霍透支的资金,无法归还的;(三)透支后逃匿、改变联系方式,逃避银行催收的;(四)抽逃、转移资金,隐匿财产,逃避还款的;(五)使用透支的资金进行违法犯罪活动的;(六)其他非法占有资金,拒不归还的行为。"

刑法第一百九十四条关于票据诈骗罪、金融凭证诈骗罪的规定、第一百九十五条关于信用证诈骗罪的规定、第一百九十六条关于信用卡诈骗罪的规定、第一百九十七条关于有价证券诈骗罪的规定、第一百九十八条关于保险诈骗罪的规定均没有"以非法占有为目的"的表述,但这并不意味着构成这些罪不需要具有非法占有目的。例如,刑法第一百九十四条第一款规定:"有下列情形之一,进行金融票据诈骗活动,数额较大的,处五年以下有期徒刑或者拘役,并处二万元以上二十万元以下罚金;数额巨大或者有其他严重情节的,处五年以上十年以下有期徒刑,并处五万元以上五十万元以下罚金;数额特别巨大或者有其他特别严重情节的,处十年以上有期徒刑或者无期徒刑,并处五万元以上五十万元以下罚金或者没收财产:(一)明知是伪造、变造的汇票、本票、支票而使用的;(二)明知是作废的汇票、本票、支票而使用的;(三)冒用他人的汇票、本票、支票的;(四)签发空头支票或者与其预留印鉴不符的支票,骗取财物的;(五)汇票、本票的出票人签发无资金保证的汇票、本票或者在出票时作虚假记载,骗取财物的。"该条规定的"明知是伪造、变造的汇票、本票、支票而使用的"等情形,一般足以推定行为人具有非法占有目的,因此,法条没有强调"以非法占有为目的"。如果行为人明知是伪造、变造的汇票、本票、支票而使用,但确有证据证明不具有非法占有目的的,则不应认定为票据诈骗罪。

对于司法解释规定的能认定为具有非法占有目的的情形,应当根据司法解释规定的完整意思,准确地加以理解。例如,司法解释规定有虚构主体、冒用他人名义、提供虚假担保、逃匿等情形,可以认定具有非法占有目的。不能简单地理解为凡有虚构主体或冒用他人名义、提供虚假担保、逃匿等行为,一律认定为具有非法占有目的。结合相关条款的上下文可以看出,司法解释的本意是指:行为人采用虚构主体或冒用他人名义签订合同、提供虚假担保、携款逃匿等手段逃避返还骗取的财产的,能够认定为具有非法占有目的。如果行为人虚构主体、冒用他人名义、提供虚假担保、逃匿等行为不是为了逃避返还财产,则不能认定具有非法占有目的。

2. 积极运用经验常识来判断诈骗罪的非法占有目的

诈骗犯罪属于自然犯,是一种明显违反伦理道德的犯罪。它区别于违反法律但没有明显违反伦理道德的法定犯,一个具有正常理性的普通人可能不需要借助于法律知识,凭自己的社会生活经验和朴素的伦理道德观念,就能判断哪些行为属于诈骗。因此,对诈骗罪非法占有目的的判断,直觉和经验的作用有时比概念分析和逻辑推理大得多,也更加准确。例如,对于拆迁安置过程中弄虚作假获取安置利益的行为,如果单纯地进行概念分析,它似乎属于虚构事实、隐瞒真相骗取财物的行为,可以定性为诈骗罪;但是,如果运用普通人的直觉进行判断,我们将会发现这种行为与常见的街头诈骗、电信网络诈骗以及经济生活中的诈骗相去甚远。这时,我们应当相信普通人的直觉而不是概念分析。因为,"法律的生命不在于逻辑而在于经验"。很多法律概念的界限是模糊不清的,什么是"以非法占有为目的",什么是"虚构事实、隐瞒真相"、什么是"财物",都会产生歧义。法律推理的过程有时会布满陷阱,有的概念很容易在推理的过程中被偷换,把推理引入歧途。因此,通过概念分析、逻辑推理得出的结论必须接受经验的验证,未经经验验证的逻辑结论是不可靠的。

近年来,个别司法人员脱离法律规定,不尊重长期形成的司法经验,根据自己对法律理论、法律概念的片面理解来分析判断诈骗罪的非法占有目的,把一些普通人不认为是诈骗的行为论证成诈骗,把一些新型经济业态说成是新型诈骗,由此导致诈骗罪的打击范围不当扩大。这种做法违背了常理常情,执法尺度超越了普通人的预测可能性,使得一些毫无诈骗犯意的普通人也面临被刑事追究的风险。这种倾向是应当引起重视和加以纠正的。

司法解释规定的可以认定为具有非法占有目的的情形,都是司法机关在长期的办案实践中总结出来的,体现了对普通人直觉和经验法则的尊重。事实上,司法解释规定的虚构主体、冒用他人名义、使用虚假证明文件、携款潜逃、挥霍赃款等情形已囊括了常见的能够认定为具有非法占有目的的情形。司法机关办理绝大多数案件,只要严格执行司法解释的规定就能对诈骗罪的非法占有目的作出正确认定。实践中要克制权力扩张的冲动,不得随意创制非法占有目的的认定标准,以避免办出奇奇怪怪的诈骗案件。对于少数特殊案件,需要认定为具有非法占有目的的

“其他情形”的,也应当遵循司法解释的精神,尊重普通人的直觉和经验法则。

3. 欺骗行为造成的损失能够通过民事途径进行救济的,一般不宜认定为诈骗罪

诈骗并不泛指一切采用欺骗手段取得财物的行为,只有达到一定严重程度、有较大社会危害的骗取财物行为,才构成诈骗。将能够通过民事途径救济的骗取财物行为排除在诈骗犯罪之外,也符合刑法的谦抑性原则。刑法之所以把诈骗行为规定为犯罪,是因为这种行为严重侵犯他人财产权益,犯罪分子骗取他人财产或者隐匿了身份、住址,或者没有留下被害人主张权利的证据,或者将骗取的财产挥霍、藏匿等,被害人无法通过正常的民事救济途径维护其权益,不采用刑事手段制裁不足以维护正常的社会秩序。也就是说,正是在民法不敷用的情况下,才产生了刑法。因此,构成诈骗罪的行为,应当是不能通过民事途径进行救济的行为。欺骗行为尚不严重,不影响被害人通过民事途径进行救济的,一般不宜认定为诈骗犯罪。在司法实践中,办案人员应当把被骗的财产损失能否通过民事救济途径予以挽回作为有无非法占有目的的重要判断标准。例如,王某向他人借款十万元,取得借款后明确表示不想偿还,但其向出借人出具了真实姓名的借条,出借人知道其家庭住址,其本人也有足够的财产可供执行。这种情况下虽然根据其本人的口头表示似乎非法占有目的明确,但出借人的损失能够通过民事途径加以救济,没有必要将这种行为定性为诈骗罪。

当然,能否通过民事途径救济是针对一般情形而言。在某些特殊案件中,被诈骗的财产也能够通过民事救济途径予以追回,但只要采用该种欺骗手段造成的财产损失在通常情况下不能通过民事途径加以救济,就不影响诈骗罪的认定。

4. 在罪与非罪界限不明的情况下应当坚持疑罪从无

诈骗案件的罪与非罪界限并非泾渭分明。实践中经常会遇到一些模棱两可、似是而非的案件。有些案件证据情况基本相同,但被告人的主观故意并不相同。例如,同样是在严重亏损的情况下借入资金用于生产经营,甲案的被告人打算归还借款,乙案的被告人并不打算归还借款,但两案的被告人在供述时都声称没有诈骗故意,这时就很难查清哪个案件的被告人有诈骗故意。有的案件罪与非罪的法律界限本身就不清楚。例如,民间借贷和诈骗、合同诈骗和合同纠纷有时很难作出区分。有的案件中被告人的主观故意并非十分明晰,时而想骗,时而不想骗。于是,在罪与非罪之间就出现了一个模糊地带。对于这类罪与非罪界限不明的案件,应当按照疑罪从无原则,作出有利于被告人的认定。

无罪推定、疑罪从无作为刑事诉讼法的基本原则,无疑应当适用于定罪证据不足的案件。但对于法律界限不明确的案件,能否适用疑罪从无的原则,则存有争议。根据《中共中央、国务院关于完善产权保护制度依法保护产权的意见》,对于法律界限不明的案件也应当适用疑罪从无的原则。该《意见》要求:“充分考虑非公有制经济特点,严格区分经济纠纷与经济犯罪的界限、企业正当融资与非法集资的界限、民营企业参与国有企业兼并重组中涉及的经济纠纷与恶意侵占国有资产的界限,准确把握经济违法行为入刑标准,准确认定经济纠纷和经济犯罪的性质,防范刑事执法介入经济纠纷,防止选择性司法。对于法律界限不明、罪与非罪不清的,司法机关应严格遵循罪刑法定、疑罪从无、严禁有罪推定的原则,防止把经济纠纷当作犯罪处理。”

笔者认为,对于罪与非罪法律界限不明的案件,不急于将其纳入刑事打击的范围,先观察一段时间,等一等,看一看,等对相关问题研究透彻、考虑成熟后,再决定是否入罪,才是审慎的、稳妥的。对于经济生活中出现的一些新情况、新业态,如果未经充分调研了解情况,就急于表态、妄下结论,把一些不规范的经济行为解释为诈骗,轻易动用刑罚手段,这无论对于保障人权、保护产权,还是激发社会活力,鼓励民众创业创新,都是不利的,此种情况应当注意避免。

郭某等抢劫案

——如何理解刑法第十二条“处刑较轻”的规定以及新旧法关于抢劫罪的法定刑孰轻孰重*

一、据以探讨的案例

被告人郭某与李某、王某、李某某等四人经事先预谋，于1992年10月25日深夜，携带塑料绳、编织袋、手电筒等作案工具，至某养殖场，实施暴力手段，将看螃蟹的刘某、秦某、魏某三人捆绑起来，并将棉花塞入三被害人嘴中用布条扎住后，抢得螃蟹120千克，价值人民币（以下币种同）7 000余元，销赃得款4 000余元。

同案犯李某、王某、李某某不久即被抓获归案。某市中级人民法院根据省高级人民法院审判委员会会议纪要（以下简称《会议纪要》）“抢劫财物价值2 000元以上属于情节严重”的规定，认定本案被告人李某、王某、李某某抢劫犯罪“情节严重”。据此，依照1979年刑法（以下简称旧法）第一百五十条第二款等规定，分别判处李某、王某、李某某无期徒刑、十年以上有期徒刑不等。郭某案发后一直外逃，直至2011年7月被抓获归案。

某县人民法院认为，该案发生时依据《会议纪要》属于抢劫犯罪“情节严重”，根据旧法第一百五十条第二款应当判处十年以上有期徒刑、无期徒刑或者死刑。而1997年刑法（以下简称新法）规定“抢劫数额巨大”的处十年以上有期徒刑、无期徒刑或者死刑，依照最高人民法院2000年11月28日出台的《关于审理抢劫案件具体应用法律若干问题的解释》（以下简称《抢劫解释》）的规定，某省“抢劫数额巨大”的起点标准为10 000元，依照刑法第十二条如果本法“处刑较轻的”适用本法的规定，对被告人郭某应当适用新法。据此，依照《中华人民共和国刑法》第十二条、第二百六十三条、第五十三条之规定，某县人民法院以被告人郭某犯抢劫罪，判处有期徒刑九年六个月，并处罚金人民币一万元。

一审宣判后，被告人郭某没有提起上诉，公诉机关亦未抗诉。判决发生法律效力后，检察机关按照审判监督程序提出抗诉。理由是：第一，根据《抢劫解释》的规定，某省“抢劫数额巨大”的标准为10 000元，本案抢劫数额为7 000余元，尚不够“抢劫数额巨大”的标准，根据新旧法的规定，本案均应适用三至十年有期徒刑的量刑幅度。按照刑法从旧兼从轻原则中的从旧原则，对郭某应当适用旧法。第二，比较新旧法抢劫罪的附加刑，旧法第一量刑幅度没有规定罚金，而新法规定并处罚金。可见，旧法轻于新法，本案应当适用“处刑较轻”的旧法。原审适用法律错误。

二、分歧意见

本案审理过程中，对于郭某应当适用旧法还是新法，存在两种意见：

（一）第一种意见认为对郭某应当适用旧法

具体理由如下：

---

* 本文由江苏省淮安市中级人民法院时恒支供稿。

1. 新法第十二条规定的“处刑较轻”即指刑法对某种犯罪规定的法定刑（包括主刑和附加刑）比修订前的刑法要轻

关于刑法的溯及力问题，旧法第九条和新法第十二条均规定“如果本法不认为是犯罪或者处刑较轻的，适用本法”，即我国刑事立法对刑法的溯及力问题采取的是从旧兼从轻的原则。从旧兼从轻原则的立足点是坚持适用行为时法，价值追求是有利于保护公民的合法权益及人权。① “从旧”的理解和把握并无多大争议。但对“从轻”即“处刑较轻”的理解和把握则存在不同认识。有观点认为，比较刑罚的轻重，应当以行为时法与裁判时法对某一具体犯罪行为所作的宣告刑的轻重作为比较的标准，也即用行为时法与裁判时法分别对某一具体犯罪行为先进行量刑，然后看哪一个宣告刑轻，取其轻者加以适用。也有观点认为，比较刑罚的轻重，应当以行为时法与裁判时法对某一具体犯罪行为所规定具体法定刑进行比较，然后择轻而从，对于行为时法与裁判时法之间的法律规定，因其不属于比较对象，不能予以考虑。如果行为时法与裁判时法对某种犯罪规定了多个法定刑幅度，应当就行为应当适用的具体的法定刑轻重进行比较。还有观点认为，比较刑罚的轻重，除比较行为应当适用的具体法定刑之外，还应当就行为时法与裁判时法所规定的影响该行为定罪量刑的其他因素（诸如相应的司法解释等）进行全面比较，以实际处刑有利于被告人作为新旧法律的取舍原则。如果新旧刑法所规定的法定刑完全相同，应当适用行为时的法律。此外，有观点认为，比较刑罚的轻重，是指同一种犯罪行为对适用新老法律的比较，孰轻孰重，取其轻者；如果法定最高刑相同，再比较法定最低刑的刑种或者刑度，看哪个更轻些，取其轻者；如果法定最高刑与最低刑相同，则比较量刑的适用条件（即比较包括司法解释等对某一具体犯罪所规定的量刑条件的宽严条件），也取其轻者。“处刑较轻”是指刑法（裁判时法）对某种犯罪所规定的法定刑比行为时刑法的法定刑为轻。以法定刑作为比较处刑轻重的标准，其科学性在于法定刑比较直观、明确且具有可比性，而且法定刑的轻重直接反映了立法者对某一犯罪行为所作的评价，所以其最接近立法原意。②

关于这个问题，最高人民法院1997年12月23日出台的《关于适用刑法第十二条几个问题的解释》作了明确规定。该解释将“处刑较轻”解释为“是指刑法对某种犯罪规定的刑罚即法定刑比修订前刑法轻”。同时规定了比较的顺序和方法：“法定刑较轻是指法定最高刑较轻；如果法定最高刑相同，则指法定最低刑较轻”，“如果刑法规定的某一犯罪只有一个法定刑幅度，法定最高刑或者最低刑是指该法定刑幅度的最高刑或者最低刑；如果刑法规定的某一犯罪有两个以上的法定刑幅度，法定最高刑或者最低刑是指具体犯罪行为应当适用的法定刑幅度的最高刑或者最低刑”。应当说，该解释的出台，基本上统一了对“处刑较轻”的理解问题，解决了刑罚轻重如何比较的问题。但是，该解释既然规定了“处刑较轻”是指法定刑较轻，却仅仅规定了主刑的比较方法和比较顺序，而没有规定附加刑的比较。逻辑上似乎不周延，而且实践中，具体到某种犯罪行为，法定最高主刑和最低主刑均相同，即主刑比较不出轻重，而附加刑却不同的，是一律适用从旧原则，还是继续比较附加刑的轻重适用从轻原则，实践中存在不同看法，由此导致法律适用不统一的现象时有发生。我国的刑罚体系——法定刑是由主刑和附加刑组成的，附加刑属于法定刑的一部分，比较法定刑理所当然包括附加刑的比较。如果主刑能够比较出轻重，则依据主刑比较的结果择轻而取；在主刑无法比较出轻重的情况下，则应当比较附加刑的轻重，依据附加刑比较的结果择轻而取；如果附加刑仍然比较不出轻重，则适用修订前的刑法。否则，不但容易造成法律

① 陈超、李国庆：《刑法溯及力原则的适用》，载《人民司法》1998年第3期。
② 张军主编：《刑法（总则）及配套规定新释新解》，人民法院出版社2011年版，第63页。

适用上的混乱，还实际上否定了附加刑的法定刑性质和地位。

新旧法条附加刑轻重的比较方法和顺序一般为：首先，应当比较有无附加刑的规定。有规定则为重，无规定则为轻。其次，比较罚金刑有无法定数额幅度的规定。有额度规定或者数额幅度大的为重，无额度规定或者数额幅度小的则为轻。再次，比较附加刑刑种的轻重。没收财产刑重于罚金刑。最后，比较附加刑的规定是任意性的还是强制性的规定。任意性的是可以适用，也可以不适用；强制性的则必须适用，前者为轻，后者为重。

2. 新旧法关于抢劫罪的法定主刑相同，但附加刑不同，且适用第二档量刑幅度的情节不同，故旧法抢劫罪“处刑较轻”

关于抢劫罪，旧法第一百五十条和新法第二百六十三条均规定了两个量刑幅度，且两个量刑幅度的法定最高刑和法定最低刑均相同，即法定主刑比较不出轻重。因此，就抢劫罪而言，比较法定附加刑的轻重就非常必要和有意义。

通过对抢劫罪的法定附加刑比较，明显可以得出旧法轻于新法的结论。一是从第一档法定刑有无罚金刑的规定进行比较：前者没有规定，而后者规定“并处罚金”。二是从法条对财产刑（包括罚金和没收财产）是任意性还是强制性规定进行比较：前者规定“可以并处”，后者规定“并处”。“如抢劫罪，修订前后的法各有两个量刑幅度，均相同，主刑比较不出轻重，但修订后的刑法增加了附加刑罚金、没收财产，故修订后的刑法重。”①可见，检察机关的第二条抗诉理由是成立的。

此外，从立法对抢劫罪的修订精神看，可以看出新法加大了对抢劫罪的打击力度，也说明其重于旧法。关于抢劫罪适用第二档量刑幅度的情节或者结果加重犯的情形，旧法仅规定“情节严重”和“致人重伤、死亡”的两种情形，而新法规定了八种情形。这不能简单认为是对“情节严重”的细化规定或者仅仅是立法技术的改进，而应当理解为是对在特定场所抢劫、针对特定对象抢劫或者采用特定手段抢劫的行为加大了打击力度。其中绝大部分情形，在旧法中没有作为情节严重规定，实践中一般也没有作为情节严重认定；旧法没有抢劫“数额巨大”的规定，而新法将抢劫“数额巨大”作为情节加重的情形之一，这些均体现了新法重于旧法的立法精神。

3.《会议纪要》不是司法解释，不能作为比较新旧法轻重的法律依据

旧法法条对抢劫罪本身并无数额的规定，也无数额加重犯的规定，更无“抢劫 2 000 元以上即应判处十年以上有期徒刑、无期徒刑或者死刑”的规定。《会议纪要》对抢劫数额的规定是统一当时、当地裁判标准和尺度的依据，对审判实践具有一定的约束力和执行力，但规范性文件不是法律渊源，《会议纪要》不是司法解释，没有法律效力，不能作为比较新旧法抢劫罪轻重的法律依据。虽然《会议纪要》规定抢劫 2 000 元以上属于情节严重，在十年以上量刑，但根据案发至今经济社会发展状况，抢劫 7 000 元已不宜作为情节严重处罚，法官可以在旧法第一百五十条第一档即三到十年的量刑幅度内行使自由裁量权。

（二）另一种意见认为，对郭某应适用新法

具体理由如下：

1. 把附加刑作为比较新旧法刑罚轻重的参考因素缺乏法律依据

新旧法关于抢劫罪的法定刑均规定了两个量刑幅度，且两个量刑幅度的法定最高刑和法定最低刑均相同，即法定主刑比较不出轻重。旧法第一个量刑幅度没有规定附加刑，第二个量刑幅度规定“可以没收财产”，新法则规定“并处罚金”和“并处罚金或者没收财产”，由此比较，看似旧

① 陈超、李国庆：《刑法溯及力原则的适用》，载《人民司法》1998 年第 3 期。

法轻于新法，但这种比较没有法律依据。因为，《最高人民法院关于适用刑法第十二条几个问题的解释》明确规定了“处刑较轻”的比较顺序和方法：“法定刑较轻是指法定最高刑较轻；如果法定最高刑相同，则指法定最低刑较轻”，“如果刑法规定的某一犯罪只有一个法定刑幅度，法定最高刑或者最低刑是指该法定刑幅度的最高刑或者最低刑；如果刑法规定的某一犯罪有两个以上的法定刑幅度，法定最高刑或者最低刑是指具体犯罪行为应当适用的法定刑幅度的最高刑或者最低刑”。该规定并未将附加刑作为比较新旧刑法处刑轻重的参考因素，而这样的规定显然不是起草者的疏忽所致。

2.《会议纪要》可以作为比较量刑适用条件的参考因素，进而作为比较新旧法轻重的依据

理论上讲，如果法定最高刑与最低刑均相同，则比较量刑的适用条件，包括比较司法解释等对某一具体犯罪所规定的量刑条件的宽严情况，取其轻者。《会议纪要》虽然不是司法解释，但在某省范围内具有一体执行的效力，实际上赋予了抢劫2 000元以上即属于“情节严重”而强制适用刑法相应量刑幅度的法律效力。而根据新法抢劫罪的相关司法解释，抢劫10 000元以上才属于数额特别巨大。比较新旧法抢劫罪的司法解释以及司法解释授权的地方规范性文件（《会议纪要》）对影响量刑适用条件——抢劫数额的规定，显然新法轻于旧法。

3. 对郭某适用旧法将造成“同案不同判”的自相矛盾现象

案发不久即归案的三名被告人，均适用旧法判处较重的刑罚，而潜逃近20年才归案，且罪行重于他人的郭某，如适用旧法的同一法条判处较轻的刑罚，将造成“同案不同判”的自相矛盾现象。当事人不理解，也难以获取社会的理解和认同。

另需要说明的是，在审理过程中，对检察机关的第一条抗诉理由，上述两种观点一致认为不成立。

检察机关认为，《解释》第六条既然规定，“抢劫数额巨大”的认定标准，参照各地确定的盗窃罪数额巨大的认定标准执行。那么各高级人民法院在辖区范围制发的上述具体执行标准应当认定具有法律效力。本案中的《会议纪要》即属于这种，其关于盗窃罪数额巨大认定标准的规定亦具有法律效力。某省盗窃罪数额巨大的认定标准是10 000元，本案抢劫数额为7 000余元，尚未达到“抢劫数额巨大”的认定标准。故按照刑法从旧兼从轻的原则，对郭某应适用旧法第一百五十条第一款。而法院认为，该司法解释是针对新法作出的。根据《最高人民法院、最高人民检察院关于适用刑事司法解释时间效力问题的规定》精神，“司法解释的效力适用于法律的施行期间”，该司法解释是针对修订后刑法抢劫罪作出的，只能适用修订后刑法抢劫罪，而不适用修订前刑法的抢劫罪。因此，抢劫10 000元以上只能作为适用新法第二百六十三条认定抢劫数额巨大的依据，而不能作为适用旧法第一百五十条不认定为“情节严重”的依据。

被告人阮传贵强奸、抢劫案*

——强奸犯罪未遂与中止的具体认定，对抢劫犯罪中“使用暴力、胁迫手段”的理解与认定

一、据以探讨的案例

2014 年 3 月 29 日 20 时许，被告人阮传贵骑摩托车行至某一级公路，发现被害人赵某（女，已成年）在路边独自行走，遂意图强奸赵某。阮传贵将摩托车停在路边，快步赶上赵某，从赵某身后扯住其头发，将赵某甩倒在路边护坡下的水沟边，又用力将赵某头部按到水沟里致其呛水，后用手掐住赵某喉咙，强迫赵某脱下衣裤，欲与其发生性关系。阮传贵欲将生殖器插入赵某阴道时，赵某扭动身体反抗，阮传贵因紧张，生殖器未能完全勃起而未逞，遂强迫赵某为其实施口交。因当时公路上过往车辆较多，阮传贵害怕被发现，即骑摩托车挟持赵某欲到偏僻处继续实施强奸，转到某村级公路上行驶时，阮传贵因驾驶不慎，摩托车翻入路边水沟中，两人均摔晕。阮传贵先于赵某苏醒，发现自己左膝盖、左眉梢处均有轻微皮肤破损，赵某手脚处亦有轻微皮肤擦破，遂性欲全消，又考虑到强奸要受到惩处，于是叫醒赵某后强迫其给 200 元钱去治疗，后阮传贵独自离开。

二、分歧意见

本案在审理过程中，对被告人阮传贵强奸行为的犯罪形态以及其从被害人处取得财物的行为应否认定为抢劫罪，意见分歧较大。

（一）关于阮传贵强奸行为的犯罪形态

第一种意见认为，被告人阮传贵系在实施强奸犯罪过程中自动放弃犯罪，应认定为犯罪中止。理由如下：

1. 从外界条件来看，不存在阻止阮传贵犯罪的因素。一是从作案的时间和环境分析，被告人阮传贵实施犯罪行为不易被他人发现和阻止。本案发生在初春的晚上 8 点左右，此时天色已黑，一般人很难看清周围事物。一级公路上来往的车辆一般也不会注意到公路护坡下的水沟边，被害人因害怕也没有呼救。阮传贵挟持被害人驶入某村级公路后，因天色已黑，路上无行人和其他车辆，更不易被他人发现和阻止。二是从事实发展的联系和时空延续性来看，不能简单认定阮传贵在一级公路护坡处是被迫放弃犯罪。虽然阮传贵在一级公路护坡下对被害人实施强奸，因被害人扭动身体反抗，再加上自身紧张导致生殖器未能完全勃起而没能插入，但是阮传贵仍具备短时间内继续实施强奸犯罪的可能。阮传贵看到一级公路上来往车辆较多，害怕被发现，但实质上其并没有因此被迫放弃强奸犯罪，而是继续挟持被害人前往附近偏僻处欲实施强奸，在这个过程中因为时间和空间上都存在延续性，阮传贵并没有中断实施强奸犯罪，被害人也一直处于其暴力胁迫之中，故应当将阮传贵在护坡处实施强奸犯罪和挟持被害人至偏僻处及翻车后放弃强奸犯罪视作一个整体。

2. 从被害人角度来看，已经失去了反抗的能力。阮传贵先趁被害人不备将其甩倒在护坡下水沟边，并强按其头部到水沟里致其呛水，之后又用力掐住其喉咙。被害人在遭受较高强度的身体暴力及胁迫后，已处于极端恐惧当中，在阮传贵提出要她脱下衣裤和发生性关系的要求后被迫

---

* 本文由湖南省益阳市资阳区人民法院张伟供稿。

顺从,且不敢激烈反抗,只是出于本能扭动身体反抗。当阮传贵驾驶摩托车搭载其到偏僻处继续实施强奸时,被害人一直按照阮传贵的要求不敢抬头看路,不敢反抗。

3. 从身体状态和行为表现来看,被告人阮传贵在具备继续实施强奸犯罪的身体条件和能力的前提下放弃了强奸犯罪。阮传贵在摩托车翻入村级公路水沟后摔晕受伤,他先于被害人苏醒,后检查身体发现两人均轻微受伤,但这种意志之外的介入因素并没有严重到足以令其丧失继续实施强奸犯罪的身体能力,并且被害人仍旧处于阮传贵的控制之下。阮传贵或基于轻微外伤带给其的痛感刺激致性欲消退,或是晕厥期间心理得到平复冷静而抑制、阻却其犯罪决意,最终自动放弃了继续实施强奸犯罪。

第二种意见认为,阮传贵的强奸行为应认定为犯罪未遂。理由如下:

1. 主观上,阮传贵一直未放弃强奸意图。在一级公路边,阮传贵的强行行为由于赵某的反抗致其生殖器未能勃起而未能得逞,但其奸淫的意图继续存在,故让赵某为其实施口交;因怕被发现,又挟持赵某到偏僻处继续实施强奸,到某村级公路行驶时,因驾驶不慎,摩托车翻入水沟中,醒来后,其性欲全消。以上案情可见,在一级公路边,其强奸未能得逞,原因在于赵某的反抗,而在村级公路边,其强奸行为未能得逞,原因在于阮传贵的身体情况,如果此时阮传贵仍有性欲,则会继续实施强奸行为,且赵某已经处于昏迷状态,强奸即可得逞。因此,本案的关键是在水沟中时,阮传贵是没有强奸意图还是因为外界阻却因素致强奸行为无法实施。不能仅看到其在水沟中性欲全消这一表象,而应透过现象看本质。到达水沟不是阮传贵的主观选择,而是其摩托车翻倒所致。因此,性欲全消也不是阮传贵主观上放弃犯罪的原因,而是摩托车翻倒所致。也就是说,其在摩托车翻倒这一外界因素介入之前,其强奸的意图一直存在。

2. 阮传贵强奸行为未能得逞,是多种阻却因素结合的结果。在一级公路边,其未能得逞是因为被害人的反抗;在让赵某为其口交时,其未能得逞,既不是外界因素介入致其不能实施强奸,也不是其放弃强奸,而是怕被发现,因而转移地方想继续实施强奸犯罪;在转移过程中还没到其自己选定地点时发生了摩托车翻倒事故,进而致其左膝盖、左眉梢处均有轻微皮肤破损,导致性欲全消。性欲全消是不能继续实施强奸行为的直接原因,但致性欲全消的原因并非来源于阮传贵主观上对强奸行为的放弃,而来源于摩托车翻倒事故及事故引起的其身体受伤。

(二)关于被告人阮传贵取得被害人财物的行为,是否构成抢劫罪

第一种意见认为,阮传贵的行为不构成抢劫罪,理由是:阮传贵只是向被害人口头提出了索要财物的要求,没有使用暴力、胁迫等手段,被害人系自愿将钱交出。阮传贵对被害人实施的扯住头发、甩倒在路边、用力将头部按到水沟里等暴力行为均发生在强奸犯罪实施过程中,阮传贵与被害人摔晕苏醒后,其之前实施的暴力行为已经结束,阮传贵取得财物不是当场实施暴力的结果,不符合抢劫罪“当场性”的特征;且阮传贵实施暴力行为的目的是强奸,在强奸罪中已经进行了评价,再认定抢劫罪有重复评价之嫌。

第二种意见认为,阮传贵的行为构成抢劫罪,理由是:本案中被告人阮传贵向被害人索要财物时,确实没有“当场”使用暴力,但是不能否认其实施了胁迫行为,更不能认为被害人是自愿交付财物。被告人在实施强奸犯罪时的一系列暴力行为,已经对被害人造成了巨大的精神恐惧。此时,被告人向被害人索要财物,被害人是基于相信被告人有继续实施暴力行为的能力和可能性的前提下,才被迫交出财物。也就是说,表面上,强奸犯罪的暴力行为已经结束,但是,暴力行为所形成的对被害人的威慑并未结束,甚至基于强奸犯罪过程中被告人实施暴力的原因,被害人完全不能预料如果不给予财物,被告人是否还会实施暴力。因此,本质上,阮传贵是以强奸行为对被害人造成的侵害和压制为胁迫,当场获取财物,并且这种当场胁迫行为与被害人被

迫当场交出财物之间存在事实上的因果关系,符合抢劫罪"当场性"的要求,构成抢劫罪。抢劫罪评价的是被告人另起犯意之后的胁迫行为,而非之前的强奸暴力行为,故不存在重复评价的问题。

专题论坛

一、于欢故意伤害案

我们应当如何适用正当防卫制度*

2017年3月23日,《南方周末》以“刺死辱母者”为题对“山东于欢案”进行了报道,经过新闻媒体和网络媒体转载,案件引发了社会广泛关注和热烈讨论。日前,该案已经山东省高级人民法院二审公开审理并作出终审判决。作为一个司法案件的处理,已经尘埃落定,无论每个人的看法如何,希望大家能够尊重司法机关依法作出的判决。

该案的审判,无疑是一堂全民共享的法治“公开课”,新闻媒体、专家学者和广大民众参与其中,见仁见智,各抒己见,精彩纷呈。社会各界关注司法机关的个案裁判,关心司法公正,这是法治发展的必然结果,也是法治建设取得明显成效的一种体现。

这场讨论的关注焦点多元,涉及情、理、法的方方面面,事关刑事司法的公平正义与民众的司法认同。但就具体法律适用而言,正当防卫制度显然是其中的核心问题。通过这场讨论可以发现,如何正确适用正当防卫制度,确保司法裁判法律效果和社会效果的有机统一,是摆在当前刑事审判工作面前的一项重要课题。

虽然法治社会对私力报复行为是否定的,但在公权力不能及时而有效地介入的特定时空范围内,面对不法侵害,防卫行为无论在法律上还是道义上都有其正当性。因而,作为一项重要的法律制度,正当防卫在近现代各国的刑法中大多有专门规定。我国亦不例外,1979年刑法即对正当防卫制度作了专条规定。

然而,司法实践中对这一重要法律制度的适用并不理想,基本情况是,一方面对正当防卫掌握过严,另一方面对防卫过当适用过宽。

“孙明亮案”就是当年影响十分巨大的一个案例。1984年6月25日晚8时许,孙明亮偕同其友蒋小平去看电影,在电影院门口看到郭鹏祥等三人尾追纠缠两名少女,遂上前制止并发生争执。争执中,蒋小平动手打了郭鹏祥一拳。后郭鹏祥等纠集多人拦截孙明亮、蒋小平进行报复,其中郭小平手持砖块与同伙一起助威,郭鹏祥主动进攻,对蒋小平面部猛击一拳。蒋小平挨打后,与孙明亮退到垃圾堆上,郭鹏祥仍继续扑打,孙明亮掏出随身携带的弹簧刀(孙明亮系郊区菜农,因晚上在菜地看菜,在市场上买来此刀防身)将郭鹏祥刺伤致死。

1984年11月,甘肃省平凉地区中级人民法院认定孙明亮在打架斗殴中持刀伤害他人致死,后果严重,以故意伤害罪判处有期徒刑十五年。宣判后,孙明亮未上诉,平凉地区检察院以一审判决定性不准,量刑失轻为由,向甘肃省高级人民法院提出抗诉。后甘肃省人民检察院认为抗诉不当,决定撤回抗诉,一审判决发生法律效力。该案后经甘肃省高级人民法院提审,认定孙明亮

---

* 本文作者曾任最高人民法院常务副院长,一级大法官。

的行为属于防卫过当,在法定刑以下减轻处罚,以故意伤害罪改判孙明亮有期徒刑二年,缓刑三年。

如果以1997年修订后的刑法来考量,孙明亮的行为完全符合刑法第二十条第三款关于无过当防卫之规定,将其认定为正当防卫亦无不妥。但是,在当时的法律规定和司法环境之下,甘肃省高级人民法院作出上述裁决已属不易。该案例于1985年经《最高人民法院公报》第2期公开发布,对于准确认定相互斗殴和正当防卫、正当防卫和防卫过当,起到了重要的指引作用。

针对司法实践中存在的问题,1997年刑法修订,对正当防卫制度作出重大修改,主要是进一步严格了防卫过当的成立条件,增加了无过当防卫的规定。修法的基本目的是强化正当防卫权,鼓励民众实施正当防卫,勇于同犯罪行为作斗争。

然而,从此后若干年的司法实践来看,对于正当防卫制度的适用仍趋保守,不敢或者不善于适用正当防卫制度,将本属于正当防卫的行为认定为防卫过当,甚至认定为普通的故意伤害、故意杀人的现象,仍然客观存在。

有学者批评道,刑法第二十条关于正当防卫制度的规定,特别是第三款关于无过当防卫的规定,一定程度上处于"休眠"状态,成为"僵尸"条文,未能发挥其应有的作用。这种批评意见不无根据和道理,值得我们认真反思。产生上述状况的成因十分复杂,既与理念的认识偏差有关,与立法的过于抽象有关,也与司法环境不够理想有关。

在我看来,其中有两点值得特别关注:

一是刑法规定本身较为原则,司法适用标准不够统一。根据刑法规定,通常认为,成立一般正当防卫,应当同时符合起因条件、时间条件、主观条件、对象条件、限度条件五个条件。以上五个条件中,每一个条件之下又涉及诸多具体问题。例如,起因条件所涉及的"不法侵害"的性质和范围如何具体把握;时间条件所涉及的不法侵害"正在进行"如何具体认定;限度条件所涉及的没有"明显超过必要限度"如何具体判断,等等。对这些法律适用上的具体问题,刑法条文未作明确规定,理论上众说纷纭争论不休,实践中认识和把握也不完全一致,如果联系到具体个案,更是常常出现决然相反的观点和重大分歧。顺带提及的是,这种情况并非我国独有,其他国家在具体适用正当防卫制度时也会引发重大争议。例如,1992年发生在美国的日本十六岁留学生服部刚丈误闯民宅被枪杀案就是例证,该案被认定为正当防卫,但在日本却引发了轩然大波,甚至差点酿成日美两国的外交风波。

二是具体案件裁判面临较大压力,案外因素往往考量过多。正当防卫涉及的重大案件,不法侵害人有的受到重大伤害,有的死亡。"死者为大""死了人就占理",这是客观存在的社会观念。不管死伤者的行为本身是否正当,其家属、亲属往往以此为由向司法机关施加压力,有的甚至形成集体闹访,危及社会稳定。当刑事案件的定性需要在正当防卫、防卫过当、故意伤害甚至故意杀人之间作出选择的时候,严格依照法律认定为正当防卫,并非易事,可能出现的结果是"只要打死人就是故意杀人""只要致人重伤就是故意伤害"。这就使原本在法理上并不复杂的案件,由于顾及方方面面的案外因素,难以严格依法下判,甚至将本属正当防卫的案件认定为防卫过当,对本应认定为无过当防卫宣告无罪的案件作出有罪判决。

令人欣慰的是,日前山东省高级人民法院关于于欢故意伤害案的二审判决,很好地坚持了法律平等和司法中立原则,充分兼顾了对被害人和被告人合法权益的保护,为审判机关依法正确适用正当防卫制度树立了新的标杆和典范。

对于正确理解和适用正当防卫制度,充分发挥该项制度在法治中国、平安中国建设中的价值和功能,我有以下几点思考:

一、准确把握正当防卫制度的立法精神

正当防卫缘起于人类的防卫本能，渊源于私力复仇，而现代意义上的正当防卫制度则起源于西方启蒙运动时期。西方自然法学代表人物、英国启蒙思想家洛克通过例证的方法论证了正当防卫的性质和条件，认为如果有谁盗窃了私有财产，哪怕被盗窃的东西微不足道，依据自然法，也有把小偷置于死地的权利。现代各国普遍规定有正当防卫制度，虽然具体规定的条件不同，但立法旨趣十分相近，均强调正当防卫是天赋人权之一。

据学者介绍，在德国，“一位房屋的所有人可以用刀刺死一名晚上闯入自己住宅的喝醉的男人”。在我国古代刑法上，也有类似正当防卫免责的规定，如《汉律》规定：“无故入人室宅庐舍，上人车船，牵引人欲犯法者，其时格杀之，无罪。”《唐律·贼盗》亦有“诸夜无故入人家者，笞四十。主人登时杀者，勿论”的规定。

对于我国现行刑法规定的正当防卫制度，须根据社会变迁和立法精神作出准确把握。

一是要认识到正当防卫是法律赋予公民的一项权利。作为法律所赋予的权利，任何公民在面对国家、公共利益、本人或者他人的人身、财产和其他权利遭受正在进行的不法侵害时，均有权针对不法侵害实施正当防卫。

二是要认识到正当防卫行为受到法律保护。正当防卫针对的是不法侵害，是“以正对不正”，并非一般意义上的“以暴制暴”，是正当、合法的行为。“惩罚犯罪，保护人民”，是我国刑法明文规定的立法目的。刑法不仅是惩治犯罪的工具，更是保护人民的武器。正当防卫制度的核心要义在于防卫行为的正当性，因此，正当防卫人实施制止不法侵害的行为，受到刑法的保护，不负刑事责任。

三是要认识到正当防卫是与违法犯罪作斗争的积极手段。正当防卫是公民的权利，并非制止不法侵害的最后手段。换言之，我国刑法并未将正当防卫规定为一种“不得已”的应急措施，并未要求防卫人穷尽一切手段之后才能实施正当防卫。相反，即使防卫人在有条件躲避不法侵害或者求助司法机关的情况下，仍然有权实施正当防卫。

二、有效激活正当防卫制度的适用

实施正当防卫，不仅不具有社会危害，反而对社会有益。

一是有利于及时保障合法权益不受侵犯。法律对不法侵害行为规定了包括刑罚在内的各种处罚措施，但均属事后处罚，侵害事实已经发生，“远水救不了近火”。当国家、公共利益和公民个人合法权益正在遭受不法侵害，公力救济难以及时、有效制止时，可以说，正当防卫是制止不法侵害、保护合法权益的最直接、最有效的手段。

二是有利于有效震慑犯罪分子。法律允许正当防卫对不法侵害人的人身、财产等权益造成一定损害，甚至可以致伤、致死不法侵害人。这对不法侵害人甚至潜在犯罪人无疑是有效的震慑，使其不敢轻举妄动，可以有效减少犯罪的发生。

三是有利于伸张社会正义。鼓励人民群众同违法犯罪作斗争，通过正当防卫及时制止不法侵害，有效维护合法权益，彰显“正义不向非正义低头”的价值取向，是培育和践行社会主义核心价值观，惩恶扬善，伸张正义，推进社会主义精神文明建设的应有之义。

司法裁判不仅是对个案是非曲直的法律评价，也是对社会的规范指引和政策宣示。针对当前存在的见死不救、遇难不助等突出问题，通过司法裁判大力倡导见义勇为、助人为乐等高尚行为，培育和维护公序良俗，是人民法院肩负的重要职责。对于公民通过正当防卫自觉同违法犯罪作斗争的行为，应当坚决予以支持和保护，这也是最高司法机关的一贯立场。

早在1985年6月5日，最高人民法院审判委员会第226次会议在总结“孙明亮案”审判经验时,就明确提出了这一立场。当下,我们要进一步宣示鼓励正当防卫的正确的价值取向,通过具体案件的审理向社会宣传正当防卫不负刑事责任的刑法规定,绝不能让正当防卫人"出力不讨好",甚至"流血又流泪"。一些刑事案件的审判之所以引发民众高度关注并发表看法,有的甚至严词谴责,重要的原因之一就是他们在思考:"当我遇到这种情况我应该怎么办?"

作为执掌司法审判权的人民法院和刑事法官,我们必须坚定地站在人民的立场上,以切实维护人民利益为己任,向社会明确传递鼓励正当防卫的信号,不仅要鼓励公民为本人的利益进行防卫,而且要鼓励公民为国家、公共利益及他人合法权益进行防卫,彰显法律的价值取向,培育互助互爱、见义勇为的良好社会道德风尚。而做到这一点,就必须适当放宽防卫限度条件,对此,1997年刑法修改已作出相关规定。就司法适用的角度而言,要求裁判者在认定正当防卫,特别是判断防卫的限度条件时要根据案件具体情况予以充分考虑,要设身处地为正当防卫人着想,而不能对正当防卫人过于苛求。

三、根据常理常情考量正当防卫制度的司法适用

刑事审判固然要严格依法裁判,但严格司法并非固守单纯法律观点、机械执法、就案办案、孤立办案。我国有着数千年的文化传统,天理、国法、人情深深扎根于民众心中。无论是司法政策的制定,还是具体案件的办理,都必须努力探求和实现法、理、情的有机融合。

正确适用正当防卫制度,同样必须考虑常理常情,尊重民众的朴素情感和道德诉求,反映社会的普遍正义观念。

这里我想重点讲讲防卫限度的判断问题。正当防卫的成立,要求在限度条件上没有"明显超过必要限度造成重大损害",否则可能构成防卫过当。在我看来,对于防卫限度的判断,不仅要将法律的规定了然于胸,而且要充分考虑常理常情,否则就不会得出恰当的结论。基于常理常情,对于正当防卫限度条件的考量需要注意以下几点。

其一,要全面整体进行考量。司法实践中,有些司法工作人员经常以"对方打了你,但并没有打伤你,你却把他打伤了""你都把人打成这样了怎么还是正当防卫"为由,认定防卫人的行为构成防卫过当。这实际上是陷入了"对等武装论"与"唯结果论"的认识误区。

何为必要限度?显然,我们无法运用一个数学公式来简单地对不法侵害人的利益损害情况和防卫人的利益损害情况进行计算从而得出孰轻孰重的结论,而是应当在全面分析不法侵害的强度、缓急、性质,侵害方与防卫方的力量对比,现场情势等事实和情节基础上进行综合判断,必须是具体案件具体分析。

特别是,对不法侵害要整体看待,要查明防卫行为的前因后果,考虑防卫人对持续侵害累积危险的感受,而不能局部地、孤立地、静止地看待,将防卫行为与防卫瞬间的不法侵害进行简单对比。

其二,要设身处地为防卫人考量。一般认为,正当防卫的限度应当以足以制止不法侵害的需要为标准。但是,何为制止不法侵害的需要?显然,我们不能要求防卫人是一个冷静理性的旁观者,而是要还原到防卫人所处的境遇之下,换位思考问问自己"假如我是防卫人我会如何处理",设身处地想想"一般人在此种情况下会如何处理"。防卫行为通常类似丛林状况下的应急反应,要求防卫人在孤立无援、高度紧张的情形之下实施刚好制止不法侵害的行为,不仅明显违背常理常情,而且违背基本法理。

其三,要适当作有利于防卫人的考量。正当防卫的实质在于"以正对不正",是正义行为对不法侵害,依据"邪不压正"的常理常情,也不能将二者等量齐观。相反,在防卫过当与正当防卫认定存在争议时,应当适当作有利于防卫人的认定;即使认定防卫过当,也应当充分运用"减轻或者免除处罚”的规定裁量处理。

特别是，要妥当处理防卫人因恐慌、激愤而超过防卫限度的问题。实践中，许多不法侵害是突然、急促的，防卫人在仓促、紧张的状态下往往难以准确地判断侵害行为的性质和强度，难以周全、慎重地选择相应的防卫手段。对此，要尽可能根据案件具体情况作出符合法理和情理的判断，包括合理选择减轻处罚还是免除处罚，以及考虑减轻处罚的具体幅度等。

四、统筹兼顾正当防卫司法裁判的法律效果与社会效果

当前，一些涉正当防卫案件的裁判之所以引发炒作，成因十分复杂，但症结往往在于司法自身，我们必须反躬自省：有的是裁判说理过于简单、不够明晰，让人产生误解；有的是案件审判过程不够公开透明，招致外界质疑；有的是案件裁判结果与民众的朴素情感发生较大偏离，无法获得社会认同，等等。

解决这些问题，要求我们在刑事审判中必须统筹兼顾案件裁判法律效果与社会效果的有机统一。司法的社会效果以法律效果为前提，是建立在依法公正裁判基础上自然形成的一种司法公信。对于正当防卫制度的司法适用，同样要在坚持法律效果优先的前提下兼顾社会效果。

正当防卫制度的正确适用，要求我们在严格依照刑法规定处理案件的基础上，最大限度地考虑民众的期望与关切，真正做到“努力让人民群众在每一个司法案件中感受到公平正义”。须知，古往今来，再良善周密的法律也无法包罗世间万象。

司法裁判，既要追求法律正义，也要兼顾社会正义，体现对民意的尊重，这恐怕是司法审判必须长期坚持的一种理念。对于定性复杂的个案，在认定正当防卫还是防卫过当抑或普通故意犯罪棘手时，我们要学会借助群众的智慧，关注社情民意，将司法的专业判断与民众的朴素情感结合起来，在法律规定的范围内确保裁判结果最大限度地接近社会预期。

统筹兼顾裁判的法律效果和社会效果，必然要求我们进一步提升司法审判能力，通过规范的法庭审理，全面核实案件事实证据，全面听取当事各方意见，全面回应当事人和社会关注的正当防卫、防卫过当等问题，充分发挥庭审的关键作用；必然要求我们进一步加强裁判文书说理，针对正当防卫、防卫过当等影响定罪量刑的重大争议问题，释法析理精准到位，充分回应当事人关切，引导当事人依法理性看待裁决；必然要求我们下大力气做好服判息诉工作，对于造成重大损害，特别是致不法侵害人伤亡的正当防卫案件，要在依法独立公正行使审判权的基础上，认真做好当事人亲友工作，以真心换真情，赢得理解，化解恩怨。

五、统一正当防卫制度的法律适用标准

“徒法不足以自行。”法律关于正当防卫制度的规定只能是原则的，而将抽象的刑法条文适用于具体案件，虽然难度不小，但却是司法的精义所在。

就个案而言，刑事审判法官通过综合判断全案的事实和证据，综合考量案件的前因后果，对法律规范作出合乎情理的解释，是确保正当防卫制度正确适用的基础。当然，从司法统一的角度上看，则需要通过制定司法解释、发布指导性案例等多种方式在最大程度上统一正当防卫制度的法律适用标准。

正当防卫制度法律适用涵盖的问题较多，既涉及价值判断、政策考量等宏观问题，也涉及不法侵害的判断、防卫限度的把握等具体问题。在制定和完善相关司法解释的同时，在统一法律适用标准的形式上可以有所创新，如采取“指导意见＋典型案例”的形式就比较便捷、实用。

在指导意见作出原则规定的基础上，充分发挥案例针对性强和易于把握的特点，用典型案例指导类似案件的裁判，确立正当防卫制度法律适用“由具体到具体”的参照标准，可以有效规范刑事自由裁量权，确保同类案件的法律适用基本统一、裁判尺度基本相同、处理结果基本一致。

在研究和规范正当防卫制度法律适用标准时，有一个问题需要重点加以关注，就是妥善处理鼓励正当防卫与防止滥用防卫权的关系，这是正当防卫司法政策制定必须妥当把握的一个平衡点。

针对当前社会中不敢防卫的现状比较突出，鼓励正当防卫是必要的，但这并不意味着要走向滥用防卫权的另一个极端。“凡事皆有度，过犹不及。”不法侵害人的生命权和重大健康权也应受到法律保护，不能引导或者助长公民在受到不法侵害时可以不计后果地滥用防卫权。

正当防卫有其法定的认定条件，任何一项条件不符合，都不是正当防卫。例如，在不法侵害人已被完全制服或者正在逃离时，仍然继续进行“追杀性防卫”，或者只是在发生口角，遭受推搡、掌掴等程度轻微的不法侵害时，即持刀将人捅成重伤甚至死亡，就属于滥用防卫权，依法应当承担相应的刑事责任。

六、营造正当防卫制度正确适用的良好外部环境

实践证明，对于造成人员伤亡的案件，严格依法判决行为人系正当防卫不负刑事责任难度很大，既需要人民法院保持客观、理性和必要的定力，也需要良好的外部环境。

首先，公、检、法三机关要各司其职，切实把好正当防卫制度适用的法律关。根据刑事诉讼法的规定，对于属于正当防卫不负刑事责任的案件，无论是在侦查阶段还是审查起诉阶段，都应当不追究刑事责任，而不能因为死伤者家属施加压力就放弃原则，从而将压力全部传导至审判环节。

其次，要坚持司法的群众路线，共同营造良好的社会氛围。对于社会高度关注的正当防卫案件，审判过程中要及时向社会公布真相，防止道听途说、以讹传讹，裁判作出后要依法及时向社会公布裁判文书和相关材料，引导人民群众依法理性认识裁判结果，争取社会各界的理解和支持。

最后，要创新司法公开方式，充分发挥案例这一法治宣传“活教材”的作用，通过以案释法做到宣传入情入理，及时消除社会疑虑。对于重大敏感案件，要组织专家学者研究论证，邀请人大代表、政协委员和新闻媒体旁听庭审，准确传达人民法院鼓励正当防卫的基本立场，充分发挥司法裁判对社会风尚的引领作用。

于欢案审理对正当防卫条款适用的指导意义

□高铭暄*

于欢案的二审审理无疑是近年来具有重要标志意义的法治事件，其意义不仅在于通过公开、透明的审理方式，让公众充分感受到司法的严谨、公开、公正，从而有力增强了法治信仰、树立了司法权威，更大的意义还在于通过让公众充分参与对案件事实、证据以及法律适用问题的讨论，进一步加深了公众对正当防卫这一关涉公民基本权利行使的法律条款的认识和理解，从而有效提升了公民的权利意识和守法意识，这在大力倡导民主和法治建设的今天尤为重要，切实体现了司法注重指引、规范人民生活的重要功能价值。

对正当防卫的理解与适用，理论和实务界在不法侵害是否存在的判断标准、可以防卫的不法侵害范围、正当防卫限度的认定标准等问题上尚存在一定的争议。于欢案二审裁判文书在全面查明案件事实的基础上，从防卫的目的、时机、对象、限度等方面对于欢行为是否具有防卫性质，能否认定为正当防卫作了全面、深入的分析、论证，既紧扣法律条文规定，又充分吸取了学术界关于正当防卫的有益观点，同时，充分考虑了天理、人情等伦理道德因素，切实体现了人民法院司法

---

* 中国刑法学会名誉会长、中国人民大学荣誉一级教授。

裁判遵循“国法”、不违“天理”、合乎“人情”的要求，对类案的审理将起到重要指引作用。这里，笔者仅从学理角度，对裁判文书中的一些观点作简单述评。

一、如何把握正当防卫条款的立法精神

1997年修订的刑法第二十条对正当防卫制度作了三处重要修正，其立法原意和立法精神就是为了强化防卫权，鼓励公民勇于实施正当防卫。应当看到，刑法对正当防卫、见义勇为行为的倡导、鼓励，不能简单理解为法律要求公民不考虑面临的危险程度和自身反击能力，一味选择防卫，所以刑法第二十条也仅是授权性规定，而非强制性的规定。这种鼓励应理解为，法律通过豁免或减轻防卫人的责任，为防卫权的行使提供必要的保障，从而为公民实施防卫行为扫除后顾之忧，使公民在遭受不法侵害时敢于挺身而出、勇于斗争。按照这一立法精神要求，笔者认为，在司法程序中对正当防卫的认定，也应当贯彻总体从宽的政策要求。一方面，要从宽掌握正当防卫的认定标准和条件，应当认定的要积极加以认定，确保正当防卫的合法性得到正确评价；另一方面，对属于防卫过当的案件，在量刑上要切实体现从宽的政策要求，从而以司法兑现立法价值，为公民与不法行为相抗争提供有力的武器，促进全社会形成维护正义、弘扬正气、保护善良的良好风气。至于于欢案，二审裁判文书正确把握了正当防卫条款在鼓励公民与犯罪行为作斗争方面的立法精神，在准确适用法律的基础上充分考虑案件涉及的人情事理，体现了对正当防卫的条件和限度适当放宽，不仅认定了于欢行为具有防卫性质，并且显著减轻了量刑，为正当防卫条款的司法适用树立了正确的导向。

二、如何判断正当防卫前提条件

我国刑法对作为正当防卫对象的不法侵害的范围规定较为宽泛，不仅包括侵害人身权利的不法侵害行为，还包括侵犯财产以及其他权利方面的不法侵害行为；不仅包含犯罪行为，还应包含违法行为，故不能将不法侵害片面理解为暴力不法行为。但是在司法实践中，确实存在一些不法行为，如侵犯知识产权，生产、销售伪劣商品，贪污贿赂等违法犯罪行为，其不法行为通常不具有攻击性、破坏性、紧迫性，且通过报案、控告、举报可以有效实现对相关权益的救济，如果将其纳入正当防卫的对象，不仅将原本可以通过平和方式解决的问题诉诸暴力，造成更大权益的受损，并且因相关行为性质界定中的争议，可能导致防卫错误。所以，基于正当防卫的“应急性”，应当对防卫对象作出必要的限制解释，也就是要判断不法行为是否具有攻击性、破坏性、紧迫性，从而确定是否存在防卫必要。例如，对非法拘禁行为，其因限制人身自由，具有侵害的紧迫性，可以成为防卫对象。对侮辱行为，如果仅限于言语辱骂，侵犯人格尊严程度较轻，且仅涉及精神层面的权利侵害，不应成为被防卫的对象；而对肢体侮辱，同时伴有非法拘禁、轻微殴打行为，同时侵害他人人格名誉权、人身自由权以及健康权等，当然可以成为防卫的对象。对多个交替、间隔或连续实施的不法侵害行为，应当从整体上评价防卫必要性，即便个别不法行为违法程度较轻或间断停止，但全部不法侵害并未完全终止，且被害人仍面临不法行为继续侵害的危险时，应认定不法侵害仍然存在。我们看到，于欢案二审裁判文书坚持了以上观点，对司法实践认定正当防卫前提条件具有重要指导意义。当然，对认定不法侵害是否存在的标准，如对不法侵害状态是否结束，是以被害人主观认识为标准，还是以客观上不法侵害是否现实存在为标准，这些问题，在学术界还有进一步研究、探讨的空间。

三、如何判定正当防卫是否明显超过必要限度

对正当防卫的必要限度，理论界存在两种主流观点：基本相适应说认为，正当防卫的必要限度，是指防卫行为必须与不法侵害总体相适应；必需说认为，是否超过必要限度，应从防卫实际需要出发，进行全面衡量，应以有效地制止不法侵害的客观实际需要作为防卫的必要限度。笔者认为，这两种观点不是对立的，而是相辅相成，可以综合考虑的。正当防卫的必要限度，不仅是指防卫行为是制止不法侵害所必需的，而且防卫行为的性质、手段、强度及造成的损害应当与不法侵害行为的性质、手段、强度及可能造成的损害基本相适应。判断必要限度，不可能脱离每个案件的具体情况。要根据具体案件中双方行为的性质、手段、强度、人员多少与强弱、现场所处的客观环境与形势进行全面分析。就于欢案而言，于欢在其母子人身自由遭受限制乃至剥夺、人格权遭受言行侮辱侵犯、身体健康权遭受轻微暴力侵犯，加害人人数众多但未使用工具，警察已到场后又离开但尚在附近的情况下，为制止不法侵害、摆脱困境，使用致命工具捅刺被害人，造成一死、两重伤、一轻伤的严重后果。二审裁判文书对此作出全面评判，一方面，结合防卫人面临的冲突烈度和环境情势，对防卫行为的手段、方式和强度是否为制止不法侵害所必需进行了评判；另一方面，对防卫行为所损害的法益与保护的法益种类、大小进行了权衡、比较。在此基础上，对于欢的行为是否超过必要限度进行了全面、客观的评价，认为于欢的行为属于防卫过当，这对司法实践在认定正当防卫限度方面具有重要的借鉴价值。

四、对防卫过当如何定罪量刑

防卫过当的罪过形式，理论上一般认为主要是过失，也有间接故意。具体到本案，于欢在主观上应是间接故意的伤害，其中对不法侵害人杜志浩的反击行为属于伤害致死，因此全案定性为防卫过当下的故意伤害罪是正确的。对防卫过当构成犯罪的，刑法第二十条第二款规定“应当负刑事责任，但是应当减轻或者免除处罚”。考虑到本案之过当行为造成一死、两重伤、一轻伤的严重后果，对于欢不宜免除刑事处罚，而应当减轻处罚。至于减轻到什么幅度，由于考虑到于欢行为虽构成防卫过当，但系因被害人有重大过错，导致其精神紧张、情绪失控而处置过当造成的违法后果，所以对其所实施违法行为非难的程度应当降低，应显著减轻其责任。二审法院综合考虑于欢犯罪的事实、性质、情节和危害后果，判处其有期徒刑五年，笔者认为是适当的。这对今后司法实践处理类似案件，同样具有借鉴价值。

于欢案防卫过当法理问题简析

□赵秉志*

备受关注的于欢故意伤害案，经山东省高级人民法院5月27日二审开庭审理，6月23日公开审判，认定于欢系防卫过当，构成故意伤害罪，予以减轻处罚，判处有期徒刑五年。在于欢案落下帷幕之际，对前段社会各界聚焦本案所关注的涉正当防卫的相关法理问题，有必要结合本案二审判决予以评析。

一、于欢的行为是否具有防卫的前提和性质

首先，于欢是否具有防卫的前提？本案一审判决认为当时不存在防卫的紧迫性，因而于欢持刀捅刺被害人不存在正当防卫意义上的不法侵害前提，即否定于欢的行为具有防卫的前提。一审判决的这一定性受到普遍质疑。

从刑法的相关规定来看，正当防卫得以行使的前提条件是必须有“正在进行的不法侵害”。这种不法侵害既包括犯罪行为，也包括一般违法行为。不法侵害应具有不法性、侵害性、紧迫性和现实性四个特点。具体到于欢案，杜志浩等人为违法讨债所实施的严重侮辱、非法拘禁、轻微

---

* 中国刑法学研究会会长、北京师范大学刑事法律科学研究院教授。

殴打等不法侵害，明显是违法犯罪行为，具有不法性；杜志浩等人实施的不法侵害行为，侵害了于欢母子的人身自由、人格尊严、人身安全等合法权益，具有明显的侵害性且持续存在。在此情况下，于欢为了制止不法侵害，对杜志浩等人实施反击行为可以减轻或者消除该不法侵害的威胁，理当具备正当防卫意义上的防卫前提。

其次，在于欢面对正在进行的不法侵害而具有防卫前提的情况下，于欢的反击行为是否具备防卫的性质？依照我国正当防卫制度的法律和法理，防卫意图、防卫对象和防卫时间的认定是判定行为人的行为是否具有防卫性质的关键。

从防卫意图来看，防卫意图是防卫认识因素与意志因素的统一。实践中，应遵循主客观相统一原则进行分析和判断。第一，防卫认识是防卫意图的首要因素，是形成防卫目的的认识前提，具体是指行为人对不法侵害的存在、不法侵害正在进行、不法侵害人、不法侵害的紧迫性、防卫的可行性及其可能的损害结果等有相应的认识。在于欢案中，于欢对正在进行的针对自己及其母亲的不法侵害有明确认识，即于欢认识到自己及其母亲的人身自由、人格尊严正受到严重不法侵害，人身安全也正受到严重威胁。第二，防卫目的是防卫意图的核心。所谓防卫目的，是指通过采取防卫措施制止不法侵害，以保护合法利益的意图和主观愿望。在于欢案中，于欢持刀捅刺杜志浩等人的行为，是希望以防卫手段制止不法侵害，是为了保护自己及其母亲的合法权益，即于欢主观上是出于保护自己及其母亲的人身自由、人格尊严、人身安全等合法权益免受不法侵害的心理态度，具有防卫的目的。概言之，无论是从防卫认识还是从防卫目的看，于欢都是具有防卫意图的。

从防卫时间来看，于欢的行为是针对正在进行的不法侵害实施的。在于欢案中，杜志浩等人对于欢母子实施的不法侵害行为，没有因为民警出警而得到有效控制，当于欢母子急于随民警离开接待室时，杜志浩等人阻止于欢离开并对于欢实施了勒脖子、按肩膀、推搡等强制行为，杜志浩等人显然正处于实施不法侵害的过程之中，此时，于欢持刀捅刺杜志浩等人，具备实施防卫的时间条件。这与事后报复是有本质区别的。

从防卫对象来看，于欢是针对不法侵害人进行的反击。正当防卫的对象只能是不法侵害实施人。于欢案中，于欢持刀捅刺的对象包括杜志浩、程学贺、严建军、郭彦刚四人。这四人均是非法拘禁、严重侮辱、轻微殴打等一项或多项不法侵害行为的直接实施者，是对于欢母子的共同不法侵害行为人，符合防卫的对象条件。在杜志浩等人共同实施的不法侵害中，所有不法侵害者是作为一个整体存在的，防卫对象不能局限于实施了最严重侮辱行为的杜志浩一人，其他共同实施不法侵害的行为人包括程学贺、严建军、郭彦刚，都可以作为防卫的对象。面对多人共同形成的不法侵害状态时，要求于欢只针对实施了最严重不法侵害的某一个人实施防卫，是不符合以防卫行为制止不法侵害的实际需要的。

于欢在防卫意图的支配下，在不法侵害正在进行过程中，针对不法侵害人实施反击行为，其行为当然具备防卫的性质。因此，本案二审判决纠正一审否定不法侵害存在、否定于欢的行为具有防卫性质的错误，认定于欢持刀捅刺杜志浩等四人的行为属于制止正在进行的不法侵害，其行为具有防卫性质，是合乎本案事实，合乎法律情理的。

二、于欢的行为是否属于防卫过当

于欢的反击行为是否属于防卫过当？这是本案一审后社会各界和法律学者关注与争论的一个重要问题，也是本案二审中分歧较大的一个问题，存在其系正当防卫、防卫过当、一般故意犯罪三种主张。

根据刑法规定，防卫过当是指防卫明显超过必要限度造成重大损害的行为。防卫明显超过必要限度并造成了重大损害，使防卫由适当变成过当，由合法变成非法。因而，从总体上说防卫过当也是一种非法侵害行为，防卫过当认定的关键在于对防卫限度条件的正确把握。

按照我国刑法理论和司法实务中通行的主张，在认定何为“明显超过必要限度”的问题上，原则上应以制止不法侵害所必需为标准，同时要求防卫行为与不法侵害行为在手段、强度等方面，不存在过于悬殊的差异。在具体案件的判断中，行为人在确实具有防卫必要性的基础上实施防卫行为，如果防卫行为本身的强度与不法侵害强度基本相当，或者甚至小于不法侵害的强度，即使造成重大损害结果，也不能认为是“明显超过必要限度”。如果防卫人采用强度较小的防卫行为就足以制止不法侵害，却采取了明显不必要的强度更大的行为，则应认定为“明显超过必要限度”。总之，在何为“明显超过必要限度”的判断上，主要是基于防卫方式、强度、手段不适当来认定，常见的情形包括防卫行为人攻击部位不适当、防卫工具不适当、防卫方人数或体能优于侵害方情形下实施防卫行为等。“造成重大损害”意味着防卫行为所造成的损害与不法侵害可能造成的侵害相比明显失衡，一般仅限于造成人身重伤或死亡，不包括造成被害人轻伤或财产方面的损失。应当强调的是，防卫措施明显超过必要限度、防卫结果造成重大损害这两个标准必须同时具备，才能认定为防卫过当。

具体到于欢案中，依据案件事实和相关法律来衡量，于欢的行为应当认定为防卫过当。在当时的行为环境下，针对杜志浩等人实施的不法侵害行为，为使自己及其母亲的人身权利免受正在进行的不法侵害，于欢可以采取制止不法侵害的防卫行为。但杜志浩等人的主观目的是索要债务，他们的不法侵害手段相对克制，并未使用器械工具，也没有对于欢母子实施严重的致命性攻击或者暴力性伤害等行为，相比于杜志浩等人的侵害手段及程度，于欢使用致命性工具即刃长超过 15 厘米的单刃刀，捅刺杜志浩等人身体的要害部位，造成一死、二重伤、一轻伤的严重后果，其防卫行为与不法侵害行为在手段、强度等方面明显不相适应，且造成了多人伤亡的“重大损害”后果，因而二审判决认定于欢的反击行为“明显超过必要限度”并“造成重大损害”，属于防卫过当，是合乎法律规定的、正确的。

三、于欢的行为应否适用特殊防卫规定

在于欢案一审后的社会反应中，就有意见认为，于欢案可适用特殊防卫而免责；在于欢案二审中，于欢的辩护人亦提出本案可适用无限防卫（特殊防卫），二审检察机关出庭意见则认为于欢不具备特殊防卫的前提条件。

刑法第二十条第三款规定了特殊防卫，即“对正在进行行凶、杀人、抢劫、强奸、绑架以及其他严重危及人身安全的暴力犯罪，采取防卫行为，造成不法侵害人伤亡的，不属于防卫过当，不负刑事责任”。可见，特殊防卫的适用前提是防卫人针对严重危及人身安全的暴力犯罪的侵害人而实施防卫行为。实践中，正确适用特殊防卫条款的关键，就在于准确把握“严重危及人身安全的暴力犯罪”的内涵和外延。从上述刑法规定来看，不仅其明确列举的“杀人、抢劫、强奸、绑架”等是典型的暴力犯罪，而且其所使用的概括性词语“其他严重危及人身安全的暴力犯罪”，也表明特殊防卫只能针对暴力犯罪实施。可见，一般的防卫行为既可针对暴力犯罪实施，也可针对非暴力犯罪甚至违法行为实施。但特殊防卫只能针对暴力犯罪实施，并且这种暴力犯罪并非指所有的暴力犯罪，而必须是严重危及人身安全的暴力犯罪。这是刑法对特殊防卫适用前提条件的刚性规定。具体来说，第一，必须在发生了危及人身安全的暴力犯罪侵害时才能实施，对于没有危及人身安全的犯罪，哪怕是暴力犯罪，如暴力毁坏财物的犯罪，也不允许进行特殊防卫，而只能进行一般防卫。第二，暴力犯罪侵害还要求达到严重危及人身安全的程度。尽管不法侵害是针对人身安全的暴力犯罪侵害，但侵害行为未达到严重危及人身安全程度的，就只能进行一般防卫，而不能实施特殊防卫。有些犯罪，如侮辱罪可以是以暴力手段实施的，但是其属于较轻的暴力犯罪，对此即不允许实施特殊防卫;若必须进行正当防卫的,也只能适用一般防卫的规定。在实践中,许多被认定为防卫过当的案件都是由于暴力犯罪的危害尚未达到严重危及人身安全程度,故不能适用特殊防卫条款。对暴力犯罪侵害,应根据具体案件中犯罪分子所实际使用的暴力是否达到严重危及人身安全的威胁程度来甄别,对于行为强度足以致人重伤或者死亡的,则应当认为属于严重的暴力犯罪,可以实施特殊防卫。

就于欢案而言,虽然杜志浩等人对于欢母子实施了非法拘禁、严重侮辱、轻微暴力等违法犯罪行为,但这种不法侵害尚谈不上是严重危及人身安全的暴力犯罪。一则杜志浩等人非法拘禁、严重侮辱等不法侵害行为,虽然侵犯了于欢母子的人身自由、人格尊严等合法权益,但并不具有危及于欢母子人身安全的性质;二则杜志浩等人的勒脖子、按肩膀、推搡等强制或者殴打行为,虽然让于欢母子的人身安全、身体健康权益遭受了侵害,但这种不法侵害只是轻微的暴力侵犯,既不是针对生命权的严重不法侵害,也不属于会发生重伤等严重侵害于欢母子重大身体健康权益的情形,因而不是严重危及人身安全的暴力犯罪侵害。综上,应当认为,杜志浩等人实施的多种不法侵害行为,虽然满足了可以实施一般防卫行为的前提条件,但因不属于"行凶、杀人、抢劫、强奸、绑架以及其他严重危及人身安全的暴力犯罪",不具有实施特殊防卫的前提,故于欢只能实施一般防卫行为,而不享有特殊防卫权,不能适用特殊防卫条款免除其刑责。因而二审判决认定本案并不存在适用特殊防卫的前提条件,也是于法有据的。

四、对于欢防卫过当行为的定罪处罚

关于防卫过当的罪过形式,我国刑法理论上一般认为包括过失或间接故意两种心理态度,司法实务中多认定为间接故意,也有认定为过失或直接故意的。防卫过当罪过形式的认定直接关系到案件定罪和处罚问题。根据二审查明的事实,于欢的行为应定性为防卫过当下的故意伤害致死的犯罪,对于欢造成两人重伤害宜定性为间接故意,对于欢造成杜志浩死亡宜定性为故意伤害而过失致人死亡。关于防卫过当构成犯罪的刑罚适用,刑法第二十条第二款规定:"应当负刑事责任,但是应当减轻或者免除处罚。"考虑到本案之过当行为造成一死二重伤的严重后果,对于欢不宜免除刑罚处罚,而以减轻处罚为妥。综合被害方先行的不法侵害情节恶劣以及于欢具有坦白交代犯罪事实、赔偿被害人经济损失等法定、酌定从宽情节,对于欢可予以较大幅度的减轻处罚。因此,二审法院认定于欢的行为系防卫过当基础上构成的故意伤害罪,对其适用减轻处罚判处其有期徒刑五年,是适当的,符合罪责刑相适应原则。

总之,于欢案的二审判决以案件事实和证据为依据,以我国刑法的相关规范为准绳,切实贯彻正当防卫的立法宗旨,体现全面保障人权的法治精神,从定罪到量刑均实事求是、合理合法地纠正一审的不当判决,其定性准确、量刑适当,并在审判程序上公正、公开,乃至向社会公开庭审活动,真正让人民群众在这起案件的审判中感受到法律的公平正义,使这起案件的审判成为全社会所共享的法治公开课,从而成为一件典范性的司法裁判。

于欢行为属于防卫过当　应当予以减轻处罚

□刘宪权*

山东省高级人民法院已对社会关注度极高的于欢案依法作出终审判决,判定上诉人于欢犯

---

* 中国刑法学研究会副会长、华东政法大学刑事法学研究院院长。

故意伤害罪，判处有期徒刑五年。从刑法规定和刑法理论角度重新审视对于欢案中于欢行为的定性和处罚，是完全必要的。

一、于欢的行为具有防卫性质

山东省聊城市中级人民法院一审判决认为，被告人于欢面对众多讨债人的长时间纠缠，不能正确处理冲突，持尖刀捅刺多人，导致一名被害人死亡、二名被害人重伤、一名被害人轻伤，其行为构成故意伤害罪，并且认为“虽然当时其人身自由权利受到限制，也遭遇对方辱骂与侮辱，但对方的人没人使用工具，在派出所已经出警的情况下，被告人于欢和其母亲的生命健康权利被侵犯的现实危险性较小，不存在防卫的紧迫性。所以于欢持尖刀捅刺被害人不存在正当防卫意义上的不法侵害前提”。由此，一审判决否认了于欢的行为具有防卫性质。笔者认为，于欢的行为应当具有防卫的性质，理由是：

我国刑法规定的正当防卫指的是为了保护国家、公共利益、本人或者他人的人身、财产和其他权益免受正在进行的不法侵害，而对不法侵害人进行反击，以制止不法侵害继续进行的行为。正当防卫同时需要符合目的性条件、前提性条件和对象性条件。笔者认为，于欢的行为符合这些条件，应当认为具有防卫性质。

1. 于欢具有合法的防卫意图，满足目的性条件

正当防卫必须是为了保护合法的权益才能实施，这是正当防卫成立的目的性条件。所谓合法权益，是指受法律保护的国家利益、公共利益、本人或他人的各种合法权益。于欢的捅刺行为明显是为了保护本人及其母亲的合法权益而实施的，完全符合正当防卫的目的性条件。在于欢和他的母亲受到非法拘禁、侮辱和拍打面颊、揪抓头发等侵害时，于欢对讨债人进行捅刺是为了突破所处困境，保护自身的合法权益。于欢所保卫的合法权益不仅包括生命健康权，还包括自己和母亲的人格尊严与人身自由等其他合法权益。于欢在实施捅刺行为时有明确的意志因素，其行为就是为了反抗，为了制止不法侵害继续进行，具有合法的防卫意图。

2. 本案存在正在进行的不法侵害，满足前提性条件

正当防卫必须是针对正在进行的不法侵害而实施的，此为正当防卫的前提性条件。该前提性条件包含有两层意思：一是不法侵害实际存在；二是不法侵害正在进行，也就是要求正当防卫的实施与不法侵害行为的实际存在具有时空维度上的一致性。正当防卫中的不法侵害包括能够危害到国家、公共利益、本人或者他人合法权益的违法犯罪行为。

本案中，于欢和他的母亲实际上受到了多方面的不法侵害，且在于欢持刀捅刺时不法侵害仍正在进行。其一，多名讨债人对于欢母亲的讨债行为实际上一直持续进行，讨债人曾采取在苏银霞所在公司车棚内驻扎、在办公楼前支锅做饭等方式催债，并且闯入于欢的住宅，将住房内的物品搬走，并曾将苏银霞头部按入坐便器接近水面的位置，严重影响了于欢和他母亲的正常生活。其二，杜志浩等人对于欢和他母亲实施了限制人身自由的非法拘禁行为，在民警已经到达现场的情况下，仍然不让其离开公司招待室，并实施推拉、围堵等行为。其三，于欢和他母亲受到了言行两方面的人格侮辱，被害人杜志浩用污秽的语言辱骂于欢的母亲苏银霞、于欢及其家人，将烟灰弹至苏银霞胸前衣服上，将裤子褪至大腿处裸露下体，朝坐在沙发上的苏银霞等人左右转动身体，还脱下于欢的鞋子让苏银霞闻。其四，被害人杜志浩等人对于欢和他母亲有殴打行为，于欢母子的健康权受到威胁。杜志浩多次用手拍打于欢面颊，其他讨债人员实施了揪抓于欢头发或按压于欢肩部不准其起身等行为。

3. 于欢行为针对的是不法侵害人，满足对象性条件

正当防卫必须是针对不法侵害人本人实施，这是正当防卫的对象性条件。因为只有针对不

法侵害的实施者进行防卫,才能有效制止不法侵害的继续进行。在于欢案中,不法侵害实际上是由多名讨债人共同实施的,多名讨债人已经形成了一个有机的行为整体,所有讨债人在本案中都属于不法侵害人。因此,于欢的捅刺行为满足正当防卫的对象性条件,即防卫只能针对不法侵害人实施。

二、于欢的行为明显超过必要限度造成重大损害,属于防卫过当

根据刑法规定,正当防卫明显超过必要限度造成重大损害的,应当负刑事责任,但是应当减轻或者免除处罚。对正在进行行凶、杀人、抢劫、强奸、绑架以及其他严重危及人身安全的暴力犯罪,采取防卫行为,造成不法侵害人伤亡的,不属于防卫过当,不负刑事责任。

一审判决作出后,理论和实践中争议较大的是,于欢的行为是防卫过当还是防卫适当?笔者认为,于欢的行为应属防卫过当,理由是:

首先,于欢和他母亲受到的不法侵害不属于特殊防卫中所规定的"正在进行行凶、杀人、抢劫、强奸、绑架以及其他严重危及人身安全的暴力犯罪"的情形。笔者认为,尽管于欢和他母亲所受到侮辱以及殴打等行为的社会危害、暴力程度远远超过了道德的底线,但是其本质仍是侮辱以及一般殴打行为,还没有达到"行凶""抢劫"等"严重危及人身安全的暴力犯罪"的程度。也即,于欢和他母亲在当时所面临的不法侵害的社会危害性明显低于刑法有关特殊防卫所列行为的严重程度,因此,对于欢的捅刺行为不能适用特殊防卫的规定。

其次,判断于欢的防卫行为是否属于防卫适当应考虑其防卫行为是否在正当防卫的必要限度内。正当防卫虽然是法律赋予公民的一项合法权利,但由于正当防卫的实施方式通常也是通过对不法侵害人反击的手段进行的,因此正当防卫必须在必要限度内实施,一旦明显超过必要限度,防卫行为可能会造成重大损害,从而产生较大的负面效应,需要承担刑事责任。笔者认为,认定正当防卫的必要限度不能机械地依靠某个标准,而应当针对具体情况进行具体分析,在判断正当防卫的必要限度的具体标准时需要考虑两点因素:一是应当考虑防卫人对不法侵害的行为性质、行为强度和可能造成的危害后果的认识和防卫人的防卫目的;二是防卫的后果没有明显超出有效制止不法侵害继续进行的限度而造成不应该出现、没有必要出现的重大损害。本案中,多名讨债人在追债过程中并未携带任何器械,对其实施的主要是非法拘禁、侮辱和拍打面颊、揪抓头发等行为。民警进入接待室以后,双方没有发生激烈对峙和肢体冲突。考虑到于欢所使用的工具、刺伤部位以及捅刺强度,尤其是最终造成"一死二重伤一轻伤"的后果,可以看出,于欢所实施的防卫行为与其受到的不法侵害不相适应,该后果明显属于重大损害。因此,应当认为于欢的行为明显超出了必要限度并造成损害,属于防卫过当。

三、防卫权的扩大应通过立法完善而非司法适用

刑法学界有观点认为,我国应当放宽正当防卫的认定标准,从而加大侵害人的违法成本,进而降低被侵害人的维权成本,以使正当防卫制度能更好地震慑到不法侵害人,从而发挥正当防卫制度的积极功能。笔者认为,这种观点实际上涉及的是我国正当防卫权是否应当扩大的问题。但是,正当防卫权的扩大理应属于立法层面的问题,而不能通过司法认定加以实现。就我国目前的法律规定而言,正当防卫必须在必要限度内进行,如果明显超过了这个必要限度并造成了重大损害,防卫人就构成防卫过当,应当承担刑事责任。而特殊防卫的前提条件也是必须存在正在进行的行凶、杀人、抢劫、强奸、绑架以及其他严重危及人身安全的暴力性犯罪。在立法上未作修改的情况下,对防卫行为是否过当的判断必须以现行刑法规定的必要限度这一条件加以限制。于欢构成防卫过当并不仅仅是因为有"一死二重伤一轻伤"的危害结果,而是通过各方面因素的综合考量。一方面,我们不能对防卫人提出苛刻的要求,要求其防卫的行为"恰好"制止了不法侵害的发生,而不产生多余的危害结果;另一方面,我们也不能一味主张防卫人毫无节制地使用防卫权。正当防卫权实际上是法律在公力救济缺位时对私力救济的部分让步,如果没有一定的限制,毫无疑问会影响法律的权威性和严肃性。

正当防卫制度有着深刻的理论意义和重大的实践价值。首先,正当防卫制度可以很好地发挥惩恶扬善的社会功能,鼓励社会成员勇于与违法犯罪的不法侵害行为作斗争。其次,公力救济不可能时刻“守护”每一位公民,正当防卫作为一种在公力救济无法实现的情况下国家鼓励和提倡的私力救济方式,能够有效遏制犯罪活动的发生,保护社会成员。最后,正当防卫制度其实是在对每一个意欲犯罪的危险分子作出警告,劝其不要胡作非为,具有一定的预警功能。同时应当指出的是,防卫过当的规定实际上是对防卫行为限度的制约,如果对防卫权进行无限扩大,可能产生一定的负面影响,因为防卫行为实际上是对不法侵害行为人反击的行为,如果实施不当,当然会造成重大的损害,甚至可能出现将正当防卫视为纯粹个人报复的借口。因此防卫权不宜过分扩大。只有正确合理地划分正当防卫的范围,才能有效地发挥正当防卫制度的积极功能。就此而言,一些学者提出的放宽正当防卫的认定标准的观点,实际上只是对我国未来关于扩大正当防卫权的立法展望。

四、二审判决对于欢减轻处罚量刑适当

根据我国刑法规定,正当防卫明显超过必要限度造成重大损害的,应当负刑事责任,但是应当减轻或者免除处罚。一审法院判处于欢无期徒刑的主要原因是未认定于欢的行为具有防卫性质,认定其行为构成故意伤害致人死亡,没有对其减轻处罚。防卫过当实际上是在对不法侵害人造成的重大损害中剔除了合法、合理的部分后,要求防卫人承担起防卫行为中不合理、不合法部分的刑事责任。防卫过当构成犯罪,但防卫过当并非一个独立的罪名,因此对防卫过当犯罪行为的定性应当紧紧依附于过当行为性质和过当结果性质加以判断。根据对案件发生的背景综合分析和全面判断,于欢在实施防卫行为时并没有杀人的故意。于欢虽然实施的是用刀具捅刺他人的行为,但可以看出行为并不是在杀人意志支配下对被害人选择致命的部位进行捅刺,因此将于欢的防卫行为认定为故意伤害似乎没有问题。于欢的行为是出于对母亲的人身自由和人格尊严保护,自古就受到人伦和常理的认可,但其造成了“一死二重伤一轻伤”的严重危害结果,超出法律所容许的限度,因此,对于欢适用减轻处罚而不适用免除处罚也是完全合理的。根据刑法第二百三十四条的规定,故意伤害致人死亡的,处十年以上有期徒刑、无期徒刑或者死刑。对上诉人减轻处罚则应当在三年以上十年以下有期徒刑的法定刑幅度内量刑。山东省高级人民法院最终判处于欢有期徒刑五年,充分考虑了于欢的犯罪事实、性质、情节和危害后果,是一个合法、公正的判决。

于欢案量刑的几点思考

□卢建平*

二审判决前,于欢案件的定性面临诸多争议,学者和坊间说法不一,如系正当防卫因而无罪,特殊防卫也是无罪,或系故意杀人或者故意伤害致人死亡,抑或系防卫过当因而以故意伤害致人死亡论罪。罪与非罪,莫衷一是。二审认为,于欢的行为属防卫过当因而有罪,这就为之后的量

---

* 北京师范大学法学院院长、教授。

刑奠定了基础。然而,在具体裁量刑罚时,仍然会面临多重抉择:一是免除还是减轻处罚?二是具体刑期,以及判处实刑还是缓刑?

根据刑法第二百三十四条第二款之规定,故意伤害致人死亡的,处十年以上有期徒刑、无期徒刑或者死刑,本法另有规定的,依照规定。而刑法第二十条第二款规定,防卫过当的,应当减轻或者免除处罚。为此,对于欢的防卫过当而构成故意伤害,刑罚是减还是免?

刑法第六十一条规定,量刑应当根据犯罪的事实、犯罪的性质、情节和对于社会的危害程度,以及刑法的有关规定。确定对于欢适用减轻处罚还是免除处罚,自然要遵循这一规定,全面衡量。在于欢的行为性质确定为防卫过当之后,仍然要认真权衡其防卫行为与不法侵害行为的适当程度,考虑其损害后果的严重程度,比较防卫行为所保护的法益与损害的法益之间存在的差距。于欢及其母亲苏银霞的人身自由权遭受限制,人格权遭受言行侮辱侵犯,身体健康权遭受轻微暴力侵犯,具备正当防卫的诸多要件,但于欢持利刃捅刺四名不法侵害人,造成"一死二重伤一轻伤"的重大人身伤亡,其防卫行为的强度和造成的损害已超过维护自身权益和制止不法侵害行为所容许的范围,防卫行为明显超过必要限度造成重大损害,应当负刑事责任。虽法律对于防卫过当规定了"应当减轻或者免除处罚"两个选项,但综合而论,对于欢免除处罚显然与其防卫过当造成重大伤亡后果的犯罪行为不相适应,而减轻处罚更符合罪责刑相适应原则。

依照刑法第六十三条第一款的规定,减轻处罚是在十年以上有期徒刑档次的下一档即三年以上十年以下有期徒刑量刑。而这个档次依然是一个较大的量刑幅度,仅以年度为分界就可以从最低三年到最高十年分成八级。这其中又必然涉及实刑和缓刑的选择,因为法律规定,判处三年以下(包括本数三年)有期徒刑的,如果符合其他法定条件,可以适用缓刑。

在减轻处罚的框架内,二审量刑时着重考虑了对于欢有利的情节,如于欢具有防卫过当的法定减轻处罚情节,归案后如实供述的法定从轻处罚情节,以及在案发前因被害人具有严重过错的酌定从轻处罚情节。具体而言,本案系由吴学占等人向于欢母亲催逼高利贷而引发,苏银霞多次报警后,吴学占等人的不法逼债行为并未收敛,反而变本加厉;案发当日,催债一方多人占据苏银霞的办公场所,非法限制苏银霞和于欢的人身自由,侵害其人身权利,特别是本案被害人杜志浩当着于欢之面公然以裸露下体的方式侮辱其母,虽然这一极端的举动距于欢实施防卫行为时已过去了一段时间,且于欢在捅刺杜志浩等人时心理上不排除有报复杜志浩辱母行为的情绪,鉴于这一侮辱情节的恶劣性质,在伦理上应当受到严厉谴责,在刑罚裁量上应当作为对于欢有利的情节予以重点考虑。最终确定的刑期是五年有期徒刑,在三年到十年的刑档内处在第三个级别上,依然是一个中位线以下的水平。这一量刑充分体现了法院的宽宥情怀。

那么二审适用实刑而非缓刑的依据又何在呢?

根据刑法第七十二条及相关司法解释的规定,对于被判处拘役、三年以下有期徒刑的犯罪分子,同时符合下列条件的,可以宣告缓刑,对其中不满十八周岁的人、怀孕的妇女和已满七十五周岁的人,应当宣告缓刑:(1)犯罪情节较轻;(2)有悔罪表现;(3)没有再犯罪的危险;(4)宣告缓刑对所居住社区没有重大不良影响。

就于欢案件而言,其犯罪情节难言较轻,只是因为其防卫的性质而使犯罪的性质大大改变,行为的社会危害性大大降低。如果仅作客观评价,或者将犯罪的性质和犯罪的情节分开评价,还应视为犯罪情节较重或者严重。因此,仅就案件的客观方面而言,似不利于宣告缓刑。

宣告缓刑的最不利因素是于欢始终不认罪,也无任何自责悔罪表示。当然,基于防卫的正当性,于欢及其家人、辩护律师甚至许多社会公众对于欢有罪一说难以接受,有其一定的道理。仅就尊重法院的生效判决因而尊重司法权威而论,于欢因防卫过当而有罪,必须从思想和行为两个方面接受刑事处罚,这也是于欢个人接下来需要面对的挑战。而社会各界也需要透过于欢案件来正确认识正当防卫、特殊防卫及其与防卫过当的界限,妥善行使正当防卫权,并在权利行使不当或者越界时承担相应的法律责任甚至刑罚。这一重要的法律常识是需要通过于欢案加以普及宣传的。

第三个不利于缓刑的因素是,于欢及其家人与被害一方欠缺和解意愿与行动,双方对于本案的诉求存在巨大的差距。于欢一方自认正当防卫,而被害一方认定于欢是故意杀人或故意伤害致人死亡,甚至要求判处于欢极刑,并提出高额赔偿要求。特别是于欢不认罪,其在 5 月 27 日庭审的法庭最后陈述时甚至扬言,如果以后遇到类似情况,还会这么干! 因此,在未来的监狱服刑过程中,如何教育好于欢,使其认罪悔罪,自觉接受改造,将是一项艰难的任务。

是否宣告缓刑最后需要考虑的是宣告缓刑对所居住社区有无重大不良影响。考虑本案发生的特殊社会背景(乡土中国、熟人社会),特别是本案中双方当事人之间的矛盾对立程度,以及于欢本人的家庭状况(其父母均因涉案,或逃逸在外,或在羁押之中),若对其宣告缓刑,对其所居住社区产生重大不良影响的可能性是存在的,难以排除。

在综合考虑了各种有利、不利因素之后,二审判处于欢五年实刑,既合法合理,也是必要和适宜的,不仅体现了刑罚的物理隔绝和惩罚的意味,也体现了刑罚的教育、感化、改造和保护的功能。

《人民法院报》评论

□法言平*

一、又一堂全民共享的法治“公开课”

在过去的几天里,中国法院每天发布的千百个一审判决中的一个突然引起了媒体和有关部门的高度关注,其最简短的裁判要旨“于欢刺死辱母者被判无期徒刑”引发了社会各界的思考和评论。就像富勒虚拟的洞穴探险者案件“受困岩洞 20 多天后杀死同伴食肉幸存被判无罪”的裁判要旨一样,虽然其中法律理论问题比较深奥,但由于案件焦点涉及伦理人情,引发广泛关注和评论也不足为奇。

由于于欢案目前尚在二审过程中,自然不便对案件的是非曲直作出评论,但对于这起辱母杀人案的评论潮,我们却感受良多。

第一,全民同上一堂法治社会的“公开课”。建设法治社会,“使全体人民都成为社会主义法治的忠实崇尚者、自觉遵守者、坚定捍卫者”,一方面从法典学起,更重要的是从案件讨论做起的。人们所评论的绝不只是那个仅有 11 个字的裁判要旨,其中还有更深层次的法律与道德的关系,也包括民间借贷、正当防卫、非法拘禁、玩忽职守等复杂、多义的专业术语等。尽管民众讨论的深度、角度与法律职业者很不相同,但这正是建设社会主义民主与法治所期待的。

第二,评论的理性与成熟彰显了法治建设成就。如果是在几年前遇到此类事件,在自媒体上骂大街的有,侮辱、威胁法官的有,挑头闹事的有,发狠话的也有……而看今天的评论,绝大多数评论者都态度平和,有理有据,引经据典,具有建设性。各种评论观点中有的支持裁判结果,有的主张轻判 10 年,有人认为应无罪释放,但欣慰的是人人都在说自己的道理,评别人的不足,而且对法律程序给予了基本的尊重。人们最后把眼光投向了已经受理上诉的山东省高级人民法院。

---

* 《人民法院报》特约评论员。

这也说明没有枉费全面推进依法治国几年的苦功。

第三,法治实质意义需通过形式意义体现。虽然法律具有很强的社会性、道德性,但法律毕竟是一个职业,法学毕竟是一门科学。即使在实行陪审团制度的国家,那些经过双方挑选出来的公正的陪审员们仍然需要接受法官的“法律指导”,法官要告诉他们什么是“超越合理怀疑”,什么是“主观方面”(mensrea),什么是证据的可采性等。我们自己身体不适时,仍然需要求助专业的大夫确诊、开方、用药。即便是我们啃了几本医书,也不会比专业的大夫说的更有信心。

第四,相关部门的回应让人印象深刻。事情发生后,审判机关立即反馈已经受理了上诉案件,检察机关表示将再对事实证据全面审查,公安机关也开始核查民警处警和办案情况……这样的严谨的态度、理性的回应、包容的胸怀和职业的精神,也让我们看到了中国的司法制度愈加成熟的表现,看到了法治部门对公众评论的负责和包容,看到了法治国家建设的积极信号!

现在,我们开始等待二审法院的裁判结果。即使是有了终审判决,相信还会有不同的声音。无论是维持原判或改判有期徒刑甚至改判无罪,仍然会有“第二季”的讨论。我们相信,那将是一场更加理性、更加成熟、更加提升了层次的讨论,也将是这堂法治“公开课”中令人最有收获的一节。

法院所受理的纠纷案件是各种矛盾冲突的极端表现形式,不同的案件会引发各个领域的关注。有的案件直击人人关注的社会伦理的核心,有的案件则直接关涉社会秩序的安定和民生,有的案件会影响到本地乃至全国的经济发展,有的甚至关涉国家的安全……也就是说,同一个法律条文在不同背景下会引发来自不同角度的关注和评论。

作为法治社会的成员,我们应当如何对待法院的判决?我们当然拥有对公共事务发表评论的权利,而且完全可以从普通人的视角说出自己的理解。或许表达本身就是评论的目的之一,而这不仅意味着政治民主程度的提高,也意味着我们所有人都在寻求与法治精神的统一。从形式上讲,作为规则之治的法治需要有一个终局决定者。只要这个终局决定者是根据对法律的专业理解作出的裁判,便应当获得制度上的权威,应当得到社会成员的尊重,因为对法治的尊重是自己最终获得尊重的前提。当然,如果某一项法律在新形势下需要有新的解释甚至重新修订,其中便有了民主、负责的评论者的一份功劳!任何一项文明的发展、秩序的确立都是要有所付出的,而这种付出中就包含了对法律秩序的遵从,其本身就是对良法善治的贡献。

法律职业对于媒体的评论更要给予特别的关注和尊重。我们所理解的“努力让人民群众在每一个司法案件中感受到公平正义”,肯定不是在让人民群众弄懂了所有法律术语、法律理论之后再去感受公平正义。法律职业特别是握有法槌的法官只有认真正解法律中的政治诉求、道德诉求、人心诉求和其他相关因素,或者说是领会了在这些诉求之下的法律,才算是真正掌握了“法律”的真实含义了。

因此,要实现公正司法,负责任的媒体评论是不能缺位的。不过几个月前,英国《每日邮报》将作出涉及脱欧判决的三个大法官称为“人民的敌人”这种异乎寻常的评论也着实引起了欧洲关于民意与法治关系一场大辩论。也就是说,维护司法公正和审判独立,媒体当然也应当遵守法治精神,尊重司法权威,而不能超越合理的界限。

二、庭审公开课上的那些“全民关注点”

随着一声法槌敲响,于欢故意伤害案二审庭审宣布休庭,判决将择期宣告,全社会便一起进入了对终审判决的等待期。终审判决结果人人关注,但在经历了为求得这一“未知数”而完成的整个诉讼程序(特别是二审庭审)的铺垫之后,我们却有一种如释重负的感觉,甚至觉得判决结果也没有那么重要了。在进行了十几个小时职业、公开、庄重而不乏人性化的庭审之后,法官能够公正、独立、自信地作出判决的程序前提已经完全具备了,他们将根据自己对事实证据、法律辩论的理解，通过合议（也有可能通过审判委员会）的形式作出判决。即使终审判决的结果与我们的观点大相径庭，即使以后又引发了后续的救济程序，我们都没有理由质疑这场庭审，而应该坦然面对和接受司法规律为人类社会带来的这种结局。

党的十八届四中全会部署的一系列司法改革措施中，“以审判为中心的诉讼制度改革”成为各界关注的重点项目。习近平总书记特别指出，这项改革就是要“通过法庭审判的程序公正实现案件裁判的实体公正”“保证庭审在查明事实、认定证据、保护诉权、公正裁判中发挥决定性作用。”于欢案的二审开庭审理正是践行这一要求的又一个范例，是展现审判中心诉讼制度改革成果的又一堂庭审公开课。于欢案二审开庭的过程再一次彰显了审判中心主义和庭审中心主义在中国司法制度进步历程中的贡献，体现了符合司法规律的诉讼程序对公正司法的“塑形”作用。

要建立和完善以审判为中心的诉讼制度，开放的法庭便是课堂，法庭的认定便是标尺，法庭的裁判便是教材。于欢案庭审的现场有控辩双方的激烈对抗，有证人出庭接受询问质证，有人大代表、政协委员、公众代表、新闻媒体的现场旁听，有庭审过程的微博直播与上千万网民的观看和评论，确实引起了全民关注，而这些具体的“全民关注点”充分印证了以审判为中心的诉讼制度改革成果的巨大影响。

一是地点场所。这场庭审将全民的眼光吸引到了审判法庭里。虽然诉讼各方主体在法庭外都有过很多诉讼活动，但相互冲突的观点、难辨真伪的证据、纷繁复杂的主张最终都必须走进审判法庭的门，提交到审判席上的法官面前，让法官听到、看到。诉讼各方为实现自己的诉求行使诉讼权利，法庭当然予以保护，但这些都应当在法庭里完成才能算数。所以，法庭已经成为法治国家最有魅力的场所之一。

二是控辩双方。关注在法庭上展现的所有信息，其实就是关注控辩双方提交的证据和辩论意见。法庭上的活动不只是控辩双方从自己的角度对本案事实和法律的重述，更重要的是双方诉讼力、说服力的比拼。控辩双方以外的力量，无论是来自社会舆论，还是来自专家学者，原则上都不能形成诉讼的力量，不能成为法官作出判断的依据。我们不能禁止社会评论、专家发声，但其力量只有通过诉讼主体的声音转化过来并进入法庭，才可以影响法官的判断。

三是裁判法官。法庭是双方当事人的战场，但主持这场“文明战争”的人是端坐审判席的法官们。在控辩双方竭尽全力展现自我的时候，作为裁判者的法官的使命是确保这场战争公平地进行下去。因此，法官的一言一行、一举一动都关系到诉讼活动的公平性，关系到公众对法庭的评价，关系到司法公信的建立。关注法官，算是关注到了点子上。

四是程序活动。公众关注着控辩双方的表现，也关注着每一步程序的进行。诉讼程序的设计目的，就是要把所有证据、事实、法律观点纳入一个确定的、双方认可并平等运用的程序中。程序是正义依存的载体。对控辩双方提出的证据和法律观点，可以专题研讨、学术争鸣，也可以街谈巷议、众说纷纭，但这都难以成为审判中心主义所追求的正义来源。

五是公开透明。公开透明是公众关注于欢案和其他所有案件的最低的民主标准（也属于程序标准）。在法治国家、法治政府、法治社会建设一体推进的过程中，公开透明成为最基本、最先决，同时也是最便于满足的关注。所有诉讼活动以公开透明的方式展现出来，既是对实现审判中心主义的有效监督，也是对法庭自信的有力背书。公开透明本身并不直接证明被公开的庭审活动的正确性，但它可以在一定程度上阻止不正确的行为发生。

观察以往的案例，公众本来还可能关注另外一些方面，如是否存在审者不判、判者不审的情况，是否存在先定后审、庭审“走过场”的情况，是否存在请示上级、“二审变一审”的情况，是否存在外部干预、影响独立的情况，是否存在司法不廉、枉法裁判的情况，是否存在法官任性、独断专行的情况，是否存在限制公开、失去自信的情况等。但令人欣慰的是，对于于欢案的二审开庭几乎没有这些方面的关注或评论。虽然这些本来就难上台面的事尚未完全消除，但法治文明的进步无疑是巨大的。

据报道称，旁听于欢二审开庭的各界代表赞誉法庭是“正义的殿堂”“法治的课堂”……如果一场庭审能获得如此高的评价，这一定是一场体现审判中心主义的成功庭审，是实现庭审实质化的典范。

三、认真对待来之不易的“于欢案效应”

从于欢案一审之后的上诉到二审法院的开庭审理，一直到改判五年有期徒刑终审判决的发布，社会舆论一路跟踪至今。重新回味于欢案的每一个环节，我们发现这起刑事案件与其他一些影响性诉讼一道，体现了对法治进步的“于欢案效应”。

一是从全民“陪审团”转化为全民“公开课”。面对一起普遍关注的复杂案件，社会公众会有自己的看法，法律专家也禁不住各抒己见。虽然这不必然影响公正裁判，但法官受舆论不当影响的风险确实存在。在于欢案中，法院的精心审理和明智“公关”成功地将办案全过程变成了一堂全民共享的法治公开课，完成了一个实质性的变化。

二是从激昂的感性反应转化为从容的理性思考。那些与社会道德直接相关的案件往往为不同群体表达意见、宣泄情绪提供了机会，于欢案正是其中之一。但舆论、情绪毕竟是暂时性的，无法持续长久，而从容平和的理性思考终究会占据上风。于欢案在过去三个月里的“三季”变化确实让人对中国法治的健康环境感到欣慰。

三是从一次性处置转化为先例性规则。每一起引发社会舆论关注、炒作的案件，往往都有疑难的法律问题蕴含其中。现在的法院越来越能理智地利用这些资源，将其中的法律问题挖掘出来甚至将裁判贡献为先例判决，而不再只是采取“灭火”式的舆情应对，简单了事。

四是从大众道德评判转化为专业法律判断。感性反应、“全民陪审”中表达出的观点基本上是大众道德评判。尽管法官不会对此置之不理，但职业标准要求法官将这些观点通过“法律职业过滤网”之后，方可吸收、转化为法律专业判断。于欢案二审判决书中的说理部分便是法官这一使命的体现。

五是从普通官员保障转化为法官职业保障。法院在国家治理中注定处于社会矛盾的“风口浪尖”，因此法官依法独立、公正审理案件需要获得特别的职业保障。一个官员为避免被免职可以在作出决定前做一些民意测验，而法官的裁判只能依据事实、法律和良知作出。因此，为实现法治的使命，法官必须拥有更高程度的职业保障，包括于欢案一审合议庭中的法官。

六是从多头并立的“无解之局”转化为审判中心的司法终局。不论公安、检察院、当事人、社会舆论的意见分歧有多大，甚至不排除有的主体通过不当手段施加压力，但唯有法院才是“一锤定音”者。于欢案再一次成为建设审判中心主义诉讼制度的典范。尽管有些公众将最高人民检察院公开发表的诉讼意见误认为是司法部门的“定调”，但审判中心主义的客观规律还是把检察机关拉回到了诉讼主体一方的地位(其法律监督功能另论)。

七是从被动回应舆论到适当回应舆论。于欢案虽有详尽的裁判说理，但山东省高级人民法院的负责人还是作了答记者问。这样做既有司法民主的政治原因，也有法律职业平民化的专业原因。今天已不再是贵族法官高高在上或者法律只属于律师的旧时代。中国司法的政治属性和“让人民群众在每一个司法案件中感受到公平正义”的根本要求，已经使司法与媒体(舆论)的关系有了适当调整。如果把回应社会关注当成是屈从媒体压力的“舆论审判”，那也未免过于简单了。

今天,于欢案将再一次成为中国法治道路上一个新的标志。这倒不见得是因为它对“正当防卫”法律规则新的解释,而是因为这起案件集中反映了法治进步所产生的这些效应。明天,或许还会有人坚持认为于欢案中舆论绑架了司法,或许还会有人认为量刑太重……这种情况实属正常。这或许也可以作为于欢案体现的另一个效应,那就是:法律永远是人民的!

四、司法与舆论:“良性互动”抑或“天生免疫”

在经历过无数个案司法与舆论较量的相似历程后,我们终于从于欢案中看到了来之不易的八大效应。其中,司法与舆论(媒体)的关系仍然是一个世界范围内热议的问题,而这一问题的焦点就在于:法官作出裁判时闭眼不看现实、掩耳不听民意,真的能作出公正的判决吗?法官与舆论之间存在良性互动的可能吗?

舆论免疫力(immunity of pop views)是传统司法理论中国际公认的法官对媒体、舆论的一种态度,但这一理论在不同国家、不同时代背景下可以有不同解释。在加拿大的司法职业道德准则中便有明确的规定,要求法官积极了解社会现实,了解诸如新的平等观、性别意识、种族差别与平等、家庭暴力与普通暴力的不同、创伤心理学等知识。中国最高人民法院 2001 年发布的《法官职业道德基本准则》(后有修订)在“加强自身修养”一章中也规定,“法官应当具有丰富的社会经验和对社会现实的深刻理解”。

由此可见,法官除了具备政治素质、专业能力、独立精神以外,还要了解社会现实、舆论声音、公众意见。不可想象一个不食人间烟火的法官会作出公正的裁判,也不敢说仅凭法律逻辑和生活经验就能让自己的判决为社会所广泛接受。既然法院总是处在社会矛盾的风口浪尖上,那么法官在客观上便不可能与舆论脱节。

在实行陪审团制度的普通法国家,法院会尽可能选择那些不了解案情、未参与过讨论,甚至未看过相关电视节目的人当陪审员,其目的就是要防止陪审员受到舆论的影响而先入为主,可能导致审判不公。但这一标准并不适用于职业法官,因为法官是受过法律专业训练的职业人士,人们相信法官凭其自身能力便可以自动排除、消解掉舆论对其公正裁判的不当影响。换句话说,职业法官对舆论影响具有完全的“免疫力”。

我们也看到,当前在普通法国家对媒体报道或舆论讨论具体案件时也会有一些限制措施,甚至法院会使用“封口令”(gag order)之类的措施,但这在很大程度上并不是为了防止法官受到影响,而是为了帮助陪审员排除干扰和偏见,同时保护涉案当事人或证人在诉讼进程中免受伤害。

但是,法官毕竟也是人,是社会中的普通一员,且其“舆论免疫力”也是靠后天培养获得的,所以百分之百地相信法官会自动过滤舆论的不当影响也未必可靠。

这样一来,相应的机制保障便成为司法制度建设的重点,如审判独立、责任豁免、职业训练、道德操守等。各国也为此采取了一些措施对媒体舆论作了一些限制,但又出于民主、问责、自然权利等因素的考虑,法院要求自己的法官们加强与媒体、社区、职业群体的沟通、交流,其目的无疑是实现司法与舆论的良性互动。一个民主国家是不会无端禁止公众对司法案件进行披露或评论的,但国家唯一担心的就是法官(裁判者)可能受到舆论的不当影响而偏向了情绪、主观、偏见,最终把事实和法律放在一边。

有媒体认为于欢案中是“舆论取得了胜利”,但更多人认为是法治和正义大获全胜。在司法与舆论形成良性互动时,正义的胜利与舆论的主流声音便可以基本协调一致。我们便可以说,司法与民意的良性互动能为实现公平正义提供更有力的保障!

五、做好下一堂“公开课”的“课前准备”

于欢案二审终审之后,下一堂“法治公开课”或许在明天、后天就要开始了。反思于欢案和其他类似案件,我们发现了一个具有普遍性的问题:听众进入课堂之前一般都没有做好“课前准备”,从而导致公开课的预期效果难以实现。

那么,该有哪些课前准备呢?基本法律知识必不可少,遵法守法意识不可或缺,理解和接受司法规律定有裨益,程序正义精神亟待培养……当然,我们并不期待听众在人人成为法律专家之后才能进入课堂,但必要的课前准备是必须做的。

第一,接受司法规律。这一要求看似过高,但作为一个负责任的公民,听众应当牢记作为公平正义最后一道防线的司法所应具备的独立性、公正性、权威性等根本属性。这些理念可以帮助听众理解法治过程,也可以帮助公众以正确的立场、态度、方法来监督司法。

第二,维护中立地位。司法裁判不是神明执法,法官也不是万能之神。法官查明事实时,不是靠亲自安装摄像头进行监控,而是靠双方当事人提供的证据说服自己。法官虽然是法律专家,但在解释和适用法律时也必须事先听取诉讼两造的法律辩论。谁能把作为中立裁判者的法官说服,谁就能赢得这场官司。可以这样说,在司法公正的前提下,决定官司输赢的不是法官,而是当事人自己。

第三,尊重职业判断。法律判断属于职业判断,无法以大众判断替代。尽管大众判断在民主意义上(通过立法)最终将主导、取代或者覆盖法律职业的判断,但法律职业判断在法律过程(legal process)中总处于优先地位。虽然法律问题人人皆可评论,但职业判断最终定局。即便是职业人士之间对同一问题也会有不同观点,美国最高法院作出判决时经常出现五比四的情况。这是法律科学本身的属性所决定的。

第四,尊重司法程序。“走程序”常被人不屑一顾,大众理性中也少有程序的地位。但是,不尊重司法程序就等于捅破了实体权利的“保护伞”。如果以自己对裁判结果的期待或好恶作为批评司法的唯一依据,那就等于掀掉了公平正义大厦的房顶而将其暴露在风雨之中。裁判结果固然重要,但未经司法程序“过滤”的信息在法律上很可能是不可靠的。实体法告诉法官应当做出什么样的裁判,而程序法告诉法官的是如何做出这样的裁判。

第五,学会自尊自重。听众对自己的言行负责也是对自身的保护和尊重。由于缺乏亲历性,公众所得到的信息经常是残缺不全、支离破碎的。如果简单、草率地以此为依据发表情绪激昂的评论,则很可能在随后的过程中给自己造成难堪,影响自身形象,甚至对法官公正裁判造成负面影响。有时会听到有人说“某某问题即使是三岁的孩子都明白怎么判断”,但更多的问题即使通过谨慎审理、激烈辩论也未必得出确定性的判断。草率的评论往往是由于低估了法律问题的复杂性而作出的。

毫无疑问,课前准备工作越充分,听众的自信会越强,参与度会越高,对法治的支持也会越大。为全面、深刻理解公开课的内容,形成台上台下的良性互动,鼓励我们的听众积极主动地做好下一堂法治公开课的课前准备吧!

法律事实是改判之“定海神针”

□蒋安杰*

6月23日9点,于欢案尘埃落定,山东省高级人民法院第22审判法庭,在经过关于事实和证

* 《法制日报》记者。

据、关于法律适用、关于刑罚裁量、关于诉讼程序四个方面内容的评判后，终审裁决于欢犯故意伤害罪，判处有期徒刑五年。

距离5月27日备受关注的于欢故意伤害案二审在山东省高级人民法院公开审理，长达15个小时的于欢案第一只靴子——庭审落地将近一个月的时间，于欢案改判这只人们关注已久、承载着公平正义的靴子终于在社会高度关注中，铿锵有力地砸向了地面。

回想马三立老先生那段著名的单口相声里，曾经等待第二只靴子落地的那个人一直睡不着觉的场景与画面，山东省高级人民法院二审的法官们对《法制日报》记者说，这个比喻很恰当，再形象不过。

于欢案在一审宣判后引发了公众乃至法律界人士关于人伦与法律话题的讨论，大量关于该案走向的推测和呼声层出不穷。在此舆论环境下，二审法官背负的压力之大可想而知，几乎是在刀尖上行走，容不得任何闪失。

如何既能保证公平公正，又能妥善回应社会关切；如何平衡情理与法律、道德与法律、民意与法律的关系，这是摆在二审法院面前的现实问题。但无论怎样，在司法的天平上只有公正、只有事实、只有法律，不会因舆论的风潮而摇摆。

于欢案改判，二审判决书中明确指出，原审判决存在的主要问题是认定事实不全面，部分刑事判项适用法律错误。判决书写道："案发当日被害人杜志浩曾当着于欢之面公然以裸露下体的方式侮辱其母亲苏银霞，虽然距于欢实施防卫行为已间隔约20分钟，但于欢捅刺杜志浩等人时难免不带有报复杜志浩"辱母"的情绪，在刑罚裁量上应当作为对于欢有利的情节重点考虑。杜志浩的辱母行为严重违法、亵渎人伦，应当受到惩罚和谴责，但于欢在实施防卫行为时致一人死亡、二人重伤、一人轻伤，且其中一重伤者系于欢持刀从背部捅刺，防卫明显过当。于欢及其母亲苏银霞的人身自由和人格尊严应当受到法律保护，但于欢的防卫行为超出法律所容许的限度，依法也应当承担刑事责任。认定于欢行为属于防卫过当，构成故意伤害罪，既是严格司法的要求，也符合人民群众的公平正义观念。"

二审判决不仅让法律有了温度，最重要的是，让网络上相关报道的一些失实事实、情节在二审庭审以及判决书中都得以澄清。

《法制日报》记者细心比对判决书和网上相关报道内容后发现：

一、关于苏银霞借还款的相关事实

网上报道的具体内容：因公司资金困难，2014年7月和2015年11月，苏银霞两次分别向吴学占借款100万元和35万元，约定月利息10%。苏银霞提供的数据显示，截至2016年4月，她共还款184万元，并将一套140平方米价值70万元的房子抵债。"还剩最后17万元欠款，公司实在还不起了。"于欢的姑姑于秀荣如是说。

经审理查明：2014年7月28日，苏银霞及丈夫于西明向吴学占、赵荣荣借款100万元，双方口头约定月息10%。至2015年10月20日，苏银霞共计还款154万元。2015年11月1日，苏银霞、于西明再向吴学占、赵荣荣借款35万元。其中10万元，双方口头约定月息10%；另外25万元，通过签订房屋买卖合同，用于西明名下的一套住房作为抵押，双方约定如逾期还款，则将该住房过户给赵荣荣。2015年11月2日至2016年1月6日，苏银霞共计向赵荣荣还款29.8万元。

综上，苏银霞两次分别向吴学占借款100万元和35万元，与网上报道的借款次数、数额一致；苏银霞共计还款183.8万元，与网上报道苏银霞还款184万元相差无几。

经审理查明：2015年11月2日至2016年1月6日，苏银霞共计向赵荣荣还款29.8万元。吴学占、赵荣荣认为该29.8万元属于偿还第一笔100万元借款的利息，而苏银霞夫妇认为是用于偿还第二笔借款。吴学占、赵荣荣多次催促苏银霞夫妇继续还款或办理住房过户手续，但苏银霞、于西明未再还款，亦未办理住房过户。2016年4月1日，赵荣荣与被害人杜志浩、郭彦刚等人将于西明上述住房的门锁更换并强行入住，苏银霞报警。赵荣荣出示房屋买卖合同，民警调解后离去。同月13日上午，吴学占、赵荣荣与杜志浩、郭彦刚、杜建岗等人将上述住房内的物品搬出。当晚，于西明通过他人调解，与吴学占达成口头协议，约定次日将住房过户给赵荣荣，此后再付30万元，借款本金及利息即全部结清。同月14日，于西明、苏银霞未去办理住房过户手续。

综上，网上报道关于"将价值70万的房子抵债，还欠款17万"的表述与查明事实不符。在案证据证实，双方对以房抵债进行过协商，一度达成过协议，协议内容为住房折抵60万元，此后再付30万元，但协议并未履行。

二、关于吴学占指使手下拉屎并将苏银霞按进马桶的相关事实

网上报道的具体内容：2016年4月13日，苏银霞到已抵押的房子里拿东西。据她提供的情况说明，在房间里，吴学占让手下拉屎，并将苏银霞按进马桶里，要求还钱。

经审理查明：2016年4月13日上午，吴学占、赵荣荣与杜志浩、郭彦刚、杜建岗等人将上述住房内的物品搬出，苏银霞报警。民警处警时，吴学占称系房屋买卖纠纷，民警告知双方协商或通过诉讼解决。民警离开后，吴学占责骂苏银霞，并将苏银霞头部按入坐便器接近水面位置。

综上，网上报道关于"吴学占让手下拉屎，并将苏银霞按进马桶里"的表述不准确。苏银霞出庭作证证实，吴学占将其头部按入坐便器接近水面位置，当时马桶里边没有屎，其头发和脸上没沾上水。

三、关于赵荣荣纠集他人限制苏银霞、于欢人身自由的相关事实

网上报道的具体内容：山东源大工贸有限公司（以下简称源大工贸）职工刘晓兰看到3辆没有车牌的轿车进入工厂，时间是在2016年4月14日下午4时许。她预感不妙。他们一行约十人，拉来了烧烤架、木炭、肉串、零食和啤酒，将烧烤架支在公司办公楼门口，若无其事地烤串饮酒。苏银霞和儿子于欢被限制在公司财务室，由四五人看守，不允许出门。当晚8点多，催债人员杜志浩驾驶一辆迈腾车进入源大工贸，将苏银霞母子带到公司接待室。接待室内有两张黑色单人沙发和一张双人沙发，苏氏母子分别坐在单人沙发上，职工刘晓兰坐在苏银霞对面。11名催债人员把3人围住。

经审理查明：2016年4月14日，于西明、苏银霞未去办理住房过户手续。当日16时许，赵荣荣纠集郭树林、郭彦刚、苗龙松、张博到源大公司讨债。赵荣荣等人先后在办公楼前呼喊，在财务室内、餐厅外盯守，在办公楼门厅外烧烤、饮酒，催促苏银霞还款。

综上，网上报道关于"苏银霞和儿子于欢被限制在公司财务室，由四五人看守，不允许出门"的表述不准确。在案证据证实，讨债一方仅实施了在财务室内盯守苏银霞一人的行为，无证据证实讨债一方将苏银霞、于欢限制在公司财务室，且不允许离开财务室。

经审理查明：当日20时许，杜志浩、杜建岗赶到源大公司，与李忠等人一起饮酒。20时48分，苏银霞按郭彦刚要求到办公楼一楼接待室，于欢及公司员工张立平、马金栋陪同。21时53分，杜志浩等人进入接待室讨债。

综上，网上报道关于"杜志浩驾驶一辆迈腾车进入源大工贸，将苏银霞母子带到公司接待室，11名催债人员将苏银霞母子、公司职工3人围住"的表述，与事实不符。在案证据证实，当日20时许杜志浩到源大工贸后，先与其他讨债人员一起饮酒，后于21时53分才进入接待室讨债，且之前苏银霞母子并非由杜志浩带到公司接待室内。另外，并无证据证实杜志浩等11名催债人员进入接待室后即将苏银霞母子、公司职工3人围住。另外，在案证据证实，苏银霞、于欢及公司员工张立平、马金栋4人在接待室,并非3人。

四、关于讨债人员在源大工贸公司播放黄色录像的事实

网上报道的具体内容:“在他娘俩面前,他们用手机播放黄色录像,把声音开到最大,说的话都没法听。”于秀荣说。

经审理:未认定上述相关事实。

该段内容无证据证实。在案证据,除了于欢的姑姑于秀荣证实听到讨债人员的手机发出女人“啊啊”的声音,猜测是放黄色录像外,无其他证据予以印证,且当事人苏银霞、于欢均证实没有看到或听到讨债人员用手机播放黄色录像。

五、关于杜志浩等人在接待室内侮辱、殴打苏银霞母子的事实

网上报道的具体内容:辱骂、抽耳光、鞋子捂嘴,在11名催债人长达一小时的凌辱之后,杜志浩脱下裤子,用极端手段污辱苏银霞——当着苏银霞儿子于欢的面。刘晓兰说,杜志浩一直用各种难听的脏话辱骂苏银霞,“什么话难听他骂什么,没有钱你去卖,一次一百,我给你八十。学着唤狗的样子喊小孩,让孩子喊他爹”。其间,杜志浩脱下于欢的鞋子,捂在苏银霞的嘴上。刘晓兰看到母子两人瑟瑟发抖,于欢试图反抗,被杜志浩抽了一耳光。杜志浩还故意将烟灰弹在苏银霞的胸口。让刘晓兰感到不可思议的是,杜志浩脱下裤子,一只脚踩在沙发上,用极端手段污辱苏银霞。刘晓兰看到,被按在旁边的于欢咬牙切齿,几近崩溃。

经审理查明:(4月14日)21时53分,杜志浩等人进入接待室讨债,将苏银霞、于欢的手机收走放在办公桌上。杜志浩用污秽语言辱骂苏银霞、于欢及其家人,将烟头弹到苏银霞胸前衣服上,将裤子褪至大腿处裸露下体,朝坐在沙发上的苏银霞等人左右转动身体。在马金栋、李忠劝阻下,杜志浩穿好裤子,又脱下于欢的鞋让苏银霞闻,被苏银霞打掉。杜志浩还用手拍打于欢面颊,其他讨债人员实施了揪抓于欢头发或按压于欢肩部不准其起身等行为。22时7分,公司员工刘付昌打电话报警。22时17分,民警朱秀明带领辅警宋长冉、郭起志到达源大公司接待室了解情况。

综上,不准确的表述部分有:11名催债人员对苏银霞母子长达一小时的凌辱不实。在案证据证实,杜志浩等9名讨债者进入接待室后,仅是杜志浩一人辱骂于欢、苏银霞,像唤狗一样喊“欢欢”,且实施了裸露下体、脱下于欢的鞋让苏银霞闻、拍打于欢面颊等行为,持续的时间从21时53分至22时17分,不超过24分钟,其他讨债人员没有实施辱骂、拍打于欢或苏银霞面部的行为。杜志浩脱下裤子,一只脚踩在沙发上,用极端手段污辱苏银霞的事实不实。在案证据证实,杜志浩站在茶几旁边,将裤子褪至大腿处裸露下体,朝坐在沙发上的苏银霞、于欢、张立平、马金栋等人左右转动身体,距离苏银霞的右胳膊约30公分。接着在马金栋、李忠劝阻下,杜志浩穿好裤子。并无证据证实杜志浩一只脚踩在沙发上用极端手段污辱苏银霞,且与当事人苏银霞关于“我坐在东边北侧单人沙发,于欢坐在东边南侧单人沙发,张立平、马金栋坐在西边长沙发上。杜志浩站在茶几北边脱裤子露下体对着南边,没有直接对着我,但杜志浩距离我的右胳膊很近,也就三十公分左右。杜志浩露出生殖器时,我把脸扭向南边,不搭理他。经杜志浩旁边的人劝说,杜志浩提上裤子”的证言相矛盾。

杜志浩让于欢喊他爹的事实不准确。在案证据证实,讨债者李忠和杜志浩曾让于欢喊叔叔,该事实有于欢供述和苏银霞的证言等证据予以证实,并无证据证实杜志浩让于欢喊爹。

杜志浩脱下于欢的鞋子,捂在苏银霞的嘴上的事实不准确。在案证据证实,杜志浩脱下于欢的鞋子,放到苏银霞的鼻子处让其闻,被苏银霞打掉,并未捂在苏银霞的嘴上。

杜志浩还故意将烟灰弹在苏银霞胸口的事实不准确。在案证据证实,杜志浩将烟头弹到苏银霞胸前衣服上，并无证据证实将烟头弹在苏银霞的胸口，且当事人苏银霞证实她当时穿着皮衣，杜志浩将烟头扔到她左胸前衣服上。

六、关于民警处警的相关事实

网上报道的具体内容：22时13分（监控显示），一辆警车抵达源大工贸，民警下车进入办公楼。判决书显示，多名现场人员证实，民警进入接待室后，说了一句“要账可以，但是不能动手打人”，随即离开。4分钟后，22时17分许（监控显示），部分人员送民警走出办公楼，有人回去。看到3名民警要走，于秀荣拉住一名女警，并试图拦住警车。“警察这时候走了，他娘俩只有死路一条。我站在车前说，他娘俩要死了咋办，你们要走就把我轧死。”于秀荣回忆说。而警方的说法是，他们询问情况后到院内进一步了解情况。

经审理查明：在民警走出接待室寻找报警人期间，于欢和讨债人员均可透过接待室玻璃清晰看见停在院内的警车警灯闪烁，应当知道民警并未离开；在于欢持刀警告不要逼过来时，杜志浩等人虽有出言挑衅并向于欢围逼的行为，但并未实施强烈的攻击行为。即使4人被于欢捅刺后，杜志浩一方也没有人对于欢实施暴力还击行为。于欢的姑母于秀荣证明，在民警闻声返回接待室时，其跟着走到大厅前台阶处，见对方一人捂着肚子说“没事没事，来真的了”。因此，于欢面临的不法侵害并不紧迫和严重。

综上，网上报道关于“于秀荣证实看到3名民警要走，于秀荣拉住一名女警，并试图拦住警车”的表述，与事实不符，该证言不仅无其他证据予以印证，而且与执法记录视频、源大公司监控视频等证据相矛盾。在案的执法记录视频、源大公司监控视频、通话记录以及朱秀明、徐宗印、辅警郭起志、宋长冉的证言证实，朱秀明警告双方不能打架后即带领辅警到院内寻找报警人了解情况，并给值班民警徐宗印打电话通报警情，让徐宗印到源大公司。警车到达现场后未熄火，在停靠位置未移动。民警朱秀明及辅警郭起志在车上商量40秒后，二人下车走到警车左侧，接着于秀荣走到警车左侧，没有发现于秀荣有拦车行为。于欢的供述、苏银霞的证言以及讨债方多名证人证言亦均证实民警进入接待室后问谁报警，苏银霞回答可能是厂里的工人，并均称民警离开接待室是到院中寻找报警人了解情况。

七、杜志浩受伤后就医的相关事实

网上报道的具体内容：杜志浩等人受伤后，自己开车去了冠县人民医院。于秀荣的老伴说，事发后他曾去医院打听，杜志浩因琐事还在医院门口跟人发生争执。

经审理查明：杜志浩等4人受伤后，分别被杜建岗等人驾车送至冠县人民医院救治。次日2时18分，杜志浩经抢救无效，因腹部损伤造成肝固有动脉裂伤及肝右叶创伤导致失血性休克死亡。因急于抢救杜志浩等人，杜建岗开车撞断医院大门口道闸挡杆，直接开到急救科门口，并找医生进行抢救。杜志浩等人并没有与门卫发生争执，也没有因为杜建岗撞断挡杆而延误医生对杜志浩进行抢救。上述事实有杜建岗、张书森、冠县人民医院抢救杜志浩的医生李广振、赵海宽等证言、冠县人民医院出具的病历、情况说明等证据予以证实。

综上，关于“杜志浩自己开车去了冠县人民医院、杜志浩因琐事还在医院门口跟人发生争执”的表述与查明的事实不符。

八、尖刀属性、来源的相关事实

网上报道的具体内容：混乱中，于欢从接待室的桌子上摸出一把刀乱捅，杜志浩、严建军、程学贺、郭彦刚4人被捅伤。

经审理查明：杜志浩等人卡于欢颈部，将于欢推拉至接待室东南角。于欢持刃长15.3厘米的单刃尖刀，警告杜志浩等人不要靠近。杜志浩出言挑衅并逼近于欢，于欢遂捅刺杜志浩腹部一刀,又捅刺围逼在其身边的程学贺、严建军腹部、郭彦刚背部各一刀。

判决书写道:被害人及其诉讼代理人所提原判未认定作案尖刀系管制刀具,来源未能查清的意见,经查,根据外观特征认定本案的作案工具为尖刀,并无不当;只有被害人郭彦刚一人陈述于欢从身上拿出尖刀,该陈述与在场的其他被害人陈述及有关证人证言等证据不符,且该尖刀是否为于欢事前准备,不影响于欢的行为是否具有防卫性质的认定。

就这些事实部分网上表述不够准确的内容,《法制日报》记者在旁听后也采访了相关人士,他们对记者说,细心的读者只要一对比,都会发现法庭调查内容与相关报道有出入,不可否认,于欢辱母案中的很多描述或者关键词如"辱母、脱下裤子用极端手段侮辱对方、弹烟灰到胸口"等都会某种程度上刺激读者的神经,挑战人们的道德底线,撩拨人们灵魂深处最柔软的那部分,也正因如此,该案能迅速得到回应,舆论发酵。

该人士同时告诉记者,即便事实部分有出入,该案剧情却无法翻转,因为毕竟报道中出现的辱母情节在法庭调查中得到了证实。这也是判决书中提到"只有被害人郭彦刚一人陈述于欢从身上拿出尖刀,且该尖刀是否为于欢事前准备,不影响于欢的行为是否具有防卫性质的认定"的缘由,因虽然距于欢实施防卫行为已间隔约20分钟,但于欢捅刺杜志浩等人时难免不带有报复杜志浩"辱母"的情绪,在刑罚裁量上应当作为对于欢有利的情节重点考虑。

于欢案件之所以引发社会广泛关注,除了舆论引导、专家学者、律师、全社会积极参与外,也与一审办案机关收集、固定、审查证据不规范、不全面,裁判认定事实不全面,说理不透彻等有关。

把案件放在聚光灯下,不是坏事,在舆论面前,只有事实和法律才是司法工作者的"定海神针",尊重事实也是媒体必须恪守的职业道德和追求。媒体、舆论和司法机关追求的目标永远是一致的,即都是探寻事实真相,追求社会公平正义,追求法治的梦想,这种目标的共同性和一致性,从更高的层面来看,就是一种信仰的力量,不分职业与行业,无论遇到什么阻碍,都不会阻止人们前行的道路。愿我们用《冈仁波齐》那句话共勉:"山就在那儿,山会等着,我们心灵的朝圣。"

让热点案件的判决书制作成为典范

□于同志*

近年来,重大、热点刑事案件受到人民群众的高度关注,人民群众不仅关注案件的裁判结果,也关心案件的裁判过程。裁判文书是案件审判过程及结果的记载,是"把动态的刑事司法过程转化为静态的书面文字",①是人民群众了解司法案件各方面信息的主要窗口,必然要承担起"回应人民群众关切"的重要使命。这就对裁判文书的制作提出了更高要求。于欢故意伤害案二审改判获得广泛认同,其判决书被媒体誉为"法与情的完美结合""有情感的判决"等,由此也为热点刑事案件制作裁判文书提供可资参考的范例。

一、全面反映诉讼参与各方的意见

于欢案二审判决书用了相当的篇幅、较详细地表述参加诉讼的各方主体,包括提出上诉的被害人杜某的亲属及其诉讼代理人、被告人于欢及其辩护人、出庭检察员以及被害人郭某、严某及其诉讼代理人的意见。相关内容,既包括上诉状、辩护词、代理词、出庭意见书等书面材料记载的

---

* 法学博士,《刑事审判参考》执行编辑。

① 李谦:《以释法说理的裁判文书引领社会风尚》,载《人民法院报》2017年8月6日。

意见,也包括各方当庭口述发表的意见。而且,判决书对各方的意见均作了精准概括,虽然本案诉讼参与人数量多、各自所提意见涉及多方面,但由于判决书制作者对此精心归纳、提炼,表达上做到了层次清晰、布局合理、内容清楚,丝毫不显凌乱。

一般来说,诉讼参与各方发表意见的途径主要有两种:一是向法庭提供书面材料;二是当庭发表意见。制作裁判文书时表述诉讼参与各方的意见,是依据书面材料还是当庭意见,值得关注。从实践来看,向法庭提交书面材料反映意见,有的在开庭前提交,有的在庭审宣读后直接交予法庭,个别的是在庭审后经修改完善后再提交法庭。在文书制作时,有的法官基于操作便利等考虑,往往直接摘录、概括书面材料的观点。这样做的一个直接后果就是不能全面反映各方的意见和观点。因为,相对于控辩激烈交锋下的极为丰富的庭审信息,事先所准备的书面材料的内容往往是固定的,也通常是不全面的。特别是有的诉讼参与人还会根据庭审情况调整自己发言的具体内容,事先准备的意见未必当庭提出,事前未提及的观点可能随即迸发。简单地依据书面材料概括、提炼相关诉辩意见、观点,既不够全面也不够稳妥,还不利于回应人民群众的关切。

按照庭审实质化的要求,"诉讼证据出示在法庭,案件事实查明在法庭,诉辩意见发表在法庭,裁判结果形成在法庭",①所以,对于开庭审理的案件,诉讼参与各方的意见向法庭提交的法定渠道应是"庭审",且应当以口述的言词方式当庭提出,这样才有助于相对方提出答辩意见,才有利于法庭贯彻控辩对抗、裁判中立的理念。与此相对应的是,裁判文书所反映的诉讼参与方的意见应当是各自当庭发表、经过辩论的意见(而不能局限于上诉状、辩护词、代理词、出庭意见书等书面材料)。并且,判决书应当全面反映各方的意见,避免遗漏。当然,全面反映不是照搬照抄,应当加以概括、提炼,对一些似是而非的内容要作出修饰、调整,完全不合理的还可以"适当取舍"。但在总体上应力求表述完整、准确、精练。在此方面,于欢案的二审判决书可供借鉴。

二、严格依据证据认定案件事实

重大、热点刑事案件在庭审中往往会呈现多方面的"事实",其中既有检察机关指控的"事实",也有被告人及其辩护人主张的"事实",在有被害人出庭的案件以及刑事附带民事诉讼案件中,还会存在被害方陈述的"事实"等。这些"事实"既有客观属实的,也有与实际出入很大甚至完全虚构的;彼此之间既可能比较接近,也可能大相径庭,等等。这就要求法庭在认定案件事实时必须牢固坚持证据裁判的立场,"一切靠证据说话"。

1. 基于证据认定案件事实

党的十八届四中全会在论及以审判为中心诉讼制度改革时,明确要求坚持证据裁判原则。证据裁判,也是刑事诉讼中的一项基本原则,它要求"事实认定必须依据有关证据作出,没证据不得认定事实"。于欢案的二审注重贯彻证据裁判原则,判决书立足于经庭审举证、质证的被害人陈述、被告人供述和辩解,证人证言,视频资料、现场勘验、检查笔录、鉴定意见和有关书证材料,医疗证明和医生的证言以及检察机关补充提取的证据五个方面的证据,客观地还原了本案的全部案情,既揭示出案件事实的基本脉络,也展示了人民群众关注的相关细节,通过"让证据说话",澄清了网传的一些失实的事实、情节,稳妥且有效地回应了社会的关切。

2. 无证据支持以及与在案证据不符、无关的事实主张不予认定

在于欢故意伤害案二审中,上诉人于欢及其辩护人提出"被害人杜某伤后自行驾车前往冠县人民医院,而未去距离更近的冠县中医院,且到医院后还与门卫发生冲突,延误救治,导致失血过多死亡""被害人有亲属在当地检察机关、政府部门任职,可能干预审判"等主张,被害人郭某、杨

---

① 《加快推进以审判为中心的刑事诉讼制度改革》,载《人民法院报》2017年3月8日。

某及其诉讼代理人提出于欢在案发前已准备了管制刀具、案发时“拉开衣服拉链从身上拿出刀具”等主张，出庭检察员提出被告人父母存在计划外生育、因不正常上班被免职等主张。对诉讼参与各方的上述事实主张，二审法院立足于在卷证据材料逐一进行了审查、回应，对其中没有证据证明的、与已经查明事实明显不符的以及与本案定罪量刑没有关联的，果断不予支持、不作案件事实认定。

3. 坚持对案件事实全面认定、表述

定罪量刑必须以事实为根据。这里的事实既包括直接关乎案件定性的关键事实、核心事实，也包括可能影响量刑的案件前因后果等方面的关联事实、边际事实，只有把涉及案件定罪量刑的事实全面发掘出来，才能够客观、准确地认定案件性质并适当量刑。同时也有助于澄清网传不实事实、情节，回应人民群众的关切，并实现司法的公开透明。于欢案一审判决之所以引发社会广泛关注和炒作，也与其未能查明和完整表述案件全部事实有直接关系。

二审判决书中明确指出，认定事实不全面是原审判决存在的突出问题之一。原判仅仅认定了案发当天被告人于欢故意伤害他人的事实经过，但未能查清也未能明确认定、表述引起该案发生的“前因”及相关背景因素。事实上，案发前被害人杜某等人在吴某、赵某纠集下多次实施骚扰于欢之母苏某的正常生活、干扰源大公司生产经营等逼债行为。苏某一方也曾拨打“110”“市长热线”等求助，但吴某、杜某等人的行为未能受到有效制约并变本加厉，以致最终引发此案。该事实、情节不仅是认定被害人存在严重过错的事实基础，也是判断于欢的行为是否具有防卫性质进而对其准确地定罪量刑的客观依据。针对原判认定、表述事实不够全面的问题，二审判决重点叙述了被害人杜某一方“辱母”的具体言行、于欢持刀捅刺四被害人的详细经过和杜某被救治的具体情况等社会关注的重要事实，并全面认定了双方高息借贷经过、案发前被害人杜某等在吴某、赵某纠集下多次实施的逼债行为等事实、情节。全面认定和表述案件事实，不仅最大限度地回应了人民群众的关切，也为判决书说理评判和裁判奠定了坚实基础。

三、认真梳理证据实现精准表达

于欢案发生时，现场人员较多，侦查机关调取数十位证人的证言、多名被害人的陈述，加之视频资料、现场勘验、检查笔录、鉴定意见、被害人入院救治方面的证据等，案件证据材料较多。在案件二审期间，出庭检察员又当庭宣读、出示了新收集、调取的证人证言、侦查实验笔录及行驶路线图、手机通话记录和原证人、被害人、被告人的补充证言、陈述和供述等23份证据材料，辩护人则当庭出示了讨债人员驾驶无牌或套牌车辆的现场监控录像截图、被害人亲属系冠县人民检察院工作人员的网页截图、驾车从现场分别到冠县人民医院和冠县中医院的导航路线截图3份证据材料，这使得二审法庭面对的案件证据材料更加丰富、庞杂。对这些证据材料。一方面，需要法庭经过开庭审理，双方举证、质证，对证据材料作出认证、取舍；另一方面，对经过认证、作为定案依据的证据要进行梳理，做好证据的摘录和列举。

二审判决在对各方意见评判中指出：“辩护人当庭提交的3份新证据材料，出庭检察员当庭提交的有关苏某计划外生育被罚款的收费收据、于欢父亲于某某身份信息的新证据材料，或者不具有客观性，或者与案件无关联性，本院不予采信”，但基于事实认定需要，采纳了检察机关补充提交的聊城市人民检察院提取的银行转账凭证证明、通话清单证明以及冠县公安局制作的侦查实验笔录证明3份证据，体现了对证据裁判原则的严格坚持，也由此划定了本案定案证据的具体范围。

鉴于据以定案的证据种类繁多、内容庞杂，二审判决紧扣裁判认定的事实，从证据摘录与证据列举两个环节对相关证据作了精心梳理。在证据摘录上，遵循准确、客观、中立、全面、匹配事实、详略得当等的要求，着重从六个方面对在案证据进行整理：第一，根据裁判认定事实摘录证据具体内容，重点关注直接关乎定罪量刑的关键性信息。第二，对被告人有利和不利的证据内容全面反映。第三，大幅归纳、合并内容重复的证人证言、被害人陈述等证据。第四，妥善处理证据摘录上的详略关系，对重要信息引用原话、详加表述，不重要的证据信息一笔带过，无关的信息坚决不列。第五，重视书证、视频资料、现场勘验、检查笔录、鉴定意见等客观证据，对相关证据内容详细摘录，注重发挥客观证据的证明作用。第六，不忽略证据的附随信息，列明证据的来源和取证机关等。

在证据列举上，重点做了以下工作：第一，按照"被害人陈述、被告人供述和辩解""证人证言""视频资料、现场勘验、检查笔录、鉴定意见和有关书证材料""医疗证明和医生的证言"和"检察机关补充提取的证据"五个板块列举证据，重视各类证据在证明体系上的内在逻辑性和形式排列上的条理性。第二，贯彻中立裁判立场，平等对待控辩证据，将各自的相关证据交替罗列。比如，将被害人陈述与被告人供述和辩解放在一起表述；在证人证言部分，先列举在现场的证人证言，再列举其他证人证言。列出于欢之母苏某的证言后，随之表述被害一方的相关证人证言等。第三，突出对新证据的认证。将采纳的检察机关补充提交的3份新证据单独列出，并较为具体地表述其证据内容，积极展示庭审实质化的改革成果。

于欢案二审判决书处理证据的上述做法具有重要参考价值。从审判实践来看，目前裁判文书在证据摘录和列举中存在的突出问题是：(1)证据摘录不全，遗漏关键性信息、证据来源及特征等；(2)证据摘录不中立，容易忽视一些有利于被告人的信息；(3)证据与事实脱节，与裁判认定的案件事实不匹配、不一致，量刑事实时常被忽略；(4)罗列的证据与案件事实之间缺乏相关性，或者为明显多余的证据材料；(5)在对具体证据的内容摘录和全案证据的整体处理上，均存在繁简不分的问题；(6)定案的证据未经庭审出示、质证，未经庭审举证、质证的可能是单个证据，也可能是该证据的某些重要信息；(7)证据列举随意、混乱、无序；(8)对证据内容的语言表达不清晰、不规范、不准确等。如何恰当地表述证据，直接关乎裁判文书的制作质量，于欢案二审判决书无疑提供了一个重要范本。

四、围绕争点对各方意见公正评判

刑事裁判文书制作中，法庭不仅要对其所认定的事实加以全面论证，还要对诉讼参与各方所提的证据及事实主张、法律适用意见等是否采纳予以全面、充分的评析、判定，作出确定性的裁判结论。最高人民法院在相关司法文件中也反复强调，要"加强对质证中有争议证据的分析、认证，增强判决的说理性"。这是提高裁判文书制作质量和水平的重要方面。

于欢案二审判决书，从以下六个方面强化了说理评判：第一，归纳诉讼参与各方的争议焦点。将各方的意见概括为"事实和证据""法律适用""刑罚裁量""诉讼程序"四个方面，将控辩对抗的庭审特质充分展示出来，文书评判和说理更有针对性，也更加条理清晰、层次感强。特别是，这几方面也是人民群众关注和热议的焦点。通过概括归纳案件的争点、疑点，也有利于直面矛盾问题，回应社会关切。第二，坚持中立裁判立场，加强回应性说理。在提出每个问题后，首先摆出各方的争执性意见，然后进行评判，指明各自存在的问题，最后给出是否采纳的确定性的评判意见。第三，评判各方意见时，紧密结合案件事实、证据、程序、法律、情理、逻辑等展开，抽丝剥茧，层层剖析，辨法析理，以理服人。第四，列出专题探讨本案的事实、证据问题，重视对双方质证中有争议的证据的分析、认证。第五，针对各方在量刑上的不同诉求，并考虑人民群众对量刑的高度关注，专门阐述刑罚裁量的具体依据。二审判决书综合分析了于欢行为的危害后果、于欢当庭不认罪、无悔罪表示和杜某侮辱行为及其对于欢情绪的影响、被害方过错、于欢归案后如实供述等法定、酌定从重、从宽量刑情节，十分清晰地释明了对于欢防卫过当行为予以显著减轻处罚、判处五年实刑的缘由。第六，针对各方争议的焦点，敢于审查，勇于发声，表明立场，突出地表现在对诉讼程序的审查和判断上。二审判决书把程序审查作为一个专门问题，对被告人及其辩护人提出的被害人亲属在检察机关、政府部门任职，可能干扰案件查办，应当排除相关证据，对案件移送或指定管辖等意见，进行认真审查并立足于事实和证据进行评判。这种对聚焦案件疑点、争点与难点注重回应性说理的做法对裁判文书制作尤其是社会关注度高、控辩双方争议大的刑事热点案件的文书制作，具有重要借鉴意义。

从审判实践来看，虽然目前刑事法官对裁判文书说理的重要性都有所认识，但不知如何评判说理的问题仍比较突出。主要表现有：一是对争议焦点不归纳、梳理，在评判时针对性不强，分析过于简单，不深入、不充分，浅尝辄止，流于形式化、公式化，空话、套话多，千人一面。诸如"被告人及其辩护人的相关辩解、辩护意见不能成立，不予采纳""被告人及其辩护人的意见缺乏事实和法律依据，不予采纳"等类似表述充斥于很多刑事裁判文书中。二是流于"单方评价"或"自说自话"。有的仅摆出一方的意见，根本不提及相对方的意见，单方评说；有的不针对控辩双方的意见评判，自言自语，明显不符合"控辩对抗、居中裁判"的诉讼理念和要求。三是随意取舍，甚至断章取义，不能客观、全面地反映诉讼参与各方的意见本意，说理也是以偏概全，让人读后感到片面甚至偏袒。四是模糊争议焦点，说理轻描淡写、大而化之，或含糊其词、遮遮掩掩，不能针对各方主张逐一评判。特别是对程序性事项，有的不能直面问题、勇于回应。五是重视采纳、评判控方意见，对被告人及其辩护人的意见回应不够，偏离了中立裁判立场。六是分析、评判逻辑混乱，缺层次、无条理，语言不平实，有的过于学术化，让人看不明、读不懂等。

裁判，顾名思义，要在全面倾听双方意见的基础上中立地作出抉择。所以，裁判文书的说理评判，一要有明确的对象；二要有双方的意见；三要有充分的评判依据；四要有确定的裁判结论。无对象的评判类似于隔空放炮，只有单方的意见就容易沦为自言自语，无依据、不说理的评判无异于妄断，不给出确定性的结论就谈不上裁判。这些做法自然难以让人从心理层面认同和接受判决结论，难以让人信服，司法权威也就难以在人民群众心中树立。所以，刑事案件裁判文书的制作，不仅要重视评判说理，还要关注评判说理的具体方式方法。

五、严格依法并充分考虑情理裁判

党的十八届四中全会审议通过的《中共中央关于全面推进依法治国若干重大问题的决定》中明确规定"加强法律文书释法说理"。对于社会公众广泛关注的"热点"案件来说，强化裁判释法说理有助于回应社会关切，提升司法权威与公信。从实际来看，有两种类型的裁判文书，尤其难以让人民群众信任：一种是对案件事实不惜篇幅详加陈述，对裁判结果却轻描淡写，让公众无法知悉裁判所包含的逻辑和规则，不能获得一个满意的"说法"；另一种是置一般法理于不顾，在裁判文书中以裁判结果代替逻辑说理，以因为果，令人无法信服并最终损害了司法权威。①所以，裁判文书说理问题，直接关乎刑事司法公正与公信。

于欢二审判决书非常注重说理，强调以理服人。一是重事理，注重从生活经验逻辑出发作出评判。例如，从案发时于欢可透过接待室玻璃清晰看见停在院内的警车警灯闪烁，认定于欢"应当知道民警并未离开"；从于欢的姑母证言所说"见对方一人捂着肚子说'没事没事，来真的了'"，认定"于欢面临的不法侵害并不紧迫和严重"；从被害人郭某系被背后捅伤等方面，认定于欢的防卫行为明显超过必要限度造成重大损害；从本案发生于"冠县这个不大的县城"，系熟人社

① 袁博：《从张船山判词看刑事裁判文书的说理》，载《人民法院报》2017年7月7日。

会里发生的民间纠纷,认定其"与陌生人之间实施的类似行为的危险性和危害性显有不同",等等。这种基于生活本身的逻辑和理性的推论,容易让当事人和人民群众信服。二是重法理。对本案认定于欢防卫过当、构成故意伤害罪涉及的不法侵害、防卫行为、特殊防卫、防卫限度等相关法律问题详加阐释、论证。三是重学理。在分析于欢行为性质时既紧扣法律条文规定,又充分吸收了学术界关于正当防卫的最新研究成果,将学理融合于其中,并力求丰富发展正当防卫的学术理论。四是重情理。站在人民群众的立场上,将心比心、换位思考,对于欢及杜某等人的行为进行深入分析、客观评定,既从法律上判断,也从常识常情及伦理道德上分析。

从于欢案舆情发展来看,最初引起社会关注的是"辱母"情节。在本案中,被害方实施的侮辱行为主要是针对于欢以外的第三人,即他的母亲。母子之情是诸多人类情感中最神圣、最纯真的,"辱母"对一个人的伤害甚至超过对自己侮辱所带来的伤害。如果侮辱他人母亲的行为得不到法律的惩罚,维护自己母亲人格尊严的行为得不到法律的认可,必将引起人神共愤。一审判决恰恰未对此情节充分顾及、恰当评判,因此导致了社会不良情绪的"井喷"。二审判决基于维护天理人伦、顺应民意的考虑,明确指出:被害人杜某当着于欢之面公然以裸露下体的方式侮辱其母亲,虽然距于欢实施防卫行为已间隔约20分钟,但于欢捅刺杜某等人时难免不带有报复杜某"辱母"的情绪,此情节"在刑罚裁量上应当作为对于欢有利的情节重点考虑",由此获得社会公众的广泛认可。

可见,于欢案二审判决在坚持严格依法裁判的同时,高度关注社情民意,在评判说理中将案件置于天理、国法、人情之中综合考量,强调裁判既不能背离法律,也不能违背文化传统、常情常理以及人民群众的公平正义观念。有学者指出:"从价值上说,现代法治应当是人性之治,良心之治,常识、常理、常情之治,现代法治中的法律规范,只能是反映人类人性、个人良心共性的社会常识、常理、常情的具体化、规则化。"①法治要讲常识、常理、常情,法官办案也要讲常识、常理、常情。事实上,我国是有着数千年文化传统的国家,天理、国法、人情是深深扎根人们心中的正义观念。法院裁判必须尊重人民群众的朴素情感和基本的道德诉求,自觉维护我国传统文化和社会主义核心价值观所倡导的道德伦理,做到遵循法度、顺应天理、合乎人情,实现法理情的有机结合。

六、积极回应关切打造大众化判决

本案发生背后有着复杂的社会背景,一审宣判后人民群众通过网络、纸媒等渠道也传达了多方面的诉求,除了呼吁司法机关明确正当防卫及防卫过当的法律边界、充分考虑被害人实施的侮辱行为外,也希冀司法机关对高利贷与非法催收行为说"不",并明确警察执法是否存在失职渎职等。这些诉求有的属于承办法院的管辖范畴,有的则不属于。对此,裁判文书如何作出恰当的回应需要认真对待,既要依法积极作为,又不能擅自盲目乱为,要全面客观分析情况、依法审慎判断。

于欢案二审判决书制作之所以受到广泛肯定与好评,就在于始终坚持将实现"三个效果"作为工作目标。从法律效果来看,本案一审判处无期徒刑,二审在基本事实出入不大的情况下,改判无罪或缓刑不仅有违刑法规定及精神,也将可能对司法公信造成消极影响,并无助于类案的量刑平衡。而判处五年实刑的法律效果最好。从社会效果来看,引发本案有深层次的社会因素,其中高利贷、非法逼催债是一个重要方面,也是一审宣判后舆论的炒点之一,反映了人民群众对此类行为的痛恨。但是在国家立法未作出正式回应之前,司法如何作为需要考量。二审判决把通

① 宣海林:《法应当向民众认同的常识、常理、常情靠拢——访十一届全国人大代表、重庆大学法学院院长陈忠林教授》,载《中国审判》2011年第11期。

过侮辱进行催收定性为“严重违法、手段恶劣”，认为这种行为应当受到惩罚和谴责，则鲜明表达了法院对此类行为的否定态度。从政治效果来看，在法治社会中，应当鼓励和引导人民群众通过合法途径来保护自己的权利。在有合法救济程序的情况下，如果纵容当事人采取非法的手段保护自己的权利，就是把私力救济凌驾于国家权力之上，其结果很可能导致社会的混乱。所以，本案的裁判必须平衡国家管理与私力救济之间的关系，引导公民走正常渠道救济权利，以维护社会稳定与和谐。可以说，从落实法律效果、社会效果和政治效果的考虑，二审判决书对相关问题都作了积极回应和妥当处理。

此外，让人民群众理解、认同判决，还要考虑判决书的表达形式。判决书既是法院对特定个案裁判活动的书面记载，也是一种社会公共产品，其价值不在于高深的理论，而在于蕴含其中的能为人们感受到的裁判规则和基本道理。判决书要为人民群众所接受，首先必须容易让人读得懂、看得明白，领会其中传达的道理。综观于欢案二审判决书，从文书结构到文字表述，从逻辑顺序到理据分析，都精心打磨，力求用通俗易懂、平实准确的语言，用人民群众易于接受的表达方式，说清裁判的依据和思路，讲明裁判的道理和规则。在裁判说理上讲究充分、透彻，在语言表述上力求准确、妥帖。例如，在评判“辱母”情节时，使用了“严重违法、亵渎人伦，应当受到惩罚与谴责”的表述，用语鲜明，语气强烈；对被害人亲属所提偿付死亡赔偿金、被抚养人生活费的诉求依法不予支持，但考虑到被害人杜某某的四名未成年子女的实际生活困难，又提出“可依法救济”，爱憎分明，既较好地贯彻了平等保护理念，也充分体现了司法的善意和温情。“判决有情感、有温度”，就容易引人共鸣，由此也会提升裁判的权威性和公信力。可以说，于欢案二审判决书的相关表述是字斟句酌、反复推敲的结果，其出发点就是为了打造一份让人们能理解、能接受、能认可的“大众化判决书”。这对妥善处置人民群众高度关注的热点刑事案件来说，是极其重要的。

二、死刑核准制度改革十周年

【编者按】

2006年10月31日，第十届全国人民代表大会常务委员会第二十四次会议通过了《关于修改〈中华人民共和国人民法院组织法〉的决定》，将人民法院组织法原第十三条修改为第十二条："死刑除依法由最高人民法院判决的以外，应当报请最高人民法院核准。"修改人民法院组织法的决定自2007年1月1日起施行。据此，最高人民法院于2006年12月28日印发《关于统一行使死刑案件核准权有关问题的决定》，明确"自2007年1月1日起，最高人民法院根据全国人民代表大会常务委员会有关决定和人民法院组织法原第十三条的规定发布的关于授权高级人民法院和解放军军事法院核准部分死刑案件的通知，一律予以废止"；"死刑除依法由最高人民法院判决的以外，各高级人民法院和解放军军事法院依法判决和裁定的，应当报请最高人民法院核准"。截至2017年年底，死刑案件核准权收归最高人民法院统一行使，已历经十年。为此，本刊特邀著名刑事法专家、律师对死刑核准制度改革的背景、意义、进展及未来发展等方面进行阐释，以飨读者。

具有重大历史意义的死刑核准制度改革

□陈光中*

十年前的2007年，死刑案件核准权收归最高人民法院统一行使，这是一次意义重大、影响深远的司法改革。

一、死刑核准制度的演变

中华人民共和国成立以来，死刑裁判和核准制度屡经变迁。1979年颁布的第一部刑事诉讼法、刑法和修改后的人民法院组织法，均明确规定了死刑核准权由最高人民法院统一行使。但三法颁布不久，鉴于当时严峻的社会治安形势，全国人大常委会就决定，对部分严重危害社会治安的现行刑事犯罪分子判处死刑的核准权由最高人民法院授权省一级高级人民法院行使；1983年，随着"严打"的开展，全国人大常委会进一步对人民法院组织法作出修改，规定："死刑案件除由最高人民法院判决的以外，应当报请最高人民法院核准。杀人、强奸、抢劫、爆炸以及其他严重危害公共安全和社会治安判处死刑的案件的核准权，最高人民法院在必要的时候，得授权省、自治区、直辖市的高级人民法院行使。"此后，相当一部分死刑案件的核准权长期由省一级人民法院行使。但是，1996年修改的刑事诉讼法与1997年修改的刑法对死刑核准权归属仍保留原来的规定，这表明了死刑核准权的下放只是保障社会治安、维护社会秩序的权宜举措而非根本转向。

随着社会治安形势的好转以及对死刑核准权下放以后利弊的总结，中央决定收回死刑核准权归最高人民法院统一行使。2006年10月31日第四届全国人民代表大会常务委员会第二十四次会议作出决定，对人民法院组织法进行回归性修改，规定："死刑除依法由最高人民法院判决的以外，应当报请最高人民法院核准。"该决定于2007年1月1日生效，从而结束了死刑案件核准

---

* 中国政法大学终身教授。

权长期由地方法院行使的局面，使刑法和刑事诉讼法的死刑核准规定得以真正实施，翻开了推进依法治国的新篇章。

从历史角度来看，我国古代的统治者也很重视死刑的控制，认识到“人命至重”，不能错杀滥杀，必须严控死刑核准权。自隋唐以来，死刑核准权一直掌握在中央司法机关手中，并由皇帝亲自勾决，特别是在唐代，在死刑核准以后执行以前，还要报皇帝三复奏、五复奏。最高人民法院回收死刑核准权也体现了传承古代慎用死刑的优良司法传统。

二、死刑核准制度改革的重大历史意义

死刑核准制度改革的重大历史意义，首先在于能保证党和国家“保留死刑，严格控制和慎重适用死刑”政策的贯彻实施。一方面，根据我国国情，当今我们不应跟随西方国家废除死刑。对于极少数罪行极其严重的暴力恐怖、颠覆国家政权、严重危害社会治安的犯罪分子必须予以严惩，坚决判处死刑，以维护政权稳固、社会安定，保障人民人身安全、安居乐业。但另一方面，对死刑必须严格限制，慎重适用，对可杀可不杀的坚决不杀，对符合宽大条件的就应当敢于从宽处理，这样才能够减少社会的对立面，促进社会和谐，有利于国家的长治久安。

死刑核准权收回十年来，严格贯彻死刑政策，并在实体法上减少适用死刑的罪名、限缩死刑适用的对象与主体，从而使我国死刑的数量总体呈下降趋势，而且这种下降并未对社会治安发生消极影响。十年来，杀人、伤害、放火等八类严重暴力犯罪立案数量下降了一半，特别是命案，发案数连续多年保持在十万分之一以下。

其次，十年来，死刑复核程序有了显著的改善，逐步实现从行政性书面审核向诉讼化方式改变，加强了被告人的人权司法保障。其表现为：第一，死刑核准的合议庭应当当面讯问被告人，即被告人具有当面陈述权。第二，在死刑核准过程中，被告人委托的辩护律师提出申请的，应当当面听取辩护律师的意见，其若提出书面意见的，应当附卷；被告人若未委托辩护律师，加强死刑复核案件被告人的法律援助。第三，加强了检察机关对死刑复核程序的监督权。第四，被判处死刑立即执行的被告人，在被执行死刑前，应当保证其与家属的会见权。

最后，死刑核准制度改革以来，在证据上坚持最严格的要求，严把证据关、事实关，坚决贯彻证据裁判原则、非法证据排除规则、疑罪从无原则，最大限度来保证死刑案件的事实认定符合客观真相，经得起社会与历史的检验。正因为程序上的诉讼化、证据上的最严格要求，使得十年来最高人民法院所判的案件至今没有发现一起冤案、错案。

三、死刑核准制度改革的未来期待

回顾过去十年，死刑复核制度改革成绩可圈可点，展望未来，我们仍然有所期待。

首先，进一步大力推进以审判为中心的诉讼制度改革，对于可能判处死刑的案件，要保证从侦查阶段开始的案件质量。从审判角度来说，一审程序要实行庭审实质化，完善证人、鉴定人出庭制度，同时尽可能加强一审的公开性、透明度。二审程序要确保死刑案件的开庭审理，避免二审暗箱操作。

其次，进一步完善死刑案件的辩护制度。由于人死不可复生，死刑案件错不起。辩护律师的参与是保证死刑案件不发生冤案、错案的重要保障，因此，我们应当建立死刑案件从侦查到死刑复核的全过程的法律援助制度。而且参与死刑复核的辩护律师应当具有较高的职业素质、专业水平，以保证案件的有效辩护。

最后，进一步贯彻好严格控制、慎重适用死刑的政策。这十年来，由于死刑核准权收归最高人民法院，核准程序越来越严格，再加上实体法的修改，死刑适用得到严格控制，这既符合世界潮流，也同我国的社会治安状况相适应。今后我们办理死刑案件，应当稳中求进、稳中求少。

从死刑核准制度改革看我国人权事业发展

□樊崇义*

2007 年 1 月 1 日,根据《全国人大常委会关于修改〈中华人民共和国人民法院组织法〉的决定》,死刑案件核准权收归最高人民法院统一行使,结束了部分死刑案件核准权下放 26 年的历史。这是强化死刑程序控制、加强人权司法保障的重大举措,在我国人权事业发展史上具有里程碑的意义。十年来,死刑复核工作规范有序开展,死刑适用尺度更加统一、适用标准更加严格、诉讼程序更加严密,"保留死刑,严格控制和慎重适用死刑"政策得以切实贯彻,改革取得了预期成效,促进了人权司法保障的巨大进步,还发挥了改革辐射效应,推动了刑事司法理念和诉讼制度的科学发展,取得了举世瞩目的成就。

死刑核准制度改革,是我国人权事业发展的巨大进步。"尊重和保障人权"是我国的一项基本国策,是我国民主法治建设进程中秉持的一项重要理念。2004 年全国人大常委会通过的《中华人民共和国宪法修正案》,将"国家尊重和保障人权"写入宪法。生命权是公民最基本的人权,中国古话说得好,"人命关天",生命权是人的最高权利,必须得到最大的保障。死刑直接关乎公民生命权的剥夺,"生杀予夺",必须慎之又慎,通过严格、统一的法律标准、政策标准、证据标准和诉讼程序予以控制和适用。十年间,最高人民法院通过个案复核和宏观指导,发布典型案例,出台指导意见,如《关于贯彻宽严相济刑事政策的若干意见》《关于办理死刑案件审查判断证据若干问题的规定》《关于办理刑事案件排除非法证据若干问题的规定》等,从实体、程序、证据多个方面严格规范死刑的适用标准,确保死刑只适用于罪行极其严重、罪证确实充分的犯罪分子。在强化死刑司法控制方面,向前迈出了大大的一步,加强了司法领域的人权保障,引导社会对生命权利的尊重敬畏,控制死刑和慎用死刑观念深入人心,成绩有目共睹。

逐步减少死刑并控制死刑的适用,符合国情实际,也是大势所趋。真正减少死刑,不仅要通过实体控制,即立法控制,通过减少死刑罪名,从立法层面、从源头上控制死刑,还要加强程序控制,也就是司法控制,从司法层面、从适用上控制死刑。从立法层面看,刑法原有 68 个死刑罪名,通过刑法修正案(八)、刑法修正案(九),已减少 22 个罪名,还有 46 个罪名。其中,实践中常用的罪名,也就故意杀人罪、贩卖毒品罪等五六个罪名,无论是数量还是比例,目前来看缩减空间并不大。所以,就当前而言,控制死刑适用,应当更多地关注死刑的程序控制、司法控制。应在减少死刑罪名的基础上,加强程序控制、司法控制,严把事实证据关、政策适用关,真正落实刑法第四十八条关于"死刑只适用于罪行极其严重的犯罪分子"的规定。"罪行极其严重"指的是特别严重的危害国家安全犯罪、特别严重的危害公共安全犯罪、特别严重的侵害公民人身权利的暴力犯罪、特别严重的毒品犯罪以及手段特别残忍、情节特别恶劣、后果特别严重的其他犯罪。

加强死刑司法控制,要坚持以审判为中心的改革方向,把握好相关诉讼程序的定位。我们说,一审是基础,二审是关键,而死刑复核是被告人最后一道权利救济屏障,至关重要。要在实体、程序、证据上坚持高标准、严要求,坚持罪刑法定、疑罪从无、证据裁判等基本原则,确保每一起死刑案件经得起法律和历史的考验。死刑复核程序的定位"去行政化",是下一步改革方向。"去行政化",不是要实行"三审终审",一律开庭审理,而是要强化死刑复核程序的司法属性,形

---

* 中国政法大学诉讼法学研究院名誉院长、教授。

成审判中立裁决、控辩平等参与的诉讼结构。改革十年来,逐步建立了死刑复核接受检察监督制度和听取辩护律师意见、提讯听取被告人最后陈述等机制,最高人民法院中立听审渠道逐步健全,但控辩参与,特别是辩护律师参与死刑复核程序,包括复核阶段法律援助律师保障,还有待改进完善。在拓宽律师参与渠道的同时,也要把好准入关口,建立死刑辩护的资格准入制度,确保死刑被告人获得专业有效的律师帮助。这是下一阶段深化死刑核准制度改革、强化人权司法保障值得关注的问题。

死刑司法改革成绩斐然的十年

□赵秉志*

根据中央的部署和国家有关立法的修改,最高人民法院于2007年1月1日统一收回了之前下放给地方高级人民法院和军事法院行使多年的死刑案件核准权。时光流逝,转眼迄今已经十年。十年来,最高人民法院以统一收回死刑案件核准权为契机,大力推进死刑司法改革,成效显著,并与死刑立法改革良性互动,推动了刑法修正案(八)、刑法修正案(九)的死刑立法改革。可以说,过去的十年,我国死刑司法制度进一步健全和完善,死刑适用的标准得到统一和提升,严格控制死刑的观念日益深入人心,死刑司法改革十年的成绩斐然。

一、深入贯彻严格控制死刑的政策

死刑政策是死刑立法和司法的指引。最高人民法院统一收回死刑案件核准权之后,严格控制死刑是过去十年间我国死刑司法改革的基本政策,并且得到了进一步明确和积极贯彻。这体现在以下两个方面:

第一,进一步明确严格控制死刑的政策。过去十年间,最高人民法院多次重申了严格控制死刑的政策。2007年《最高人民法院关于进一步加强刑事审判工作的决定》第四十五条就明确提出要贯彻执行“保留死刑,严格控制死刑”的刑事政策;2010年《最高人民法院关于贯彻宽严相济刑事政策的若干意见》第二十九条则进一步提出要严格执行“保留死刑,严格控制和慎重适用死刑”的政策,在“严格控制死刑”的基础上进一步提出要“慎重适用死刑”,体现了对死刑适用的审慎态度。该政策也成为我国死刑司法改革的基本政策指引。

第二,积极贯彻严格控制死刑的政策。“严格控制和慎重适用死刑”要求司法工作者在审理案件过程中综合考虑犯罪性质、犯罪情节、犯罪结果及犯罪分子的人身危险性等因素,尽量少用死刑,在死刑作为选择刑种之一出现时,慎用死刑,同时严格执行非法证据排除规则和死刑复核程序。基于此,最高人民法院从保留、严格控制和慎重适用的角度作了进一步细化。2010年《最高人民法院关于贯彻宽严相济刑事政策的若干意见》第二十九条规定:“对于罪行极其严重的犯罪分子,论罪应当判处死刑的,要坚决依法判处死刑。要依法严格控制死刑的适用,统一死刑案件的裁判标准,确保死刑只适用于极少数罪行极其严重的犯罪分子。拟判处死刑的具体案件定罪或者量刑的证据必须确实、充分,得出唯一结论。对于罪行极其严重,但只要是依法可不立即执行的,就不应当判处死刑立即执行。”该规定明确提出要从死刑的裁判标准、证据标准和执行标准三个方面严格控制死刑,是对死刑政策的具体贯彻,成为指引我国严格控制死刑适用的重要依据。

---

* 中国刑法学研究会会长,北京师范大学刑事法律科学研究院院长、教授。

二、不断严格控制死刑的适用范围

死刑适用的范围包括死刑适用的条件、罪种、对象等方面。过去十年间，最高人民法院对死刑适用的范围作了如下三个方面的严格限制：

第一，严格掌握死刑适用的条件。刑法第四十八条将死刑适用的条件规定为“罪行极其严重”。最高人民法院从严格限制死刑适用的角度，对“罪行极其严重”作了最为严格的把握，不仅要求行为的社会危害性和行为人的主观恶性极其严重，而且要求行为人的人身危险性极其严重。如2015年最高人民法院发布的《全国法院毒品犯罪审判工作座谈会纪要》明确将犯罪的社会危害性、犯罪人的人身危险性、当地的禁毒形势等因素纳入严重毒品犯罪死刑适用的条件范围。

第二，严格控制死刑适用的罪种范围。我国1997年刑法规定了68种死刑罪名，经刑法修正案（八）和刑法修正案（九）两次成规模成批量地削减，目前仍有46种死刑罪名，涉及的罪种既有暴力犯罪，也有非暴力犯罪。对于死刑适用的主要罪种范围，2010年《最高人民法院关于贯彻宽严相济刑事政策的若干意见》第七条明确提到了三类犯罪，即“严重危害国家政权稳固和社会治安的犯罪”“严重暴力犯罪和严重影响人民群众安全感的犯罪”“毒害人民健康的犯罪”。而司法实践表明，我国对这三类犯罪的死刑适用还作了更进一步的严格区分和控制。过去十年间，我国死刑司法适用的罪种主要限于致命性暴力犯罪（包括故意杀人罪、抢劫罪、绑架罪和强奸罪）和少数危害特别严重的非暴力犯罪（如走私罪，贩卖、制造毒品罪），绝大多数在立法上还保留死刑的经济性、非暴力犯罪（包括运输毒品罪）都极少适用死刑。大量死刑罪名都是备而不用、备而少用，这既严格控制了死刑适用，也为我国在立法上逐步取消死刑罪名提供了重要的实践基础。

第三，严格限制死刑适用的对象范围。1997年刑法禁止对犯罪时不满18周岁的未成年人和审判时怀孕的妇女适用死刑，刑法修正案（八）又原则上禁止对审判时已满75周岁的老年人适用死刑（但以特别残忍的手段致人死亡的除外），死刑适用的对象范围从立法上得到进一步限缩。并且，刑法规定对限制刑事责任能力的精神病人、又聋又哑的人、盲人犯罪从宽，客观上限制了这些人犯罪的死刑适用。实践中，我国司法机关对老年人等特殊群体犯罪的从宽制度由来已久且得到长期坚持。同时，我国司法实践中，对新生儿母亲、精神障碍人、残疾人等特殊群体犯罪之处理都体现了从宽处罚，对这些特殊群体适用死刑的判决极为罕见。

三、注重加强死刑适用的程序改革

实体正义与程序正义是司法公正不可或缺的两个方面。实体与程序并重是我国死刑司法改革的重要内容。过去十年来，我国主要从以下四个方面加强了死刑司法程序的改革，并取得了积极成效：

第一，严格规范死刑案件的审理程序。最高人民法院统一行使死刑案件核准权是我国死刑案件审理程序改革的重要体现；除此之外，过去十年间，我国死刑案件的审理程序改革还体现在死刑案件一、二审的程序改革方面。2006年最高人民法院、最高人民检察院发布了《关于死刑第二审案件开庭审理若干问题的规定（试行）》（已失效），要求死刑案件二审必须采取开庭审理的方式。在此基础上，最高人民法院还通过司法解释的方式，对死刑案件被告人上诉问题作了多方面有利于查明案件事实和正确适用法律的规定。通过一系列相关的程序性改革，我国死刑案件的审理程序更加公正，积极地发挥了严格控制死刑适用的作用。

第二，严格把握死刑案件的证据标准。过去十年间，我国不断提高对死刑案件的证据要求。2010年最高人民法院、最高人民检察院、公安部、国家安全部、司法部发布的《关于办理死刑案件审查判断证据若干问题的规定》对死刑案件的证据采信和证明标准提出了较一般案件更高的要求。在此基础上，2012年全国人大修改的《中华人民共和国刑事诉讼法》和同年最高人民法院发布的《关于适用〈中华人民共和国刑事诉讼法〉的解释》,对包括死刑案件证据在内的证据标准和证据审查问题作了更为严格的规定,进一步严格了死刑案件证据标准,提升了死刑案件的审判质量。

第三,严格保障死刑案件的律师参与权。为更好发挥律师在死刑案件审理中的作用,最高人民法院先后出台了多个专门针对死刑案件听取辩护律师意见的规定,包括2008年最高人民法院、司法部印发的《关于充分保障律师依法履行辩护职责确保死刑案件办理质量的若干规定》,2014年最高人民法院印发的《关于办理死刑复核案件听取辩护律师意见的办法》等。这些规定强化了律师对死刑案件审理的参与,更好地保障了律师在死刑案件中的辩护权,促进了法官在死刑案件审理中更好地做到"兼听则明"。

第四,严格掌握死刑的执行程序。这主要体现在两个方面:一是加强了死刑执行方式的改革,大量采取以注射的方法执行死刑,提高了死刑执行的人道性;二是进一步完善了停止执行死刑程序。2008年最高人民法院发布的《关于适用停止执行死刑程序有关问题的规定》(已失效),对停止执行死刑的条件和程序作了十分明确、细致、严格的规定。在此基础上,2012年最高人民法院发布的《关于适用〈中华人民共和国刑事诉讼法〉的解释》对死刑执行程序的相关规定予以了进一步完善。这有助于避免死刑执行的错误,提高死刑案件的审理质量。

四、严格控制死刑的适用数量

死刑适用数量的下降是死刑改革的重要评价指标。根据最高人民法院工作报告等有关资料,过去十年间,死刑案件质量得到了较好的保证,死刑适用的数量也得到了有效控制。实践中,相当一部分原本可能判处死刑的案件因为证据达不到死刑案件标准而被改判无期,或者基于严格控制死刑的政策和法定、酌定从宽情节而由死刑立即执行被改判死缓,从而大大降低了死刑立即执行的适用率。这是我国死刑司法改革取得重大成效的重要体现。

总之,过去十年间,我国进一步统一了死刑案件的适用标准,提高了死刑案件的审判质量,减少了死刑案件的数量。最高人民法院收回死刑案件核准权所欲达到的目标已然实现。当然,成绩仅仅属于过去。展望未来,我国死刑改革的道路依然还很漫长。从进一步推进死刑司法改革的角度,我国有必要进一步完善死刑改革的政策内容,明确将"减少死刑"纳入政策的表述,进一步严格死刑的司法适用,包括死刑适用的具体条件、罪种范围、对象范围等,并严格控制死刑适用数量。只有这样,我们才能不断推进死刑司法改革的深入并进而带动死刑立法的全面改革。

死刑核准权收回十周年
——回顾与展望

□陈卫东*

2006年10月,全国人大常委会决定,修改《中华人民共和国人民法院组织法》,自2007年起最高人民法院收回死刑核准权。此前20余年,处在改革开放转型期的社会环境下,为了维护治安稳定,部分死刑立即执行案件的核准权下放地方高级法院行使,以缓解大量案件压力。特殊历史时期之后,党中央作出将死刑核准权收归最高人民法院的重大决策。

---

* 中国人民大学诉讼制度及司法改革研究中心主任、教授。

死刑核准权的收回有着复杂的时代背景。首先,我国政治、经济、社会的全面发展对司法公正、保障人权提出了新的要求。党的十四大、十五大报告中提出了司法改革,党的十六大报告中司法体制改革、科学发展观、执政为民、以人为本、构建社会主义和谐社会等一系列符合时代发展要求的执政理念相继提出,依法治国基本方略与"国家尊重和保障人权"条款被写入宪法,贯彻"少杀、慎杀"理念是法治文明进步的必然要求。其次,减少和控制死刑适用是当下世界各国刑事司法的发展趋势,也是衡量一国人权水平的重要指针。

在收回死刑核准权的讨论之初,专家学者认为其所要达到的预期目的有四项:防止错杀,即通过死刑复核程序发现错案或者死刑适用不当的案件;减少、控制死刑适用;统一死刑适用标准;宣言功能,即由最高司法机关决定死刑以体现对人权的尊重,体现对人权入宪的贯彻。死刑核准权收回十年以来,在最高人民法院的严格把关下,至今还未发现一起错杀案件,死刑适用得到严格控制。更为重要的是,司法实践表明,在严格限制死刑适用的大背景下,并未出现部分实务人士担忧的由于死刑威慑的降低而造成严重犯罪增加的情况,这是新中国刑事司法历史上的一个重大成就。

回顾死刑核准权收回的十年历史,我国死刑案件的质量得到了明显提高,死刑数量也得以显著降低,深入贯彻了"少杀、慎杀"的原则,具有很大的进步意义。死刑核准权收回之后,最高人民法院严格卡住死刑标准,也促使各级法院在死刑判决时更加慎重。从死刑目前的适用情况来看,对于应当判处死刑的案件,其审判与复核皆更为谨慎。不仅如此,一方面,死刑核准权收回最高人民法院,恢复了死刑核准制度的常态,这对于宣示人权保障、贯彻死刑政策、统一死刑标准起到了重要作用;另一方面,收回死刑核准权后,死刑核准制度建设也得到了进一步法治化的完善——审查模式的逐步诉讼化、律师介入和参与的逐渐加深——对于公平正义的实现以及人权保障的加强都有着重要作用。

死刑核准权的收回对统一死刑案件标准起到了重要作用。由于我国地区间经济社会发展存在相当的差距,在死刑核准权没有收回之前,各地的死刑标准有的存在一定差异,这集中体现在数额犯的量刑中。而死刑核准权收回以后,由最高人民法院统一复核死刑案件,死刑标准更加规范、统一,对各地的死刑判决起到了指导作用,也促使各地死刑判决的标准趋向一致。但是,死刑标准还有待进一步细化、统一,应对各类案件的死刑标准予以规则化,避免同案不同判的情况发生。

死刑核准权收回之后,律师参与死刑复核辩护的空间也越来越大。尤其在2012年刑事诉讼法修改后,明确了律师参与死刑复核程序的方式与程序。此后,最高人民法院又在2014年印发《关于办理死刑复核案件听取辩护律师意见的办法》,再次细化了刑事诉讼法关于听取辩护律师意见的内容,死刑复核辩护更加有章可循、有法可依。目前来看,死刑案件辩护的问题主要还是存在于辩护的有效性上,我国大量的死刑案件都由法律援助律师办理,即使在死刑复核阶段也是如此,从确保辩护质量考虑,未来应有所调整。

死刑核准权收回之后,以往行政性的审批模式已逐渐开始向诉讼化的方向发展。但是,死刑复核过程中,书面化、内部性的办案方式仍未彻底得到改变。作为审判程序的死刑复核,其构造应当是控辩审的三角关系,这在实体与程序方面都有重要意义。未来,对于死刑复核程序的完善,可将其打造成一种"第三审"程序,但是在合宪性与具体的程序设计方面则需进一步研究。

迈向更加文明的刑事司法

□林　维*

十年前，对于死刑核准权应当收归最高人民法院这一问题，学界普遍期待、呼吁但公众却又疑虑重重。这样一种巨大反差可以清晰地说明最高人民法院当时的这一果断决定所反映出来的政治担当。十年来，死刑核准制度改革的巨大意义，不仅仅体现在死刑制度本身。诚然，死刑核准制度改革使死刑这一最严厉的刑罚措施的适用得到了一定程度的缓和，通过更大限度地严格限制适用死刑，从而使死刑的合理控制成为可能。最高人民法院的这一举措，可以被认为是现代司法史上人权保障的巨大进步，成为中国司法文明发展的里程碑之一。但是我们绝不能单纯地将这一改革的意义局限于此。由于死刑核准制度改革所要处理的生死问题极其敏感复杂而重大，因此在无形之间逼迫我们或主动或被动地重塑我们的刑事司法理念，重构相关的具体刑事司法制度，重新合理认识刑罚在整个社会治理体系中的作用和地位。死刑司法制度的改革，产生巨大的涟漪效应，牵一发而动全身，其理念的革新进一步辐射、扩及刑事司法整体，带动其他刑事司法制度产生相应同步的变革。毋庸置疑的是，宽严相济政策、非法证据排除、庭审实质化等理念的提出和制度的设计，都与死刑案件的审理经验和教训直接相关，并因此与死刑制度改革之间发生千丝万缕的关联和呼应。忽略死刑制度改革对于刑事司法整体所带来的震动，忽略死刑制度改革和刑事立法之间的互动，忽略这一制度对于司法文明的推动，就会使我们无法在十年之后正确全面地认识这一改革的巨大成功。不仅如此，死刑核准制度改革还能够缓慢而坚定地、不断地改变公众的死刑观念乃至刑罚观念，从而形成更加文明的法治观，为司法不断迈向更加文明奠定了更好的民意基础。

通过晚近的刑事立法，刑法典中的死刑罪名已经从68个降为46个，废除死刑的罪名几乎都是实践中死刑适用数量极少或者多年来鲜有适用死刑的罪名。除去危害国家安全罪和危害国防利益罪中的19个死刑罪名，剩余的27个罪名中，死刑适用数量最多的压倒性地集中于其中8个罪名。因此，通过立法减少死刑罪名从而实现死刑的严格、限制适用，当然仍然存有可能。但是考虑到其中某些罪名，如贪污受贿罪，尽管死刑适用量已经极少，但是从政策意义上仍然具有保留的意义，因此在立法上试图取消一个死刑罪名，恐怕都将存在不少难度。通过立法减少死刑适用的数量在最近一个阶段将会进入一个慢速通道，因此，在很长一段时间内，通过审慎适用死刑以加强死刑控制将成为最高人民法院的主要政治责任。按照目前的态势，针对非暴力、未致人伤亡的案件，如毒品犯罪，如何切实控制死刑，是一个迫在眉睫的问题。

死刑案件的复杂敏感性对法官的法律素养和事实认定、政策把握能力提出了最高要求，死刑的严厉性要求法官担当最高的司法责任。十年间，最高人民法院克服诸多困难，通过坚持不懈的努力，保证了死刑政策能够自觉、坚决、稳定地贯彻实施，死刑裁量标准得到有效规范和明确，死刑案件质量稳步、显著提升。在这一过程中，最高人民法院的法官作为死刑案件的最终把关者，付出了巨大努力，起到了至关重要的作用。但确实不能忽视的是，聂树斌案、呼格吉勒图案等错案，以另一种方式提出令人心惊胆战的警示：它们打破了“零”的分界，揭开了我们原来有意无意忽略而不愿面对的真相：死刑执行存在错案。令人更为心惊胆战的预警是：除了聂案、呼案，司法

* 中国社会科学院大学副校长、教授。

体制过去还有类似的案件吗？司法体制还会继续以这样的方式杀错人吗？我们是否能够保证除了这些案件以外，就没有其他已经被执行死刑的错案？没有人能够作出这样的保证，事实上，只要是人的而非神的审判，就意味着包括死刑执行错案在内的冤假错案存在现实可能性。它既可能发生在基层法院，也完全有可能发生在最高人民法院，既可能发生在一般案件中，也可能发生在死刑案件中，它们正在伺机吞噬我们对司法正义所持的信心和信赖。

目前我们比较庆幸的是，迄今发现的死刑执行错案都非最高人民法院所核准，这充分说明了死刑核准制度改革十年的成效。但是不核准的案件仍然占据一定比例，尤其是仍然存在一些基于事实、证据而非政策把握而不予核准死刑的案件，说明死刑案件的一、二审质量仍然有待进一步提高。在死刑核准权统一由最高人民法院行使之后，最高人民法院成为重重审判关卡之后保证死刑司法正当性的最后一道屏障，最高人民法院的审判责任也就更加重大。司法权力的集中同样意味着错案发生概率的集中，这就意味着死刑错案发生的可能性由过去的分散存在，转变成为统一的存在，核准权的收回并不意味死刑错案就会绝对消除。因此，对于正在行使死刑核准权的最高人民法院而言，压力一方面来源于如何能够做到严格控制死刑适用，另一方面则来源于随时可能出现的具有现实可能性的误判在何时转变成为现实的误判。此时，最高人民法院就不是纠错者，而是犯错者，最高人民法院在执行死刑案件中的此种误判，对公众对于司法权威的信赖的冲击显然要远远大于高级人民法院的死刑执行错案的冲击。如果说严格执行死刑政策是一个更为宏观、难以具体测算的标准，因此不宜成为评判最高人民法院死刑核准工作成绩的一个指标，但是死刑执行错案零的突破是一个更为具体、显见的事实，将直接影响对最高人民法院死刑核准工作的评判。

因此，改革十年之后，最高人民法院更加需要继续坚持慎用死刑、控制死刑的理念，以迎接更加文明的司法时代的到来。死刑适用的标准仍然需要进一步加以明确，应当更大限度地发挥司法解释、指导案例等方式的作用，适当地扩大核准或不核准死刑的典型案件裁判文书的公开范围，尤其应当就核准或不核准案件中的典型问题建立参考案例汇编的数据库，避免死刑适用标准横向、纵向的不平衡以及无原则、无规律地变动，以此引导死刑的裁判，从而逐步控制、减少死刑。同时，必须更加坚定不移地贯彻罪刑法定、疑罪从无、证据裁判等原则，切实避免冤错案件的发生。

死刑核准权收回最高人民法院以来发生的变化

□张学兵*

最高人民法院统一行使死刑核准权十年以来，执行严格的证据标准和死刑适用条件，充分尊重和保障公民的生命权；死刑复核程序日益完善，全面保障了被告人的辩护权利，有力维护和促进了程序正义；统一了死刑适用标准，确保了死刑案件的审判质量，至今未发生冤杀错杀案件，司法公正在个案中、在具体被告人身上获得充分体现；尤其是给律师辩护工作带来崭新变化，律师成为法官之外参与死刑复核程序的重要角色和力量，发挥着越来越重要的职能作用。具体体现在以下方面：

一、死刑复核法律法规日趋完备

刑事诉讼法的修改，《关于办理死刑案件审查判断证据若干问题的规定》《关于办理刑事案件

---

* 中华全国律师协会副会长。

排除非法证据若干问题的规定》《关于办理死刑复核案件听取辩护律师意见的办法》《关于充分保障律师依法履行辩护职责确保死刑案件办理质量的若干规定》等规范性文件的出台，在程序法上为律师参与死刑复核程序提供了依据和保障，上述规定的重要特征就是突出辩护律师的作用，重视辩护律师的意见，保障辩护律师充分履行辩护职责。律师辩护权来源于被告人委托，律师辩护维护的是被告人的合法权益，所以死刑复核程序对律师权利的保障，归根结底是对被告人辩护权和人权的保障。在死刑复核程序中，律师既可以提交书面辩护意见，也可以约见法官当面发表意见，这都使律师辩护权得以充分行使，有力地维护了程序正义和实体正义，是确保死刑复核案件质量、防止冤假错案的基础。

二、律师代理死刑复核案件的积极性不断提高

在全国刑事犯罪辩护率相对偏低、有待进一步提升的大背景下，律师参与死刑复核辩护工作的人数和比例均明显提高，死刑复核案件成为律师新的刑辩业务板块，有的律师逐渐发展到以死刑复核案件作为主要专业方向，这对律师行业提高辩护工作质量和专业化水平，都有非常积极的意义。律师代理死刑复核案件积极性提高的原因在于：死刑标准越来越透明、统一，规则明确，具有可操作性，与法官沟通顺畅、规范，律师充分享有辩护权利和职业尊严，职业成就感和人权使命感能够获得实现。近年来，最高人民法院依法不核准了吴英集资诈骗案等一批死刑案件，受到社会广泛好评。

三、对全国死刑案件审判工作发挥了示范和指引作用

最高人民法院收回死刑核准权，统一执行死刑证据和量刑标准，十年来积累了大量判例，对中级人民法院、高级人民法院的刑事法官和辩护律师而言，越来越发挥明晰的示范和指引作用。一审、二审法院逐步向最高人民法院的裁判标准靠拢，在一审、二审阶段严格执行证据采信、定罪量刑标准，严格控制死刑立即执行的适用，从而将罪犯人权保护观念和措施推行到基层，使慎杀、少杀刑事政策深入人心；使律师对案件的裁判结果有更多预期和判断依据，不断提高代理案件的积极性和辩护质量；严格实行死刑案件二审开庭审理，律师意见和作用在二审法院得到重视，杜绝了二审走过场、程序不透明等现象，使被告人的辩护权全程序得到充分保障，也使辩护律师在死刑案件中的作用得到全面发挥。

死刑核准权收回最高人民法院十年来，取得了有目共睹的成绩。同时，被告人的人权保护是一项持久和存在巨大提升空间的伟大事业。我们希望最高人民法院能继续坚决贯彻无罪推定原则，加强对高级人民法院死刑缓期执行案件复核工作的指导监督，避免在死刑复核环节和死刑缓期执行复核环节重新出现疑死从缓的现象，证据不足的案件应该坚决依法改判无罪，而不是以死缓判决代替，杜绝在保障被告人生命权的同时侵犯其自由权的做法。

我们有理由相信，通过总结死刑核准权收回最高人民法院十年以来的成绩和经验，未来死刑复核工作会得到进一步完善，对司法文明和人权进步会发挥更大作用。